원리와 개념에 충실한

엑셀과 파워포인트 2013

홍의경 · 박종학 지음

생능출판

저자 소개

홍의경

- 서울대학교 사범대학 수학교육과 졸업(1981년, 이학사)
- KAIST 전산학과 졸업(1983년, 공학석사)
- KAIST 전산학과 졸업(1991년, 공학박사)
- 한국정보과학회 데이터베이스소사이어티 회장 역임
- 서울시립대학교 전산정보원장, 중앙도서관장 역임
- 서울시립대학교 컴퓨터과학부 교수(1984년~현재)

박종학

- 서울대학교 계산통계학과 졸업(1988년, 이학사)
- KAIST 경영정보공학과 졸업(1995년, 공학석사)
- KAIST 경영공학과 수료(1999년, 공학박사)
- LG정보통신 정보통신연구소 근무(1988년~1993년)
- 동양미래대학교 경영정보학과 부교수(1997년~현재)

원리와 개념에 충실한

엑셀과 파워포인트 2013

초판발행 2015년 8월 28일
제1판3쇄 2019년 2월 1일

지은이 홍의경, 박종학
펴낸이 김승기
펴낸곳 (주)생능출판사 / **주소** 경기도 파주시 광인사길 143
출판사 등록일 2005년 1월 21일 / **신고번호** 제406-2005-000002호
대표전화 (031)955-0761 / **팩스** (031)955-0768
홈페이지 www.booksr.co.kr

책임편집 김민보 / **편집** 신성민, 유제훈, 손정희, 권소정 / **디자인** 유준범
마케팅 최복락, 최일연, 심수경, 김민수, 차종필, 백수정, 최태웅, 김범용, 김민정, 이하늘
인쇄 성광인쇄(주) / **제본** 은정문화사

ISBN 978-89-7050-853-5 93000
정가 24,000원

- 이 도서의 국립중앙도서관 출판예정도서목록(CIP)은 서지정보유통지원시스템 홈페이지(http://seoji.nl.go.kr)와 국가자료공동목록시스템(http://www.nl.go.kr/kolisnet)에서 이용하실 수 있습니다.
(CIP제어번호: CIP2015022844)

머리말

2006년 4월 17일에 본 교재를 저술하기로 약속하였습니다. 거의 9년여의 세월이 흘렀습니다. 이때는 오피스 2007이 나오기 전이기 때문에 당연히 오피스 2003에 관한 자료를 인터넷에서 10,000페이지 이상을 찾아서 검토하기 시작하였습니다. 이 자료들을 열심히 읽고 있는데, 오피스 2007이 출시됩니다. 오피스 2007에 관한 자료를 또 인터넷에서 찾아서 오피스 2003 자료와 함께 검토하였습니다.

2007년에 중학교 검인정 교과서 정보1, 정보2, 정보3을 먼저 저술하게 됩니다. 검인정 교과서는 심사일까지 짧은 기간 동안 집중해서 저술해야 하므로 엑셀과 파워포인트 저술 작업을 미뤄둡니다. 2008년에 엑셀과 파워포인트 교재 집필을 재개하여 열심히 자료를 검토하고 있는데, 오피스 2010이 출시됩니다. 오피스 2010에 관한 자료를 또 인터넷에서 찾아서 오피스 2003, 오피스 2007 자료와 함께 검토하게 됩니다. 일부 원고를 작성하고 있는데, 오피스 2013이 출시됩니다. 엑셀과 파워포인트 교재 집필을 괜히 시작했다는 후회가 밀려옵니다. 마이크로소프트사에서 왜 버전을 자주 바꿀까 하는 원망도 들었습니다.

일단 시작했으니 끝을 봐야지요. 오피스 2013에 관한 자료를 또 인터넷에서 찾아서 오피스 2003, 오피스 2007, 오피스 2010 자료와 함께 검토하게 됩니다. 다행스러운 점은 오피스 2010에서 오피스 2013으로 버전이 바뀔 때는 크게 변경된 사항이 적다는 것이었습니다. 이런 과정에 얻은 소중한 점은 오피스 2003, 오피스 2007, 오피스 2010, 오피스 2013으로 버전이 바뀔 때마다 사용자 인터페이스가 변하고 기능이 추가되지만, 버전에 관계없이 엑셀과 파워포인트를 잘 활용하기 위해서는 엑셀과 파워포인트의 원리와 개념을 충실히 이해하는 것이 중요하다는 것입니다.

많은 엑셀과 파워포인트 교재에서 볼 수 있듯이 단순히 따라하기 방식으로 엑셀과 파워포인트를 학습하면 오피스 버전이 바뀔 때마다 적응하는데 시간이 더 오래 걸리고, 엑셀과 파워포인트를 효율적으로 업무에 활용하는데 어려움이 따를 수 있습니다.

서울시립대학교 산하 서울시민대학 초창기에 어르신들을 대상으로 한 컴퓨터활용을 여러 차례 강의했고, 서울시립대학교에서 교양과목으로 컴퓨터활용을 강의한 경험이 있어서 엑셀과 파워포인트를 너무 만만하게 생각했습니다. 하지만 오랜 기간에 걸친 작업을 끝내면서, 쉬운 교재일수록 집필하는데 훨씬 더 많은 정성과 노력이 필요하다는 것을 깨달았습니다. 개인적으로는 데이터베이스 교재를 저술할 때보다 몇 배 더 힘들었고, 공을 많이 들였습니다.

원고를 여섯 번 이상 읽어보면서 꼭 필요하지 않은 문장은 삭제하고, 필요한 문장은 꼭 넣었습니다. 고등학교 검인정 교과서 1권, 중학교 검인정 교과서 3권, 데이터베이스 전공 교재 2권, 번역서 2권을 집필하면서 나름대로 한글을 정확하고 간결하게 표현하는데 자신이 있습니다.

개인용 컴퓨터와 윈도우 운영체제에 관한 일반적인 지식을 갖고 있으면 이 교재를 학습하는데 어려움이 없습니다. 대학 교재용으로 저술하였지만 혼자서 학습하는데도 어려움이 거의 없습니다.

본 책의 장점은 다음과 같습니다.

- 엑셀 1~10장과 파워포인트 11~17장의 총 17개 장으로 구성
- 엑셀과 파워포인트의 버전이 변해도 가능한 한 영향을 적게 받도록 원리와 개념을 충실히 설명
- 단순한 따라하기 방식과 매뉴얼 방식을 지양
- 몇 개의 실습을 제외하고, 대부분의 실습을 짝수 페이지(좌우 페이지)로 구성하여 책을 펼쳤을 때 한 눈에 파악 가능
- 본문에서 설명하고 실습한 내용을 복습해볼 수 있는 연습문제들을 각 장에 배치
- 일부 실습 단계에 2~3개의 화면을 함께 겹쳐서 편집하여 배치함으로써 실습 단계를 충실히, 효과적으로 설명

부록 CD에는 각 장의 실습에서 사용하는 실습파일과 연습문제에서 사용하는 연습파일들이 들어 있습니다. 부록 CD에서 어떤 파일을 읽은 후 실습 과정을 따라하면서 하나의 결과물을 완성한 후에 CD에는 저장할 수 없으니 나중에 참고하려면 사용자의 컴퓨터에 저장하기 바랍니다.

엑셀과 파워포인트는 동일한 작업을 흔히 여러 가지 방법으로 수행할 수 있습니다. 대부분의 작업에 대해서 본 교재에서는 한두 가지 방법만 설명합니다. 모든 방법을 제시하면 교재가 매뉴얼처럼 보이게 됩니다. 엑셀과 파워포인트를 사용하면서 경험을 쌓으면 동

일 작업을 수행하는 다양한 방법들을 자연스럽게 알게 될 것이고, 자신에게 가장 적합한 방법을 찾게 될 것입니다.

본 교재를 통해 많은 독자들이 엑셀과 파워포인트의 기본적인 원리와 개념을 정립하고 이를 실제 업무에 잘 활용하는 능력을 배양할 수 있기를 희망합니다.

본 교재가 완성되기까지 도움을 주신 분들께 감사드립니다. 책을 저술하는 작업을 선뜻 시작하지 못하고 머뭇거리던 저를 적극적으로 후원해주신 생능출판사의 김승기 사장님께 먼저 감사드립니다. 이 책을 편집하고 인쇄하는 작업을 열심히 해주신 편집부의 최일연 이사님, 김민보 대리님을 비롯한 생능출판사의 모든 직원, 다인의 조기효님께도 감사드립니다. 지난 9년간 본 책을 저술하는 작업에 몰두하여 정신없이 지낸 저자들을 이해하고 성원해준 가족에게도 고마움을 표합니다. 이미 가족에게는 저자들이 양치기 소년이 되었습니다. 곧 끝낸다고 몇 번을 말했는지 셀 수도 없습니다. 이제 오랜만에 홀가분한 마음으로 새 학기를 맞이할 수 있게 되어 기쁩니다.

2015년 8월 뜨거운 여름을 보내며

홍의경, 박종학

CONTENTS

차례

EXCEL

PART I 엑셀 2013

CHAPTER 1 엑셀 기초

CHAPTER 2 워크시트 기초와 데이터 입력

CHAPTER 3 수식

CONTENTS

CHAPTER 4 워크시트 편집

CHAPTER 5 함수

CONTENTS

CONTENTS

POWERPOINT
PART II 파워포인트 2013

CHAPTER 11 파워포인트 기초

CONTENTS

CHAPTER 12 도형

CHAPTER 13 텍스트와 테마

CONTENTS

CHAPTER 15 표와 차트

CHAPTER 16 멀티미디어

CHAPTER 17 전환과 애니메이션

CONTENTS

EXCEL

PART I 엑셀 2013

CHAPTER 1 엑셀 기초

CHAPTER 2 워크시트 기초와 데이터 입력

CHAPTER 3 수식

CHAPTER 4 워크시트 편집

CHAPTER 5 함수

CHAPTER 6 꾸미기(서식)

CHAPTER 7 데이터베이스와 목록

CHAPTER 8 차트

CHAPTER 9 워크시트 인쇄

CHAPTER 10 매크로

엑셀 기초

본 장은 엑셀을 업무에 본격적으로 활용하기 위해 알아야 하는 기초 지식을 다룬다. 엑셀 2013에 추가된 새로운 기능들을 살펴보고, 엑셀 화면의 구성요소들을 설명하고, 통합 문서를 만들고 저장하는 방법을 알아본다.

CHAPTER 1 엑셀 기초

SECTION 01 엑셀이란

엑셀은 마이크로소프트 오피스 패키지의 하나로서 **스프레드시트 프로그램**이다. 엑셀을 사용하여 예산 관리, 판매 분석, 예측, 차트 작업, 가상 분석 등과 같이 숫자를 포함하는 다양한 유형의 작업을 수행할 수 있다.

1 오피스 2013

마이크로소프트 **오피스 2013**은 오피스의 가장 최신 버전이며 윈도 7 또는 윈도 8 위에서 데스크탑 PC, 노트북, 태블릿에 사용할 수 있다. 오피스 2013은 판매 가격에 따라 엑셀 2013, 파워포인트 2013, 워드 2013, 아웃룩 2013, 액세스(Access) 2013, 인포패스(InfoPath) 2013, 링크(Lync) 2013, 원노트 2013, 퍼블리셔(Publisher) 2013 등의 전부 또는 일부를 포함한다. 이들 중에서 엑셀, 파워포인트, 워드, 원노트는 항상 오피스 2013에 포함된다.

Word Excel PowerPoint Outlook OneNote Lync

Access Publisher Project Visio Office Web Apps

오피스 2013은 구입하여 사용하는 것이고, 오피스 365는 매월 사용료를 지불하고 사용하는 것을 말한다.

현재 엑셀 2003부터 엑셀 2013까지 여러 버전들을 업무에서 사용하고 있는데 이 책에서는 엑셀 2013을 기반으로 서술한다. 명시적으로 엑셀의 버전을 구분할 필요가 있을 때를 제외하고, 이 책에서 엑셀은 엑셀 2013을 의미한다.

2 엑셀에서 할 수 있는 일

엑셀에서 데이터의 행과 열을 입력한 후 다양한 방법으로 데이터를 다룰 수 있다. 엑셀을 사용하는 이유는 아래와 같다.

❖ 데이터를 빠르고 정확하게 입력

엑셀을 사용하면 종이와 연필을 사용할 때보다 데이터를 빠르고 정확하게 입력할 수 있다.

❖ 데이터를 쉽게 재계산

엑셀을 사용하면 타이핑 오류를 정정하고 데이터를 수정하는 것이 쉽다. 어떤 숫자를 바꾸면 이 숫자를 사용한 계산(예를 들어서 합계를 구하는 계산) 결과가 자동적으로 갱신된다.

❖ 광범위한 내장 함수 활용

460여 개에 이르는 다양한 내장 함수들을 사용하여 복잡한 계산을 빠르고 쉽게 할 수 있다.

❖ 정보의 외양을 변경

엑셀에는 정보를 시각적으로 멋있고 쉽게 이해되도록 꾸미는 강력한 기능들이 제공된다. 예를 들어 굵은 글꼴과 색을 사용하여 제목이나 중요한 숫자들을 눈에 잘 띄도록 만들 수 있다.

❖ 데이터베이스 관리

데이터베이스로부터 데이터를 필터링하고, 데이터를 정렬하고, 부분합을 구할 수 있다.

❖ 차트 생성

워크시트 데이터를 기반으로 결과를 쉽게 그래픽 형식으로 보여줄 수 있다. 데이터를 수정하면 차트도 자동적으로 수정된다.

❖ 가상 분석을 수행

데이터를 수정한 후 재계산된 결과를 바로 볼 수 있는 기능 때문에 의사 결정의 강력한 도구가 된다.

3 엑셀 vs. 액세스(Access) vs. 통계 패키지

엑셀은 관계 데이터베이스가 아니다. 엑셀은 데이터를 정렬하고 검색할 수 있지만 복잡한 데이터 관리를 위해서는 액세스와 같은 데이터베이스 소프트웨어를 사용해야 한다. 일반적으로 액세스는 데이터베이스를 다루고 질의하는데 훨씬 더 정교한 도구들을 제공한다. 그러나 엑셀은 액세스보다 데이터 분석과 차트 작성에 매우 강력하다.

엑셀과 액세스 사이에 파일을 가져오거나 내보내는 것이 가능하다. 이는 액세스 파일을 엑셀로 가져와서 엑셀의 차트 기능 또는 계산 기능을 활용하고, 엑셀 파일을 액세스로 내보내서 액세스의 좀 더 강력한 데이터베이스 기능을 활용할 수 있음을 의미한다.

언제 엑셀 대신 통계 패키지를 사용해야 하는가? 엑셀은 통계 함수들을 제공하지만 매우 복잡하고 정교한 분석을 위해서는 SPSS, SAS 등의 통계 패키지를 사용하는 것이 좋다.

4 주요 용어

스프레드시트는 일반적인 용어이다. 엑셀에서 사용하는 용어는 통합 문서와 워크시트이다.

❖ 통합 문서

엑셀을 사용하여 만든 파일을 **통합 문서**라고 부른다. 이 아이콘 은 하나의 엑셀 파일을 나타낸다.

❖ 워크시트

각 통합 문서는 하나 이상의 워크시트를 포함한다. **워크시트**는 통합 문서 내의 독립적인 단위이다.
통합 문서와 워크시트 간의 관계는 공책과 공책을 구성하는 페이지에 비유할 수 있다.

[그림 1-1] 공책은 통합 문서, 각 페이지는 워크시트

5 엑셀 2013의 새로운 기능

엑셀 2003 이전 버전을 사용하다가 엑셀 2007 이후 버전을 사용하게 되면 엑셀에 큰 변화가 생겼음을 알게 될 것이다. 사용자 인터페이스가 완전히 바뀌었고, 엑셀을 효율적으로 사용할 수 있게 하기 위해서 많은 기능들이 새로 추가되었음을 알게 될 것이다.

엑셀 2013에 새로 추가된 주요 기능

❖ 윈도 8 기능 활용

엑셀 2013은 오피스 2013에 속하는 다른 프로그램들처럼 윈도 8 운영체제의 기능들을 완전히 활용한다. 윈도 8에서 엑셀 2013을 실행하면 터치 인터페이스를 통해서 워크시트를 다룰 수 있다.

[그림 1-2] 윈도 8 바탕화면

❖ 각 통합 문서마다 하나의 창

각 통합 문서마다 하나의 창을 갖는다. 엑셀 2013에서 각 통합 문서는 자신의 창을 가지므로 동시에 두 개의 통합 문서를 사용하는 작업이 쉬워진다. 특히 두 개 이상의 모니터를 사용하는 사용자는 각 모니터마다 별도의 통합 문서를 열어놓고 통합 문서 간의 엑셀 작업을 쉽게 진행할 수 있다.

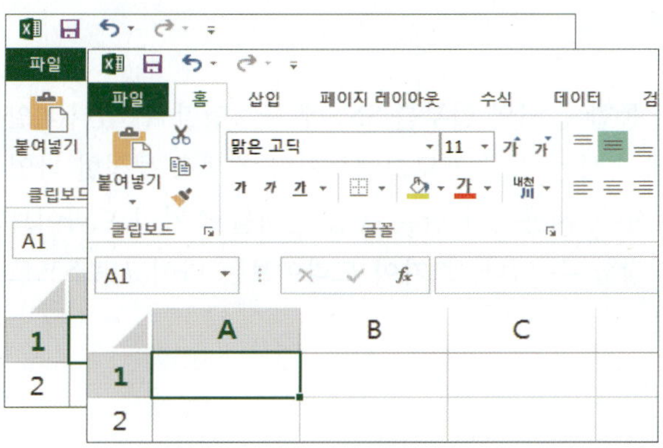

◈ 새로운 함수들

데이터를 요약하고 수식 내의 오류를 처리하고 온라인 자원으로부터 데이터를 가져오는 50개 이상의 새로운 함수들이 추가되었다.

◈ 빠른 채우기

빠른 채우기 기능은 하나의 열에 들어 있는 텍스트를 분리하여 두 개 이상의 열에 넣는 것이다. 분리할 텍스트를 포함하고 있는 열의 인접 열에 추출할 데이터를 입력한다. 엑셀은 사용자가 입력한 패턴을 인식하고, 나머지 셀들에 대해서 자동적으로 그 패턴에 따라 채워준다.

◈ 빠른 분석

선택한 셀 범위 오른쪽 아래에 나타나는 [**빠른 분석 단추**]를 클릭하여 그 범위 내의 데이터를 시각적으로 표시하는 여러 방법들을 볼 수 있다. **빠른 분석**은 서식, 차트, 합계, 표, 스파크라인 등과 같은 데이터 분석 기능을 한 번의 클릭으로 접근할 수 있도록 한다. 엑셀 2010에서는 불가능했던 어떤 작업을 할 수 있도록 하는 것은 아니고, 데이터를 좀 더 의미 있게 보이게 하기 위하여 사용자가 데이터 특성에 맞는 기능을 최적으로 사용할 수 있도록 도와준다.

◈ 추천 피벗 테이블

피벗 테이블은 대화식의 유연한 데이터 요약을 생성한다. 엑셀은 데이터 특성에 적합한 피벗 테이블을 제시해준다.

◈ 추천 차트

추천 피벗 테이블처럼, 엑셀은 사용자의 데이터에 존재하는 패턴을 기반으로 가장 적합한 차트를 추천한다. 차트를 만들려는 데이터를 선택한 후에 삽입 탭의 차트 그룹 내의 추천 차트 단추를 클릭하면 그 데이터에 적합한 차트 유형들을 선정하여 보여준다.

◈ 클라우드 기능

온라인상에 저장된 통합 문서를 공유하고, 통합 문서의 일부를 SNS에 포스팅할 수 있다(파일에 대한 링크를 포스팅한다). 따라서 오피스에 속하는 다른 프로그램들처럼 엑셀로 생성한 파일을 동료들과 공유하고 협동하는 것이 쉬워진다. 사용자가 만든 통합 문서를 스카이 드라이브(SkyDrive) 또는 쉐어포인트(SharePoint)에 저장할 수 있다. **스카이 드라이브**는 마이크로소프트의 클라우드 기반 저장 서비스이다.

❖ 터치

오피스 2013은 터치스크린 장치에서 엑셀을 수행하는데 필요한 기능을 제공한다. 오피스에 속하는 다른 프로그램들에서 동작하는 터치 기법들뿐만 아니라 엑셀에서만 가능한 일부 기능들도 있다.

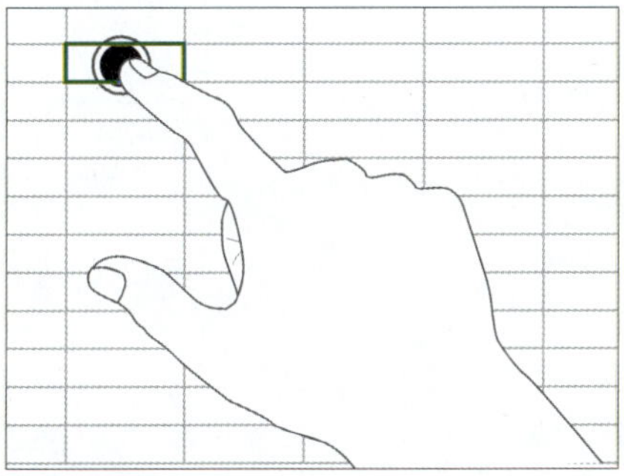

결론적으로, 엑셀 2013의 새로운 기능들은 누구나 전문적인 차트, 스프레드시트, 표 등을 만들 수 있도록 도와준다. 만일 이전 버전의 엑셀을 편안히 사용했었다면 아무런 문제없이 엑셀 2013을 사용할 수 있을 것이다.

SECTION 02 엑셀 시작하기

엑셀 2013을 사용하기 전에 마우스를 사용하는 방법, 윈도 운영체제에서 창을 다루는 방법(창 닫기, 창 최소화, 창들 간의 이동), 장치들에 관한 기초적인 개념, 폴더와 파일 관리 등에 관해 적정한 이해를 하고 있어야 한다. 본 책에서는 엑셀이 윈도 8 위에 설치되어 있는 환경에서 실습 방법을 설명하고 화면을 캡처하였다. 윈도 7 위에 설치된 엑셀 화면과 거의 차이가 없을 것이다.

바탕화면에서 엑셀 아이콘을 클릭한다. 엑셀이 어떻게 시작되는가는 윈도 버전에 따라 다를 수 있다. 예를 들어서 윈도 버전에 따라 시작 메뉴 또는 바로가기 아이콘으로부터 시작하거나 이전에 작성해 둔 통합 문서를 더블 클릭함으로써 엑셀을 시작할 수 있다.

[그림 1-3] 오피스 2013이 설치된 윈도 8의 바탕화면

Tip 바탕화면의 모양은 독자가 사용하는 PC 또는 노트북에 어떤 프로그램들이 설치되어 있는가에 따라 다르게 보일 수 있다.

엑셀을 시작하면 통합 문서라고 부르는 파일이 열린다. 하나의 통합 문서에는 디폴트로 한 개의 워크시트가 포함되어 있다. 워크시트에 데이터를 입력하는 방법은 2장에서 자세히 다룬다.

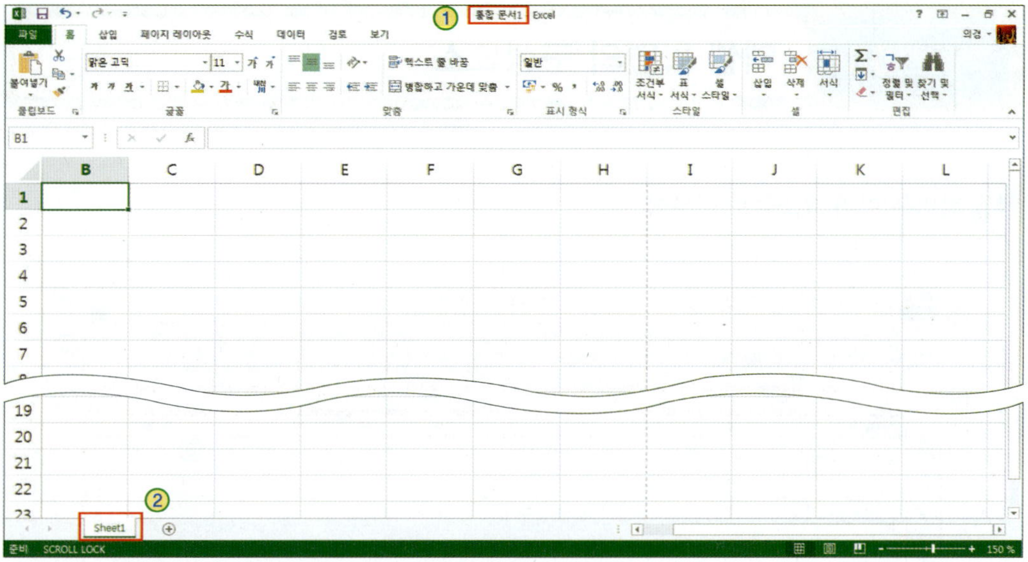

[그림 1-4] **통합 문서의 이름은 통합 문서1, 워크시트의 이름은 Sheet1**

이 그림은 새 통합 문서에 포함된 빈 워크시트를 보여준다. 언제든지 통합 문서에 워크시트를 추가하거나 삭제할 수 있다. 워크시트는 데이터, 차트, 데이터와 차트 모두를 포함할 수 있다. 사용자가 연 첫 번째 통합 문서의 이름은 통합 문서1①이고, 워크시트의 이름은 Sheet1②이다.

SECTION 03 엑셀 화면의 구성요소

엑셀 화면은 여러 요소들로 이루어진다.

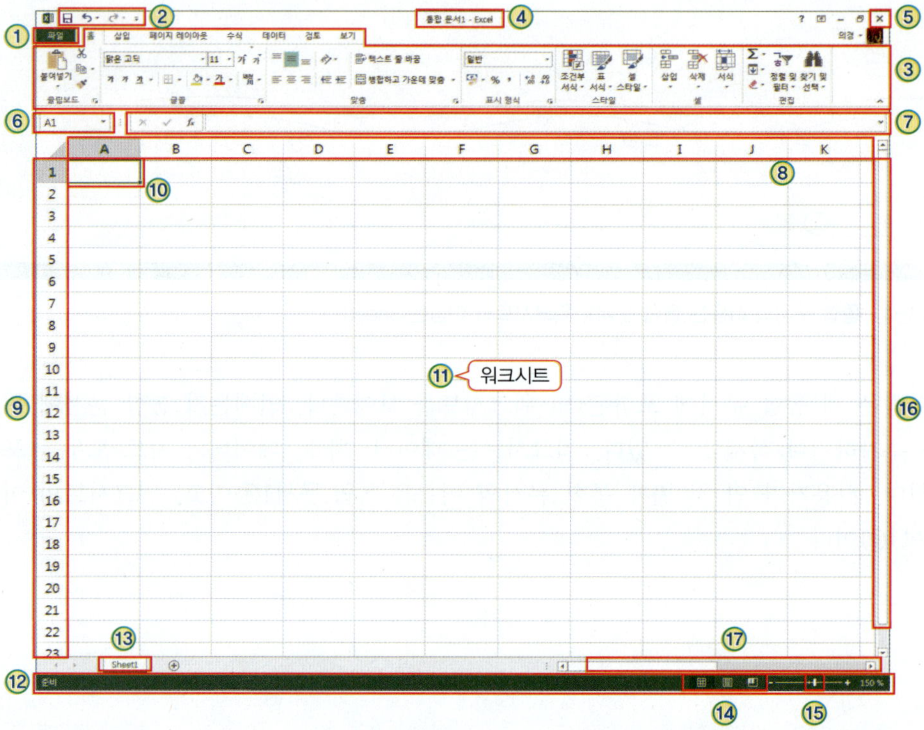

① **파일 탭**: 워크시트를 열기, 저장, 인쇄 등을 할 수 있는 메뉴를 여는 단추이다.
② **빠른 실행 도구 모음**: 현재 어떤 탭이 활성화되어 있는지에 관계없이 항상 화면 왼쪽 상단 구석에 표시되는 명령들의 모임이다.
③ **리본**: 엑셀의 모든 명령과 도구들을 포함하고 있는 거대한 도구 모음이다.
④ **제목 표시줄**: 통합 문서의 이름이 나타난다.
⑤ **닫기 단추**: 엑셀을 종료하는 단추이다.
⑥ **이름 상자**: 현재 셀의 주소가 나타나는 상자이다.
⑦ **수식 입력줄**: 어떤 셀에 입력된 내용(데이터 또는 수식)을 보여준다.
⑧ **열 머리글**: 워크시트의 왼쪽부터 오른쪽으로 열들을 구분하기 위해 사용되는 알파벳(A, B, C, …)이다.
⑨ **행 머리글**: 워크시트의 위쪽부터 아래쪽으로 행들을 구분하기 위해 사용되는 숫자(1, 2, 3, …)이다.
⑩ **현재 셀**: 데이터를 입력하거나 편집하는 셀이다.
⑪ **워크시트**: 데이터가 입력되는 곳이다. 셀들로 구성된다.
⑫ **상태 표시줄**: 현재 워크시트에 관한 정보를 보여준다.

⑬ **시트 탭**: 여러 개의 워크시트를 사용하여 작업할 때 워크시트를 선택하거나 이동/복사 등을 위해 사용한다.
⑭ **워크시트 보기(기본, 페이지 나누기, 페이지 레이아웃)**: 워크시트를 보는 세 가지 방법을 선택하는 단추이다.
⑮ **확대/축소 슬라이더**: 화면의 확대/축소 비율을 조정하는 단추이다.
⑯ **수직 스크롤바**: 워크시트의 위쪽/아래쪽으로 이동하기 위해 사용한다.
⑰ **수평 스크롤바**: 워크시트의 왼쪽/오른쪽으로 이동하기 위해 사용한다.

❖ 시트 탭

창 하단의 **시트 탭**들은 워크시트가 두 개 이상 있을 때 사용자가 어떤 워크시트에서 다른 워크시트로 빠르게 이동할 수 있도록 한다. [**새 시트 단추** ⊕]를 클릭하여 통합 문서에 워크시트를 추가할 수 있다.

❖ 상태 표시줄

시트 탭 밑에는 현재의 작업과 관련된 유용한 정보를 보여주는 상태 표시줄이 있다. **상태 표시줄**은 엑셀의 현재 상태를 보여주고, 워크시트에서 선택한 영역에 대한 계산을 빠르게 수행하고, 워크시트를 확대하거나 축소할 수 있게 한다. 또한 워크시트 보기(기본, 페이지 레이아웃, 페이지 나누기)를 변경할 수 있는 단추들이 포함된다.

워크시트를 확대하거나 또는 축소하려면

▶ 상태 표시줄 오른쪽에 위치한 슬라이더 [- ——|—— +]를 왼쪽 또는 오른쪽으로 이동한다. 10~500% 범위로 조정할 수 있다.

▶ [-] 또는 [+] 단추를 클릭한다. 10% 단위로 확대 또는 축소된다.

확대/축소 비율은 화면상에 워크시트가 어떻게 표시되는가를 정하는 것으로서, 인쇄 결과에는 영향을 주지 않는다.

1 리본

새로운 오피스 사용자 인터페이스인 **리본**은 엑셀 2007에 처음 도입되었다. 리본은 엑셀 2003 이전 버전의 메뉴와 도구 모음들을 대체하였다. 리본은 사용자가 어떻게 작업을 수행할 것인가에 관심을 두지 않고, 무엇을 수행하려는가에 관심을 가질 수 있게 하는, 결과 지향 사용자 인터페이스이다. 엑셀 2003 이전 버전에서 복잡한 메뉴와 도구 막대에 숨겨져 있던 명령과 기능들을 엑셀 2007 이후 버전에서는 작업 중심의 탭상에서 쉽게 발견할 수 있다.

리본에서 가장 빈번하게 사용되는 명령들은 중요한 위치에 배치된다. 리본은 쉽게 사용가능한 모든 명령과 도구들을 포함하고 있는 하나의 거대한 도구 모음이라고 생각하자. 엑셀 2013의 리본의 대부분의 기능은 엑셀 2010의 리본에 비해서 크게 변경되지 않았지만 외양은 상당히 바뀌었다. 리본의 배경색이 없어지고, 엑셀 2010에 비해서 그룹들 간의 구분, 그룹 내의 명령들 간의 구분도 희미해졌다.

[그림 1-5] 엑셀 2003 사용자 인터페이스

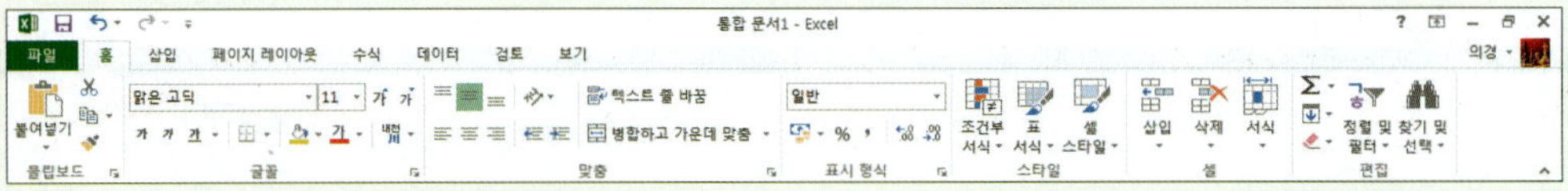

[그림 1-6] 엑셀 2013 사용자 인터페이스

리본은 세 가지 기본적인 구성요소들로 이루어진다.

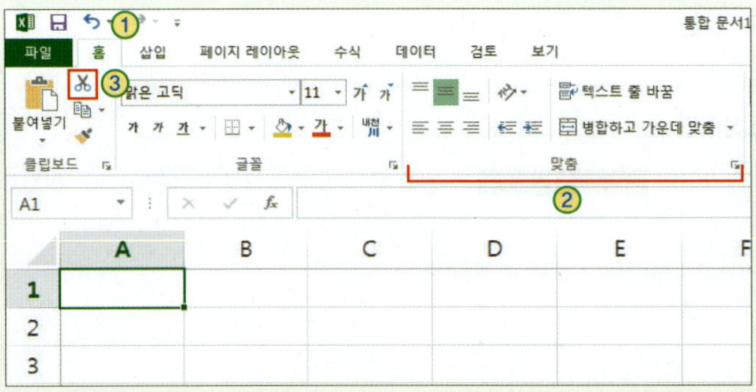

① **탭**: 명령들은 리본에서 탭들로 조직된다. 엑셀이 사용할 수 있는 프로그램을 사용자가 컴퓨터에 추가로 설치하지 않으면 리본의 상단에 7개의 탭이 있다. 각 탭은 사용자가 엑셀에서 수행하는 핵심적인 작업을 나타낸다. 탭은 엑셀 2003 이전 버전의 메뉴와 비슷하지만 탭의 모든 명령들이 펼쳐져 보인다는 점이 다르다. 예를 들어서 삽입 탭은 표, 일러스트레이션, 차트, 스파크라인 등의 삽입과 관련된 명령들을 포함한다.

② **그룹**: 각 탭마다 여러 개의 그룹이 있다. 각 그룹은 특정 유형의 작업을 수행할 때 필요로 하는 연관된 명령들의 모임이다. 예를 들어, 글꼴 그룹은 글꼴에 서식을 주는데 사용되는 명령들을 포함한다. 어떤 그룹의 오른쪽 아래에 위치한 **[대화상자 표시 단추 ↘]**를 클릭하면 보다 많은 명령들을 볼 수 있다.

③ **명령(단추)**: 명령은 리본을 구성하는 가장 작은 단위이다. 한 명령은 하나의 단추, 정보를 입력하는 박스, 또는 메뉴이다. 예를 들어서 **[잘라내기 단추 ✂]**를 클릭하면 선택 영역을 클립보드로 이동한다. 어떤 명령을 수행하는 한 가지 방법은 리본에서 그 명령에 해당하는 단추를 클릭하는 것이다.

어떤 탭들은 필요할 때만 표시된다. 사용자가 사진, 표, 그림, 차트 등을 선택하면 추가적인 도구 탭이 그 객체에 대한 작업에 사용되는 명령들의 그룹과 함께 리본 위에 나타난다. 예를 들어서 차트를 작성했고, 이 차트에 대하여 추가로 작업하고자 한다고 가정하자.

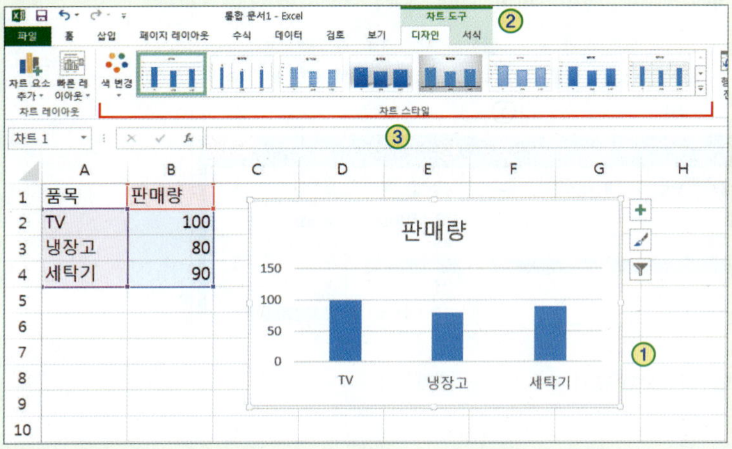

① 차트를 선택한다.

② 차트 도구 탭이 나타난다. 이 탭을 클릭하여 리본 위에 열리도록 한다.

③ 차트에 대한 작업에 사용되는 그룹과 명령들이 추가로 나타난다.
차트 외부를 클릭하면 차트 도구 탭이 사라진다.

스크린 팁

어떤 명령 단추 위로 마우스를 이동하면 스크린 팁이 나타난다. **스크린 팁**은 명령의 이름뿐만 아니라 (사용가능한) 키보드 단축키, 명령이 수행하는 기능, 명령을 사용하는 방법을 알려준다.

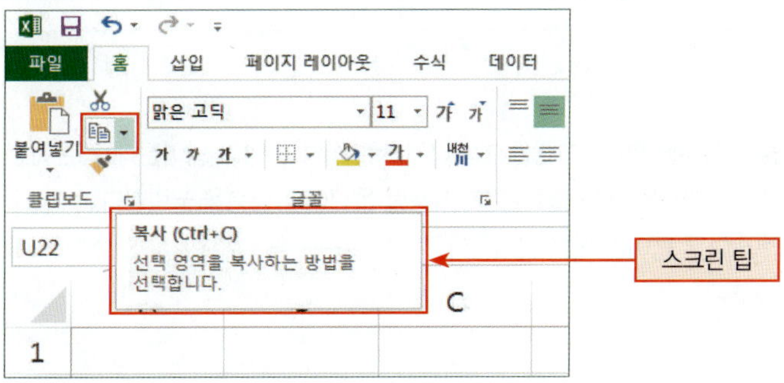

대화상자 표시 단추

일부 그룹에는 오른쪽 아래 구석에 **[대화상자 표시 단추** ↘**]**가 있다. 이 단추는 그 그룹에 옵션들이 추가로 존재함을 의미한다. 이 단추를 클릭하면 그 그룹과 연관된 옵션들을 추가로 볼 수 있다. 이 옵션들은 흔히 대화상자 또는 작업 창의 형태로 나타난다.

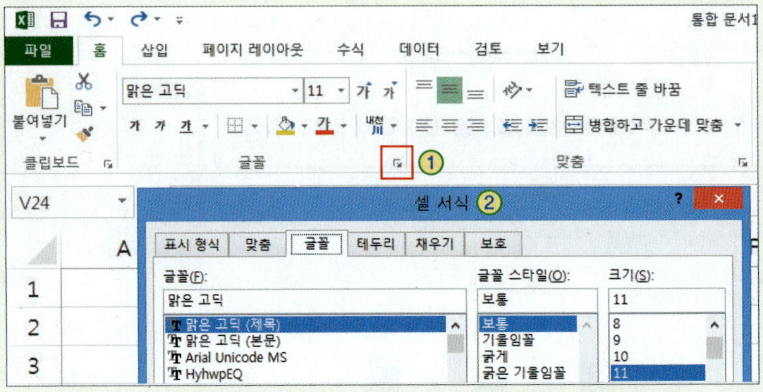

① 홈 탭에서 글꼴 그룹의 [**대화상자 표시 단추** ↘]를 클릭한다.

② [**셀 서식**] 대화상자가 나타난다.

리본 숨기기와 표시하기

화면상에서 작업 공간을 넓히기 위해서 리본을 숨기는 것이 가능하다. 모든 리본 탭들은 보이지만 활성화된 탭의 그룹들이 숨겨진다.

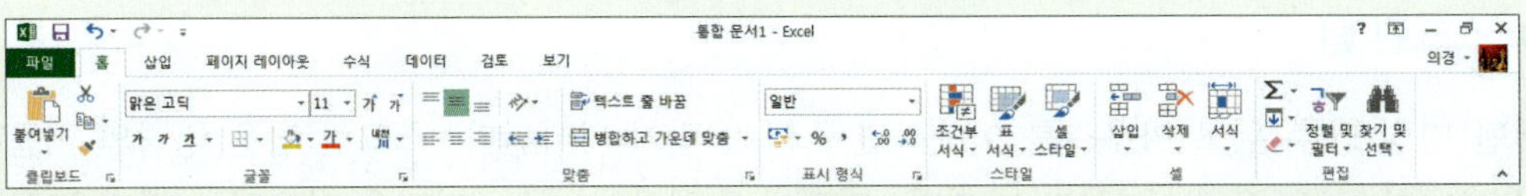

[그림 1-7] **표시된 리본**

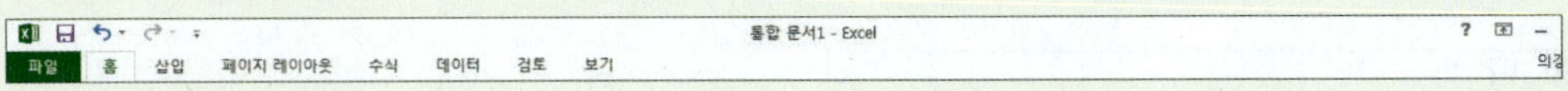

[그림 1-8] **숨겨진 리본**

① 리본을 숨기려면 현재 활성화된 탭을 더블 클릭한다. 그룹들이 사라지므로 작업 영역이 넓어진다. 리본이 최소화되어 있는 동안 리본을 사용하려면 원하는 탭을 클릭한 후, 사용할 옵션이나 명령을 클릭한다.

② 리본을 원래 상태로 완전히 되돌리려면 아무 탭이나 더블 클릭한다.

Tip 리본을 최소화하거나 복원하기 위해서 바로 가기 키 Ctrl+F1을 눌러도 된다.

Tip 엑셀에서 리본을 사용하는 방법을 익히고 나면 파워포인트, 워드 등의 프로그램을 사용하는 방법도 쉽다고 생각하게 될 것이다.

바로 가기 키

Alt를 누르면 아이콘, 탭, 명령 등의 위에 알파벳 또는 숫자(키 설명이라고 부름)가 표시된다. 표시되는 숫자나 알파벳 중에서 하나를 입력하면 해당되는 명령이 활성화된다. 예를 들어서 위의 그림에서 숫자 1은 [저장 단추] 위에 표시되어 있다. 1을 입력하면 [다른 이름으로 저장] 대화상자가 나타난다. 대화상자를 닫는다. 즉, Alt+1을 누르면 [다른 이름으로 저장] 대화상자가 나타나고, Alt+N을 누르면 삽입 탭의 내용이 나타난다.

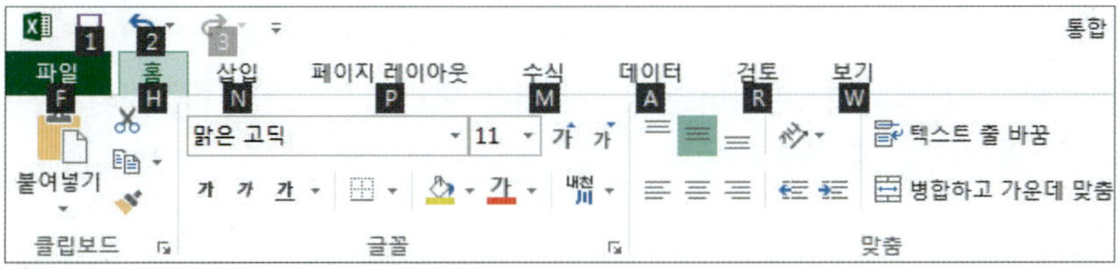

[그림 1-9] Alt를 누르면 표시되는 키 설명들

이전 버전에서 동작하던 대부분의 바로 가기 키들이 여전히 동작한다(예 Ctrl+S는 파일을 저장). 그러나 Alt를 눌렀을 때 표시되는 알파벳 또는 숫자들의 순서가 바뀌었다.

표준 탭들

❖ 홈 탭

홈 탭은 엑셀 2003 이전 버전의 표준 도구 모음과 서식 도구 모음에 존재하던 대부분의 명령들을 포함한다. 클립보드 명령(잘라내기, 복사, 붙여넣기), 글꼴, 스타일, 편집 도구 등이 펼쳐져서 표시된다. 엑셀, 파워포인트, 워드, 액세스 등에서 가장 흔히 사용되는 명령들이 홈 탭에 모여 있다. 이 탭에 포함된 명령들은 사용자가 워크시트에서 기본적인 업무들을 수행할 때 가장 흔히 사용하는 명령들이다.

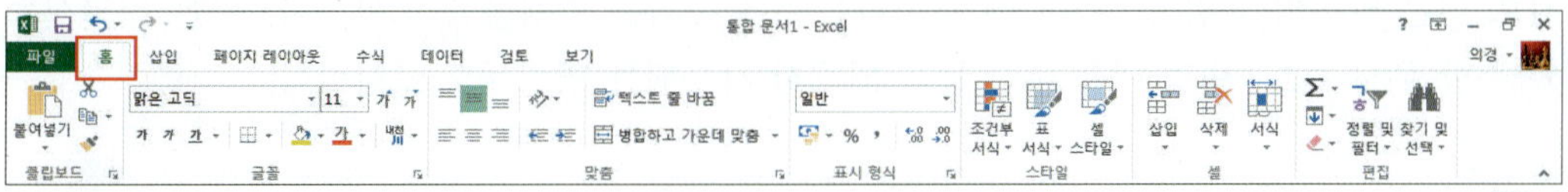

❖ 삽입 탭

삽입 탭은 표, 일러스트레이션, 차트, 스파크라인, 텍스트 등을 삽입하려 할 때 사용한다.

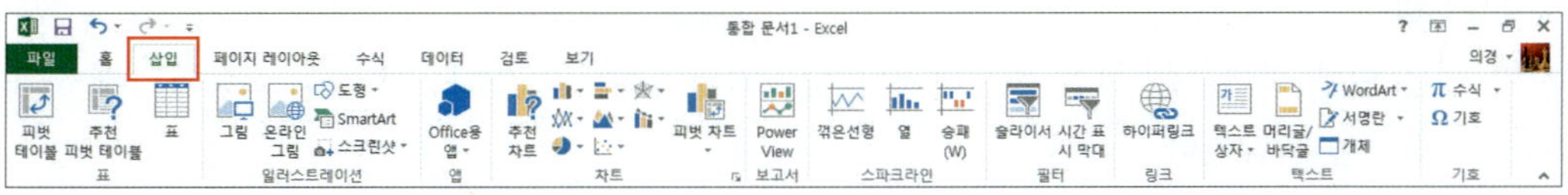

❖ 페이지 레이아웃 탭

페이지 레이아웃 탭은 테마 선택, 페이지 설정, 시트 옵션 등의 작업을 수행하는데 사용되는 명령들을 포함한다.

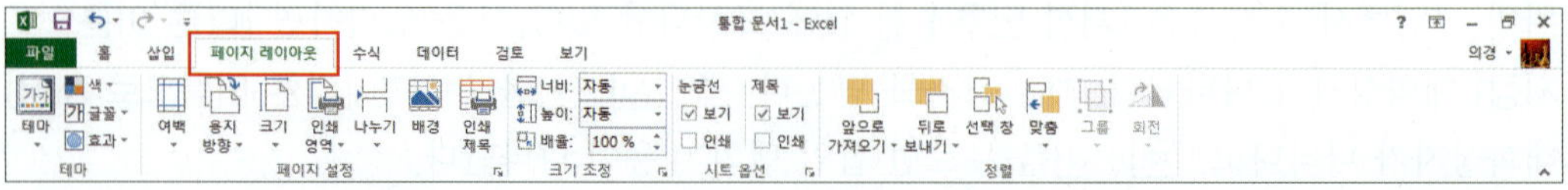

❖ 수식 탭

수식 탭은 수식을 작성하고, 분석하고, 관리하는데 사용되는 명령들을 포함한다. 정의된 이름 그룹은 데이터의 범위를 다루는데 사용된다.

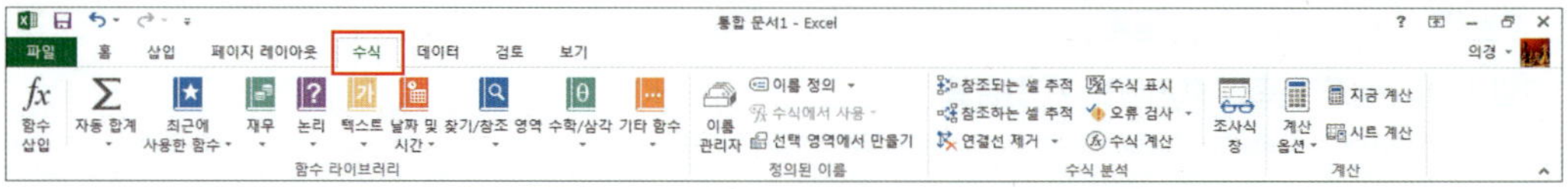

❖ 데이터 탭

데이터 탭은 데이터 목록에 대한 작업에 사용되는 명령들을 포함한다. 데이터를 가져오거나 내보내는 명령, 정렬과 필터링에 사용되는 명령, 데이터의 통합과 부분합을 구하는데 사용되는 명령들을 포함한다.

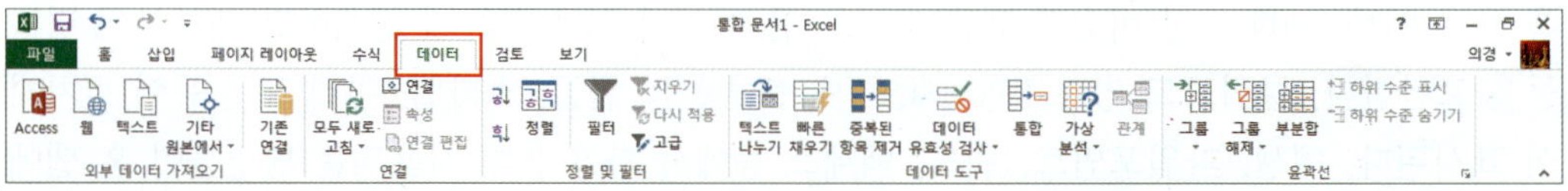

❖ 검토 탭

검토 탭은 맞춤법을 검사하거나 메모를 다는데 사용되는 명령들을 포함한다. 또한 워크시트와 통합 문서 보호, 변경 내용 추적 등을 위해서 사용되는 명령들도 포함한다.

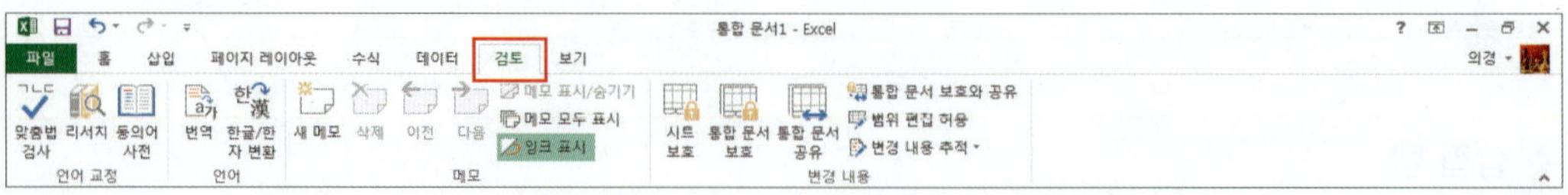

❖ 보기 탭

보기 탭은 일부 화면 요소들을 표시하거나 숨기기와 같이 워크시트 보기를 조정하는데 사용되는 명령들을 포함한다.

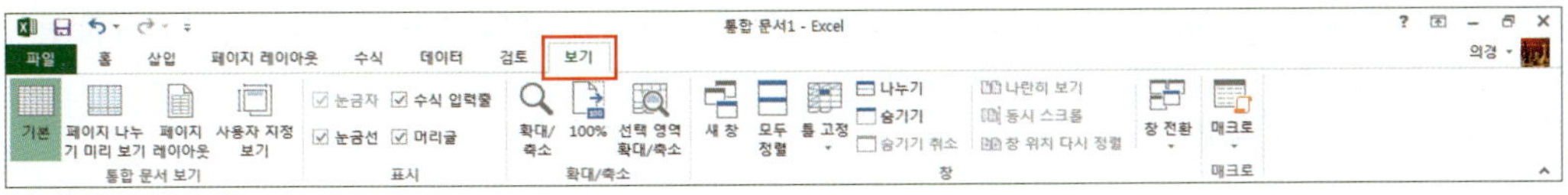

리본은 동적

모든 오피스 2013 프로그램들처럼 엑셀의 리본은 동적이다. 프로그램 창의 크기에 따라 엑셀은 어떤 그룹 내의 명령들의 외양과 레이아웃을 변경한다. 가용 공간에 따라 리본의 폭, 단추들이 다르게 표시된다. 가로 공간이 충분하면 각 탭의 그룹들이 펼쳐지고, 각 그룹에 속하는 명령들이 표시된다.

리본에 대한 수평 공간을 줄이면 작은 단추 레이블들이 사라지고, 단추들의 전체 그룹들이 하나의 단추(전체 그룹을 나타내는) 아래에 숨겨진다. 예를 들어서 홈 탭이 선택된 상태에서 엑셀 창의 너비를 줄이면 리본이 아래와 같은 모양으로 바뀐다.

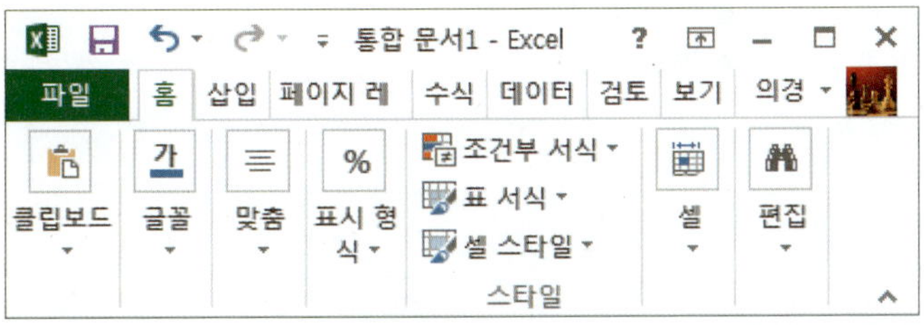

리본의 너비는 두 가지 요인에 의존한다.

- **프로그램 창의 너비:** 프로그램 창을 최대화하면 리본을 위해 가장 큰 너비를 제공한다.
- **바탕화면의 해상도:** 바탕화면의 해상도는 가로 픽셀 수 × 세로 픽셀 수로 표시한다. 바탕화면의 최대 해상도는 컴퓨터에 설치된 그래픽 카드에 의존한다. 흔히 해상도의 범위는 800×600에서 2560×1600이다. 바탕화면의 해상도가 높을수록 리본에 표시되는 단추들의 개수가 증가한다. 본 책에서 사용한 바탕화면의 해상도는 1280×1024이다. 만일 여러분이 사용하고 있는 컴퓨터의 환경이 이와 다르면 리본의 모습이 이 책과 다를 수 있다.

이 책은 전형적인 키보드와 마우스 입력 환경을 기반으로 설명한다. 이 책의 실습 단계 설명은 **[홈]** 탭-**[클립보드]** 그룹-**[복사 단추**]의 형식을 취한다.

2 파일 탭

엑셀 2010에 비해서 내용상으로 볼 때 **[파일]** 탭 파일이 가장 크게 바뀌었다. **[파일]** 탭 파일은 모든 오피스 2013 프로그램들에서 왼쪽 상단 구석에 위치한다. **[파일]** 탭 파일을 클릭하면 파일과 관련되어 자주 사용되는 명령들(예 정보, 새로 만들기, 열기, 저장, 다른 이름으로 저장, 인쇄 등)을 포함하는 창이 열린다. 이 명령들은 통합 문서 작업과 관련된다. 이 창에는 **[옵션]**과 **[최근에 사용한 통합 문서]**들도 들어 있다.

Tip 사용자가 자주 사용하는 파일들은 [최근에 사용한 통합 문서] 목록에 나타날 가능성이 높다. 핀 단추 를 클릭하여 특정 파일을 [최근에 사용한 통합 문서] 목록에 고정시킬 수 있다. 핀 단추의 모양이 꼽힌 핀의 모양 으로 바뀐다. 다시 클릭하면 문서의 고정이 해제된다.

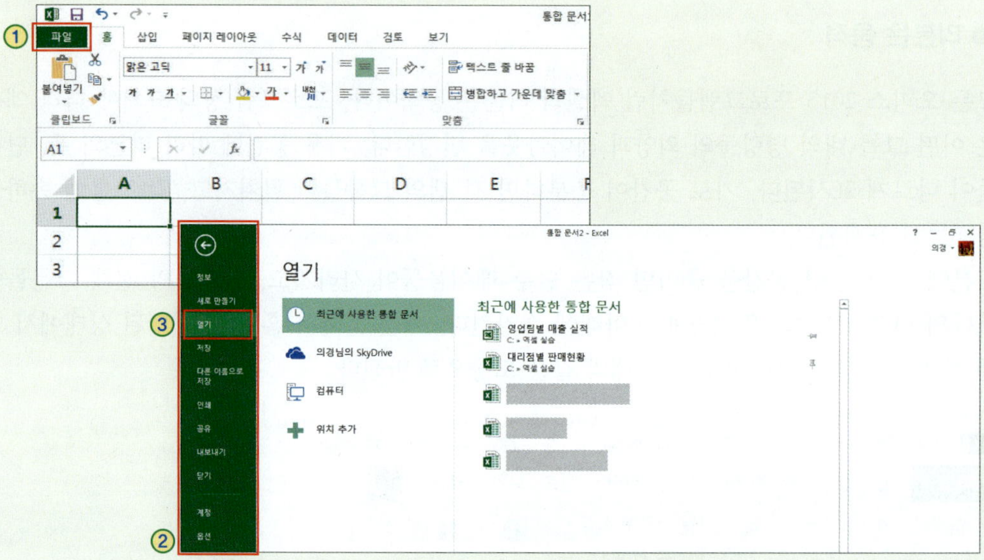

① 파일 탭 파일 을 클릭한다.
② 파일 메뉴 창이 나타난다. 메뉴의 왼쪽에는 파일에 대하여 수행할 수 있는 모든 명령들의 목록이 표시된다.
③ [열기]를 선택하면 메뉴의 오른쪽에는 최근에 열었던 문서들의 목록이 표시된다

Tip 엑셀에서 어떤 작업을 하다가 파일 탭 파일 을 클릭하는가에 따라 파일 메뉴 창이 위의 그림과 다를 수 있다.

P.46 실습하기 1-1

3 빠른 실행 도구 모음

빠른 실행 도구 모음은 현재 어떤 탭이 활성화되어 있는지에 관계없이 항상 화면 왼쪽 상단 구석에 표시된다. 디폴트로, 빠른 실행 도구 모음은 저장 , 실행 취소 , 다시 실행 과 같이 세 개의 핵심적인 명령들만 포함하지만 사용자가 원하는 명령을 빠른 실행 도구 모음에 추가하거나 삭제할 수 있다. 작업 속도를 향상시키기 위해서 빠른 실행 도구 모음을 취향에 맞도록 지정하는 것이 바람직하다.

추가하면 유용한 명령들의 예는 다음과 같다.

- ▶ 새로 만들기
- ▶ 열기
- ▶ 인쇄 미리 보기 및 인쇄

[그림 1-10] **빠른 실행 도구 모음**

어떤 명령들의 집합을 자주 사용한다면 이 명령들로 이루어진 사용자 지정 리본 탭을 만들 수도 있다. 또한 리본 상에서 일부 탭들을 숨기거나, 표시하거나, 순서를 바꿀 수도 있다.

P.48 실습하기 1-2

4 Excel 옵션 대화상자

엑셀의 대부분의 사용자 지정 기능은 파일 탭 **파일** 메뉴 창에서 [옵션]을 클릭한 후 [Excel 옵션] 대화상자에서 선택할 수 있다.

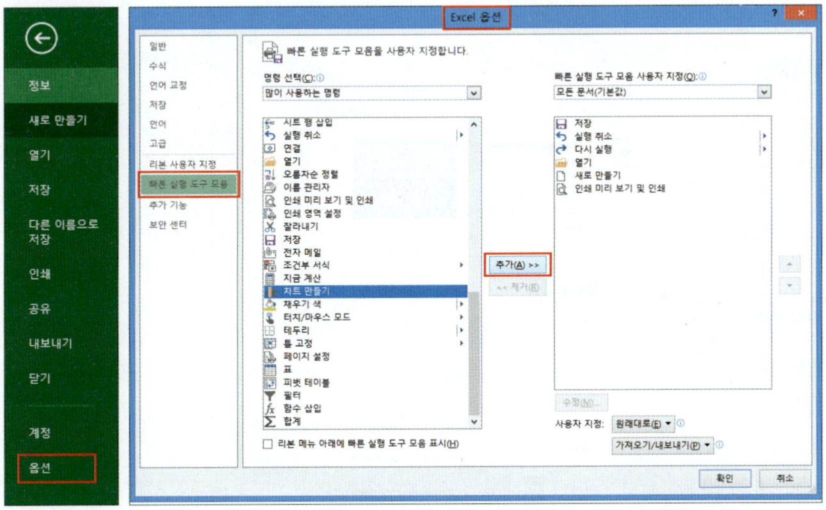

SECTION 04 통합 문서 새로 만들기

엑셀 2013에서 새 통합 문서를 생성하면 빈 통합 문서에 하나의 워크시트가 포함된다. 빈 통합 문서의 이름은 **통합 문서1**이고, 한 개의 워크시트의 이름은 Sheet1이다. 워크시트는 방대한 크기의 종이로 생각할 수 있다. 전체 워크시트 중에서 일부만 화면에 보인다.

통합 문서를 관련된 워크시트들이 함께 파일되어 있는 전자적인 링 바인더로 생각하자. 통합 문서에 워크시트를 추가하고, 삭제하고, 숨기고(삭제를 하지 않으면서), 워크시트들의 순서를 바꿀 수 있다. 또한 워크시트를 다른 통합 문서에 복사하거나 이동할 수 있다. 워크시트 관리에 관해서는 2장에서 자세히 다룬다.

빈 통합 문서에 데이터와 서식을 모두 직접 입력함으로써 통합 문서를 생성하거나 서식 파일을 사용하여 데이터만 입력하여 통합 문서를 생성할 수 있다. **서식 파일**은 미리 디자인된 통합 문서이다. 서식 파일은 사용자가 재고 목록, 담보 대출 계산기, 학급 명부 등과 같은 통합 문서를 쉽게 생성할 수 있도록 한다. 엑셀은 미리 준비된 서식 파일들을 많이 제공한다. 서식 파일은 레이블, 값, 수식, 서식 등을 포함하고 있기 때문에 사용자의 작업 시간을 절약해 준다.

❖ 새 통합 문서로부터 통합 문서 만들기

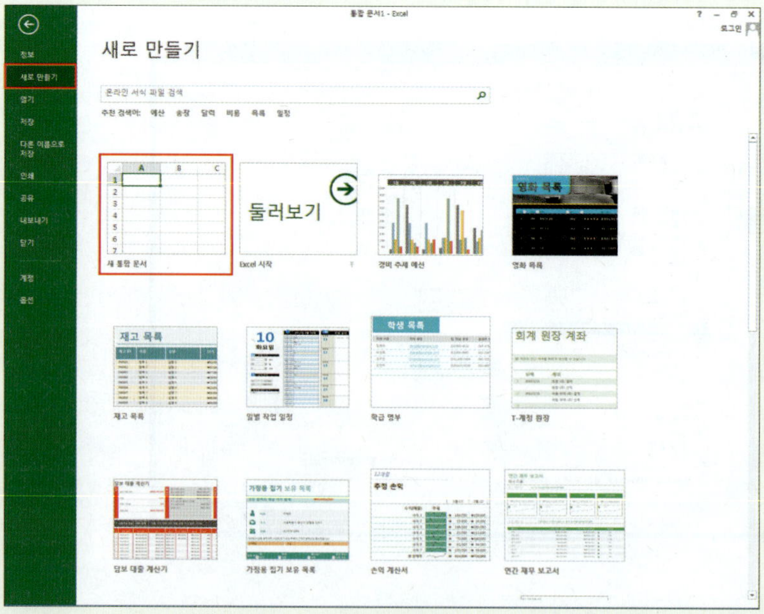

[그림 1-11] 새로 만들기 메뉴

① 엑셀 창의 왼쪽 상단에 위치한 파일 탭 **파일** 을 클릭한다.
② 파일 메뉴의 왼쪽에서 **[새로 만들기]**를 선택한다. 오른쪽에 **[새 통합 문서]**와 다수의 서식 파일들이 나타난다. 검색어를 입력하여 온라인 서식 파일을 검색할 수도 있다.
③ **[새 통합 문서]**를 클릭한다. 새 통합 문서가 화면에 나타난다. 통합 문서에는 통합 문서 다음에 번호가 붙은 이름이 자동적으로 할당된다. 이 번호는 차례로 증가한다. 통합 문서 이름은 제목 표시줄에 나타난다.

Tip [파일] 탭–[새로 만들기]를 거치지 않고, 바로 가기 키 Ctrl+N를 사용하여 새로운 빈 통합 문서를 생성할 수도 있다.

❖ 서식 파일로부터 통합 문서 만들기

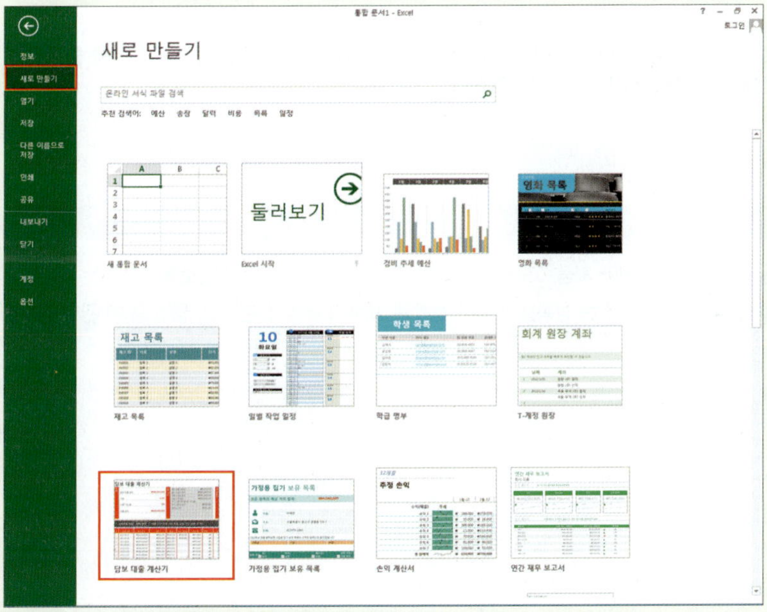

[그림 1–12] **새로 만들기 메뉴**

① 엑셀 창의 왼쪽 상단에 위치한 파일 탭 **파일** 을 클릭한다.
② 파일 메뉴의 왼쪽에서 **[새로 만들기]**를 선택한다. 오른쪽에 **[새 통합 문서]**와 다수의 서식 파일들이 나타난다. 원하는 서식 파일을 클릭한다. 검색어를 입력하여 온라인 서식 파일을 검색할 수도 있다.
③ **[담보 대출 계산기]** 서식 파일을 클릭한다.

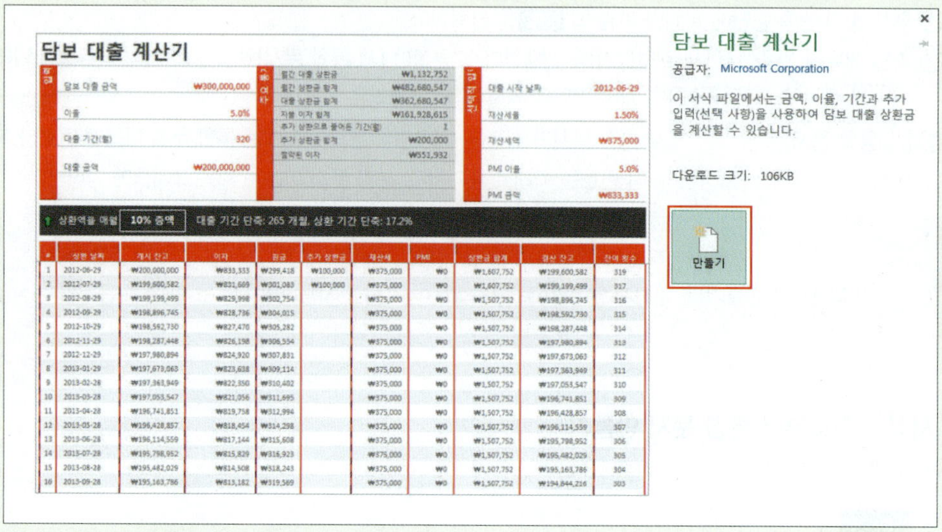

[그림 1-13] 새로 만들기 메뉴에서 [담보 대출 계산기] 서식 파일을 선택. [만들기 단추]를 클릭하면 담보 대출 계산기 통합 문서가 만들어진다.

가이드라인

통합 문서를 새로 만들 때, 각 통합 문서에 제품, 고객, 판매 등과 같이 특정 주제에 관한 정보를 포함하는 것이 바람직하다. 반면에 워크시트에는 이 주제에 속하는 항목들의 부분 집합(예 제품의 유형별, 분기별, 월별 등)에 관한 정보를 포함하는 것이 좋다.

SECTION 05 통합 문서 열기

이전에 작성해서 컴퓨터에 저장해둔 통합 문서를 다시 사용하려면 그 통합 문서를 열어야 한다.

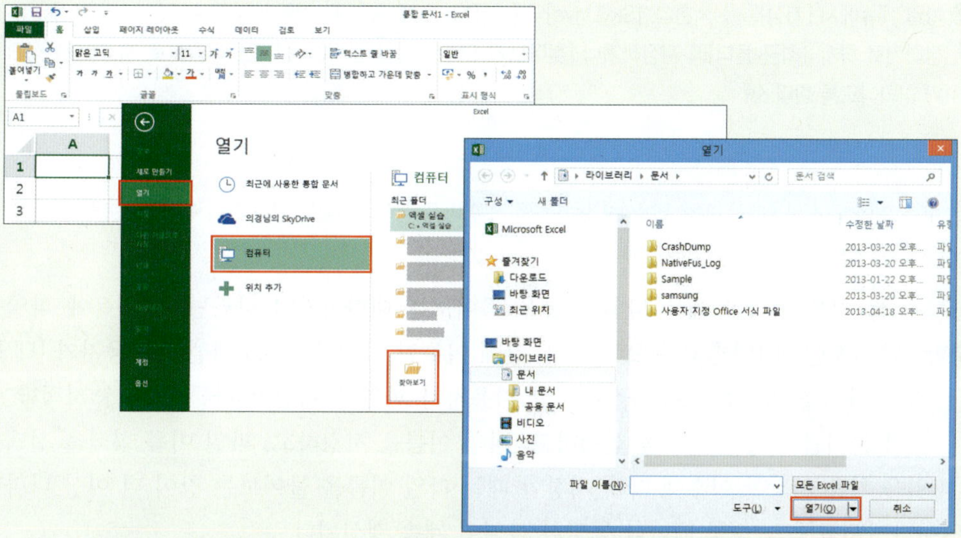

① 파일 탭 **파일**을 클릭하여 메뉴를 연다. 열려고 하는 통합 문서가 **[최근에 사용한 통합 문서]** 목록에 보이면 그 문서를 클릭한다.

② 그렇지 않으면, [SkyDrive] 또는 **[컴퓨터]**를 클릭한 후 통합 문서가 **[최근 폴더]**에 보이는가 살펴본다. **[찾아보기 단추** 찾아보기**]**를 클릭하면 **[열기]** 대화상자가 나타난다. **[열기]** 대화상자에서 엑셀 파일이 저장된 폴더를 찾는다. **[열기]** 대화 상자에는 컴퓨터에서 파일이 저장된 위치를 쉽게 찾아가도록 하는 단추들이 여러 개 있다. 열고자 하는 파일을 선택한 후 **[열기]**를 클릭하여 통합 문서를 연다.

Tip 바로 가기 키 Ctrl+O를 눌러서 [열기] 대화상자가 나타나도록 할 수 있다.

엑셀 2003 이전 버전을 사용하여 저장된 통합 문서(확장자가 .xls)도 엑셀 2013에서 열 수 있다. 이런 경우에는 파일이 열린 후에 그 통합 문서의 파일 이름 다음에 **[호환 모드]**가 표시된다. 엑셀 2013에서 **[Excel 97-2003 통합 문서]** 형식의 통합 문서를 읽어서 작업한다면 어떤 기능들은 사용할 수 없거나 엑셀 2013 통합 문서 내에서 제공되는 전체 옵션들이 안 보일 수 있다.

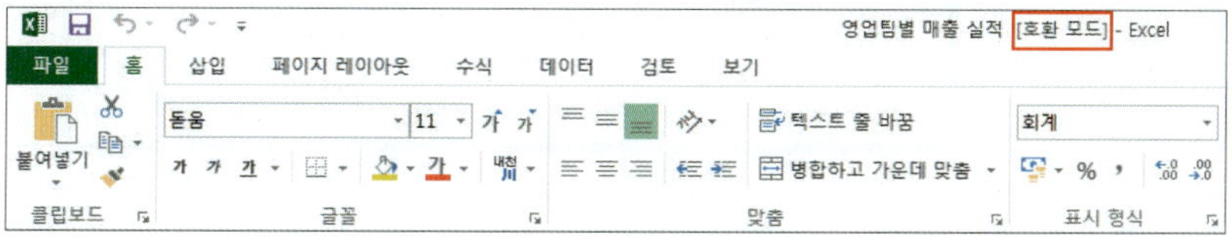

SECTION 06 통합 문서 저장하기

지금 작성한 통합 문서를 나중에 다시 사용하려면 디스크에 저장해야 한다.

① 엑셀 창의 상단 왼쪽 구석에서 파일 탭 **파일**을 클릭한다.

② 파일 메뉴에서 **[저장]**을 선택한다. [SkyDrive]나 **[컴퓨터]** 등에 통합 문서를 저장할 수 있다. **[컴퓨터]**에 저장하기로 하자. **[최근 폴더]**에 저장하거나 **[찾아보기 단추 찾아보기]**를 클릭하여 **[다른 이름으로 저장]** 대화상자가 나타나도록 한다.

Tip 빠른 실행 도구 모음에서 [저장 단추]를 클릭하거나 바로 가기 키 Ctrl+S를 눌러서 저장할 수도 있다.

통합 문서를 처음 저장할 때는 파일 이름을 물어보는 대화상자가 나타난다. 처음에 파일을 저장할 때는 **[저장]**과 **[다른 이름으로 저장]** 간에 아무런 차이가 없다. 엑셀은 사용자가 **[내 문서]** 폴더에 파일을 저장한다고 가정하지만 사용자가 파일을 저장할 다른 폴더를 지정할 수 있다. 통합 문서를 저장한 폴더를 선택하고, 파일 이름을 지정하고, 파일 이름 형식을 선택한다. 파일을 처음 저장한 이후에 다시 저장할 때는 파일 이름을 물어보는 창이 더 이상 나타나지 않는다. **[저장]**을 클릭할 때마다 동일한 파일이 계속 갱신된다.

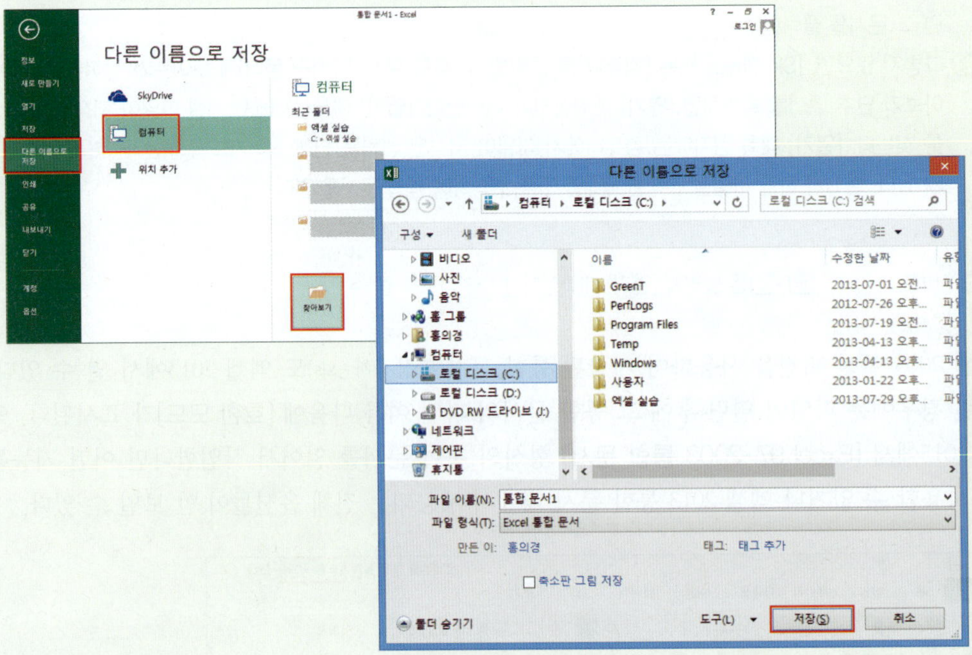

드라이브 이름, 폴더 이름, 파일 확장자, 공백을 포함하여 통합 문서(파일)의 이름으로 255개의 문자까지 사용할 수 있다. 통합 문서의 내용을 잘 함축하는 의미 있는 이름을 부여하고, 적합한 폴더에 저장하도록 하자. 이렇게 하면 나중에 이 통합 문서를 찾는 것이 쉬워진다. 이름을 읽기 쉽게 만들기 위해서 대문자를 사용할 수 있지만 운영체제는 파일 이름 내의 대소문자를 구분하지 않는다. 파일 이름에 사용할 수 없는 문자들은 아래와 같다.

/ ? ₩ " > : < ; * |

Tip 파일을 처음 저장하면서 이름을 지정한 이후에는 빠른 실행 도구 모음에서 [저장 단추]를 클릭하기만 하면 된다. 주기적으로 파일을 저장하는 것을 잊지 마라.

❖ 통합 문서를 저장하는 파일 형식

파일 탭 **파일** 을 클릭한 후 나타나는 메뉴에서 통합 문서를 처음 저장하기 위하여 **[저장]**을 선택하거나 그 이후 **[다른 이름으로 저장]**을 선택하여, 통합 문서를 여러 형식으로 저장할 수도 있다. 마이크로소프트는 오피스 2007부터 오피스 프로그램의 파일 형식을 변경하였다. 묵시적으로 엑셀 2013은 XML 형식인 확장자 .xlsx로 파일을 저장한다. 엑셀 2013에서 작성한 통합 문서의 사본을 엑셀 2003 이전 버전을 사용하고 있는 동료에게 이메일에 첨부하여 보내고자 한다면 통합 문서를 **[Excel 97-2003 통합 문서]** (확장자 .xls)로 저장할 필요가 있다. 엑셀 2003 이전 버전의 형식으로 저장할 때 일부 기능이 손실되는 경우에는 경고 창이 나타난다. **[Excel 바이너리 통합 문서]** 형식은 파일 크기가 작기 때문에 큰 통합 문서를 쉽게 저장한다. PDF 형식으로 통합 문서를 저장할 수도 있다. 통합 문서를 PDF 파일 형식으로 저장하면 나중에 이 파일을 편집할 수 없으므로, **[Excel 통합 문서]** 형식으로도 따로 저장하도록 한다.

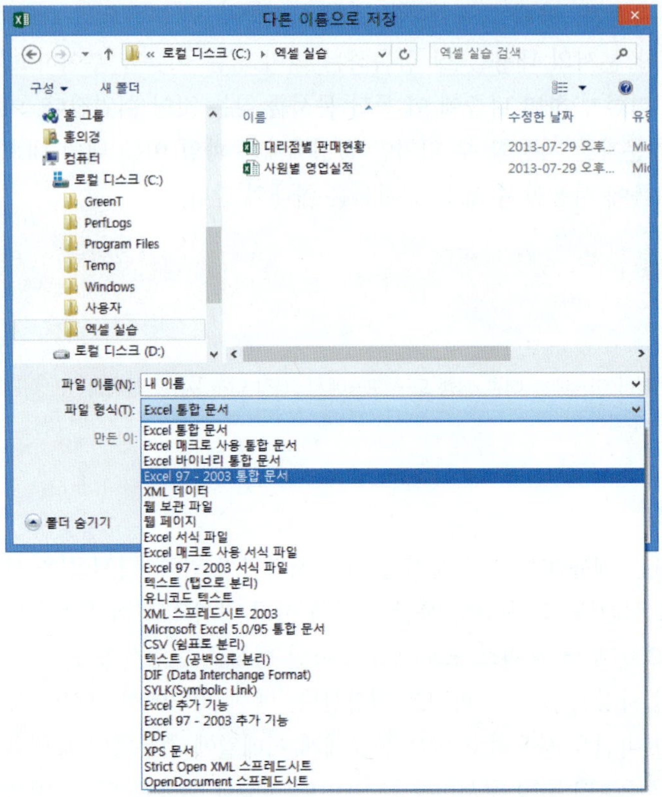

[그림 1-14] **통합 문서 파일 형식**

클라우드의 중요성이 증가하고 있기 때문에 이제 [SkyDrive]는 파일 저장 위치의 중요한 후보가 되었다. 실제로 엑셀 2013에서는 엑셀의 저장 위치를 사용하여 변경하지 않는 한 [SkyDrive]가 디폴트 저장 장소이다.

가이드라인

통합 문서를 주기적으로, 특히 통합 문서를 크게 수정한 후에 저장하는 것은 매우 바람직한 습관이다. 매우 짧은 시간에 파일이 저장되기 때문에 작업 속도에 방해되지 않는다. 사용자들은 흔히 "얼마나 자주 파일을 저장해야 하는가?"를 궁금해 한다. 약 30분마다 또는 5분마다 저장하는 것도 좋은 습관이지만 가장 좋은 시점은 다시 반복하기가 정말 싫을 만큼의 작업을 수행한 후마다 파일을 저장하도록 하자.

P.50 실습하기 1-3

SECTION 07 통합 문서 닫기와 엑셀 종료하기

어떤 통합 문서에 대한 작업이 끝났으면 디스크에 파일로 저장한 후 그 통합 문서를 닫는다. 통합 문서만 닫으면 엑셀은 종료되지 않는다. 엑셀에서 모든 작업을 마친 후에는 엑셀을 종료해야 한다. 엑셀을 종료하면 통합 문서도 자동적으로 닫힌다.

파일 메뉴의 [닫기]를 선택하거나 [창 닫기 단추 ✕]를 클릭하는 방법으로 통합 문서를 닫거나 엑셀을 종료할 수 있다. 마지막으로 저장한 후 수정한 통합 문서를 저장하지 않거나 문서에 이름을 부여하지 않은 채 통합 문서를 닫거나 엑셀을 종료하려고 하면 사용자에게 통합 문서를 저장하라는 메시지 상자가 나타난다.

통합 문서만 닫으려면 파일 탭 파일 을 클릭한 후 파일 메뉴에서 [닫기]를 선택한다. 엑셀을 종료하려면 엑셀 창의 오른쪽 위 모서리에 위치한 [창 닫기 단추 ✕]를 클릭한다.

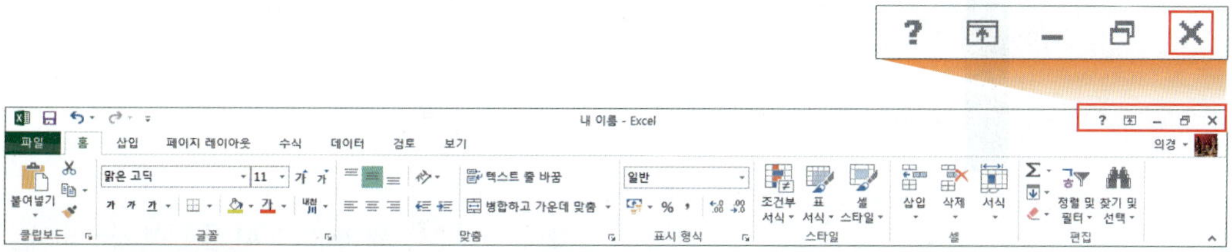

[그림 1-15] **엑셀 종료**

Tip 통합 문서를 닫는 바로 가기 키는 Ctrl+W이다.

> **가이드라인**
>
> 어떤 통합 문서에 대한 작업을 마치고 나면 그 통합 문서를 닫는 것이 좋다. 열려 있는 통합 문서는 컴퓨터의 자원을 소비하게 된다. 열려 있는 파일이 적을수록 컴퓨터의 속도가 빨라진다.

실습하기 1-1

실습파일 필요없음

파일 탭 파일 사용하기

실습 설명 파일 탭 파일 을 클릭하면 엑셀에서 파일 관리 명령들을 사용할 수 있다. 이번 실습에서는 파일 탭 파일 을 클릭한 후 사용할 수 있는 몇 개의 메뉴들의 사용 방법을 알아보자.

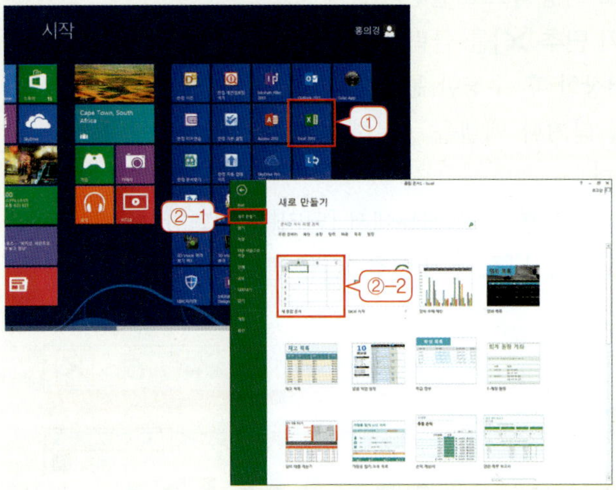

① 윈도 8의 바탕화면에서 엑셀 2013의 아이콘을 클릭하여 엑셀을 실행한다.

② **[새 통합 문서]**를 클릭하여 빈 통합 문서를 만든다.

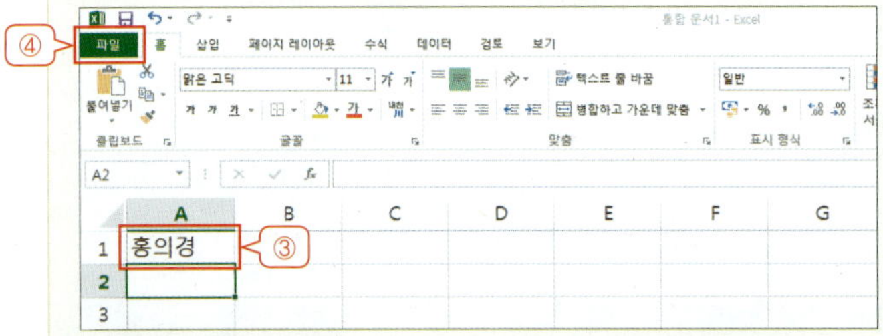

③ 워크시트의 A1 셀 안에 자신의 이름을 입력한 후 Enter 를 누른다.

④ 파일 탭 파일 을 클릭한다.

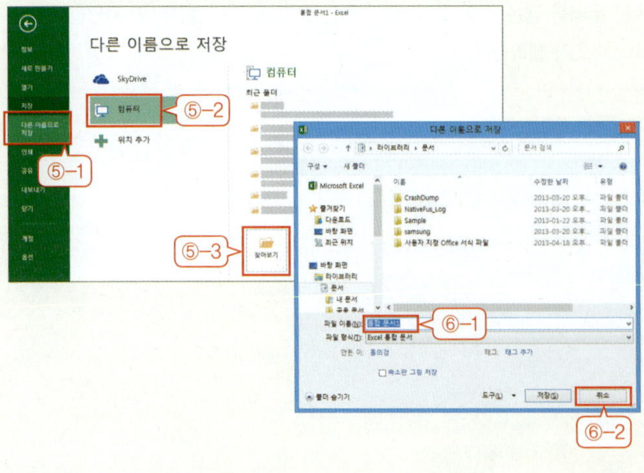

⑤ 파일 메뉴 왼쪽에서 **[저장]** 또는 **[다른 이름으로 저장]**을 선택하고, 오른쪽에서 **[컴퓨터]**를 클릭하고, **[찾아보기 단추** 찾아보기**]**를 클릭한다.

⑥ **[다른 이름으로 저장]** 대화상자가 나타난다. 이 통합 문서에 대한 디폴트 파일 이름으로 통합 문서 다음에 숫자가 붙은 이름이 표시된다. 저장하지 말고, **[취소]**를 클릭한다.

파일 탭 파일 사용하기

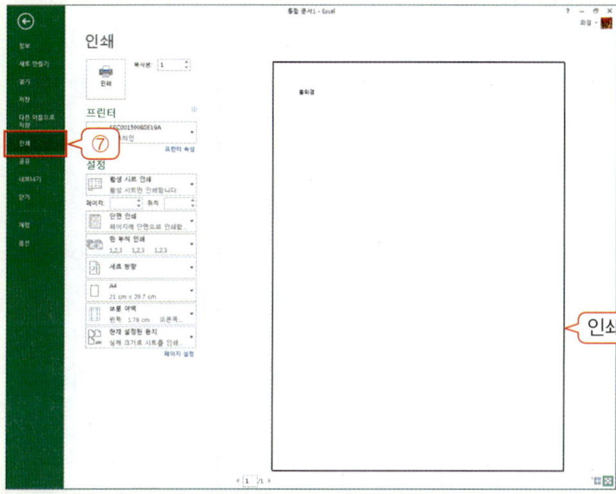

⑦ 파일 메뉴 왼쪽에서 **[인쇄]**를 선택한다. 오른쪽에 용지의 크기, 인쇄 방향, 프린터 종류 등이 표시된다. 프린터가 컴퓨터에 연결되어 있으면 **[인쇄 단추 🖶]**를 클릭하여 인쇄할 수 있다.

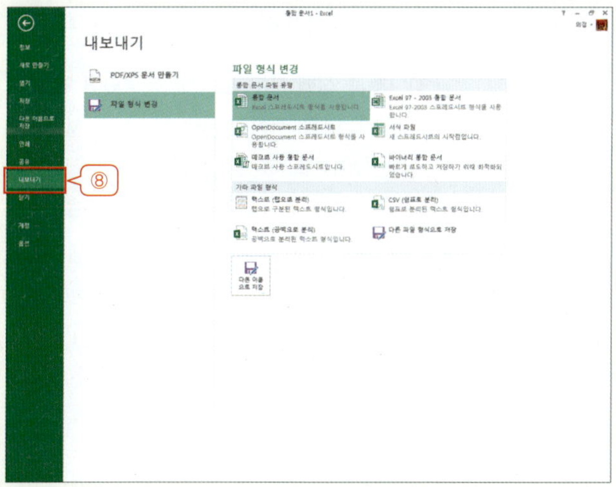

⑧ 파일 메뉴 왼쪽에서 **[내보내기]**를 선택한다. 작성한 통합 문서의 파일 형식(PDF 형식 포함)을 지정할 수 있다.

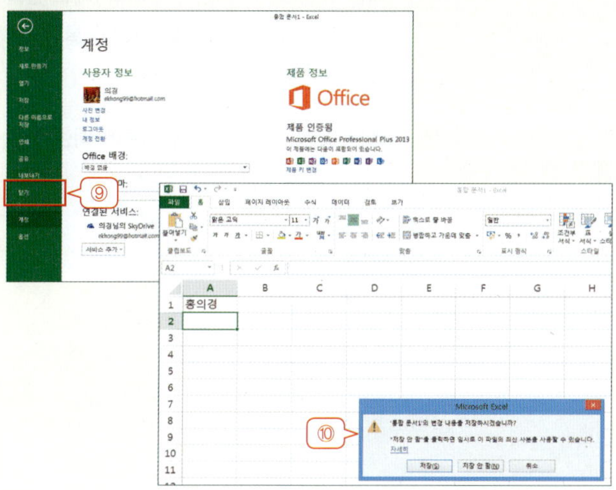

⑨ 파일 메뉴 왼쪽에서 **[계정]**을 선택한다. 사용자의 이메일 주소와 오피스 제품에 관한 정보 등이 오른쪽에 나타난다.

⑩ 파일 메뉴 왼쪽에서 **[닫기]**를 선택한다. 통합 문서를 저장하지 않은채 통합 문서를 닫으려고 하면 저장 여부를 묻는 메시지 상자가 나타난다. **[저장 안 함]**을 클릭한다.

실습하기 1-2

실습파일 필요없음

빠른 실행 도구 모음 사용자 지정

실습 설명

빠른 실행 도구 모음은 엑셀 화면의 왼쪽 상단 구석에 위치한 작은 도구 모음이다. 명령 단추를 추가하거나 제거함으로써 빠른 실행 도구 모음을 사용자 취향에 맞게 조정할 수 있다. [빠른 실행 도구 모음 사용자 지정 단추 ▼]를 포함하여 두 가지 방법으로 사용자 지정할 수 있다.

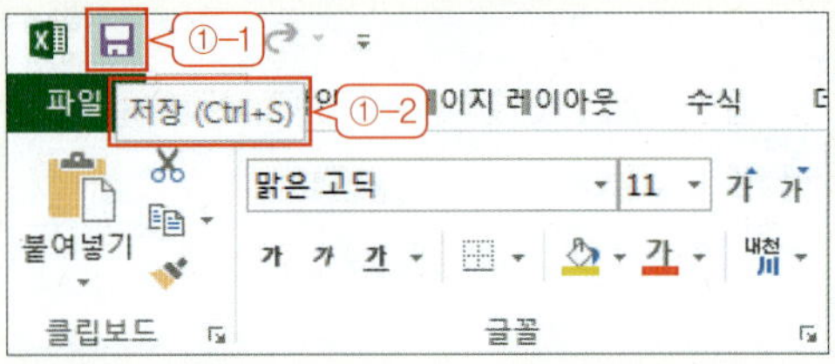

① 엑셀을 실행한 후 새 통합 문서를 연다. **[빠른 실행 도구 모음]** 위에서 첫 번째 **[단추]** 위로 마우스 포인터를 이동하여 스크린팁에서 단추의 이름과 바로 가기 키를 확인한다.

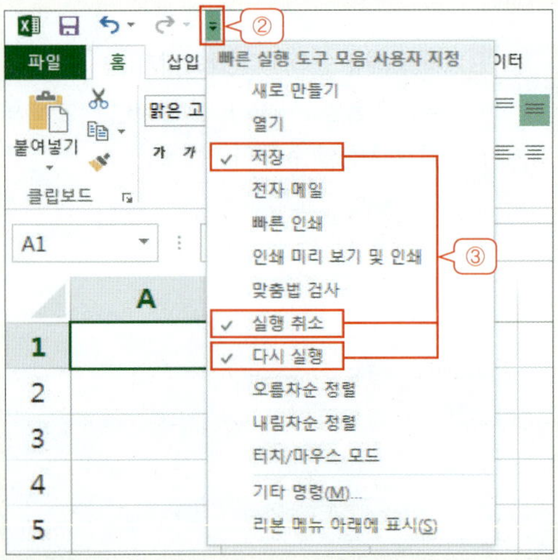

② **[빠른 실행 도구 모음 사용자 지정 단추 ▼]**를 클릭하여 메뉴가 표시되도록 한다.

③ **[빠른 실행 도구 모음]**에 등록되어 있는 세 개의 명령([저장], [실행 취소], [다시 실행]) 왼쪽에 체크 표시가 보인다.

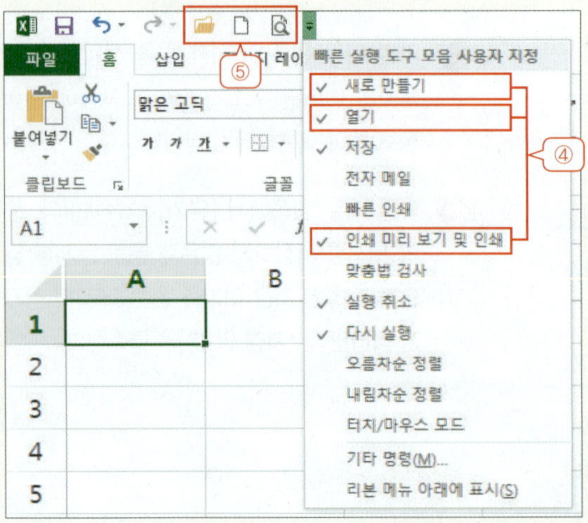

④ **[빠른 실행 도구 모음]**에 추가할 **[새로 만들기]**, **[열기]**, **[미리보기 및 인쇄]**를 클릭하여 체크 표시가 나타나도록 하자.

⑤ **[빠른 실행 도구 모음]**에 이들에 대한 아이콘이 추가된 것을 알 수 있다.

빠른 실행 도구 모음 사용자 지정

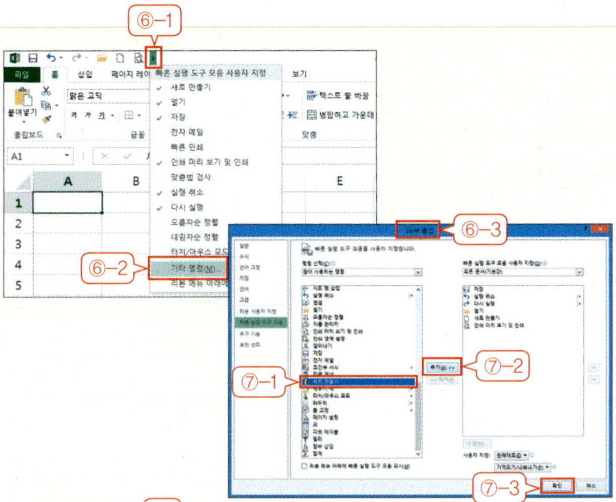

⑥ [빠른 실행 도구 모음 사용자 지정] 메뉴에서 [기타 명령]을 선택한다. [Excel 옵션] 대화상자가 나타난다. 이 대화상자에서 다양한 명령들을 [빠른 실행 도구 모음]에 추가하거나 제거할 수 있다.

⑦ 차트 만들기를 클릭한 후 [추가 단추 추가(A) >>]를 클릭해 보자. [확인]을 클릭한다.

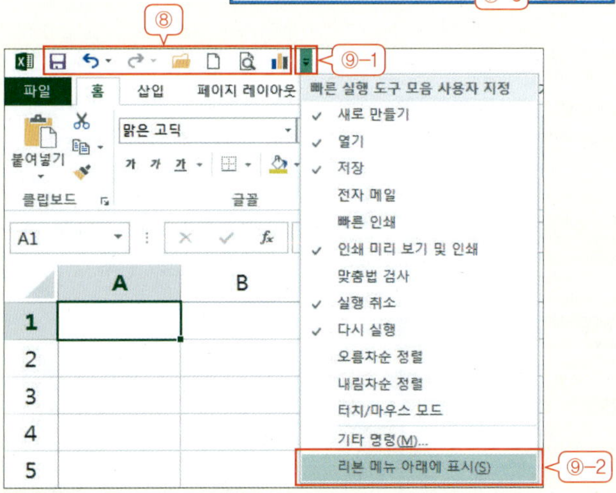

⑧ 이제 [빠른 실행 도구 모음]에 여러 개의 명령들이 등록되었다.

⑨ [빠른 실행 도구 모음 사용자 지정 단추 ▼]를 클릭한 후 [리본 메뉴 아래에 표시]를 선택한다.

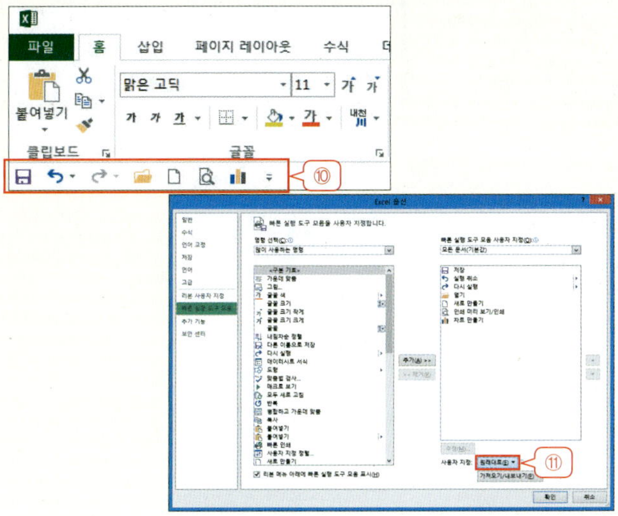

⑩ [빠른 실행 도구 모음]이 리본 아래로 이동된다.

⑪ 이 책을 실습하는 화면을 쉽게 따라가기 위해서, [Excel 옵션] 대화상자의 오른쪽 아래에서 [원래대로 원래대로(E) ▼]를 클릭한 후 빠른 실행 도구 모음을 원래 상태로 되돌리도록 하자.

실습하기 1-3

실습파일 필요없음

새 통합 문서 저장하기

실습 설명

몇 시간 동안 작업한 결과가 컴퓨터가 다운되는 바람에 모두 날아가면 무척 허탈할 것이다. 따라서 작업한 내용을 주기적으로 저장하는 것이 중요하다. [저장] 또는 [다른 이름으로 저장]은 컴퓨터의 주기억 장치(RAM)에 있는 통합 문서를 하드 디스크나 플래시 메모리에 저장한다. 사용자는 나중에 이 통합 문서를 다시 사용할 수 있다.

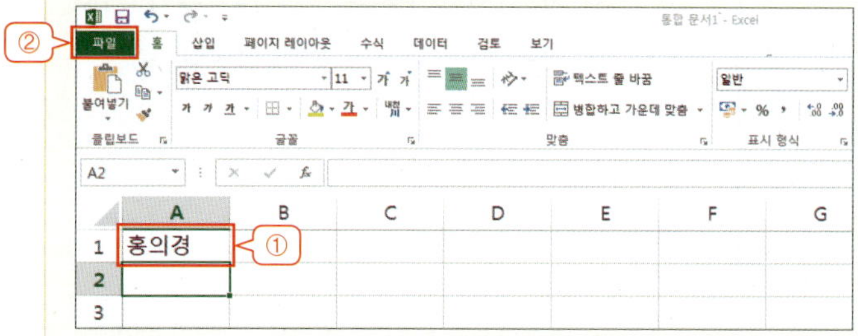

① 엑셀을 실행한 후 새 통합 문서를 연다. A1 셀에 자신의 이름을 입력한다.

② 파일 탭 **파일** 을 클릭한다.

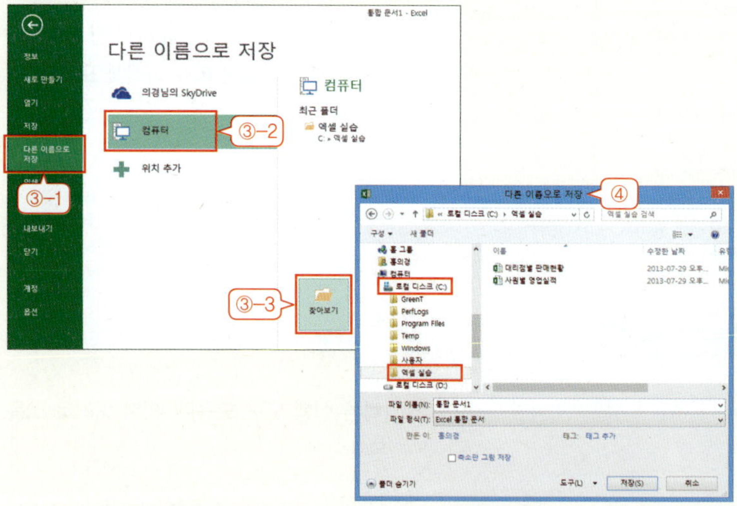

③ 파일 메뉴 왼쪽에서 [저장] 또는 [다른 이름으로 저장]을 선택하고, 오른쪽에서 [컴퓨터]를 클릭하고, [찾아보기 단추 찾아보기]를 클릭한다.

④ [다른 이름으로 저장] 대화상자가 나타난다. 대화상자에서 통합 문서를 저장할 폴더를 선택하자. 이 예에서는 C:\엑셀 실습 폴더에 저장한다고 가정한다.

새 통합 문서 저장하기

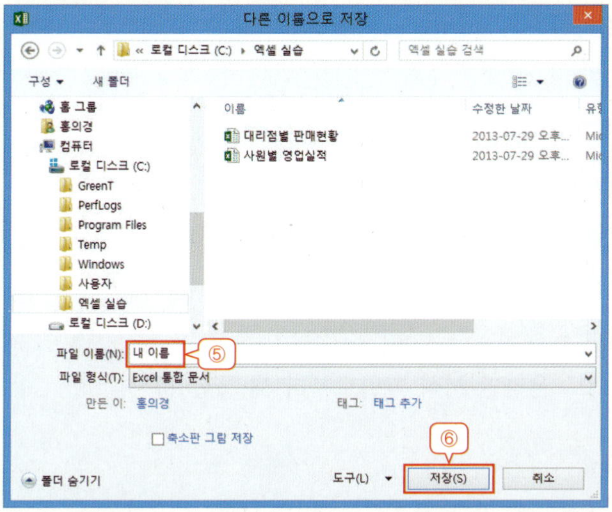

⑤ 엑셀은 **[파일 이름]** 상자에 디폴트 통합 문서 이름(통합 문서 다음에 숫자가 붙은 이름)을 새로운 파일 이름으로 제시한다. **[파일 이름]** 상자에 '내 이름'을 입력한다.

⑥ **[저장]** 단추를 클릭하면 파일이 **[Excel 통합 문서]** 형식(확장자 .xlsx)으로 저장된다.

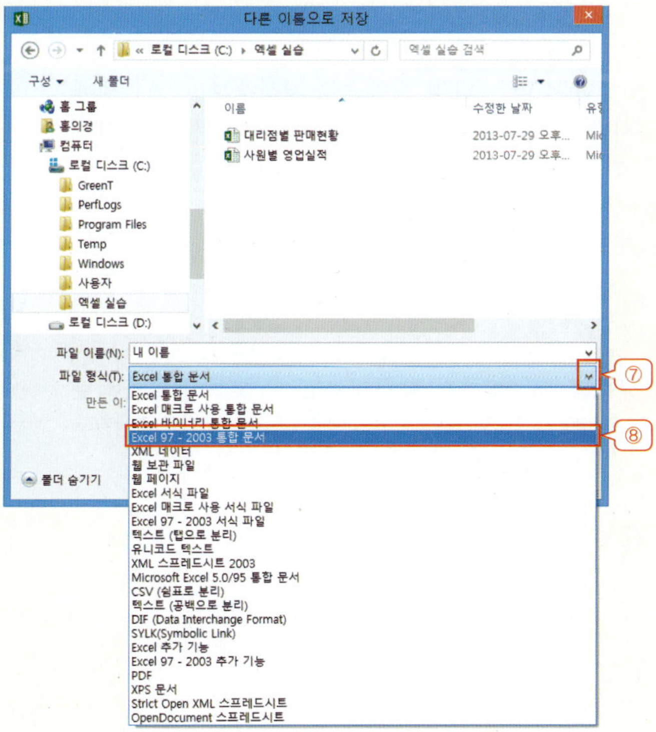

⑦ 엑셀의 디폴트 형식인 **[Excel 통합 문서]** 이외의 형식으로 통합 문서를 저장하려면 **[파일 형식]**의 드롭다운 화살표 ⌄를 클릭한 후 원하는 형식을 선택한다.

⑧ 엑셀 2003 버전을 사용하고 있는 동료에게 이메일로 파일을 보내기 위해서 **[Excel 97 – 2003 통합 문서]**를 선택하고, **[저장]**을 클릭한다.

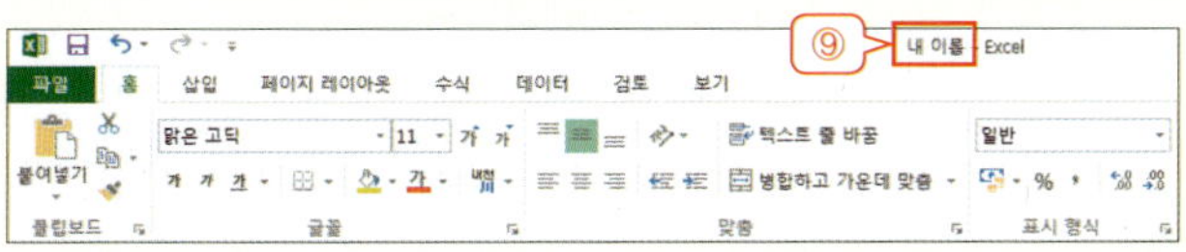

⑨ 화면 상단의 제목 표시줄에 새로운 파일 이름이 나타나는 것을 주목하라.

연습문제 EXERCISE

1. 여러분의 컴퓨터에서 엑셀 2013을 실행하라.

2. 엑셀 2013의 화면 구성요소에 익숙해지기 위해서 탭, 그룹, 명령들을 클릭해보라.

3. 파일 탭을 클릭해서 열어보라. 빠른 실행 도구 모음을 리본 아래로 이동해보라. 빠른 실행 도구 모음을 다시 리본 위로 이동해보라.

4. 새 통합 문서를 생성하라. 마이크로소프트 온라인 서식 파일로부터 새 통합 문서를 생성하라.

5. 이전에 저장해 둔 통합 문서를 열어보라.

6. 새 통합 문서를 생성하고, **"저장된 통합 문서"**라는 파일 이름으로 저장해보라. A1 셀에 자신의 이름을 입력하고 그 통합 문서를 **"수정된 통합 문서"**라는 새로운 이름으로 저장해보라.

7. 열려 있는 통합 문서를 닫아보라.

8. 워크시트를 여러 가지로 확대/축소해보라. 200%까지 확대해보고, 70%까지 축소해보고, 다시 100%로 되돌려보라.

9. 워크시트를 이름이 **'판매 서식'**인 서식 파일로 저장하라.

10. [Excel **옵션**] 대화상자에서 엑셀에 입력하는 글꼴의 크기를 11, 글꼴을 '바탕', 새 시트에 포함할 시트 수를 3으로 지정해보라.

11. 리본을 최소화해보고, 다시 원래 모양으로 되돌려보라.

12. 엑셀에서 생성한 통합 문서를 스카이 드라이브(SkyDrive)에 저장하라. 파일 탭 **파일** 을 누르고, **[다른 이름으로 저장]**을 선택한 후 오른쪽에서 **스카이 드라이브**를 클릭한다. 통합 문서를 스카이 드라이브에 저장하려면 마이크로소프트의 계정을 갖고 있어야 하며, 이 계정으로 로그인해야 한다.

13. 엑셀에서 통합 문서를 HTML 형식으로 저장할 수 있다. HTML은 인터넷 익스플로러와 같은 웹 브라우저가 읽는 언어이다. HTML 형식으로 저장하면 그 통합 문서가 인터넷이나 인트라넷에서 디스플레이 될 수 있다. 통합 문서를 웹 형식으로 저장해보라.

워크시트 기초와 데이터 입력

엑셀이 제공하는 계산, 정렬, 차트, 가상 분석 기능 등을 활용하려면 먼저 워크시트에 데이터를 입력해야 한다. 본 장에서는 워크시트에 입력하는 데이터의 유형, 데이터 입력, 데이터 편집, 자동 채우기 등 엑셀의 핵심 기능을 설명한다.

CHAPTER 2

워크시트 기초와 데이터 입력

SECTION 01 워크시트 기초

❖ 워크시트 구조

워크시트는 행, 열, 셀들로 이루어진다. 열들은 A, B, C, …처럼 알파벳 머리글을 제목으로 갖는다. 행은 1, 2, 3, …처럼 숫자 머리글을 갖는다.

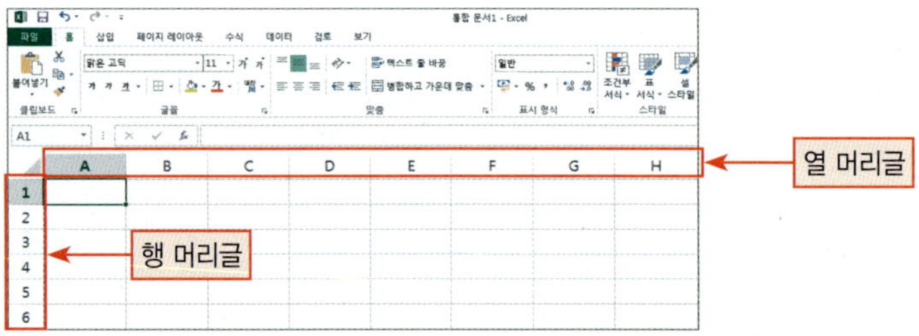

[그림 2-1] 행과 열

❖ 워크시트의 크기

워크시트의 크기는 방대하다. 하나의 워크시트는 1,048,576개의 행과(1~1,048,576) 16,384개의 열(A~XFD)을 가진다. 이는 데이터를 입력하거나 계산을 수행할 수 있는 셀을 170억 개 가진다는 것을 의미한다. 또한 하나의 통합 문서(파일)는 255개까지의 워크시트를 포함한다. 아마도 엑셀이 제공하는 공간보다는 사용 중인 컴퓨터의 메모리(RAM) 용량에 제한을 받을지 모른다.

워크시트에 이처럼 대규모 데이터를 입력할 수 있지만, 워크시트의 작은 영역에서 작업하면 워크시트를 다루기가 좀 더 쉬워진다. 만일 방대한 양의 연관된 데이터를 다뤄야 하면 통합 문서 내의 여러 워크시트에 적절히 데이터를 분배하는 것이 좋다.

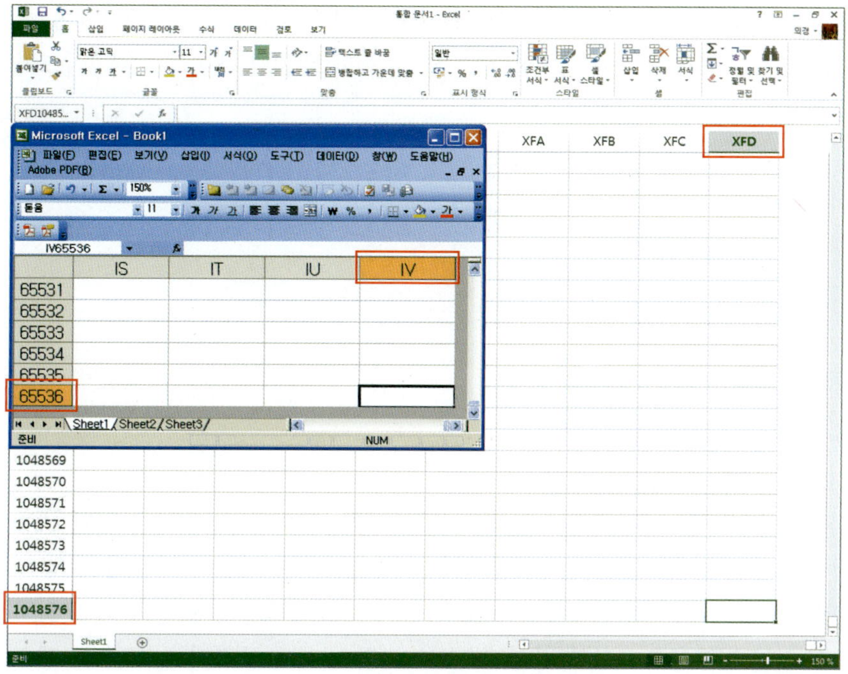

[그림 2-2] 안쪽의 화면은 엑셀 2003, 바깥쪽의 화면은 엑셀 2013

❖ 셀과 셀 주소

셀은 행과 열이 교차하는 곳이다. 열 번호를 나타내는 알파벳과 행 번호를 나타내는 숫자를 결합하여 특정 셀을 식별한다. 이를 **셀 참조** 또는 **셀 주소**라고 부른다. [그림 2-3]의 왼쪽은 사용자가 새로운 통합 문서를 열었을 때의 화면이다. 왼쪽 위 구석에 위치한 첫 번째 셀이 **현재 셀**이다. 현재 셀이 위치한 열 머리글과 행 머리글의 색깔이 강조되어 표시된다. 현재 셀의 테두리는 진한 선으로 표시된다. 왼쪽 그림에서 현재 셀의 셀 주소는 A1이다. 현재 셀의 셀 참조가 이름 상자에 표시된다.

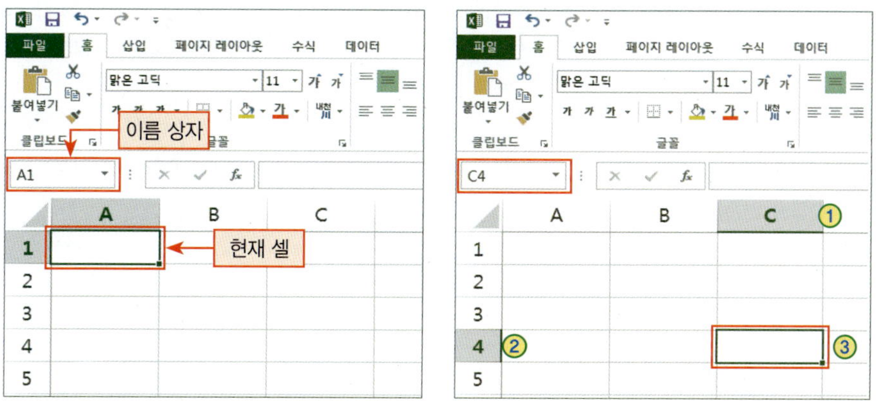

[그림 2-3] 현재 셀

사용자가 입력하는 데이터는 현재 셀에 들어간다. 워크시트 내의 임의의 셀을 클릭하여 현재 셀로 만든 후 데이터를 입력한다. 예를 들어서 C 열의 4 행에 위치한 셀을 클릭하면 [그림 2-3]의 오른쪽 그림처럼

① C 열이 강조되어 표시된다.
② 4 행이 강조되어 표시된다.
③ 현재 셀인 C4의 테두리가 진한 선으로 표시된다.

Tip 셀 주소는 대문자 소문자를 구분하지 않는다.

❖ 수식 입력줄

수식 입력줄은 리본과 열 머리글 사이에 위치한다. 어떤 셀을 선택하면 그 셀에 입력된 내용을 보여준다. 수식 입력줄은 수식을 표시하고, 셀은 수식의 결과를 표시하기 때문에 수식 입력줄에 표시되는 내용과 셀에 표시되는 내용이 서로 다를 수 있다. 데이터 또는 수식을 입력할 때 수식 입력줄의 다른 단추들도 활성화된다. ✕를 누르면 현재의 동작이 취소되고, 셀의 내용이 지워진다. ✓를 누르면 셀에 데이터가 입력된다.

❖ 워크시트 작성 단계

일반적으로 아래의 네 단계를 거쳐 워크시트를 작성하자. 아무런 계획없이 워크시트를 만드는 것보다 훨씬 더 훌륭한 워크시트를 만들 수 있을 것이다.

① **계획 단계**: 데이터를 입력하기 전에 워크시트의 목적과 레이아웃을 계획한다. 이는 어떤 데이터를 입력하고, 어떤 계산을 수행하고, 어떤 결과를 얻고자 하는지를 명시하는 것이다.
② **입력과 편집**: 워크시트에 레이블, 숫자, 수식 등을 입력한다. 입력하는 과정에 실수를 저지를 수 있다. 이런 경우에는 편집을 통해서 실수를 수정한다. 입력과 편집 과정에서는 데이터를 정확하게 입력하는데 집중하고, 나중에 워크시트의 외양을 개선하도록 한다.
③ **테스트**: 샘플 데이터를 입력으로 사용하여 수식의 계산 결과가 정확한지 확인한다.
④ **서식 지정**: 워크시트의 외양을 읽기 쉽고 보기 좋게 만들기 위해서 글꼴, 색 등을 적절히 사용하여 서식을 부여한다(6장에서 설명).

1 워크시트 순회

워크시트에 데이터를 입력하기 전에 워크시트 내의 이곳저곳으로 이동하는 방법을 알아야 한다. 마우스와 키보드를 사용하여 이동할 수 있다. 어떤 셀을 현재 셀로 만드는 방법은 두 가지이다.

❖ 마우스

하얀 십자가 모양 ✚의 마우스 포인터로 원하는 셀을 클릭한다.

❖ 키보드

키보드에서 화살표 키, Page Up, Page Down 등을 눌러서 셀 포인터를 이동한다.

[표 2-1] 키를 사용하여 워크시트를 순회하는 방법

키	현재 셀이 이동하는 곳
← / → / ↑ / ↓	왼쪽, 오른쪽, 위쪽, 아래쪽으로 한 셀만큼 이동
Home	현재 행의 A 열로 이동
Ctrl + Home	A1 셀로 이동
Ctrl + End	워크시트에서 데이터가 포함된 마지막 셀로 이동
Enter	한 행만큼 아래로 이동
Shift + Enter	한 행만큼 위로 이동
Tab	한 열만큼 오른쪽으로 이동
Shift + Tab	한 열만큼 왼쪽으로 이동
Page Up / Page Down	한 화면만큼 위로, 아래로 이동

2 행 높이/열 너비

때로는 셀의 내용이 너무 많아서 열의 너비나 행의 높이를 조정하는 것이 유용할 때가 있다.

❖ 열의 너비

어떤 셀에 숫자가 들어있는데, 숫자의 자릿수에 비해서 셀의 너비가 좁으면 일부 숫자들만 표시되는 대신에 셀 전체가 # 표시로 채워지거나 지수 표기법으로 표시된다. 셀에 저장된 실제 데이터는 여전히 유효하고, 단지 표시되지 못할 뿐이다. 수식 입력줄에서는 전체 숫자를 볼 수 있다.

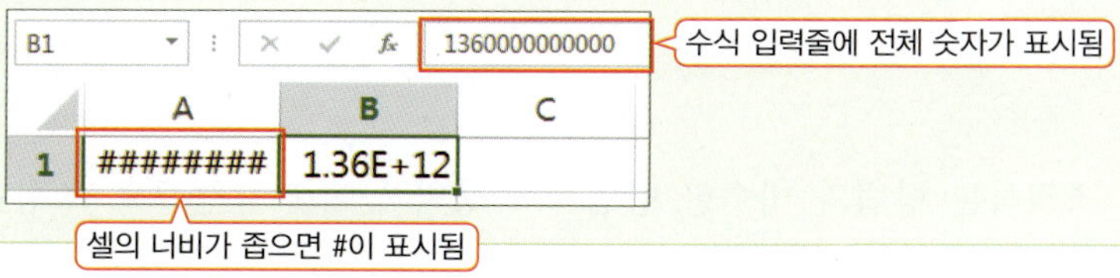

Tip 11자리 이내의 숫자를 입력하면 열의 너비가 자동적으로 늘어난다.

입력한 텍스트의 길이가 현재 셀의 너비를 초과하면 오른쪽 셀이 비어 있을 때는 그 셀로 텍스트가 넘쳐서 표시되고, 오른쪽 셀에 내용이 들어있을 때는 현재 셀의 폭만큼만 텍스트가 보이고, 나머지는 잘린다. 전체 텍스트가 보이지 않더라도 여전히 셀 안에 들어 있으며, 수식 입력줄에서 셀의 전체 내용을 볼 수 있다.

어떤 셀의 숫자가 #으로 표시되거나 텍스트가 잘려서 표시되는 경우에 셀 안에서 전체 내용이 표시되도록 하려면 셀의 너비를 늘려야 한다.

텍스트가 셀의 너비에 맞지 않을 때는 셀 안에서 텍스트 줄 바꿈을 사용할 수도 있다. 텍스트 줄 바꿈 옵션은 특히 열 제목이 여러 단어들로 이루어질 때 유용하다.

한 셀에 여러 줄의 텍스트를 입력하려면

① 텍스트를 입력하려는 셀을 클릭한다.

② 텍스트의 첫 번째 줄을 입력한다.

③ Alt+Enter를 눌러서 줄을 바꾼 후 텍스트의 두 번째 줄을 입력한다.

④ 새로운 줄로 넘어갈 때마다 Alt+Enter를 누른다.

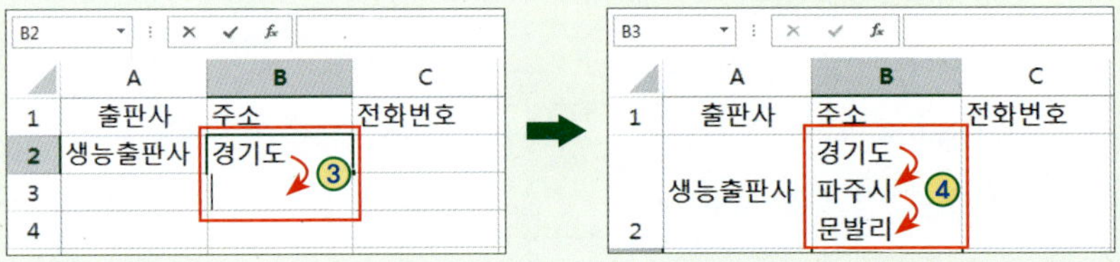

❖ 열의 너비를 수동으로 조정

① 마우스 포인터를 두 열의 머리글 사이의 경계선 위에 놓는다. 마우스 포인터의 모양이 양방향 화살표 모양 ✛으로 바뀐다.

② 마우스의 왼쪽 단추를 누른 채 왼쪽이나 오른쪽으로 드래그하여 열의 너비를 조정한다.

③ 원하는 너비에 도달하면 마우스 단추를 놓는다.

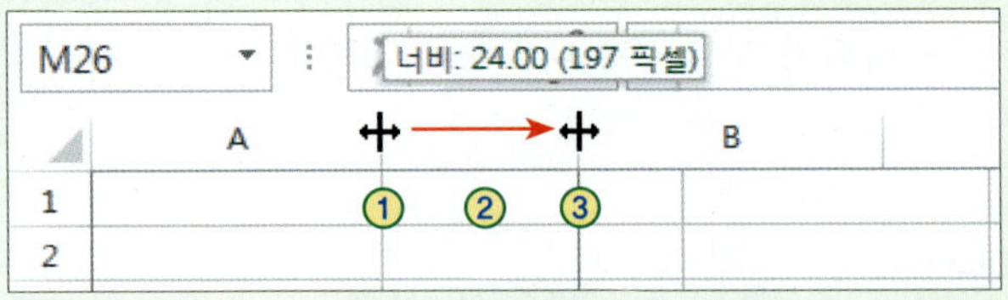

열의 너비를 수동으로 조정하는 방법과 비슷한 방법으로 행의 높이를 수동으로 조정할 수 있다.

❖ 열의 너비를 자동으로 조정

① 커서를 두 열의 머리글 사이의 경계선 위에 놓는다. 마우스 포인터가 양방향 화살표 모양 ✛으로 바뀐다.
② 더블 클릭한다. 그 열의 모든 셀에 들어있는 내용을 모두 표시할 수 있을 만큼 열의 너비가 자동적으로 늘어나거나 줄어든다. 가장 긴 셀의 내용보다 약간 더 길게 열 너비가 변경된다.

열의 너비를 자동으로 조정하는 방법과 비슷한 방법으로 행의 높이를 자동으로 조정할 수 있다.

❖ 리본을 사용하여 열의 너비나 행의 높이를 조정

① 조정할 열이나 행을 선택한다. 하나의 열이나 행을 선택하려면 머리글을 한 번 클릭한다. 열 전체 또는 행 전체가 선택된다. 여러 열이나 행을 선택하려면 머리글을 클릭한 후 원하는 만큼 드래그한다.

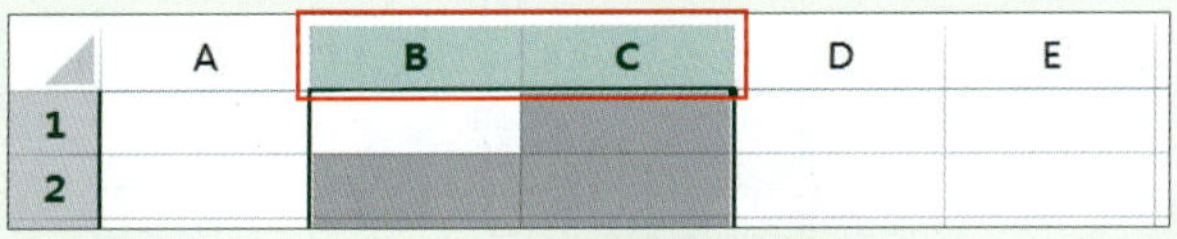

② [홈] 탭–[셀] 그룹–[서식 단추]를 클릭한다.
③ 메뉴에서, 열 너비 또는 행 높이를 선택한다. 또는 메뉴에서 [열 너비 자동 맞춤] 또는 [행 높이 자동 맞춤]을 선택한다.

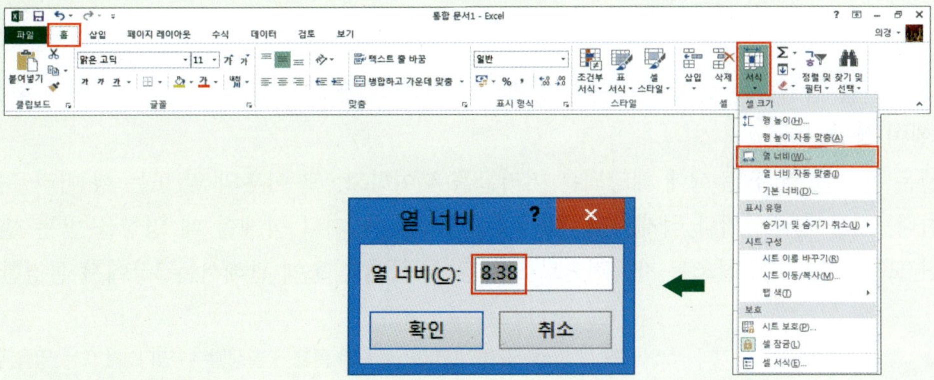

④ [열 너비] 대화상자에서 크기를 입력한 후, [확인]을 클릭한다.

3 행 · 열 삽입/삭제

데이터 입력을 마친 후에 추가로 정보를 입력하기 위해서 열이나 행을 추가해야 할 필요가 생길 수 있다. 예를 들어서 데이터를 입력하면서 어떤 항목을 우연히 빠뜨렸는데 이를 추가해야 할 필요가 있다. 처음부터 모든 데이터를 다시 입력해야 할까? 물론 그럴 필요가 없다.

❖ 행 · 열 삽입

① 새로 삽입할 열의 바로 오른쪽 열에 속하는 임의의 셀을 클릭한다. 선택한 셀의 왼쪽에 새 열이 삽입된다. 또는 삽입하려는 열의 머리글 부분을 클릭하여 열 전체를 선택한다. 다수의 열(또는 행)을 선택하면 그 수만큼 열(또는 행)이 삽입된다.

② **[홈]** 탭–**[셀]** 그룹–**[삽입 단추**]를 클릭한 후 **[시트 열 삽입]**을 선택한다. 새로운 빈 열이 추가된다.

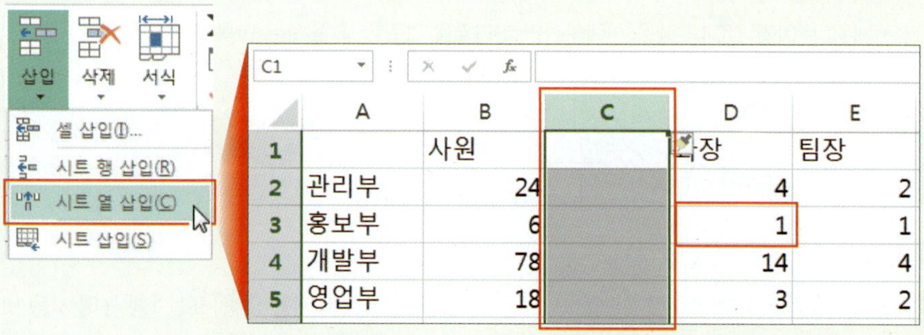

[그림 2-4] 대리 직급에 관한 데이터를 추가하기 위해서 B열 오른쪽에 새로운 열을 삽입

하나의 열을 삽입하는 방법과 비슷한 방법으로 하나의 행을 삽입할 수 있다. 선택한 행 위에 새 행이 삽입된다.

엑셀은 추가된 열 또는 행에 해당되는 머리글을 부여하고, 그 이후의 열 또는 행 머리글을 조정한다. 셀을 삽입하거나 삭제하고, 행이나 열을 삽입하거나 삭제할 때 영향을 받는 셀들에 대한 모든 상대 수식 참조는 자동적으로 조정된다. 상대 참조에 관해서는 3장에서 설명한다.

Tip 행 또는 열을 삽입하거나 삭제할 때 절대 셀 참조를 포함한 수식에 문제가 발생할 수 있다. 행 또는 열을 워크시트에 추가한 후에 수식들이 정확하게 동작하는지 세심하게 확인해야 한다.

❖ 행 · 열 삭제

워크시트에서 행이나 열을 삭제할 수 있다.

열을 삭제하려면

① 삭제할 열의 머리글 부분을 클릭한다. 여러 열을 선택하려면 머리글 부분을 클릭하고 드래그한다.

② [홈] 탭–[셀] 그룹–[삭제 단추]를 클릭한다.

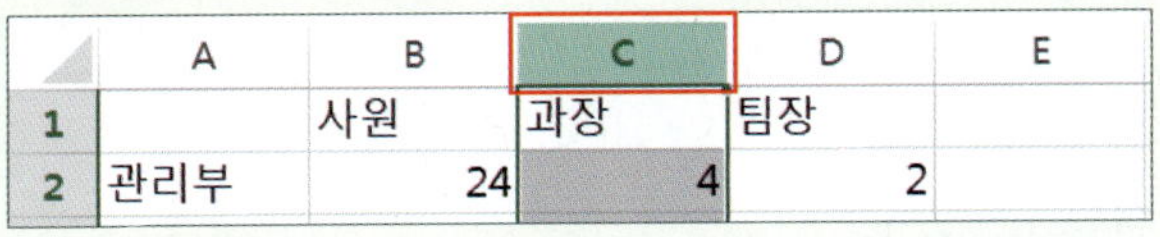

4 마우스 포인터의 모양

어떤 작업을 수행할 위치와 마우스 포인터가 가리키는 대상에 따라 마우스 포인터의 모양이 여러 가지로 바뀐다. 엑셀에서 작업하는 동안 볼 수 있는 마우스 포인터의 모양은 아래와 같다.

[표 2–2] **마우스 포인터의 모양**

모양	언제	동작
✥	디폴트 모양	셀 포인터를 이동하거나 셀들의 범위를 선택함
↕, ↔	포인터가 엑셀 창의 경계선 위에 놓일 때	엑셀 창의 크기를 조정함
✛, ✛	포인터가 열 머리글의 경계선 또는 행 머리글의 경계선에 놓일 때	열의 너비나 행의 높이를 조정함
I	셀 내용을 편집할 때	텍스트 또는 숫자를 삽입하는 위치를 가리킴
⬇, ➡	포인터가 열 머리글 또는 행 머리글에 놓일 때	열 또는 행을 선택함
✥	포인터가 셀, 차트 등의 개체의 경계선 위에 놓일 때	셀, 차트 등을 이동함
⇔, ⤢, ⇕	차트를 선택한 후 차드 테두리의 8개 크기 조정 핸들 위에 놓일 때	차트 크기를 조정함
+	포인터가 채우기 핸들 위에 놓일 때	인접한 셀들에 내용을 채움
↖	포인터가 리본 위에 놓일 때	리본상의 명령이나 메뉴 옵션을 선택함

SECTION 02

데이터 입력

1 데이터 유형

셀에는 세 가지 유형의 데이터를 입력할 수 있다.

텍스트

텍스트는 문자, 숫자, 공백, 특별 문자를 포함한다. 텍스트는 32,767개의 문자까지 포함할 수 있다. 셀에 입력된 텍스트는 디폴트로 셀의 왼쪽에 맞춰진다. 작은따옴표(')로 시작하는 숫자는 텍스트로 취급한다. 숫자를 계산에 사용하지 않고 텍스트로 취급하려면 '를 먼저 입력하고 그 다음에 숫자를 입력한다. 즉 '1234처럼 입력한다. 예를 들어서 신용카드번호, 은행계좌번호, 주민등록번호, 휴대폰번호, 우편번호 등은 숫자이지만 텍스트로 취급하는 것이 좋다.

Tip 이제 '1234는 텍스트로 취급되기 때문에 셀의 왼쪽에 맞춰진다. ' 자체는 셀에 표시되지 않지만 수식 입력줄에는 나타난다. 수식 입력줄은 사용자가 셀에 실제로 입력한 내용을 그대로 보여줌을 기억하자.

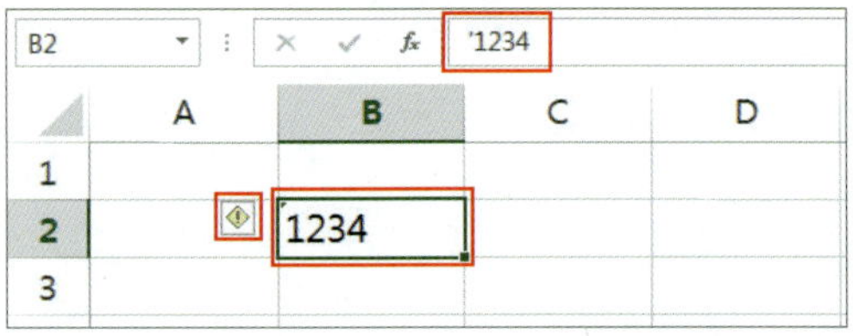

◆는 셀에 특별한 서식이 지정되어 있음을 의미한다. 이 기호 위로 마우스 포인터를 이동하면 설명이 표시된다.

숫자(값)

양, 날짜, 시간을 나타내는 **숫자**이다. 계산에 사용된다. 셀에 입력된 숫자는 디폴트로 셀의 오른쪽에 맞춰진다. 숫자 데이터는 단순 숫자, 백분율, 날짜, 시간, 통화 등 다양한 형식을 가질 수 있다.

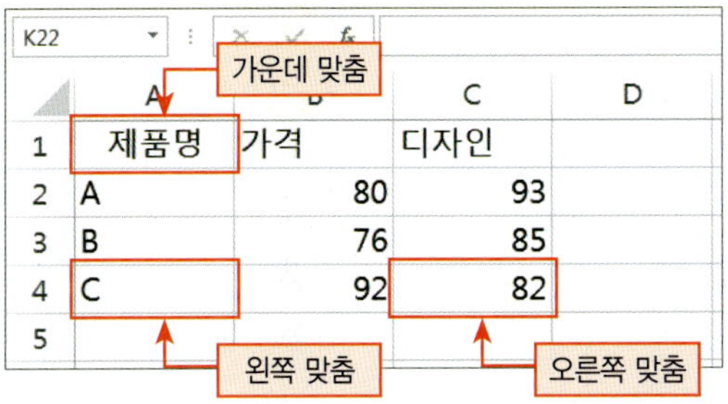

수식

수식은 계산을 수행하는데 사용되는 식이다. 모든 수식은 = 기호로 시작하고, 숫자, 셀 참조, 연산자, 함수 등을 포함할 수 있다. 수식에 관해서는 3장에서 자세히 설명한다.

❖ 분수

엑셀에서 소수 자릿수를 갖는 숫자를 분수로 표현할 수 있다. 분수를 입력하려면 정수 부분과 소수 부분 사이에 공백을 둔다. 분수로 표현된 숫자는 읽기 불편하기 때문에 많이 사용되지는 않는다.

> 예 3 1/2 (3.5)

소수 부분만 입력하려면 0 또는 공백을 입력한 후 소수 부분을 입력한다. 만일 0이나 공백을 먼저 입력하지 않고 1/4만 입력하면 엑셀은 이 분수를 날짜(1월 4일)로 인식한다.

> 예 0 1/4

2 워크시트 레이아웃

일반적으로 워크시트의 레이아웃에서 가장 위 행에 제목(예 1분기 판매 보고서)을 입력한다. 제목 행 아래에 빈 행을 선택적으로 둘 수 있고, 그 아래에 열 제목(예 1월, 2월, 3월)들을 입력한다. 가장 왼쪽 열에 행 제목(예 제품 이름들)을 입력한다. 열 제목과 행 제목으로 형성되는 사각형에 데이터를 입력한다. 데이터의 아래쪽이나 오른쪽에 통계값(예 합계, 평균 등)이 나타난다. 이렇게 하면 자신이 작성한 워크시트를 동료가 보았을 때 각 열에 어떤 데이터가 들어 있는지 쉽게 이해할 수 있다. 나중에 자신이 작성한 워크시트를 볼 때도 물론 도움이 된다.

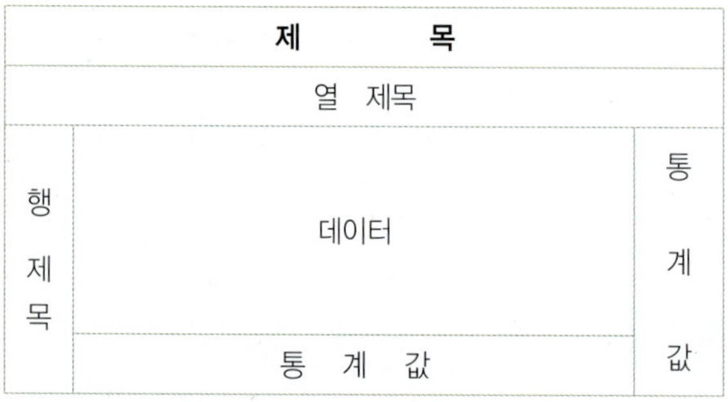

[그림 2-5] **일반적인 워크시트 레이아웃**

열 제목과 행 제목 바로 다음부터 데이터를 입력하는 것이 중요하다. 열 제목(행 제목)과 데이터 사이에 빈 행이나 빈 열이 존재하면 필터링, 정렬, 차트 생성 등의 연산이 어렵게 된다. 데이터 내에서도 빈 행이나 빈 열을 삽입하지 않도록 한다.

예를 들어서 여러 장소에서 극장을 운영하고 있는 기업의 극장별 1월, 2월, 3월 입장객 수를 나타내는 아래의 워크시트를 살펴보자.

① 워크시트 제목은 1행의 '극장별 월간 입장객 수'이다.
② 열 제목은 3행의 '1월', '2월', '3월'이다.
③ 행 제목은 A 열의 '청량리', '왕십리', '용산', '대학로'이다.
④ 열 제목과 행 제목 사이에 입력된 입장객 수가 데이터이다.
⑤ E 열과 8행에 통계값이 들어있다.

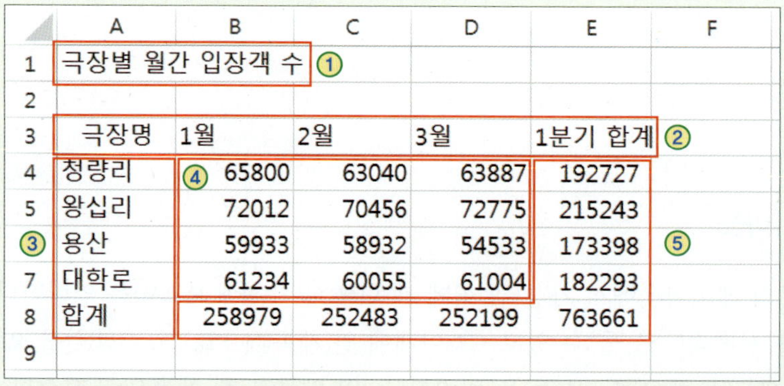

	A	B	C	D	E	F
1	극장별 월간 입장객 수 ①					
2						
3	극장명	1월	2월	3월	1분기 합계	②
4	청량리	④ 65800	63040	63887	192727	
5	왕십리	72012	70456	72775	215243	
③ 6	용산	59933	58932	54533	173398	⑤
7	대학로	61234	60055	61004	182293	
8	합계	258979	252483	252199	763661	
9						

[그림 2-6] **워크시트 레이아웃의 예**

가이드라인

행 vs. 열?

워크시트를 좁고 깊게 유지하자. 가장 양이 많고 상세한 데이터를 행들에 배치한다. 이렇게 하면 [Page Up] 또는 [Page Down]을 사용하여 워크시트의 위 아래로 이동하기가 더 쉬워진다.

3 데이터 입력

이제 셀에 데이터를 입력해 보자. 원하는 셀을 클릭한 후 키보드에서 입력을 시작한다. 입력하는 내용이 셀과 수식 입력줄에 동시에 나타난다. 하나의 셀에 데이터 입력을 마친 후에 다음 중 한 가지 방법으로 엑셀에게 알려야 한다.

- ▶ Enter 를 누른다. 아래 행에 위치한 셀이 현재 셀이 된다.
- ▶ Tab 을 누른다. 오른쪽 열에 위치한 셀이 현재 셀이 된다.
- ▶ 방향 키를 누른다. 화살표 방향으로 한 칸 이동한 셀이 현재 셀이 된다.
- ▶ ESC 를 누른다. 입력한 내용이 취소된다.

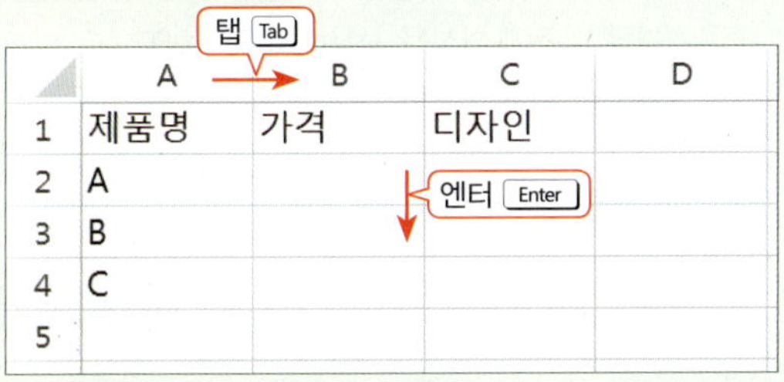

[그림 2-7] Enter 와 Tab

❖ 키보드에 없는 문자 입력

종종 워크시트에 키보드에 없는 문자들을 입력할 필요가 있다. 엑셀에서 이런 문자들을 **기호**라고 부른다. 기호를 입력하려면

① [삽입] 탭–[기호] 그룹–[기호 단추 Ω]를 클릭한다. 기호 대화상자에서 원하는 기호를 선택한 후 [삽입]을 클릭한다.

② 특수 문자가 필요한 경우에는 [**특수 문자**] 탭을 클릭한 후 원하는 특수 문자를 선택하고 [**삽입**]을 클릭한다.

③ 일단 기호가 삽입되면 [**취소**]가 [**닫기**]로 바뀐다. 원하는 기호들을 모두 삽입한 후에 [**닫기**]를 클릭한다.

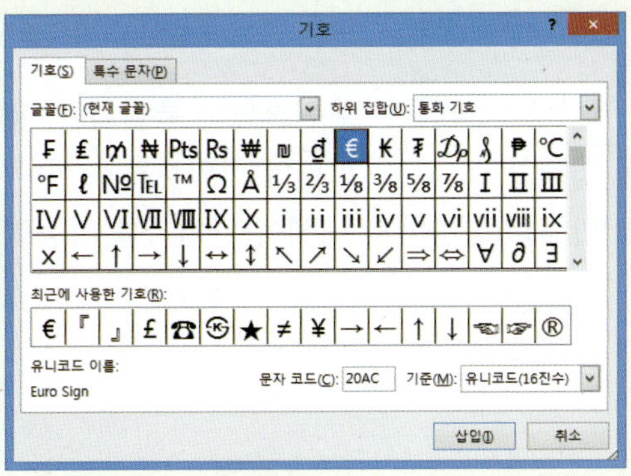

[그림 2-8] [기호] 대화상자

또는 한글 자음 ㄱ, ㄴ, ㄷ, … ㅎ 중에서 하나를 입력한 후 [한자]를 누르면 입력한 자음에 해당되는 특수 문자 목록이 표시되는데, 이 중에서 원하는 것을 골라서 기호 또는 특수 문자를 입력할 수도 있다.

가이드라인

데이터 입력시 해야 할 것과 하지 말아야 할 것

✓ 하나의 데이터 항목을 여러 셀에 나누어 입력하지 말자. 예를 들어서 제목이 아무리 길어도 하나의 셀에 입력하자.

✓ 레이블(예 온도)과 해당 값(예 26)을 동일 셀에 넣지 말고, 서로 다른 셀에 입력하자.

✓ 수치 데이터와 함께 ₩ 기호, % 기호, 쉼표 등을 입력하지 말자. 엑셀은 계산에 숫자만 사용한다. 숫자를 화폐 금액으로, 퍼센트로, 천 단위마다 구분해서 표시하는 것은 나중에 서식을 사용해서 명시하자.

✓ 데이터를 입력하는 동안에는 워크시트의 외양(스타일, 글꼴, 색) 등을 신경쓰지 말자. 데이터를 정확하게 입력하는 것에만 집중한다.

P.78 실습하기 2-1

4 자동 완성

만일 어떤 셀에 몇 개의 문자를 입력한 것이 이미 그 열의 다른 셀에 입력한 텍스트와 일치하면 **자동 완성** 기능이 동작한다.

- ▶ 셀에 텍스트를 입력하기 시작하면 엑셀은 동일 열의 다른 셀들에 이미 존재하는 텍스트를 제안한다.
- ▶ 그 제안을 받아들이려면 [Enter]를 누른다. 그 제안을 무시하려면 텍스트를 계속 입력한다.
- ▶ 텍스트 또는 텍스트와 숫자를 함께 입력할 때 동작한다.
- ▶ 숫자만 입력하거나, 날짜를 입력하거나, 시간을 입력할 때는 동작하지 않는다.
- ▶ 자동 완성은 목록에 속하는 텍스트들을 반복해서 입력할 때 유용하다. 자동 완성 기능은 세로 목록에서만 동작하고, 빈 셀을 지나서는 동작하지 않는다.

아래의 워크시트는 콘도 회원들의 연간 이용일수를 나타낸다. 회원분류는 **특별회원**, **일반회원**, **법인회원** 중 하나이다. 다수의 회원정보를 입력할 때, 어떤 회원의 회원분류가 이미 워크시트에 존재하면 회원분류의 앞부분(특, 일, 법)만 입력하자마자 엑셀이 나머지를 자동적으로 채워준다.

	A	B	C	D
1	회원별 콘도 이용일 수			
2	지역명	이용일수	회원명	회원분류
3	서울	25	서현순	특별회원
4	제주	18	하지훈	일반회원
5	서울	25	안동수	
6	서울	21	김갑철	
7	제주	13	사랑해	
8	제주	22	현금보	
9	서울	19	김인철	
10	제주	23	유인국	

➡

	A	B	C	D
1	회원별 콘도 이용일 수			
2	지역명	이용일수	회원명	회원분류
3	서울	25	서현순	특별회원
4	제주	18	하지훈	일반회원
5	서울	25	안동수	일반회원
6	서울	21	김갑철	
7	제주	13	사랑해	
8	제주	22	현금보	
9	서울	19	김인철	
10	제주	23	유인국	

P.80 실습하기 2-2

5 빠른 데이터 입력(범위)

❖ 범위 내에 데이터 입력하기

이 방법은 여러 개의 행과 열들로 이루어진 범위를 지정하고, 그 범위 내에 데이터를 신속하게 입력할 수 있도록 한다.

① 데이터를 입력할 셀들의 범위를 선택한다. 선택한 범위는 현재 셀을 제외하고 음영으로 표시된다. 이 시점에 어떤 셀도 클릭해서는 안 된다.
② 각 데이터 항목을 입력하고, Enter(또는 Tab)를 눌러서 다음 행(또는 다음 열)으로 이동한다. 범위 내에서 행(또는 열)의 끝에 도달하면 데이터를 입력해야 하는 곳으로 현재 셀이 자동적으로 이동된다.
③ 모든 데이터를 입력한 후에는 범위 바깥을 클릭한다.

❖ 여러 셀에 동일한 데이터를 한 번에 입력하기

① 데이터를 입력할 모든 셀들을 선택한다.
② 하이라이트된 셀에 데이터를 입력한다.
③ Ctrl+Enter를 누르면 모든 셀에 동일한 데이터가 채워진다.

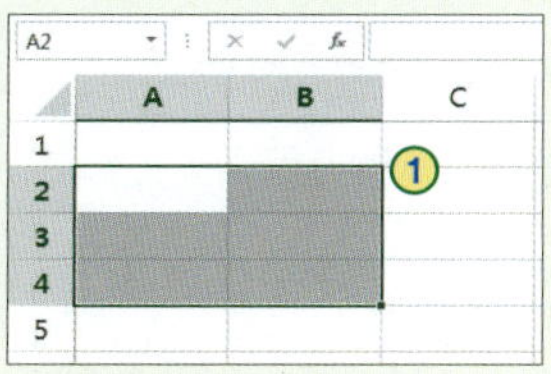

▶ 데이터를 입력할 모든 셀들을 선택

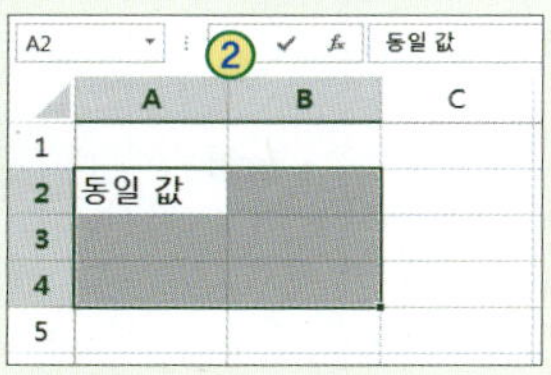

▶ 하이라이트된 셀에 데이터를 입력

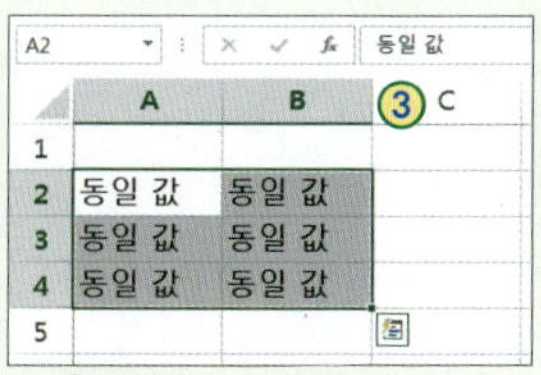

▶ Ctrl+Enter를 누름

SECTION 03 데이터 편집(수정)

셀에 데이터를 입력했으면 그 다음에 그 셀의 내용을 편집, 삭제할 수 있다. 컴퓨터 용어로 편집은 수정하는 것을 의미한다. 엑셀에서 여러 가지 방법으로 데이터를 수정(편집)할 수 있다. 덮어쓰기를 하여 셀 내용을 새로운 내용으로 바꾸거나, 일부만 수정하거나, 셀 내용을 삭제할 수도 있다. 방향 키, Delete 키, ←Back 키 등이 편집 작업에 자주 사용된다.

❖ 데이터를 덮어쓰기

기존의 데이터를 수정하는 가장 쉬운 방법은 덮어쓰기를 하는 것이다. 덮어쓰기를 하려면 수정하려는 셀을 클릭하고, 새로운 데이터를 입력하고, Enter 또는 Tab을 누른다. 기존의 데이터는 새로 입력한 데이터로 완전히 교체된다.

❖ 데이터 편집(수정)

워크시트의 각 셀에는 32,767개까지의 문자가 들어갈 수 있다. 사용자가 어떤 셀에 이처럼 많은 문자를 입력할 가능성은 거의 없지만, 다시 입력하기가 쉽지 않을 정도로 긴 텍스트나 복잡한 수식을 입력하는 경우는 종종 있다. 긴 내용의 일부만 수정할 경우에는 덮어쓰기보다 편집 기능을 사용하는 것이 편하다.

편집하려는 셀을 더블 클릭하거나, 셀을 선택한 후 키보드에서 F2를 누르거나, 셀을 선택한 후 수식 입력 줄에서 원하는 곳을 클릭함으로써 그 셀의 내용을 수정할 수 있다. 어떤 셀이 편집 모드에 있으면 **삽입 포인터** I가 셀 안에 나타나서 수정할 문자를 선택할 수 있게 된다. 수정을 마친 후에는 Enter 또는 Tab을 누른다. 엑셀이 편집 모드에 들어가게 되면 상태 표시줄에 편집이라는 단어가 나타날 뿐만 아니라 수식 입력줄에 입력 단추 ✔와 취소 단추 ✕가 나타난다.

아래의 워크시트 제목 영업소별 경비 사용 내역에 월간을 추가하려면 A1 셀을 더블 클릭하여 I가 나타나게 한다. I를 경비 앞에 위치시킨 후 월간을 입력하고 Enter 또는 Tab을 누른다.

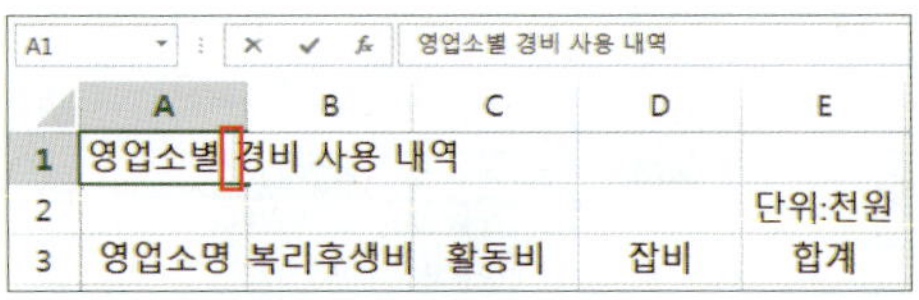

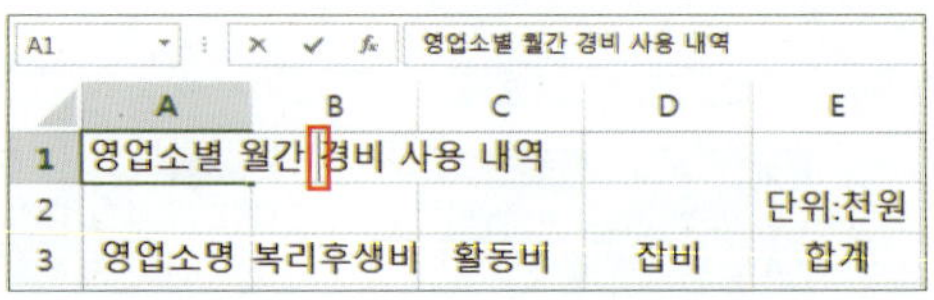

[표 2-3] **셀 편집 방법**

편집 대상	방법
한 셀의 내용 전체를 교체	그 셀을 클릭한 후 새 데이터를 입력한다. 기존의 데이터는 지워지고 새 데이터로 채워진다.
한 셀의 일부 내용을 수정	• 그 셀을 더블 클릭한 후 셀 내부에서 수정 또는 • 그 셀을 클릭한 후 수식 입력줄에서 수정 마우스 포인터의 모양이 I로 바뀐다. 수정할 부분으로 I를 움직인다. [←Back]를 눌러서 문자 또는 숫자를 하나씩 삭제하거나 삭제할 것을 마우스로 선택한 후에 [Delete]를 누른다. 편집이 끝나면 [Enter] 또는 [Tab]을 누른다.

❖ 실행 취소/다시 실행

엑셀에서 작업하는 동안에 실수를 두려워 할 필요가 없다. 왜냐하면 언제든지 취소 기능을 이용하여 이전 상태로 되돌아갈 수 있기 때문이다.

▶ 빠른 실행 도구 모음에서 **[실행 취소 단추 ↶]**를 클릭하면 마지막 동작을 되돌린다. **[실행 취소 단추 ↶]**를 여러 번 클릭하면 한 번에 한 동작씩 최근 동작부터 이전 동작으로 되돌린다.

▶ 특정 동작을 취소하려면 **[실행 취소 단추 ↶]**의 드롭다운 화살표 ▾를 클릭한다. 지금까지 수행한 동작들의 목록이 표시된다. 이 목록에서 취소할 동작을 선택한다.

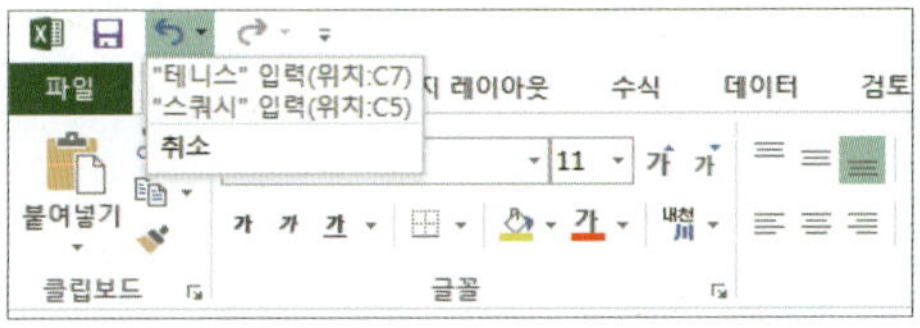

▶ 취소한 동작을 다시 수행하려면 **[다시 실행 단추 ↷]**를 클릭한다. 다시 실행은 취소했던 동작들을 한 번에 하나씩 다시 적용하도록 한다.

[그림 2-9] **빠른 실행 도구 모음**

Tip 실행 취소의 바로 가기 키는 [Ctrl]+[Z]이고, 다시 실행의 바로 가기 키는 [Ctrl]+[Y]이다.

SECTION 04 데이터 삭제

어떤 셀로부터 데이터를 삭제하는 방법이 세 가지 있다.

❖ Delete로 지우기

키보드에서 Delete를 누른다. 현재 셀 또는 선택된 범위 안의 내용이 바로 삭제된다. 그러나 서식 등의 요소는 그대로 남아 있다. 단지 셀의 내용만 지우고, 워크시트의 레이아웃에는 영향을 미치지 않고 싶을 때 이 방법을 사용한다.

❖ 삭제 단추로 지우기

[홈] 탭–[셀] 그룹–[삭제 단추]를 클릭한다. 목록에서 지금 삭제하려는 셀이 차지하고 있는 위치로 아래의 셀들이 올라오거나, 오른쪽의 셀들이 이동해오도록 하고자 할 때 이 방법을 사용한다.

❖ 지우기 단추로 지우기

어떤 셀로부터 모든 것을 삭제하려면 [홈] 탭–[편집] 그룹–[지우기 단추]를 클릭한다. 데이터, 서식, 메모 등이 삭제된다.

SECTION 05 자동 채우기

워크시트에 데이터를 입력하는 것은 많은 시간과 노력을 요하는 작업이다. 엑셀은 사용자가 무엇을 입력하려는가를 영리하게 추측하여 사용자를 도와준다. A1 셀에 **월요일**을 입력한 후 엑셀이 B1~E1 셀에 자동적으로 **화요일**, …, **금요일**을 채우도록 할 수 있다. 엑셀이 이처럼 데이터를 삽입하는 것을 **자동 채우기**라고 부른다.

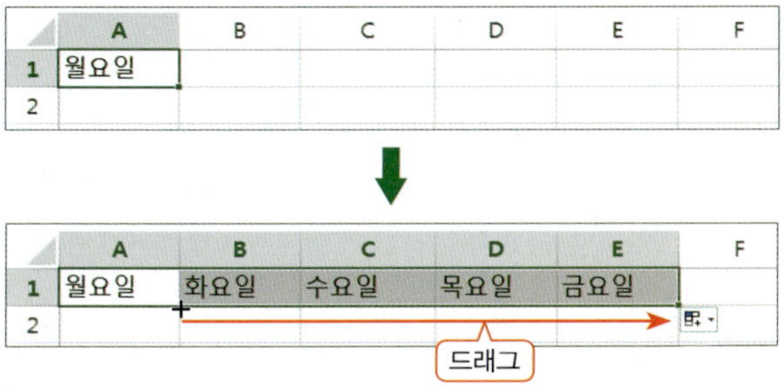

자동 채우기를 하려면

① 자동 채우기를 사용하려면 일련의 데이터의 시작 셀들을 먼저 선택해야 한다. 선택한 셀들의 오른쪽 아래 구석에 초록색의 작은 정사각형 ■ 이 표시된다. 이를 **채우기 핸들**이라고 부른다.

② 마우스 포인터를 채우기 핸들 위로 가져가면 마우스 포인터의 모양이 검은색의 십자가 모양 **+**으로 바뀐다.

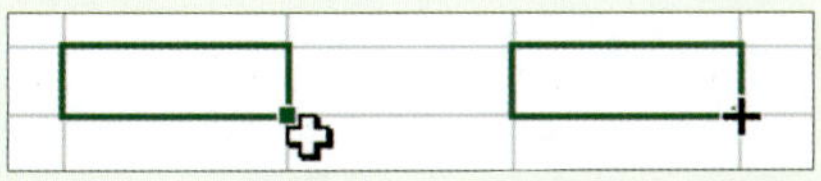

③ 마우스의 왼쪽 단추를 누른 채 원하는 셀까지 드래그한다.

④ 마우스의 왼쪽 단추에서 손을 뗀다.

자동 채우기는 사용자가 선택한 셀들에 텍스트나 값들을 자동적으로 입력한다. 자동 채우기는 오른쪽 방향뿐만 아니라 왼쪽, 위, 아래 방향으로도 동작한다. 숫자들의 순서에 대해서 자동 채우기를 사용하려고 하면 사용자의 의도를 엑셀에게 알려주기 위해서 인접한 두 개 이상의 셀에 값을 입력해야 한다.

Tip 각 셀에 자동 채우기를 수행할 때 각 셀에 채워질 값을 미리 보여주는 화면 팁이 표시된다. 특정 월, 일, 또는 값에서 채우기를 멈추고자 유용하다.

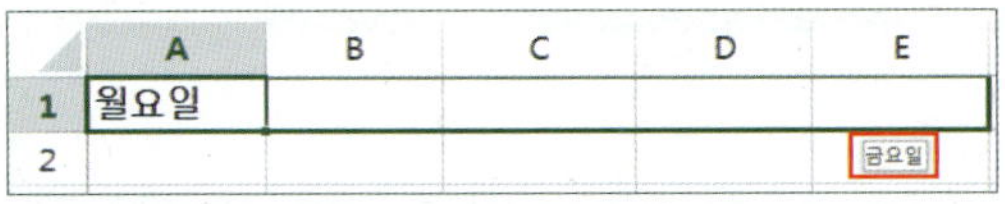

자동 채우기는 아래와 같은 기준에 따라 이루어진다.

- 셀에 텍스트가 들어 있으면 자동 채우기는 디폴트로 그 텍스트를 인접 셀들에 복사한다.
- 셀에 텍스트와 숫자가 함께 들어 있으면(예 1분기) 자동 채우기는 디폴트로 숫자는 증가시키고 텍스트는 그대로 인접 셀들에 복사한다(예 2분기, 3분기, …).
- 셀에 숫자가 들어 있으면 자동 채우기는 디폴트로 그 숫자를 인접 셀들에 복사한다.
- 셀에 월 또는 날짜가 들어 있으면 자동 채우기는 디폴트로 채우기 시리즈(예 1월, 2월, 3월, …)를 인접 셀들에 채운다.
- 어떤 증가 패턴(예 5, 10, 15, …)을 따라 인접 셀들에 값을 채우려면 먼저 두 개의 셀에 값을 입력하고, 이 두 개의 셀을 선택한 후 채우기 핸들을 드래그한다.
- 왼쪽 또는 위쪽으로 채우기를 하면 숫자 또는 시리즈가 역방향으로 채워진다. 다시 말해서, 감소하는 시리즈를 생성하려면 왼쪽 또는 위쪽으로 채우기를 한다.
- 텍스트 레이블과 숫자로 이루어진 시리즈를 역방향으로 채울 때, 숫자가 음수가 되지 않는다. 숫자가 0에 도달한 후에는 다시 증가한다.

[표 2-4] 자동 채우기 예

처음 선택	채워지는 목록
1	1, 1, 1, … (디폴트로 숫자는 복사됨)
월 또는 월요일	화, 수, 목, … 또는 화요일, 수요일, 목요일, …
1월	2월, 3월, 4월, …
2014-1-1	2014-1-2, 2014-1-3, 2014-1-4, …
1분기	2분기, 3분기, 4분기
문자열1	문자열2, 문자열3, 문자열4, …
1, 3	5, 7, 9, …

❖ 자동 채우기 옵션

디폴트로 자동 채우기는 원본(source) 범위의 수식과 서식을 목적 범위에 복사한다. 마우스 단추를 놓은 후에 나타나는 [자동 채우기 옵션 단추]를 사용하여 무엇을 복사할 것인가를 명시할 수 있다.

▶ [서식 없이 채우기]는 값과 수식만 복사한다. 원본에 사용된 서식은 복사하지 않는다.

▶ [서식만 채우기]는 값이나 수식에 사용된 서식만 복사한다. 값이나 수식 자체는 복사하지 않는다.

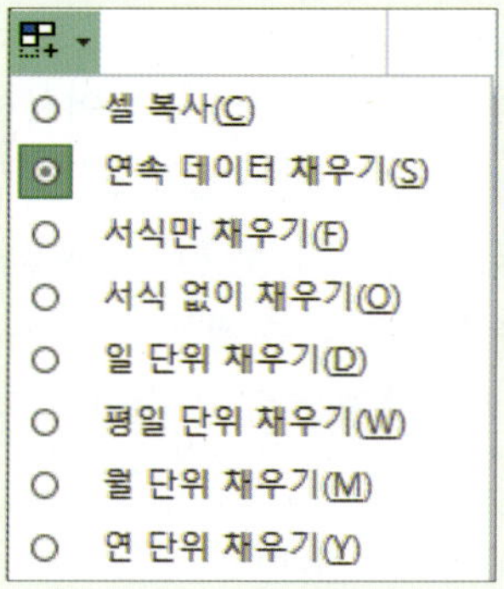

[그림 2-10] **자동 채우기 옵션 메뉴**

SECTION 06 빠른 채우기로 데이터 입력하기

숫자들의 목록과 같은 일련의 데이터들의 순서를 채우는 자동 채우기의 기능을 넘어서서, 빠른 채우기는 하나의 열에 들어있는 데이터로부터 복잡한 수식을 사용하지 않고도 항목들을 추출할 수 있도록 한다. **빠른 채우기**는 한 열의 특정 셀로부터 사용자가 추출하는 패턴을 인식하여, 그 열의 나머지 셀들에 대해서 자동적으로 동일한 추출 작업을 수행한다. 빠른 채우기는 공백 문자, 하이픈, 쉼표 등의 구분자를 인식하기 때문에 추출하는 문자 수에만 의존하지 않는다.

빠른 채우기를 위해 사용자가 해야 할 일은 엑셀에게 사용자가 하고자 하는 작업의 예를 하나만 제시하면 된다. 예를 들어서 주소가 들어있는 열에서 도 · 광역시 이름을 추출하려 한다고 가정하자.

빠른 채우기를 하려면

① C2 셀에 김만호의 주소인 서울시 동대문구에서 서울시만 입력한다. C2 셀은 B2 셀로부터 어떤 패턴을 추출할 것인가를 엑셀에게 알려주는 역할을 한다.

② C2 셀부터 C6 셀까지 드래그한다.

③ [홈] 탭-[편집] 그룹-[채우기 단추]를 클릭한 후, [빠른 채우기]를 선택한다.

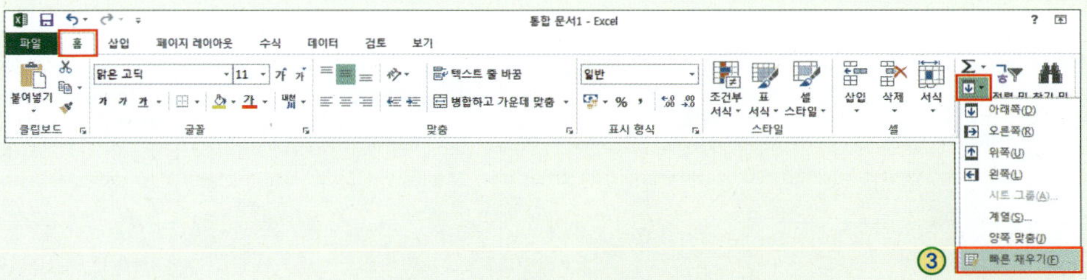

또는 [데이터] 탭-[데이터 도구] 그룹-[빠른 채우기 단추]를 클릭한다.

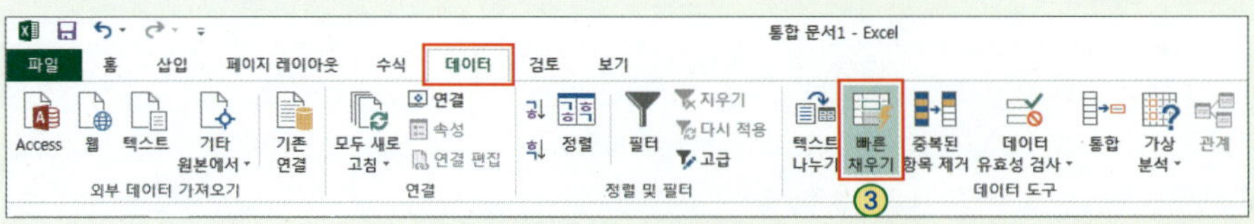

④ B 열의 주소에서 시(또는 도)가 추출되어 C 열에 채워진다.

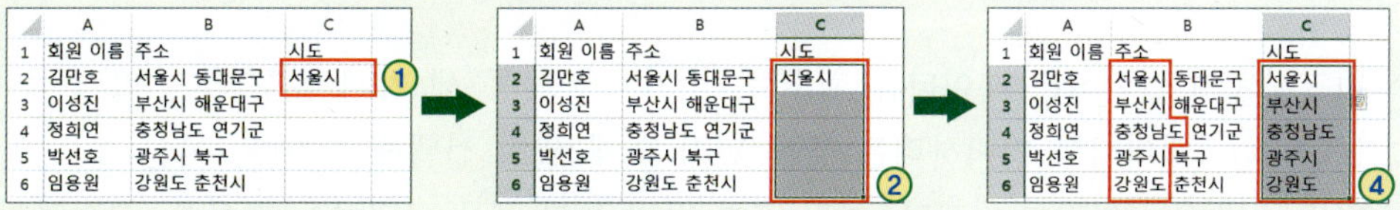

Tip 일단 빠른 채우기를 수행한 후에는, 분리할 텍스트를 포함하고 있는 열에 행들을 추가하더라도 빠른 채우기가 추가로 수행되지 않는다.

P.82 실습하기 2-3 P.84 실습하기 2-4

실습하기 2-1

실습파일 빈 통합 문서

워크시트에 데이터 입력하기

실습 설명

워크시트에 입력하는 데이터는 텍스트, 숫자, 수식 등 세 가지 유형이다. 입력하는 방법은 동일하다. 데이터를 입력하려는 셀을 먼저 현재 셀로 선택해야 한다. 어떤 셀을 현재 셀로 만드는 방법이 여러 가지지만, 가장 흔한 방법은 그 셀을 클릭하는 것이다. 입력하려는 데이터를 타이핑한다. 아래와 같은 내용을 워크시트에 입력하는 과정을 실습해 보자.

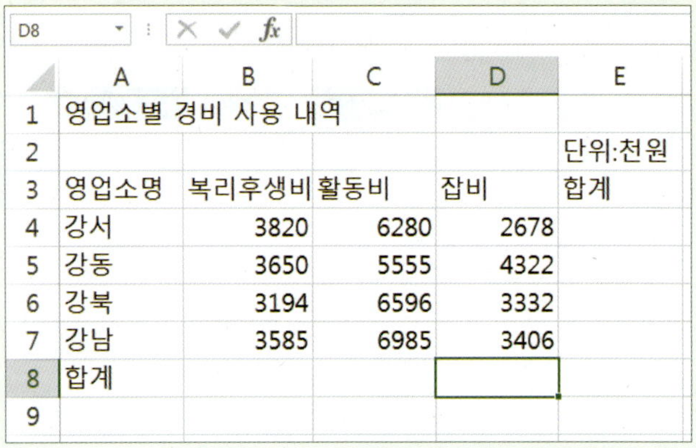

	A	B	C	D	E
1	영업소별 경비 사용 내역				
2					단위:천원
3	영업소명	복리후생비	활동비	잡비	합계
4	강서	3820	6280	2678	
5	강동	3650	5555	4322	
6	강북	3194	6596	3332	
7	강남	3585	6985	3406	
8	합계				
9					

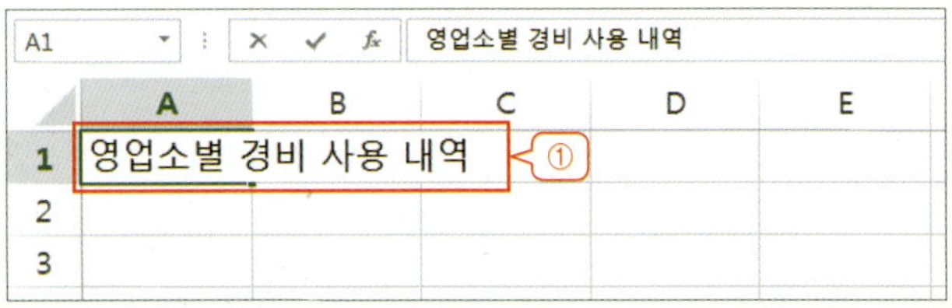

① A1 셀을 클릭한 후 워크시트의 제목을 입력한다.

영업소별 경비 사용 내역

타이핑을 할 때 커서의 모양이 ✚에서 I로 바뀐다. 입력한 내용이 현재 셀뿐만 아니라 수식 입력줄에도 나타난다. 워드 프로세서에서처럼 [Delete]와 [←Back]를 사용하여 실수를 바로잡는다. 입력이 끝나면 [Enter]나 [Tab]을 누른다.

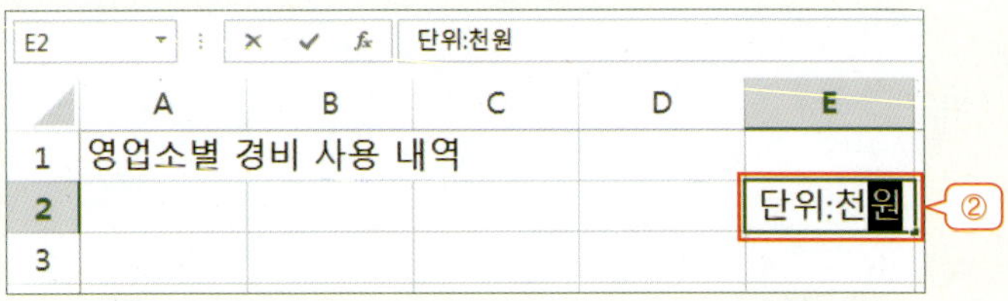

② E2 셀을 클릭한 후 **단위:천원**을 입력하고, [Enter]나 [Tab]을 누른다.

워크시트에 데이터 입력하기

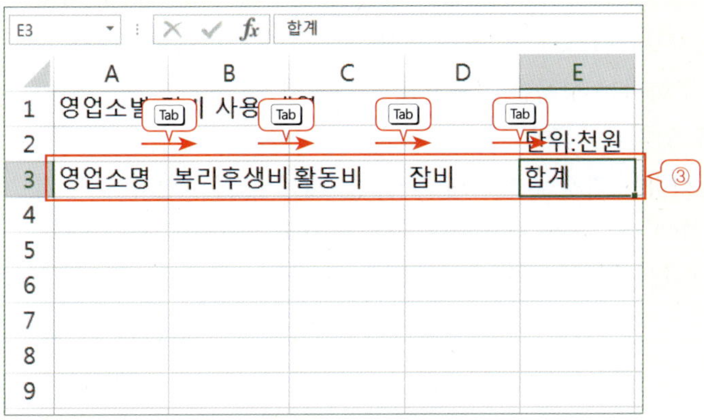

③ A3 셀을 클릭한 후 **영업소명**을 입력하고, Tab을 누르고, **복리후생비**를 입력하고, Tab을 누르고, **활동비**를 입력하고, Tab을 누르고, **잡비**를 입력하고, Tab을 누르고, **합계**를 입력한다. 열 제목의 입력이 끝났다.

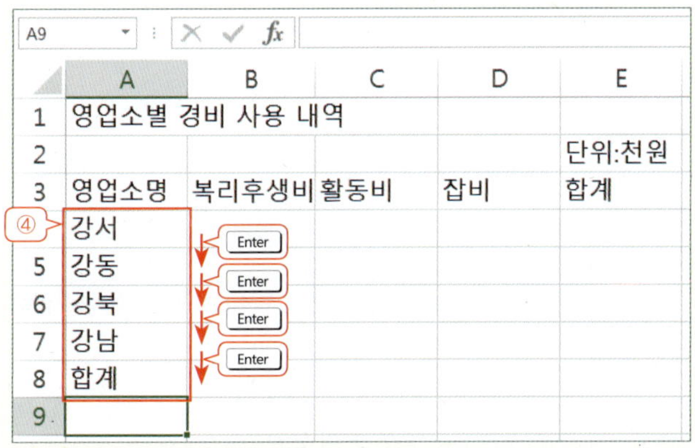

④ A4 셀을 클릭한 후 **강서**를 입력하고, Enter를 누르고, **강동**을 입력하고, Enter를 누르고, **강북**을 입력하고, Enter를 누르고, **강남**을 입력하고, Enter를 누르고, **합계**를 입력한다. 행 제목의 입력이 끝났다.

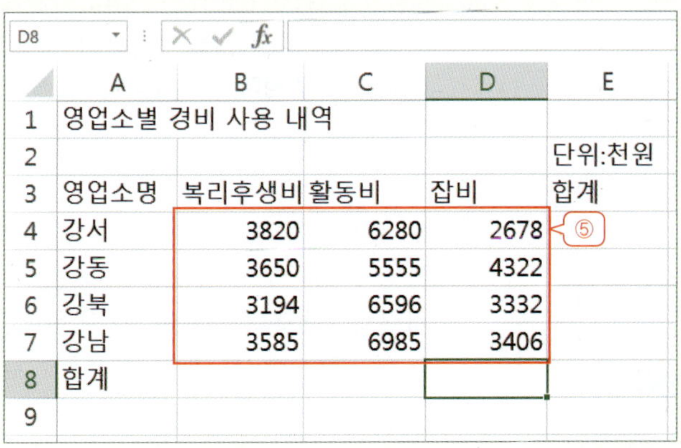

⑤ 이제 데이터를 입력하자. B4 셀을 클릭한 후 3820을 입력하고, Enter나 Tab을 누른다. 나머지 셀들에도 숫자들을 입력한다. 합계를 구하려면 수식을 작성해야 한다. 수식은 3장에서 자세히 설명한다.

실습하기 2-2

실습파일 빈 통합 문서

자동 완성과 특수 문자 입력하기

실습 설명

자동 완성 기능은 셀에 입력하는 처음 몇 글자가 해당 열의 기존 항목과 일치하는 경우 나머지 글자를 자동으로 입력한다. 텍스트나 텍스트 및 숫자 조합을 포함하는 항목만 자동으로 입력되고 숫자, 날짜 또는 시간만 포함하는 항목은 자동으로 입력되지 않는다. 키보드에 없는 기호나 특수 문자를 입력할 수도 있다.

아래와 같은 내용을 워크시트에 입력하는 과정을 실습해 보자. 열 제목 性別은 한자 입력 기능을 이용하여 입력한다. 운동명 열에 입력하는 데이터(텍스트)는 자동 완성 기능을 이용한다. 신장의 ㎝과 체중의 ㎏은 기호 입력 기능을 이용하여 입력하자.

	A	B	C	D	E
1	회원 관리 현황				
2	회원명	性別	운동명	신장(㎝)	체중(㎏)
3	박재찬	남	수영	178	71
4	이현아	여	배드민턴	161	58
5	정금래	여	테니스	170	62
6	강혜정	여	배드민턴	164	51
7	지명섭	남	수영	184	76
8	김정다	남	테니스	175	68

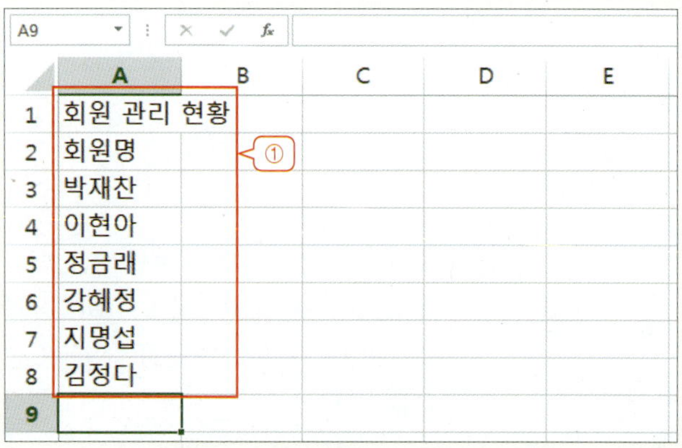

① A1 셀을 클릭한 후 워크시트의 제목을 입력한다.

회원 관리 현황

입력이 끝나면 Enter 를 누르고, **회원명**을 입력하고, Enter 를 누르고, **박재찬**, Enter, …, **김정다**, Enter 를 차례로 입력한다.

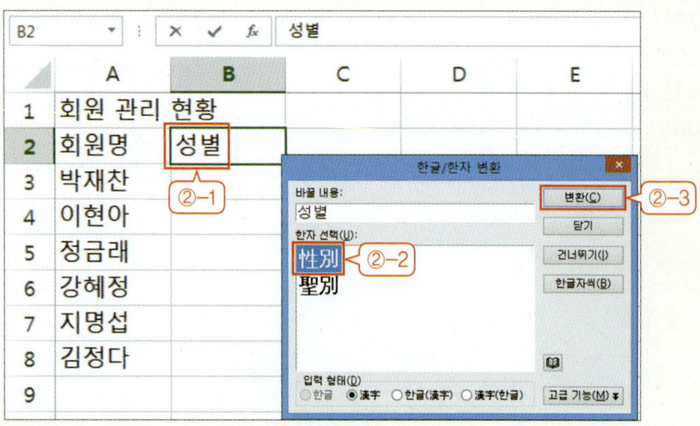

② B2 셀에 성별을 입력하고 한자 를 누른다. **[한글/한자 변환]** 대화상자가 나타난다. 엑셀에서 올바른 한자라고 추측한 한자가 선택되어 있다. 맞는 한자를 선택한 후 **[변환]**을 클릭한다.

실습하기 2-2

자동 완성과 특수 문자 입력하기

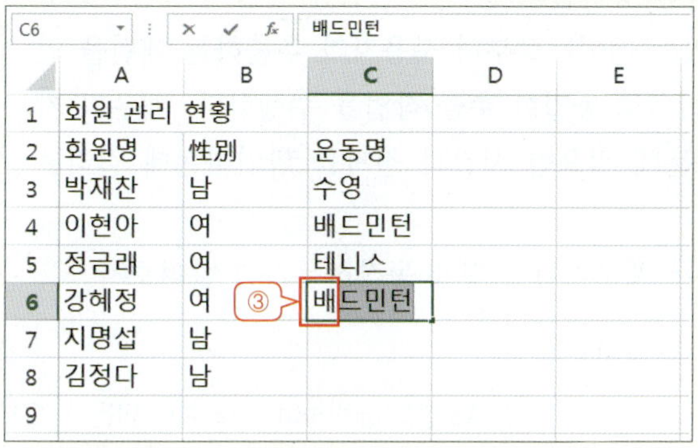

③ C5 셀까지 입력한 후, C6 셀에 **배드민턴**을 입력하기 위해서 **배**를 입력하자마자 자동 완성 기능은 **배드민턴**을 자동적으로 채워 준다.

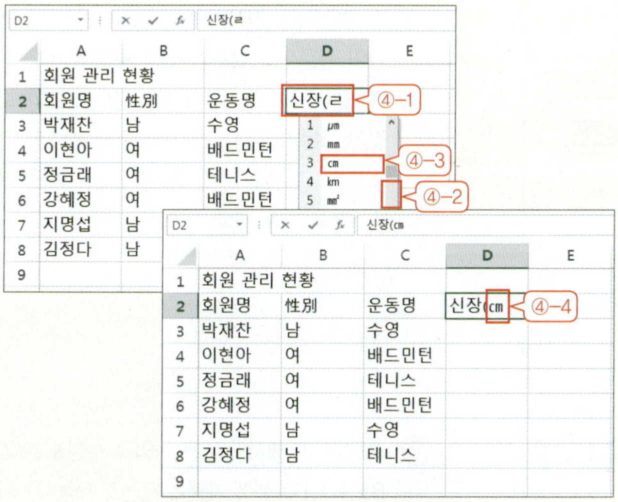

④ D2 셀에 **신장(ㄹ**을 입력한 후, 한자를 누르면 단위 기호들이 나타난다. 스크롤 막대 아래 부분을 세 번 클릭하면 ㎝이 보인다. ㎝을 클릭하면 ㄹ 자리에 ㎝이 입력된다. 오른쪽 괄호를 닫는다. 회원들의 신장을 입력한다.

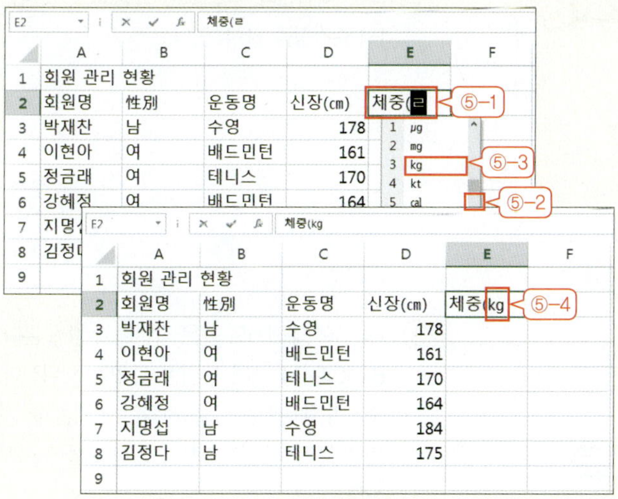

⑤ E2 셀에 **체중(ㄹ**을 입력한 후, 한자를 누르면 단위 기호들이 나타난다. 스크롤 막대를 아래 부분을 네 번 클릭하면 ㎏이 보인다. ㎏을 클릭하면 ㄹ 자리에 ㎏이 입력된다. 오른쪽 괄호를 닫는다. 회원들의 체중을 입력한다.

실습하기 2-3

실습파일 :\2장\자동 채우기-빠른 채우기.xlsx

자동 채우기와 빠른 채우기

실습 설명 자동 채우기는 요일, 월 등과 같이 순서를 가진 항목들의 순서를 인접한 셀들에 자동적으로 입력한다. 빠른 채우기는 하나의 열에 들어있는 데이터로부터 사용자가 추출하는 패턴을 인식하여 그 열의 나머지 셀들에 대해서 자동적으로 동일한 추출 작업을 수행한다. 채우기 기법을 사용하면 워크시트에 데이터를 삽입하는데 필요한 시간과 철자를 확인하는데 걸리는 시간을 줄일 수 있다.

예제 워크시트를 사용하여 자동 채우기와 빠른 채우기가 어떻게 동작하는가를 살펴보자.

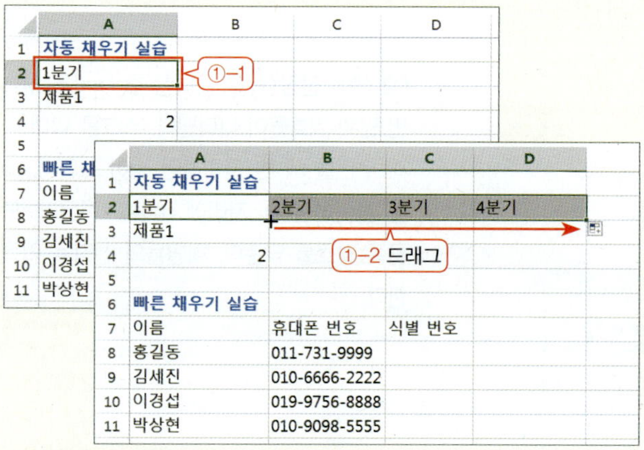

① A2 셀을 클릭하여 현재 셀로 만든다. 오른쪽 아래 구석의 채우기 핸들 ■ 위로 마우스 포인터를 가져가면 마우스 포인터의 모양이 검은색의 십자가 모양 ✚으로 바뀐다. D2 셀까지 드래그한다. B2, C2, D2 셀에 2분기, 3분기, 4분기가 차례로 채워진다. 텍스트는 고정되고, 숫자만 1씩 증가함을 알 수 있다.

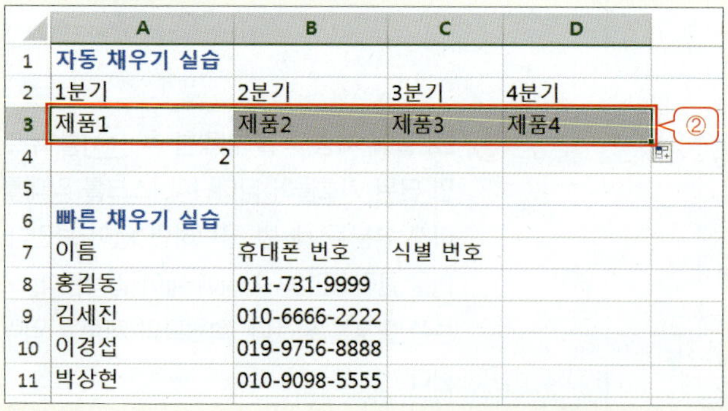

② A3 셀에 대해서도 같은 작업을 수행해 본다. B3, C3, D3 셀에 제품2, 제품3, 제품4가 차례로 채워진다. 텍스트는 고정되고, 숫자만 1씩 증가함을 알 수 있다.

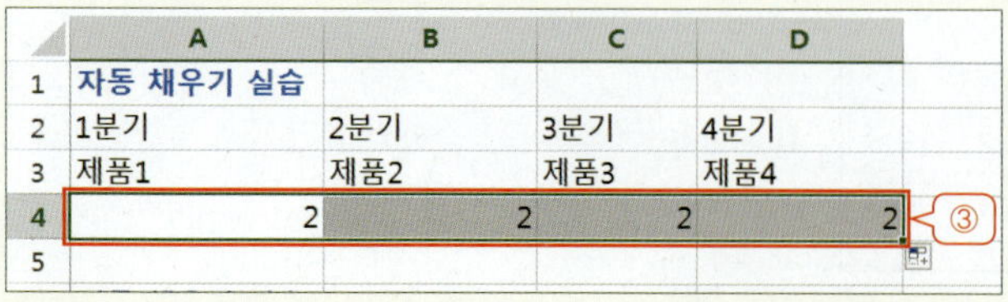

③ A4 셀에 대해서도 같은 작업을 수행해 본다. B4, C4, D4 셀에 동일한 값 2가 채워진다. 숫자가 들어있는 셀을 하나만 선택한 후 자동 채우기하면 그 숫자가 인접 셀들에 복사된다.

실습하기 2-3

자동 채우기와 빠른 채우기

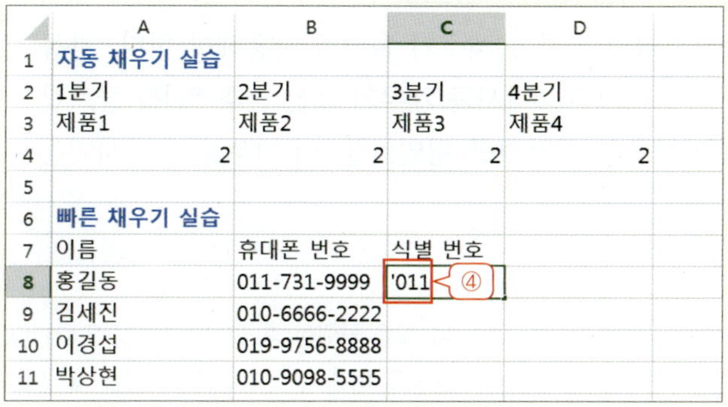

④ C8 셀을 클릭한 후 B8 셀에 들어있는 휴대폰 번호에서 식별 번호 '011를 입력한다. 숫자의 가장 왼쪽에 위치한 0은 디폴트로 표시되지 않으므로 '와 함께 011을 입력하자. C8 셀은 B8 셀로부터 어떤 패턴을 추출할 것인가를 엑셀에게 알려주는 역할을 한다.

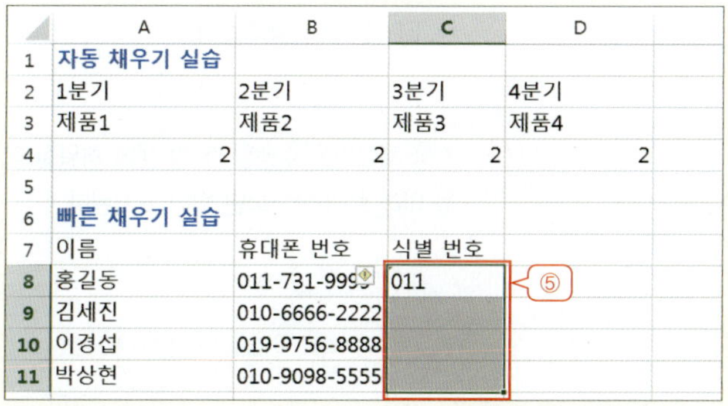

⑤ C8 셀부터 C11 셀까지 드래그한다.

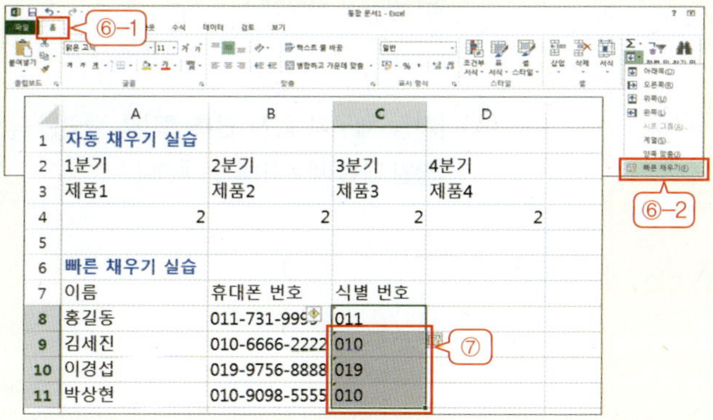

⑥ [홈] 탭–[편집] 그룹–[채우기 단추 ⬇]를 클릭한 후, [빠른 채우기]를 선택한다.

⑦ B9:B11 범위에 들어있는 휴대폰 번호의 식별 번호가 추출되어 C9:C11 범위에 채워진다.

Tip 자동 채우기의 단점은 원래 셀에 인접한 셀들로만 복사할 수 있다는 것이다. 그러나 대부분의 워크시트가 표 모양을 기반으로 하기 때문에 크게 불편한 문제는 아니다.

실습하기 2-4

실습파일 빈 통합 문서

자동 채우기 옵션을 사용하여 채우기

실습 설명

한 개의 날짜가 들어있는 셀로부터 자동 채우기를 하면 디폴트로 증가 수준이 일(day)로 채워진다. 월(month) 또는 연(year) 단위로 증가시키려면 자동 채우기 옵션을 사용해야 한다. 자동 채우기 옵션을 사용하려면 채우기 핸들을 드래그한 후 [자동 채우기 옵션 단추]를 클릭한다. 이번 실습에서는 자동 채우기 옵션을 사용하여 날짜를 평일, 월, 연 단위로 증가시키는 방법을 알아보자.

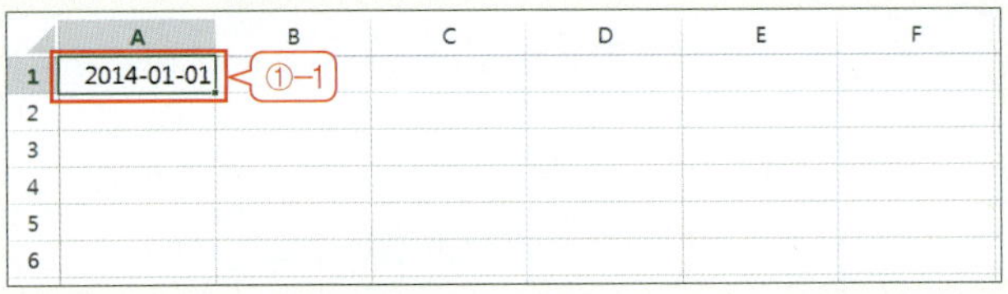

① A1 셀을 클릭한 후 2014-1-1을 입력한다. 오른쪽 아래 구석의 채우기 핸들 ■ 위로 마우스 포인터를 가져가면 마우스 포인터의 모양이 검은색의 십자가 모양 ✚으로 바뀐다. E1 셀까지 드래그한다.

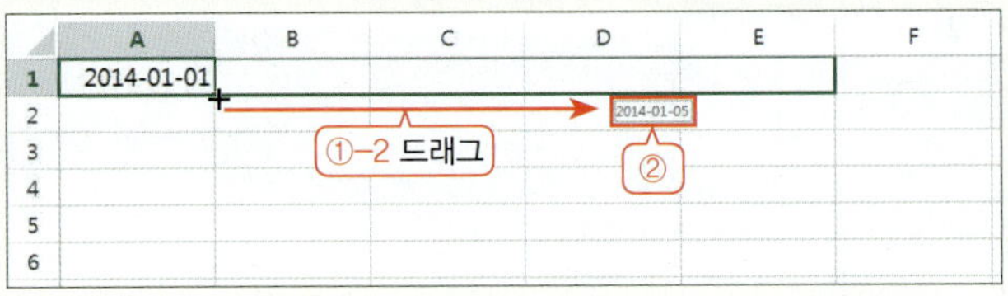

② 자동 채우기를 수행할 때 각 셀에 채워질 값을 미리 보여주는 화면 팁이 표시된다.

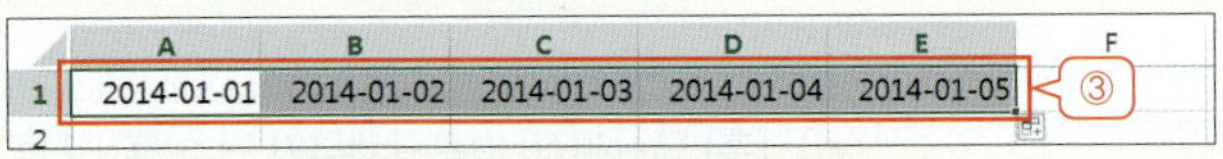

③ 디폴트로 날(day)이 1씩 증가한 날짜가 B1:E1 범위에 채워진다.

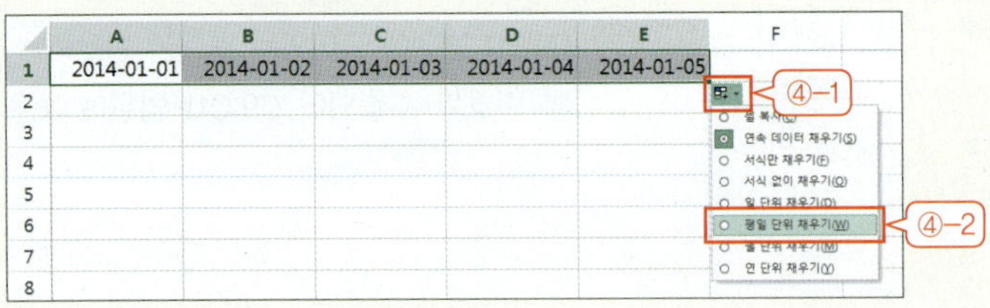

④ [자동 채우기 옵션 단추]를 클릭한 후 [평일 단위 채우기]를 선택한다.

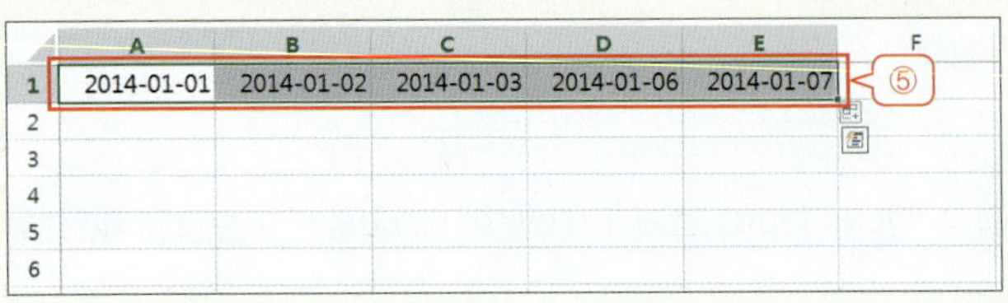

⑤ C1 셀의 2014-1-3이 금요일이기 때문에 D1 셀에는 2014-1-4(토요일) 대신에 2014-1-6(월요일)이 채워지고, E1 셀에는 2014-1-7이 채워진다.

자동 채우기 옵션을 사용하여 채우기

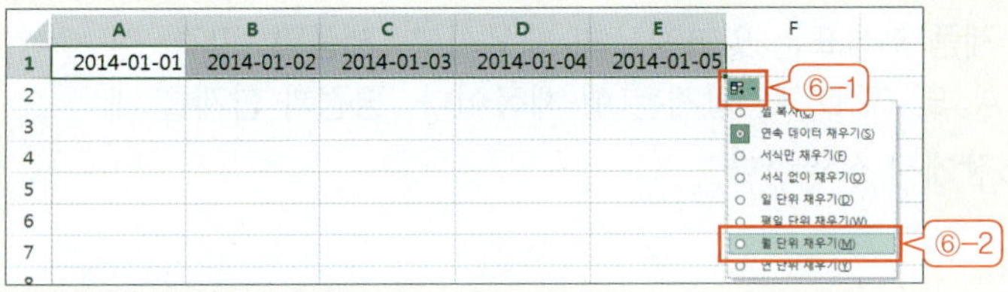

⑥ 이번에는 **[월 단위 채우기]**를 선택해 보자.

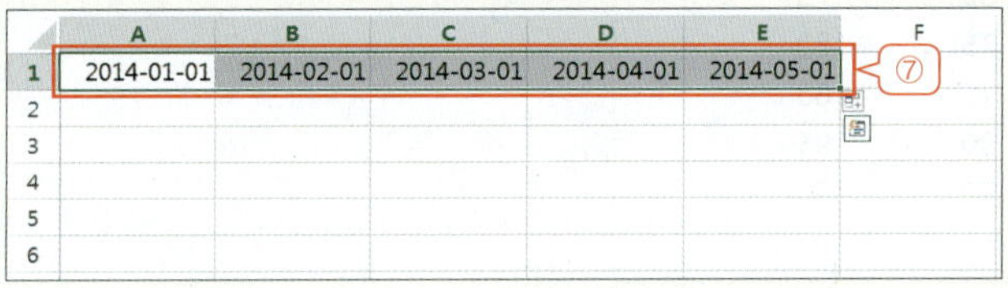

⑦ A1 셀에 들어있는 2014-1-1에서 월(month)이 1씩 증가하여 B1:E1 범위에 2014-2-1~2014-5-1이 차례로 채워진다.

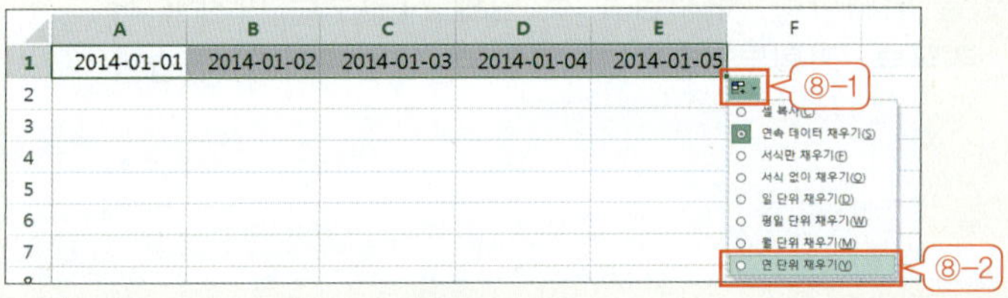

⑧ 이번에는 **[연 단위 채우기]**를 선택해 보자.

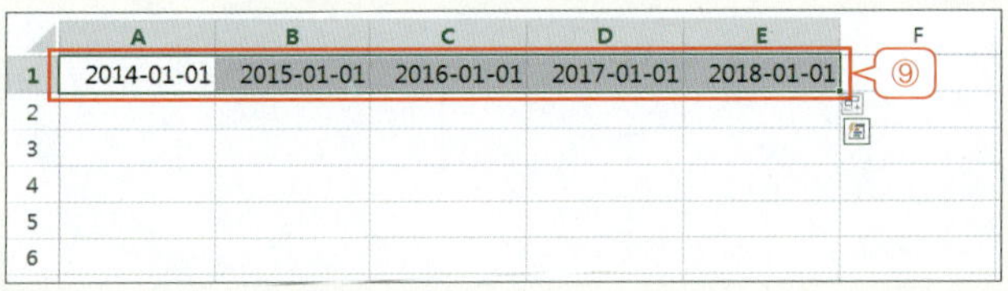

⑨ A1 셀에 들어있는 2014-1-1에서 연(year)이 1씩 증가하여 B1:E1 셀에 2015-1-1 ~ 2018-1-1이 차례로 채워진다.

연습문제 EXERCISE

1. 다음 워크시트 내용을 입력하라. 제품 분석표는 워크시트의 제목이고, 제품명, 가격, 성능, 내구성, 평점은 열 제목이고, A, B, C, D, E, 합계는 행 제목이다. 평점과 합계를 계산하는 수식을 작성하는 방법은 3장에서 설명한다.

	A	B	C	D	E	F
1	제품 분석표					
2	제품명	가격	디자인	성능	내구성	평점
3	A	70	75	80	75	
4	B	80	70	75	80	
5	C	65	60	75	60	
6	D	90	75	90	95	
7	E	60	65	70	60	
8	합계					

2. 자동 완성 기능을 활용하여 부서명을 입력하라. 부서명은 첫 번째 사원부터 마지막 사원까지 차례대로 영업부, 기획부, 총무부, 기획부, 총무부, 영업부, 영업부이다.(연습파일 ⊙:\2장\연습문제-2.xlsx)

	A	B	C
1	해외연수 신청명단		
2	사원명	사원번호	부서명
3	김성호	A8602	
4	이지형	B9806	
5	안일호	A9607	
6	김나영	C8506	
7	정용주	C8509	
8	강정민	A9805	
9	이재홍	B9704	

3. 아래의 워크시트에 자동 채우기를 시행하라. 1행에만 값이 들어있는 열(A, C, D)은 하나의 셀만 선택한 후 7행까지 자동 채우기를 시행한다. 1행과 2행에 값이 들어있는 열(B, E)은 두 개의 셀을 선택한 후 7행까지 자동 채우기를 시행한다.(연습파일 ⊙:\2장\연습문제-3.xlsx)

	A	B	C	D	E
1	10	10	월	1번째 기간	1월 15일
2		8			2월 15일
3					
4					
5					
6					
7					

4. 빠른 채우기를 사용하여 직원들의 이름으로부터 성만 분리해보라.(연습파일 ⊙:\2장\연습문제-4.xlsx)

	A	B
1	성명	성
2	이선우	
3	김종태	
4	전현석	
5	심기훈	
6	서승우	

5. A1 셀의 내용을 매장별 상품판매현황에서 매장별 일일상품판매현황으로 수정하라.(연습파일 ⊙:\2장\연습문제-5.xlsx)

	A	B	C	D
1	**매장별 상품판매현황**			
2	매장명	사원명	상품명	판매수량
3	동부	안창수	냉장고	7
4	동부	이경아	에어컨	5
5	서부	황재문	세탁기	11
6	서부	김현승	TV	8

3 CHAPTER

수식

엑셀의 진정한 힘은 수식에 있다. 만일 엑셀에서 숫자와 텍스트를 단순히 입력하는 것밖에 할 수 없다면 엑셀은 아래한글이나 워드 등의 워드프로세서와 차이점이 거의 없을 것이다. 워드프로세서 사용자들이 단어들을 가지고 문서 작업하듯이 엑셀에서는 수식을 사용하여 다양한 방법으로 숫자들을 처리할 수 있다.
수식은 몇 개의 셀에 들어 있는 숫자들을 더하는 것과 같은 간단한 작업부터 수많은 괄호와 곱셈, 나눗셈을 포함하는 매우 복잡한 작업까지 수행할 수 있다. 또한 엑셀 사용자는 미리 프로그램되어 엑셀에 내장된 수백 개의 수식들을 사용하여 숫자들을 처리할 수 있다. 미리 프로그램된 수식을 함수라고 부른다. 함수는 5장에서 자세하게 다룬다.

수식

SECTION 01 수식 이해하기

수식은 값들에 대하여 계산을 수행하는 식이다. 덧셈이나 뺄셈만 사용하는 간단한 수식부터 덧셈, 뺄셈, 곱셈, 나눗셈, 괄호 등을 사용한 복잡한 수식까지 다양하다.

1 어떻게 수식이 동작하는가?

엑셀에서 모든 수식은 등호(=)로 시작해야 한다. 등호는 엑셀에게 수식이 입력되고 있음을 알려주는 방아쇠이다. 그 다음에 계산할 수치, 셀 주소, 셀의 내용과 수치를 계산하는데 사용할 산술 연산자 또는 함수 이름 등을 입력한다.

예를 들어서 사용자가 B2 셀에 2+6을 입력하면 엑셀은 이를 수식으로 인식하지 못하고 B2 셀에 2+6을 그대로 표시한다. 즉 엑셀은 2+6을 텍스트로 인식한다.

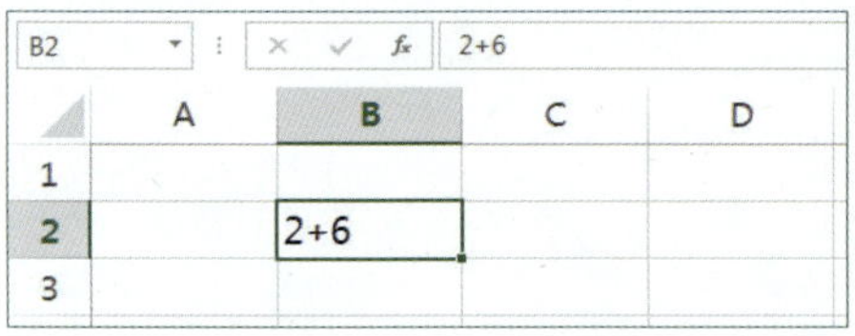

사용자가 B2 셀에 =2+6이라고 입력하면 엑셀은 B2 셀에 수식의 결과인 8을 표시한다. 워크시트 위쪽에 위치한 수식 입력줄에는 수식 =2+6이 표시된다.

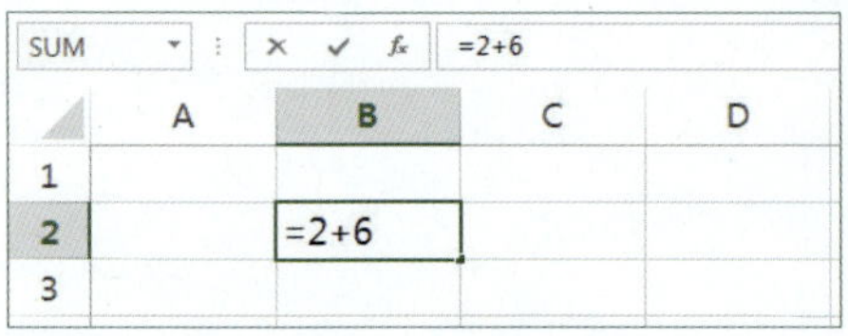

다시 말해서 수식은 수식 입력줄에 나타나고, 수식의 결과는 셀에 나타난다.

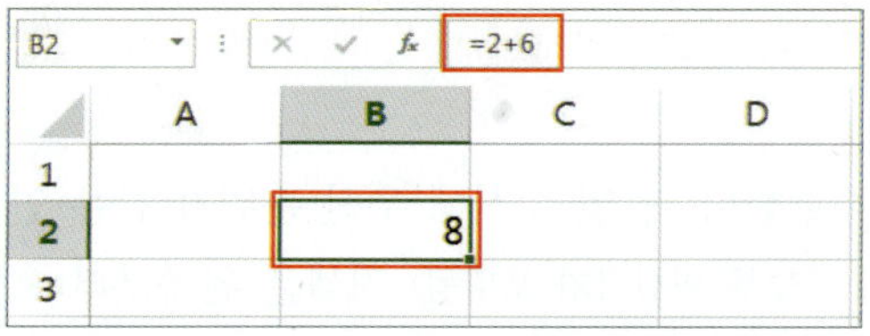

수식 =A5+A6은 A5 셀의 내용과 A6 셀의 내용을 더한다. 수식에 셀 주소를 사용하면 해당 셀의 내용이 바뀌었을 때 수식의 결과가 자동적으로 갱신되기 때문에 수식에 수치를 직접 사용하는 것보다 셀 주소를 사용하는 것이 바람직하다.

어떤 셀에 수식 =A5+A6을 입력할 때, A5나 A6을 키보드에서 직접 입력할 수도 있지만 이런 방법에서는 셀 주소를 잘못 입력할 수도 있기 때문에 해당 셀을 마우스로 클릭함으로써 입력하는 방법이 더 좋다.

Summary

수식을 입력하려면

- ✔ 수식의 결과가 나타날 셀을 클릭한다.
- ✔ = 기호를 입력한 후 셀 주소, 산술 연산자, 함수, 괄호 등을 사용하여 어떤 값을 계산하는 수식을 입력한다. 수식 입력줄에 수식을 입력해도 좋다.
- ✔ Enter 또는 Tab을 누른다.

수식에서 여는 괄호의 개수와 닫는 괄호의 개수가 일치해야 한다. 즉 괄호를 하나 열었으면 수식 내의 어디선가 괄호를 하나 닫아야 한다. 엑셀은 매우 영리하여 현재 어떤 괄호를 닫고 있는가를 보여준다. 하나의 수식에 두 개 이상의 괄호를 사용할 때 엑셀은 수식 입력줄에서 각 괄호를 서로 다른 색으로 표시한다.

Tip 수식을 입력할 때 셀 주소는 대문자와 소문자를 구분하지 않는다. 예를 들어서, 수식 =d4+e4는 =D4+E4와 동일하다.

P.102 실습하기 3-1

2 산술 연산자의 우선 순위

산술 계산(대수)에서처럼, 엑셀이 수식에서 먼저 계산할 부분을 괄호를 사용하여 지정할 수 있다. 따라서 아래의 두 개의 수식의 계산 결과는 다르다.

```
=(A1+A2)*B1
=A1+(A2*B1)
```

엑셀은 아래와 같은 **우선 순위**에 따라 연산들을 수행한다. 만일 수식에 우선 순위가 같은 연산자들이 두 개 이상 들어 있으면(예 수식에 곱셈과 나눗셈 연산자가 포함됨) 엑셀은 왼쪽부터 오른쪽으로 연산자들을 적용한다. 정확한 계산 결과를 얻기 위해서는 우선 순위를 이해하는 것이 중요하다. 또한 모든 열린 괄호마다 대응되는 닫는 괄호를 입력해야 한다.

[표 3-1] 산술 연산자의 우선 순위

우선 순위	산술 연산자	기능	수식의 예
1	( )	가장 안쪽 괄호부터 계산	=(A2+B2)/C2
2	^	지수	=A1^3
3	* /	곱셈과 나눗셈	=A4 * B4/C4
4	+ −	덧셈과 뺄셈	=A1+100

가이드라인

- ✓ 수식을 간단하게 작성하도록 노력하자. 이렇게 하면 수식을 읽기 쉽고, 디버그하기도 쉬워진다.
- ✓ 수식을 작성할 때 수식에 직접 숫자를 입력하는 대신 셀 참조를 입력한다.
- ✓ 복잡한 수식을 작성할 필요가 있으면 너무 긴 수식을 작성하는 대신에 여러 개의 짧은 수식들을 작성하고 빌딩 블록처럼 사용하도록 한다.
- ✓ 수식을 입력하기 전에 예상되는 결과를 알고 있도록 하자. 수식이 정확하게 동작하는지를 입증하기 위해서 간단한 숫자들을 사용하자.
- ✓ 예상치 못한 결과가 구해지면 간단한 예를 가지고 손으로 계산해 보도록 하자.

3 수식 편집

여러 개의 수식을 입력하다 보면 일부 수식을 잘못 입력하는 경우가 발생할 수 있다. 틀린 수식이 들어있는 셀을 클릭한 후 수식 전체를 새로 입력할 수도 있지만 수식이 복잡한 경우에는 번거롭고 또 다른 실수를 저지를 수도 있다. 따라서 다음과 같이 수식을 수정하도록 하자.

① 틀린 수식을 포함하고 있는 셀을 더블 클릭한다.
② 셀 안에서 수식의 틀린 부분을 직접 편집한다. 수정할 셀 참조를 더블 클릭한 후 새로 참조할 셀을 클릭한다.
③ Enter 또는 Tab을 누른다.

또는

① 수식을 포함하고 있는 셀을 더블 클릭한다.
② 수식 입력줄 안에서 수식을 편집한다.
③ [입력 단추 ✔]를 클릭한다.

P.104 실습하기 3-2

4 수식 표시하기

위에서 설명한 것처럼 어떤 셀에 수식을 입력했더라도 그 셀에는 계산 결과가 표시되고, 수식 자체는 수식 입력줄에 표시된다. 워크시트에 입력한 모든 수식들을 동시에 보는 것이 유용할 때가 흔히 있다. Ctrl+~(ESC 바로 아래 키)를 누르면 워크시트 내의 수식들이 표시되거나 숨겨진다. 이 단축 키는 토글 키여서 누를 때마다 번갈아가면서 수식 자체, 수식 결과가 나타난다.
아래 그림에서 수식 입력줄은 A3 셀에 들어있는 수식을, A3 셀은 수식 결과를 보여준다. Ctrl+~을 두 번 눌러 보자.

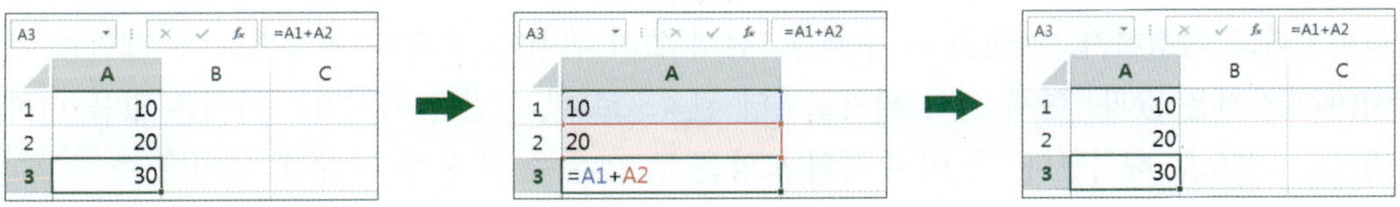

5 자동 재계산

수식에 숫자들을 입력하는 대신에 셀에 숫자들을 입력하고, 수식에는 숫자들이 들어있는 셀 주소를 입력하도록 하자.
예를 들어서 B1 셀에 5를 입력하고, B2 셀에는 6을 입력한다. B3 셀에는 수식 =B1+B2를 입력한다. B3 셀에 =5+6을 입력하는 것보다 셀 주소를 입력하는 것이 더 번거로울 것이다. 하지만 수식에 셀 주소를 사용하면 엑셀의 장점을 크게 누릴 수 있다. 만일 10+6의 결과를 구하려고 할 때 B1 셀에만 10을 입력하면 B3 셀의 수식은 자동적으로 새로운 값을 보여준다.

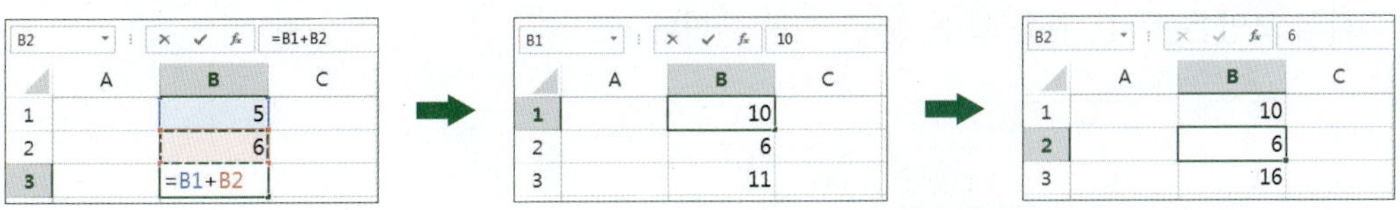

엑셀이 B3 셀에 들어있는 수식을 "B1에 들어있는 임의의 값과 B2에 들어있는 임의의 값을 더하라"고 해석하기 때문이다. B1 셀과 B2 셀 중에서 어떤 셀의 값이 바뀌든지 B3 셀의 수식은 즉시 계산을 다시 하여 새 값을 보여준다.

SECTION 02 상대 주소와 절대 주소

종종 수식을 새로 작성하는 것보다 복사하는 것이 쉽다. 한 셀에 수식을 입력한 후에 복사와 붙여넣기, 잘라내기와 붙여놓기, 드래그 방법을 사용하여 텍스트 또는 숫자처럼 한 셀에서 다른 셀로 수식을 이동하거나 복사할 수 있다.

엑셀이 수식을 포함한 셀을 복사할 때 셀 안의 값을 복사하는 것이 아니라 셀 안의 수식을 복사한다. 그 수식이 새로운 셀에 붙여넣어졌을 때 엑셀은 새로운 셀에 맞게 수식을 변경한다. 셀을 참조하는 방식(셀 주소)에 따라, 이동되거나 복사된 수식의 내용이 달라진다.

1 수식 모양 이해하기

일반적으로 수식을 입력할 때 실제 값 대신 셀 참조를 사용한다. 셀 참조를 사용하여 수식이 입력될 때마다 어떤 모양이 만들어진다. 이 모양은 수식 계산시 값을 어디서 가져와야 하는가를 결정한다.

모양은 워크시트에서 특정 위치의 셀들을 참조한다. 예를 들어서 C2 셀에 수식 =A2+B2가 들어있다고 가정하자. 엑셀은 이 수식을 "현재 셀의 위치(C2)로부터 왼쪽으로 두 셀만큼 가서(A2) 가져온 값과, 현재 셀의 위치로부터 왼쪽으로 한 셀만큼 가서(B2) 가져온 값을 더하라"는 모양으로 해석한다. 즉 이 **수식의 모양**은 두 칸 왼쪽 셀 + 한 칸 왼쪽 셀이다.

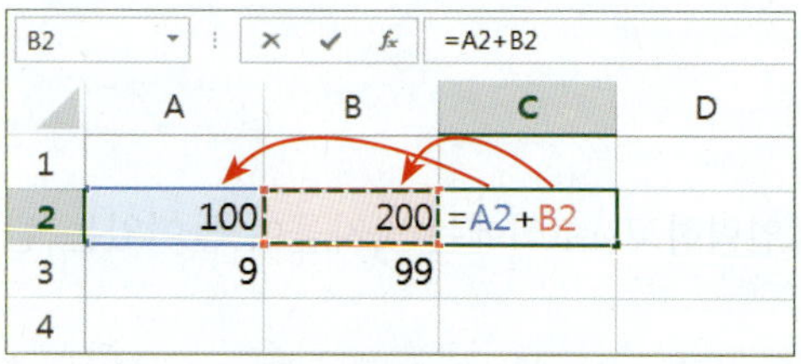

이 수식이 인접한 셀들에 복사되거나 채워지면 복사되는 것은 모양이고, 복사된 수식 내의 셀 참조는 모양(변하지 않음)에 상대적으로 바뀐다. 예를 들어서 C2 셀에 들어있는 수식을 C3 셀에 복사하고, 수식 입력줄을 클릭해 보라. C3 셀의 수식은 =A3+B3으로 바뀐다. 여전히 수식의 모양은 두 칸 왼쪽 셀 + 한 칸 왼쪽 셀이다.

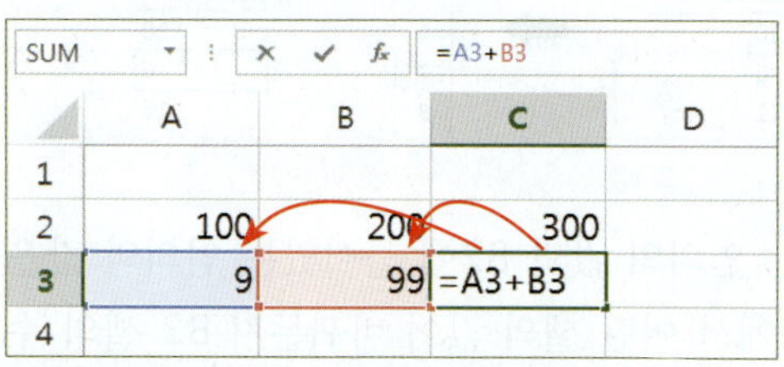

2 자동 채우기로 수식 복사

어떤 행이나 열의 셀들에 동일한 동작(예 합계 또는 평균 등)을 적용해야 하는 경우가 있다. 각 행이나 열에 적용하기 위해서 일일이 수식을 입력하는 대신 **자동 채우기**를 사용할 수 있다. 자동 채우기로 수식을 인접 셀들에 복사하면 상대 셀 참조들이 자동적으로 조정된다. 상대 주소는 다음 페이지 3절에서 설명한다.

자동 채우기에 사용하는 다음 예는 커피매장에서 판매하는 여러 종류의 커피들의 일별 판매잔 수를 보여준다. 1일에 판매된 커피잔 수를 계산하기 위해서 B7 셀을 클릭한 후 =B2+B3+B4+B5를 입력한다. 이때 셀 주소는 키보드에서 일일이 입력하지 말고, 해당 셀을 마우스로 클릭하도록 한다. Enter 또는 Tab을 누른다.

B5 | =B2+B3+B4+B5

	A	B	C	D	E
1		1일	2일	3일	4일
2	아메리카노	37	34	30	29
3	카푸치노	19	21	17	20
4	카페라떼	28	30	26	33
5	마키아또	20	22	21	24
6	합계	=B2+B3+B4+B5			
7					

B6 셀을 클릭하여 현재 셀로 만든 후 마우스 포인터를 현재 셀의 오른쪽 아래 구석으로 이동하여 마우스 포인터의 모양이 **+**가 되도록 한다.

B6 | =B2+B3+B4+B5

	A	B	C	D	E
1		1일	2일	3일	4일
2	아메리카노	37	34	30	29
3	카푸치노	19	21	17	20
4	카페라떼	28	30	26	33
5	마키아또	20	22	21	24
6	합계	104			
7					

클릭한 후 E6 셀까지 드래그한다. B6 셀에 들어있는 수식이 C6, D6, E6 셀에 복사된다.

B6 | =B2+B3+B4+B5

	A	B	C	D	E
1		1일	2일	3일	4일
2	아메리카노	37	34	30	29
3	카푸치노	19	21	17	20
4	카페라떼	28	30	26	33
5	마키아또	20	22	21	24
6	합계	104	107	94	106
7					

드래그

Ctrl+~을 눌러서 수식이 나타나도록 해본다.

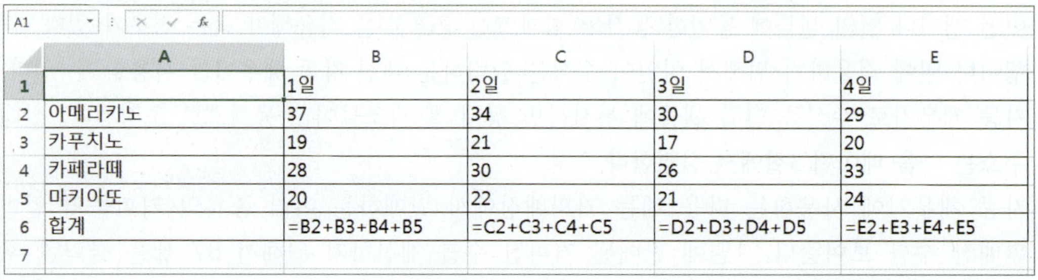

3 상대 주소

수식을 다른 셀로 복사했을 때 수식의 위치와 관련하여 수식 내의 셀 참조들이 조정되면 이를 **상대 주소**라고 부른다. 왜냐하면 셀 주소가 현재 위치에 상대적으로 바뀌기 때문이다.
아래 그림처럼 A1 셀에 10, A2 셀에 20을 입력한 후 A3 셀에 =A1+A2를 입력한다.

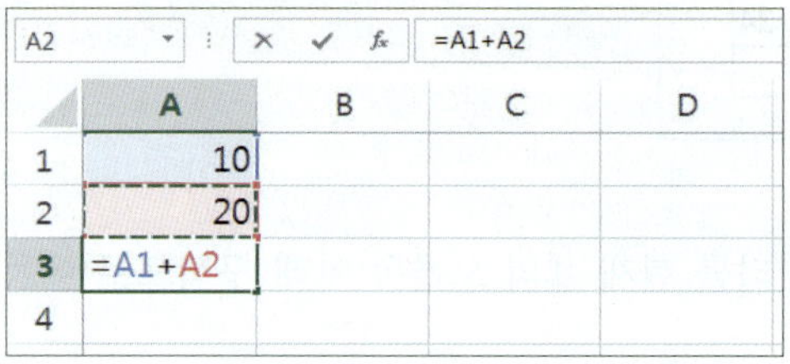

A3의 내용(수식)을 잘라내서 C3 셀에 붙여넣어 보자. C3 셀에 들어 있는 수식은 여전히 =A1+A2이다. 수식에서 덧셈할 내용이 들어있는 셀들은 여전히 A1과 A2이기 때문이다.

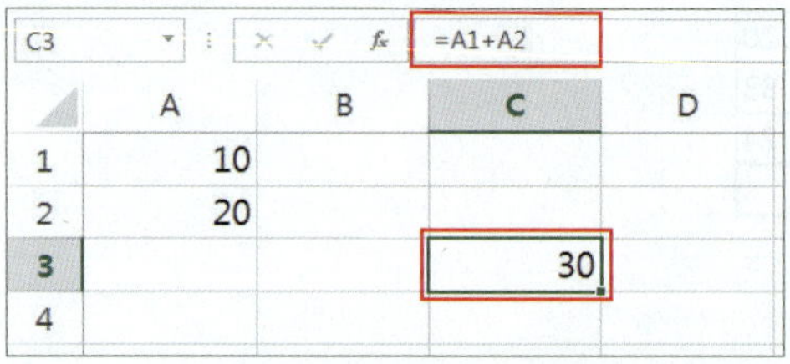

이번에는 [실행 취소 단추 ↶]를 클릭하여 A3 셀의 수식을 그대로 둔 채 A1의 내용인 10을 잘라내서 C1 셀에 붙여넣어보자. 이 경우에 수식 자체는 A3 셀에 그대로 남아 있지만 이 수식이 참조하는 하나의 셀이 새로운 위치로 이동했다(A1→C1). A3 셀의 수식은 이를 반영하도록 자동적으로 수정된다.

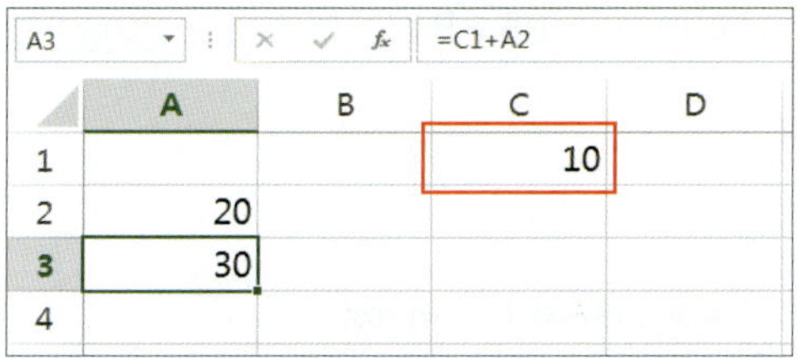

이번에는 [실행 취소 단추 ↶]를 클릭하여 C1 셀의 내용을 A1 셀로 되돌린 후 A1, A2, A3 셀의 내용을 잘라내서 C1, C2, C3 셀에 붙여넣어보자. 이동 후에 C1에는 10, C2에는 20이 들어간다. C3에 들어가는 수식은 셀들의 이동을 반영하여 =C1+C2로 자동적으로 조정된다.

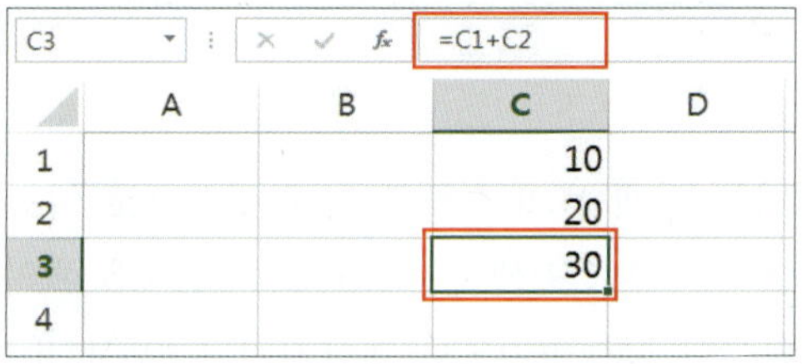

P.106 실습하기 3-3

4 절대 참조

수식을 복사하더라도 바뀌지 않아야 하는 특정 셀 참조가 수식에 포함되어 있는 경우가 있다. 예를 들어서 부가가치세율 10%가 상수로 수식에 사용되는 경우가 있다. 이런 경우에는 부가가치세율을 절대 셀 참조로 수식에 포함시켜야 한다. **절대 참조**에서는 열 문자와 행 번호 전에 $ 기호를 붙여서 셀 주소를 나타낸다. 예를 들어서 A3 셀에 대한 셀 참조를 절대 참조로 변경하려면 $A$3을 입력한다. 이렇게 하면 수식을 어느 곳에 복사하더라도 항상 A3 셀을 참조한다.

절대 주소를 사용하는 수식을 실습하기 위하여, 유럽을 여행하면서 유로화로 지출한 경비 내역을 원화로 환산하는 워크시트를 사용하자. 이 예에서 원화를 계산하는 수식들은 유로화 환율이 들어있는 B1의 행과 열을 고정해서 참조해야 한다.

수식 내의 셀 참조를 상대 참조에서 절대 참조로 빠르게 바꾸려면 변경하려는 셀 참조를 선택한 후 F4를 누른다. 셀 참조에 $ 기호가 추가된다. $ 기호를 직접 입력해도 된다. F4를 누를 때마다 상대 참조와 절대 참조의 모든 가능한 조합이 사이클을 이루며 바뀐다.

F4를 누를 때마다

상대 참조 → 절대 참조 → 혼합 참조(행 절대) → 혼합 참조(열 절대) → 상대 참조

의 사이클을 이룬다.

숙박비 €420을 원화로 환산하기 위해서 C5 셀을 클릭하고, =B5 * B1을 입력하고 Enter 를 누른다. 원화로 630,000원이 구해진다.

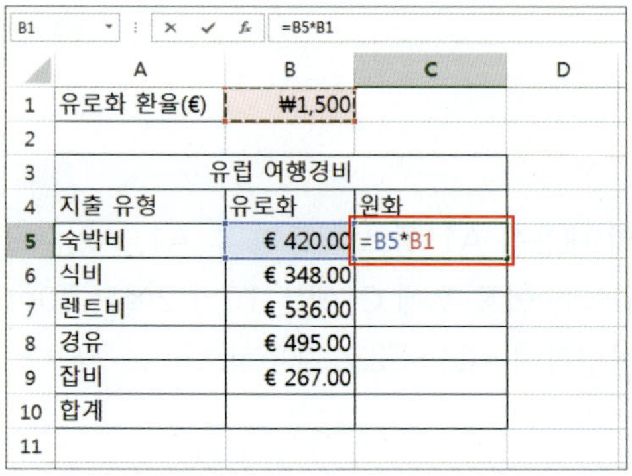

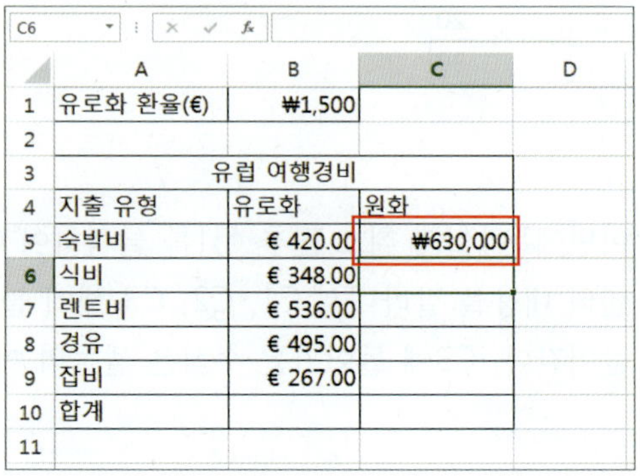

C5 셀을 클릭하여 현재 셀로 만든 후 마우스 포인터를 현재 셀의 오른쪽 아래 구석으로 이동하여 마우스 포인터의 모양이 ➕가 되도록 한다. 클릭한 후 C9 셀까지 드래그한다. C5 셀의 수식이 C6, C7, C8, C9 셀에 복사된다. 원화로 환산한 값들이 0으로 계산되거나 #VALUE! 라는 오류 메시지가 나타난다. 왜 그럴까?

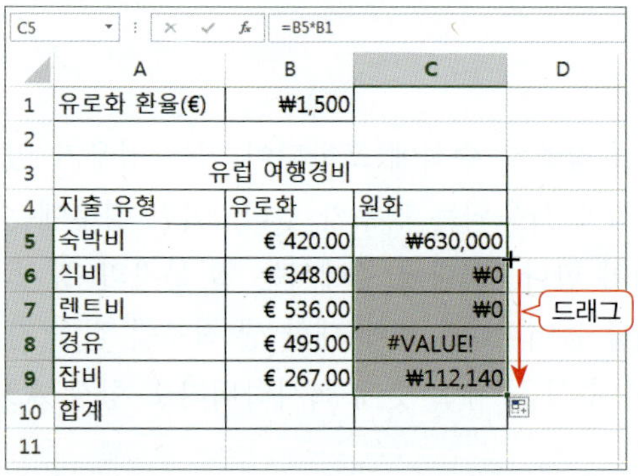

수식의 모양이 셀마다 달라야 할 때 수식 복사는 문제를 일으킨다. 이 수식에서 무엇이 잘못된 것일까? C 열의 각 수식이 서로 다른 모양을 필요로 하기 때문에 문제가 발생한 것이다. 예를 들어서, 자동 채우기로 C5 셀의 수식을 C6:C9 범위까지 복사하면 C5:C9 범위에 들어있는 수식들의 모양이 모두 동일하다.

C6 셀을 클릭한 후 수식 입력줄을 살펴보자. C6 셀에 들어있는 수식이 수식 입력줄에 =B6 * B2라고 표시된다. B6 셀에는 식비로 지출한 유로화 €348이 제대로 들어있는데, 유로화 환율이 들어있는 B1 셀을 참조하지 않고 아무 값도 들어있지 않은 B2 셀을 수식에서 참조하였다. 따라서 계산 결과가 0으로 표시되었다. 실제로는 C6의 수식이 =B6 * B1이어야 한다.

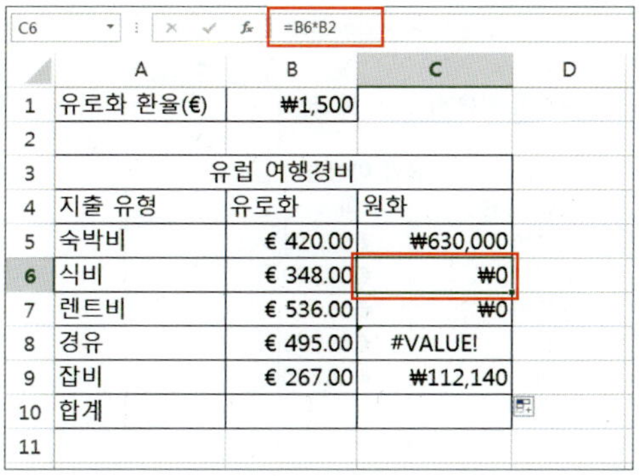

이번에는 C8 셀을 클릭한 후 수식 입력줄을 살펴본다. C8 셀에 들어있는 수식이 수식 입력줄에 =B8 * B4라고 표시된다. B8셀에는 경유로 지출한 유로화 €495가 제대로 들어있는데, B4 셀에는 유로화라는 텍스트가 들어있어서 수식을 계산할 수 없었다. 실제로는 C8의 수식이 =B8 * B1이어야 한다. ◆ 기호는 수식에 사용한 값의 데이터 형식이 잘못되었을 때 표시된다.

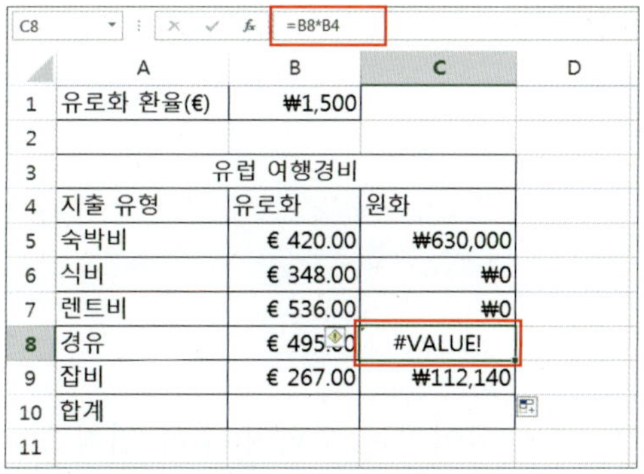

C5에 입력한 수식을 자동 채우기로 C9까지 복사하면 수식의 모양을 유지하기 위해서 수식 내의 두 개의 셀 참조가 모두 바뀐다. 그러나 지출 유형에 따라 유로화 지출에 대한 참조(B5, B6, B7, B8, B9)는 바뀌어야 하지만 유로화 환율에 대한 참조(B1)는 고정되어야 한다.

숙박비 €420을 원화로 환산하기 위해서 C5 셀을 클릭하고, B1 셀에 대한 참조를 고정시키기 위해서 =B5*B1을 입력하고 F4를 누른다. 수식이 =B5*$B$1로 바뀐다. Enter를 누른다. 원화로 630,000원이 구해진다.

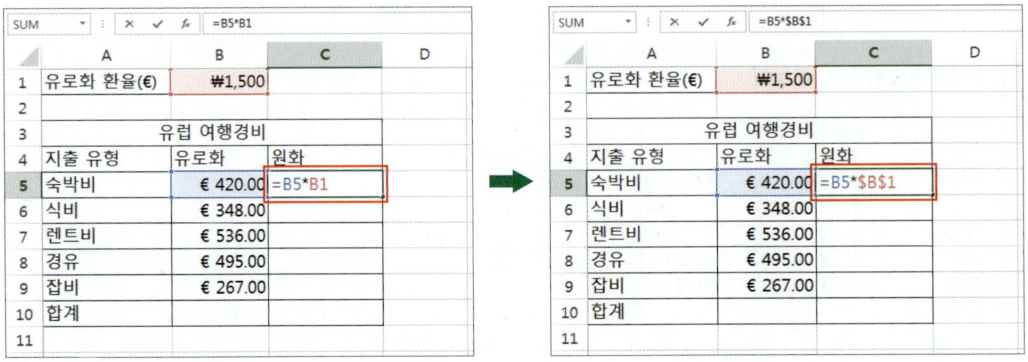

C5 셀을 클릭하여 현재 셀로 만든 후 마우스 포인터를 현재 셀의 오른쪽 아래 구석으로 이동하여 마우스 포인터의 모양이 ✚가 되도록 한다. 클릭한 후 C9 셀까지 드래그한다. 수식이 C6, C7, C8, C9 셀에 복사된다. 지출 항목들의 유로화 경비가 원화로 올바르게 변환된다.

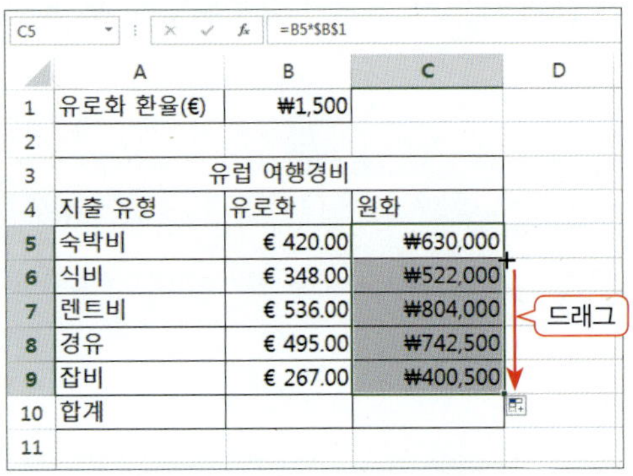

C6 셀을 클릭한 후 수식 입력줄을 살펴본다. C6 셀에 들어있는 수식이 수식 입력줄에 =B6*$B$1이라고 올바르게 표시된다.

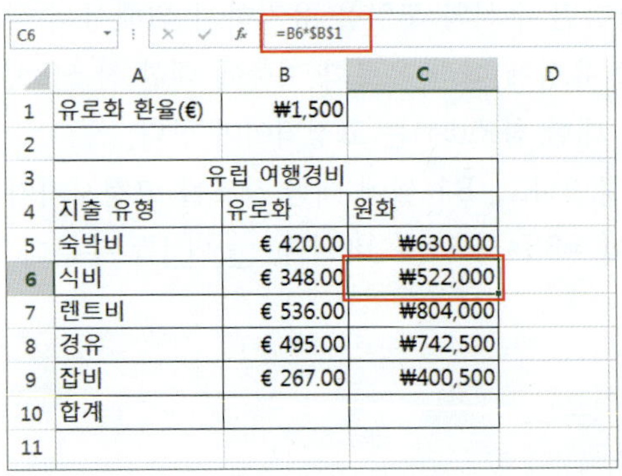

지금까지 셀 참조를 사용하는 방법에 관하여 학습하였다. 다음 그림은 두 가지 유형의 셀 참조(상대 참조와 절대 참조)의 차이점을 보여준다. B2 셀에 수식 =G2*$H$12를 입력한 후 B7까지 자동 채우기로 수식을 복사하면 상대 참조는 G3, G4, G5, G6, G7로 바뀌고, 절대 참조는 H12를 고정적으로 참조한다.

▶ 상대 참조는 위/아래 방향 또는 왼쪽/오른쪽 방향으로 복사할 때 자동적으로 변경된다. 수식 =G2*$H$12를 그림처럼 아래로 복사할 때 상대 참조는 G3에서 G5, G6, …으로 변경된다.

▶ 절대 참조는 고정된다. 수식을 한 셀에서 다른 셀로 복사하더라도 바뀌지 않는다. 절대 참조는 $H$12처럼 $ 기호를 포함한다.

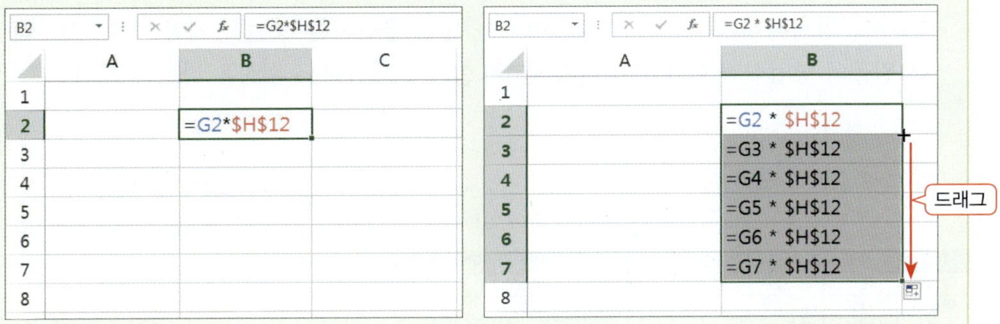

Tip 상대 참조와 절대 참조는 수식/함수를 다른 곳에 복사하거나 이동할 때만 차이가 난다.

P.108 실습하기 3-4

5 혼합 참조

혼합 참조는 상대 참조와 절대 참조를 모두 포함한다. 셀 참조가 한 방향으로는 절대 참조이지만 다른 방향으로는 상대 참조인 것이 혼합 참조이다. 예를 들어서 $A5는 항상 A 열을 참조하지만 행 번호는 적합하게 변경한다. A$5는 열 문자는 적합하게 변경하지만 항상 5번 행을 참조한다.

셀 참조를 고정시키려면 셀 주소를 구성하는 행과 열 중에서 어느 하나의 왼쪽에 $ 기호를 붙이거나 행과 열 모두의 왼쪽에 $ 기호를 붙여야 한다(예 $B$4, $B4, B$4). $기호를 어디에 붙이는가는 고정 위치로 지정해야 할 행과 열에 의존한다. 혼합 참조를 한 셀에서 다른 셀로 복사하면 절대 참조는 고정되지만 상대 참조는 변경된다.

[표 3-2] **상대 주소, 절대 주소, 혼합 주소**

표기	설명
$A$3	행과 열 모두 절대 참조
A$3	행은 절대 참조, 열은 상대 참조(혼합 참조)
$A3	열은 절대 참조, 행은 상대 참조(혼합 참조)
A3	상대 참조

P.110 실습하기 3-5 P.112 실습하기 3-6

실습하기 3-1

실습파일 :\3장\사원별 영업실적.xlsx

워크시트에 간단한 수식 입력하기

실습 설명

엑셀에서 직접 셀 참조를 입력하거나 셀을 클릭하여 수식을 작성할 수 있다. 셀을 클릭하면 엑셀은 그 셀의 주소를 수식에 입력한다. 수식에 셀 주소를 직접 입력할 때 발생할 수 있는 실수를 방지하게 된다. 이번 실습에서는 셀을 클릭하는 방법을 사용하여 1월부터 3월까지 사원들의 영업실적 합계와 사원별 1분기 합계를 계산하는 수식을 작성해 본다.

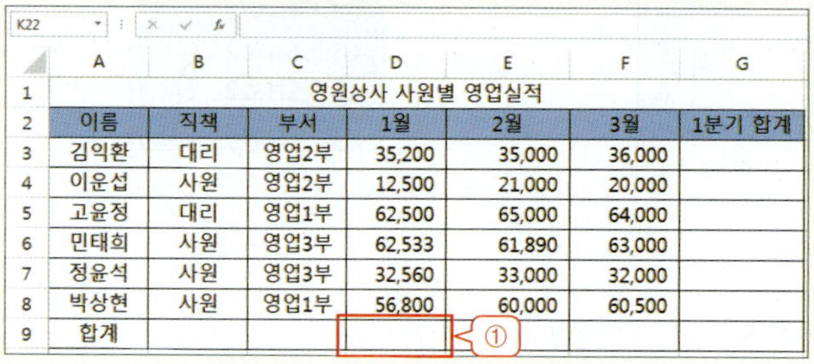

K22

	A	B	C	D	E	F	G
1	영원상사 사원별 영업실적						
2	이름	직책	부서	1월	2월	3월	1분기 합계
3	김익환	대리	영업2부	35,200	35,000	36,000	
4	이운섭	사원	영업2부	12,500	21,000	20,000	
5	고윤정	대리	영업1부	62,500	65,000	64,000	
6	민태희	사원	영업3부	62,533	61,890	63,000	
7	정윤석	사원	영업3부	32,560	33,000	32,000	
8	박상현	사원	영업1부	56,800	60,000	60,500	
9	합계						

① 사원들의 1월 영업실적의 합계가 들어갈 D9 셀을 클릭하여 현재 셀로 만든다.

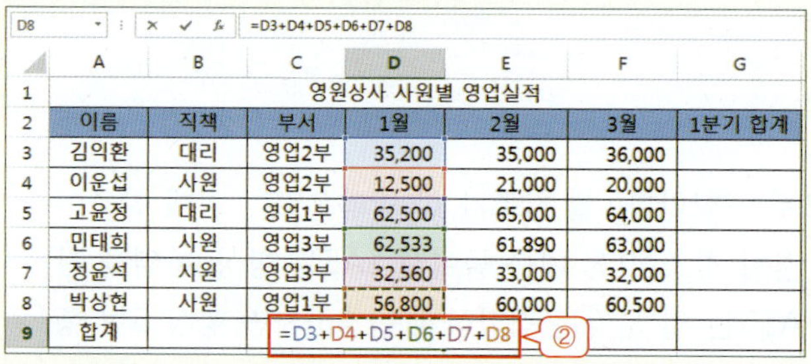

D8 =D3+D4+D5+D6+D7+D8

	A	B	C	D	E	F	G
1	영원상사 사원별 영업실적						
2	이름	직책	부서	1월	2월	3월	1분기 합계
3	김익환	대리	영업2부	35,200	35,000	36,000	
4	이운섭	사원	영업2부	12,500	21,000	20,000	
5	고윤정	대리	영업1부	62,500	65,000	64,000	
6	민태희	사원	영업3부	62,533	61,890	63,000	
7	정윤석	사원	영업3부	32,560	33,000	32,000	
8	박상현	사원	영업1부	56,800	60,000	60,500	
9	합계			=D3+D4+D5+D6+D7+D8			

② 사원들의 1월 영업실적의 합계를 구하는 아래의 수식을 입력한다.

=D3+D4+D5+D6+D7+D8

=을 먼저 입력하고, D3 셀을 마우스로 클릭하고, +를 입력하고, D4 셀을 마우스로 클릭하는 방식을 따른다. 수식의 입력을 마치면 Enter 나 Tab 을 누른다. 엑셀은 수식을 입력할 때 각 셀의 색을 다르게 표시하여 수식의 구성요소들을 쉽게 구분할 수 있게 한다.

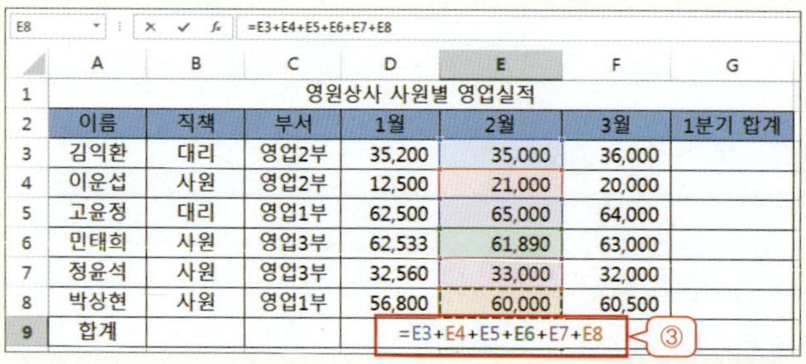

E8 =E3+E4+E5+E6+E7+E8

	A	B	C	D	E	F	G
1	영원상사 사원별 영업실적						
2	이름	직책	부서	1월	2월	3월	1분기 합계
3	김익환	대리	영업2부	35,200	35,000	36,000	
4	이운섭	사원	영업2부	12,500	21,000	20,000	
5	고윤정	대리	영업1부	62,500	65,000	64,000	
6	민태희	사원	영업3부	62,533	61,890	63,000	
7	정윤석	사원	영업3부	32,560	33,000	32,000	
8	박상현	사원	영업1부	56,800	60,000	60,500	
9	합계				=E3+E4+E5+E6+E7+E8		

③ 2월 영업실적의 합계를 계산하는 수식도 마찬가지 방법으로 입력하자.

워크시트에 간단한 수식 입력하기

F8 | =F3+F4+F5+F6+F7+F8

	A	B	C	D	E	F	G
1	영원상사 사원별 영업실적						
2	이름	직책	부서	1월	2월	3월	1분기 합계
3	김익환	대리	영업2부	35,200	35,000	36,000	
4	이운섭	사원	영업2부	12,500	21,000	20,000	
5	고윤정	대리	영업1부	62,500	65,000	64,000	
6	민태희	사원	영업3부	62,533	61,890	63,000	
7	정윤석	사원	영업3부	32,560	33,000	32,000	
8	박상현	사원	영업1부	56,800	60,000	60,500	
9	합계			262,093		=F3+F4+F5+F6+F7+F8 ④	

④ 3월 영업실적의 합계를 계산하는 수식도 입력하자. 수식을 일일이 입력하는 방법이 많이 불편하다고 느낄 것이다. 채우기 방법을 사용하여 수식을 쉽게 복사하는 방법은 나중에 실습하기로 한다. **[자동 합계 단추 Σ]**를 사용하여 덧셈 수식을 간편하게 작성하는 방법은 5장에서 설명한다.

F3 | =D3+E3+F3

	A	B	C	D	E	F	G
1	영원상사 사원별 영업실적						
2	이름	직책	부서	1월	2월	3월	1분기 합계
3	김익환	대리	영업2부	35,200	35,000	36,000	=D3+E3+F3 ⑤
4	이운섭	사원	영업2부	12,500	21,000	20,000	
5	고윤정	대리	영업1부	62,500	65,000	64,000	
6	민태희	사원	영업3부	62,533	61,890	63,000	
7	정윤석	사원	영업3부	32,560	33,000	32,000	
8	박상현	사원	영업1부	56,800	60,000	60,500	
9	합계			262,093	275,890	275,500	

⑤ 이제 사원별 1분기 합계를 구하는 수식을 작성하자. G3 셀을 클릭하고, 김익환의 1월, 2월, 3월 영업실적을 더하는 수식을 입력한다.

```
=D3+E3+F3
```

F8 | =D8+E8+F8

	A	B	C	D	E	F	G
1	영원상사 사원별 영업실적						
2	이름	직책	부서	1월	2월	3월	1분기 합계
3	김익환	대리	영업2부	35,200	35,000	36,000	106,200
4	이운섭	사원	영업2부	12,500	21,000	20,000	53,500
5	고윤정	대리	영업1부	62,500	65,000	64,000	191,500
6	민태희	사원	영업3부	62,533	61,890	63,000	187,423
7	정윤석	사원	영업3부	32,560	33,000	32,000	97,560
8	박상현	사원	영업1부	56,800	60,000	60,500	=D8+E8+F8 ⑥
9	합계			262,093	275,890	275,500	

⑥ G4부터 G8에 이운섭부터 박상현까지의 1월~3월 영업실적의 합계를 계산하는 수식도 입력하자.

실습하기 3-2

실습파일 ◎ :\3장\대리점별 판매 현황.xlsx

수식 편집하기

실습 설명

수식의 계산 결과가 잘못된 곳이 발견되었다면 틀린 수식을 고쳐야 한다. 수식의 편집을 시작하면 엑셀은 연결된 셀들을 서로 다른 색으로 표시하므로 편집하고 있는 수식의 로직을 쉽게 따라갈 수 있다. 이번 실습에서는 **실적율**을 구하는 수식이 잘못 입력된 워크시트에서 틀린 수식을 수정하도록 한다. 즉 실적율은 **판매 수량**을 **계획 수량**으로 나눠야 하는데 **계획 수량**을 **판매 수량**으로 나누도록 수식을 잘못 작성했다.

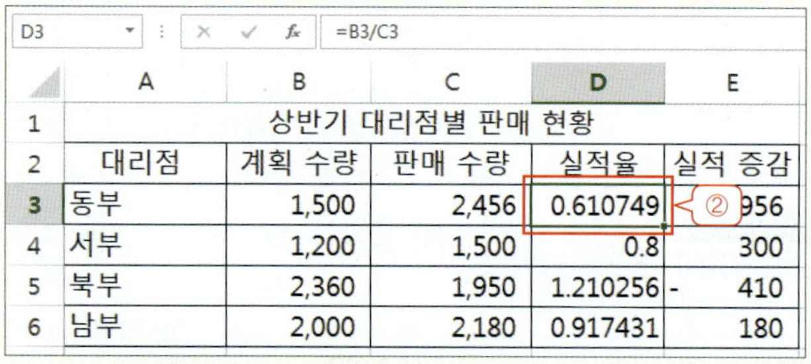

D3 | =B3/C3

	A	B	C	D	E
1	상반기 대리점별 판매 현황				
2	대리점	계획 수량	판매 수량	실적율	실적 증감
3	동부	1,500	2,456	0.610749	956
4	서부	1,200	1,500	0.8	300
5	북부	2,360	1,950	1.210256	- 410
6	남부	2,000	2,180	0.917431	180

① 통합 문서를 열어서 언뜻 보면 워크시트에 아무런 문제가 없는 것 같다.

② 3행의 동부 대리점의 데이터를 주목해 보자. 계획 수량 1500보다 판매 수량 2456이 더 큰데도 불구하고 실적율이 0.610749로 1보다 작다.

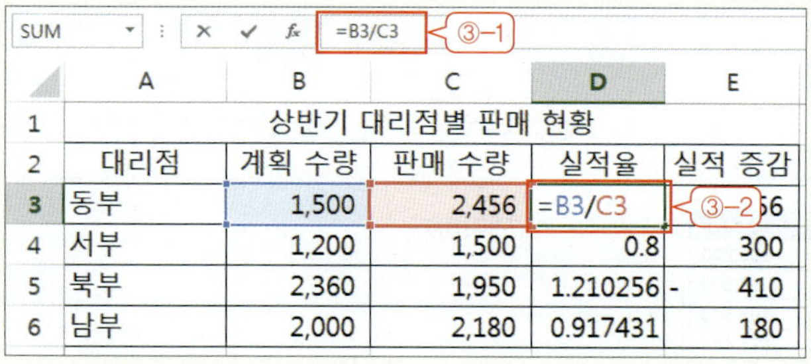

SUM | =B3/C3

	A	B	C	D	E
1	상반기 대리점별 판매 현황				
2	대리점	계획 수량	판매 수량	실적율	실적 증감
3	동부	1,500	2,456	=B3/C3	956
4	서부	1,200	1,500	0.8	300
5	북부	2,360	1,950	1.210256	- 410
6	남부	2,000	2,180	0.917431	180

③ D3 셀에 들어있는 수식이 =B3/C3으로서 계획 수량을 판매 수량으로 나누도록 잘못 입력되었다. D3 셀을 더블 클릭하여 편집 모드로 들어가자.

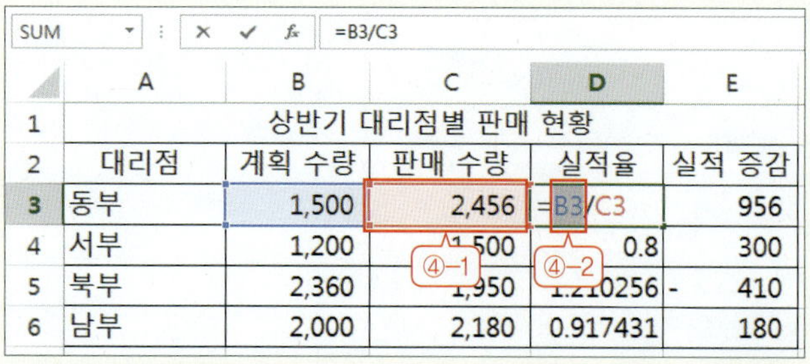

SUM | =B3/C3

	A	B	C	D	E
1	상반기 대리점별 판매 현황				
2	대리점	계획 수량	판매 수량	실적율	실적 증감
3	동부	1,500	2,456	=B3/C3	956
4	서부	1,200	1,500	0.8	300
5	북부	2,360	1,950	1.210256	- 410
6	남부	2,000	2,180	0.917431	180

④ 수식 안에서 B3 셀을 더블 클릭한 후 새로 참조할 C3 셀을 클릭한다.

수식 편집하기

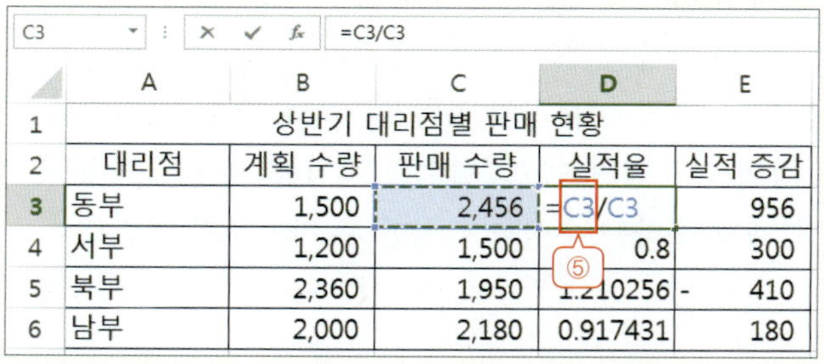

⑤ 수식 안에서 B3 셀이 C3 셀로 바뀐다.

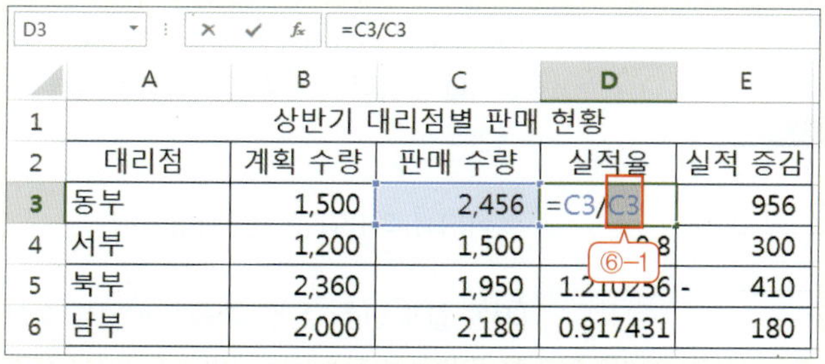

⑥ '/' 오른쪽의 C3을 더블 클릭한 후 새로 참조할 B3 셀을 클릭한다.

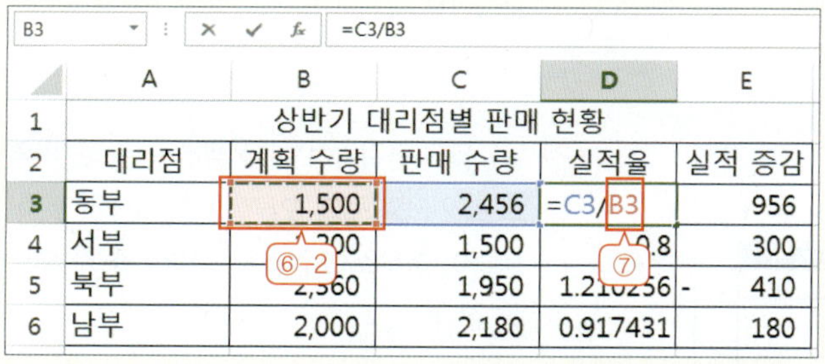

⑦ 수식 안에서 C3 셀이 B3 셀로 바뀐다.

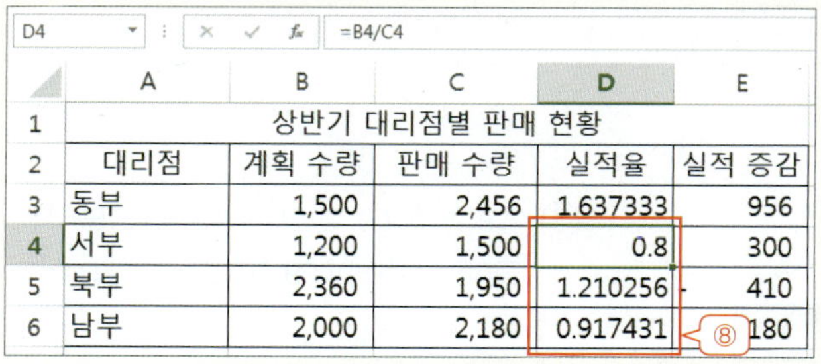

⑧ D4:D6 범위에 들어있는 수식도 같은 방법으로 수정하자. 여러 셀에서 수식을 일일이 수정하는 것이 많이 불편하다고 느낄 것이다. 한 셀의 수식만 수정한 후 채우기 방법을 사용하여 나머지 셀들에 수식을 쉽게 복사하는 방법은 나중에 실습하기로 한다.

Tip 수정할 셀을 잘못 편집하거나 엉뚱한 셀을 수정하고 있다는 사실을 알게 되면 ESC를 누른다. 셀의 원래 내용이 복원되어 다시 편집 작업을 시작할 수 있다.

실습하기 3-3

실습파일 :\3장\커피전문점 지출명세서-간단.xlsx

상대 주소 복사하기

실습 설명

워크시트에 입력하는 대부분의 수식은 상대 수식이다. 상대 수식을 다른 셀로 복사하면 수식 내의 셀 참조가 자동적으로 변경된다. 이번 실습에서는 커피전문점의 **지출항목들의 1분기 총합계**를 계산한 후 자동 채우기 방법으로 2분기~4분기의 **총합계**를 계산한다. 분기별로 합계를 구하는 수식을 일일이 입력하는 방법보다 훨씬 쉽고, 실수를 저지를 가능성도 매우 낮아질 것이다. 인건비의 1분기~4분기 합계를 구하는 수식을 작성한 후 마찬가지 방법으로 이 수식을 나머지 지출항목들의 **합계**에 복사한다.

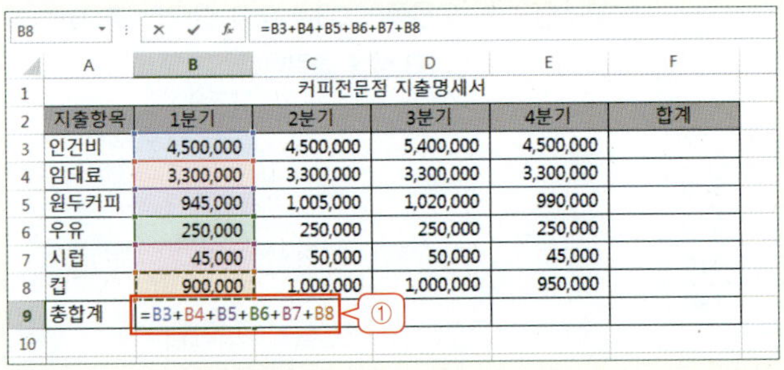

① B9 셀을 클릭하고, 지출항목들의 1분기 총합계를 계산하기 위해서 아래의 수식을 입력한다.

=B3+B4+B5+B6+B7+B8

[자동 합계 단추 Σ]를 사용하여 덧셈 수식을 간편하게 작성하는 방법은 5장에서 설명한다.

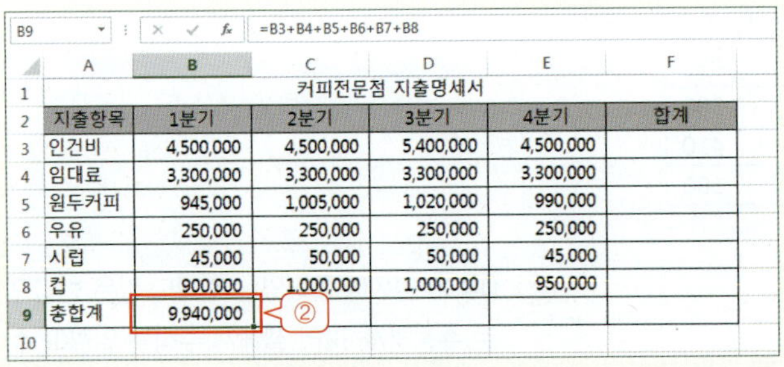

② B9 셀을 클릭하여 현재 셀로 만든 후 마우스 포인터를 셀의 오른쪽 아래 구석으로 이동하여 마우스 포인터의 모양이 **+**가 되도록 한다.

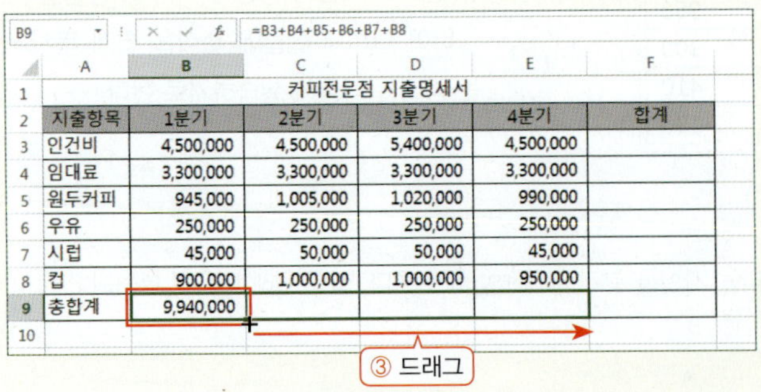

③ 클릭한 후 E9 셀까지 드래그한다. B9 셀에 들어있는 수식이 C9, D9, E9 셀에 복사된다.

상대 주소 복사하기

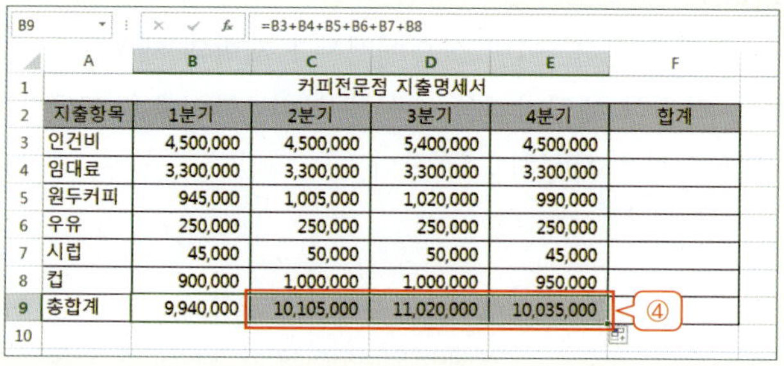

B9 | =B3+B4+B5+B6+B7+B8

커피전문점 지출명세서

지출항목	1분기	2분기	3분기	4분기	합계
인건비	4,500,000	4,500,000	5,400,000	4,500,000	
임대료	3,300,000	3,300,000	3,300,000	3,300,000	
원두커피	945,000	1,005,000	1,020,000	990,000	
우유	250,000	250,000	250,000	250,000	
시럽	45,000	50,000	50,000	45,000	
컵	900,000	1,000,000	1,000,000	950,000	
총합계	9,940,000	10,105,000	11,020,000	10,035,000	

④ 2분기~4분기까지 지출항목들의 총합계가 쉽게 계산되었다.

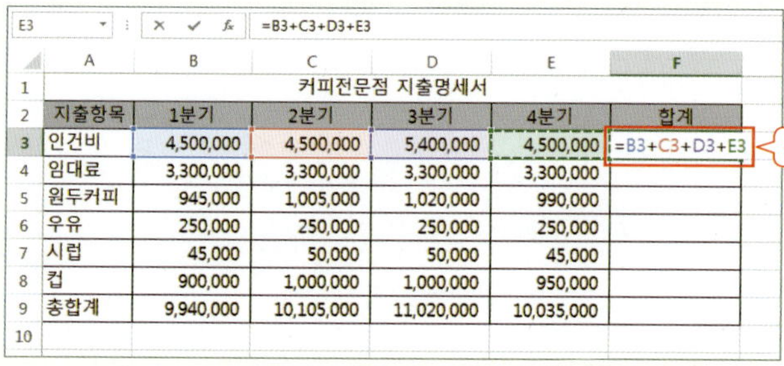

E3 | =B3+C3+D3+E3

커피전문점 지출명세서

지출항목	1분기	2분기	3분기	4분기	합계
인건비	4,500,000	4,500,000	5,400,000	4,500,000	=B3+C3+D3+E3
임대료	3,300,000	3,300,000	3,300,000	3,300,000	
원두커피	945,000	1,005,000	1,020,000	990,000	
우유	250,000	250,000	250,000	250,000	
시럽	45,000	50,000	50,000	45,000	
컵	900,000	1,000,000	1,000,000	950,000	
총합계	9,940,000	10,105,000	11,020,000	10,035,000	

⑤ F3 셀을 클릭하고, 인건비의 1분기~4분기 합계를 계산하기 위해서 아래의 수식을 입력한다.

=B3+C3+D3+E3

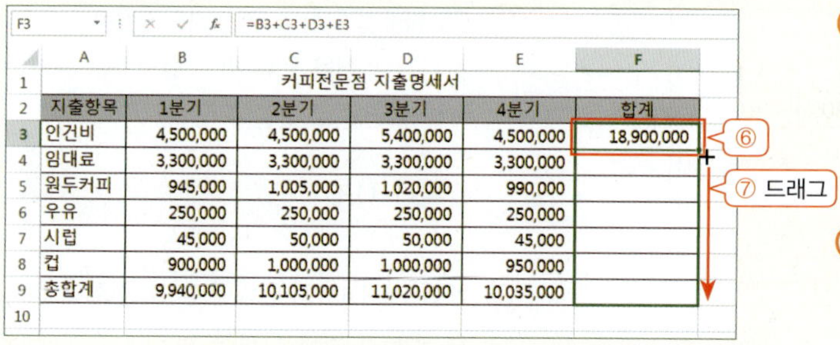

F3 | =B3+C3+D3+E3

커피전문점 지출명세서

지출항목	1분기	2분기	3분기	4분기	합계
인건비	4,500,000	4,500,000	5,400,000	4,500,000	18,900,000
임대료	3,300,000	3,300,000	3,300,000	3,300,000	
원두커피	945,000	1,005,000	1,020,000	990,000	
우유	250,000	250,000	250,000	250,000	
시럽	45,000	50,000	50,000	45,000	
컵	900,000	1,000,000	1,000,000	950,000	
총합계	9,940,000	10,105,000	11,020,000	10,035,000	

⑥ F3 셀을 클릭하여 현재 셀로 만든 후 마우스 포인터를 셀의 오른쪽 아래 구석으로 이동하여 마우스 포인터의 모양이 **+**가 되도록 한다.

⑦ 클릭한 후 F9 셀까지 드래그한다. F3 셀에 들어있는 수식이 F4, F5, F6, F7, F8, F9 셀에 복사된다.

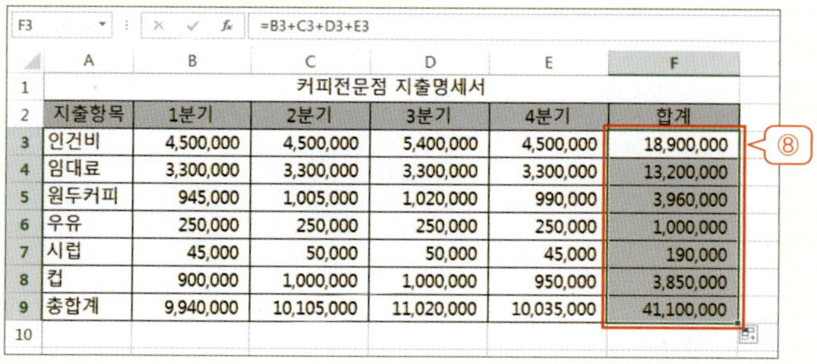

F3 | =B3+C3+D3+E3

커피전문점 지출명세서

지출항목	1분기	2분기	3분기	4분기	합계
인건비	4,500,000	4,500,000	5,400,000	4,500,000	18,900,000
임대료	3,300,000	3,300,000	3,300,000	3,300,000	13,200,000
원두커피	945,000	1,005,000	1,020,000	990,000	3,960,000
우유	250,000	250,000	250,000	250,000	1,000,000
시럽	45,000	50,000	50,000	45,000	190,000
컵	900,000	1,000,000	1,000,000	950,000	3,850,000
총합계	9,940,000	10,105,000	11,020,000	10,035,000	41,100,000

⑧ 임대료, 원두커피, …, 총합계의 합계들이 쉽게 계산되었다.

실습하기 3-4

실습파일 :\3장\정기세일.xlsx

절대 주소 복사하기

실습 설명

워크시트의 다른 곳으로 수식을 복사하더라도 셀 참조가 고정되어야 하는 경우가 있다. 이런 경우에는 절대 참조(또는 혼합 참조)를 사용해야 한다. 이번 실습에서는 K제화의 제품들의 정상가격으로부터 세일 기간 동안 할인율을 적용한 세일가격을 계산해 본다. 할인율은 모든 세일 제품에 적용되므로 절대 주소를 사용한 수식을 작성하도록 한다.

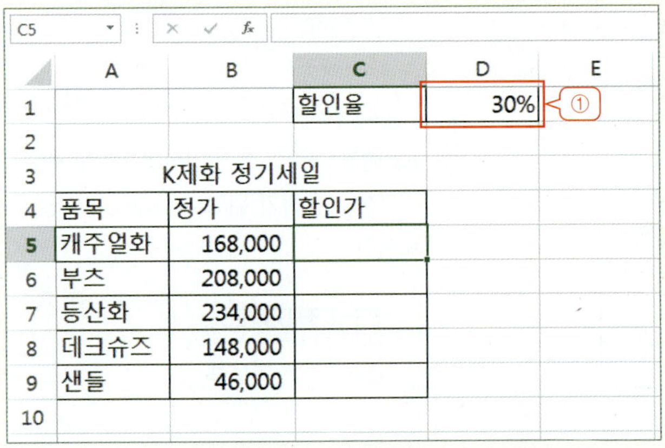

① 할인율은 모든 세일 품목에 적용되므로 D1 셀에만 입력되어 있다. 캐주얼화, 부츠, … 샌들의 할인가를 계산하는데 이 할인율을 적용할 것이다.

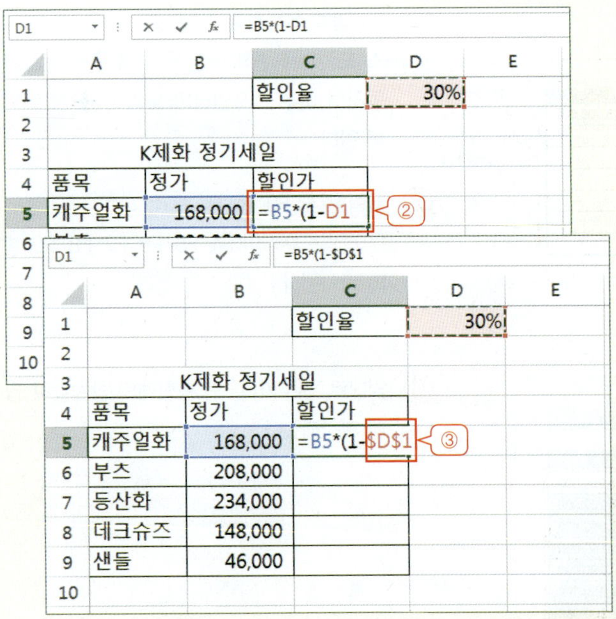

② C5 셀을 클릭한 후 캐주얼화의 할인가를 계산하는 수식을 입력한다. 할인가는 정상가 * (1−할인율)로 구할 수 있다.

=B5*(1-D1)

③ =B5 * (1−D1까지 입력한 후 D1을 절대 참조로 만들기 위해서 F4를 누른다. 수식 안에서 D1이 $D$1로 바뀐다.

절대 주소 복사하기

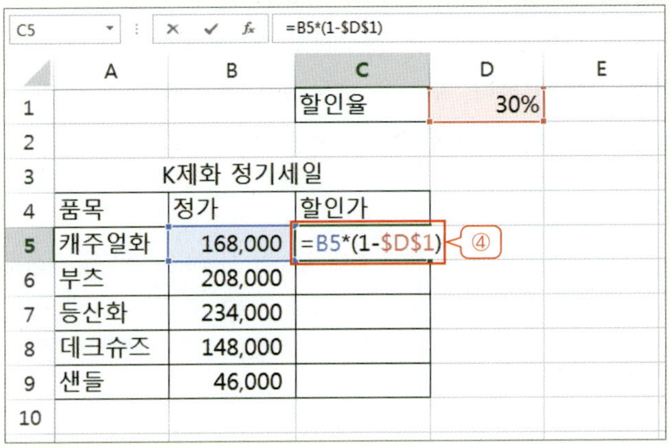

④ 오른쪽 괄호)를 닫아서 수식을 완성한다. Enter 를 누른다.

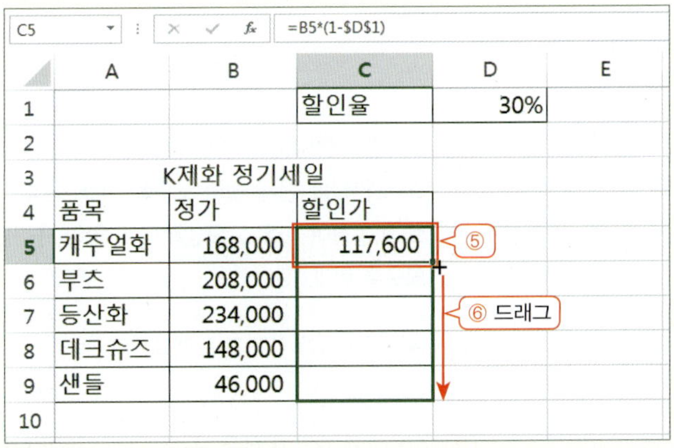

⑤ C5 셀을 클릭하여 현재 셀로 만든 후 마우스 포인터를 현재 셀의 오른쪽 아래 구석으로 이동하여 마우스 포인터의 모양이 ✚가 되도록 한다.

⑥ 클릭한 후 C9 셀까지 드래그한다. C5 셀에 들어있는 수식이 C6, C7, C8, C9 셀에 복사된다.

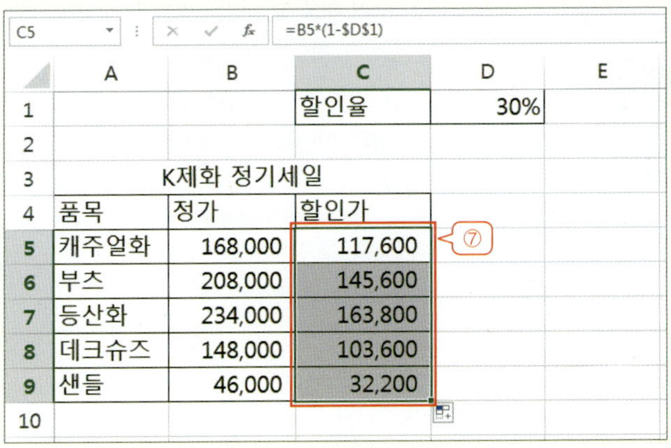

⑦ 캐주얼화, 부츠, …, 샌들 등 모든 품목의 할인가가 계산되었다. 만일 세일 기간 중에 할인율이 바뀌면 D1 셀에 들어있는 할인율만 수정하면 된다. 모든 품목의 할인가가 자동적으로 재계산될 것이다.

실습하기 3-5

실습파일 : \3장\가전제품 도매상.xlsx

혼합 주소 복사하기

실습 설명

셀 주소의 행과 열 중에서 하나만 고정시켜야 할 때 수식과 관련된 미묘한 문제가 발생할 수 있다. 이번 실습에서는 가전제품 도매상에서 소매점에 판매하는 제품들에 대해서 판매량에 따라 세 가지 가격 목록을 생성하는 수식을 작성해 본다. 수식을 오른쪽(열 변경)과 아래로(행 변경) 복사하게 되므로 이 수식에는 혼합 참조를 적용해야 한다.

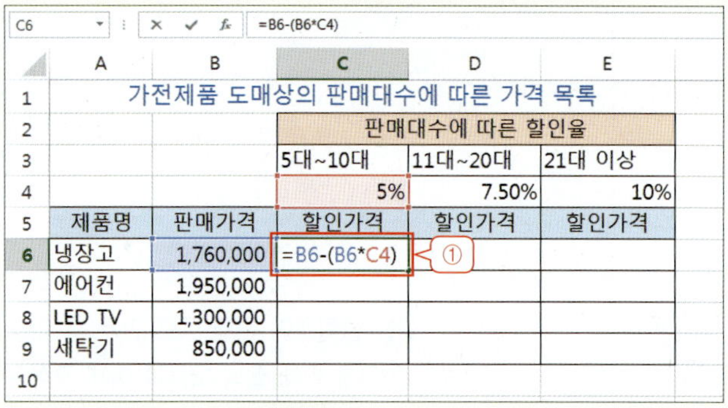

① 먼저 상대 주소를 사용하는 수식을 작성해 보자. C6 셀을 클릭한 후 5대~10대에 해당하는 할인율 5%(C4 셀)를 적용하여 할인가격을 계산하는 수식은 다음과 같다.

```
=B6-(B6*C4)
```

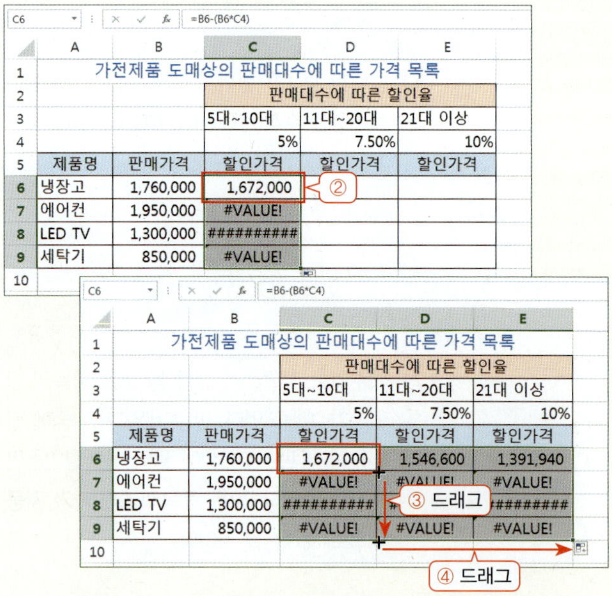

② C6 셀을 클릭하여 현재 셀로 만든 후 마우스 포인터를 현재 셀의 오른쪽 아래 구석으로 이동하여 마우스 포인터의 모양이 ✚가 되도록 한다.

③ 클릭한 후 C9 셀까지 드래그한다.

④ C9 셀의 채우기 핸들 ✚을 드래그하여 E9 셀까지 드래그한다. #VALUE!, ########## 이 여러 셀에 표시되는 것을 볼 수 있다. 왜 그럴까? 할인율 5%를 상대 참조하는 수식을 입력했기 때문에 판매대수와 제품명에 따른 할인가격이 올바르게 계산되지 않았다.

혼합 주소 복사하기

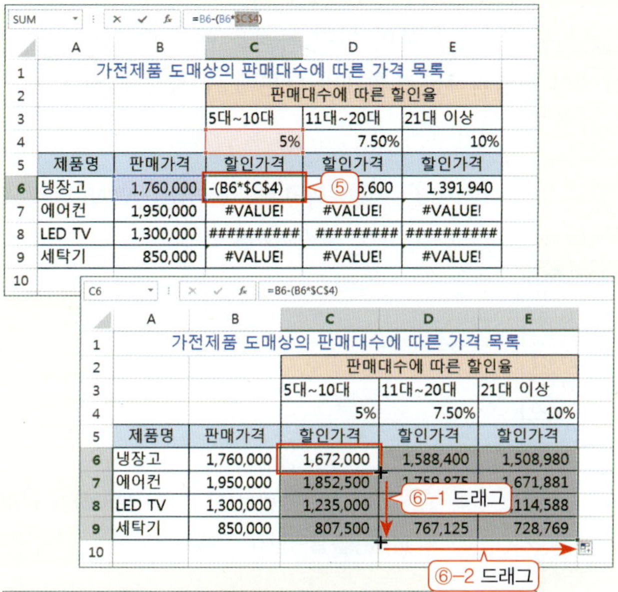

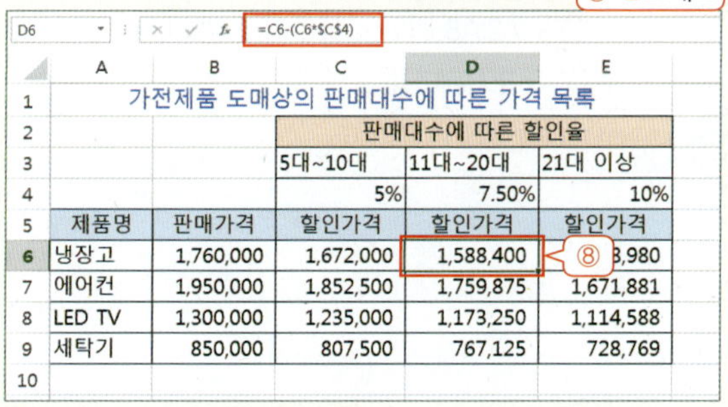

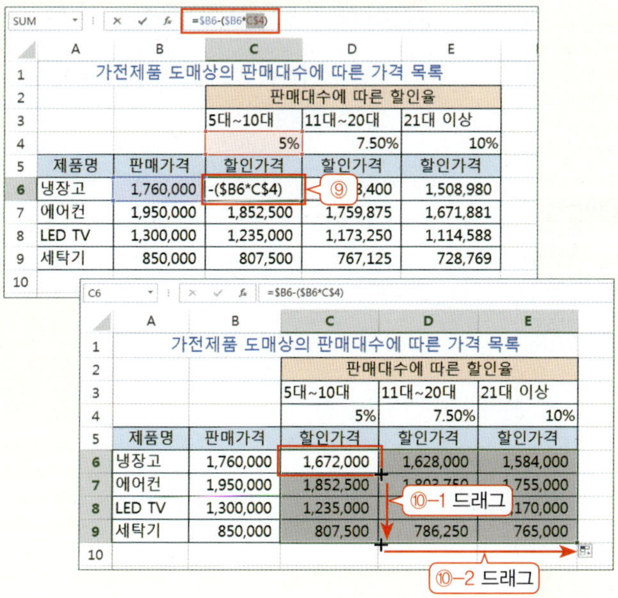

⑤ 이제 절대 주소를 사용하는 수식을 작성해 보자. C6 셀을 클릭한 후 5대~10대에 해당하는 할인율 5%(C4 셀)를 적용하여 할인가격을 계산하는 수식은 다음과 같다.

=B6-(B6*$C$4)

⑥ C6 셀의 채우기 핸들 ✚을 C9 셀까지 드래그한다. C9 셀의 채우기 핸들 ✚을 E9 셀까지 드래그한다.

⑦ 언뜻 보면 C6:C9, D6:D9, E6:E9 범위까지 할인가격이 제대로 계산된 것처럼 보이지만 사실은 그렇지 않다.

⑧ D6 셀을 클릭한 후 수식 입력줄에서 D6 셀에 들어있는 수식

=C6-(C6*$C$4)

을 살펴보자. 냉장고를 11대~20대를 판매할 때는 판매가격(정상가격) 1,760,000원에 할인율 7.5%를 적용해야 하는데, 이 수식은 5% 할인된 가격(C6 셀)에 다시 할인율 5%($C$4)를 적용한 가격을 할인가격으로 계산한다.

⑨ 수식을 오른쪽으로 복사할 때는 판매가격(정상가격)을 가리키는 열 번호는 고정시켜야 한다. 하지만 수식을 아래쪽으로 복사할 때는 행 번호가 변하도록 해야 한다. 따라서 C6 셀에는 혼합 주소($B6과 C$4)를 사용하는 아래의 수식을 작성해야 한다.

=$B6-($B6*C$4)

⑩ C6 셀의 채우기 핸들 ✚을 드래그하여 C9 셀까지 드래그한다. C9 셀의 채우기 핸들 ✚을 드래그하여 E9 셀까지 드래그한다. 이제 모든 할인가격이 올바르게 계산되었다.

실습하기 3-6

실습파일 :\3장\사원별 영업실적-붙여넣기.xlsx

수식으로부터 값 붙여넣기

실습 설명 때로 수식은 복사하지 않고, 계산 결과만 스프레드시트의 어딘 가에 복사하여 사용하는 것이 필요하다. 수식을 복사하면서 오직 값만 붙여넣기를 하면 이런 목적을 이룰 수 있다. 이번 실습에서는 사원별 영업실적 워크시트에서 이름과 1분기 합계만 다른 곳에 복사해 본다.

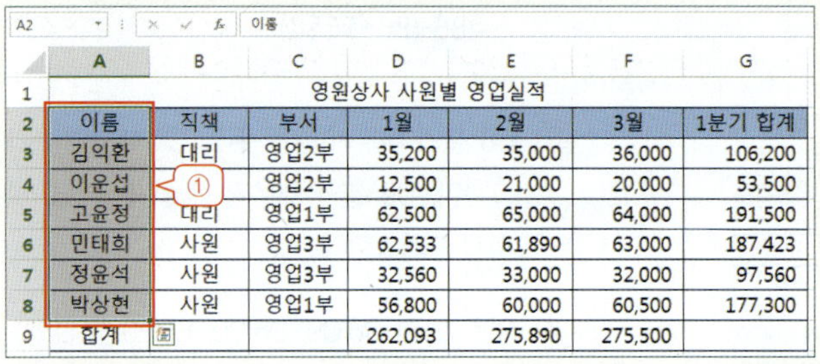

① 사원들의 이름이 들어있는 A2:A8 범위(A2에는 열 제목)까지 선택한다.

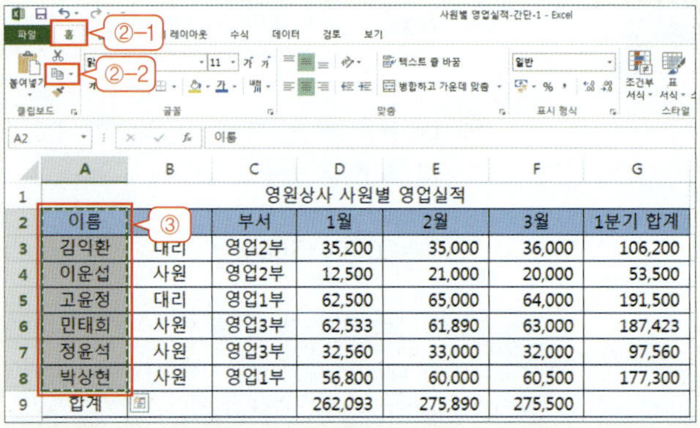

② [홈] 탭-[클립보드] 그룹-[복사하기 단추]를 클릭한다.

③ A2:A8 범위의 테두리가 깜박이는 점선으로 표시된다.

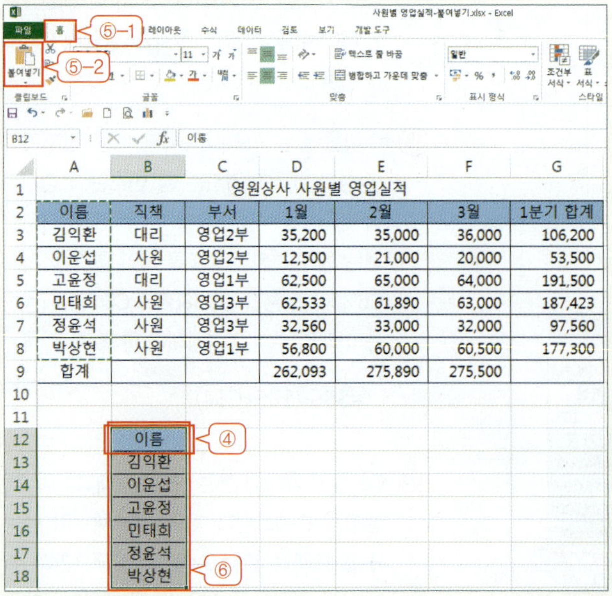

④ A2:A8 범위를 복사할 B12 셀을 클릭한다.

⑤ [홈] 탭-[클립보드] 그룹-[붙여넣기 단추]를 클릭한다.

⑥ A2:A8의 범위가 B12:B18 범위에 복사된다.

수식으로부터 값 붙여넣기

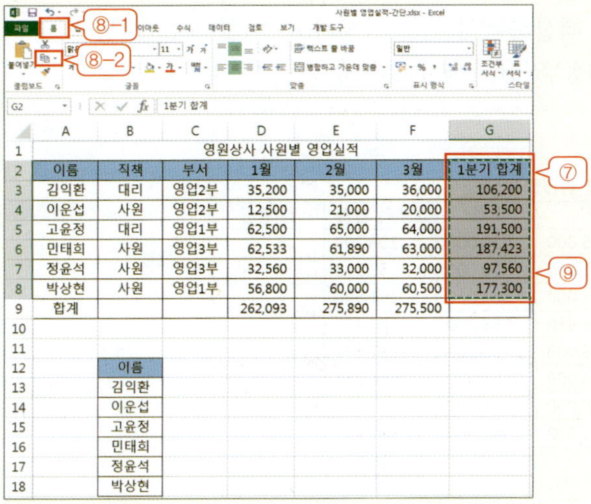

⑦ 1분기 합계가 들어있는 G2:G8 범위까지 선택한다. G2에는 열 제목이 들어있고, G3:G8에 범위는 수식이 들어있다.

⑧ [홈] 탭–[클립보드] 그룹–[복사하기 단추]를 클릭한다.

⑨ G2:G8 범위의 테두리가 깜박이는 점선으로 표시된다.

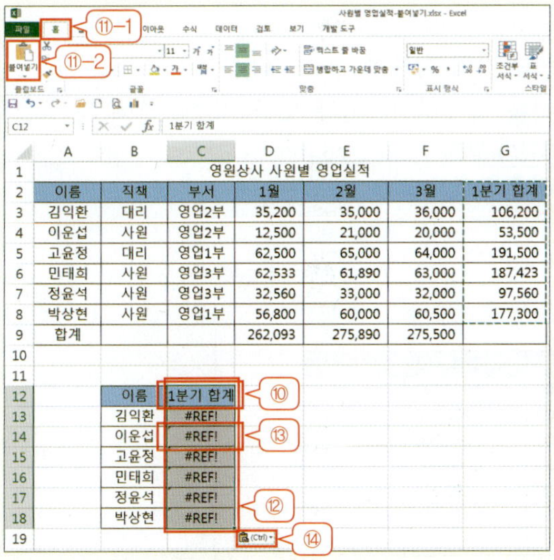

⑩ G2:G8의 범위를 복사할 C12 셀을 클릭한다.

⑪ [홈] 탭–[클립보드] 그룹–[붙여넣기 단추]를 클릭한다.

⑫ G2:G8 범위가 C12:C18 범위에 복사된다.

⑬ 셀 참조가 유효하지 않음을 나타내는 #REF! 오류 메시지가 표시된다. G3:G8 범위의 각 셀에 들어있는 수식들은 자신의 왼쪽에 인접한 세 개의 셀의 합을 계산하는데, C13:C18 범위로 복사되면 왼쪽에 이름이 존재하기 때문이다.

⑭ [붙여넣기 옵션 단추 (Ctrl)▾]를 클릭한다.

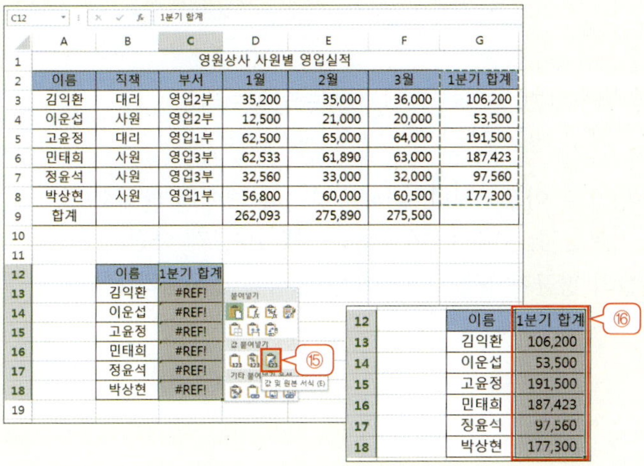

⑮ 두 번째 그룹(값 붙여넣기)에서 [값 및 원본 서식 아이콘]을 클릭한다.

⑯ G2:G8 범위의 내용이 서식과 함께 값만 C12:C18 범위에 복사된다.

연습문제 EXERCISE

1. 사원별 영업실적 워크시트에서 월 평균을 계산하는 수식을 작성하고, 이를 모든 사원에 자동 채우기로 적용하라.(연습파일 ◎:\3장\연습문제-1.xlsx)

	A	B	C	D	E	F	G	H
1	영원상사 사원별 영업실적							
2	이름	직책	부서	1월	2월	3월	1분기 합계	월 평균
3	김익환	사원	영업2부	35,200	35,000	36,000	106,200	
4	이운섭	사원	영업2부	12,500	21,000	20,000	53,500	
5	고윤정	대리	영업1부	62,500	65,000	64,000	191,500	
6	민태희	사원	영업4부	62,533	61,890	63,000	187,423	
7	정윤석	사원	영업3부	32,560	33,000	32,000	97,560	
8	김주환	대리	영업2부	64,250	56,000	66,000	186,250	
9	박상현	사원	영업1부	56,800	60,000	60,500	177,300	
10	합계			326,343	331,890	341,500	999,733	

2. 커피전문점 지출명세서 워크시트에서

(1) 총합계 계산하는 수식을 작성하고 이를 모든 분기와 합계에 적용하라.

(2) 인건비 지출항목의 구성비를 계산하는 수식을 작성하고, 이를 모든 지출항목에 자동 채우기로 적용하라. 인건비 구성비는 $\frac{\text{인건비 합계}}{\text{지출 합계}} * 100$이다.
(연습파일 ◎:\3장\연습문제-2.xlsx)

	A	B	C	D	E	F	G	H
1	커피전문점 지출명세서							
2	지출항목	1분기	2분기	3분기	4분기	합계	구성비	
3	인건비	4,500,000	4,500,000	5,400,000	4,500,000	18,900,000		
4	임대료	3,300,000	3,300,000	3,300,000	3,300,000	13,200,000		
5	원두커피	945,000	1,005,000	1,020,000	990,000	3,960,000		
6	우유	250,000	250,000	250,000	250,000	1,000,000		
7	시럽	45,000	50,000	50,000	45,000	190,000		
8	컵	900,000	1,000,000	1,000,000	950,000	3,850,000		
9	총합계							
10								

3. 2번을 수행한 워크시트에 Ctrl+~을 입력하여 수식들이 나타나도록 해보라.

4. 판매사원의 급여는 기본급과 판매수당으로 이루어진다. 판매수당은 판매액에 판매수당 비율을 곱한 금액이다. 실지급액은 기본급과 판매수당을 더한 금액이다. 각 사원의 판매수당, 실지급액을 계산하고, 사원들의 평균지급액을 계산하는 수식을 작성하라.(연습파일 ◎:\3장\연습문제-4.xlsx)

B10 fx 25%

	A	B	C	D	E
1			판매사원 급여		
2	판매사원	기본급	판매액	판매수당	실지급액
3	김정다	1,450,000	8,250,000		
4	박태영	1,350,000	6,500,000		
5	조응수	1,550,000	13,600,000		
6	김윤주	1,700,000	12,300,000		
7	이재영	1,300,000	9,000,000		
8				평균지급액	
9					
10	판매수당비율	25.0%			

5. 아래의 워크시트는 전국 지점별 총매출액과 매출원가를 보여준다. 전국 지점별 매출이익과 매출이익률을 계산하는 수식을 작성하라. 자동 채우기 방법을 이용하라. 매출이익률은 $\frac{\text{매출이익}}{\text{총매출액}} * 100$이다.(연습파일 ◎:\3장\연습문제-5.xlsx)

L26 fx

	A	B	C	D	E
1			2014년도 지점별 경영성과		
2					(단위: 천원)
3	지점명	총매출액	매출원가	매출이익	매출이익률
4	서울	1,137,500	823,000		
5	부산	1,278,000	879,000		
6	대구	1,027,300	720,000		
7	광주	923,400	792,000		
8	인천	1,087,000	811,000		
9	대전	987,560	823,900		
10	울산	1,234,800	983,450		
11	평균이익률				

워크시트 편집

셀 단위로 작업하는 것보다 셀들의 모임인 범위 단위로 작업하면 시간을 절약하고 작업 효율을 높일 수 있다. 범위를 선택하는 여러 가지 방법을 살펴본다. 워크시트 데이터를 다른 곳으로 이동하거나 복사하고, 워크시트에서 데이터를 찾고, 찾은 데이터를 다른 데이터로 바꾸고, 사용자 지정 목록을 등록하고, 수정하고, 삭제하는 방법을 알아본다. 마지막으로 워크시트를 추가하고, 이름을 바꾸고, 이동/복사하는 등 워크시트를 관리하는 방법을 설명한다.

CHAPTER 4

워크시트 편집

SECTION 01 범위

엑셀은 먼저 선택하고 그 다음에 어떤 작업을 하는 개념으로 동작한다. 예를 들어서 워크시트에서 제목을 굵게 표현하고 싶으면 어떤 셀이 제목을 포함하고 있는지 엑셀에게 알려야 한다. 2장에서 설명하였듯이 어떤 셀을 선택하려면 단순히 그 셀을 클릭하면 된다. 선택된 셀의 테두리가 진한 선으로 표시된다.

워크시트의 여러 셀들에 들어있는 데이터에 대하여 서식, 차트, 정렬 등의 연산을 수행해야 할 때 한 번에 하나의 셀에 대하여 일일이 반복한다면 매우 지루할 것이다. 엑셀에서 범위라고 부르는, 다수의 셀들에 대해서 연산을 수행하면 반복 작업을 크게 줄일 수 있다.

범위는 왼쪽 위 구석의 셀 주소, 콜론(:), 오른쪽 아래 구석의 셀 주소 등 세 요소로 표시한다. 예를 들어서 B2:C4 범위는 B2, B3, B4, C2, C3, C4 셀들로 이루어진다. 일반적으로 범위는 다수의 셀들을 의미하지만 단 하나의 셀로만 이루어질 수도 있다.

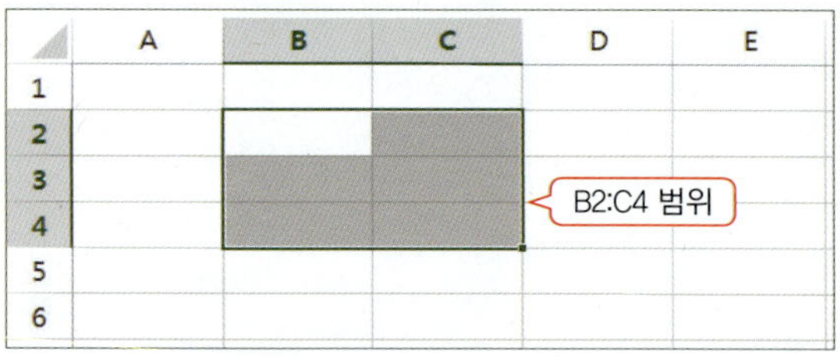

셀들의 범위를 선택하는 여러 가지 방법이 있다. 사용자가 사용하게 될 방법은 개인 취향과 선택할 범위의 유형에 의존한다.

❖ 현재 셀

어떤 셀을 클릭하면 그 셀은 **현재 셀**이 된다. 또한 그 셀은 선택된 셀이다. 현재 셀의 테두리는 진한 선으로 표시되고, 현재 셀의 주소는 이름 상자에 표시된다. 아래의 그림에서 현재 셀은 A1이다.

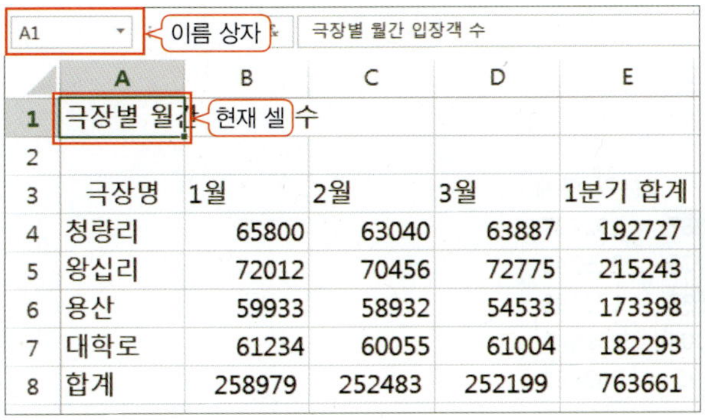

[그림 4-1] **현재 셀**

❖ 인접한 범위

인접한 범위는 셀들의 사각형 블록이다. 다음 그림이 보여주는 범위는 B4:D7로 표기한다. B4 셀부터 D7 셀까지의 범위를 선택하려면 범위의 첫 번째 셀인 B4를 클릭한다. Shift를 누른 채 D7 셀을 클릭한다. Shift에서 손을 떼더라도 범위가 선택된 상태로 유지된다. 또는 B4 셀을 클릭한 후 마우스의 왼쪽 단추를 누른 채 D7 셀까지 드래그한다.

인접한 범위에서 현재 셀은 사각형의 왼쪽 위 구석에 위치한 셀(B4)이다. 범위의 테두리는 진한 선으로 표시되고, 현재 셀의 무늬는 흰색, 범위 내의 나머지 셀들의 무늬는 음영으로 표시된다.

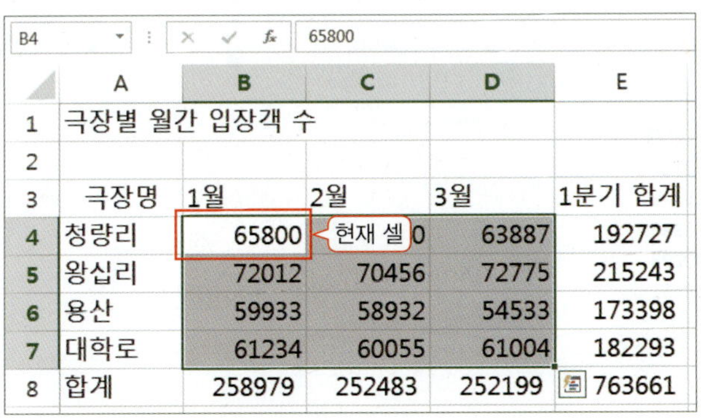

[그림 4-2] **인접한 범위**

❖ 인접하지 않은 범위

범위는 인접하지 않은 셀들이나 범위들로 이루어질 수 있다. **인접하지 않은 범위**는 두 개 이상의 인접한 범위들로 이루어진다. 이런 범위는 범위들을 ,로 구분하여 표기한다. 아래의 그림에서 범위는 B4:B7,D4:D7로 표기한다. 인접하지 않은 범위에서 현재 셀은 가장 마지막 범위의 오른쪽 아래 구석에 위치한 셀(D7)이다. 현재 셀의 무늬는 흰색, 범위 내의 나머지 셀들의 무늬는 음영으로 표시된다.

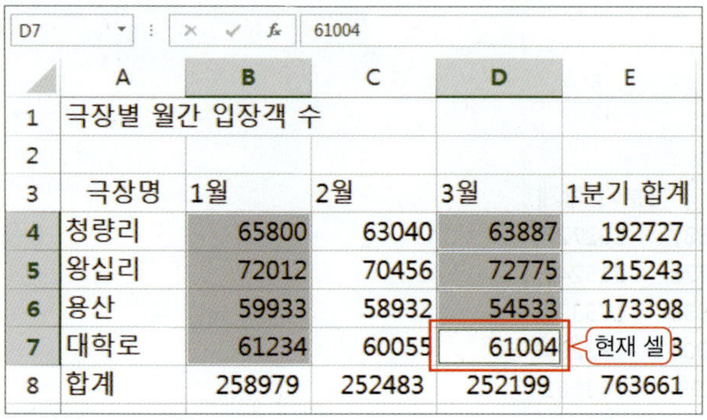

[그림 4-3] **인접하지 않은 범위**

❖ 범위 계산

범위를 사용할 때 편리한 기능 중 하나는 범위를 기반으로 한 계산 결과를 바로 볼 수 있다는 것이다. 계산 결과가 나타나도록 설정되었다면 범위를 선택할 때마다 상태 표시줄에 계산 결과가 표시된다. 다음 그림에서는 범위에 포함된 네 개의 수(65800, 72012, 59933, 61234)의 평균, 개수, 합계가 상태 표시줄에 나타나는 것을 볼 수 있다.

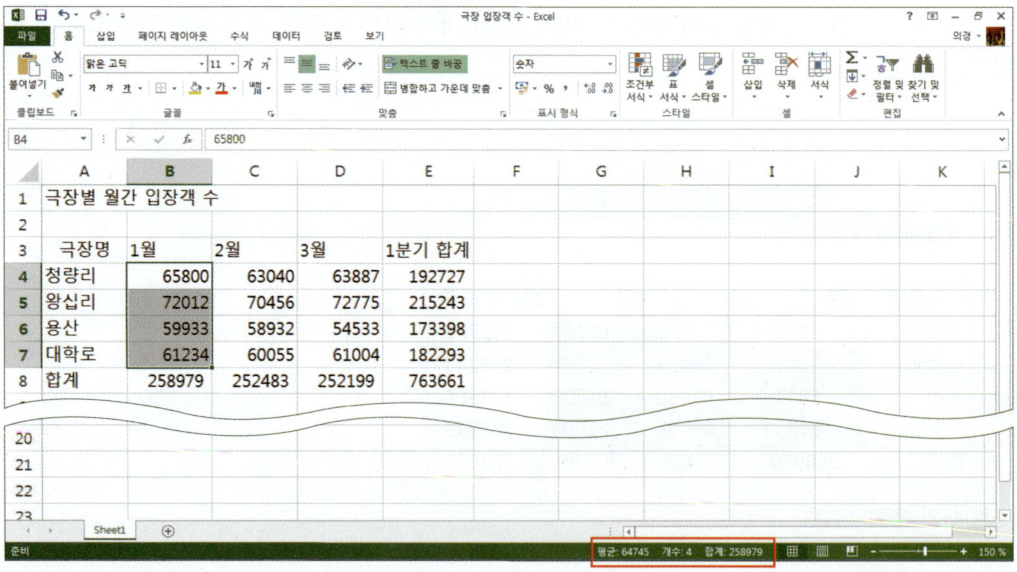

[그림 4-4] **범위 계산**

❖ 하나의 행 선택

하나의 행을 선택하려면 워크시트의 가장 왼쪽에서 원하는 행 머리글을 클릭한다.

	A	B	C	D	E
1	극장별 월간 입장객 수				
2					
3	극장명	1월	2월	3월	1분기 합계
4	청량리	65800	63040	63887	192727
5	왕십리	72012	70456	72775	215243
6	용산	59933	58932	54533	173398
7	대학로	61234	60055	61004	182293
8	합계	258979	252483	252199	763661

[그림 4–5] 하나의 행 선택

❖ 인접한 행들의 범위 선택

인접한 여러 행들을 선택하려면 첫 번째 행 머리글을 클릭한 후 Shift 를 누른 채 마지막 행 머리글을 클릭한다. Shift 에서 손을 떼더라도 여러 행들이 선택된 상태가 유지된다. 또는 첫 번째 행의 머리글을 클릭한 후 마우스의 왼쪽 단추를 누른 채 마지막 행 머리글까지 드래그한다.

	A	B	C	D	E
1	극장별 월간 입장객 수				
2					
3	극장명	1월	2월	3월	1분기 합계
4	청량리	65800	63040	63887	192727
5	왕십리	72012	70456	72775	215243
6	용산	59933	58932	54533	173398
7	대학로	61234	60055	61004	182293
8	합계	258979	252483	252199	763661

[그림 4–6] 인접한 행들의 범위 선택

❖ 인접하지 않은 행들의 범위 선택

인접하지 않은 여러 행들을 선택하려면 첫 번째 행 머리글을 클릭한 후 Ctrl 을 누른 채 원하는 행 머리글들을 차례로 클릭한다. Ctrl 에서 손을 떼더라도 여러 행들이 선택된 상태가 유지된다.

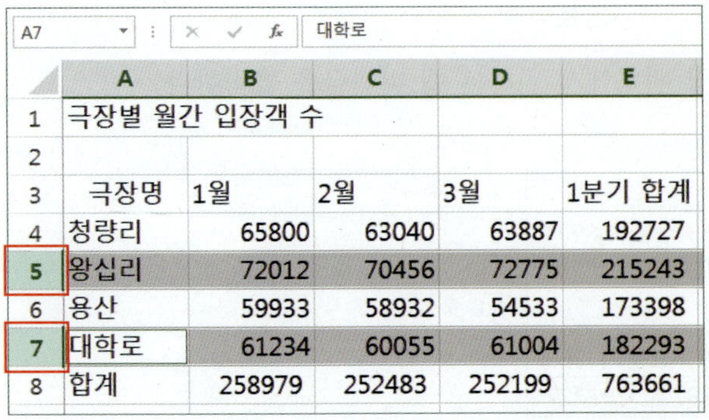

A7 | 대학로

	A	B	C	D	E
1	극장별 월간 입장객 수				
2					
3	극장명	1월	2월	3월	1분기 합계
4	청량리	65800	63040	63887	192727
5	왕십리	72012	70456	72775	215243
6	용산	59933	58932	54533	173398
7	대학로	61234	60055	61004	182293
8	합계	258979	252483	252199	763661

[그림 4-7] **인접하지 않은 행들의 범위 선택**

행들을 선택할 때와 마찬가지 방법으로 열들을 선택할 수 있다.

아래의 표는 인접한 범위, 인접하지 않은 범위, 인접한 행들 또는 열들, 인접하지 않은 행들 또는 열들을 선택하는 방법을 보여준다.

[표 4-1] **범위 선택**

선택 범위	마우스
인접한 작은 범위	인접한 범위의 왼쪽 위 구석에 위치한 셀을 클릭한 후 인접한 범위의 오른쪽 아래 구석에 위치한 셀까지 드래그. 드래그함에 따라 선택된 셀들의 범위가 진한 실선으로 표시됨
인접한 큰 범위	인접한 범위의 왼쪽 위 구석에 위치한 셀을 클릭한 후 Shift 를 누른 채 오른쪽 아래 구석에 위치한 셀을 클릭
전체 워크시트	행 머리글과 열 머리글이 만나는 곳 ◢을 클릭. 또는 Ctrl+A를 누름 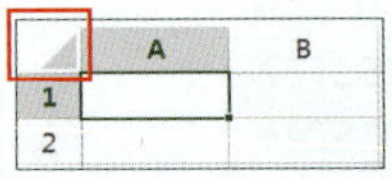
인접하지 않은 셀들 또는 범위들	하나의 셀 또는 하나의 인접한 범위를 선택한 후 Ctrl을 누른 채 추가로 셀 또는 인접한 범위들을 선택
한 행 전체 또는 한 열 전체	행 머리글 또는 열 머리글을 클릭
인접한 행들 또는 열들	첫 번째 행 머리글 또는 열 머리글을 클릭한 후 Shift 를 누른 채 마지막 행 머리글 또는 열 머리글을 클릭
인접하지 않은 행들 또는 인접한 열들	첫 번째 행 머리글 또는 열 머리글을 클릭한 후 Ctrl을 누른 채 추가로 행 머리글 또는 열 머리글들을 클릭

P.138 실습하기 4-1 P.140 실습하기 4-2

SECTION 02 데이터 이동 및 복사

워크시트에서 작업하다 보면 텍스트, 숫자, 수식 등을 중복해야 하는 경우가 흔히 발생한다. 반복되는 데이터를 일일이 직접 입력하지 않고, 복사해서 붙여넣으면 시간을 많이 절약할 수 있다. 엑셀에서 데이터를 복사해서 붙여넣는 방법은 대부분의 컴퓨터 소프트웨어에서 데이터를 복사해서 붙여넣는 방법과 동일하다. 즉 한 번 복사해놓은 데이터를 여러 곳에 반복해서 붙여넣을 수 있다.

데이터를 한 곳에서 다른 곳으로 이동하려면 잘라내서 붙여넣는다. 엑셀에서 데이터를 잘라내서 붙여넣는 방법은 대부분의 컴퓨터 소프트웨어에서 데이터를 잘라내서 붙여넣는 방법과 다르다. 예를 들어서 마이크로소프트 워드(Word)에서는 한 번 잘라낸 데이터를 여러 곳에 반복해서 붙여넣을 수 있지만, 엑셀에서는 한 번 잘라낸 데이터를 한 곳에만 붙여넣을 수 있다. 복사하거나 잘라낸 데이터를 포함하고 있는 셀의 테두리는 깜박이는 점선으로 표시되고, 복사하거나 잘라낸 데이터는 **클립보드**라고 부르는 임시 저장소로 옮겨진다. 셀 테두리의 점선을 없애려면 ESC를 누른다.

엑셀에서 복사 작업의 특징

❖ 복사 연산

한 셀에서 다른 셀로, 한 셀에서 여러 셀로, 여러 셀에서 여러 셀로 등 세 가지 유형의 복사 연산이 있다.

	A	B	C	D	E	F	G
1	한 셀에서			다른 셀로			
2	123		➡	123			
3							
4	한 셀에서			여러 셀로			
5	246		➡	246	246	246	
6							
7	여러 셀에서			여러 셀로			
8	11	22	➡	11	22		
9	33	44		33	44		
10							

❖ 원본과 목적지

복사 작업은 워크시트의 두 가지 부분을 필요로 한다.

- ▶ 복사할 데이터를 포함하는 셀 또는 범위(원본 셀 또는 범위)
- ▶ 데이터가 복사될 셀 또는 범위(목적지 셀 또는 범위)

❖ 복사 방법

아래와 같은 방법을 사용하여 복사한다.

- ▶ 인접한 셀들에 복사하는 자동 채우기 연산
- ▶ [홈] 탭–[클립보드] 그룹–[복사 단추] 및 [붙여넣기 단추]
- ▶ 단축 메뉴에 들어있는 복사 및 붙여넣기 명령(마우스의 오른쪽 단추를 클릭하여 사용)
- ▶ 키보드를 사용하여, 복사할 때 Ctrl+C를 누르고, 붙여넣기할 때 Ctrl+V를 누름
- ▶ 드래그하여 놓기

❖ 이동/복사 범위

아래와 같이 세 가지 유형으로 현재 셀 또는 셀들의 범위를 이동/복사할 수 있다.

- ▶ 동일 워크시트의 다른 위치로 이동/복사
- ▶ 다른 워크시트의 다른 위치로 이동/복사
- ▶ 다른 통합 문서의 다른 위치로 이동/복사

셀 복사

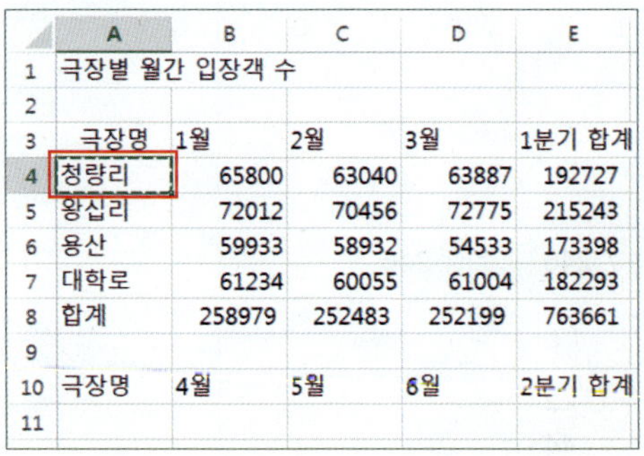

	A	B	C	D	E
1	극장별 월간 입장객 수				
2					
3	극장명	1월	2월	3월	1분기 합계
4	청량리	65800	63040	63887	192727
5	왕십리	72012	70456	72775	215243
6	용산	59933	58932	54533	173398
7	대학로	61234	60055	61004	182293
8	합계	258979	252483	252199	763661
9					
10	극장명	4월	5월	6월	2분기 합계
11					

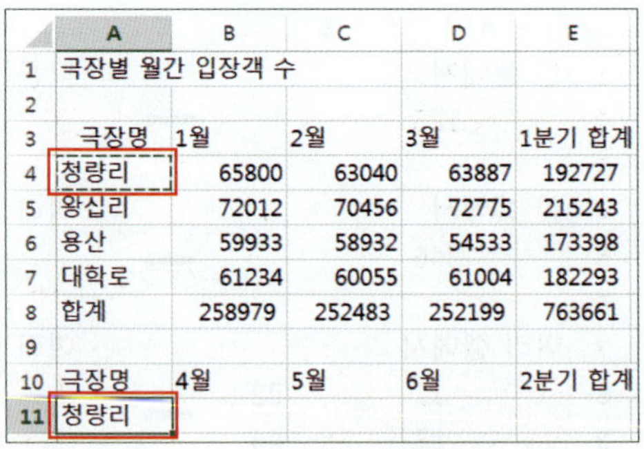

	A	B	C	D	E
1	극장별 월간 입장객 수				
2					
3	극장명	1월	2월	3월	1분기 합계
4	청량리	65800	63040	63887	192727
5	왕십리	72012	70456	72775	215243
6	용산	59933	58932	54533	173398
7	대학로	61234	60055	61004	182293
8	합계	258979	252483	252199	763661
9					
10	극장명	4월	5월	6월	2분기 합계
11	청량리				

셀 이동

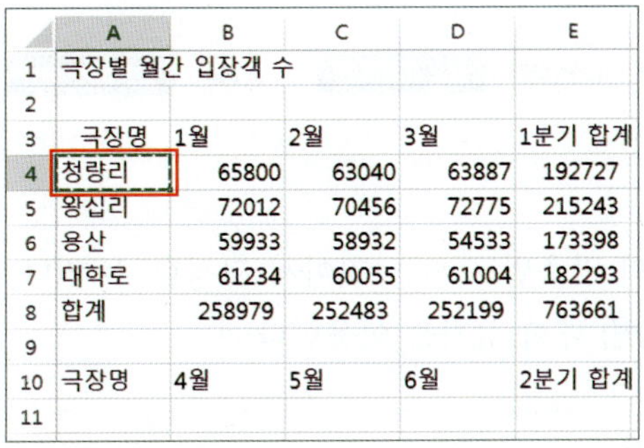

	A	B	C	D	E
1	극장별 월간 입장객 수				
2					
3	극장명	1월	2월	3월	1분기 합계
4	청량리	65800	63040	63887	192727
5	왕십리	72012	70456	72775	215243
6	용산	59933	58932	54533	173398
7	대학로	61234	60055	61004	182293
8	합계	258979	252483	252199	763661
9					
10	극장명	4월	5월	6월	2분기 합계
11					

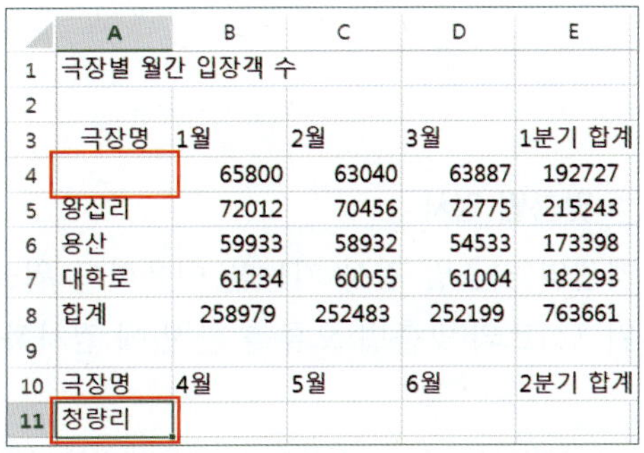

	A	B	C	D	E
1	극장별 월간 입장객 수				
2					
3	극장명	1월	2월	3월	1분기 합계
4		65800	63040	63887	192727
5	왕십리	72012	70456	72775	215243
6	용산	59933	58932	54533	173398
7	대학로	61234	60055	61004	182293
8	합계	258979	252483	252199	763661
9					
10	극장명	4월	5월	6월	2분기 합계
11	청량리				

셀들을 짧은 거리로 이동/복사하려면 끌어서 놓기가 가장 쉬운 방법이다.

① 이동하거나 복사하려는 셀 또는 범위를 선택한다.

② 선택한 셀 또는 범위의 테두리 위로 마우스를 이동하여 마우스 포인터의 모양이 흰색의 십자가 ✚에서 네 방향을 가리키는 화살표 모양 ✥으로 바뀌도록 한다.

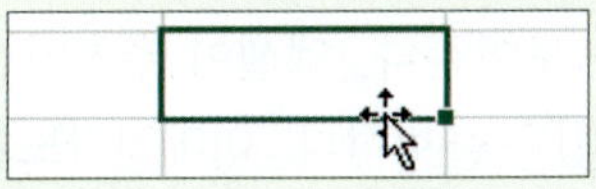

③ 이동하려면 테두리를 클릭하여 새로운 위치로 드래그한다.

④ 복사하려면 Ctrl를 누른 채 새로운 위치로 드래그한다.

셀들을 먼 거리로 이동/복사하려면 끌어서 놓기가 어려울 수 있다. 이런 경우에는

① 셀들을 선택한다. **[홈]** 탭–**[클립보드]** 그룹–**[잘라내기 단추** ✂**/복사 단추** **]**를 클릭한다. 또는 선택한 셀들 위에서 마우스의 오른쪽 단추를 클릭한 후 단축 메뉴에서 잘라내기/복사를 선택한다.

② 이동/복사하려는 새 위치의 셀 또는 범위의 왼쪽 위 구석의 셀을 클릭한 후 **[붙여넣기 단추** **]**를 클릭한다. 또는 마우스의 오른쪽 단추를 클릭한 후 단축메뉴에서 붙여넣기를 선택한다.

Tip 한 셀에서 다른 셀로 복사 및 붙여넣기를 했을 때 서식(6장)도 복사된다. 다른 셀에 서식까지 복사되는 것을 원하지 않으면 [붙여넣기 옵션 단추 (Ctrl)▾]를 클릭한 후 두 번째 그룹(값 붙여넣기)에서 [값 아이콘]을 클릭한다.

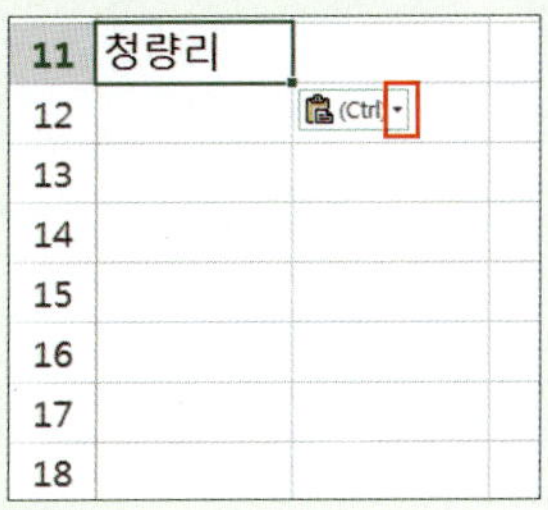

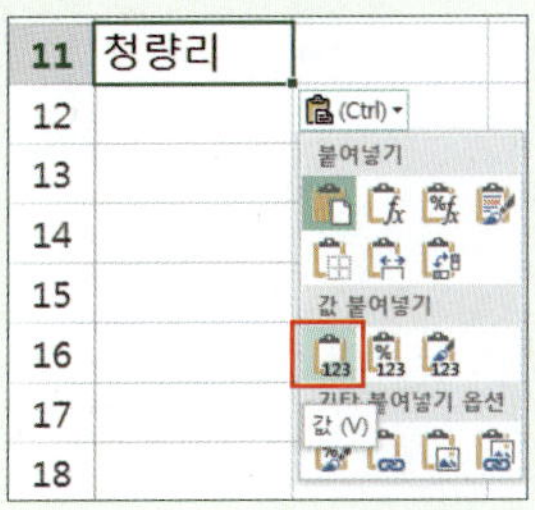

Tip 셀에 들어있는 숫자 또는 텍스트뿐만 아니라, 클립 아트 또는 그림처럼 워크시트 내의 임의의 항목을 잘라내고, 복사하고, 붙여넣을 수 있다.

P.142 실습하기 4-3 P.144 실습하기 4-4

❖ 맞춤법 검사

엑셀의 **맞춤법 검사** 기능을 이용하여 워크시트 내의 맞춤법 오류를 찾아서 교정할 수 있다. 워크시트의 맞춤법 오류를 한 번에 검사하려면 맞춤법 대화 상자를 이용한다.

▶ [검토] 탭-[언어 교정] 그룹-[맞춤법 검사 단추 ✓]를 클릭한다.

현재 셀부터 맞춤법 검사가 수행된다. 맞춤법 검사를 시작할 때 어떤 셀이 활성화되어 있는가에 따라 "시트의 처음부터 검사를 시작하시겠습니까?"라고 묻는 대화 상자를 볼 수도 있다. 한국어 사전 수준으로 맞춤법 검사를 완벽하게 지원하지는 않는다.

다음 그림은 아메리카노 단어가 엑셀의 사전에 등록되어 있지 않으므로 맞춤법 검사에서 적발되었고, 이 단어 대신에 아메리카 노 단어를 추천하는 것을 보여준다. 엑셀이 추천하는 것을 무시하려면 [한 번 건너뛰기]를 클릭하고, 수용하려면 [변경]을 클릭한다. 아메리카노가 더 이상 맞춤법 검사에 적발되는 것을 피하고 싶으면 [사전에 추가]를 클릭한다.

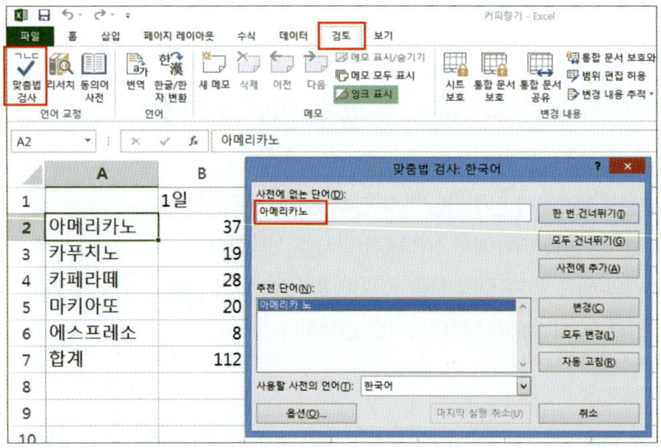

[그림 4-8] **맞춤법 검사 대화상자**

SECTION 03 찾기 및 바꾸기

워크시트의 내용이 많아지고 복잡해지면 특정 정보를 찾는데 시간이 오래 걸릴 수 있다. 이런 경우에 찾기 연산을 사용하자. **찾기** 연산을 통하여 워크시트에서 다양한 유형의 정보를 찾을 수 있다. 바꾸기는 찾기 다음에 자연스럽게 수행하는 연산이다. **바꾸기**는 찾은 데이터를 다른 데이터로 교체하는 것이다.

❖ 찾기

찾기 연산은 [찾기 및 바꾸기] 대화상자의 [찾을 내용] 상자에 무엇을 입력했든지 간에 현재 활성화된 워크시트에서 찾는다.

워크시트에서 텍스트나 값을 찾으려면

① [홈] 탭–[편집] 그룹–[찾기 및 선택 단추]를 클릭한다. 메뉴에서 [찾기]를 선택한다. 또는 Ctrl+F를 누른다.

② [찾기 및 바꾸기] 대화 상자가 나타난다.

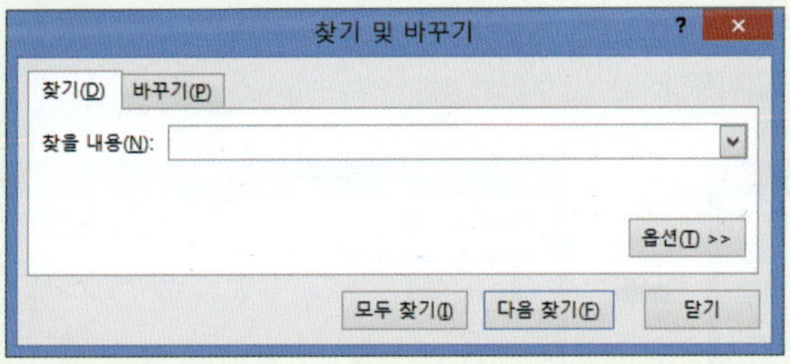

③ [찾을 내용] 상자에 원하는 텍스트나 값을 입력한다.

④ [다음 찾기]를 클릭한다. 사용자가 입력한 텍스트나 값이 처음 나타나는 셀로 이동한다.

⑤ [다음 찾기]를 또 클릭하면 두 번째 나타나는 셀로 이동한다.

아래의 예는 워크시트에서 **계획**을 찾기 위해서 [찾기 및 바꾸기] 대화상자의 [찾을 내용] 상자에 **계획**을 입력한 후 [다음 찾기]를 눌렀을 때의 결과를 보여준다. B2 셀이 **계획**을 포함한 최초의(유일한) 셀이기 때문에 셀 포인터가 B2 셀로 이동하였다. 찾을 내용이 들어 있는 다음 셀을 찾으려면 [다음 찾기]를 누르고, 찾을 내용이 들어 있는 모든 셀들을 찾으려면 [모두 찾기]를 누른다.

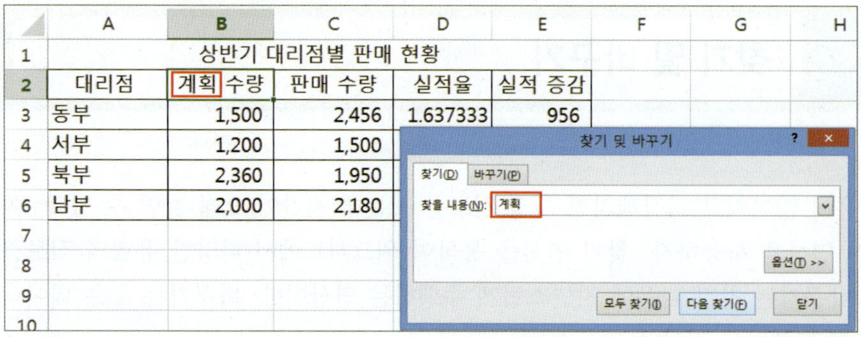

❖ 바꾸기

바꾸기는 텍스트나 값을 찾아서 새로운 텍스트나 값으로 변경한다. 바꾸기 연산도 **[찾기 및 바꾸기]** 대화상자의 **[찾을 내용]** 상자에 무엇을 입력했든지 간에 현재 활성화된 워크시트에서 찾는다. **[찾을 내용]**을 **[바꿀 내용]**으로 교체하려면 **[바꾸기]** 탭을 사용한다.

워크시트에서 텍스트나 값을 찾아서 새 값으로 바꾸려면

① [홈] 탭–[편집] 그룹–[찾기 및 선택 단추 🔍]를 클릭한다. 메뉴에서 **[바꾸기]**를 선택한다. 또는 Ctrl+H를 누른다.
② **[찾기 및 바꾸기]** 대화 상자가 나타난다.
③ **[찾을 내용]** 상자에 원하는 텍스트나 값을 입력한다.
④ **[바꿀 내용]** 상자에 새로운 텍스트나 값을 입력한다.

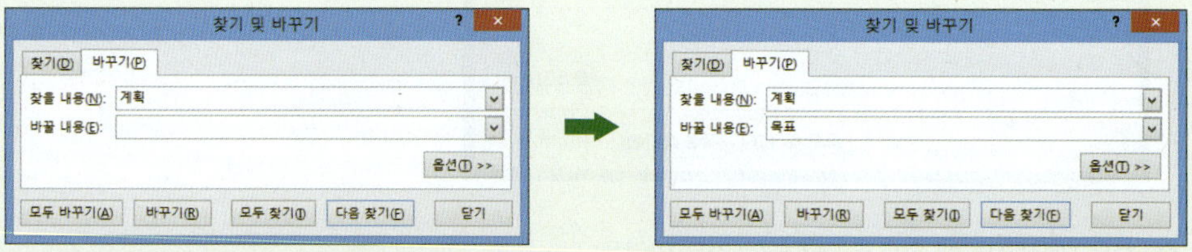

⑤ **[다음 찾기]**를 클릭한다. 사용자가 입력한 텍스트나 값이 처음 나타나는 셀로 이동한다.
⑥ **[바꾸기]**를 클릭한다. 기존의 텍스트나 값을 새로운 텍스트나 값으로 변경하고, 찾으려는 텍스트나 값을 저장하고 있는 다음 셀로 이동한다.

Tip [모두 바꾸기]를 클릭하면 사용자에게 일일이 묻지 않고, 엑셀에서 한꺼번에 바꾼다. 예상치 못한 값도 바뀔 수 있으므로 이 기능은 주의해서 사용해야 한다.

다음의 예에서는 **계획**을 **목표**로 교체한다. **[찾기 및 바꾸기]** 대화상자를 사용하여 셀의 일부 내용을 찾거나 셀의 전체 내용을 찾은 후에 바꾸기를 수행할 수 있다.

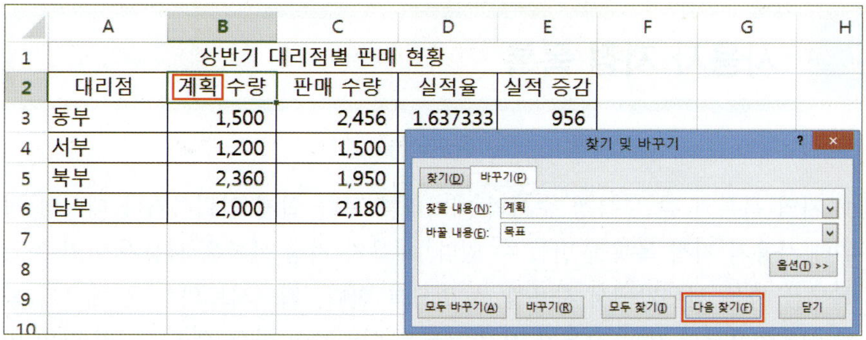

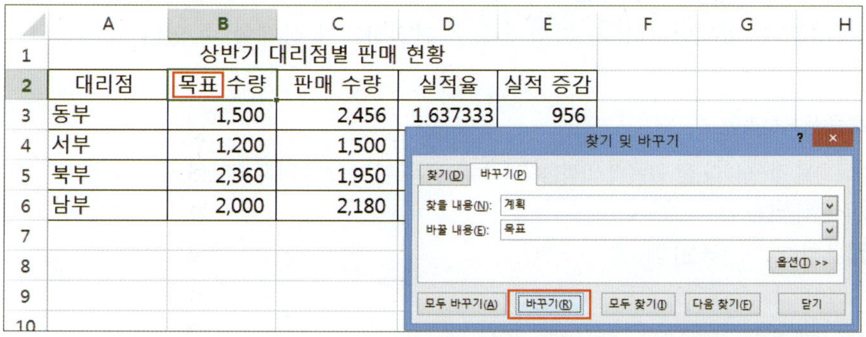

P.146 실습하기 4-5 P.148 실습하기 4-6 P.150 실습하기 4-7

SECTION 04 사용자 지정 목록

이름, 직급, 판매 지역 목록과 같은 특정 순서의 데이터를 보다 쉽게 입력하거나 데이터 정렬에 사용하기 위해 **사용자 지정 목록**을 만들 수 있다. 사용자 지정 목록은 사용자가 자주 입력하는 일련의 목록을 자동 채우기에서 사용할 수 있도록 한다. 워크시트의 기존 채우기 목록을 기반으로 하거나 처음부터 새로 사용자 지정 목록을 입력하여 만들 수 있다. 월 단위 및 일 단위 연속 데이터 채우기와 같이 엑셀에서 기본적으로 제공하는 연속 데이터 채우기 목록은 편집하거나 삭제할 수 없지만 사용자 지정 목록은 편집하거나 삭제할 수 있다.

사용자 지정 목록을 등록하려면

① 사용자 지정 목록을 각 셀마다 한 항목씩 입력한다. 목록의 항목들은 텍스트여야 한다.(숫자는 안 된다.)
② 목록의 셀들을 선택한다.
③ 파일 탭 파일 을 클릭한 후 [옵션] 메뉴를 선택한다.

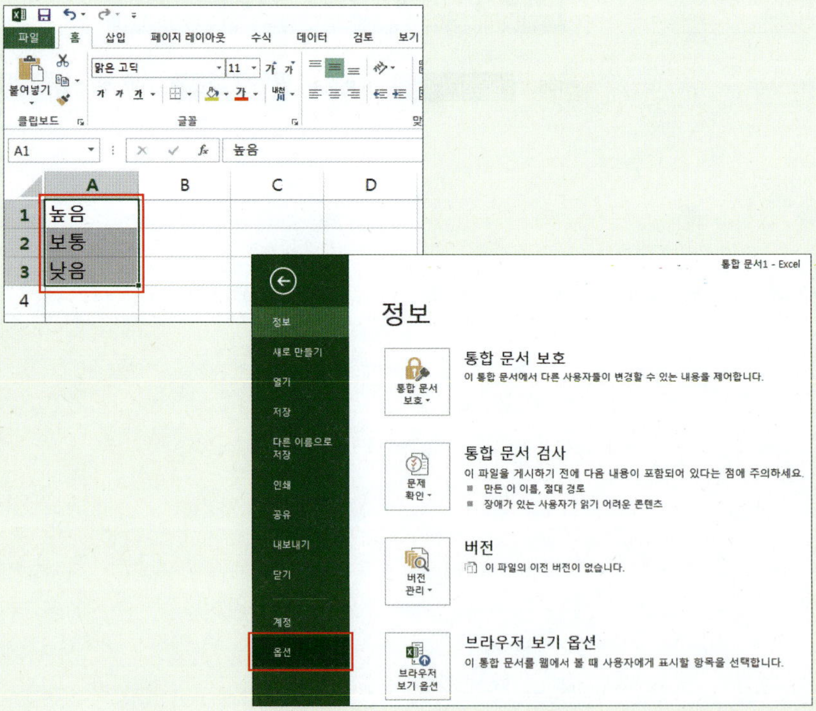

④ [Excel 옵션] 대화상자의 왼쪽에서 [고급]을 선택한다.
⑤ 오른쪽 스크롤 막대를 아래로 드래그한 후 [일반]에서 [사용자 지정 목록 편집]을 클릭한다.

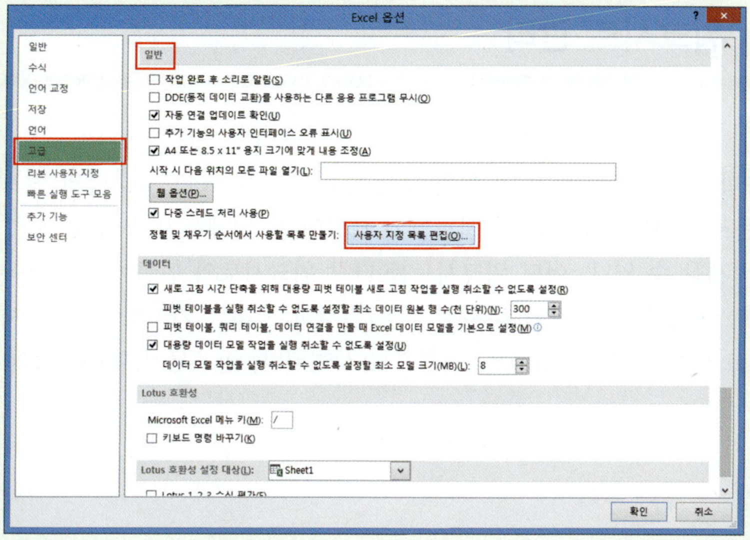

⑥ [사용자 지정 목록] 대화상자에 선택된 목록(높음, 보통, 낮음)이 들어있는 범위($A$1:$A$3)가 나타난다. [가져오기]를 클릭한 후 [확인]을 클릭한다.

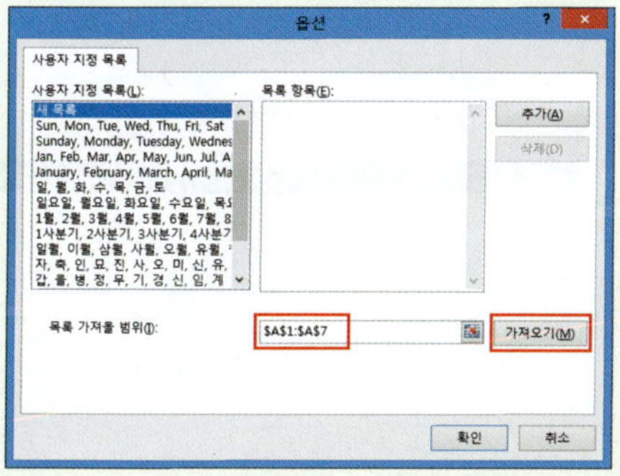

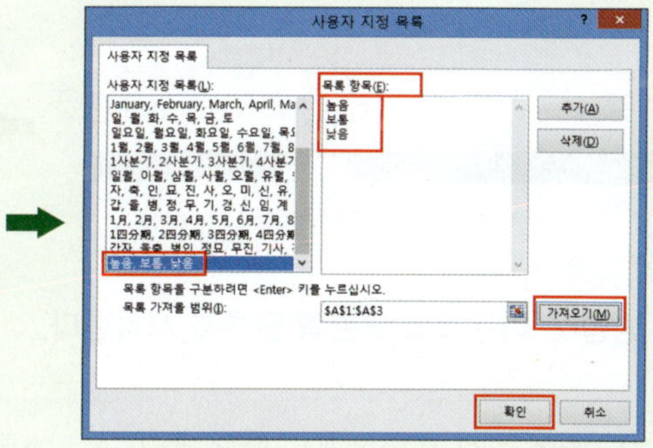

Tip 높음, 보통, 낮음과 같이 간단한 목록을 등록하는 경우에는 위의 단계 ①과 ②를 생략하고, [사용자 지정 목록] 대화상자의 [목록 항목] 상자에 사용자 지정 목록을 한 줄에 한 항목씩 직접 입력해도 좋다.

P.152 실습하기 4-8

SECTION 05 워크시트 관리

엑셀 2013에서 새 통합 문서를 생성하면 빈 통합 문서에 이름이 Sheet1인 하나의 워크시트가 포함된다. 통합 문서는 하나 이상의 워크시트들의 모임이다. 언제든지 통합 문서에 워크시트를 추가하거나 삭제할 수 있다. 어떤 워크시트를 다른 워크시트의 왼쪽이나 오른쪽으로 이동/복사하는 것뿐만 아니라 다른 통합 문서로 이동/복사하는 것도 가능하다. 워크시트는 통합 문서 하단의 시트 탭에 나타나는 고유한 이름으로 식별된다. 언제든지 워크시트의 이름을 변경할 수 있다.

새 워크시트 삽입

새 워크시트를 삽입하는 세 가지 방법이 있다.

❖ 방법 1. [워크시트 삽입 단추 ⊕]를 클릭한다.

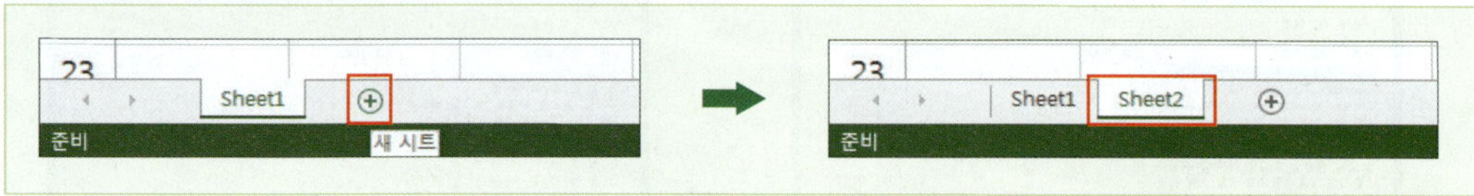

❖ 방법 2. 마우스의 오른쪽 단추를 사용한다.

① 기존의 워크시트 탭 위에서 마우스의 오른쪽 단추를 클릭한다. 단축 메뉴가 나타난다.
② 단축 메뉴에서 **[삽입]**을 선택한다. **[삽입]** 대화상자가 나타난다.
③ **[삽입]** 대화상자에서 **[일반]** 탭을 선택한다.
④ **[워크시트]**를 선택하고, **[확인]**을 클릭한다.

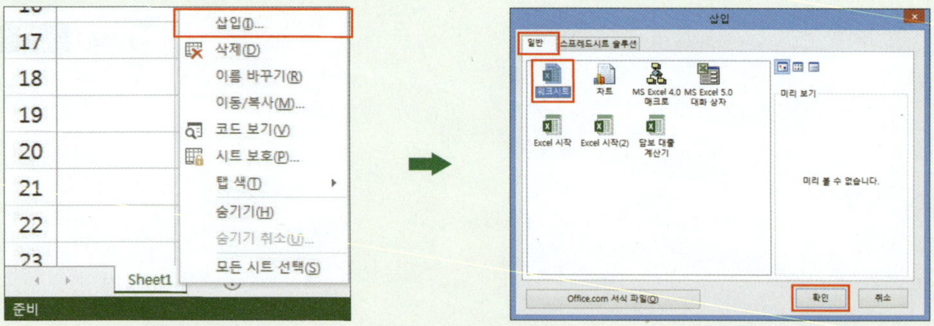

❖ 방법 3. [홈] 탭–[셀] 그룹–[삽입 단추]를 클릭한 후 [시트 삽입]을 선택한다.

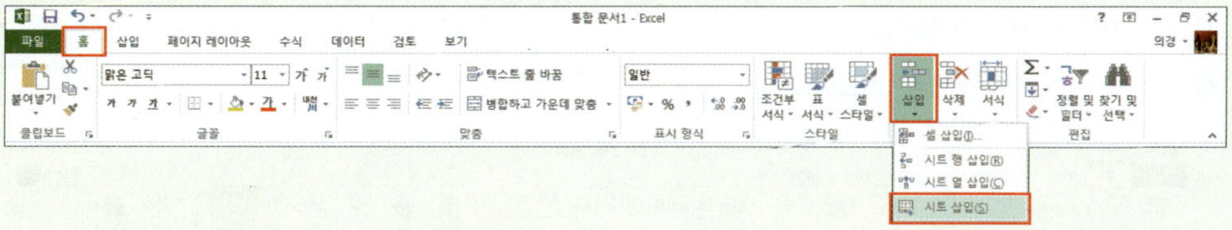

Tip 워크시트를 삽입하는 단축 키는 Shift+F11이다.

워크시트 이름 바꾸기

통합 문서에 삽입되는 워크시트의 이름은 Sheet1, Sheet2, Sheet3, …의 형식을 갖는다. 다수의 워크시트를 사용하고 있다면 워크시트에 들어있는 내용을 함축하도록 좀 더 의미 있는 이름을 부여하는 것이 도움이 된다. 예를 들어서 Sheet2보다는 2분기 예산이 워크시트의 내용을 더 잘 나타낸다. 워크시트의 이름을 바꾸는 세 가지 방법이 있다.

❖ 방법 1. 더블 클릭을 사용한다.

① 이름을 변경하려는 시트의 탭(예 Sheet1)을 더블 클릭한다. 현재의 시트 이름이 강조되어 표시된다.
② 새 시트 이름을 입력한 후 Enter를 누른다.

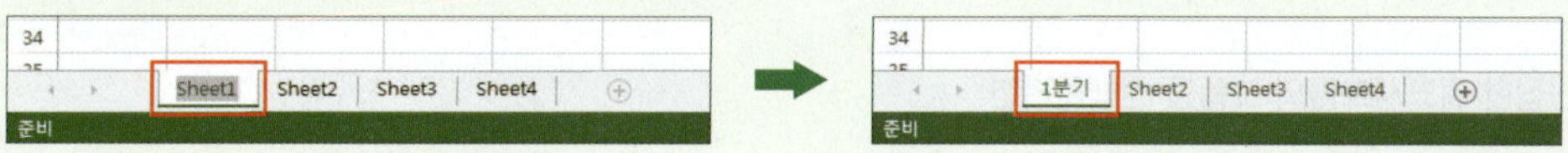

❖ 방법 2. 마우스의 오른쪽 단추를 사용한다.

① 이름을 변경하려는 시트의 탭 위에서 마우스의 오른쪽 단추를 클릭한다. 단축 메뉴가 나타난다.
② [이름 바꾸기]를 선택한다.
③ 새 시트 이름을 입력한 후 Enter를 누른다.

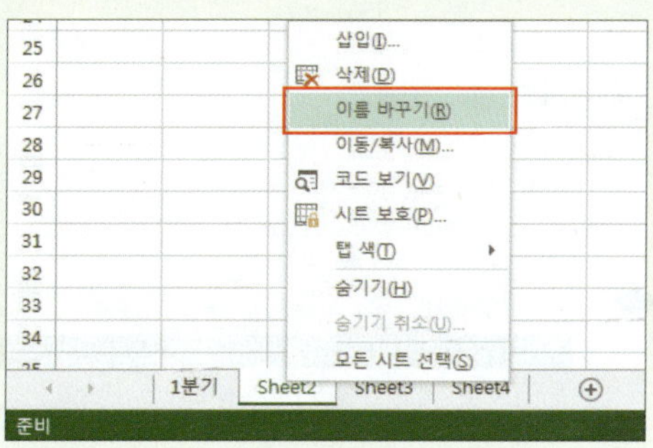

❖ 방법 3. [홈] 탭–[셀] 그룹–[서식 단추]를 클릭한다.

① [시트 이름 바꾸기]를 선택한다.

② 새 시트 이름을 입력한 후 Enter 를 누른다.

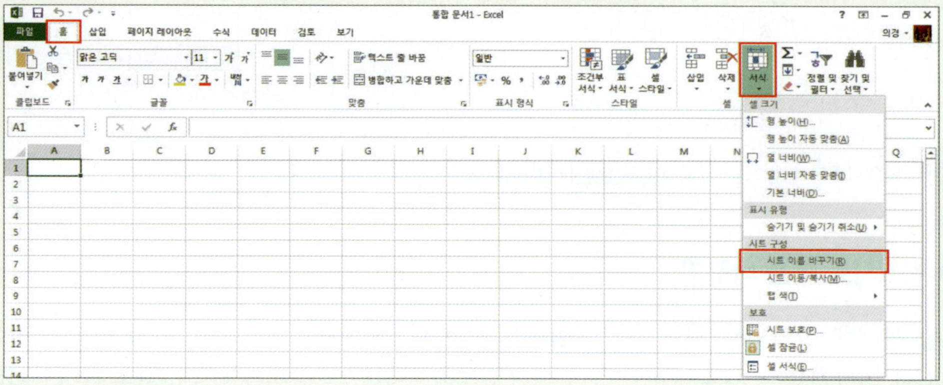

다수의 워크시트 사용하기

하나의 통합 문서 내의 여러 워크시트에 데이터를 조직하는 것이 유용할 때가 있다. 예를 들어서 1년 간의 회계 자료를 하나의 통합 문서에 분기별(또는 월별)로 관리하려 한다. 각 분기마다 하나의 워크시트를 배정한다. 한 워크시트를 서식 워크시트로 설정함으로써 4개의 워크시트들에게 일관된 레이아웃과 서식을 쉽게 적용할 수 있다.

인접한 워크시트들의 그룹을 선택하려면

① 워크시트들의 그룹의 첫 번째 워크시트(예 1분기)를 선택한다.

② Shift 를 누른 채 마지막 워크시트(예 4분기)를 클릭한다.

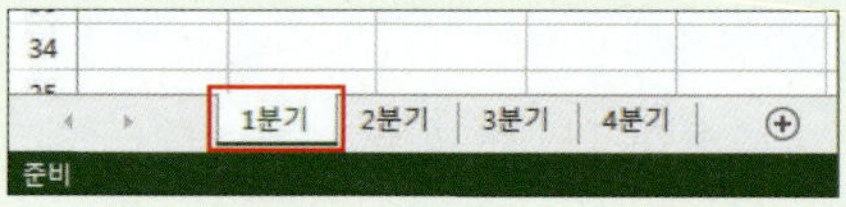

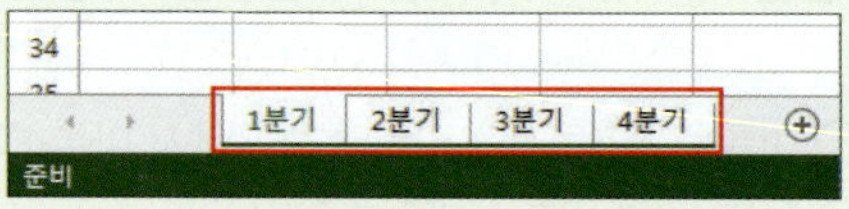

인접하지 않은 워크시트들의 그룹을 선택하려면

① 워크시트들의 그룹의 첫 번째 워크시트(예 1분기)를 선택한다.

② Ctrl 을 누른 채 원하는 워크시트를 하나씩 클릭한다.

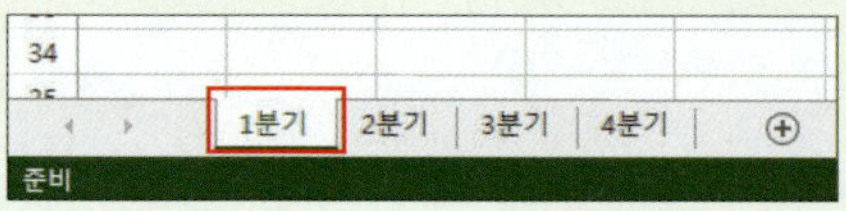

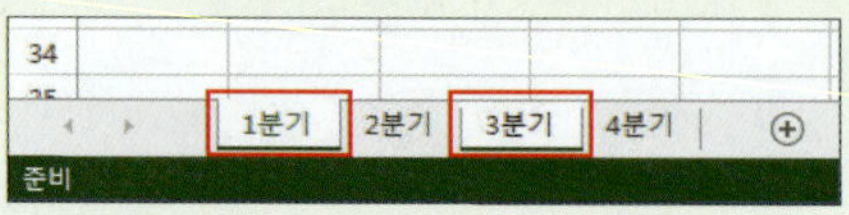

이제 워크시트들의 그룹 내의 임의의 워크시트에 입력한 데이터와 서식은 그룹 내의 모든 워크시트에 나타난다.

워크시트들의 그룹을 해제하려면 선택되지 않은 워크시트를 클릭하거나(만일 모든 워크시트가 선택되어 있으면 아무 워크시트를 클릭) 그룹으로 묶인 임의의 워크시트 위에서 마우스의 오른쪽 단추를 클릭하고, 단축 메뉴에서 **[시트 그룹 해제]**를 선택한다.

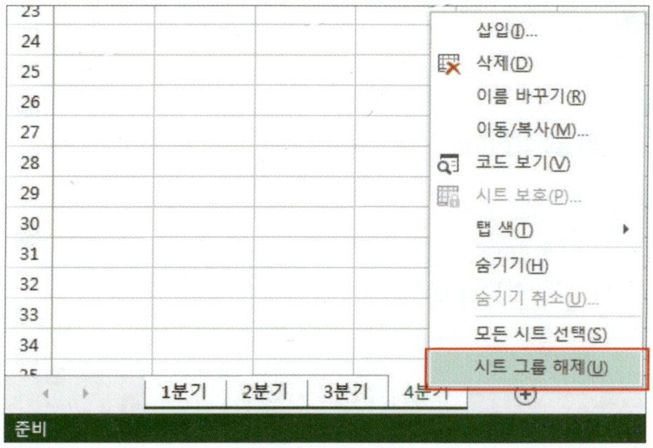

워크시트 이동

선택한 워크시트를 시트 탭 위를 따라 왼쪽 또는 오른쪽으로 드래그한 후 원하는 위치에 놓음으로써 한 통합 문서 내에서 워크시트들의 순서를 바꿀 수 있다. 작은 검은색 삼각형이 워크시트가 이동해갈 위치를 가리킨다.

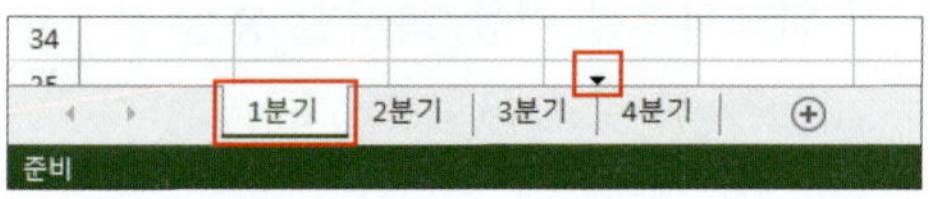

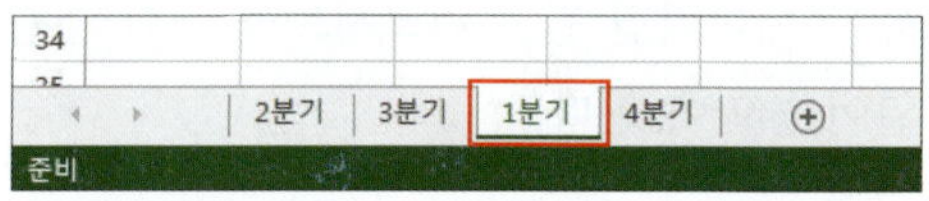

워크시트 삭제

더 이상 필요하지 않은 워크시트를 통합 문서에서 삭제할 수 있다. 데이터를 포함하고 있는 워크시트를 삭제하려고 하면 워크시트를 삭제할 것인가를 물어보는 창이 나타난다. 워크시트 삭제 작업은 실행 취소 ↶ 할 수 없다. 워크시트를 삭제하는 두 가지 방법이 있다.

❖ 방법 1. 마우스의 오른쪽 단추를 사용한다.

① 삭제하려는 워크시트의 탭 위에서 마우스의 오른쪽 단추를 클릭한다. 단축 메뉴가 나타난다.
② **[삭제]**를 클릭한다. 워크시트를 삭제할 것인가를 물어보는 창이 나타난다. **[삭제]**를 클릭한다.

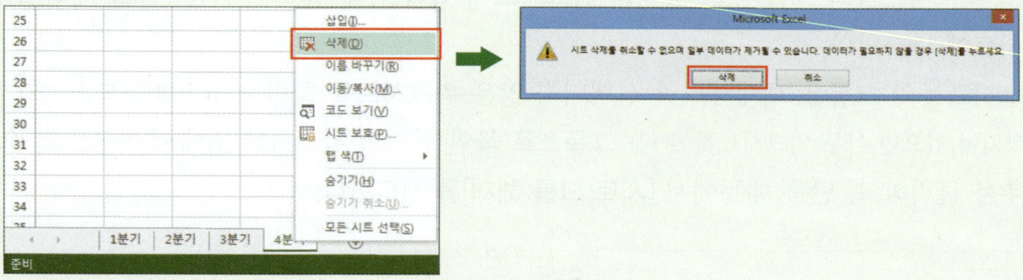

❖ 방법 2. [홈] 탭–[셀] 그룹–[삭제 단추]를 클릭한다.

① [시트 삭제]를 선택한다.
② 워크시트를 삭제할 것인가를 물어보는 창이 나타난다. [삭제]를 클릭한다.

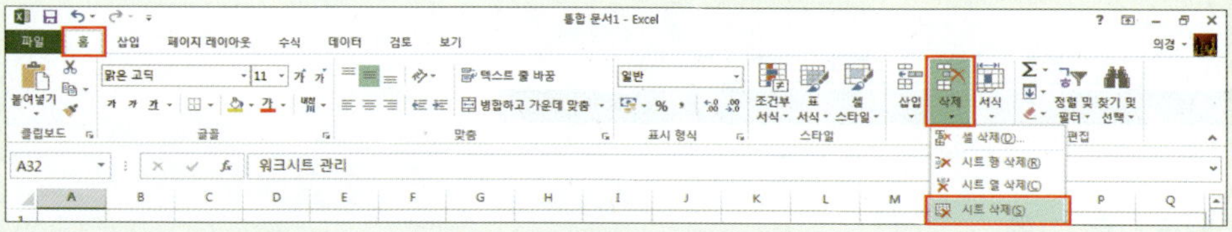

워크시트를 다른 통합 문서로 이동/복사

선택한 워크시트를 다른 통합 문서로 이동/복사할 수 있다. 통합 문서들 간에 워크시트를 이동/복사하려면 원본 워크시트를 포함한 통합 문서와 이 워크시트를 이동/복사할 통합 문서를 열어 놓아야 한다.

① 이동/복사하려는 워크시트의 탭 위에서 마우스의 오른쪽 단추를 클릭한 후 단축 메뉴에서 **[이동/복사]**를 선택한다.
② [이동/복사] 대화상자에서 **[대상 통합 문서]** 상자의 드롭다운 화살표 를 눌러서 워크시트를 복사할 대상 통합 문서를 선택한다. 동일 통합 문서 내에서 워크시트를 이동/복사하는 경우에는 이 화살표를 누를 필요가 없다.
③ 워크시트를 복사하려면 **[복사본 만들기]** 상자를 체크하고, 워크시트를 이동하려면 **[복사본 만들기]** 상자를 그대로 둔다.
④ [확인]을 클릭한다.

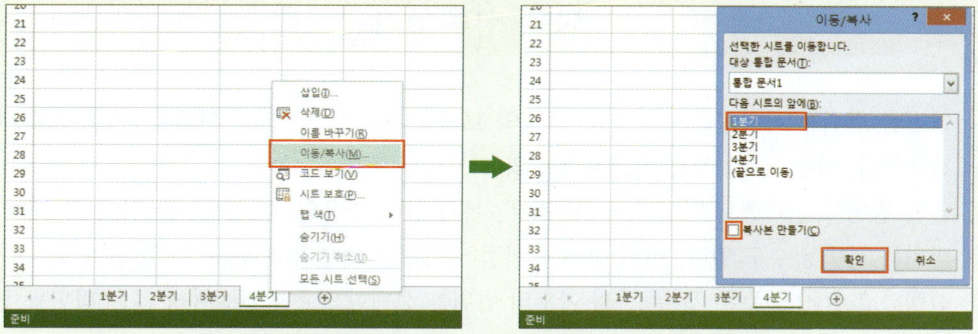

[그림 4-11] 동일 통합 문서 내에서 워크시트 이동/복사(통합 문서를 하나만 열어 놓음)

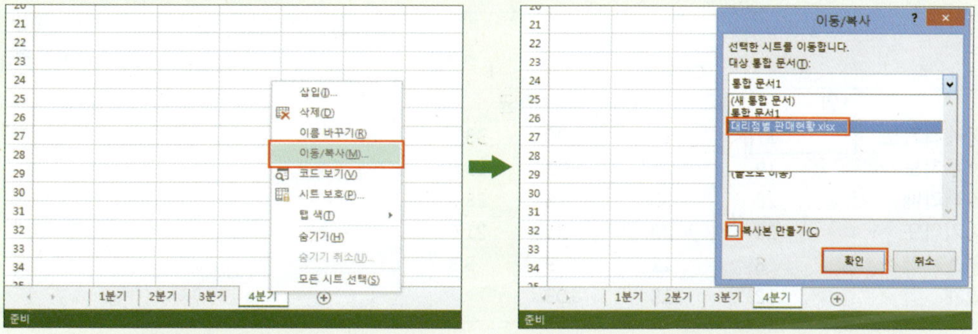

[그림 4-12] 다른 통합 문서 간에 워크시트 이동/복사(두 개의 통합 문서를 열어 놓음)

실습하기 4-1

실습파일 :\4장\커피향기.xlsx

범위 선택하기

실습 설명

인접한 범위는 사각형을 이루도록 셀들의 모임을 선택한 것이다. 선택한 단일 셀도 범위로 간주한다. 마우스, 키보드, 또는 마우스와 키보드의 조합을 사용하여 범위를 선택할 수 있다. 일단 범위를 선택했으면 입력, 서식 적용, 복사 등에 사용할 수 있다. 한 번에 두 개 이상의 범위를 선택할 수도 있다. 이런 범위를 인접하지 않은 범위라고 부른다. 첫 번째 범위를 먼저 선택하고, Ctrl을 누른 채 두 번째 이후의 범위를 선택함으로써 인접하지 않은 범위를 선택한다. 이번 실습에서는 인접한 범위, 인접하지 않은 범위를 선택하는 방법을 알아보자.

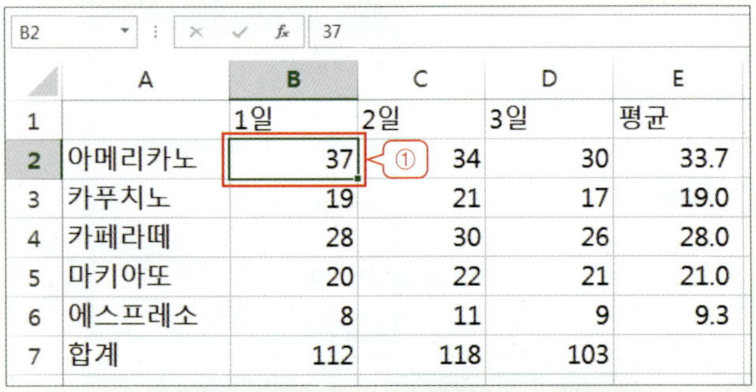

① B2 셀을 선택하기 위해서 클릭한다. B2가 선택된 유일한 셀이기 때문에 현재 셀이다.

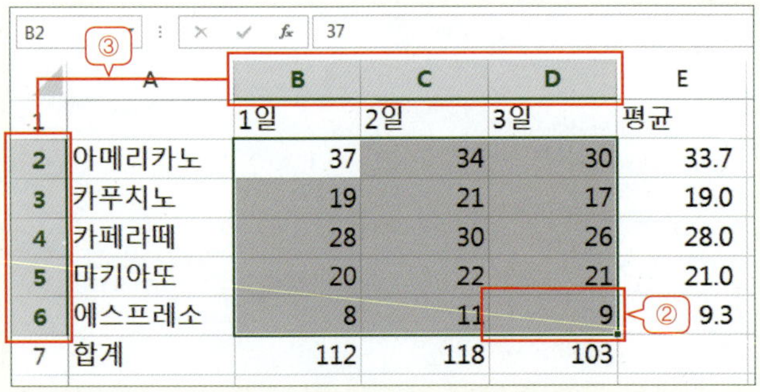

② Shift를 누른 채 D6을 클릭한다. 범위가 선택되었고, 현재 셀은 B2이다. 이 범위를 B2:D6으로 표기한다. B2는 범위 안에 속하는 나머지 셀들과는 다른 색으로 표시되고, 셀의 내용이 수식 입력줄에 나타난다. 선택한 범위를 유지하면서, Tab을 사용하여 범위 내에서 다른 셀을 현재 셀로 만들 수 있다.

③ 범위에 속하는 행의 행 머리글(2, 3, 4, 5, 6)과 열 머리글(B, C, D)은 초록색으로 표시되고, 무늬는 음영으로 표시된다.

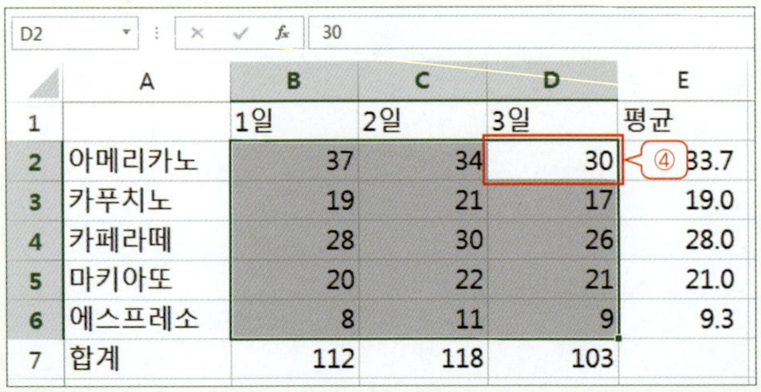

④ Tab을 여러 번 누르면서 범위 내의 다른 셀로 현재 셀이 이동하는 것을 확인해 본다. Tab을 두 번 눌렀을 때 D2 셀이 현재 셀이 된다.

범위 선택하기

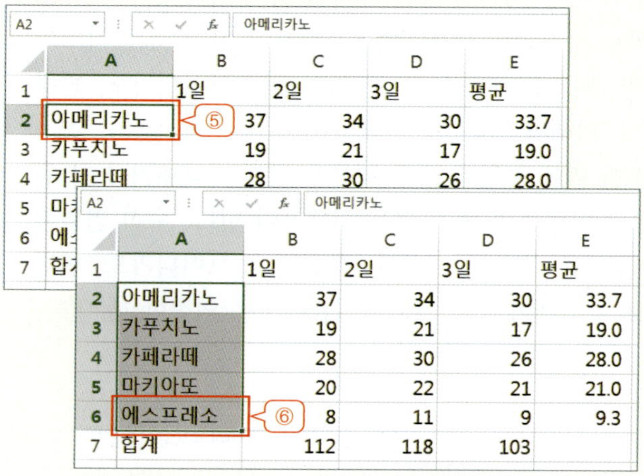

⑤ 이제 인접하지 않은 범위를 선택해 보자. A2 셀을 클릭한다.

⑥ Shift 를 누른 채 A6 셀을 클릭하여 A2:A6 범위를 선택한다.

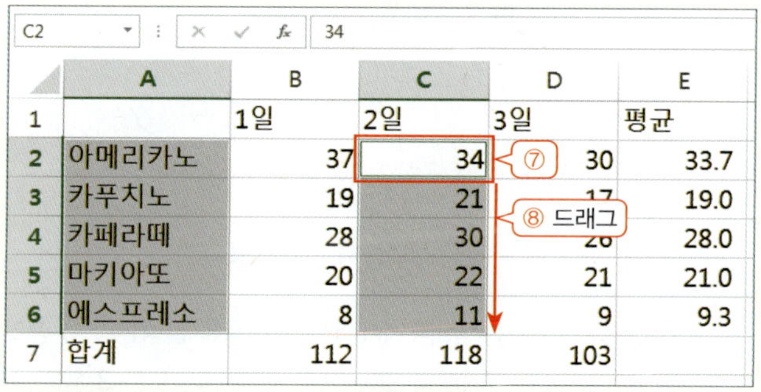

⑦ Ctrl 을 누른다. Ctrl 은 인접하지 않은 범위를 선택할 때 사용된다.

⑧ Ctrl 을 누른 채 C2 셀을 클릭하고, 마우스의 왼쪽 단추를 누른 채 C6 셀까지 드래그한다.

⑨ Ctrl 에서 손을 뗀다. 이제 두 개의 범위가 선택되었다.

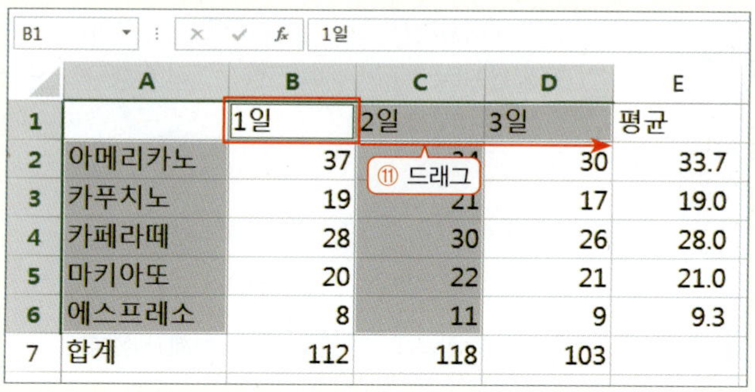

⑩ Ctrl 을 누른다.

⑪ Ctrl 을 누른 채 B1 셀을 클릭하고, 마우스의 왼쪽 단추를 누른 채 D1 셀까지 드래그한다.

⑫ Ctrl 에서 손을 뗀다. 이제 세 개의 범위가 선택되었다.

⑬ 선택된 모든 범위를 해제하기 위해서 범위 바깥의 임의의 셀을 클릭한다.

Tip 키보드를 사용해서도 인접하지 않은 범위를 선택할 수 있다. 첫 번째 셀을 클릭하고, Shift 를 누른 채 화살표 키(↑, ↓, ←, →)를 사용하여 범위를 넓혀간다.

가이드라인

셀들을 선택할 때 마우스와 키보드 중에서 어느 것을 사용하는 것이 더 좋다고 말하기 어렵다. 본인이 가장 편하게 느끼는 방법을 사용하는 것이 좋다.

실습하기 4-2

실습파일 :\4장\커피향기.xlsx

행/열 선택하기

실습 설명

행 전체를 수정하고 싶다면, 예를 들어서 한 행에 포함된 모든 제목을 굵게 나타내거나 한 행에 포함된 모든 셀의 내용을 동일한 글꼴로 바꾸려면 먼저 행을 선택해야 한다. 워크시트의 가장 왼쪽에 위치한 행 머리글을 클릭하면 행을 선택할 수 있다. 화면에 안 보이더라도, 변경한 사항이 그 행의 모든 셀에 반영되므로 주의해야 한다.

열 전체를 수정하고 싶다면, 예를 들어서 한 열에 포함된 모든 제목을 굵게 나타내거나 한 열에 포함된 모든 셀의 내용을 동일한 글꼴로 바꾸려면 먼저 열을 선택해야 한다. 수식 입력줄 바로 아래에 위치한 열 머리글을 클릭하면 열을 선택할 수 있다. 화면에 안 보이더라도, 변경한 사항이 그 열의 모든 셀에 반영되므로 주의해야 한다. 이번 실습에서는 인접한 행/열들, 인접하지 않은 행/열들을 선택하는 방법을 알아보자.

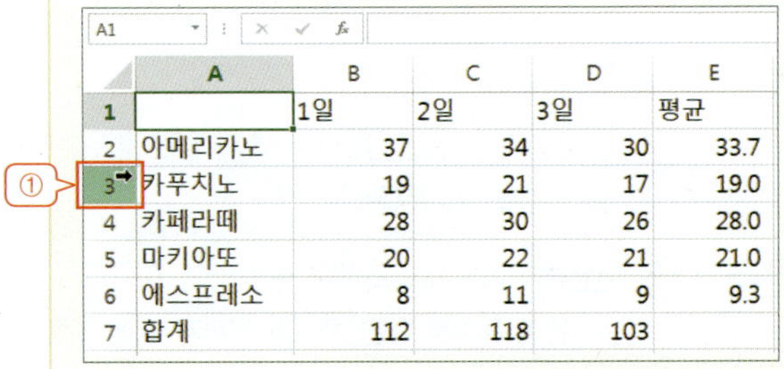

① 마우스 포인터를 3 행의 머리글로 이동한다. 마우스 포인터가 그 행의 오른쪽을 가리키는 검은 화살표 모양 ➡으로 바뀜을 주목하라.

② 3 행 전체를 선택하기 위해서 클릭한다.

③ Shift 를 누른 채 5행의 머리글을 클릭한다. 3 행부터 5 행까지의 모든 행이 선택된다. 또는 3 행의 머리글을 클릭하고, 마우스의 왼쪽 단추를 누른 채 5 행의 머리글까지 드래그한다. 커피 제품 중에서 우유가 사용되는 것들만 선택하였다. 인접한 행들을 선택하였다.

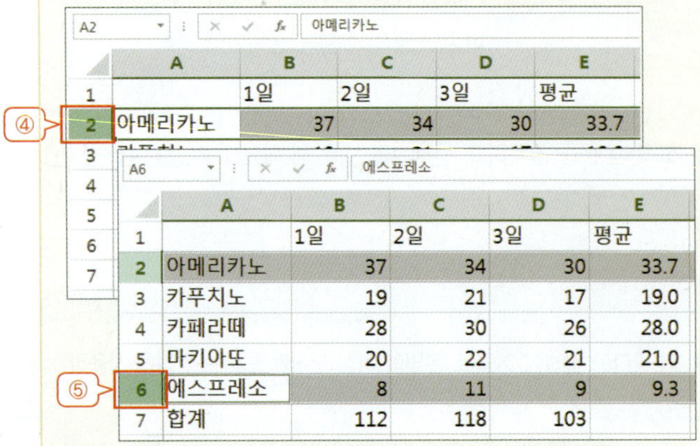

④ 2 행의 머리글을 클릭한다. 2 행 전체가 선택된다.

⑤ Ctrl 을 누른 채 6 행의 머리글을 클릭한다. 2 행과 6 행만 선택되었다. 커피 제품 중에서 우유가 사용되지 않는 것들만 선택하였다. 인접하지 않은 행들을 선택하였다.

행/열 선택하기

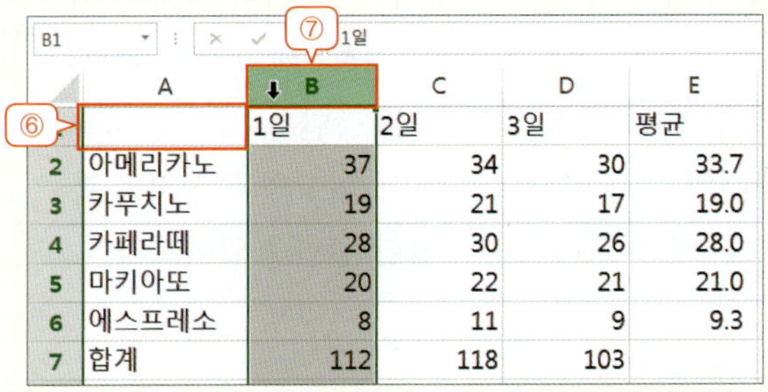

⑥ Ctrl+Home을 클릭하여 A1 셀을 현재 셀로 만든다.

⑦ 마우스 포인터를 B 열의 머리글로 이동한다. 마우스 포인터가 그 열의 아래쪽을 가리키는 검은 화살표 모양 ⬇으로 바뀜을 주목하라.

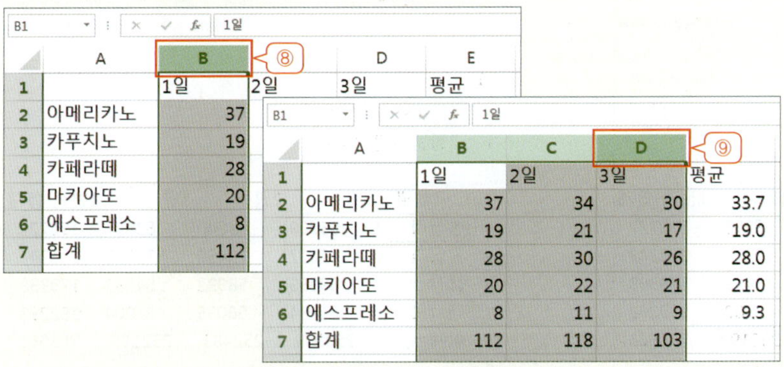

⑧ B 열 전체를 선택하기 위해서 클릭한다.

⑨ Shift를 누른 채 D 열의 머리글을 클릭한다. B 열부터 D 열까지의 모든 열이 선택된다. 또는 B 열의 머리글을 클릭하고, 마우스의 왼쪽 단추를 누른 채 D 열의 머리글까지 드래그한다. 인접한 열들을 선택하였다.

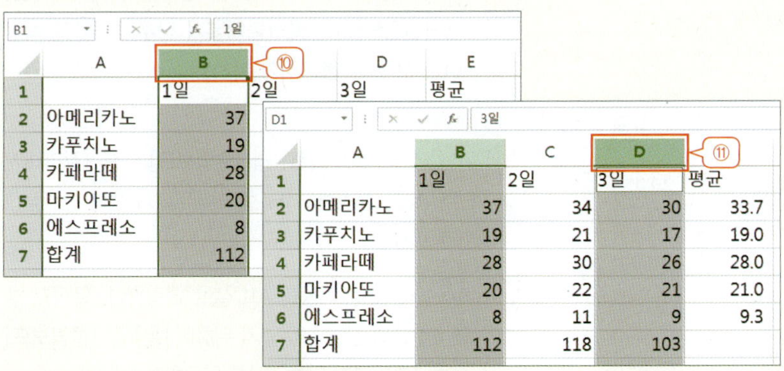

⑩ B 열의 머리글을 클릭한다. B 열 전체가 선택된다.

⑪ Ctrl을 누른 채 D 열의 머리글을 클릭한다. B 열과 D 열만 선택되었다. 인접하지 않은 열들을 선택하였다.

Tip 어떤 행이나 열 전체가 선택되었을 때는 그 행이나 열의 머리글이 초록색으로 채워진다. 일부 셀만 선택하였을 때는 그 셀의 주소로 사용되는 행과 열의 머리글이 초록색으로 채워진다. 이렇게 색깔이 구분되기 때문에 워크시트 내에서 현재 셀을 찾기가 쉽다.

실습하기 4-3

실습파일 :\4장\극장 입장객 수.xlsx

한 셀에서 다른 셀로 복사하기

실습 설명

다양한 복사 기법을 사용하여 한 셀의 내용을 다른 셀에 복사할 수 있다. 일반적인 절차는 먼저 복사할 셀을 선택하고, 복사 명령을 사용하여 클립보드에 복사한다. [홈] 탭의 [클립보드] 그룹에 있는 복사 명령을 사용하거나, 키보드에서 Ctrl+C를 사용하거나, 단축 메뉴를 사용하여 클립보드에 복사할 수 있다. 엑셀에서는 하나의 복사 연산으로 두 개 이상의 목적지로 복사할 수도 있다. 이번 실습에서는 셀의 내용을 다른 셀에 복사하는 다양한 방법을 알아보자.

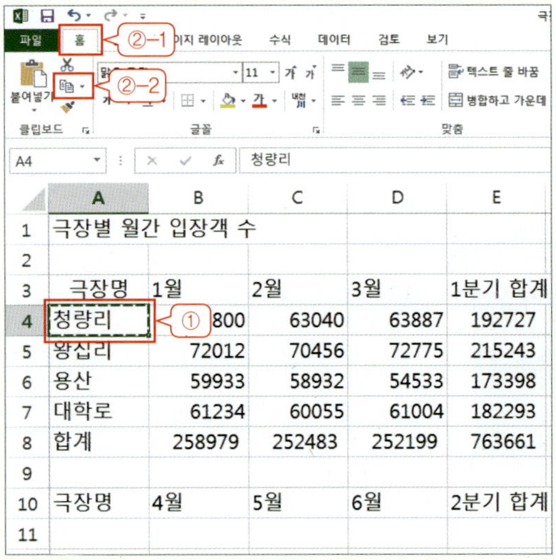

① A4 셀을 클릭하여 현재 셀로 만든다.

② [홈] 탭–[클립보드] 그룹–[복사하기 단추]를 클릭한다. A4 셀의 테두리가 깜박이는 점선으로 표시됨을 주목하라.

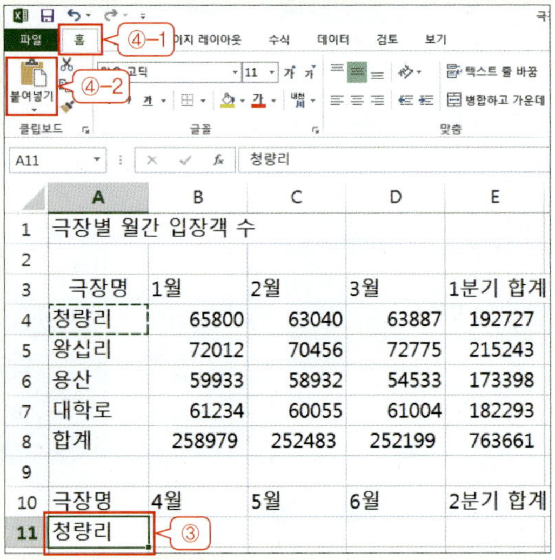

③ A4 셀의 값을 복사할 A11 셀을 클릭한다. 이 셀이 목적지 셀이다.

④ 목적지 셀에 A4 셀의 값을 붙여넣기 위하여 [홈] 탭–[클립보드] 그룹–[붙여넣기 단추]를 클릭한다. A11 셀에 **청량리**가 복사된다.

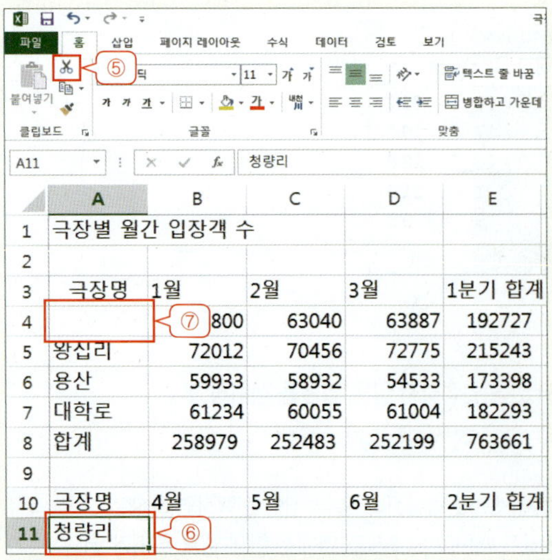

⑤ 위의 ② 단계에서 [홈] 탭–[클립보드] 그룹–[잘라내기 단추]를 클릭해도 A4 셀의 테두리가 깜박이는 점선으로 표시된다.

⑥ A4 셀의 값을 이동할 A11 셀을 클릭한다. 목적지 셀에 A4 셀의 값을 붙여넣기 위하여 [홈] 탭–[클립보드] 그룹–[붙여넣기 단추]를 클릭한다.

⑦ A4 셀의 내용은 사라지고, A11 셀의 내용만 남아있게 된다.

한 셀에서 다른 셀로 복사하기

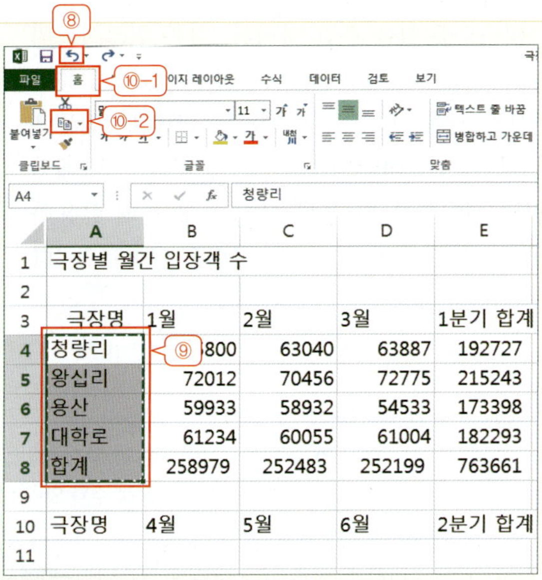

⑧ [실행 취소 단추 ↶]를 필요한 만큼 눌러서 ① 단계로 되돌아간다.

⑨ 이제 범위를 복사해보자. A4 셀을 클릭한 후 마우스의 왼쪽 단추를 누른 채 A8 셀까지 드래그한다.

⑩ [홈] 탭–[클립보드] 그룹–[복사하기 단추]를 클릭한다. 선택한 범위의 테두리가 깜박이는 점선으로 표시된다.

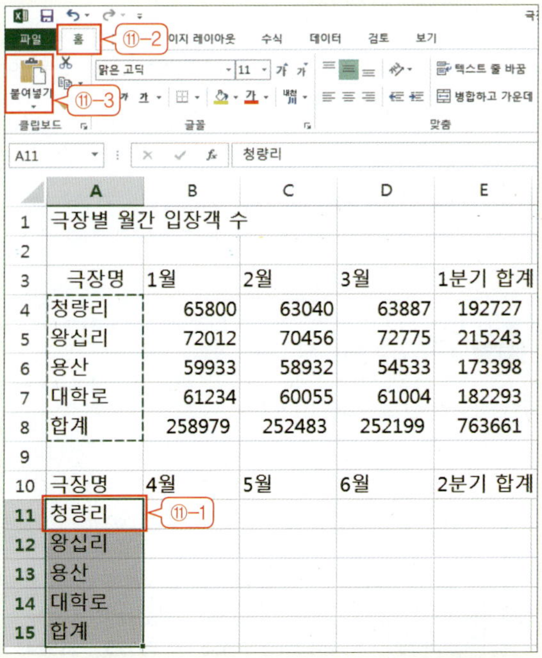

⑪ A11 셀을 클릭한 후 [홈] 탭–[클립보드] 그룹–[붙여넣기 단추]를 클릭한다.

⑫ A4:A8 범위의 내용이 A11:A15 범위에 복사된다.

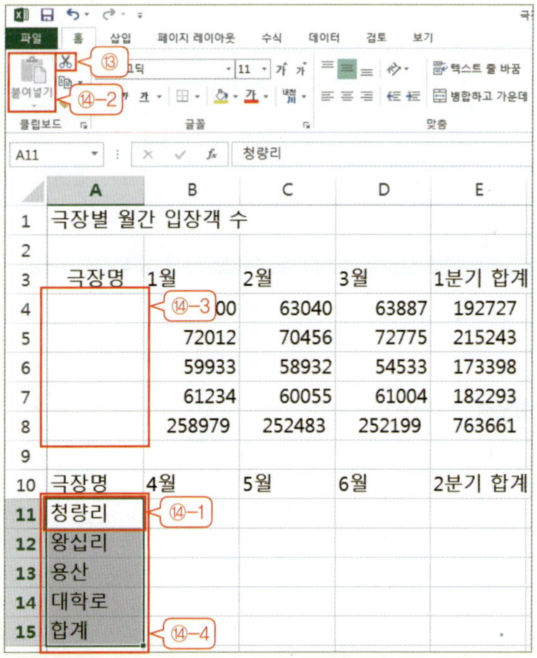

⑬ 위의 ⑩ 단계에서 [홈] 탭–[클립보드] 그룹–[잘라내기 단추 ✂]를 클릭해도 A4:A8 범위의 테두리가 깜박이는 점선으로 표시된다.

⑭ A11을 클릭한 후 [홈] 탭–[클립보드] 그룹–[붙여넣기 단추]를 클릭하면 A4:A8 범위의 내용은 사라지고, A11:A15 범위의 내용만 남아있게 된다.

실습하기 4-4

실습파일 :\4장\극장 입장객 수-다른 시트.xlsx

데이터를 다른 워크시트로 이동/복사하기

실습 설명

데이터를 같은 워크시트 내의 목적지로 이동/복사할 수 있을 뿐만 아니라, 다른 워크시트의 목적지로 이동/복사할 수도 있다. 데이터를 워크시트들 간에 이동/복사할 수 있듯이 통합 문서들 간에도 이동/복사할 수 있다. 통합 문서들 간에 데이터를 이동/복사하려면 원본을 포함한 통합 문서와 목적지를 포함한 통합 문서를 열어 놓아야 한다. 통합 문서들 간의 데이터 이동/복사는 여러 통합 문서에 흩어진 연관된 데이터를 한 통합 문서에 모을 때 유용하다. 이번 실습에서는 셀의 내용을 다른 워크시트의 목적지에 복사하는 방법을 알아보자. 다른 통합 문서에 복사하는 방법도 유사하다.

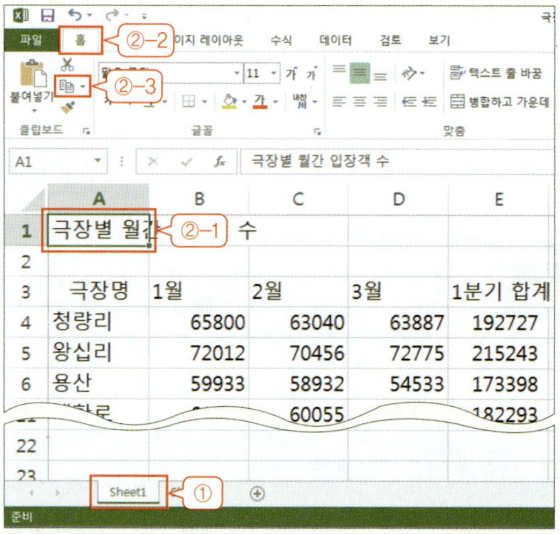

① 시트 탭에서 Sheet1을 클릭한다. Sheet1에는 1분기에 속하는 1월, 2월, 3월의 극장별 입장객 수가 들어있다. 2분기에 속하는 4월, 5월, 6월 입장객 수를 Sheet2에 입력하여 합계 등을 구하고자 한다. 입장객 수를 제외한 나머지 부분(열 제목, 극장명 등)을 Sheet1에서 Sheet2로 복사하자.

② A1 셀을 클릭한 후 [홈] 탭-[클립보드] 그룹-[복사하기 단추]를 클릭한다.

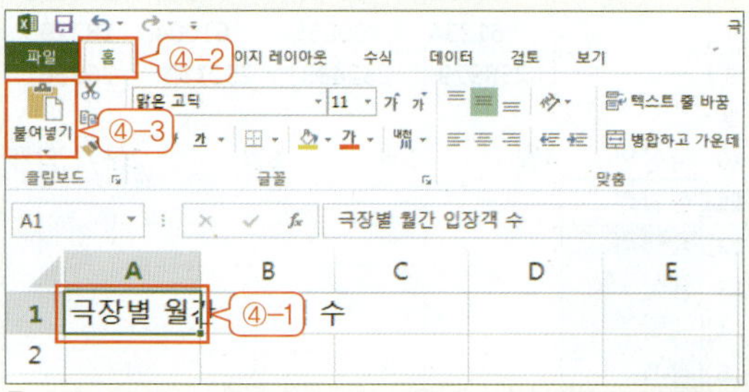

③ 시트 탭에서 Sheet2를 클릭한다.

④ A1 셀을 클릭한 후 [홈] 탭-[클립보드] 그룹-[붙여넣기 단추]를 클릭한다.

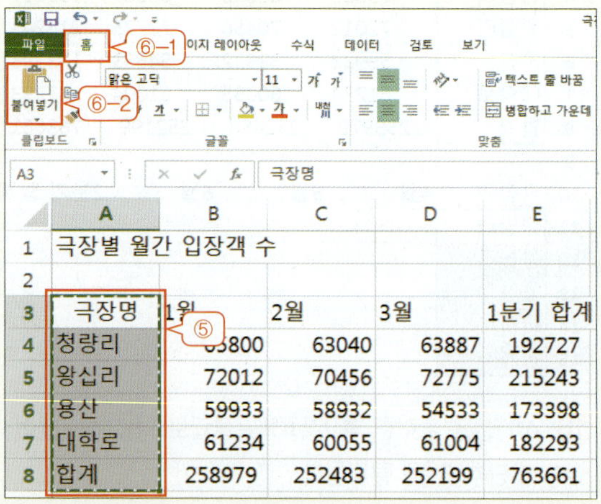

⑤ 시트 탭에서 Sheet1을 클릭한다. A3 셀을 클릭한 후 마우스의 왼쪽 단추를 누른 채 A8 셀까지 드래그한다.

⑥ [홈] 탭-[클립보드] 그룹-[복사하기 단추]를 클릭한다.

데이터를 다른 워크시트로 이동/복사하기

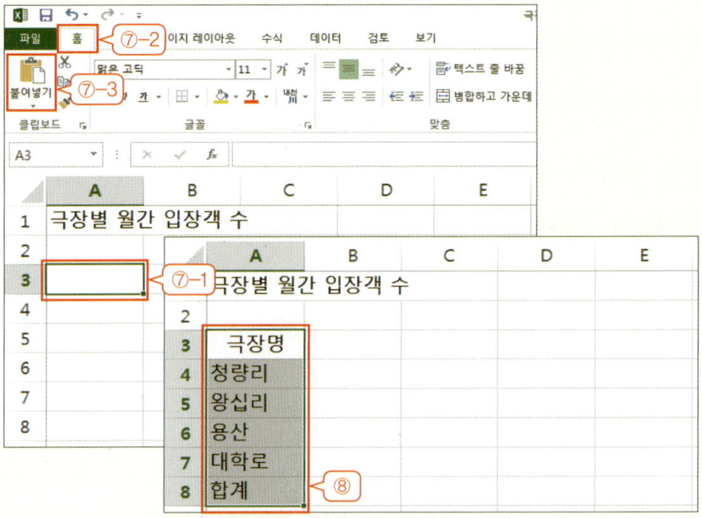

⑦ 시트 탭에서 Sheet2를 클릭한다. A3 셀을 클릭한 후 [홈] 탭-[클립보드] 그룹-[붙여넣기 단추]를 클릭한다.

⑧ Sheet1의 A4:A8 범위의 내용이 Sheet2의 A4:A8 범위에 복사된다.

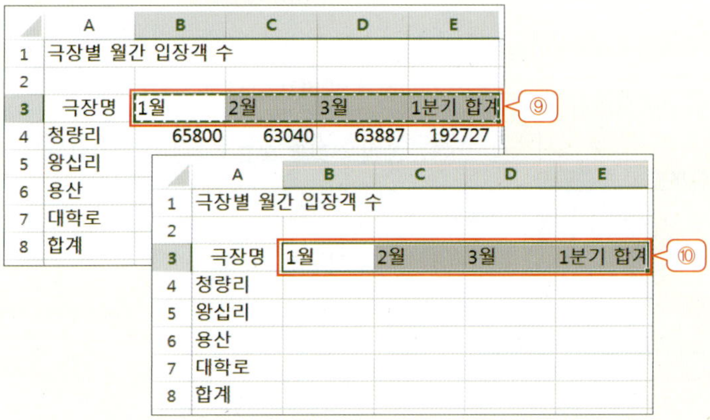

⑨ 마찬가지 방법으로 Sheet1에서 Sheet2로 열 제목을 복사해 보자. 시트 탭에서 Sheet1을 클릭한다. B3 셀을 클릭한 후 마우스의 왼쪽 단추를 누른 채 E3 셀까지 드래그한다. [홈] 탭-[클립보드] 그룹-[복사하기 단추]를 클릭한다.

⑩ 시트 탭에서 Sheet2를 클릭한다. B3 셀을 클릭한 후 [홈] 탭-[클립보드] 그룹-[붙여넣기 단추]를 클릭한다.

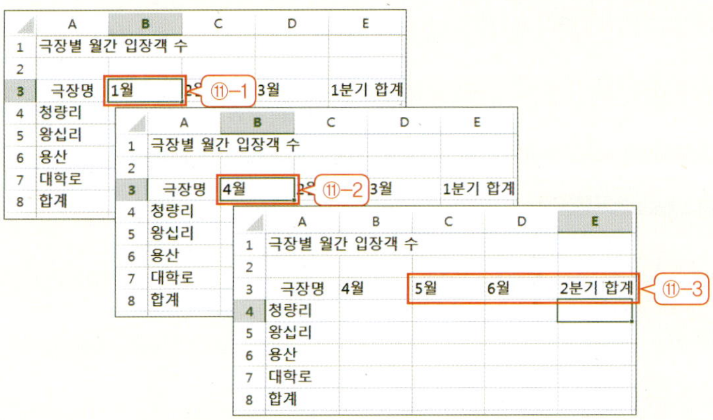

⑪ Sheet2에서 1월을 4월로, 2월을 5월로, 3월을 6월로 수정하자. 또한 1분기 합계를 2분기 합계로 수정하자. 이제 2분기의 극장별 입장객 수를 입력하여 합계 등을 구할 수 있게 되었다.

Tip 데이터가 복사되었지만 새 워크시트의 열 너비가 충분히 넓지 않은 경우에는 여러 셀에 #######이 표시된다. 열의 너비를 조정하여 셀의 내용이 나타나도록 하자.

실습하기 4-5

실습파일 ⊙ :\4장\대리점별 판매현황.xlsx

텍스트 찾기와 바꾸기

실습 설명

워크시트에서 어떤 텍스트나 값의 위치를 알고 싶거나, 특정 텍스트나 값이 워크시트에 존재하는지의 여부를 알고 싶을 때 찾기 연산을 수행한다. 엑셀에서 찾기 연산은 찾으려는 텍스트, 값, 서식의 입력을 필요로 한다. 엑셀은 현재의 워크시트에서 찾기를 시작하여 조건을 만족하는 첫 번째 셀을 알려준다. 무엇인가를 찾는 대부분의 이유는 찾은 후에 바꾸기 위해서이기 때문에 바꾸기는 찾기 작업 다음에 자주 수행하는 작업이다. 이번 실습에서는 워크시트에서 특정 텍스트나 값을 찾아보고, 이를 새 텍스트나 값으로 바꿔보자.

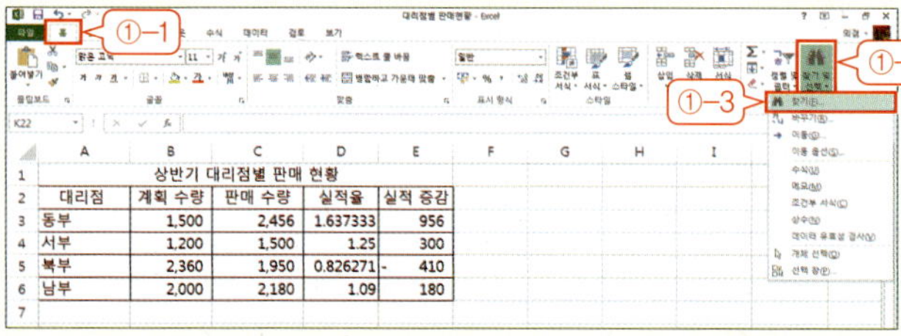

① [홈] 탭–[편집] 그룹–[찾기 및 선택 단추]를 클릭한다. 메뉴에서 [찾기]를 선택한다. 또는 Ctrl+F를 누른다. 메뉴는 워크시트에서 특정 유형의 데이터 또는 셀들을 찾기 위한 옵션들을 포함한다.

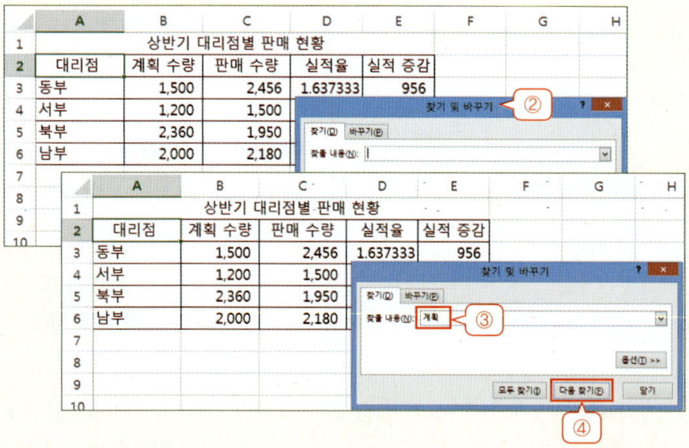

② [찾기 및 바꾸기] 대화상자가 나타난다.

③ **계획 수량**을 **목표 수량**으로 바꾸기 위해서 [찾을 내용] 상자에 **계획**을 입력한다.

④ [다음 찾기]를 클릭한다.

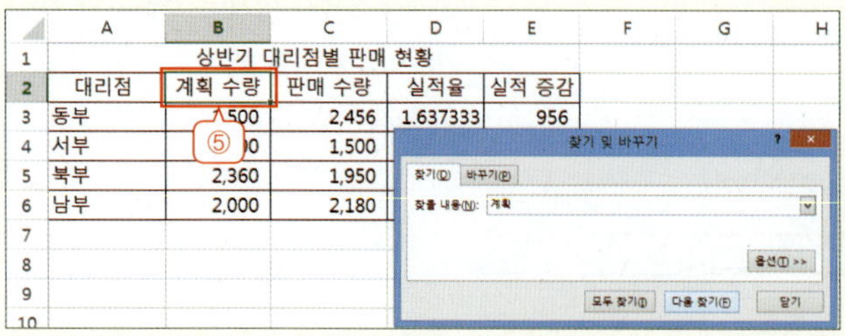

⑤ B2 셀이 **계획**이 처음 나타나는 셀이므로 셀 포인터가 B2 셀로 이동하였다.

텍스트 찾기와 바꾸기

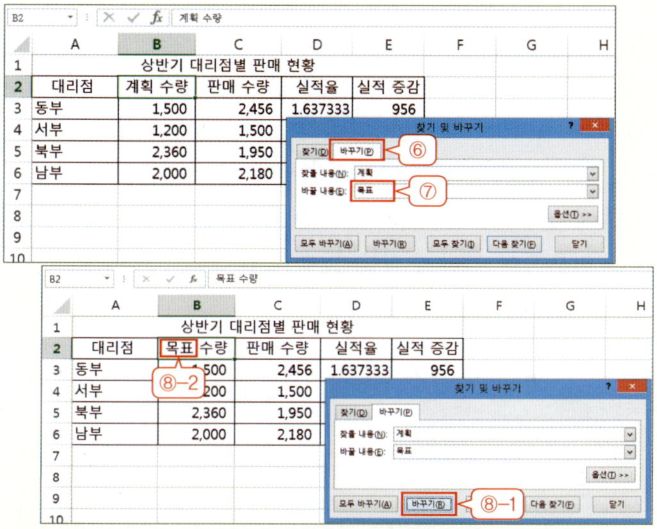

⑥ **[찾기 및 바꾸기]** 대화상자에서 **[바꾸기]** 탭을 클릭한다.

⑦ **[바꿀 내용]** 상자에 **목표**를 입력한다.

⑧ **[바꾸기]**를 클릭한다. **계획 수량**이 **목표 수량**으로 바뀌었다. **[실행 취소 단추 ↶]**를 한 번 클릭하여 되돌린다.

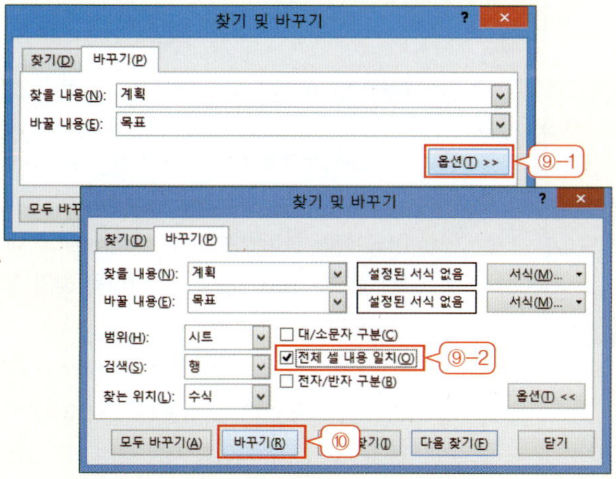

⑨ **계획**은 B2 셀의 내용인 **계획 수량**의 일부이다. **[찾기 및 바꾸기]** 대화상자의 **[옵션]**을 클릭한 후 확장된 대화상자에서 **[전체 셀 내용 일치]**에 체크 표시를 한다.

⑩ **[바꾸기]**를 클릭한다.

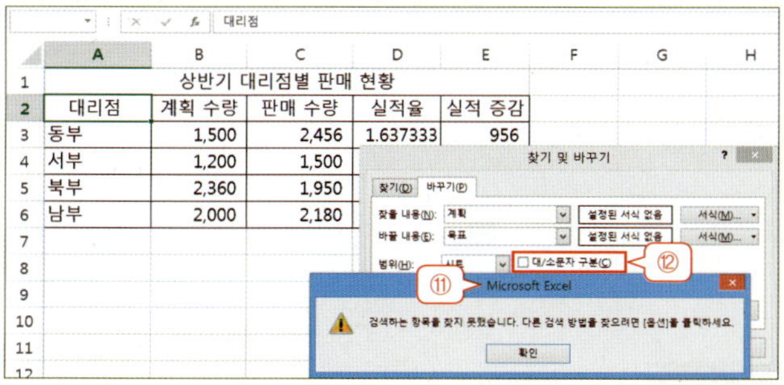

⑪ 검색하는 항목을 찾지 못했다는 창이 나타난다. 즉 셀의 내용 중 일부 텍스트나 값을 사용하여 찾을 것인지 또는 셀의 내용 전체를 사용하여 찾을 것인지에 따라 **[찾기 및 바꾸기]** 대화상자의 **[옵션]** 단추를 활용하도록 하자.

⑫ **[대/소문자 구분]** 옵션은 영어의 대문자와 소문자를 구분하여 찾으려 할 때 체크한다.

Tip 특정 문자들을 포함한 정보를 찾을 수 있도록 검색을 제한하기 위해서 와일드 카드를 사용할 수 있다. ?는 한 개의 문자와 대치되고, *는 임의의 개수의 문자들과 대치되고, ~는 와일드 카드 문자를 찾는데(예를 들어서 ~?는 ?를 찾음) 사용된다.

실습하기 4-6

실습파일 :\4장\대리점별 판매현황.xlsx

수식에서 셀 참조 찾기

실습 설명

워크시트의 대부분의 셀에 상수(텍스트, 값)가 들어있으면 어떤 셀의 값을 수정하더라도 다른 셀에 영향을 미치는 경우가 드물다. 하지만 워크시트에 수식을 많이 사용하는 경우에는 특정 셀에 대한 참조를 포함하고 있는 수식들이 여러 셀에 존재할 수 있다. 특정 셀의 내용을 변경했을 때 그 셀에 대한 참조를 포함하고 있는 수식들은 모두 영향을 받는다. 셀에 수식이 들어있어도 수식의 계산 결과만 셀에 표시되므로, 일일이 셀을 클릭하면서 수식 입력줄(셀에 들어있는 수식이 표시됨)을 살펴보지 않으면 특정 셀을 참조하는 수식이 어느 셀에 존재하는지 알기 어렵다. 이번 실습에서는 찾기 기능을 이용하여 이런 수식을 쉽게 찾는 방법을 알아보자.

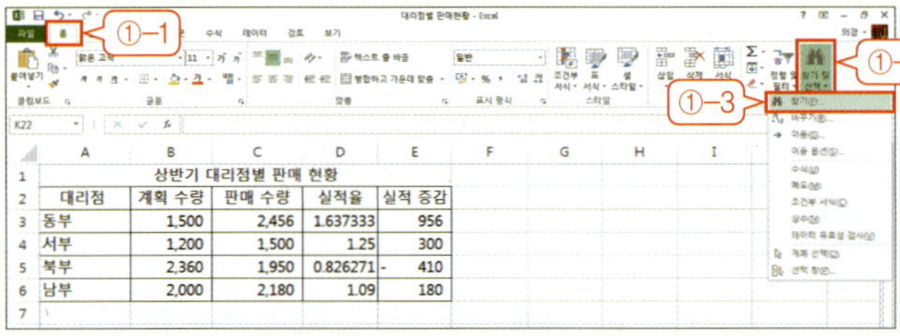

① [홈] 탭–[편집] 그룹–[찾기 및 선택 단추]를 클릭한다. 메뉴에서 [찾기]를 선택한다. 또는 Ctrl+F를 누른다.

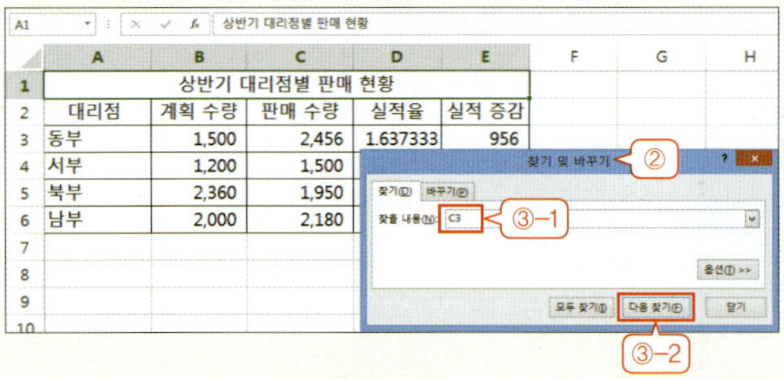

② [찾기 및 바꾸기] 대화상자가 나타난다.

③ C3 셀에는 동부 대리점의 판매 수량(상수)이 들어있는데, C3 셀을 참조하는 수식이 어느 셀에 들어있는가 찾아보자. [찾을 내용] 상자에 C3을 입력한 후 [다음 찾기]를 클릭한다

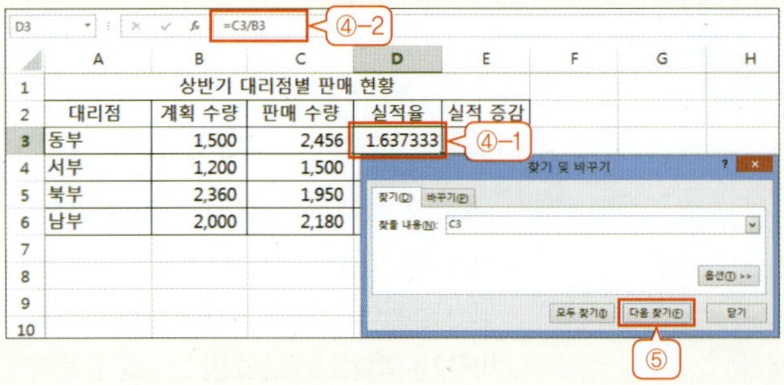

④ D3 셀로 포인터가 이동한다. D3 셀에 1.6373333이 표시되어 있지만 수식 입력줄에는 D3 셀에 들어있는 =C3/B3 수식이 표시된다.

⑤ [다음 찾기]를 클릭한다.

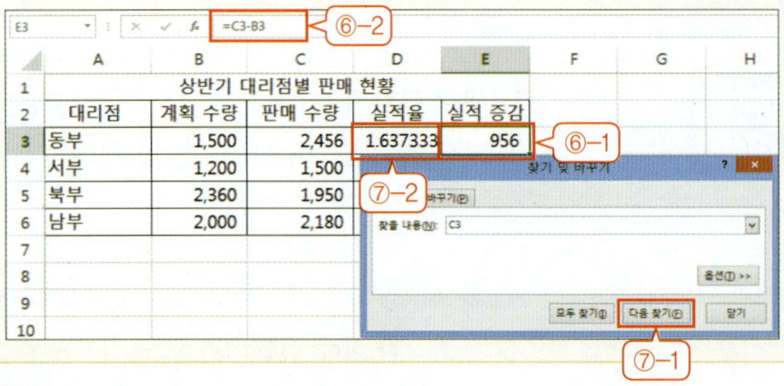

⑥ E3 셀로 포인터가 이동한다. E3 셀에 956이 표시되어 있지만 수식 입력줄에는 E3 셀에 들어있는 =C3–B3 수식이 표시된다.

⑦ [다음 찾기]를 클릭하면 C3 셀을 참조하는 수식이 더 이상 없으므로 포인터가 다시 D3 셀로 이동한다.

수식에서 셀 참조 찾기

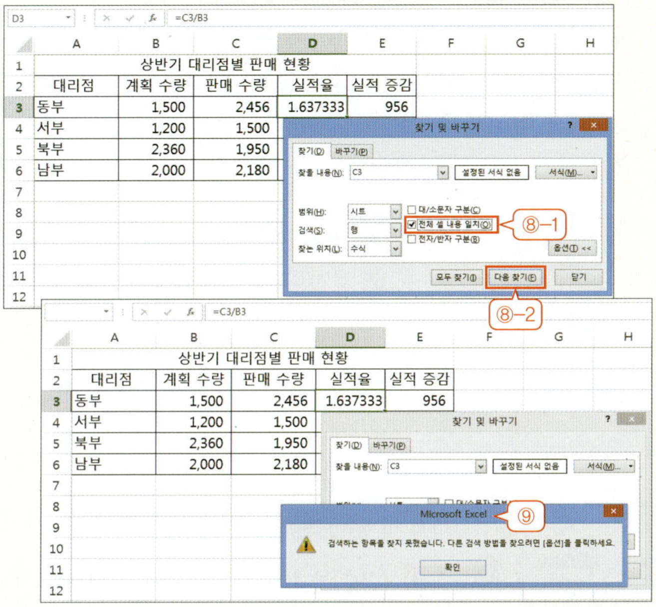

⑧ C3 셀은 D3 셀에 들어있는 =C3/B3 수식과 E3 셀에 들어있는 =C3-B3 수식의 일부이기 때문에, **[찾기 및 바꾸기]** 대화상자의 **[옵션]**을 클릭한 후 확장된 대화상자에서 **[전체 셀 내용 일치]**에 체크 표시를 한 후 **[다음 찾기]**를 클릭하면

⑨ 검색하는 항목을 찾지 못했다는 창이 나타난다.

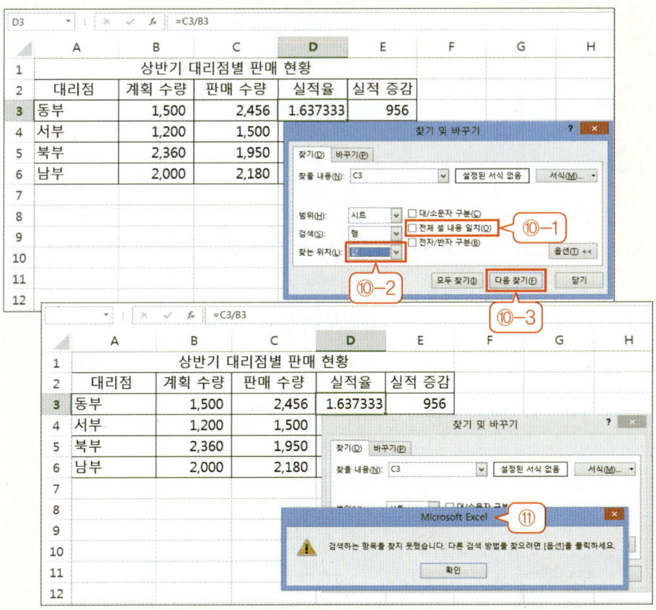

⑩ **[전체 셀 내용 일치]**에 체크 표시를 해제하더라도 **[찾는 위치]** 상자에서 수식 대신 값을 선택한 후 **[다음 찾기]**를 클릭해도

⑪ 검색하는 항목을 찾지 못했다는 창이 나타난다. **[찾는 위치]** 상자에서 값을 선택하면 C3을 셀 주소가 아니라 텍스트로 인식하기 때문이다.

Tip [전체 셀 내용 일치]는 단독으로 어떤 셀에 들어 있는 특정 숫자를 찾고 싶을 때 특히 유용하다. 예를 들어서 15를 찾고 싶어서 [전체 셀 내용 일치]를 체크했다면 엑셀은 115, 12154, 345.15가 들어 있는 셀들은 무시하고, 오직 15만 들어 있는 셀을 찾는다.

실습하기 4-7

실습파일 : \4장\대리점별 판매현황.xlsx 파일

이동 옵션을 사용하여 상수 및 수식 찾기

실습 설명

수정하지 않을 수식은 제외하고 수정할 수 있는 값을 포함한 셀들만 알아내는 것이 매우 어려울 수 있다. 상수는 수식의 결과가 아닌 텍스트 또는 값이다. [이동 옵션] 대화상자는 워크시트 내에서 숫자, 텍스트, 논리값 등 모든 값들을 선택하는데 사용할 수 있다. 이번 실습에서는 [이동 옵션] 대화상자를 활용하는 방법을 알아보자.

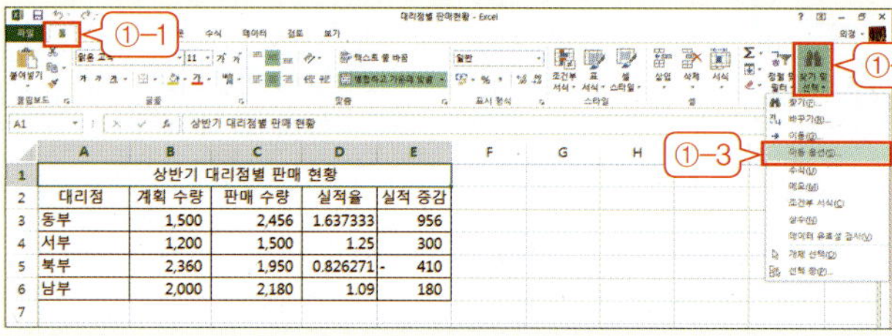

① [홈] 탭-[편집] 그룹-[찾기 및 선택 단추]를 클릭한다. 메뉴에서 [이동 옵션]을 선택한다.

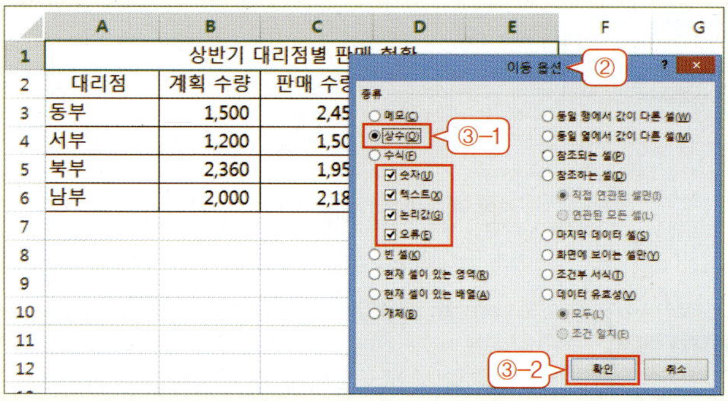

② [이동 옵션] 대화상자가 나타난다.

③ [상수]에 체크 표시를 하고, [수식] 아래의 [숫자], [텍스트], [논리값], [오류]는 보이는 그대로 두고 [확인]을 클릭한다.

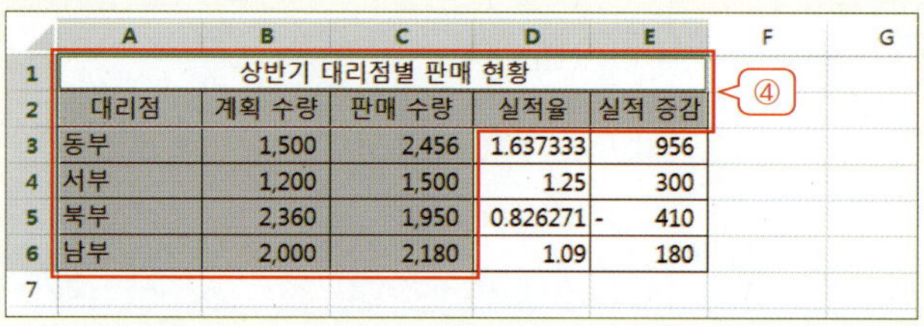

④ 수식이 들어있는 D3:E6 범위를 제외한 나머지 부분들은 무늬가 음영으로 표시된다. 제목이 들어있는 1 행은 현재 셀이므로 무늬가 흰색으로 표시된다. 1 행, 2 행, A3:A6 범위에는 텍스트 상수가 들어있고, B3:C6 범위에는 숫자 상수가 들어있다.

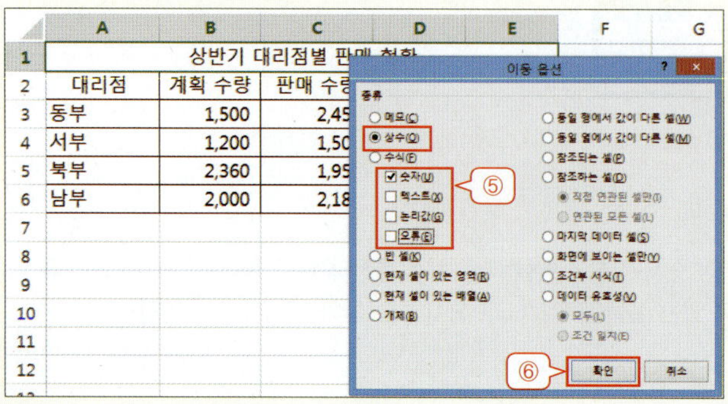

⑤ [이동 옵션] 대화상자에서 [상수]의 체크 표시를 그대로 둔 채 [숫자]만 남기고 나머지 상수 유형의 체크 표시를 해제하자.

⑥ [확인]을 클릭한다.

이동 옵션을 사용하여 상수 및 수식 찾기

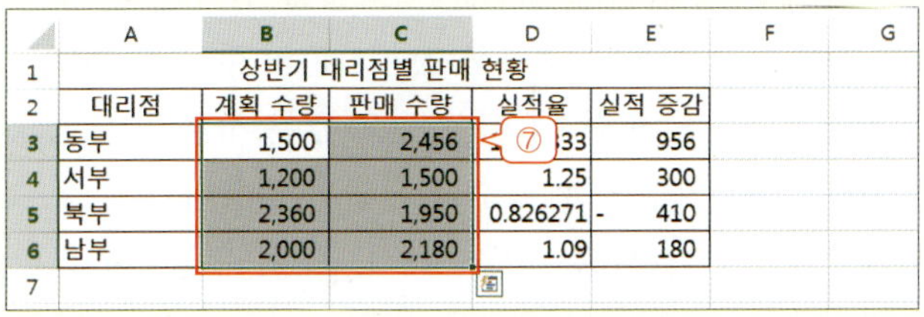

⑦ 숫자 상수가 들어있는 B3:C6 범위만 표시된다. B3 셀은 B3:C6 범위의 현재 셀이므로 무늬가 흰색으로 표시되고, 나머지 부분의 무늬는 음영으로 표시된다. 숫자를 포함한 셀들만 안전하게 수정하고자 할 때 이런 방법을 사용하면 좋다.

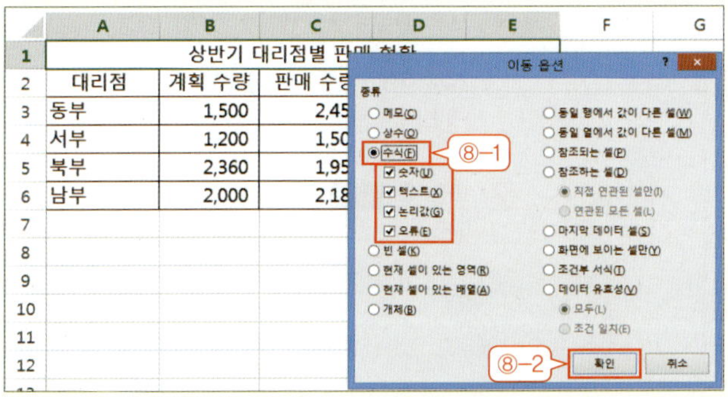

⑧ [이동 옵션] 대화상자에서 **[수식]**에 체크 표시를 하고, 수식 아래의 **[숫자]**, **[텍스트]**, **[논리값]**, **[오류]**는 보이는 그대로 두고 **[확인]**을 클릭한다.

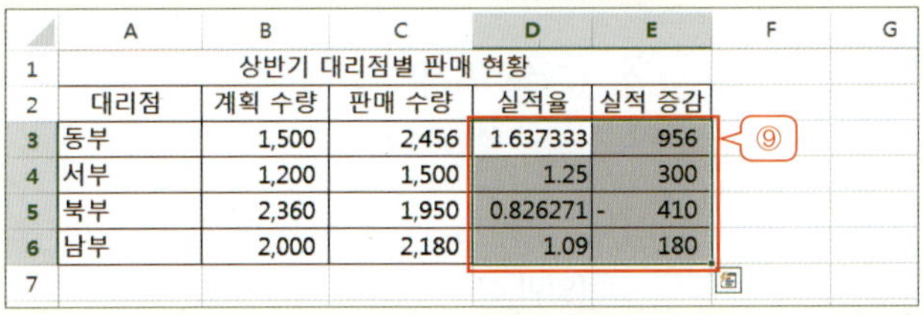

⑨ 수식이 들어있는 D3:E6 범위만 표시된다. D3 셀은 D3:E6 범위의 현재 셀이므로 무늬가 흰색으로 표시되고, 나머지 부분의 무늬는 음영으로 표시된다.

Tip [홈] 탭-[편집] 그룹-[찾기 및 선택 단추 🔍]를 클릭한 후 [찾기]를 선택하고, [찾기 및 바꾸기] 대화상자에서 [옵션]을 클릭하고, 확장된 대화상자의 [찾는 위치] 상자에서 [값]을 선택해서도 상수를 찾을 수 있지만 [이동 옵션] 대화상자를 이용하면 더 다양하게 옵션을 명시할 수 있다.

실습하기 4-8

실습파일 빈 통합 문서

사용자 지정 목록 등록/수정/삭제하기

실습 설명

사용자 지정 목록 대화상자를 사용하여, 사용자 지정 목록에 속하는 항목들을 입력한 후 새로 등록할 수 있다. 기존의 사용자 지정 목록에 어떤 항목을 추가하거나 기존의 항목을 지우거나 변경하는 등 사용자 지정 목록을 수정할 수 있다. 또한 더 이상 필요 없는 사용자 지정 목록을 삭제할 수 있다. 그러나 엑셀에 기본적으로 제공되는 표준 목록들은 사용자가 수정(삭제)할 수 없다. 이번 실습에서는 사원들의 직급을 나타내는 사원, 대리, 과장, 부장, 이사, 상무, 사장을 사용자 지정 목록에 등록해 보자.

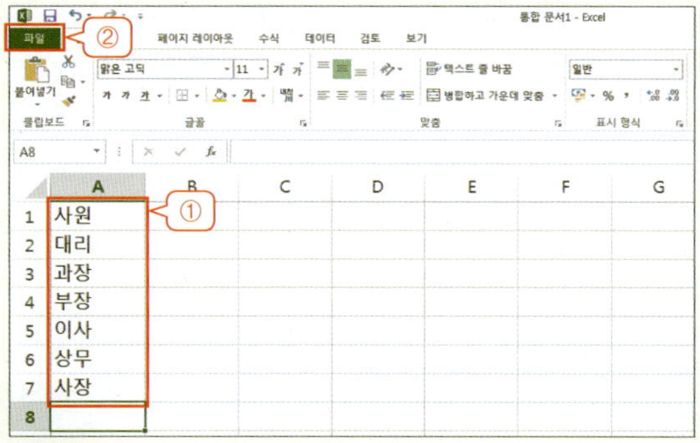

① A1 셀부터 A7 셀까지 사원, 대리, 과장, 부장, 이사, 상무, 사장을 한 셀에 하나씩 입력한다.

② 파일 탭 **파일** 을 클릭한다.

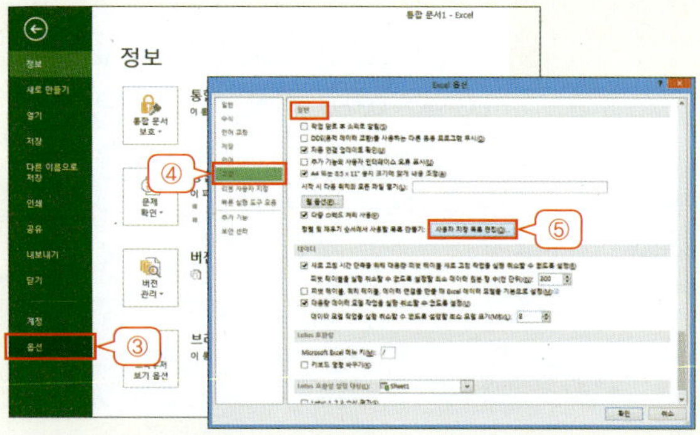

③ [옵션] 메뉴를 선택한다.

④ [Excel 옵션] 대화상자의 왼쪽 창에서 [고급]을 선택한다.

⑤ 오른쪽 스크롤 막대를 아래로 드래그한 후 [일반]에서 [사용자 지정 목록 편집]을 클릭한다.

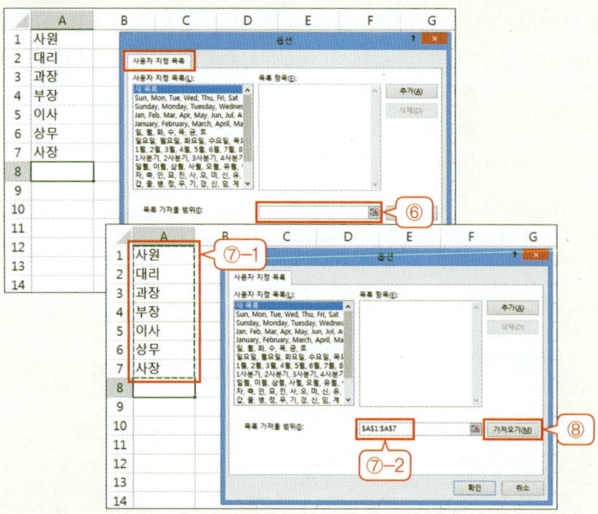

⑥ [사용자 지정 목록] 대화상자의 [목록 가져올 범위] 상자를 클릭한다.

⑦ 마우스로 A1 셀을 클릭한 후 왼쪽 단추를 누른 채 A7 셀까지 드래그한다. A1:A7 범위가 깜박이는 점선으로 표시되고, $A$1:$A$7 범위가 [목록 가져올 범위] 상자에 나타난다.

⑧ [가져오기]를 클릭한다.

사용자 지정 목록 등록/수정/삭제하기

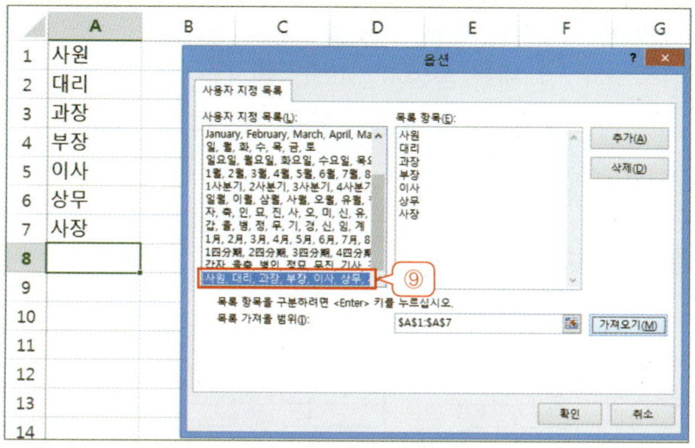

⑨ 직급을 나타내는 사용자 지정 목록이 등록되었다.

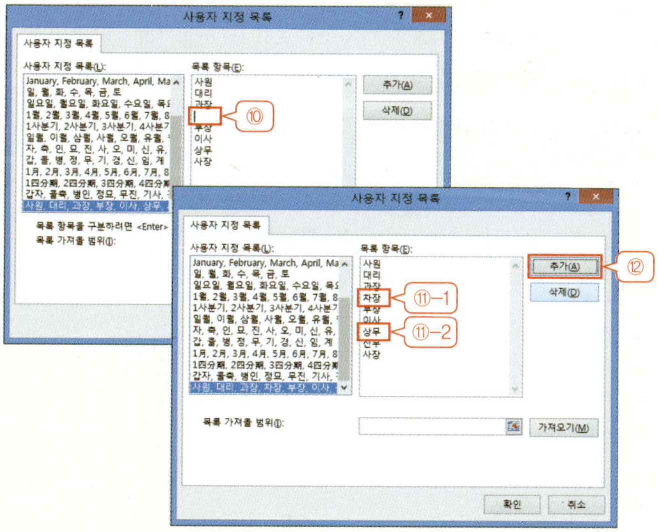

⑩ 회사의 직급 체계가 변경되어 차장과 전무 직급을 추가하려고 한다. 과장 오른쪽에서 Enter를 눌러서 새 줄을 만든다.

⑪ 차장을 입력한다. 상무 오른쪽에서 Enter를 눌러서 새 줄을 만든 후 전무를 입력한다.

⑫ [추가]를 클릭한다.

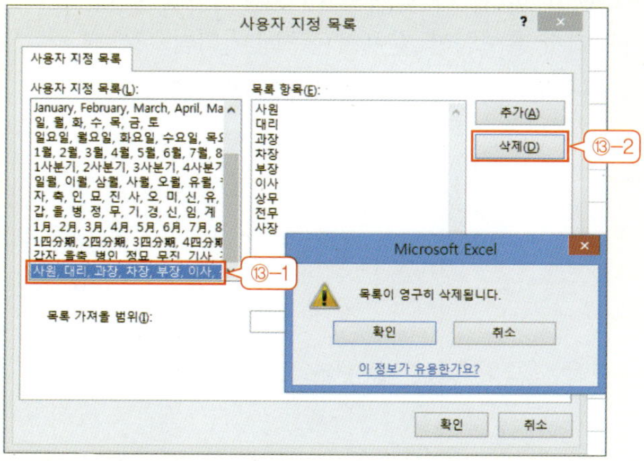

⑬ 사용자가 등록한 목록이 더 이상 필요 없으면 이 목록을 선택한 후 [삭제]를 클릭하여 지울 수 있다. 엑셀은 이 목록이 영구히 삭제된다는 경고 메시지를 보여준다. 그러나 엑셀에 기본적으로 제공되는 표준 목록들은 사용자가 수정(삭제)할 수 없다.

Tip 등록된 사용자 지정 채우기 목록은 어느 통합 문서에서도 이용할 수 있다.

연습문제 EXERCISE

1. 아래의 워크시트는 회사에서 사용하는 소모품들의 1월, 2월, 3월 입고량과 출고량 등을 나타낸다. 월별로 관리하는 소모품들의 품명과 열 제목(품명, 입고량, 출고량, 잔고)들이 같기 때문에 1월에 대해서만 입력하고, 이를 2월과 3월에 복사해서 넣으라. 잔고는 수식을 사용하여 계산하라.(연습파일 :\4장\연습문제-1.xlsx)

	A	B	C	D	E	F	G	H	I	J	K	L	M	N
1	1월 소모품 입출고 내역					2월 소모품 입출고 내역					3월 소모품 입출고 내역			
2	품명	입고량	출고량	잔고										
3	A4용지	30	25				25	27				25	26	
4	토너	8	7				10	8				7	8	
5	테이프	50	48				50	45				50	50	
6	유성펜	60	52				60	59				60	57	
7	포스트잇	40	36				40	33				50	44	
8	볼펜	100	90				100	80				100	95	

2. 헬스센터의 사정으로 테니스장을 더 이상 유지하지 못하게 되었다. 테니스 대신에 스쿼시 연습장을 운영하려고 한다. 찾기 및 바꾸기 기능을 이용하여 테니스를 선택한 회원들의 운동명을 스쿼시로 바꾸라.(연습파일 :\4장\연습문제-2.xlsx)

	A	B	C	D	E
1	회원 관리현황				
2	회원명	회원등급	운동명	사용시간	
3	오정훈	월회원	배드민턴	60	
4	김인철	연회원	수영	75	
5	태미선	월회원	테니스	30	
6	금한주	월회원	수영	65	
7	은세종	연회원	테니스	40	
8	박은진	월회원	배드민턴	50	
9	강우석	연회원	테니스	35	

3. 홍보팀의 이름을 홍보및기획팀으로 변경하려고 한다. 다른 팀의 이름은 그대로 둔다. 찾기 및 바꾸기 기능을 이용하여 인사카드에서 홍보팀만 찾아서 홍보및기획팀으로 변경하라(5장에서는 SUBSTITUTE 함수를 사용하여 이 문제를 해결하는 방법을 설명한다).(연습파일 :\4장\연습문제-3.xlsx)

	A	B	C	D
1	인사카드			
2	사원명	부서	주소	
3	지용석	인사팀	서대문구 홍제동	
4	이경섭	홍보팀	성북구 돈암동	
5	위현식	영업팀	서초구 양재동	
6	천세용	영업팀	강남구 삼성동	
7	임이수	홍보팀	강동구 고덕동	
8	한태호	영업팀	관악구 신림동	
9				

EXERCISE 연습문제

4. 아래의 워크시트는 유럽을 여행하면서 유로화로 지출한 경비 내역을 원화로 환산한다. (연습파일 ◎:\4장\연습문제-4.xlsx)

(1) 상수들을 찾아보라.

(2) 수식들을 찾아보라.

(3) 유로화 환율이 들어있는 B1 셀을 참조하는 수식을 포함하고 있는 셀들을 찾아보라.

	A	B	C
1	유로화 환율(€)	₩1,500	
2			
3	유럽 여행경비		
4	지출 유형	유로화	원화
5	숙박비	€ 420.00	₩630,000
6	식비	€ 348.00	₩522,000
7	렌트비	€ 536.00	₩804,000
8	경유	€ 495.00	₩742,500
9	잡비	€ 267.00	₩400,500
10	합계		

5. 어느 대학교에서 단과대학들의 이름을 가나다 순서가 아니고, 단과대학이 설립된 연도 순서로 열거하려고 한다. 7개의 단과대학들이 설립된 순서는 정경대학, 경영대학, 공과대학, 인문대학, 자연과학대학, 도시과학대학, 예술체육대학이다. 이와 같은 단과대학들의 순서는 가나다 순서를 따르지 않기 때문에 단과대학들의 설립 순서대로 정렬하려고 (7장에서 설명) 하면 사용자 지정 목록에 등록해야 한다. 7개의 단과대학들의 이름을 사용자 지정 목록에 등록하라.

6. 통합 문서를 새로 만들면 기본적으로 이름이 Sheet1인 한 개의 워크시트가 포함된다. 워크시트 11개를 추가한 후 이들의 이름을 1월, 2월, 3월, …, 12월로 바꾸라.

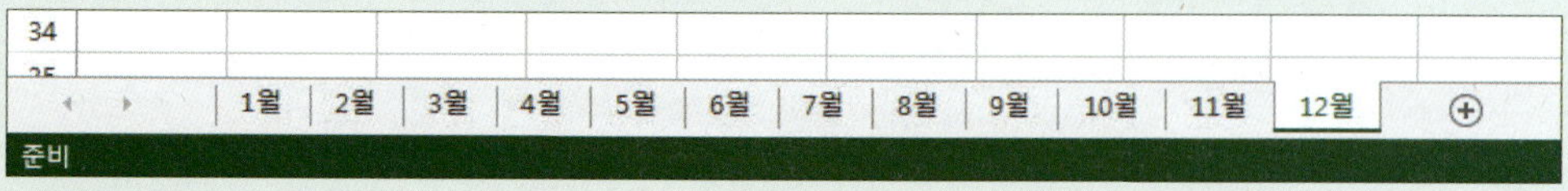

연습문제 EXERCISE

7. 회사에서 사용하는 소모품들의 입고량, 출고량, 잔고들을 월별로 워크시트에 따로 관리하고 있다. 월별로 관리하는 소모품들의 품명과 소제목(품명, 입고량, 출고량, 잔고)들이 같기 때문에 1월 워크시트에 대해서만 입력하고, 이를 2월 워크시트와 3월 워크시트에 복사해서 넣으라. 잔고는 수식을 사용하여 계산하라.(연습파일 :\4장\연습문제-7.xlsx)

	A	B	C	D	E
1	1월 소모품 입출고 내역				
2	품명	입고량	출고량	잔고	
3	A4용지	30	25		
4	토너	8	7		
5	테이프	50	48		
6	유성펜	60	52		
7	포스트잇	40	36		
8	볼펜	100	90		
9					
10					
23					

1월 | 2월 | 3월

준비

함수

매월 상환해야 하는 대출 이자 또는 100개의 셀의 평균값을 계산하는 수식을 작성한다고 가정하자. 이런 수식은 복잡하거나 길기 때문에 작성하는데 시간이 많이 걸리게 된다. 미리 프로그램되어 엑셀에서 제공되는 수백 개의 함수들은 사용자의 시간과 노력을 크게 덜어준다.

통계, 날짜와 시간, 재무, 찾기 및 참조, 텍스트 등을 포함하여 다양한 범주의 계산들을 수행하는 함수들이 제공된다. 엑셀에서 처리할 업무에 적용할 수 있는 함수를 잘 식별하고, 활용하는 것은 엑셀을 효율적으로 사용하는데 매우 중요하다.

CHAPTER 5

함수

SECTION 01 함수란?

어떤 수식들은 많은 사용자들이 흔히 사용하기 때문에 엑셀에 내장된 프로그램으로 제공된다. 이를 **함수**라고 부른다. 엑셀은 SUM, AVERAGE, PMT 등 460여개의 다양한 함수들을 제공한다. 이것이 엑셀의 큰 장점이다.

각각의 엑셀 함수는 고유한 이름과 구문(syntax)을 갖는다. 구문은 함수의 여러 인수들을 입력하는 순서와 쉼표, 괄호 ( ) 등을 입력하는 위치를 명세한다. 엑셀 함수들은 아래의 구문으로 작성해야 한다.

①(=) ②(함수이름) ③(여는 괄호) ④(인수) ⑤(닫는 괄호)

= 함수이름(인수1, 인수2, ...)

① = : 함수도 수식처럼 = 기호로 시작해야 한다.
② 함수이름 : 엑셀의 모든 함수들의 이름은 고유하다.
③ (: 여는 괄호. 함수이름과 여는 괄호 사이에 공백 문자가 있어서는 안 된다.
④ 인수 : 인수는 함수가 값을 계산하기 위해서 사용하는 숫자, 텍스트, 셀(범위) 참조, 또 다른 함수 등이다. 필수 인수와 선택 인수가 있다. 인수가 두 개 이상 있을 때는 쉼표로 인수를 구분한다.
⑤) : 마지막으로, 닫는 괄호를 입력한다.

예를 들어서 아래의 함수를 살펴보자.

```
=AVERAGE(B3:B6, C5, C7)
```

AVERAGE는 함수의 이름이고, B3:B6, C5, C7은 인수이다. 이 함수는 수식

```
=(B3+B4+B5+B6+C5+C7)/6
```

과 동등하다.

인수가 없는 함수도 ( )를 필요로 한다. 단지 괄호 안에 아무 것도 입력하지 않을 뿐이다. 예를 들어서 날짜 함수 중 하나인 =TODAY( )는 인수를 필요로 하지 않는다.

함수의 이름과 여는 괄호 사이에 공백을 입력하면 엑셀은 오류를 발견했다는 메시지를 보여준다.

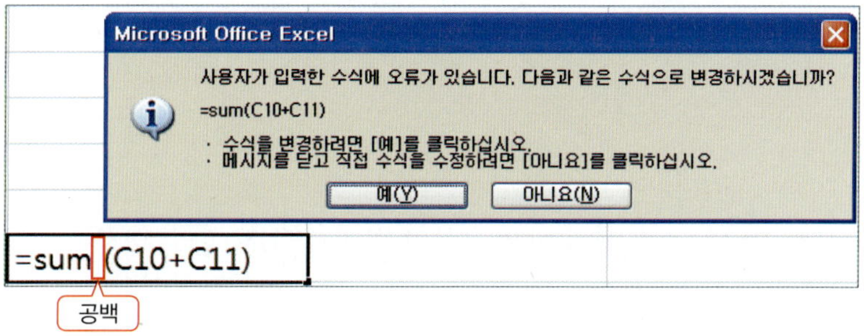

엑셀에서 제공하는 함수들은 13 가지 범주로 분류된다.

• 재무	• 날짜/시간	• 수학/삼각	• 통계	• 찾기/참조
• 데이터베이스	• 텍스트	• 논리	• 정보	• 공학
• 큐브	• 호환성	• 웹		

가이드라인

함수를 사용할 것인가 vs. 수식을 사용할 것인가

✓ 일반적으로 수식 대신에 함수를 사용하는 것이 좋다.

✓ 함수는 함수에서 사용되는 범위 참조 안에서 행 또는 열들이 삭제되거나 추가될 때마다 범위를 조정한다.

✓ 수식을 사용하면 행을 추가할 때 수식 안의 셀 참조가 조정되지만 추가된 새로운 행을 수식이 포함하지는 않는다.

SECTION 02 SUM 함수

SUM 함수는 매우 자주 사용되는 엑셀 함수이다. 물론 SUM 함수를 사용하는 대신에 수식을 사용할 수도 있다. A1:A10 범위의 값들을 수식을 사용하여 더하기 위해서는 아래와 같이 긴 수식을 입력해야 한다.

```
=A1+A2+A3+A4+A5+A6+A7+A8+A9+A10
```

이 수식을 SUM 함수를 이용하여 다음과 같이 간단하게 표기할 수 있다.

```
=SUM(A1:A10)
```

어느 방법이 더 입력하기 쉬운가? 100개의 셀의 합을 구하기 위해서 SUM 함수 대신에 수식을 작성한다면 얼마나 불편할까?

SUM 함수를 사용하여 1일에 팔린 4가지 커피 잔 수의 합계를 구하려면 합계가 들어갈 B6 셀을 클릭한 후 =SUM(B2:B5)를 입력한 후 Enter 를 누른다. B6 셀에 합계 104가 구해진다.

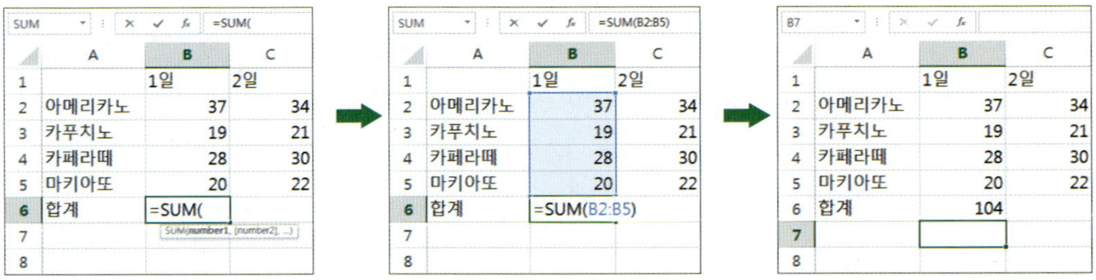

P.186 실습하기 5-1

1 자동 합계

숫자가 들어있는 행 또는 열들의 합계를 구하는 경우가 빈번하기 때문에 엑셀은 [자동 합계 단추 ∑]를 제공한다. SUM 함수를 직접 입력하는 대신 [자동 합계 단추 ∑]를 사용하여 1일에 팔린 4종류 커피의 잔 수의 합계를 구해보자.

① 결과가 나타날 셀을 클릭하여 현재 셀로 만든다.
② [자동 합계 단추 ∑]를 클릭한다.
③ 엑셀은 현재 셀의 왼쪽에 위치한 인접한 셀들의 범위 또는 위쪽에 위치한 인접한 셀들의 범위를 자동적으

로 선택한다. 자동 합계는 숫자들을 합하는 함수이므로 숫자가 들어 있는 셀들만 엑셀이 선택한다. 엑셀이 선택한 범위가 맞으면 Enter 를 누른다.

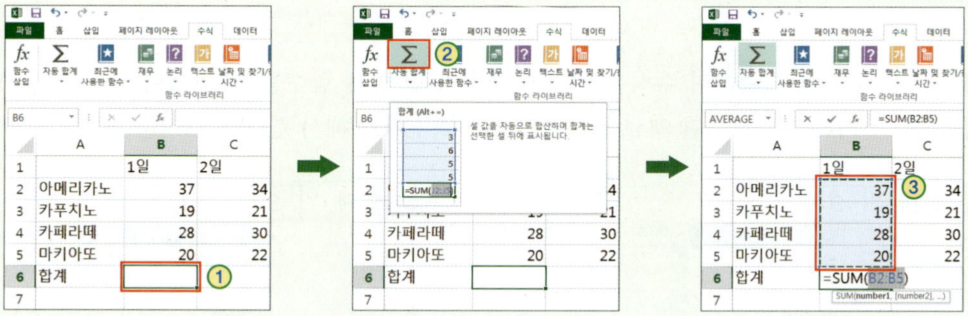

▶ 엑셀이 제시한 범위가 맞지 않으면 직접 올바른 범위를 입력하거나 클릭 후 드래그하는 방법으로 올바른 범위를 지정함으로써 엑셀이 제시한 범위를 변경할 수 있다.

▶ 범위를 지정할 때 빈 행이나 빈 열을 포함하지 않도록 주의한다.

2 다수의 열과 행들을 한 번에 자동 합계

만일 숫자들의 표를 가지고 있고, 모든 행과 열들의 합계를 한 번에 구하고자 한다면 이를 매우 빠르게 수행하는 방법이 있다.

① 숫자들이 들어 있는 모든 행들과 열들을 선택한다. 또한 각 열마다 아래에 하나의 빈 셀을 선택하고, 각 열마다 오른쪽에 하나의 빈 셀을 선택한다.

	A	B	C	D	E
1		1일	2일	3일	합계
2	아메리카노	37	34	30	
3	카푸치노	19	21	17	
4	카페라떼	28	30	26	
5	마키아또	20	22	21	
6	합계				

② [자동 합계 단추 ∑]를 클릭한다.

	A	B	C	D	E
1		1일	2일	3일	합계
2	아메리카노	37	34	30	101
3	카푸치노	19	21	17	57
4	카페라떼	28	30	26	84
5	마키아또	20	22	21	63
6	합계	104	107	94	305

빈 열에는 그 행 위의 셀들, 빈 행에는 그 열 왼쪽의 셀들의 합계가 구해진다.

SECTION 03

함수 입력하기

사용하려는 함수에 익숙하면 수식을 입력할 때처럼 셀 안에 함수를 직접 입력할 수 있다. 함수를 직접 입력하기 시작하면 엑셀은 사용자를 도와주기 위해서 힌트를 보여준다.

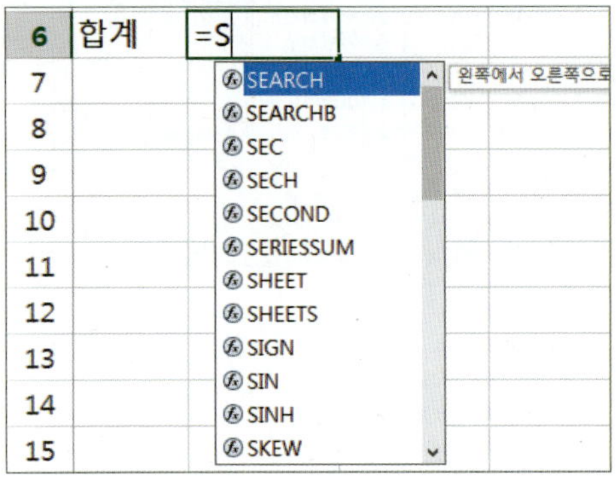

▶ 합계가 들어갈 셀을 클릭한 후 =S를 입력하면 S로 시작하는 함수들의 목록이 나타난다.

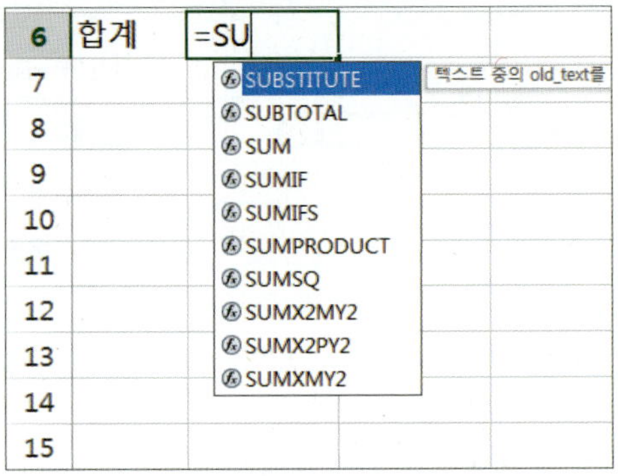

▶ =SU까지 입력하면 SU로 시작하는 함수들의 목록이 나타난다. 현재 선택되어 있는 함수에 관하여 간단한 설명도 표시된다.

원하는 함수가 엑셀에 존재하는지 잘 모르거나, 함수를 작성하는 방법을 기억하지 못하는 경우에는 함수 마법사 대화상자의 도움을 받을 수 있다. **[함수 마법사]** 대화상자를 여는 세 가지 방법이 있다.

① [수식] 탭–[함수 라이브러리] 그룹–[함수 삽입 단추 fx]를 클릭
② [수식] 탭–[자동 합계 단추 Σ 아래쪽의 드롭다운 화살표 ▾]–[기타 함수]를 선택
③ 수식 입력줄에 있는 함수 삽입 단추 fx를 클릭

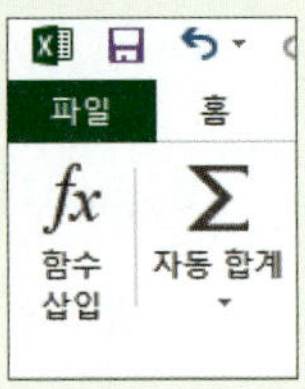

①

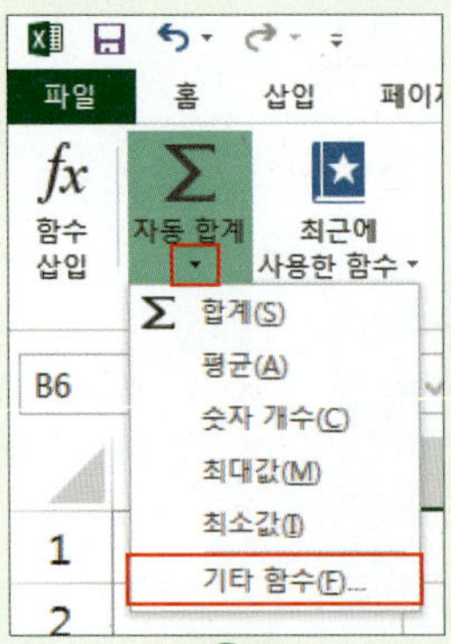

②

③

1 함수 마법사 대화상자

[함수 마법사] 대화상자는 최근에 사용했거나 범주에 따른 함수들의 목록을 보여준다. 또한 사용자가 필요로 하는 함수들을 검색하도록 도와준다. 함수 이름을 선택한 후에 나타나는 [함수 인수] 대화상자는 그 함수가 필요로 하는 인수들을 명시하는 과정을 안내해준다.

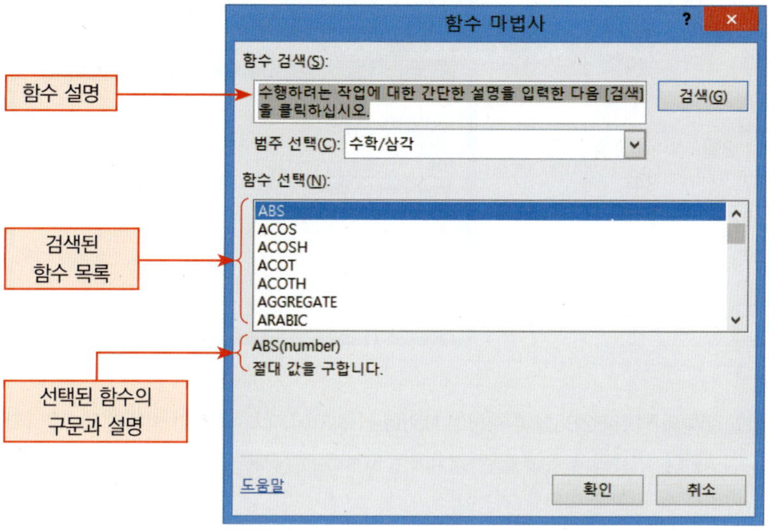

[그림 5-1] **함수 마법사 대화상자**

- 사용할 함수를 선택한다. **[함수 검색]** 상자에 수행할 작업에 대한 설명을 입력하여 원하는 함수를 검색할 수 있다. 예를 들어서 '평균'을 입력하면 **[함수 마법사]** 대화상자는 AVERAGE 함수를 제시한다.
- **[범주 선택]** 상자의 범주에서 찾아볼 수도 있다. 재무, 날짜/시간, 수학/삼각 등 13개의 범주와 최근에 사용한 함수 중에서 하나를 선택하면 해당 범주에 속하는 함수들의 이름이 **[함수 선택]** 상자에 나타난다.

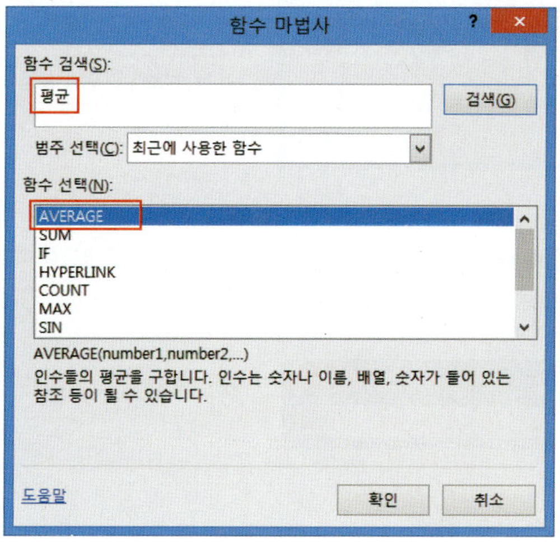

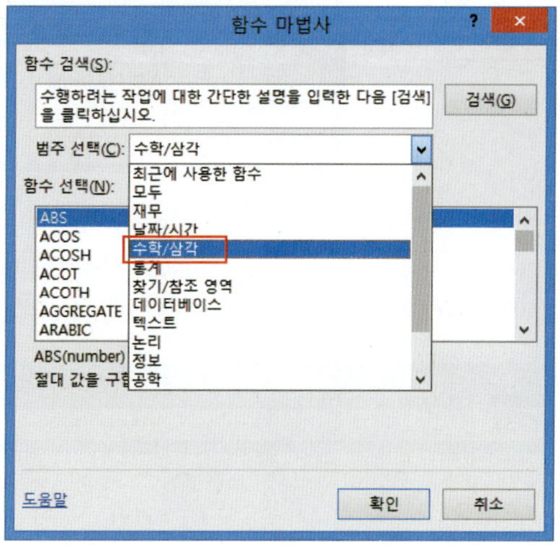

▶ 1일에 팔린 4종류 커피 잔 수의 합계를 구하기 위해서 B6 셀을 클릭하고, **[범주 선택]** 상자에서 **[최근에 사용한 함수]**를 선택한 후, **[함수 선택]** 상자에서 SUM을 선택했다고 가정하자. **[확인]**을 클릭하면 **[함수 인수]** 대화상자가 나타난다.

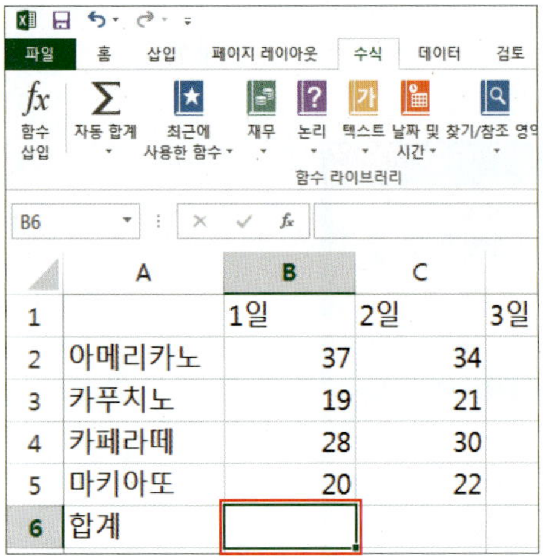

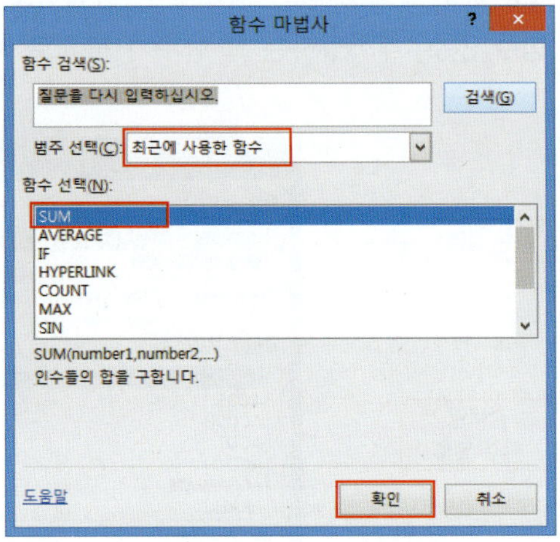

▶ **[함수 인수]** 대화상자는 덧셈할 셀들의 범위 B2:B5를 추측하여 Number1 상자에 제시한다. 이 범위가 맞으면 **[확인]**을 클릭하여 SUM 함수를 실행한다. 엑셀의 추측이 틀린 경우에는 Number1 상자에 정확한 범위를 직접 입력하거나 인수 지정 단추 를 클릭한 후 정확한 범위를 지정할 수 있다.

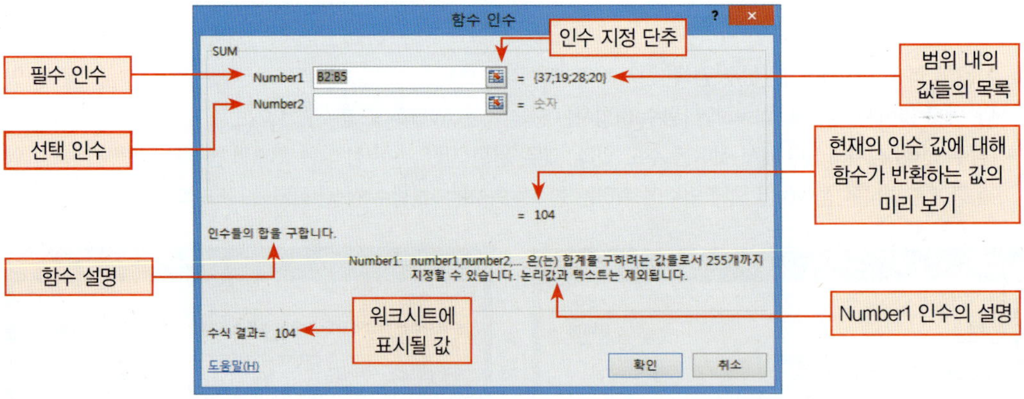

▶ **[인수 지정 단추** **]**를 클릭한 경우에는 대화상자가 한 줄로 축소된다. 덧셈할 정확한 셀(범위)들을 드래그한 후 **[대화 상자 확대 단추** **]**를 클릭하여 대화상자가 원래 모습으로 되돌아오게 한다.

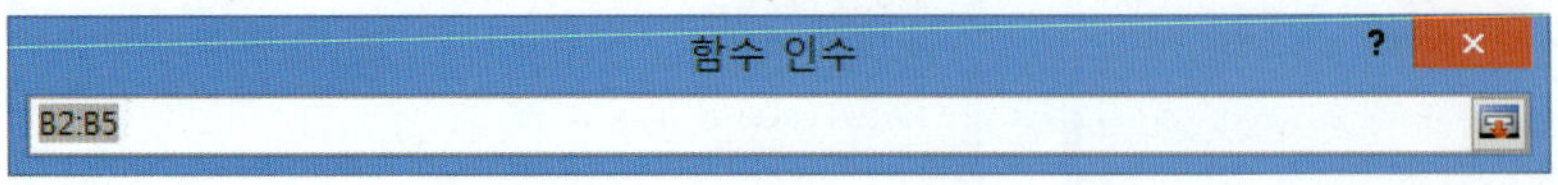

Tip 함수 이름을 소문자로 입력하고 인수들을 올바르게 입력한 후 Enter 나 Tab 을 눌렀을 때, 함수가 정확하게 작성되었을 경우에 엑셀은 수식 입력줄에 함수 이름을 대문자로 바꿔서 표시한다. 따라서 함수 이름이 여전히 수식 입력줄에 소문자로 보이면 함수 이름을 부정확하게 입력하였다는 경고를 받으므로 함수 이름을 정정할 수 있게 된다.

2 오류 코드

함수를 입력한 후 실행하면 여러 가지 이유로 인해 오류가 발생할 수 있다. 아래와 같은 오류 코드가 나타나면 함수를 수정해야 한다.

[표 5-1] 오류 값과 원인

오류 값	원인
#VALUE!	잘못된 인수나 피연산자를 사용
#DIV/0!	특정 값(셀)을 0 또는 빈 셀로 나눔
#NAME?	함수 이름을 잘못 입력하거나 "" 없이 텍스트를 입력
#N/A	사용할 수 없는 값을 지정
#REF!	함수에서 참조하는 셀이 잘못됨
#NUM!	숫자 인수가 필요한 함수에 다른 인수를 지정
#NULL!	공통된 부분이 없는 두 영역을 지정

오류 메시지가 나타나는 셀의 왼쪽 위 구석에 초록색 삼각형이 표시된다. 초록색 삼각형이 표시된 셀을 클릭하면 정보 기호 ◆가 나타난다. 정보 기호를 클릭하면 **[이 오류에 대한 도움말]** 항목을 포함하여 많은 옵션들을 포함한 메뉴가 나타난다.

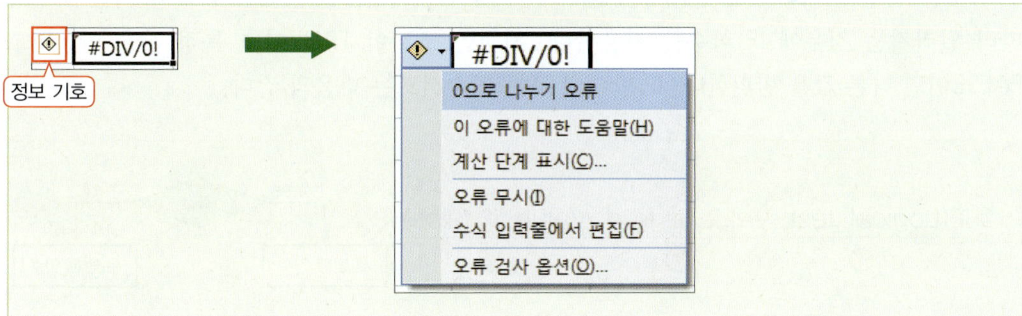

SECTION 04 함수 종류

앞에서 설명하였듯이 엑셀에는 460여개의 다양한 함수들이 존재한다. 또한 이 함수들은 13개의 범주로 분류된다. 이처럼 많은 함수들의 사용법을 모두 한꺼번에 학습할 필요는 없다. 자신의 업무에 필요한 함수들을 검색하고, 함수 사용법에 익숙해질 때까지는 함수 마법사의 도움을 받으면서 함수를 작성할 수 있으면 된다. 지금부터는 13개의 범주들 중에서 대부분의 엑셀 사용자들이 자주 사용하는 함수들의 범주와 이 범주에 속하는 일부 함수들에 관하여 살펴보자.

1 논리 함수

논리 함수는 주어진 상황이 참인지 거짓인지 테스트하기 위하여 사용한다. 테스트의 결과에 따라 두 가지 중 하나의 동작을 선택한다. 일반적으로 동작에는 정보를 표시하거나, 다른 계산을 수행하거나, 추가로 테스트를 수행하는 것이 포함된다.

❖ IF 함수

IF 함수는 결정을 내리는데 사용되는 논리 함수의 핵심이다. 셀에 배정할 값이 어떤 조건에 따라 달라지는 경우에 IF 함수를 사용한다. 지정한 조건이 TRUE이면 특정 값을 반환하고 FALSE이면 다른 값을 반환한다. IF 함수의 구문과 순서도는 다음과 같다.

= IF(Logical_test, Value_if_true, Value_if_false)

①　　②　　③

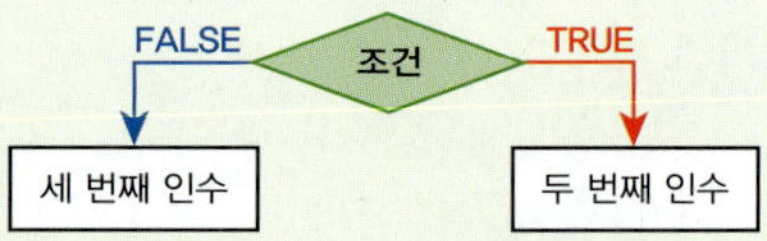

① Logical_test(조건)는 결과가 TRUE 또는 FALSE인 식이다. 일반적으로 비교 연산자를 포함한다.
② 만일 조건이 TRUE이면 두 번째 인수의 값이 셀에 표시된다.
③ 만일 조건이 FALSE이면 세 번째 인수의 값이 셀에 표시된다.

[표5-2] 비교 연산자

종류	의미	예	용도
=	같음	A1=B1	텍스트와 숫자에
>	보다 큼	A1>C1	숫자에만
<	보다 작음	A1<55	숫자에만
>=	크거나 같음	A1>=100	숫자에만
<=	작거나 같음	A1<=D1	숫자에만
<>	같지 않음	A1<>99	텍스트와 숫자에 사용

예를 들어서 IF 함수를 사용하여 아래와 같은 수식을 작성할 수 있다.

```
=IF(B2>80, "합격", "불합격")
```

여기서

- B2>80 테스트하는 조건이다. "셀 B2의 값이 80보다 큰가?"라고 해석한다. 테스트의 결과는 참 또는 거짓이다.
- "합격" B2의 값이 80보다 크면(조건이 참) 표시되는 텍스트이다.
- "불합격" B2의 값이 80보다 같거나 작으면(조건이 거짓) 표시되는 텍스트이다.

P.188 실습하기 5-2

AND 함수

AND 함수는 두 개 이상의 조건을 테스트하기 위해서 사용한다. 테스트에 사용된 모든 조건들이 참일 때만 결과가 참이 된다. 하나의 조건이라도 거짓이면 결과로 거짓을 반환한다. AND 함수 내에 30개까지의 조건을 명시할 수 있다. 아래와 같은 구문을 갖는다.

```
=AND(조건1, 조건2, ...)
```

예를 들어서 AND 함수를 사용하여 아래와 같은 수식을 작성할 수 있다.

```
=AND(B1>200, C1<100)
```

여기서

- ▶ B1>200　　테스트하는 첫 번째 조건이다.
- ▶ C1<100　　테스트하는 두 번째 조건이다.

B1 셀의 값이 200보다 크고 C1 셀의 값이 100보다 작을 때만 결과가 참이 되고, 그 외에는 결과가 거짓이 된다.

❖ OR 함수

OR 함수는 두 개 이상의 조건을 테스트하기 위해서 사용한다. 테스트에 사용된 조건들 중에서 하나라도 참이면 결과가 참이 된다. OR 함수 내에 30개까지의 조건을 명시할 수 있다. 아래와 같은 구문을 갖는다.

```
=OR(조건1, 조건2, ...)
```

예를 들어서 OR 함수를 사용하여 아래와 같은 수식을 작성할 수 있다.

```
=OR(B1>200, C1<100)
```

여기서

- ▶ B1>200　　테스트하는 첫 번째 조건이다.
- ▶ C1<100　　테스트하는 두 번째 조건이다.

B1 셀의 값이 200보다 크거나 C1 셀의 값이 100보다 작을 때 결과가 참이 된다.

P.190 실습하기 5-3

❖ NOT 함수

NOT 함수는 주어진 논리값의 반대를 반환한다. 확인하고자 하는 셀의 주소만 NOT 함수에 명시하면 된다. 이 셀에는 TRUE 또는 FALSE가 들어 있어야 한다. NOT 함수에는 1개의 인수만 입력할 수 있다. 아래와 같은 구문을 갖는다.

```
=NOT(셀 주소 또는 조건)
```

❖ IFERROR 함수

IF 함수 내에서 오류 메시지를 다른 결과로 대체하기 위해서 IFERROR 함수를 사용할 수 있다. IFERROR 함수는 수식 결과로 오류가 발생했을 때(예 #DIV/0!, 즉 어떤 수(셀)를 0으로 나눔), 오류 값을 셀에 표시하지 않고 다른 값이 표시되도록 할 때 사용한다. 아래와 같은 구문을 갖는다.

```
=IFERROR(Value, Value_if_error)
```

- ▶ Value는 수식이다. 수식의 실행 결과가 정상이거나 오류가 발생할 수 있다.
- ▶ Value_if_error는 Value의 실행 결과로 오류가 발생할 때 셀에 표시되는 값이다.

예를 들어서 IFERROR 함수를 사용하여 아래와 같은 수식을 작성할 수 있다.

```
=IFERROR(A2/B2, "계산 오류")
```

첫 번째 인수의 수식(A2/B2)에 오류가 있는지 검사하고, 오류가 있으면 "계산 오류"를 결과로 반환하고, 오류가 없으면 A2/B2를 계산한 값을 결과로 반환한다.

2 수학/삼각 함수

❖ SUMIF 함수

SUMIF 함수는 범위 내의 데이터가 어떤 조건을 만족할 때만 합을 구한다. SUM 함수가 범위 내의 셀들의 값들을 모두 더하는 것에 비해서 SUMIF 함수는 범위 내의 셀들의 값이 명시된 조건을 만족할 때만 더한다. 아래와 같은 구문을 갖는다.

```
=SUMIF(range, criteria, [sum_range])
```

- ▶ range(범위)는 조건을 적용할 범위이다.
- ▶ criteria(기준)는 덧셈을 적용할 셀이 만족해야 하는 조건이다.
- ▶ sum_range는 range에 지정된 범위와 다른 셀들을 더하려는 경우에 실제로 더할 셀(범위)이다.

예를 들어서 아래의 SUMIF 함수는 B2:B6 범위에서 영업1팀을 식별하고, C2:C6 범위에서 영업1팀의 판매실적(45, 41, 33)만 식별하여 이들을 합한다.

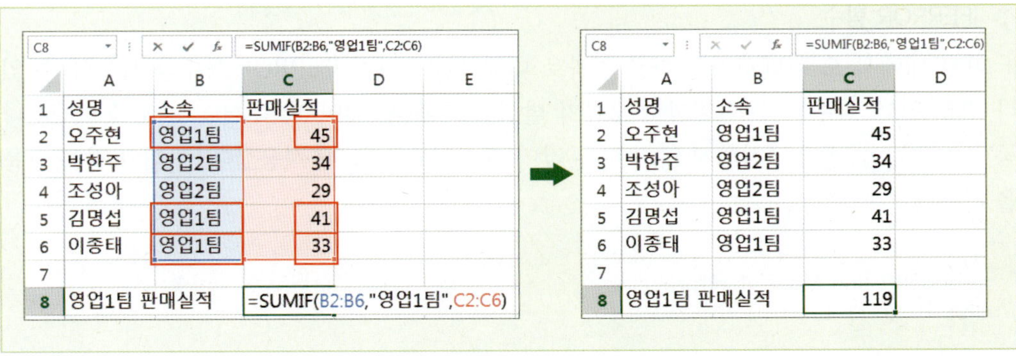

SUMIF 함수는 비교를 위한 기준을 하나만 허용한다. 두 개 이상의 기준을 사용하려면(예 냉장고와 세탁기의 판매 합계를 구함) DSUM 함수를 사용해야 한다. DSUM 함수는 7장에서 설명한다.

P.192 실습하기 5-4

3 통계 함수

❖ AVERAGE 함수

AVERAGE 함수는 인수들의 평균을 반환한다. 아래와 같은 구문을 갖는다.

```
=AVERAGE(number1, [number2], ...)
```

▶ number1은 평균을 구하려는 첫째 숫자, 셀, 또는 범위이다.

▶ number2부터는 선택 인수이다. 평균을 구하려는 추가 숫자, 셀, 또는 범위이다.

SUM과 마찬가지로 AVERAGE 함수도 사용자들이 자주 사용하는 함수이다. 평균을 입력하려는 셀을 클릭한 후 AVERAGE 함수를 직접 입력하거나 **[자동 합계 단추 Σ]** 아래쪽의 드롭다운 화살표 ▾ 를 클릭한 후 메뉴에서 **평균**을 선택한다. 메뉴에서 SUM뿐만 아니라 **평균**, 개수, 최대값, 최소값을 선택할 수 있다. 메뉴에서 **[기타 함수]**를 클릭하면 **[함수 마법사]** 대화상자가 나타난다.

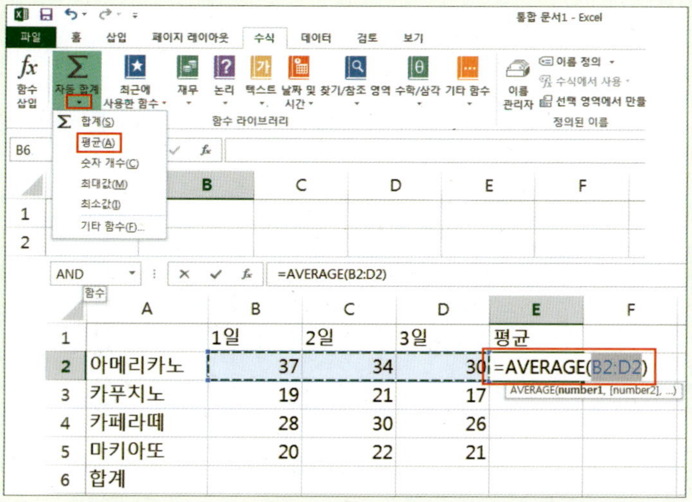

❖ COUNT 함수

COUNT 함수는 범위에서 숫자가 포함된 셀들의 개수를 센다. 아래와 같은 구문을 갖는다.

```
=COUNT(range1, [range2], ...)
```

- range1은 숫자가 포함된 셀들의 개수를 세려는 첫 째 범위이다.
- range2부터는 선택 인수이다. 숫자가 포함된 셀들의 개수를 세려는 추가 범위이다.

아래의 예를 살펴보자. A1 셀에는 날짜, B1 셀에는 숫자, C1 셀에는 논리 값, D1 셀에는 텍스트, E1 셀에는 숫자가 들어있다. COUNT 함수를 사용하여 A1:E1 범위에 들어있는 숫자들의 개수를 구할 수 있다. 엑셀은 날짜도 숫자로 취급하므로, COUNT 함수의 결과는 3이다.

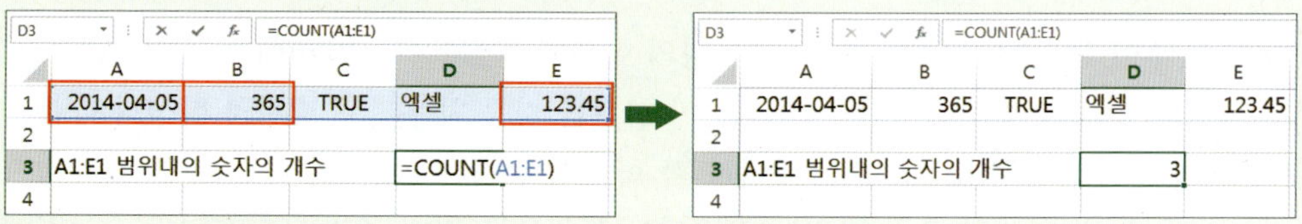

❖ COUNTIF 함수

COUNTIF 함수는 범위 내에서 하나의 조건을 만족하는 셀들의 개수를 센다. 아래와 같은 구문을 갖는다.

```
=COUNTIF(range, criteria)
```

▶ range(범위)는 조건을 적용할 범위이다.

▶ criteria(기준)는 개수에 포함될 셀이 만족해야 하는 조건이다.

예를 들어서 아래의 COUNTIF 함수는 B2:B6 범위에서 영업1팀이 나타나는 개수를 구한다.

❖ RANK.EQ 함수

이 함수는 수들의 목록에서 특정 수의 크기 순위를 반환한다. 순위가 같은 수가 여러 개이면 해당 수가 속한 그룹의 최상위 순위가 반환된다. RANK.EQ 함수는 이전 엑셀 버전의 RANK 함수를 대체한다. 아래와 같은 구문을 갖는다.

```
=RANK.EQ(number, ref, [order])
```

▶ number는 순위를 구하려는 수이다.

▶ ref는 숫자 목록의 배열이다.

▶ order는 순위 결정 방법을 지정하는 수이다. order가 0이거나 생략하면 ref가 내림차순으로 정렬된 목록으로 가정하여 number의 순위를 부여하고, 0이 아니면 ref가 오름차순으로 정렬된 목록으로 가정하여 number의 순위를 부여한다.

예를 들어서 아래의 RANK.EQ 함수는 네 명의 학생의 **총점**(E2:E5 범위)에서 내림차순으로 이진수 학생의 **총점**(E2 셀)의 순위를 구한다. 이 함수를 자동 채우기로 **박지영** 학생까지 복사할 것이다. 이에 따라 RANK.EQ 함수 내에서 각 학생의 총점은 E2, E3, E4, E5로 상대적으로 변경되지만 네 명 학생의 **총점** 범위는 고정되어야 하므로 절대 주소($E$2:$E$5)로 표현해야 한다.

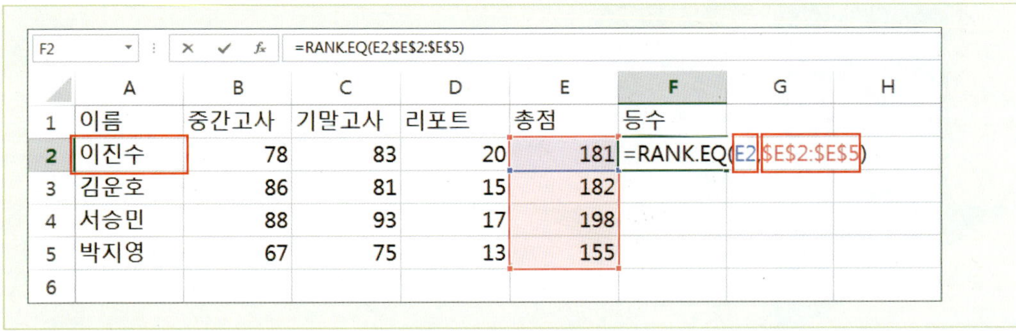

P.194 실습하기 5-5

4 날짜/시간 함수

❖ 엑셀에서는 날짜도 숫자

데이터 분석에서 날짜가 매우 중요한 경우가 많다. 예를 들어 제품 납기일까지 남은 일수, 프로젝트가 시작한 후 경과한 일수 등을 계산해야 할 필요가 있다. 오차가 없는 결과를 얻으려면 날짜를 정확히 입력하고, 날짜의 형식을 이해하기 쉽게 지정하는 것이 중요하다.
날짜가 사용자에게 의미하는 것과 엑셀에게 의미하는 것 사이에는 차이가 있다.

① 사용자에게 2014-1-1은 연도-월-일이다.
② 엑셀에게 2014-1-1은 일련번호 41640이다.

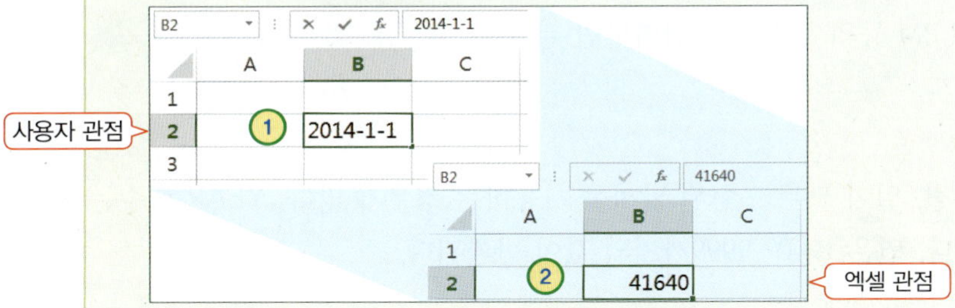

엑셀에서 날짜는 1부터 시작하는 일련번호로 저장된다. 일련번호 1은 1900년 1월 1일을 나타낸다. 이날부터 하루가 지날 때마다 일련번호가 1씩 증가한다. 예를 들어서 1900년 1월 2일은 일련번호 2로 저장된다. 따라서 2014-1-1을 입력하면 엑셀은 이 날짜를 41640으로 저장한다. 이 날짜는 1900년 1월 1일부터 41639일이 경과한 날짜이다.

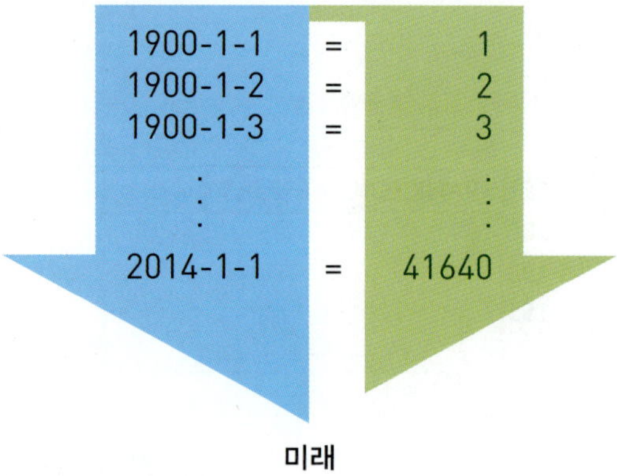

엑셀이 날짜를 순차적인 일련번호로 저장하기 때문에 날짜에 관한 수식을 계산할 수 있다. 예들 들어서 두 날짜 사이의 일수를 계산하기 위해서 엑셀은 한 날짜의 일련번호에서 다른 날짜의 일련번호를 뺀다.

Tip 엑셀은 1900년 1월 1일 이전을 인식하지 못한다.

❖ 시간

엑셀은 시간을 날짜의 일부로 인식하므로 소수로 저장한다. 시간의 범위는 0:00:00(오전 12:00:00)에서 23:59:59(오후 11:59:59)까지이다. 시간은 자정부터 시작하여 특정 시간 사이를 24시간으로 나눈 값(소수)으로 나타낸다. 따라서 낮 12시는 0.5로 나타낸다. 사용자는 이런 소수를 직접 입력할 필요가 없다. 엑셀이 내부적으로 시간을 이런 방식으로 다룬다. 사용자는 8:20 AM, 14:50, 10:15 PM 등의 형식으로 입력하면 된다.

❖ YEAR 함수

워크시트를 작성할 때 연, 월, 일이 모두 포함된 날짜를 사용하는 경우가 많다. YEAR 함수는 날짜로부터 연도만 추출한다. 연은 1900~9999까지의 값이 반환된다.

❖ MONTH 함수

MONTH 함수는 날짜로부터 월만 추출한다. 월은 1(1월)에서 12(12월) 사이의 정수가 반환된다.

❖ DAY 함수

DAY 함수는 날짜로부터 일만 추출한다. 일은 1에서 31 사이의 정수가 반환된다.
YEAR, MONTH, DAY 함수의 예를 살펴보자. 다음 워크시트의 A 열에는 날짜가 들어 있다. 이 날짜로부터 연도를 추출하여 B 열에, 월을 추출하여 C 열에, 일을 추출하여 D 열에 넣고 싶다. B1 셀에 수식 =Year(A1), C1 셀에 수식 =MONTH(A1), D1 셀에 수식 =DAY(A1)를 각각 입력하여 실행한다. 자동 채우기로 각 수식을 2행까지 복사한다. 두 개의 날짜에 대해서 연도, 월, 일이 구해진다.

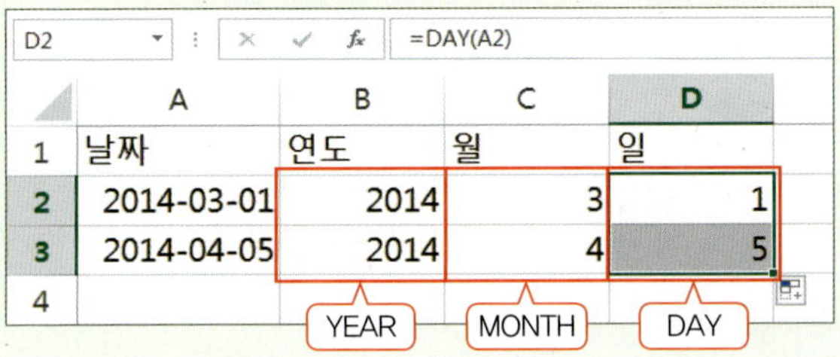

❖ TODAY 함수

어떤 셀에 TODAY 함수를 입력하면 통합 문서를 열 때마다 컴퓨터의 시계로부터 현재 날짜가 그 셀에 채워진다. 현재의 날짜를 기반으로 휴가일까지 얼마나 남았는가 등을 구할 때 이 함수를 사용할 수 있다. TODAY 함수는 엑셀에서 인수를 필요로 하지 않는 몇 안 되는 함수 중의 하나이지만 여는 괄호와 닫는 괄호를 반드시 포함시켜야 한다.

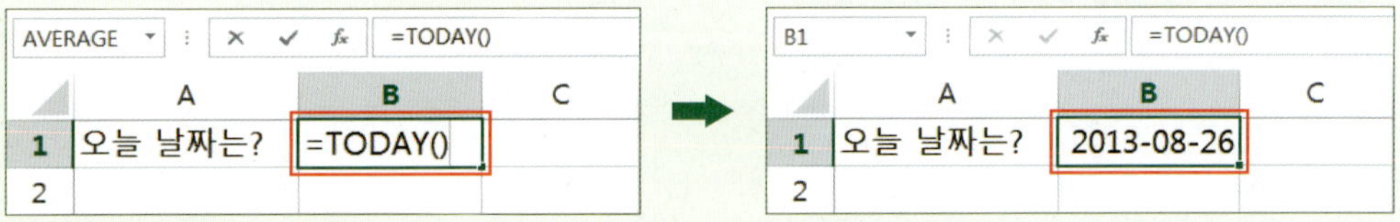

❖ NETWORKDAYS 함수

두 날짜 사이의 근무 일수(월요일부터 금요일까지)는 한 날짜에서 다른 날짜를 단순히 빼기해서는 구할 수 없다. NETWORKDAYS 함수는 시작 날짜(start_date)와 끝 날짜(end_date) 사이의 전체 근무 일수를 반환한다. 주말과 휴일은 근무 일수에 포함되지 않는다. 국가마다 공휴일이 다르기 때문에, 시작일과 종료일 사이에 존재하는 공휴일을 입력할 수 있다. 오늘이 2014년 6월 10일이라고 가정하자. 휴가를 2014년 7월 28일에 가려고 한다. 휴가를 갈 때까지 얼마나 직장에 더 출근해야 하는지 알아보고 싶다. 아래의 예에서 공휴일(7월 17일 개천절)은 입력하지 않았다.

① 빈 셀에 함수 =NETWORKDAYS(A1,A2)를 입력한다.
② 두 날짜 사이에 35일의 근무 일수가 있다는 계산 결과가 구해진다.

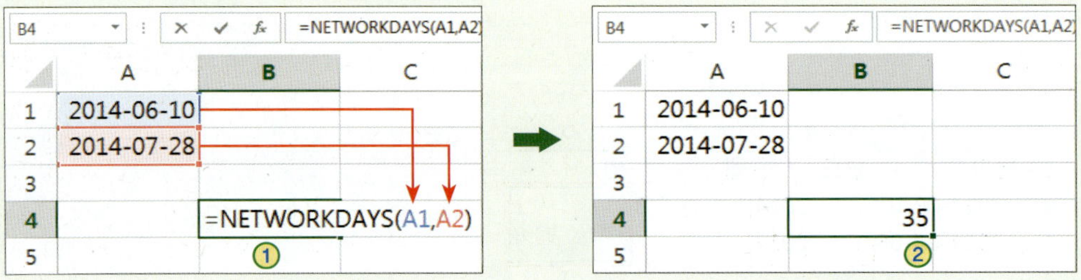

휴가를 갈 때까지 토요일과 일요일을 포함해서 얼마나 남았는지 알고 싶으면 단순히 A2에서 A1을 빼면 된다. 48일 남았다는 계산 결과가 구해진다.

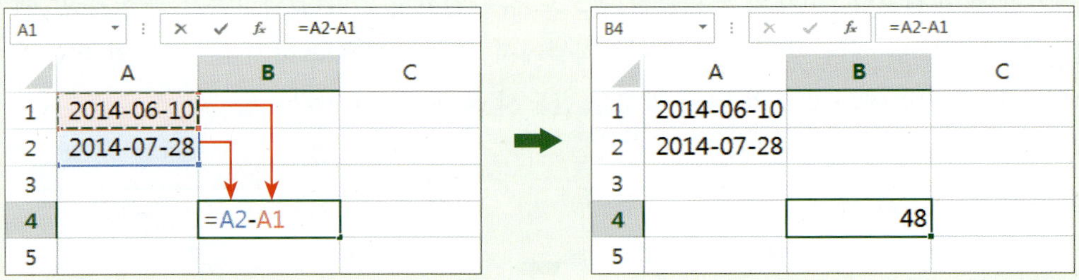

❖ WORKDAY 함수

특정 날짜로부터 어떤 근무 일수가 경과한 후의 프로젝트 종료 날짜 등을 알아보고 싶다고 가정하자. WORKDAY 함수는 어떤 근무 일수가 지난 후의 날짜를 알아보는데 사용한다. 2013년 11월 10일에 시작한 프로젝트를 수행하는데 50일의 근무 일수가 있다고 가정하면 프로젝트 종료 날짜가 언제일까? 프로젝트 시작 날짜를 A1 셀에, 50일을 A2 셀에 입력한다. 그 다음에 토요일과 일요일을 제외하고, 이 기간 중에 존재하는 공휴일을 A3 셀부터 한 셀마다 하나씩 입력한다.

① 빈 셀에 함수 =WORKDAY(B1,B2,B3:B4)를 입력한다.
② 프로젝트 종료 날짜가 2014년 1월 21일로 구해진다.

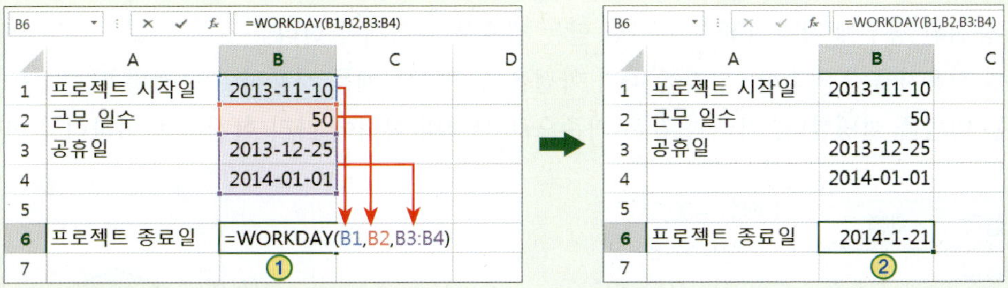

P.196 실습하기 5-6

5 중첩 함수

중첩 함수는 함수 내의 인수 자리에 또 다른 함수를 포함하고 있는 함수이다. 다른 함수의 인수로 사용되는 함수는 중첩된 함수라고 부른다. 최대 64개의 수준까지 함수를 중첩할 수 있다. 미리 계획을 세우지 않으면 중첩 함수를 작성하는 것이 까다롭고, 정확한 결과를 얻지 못할 수 있다.

복잡한 중첩 함수를 작성하는 가장 좋은 방법은 먼저 각 구성요소(중첩된 함수)를 작성한 후 이들을 결합하는 것이다. 각 구성요소를 문장 형태로 작성하면 각 구성요소의 논리를 좀 더 쉽게 이해할 수 있게 된다. 그 다음에는 각 구성요소가 전체 중첩 함수에서 어떤 부분에 들어가는가를 수립하고, 마지막으로 전체 함수를 완성한다.

예를 들어서 아래의 IF 함수는 중첩 함수이다. IF 함수의 세 개의 인수 중에서 첫 번째 인수(조건) 자리에 AVERAGE 함수가, 두 번째 인수(조건이 참) 자리에 SUM 함수가 사용된다. 세 번째 인수(조건이 거짓)는 0이다. 이 중첩 함수는 C2:C6 범위의 평균이 60보다 큰 경우에는 D2:D6 범위의 합계를 계산하고 그렇지 않은 경우에는 0을 반환한다. AVERAGE 함수와 SUM 함수는 IF 함수 내에 중첩되는 구성요소이다.

함수 안의 함수

```
=IF(AVERAGE(C2:C6)>90,SUM(D2:D6),0)
```

중첩된 함수가 인수로 사용될 때 이 함수는 반드시 중첩 함수의 인수와 동일한 유형의 값을 반환해야 한다. 예를 들어서 중첩 함수의 인수가 TRUE 또는 FALSE를 반환한다면 중첩된 함수도 반드시 TRUE 또는 FALSE를 반환해야 한다. 이를 어기면 엑셀은 #VALUE!라는 오류 값을 반환한다.

❖ 중첩된 IF 함수

중첩된 IF 함수는 또 다른 조건을 테스트하기 위해서 IF 함수 안에 포함된 IF 함수이다. 중첩된 IF 함수를 작성할 때는 조건들을 정확한 순서로 입력하는 것이 중요하다. 다수의 IF 함수가 중첩된 경우에 각각의 IF 함수마다 닫는 괄호를 입력해야 한다.

엑셀 사용자들이 익숙한, 성적에 따라 학점을 부여하는 예를 사용하여 중첩된 IF 함수를 작성하는 방법을 설명한다. 아래와 같은 기준으로 학생의 성적에 따라 학점을 부여하려고 한다.

성적	학점
>=90	A
80~89	B
70~79	C
60~69	D
<=59	F

```
IF(성적>=90,"A",
  IF(성적>=80,"B",
    IF(성적>=70,"C",
      IF(성적>=60,"D",
              "F")
      )
    )
  )
```

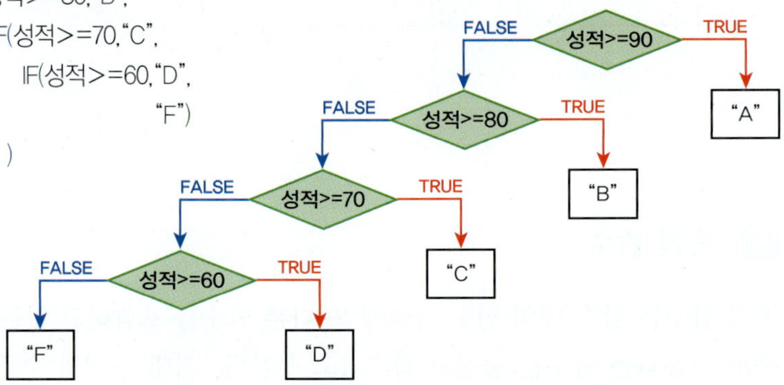

세 번째 인수(조건이 거짓) 자리에 또 다른 IF 함수가 들어있는 IF 함수이다. 이 함수를 한 줄로 표기하면 아래와 같다.

```
IF(성적>=90,"A",IF(성적>=80,"B",IF(성적>=70,"C",IF(성적>=60,"D","F"))))
```

Tip IF 함수를 너무 깊게 중첩하면 논리의 흐름을 구분하기 어렵기 때문에 권장하지는 않는다.

P.198 실습하기 5-7

❖ IF 함수와 AND 함수의 결합

IF 함수 내에 AND 함수를 중첩시켜서 다수의 조건을 테스트할 수 있다. IF 함수가 참을 반환하려면 AND 함수 내의 모든 조건들이 참이어야 한다. 아래의 구문처럼 IF 함수의 Logical_test 자리에 AND 함수가 놓인다.

```
=IF(AND(조건1, 조건2, ...), Value_if_true, Value_if_false)
```

예를 들어서 공정별 작업 현황 워크시트에서 오차율이 1% 미만(첫 번째 조건)과 생산량이 500 이상(두 번째 조건)이 모두 참이면 합격, 그렇지 않으면 재작업 판정을 내리려고 한다. 조건에 따라 합격과 재작업 여부를 판정하므로 IF 함수가 필요하고, IF 함수 안에서 두 조건이 모두 만족되는가를 검사하기 위해서 AND 함수가 필요하다. D3 셀을 클릭한 후 다음과 같은 IF 함수를 작성한다.

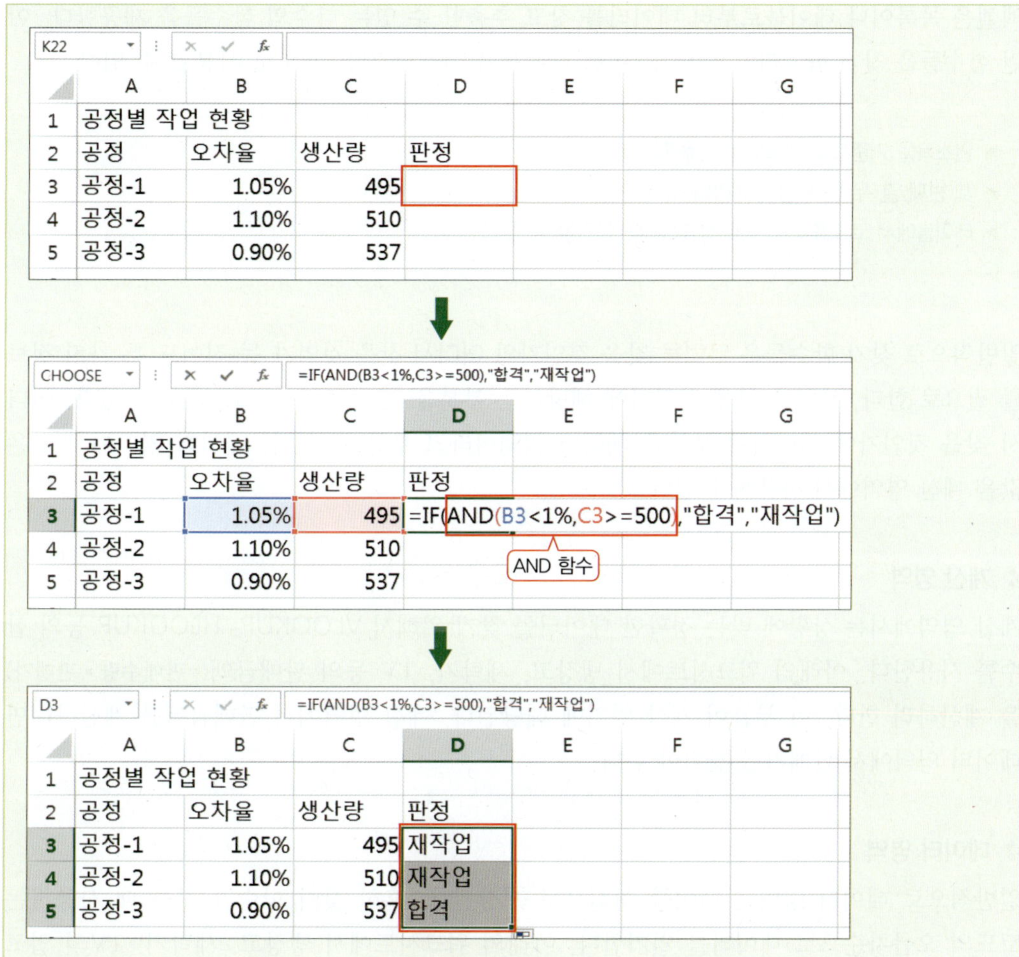

❖ IF 함수와 OR 함수의 결합

IF 함수 내에 OR 함수를 중첩시켜서 다수의 조건을 테스트할 수 있다. IF 함수가 참을 반환하려면 OR 함수 내의 조건들 중에서 하나라도 참이면 된다. 아래의 구문처럼 IF 함수의 Logical_test 자리에 OR 함수가 놓인다.

```
=IF(OR(조건1, 조건2, ...), Value_if_true, Value_if_false)
```

P.200 실습하기 5-8

6 찾기/참조 영역 함수

찾기 함수

엑셀은 목록이나 테이블로부터 데이터를 찾고 추출할 수 있는 다수의 함수들을 제공한다. 이런 함수들을 찾기 함수라고 부른다. 이런 함수들을 아래와 같은 용도로 사용할 수 있다.

- ▶ 연소득을 기준으로 해당되는 세율 찾기
- ▶ 세 번째 열, 두 번째 행의 데이터 찾기
- ▶ 테이블에서 코드를 기반으로 설명, 가격, 할인율 등 찾기

일반적으로 찾기 함수들은 무엇을 찾을 것인가와 어디서 찾을 것인가 등 적어도 두 가지 정보를 필요로 한다. 무엇을 찾을 것인가에 해당하는 부분을 계산 영역이라고 부를 수 있다. 어디서 찾을 것인가에 해당하는 부분은 데이터 영역이라고 부를 수 있다. 데이터 영역에서 찾은 값을 계산 영역에서 사용하게 된다.

❖ 계산 영역

계산 영역에서는 상황에 맞는 정확한 데이터를 찾기 위해서 VLOOKUP, HLOOKUP 등의 함수를 사용한다. 아래의 워크시트에서 냉장고, 세탁기, TV 등의 판매금액(=판매수량 * 판매가)을 계산하려 한다. 이 부분이 계산 영역에 해당된다. 계산 영역에서 판매금액을 계산하려면 데이터 영역에서 판매가를 찾아야 한다.

❖ 데이터 영역

일반적으로 데이터 영역은 테이블 형식으로 저장된다. 흔히 찾기 함수가 찾을 때 사용하는 코드의 오름차순으로 데이터를 열거한다. 아래의 워크시트에서 냉장고, 세탁기, TV의 입고가와 판매가가 들어있는 부분이 데이터 영역에 해당된다.

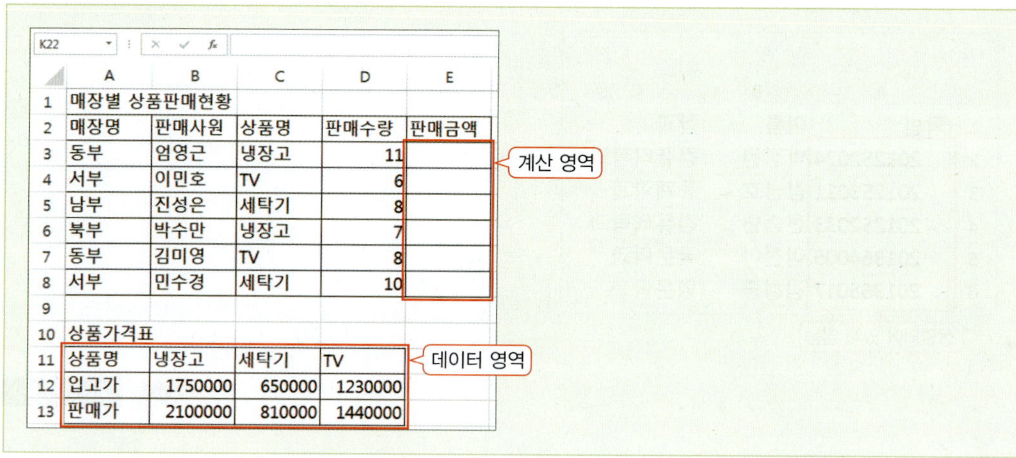

	A	B	C	D	E
1	매장별 상품판매현황				
2	매장명	판매사원	상품명	판매수량	판매금액
3	동부	엄영근	냉장고	11	
4	서부	이민호	TV	6	
5	남부	진성은	세탁기	8	
6	북부	박수만	냉장고	7	
7	동부	김미영	TV	8	
8	서부	민수경	세탁기	10	
9					
10	상품가격표				
11	상품명	냉장고	세탁기	TV	
12	입고가	1750000	650000	1230000	
13	판매가	2100000	810000	1440000	

VLOOKUP 함수

VLOOKUP 함수는 테이블(데이터 영역)의 첫째 열에서 값을 찾고(세로 방향) 그 테이블의 다른 열에 있는 같은 행에서 값을 반환한다. VLOOKUP에서 V는 vertical(세로)을 의미한다. VLOOKUP 함수의 구문은 다음과 같다.

```
=VLOOKUP(lookup_value, table_array, col_index_num, [range_lookup])
```

- lookup_value(찾는 값)은 테이블의 첫 번째 열에서 찾을 값이다. 계산 영역에 속하는 값이다.
- table_array(데이터 영역)는 테이블이 들어 있는 셀 범위이다. 데이터를 찾는데 사용할 값들이 테이블에서 가장 왼쪽의 열에 위치해야 한다.
- col_index_num은 반환해야 하는 값이 들어있는 table_array 인수의 열 번호이다.
- range_lookup은 정확하게 일치하는 값을 찾을 것인지, 근사값을 찾을 것인지를 결정하는 논리 값이다. range_lookup이 TRUE이거나 생략되면 정확한 값이나 근사값이 반환된다. 정확하게 일치하는 값이 없으면 lookup_value보다 작으면서 그 다음으로 가장 큰 값이 반환된다. range_lookup이 TRUE이거나 생략되면 table_array의 첫 번째 열은 오름차순으로 정렬되어 있어야 한다. range_lookup이 FALSE이면 정확하게 일치하는 값만 찾는다. range_lookup이 FALSE이면 table_array의 첫 번째 열을 정렬할 필요가 없다.

아래의 워크시트에서 학번을 사용하여 학과를 검색하려면

```
=VLOOKUP(A4,A2:C6,3,FALSE)
```

와 같이 작성한다. 찾는 값(학번) 순으로 정렬되어 있지 않기 때문에 네 번째 인수에 FALSE를 명시해야 한다.

	A	B	C
1	학번	이름	학과
2	201252024	박정원	컴퓨터학과
3	201253011	강남호	통계학과
4	201252033	전승연	컴퓨터학과
5	201364005	이선아	국문학과
6	201365017	김경중	영문학과

정렬되어 있지 않음

P.202 실습하기 5-9

HLOOKUP 함수

HLOOKUP 함수는 테이블(데이터 영역)의 첫째 행에서 값을 찾고(가로 방향) 그 테이블의 다른 행에 있는 같은 열에서 값을 반환한다. 즉 VLOOKUP 함수의 행과 열의 역할이 반대가 되는 함수이다. HLOOKUP에서 H는 Horizontal(가로)을 나타낸다.

P.204 실습하기 5-10

참조 함수

참조 함수들은 셀, 행, 열, 범위를 참조하는 함수이다. 셀 또는 범위를 찾거나, 셀의 행 번호 또는 열 번호를 식별하는데 사용된다. 대부분의 참조 함수들은 고급 수식에 사용된다. 따라서 엑셀을 고급 업무에 활용하려면 참조 함수가 어떻게 동작하는지, 셀 참조가 실제로 무엇을 의미하는지 등을 이해하는 것이 중요하다. 아래에 일부 셀 참조 함수들의 간단한 예와 설명을 제시하였다. B 열에 함수가 입력된 것처럼 보이지만 텍스트가 입력되어 있다. C 열에 실제 함수들이 입력되어 있고, C 열에 보이는 숫자는 해당 함수가 실행된 결과이다.

	A	B	C
1	함수명	함수 예	결과
2	ROW	=ROW()	2
3	COLUMN	=COLUMN()	3
4	ADDRESS	=ADDRESS(C2,C3)	$C$2
5	INDIRECT	=INDIRECT(C4)	2
6	OFFSET	=OFFSET(C4,-1,0)	3

[표 5-1] 참조 함수의 예와 기능

함수 이름	기능
ROW	셀 참조에서 행 번호를 반환한다. 위 예에서 ROW() 함수는 현재의 행 번호인 2를 반환한다.
COLUMN	셀 참조에서 열 번호를 반환한다. 위 예에서 COLUMN() 함수는 현재의 열 번호인 3을 반환한다.
ADDRESS	셀 참조를 텍스트 형태로 단일 셀에 반환한다. 위 예에서 ADDRESS 함수는 C2에 저장된 행 번호인 2와 C3에 저장된 열 번호인 3(=C)을 사용하여 셀 주소 $C$2를 구성한다.
INDIRECT	텍스트 값이 가리키는 셀 참조를 반환한다. ADDRESS 함수에 의해서 생성된 특정 셀 참조로부터 값을 반환하기 위해서 흔히 이 함수는 ADDRESS 함수와 함께 사용된다. 위 예에서 INDIRECT는 C4 내에서 ADDRESS에 의해서 생성된 텍스트 주소를 참조한 후 셀 $C$2에 접근하여 그 셀의 내용인 2를 반환한다.
OFFSET	주어진 셀 참조로부터 참조 오프셋(offset)을 반환한다. 위 예에서 OFFSET 함수는 셀 C4를 살펴본 후, 한 칸 위로 올라가고(-1) 같은 열(0)의 셀에 들어 있는 값인 3을 반환한다.
INDEX	표나 범위에서 값 또는 값에 대한 참조를 반환한다. 예를 들어서 =INDEX(A2:B5,2,3)은 A2:B5 범위에서 두 번째 행과 세 번째 열이 교차하는 셀의 값을 반환한다.
CHOOSE	인덱스 번호를 사용하여 인수 값 목록에서 해당되는 위치의 값을 반환한다. 예를 들어서 =CHOOSE(3,C2,C3,C4,C5)는 목록에 해당하는 C2, C3, C4, C5 중에서 세 번째 인수인 C4를 반환한다.

P.206 실습하기 5-11

7 텍스트 함수

텍스트(문자열) 함수는 텍스트 값을 다루거나 텍스트 값들의 특성을 분석한다. 텍스트 함수는 계산을 수행하지 않는 함수이다. 아래의 표는 텍스트 함수 중에서 자주 사용되는 함수들을 보여준다.

[표 5-2] 텍스트 함수

함수	기능	예
CONCATENATE	여러 텍스트 항목을 한 텍스트 항목으로 합친다.	=CONCATENATE(B2, " ", C2) 셀 B2의 값, 공백 문자, 셀 C2의 값을 연결한다.
LEFT	텍스트 값에서 맨 왼쪽의 문자들을 반환한다.	=LEFT(B3,2) B3 셀에서 처음 두 글자를 반환한다.
LEN	텍스트의 문자 개수를 반환한다.	=LEN(A2) A2 셀에 들어있는 텍스트의 길이를 반환한다.
MID	지정된 위치에서 시작하여 특정 개수의 문자를 텍스트에서 반환한다.	=MID(B3,2,4) B3 셀의 텍스트에서 두 번째 네 글자를 반환한다.

REPLACE	텍스트 내의 문자를 바꾼다.	=REPLACE(A4,1,3,"@") A4 셀에 들어있는 텍스트에서 처음 3개 글자를 단일 문자 @로 바꾼다.
SUBSTITUTE	텍스트 내에서 일부 문자열을 새 문자열로 바꾼다.	=SUBSTITUTE(A2, "판매", "비용") A2 셀에 들어있는 텍스트에서 "판매"를 "비용"으로 대체한다.
&	여러 개의 텍스트를 하나의 텍스트로 결합하기 위하여 사용한다.	=YEAR(TODAY())&"년" 오늘 날짜의 연도와 "년"을 결합한다. YEAR(TODAY())가 2015이면 결과는 "2015년"이다.

P.208 실습하기 5-12

8 재무 함수

❖ PMT 함수

일정 금액을 정기적으로 납입하고 일정한 이자율이 적용되는 대출금의 상환액을 계산한다. PMT 함수의 구문은 다음과 같다.

```
PMT(rate, nper, pv, [fv], [type])
```

- ▶ rate는 대출 이자율이다. nper의 단위(예 월 또는 연)와 rate를 맞춰야 한다. 예를 들어서 대출 이자율이 연 이율로 표시되고, 대출금을 월마다 불입한다면 연 이율로부터 월 이율을 계산해서 rate에 넣어야 한다.
- ▶ nper은 대출금 총 상환 횟수이다.
- ▶ pv는 현재 가치, 즉 앞으로 지불할 일련의 상환금이 현재 가지고 있는 가치의 총합(원금)이다.
- ▶ fv는 미래 가치, 즉 최종 지급 후의 현금 잔고이다. 생략하면 0으로 간주된다. 즉, 상환 기간이 끝난 후에는 대출금의 잔액이 0이므로 미래 가치는 0이다. 매월 적금을 부어 목돈을 만드는 경우에는 만기일에 받을 목돈을 fv에 입력해야 한다.
- ▶ type은 납입 시점을 0 또는 1로 나타낸다(선택 인수). 0 또는 생략하면 납입 시점이 기간 말(예 월말)이고, 1이면 납입 시점이 기간 초(예 월 초)이다.

Tip rate와 nper에 대해서 일관된 단위를 사용해야 한다.

예를 들어서 연이율 5%로 2800만원짜리 승용차를 3년 할부로 구입한다고 가정하자. 매월 얼마를 상환해야 할까? 할부금을 매월 갚을 예정이므로 단위가 월이다. 따라서 연 이자율로부터 월 이자율을 구하여 인수로 입력해야 한다. 아래의 그림 ①에서 B5 셀을 클릭하여 현재 셀로 만든 후 PMT 함수를 입력한다. 그림 ②에서 PMT 함수의 첫 번째 인수인 B1/12는 연 이자율 B1 셀을 12로 나눠서 월 이자율을 구한 것이고, 두 번째 인수인 B2는 상환 횟수(36개

월)이고, 세 번째 인수는 현재 가치인 할부 원금이다. 그림 ③에서 월 상환금이 839,185원으로 계산된다.

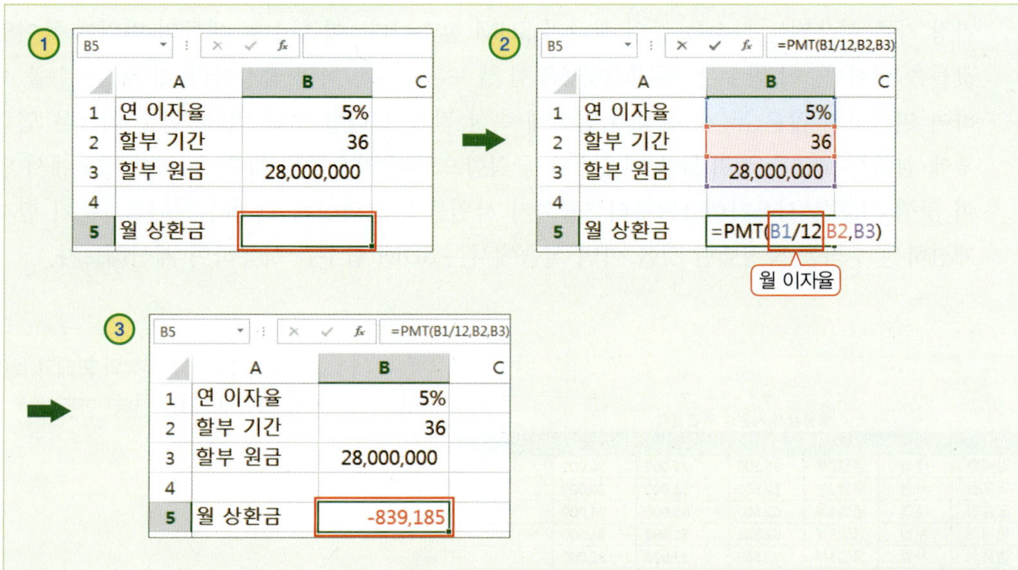

P.210 실습하기 5-13

실습하기 5-1

실습파일 :\5장\사원별 영업실적.xlsx

덧셈을 위해 SUM 함수 사용하기

실습 설명

가장 자주 사용되는 함수들 중의 하나가 SUM 함수이다. 이 함수는 셀들의 범위에 들어있는 값들을 더한다. 이 함수는 =SUM(덧셈을 할 셀 또는 범위들)처럼 작성한다. SUM 함수를 사용하여 인접하지 않은 두 개 이상의 범위에 속한 값들을 더할 수도 있다. 함수 이름을 입력한 후에 원하는 셀(또는 범위)들을 마우스로 클릭함으로써 인수들을 채울 수 있다. 3장에서 일일이 덧셈 기호를 사용하여 1월부터 3월까지 사원들의 영업실적 합계와 사원별 1분기 합계를 계산하는 수식을 작성했던 것을 이번 실습에서는 SUM 함수를 사용하여 계산해보자.

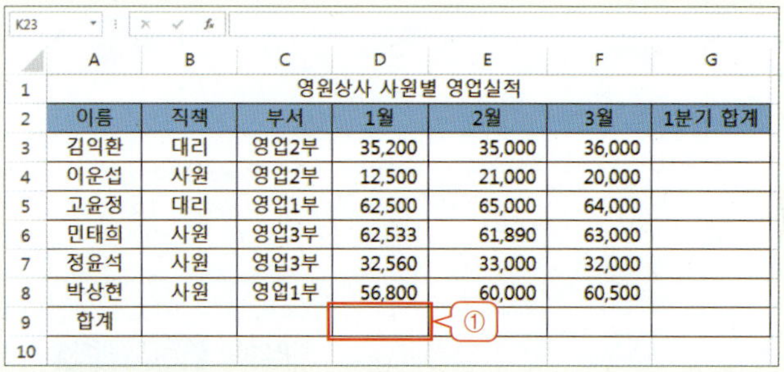

① 사원들의 1월 영업실적의 합계가 들어갈 D9 셀을 클릭하여 현재 셀로 만든다.

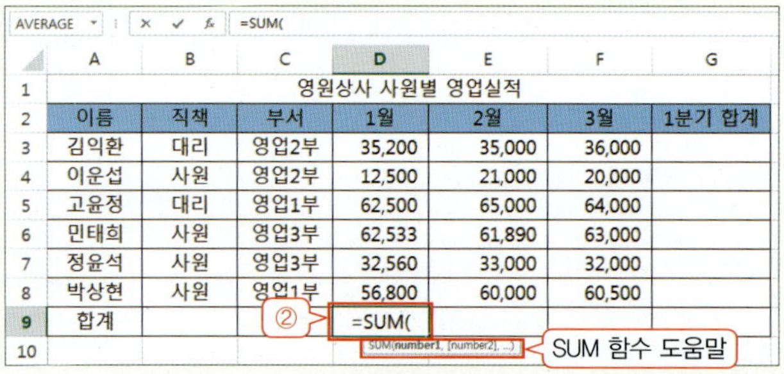

② 사원들의 1월 영업실적의 합계를 구하는 SUM 함수를 입력하도록 하자.

```
=SUM(D3:D8)
```

우선 =SUM(을 먼저 입력한다. 흐리게 표시되는 SUM 함수 도움말은 현재 Number1 인수를 입력할 단계임을 나타낸다.

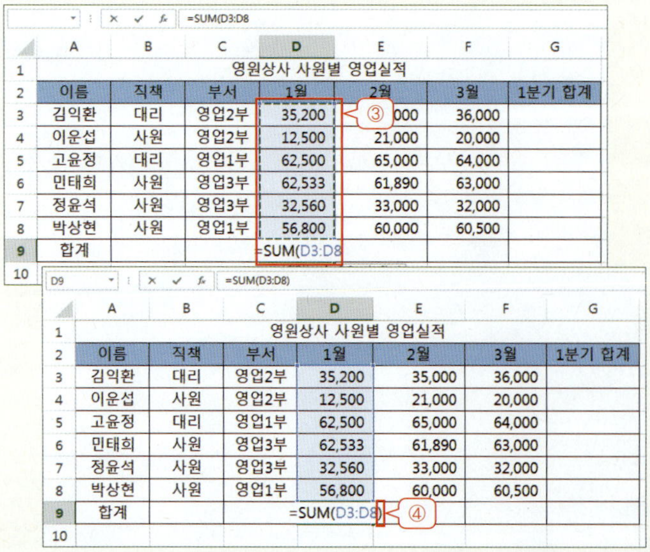

③ 마우스로 D3을 클릭한 후 왼쪽 단추를 누른 채 D8까지 드래그한다. SUM 함수에 포함되는 D3:D8 범위가 깜박이는 점선으로 표시된다. =SUM(다음에 직접 D3:D8을 입력해도 좋다.

④)를 입력하고, Enter나 Tab을 누른다.

덧셈을 위해 SUM 함수 사용하기

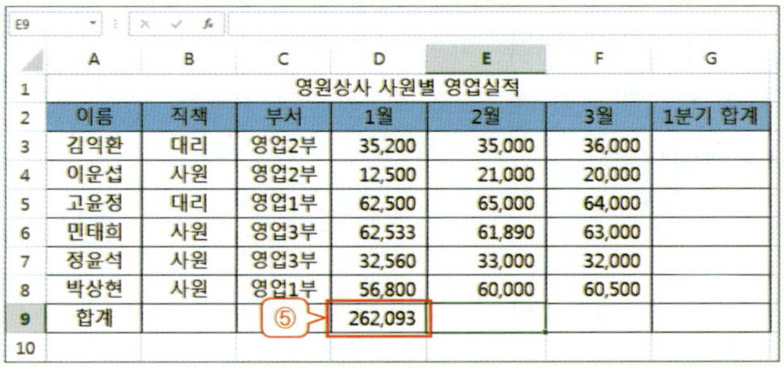

E9 | fx

	A	B	C	D	E	F	G
1	영원상사 사원별 영업실적						
2	이름	직책	부서	1월	2월	3월	1분기 합계
3	김익환	대리	영업2부	35,200	35,000	36,000	
4	이운섭	사원	영업2부	12,500	21,000	20,000	
5	고윤정	대리	영업1부	62,500	65,000	64,000	
6	민태희	사원	영업3부	62,533	61,890	63,000	
7	정윤석	사원	영업3부	32,560	33,000	32,000	
8	박상현	사원	영업1부	56,800	60,000	60,500	
9	합계		⑤	262,093			
10							

⑤ 사원들의 1월 영업실적의 합계가 D9 셀에 나타난다.

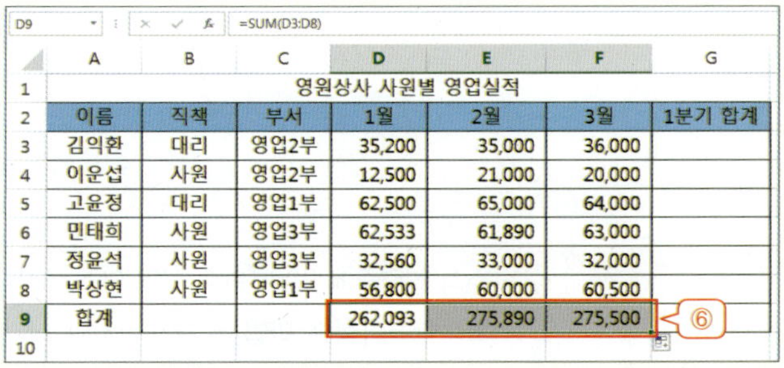

D9 | fx =SUM(D3:D8)

	A	B	C	D	E	F	G
1	영원상사 사원별 영업실적						
2	이름	직책	부서	1월	2월	3월	1분기 합계
3	김익환	대리	영업2부	35,200	35,000	36,000	
4	이운섭	사원	영업2부	12,500	21,000	20,000	
5	고윤정	대리	영업1부	62,500	65,000	64,000	
6	민태희	사원	영업3부	62,533	61,890	63,000	
7	정윤석	사원	영업3부	32,560	33,000	32,000	
8	박상현	사원	영업1부	56,800	60,000	60,500	
9	합계			262,093	275,890	275,500	⑥
10							

⑥ D9 셀을 클릭한다. 셀의 오른쪽 아래 구석의 채우기 핸들로 마우스 포인터를 이동한 후, F9까지 드래그하여 E9:F9의 범위에 SUM 함수를 채운다.

AVERAGE | fx =SUM(D3:F3)

	A	B	C	D	E	F	G
1	영원상사 사원별 영업실적						
2	이름	직책	부서	1월	2월	3월	1분기 합계
3	김익환	대리	영업2부	35,200	35,000	36,000	=SUM(D3:F3) ⑦
4	이운섭	사원	영업2부	12,500	21,000	20,000	
5	고윤정	대리	영업1부	62,500	65,000	64,000	
6	민태희	사원	영업3부	62,533	61,890	63,000	
7	정윤석	사원	영업3부	32,560	33,000	32,000	
8	박상현	사원	영업1부	56,800	60,000	60,500	
9	합계			262,093	275,890	275,500	
10							

⑦ 이제 사원별 1분기 합계를 구하는 SUM 함수를 작성하자. G3 셀을 클릭하고, 김익환의 1월, 2월, 3월 영업실적을 더하는 아래의 SUM 함수를 입력한 후, Enter 나 Tab 을 누른다.

=SUM(D3:F8)

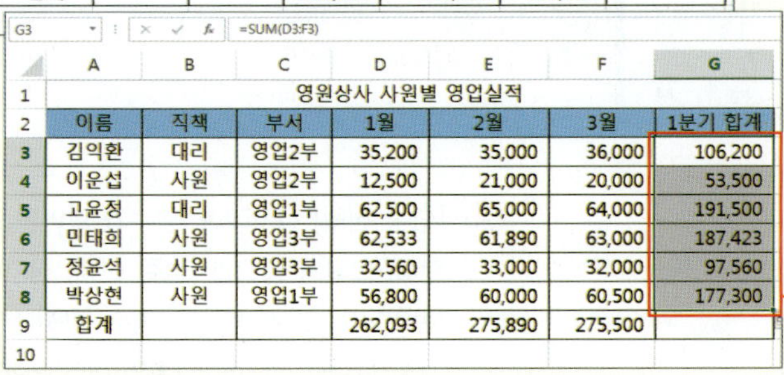

G3 | fx =SUM(D3:F3)

	A	B	C	D	E	F	G
1	영원상사 사원별 영업실적						
2	이름	직책	부서	1월	2월	3월	1분기 합계
3	김익환	대리	영업2부	35,200	35,000	36,000	106,200
4	이운섭	사원	영업2부	12,500	21,000	20,000	53,500
5	고윤정	대리	영업1부	62,500	65,000	64,000	191,500
6	민태희	사원	영업3부	62,533	61,890	63,000	187,423
7	정윤석	사원	영업3부	32,560	33,000	32,000	97,560
8	박상현	사원	영업1부	56,800	60,000	60,500	177,300 ⑧
9	합계			262,093	275,890	275,500	
10							

⑧ G3 셀을 클릭한다. 셀의 오른쪽 아래 구석의 채우기 핸들로 마우스 포인터를 이동한 후, G8 셀까지 드래그하여 G4:G8의 범위에 SUM 함수를 채운다.

Tip 엑셀은 사용자가 입력하는 함수 이름의 대 · 소문자를 구분하지 않지만 수식 입력줄에는 함수 이름을 대문자로 나타낸다.

실습하기 5-2

실습파일 :\5장\신입사원 전형 결과.xlsx

IF 함수를 사용하여 텍스트 표시하기

실습 설명

조건을 테스트한 결과에 따라 서로 다른 텍스트를 표시하기 위해서 IF 함수를 사용할 수 있다. IF 함수를 포함하고 있는 셀에 결과 텍스트가 표시된다. 이번 실습에서는 신입사원의 전형 점수가 90보다 크면 **합격**, 그렇지 않으면 **불합격**으로 결정하는 IF 함수를 작성해 본다. 함수 마법사를 사용하여 IF 함수의 인수들을 채워보자.

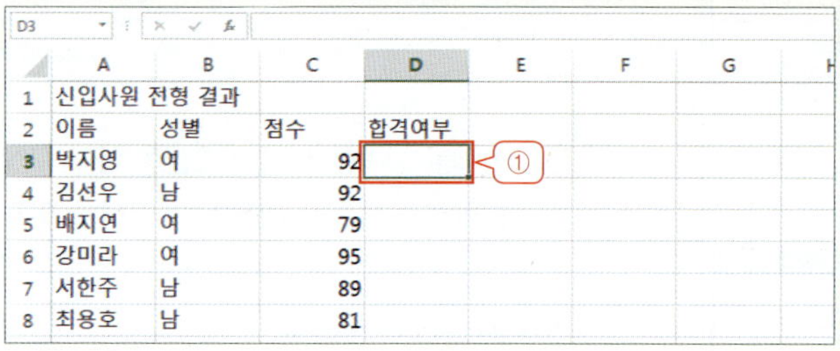

① 박지영의 합격여부가 들어갈 D3 셀을 클릭하여 현재 셀로 만든다.

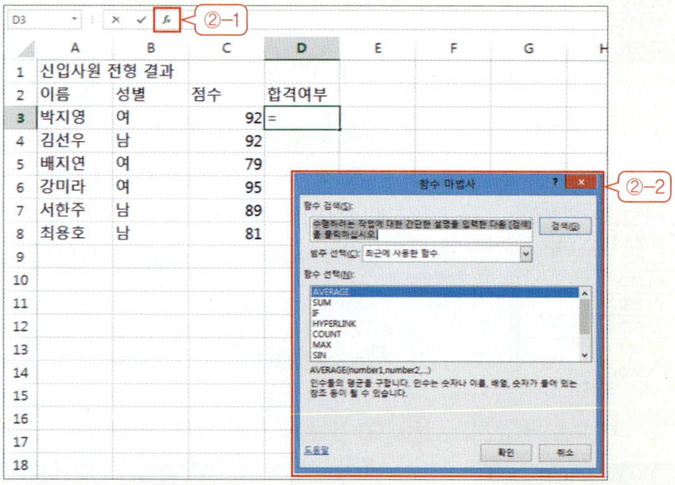

② 수식 입력줄에 있는 **[함수 삽입 단추 fx]**를 클릭한다. **[함수 마법사]** 대화상자가 나타난다.

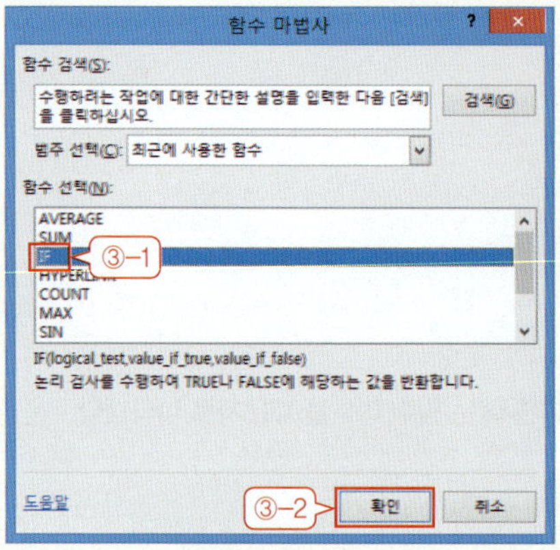

③ **[함수 선택]** 상자에 IF 함수가 보이면 선택한다. 그렇지 않으면 **[범주 선택]** 상자에서 **[논리]** 범주를 선택한 후 **[함수 선택]** 상자에서 IF 함수를 선택한다. **[확인]**을 클릭한다.

IF 함수를 사용하여 텍스트 표시하기

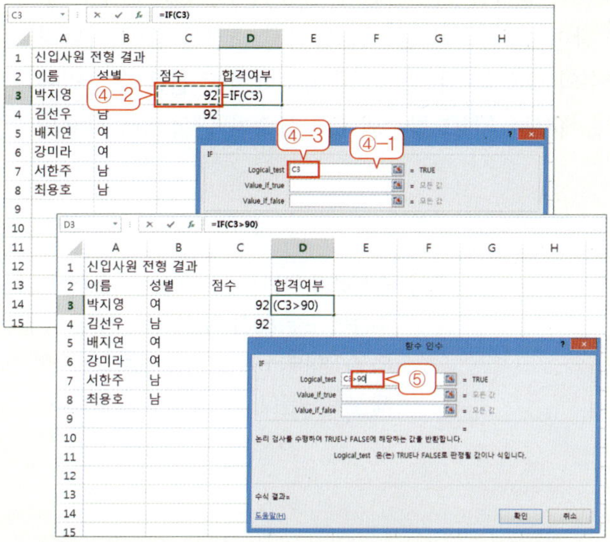

④ [함수 인수] 대화상자가 나타난다. Logical_test 상자 내부를 클릭한 후 C3 셀을 클릭한다. C3 셀이 깜박이는 점선으로 표시되고, Logical_test 상자에 C3가 나타난다.

⑤ 이 상자에서 >90을 계속해서 입력한다.

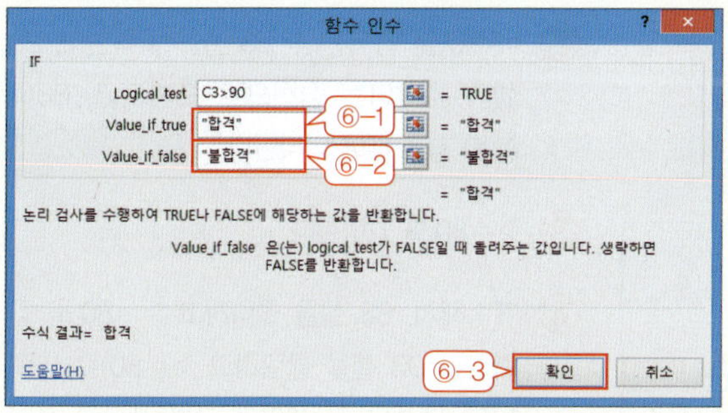

⑥ Value_if_true 상자(조건이 참)에 "합격"을 입력하고, Value_if_false 상자(조건이 거짓)에 "불합격"을 입력한다. [확인]을 클릭한다.

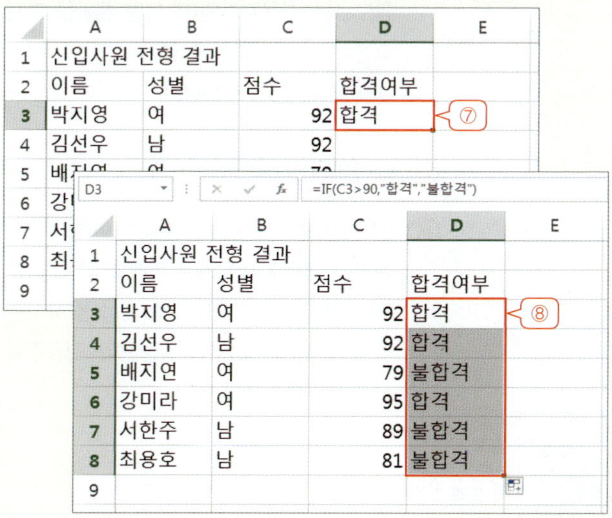

⑦ D3 셀에 합격이 표시된다.

⑧ D3 셀을 클릭한다. 셀의 오른쪽 아래 구석의 채우기 핸들로 마우스 포인터를 이동한 후, D8 셀까지 드래그하여 IF 함수를 복사한다. 6명 지원자의 합격·불합격 여부가 결정된다.

Tip 테스트 결과가 참일 때만 텍스트가 나타나도록 하려는 경우에는 조건이 거짓일 때의 동작에 ""만 입력한다.

실습하기 5-3

실습파일 :\5장\사원 승진 심사표.xlsx

AND 함수와 OR 함수

실습 설명

AND 함수와 OR 함수는 두 개 이상의 조건의 결과를 비교하는데 사용된다. AND 함수는 명시된 모든 조건들이 만족될 때만 결과가 참이 된다. OR 함수는 명시된 조건들 중에 하나라도 만족되면 결과가 참이 된다. AND 함수와 OR 함수는 흔히 IF 함수에서 조건들의 모임에 대한 테스트를 위해 사용되지만 이번 실습에서는 AND 함수와 OR 함수가 단독으로 사용되는 예를 다룬다.

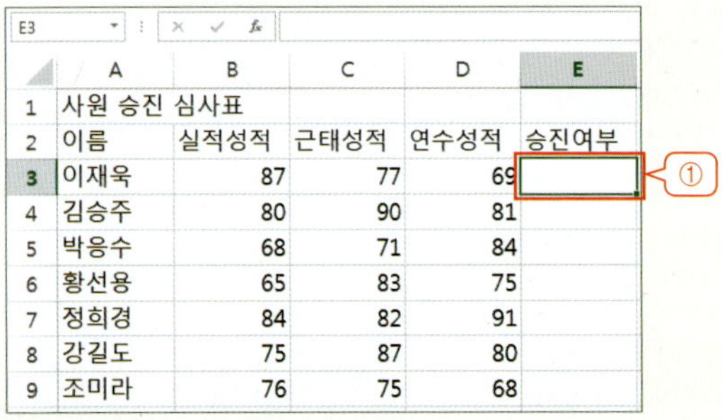

① 승진하기 위해서는 실적성적, 근태성적, 연수성적 모두 80점 이상이어야 한다. 이재욱의 승진여부가 들어갈 E3 셀을 클릭하여 현재 셀로 만든다.

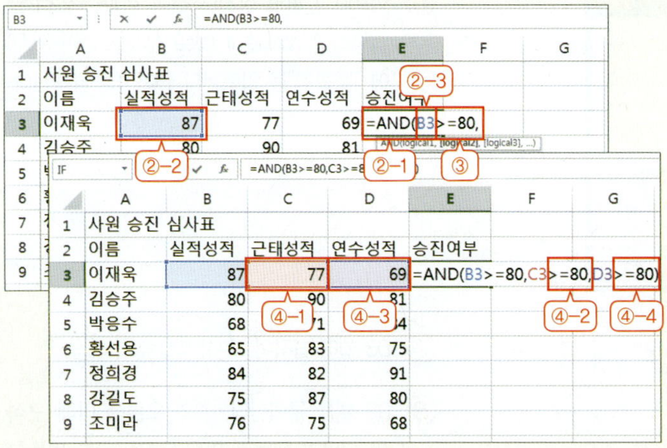

② =AND(를 입력한 후 B3 셀을 클릭한다. B3 셀이 깜박이는 점선으로 표시되고, B3이 AND 함수 내에 나타난다.

③ >=80,를 입력한다.

④ 계속해서, C3 셀을 클릭하고 >=80,을 입력하고 D3 셀을 클릭하고 >=80)를 입력한다. 엑셀은 각 셀마다 다른 색으로 표시함으로써, 사용자가 현재 어떤 셀들을 가지고 작업하는가를 쉽게 알 수 있도록 한다. Enter 나 Tab 을 누른다.

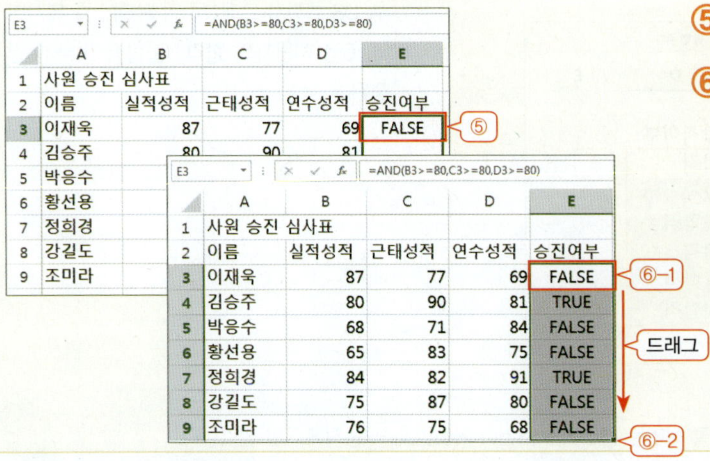

⑤ E3 셀에 FALSE가 표시된다.

⑥ E3 셀을 클릭한다. 셀의 오른쪽 아래 구석의 채우기 핸들로 마우스 포인터를 이동한 후, E9 셀까지 드래그하여 AND 함수를 복사한다. 7명의 승진 여부가 결정된다. 김승주와 정희경만 승진할 수 있다.

AND 함수와 OR 함수

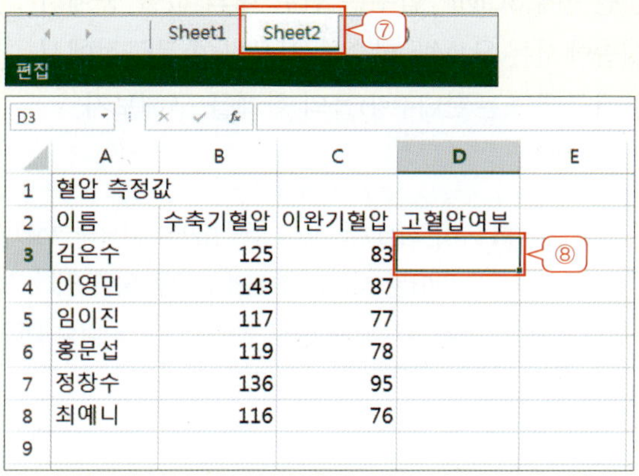

⑦ 시트 탭에서 Sheet2를 클릭한다.

⑧ 수축기 혈압이 140 이상 또는 이완기 혈압이 90 이상이면 고혈압이라고 판정한다. 김은수의 고혈압 여부를 알기 위해서 D3 셀을 클릭하여 현재 셀로 만든다.

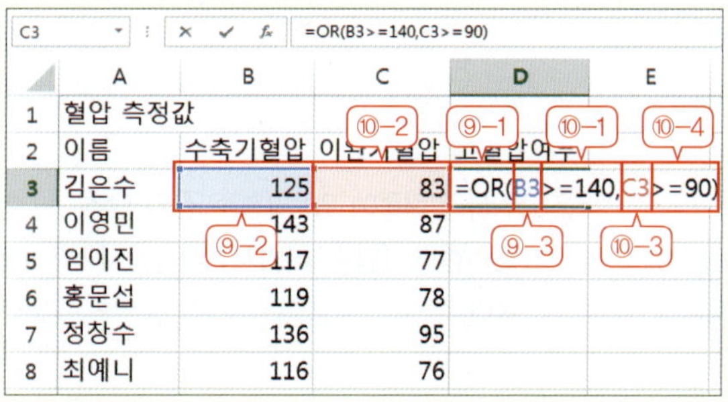

⑨ =OR(를 입력한 후 B3 셀을 클릭한다. B3 셀이 깜박이는 점선으로 표시되고, B3이 OR 함수 내에 나타난다.

⑩ >=140,를 입력한다. 계속해서, C3 셀을 클릭하고 >=90)를 입력한다. Enter 나 Tab 을 누른다.

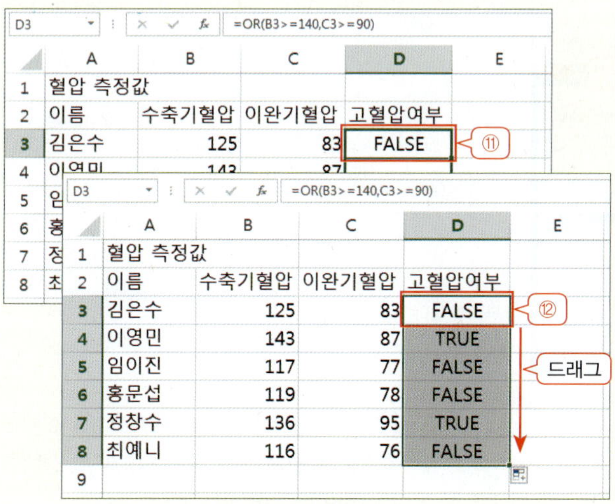

⑪ D3 셀에 FALSE가 표시된다.

⑫ D3 셀을 클릭한다. 셀의 오른쪽 아래 구석의 채우기 핸들로 마우스 포인터를 이동한 후, D8 셀까지 드래그하여 OR 함수를 복사한다. 6명의 고혈압 여부가 결정된다.

실습하기 5-4

실습파일 :\5장\서울문구.xlsx

SUMIF 함수

실습 설명

SUM 함수는 범위 내의 값들을 무조건 더한다. 반면에 SUMIF 함수는 범위 내의 값들 중에서 지정한 조건을 만족하는 값들만 더한다. 이번 실습에서는 SUMIF 함수를 사용하여 문구점에서 하루 동안 판매된 품목들 중에서 특정 품목의 판매금액(또는 판매수량)들의 합계를 구해보자.

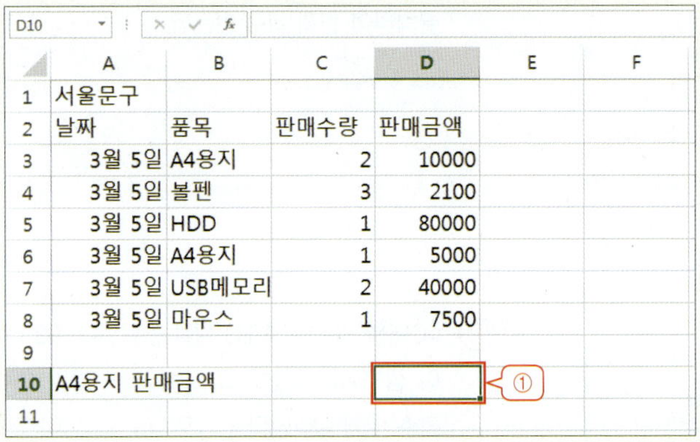

① 이 워크시트에는 3월 5일에 서울문구에서 판매된 상품들이 차례로 입력되어 있다. 3월 5일에 A4용지 판매금액이 들어갈 D10 셀을 클릭하여 현재 셀로 만든다.

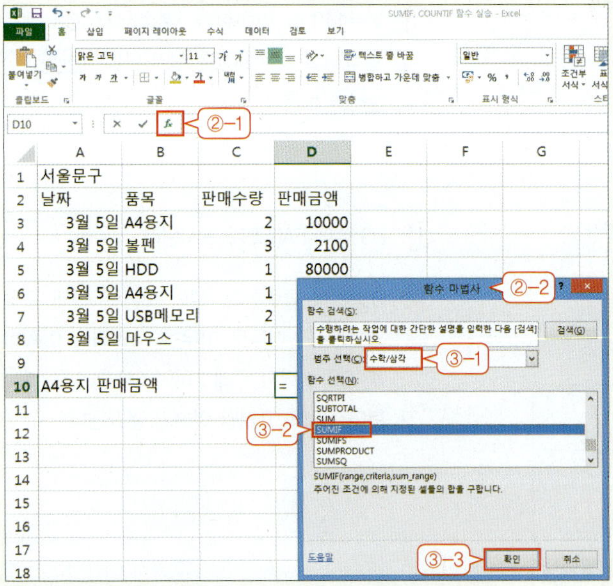

② 수식 입력줄에 있는 [함수 삽입 단추 fx]를 클릭한다. [함수 마법사] 대화상자가 나타난다.

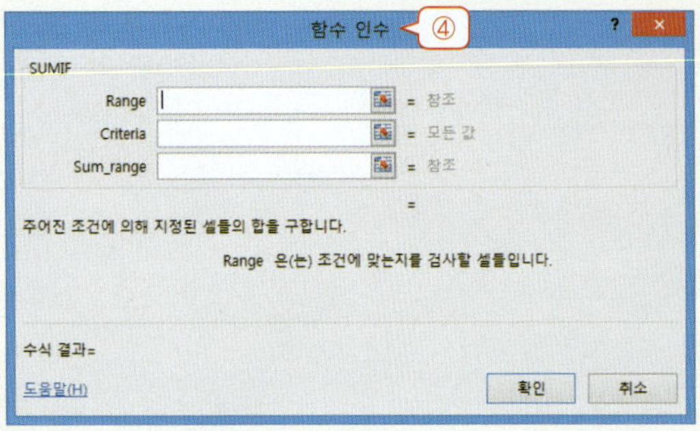

③ [범주 선택] 상자에서 [수학/삼각]을 선택한 후 [함수 선택] 상자에서 SUMIF를 선택한다. [확인]을 클릭한다.

④ [함수 인수] 대화상자가 나타난다.

SUMIF 함수

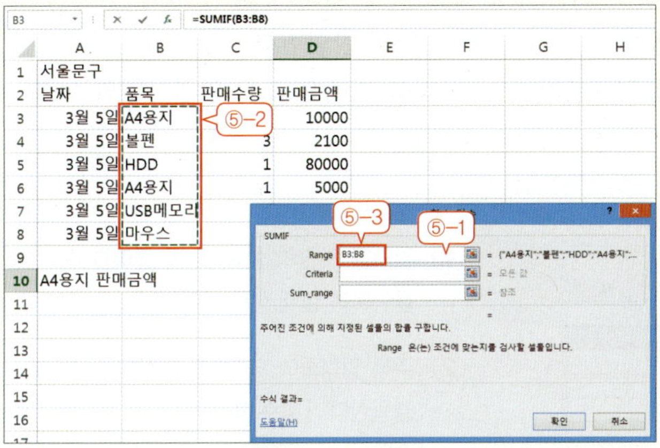

⑤ Range 상자 내부를 클릭한 후 B3:B8 범위를 마우스로 드래그한다(또는 Range 상자에 직접 B3:B8을 입력). B3:B8 범위가 깜박이는 점선으로 표시되고, Range 상자에 B3:B8 범위가 나타난다.

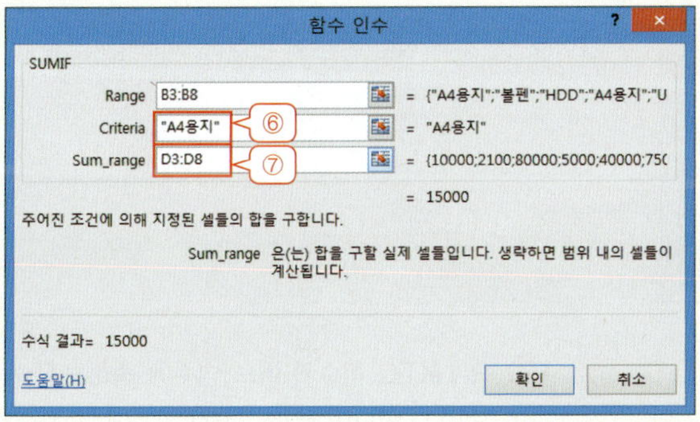

⑥ Criteria 상자에 "A4용지"를 입력한다.

⑦ Sum_range 상자에 판매금액이 들어있는 범위 D3:D8을 마우스로 드래그한다(또는 Sum_range 상자에 직접 D3:D8을 입력).

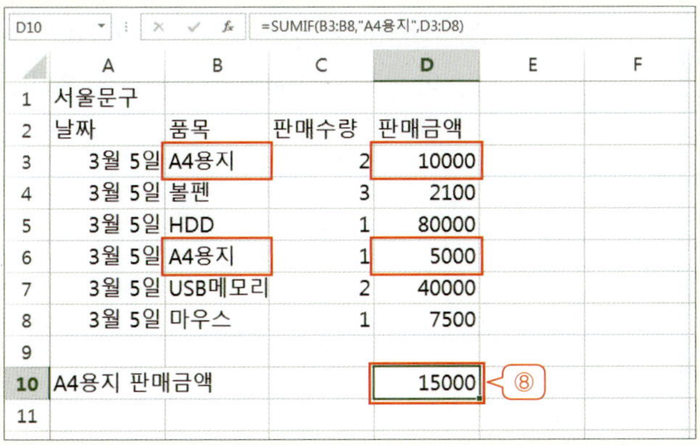

⑧ 3월 5일에 판매된 품목들 중에서 A4용지의 판매금액인 10000원과 5000원의 합계가 구해진다.

실습하기 5-5

실습파일 :\5장\사원별 영업 실적-순위.xlsx

RANK.EQ 함수

실습 설명

성적 순위, 판매 순위 등 여러 항목들의 순위를 결정해야 하는 경우가 자주 있다. RANK.EQ 함수는 수치들의 목록 내에서 지정한 수치의 크기 순위를 반환한다. 이번 실습에서는 RANK.EQ 함수를 사용하여, 영업사원들의 1분기 합계 실적을 기준으로 각 영업사원의 실적 순위를 구해보자.

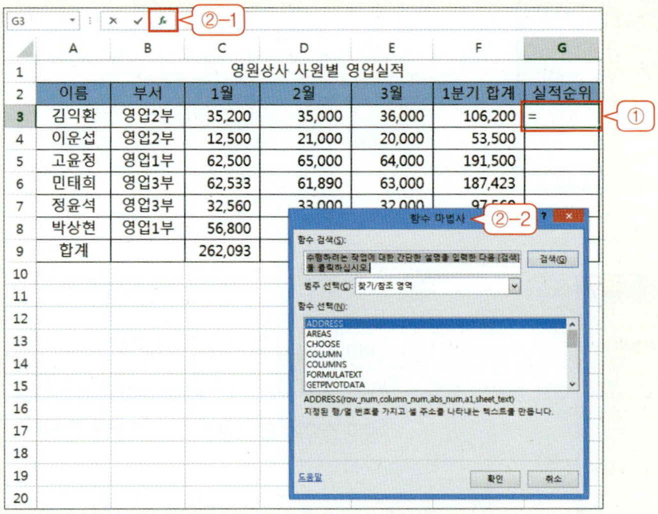

① 김익환 사원의 실적순위가 들어갈 G3 셀을 클릭하여 현재 셀로 만든다.

② 수식 입력줄에 있는 **[함수 삽입 단추** fx**]**를 클릭한다. **[함수 마법사]** 대화상자가 나타난다.

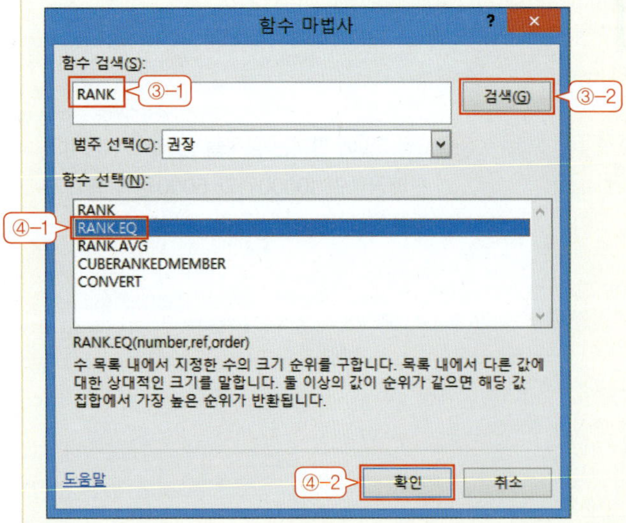

③ RANK.EQ 함수가 어느 범주에 속하는지 기억나지 않으면 **[함수 검색]** 상자에 RANK를 입력한 후 **[검색]**을 클릭한다.

④ **[함수 선택]** 상자에 5개의 함수가 나타난다. 이 중에서 RANK.EQ를 선택한 후 **[확인]**을 클릭한다.

RANK.EQ 함수

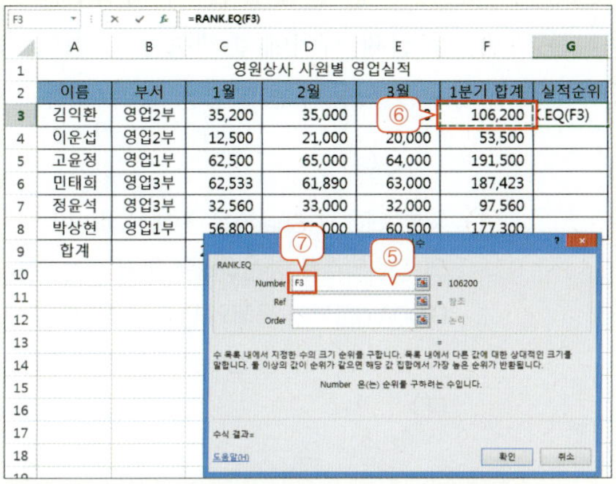

⑤ [함수 인수] 대화상자가 나타난다. Number 상자 내부를 클릭한 후,

⑥ 김익환의 1분기 합계가 들어있는 F3 셀을 클릭(또는 직접 입력)한다.

⑦ F3 셀이 깜박이는 점선으로 표시되고, Number 상자에 F3이 나타난다.

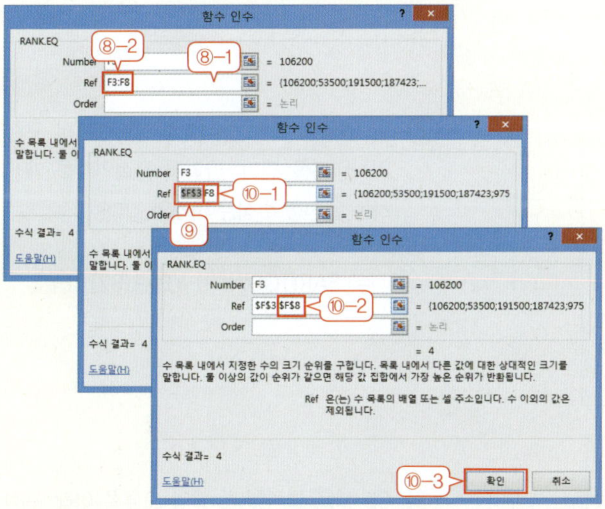

⑧ Ref 상자 내부를 클릭한 후, 영업사원들의 1분기 합계가 들어있는 범위인 F3:F8을 직접 입력하거나 워크시트에서 마우스로 드래그한다.

⑨ RANK.EQ 함수를 자동 채우기로 박상현 사원까지 복사할 것이다. 6명의 1분기 합계는 고정되어야 하므로 절대 주소($F$3:$F$8)로 표현해야 한다. F3 오른쪽을 클릭한 후 F4를 누른다. $F$3으로 바뀐다.

⑩ F8 오른쪽을 클릭한 후 F4를 누른다. $F$8로 바뀐다. [확인]을 클릭한다.

⑪ 김익환의 실적순위인 4가 구해진다.

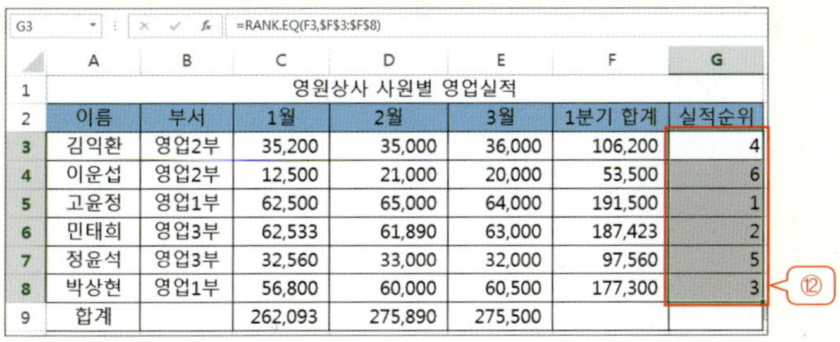

⑫ G3 셀을 클릭한다. 셀의 오른쪽 아래 구석의 채우기 핸들로 마우스 포인터를 이동한 후, G8까지 드래그하여 G4:G8의 범위에 RANK.EQ 함수를 채운다. 6명의 영업사원들의 실적순위가 구해진다.

실습하기 5-6

실습파일 :\5장\날짜 함수.xlsx

날짜 함수

실습 설명

엑셀을 사용하는 업무에서 날짜를 다루는 경우가 자주 있다. 이번 실습에서는 근속연수를 계산하기 위해서 YEAR과 TODAY 함수를 사용하는 방법, 두 날짜 사이에 존재하는 주말(토요일과 일요일)의 개수를 구하기 위해서 NETWORKDAYS 함수를 사용하는 방법을 알아보자.

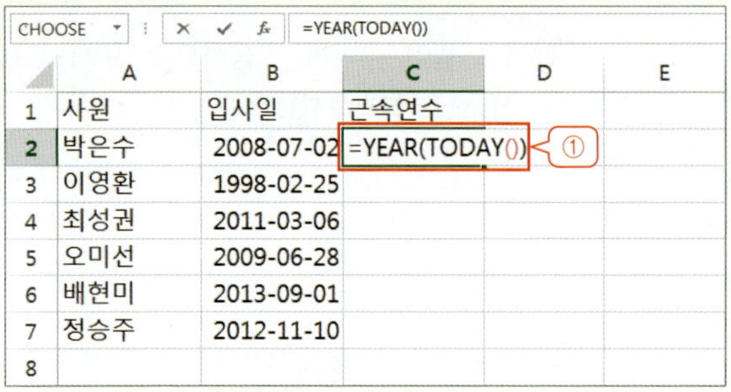

① 시트 탭에서 Sheet1을 선택한 후, 박은수의 근속연수를 계산하려면 먼저 오늘 날짜(TODAY)로부터 올해의 연도(YEAR)를 구해야 한다.(본 화면을 캡처한 시점은 2013년이다.)

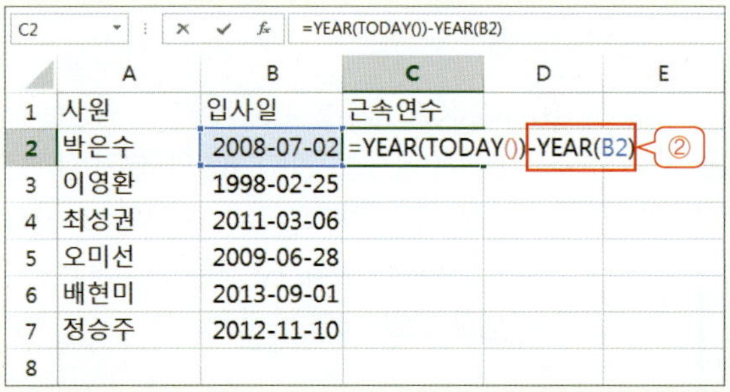

② 이 연도에서 박은수의 입사일로부터 구한 입사연도를 뺀다. 따라서 근속연수를 계산하는 완전한 수식은 아래와 같다.

```
=YEAR(TODAY())-YEAR(B2)
```

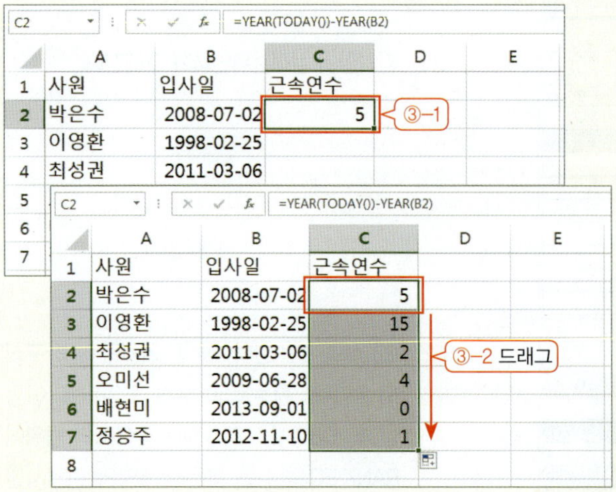

③ C2 셀을 클릭한다. 셀의 오른쪽 아래 구석의 채우기 핸들로 마우스 포인터를 이동한 후, C7 셀까지 드래그하여 C2:C7 범위에 수식을 채운다.

날짜 함수

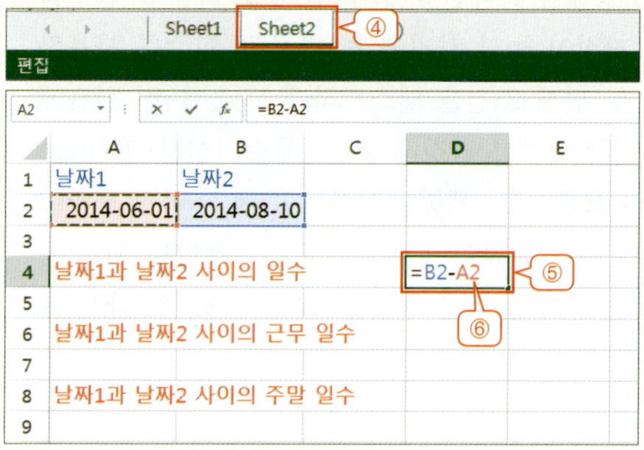

④ 시트 탭에서 Sheet2를 클릭한다.

⑤ 2014-6-1과 2014-8-10 사이에 주말이 얼마나 존재하는가를 알아보기 위해서 먼저 D4 셀을 클릭하여 현재 셀로 만든다.

⑥ D4 셀에 수식 =B2-A2를 입력하여 두 날짜 사이의 전체 일수를 계산한다. 70이 구해진다.

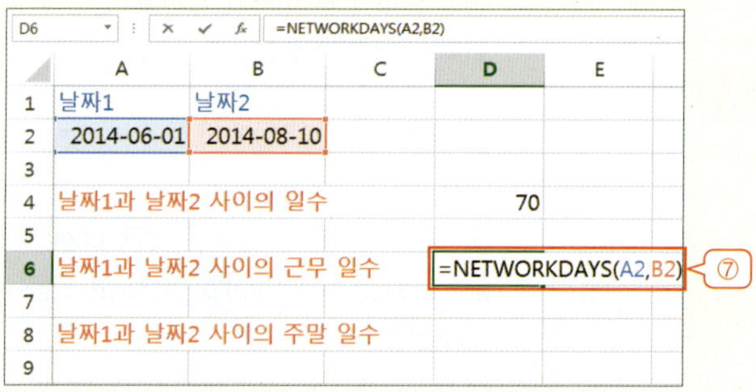

⑦ D6 셀을 클릭한 후 NETWORKDAYS 함수를 사용하여 두 날짜 사이의 근무 일수(주말을 제외한 일수)를 계산한다. 50이 구해진다.

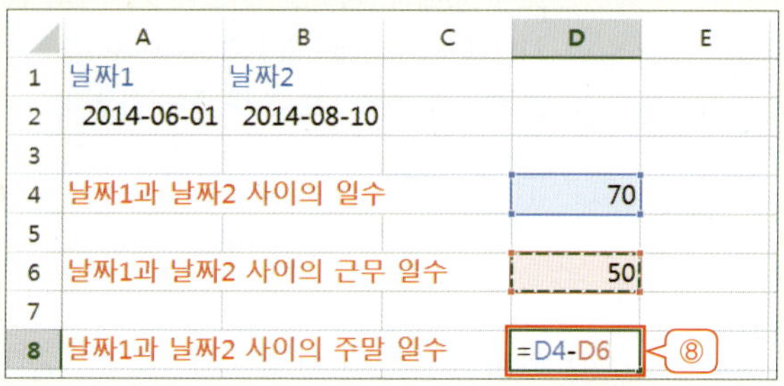

⑧ D8 셀을 클릭한 후 전체 일수에서 주말 일수를 빼는 아래의 수식을 입력한다.

```
=D4-D6
```

두 날짜 사이의 주말 일수인 20이 구해진다.

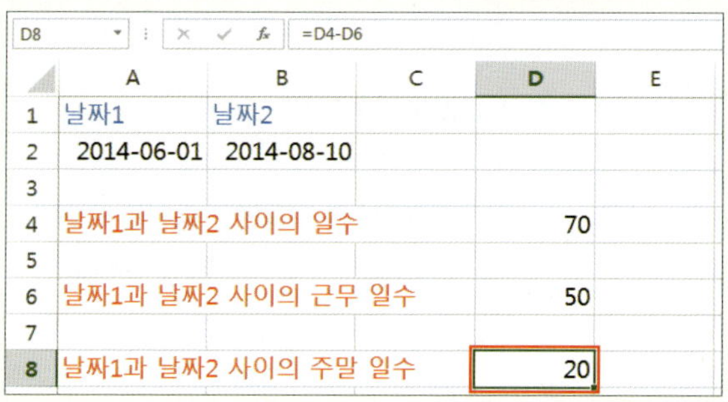

실습하기 5-7

실습파일 :\5장\비만도 측정.xlsx

중첩 IF 함수

실습 설명

답을 계산하기 위해서 두 번 이상 테스트를 수행해야 한다면 IF 함수 안에 또 다른 IF 함수를 중첩시킬 수 있다. 예를 들어서 IF 함수에서 거짓이 놓일 자리에 또 다른 IF 함수를 사용하게 되면 첫 번째 테스트의 결과가 거짓일 때 두 번째 조건을 테스트하게 된다. 이번 실습에서는 신장과 체중 데이터로부터 비만, 표준, 허약 여부를 판정해 본다. 체중−(신장−110)≥6이면 비만이고, −5≤체중−(신장−110)<6이면 표준이고, 체중−(신장−110)<−5이면 허약이다. 먼저 체중−(신장−110)≥6을 테스트한 후, 조건이 참이면 비만이라고 판정하면 되지만, 그렇지 않은 경우에는 체중−(신장−110)≥−5인지 또는 체중−(신장−110)<−5인지 다시 테스트해야 하므로 IF 함수를 중첩해야 한다.

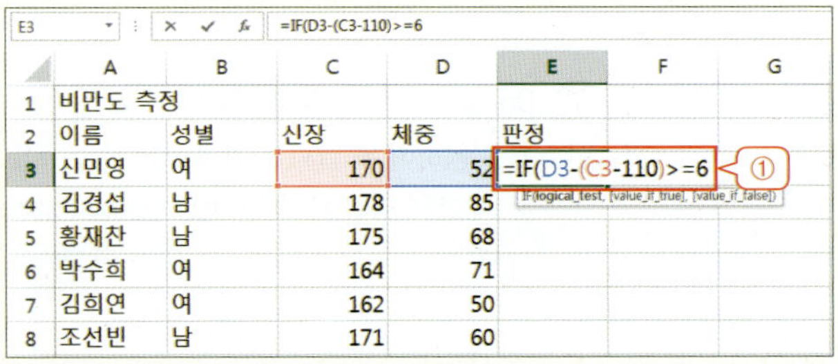

① 신민영의 비만여부를 검사하기 위해서 E3 셀을 클릭한 후 아래와 같이 IF 함수의 첫 번째 인수(조건)를 입력한다.

```
=IF(D3-(C3-110)>=6
```

흐리게 표시되는 도움말은 현재 Logical_test 인수(첫 번째 인수)를 입력하고 있음을 나타낸다.

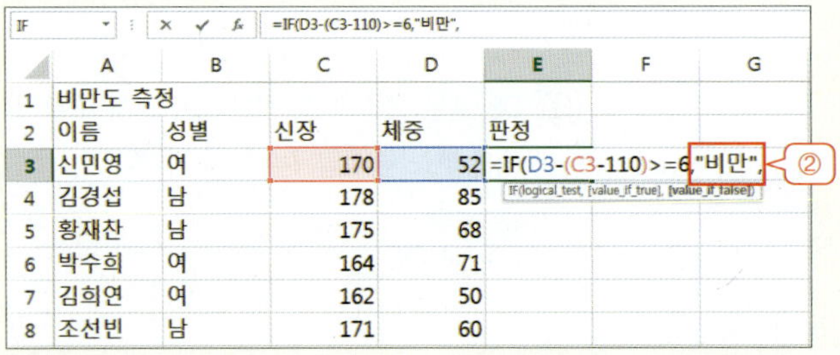

② 6 오른쪽에 ,를 입력한 후 "비만",까지 입력한다. 전체 IF 함수를 한 줄에 입력해도 좋지만 여기서는 IF 함수의 세 번째 인수가 또 다른 IF 함수이므로 새 줄에 입력해보자. Alt+Enter를 누른다.

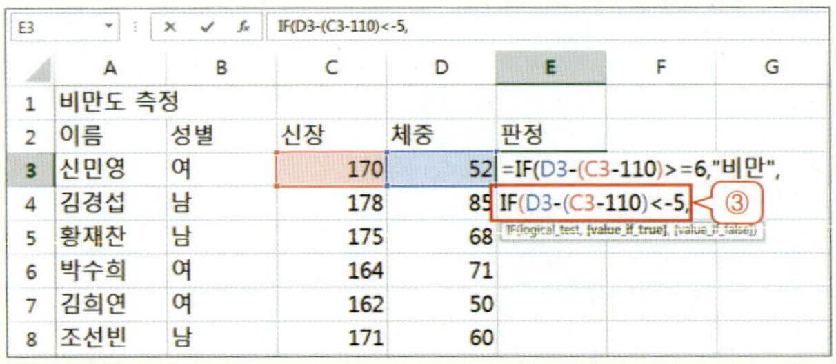

③ 마우스 포인터가 새 줄로 넘어간다. 중첩된 IF 함수의 첫 번째 인수를 입력한다.

```
IF(D3-(C3-110)<-5,
```

흐리게 표시되는 도움말은 중첩된 IF 함수의 value_if_true 인수를 입력할 단계임을 나타낸다.

중첩 IF 함수

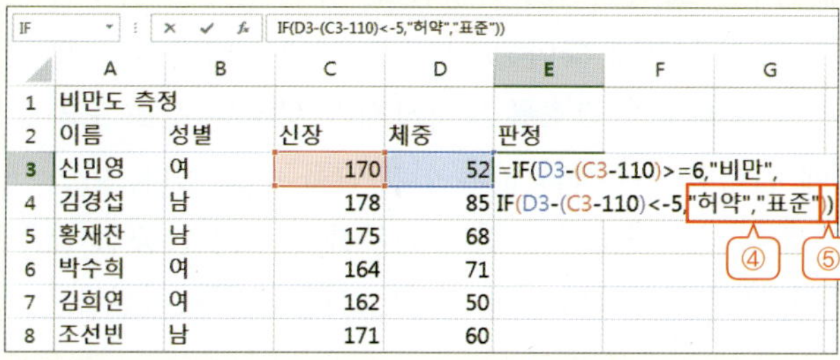

④ 중첩된 IF 함수의 두 번째 인수와 세 번째 인수를 차례대로 입력하고, 닫는 괄호 두 개))를 입력한다.

"허약","표준"))

⑤ 엑셀은 여는 괄호가 두 개 이상이면 괄호의 색을 구분함으로써 사용자가 현재 어떤 괄호에 대하여 작업하고 있는가를 쉽게 알 수 있도록 한다. 가장 바깥쪽 IF 함수의 여는 괄호와 닫는 괄호의 색은 검정이다. Enter 나 Tab 을 누른다.

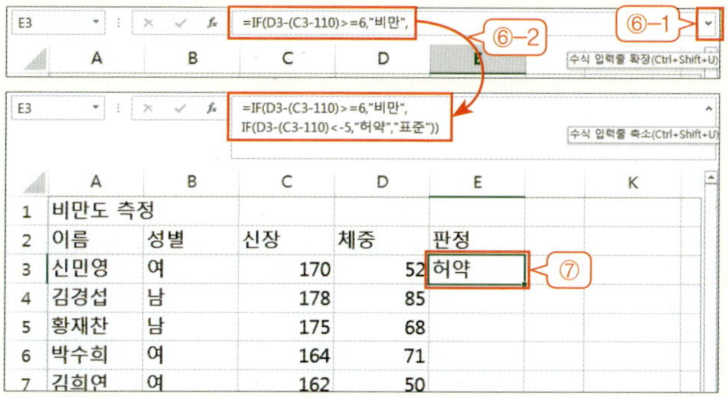

⑥ 수식 입력줄 오른쪽 끝의 [**수식 입력줄 확장 단추** ⌄]를 클릭하면 전체 IF 함수를 수식 입력줄에서 볼 수 있다.

⑦ 신민영의 비만도는 허약으로 판정되었다.

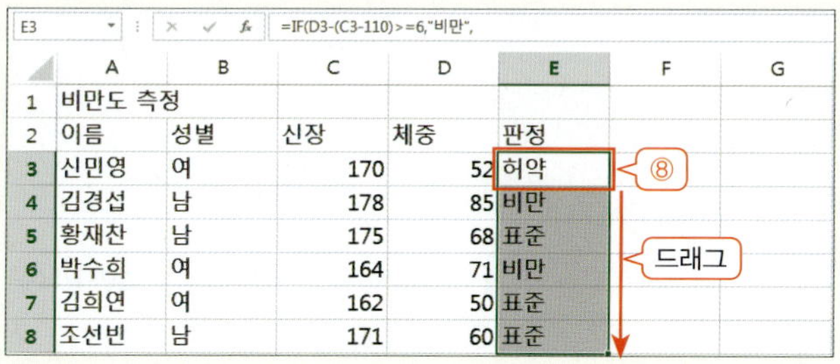

⑧ E3 셀을 클릭한다. 셀의 오른쪽 아래 구석의 채우기 핸들로 마우스 포인터를 이동한 후, E8 셀까지 드래그하여 E4:E8 범위에 중첩 IF 함수를 채운다.

실습하기 5-8

실습파일 :\5장\입사시험 결과.xlsx

IF, AND, AVERAGE 등의 중첩 함수 사용하기

실습 설명

중첩 함수는 한 함수를 다른 함수 내부에 인수로 포함시켜서 작성한다. 중첩 함수를 작성할 때 괄호들의 위치와 개수가 매우 중요하므로 세심하게 확인해야 한다. 엑셀은 대응되는 괄호들의 쌍을 서로 다른 색깔로 나타냄으로써 사용자가 괄호를 정확하게 입력하는 것을 도와준다. 수식의 각 구성요소마다 다른 라인에 입력하여 수식을 읽기 쉽게 만들 수도 있다. 이번 실습에서는 입사시험 점수 두 가지(면접과 토익) 데이터로부터 합격 여부를 판정하는 중첩 함수를 작성해 본다. 면접 점수와 토익 점수가 전체 지원자의 평균 이상인 사람만 합격시킨다.

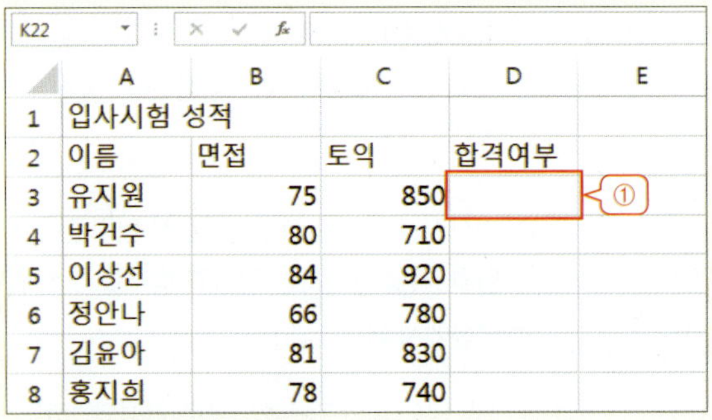

① 유지원의 합격여부를 판정하기 위하여 D3 셀을 클릭하여 현재 셀로 만든다.

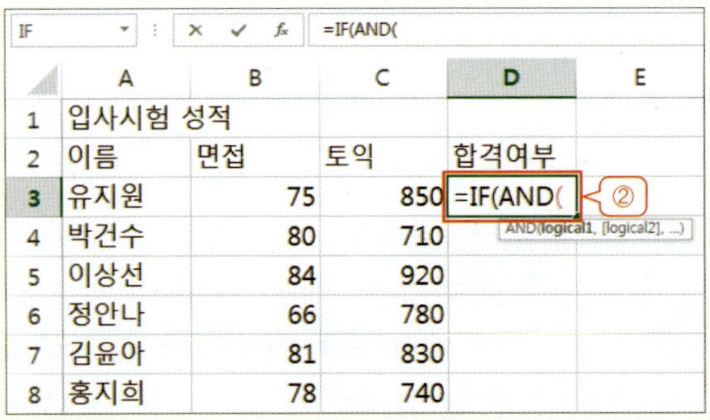

② 면접 점수와 토익 점수(두 개의 조건)가 전체 지원자의 평균 이상인가를 검사하기 위해서 IF 함수 안에 AND 함수가 필요하다.

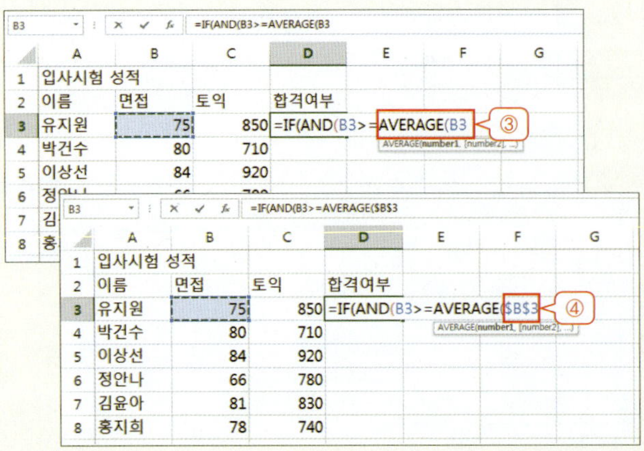

③ 전체 지원자의 평균 면접 점수는 AVERAGE(B3:B8)이다. IF 함수 안에 AND 함수가 중첩되고, AND 함수 안에 다시 AVERAGE 함수가 중첩된다.

④ 유지원의 합격여부를 판정하기 위해 작성한 함수를 홍지희까지 자동 채우기로 복사할 것이므로 전체 지원자의 평균 면접 점수는 절대 주소를 사용하여 계산해야 한다. AVERAGE 함수 내에서 B3을 입력한 후 F4를 눌러서 $B$3으로 바꾼다.

실습하기 5-8

IF, AND, AVERAGE 등의 중첩 함수 사용하기

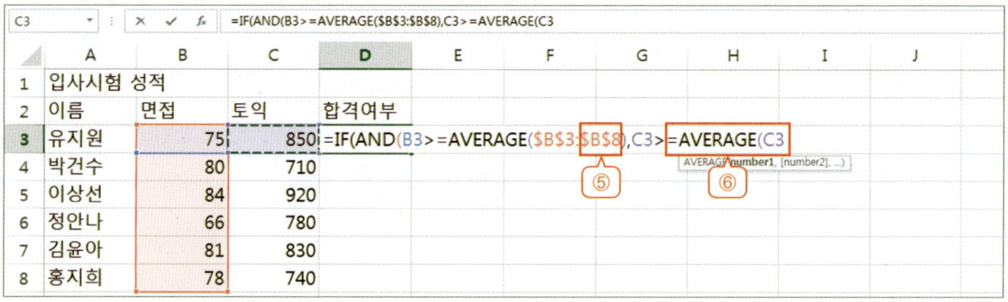

⑤ 마찬가지로, B8을 입력한 후 F4를 눌러서 $B$8로 바꾼다.

⑥ 전체 지원자의 토익 점수의 평균을 계산하는 AVERAGE 함수를 입력하기 시작한다.

⑦ 두 번째 AVERAGE 함수의 오른쪽에 괄호를 두 개 입력한다. 첫 번째 괄호는 오른쪽 AVERAGE 함수의 것이고, 두 번째 괄호는 AND 함수의 것이다. 이제 IF 함수의 첫 번째 인수(조건)까지 입력하였다.

⑧ IF 함수의 두 번째 인수("합격")와 세 번째 인수("불합격")를 입력하고 마지막으로 닫는 괄호)를 입력한다. Enter나 Tab을 누른다.

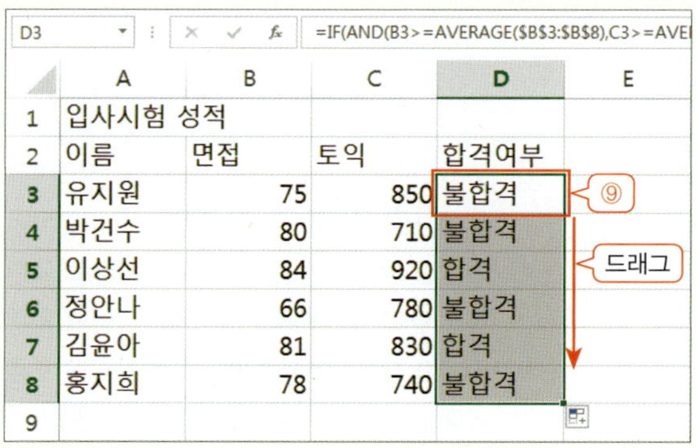

⑨ D3 셀을 클릭한다. 셀의 오른쪽 아래 구석의 채우기 핸들로 마우스 포인터를 이동한 후, D8 셀까지 드래그하여 D4:G8 범위에 IF 함수를 채운다. 각 지원자의 합격 여부가 구해진다.

실습하기 5-9

실습파일 :\5장\성적 처리.xlsx

VLOOKUP 함수 사용하기

실습 설명

VLOOKUP 함수는 대표적인 찾기 함수이다. 이 함수는 찾으려는 값과 같거나 작은 값들 중에서 최대값을 발견할 때까지 정렬된 데이터 테이블을 세로로(아래로) 검색한다. 검색한 후에 사용자가 명시한 열에 들어 있는 값을 반환한다. 이 함수는 데이터 영역 내에서 세율, 가격, 상품명 등을 검색하는데 효과적으로 사용할 수 있다. 이번 실습에서는 학생의 성적에 해당하는 학점을 데이터 영역에서 찾기 위해서 VLOOKUP 함수를 사용한다.

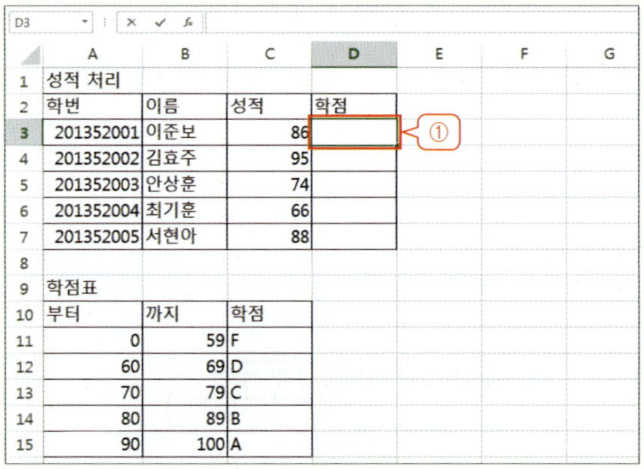

① 학생의 성적으로부터 학점을 구하려고 한다. 이준보의 학점이 들어갈 D3 셀을 클릭하여 현재 셀로 만든다.

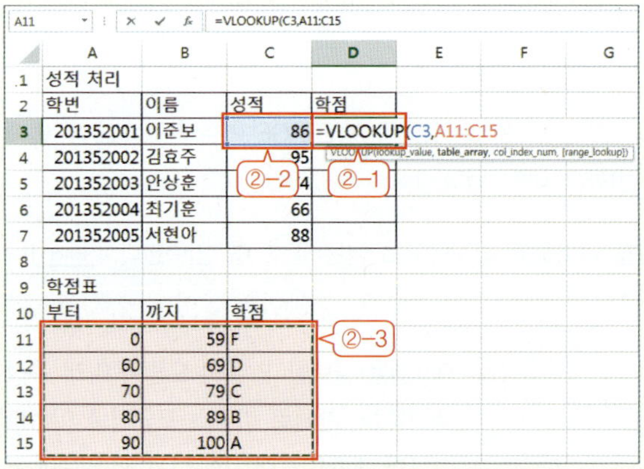

② 학점표의 첫 번째 열(성적)이 세로 방향으로 입력되어 있으므로 VLOOKUP 함수를 사용하도록 하자. VLOOKUP 함수의 첫 번째 인수로 이준보의 성적이 들어있는 C3 셀을 클릭하고, 두 번째 인수로 성적에 대한 학점이 입력되어 있는 A11:C15 범위(데이터 영역)를 마우스로 드래그한다.

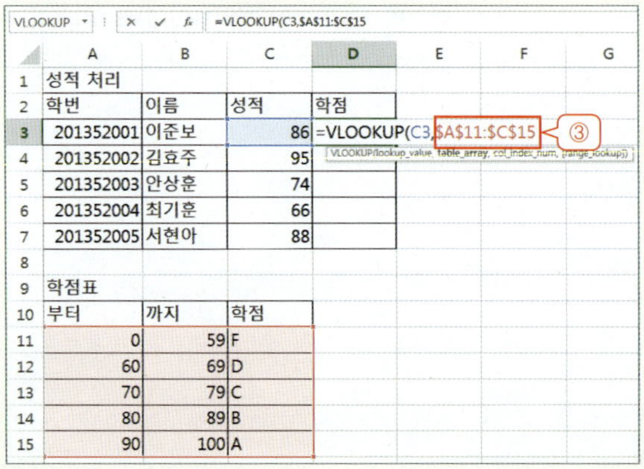

③ VLOOKUP 함수를 자동 채우기로 서현아까지 복사할 것이다. 데이터 영역은 고정되어야 하므로 절대 주소($A$11:$C$15)로 표현해야 한다. VLOOKUP 함수의 두 번째 인수인 A11 오른쪽에서 F4를 누르고, C15 오른쪽에서 F4를 눌러서 절대 주소로 바꾼다.

VLOOKUP 함수 사용하기

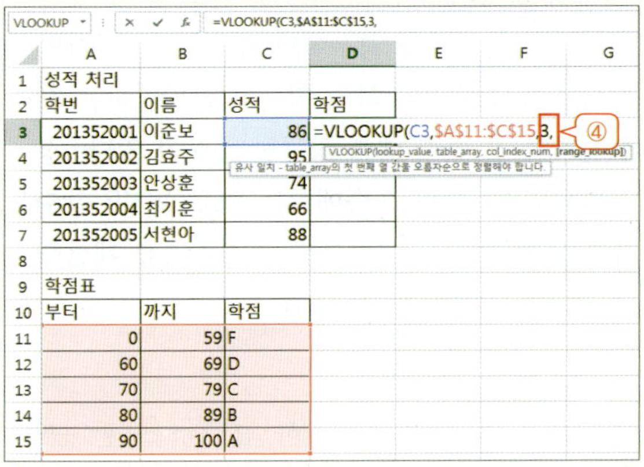

④ 데이터 영역에서 각 학생의 성적에 해당하는 학점은 세 번째 열에 들어있으므로 VLOOKUP 함수의 세 번째 인수에는 3을 입력한다. 이 워크시트의 데이터 영역에서 두 번째 열(까지)은 사실상 쓸모가 없다.

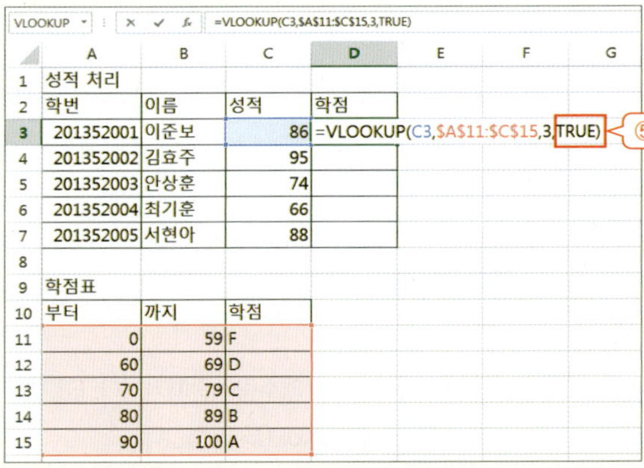

⑤ 각 학생의 성적(86, 95, 74, ...)을 A11:A15(0, 60, 70, 80, 90)에서 정확하게 또는 근사적으로 찾아야 하므로 VLOOKUP 함수의 네 번째 인수는 생략하거나 TRUE를 입력하고, 닫는 괄호)를 입력한다. 만일 FALSE를 입력하면 86, 95, 74, ...을 데이터 영역에서 찾을 수 없다.

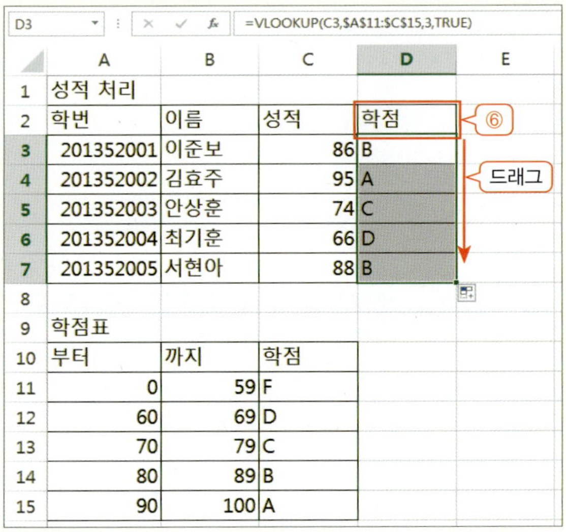

⑥ D3 셀을 클릭한다. 셀의 오른쪽 아래 구석의 채우기 핸들로 마우스 포인터를 이동한 후, D7 셀까지 드래그하여 D4:D7 범위에 VLOOKUP 함수를 채운다. 5명의 학생의 학점이 구해진다.

Tip 데이터 영역이 가로 방향으로 배치되어 있으면 HLOOKUP 함수를 사용한다. 이 함수는 찾으려는 값을 테이블의 가장 위 행에서 검색하고, 찾으려는 값과 같은 열에 있는 행들 중에서 사용자가 명시한 행에 들어 있는 값을 반환한다.

실습하기 5-10

실습파일 :\5장\매장별 판매내역.xlsx

정확하게 일치하는 값을 찾기 위해 HLOOKUP 함수 사용하기

실습 설명

일반적으로 HLOOKUP 함수는 찾으려는 값, 데이터 영역(데이터 테이블), 행 번호 등 세 개의 인수를 사용한다. 데이터 영역에 정확하게 일치하는 값이 있을 경우에만 행 번호를 반환받으려면 네 번째 인수를 사용해야 한다. 이 인수에 FALSE를 명시하면 정확하게 일치하는 값만 찾는다. 네 번째 인수가 FALSE이면 데이터 영역의 첫 번째 행을 정렬할 필요가 없다. 정확하게 일치하는 값이 없으면 #N/A 오류값이 반환된다. 이번 실습에서는 HLOOKUP 함수를 사용하여 냉장고, 세탁기, TV 등의 판매가격을 알아내고, 이로부터 판매금액을 계산해 본다.

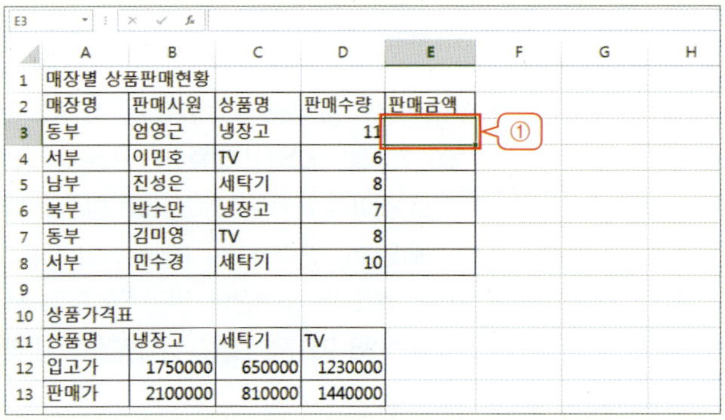

① 엄영근이 판매한 냉장고 11대의 판매금액이 들어갈 E3 셀을 클릭하여 현재 셀로 만든다.

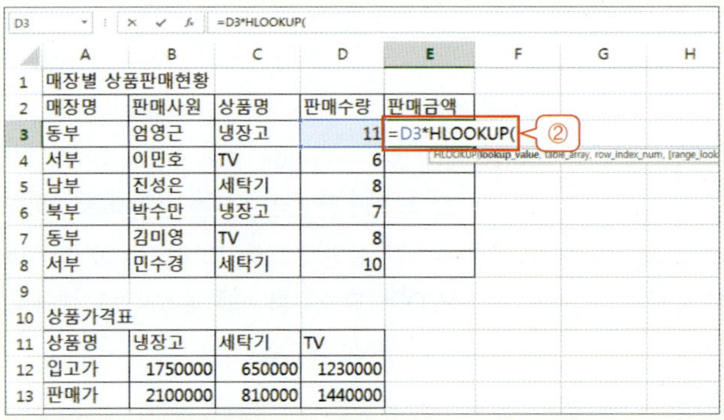

② 판매금액은 판매수량 * 판매가이다. E3 셀에 =D3 * HLOOKUP(을 입력한다.

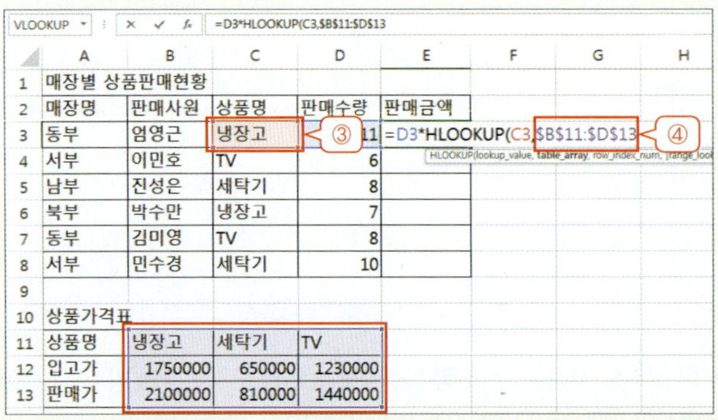

③ HLOOKUP 함수의 첫 번째 인수로 C 열(상품명)에서 C3 셀(냉장고)을 클릭한다.

④ E3 셀의 수식을 자동 채우기로 민수경 사원까지 복사할 것이다. 데이터 영역은 고정되어야 하므로 절대 주소($B$11:$D$13)로 표현해야 한다.

정확하게 일치하는 값을 찾기 위해 HLOOKUP 함수 사용하기

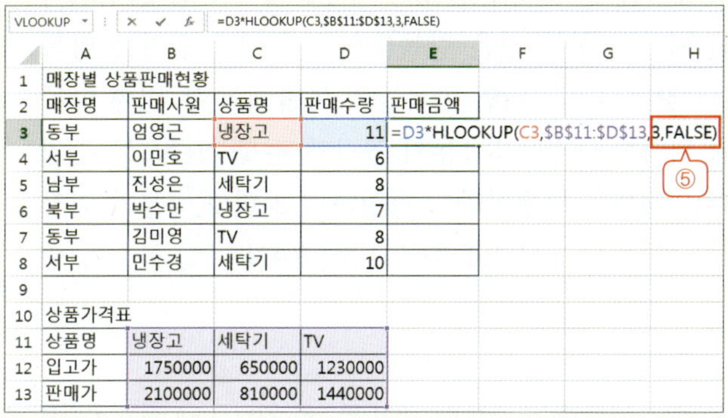

⑤ 판매가는 3행에 위치하므로 HLOOKUP 함수의 세 번째 인수에 3을 입력하고, 정확하게 일치하는 값을 찾을 것이기 때문에 네 번째 인수에 FALSE를 입력하고, 닫는 괄호)를 입력한다.

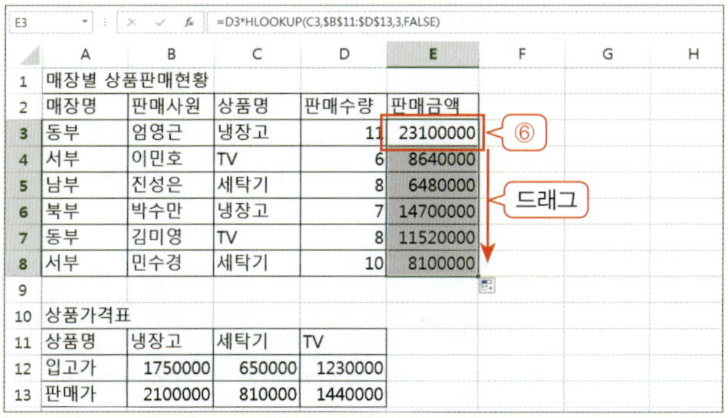

⑥ E3 셀을 클릭한다. 셀의 오른쪽 아래 구석의 채우기 핸들로 마우스 포인터를 이동한 후, E8 셀까지 드래그하여 E4:E8 범위에 수식을 채운다.

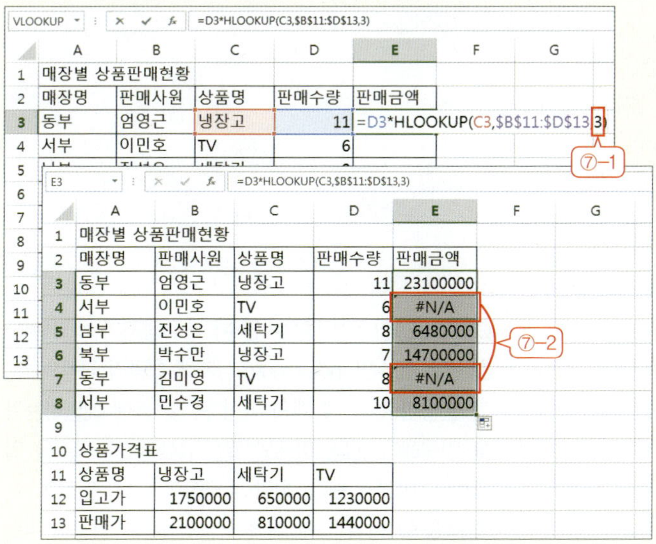

⑦ 만일 단계 ⑤에서 HLOOKUP 함수의 네 번째 인수를 생략하면 데이터 영역의 첫 번째 행(상품명)이 오름차순으로 정렬되어 있어야 하는데, 현재의 데이터 영역은 그렇지 않으므로 TV의 판매가를 찾지 못하여 #N/A 오류값이 반환된다. 엑셀에서 냉장고, 세탁기, TV를 오름차순으로 정렬하면 TV, 냉장고, 세탁기가 된다.

실습하기 5-11

실습파일 :\5장\극장 입장객 수.xlsx

CHOOSE 함수 사용하기

실습 설명

CHOOSE 함수는 항목들의 목록에서 한 항목을 선택하기 위해서 사용한다. 이 함수의 형식은 CHOOSE(찾는 값, 항목들의 목록)이다. 여기서 찾는 값은 항목들의 목록에서 원하는 항목이 들어 있는 위치를 말한다. 예를 들어서 찾는 값이 2이면 항목들의 목록에서 두 번째 항목이 반환된다. 이번 실습에서는 네 지역에 위치한 극장들의 1분기 입장객 수를 기준으로 순위를 구하고, 1위는 **최우수**, 2위는 **우수**, 3위와 4위는 **보통**이라고 판정하려고 한다. 1분기 입장객 수를 기준으로 극장들의 순위를 매겨야 하므로 CHOOSE 함수 내에 RANK.EQ 함수가 중첩된다.

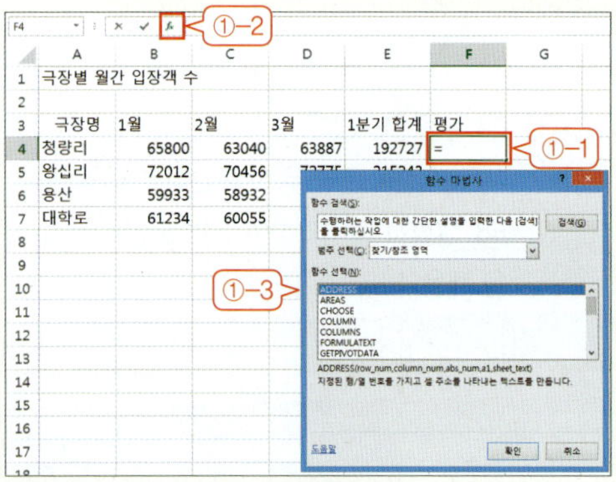

① 청량리 극장에 대한 평가를 위해서 F4 셀을 클릭한 후 수식 입력줄에 있는 **[함수 삽입 단추 fx]**를 클릭한다. **[함수 마법사]** 대화상자가 나타난다.

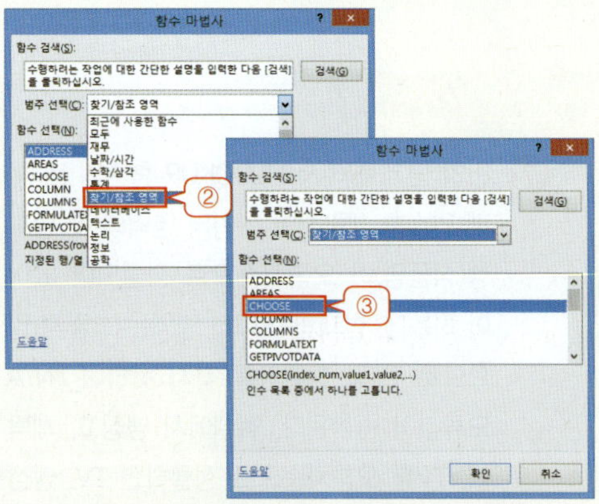

② **[범주 선택]** 상자에서 **[찾기/참조 영역]**을 선택한다.

③ **[함수 선택]** 상자에서 CHOOSE를 선택한 후 **[확인]**을 클릭한다.

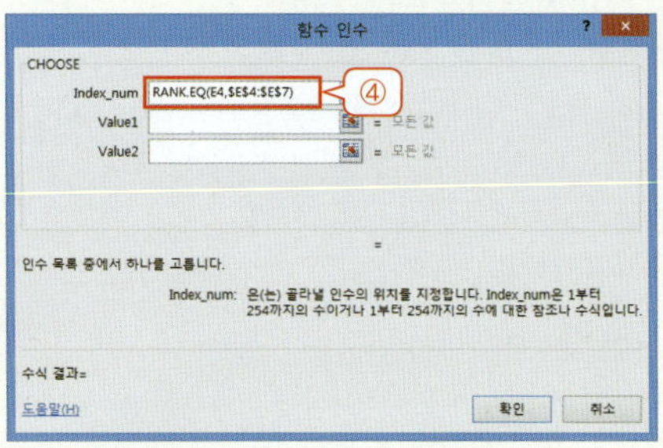

④ CHOOSE 함수의 **[함수 인수]** 대화상자가 나타난다. 첫 번째 인수인 Index_num 상자에 청량리 극장의 1분기 입장객 수가 네 개의 극장 중 몇 등에 해당하는가를 입력해야 한다. 아래와 같은 RANK.EQ 함수를 입력한다. 여기서 E4는 청량리 극장의 1분기 입장객 수, $E$4:$E$7 범위는 네 개의 극장의 1분기 입장객 수를 나타낸다.

```
RANK.EQ(E4,$E$4:$E$7)
```

CHOOSE 함수 사용하기

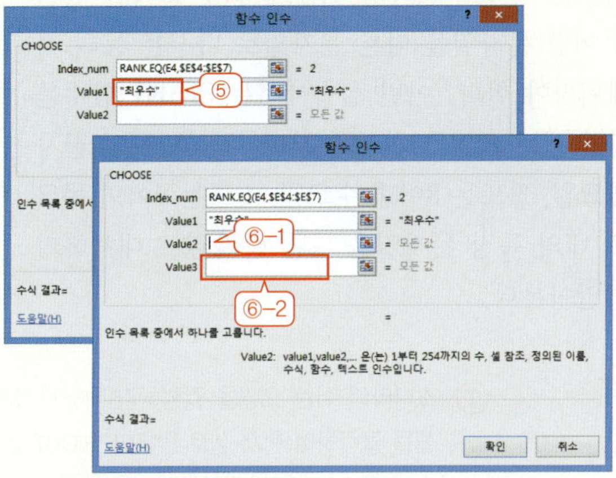

⑤ CHOOSE 함수의 두 번째 인수인 Value1 상자에 "최우수"를 입력한다.

⑥ CHOOSE 함수의 세 번째 인수인 Value2 상자를 클릭하자마자 자동적으로 네 번째 인수 상자(Value3)가 나타난다.

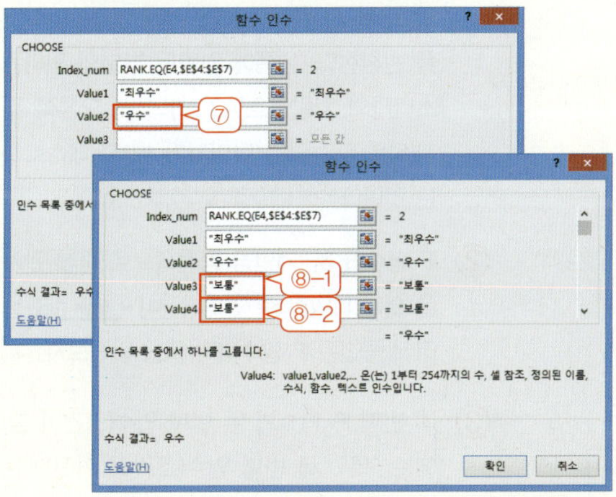

⑦ 세 번째 인수인 Value2 상자에 "우수"를 입력한다.

⑧ CHOOSE 함수의 네 번째 인수인 Value3 상자를 클릭하자마자 자동적으로 다섯 번째 인수 상자(Value4)가 나타난다. Value3 상자와 Value4 상자에 "보통"을 입력한다. 극장 개수가 네 개이므로 Value4 상자를 클릭하더라도 여섯 번째 상자(Value5)는 나타나지 않는다.

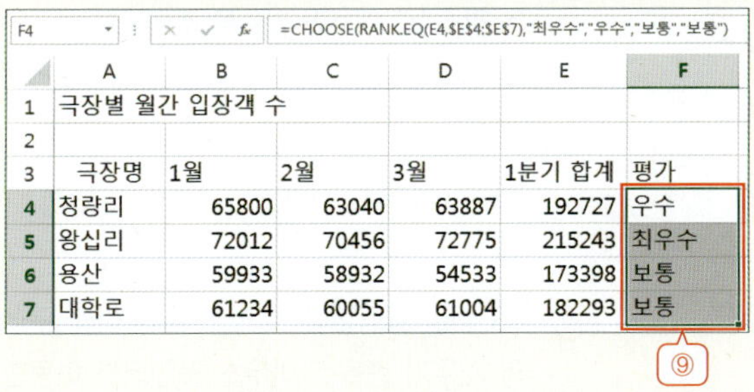

⑨ F4 셀을 클릭한다. 셀의 오른쪽 아래 구석의 채우기 핸들로 마우스 포인터를 이동한 후, F7 셀까지 드래그하여 F5:F7 범위에 CHOOSE 함수를 채운다. CHOOSE 함수의 첫 번째 인수인 RANK.EQ 함수는 각 극장의 입장객 수를 기준으로 등수(1~4)를 구한다. CHOOSE 함수는 항목들의 목록("최우수", "우수", "보통", "보통")에서 등수 위치에 있는 값을 반환한다.

Tip CHOOSE 함수를 위한 데이터 영역을 설정할 때 데이터 왼쪽의 레이블이나 값은 목록 내의 값들을 설명하는 용도 외에는 다른 기능을 갖지 않는다. 이에 반해서 다른 찾기 함수들은 데이터 테이블의 첫 번째 열(행)을 검색한다.

실습하기 5-12

실습파일 :\5장\차량5부제, 인사카드.xlsx

텍스트 함수 사용하기

실습 설명

텍스트 함수는 숫자들의 계산에 사용되지 않는다. 텍스트의 특정 위치에서 몇 글자를 반환하거나, 텍스트들을 결합하거나, 텍스트 내의 어떤 문자열을 다른 문자열로 바꾸는 등의 기능을 수행한다. 모든 텍스트는 겹따옴표로 에워싸야 한다. 이번 실습에서는 RIGHT 함수를 사용하여 차량번호의 끝자리 수에 따라 5부제의 쉬는 요일을 결정해 본다. 차량번호의 끝자리 수가 1 또는 6이면 **월요일**, 2 또는 7이면 **화요일**, 3 또는 8이면 **수요일**, 4 또는 9이면 **목요일**, 5 또는 0이면 **금요일**에 쉰다. 또한 텍스트 내의 특정 문자열을 다른 문자열로 대체하기 위해서 SUBSTITUTE 함수를 사용하는 방법을 알아본다.

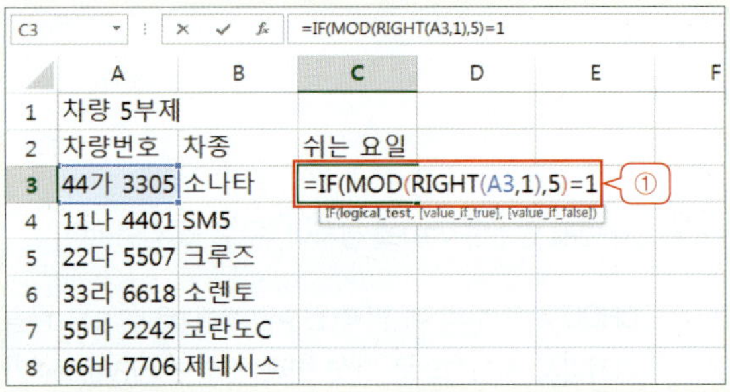

① 소나타의 쉬는 요일을 결정하기 위해서 C3 셀을 클릭하여 현재 셀로 만든다. RIGHT 함수는 텍스트의 맨 오른쪽의 문자들을 반환하고, MOD 함수는 어떤 수로 나눈 나머지를 반환한다. 왼쪽에 입력된 부분의 의미는 소나타의 차량번호(A3 셀)의 맨 오른쪽 문자(5)를 5로 나눈 나머지가 1인지 테스트하는 것이다.

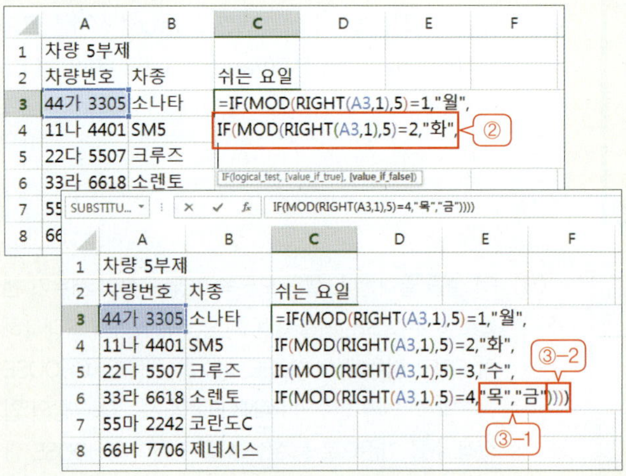

② IF 함수가 3단계만큼 중첩되므로 중첩 관계를 쉽게 파악할 수 있도록 Alt+Enter를 눌러서 중첩된 IF 함수마다 줄을 바꿔보자.

③ 네 번째 IF 함수의 두 번째 인수(조건이 참)에는 "목", 세 번째 인수(조건이 거짓)에는 "금"을 입력한다. 여는 괄호 (의 개수와 닫는 괄호)의 개수가 같도록 주의하자.

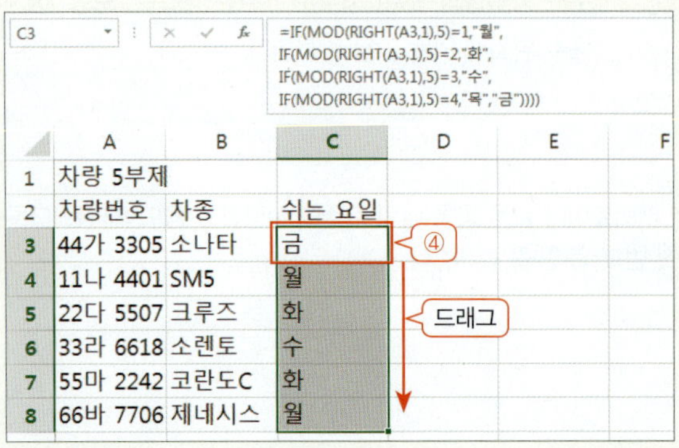

④ C3 셀을 클릭한다. 셀의 오른쪽 아래 구석의 채우기 핸들로 마우스 포인터를 이동한 후, C8 셀까지 드래그하여 C4:C8 범위에 IF 함수를 채운다. 차량번호의 맨 오른쪽 숫자에 따라 쉬는 요일이 정해진다.

실습하기 5-12

텍스트 함수 사용하기

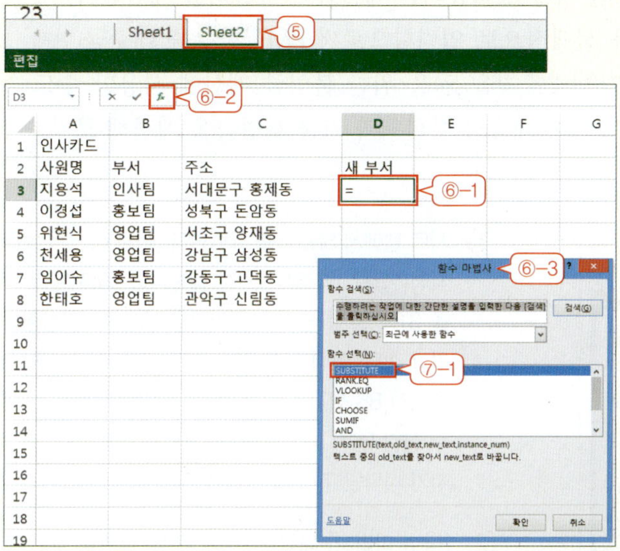

⑤ 시트 탭에서 Sheet2를 클릭한다.

⑥ 회사에서 홍보팀의 이름을 홍보및기획팀으로 변경하려고 한다. 다른 팀의 이름은 영향을 받지 않는다. 전체 사원의 소속 부서 이름에서 홍보팀만 찾아서 홍보및기획팀으로 바꾸면 된다. D3 셀을 클릭한 후 수식 입력줄에 있는 **[함수 삽입 단추** fx**]**를 클릭한다. **[함수 마법사]** 대화상자가 나타난다.

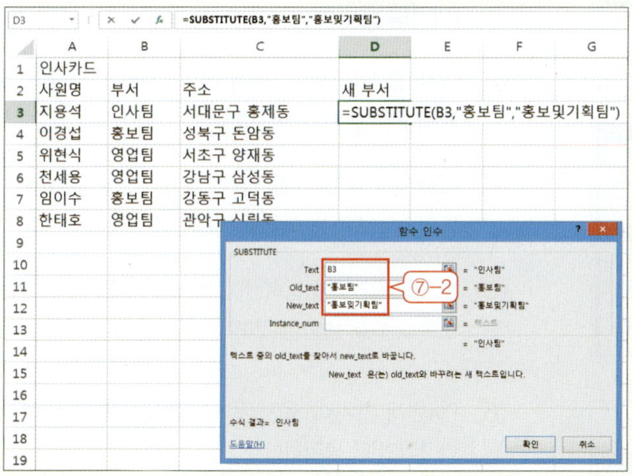

⑦ **[함수 마법사]** 대화상자에서 SUBSTITUTE 함수를 찾은 후 **[함수 인수]** 대화상자에서 세 개의 인수를 왼쪽 그림처럼 채운다.

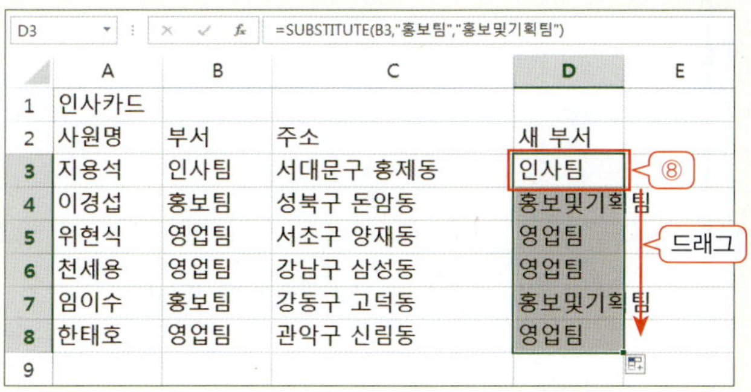

⑧ D3 셀을 클릭한다. 셀의 오른쪽 아래 구석의 채우기 핸들로 마우스 포인터를 이동한 후, D8 셀까지 드래그하여 D4:D8 범위에 SUBSTITUTE 함수를 채운다. 홍보팀만 바뀌고 다른 팀들의 이름은 바뀌지 않는다.

Tip SUBSTITUTE 함수는 회사의 이메일 주소가 변경되었을 때 사원들의 이메일 주소를 전체적으로 바꾸기 위해 사용할 수도 있다. 또는 텍스트를 외부에서 가져온 후 이를 새로운 정보로 바꾸려는 상황에도 유용하다.

실습하기 5-13

실습파일 :\5장\재무함수.xlsx

PMT 함수

실습 설명

PMT 함수는 정기적으로 지불하고 일정한 이율이 적용되는 대출금의 상환액을 계산한다. 세 번째 인수인 Pv와 네 번째 인수인 Fv를 선택적으로 입력함으로써 PMT 함수를 대출금(현재 빌린 돈)의 상환액 계산이나 적금 목표액(미래에 찾을 돈)을 위한 불입금 계산에 사용할 수도 있다. 이번 실습에서는 PMT 함수를 사용하여 대출금 상환액과 적금 불입금을 계산해 보자.

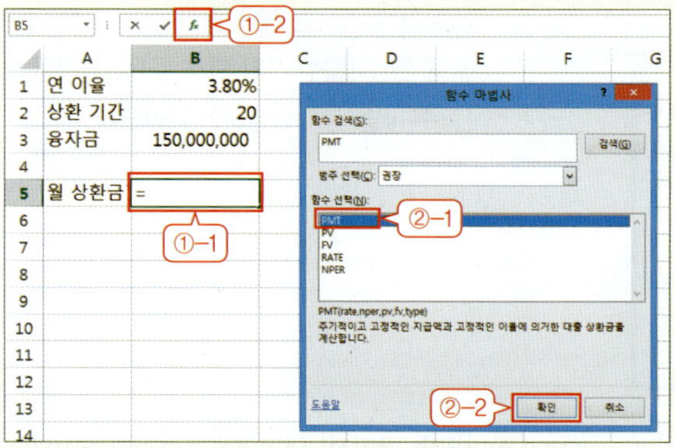

① 시트 탭에서 Sheet1를 클릭한다. 집을 사면서 보금자리론으로 1억 5천만원을 대출받아 20년간 연 이율 3.8% 고정 금리로 원리금을 매월 분할 상환하려고 한다. 매월 상환금이 얼마나 되는지 알아보기 위해서 B5 셀을 클릭한 후 수식 입력줄에 있는 함수 삽입 단추 *fx*를 클릭한다. **[함수 마법사]** 대화상자가 나타난다.

② **[함수 마법사]** 대화상자에서 PMT 함수를 찾은 후 **[확인]**을 클릭한다.

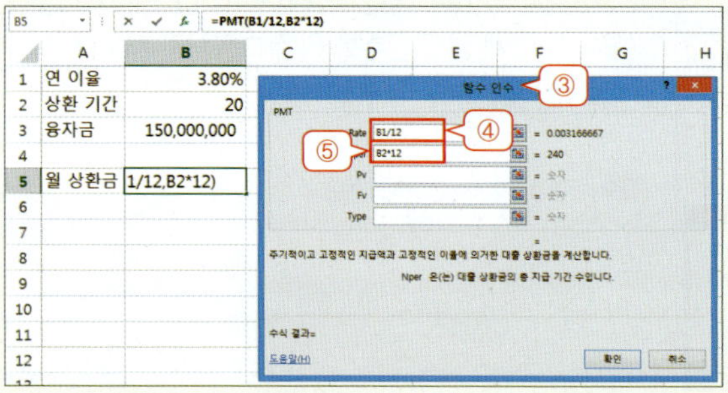

③ PMT 함수의 **[함수 인수]** 대화상자가 나타난다. 5개의 인수 상자가 보인다.

④ Rate 상자에 B1/12를 입력한다. B1 셀에 연 이율이 들어있으므로 월 이율로 변환한 것이다.

⑤ Nper에 B2*12를 입력한다. B2 셀에 20년이 들어있으므로 월로 변환한 것이다.

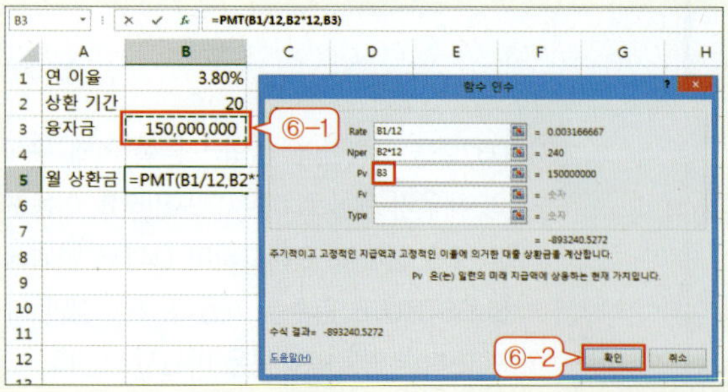

⑥ Pv(현재 가치)에 융자금이 들어있는 B3을 입력한다. **[확인]**을 클릭한다.

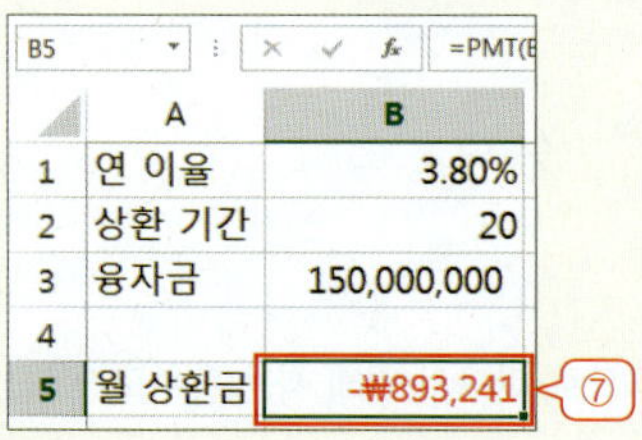

⑦ 월 상환금이 893,241원으로 계산된다.

PMT 함수

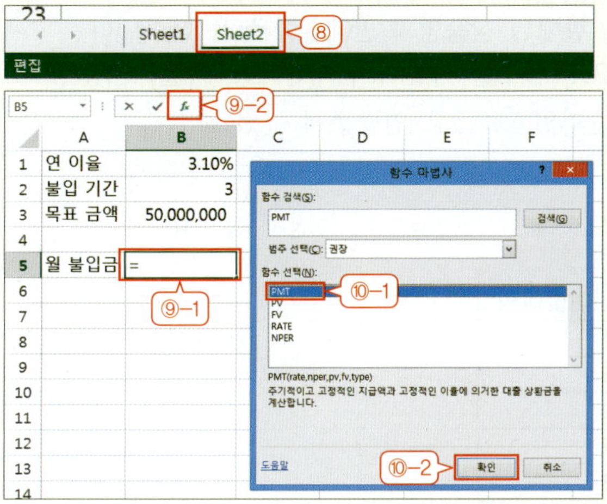

⑧ 시트 탭에서 Sheet2를 클릭한다.

⑨ 매월 적금을 부어서 3년 후에 5천만원 목돈을 마련하려고 한다. 연 이율은 3.1%이다. 매월 불입금이 얼마나 되는지 알아보기 위해서 B5 셀을 클릭한 후 수식 입력줄에 있는 **[함수 삽입 단추 fx]**를 클릭한다.

⑩ **[함수 마법사]** 대화상자에서 PMT 함수를 찾은 후 **[확인]**을 클릭한다.

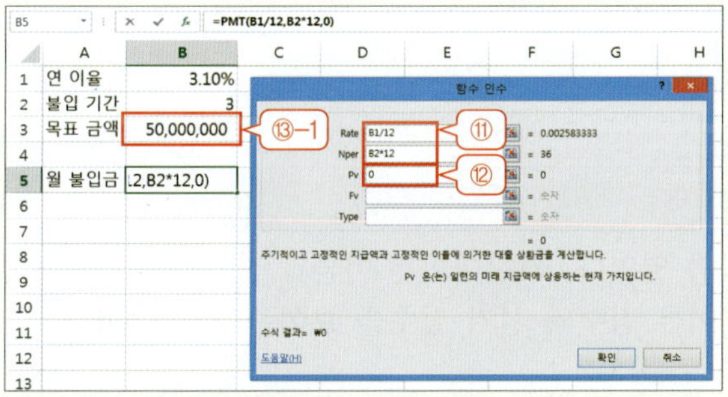

⑪ Rate, Nper은 대출금에 대한 월 상환금을 계산하는 위의 예에서 이미 설명했다.

⑫ 적금을 붓는 것은 대출금과 달리 목돈을 현재 가지고 있는 것이 아니고 3년 후에 갖게 될 것이므로 Pv(현재 가치)에 0을 입력한다.

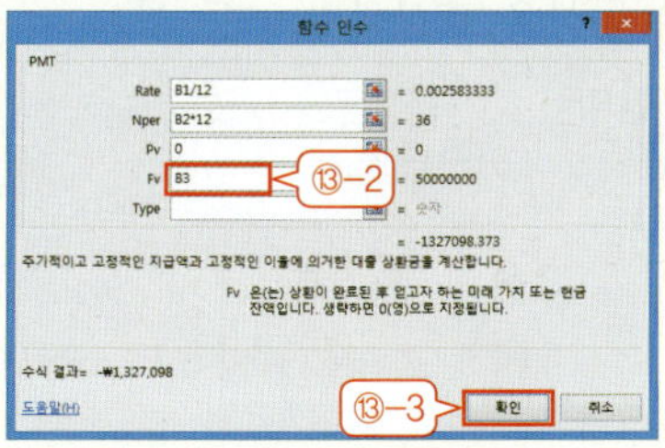

⑬ Fv(미래 가치), 즉 적금 만기 시의 금액에 B3을 입력한다. **[확인]**을 클릭한다.

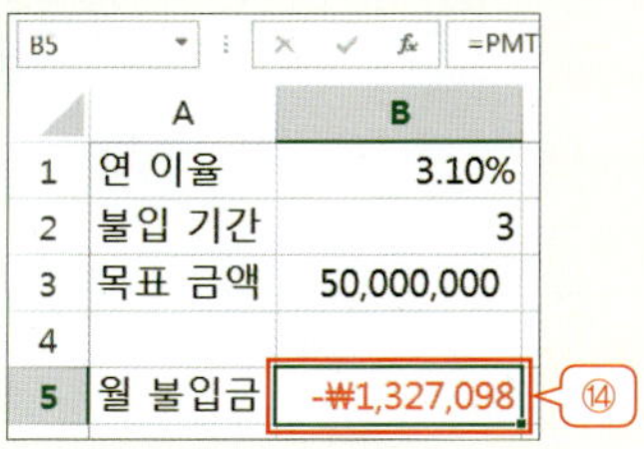

⑭ 월 불입금이 1,327,098원으로 계산된다.

연습문제 EXERCISE

1. 매장별 상품판매현황 워크시트는 매장별로 판매된 **상품명**과 **판매수량** 등을 나타낸다. 상품을 판매해서 거둔 **매출이익**을 HLOOKUP 함수를 사용하여 계산하라. **매출이익**은 **판매수량** * (판매가–입고가)로 계산한다.(연습파일 ◎:\5장\연습문제–1.xlsx)

	A	B	C	D	E	F	G	H
1	매장별 상품판매현황							
2	매장명	판매사원	상품명	판매수량	매출이익			
3	동부	엄영근	냉장고	11				
4	서부	이민호	TV	6				
5	남부	진성은	세탁기	8				
6	북부	박수만	냉장고	7				
7	동부	김미영	TV	8				
8	서부	민수경	세탁기	10				
9								
10	상품가격표							
11	상품명	냉장고	세탁기	TV				
12	입고가	1750000	650000	1230000				
13	판매가	2100000	810000	1440000				

2. 회사에서 사원들을 대상으로 엑셀 경진대회를 열었다. 경진대회는 이론과 실기로 진행되었다. 아래의 워크시트는 사원들이 받은 이론 점수와 실기 점수를 보여준다.(연습파일 ◎:\5장\연습문제–2.xlsx)

(1) 자동 합계 단추를 사용하여 **합계**를 계산하라.

(2) **합계**를 기준으로 **순위** 열에 1등은 **금상**, 2등은 **은상**, 3등은 **동상**을 표시하라. 4등 이하는 공백으로 둔다. CHOOSE와 RANK.EQ 함수를 사용한다.

	A	B	C	D	E	F	G	H
1	엑셀 경진대회							
2	이름	이론	실기	합계	순위			
3	오진섭	83	92					
4	김단비	91	93					
5	이경진	77	86					
6	소윤호	85	90					
7	방현아	79	92					
8	최이슬	88	85					
9	호웅재	80	78					

EXERCISE 연습문제

3. 유럽 여행을 다녀와서 남은 유로화(EUR) 현금을 팔려고 한다. INDEX 함수를 사용하여 시세를 A7 셀에 표시하라.(연습파일 ◎:\5장\연습문제-3.xlsx)

	A	B	C	D	E	F	G	H
1	통화명	현찰		송금(전신환)		매매기준율		
2		살 때	팔 때	보낼 때	받을 때			
3	USD	1117.92	1079.48	1109.40	1088.00	1098.70		
4	¥100	1120.72	1082.18	1112.24	1090.66	1101.45		
5	EUR	1475.44	1417.88	1461.12	1432.20	1446.66		

4. 사원들의 워크시트에서

(1) DATE, LEFT, MID 함수를 사용하여 주민등록번호로부터 필요한 부분을 추출하여 생년월일 열을 채우라. 예를 들어서 주민등록번호 991231-2022334로부터 생년월일 1999-12-31이 구해진다.

(2) LEFT 함수를 사용하여 오늘 날짜를 기준으로 사원들의 나이를 계산하라.(연습파일 ◎:\5장\연습문제-4.xlsx)

	A	B	C	D	E	F	G
1	사원이름	주민등록번호	생년월일	나이			
2	양준호	891231-1022334					
3	이기훈	910101-1998877					
4	천미령	870228-2123456					
5	오희섭	900716-1654321					
6	홍혜림	981115-1333444					
7	김효리	940607-2553311					

5. IF와 MID 함수를 사용하여 사원들의 워크시트에서 주민등록번호를 기준으로 성별 열에 표시하라.(연습파일 ◎:\5장\연습문제-5.xlsx)

	A	B	C	D	E	F	G	H
1	사원이름	주민등록번호	성별					
2	양준호	891231-1022334						
3	이기훈	910101-1998877						
4	천미령	870228-2123456						
5	오희섭	900716-1654321						
6	홍혜림	981115-1333444						
7	김효리	940607-2553311						

연습문제 EXERCISE

6. SUMIF 함수를 사용하여 재산세 워크시트에서 재산세가 150,000원 이상 200,000원 이하인 재산세의 총합을 E2 셀에 표시하라.(연습파일 :\5장\연습문제-6.xlsx)

E2

	A	B	C	D	E	F
1	이름	주소	재산세		150000~200000 재산세의 합계	
2	지용석	서대문구 홍제동	253,600			
3	이경섭	성북구 돈암동	180,000			
4	위현식	서초구 양재동	199,000			
5	천세용	강남구 삼성동	315,000			
6	임이수	강동구 고덕동	148,800			
7	한태호	관악구 신림동	167,500			

7. 2014년 상반기의 국경일 워크시트에서 국경일 날짜로부터 CHOOSE와 WEEKDAY 함수를 사용하여 요일을 계산하여 요일 열(월요일, 화요일 등)을 채우라.(연습파일 :\5장\연습문제-7.xlsx)

L22

	A	B	C	D	E	F	G	H
1	번호	국경일명	날짜	요일				
2	1	삼일절	2014-3-1					
3	2	어린이날	2014-5-5					
4	3	현충일	2014-6-6					

8. 회사에서 회의실마다 빔프로젝터를 설치해놓았다. 빔프로젝터 관리 일지에 사용시간과 점검횟수를 기록하여 관리하고 있다. IF와 AND 함수를 사용하여 등급 열에 사용시간이 500 이하이고 점검횟수가 3 이하이면 최우수, 사용시간이 1000 이하이고 점검횟수가 5 이하이면 우수, 그렇지 않으면 공백으로 채우라.(연습파일 :\5장\연습문제-8.xlsx)

K22

	A	B	C	D	E	F	G	H
1	빔프로젝터 점검 현황							
2	모델명	사용시간	점검횟수	등급				
3	VPL-EX281	980	5					
4	VPL-CW255	2100	7					
5	PLC-XU55	450	5					
6	PLC-XW200	820	6					
7	EB-96W	330	3					
8	EB-X12	1200	8					
9	SP-L331WE	410	2					
10	BX401A	740	3					

9. IF와 AVERAGE 함수를 사용하여 영업실적현황 워크시트에서 각 사원의 실적이 전체 사원의 평균 실적 이상이면 실적우수, 그렇지 않으면 실적미흡으로 평가 열에 표시하라.(연습파일 :\5장\연습문제-9.xlsx)

	A	B	C
1	영업실적현황		
2	이름	실적	평가
3	정재영	75	
4	마정수	90	
5	김연섭	86	
6	오종민	77	
7	김시형	81	
8	최성환	80	

10. 아래의 워크시트는 네 개의 극장의 1월, 2월, 3월 입장객 수를 보여준다. MAX와 MIN 함수를 사용하여 1월, 2월, 3월의 입장객 수의 최대값, 최소값을 채우라. 1월에 대해서 B7 셀과 B8 셀에 들어갈 함수를 작성한 후 2월과 3월의 최대값, 최소값은 자동 채우기로 계산하라.(연습파일 :\5장\연습문제-10.xlsx)

K22

	A	B	C	D	E	F	G	H
1	극장별 월간 입장객 수							
2	극장명	1월	2월	3월				
3	청량리	65800	63040	63887				
4	왕십리	72012	70456	72775				
5	용산	59933	58932	54533				
6	대학로	61234	60055	61004				
7	최대값							
8	최소값							

11. 한 학기가 끝난 후 엑셀 활용 과목의 수강생들에게 아래의 워크시트처럼 학점을 부여하였다. COUNTIF 함수를 사용하여 학점별 분포(A 학점 00명, B 학점 00명, …)를 구하라.(연습파일 :\5장\연습문제-11.xlsx)

L22

	A	B	C	D	E	F	G	H
1	엑셀 성적 분포							
2	이름	학점		학점	학생수			
3	김현미	A		A				
4	조미림	B		B				
5	심기훈	A		C				
6	박원석	C		D				
7	이영준	B		F				
8	최세종	B						

꾸미기(서식)

시각적으로 멋있는 워크시트가 그렇지 않은 워크시트보다 정보를 잘 전달한다. 엑셀에서 통합 문서의 모습을 다양한 방법으로 바꿀 수 있다. 엑셀은 통합 문서 내의 데이터에 서식을 지정하고, 돋보이게 하는 다양한 방법들을 제공한다. 본 장에서는 워크시트를 좀 더 매력적으로 보이고, 읽기 쉽게 하기 위해서 워크시트를 꾸미는 방법들을 살펴본다. 하지만 서식을 남용하면 오히려 워크시트가 산만하게 보이게 된다. 일관성을 유지하고, 전체 워크시트에 걸쳐서 동일한 방식으로 서식을 적용하는 것이 좋다. 적절하게 서식을 부여한 통합 문서는 보다 읽기 쉽고, 보다 전문적으로 보이고, 핵심 포인트에 대하여 관심이 모이도록 한다.

SECTION 01 셀 서식
SECTION 02 표시 형식
SECTION 03 조건부 서식
SECTION 04 셀 스타일
연 습 문 제

CHAPTER 6 꾸미기(서식)

SECTION 01 셀 서식

문자의 스타일과 크기를 변경하고, 셀 안의 데이터의 맞춤을 지정하고, 색을 지정하고, 셀의 테두리나 채우기를 지정하면 워크시트를 읽기 쉽게 만들 수 있다. 아래의 두 워크시트 중에서 어느 워크시트가 더 돋보이는가?

	A	B	C	D	E
1	커피 일별 판매내역				
2		1일	2일	3일	평균
3	아메리카노	37	34	30	33.66667
4	카푸치노	20	21	17	19.33333
5	카페라떼	28	30	26	28
6	마키아또	21	22	21	21.33333
7	합계	106	107	94	
8					

▶ 서식 없는 워크시트

VS.

	A	B	C	D	E
1	커피 일별 판매내역				
2					
3		1일	2일	3일	평균
4	아메리카노	37	34	30	33.7
5	카푸치노	20	21	17	19.3
6	카페라떼	28	30	26	28.0
7	마키아또	21	22	21	21.3
8	합계	106	107	94	

▶ 서식 있는 워크시트

일반적으로 서식은 워크시트의 셀에 적용되는 것이다. 셀의 특정 내용에 적용되는 것이 아니다. 셀의 특정 내용에 따라 달라지는 서식은 **조건부 서식**이라고 부른다. 어떤 셀의 내용을 변경하더라도 그 셀에 지정된 서식이 계속 유지된다. 빈 셀에 서식을 적용할 수도 있다. 나중에 빈 셀에 데이터가 입력되면 데이터는 그 셀에 적용된 서식에 따라 표시된다.
셀 서식을 지정하는 세 가지 방법을 알아보자. 세 가지 방법에 모두 익숙해질 필요는 없다. 이들 중에서 자신에게 편리한 한두 가지 방법을 주로 이용하면 충분하다.

❖ 방법 1. [홈] 탭

엑셀은 사용자가 워크시트에 쉽게 서식을 지정할 수 있도록 도와주는 다양한 단추들을 [홈]

탭에서 제공한다. 셀 서식에 가장 자주 사용되는 명령들은 [홈] 탭의 [글꼴] 그룹, [맞춤] 그룹, [표시 형식] 그룹에 있다. 서식을 지정하려는 셀(범위)을 선택한 후 이들 그룹에서 원하는 명령을 클릭한다.

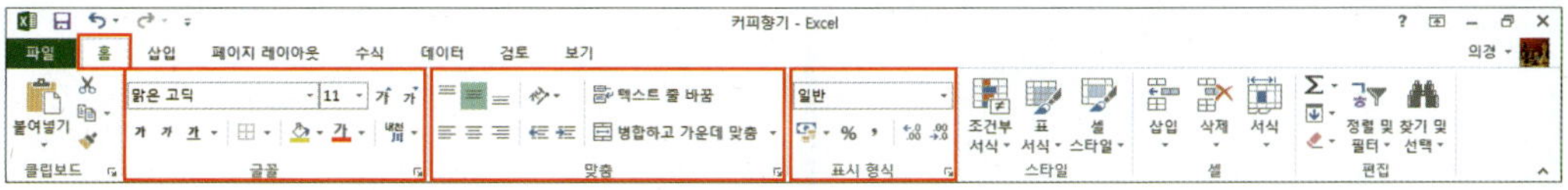

❖ 방법 2. 미니 도구 모음

셀 안의 일부 텍스트(숫자)에 서식을 적용할 수도 있다. 셀을 더블 클릭하고, 서식을 적용할 텍스트(숫자)들을 드래그하여 선택한다. 사용자가 셀 안의 일부 텍스트(숫자)를 선택하면 바로 근처에 미니 도구 모음이 흐릿하게 나타난다. 마우스로 미니 도구 모음을 가리키면 진하게 표시되면서 원하는 서식 옵션들을 선택할 수 있다. 마우스가 미니 도구 모음으로부터 멀어지면 미니 도구 모음이 사라진다.

미니 도구 모음을 사용하면 마우스를 [홈] 탭의 [글꼴] 그룹 위로 이동하지 않고도, 흔히 사용되는 서식 명령들을 빠르게 액세스할 수 있다. 임의의 셀 위에서 마우스의 오른쪽 단추를 클릭해도 단축 메뉴와 함께 좀더 상세한 미니 도구 모음이 나타난다.

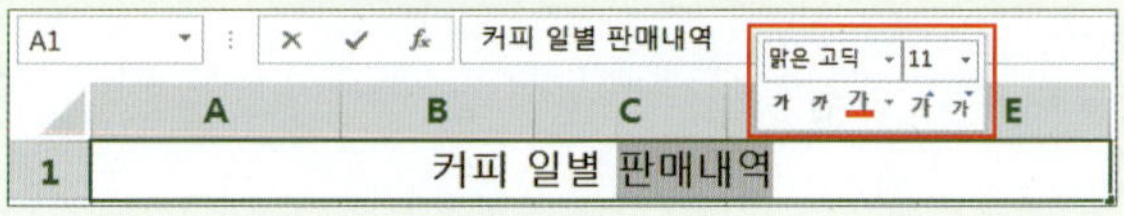

▶ 간단한 미니 도구 모음

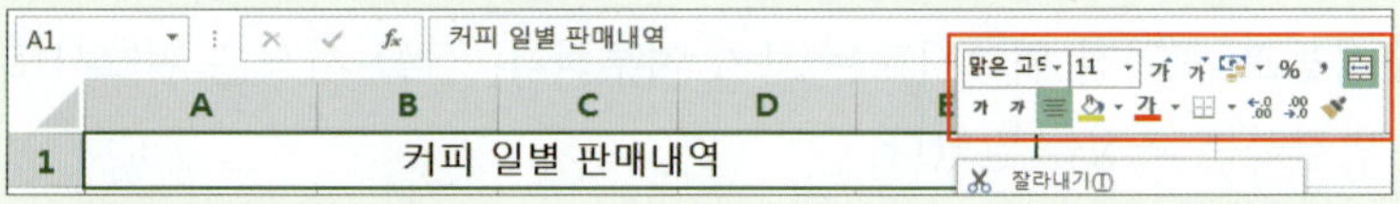

▶ 상세한 미니 도구 모음

Tip 만일 미니 도구 모음이 방해가 된다고 생각하면 파일 탭 **파일**을 누른 후 왼쪽에서 [옵션]을 선택하여 미니 도구 모음이 표시되지 않도록 설정할 수 있다. [Excel 옵션] 대화상자의 왼쪽에서 [일반] 탭을 클릭하고, 오른쪽에서 [사용자 인터페이스 옵션]의 [선택 영역에 미니 도구 모음 표시]의 체크 표시를 해제하고, [확인]을 클릭한다.

❖ 방법 3. [셀 서식] 대화상자

[셀 서식] 대화상자에는 서식 유형별로 [표시 형식], [맞춤], [글꼴], [테두리], [채우기], [보호] 등 6개의 탭이 있다. 각 탭에는 서로 다른 서식 옵션들의 모임이 들어 있다. 현재 선택한 셀(범위)의 서식을 변경하기 위해서 적절한 탭을 사용한다.

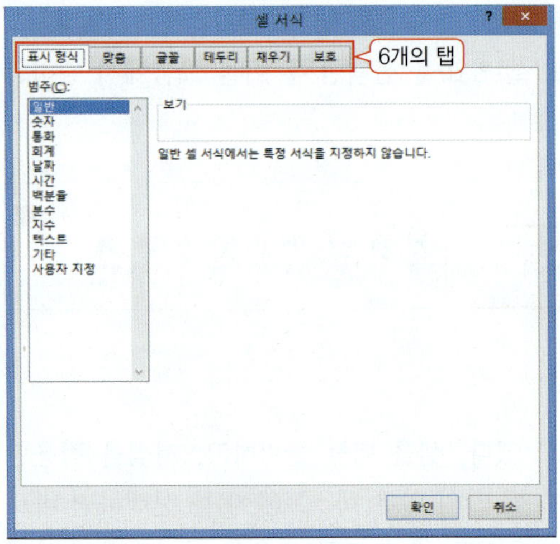

[그림 6-1] **[셀 서식] 대화상자**

[셀 서식] 대화상자를 접근하는 방법은 아래와 같다.

▶ [홈] 탭의 [글꼴], [맞춤], [표시 형식] 그룹 내에서 **[대화상자 표시 단추 ⇲]**를 클릭한다.
▶ [홈] 탭–[셀] 그룹–**[서식 단추]**를 클릭한 후, 메뉴에서 **[셀 서식]**을 선택한다.

1 글꼴

글꼴은 워크시트의 텍스트와 숫자의 스타일, 크기, 색깔 등을 의미한다. 사용가능한 글꼴 스타일이 매우 다양하다. 널리 사용되는 글꼴들로는 **맑은 고딕, 굴림, 바탕, 궁서** 등이 있다. 평범한 글꼴의 텍스트와 숫자들로 채워진 워크시트는 보기 지루하다. 글꼴 서식은 워크시트의 텍스트와 숫자의 외관을 변경하는 과정을 말한다.
셀에 들어있는 텍스트나 숫자의 서식을 지정하고, 외관, 색, 크기 등을 변경함으로써 중요한 데이터를 강조하여 워크시트를 읽기 쉽게 만들 수 있다. 하나의 셀이나 셀들의 범위를 선택한 후에 또는 하나의 셀 내의 텍스트를 선택한 후에 서식을 줄 수 있다.

텍스트나 숫자에 서식을 주려면

① 서식을 주려는 셀이나 텍스트(숫자)를 선택한다.
② [홈] 탭의 **[글꼴]** 그룹에서 원하는 옵션을 선택한다.
③ [글꼴] 그룹 오른쪽 아래에 위치한 **[대화상자 표시 단추 ⇲]**를 클릭하면 옵션들을 추가로 볼 수 있다.

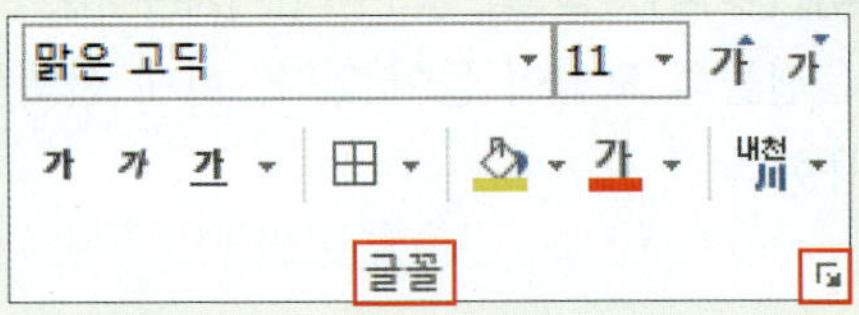

텍스트나 숫자를 강조하는 한 가지 방법은 글꼴의 크기를 변경하는 것이다. 디폴트 글꼴 크기는 11pt이다. [Excel 옵션] 대화상자에서 디폴트 글꼴과 크기를 변경할 수 있다. 일반적으로 워크시트의 큰 제목은 나머지 데이터보다 조금 더 큰 글꼴로 나타낸다.

글꼴의 색도 변경할 수 있다. 굵은 텍스트는 원래의 글자를 더 짙고 두툼하게 나타내는 것이다. 맑은 고딕, 바탕, 굴림 등 많은 글꼴 스타일들은 **굵게**, *기울임꼴*, 밑줄 등 다양한 변형을 갖는다.

엑셀에서는 밑줄 긋기와 셀 아래에 테두리를 표시하는 것을 혼동할 수 있다. 밑줄 긋기는 셀 내에서 텍스트 아래에 직접 선을 긋는 것이고, 테두리는 한 셀의 경계들을 모두 또는 일부 표시하는 것이다.

Tip 밑줄 긋기는 텍스트나 숫자를 읽기 어렵게 만들기 때문에 워크시트에서 적게 사용하는 것이 좋다.

[표 6-1] 자주 사용되는 글꼴

글꼴	11pt	16pt
맑은고딕	엑셀	엑셀
바탕	엑셀	엑셀
굴림	엑셀	엑셀
궁서	엑셀	엑셀

[표 6-2] 글꼴 효과 적용하기

글꼴	예	용도
굵게	**굵게**	강조 효과
기울임꼴	*기울임꼴*	강조 효과
밑줄	밑줄	강조 효과
취소선	~~취소선~~	삭제할 내용임을 표시
색	색 색 색	시각적인 효과

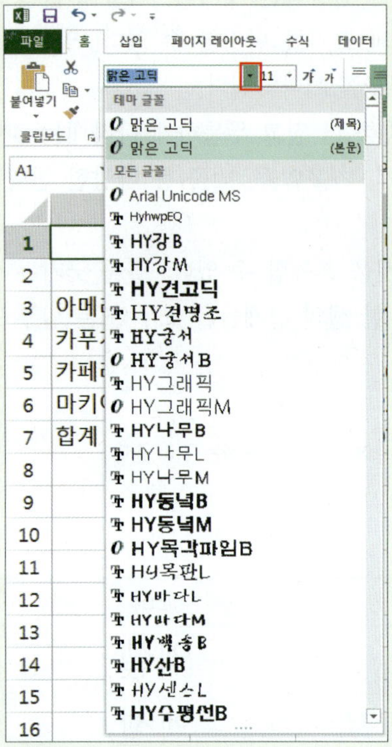

[그림 6-2] 글꼴 스타일

❖ 색을 사용한 작업

셀 또는 셀들의 범위를 선택하고, [홈] 탭-[글꼴] 그룹-[글꼴 색 단추 가]의 드롭다운 화살표 ▾를 클릭한 후 원하는 색을 선택한다. 10가지 표준 색과 10가지의 테마 색이 있으며, 각 테마 색마다 5가지 변형이 있다.

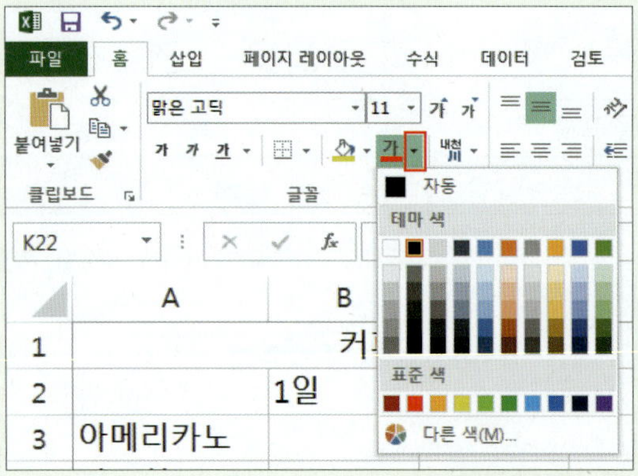

가이드라인

✓ 한 워크시트 내에 지나치게 다양한 글꼴 스타일들을 사용해서는 안 된다. 워크시트를 읽는 사람들이 시각적인 혼란을 느낄 수 있다.

✓ 너무 많은 색깔을 쓰지 않도록 한다. 워크시트를 흑백으로 인쇄할 예정이면 색을 적게 사용하고, 강조할 부분은 굵게 나타낸다.

❖ 미리 보기

미리 보기는 글꼴 서식이 실제로 적용되기 전에 글꼴 서식의 효과를 먼저 보여줌으로써 올바른 글꼴 서식을 쉽게 적용할 수 있도록 도와준다. 사용자가 갤러리 또는 목록 내의 글꼴 서식 옵션을 가리킬 때(클릭하지 말고) 미리 보기는 텍스트나 숫자의 외관을 변경한다.

미리 보기를 하려면

① A1 셀을 클릭하여 워크시트에서 제목을 선택한다.

② [홈] 탭–[글꼴] 그룹–[글꼴 단추 맑은 고딕]의 드롭다운 화살표 ▾를 클릭하여 사용 가능한 글꼴들의 갤러리가 나타나도록 한다.

③ 몇 개의 글꼴을 가리켜보고(클릭하지 말고), 워크시트에서 선택한 셀(범위)의 글꼴들이 어떻게 바뀌는지 미리 보자.

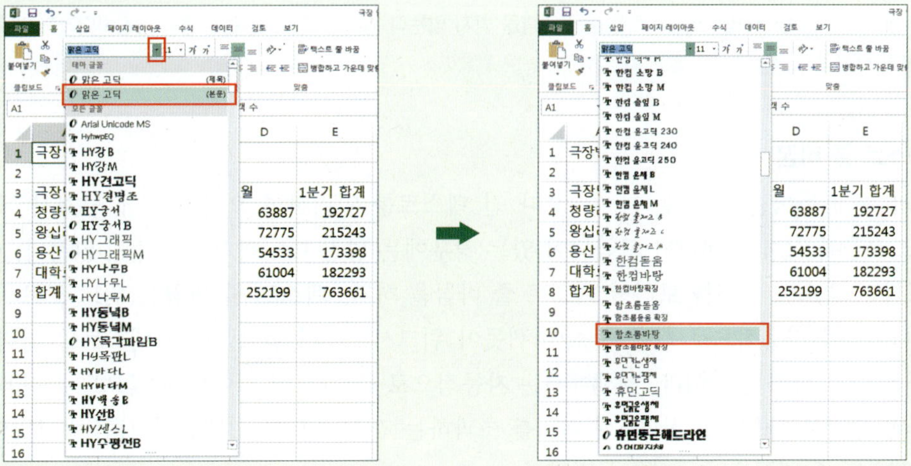

P.236 실습하기 6-1

2 맞춤

새로운 워크시트를 작성할 때 데이터를 어디부터 입력할 것인가(예 1행부터 또는 2행부터, A열부터 또는 B열부터 등)를 정해야 한다. 또한 주어진 셀 안에 데이터를 배치하는 다양한 방법들 중에서 한 방법을 선택해야 한다. 워크시트에서 한 셀은 2차원의 공간이다. 엑셀은 셀 안의 데이터의 위치를 지정하는 다양한 옵션들을 제공한다. 셀 맞춤과 관련된 중요한 옵션들로는 가로 맞춤 및 세로 맞춤, 텍스트 줄 바꿈, 셀 병합, 방향 등이 있다.

❖ 가로 맞춤 및 세로 맞춤

셀 안의 데이터는 가로와 세로로 여러 가지 위치를 가질 수 있다. 가로 맞춤에 대해서는 왼쪽, 가운데, 오른쪽 등을 지정할 수 있고, 세로 맞춤에 대해서는 위쪽, 가운데, 아래쪽 등을 지정할 수 있다. 디폴트로, 텍스트는 가로로 왼쪽에, 숫자는 오른쪽에 맞춰지고, 텍스트와 숫자가 세로로는 아래쪽에 맞춰진다. 가로 맞춤과 세로 맞춤 옵션들은 서로 배타적이 아니어서 섞어서 지정할 수 있다. 예를 들어서 가로 맞춤으로는 왼쪽에, 세로 맞춤으로는 가운데에 셀의 내용을 위치시킬 수 있다. 아래 그림은 셀 안에서 가로 맞춤, 세로 맞춤의 9가지 조합을 보여준다.

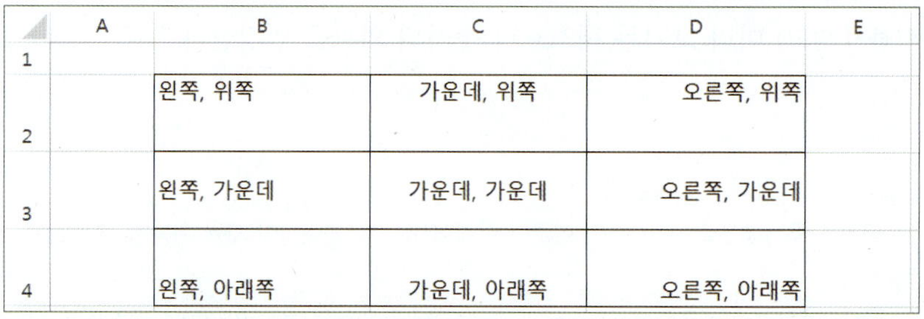

[그림 6-3] **가로 맞춤과 세로 맞춤의 조합**

Tip 세로 맞춤을 변경하더라도 가로 맞춤은 영향을 받지 않는다. 마찬가지로, 가로 맞춤을 변경하더라도 세로 맞춤은 영향을 받지 않는다.

❖ 텍스트 줄 바꿈

하나의 셀에 들어갈 수 있는 데이터보다 긴 텍스트를 입력하면 오른쪽 셀에 넘쳐서 표시된다. 그 오른쪽 셀에 데이터가 포함되어 있는 경우에는 넘친 데이터가 표시되지 않는다. 한 셀에 포함된 텍스트 전체를 보려면 텍스트 줄 바꿈을 하자. **텍스트 줄 바꿈**은 워드 프로세서에서 긴 문장이 자동적으로 다음 줄로 바뀌듯이 워크시트에서 한 셀에 긴 텍스트를 입력했을 때 다음 줄로 바꾸는 것이다. 엑셀에서는 자동적으로 줄 바꿈이 일어나지 않으므로 사용자가 줄 바꿈 명령을 사용해야 한다. 셀 너비를 초과하는 긴 텍스트를 선택한 후 [홈] 탭–[맞춤] 그룹–[텍스트 줄 바꿈 단추]를 클릭한다.

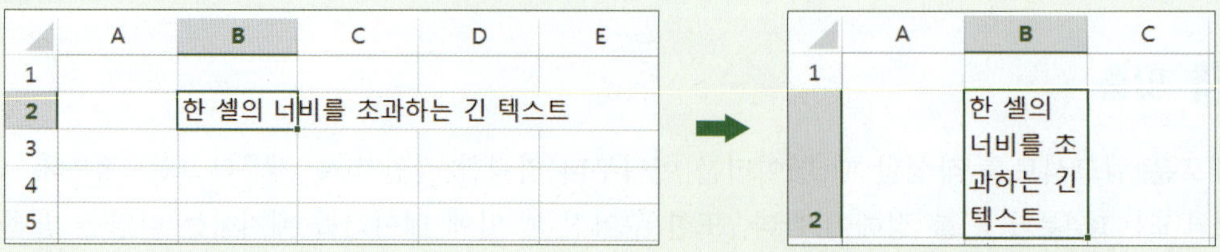

▶ 텍스트 줄 바꿈 전 ▶ 텍스트 줄 바꿈 후

❖ 셀 병합

셀 병합은 긴 텍스트를 수용할 수 있도록 여러 셀들을 합쳐서 하나의 셀로 만드는 것이다. 주로 표의 상단에 제목을 적기 위해서 사용한다. 다수의 셀들을 병합하면 가장 왼쪽 위에 위치한 셀의 내용만 보존된다. 다른 셀들의 내용은 삭제된다.

Tip 이 명령을 내용이 들어 있는 여러 셀들을 병합할 목적으로 사용하지 않아야 한다.

셀들을 병합하려면

① 병합하려는 셀들을 선택한다.

② [홈] 탭-[맞춤] 그룹-[병합하고 가운데 맞춤 단추]를 클릭한다. [병합하고 가운데 맞춤 단추]의 드롭다운 화살표 를 클릭하면 옵션들을 추가로 볼 수 있다.

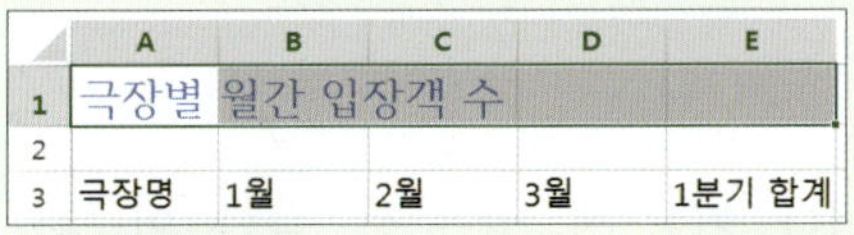

▶ 셀 병합 전

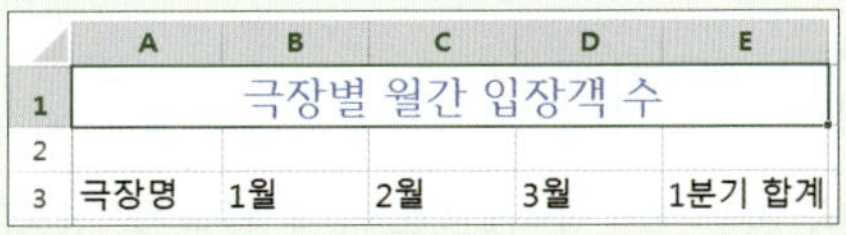

▶ 셀 병합 후

병합한 셀을 원래 상태로 되돌리려면

① 병합한 셀을 선택한다.

② [병합하고 가운데 맞춤 단추]를 다시 클릭한다.

❖ 방향

방향은 셀 안의 데이터의 회전을 의미한다. 공간을 절약하거나 워크시트에 시각적인 효과를 주기 위해서 셀 내용을 임의의 각도만큼 회전할 수 있다. 예를 들어서 한 페이지 안에 넣어야 하는 다수의 열들을 가진 워크시트가 있다고 가정해 보자. 열 제목을 회전시키면 열의 너비를 좁게 유지하면서 긴 제목들을 입력할 수 있다. 일반적으로 열 제목이나 행 제목에 대해서 방향을 지정한다.

셀 내용에 방향을 지정하려면

① 방향을 지정할 셀들을 선택한다.

② [홈] 탭-[맞춤] 그룹-[방향 단추]를 클릭한 후 원하는 회전을 선택한다. [셀 서식] 대화상자의 [맞춤] 탭을 사용하면 좀더 다양하게 회전 각도를 지정할 수 있다.

▶ 회전하기 전

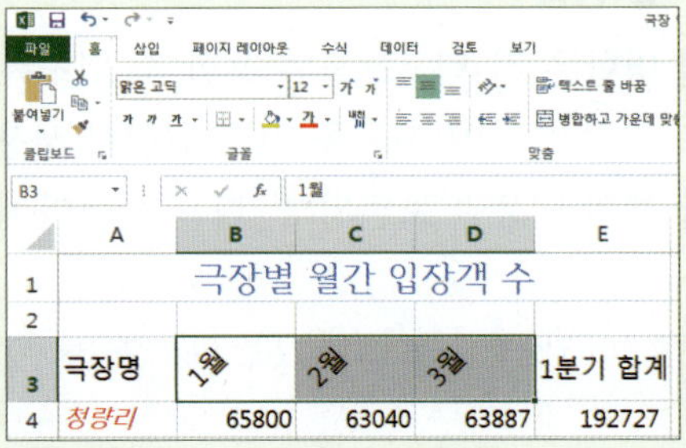

▶ 회전한 후

P.238 실습하기 6-2

3 테두리

테두리는 각 셀이나 범위의 경계를 표시하는 선이다. 가는 선, 굵은 선, 점선, 이중선, 색깔이 있는 선 등 다양한 유형의 선을 선택할 수 있다. 테두리를 적절하게 사용하면 사용자의 관심을 워크시트의 특정 부분으로 집중시키는데 도움이 된다.

아래의 두 그림은 동일한 워크시트에 테두리를 적용하지 않은 경우와 테두리를 적용한 경우를 보여준다. 테두리는 제목이나 합계가 나머지 데이터와 잘 구분되도록 한다.

	A	B	C
1	유로화 환율(€)	1500	
2			
3		유럽 여행경비	
4	지출 유형	유로화	원화
5	숙박비	420	630000
6	식비	348	522000
7	렌트비	536	804000
8	경유	495	742500
9	잡비	267	400500
10	합계	2066	3099000

▶ 테두리가 없는 워크시트

VS.

	A	B	C
1	유로화 환율(€)	1500	
2			
3		유럽 여행경비	
4	지출 유형	유로화	원화
5	숙박비	420	630000
6	식비	348	522000
7	렌트비	536	804000
8	경유	495	742500
9	잡비	267	400500
10	합계	2066	3099000

▶ 테두리가 있는 워크시트

또한 테두리를 셀의 네 경계 또는 각각의 경계에 적용할 수 있다. 아래의 그림은 테두리가 없는 셀, 위쪽과 아래쪽 경계에 테두리가 적용된 셀, 네 개의 경계에 테두리가 적용된 셀을 보여준다.

유로화 환율(€)	1500

VS.

유로화 환율(€)	1500

VS.

유로화 환율(€)	1500

테두리를 나타내려면

① 테두리를 나타낼 셀이나 범위를 선택한다.
② [홈] 탭-[글꼴] 그룹-[테두리 단추]의 드롭다운 화살표 ▾를 클릭한다.
③ 메뉴에서 원하는 테두리 유형을 선택한다. [셀 서식] 대화상자에서 테두리를 고르려면 이 메뉴에서 [다른 테두리]를 선택한다.

너무 많은 테두리를 사용하면 워크시트를 오히려 읽기 어렵게 만들 수 있다.

불필요한 테두리를 제거하려면

① 테두리를 제거할 셀이나 범위를 선택한다.
② [홈] 탭-[글꼴] 그룹-[테두리 단추]의 드롭다운 화살표 ▾를 클릭한다.
③ 메뉴에서 [테두리 없음]을 선택한다.

P.240 실습하기 6-3

4 채우기

셀 안의 데이터의 색뿐만 아니라 셀의 채우기 색(배경색)을 지정할 수 있다. 또한 한 셀에 두 가지 이상의 색을 동시에 적용할 수 있다. 예를 들어서 파랑색의 텍스트와 빨강색의 테두리와 노랑색의 채우기 색을 지정할 수 있다. 그러나 색을 남용하면 산만해질 수 있다. 색과 패턴의 선택을 단순하게 유지하는 것이 좋다.

채우기를 적용하려면

① 셀이나 범위를 선택한다.
② [홈] 탭-[글꼴] 그룹-[채우기 색 단추]의 드롭다운 화살표 ▾를 클릭한다.
③ 메뉴에서 원하는 색을 선택한다. 메뉴에 없는 색을 고르려면 [다른 색]을 선택한다.

Tip [채우기 색 단추]와 [글꼴 색 단추 가]의 색은 사용자가 가장 최근에 선택한 색으로 바뀐다.

5 서식 복사

새로운 데이터의 서식을 기존 데이터의 서식과 동일하게 만들고자 할 때가 있다. 이렇게 함으로써 워크시트에 일관된 분위기를 줄 수 있다. 한 번 서식(예 맞춤, 숫자, 글꼴, 테두리, 색 등)을 어떤 셀(범위)에 적용한 후에 그 서식 스타일을 워크시트, 동일 통합 문서, 다른 통합 문서의 어떤 곳으로 쉽게 복사할 수 있다.

엑셀은 셀의 실제 데이터가 아니고 서식만 복사하는 두 가지 방법을 제공한다.

❖ [서식 복사 단추 🖌]

[홈] 탭-[클립보드] 그룹-[서식 복사 단추 🖌]를 사용하여 어떤 셀, 범위, 객체의 서식을 복사할 수 있다.

[서식 복사 단추 🖌]로 서식만 복사하려면

① 복사하려는 서식을 포함하고 있는 셀, 범위, 객체를 선택한다.

② 다른 셀, 범위, 객체로 서식을 한 번만 복사하려면 [서식 복사 단추 🖌]를 클릭한다. 서식을 여러 곳에 복사하려면 [서식 복사 단추 🖌]를 더블 클릭한다. 마우스 포인터가 붓 아이콘을 포함한 모양 ✚🖌으로 바뀐다.

③ 서식을 적용할 대상을 클릭하거나 드래그한다.

④ [서식 복사 단추 🖌]를 더블 클릭했을 경우에는 서식을 지정할 대상들을 계속 선택할 수 있다. 서식 복사 작업을 마치려면 [서식 복사 단추 🖌]를 클릭하거나 ESC를 누른다.

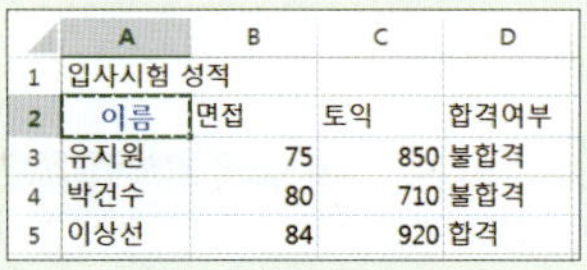

글꼴 서식을 적용한 A2 셀을 클릭한 후 [홈] 탭-[클립보드] 그룹-[서식 복사 단추 🖌]를 클릭한다. A2 셀의 테두리가 깜박이는 점선으로 표시되고, 마우스 포인터가 붓 아이콘을 포함한 모양 ✚🖌으로 바뀐다.

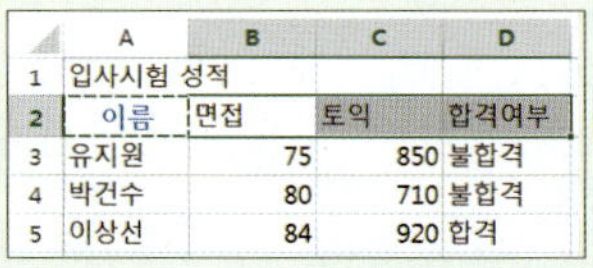

서식을 복사할 B2:D2 범위 위를 마우스로 드래그한다.

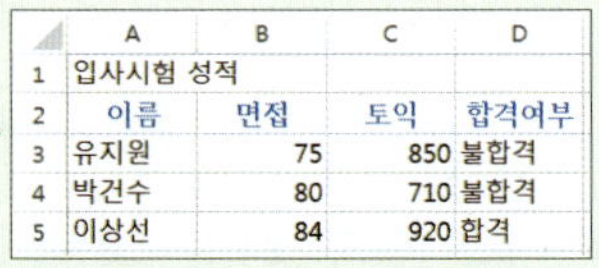

A2 셀의 서식이 B2:D2 범위에 복사되어 B2:D2 범위의 글꼴이 A2 셀의 글꼴과 같아진다.

❖ 붙여넣기 옵션

두 번째 방법은 복사와 붙여넣기를 사용하는 것이다.

붙여넣기 옵션으로 서식만 복사하려면

① 복사하려는 서식을 포함하고 있는 셀이나 범위를 선택한다.

② [홈] 탭-[클립보드] 그룹-[복사 단추 📄] 또는 Ctrl+C를 누른다. 그 셀이나 범위의 서식과 내용이 클립보드에 복사된다.

③ 서식을 적용하려는 셀 또는 범위를 선택한다.

④ [홈] 탭-[클립보드] 그룹-[붙여넣기 단추 📋]의 드롭다운 화살표 ▾]를 클릭한 후, 메뉴의 세 번째 줄(기타 붙여넣기 옵션)의 [첫 번째 단추 📋]를 클릭한다.

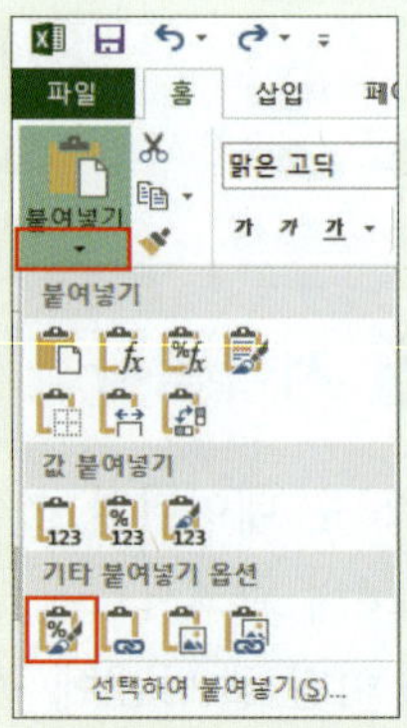

P.242 실습하기 6-4

6 서식 삭제

셀에 입력한 데이터 또는 셀에 지정한 서식을 따로따로 삭제할 수 있다.

	A	B
1	2014-01-01	₩ 25,000
2	2014-01-15	₩ 31,000

B2 셀의 서식을 빨강색, 회계로 지정하였다.

	A	B
1	2014-01-01	₩ 25,000
2	2014-01-15	

이 숫자를 지운 후에

	A	B
1	2014-01-01	₩ 25,000
2	2014-01-15	₩ 36,000

다른 숫자를 입력해도 여전히 빨강색, 회계로 표시된다.

셀에서 데이터를 삭제하기 위해서 Delete 또는 ←Back를 누르면 그 셀에 적용된 서식은 그대로 유지된다. 셀 또는 범위에서 내용은 그대로 둔 채 서식만 지울 수 있다.

서식만 지우려면

① 셀(범위) (예 B2 셀)을 클릭하고, [홈] 탭–[편집] 그룹–[지우기 단추]를 클릭한다.

② 메뉴에서 [서식 지우기]를 선택하면 셀로부터 서식만 지운다(데이터는 남겨두고). [모두 지우기]를 선택하면 데이터와 서식을 한꺼번에 지운다.

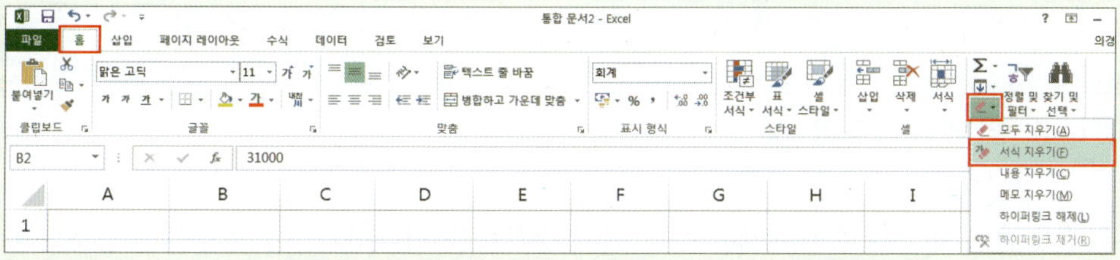

③ 이제 B2 셀에 다른 숫자를 입력하면 아무런 서식 없이 표시된다.

	A	B
1	2014-01-01	₩ 25,000
2	2014-01-15	36000

Tip 셀을 지우는 것과 삭제하는 것의 차이점은 미묘하지만 중요하다. 셀을 지우면 셀의 내용을 비우는 반면에 셀을 삭제하면 실제로는 다른 셀들이 이 셀의 자리로 이동된다.

SECTION 02 표시 형식

표시 형식은 셀에 들어있는 데이터, 특히 숫자를 표현하는 다양한 형식을 말한다.

1 숫자 서식

엑셀에서 **숫자 서식**은 숫자에 대해서 소수 자릿수, 백분율, 통화 기호(₩ 또는 $ 등) 등을 지정하는 것을 의미한다. 숫자 서식은 워크시트의 데이터를 좀 더 읽고 이해하기 쉽게 만들기 위해서 사용한다. 숫자 서식은 숫자의 외양만 변경할 뿐, 숫자가 저장되는 방식이나 계산에 사용되는 방식을 변경하는 것은 아니다. [홈] 탭의 [표시 형식] 그룹에는 숫자들의 외양을 꾸미는 다양한 옵션들이 있다. 추가로 옵션을 찾으려면 [표시 형식] 그룹 오른쪽 아래의 **[대화상자 표시 단추 ◲]**를 클릭한다. 사용자는 숫자들을 워크시트에 입력한 후에 이 옵션들을 숫자에 적용할 수 있다.

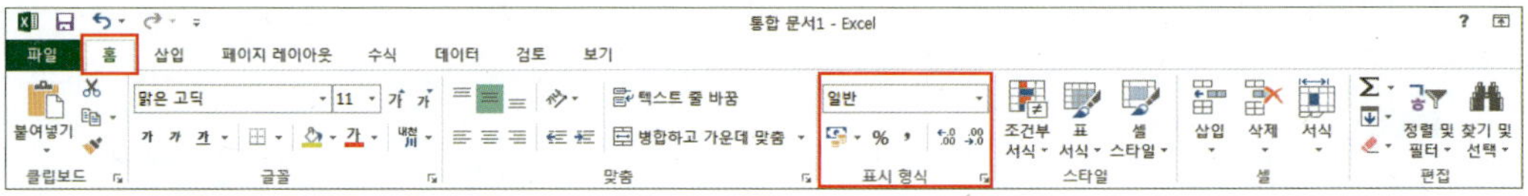

[그림 6-4] [홈] 탭-[표시 형식] 그룹

사용자가 어떤 계산을 수행하려면 여러 셀에 숫자들을 입력하고, 이 숫자들을 참조하는 수식을 작성한다. 그러나 자신이 작성한 워크시트를 읽는 사람에게 그 숫자들이 무엇을 나타내는지를 쉽게 이해할 수 있도록 만들기 위해서 숫자 서식을 활용하는 것이 좋다. 비슷한 항목을 설명하는 숫자들은 가능한 한 일관되게 나타내는 것이 바람직하다.
숫자 서식을 적절히 사용하면 워크시트를 읽는 사람이 바로 의미를 파악할 수 있다. 예를 들어서 워크시트에 부가가치세를 0.1로 나타내는 대신에 10%로 표시하고, 금액을 나타내는 1234567을 ₩1,234,567로 표시하고, 41640이 날짜라면 2014-1-1로 표시하는 것이 숫자의 의미를 파악하는데 더 도움이 된다. 디폴트로 숫자들은 사용자가 입력한 그대로 표시된다.

❖ [백분율 스타일 단추 %]

% 단추는 셀의 내용에 100을 곱한 결과에 % 기호를 붙여 보여준다. 예를 들어서 어떤 셀에 0.05가 들어 있는데 이 셀에 % 단추를 적용하면 5%가 표시된다.

❖ [쉼표 스타일 단추]

큰 숫자는 읽기가 어렵다. 예를 들어서 37914875를 보면 백만 단위의 숫자인지 천만 단위의 숫자인지 바로 식별하기가 쉽지 않다. [쉼표 스타일 단추]를 사용하면 숫자에 1000단위마다 쉼표를 표시하기 때문에 이 숫자를 37,914,875로 나타내어 훨씬 더 쉽게 읽을 수 있게 된다.

❖ [자릿수 늘림 단추]와 [자릿수 줄임 단추]

어떤 범위 안의 숫자들의 소수 자릿수가 제각각이면 깔끔해 보이지 않는다. 엑셀에서 여러 가지 방법으로 소수 자릿수를 지정할 수 있다. [자릿수 늘림 단추]와 [자릿수 줄임 단추]를 사용하여 소수 자릿수를 변경할 수 있다.

❖ [회계 표시 형식 단추]

표시 형식에서 통화 또는 회계를 사용하면 엑셀은 사용자의 컴퓨터에 설정해놓은 화폐 기호를 붙여서 숫자를 표시한다. 예를 들어서 우리나라 돈에는 ₩ 기호가 붙고, 미국 달러에는 $가 붙고, 유로화에는 €가 붙는다.

Tip [회계] 서식에서는 통화 기호가 셀 왼쪽에 맞춰지고, [통화] 서식에서는 통화 기호가 숫자의 바로 왼쪽에 맞춰지는 것을 제외하고는 [회계]와 [통화] 서식 간에 차이가 없다.

	A	B	C
1	유로화 환율(€)	1500	
2			
3	유럽 여행경비		
4	지출 유형	유로화	원화
5	숙박비	420	630000
6	식비	348	522000
7	렌트비	536	804000
8	경유	495	742500
9	잡비	267	400500
10	합계	2066	3099000

▶ 숫자에 표시 형식이 없는 워크시트

VS.

	A	B	C
1	유로화 환율(€)	₩ 1,500	
2			
3	유럽 여행경비		
4	지출 유형	유로화	원화
5	숙박비	€ 420	₩ 630,000
6	식비	€ 348	₩ 522,000
7	렌트비	€ 536	₩ 804,000
8	경유	€ 495	₩ 742,500
9	잡비	€ 267	₩ 400,500
10	합계	€ 2,066	₩ 3,099,000

▶ 숫자에 표시 형식을 적용한 워크시트

2 날짜 서식

날짜를 다양한 형식으로 표시할 수 있다. 엑셀 내부에서는 사용자가 2014/1/1, 2014-1-1, 2014년 1월 1일, 14-1-1 중에서 어떤 형식으로 입력했든지 간에 내부에서 41640으로 저장된다.

날짜의 표시 형식을 바꾸려면 날짜가 들어 있는 셀에서 마우스의 오른쪽 단추를 클릭한 후 [셀 서식]을 선택한다.

날짜의 표시 형식을 바꾸려면

① [표시 형식] 탭의 [범주] 목록에서 [날짜]를 선택한다.

② [형식] 목록에서 원하는 날짜 형식을 선택한다. [보기] 상자에 미리 보기가 나타난다.

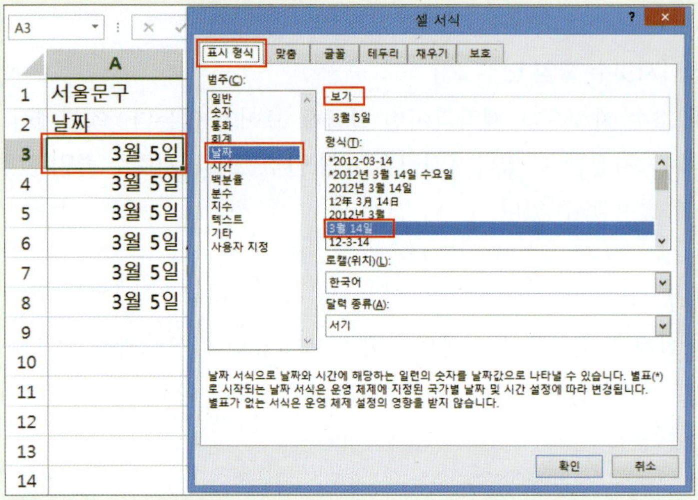

P.244 실습하기 6-5

SECTION 03 조건부 서식

데이터를 분석할 때 다음과 같은 사항을 확인하려는 경우가 많다.

- ▶ 지난 3년 간의 수익 요약에서 이례적인 항목은 무엇인가?
- ▶ 이 달에 5천만 원 이상의 매출을 올린 직원은 누구인가?
- ▶ 직원들의 전반적인 연령 분포는 어떻게 되는가?
- ▶ 연간 매출 신장률이 10%를 넘는 제품은 무엇인가?

워크시트를 좀 더 이해하기 쉽게 만드는 방법은 셀의 값을 기반으로 워크시트의 외양을 변경하는 것이다. 이런 서식을 **조건부 서식**이라고 부른다. 왜냐하면 어떤 서식이 셀에 적용되기 위해서는 셀에 들어있는 데이터가 특정 조건을 만족해야 하기 때문이다.
조건부 서식은 "셀 값이 어떤 값보다 크거나 작다" 또는 "셀 값이 상위 n번째 이내 또는 하위 n번째 이내" 등과 같이 어떤 기준을 기반으로 서식을 줄 수 있다. 또한 값들을 다양한 길이의 막대 또는 다양한 색으로 표시할 수도 있다. 가장 긴 막대는 가장 큰 값을 나타낸다. 여러 값들을 나타내기 위해서 아이콘들의 집합을 사용할 수도 있다.
조건부 서식을 사용하면 시각적으로 데이터를 분석하고, 중요한 문제를 감지하며, 패턴과 추세를 식별하는 데 도움이 된다.

아래의 그림은 조건부 서식이 없는 워크시트와 이 워크시트에 셀 강조 규칙, 데이터 막대, 색조 조건부 서식을 적용한 워크시트들을 보여준다.

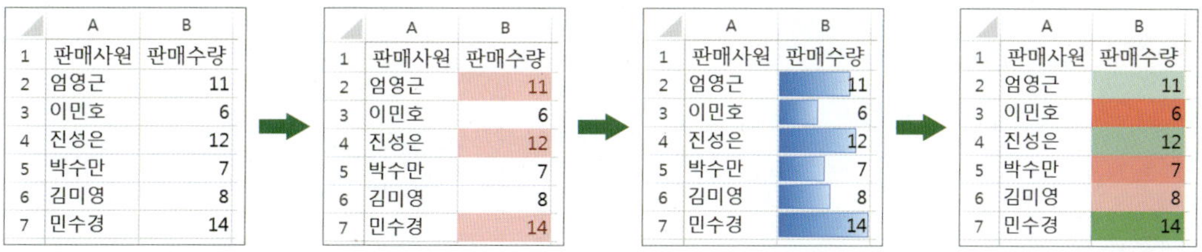

조건부 서식이 없음

값>10을 빨강색으로 나타내도록 셀 강조 규칙 조건부 서식을 지정

막대가 길수록 큰 값을 나타내도록 데이터 막대 조건부 서식을 지정

판매수량에 따라 색을 달리하도록 색조 조건부 서식을 지정

❖ 조건부 서식 스타일

현재의 워크시트 내에서 특정 데이터를 강조하기 위해 사용할 수 있는, 미리 정의된 수십 개의 조건부 서식 스타일이 있다. 아래의 그림은 이용 가능한 조건부 서식들의 유형과 이들을 사용하기에 적합한 예를 보여준다.

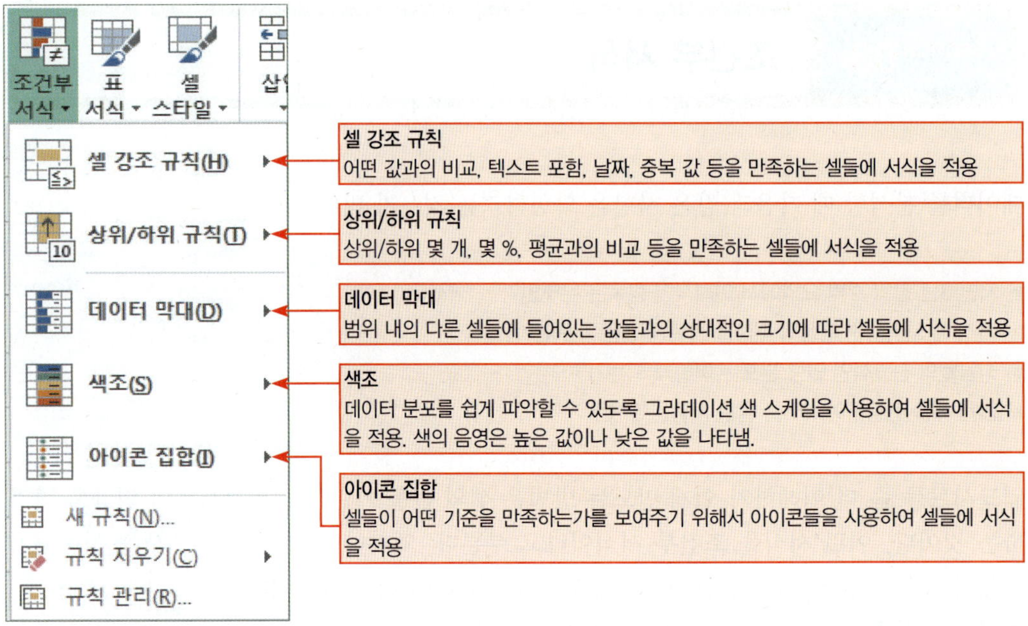

Tip 조건부 서식이 일단 셀들에 적용되면, 어떤 셀도 조건을 만족하지 못하여 명시한 서식이 나타나지 않더라도 조건부 서식을 삭제할 때까지는 그 셀에 계속 남아 있게 된다.

Tip 조건부 서식을 여러 개 지정할 때 가장 제한적인 조건을 항상 먼저 입력해야 한다. 조건1이 <100, 조건2가 <200이라면, 조건1을 조건2보다 먼저 설정해야 올바른 서식 결과를 얻을 수 있다.

P.246 실습하기 6-6 P.248 실습하기 6-7 P.250 실습하기 6-8

SECTION 04

셀 스타일

엑셀이 제공하는 **셀 스타일**은 서식들의 모임이다. 셀 스타일은 하나의 셀 또는 범위에 한 번에 적용할 수 있도록 미리 설정된 글꼴 서식, 셀 채우기, 기타 서식 항목들을 포함한다. 색상형 스타일을 사용하면 중요한 데이터를 워크시트에서 효과적으로 강조할 수 있다.

셀이나 범위에 스타일을 적용하려면

① 셀 스타일을 적용할 셀 또는 범위를 선택한다.

② [홈] 탭-[스타일] 그룹-[셀 스타일 단추]를 클릭한다.

③ [셀 스타일] 갤러리에서 어떤 스타일 위로 마우스 포인터를 가져가면 선택한 셀 또는 범위에 적용된 그 스타일의 미리 보기를 볼 수 있다.

④ 선택한 셀 또는 범위에 적용할 스타일을 클릭한다.

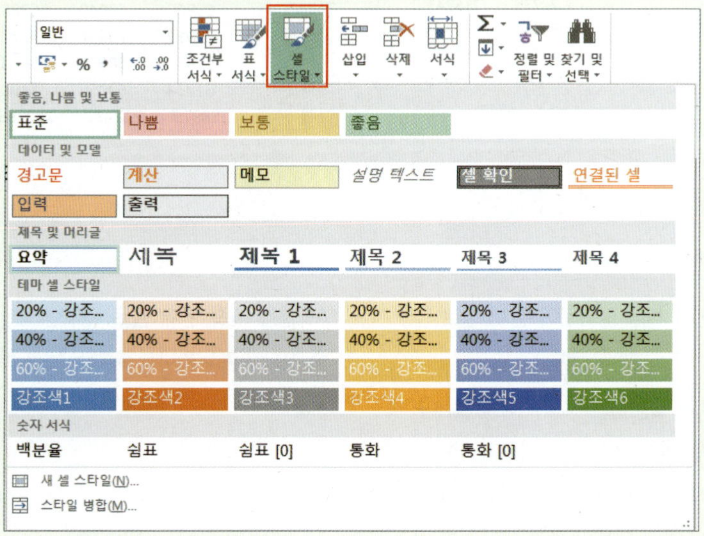

[그림 6-5] [셀 스타일] 갤러리

실습하기 6-1

실습파일 : \6장\극장 입장객 수-글꼴.xlsx

글꼴 변경하기

실습 설명

글꼴은 워크시트의 텍스트와 숫자의 스타일, 크기, 색 등을 의미한다. 셀에 들어있는 텍스트나 숫자의 서식을 지정하고, 외관, 색, 크기 등을 변경함으로써 중요한 데이터를 강조하여 워크시트를 읽기 쉽게 만들 수 있다. 하나의 셀이나 셀들의 범위를 선택한 후에 또는 하나의 셀 내의 텍스트를 선택한 후에 서식을 줄 수 있다. 이번 실습에서는 글꼴을 변경해 보자.

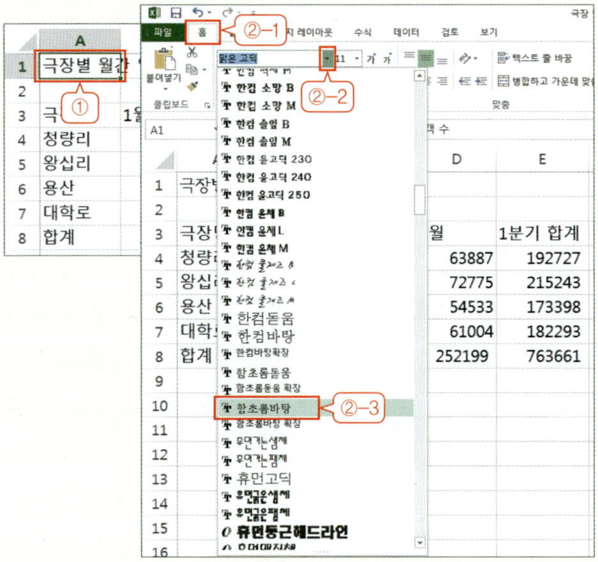

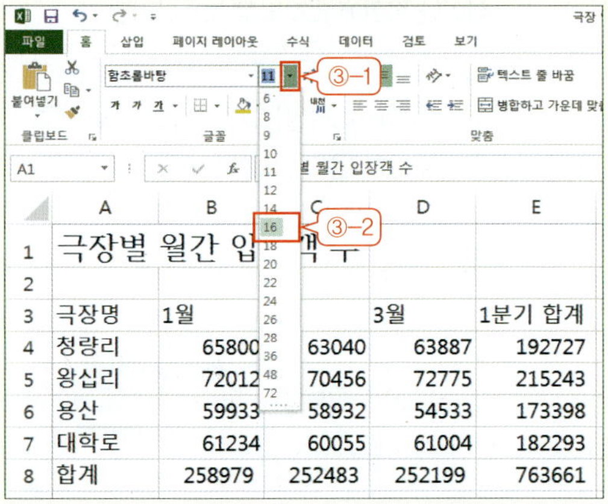

① 워크시트의 제목이 들어있는 A1 셀을 클릭하여 현재 셀로 만든다.

② [홈] 탭–[글꼴] 그룹–[글꼴 단추 맑은 고딕]의 드롭다운 화살표 ▾를 클릭하여 사용 가능한 글꼴들의 갤러리가 나타나도록 한 후, [함초롱 바탕]을 선택한다. 마우스 포인터가 각 글꼴 스타일을 가리킬 때마다 A1 셀의 내용이 해당 스타일로 바뀌어 표시된다.

③ A1 셀을 계속 현재 셀로 유지한 채 [글꼴 크기 단추 11]의 드롭다운 화살표 ▾를 클릭한 후 [16]을 선택한다.

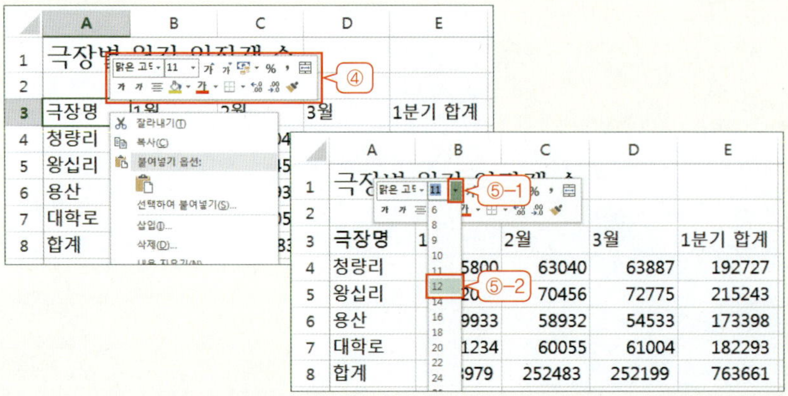

④ 이번엔 미니 도구 모음을 이용해보자. A3 셀을 클릭한 후 마우스의 오른쪽 단추를 클릭하면 단축 메뉴와 함께 상세한 미니 도구 모임이 나타난다.

⑤ [글꼴 크기 단추 11]의 드롭다운 화살표 ▾를 클릭한 후 [12]를 선택한다.

글꼴 변경하기

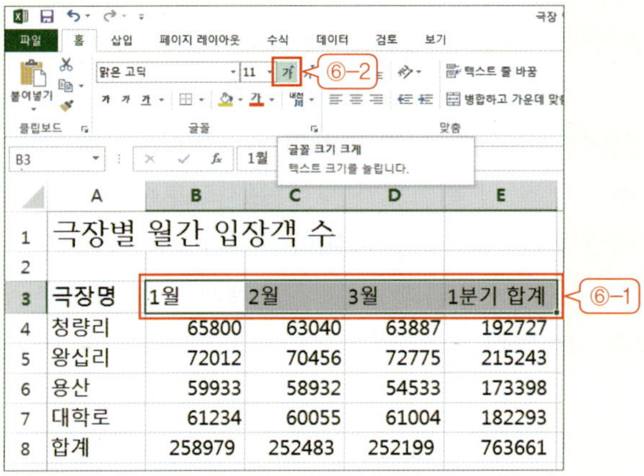

⑥ 열 제목이 들어있는 B3:E3 범위를 선택한 후, [홈] 탭-[글꼴] 그룹-[글꼴 크기 크게 단추 가]를 클릭한다. 미리 정해진 크기 순서대로 글꼴 크기가 증가한다. 11pt 다음 크기는 12pt이다.

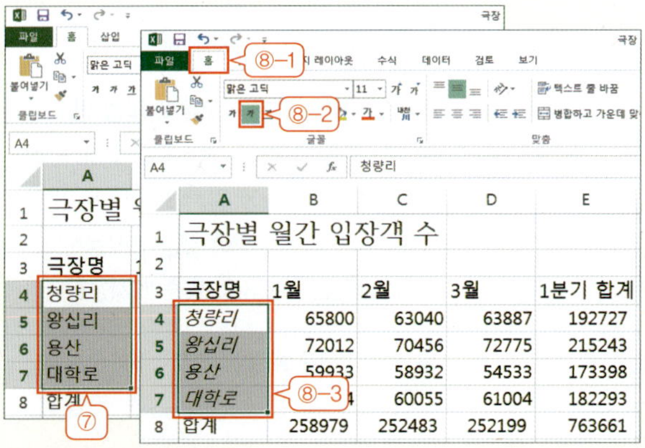

⑦ 극장명이 들어있는 A4:A7 범위를 선택한다.

⑧ [홈] 탭-[글꼴] 그룹-[기울임꼴 단추 *가*]를 클릭한다. 극장명이 기울임꼴로 표시된다. [굵게 단추 **가**]를 클릭하면 극장명이 굵게 표시될 것이다. 한 셀에 여러 가지 글꼴 속성을 동시에 적용할 수 있다.

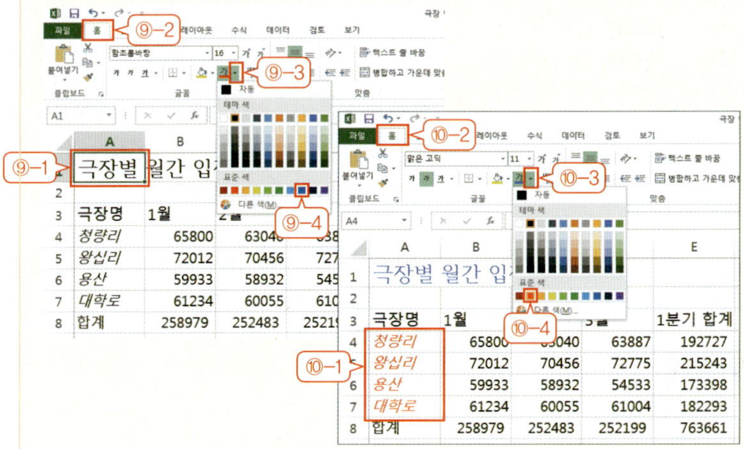

⑨ A1 셀을 클릭한 후, [홈] 탭-[글꼴] 그룹-[글꼴 색 단추 가]의 드롭다운 화살표 ▾를 클릭한다. 글꼴 색들의 목록에서 파랑색을 선택한다.

⑩ A4:A7 범위를 선택한 후, [홈] 탭-[글꼴] 그룹-[글꼴 색 단추 가]를 클릭한다. 글꼴 색들의 목록에서 빨강색을 선택한다.

Tip 셀 또는 범위에 여러 가지 효과(굵게, 기울임꼴, 밑줄 등)를 함께 적용할 수도 있다. 어떤 효과가 적용되었는가를 나타내기 위해서 리본상의 관련된 명령의 아이콘들의 색깔이 바뀔 것이다.

Tip 사용자가 최근에 선택한 글꼴 색깔이 [글꼴 색 단추 가]에 나타난다. 동일한 색깔을 다른 곳에 또 적용하기 위해서 드롭다운 화살표 ▾를 클릭하여 색깔을 선택하는 대신 이 단추만 클릭해도 된다.

실습하기 6-2

실습파일 :\6장\극장 입장객 수-맞춤.xlsx

맞춤, 병합하고 가운데 맞춤

실습 설명

엑셀에서 디폴트로 텍스트는 셀의 왼쪽에 맞춰지고, 숫자는 오른쪽에 맞춰진다. 시각적인 효과를 높이기 위해서 텍스트와 숫자를 셀의 왼쪽, 가운데, 오른쪽 중에서 원하는 곳에 둘 수 있다. 어떤 셀에 긴 텍스트를 입력했을 때 오른쪽에 인접한 셀들이 비어 있으면 텍스트가 그 셀들에 걸쳐서 표시된다. 나중에 이 셀들에 데이터가 입력되면 걸쳐서 표시되었던 텍스트가 더 이상 표시되지 않는다. 한 셀에 들어 있는 긴 텍스트가 모두 표시되도록 하려면 그 셀 안에서 줄 바꿈을 하거나 셀들을 병합해야 한다. 일반적으로 표의 제목은 테이블의 가운데에 두는 데, 병합하고 가운데 맞춤은 이런 용도에 사용된다. 이번 실습에서는 오른쪽 맞춤, 가운데 맞춤, 병합하고 가운데 맞춤 방법을 알아본다.

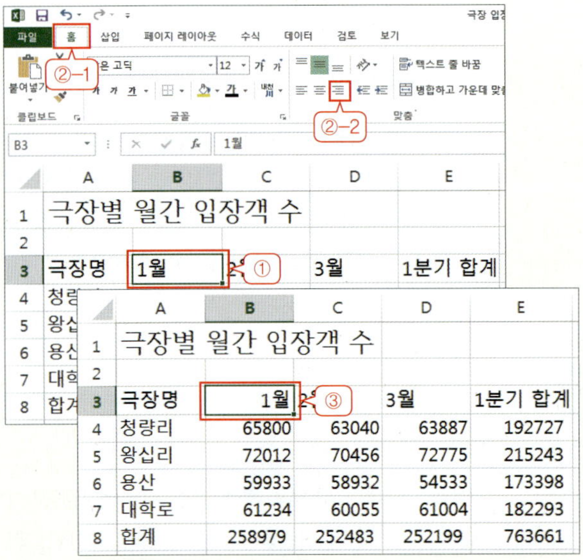

① 디폴트로 숫자들은 셀의 오른쪽에 맞춰지므로, 숫자들이 들어있는 열의 제목들도 셀의 오른쪽에 맞춰보자. B3 셀을 클릭한다.

② [홈] 탭–[맞춤] 그룹–[오른쪽 맞춤 단추 ≡]를 클릭한다. [맞춤] 그룹에는 맞춤 단추들이 세 개씩 두 줄에 걸쳐 표시되어 있는데, 윗줄의 세 단추는 세로 맞춤에 사용하고, 아랫줄의 세 단추는 가로 맞춤에 사용한다.

③ 열 제목 1월이 셀의 오른쪽에 맞춰진다.

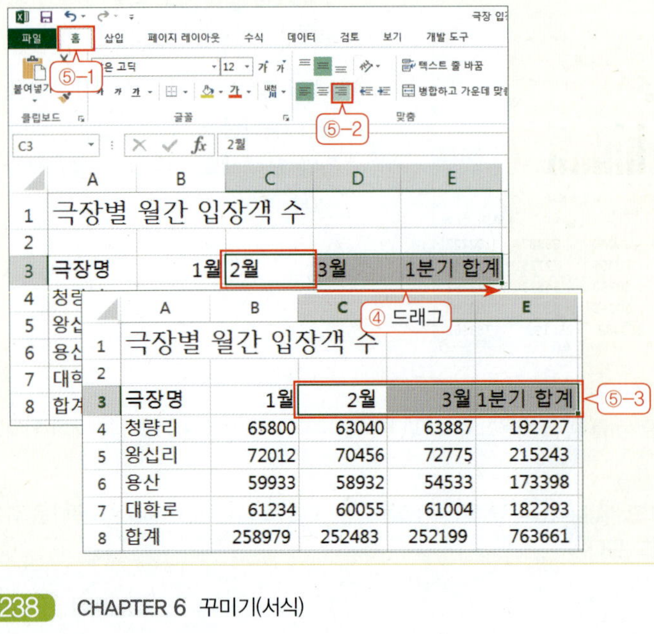

④ 열 제목 2월, 3월, 1분기 합계도 오른쪽에 맞추기 위해 C3 셀을 클릭한 후 E3 셀까지 드래그하여 범위 C3:E3을 선택한다.

⑤ [홈] 탭–[맞춤] 그룹–[오른쪽 맞춤 단추 ≡]를 클릭한다. 열 제목 2월, 3월, 1분기 합계도 오른쪽에 맞춰진다.

맞춤, 병합하고 가운데 맞춤

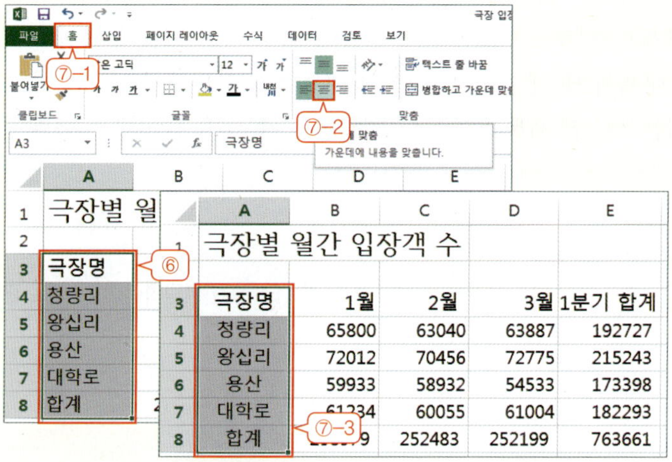

⑥ A3 셀을 클릭한 후 A8 셀까지 드래그하여 범위 A3:A8을 선택한다.

⑦ [홈] 탭–[맞춤] 그룹–[가운데 맞춤 단추 ≡]를 클릭한다. 범위 A3:A8의 내용이 가운데에 맞춰진다.

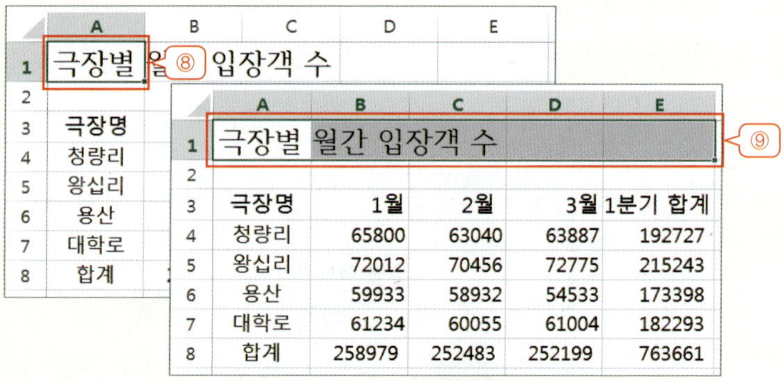

⑧ 표의 제목이 들어있는 A1 셀을 클릭한다.

⑨ E1 셀까지 드래그하여 표의 폭만큼 선택한다.

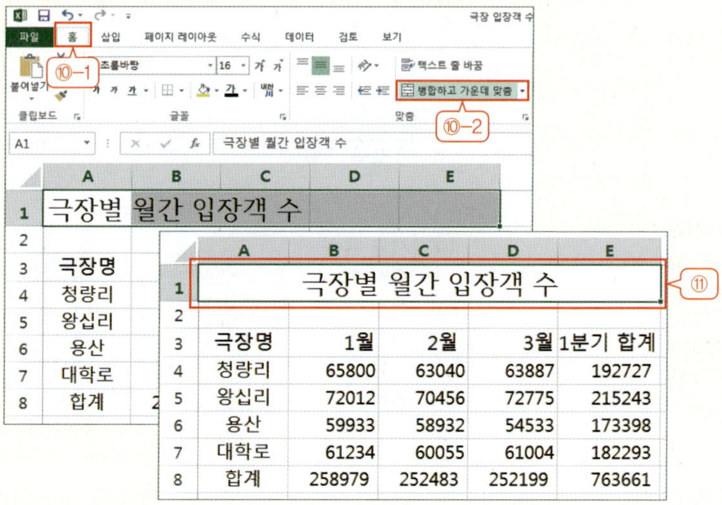

⑩ [홈] 탭–[맞춤] 그룹–[병합하고 가운데 맞춤 단추 ⊟]를 클릭한다.

⑪ A1, B1, C1, D1, E1 셀들이 하나의 셀로 합쳐지고, A1 셀에 있던 표의 제목이 A1:E1 범위의 가운데에 맞춰진다.

Tip 셀들을 병합하여 가운데 맞출 때 텍스트가 범위 안의 첫 번째 셀에 들어 있을 필요는 없다. 선택된 범위 안의 임의의 셀에 들어 있어도 무방하다. 그러나 범위 안의 두 개 이상의 셀에 데이터가 들어 있으면 맨 왼쪽의 데이터만 남고 나머지 데이터는 손실된다.

실습하기 6-3

실습파일 :\6장\유럽 여행경비.xlsx

셀/범위에 테두리 적용하기

실습 설명

셀이나 범위에 테두리를 적용함으로써 테두리로 둘러싸인 셀들이 서로 연관되어 있음을 나타낼 수 있다. 또는 셀들 사이에 테두리를 표시함으로써 그 셀들이 서로 다른 그룹에 속함을 나타낼 수도 있다. 셀이나 범위에 대해서 네 개의 경계 각각에 테두리를 적용할 수 있다. 이번 실습에서는 중요한 값이 들어있는 셀, 열 제목들이 들어있는 범위, 합계가 들어있는 범위에 테두리를 적용해보자.

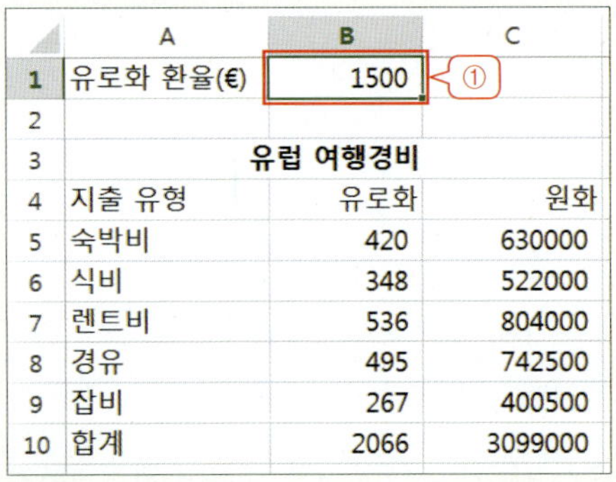

① 유로화 환율이 들어있는 B1 셀을 클릭하여 현재 셀로 만든다.

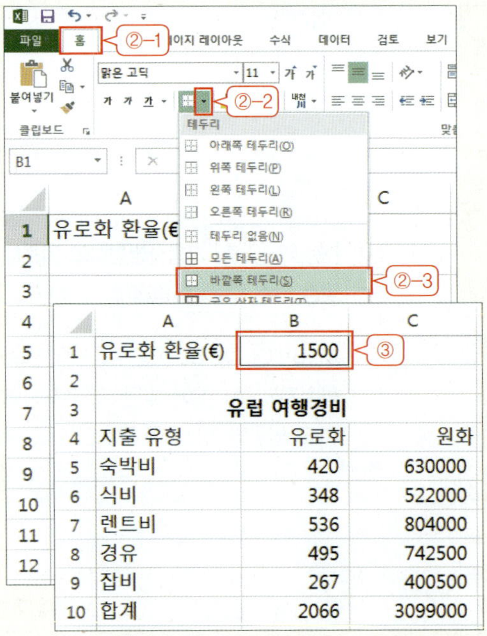

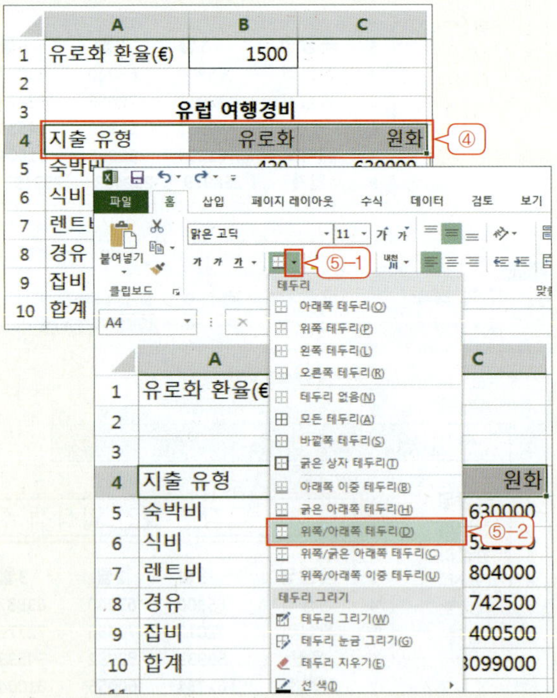

② [홈] 탭-[글꼴] 그룹-[테두리 단추 ⊞]의 드롭다운 화살표 ▾를 클릭한 후 [바깥쪽 테두리]를 선택한다.

③ B1 셀의 네 개의 경계에 테두리가 적용된다.

④ A4 셀을 클릭한 후 C4 셀까지 드래그하여 열 제목이 들어있는 A4:C4 범위를 선택한다.

⑤ [홈] 탭-[글꼴] 그룹-[테두리 단추 ⊞]의 드롭다운 화살표 ▾를 클릭한 후 [위쪽/아래쪽 테두리]를 선택한다.

셀/범위에 테두리 적용하기

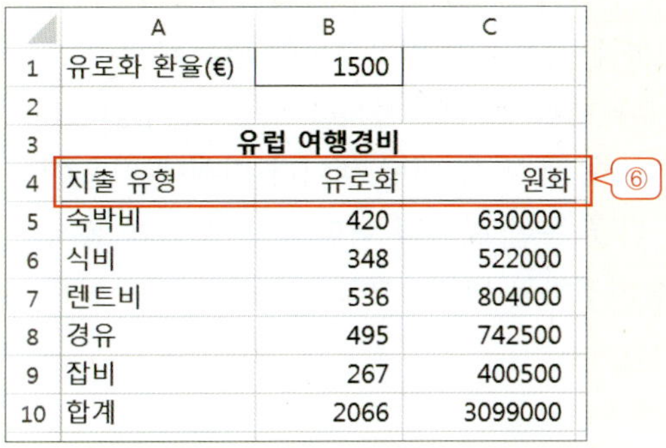

⑥ 열 제목 A4:C4 범위의 위쪽과 아래쪽에 테두리가 표시된다.

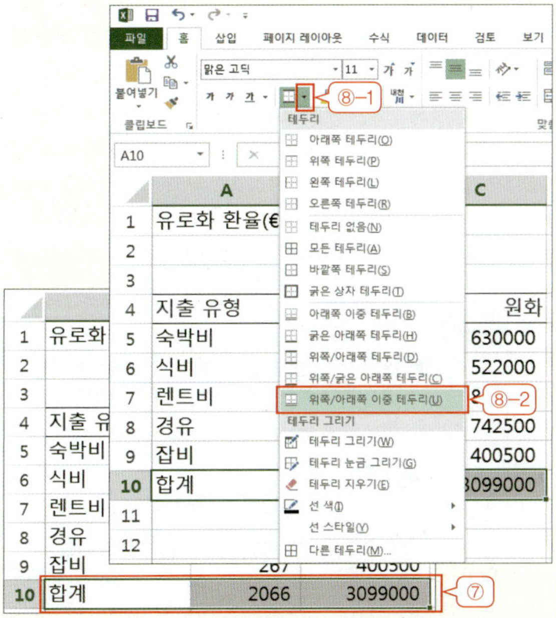

⑦ A10 셀을 클릭한 후 C10 셀까지 드래그하여 합계가 들어있는 A10:C10 범위를 선택한다.

⑧ [홈] 탭–[글꼴] 그룹–[테두리 단추]의 드롭다운 화살표 ▾를 클릭한 후 **[위쪽/아래쪽 이중 테두리]**를 선택한다. **[위쪽/아래쪽 이중 테두리]**는 위쪽과 아래쪽에 모두 이중 테두리가 아니고, 아래쪽만 이중 테두리라는 의미이다.

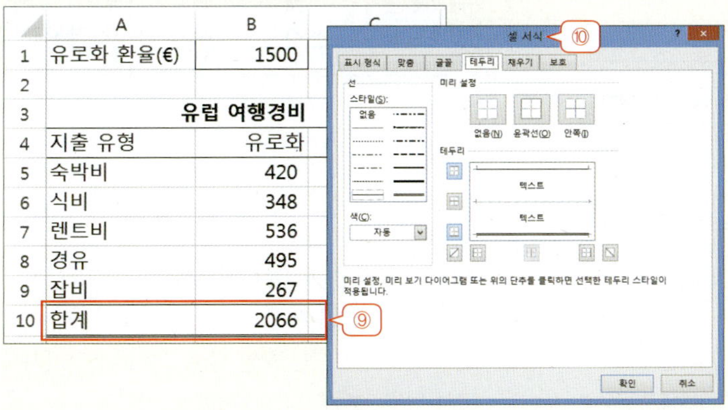

⑨ 합계가 들어있는 A10:C10 범위의 위쪽에는 단일 테두리가, 아래쪽에는 이중 테두리가 표시된다.

⑩ **[셀 서식]** 대화상자의 **[테두리]** 탭을 사용하면 좀더 다양하게 테두리 선의 스타일과 색을 지정할 수 있다.

Tip [테두리 단추]에서 아래쪽 테두리가 디폴트로 표시된다. 사용자가 다른 테두리 옵션을 적용할 때마다 가장 최근에 선택한 테두리 모양을 반영하도록 이 단추의 모양이 바뀐다. 동일한 테두리를 다른 곳에 또 적용하기 위해서 드롭다운 화살표를 클릭하여 테두리를 선택하는 대신 이 단추만 클릭해도 된다.

실습하기 6-4

실습파일 : \6장\커피향기.xlsx

채우기 색, 서식 복사

실습 설명

채우기 색을 적절하게 지정하면 워크시트를 돋보이게 만들 수 있다. 어떤 셀이나 범위에 서식을 지정한 후 이를 비슷한 유형의 데이터에 동일하게 적용하면 워크시트에 일관된 분위기를 줄 수 있다. 워크시트의 여러 곳에 흩어진 셀이나 범위에 동일 서식을 일일이 지정하는 수고를 하지 말고, 한 번 서식(예 맞춤, 숫자, 글꼴, 테두리, 색 등)을 어떤 셀이나 범위에 적용한 후에 그 서식 스타일을 워크시트, 동일 통합 문서, 다른 통합 문서의 어떤 곳으로 쉽게 복사할 수 있다. 이번 실습에서는 워크시트에 배경색을 지정하는 방법, 서식을 복사하는 방법을 알아보자.

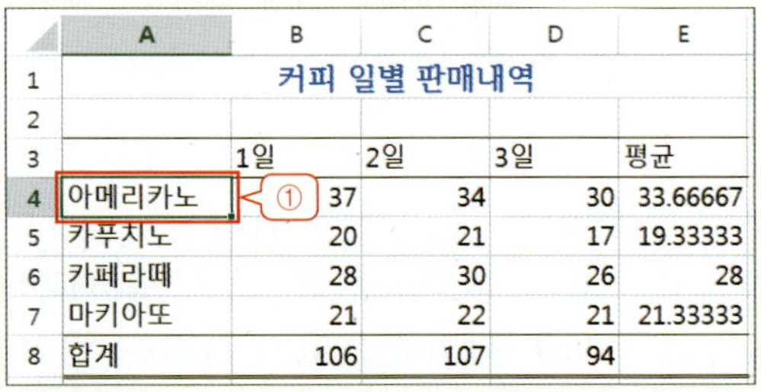

① 서식을 지정할 A4 셀을 클릭하여 현재 셀로 만든다.

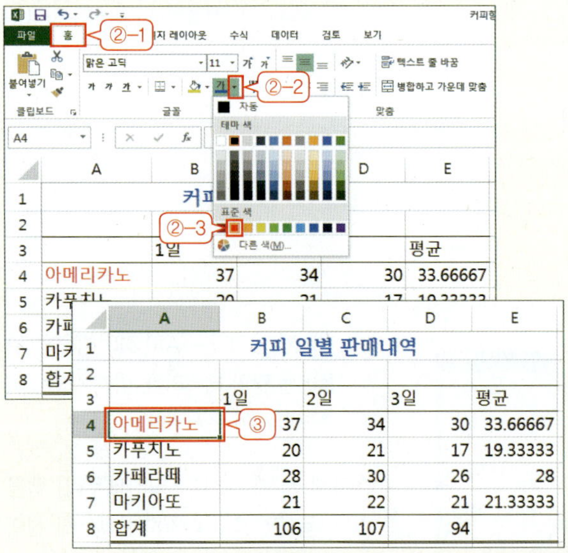

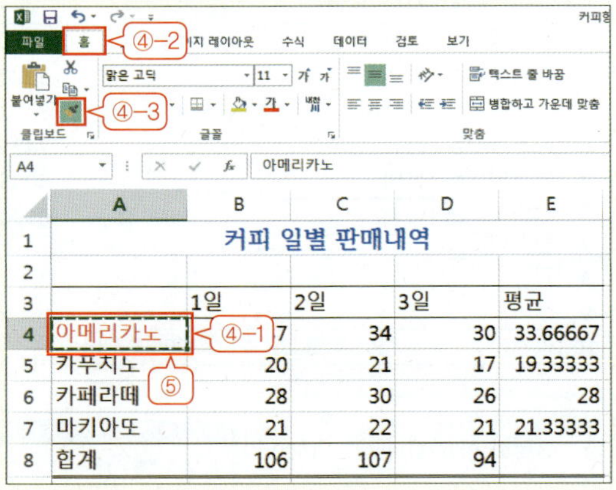

② [홈] 탭–[글꼴] 그룹–[글꼴 색 단추 가]의 드롭다운 화살표 ▾를 클릭한 후 원하는 색을 선택한다. 임의의 색을 가리킬 때(클릭하지 말고)마다 A4 셀의 텍스트의 색이 바뀌어 표시된다. 빨강색을 선택해보자.

③ A4 셀의 색이 바뀌었다.

④ A4 셀을 클릭한 후 [홈] 탭–[클립보드] 그룹–[서식 복사 단추 🖌]를 더블 클릭한다. 마우스 포인터가 붓 아이콘을 포함한 모양 ✚🖌으로 바뀐다. [서식 복사 단추 🖌]를 더블 클릭했을 경우에는 서식을 지정할 대상들을 계속 선택할 수 있다.

⑤ A4 셀의 테두리가 깜박이는 점선으로 표시된다.

채우기 색, 서식 복사

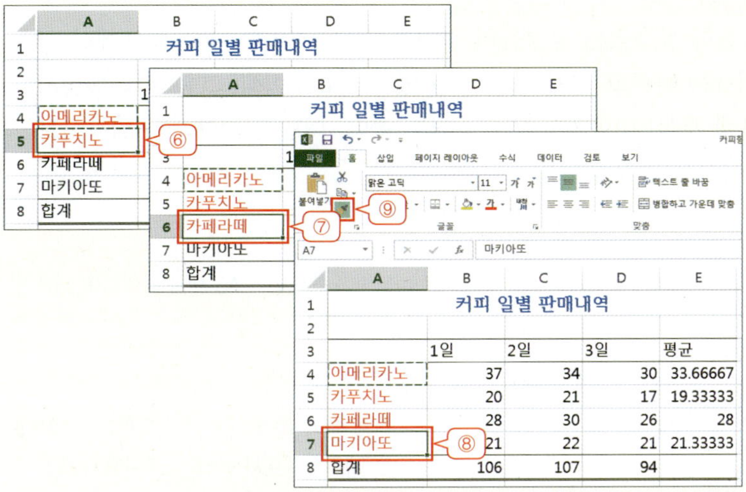

⑥ A5 셀을 클릭한다. A5 셀의 내용이 빨강색으로 바뀐다.

⑦ A6 셀을 클릭한다. A6 셀의 내용이 빨강색으로 바뀐다.

⑧ A7 셀을 클릭한다. A7 셀의 내용이 빨강색으로 바뀐다.

⑨ 서식 복사 작업을 마치려면 [서식 복사 단추]를 클릭하거나 ESC를 누른다.

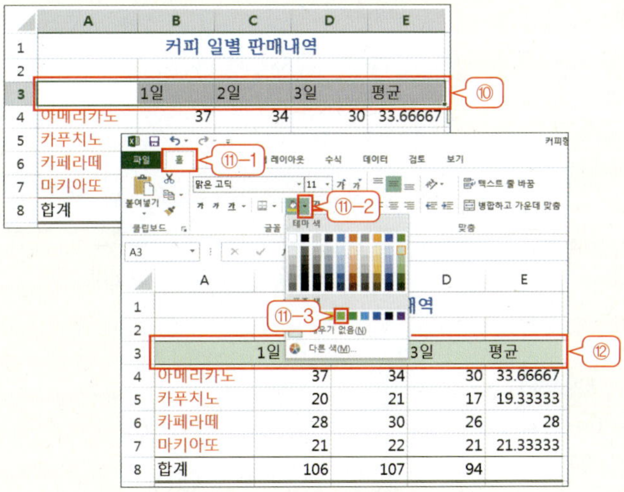

⑩ 채우기 색을 지정할 범위 A3:E3을 선택한다.

⑪ [홈] 탭–[글꼴] 그룹–[채우기 색 단추]의 드롭다운 화살표 를 클릭한다. 목록에서 원하는 색을 선택한다. 임의의 색을 가리킬 때(클릭하지 말고)마다 범위 A3:E3의 채우기 색이 바뀌어 표시된다. 연한 녹색을 선택해 보자. 목록에 없는 색을 고르려면 [다른 색]을 선택한다.

⑫ 범위 A3:E3의 채우기 색이 바뀌었다.

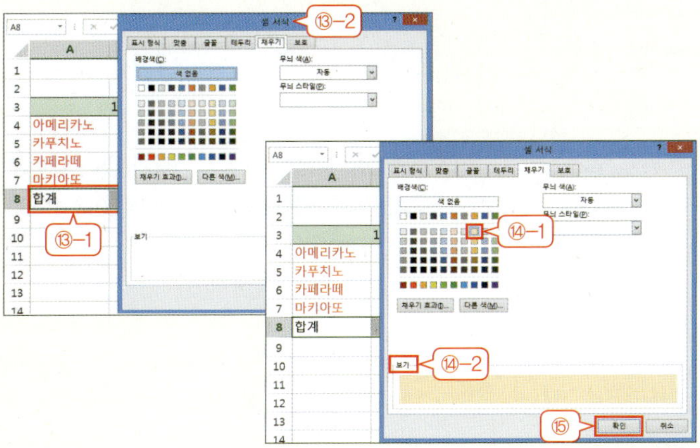

⑬ [셀 서식] 대화상자의 [채우기] 탭을 사용하면 좀 더 다양하게 채우기 스타일을 지정할 수 있다. 채우기 색을 지정할 범위 A8:E8을 선택한 후 [셀 서식] 대화상자를 연다.

⑭ 색들의 목록에서 원하는 색을 선택한다. 임의의 색을 가리킬 때(클릭하지 말고)마다 범위 A8:E8의 채우기 색이 [보기] 상자에 표시된다.

⑮ [확인]을 클릭한다.

실습하기 6-5

실습파일 : \6장\서울문구.xlsx

표시 형식 적용하기

실습 설명

[홈] 탭의 [표시 형식] 그룹에 있는 [표시 형식 단추 일반]의 드롭다운 화살표 ▾를 누르면 일반적인 숫자 서식에 흔히 사용되는 명령들의 갤러리를 볼 수 있다. 워크시트에서 선택한 셀 또는 범위에 이 서식들을 빠르고 쉽게 적용할 수 있다. [표시 형식] 그룹의 [대화상자 표시 단추 ↘]를 클릭한 후 [셀 서식] 대화상자를 이용해도 좋다. 이번 실습에서는 워크시트에 들어있는 날짜와 숫자에 서식을 지정해 보자.

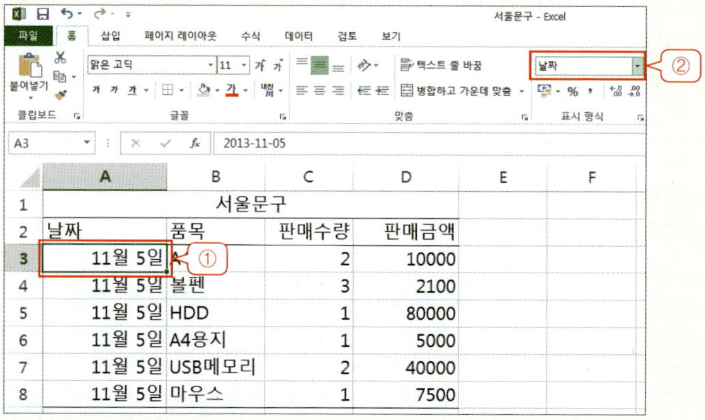

① 날짜가 들어있는 A3 셀을 클릭하여 현재 셀로 만든다. A3 셀에는 연도가 없이 월과 일만 표시되어 있다.

② 현재 셀에 들어있는 값의 유형이 날짜이므로 [홈] 탭–[표시 형식] 그룹–[표시 형식 단추 날짜] 안에 [날짜]가 표시되어 있다.

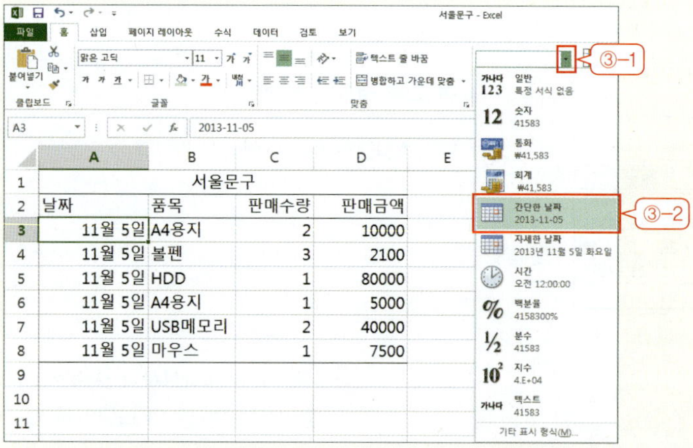

③ 이 단추의 드롭다운 화살표 ▾를 클릭한 후 메뉴에서 [간단한 날짜]를 선택한다. 이 형식은 연도–월–일의 형식을 말한다.

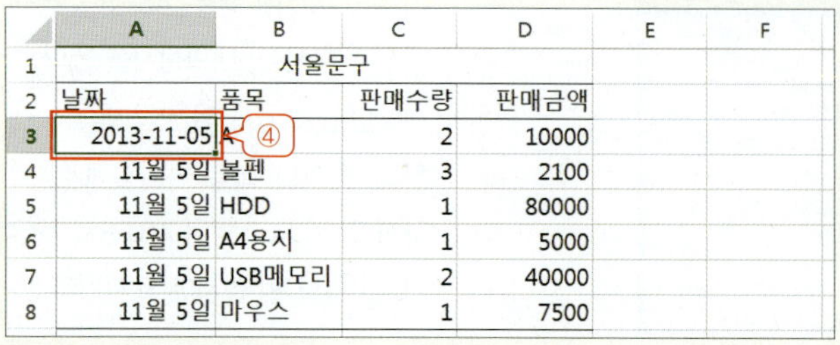

④ 명령을 실행한 시점의 연도가 앞에 붙어서 A3 셀의 내용이 11월 5일에서 2013–11–05로 바뀐다.

표시 형식 적용하기

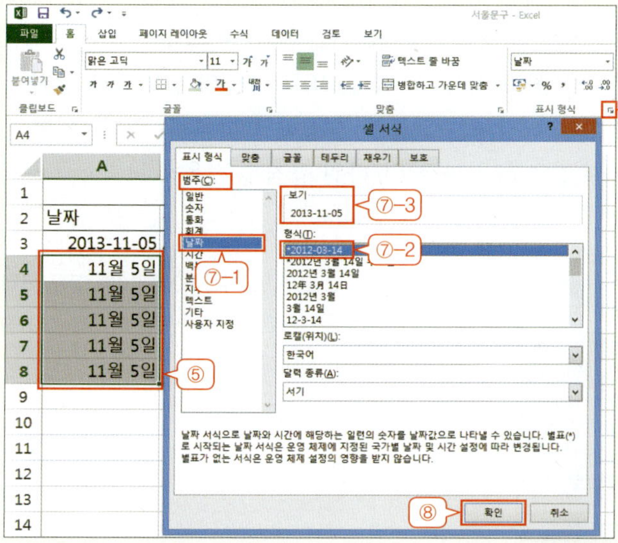

⑤ [셀 서식] 대화상자를 이용하여 날짜의 표현 형식을 바꿔보자. A4:A8 범위를 선택한다.

⑥ [홈] 탭–[표시 형식] 그룹–[대화상자 표시 단추 ↘]를 클릭한다.

⑦ [셀 서식] 대화상자가 나타난다. [범주] 상자에서 [날짜]를 선택한다. [형식] 상자에서 [2012–03–14]를 선택한다. [보기] 상자에 11월 5일이 셀(범위)에 표시될 내용의 미리 보기가 표시된다.

⑧ [확인]을 클릭한다.

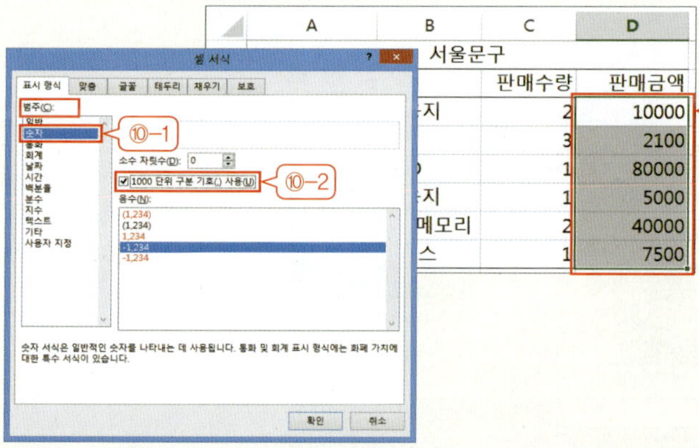

⑨ 판매금액에 1000단위마다 쉼표가 없어서 숫자를 읽기 어렵다. D3:D8 범위를 선택한다.

⑩ 단계 ⑥의 방법으로 [셀 서식] 대화상자를 열고, [범주] 상자에서 [숫자]를 선택한다. [1000 단위 구분 기호(,) 사용]에 체크 표시를 한다.

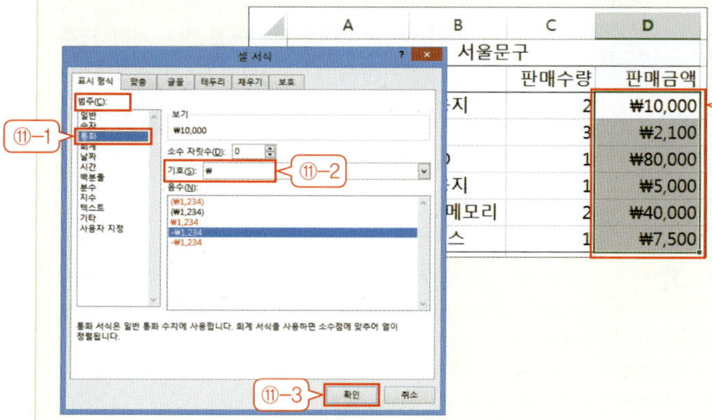

⑪ [범주] 상자에서 [통화]를 선택한 후 [기호] 상자에서 원화 표시 [₩]를 선택한다. [확인]을 클릭한다.

⑫ D3:D8 범위의 판매금액에 ₩가 표시되고, 1000 자리마다 쉼표가 표시된다.

Tip 소수 자릿수가 사용될 때 엑셀은 필요한 경우에 반올림을 하여 표시한다. 서식을 변경한다고 해서 저장되어 있는 값도 바뀌는 것은 아니다.

실습하기 6-6

실습파일 : \6장\사원별 영업실적.xlsx

셀 강조 규칙, 상위/하위 규칙

실습 설명 셀들의 범위에서 원하는 셀들을 찾기 위해서 비교 연산자를 기반으로 서식을 줄 수 있다. 예를 들어서 판매 금액이 특정 금액을 초과하면 파랑색으로 표시할 수 있다. 또는 인사 목록에서 특정 부서(텍스트)를 포함한 셀들을 강조하고 싶을 수 있다. 또는 셀들의 범위에서 상위 몇 개, 상위 몇 %, 하위 몇 개, 하위 몇 %에 해당하는 셀들을 강조하고 싶을 수 있다. 이번 실습에서는 조건부 서식 방법들 중에서 셀 강조 규칙과 상위/하위 규칙을 적용해 보자.

①	B	C	D	E	F
1	영원상사 사원별 영업실적				
2 이름	부서	1월	2월	3월	1분기 합계
3 김익환	영업2부	35,200	35,000	36,000	106,200
4 이운섭	영업2부	12,500	21,000	20,000	53,500
5 고윤정	영업1부	62,500	65,000	64,000	191,500
6 민태희	영업3부	62,533	61,890	63,000	187,423
7 정윤석	영업3부	32,560	33,000	32,000	97,560
8 박상현	영업1부	56,800	60,000	60,500	177,300
9 합계		262,093	275,890	275,500	

① 행 머리글과 열 머리글이 만나는 곳을 클릭하여 워크시트 전체를 선택한다. 또는 A1:F9 범위만 선택해도 좋다.

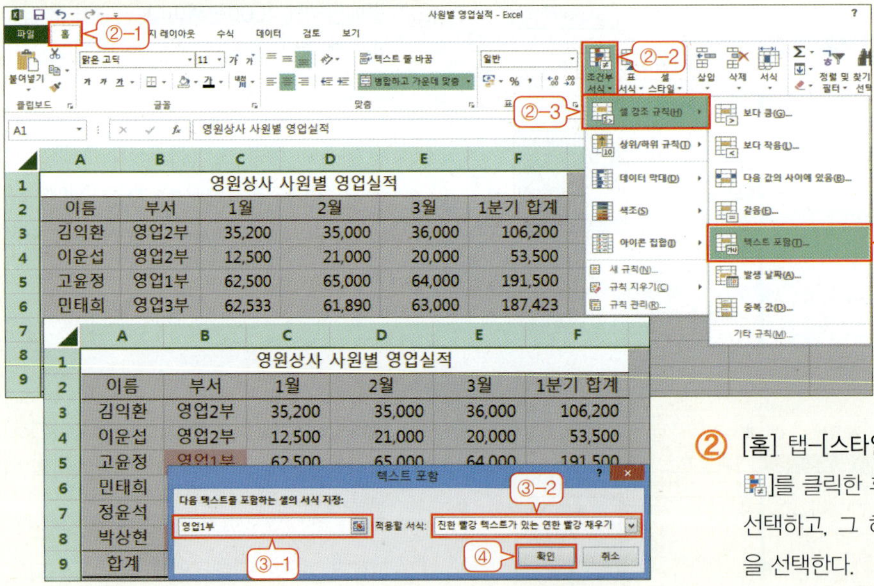

② [홈] 탭-[스타일] 그룹-[조건부 서식 단추]를 클릭한 후 메뉴에서 [셀 강조 규칙]을 선택하고, 그 하위 메뉴에서 [텍스트 포함]을 선택한다.

③ [텍스트 포함] 대화상자의 왼쪽 상자에 [영업1부]를 입력하고, 오른쪽의 [적용할 서식] 상자에서 [진한 빨강 텍스트가 있는 연한 빨강 채우기]를 선택한다.

④ [확인]을 클릭한다.

	A	B	C	D	E	F
1	영원상사 사원별 영업실적					
2	이름	부서	1월	2월	3월	1분기 합계
3	김익환	영업2부	35,200	35,000	36,000	106,200
4	이운섭	영업2부	12,500	21,000	20,000	53,500
5	고윤정	영업1부 ⑤	62,500	65,000	64,000	191,500
6	민태희	영업3부	62,533	61,890	63,000	187,423
7	정윤석	영업3부	32,560	33,000	32,000	97,560
8	박상현	영업1부	56,800	60,000	60,500	177,300
9	합계		262,093	275,890	275,500	

⑤ 워크시트에서 **영업1부** 텍스트만 연한 빨강 바탕에 진한 빨강으로 표시된다.

셀 강조 규칙, 상위/하위 규칙

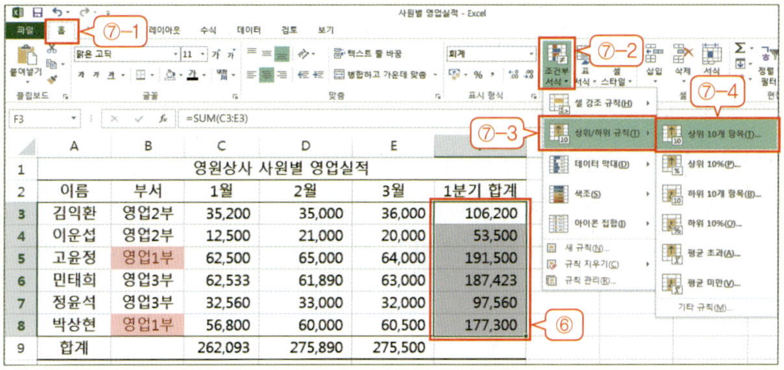

⑥ 조건부 서식을 적용할 F3:F8 범위를 선택한다.

⑦ [홈] 탭–[스타일] 그룹–[조건부 서식 단추]를 클릭한 후 메뉴에서 [상위/하위 규칙]을 선택하고, 그 하위 메뉴에서 [상위 10개 항목]을 선택한다. 상위 10개 항목이라고 해서 반드시 10개를 선택해야 하는 것은 아니다.

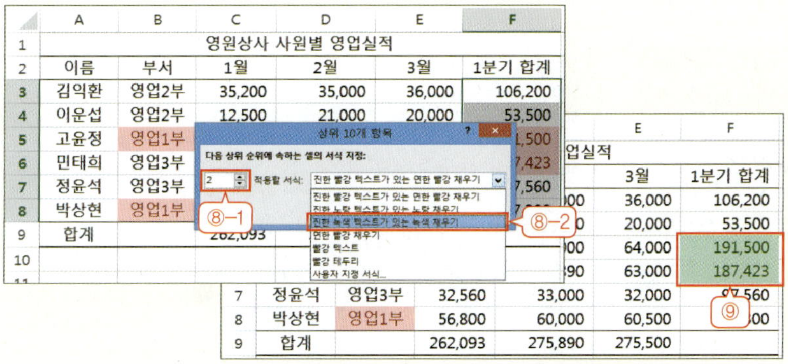

⑧ [상위 10개 항목] 대화상자의 왼쪽 상자에서 [2]를 선택하고, 오른쪽의 [적용할 서식] 상자에서 [진한 녹색 텍스트가 있는 녹색 채우기]를 선택한 후 [확인]을 클릭한다.

⑨ F3:F8 범위의 6개의 값들 중에서 상위 2개의 값이 들어있는 셀이 녹색 바탕에 진한 녹색으로 표시된다.

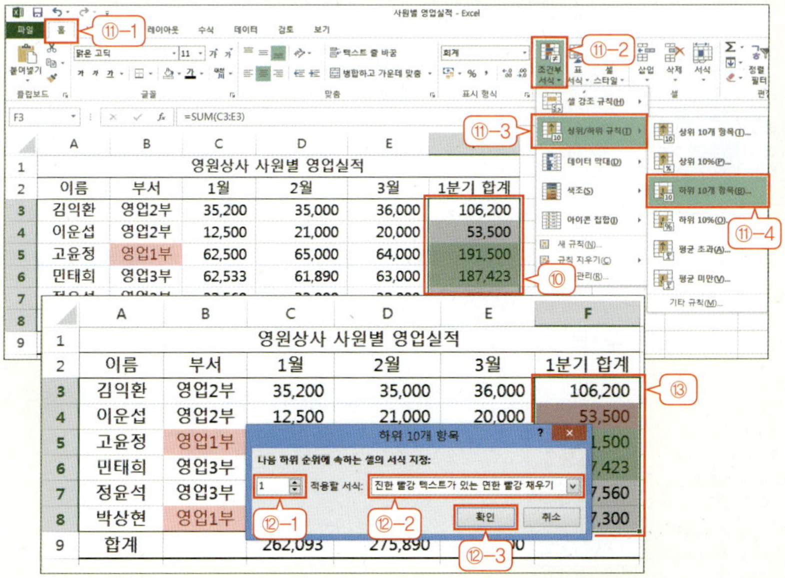

⑩ 조건부 서식을 적용할 F3:F8 범위를 다시 선택한다.

⑪ [홈] 탭–[스타일] 그룹–[조건부 서식 단추]를 클릭한 후 메뉴에서 [상위/하위 규칙]을 선택하고, 그 하위 메뉴에서 [하위 10개 항목]을 선택한다.

⑫ [하위 10개 항목] 대화상자의 왼쪽 상자에서 [1]을 선택하고, 오른쪽의 [적용할 서식] 상자에서 [진한 빨강 텍스트가 있는 연한 빨강 채우기]를 선택한 후 [확인]을 클릭한다.

⑬ F3:F8 범위의 6개의 값들 중에서 하위 1개의 값이 들어있는 셀이 빨강 바탕에 진한 빨강으로 표시된다.

실습하기 6-7

실습파일 :\6장\사원별 영업실적-조건부 서식-2.xlsx

데이터 막대, 색조, 아이콘 사용하기

실습 설명

데이터 막대 조건부 서식은 다른 셀들에 상대적으로, 어떤 셀의 값을 파악하는데 도움이 된다. 데이터 막대의 길이는 셀의 값을 나타낸다. 긴 막대는 높은 값을 나타내고, 짧은 막대는 낮은 값을 나타낸다. 색조는 데이터 분산과 변화를 이해하는데 도움이 된다. 두 가지 색조는 두 가지 색의 단계적 차이를 사용하여 셀들의 범위를 비교하는데 사용할 수 있다. 예를 들어서 파랑색과 빨강색 색조에서는 셀의 값이 클수록 좀더 진한 파랑색으로 표시되고, 셀의 값이 작을수록 좀더 진한 빨강색으로 표시된다. 아이콘 집합은 셀들에 들어있는 값들의 상대적인 크기를 아이콘으로 나타낸다. 이번 실습에서는 조건부 서식 방법들 중에서 데이터 막대, 색조, 아이콘 집합을 적용해 보자.

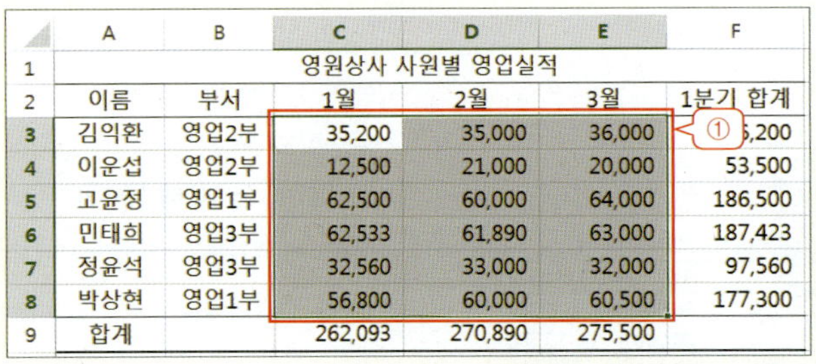

① 영업사원들의 1월, 2월, 3월 실적이 들어있는 C3:E8 범위를 선택한다.

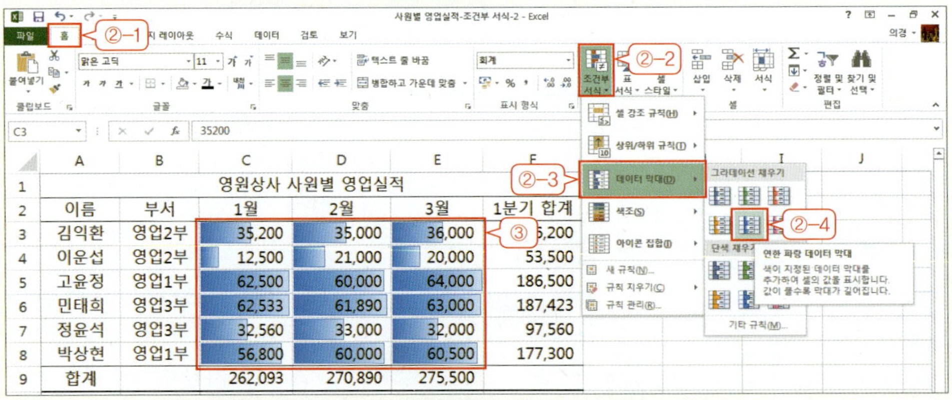

② [홈] 탭-[스타일] 그룹-[조건부 서식 단추]를 클릭한 후 메뉴에서 [데이터 막대]를 선택하고, 그 하위 메뉴의 두 번째 줄에서 가운데 아이콘(연한 파랑)을 선택한다.

③ 셀에 들어있는 값이 클수록 긴 파랑 막대가 셀 안에 표시된다.

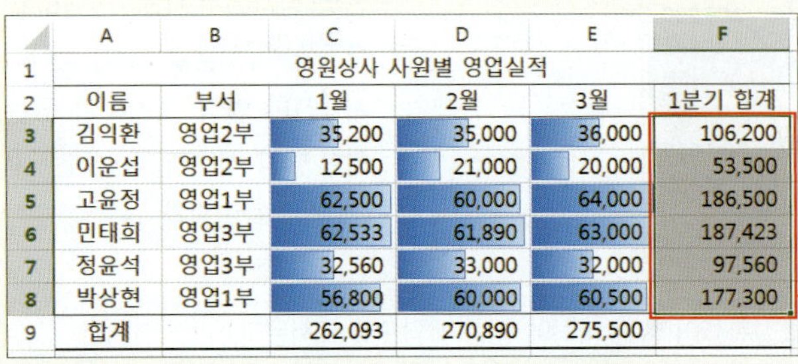

④ 각 영업사원의 1분기 실적의 합계가 들어있는 F3:F8 범위를 선택한다.

데이터 막대, 색조, 아이콘 사용하기

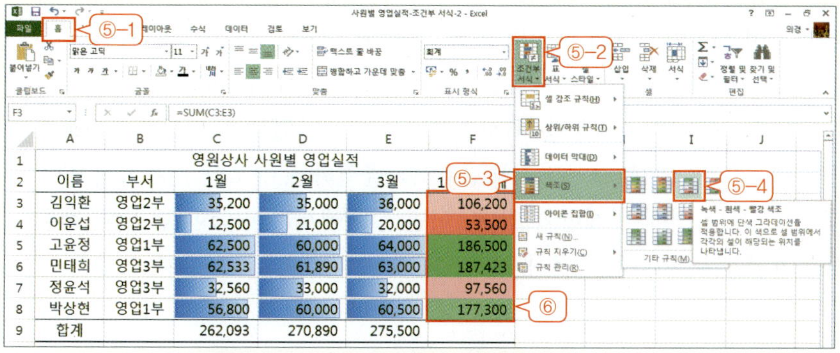

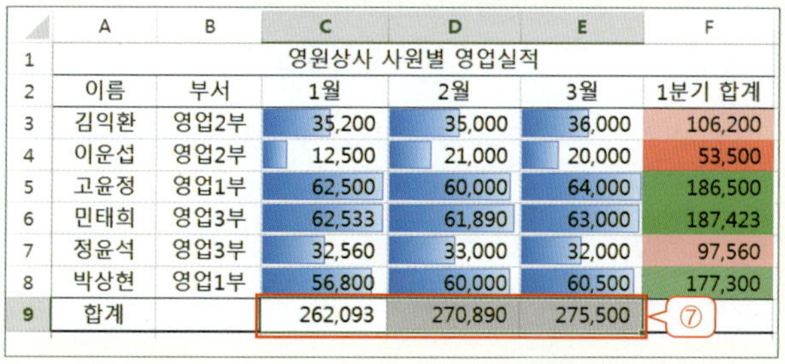

⑤ [홈] 탭–[스타일] 그룹–[조건부 서식 단추]를 클릭한 후 메뉴에서 **[색조]**를 선택하고, 그 하위 메뉴의 첫 번째 줄에서 세 번째 아이콘(녹색–흰색–빨강 색조)을 선택한다.

⑥ F3:F8 범위에 들어있는 값들이 클수록 진한 녹색으로, 작을수록 진한 빨강으로 표시된다.

⑦ 모든 영업사원들의 1월, 2월, 3월 영업실적의 합계가 들어있는 C9:E9 범위를 선택한다.

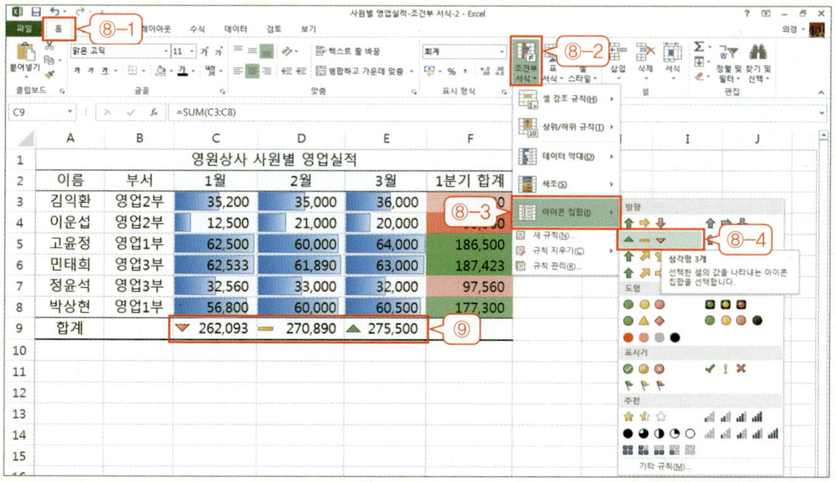

⑧ [홈] 탭–[스타일] 그룹–[조건부 서식 단추]를 클릭한 후 메뉴에서 **[아이콘 집합]**를 선택하고, 그 하위 메뉴의 두 번째 줄에서 첫 번째 아이콘(삼각형 3개)을 선택한다.

⑨ C9:E9 범위에 들어있는 값들 중에서 가장 작은 값의 왼쪽에는 빨강색 역삼각형 ▼이, 중간 값의 왼쪽에는 노랑색 직사각형 ▬이, 가장 큰 값의 왼쪽에는 녹색 삼각형 ▲이 표시된다.

Tip 이미 조건부 서식이 적용된 셀들에 추가로 조건부 서식을 적용하면 엑셀은 해당되는 셀들에 서식을 추가한다. 이전의 조건부 서식을 덮어쓰지 않는다. 만일 새로 조건부 서식을 적용하려면 [조건부 서식 단추]를 클릭한 후 메뉴에서 [규칙 지우기]를 선택한다.

실습하기 6-8

실습파일 :\6장\사원별 영업실적-조건부 서식-3.xlsx

빠른 분석 단추 사용하기

실습 설명

엑셀 2013에서 범위를 선택할 때마다 범위의 오른쪽 아래 구석에 **[빠른 분석 단추]**가 나타난다. 이 단추를 클릭하여 그 범위 내의 데이터에 서식, 차트, 합계, 표, 스파크라인 등을 빠르게 적용할 수 있다. 엑셀 2010에서는 불가능했던 어떤 작업을 할 수 있도록 하는 것은 아니고, 사용자가 데이터 특성에 맞는 기능을 최적으로 사용할 수 있도록 도와준다. **[빠른 분석 단추]**를 이용하면 해당 단추(예 조건부 서식 단추)를 클릭하는 것보다 신속하게 작업할 수 있지만 선택할 수 있는 옵션에는 제한이 있다. 이번 실습에서는 선택한 범위에 **[빠른 분석 단추]**를 이용하여 조건부 서식을 적용해 보자.

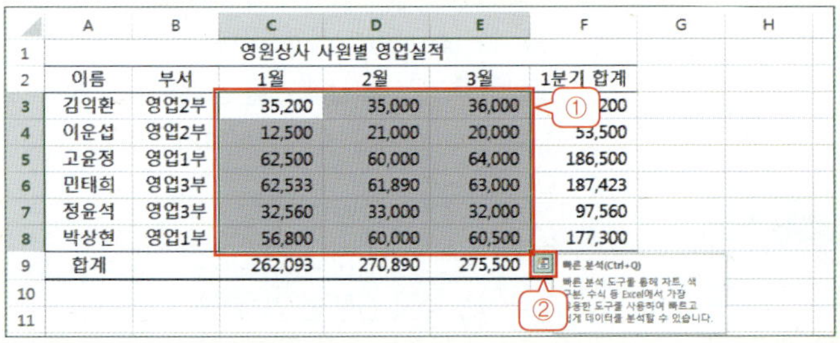

① 영업사원들의 1월, 2월, 3월 실적이 들어있는 C3:E8 범위를 선택한다.

② 선택한 범위의 오른쪽 아래 구석에 **[빠른 분석 단추]**가 나타난다.

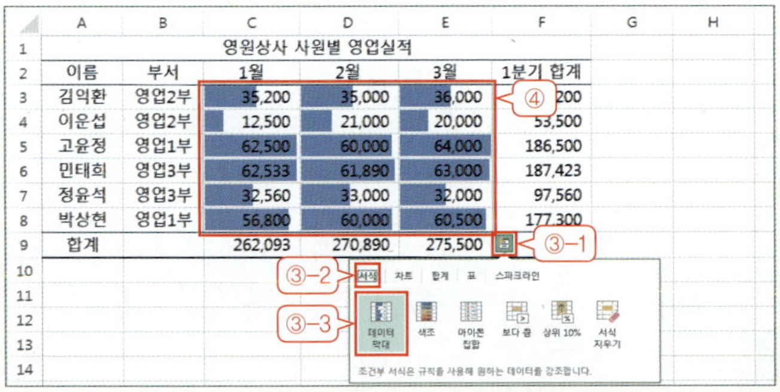

③ **[빠른 분석 단추]**를 클릭한 후 **[서식]** 탭에서 **[데이터 막대]**를 클릭한다.

④ 범위 안의 셀에 들어있는 값이 클수록 긴 파랑색 막대가 셀 안에 표시된다. 다른 색의 막대는 선택할 수 없다.

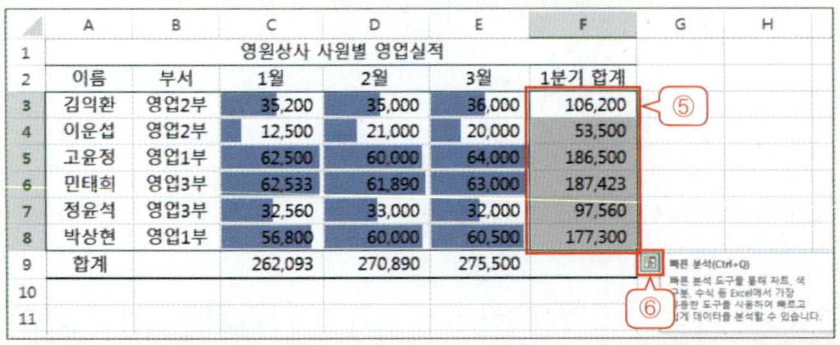

⑤ 각 영업사원의 1분기 실적의 합계가 들어있는 F3:F8 범위를 선택한다.

⑥ 선택한 범위의 오른쪽 아래 구석에 **[빠른 분석 단추]**가 나타난다.

빠른 분석 단추 사용하기

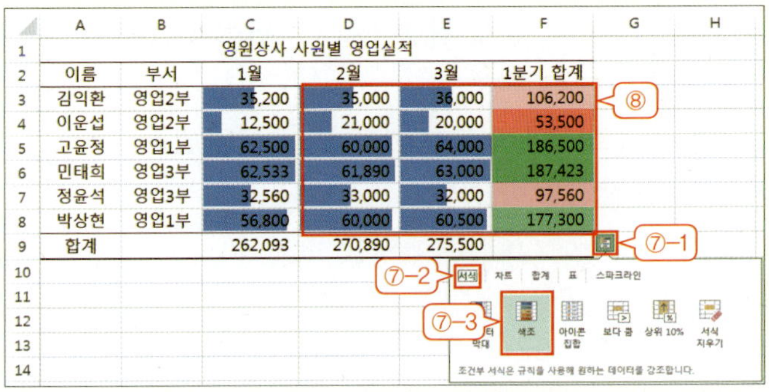

⑦ [빠른 분석 단추]를 클릭한 후 [서식] 탭에서 [색조]를 클릭한다.

⑧ F3:F8 범위에 들어있는 값들이 클수록 진한 녹색으로, 작을수록 진한 빨강색으로 표시된다. 다른 색조는 선택할 수 없다.

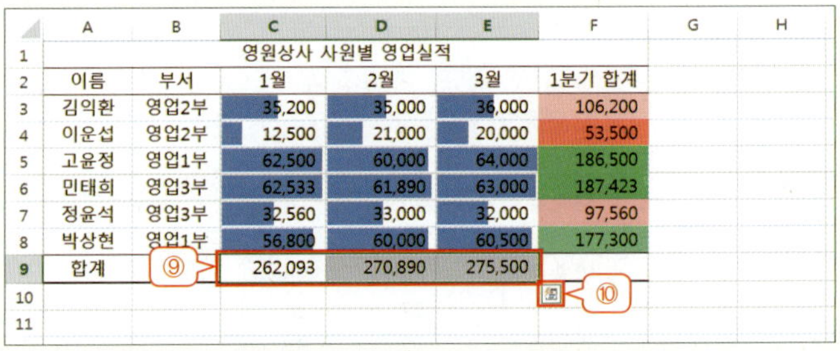

⑨ 모든 영업사원들의 1월, 2월, 3월 영업실적의 합계가 들어있는 C9:E9 범위를 선택한다.

⑩ 선택한 범위의 오른쪽 아래 구석에 [빠른 분석 단추]가 나타난다.

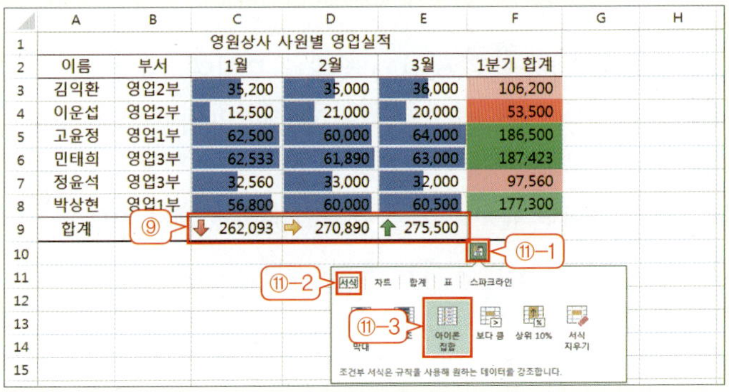

⑪ [빠른 분석 단추]를 클릭한 후 [서식] 탭에서 [아이콘 집합]을 클릭한다.

⑫ C9:E9 범위에 들어있는 값들 중에서 가장 작은 값의 왼쪽에는 빨강색 아래 방향 화살표 ⬇가, 중간 값의 왼쪽에는 노랑색 오른쪽 방향 화살표 ➡가, 가장 큰 값의 왼쪽에는 녹색 윗 방향 화살표 ⬆가 표시된다. 다른 아이콘 집합은 선택할 수 없다.

연습문제 EXERCISE

1. 아래의 왼쪽 워크시트에 필요한 서식을 지정하여 오른쪽 워크시트처럼 만들라.(연습파일 :\6장\연습문제-1.xlsx)

(1) A1 셀에 들어있는 제목이 A1:C1 범위의 중앙에 놓이도록 병합하고 가운데 맞춤

(2) 제목의 글꼴 크기를 14로, 글꼴 스타일을 함초롱 바탕으로, 굵게로

(3) 제목의 글꼴 색을 빨강색으로

(4) A2:A9 범위의 내용을 가운데 맞춤

(5) 숫자들이 들어있는 B 열과 C 열의 열 제목(B2, C2)을 오른쪽 맞춤

(6) 테두리 지정

(7) A2:C2 범위에 채우기 색 지정

	A	B	C
1	6월중 상품 판매현황		
2	판매원	스마트폰	태블릿
3	김병욱	42	21
4	오승우	12	24
5	최미선	21	11
6	박승주	28	15
7	임은수	27	14
8	박희열	12	36
9	황윤경	51	26

	A	B	C
1	**6월중 상품 판매현황**		
2	판매원	스마트폰	태블릿
3	김병욱	42	21
4	오승우	12	24
5	최미선	21	11
6	박승주	28	15
7	임은수	27	14
8	박희열	12	36
9	황윤경	51	26

2. 다음 워크시트는 미국 여행 중 지출한 경비를 날짜별로 정리한 것의 일부이다. 지출 금액이 달러로 입력되어 있다. 여행을 다녀온 후 지출 금액을 원화로 계산하려고 한다.(연습파일 :\6장\연습문제-2.xlsx)

(1) B1 셀에 들어있는 USD 환율을 이용하여 달러로 표시된 지출 금액을 원화로 계산하라.

(2) 달러 금액 왼쪽에는 $ 기호, 원화 금액 왼쪽에는 ₩ 기호를 표시하라.

(3) 원화 지출 금액에 1000단위마다 쉼표를 표시하라.

(4) 열 제목을 병합하고 가운데 맞춤하고, 채우기 색을 지정하라.

	A	B	C	D	E
1	USD 환율	1087			
2					
3	미국 여행 경비				
4	날짜	지출유형	항목	달러	원화
5	2013-06-30	식비	샌드위치	6.73	
6	2013-06-30	잡비	물, 쌀 등	50.00	
7	2013-06-30	식비	점심	11.87	
8	2013-06-30	숙박비	Travelodge	69.63	
9	2013-07-01	잡비	병 커피, 과일 등	32.95	
10	2013-07-01	식비	햄버거	9.87	
11	2013-07-01	잡비	국립공원 연간패스	80.00	
12	2013-07-01	식비	피자	18.00	
13	2013-07-01	자동차	휘발유	53.47	
14	2013-07-01	숙박비	Comfort Inn	80.98	
15	2013-07-02	선물	비타민제	21.75	

EXERCISE

연습문제

3. 다음 워크시트는 진급 대상자의 인사고과, 전공점수, 영어점수와 평균을 보여준다. 평균을 계산하면 셀의 너비를 채울 만큼 소수 자리수가 표시된다. 평균이 정수이면 소수 자리수가 표시되지 않는다. 소수 자리수가 여러 개인 숫자와 소수 자리수가 없는 숫자들이 섞여 있으면 보기 불편하다.(연습파일 :\6장\연습문제-3.xlsx)

(1) 평균을 소수 아래 1자리까지 표시하라.

(2) A2 셀에 들어있는 성명에 파랑색, 함초롱 바탕, 굵게, 가운데 맞춤 등의 서식을 지정하였다. 이 셀에 지정한 서식을 B2:F2 범위에 복사하라.

(3) F3:F10 범위에 조건부 서식(평균 >= 90이면 파랑색으로 표시)을 적용하라.

	A	B	C	D	E	F
1	**진급 대상자 명단**					
2	성명	부서	인사고과	전공점수	영어점수	평균
3	김태영	영업부	80	82	70	77.33333
4	박술희	기획부	93	85	75	84.33333
5	정태정	총무부	85	83	78	82
6	최돈구	인사부	79	90	68	79
7	한인수	영업부	85	93	85	87.66667
8	지명환	기획부	92	75	82	83
9	김시찬	영업부	95	73	89	85.66667
10	명세진	기술부	98	93	83	91.33333

4. 다음 워크시트는 몸무게와 키, 이들로부터 계산한 비만도 지수를 보여준다. 비만도 지수 상위 2개와 하위 2개가 강조되도록 조건부 서식을 적용하라.(연습파일 :\6장\연습문제-4.xlsx)

	A	B	C	D
1	**비만도 측정**			
2	성명	몸무게(kg)	키(cm)	지수
3	이길용	50	165	77
4	신민영	70	168	103
5	감우영	80	182	98
6	소문박	55	160	92
7	신순애	60	175	80
8	이팔쥐	74	178	95
9	오콩쥐	85	174	115
10	안덕철	90	189	101

연습문제 EXERCISE

5. 다음 워크시트는 영업소별 경비사용내역을 보여준다.(연습파일 :\6장\연습문제-5.xlsx)

(1) 원하는 표 서식을 지정하라.

(2) E열의 합계에 데이터 막대 조건부 서식을 적용하라.

	A	B	C	D	E
1	**영업소별 경비사용내역**				
2					단위: 천원
3	영업소명	복리후생비	활동비	잡비	합계
4	종로	3,838	6,157	3,498	13,493
5	강서	2,820	7,280	3,678	13,778
6	강동	3,650	6,555	7,322	17,527
7	중구	2,194	6,596	4,332	13,122
8	서대문	2,185	7,985	5,406	15,576
9	노원	2,487	7,658	4,051	14,196

6. 다음 워크시트는 제품별로 수입가격, 영업비용, 판매가격, 이익, 이익율을 보여준다.(연습파일 :\6장\연습문제-6.xlsx)

(1) 이익을 계산하라. 이익은 판매가격-영업비용-수입가격의 식으로 계산한다.

(2) 이익율을 계산하여 백분율로 표시하라. 이익율은 이익/판매가격의 식으로 계산한다.

(3) 이익율(F3:F12 범위)에 색조 조건부 서식을 적용하라.

(4) 열 제목(A2:F2 범위)에 셀 스타일을 적용하라

	A	B	C	D	E	F
1	제품별 가격 비교					
2	제품코드	수입가격	영업비용	판매가격	이익	이익율
3	TB-200	45000	4500	54500		
4	PM-150	215000	68500	325300		
5	PM-300	165000	35000	250000		
6	ML-110	326200	89500	483500		
7	TB-300	497200	125300	752500		
8	PM-200	135350	28000	200000		
9	ML-400	278500	32500	345300		
10	TB-150	89300	28000	175000		
11	ML-320	315400	98500	515000		
12	PM-320	235900	75800	415000		

데이터베이스와 목록

흔히 사원, 회원, 재고, 회계 데이터 관리를 위해서 워크시트를 사용한다. 데이터베이스 SW(DBMS)는 정보를 조직하고, 정렬하고, 관리하고, 검색하는 소프트웨어이다. 엑셀은 간단한 데이터베이스 SW 기능을 제공한다. 엑셀에서 데이터를 정렬하고 특정 조건을 만족하는 레코드들을 검색하거나 필터링할 수 있다. 엑셀은 고객 데이터베이스, 제품 데이터베이스처럼 간단한 데이터베이스를 생성하고 유지하는데 유용한 소프트웨어이다.

CHAPTER 7

데이터베이스와 목록

SECTION 01 데이터베이스

수집한 정보를 행과 열로 이루어진 **목록**(테이블)에 조직할 수 있다. 엑셀에서는 이러한 목록을 **데이터베이스**라고 부른다. 데이터베이스는 특정 주제나 목적과 관련된 데이터의 모음이다. 목록의 구조가 간단한 데이터베이스의 테이블 구조와 매우 비슷하므로 엑셀에서는 목록의 구성요소들을 기술하기 위해서 데이터베이스 환경과 비슷한 용어들을 사용한다.

[표 7-1] 용어들의 대응 관계

엑셀 용어	데이터베이스 용어
목록	테이블
행	레코드
열(필드)	컬럼

아래의 그림은 간단한 사원 목록을 보여준다. 목록은 레코드들의 모임으로 이루어진다. 각 레코드는 워크시트의 한 행에 저장된다. 레코드는 한 명의 사원이나 하나의 제품처럼 어떤 객체에 관련된 하나의 행으로서, 하나 이상의 열(필드)들로 이루어진다. 사원번호, 이름, 직급 등의 열 제목을 필드 이름이라고 부른다. 목록의 첫 번째 행은 열 제목을 포함하고, 나머지 행들은 레코드를 포함한다. 목록의 첫 번째 행은 워크시트에서 임의의 행부터 시작할 수 있다.

	A	B	C	D	E
1	사원번호	이름	직급	부서명	급여
2	2106	김창섭	대리	기획부	3,100,000
3	3426	박영권	과장	영업부	3,450,000
4	3011	이수민	부장	개발부	4,100,000
5	1003	조민희	과장	기획부	3,550,000
6	3427	최종철	사원	개발부	2,500,000
7	1365	김상원	사원	영업부	2,350,000
8	4377	이성래	사장	총무부	5,500,000

[그림 7-1] **사원 목록**

한 목록 내의 열 제목들은 반드시 서로 달라야 한다. 열 제목은 255개까지의 문자를 포함할 수 있지만 가능한 한 짧고, 의미 있게 만드는 것이 좋다. 열 제목이 짧을수록 화면에 더 많은 열들이 표시될 수 있다. D6처럼 셀 주소로 혼동할 수 있는 열 제목은 사용하지 말자.

목록은 동일 워크시트 내의 다른 정보로부터 최소한 한 개의 빈 행과 한 개의 빈 열에 의해서 분리되어야 한다. 단, 목록이 1 행과 A 열부터 시작할 수 있다. 목록 내에는 빈 행이 없어야 한다. 어떤 열에 빈 셀이 있을 수는 있지만 행 전체가 비어서는 안 된다. 목록이 워크시트의 다른 부분들과 분리되면 사용자가 정렬, 필터 등을 수행하려고 목록 내의 임의의 셀을 클릭할 때 엑셀이 자동적으로 목록의 범위를 식별할 수 있게 된다.

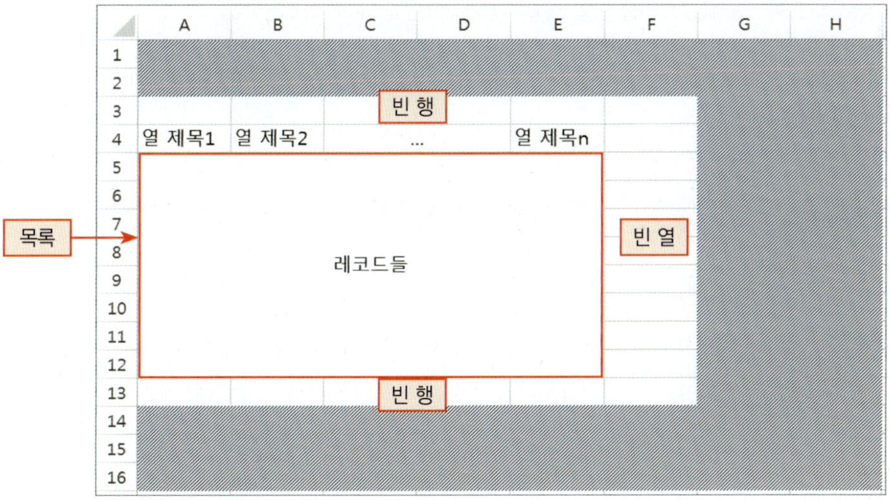

따라서 엑셀에서 목록은 현재 셀을 에워싸고 있으면서 데이터를 포함하고 있는 영역으로 자동적으로 정의된다. 아래의 워크시트를 살펴보자.

K21

	A	B	C	D	E	F	G
1	사원 목록						
2							
3	사원번호	이름	직급	부서명	급여	입사일	
4	2106	김창섭	대리	기획부	3,100,000	2010-03-05	
5	3426	박영권	과장	영업부	3,450,000	2007-07-20	
6	3011	이수민	부장	개발부	4,100,000	2003-04-30	
7	1003	조민희	과장	기획부	3,550,000	2008-02-19	
8	3427	최종철	사원	개발부	2,500,000	2012-10-28	
9	1365	김상원	사원	영업부	2,350,000	2013-02-26	
10	4377	이성래	사장	총무부	5,500,000	1999-01-05	
11	1234	장건호	부장	영업부	4,200,000	2001-07-02	
12	1099	이재원	사원	영업부	2,400,000	2012-05-10	
13	2468	조범수	과장	총무부	3,500,000	2008-10-22	
14	2544	오준석	대리	영업부	3,150,000	2009-11-10	
15	3228	김주훈	부장	총무부	4,600,000	1999-03-03	
16							

목록

이 목록은 왼쪽으로는 A 열까지 이어지고, 오른쪽으로는 F 열까지 이어진다. 2 행이 비어있기 때문에 3 행보다 위의 행들은 목록에 속하지 않는다. 아래로는 15 행까지 목록에 포함된다. G 열이 비어있기 때문에 F 열의 오른쪽 열들은 목록에 속하지 않는다. 따라서 목록의 범위는 자동적으로 범위 A3:F15로 정의된다.

Tip 정확하게 말하면, Access, MS SQL Server, 오라클 등의 DBMS가 관리하는 데이터베이스는 수많은 테이블들로 이루어진다. 예를 들어서 회사 데이터베이스에는 사원 테이블, 부서 테이블, 고객 테이블, 제품 테이블 등이 존재한다. DBMS는 여러 테이블들 간의 관계로부터 정보를 검색하는 사용자 질의를 처리한다. 엑셀은 DBMS가 아니므로, 하나의 테이블을 데이터베이스(목록)라고 부른다.

가이드라인

- ✓ 각 목록을 별도의 워크시트에 작성한다.
- ✓ 열 제목의 너비가 그 열의 데이터의 너비보다 크면 열 제목을 줄 바꿈한다.
- ✓ 열 제목들을 포함하고 있는 행은 목록의 나머지 행들과 서식(예 글꼴 색, 맞춤, 굵게, 기울임 등)을 다르게 지정하는 것이 좋다.

SECTION 02 데이터 정렬

데이터를 어떤 순서에 따라 재배열하고 싶을 때가 있다. 예를 들어서 사원번호, 고객번호, 이름 등의 순서에 따라 레코드들을 **정렬**한다. 또한 유사한 항목들을 그룹으로 묶기 위해서(예 같은 부서에 속하는 사원들) 정렬을 사용할 수도 있다. 정렬은 오름차순(가장 작은 것부터 가장 큰 것까지) 또는 내림차순(가장 큰 것부터 가장 작은 것까지)으로 수행할 수 있다. 정렬하는데 사용되는 필드를 정렬 필드 또는 정렬 키라고 부른다. 오름차순으로 정렬할 때, 숫자가 먼저 정렬되고 그 다음에 문자들이 정렬된다.

	A	B	C	D	E
1	사원번호	이름	직급	부서명	급여
2	1365	김상원	사원	영업부	2,350,000
3	3426	최종철	과장	영업부	3,450,000
4	3011	박영권	부장	개발부	4,100,000
5	1003	조민희	과장	기획부	3,550,000
6	3427	이수민	사원	개발부	2,500,000
7	2106	김창섭	대리	기획부	3,100,000
8	4377	이성래	사장	총무부	5,500,000

▶ 이름의 오름차순으로 정렬하기 전

	A	B	C	D	E
1	사원번호	이름	직급	부서명	급여
2	1365	김상원	사원	영업부	2,350,000
3	2106	김창섭	대리	기획부	3,100,000
4	3011	박영권	부장	개발부	4,100,000
5	4377	이성래	사장	총무부	5,500,000
6	3427	이수민	사원	개발부	2,500,000
7	1003	조민희	과장	기획부	3,550,000
8	3426	최종철	과장	영업부	3,450,000

▶ 이름의 오름차순으로 정렬한 후

데이터를 정렬하는 첫 단계로 목록 안의 한 셀을 선택하면 엑셀은 자동적으로 목록 전체를 선택한다. 목록의 첫 번째 행에 열 제목이 들어있다고 엑셀이 판단하면 열 제목 행은 정렬에서 제외된다. 엑셀은 이를 판단하기 위해서 목록의 처음 두 개의 행을 비교한다. 만일 두 행이 데이터 타입, 글꼴, 밑줄 표시, 맞춤 등에서 서로 다르면 엑셀은 첫 번째 행이 열 제목이라고 판단하고, 두 번째 행과 세 번째 행을 비교하여 두 번째 행도 제목인지 확인한다.

정렬할 데이터 영역을 사용자가 직접 선택할 수도 있다. 이런 경우에는 사용자가 선택한 영역만 정렬된다는 것을 주의하라.

하나의 기준을 사용하여 목록을 정렬하려면 [홈] 탭–[편집] 그룹–[**정렬 및 필터 단추**]를 클릭한 후, 메뉴에서 [**텍스트(또는 숫자) 오름차순 정렬**] 또는 [**텍스트(또는 숫자) 내림차순 정렬**]을 선택한다.

엑셀에서 하나의 정렬 작업에 64개까지의 기준을 사용할 수 있다.

두 개 이상의 기준에 따라 정렬하려고 하면

▶ [홈] 탭–[편집] 그룹–[정렬 및 필터 단추]를 클릭한 후, 메뉴에서 [**사용자 지정 정렬**]을 선택하여 [**정렬**] 대화상자가 나타나도록 한다.

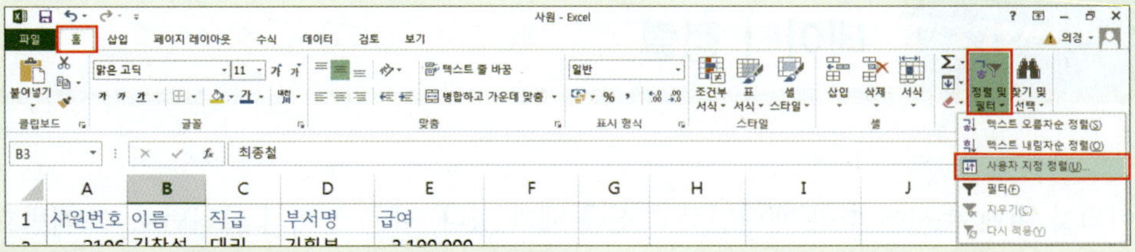

또는

▶ [데이터] 탭-[정렬 및 필터] 그룹-[정렬 단추]를 클릭하여 [정렬] 대화상자가 나타나도록 한다.

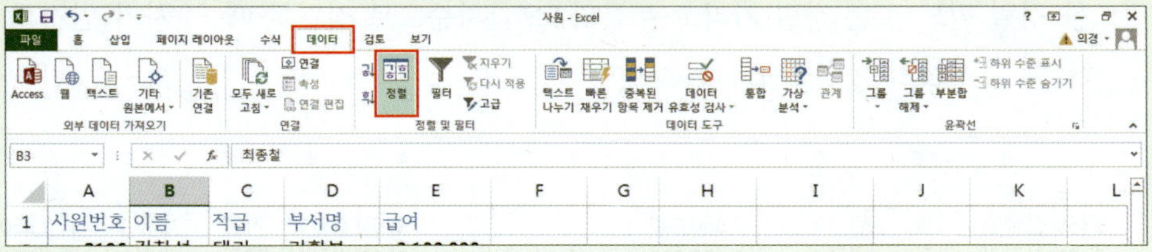

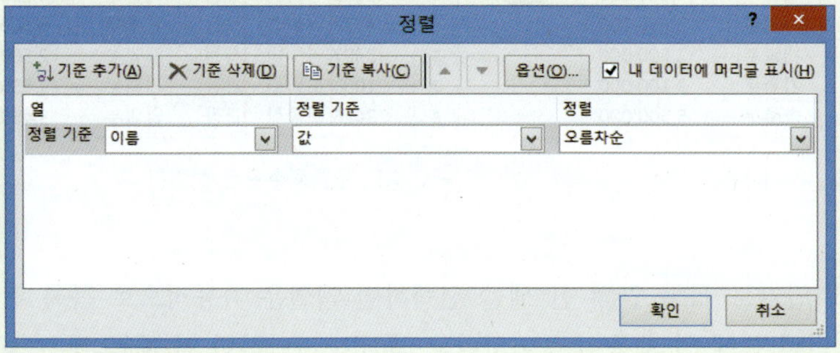

[그림 7-2] **[정렬] 대화상자**

예를 들어서 사원 목록에서 먼저 부서명에 따라 레코드들을 정렬하고(1단계 정렬), 그 다음에 동일 부서 내에서 사원 이름에 따라 레코드들을 정렬(2단계 정렬)할 수 있다. 1단계 정렬 시 두 개 이상의 레코드들의 정렬 키의 값이 같을 때 2단계 정렬이 수행된다.

	A	B	C	D	E
1	사원번호	이름	직급	부서명	급여
2	1365	김상원	사원	영업부	2,350,000
3	3426	최종철	과장	영업부	3,450,000
4	3011	박영권	부장	개발부	4,100,000
5	1003	조민희	과장	기획부	3,550,000
6	3427	이수민	사원	개발부	2,500,000
7	2106	김창섭	대리	기획부	3,100,000
8	4377	이성래	사장	총무부	5,500,000

▶ 부서명→이름순으로 정렬하기 전

	A	B	C	D	E
1	사원번호	이름	직급	부서명	급여
2	3011	박영권	부장	개발부	4,100,000
3	3427	이수민	사원	개발부	2,500,000
4	2106	김창섭	대리	기획부	3,100,000
5	1003	조민희	과장	기획부	3,550,000
6	1365	김상원	사원	영업부	2,350,000
7	3426	최종철	과장	영업부	3,450,000
8	4377	이성래	사장	총무부	5,500,000

▶ 부서명→이름순으로 정렬한 후

[정렬] 대화상자를 이용하여 여러 열을 기준으로 정렬하려면

① [열 정렬 기준] 상자의 드롭다운 화살표 ▾를 클릭한 후, 정렬할 첫 번째 열(예 부서명)을 선택한다.
② [정렬 기준] 상자의 드롭다운 화살표 ▾를 클릭한 후, 정렬할 기준(예 값)을 선택한다.
③ [정렬] 상자의 드롭다운 화살표 ▾를 클릭한 후, 정렬할 순서(예 오름차순)를 선택한다.
④ 정렬 기준으로 사용할 다른 열(예 이름)을 추가하려면 [기준 추가]를 클릭하고 ①~③ 단계를 반복한다.
⑤ 마지막으로 [확인]을 클릭한다.

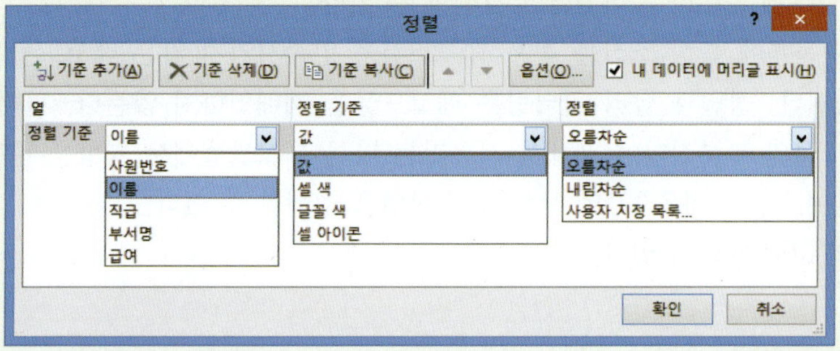

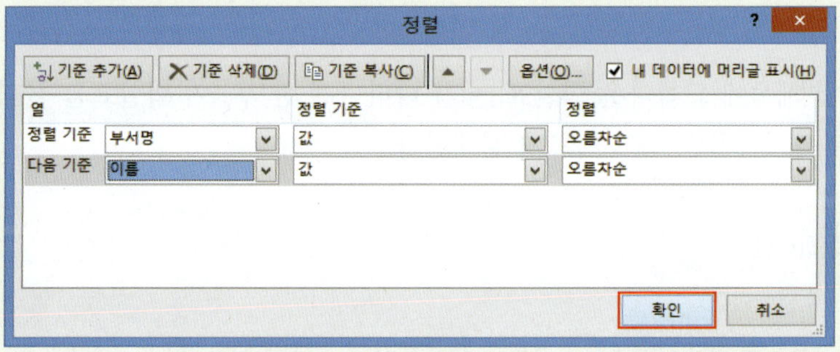

[그림 7-3] **두 개의 정렬 기준(부서명, 이름)을 지정**

Tip 엑셀은 정렬할 데이터의 타입을 스스로 파악한다. 그러나 합계도 포함하는 숫자들의 목록을 정렬할 때의 문제점은 엑셀이 일반 숫자 데이터와 합계를 구분할 수 없으므로 합계도 정렬 대상이 된다는 것이다. 목록 하단의 합계가 정렬에 포함되는 상황을 피하는 한 가지 방법은 데이터와 합계 사이에 빈 행을 넣는 것이다. 엑셀은 빈 행 직전까지 목록의 범위라고 간주한다.

Tip 목록 안에 수식을 포함한 셀들이 존재하는 경우에는 주의해야 한다. 행 단위로 정렬할 때 동일 행의 다른 셀들에 대한 참조는 정렬 후에도 정확하지만 목록의 다른 행에 속한 셀들에 대한 참조는 정렬 후에 부정확하게 된다.

Tip 정렬하기 전에 열 전체를 선택하지 않아야 한다. 만일 열 전체를 선택하면 그 열에 들어 있는 데이터만 정렬되고, 레코드의 나머지 필드들은 정렬되지 않는다.

Tip 어떤 이유에서든 목록이 의도와 다르게 정렬되면 즉시 [실행 취소 단추 ↶]를 클릭한다.

가이드라인

✓ 목록을 원래의 순서대로 되돌릴 생각을 갖고 있으면, 정렬을 하기 전에 목록에 하나의 열을 추가로 삽입하고 이 열에 순차적인 숫자(예 1, 2, 3, …)를 채운다. 정렬 후에 원래의 순서대로 되돌리려면 이 열을 사용하여 정렬한다.

P.274 실습하기 7-1 P.276 실습하기 7-2

SECTION 03

데이터 필터

데이터베이스의 뛰어난 기능 중의 하나가 정보를 빠르게 찾을 수 있는 능력이다. 엑셀의 **필터** 기능을 사용하여 목록에서 어떤 조건을 만족하는 레코드들만 추출할 수 있다. 예를 들어서 사원 목록에서 영업부에 근무하는 직원들만 검색할 수 있다.

필터링은 레코드들의 목록에 특정 조건을 적용하여 조건을 만족시키지 않는 레코드들은 보이지 않도록 하는 것이다. 정렬과 달리 필터링은 레코드들을 재배열하지 않는다. 필터링의 결과로 생성된 레코드들의 부분집합에 대해서 사용자는 다른 레코드들에는 영향을 주지 않으면서 편집, 서식 부여, 복사, 이동, 차트 작성 등의 작업을 수행할 수 있다.

필터에는 **자동 필터**와 **고급 필터**가 있다.

1 자동 필터

자동 필터는 목록의 열 제목에 드롭다운 화살표 ▾가 나타나게 한 후, 이 화살표를 클릭하여 어떤 조건을 만족하는 레코드들만 쉽고 빠르게 검색한다.

목록에 자동 필터를 적용하려면

① 목록 내의 임의의 셀을 클릭한다.

② [홈] 탭–[편집] 그룹–[정렬 및 필터 단추]를 클릭한 후, 메뉴에서 [필터]를 선택한다.

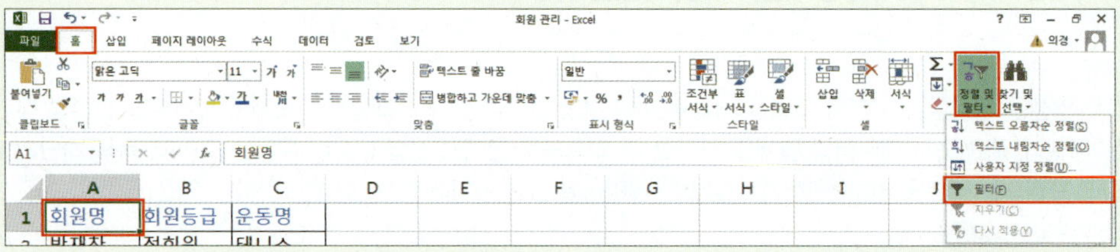

또는

② [데이터] 탭–[정렬 및 필터] 그룹–[필터 단추]를 클릭한다.

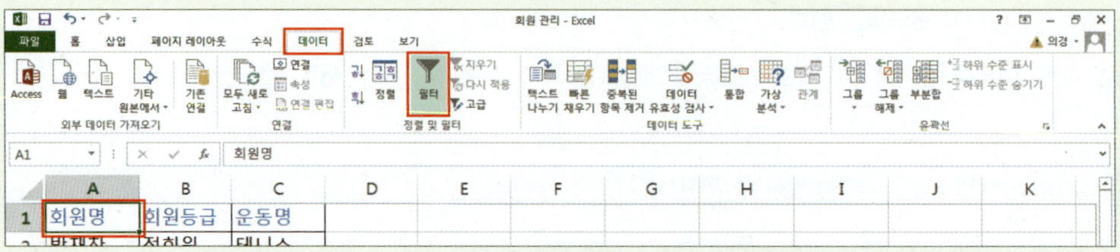

회원 목록에는 6개의 레코드가 들어있다. 열 제목인 **회원명**, **회원등급**, **운동명**이 목록의 상단인 1 행에 있다. 모든 열 제목에 드롭다운 화살표 ▼가 나타난다. 특정 레코드들의 집합을 선택하려면 레코드들을 검색하는데 사용할 열 제목 오른쪽의 드롭다운 화살표 ▼를 클릭한다. 이 화살표를 클릭하면 엑셀은 그 열에 나타나는 모든 값들을 보여준다. (모두 선택) 옆의 상자를 클릭한 후, 원하는 값 옆의 상자를 한 개 이상 클릭한다. (모두 선택) 옆의 상자의 모양이 ☑(모두 선택)에서 ■(모두 선택)으로 바뀐다. ■(모두 선택)은 일부 값만 선택되었음을 나타낸다.

예를 들어서 자동 필터 조건으로 **운동명=테니스**를 사용하여 필터링을 수행하면 **운동명** 열에 **테니스**가 들어있는 3개의 레코드(2 행, 4 행, 7 행)만 보이고 나머지 레코드들은 숨겨진다.

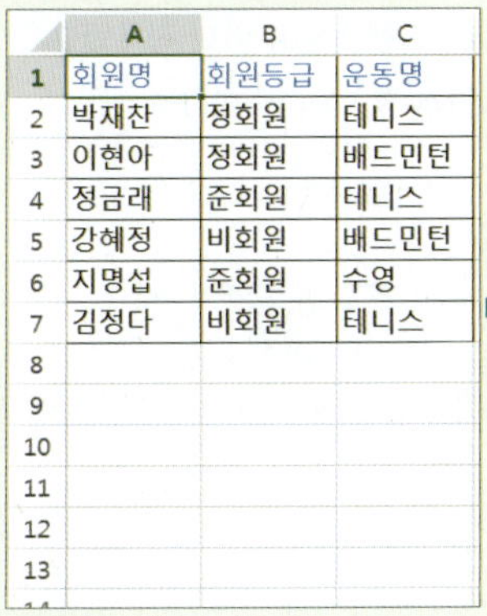

▶ 원본 목록

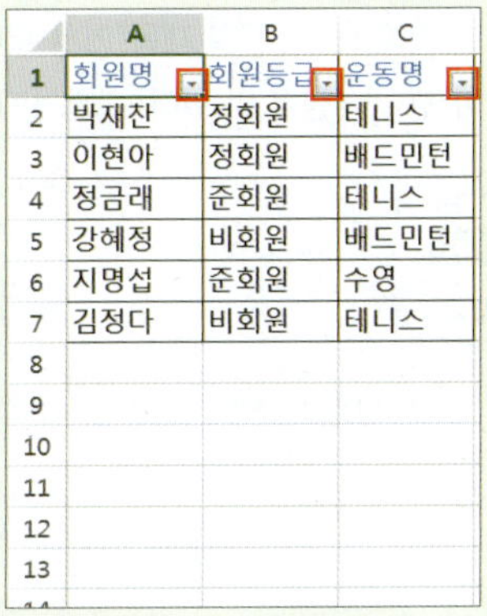

▶ 자동 필터를 적용한 후

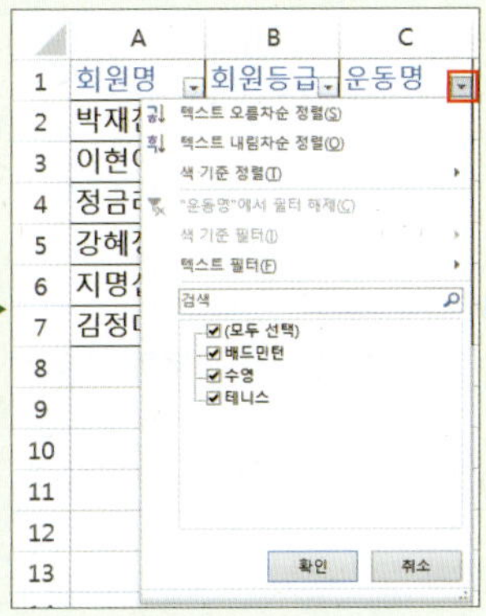

▶ **운동명** 열의 드롭다운 화살표 ▼를 클릭

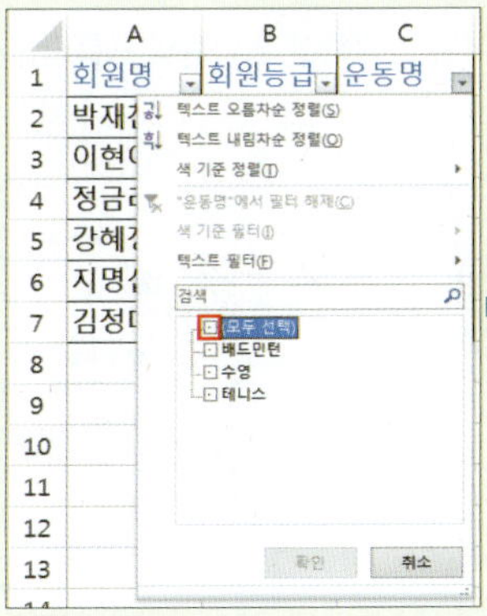

▶ (모두 선택) 옆의 상자를 클릭하면 **운동명** 열의 모든 값들이 해제됨

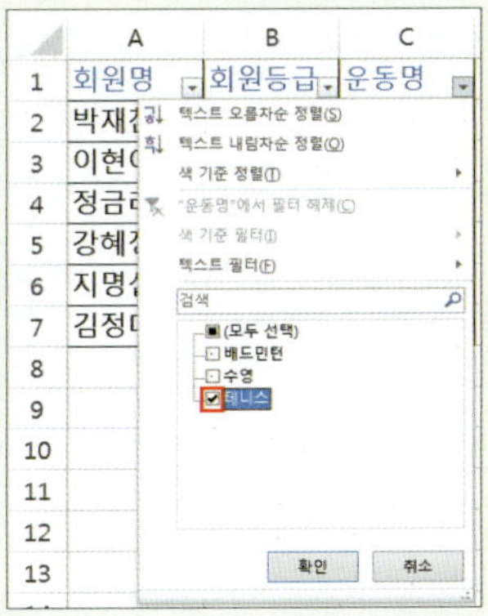

▶ **테니스** 옆의 상자를 클릭하면 **운동명** 열의 값들 중에서 **테니스**만 선택됨

▶ 필터링된 목록

필터링에 사용된 열 제목 오른쪽의 드롭다운 화살표 ▼는 이 열을 사용하여 레코드들이 필터링되고 있음을 나타내기 위해서 [필터 아이콘]로 모양이 바뀐다. 선택한 기준을 만족하지 못하는 모든

레코드들은 숨겨진다. 위에서 마지막 그림의 행 번호를 살펴보면 일부 레코드(3번, 5번, 6번)들이 숨겨졌음을 알 수 있다. 검색된 레코드들의 행 번호(2번, 4번, 7번)는 파랑색으로 표시된다. 자동 필터는 두 개의 기준까지 허용한다. 또한 자동 필터는 여러 개의 열에 AND 조건을 적용할 수 있다.

❖ 필터 해제하기

일단 어떤 필터가 적용된 후에는 레코드들의 부분집합만 화면에 표시된다. 또 다른 필터를 적용하기 전에 이전의 필터를 해제해야만 목록 내의 모든 레코드들이 다시 표시된다.

자동 필터를 해제하려면

▶ [텍스트 필터]에서 (모두 선택) 옵션을 클릭하거나 [**"열 제목"에서 필터 해제**]를 선택하여 현재 적용되고 있는 필터를 해제할 수 있다. 또는 [데이터] 탭–[**정렬 및 필터**] 그룹–[**지우기 단추**]를 클릭한다.

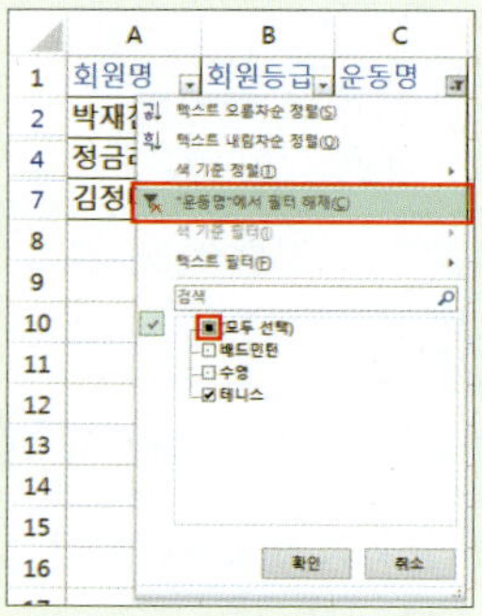

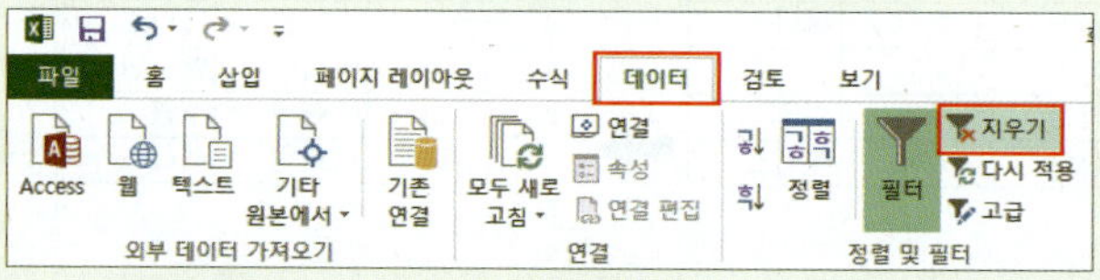

또는

▶ [홈] 탭–[**편집**] 그룹–[**정렬 및 필터 단추**]를 클릭한 후, 메뉴에서 [**필터**]를 선택하여 필터들의 드롭다운 화살표를 한꺼번에 없앨 수도 있다.

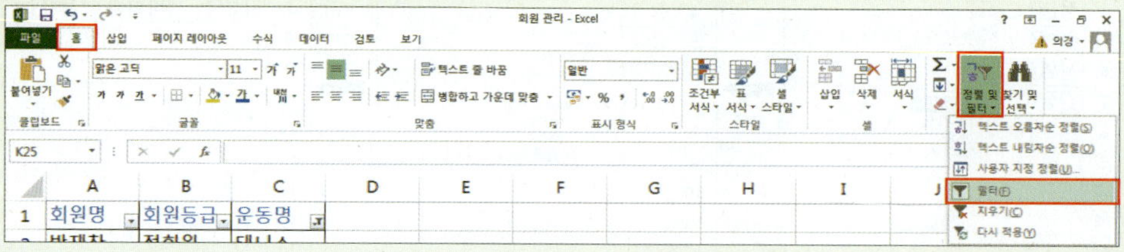

P.278 실습하기 7-3

2 고급 필터

고급 필터는 자동 필터보다 복잡한 기준을 사용하여 목록을 필터링할 수 있다. 목록이 위치한 곳에서 필터링하거나 필터링한 레코드들의 사본을 워크시트의 다른 영역에 복사할 수도 있다. 고급 필터에서는 드롭다운 화살표가 표시되지 않는다. 고급 필터 명령을 사용하기 위해서는 워크시트에 **조건 범위**를 설정해야 한다.

Tip 동일 위치에서 필터링한 후 추가 작업을 진행하면 원본 데이터를 잃어버릴 수 있기 때문에 다른 위치로 필터링하는 것이 바람직하다.

❖ 조건 범위 설정하기

조건 범위는 조건을 명시하는 영역이다. **조건**은 특정 열에 저장된 값들에 적용되는 테스트이다. 예를 들어서 부서명 열에 설정한 개발부가 조건이다. 조건 범위는 적어도 두 개의 행으로 이루어진다. 열 제목을 조건 범위의 첫 번째 행에 입력하고, 필터링 조건을 두 번째 행부터 입력한다. 목록이 필터링된 후에도 조건 범위가 가려지지 않도록 조건 범위를 목록의 위 또는 오른쪽에 입력하는 것이 좋다.

- ▶ OR 조건을 위해서는 같은 열의 서로 다른 행들을 사용한다.
- ▶ AND 조건을 위해서는 같은 행의 서로 다른 열들을 사용한다.

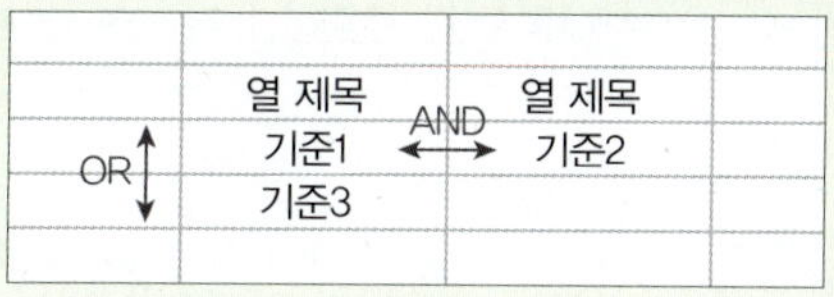

❖ 고급 필터 수행하기

고급필터를 수행하려면

① 목록 위 또는 목록 오른쪽에 고급 필터를 적용할 열 제목들을 입력한다.
② 열 제목들 아래에 필터링하려는 조건을 입력한다.
③ 목록 내의 임의의 셀을 클릭한다.
④ [데이터] 탭–[정렬 및 필터] 그룹–[고급]을 클릭한다.
⑤ [고급 필터] 대화상자에서 [목록 범위]와 [조건 범위] 등이 정확한지 살펴본 후 [확인]을 클릭한다.

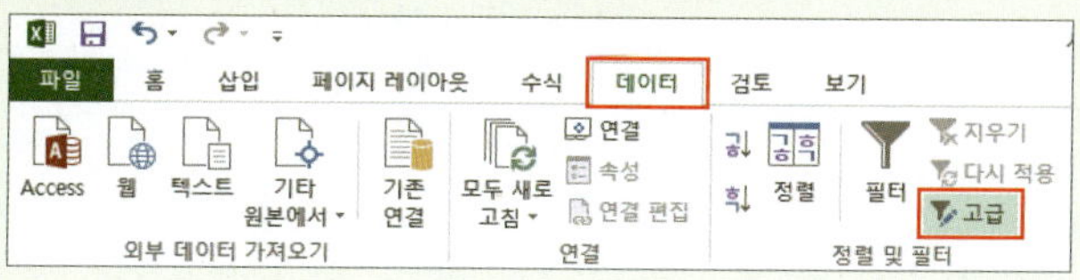

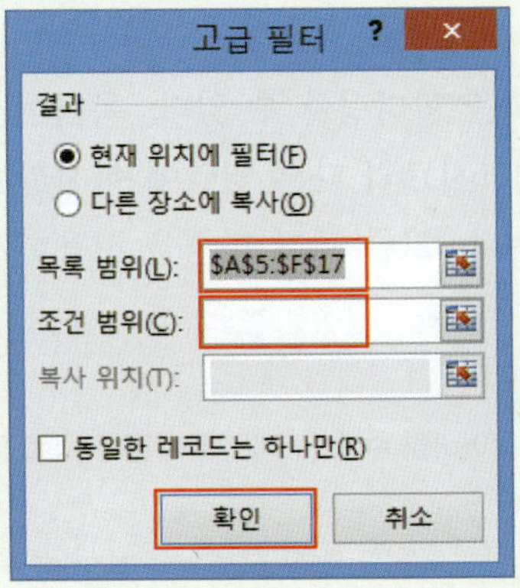

[그림 7-4] [고급 필터] 대화상자

아래의 워크시트에서 목록의 범위는 A5:F17이고, 조건 범위는 D1:E2이다. 직급=사원과 부서명=영업부가 같은 행에 있으므로 AND 조건이 적용된다. 즉, 사원 목록의 12개의 레코드들 중에서 직급이 사원이고, 소속 부서가 영업부인 2개의 레코드만 필터링된다.

	A	B	C	D	E	F
1	사원 목록			직급	부서명	
2				사원	영업부	
3						
4						
5	사원번호	이름	직급	부서명	급여	입사일
6	2106	김창섭	대리	기획부	3,100,000	2010-03-05
7	3426	최종철	과장	영업부	3,450,000	2007-07-20
8	3011	박영권	부장	개발부	4,100,000	2003-04-30
9	1003	조민희	과장	기획부	3,550,000	2008-02-19
10	3427	이수민	사원	개발부	2,500,000	2012-10-28
11	1365	김상원	사원	영업부	2,350,000	2013-02-26
12	4377	이성래	사장	총무부	5,500,000	1999-01-05
13	1234	장건호	이사	영업부	4,800,000	2000-07-02
14	1099	이재원	사원	영업부	2,400,000	2012-05-10
15	2468	조범수	과장	총무부	3,500,000	2008-10-22
16	2544	오준석	대리	영업부	3,150,000	2009-11-10
17	3228	김주훈	상무	총무부	5,000,000	1999-03-03

목록 범위

▶ 고급 필터를 적용하기 전

	A	B	C	D	E	F
1	사원 목록			직급	부서명	
2				사원	영업부	
3						
4						
5	사원번호	이름	직급	부서명	급여	입사일
11	1365	김상원	사원	영업부	2,350,000	2013-02-26
14	1099	이재원	사원	영업부	2,400,000	2012-05-10
18						
19						
20						
21						
22						
23						
24						
25						
26						
27						

▶ 고급 필터를 적용한 후

Tip 열 제목과 조건 범위 내의 조건들은 대문자와 소문자를 구분하지 않는다. 그러나 공백 문자는 목록의 레코드들과 정확하게 일치해야 한다.

P.282 실습하기 7-4

SECTION 04 데이터베이스 함수

엑셀은 목록의 레코드들에 대해 계산을 수행하는 **데이터베이스 함수**들을 제공한다. 데이터베이스 함수는 레코드들을 필터링하지 않으면서 요약된 값을 반환한다. 아래의 표는 자주 사용되는 데이터베이스 함수들의 이름과 기능을 보여준다. 모든 데이터베이스 함수들의 이름은 D로 시작한다.

[표 7-2] **데이터베이스 함수**

함수	기능
DAVERAGE	선택한 데이터베이스 항목의 평균을 반환한다.
DCOUNT	데이터베이스에서 숫자가 있는 셀들의 개수를 반환한다.
DCOUNTA	데이터베이스에서 데이터가 들어 있는 셀들의 개수를 반환한다.
DMAX	데이터베이스에서 최대값을 반환한다.
DMIN	데이터베이스에서 최소값을 반환한다.
DSUM	데이터베이스에서 조건에 맞는 열의 값들의 합을 반환한다.

❖ 데이터베이스 함수의 인수

모든 데이터베이스 함수들의 구문은 아래와 같이 세 개의 인수를 필요로 한다.

```
=D*****(데이터베이스, 열, 조건)
```

- ▶ 데이터베이스는 목록을 명시한다.
- ▶ 열은 덧셈이나 평균 등 함수에서 계산할 열을 명시한다. "사원이름" 또는 "부서"처럼 열 제목을 큰따옴표로 묶어 텍스트로 지정하거나 첫째 열을 1, 둘째 열을 2와 같이 목록 내의 열 위치를 나타내는 숫자로 지정할 수 있다.
- ▶ 조건은 기준이 들어 있는 범위를 나타낸다.

이미 5장에서 SUM, AVERAGE 등의 통계 함수들을 살펴보았다. 이들의 데이터베이스-대응 함수들은 비슷하게 동작하지만, 사용자가 명시한 조건을 만족하는 값들에 대해서만 연산을 수행한다는 점이 다르다. SUMIF와 COUNTIF의 경우에는 조건 자체를 함수의 인수로 명시하지만 데이터베이스 함수에서는 조건을 목록 근처에 별도로 입력한다.

❖ DAVERAGE 함수의 예

다음과 같은 목록에 대해서 DAVERAGE 함수를 작성해 보자. 데이터베이스(목록)의 범위는 A2:D9이고, DAVERAGE 함수를 적용할 열은 **판매수량**(D2) 열이고, 조건은 F4:F5 범위에 들어있다. D11 셀을 클릭한 후, 모든 데이터베이스 함수들의 구문에 맞게 아래와 같이 DAVERAGE 함수를 입력한다.

```
=DAVERAGE(A2:D9,D2,F4:F5)
```

목록에서 세탁기의 판매수량은 각각 12, 16, 8이므로 이들을 모두 더한 후에 3으로 나누면 12가 된다.

	A	B	C	D	E	F
1	매장별 상품판매현황					
2	매장명	사원명	상품명	판매수량		
3	서부	김은진	LED TV	5		
4	서부	오승우	세탁기	12		상품명
5	남부	박경수	냉장고	23		세탁기
6	남부	김승주	LED TV	3		
7	남부	이인철	세탁기	16		
8	동부	최재영	냉장고	19		
9	동부	황진수	세탁기	8		
10						
11	세탁기의 평균 판매수량은?					

▶ 목록

	A	B	C	D	E	F
1	매장별 상품판매현황					
2	매장명	사원명	상품명	판매수량		
3	서부	김은진	LED TV	5		
4	서부	오승우	세탁기	12		상품명
5	남부	박경수	냉장고	23		세탁기
6	남부	김승주	LED TV	3		
7	남부	이인철	세탁기	16		
8	동부	최재영	냉장고	19		
9	동부	황진수	세탁기	8		
10						
11	세탁기의 평균 판매수량은?			=DAVERAGE(A2:D9,D2,F4:F5)		

▶ DAVERAGE 함수 작성

	A	B	C	D	E	F
1	매장별 상품판매현황					
2	매장명	사원명	상품명	판매수량		
3	서부	김은진	LED TV	5		
4	서부	오승우	세탁기	12		상품명
5	남부	박경수	냉장고	23		세탁기
6	남부	김승주	LED TV	3		
7	남부	이인철	세탁기	16		
8	동부	최재영	냉장고	19		
9	동부	황진수	세탁기	8		
10						
11	세탁기의 평균 판매수량은?			12		

▶ DAVERAGE 함수의 결과

P.284 실습하기 7-5

SECTION 05 부분합

목록에 대한 요약으로서 가장 아래에는 총합계, 중간에는 부분합을 제공할 필요성이 자주 생긴다. 목록 내의 임의의 셀을 클릭한 후, [데이터] 탭-[윤곽선] 그룹-[부분합 단추]를 클릭하여 목록의 어떤 열에 대해서 **부분합**을 계산할 수 있다. 부분합을 구하려면 부분합을 적용할 열의 순서대로 목록을 먼저 정렬해야 한다.

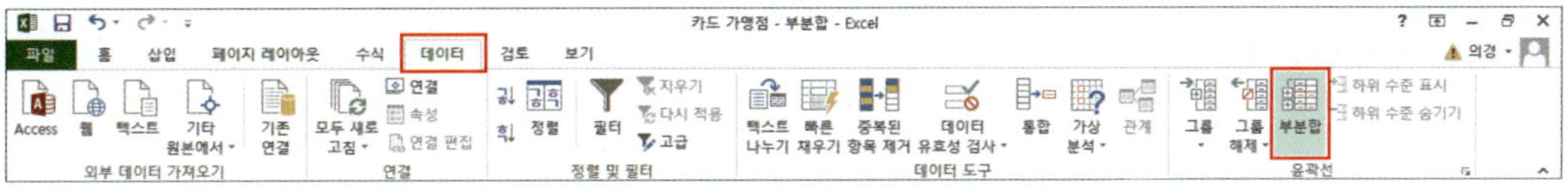

[부분합 단추]를 클릭하면 [부분합] 대화상자가 나타난다. 이 대화상자에서 목록의 열들 중에서 그룹화할 항목(열), 사용할 함수(합계, 개수, 평균 등), 부분합 계산 항목(열) 등을 선택한다. 하나의 그룹화할 항목(열)에 대해서 사용할 함수를 두 개 이상 적용할 수 있다.

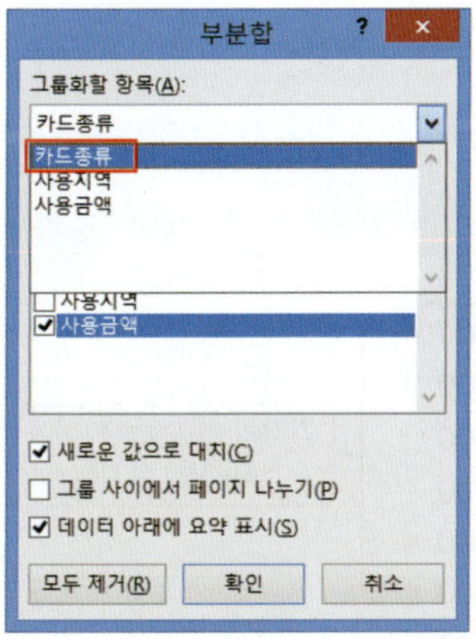

[부분합] 대화상자에서 [그룹화할 항목] 선택. 목록을 정렬하는데 사용한 열을 선택

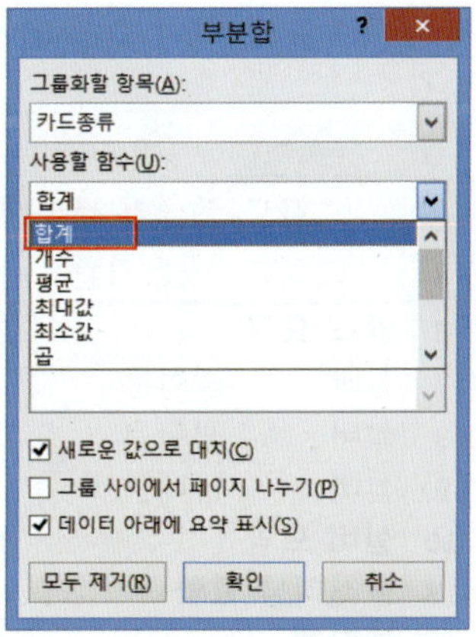

[부분합] 대화상자에서 [사용할 함수] 선택

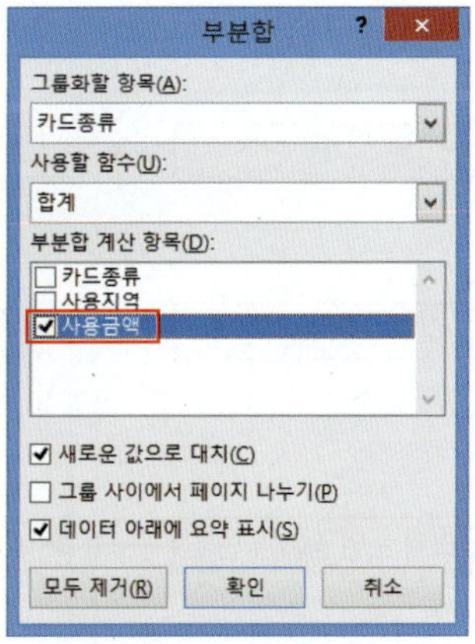

[부분합] 대화상자에서 [부분합 계산 항목] 선택

부분합 결과는 각 부분합에 사용된 레코드들을 보여주거나 숨길 수 있도록 목록의 윤곽을 보여준다. 아래의 워크시트는 카드 가맹점 목록에 적용한 부분합 결과를 보여준다. 카드종류 열에 부분합을 적용하기 위해서 카드종류 열을 기준으로 먼저 정렬하고, 그 다음에 [부분합] 대화상자에서 사용금액 열에 대해 합계를 계산한다.

▶ 부분합을 구하기 전에 카드종류 열에 따라 정렬된 목록

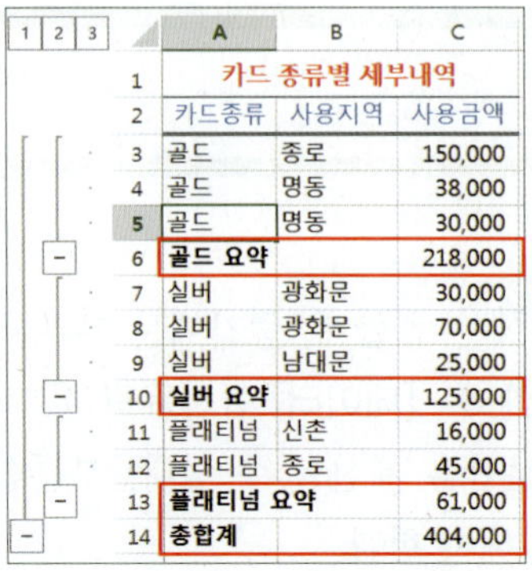

▶ 모든 레코드들이 표시된 부분합 결과

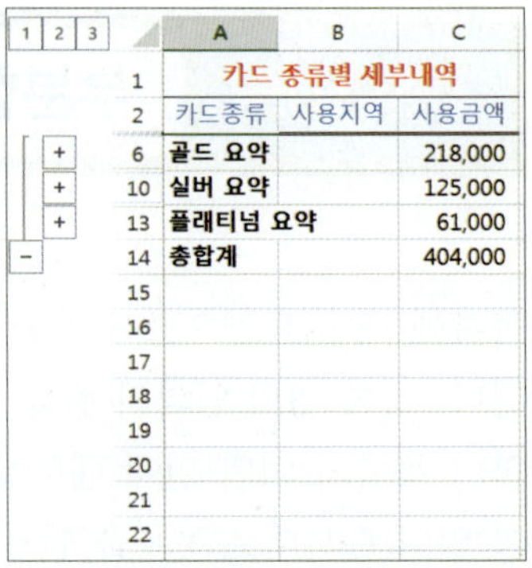

▶ 합계만 표시된 부분합 결과. 숨겨진 레코드들의 번호는 표시되지 않음

아래의 그림은 골드 카드와 플래티넘 카드의 세부 레코드들은 숨겨진 채 요약(합계)만 표시되고, 실버 카드의 세부 레코드들은 요약(합계)과 함께 표시된 것을 보여준다.

부분합에 사용된 레코드들을 표시하거나 숨기기 위해서 워크시트상에 보이는 [윤곽 기호 단추 1 2 3], [하위 순위 표시 단추 +], [하위 순위 숨기기 단추 -]를 사용한다. [데이터] 탭–[윤곽선] 그룹–[하위 수준 표시 단추 +]와 [하위 수준 숨기기 단추 -]를 사용해도 좋다.

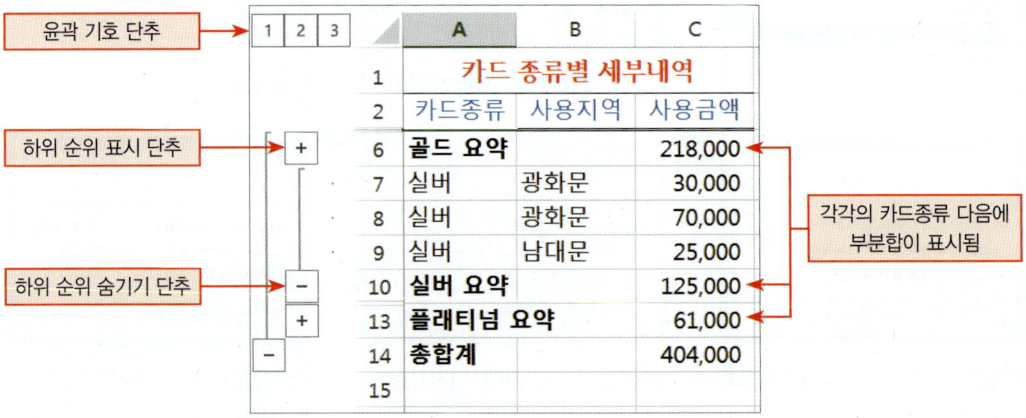

1 2 3: 윤곽 기호 단추

전체 윤곽을 특정 수준으로 확대/축소하는 단추로서, 1 2 3 윤곽 기호에서 원하는 수준의 번호를 클릭한다. 그러면 해당 수준보다 낮은 수준의 레코드들이 숨겨진다. 예를 들어 윤곽에 세 개의 수준이 있는 경우 2를 클릭하면 세 번째 수준을 숨기고 나머지 수준만 표시할 수 있다. 숫자가 클수록 낮은 수준을 나타낸다. 모든 레코드들을 표시하려면 1 2 3 윤곽 기호에서 가장 낮은 수준인 3을 클릭한다. 모든 레코드들을 숨기려면 1을 클릭한다.

[-]: 하위 순위 숨기기 단추
어떤 부분합 그룹에 속하는 레코드들을 숨기려면 해당 그룹의 [-]를 클릭한다.

[+]: 하위 순위 표시 단추
어떤 부분합 그룹에 속하는 레코드들을 표시하려면 해당 그룹의 [+]를 클릭한다.

[표 7-3] **윤곽 수준**

윤곽 수준	설명
1	총합계
2	각 그룹의 부분합
3	목록의 모든 레코드

P.286 실습하기 7-6

SECTION 06 표 서식

사용자가 표(목록)를 작성한 후, 표를 구성하는 각 셀의 서식을 직접 지정할 수 있지만 엑셀에서 제공하는 **표 서식**은 사용자가 작성한 표에 표 스타일을 쉽게 적용할 수 있도록 한다. 표 스타일에는 평범한 목록에 적용할 수 없는 많은 자동화된 기능들이 있다.

기존의 표에 표 스타일을 적용하려면

① 표 스타일을 적용할 목록 내의 임의의 셀을 클릭한다.

② [홈] 탭–[스타일] 그룹–[표 서식 단추]를 클릭한다.

③ [표 스타일] 갤러리에서 원하는 표 스타일을 선택한다.

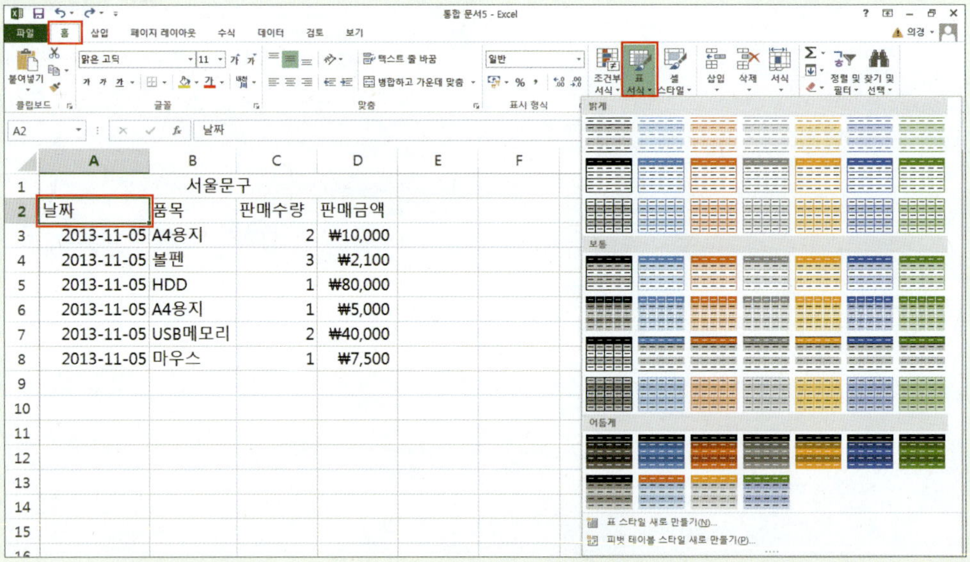

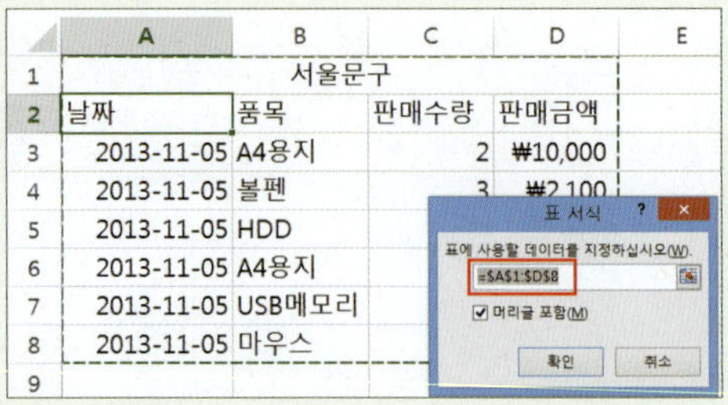

④ [표 서식] 대화상자가 나타난다. 목록의 제목인 서울문고가 들어있는 1 행도 포함되어 있다.

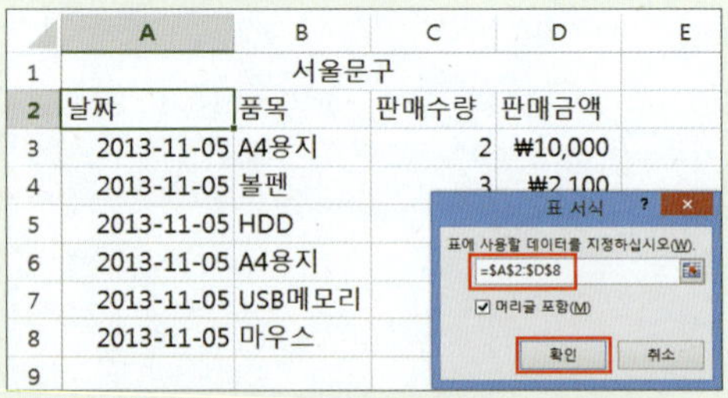

⑤ 1 행을 제외하고, 목록의 범위를 A2:D8로 수정한다. [확인]을 클릭한다.

	A	B	C	D	E
1	서울문구				
2	날짜	품목	판매수량	판매금액	
3	2013-11-05	A4용지	2	₩10,000	
4	2013-11-05	볼펜	3	₩2,100	
5	2013-11-05	HDD	1	₩80,000	
6	2013-11-05	A4용지	1	₩5,000	
7	2013-11-05	USB메모리	2	₩40,000	
8	2013-11-05	마우스	1	₩7,500	
9					

▶ 표 스타일을 적용하기 전

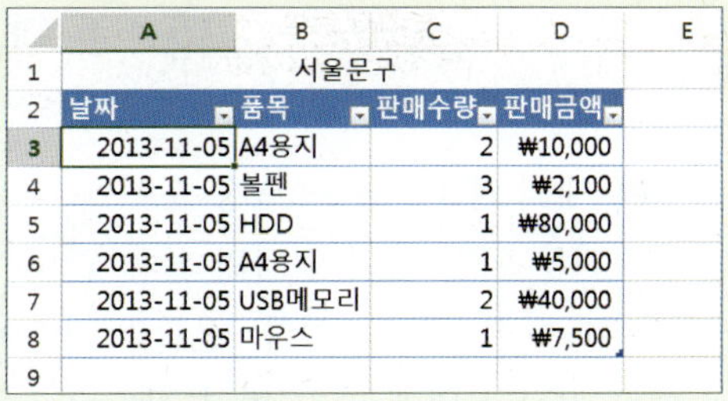

	A	B	C	D	E
1	서울문구				
2	날짜	품목	판매수량	판매금액	
3	2013-11-05	A4용지	2	₩10,000	
4	2013-11-05	볼펜	3	₩2,100	
5	2013-11-05	HDD	1	₩80,000	
6	2013-11-05	A4용지	1	₩5,000	
7	2013-11-05	USB메모리	2	₩40,000	
8	2013-11-05	마우스	1	₩7,500	
9					

▶ 표 스타일을 적용한 후

엑셀은 위의 목록의 2 행과 같은 열 제목이 목록에 없는 경우에는 열 제목 행(열1, 열2, …)을 추가하고 자동 필터를 켠다. 긴 표를 스크롤할 때 열 제목 행이 항상 보인다. 행이나 열을 추가하여 표를 확장하면 새로 추가된 행이나 열에 기존의 표 스타일이 자동적으로 적용된다.

실습하기 7-1

실습파일 :\7장\사원.xlsx

텍스트와 숫자 정렬하기

실습 설명

목록 내의 레코드들을 특정 순서에 따라 재배열하기 위해서 정렬을 수행한다. 목록에서 정렬하려는 어떤 열의 임의의 셀을 클릭하고, [홈] 탭-[편집] 그룹-[정렬 및 필터 단추]를 클릭하여 정렬할 수 있다. 정렬의 기준이 되는 열을 여러 개 지정할 수도 있다. 목록은 첫 번째로 지정한 열에 따라 먼저 정렬되고, 그 다음에는 두 번째로 지정한 열에 따라 정렬되고, 이런 과정이 마지막으로 지정한 열까지 반복된다. 이번 실습에서는 사원 목록의 레코드들을 먼저 부서명에 따라 정렬하고, 같은 부서에 속한 사원 레코드들을 이름순으로 정렬해 보자.

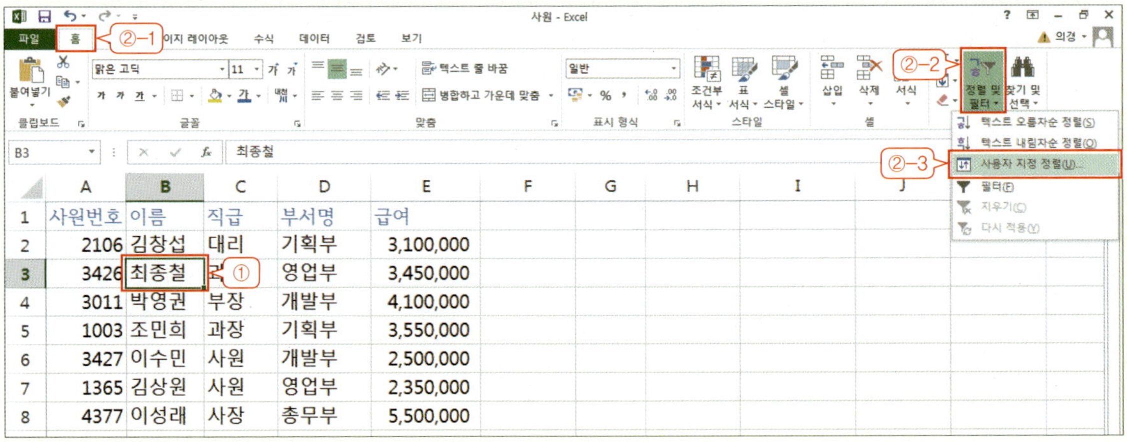

① 목록 내의 임의의 셀(B3)을 클릭한다.

② [홈] 탭-[편집] 그룹-[정렬 및 필터 단추]를 클릭한 후, 메뉴에서 [사용자 지정 정렬]을 선택한다.

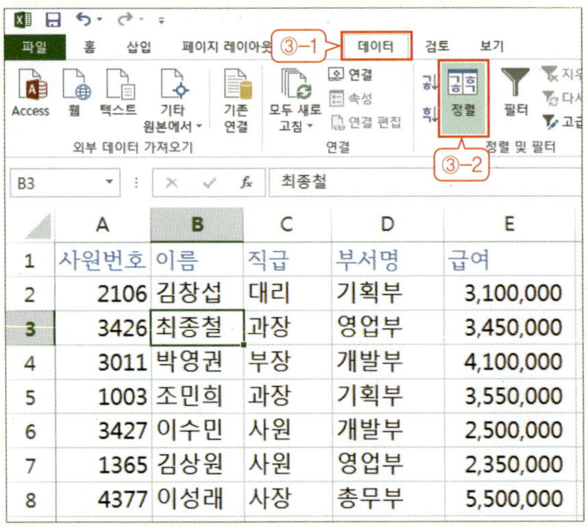

또는

③ [데이터] 탭-[정렬 및 필터] 그룹-[정렬 단추]를 클릭한다.

텍스트와 숫자 정렬하기

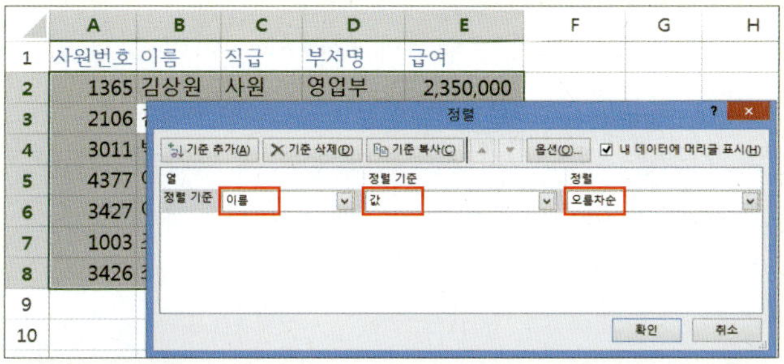

④ [정렬] 대화상자가 나타난다. [열 정렬 기준] 상자에서는 정렬할 열을 선택하고, [정렬 기준] 상자에서는 정렬할 기준을 선택하고, [정렬] 상자에서는 정렬할 순서를 선택한다.

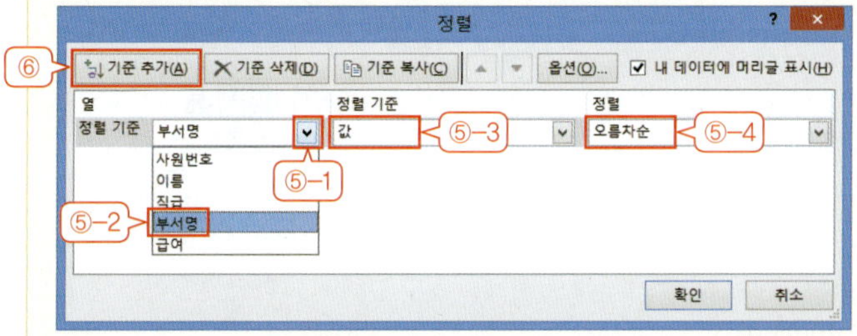

⑤ [열 정렬 기준] 상자의 드롭다운 화살표 를 클릭한 후, 사원 목록의 열들 중에서 부서명을 선택한다. [정렬 기준] 상자의 값, [정렬] 상자의 오름차순을 그대로 둔다.

⑥ 정렬에 사용할 두 번째 열을 추가하기 위해서 [기준 추가 단추]를 클릭한다.

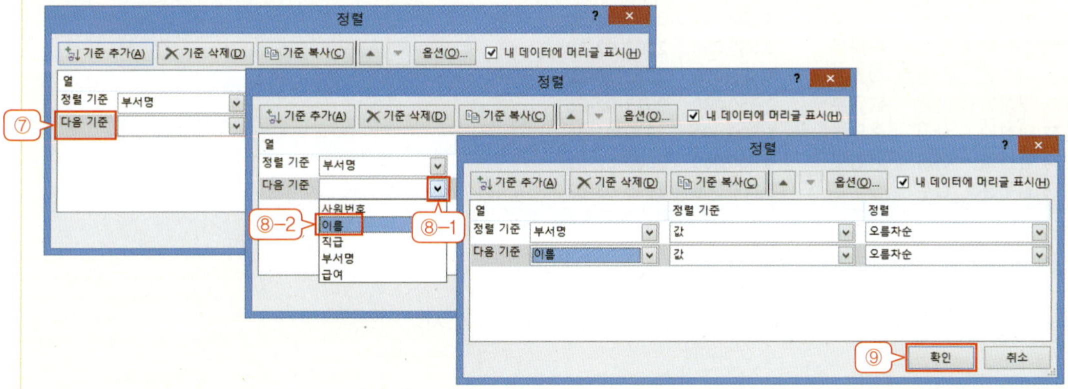

⑦ [다음 기준]이 [정렬] 대화상자에 추가된다.

⑧ [열 다음 기준] 상자의 드롭다운 화살표 를 클릭한 후, 사원 목록의 열들 중에서 이름을 선택한다.

⑨ [확인]을 클릭한다.

	A	B	C	D	E
1	사원번호	이름	직급	부서명	급여
2	3011	박영권	부장	개발부	4,100,000
3	3427	이수민	사원	개발부	2,500,000
4	2106	김창섭	대리	기획부	3,100,000
5	1003	조민희	과장	기획부	3,550,000
6	1365	김상원	사원	영업부	2,350,000
7	3426	최종철	과장	영업부	3,450,000
8	4377	이성래	사장	총무부	5,500,000

⑩ 사원 목록의 레코드들이 먼저 부서명(개발부, 기획부, 영업부, 총무부)에 따라 정렬되고, 같은 부서에 속한 사원 레코드들이 이름순으로 정렬되었다. 얼핏 보면 레코드들이 이름순으로 정렬되지 않은 것처럼 보이지만 개발부에 속하는 박영권과 이수민이 정렬되었고, 기획부에 속하는 김창섭과 조민희가 정렬되었다.

실습하기 7-2

실습파일 :\7장\사원 - 사용자 지정 목록.xlsx

사용자 지정 목록으로 정렬하기

실습 설명

엑셀은 영숫자(alpha-numerical) 순서에 따라 목록을 정렬한다. 즉 텍스트는 가나다 순서 또는 알파벳 순서, 숫자는 크기 순서로 정렬한다. 엑셀을 사용하는 업무에 따라서는 이런 순서 말고, 사용자가 지정한 순서대로 정렬하는 것이 필요할 수 있다. 4장에서 사원들의 직급을 나타내는 사원, 대리, 과장, 부장, 이사, 상무, 사장을 사용자 지정 목록에 등록해 보았다. 이러한 직급들의 순서는 가나다 순서(텍스트 오름차순)가 아니다. 이번 실습에서는 사용자 지정 목록 순서에 따라 사원 목록의 레코드들을 정렬해 보자.

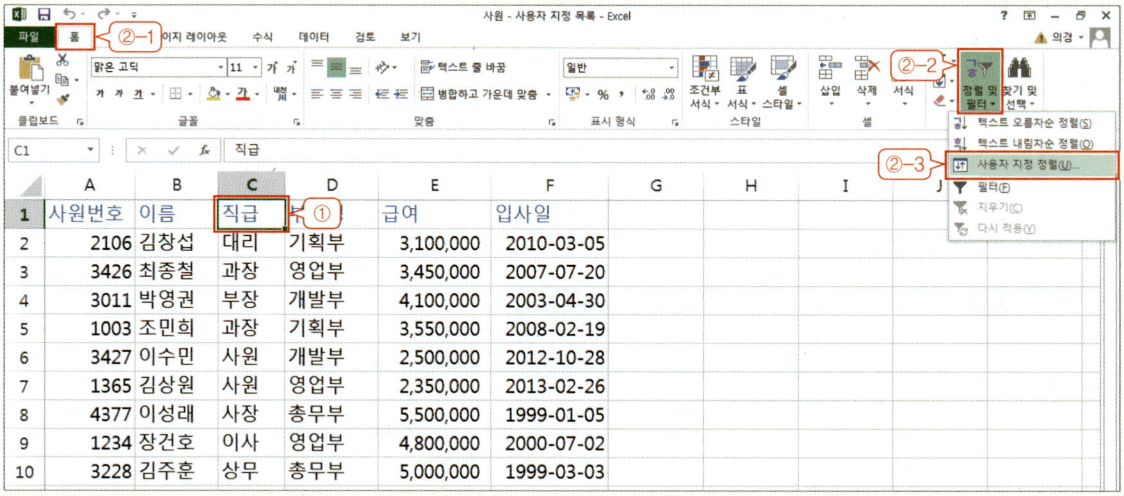

① 목록 내의 임의의 셀(C1)을 클릭한다.

② [홈] 탭-[편집] 그룹-[정렬 및 필터 단추]를 클릭한 후, 메뉴에서 [사용자 지정 정렬]을 선택한다.

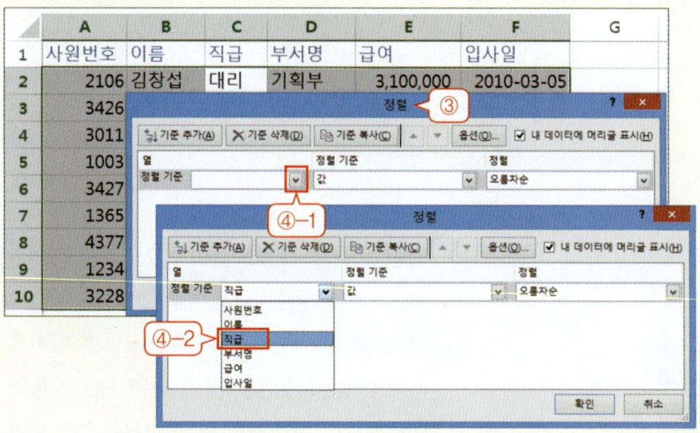

③ [정렬] 대화상자가 나타난다.

④ [열 정렬 기준] 상자의 드롭다운 화살표 를 클릭한 후, 사원 목록의 열들 중에서 직급을 선택한다.

사용자 지정 목록으로 정렬하기

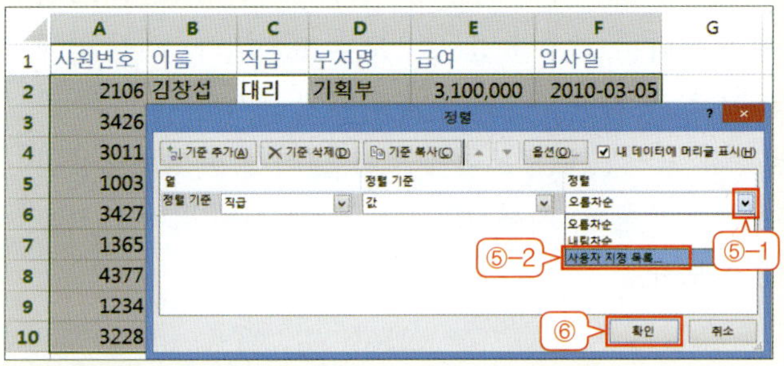

⑤ [정렬] 대화상자의 드롭다운 화살표 ▾를 클릭한 후, 사용자 지정 목록을 선택한다.

⑥ [확인]을 클릭한다.

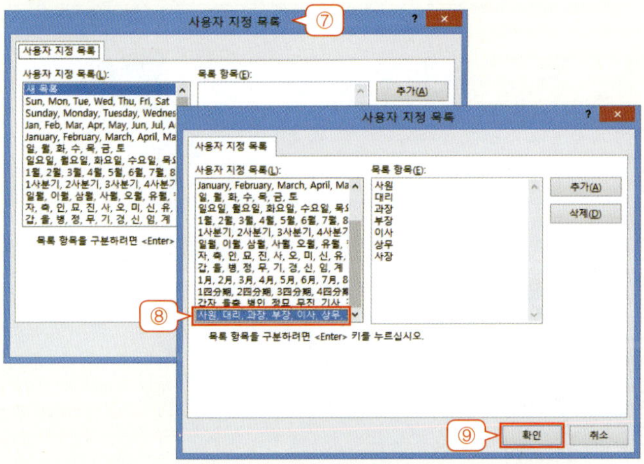

⑦ [사용자 지정 목록] 대화상자가 나타난다.

⑧ [사용자 지정 목록] 상자의 아래로 스크롤하면 사원, 대리, 과장, 부장, 이사, 상무, 사장이 보인다.(만일 4장에서 이 목록을 등록하지 않았으면 여기서 등록한 후 다음 정렬 단계를 진행하자.)

⑨ [확인]을 클릭한다.

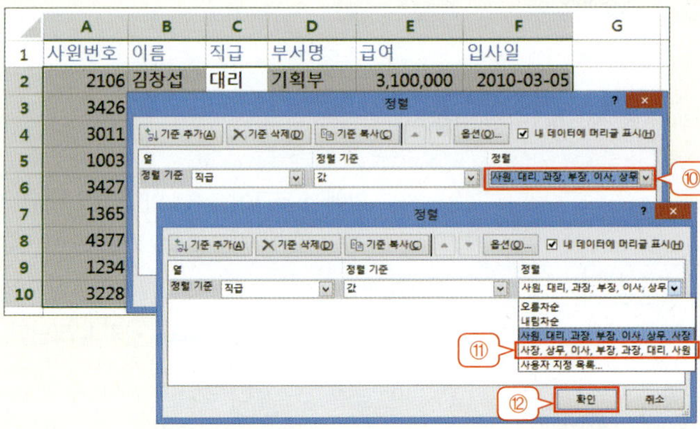

⑩ [정렬] 대화상자의 [정렬] 상자에 사원, 대리, 과장, 부장, 이사, 상무, 사장이 선택된 것을 볼 수 있다.

⑪ 만일 높은 직급(사장)부터 낮은 직급(사원) 순으로 정렬하려면 드롭다운 화살표 ▾를 클릭한 후 사장, 상무, 이사, 부장, 과장, 대리, 사원을 선택한다.

⑫ [확인]을 클릭한다.

	A	B	C	D	E	F
1	사원번호	이름	직급	부서명	급여	입사일
2	3427	이수민	사원	개발부	2,500,000	2012-10-28
3	1365	김상원	사원	영업부	2,350,000	2013-02-26
4	2106	김창섭	대리	기획부	3,100,000	2010-03-05
5	3426	최종철	과장	영업부	3,450,000	2007-07-20
6	1003	조민희	과장	기획부	3,550,000	2008-02-19
7	3011	박영권	부장	개발부	4,100,000	2003-04-30
8	1234	장건호	이사	영업부	4,800,000	2000-07-02
9	3228	김주훈	상무	총무부	5,000,000	1999-03-03
10	4377	이성래	사장	총무부	5,500,000	1999-01-05

⑬ 직급순

⑬ 사원 목록의 레코드들이 직급 순서에 따라 정렬되었다.

실습하기 7-3

실습파일 :\7장\카드 가맹점.xlsx

자동 필터 적용하기

실습 설명

목록에 자동 필터를 적용하면 열 제목 오른쪽에 드롭다운 화살표 ▾가 나타난다. 어떤 열의 드롭다운 화살표 ▾를 클릭하면 그 열에 나타나는 고유한 값들이 모두 표시된다. 특정 열에 나타나는 값들 중에서 한 값을 선택하면 그 값을 가진 레코드들만 화면에 표시된다. 다른 필드에 새로운 필터를 연이어서 지정하면 현재 표시된 레코드들에만 그 필터가 추가로 적용된다. 이번 실습에서는 카드 가맹점 목록에서 카드종류, 사용지역 등의 열에 자동 필터를 적용하여 어떤 레코드들이 필터링되는가를 알아보자.

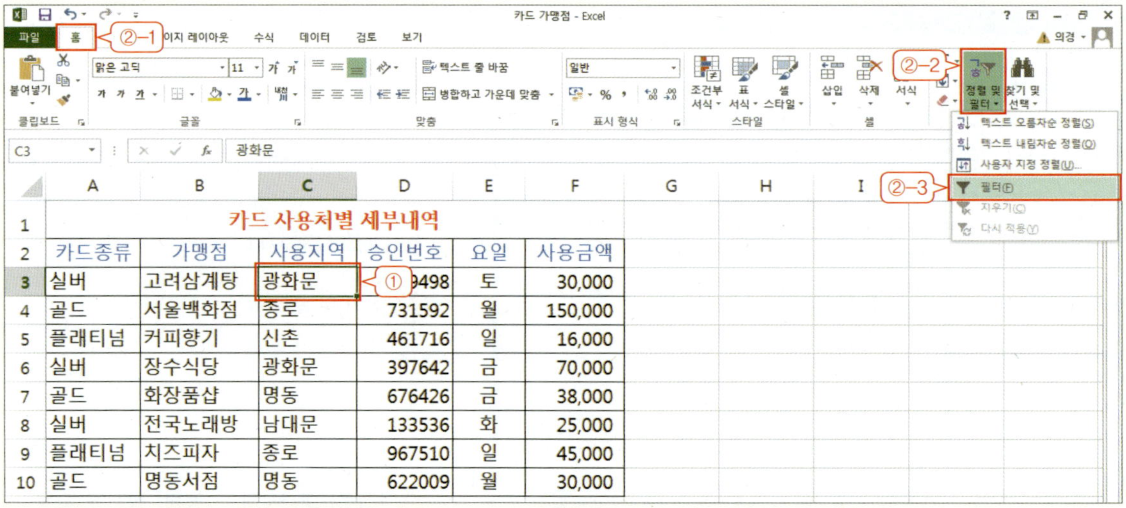

① 목록 내의 임의의 셀(C3)을 클릭한다.

② [홈] 탭–[편집] 그룹–[정렬 및 필터 단추]를 클릭한 후, 메뉴에서 [필터]를 선택한다.

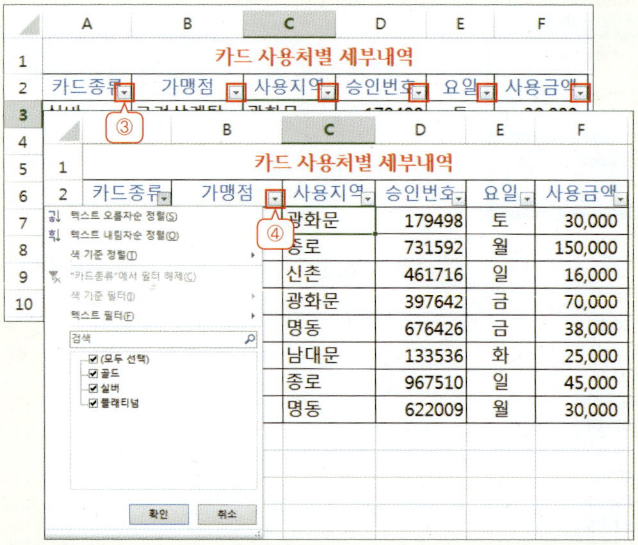

③ 카드 가맹점 목록에는 8개의 레코드가 들어 있다. 열 제목인 **카드종류**, **가맹점**, …, **사용금액**이 목록의 상단인 2 행에 있다. 모든 열 제목에 드롭다운 화살표 ▾가 나타난다.

④ **카드종류** 오른쪽의 드롭다운 화살표 ▾를 클릭한다. 이 화살표를 클릭하면 엑셀은 그 열에 나타나는 모든 값(**골드**, **실버**, **플래티넘**)들을 보여준다.

자동 필터 적용하기

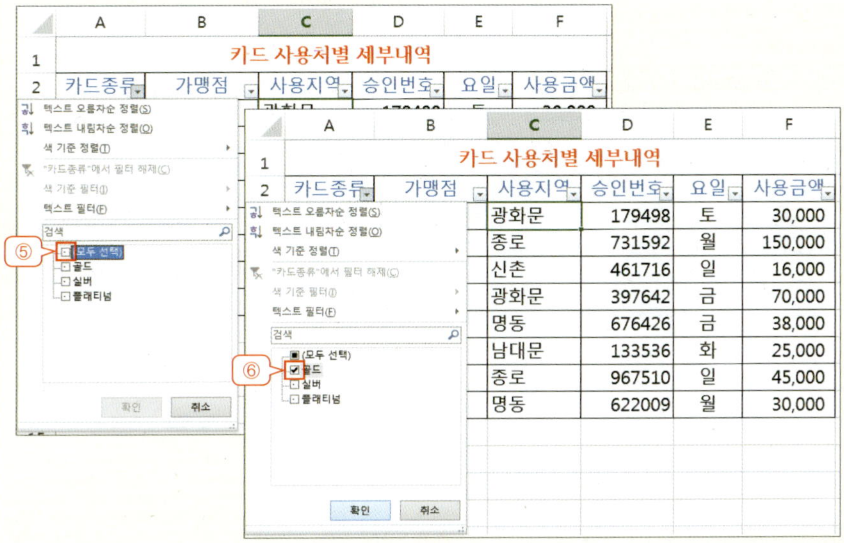

⑤ 먼저 (모두 선택) 옆의 상자를 클릭하여 모든 값들의 선택을 해제한다. (모두 선택) 옆의 상자의 모양이 ☐(모두 선택)으로 바뀐다.

⑥ **골드** 옆의 상자를 클릭하여 이 값을 선택한다. (모두 선택) 옆의 상자의 모양이 ■(모두 선택)으로 바뀐다.

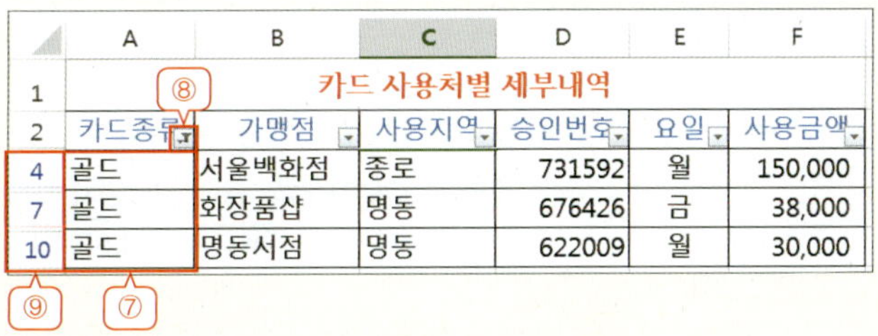

⑦ 카드 가맹점 목록의 8개 레코드들 중에서 **카드종류**가 **골드**인 레코드 3개만 화면에 표시된다.

⑧ 필터링에 사용된 **카드종류** 오른쪽의 드롭다운 화살표 ▾는 이 열을 사용하여 레코드들이 필터링되고 있음을 나타내기 위해서 ▾로 모양이 바뀐다.

⑨ 검색된 레코드들의 행 번호(4 행, 7 행, 10 행)는 파랑색으로 표시된다.

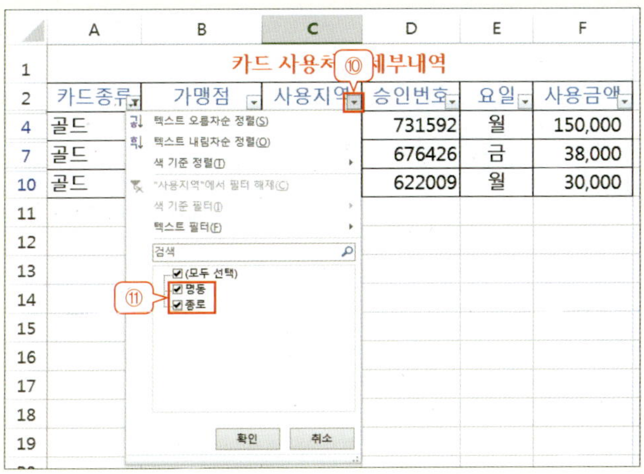

⑩ **사용지역**에 추가로 자동 필터를 적용하기 위하여 **사용지역** 오른쪽의 드롭다운 화살표 ▾를 클릭한다.

⑪ 원래 목록의 **사용지역** 열에는 **광화문, 종로, 신촌, 명동, 남대문** 등 5가지 값이 존재하지만 **카드종류** 열에 이미 필터를 적용했기 때문에 **골드** 카드로 결제된 사용지역(**명동, 종로**)만 표시된다.

실습하기 7-3

자동 필터 적용하기

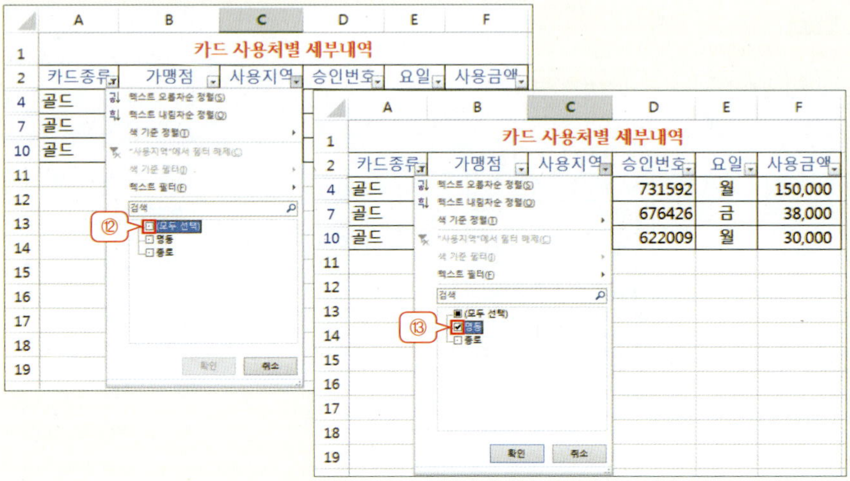

⑫ 먼저 (모두 선택) 옆의 상자를 클릭하여 모든 값들의 선택을 해제한다. (모두 선택) 옆의 상자의 모양이 □(모두 선택)으로 바뀐다.

⑬ **명동** 옆의 상자를 클릭하여 이 값을 선택한다. (모두 선택) 옆의 상자의 모양이 ■(모두 선택)으로 바뀐다.

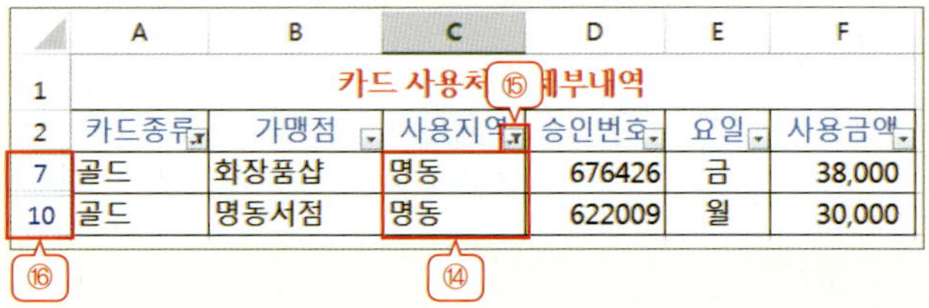

⑭ **골드** 카드로 결제된 가맹점 3개 중에서 **사용지역**이 **명동**인 레코드 2개만 화면에 표시된다.

⑮ **사용지역** 오른쪽의 드롭다운 화살표 ▾가 이 열을 사용하여 레코드들이 필터링되고 있음을 나타내기 위해서 ▾로 모양이 바뀐다.

⑯ 검색된 레코드들의 행 번호(7 행, 10 행)는 파랑색으로 표시된다. 단계 ⑨와 비교해보면 4 행 레코드가 숨겨진 것을 알 수 있다.

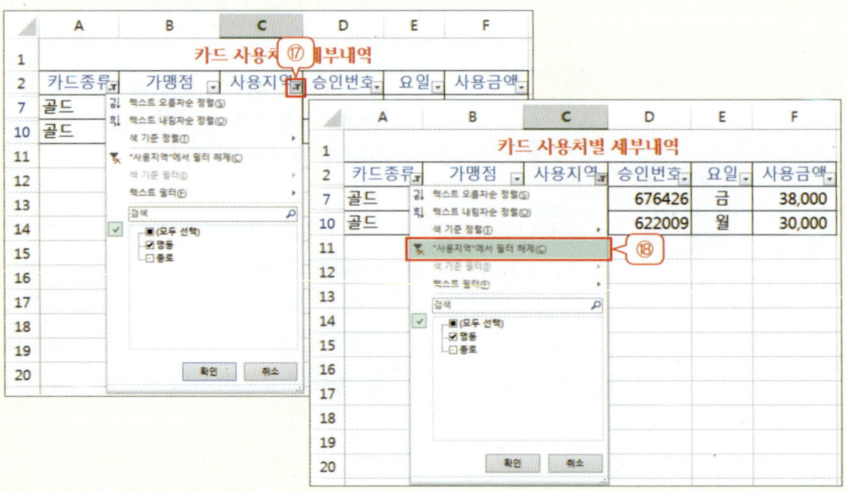

이제 필터를 해제해 보자.

⑰ **사용지역** 오른쪽의 드롭다운 화살표 ▾를 클릭한다.

⑱ ["사용지역"에서 필터 해제]를 클릭한다.

자동 필터 적용하기

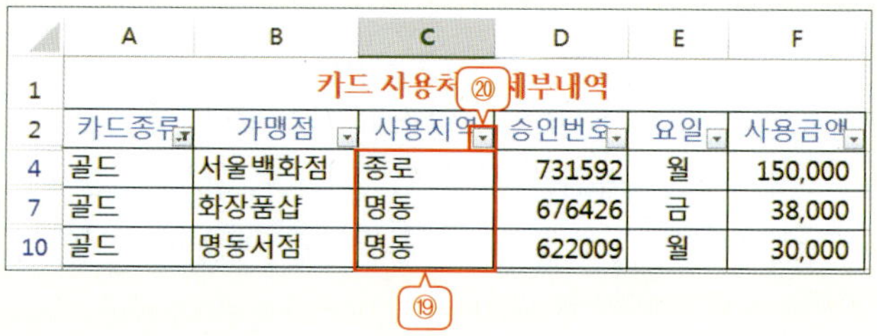

⑲ 사용지역 열에 자동 필터를 추가로 적용하기 전의 단계인 ⑨로 되돌아간다.

⑳ 사용지역 오른쪽의 드롭다운 화살표 가 이 열을 사용하여 레코드들이 필터링되지 있음을 나타내기 위해서 로 모양이 바뀐다.

다른 방법으로 필터를 해제해 보자.

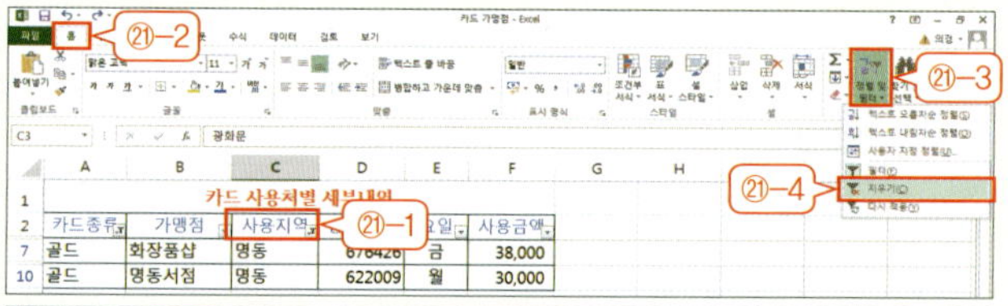

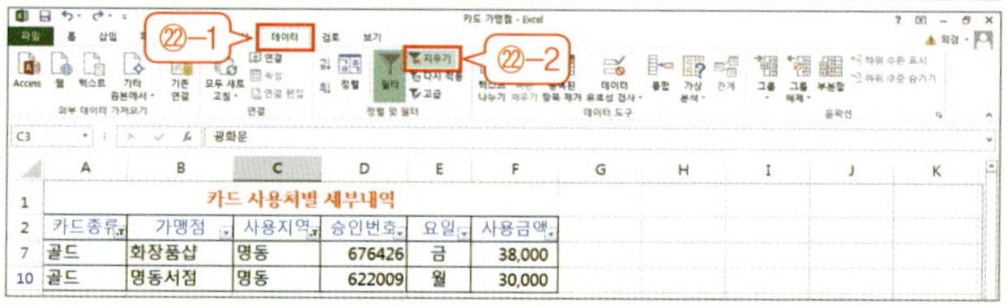

㉑ 단계 ⑰에서, 필터를 해제할 열의 임의의 셀(C2)을 클릭한 후, **[홈]** 탭-**[편집]** 그룹-**[정렬 및 필터 단추**]를 클릭하고, 메뉴에서 [지우기]를 선택한다.

㉒ 또는 **[데이터]** 탭-**[정렬 및 필터]** 그룹-**[지우기 단추**]를 선택한다.

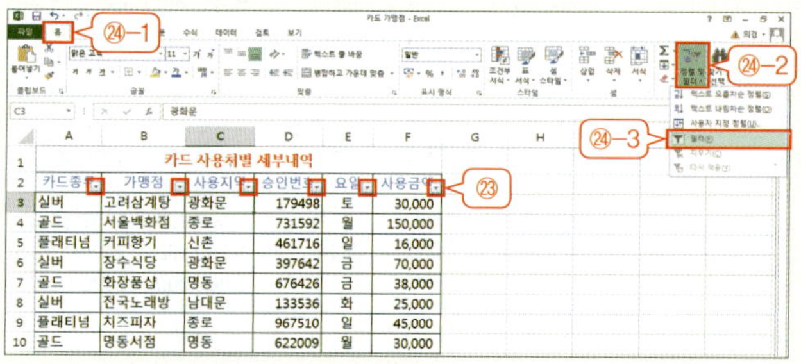

㉓ 카드종류 열에 적용한 자동 필터를 마찬가지 방법으로 지워도 모든 열 제목에 드롭다운 화살표 가 남아있다.

㉔ 모든 열에서 드롭다운 화살표 를 없애려면 **[홈]** 탭-**[편집]** 그룹-**[정렬 및 필터 단추**]를 클릭한 후, 메뉴에서 **[필터**]를 선택한다.

㉕ 모든 열 제목에서 드롭다운 화살표 가 없어지고, 자동 필터를 적용하기 전의 원래의 목록으로 되돌아간다.

Tip 필터를 적용하려는 열에 공백 셀이 포함되어 있으면 [텍스트 필터] 옵션에 (필드 값 없음)도 나타난다. 이 옵션은 누락된 데이터를 찾는데 사용된다.

실습하기 7-4

실습파일 :\7장\사원 목록.xlsx

고급 필터 사용하기

실습 설명

고급 필터는 자동 필터보다 복잡한 조건을 지정하고, 목록으로부터 동일 워크시트 또는 다른 워크시트의 어떤 위치로 레코드들을 복사하는 기능을 제공한다. 고급 필터를 사용하려면 조건 범위를 설정하고, 고급 필터를 적용할 목록을 명시하고, 마지막으로 필터링을 수행한다. 고급 필터에서는 목록과 구분되는 영역에 조건 범위를 직접 입력하므로 항상 조건이 보인다. 이번 실습에서는 사원 목록에서 직급, 부서명 등의 열에 고급 필터를 적용하여 어떤 레코드들이 필터링되는가를 알아보자.

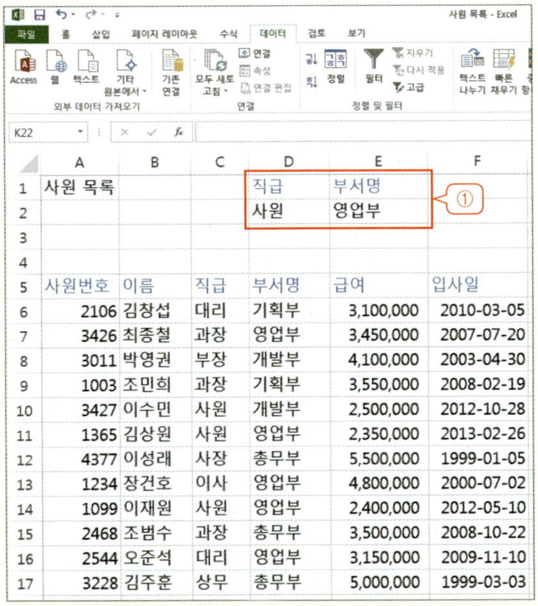

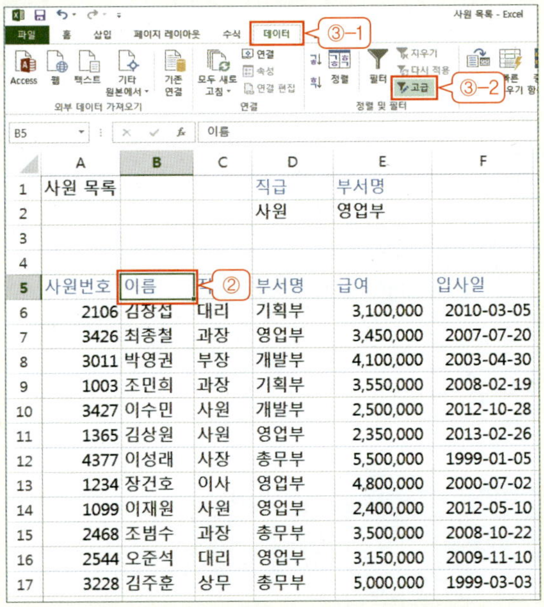

① 목록의 윗부분에 조건 범위를 입력한다. D1, E1 셀에 열 제목인 **직급**, **부서명**을 각각 입력하고, D2, E2 셀에 **사원**, **영업부**를 각각 입력한다. 이제 조건 범위는 D1:E2이다.

② 목록 내의 임의의 셀(B5)을 클릭한다.

③ [데이터] 탭–[정렬 및 필터] 그룹–[고급 단추]를 클릭한다.

고급 필터 사용하기

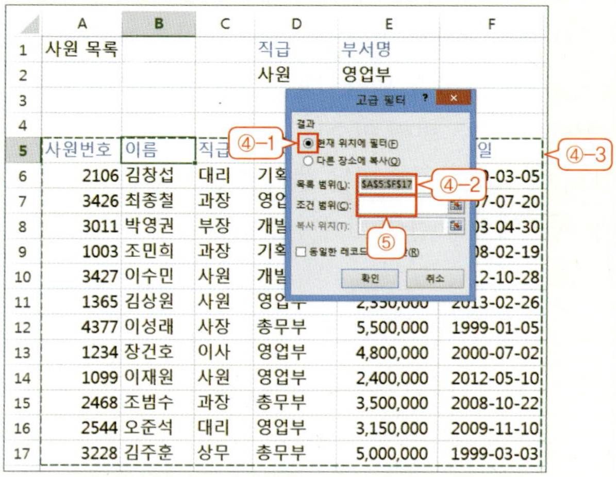

④ [고급 필터] 대화상자가 나타난다. [현재 위치에 필터]가 체크 표시되어 있고, [목록 범위] 상자에 $A$5:$F$17이 채워져 있고, 목록의 테두리를 깜박이는 점선이 에워싼다. 필터링 결과를 다른 곳으로 옮기려면 [다른 장소에 복사]를 체크 표시한다.

⑤ [조건 범위] 상자를 클릭한다.

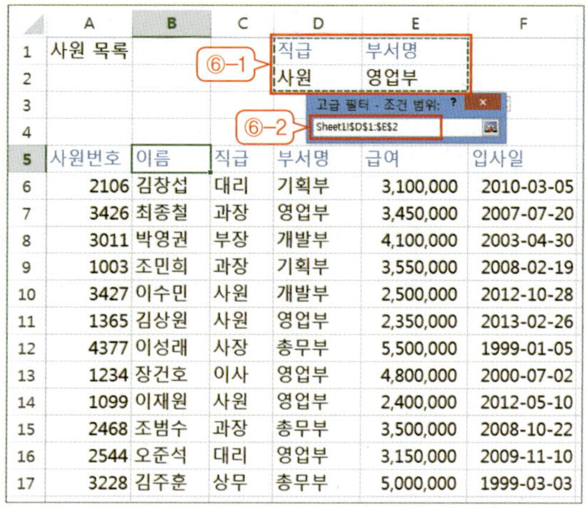

⑥ 조건 범위(D1:E2)를 마우스로 드래그한다. 조건 범위가 깜박이는 점선으로 둘러싸이고, [고급 필터-조건 범위] 상자 안에 조건 범위가 채워진다.

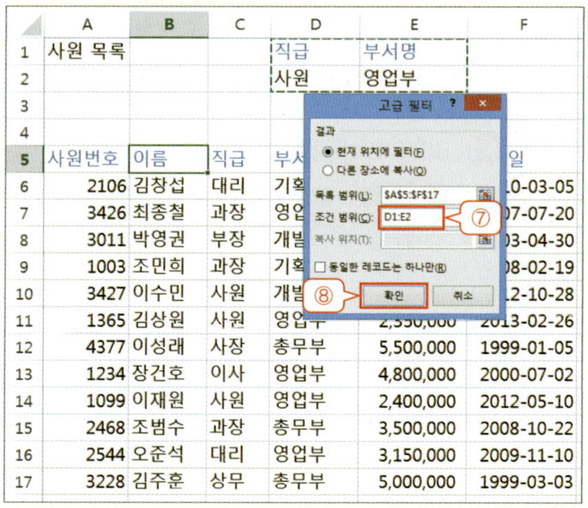

⑦ 또는 [조건 범위] 상자를 클릭한 후, 직접 D1:E2를 입력해도 좋다.

⑧ [확인]을 클릭한다.

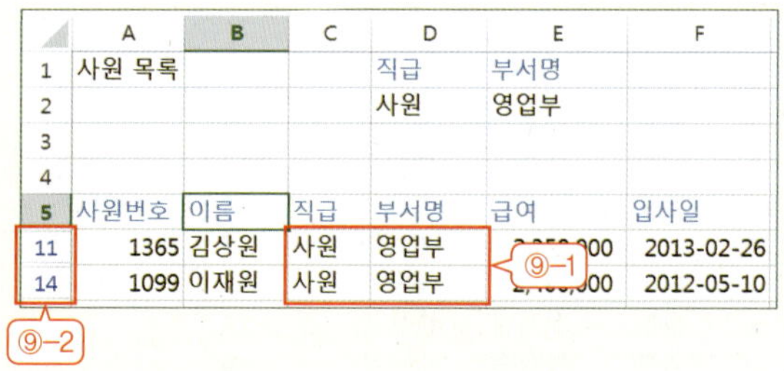

⑨ 영업부에 근무하는 사원 2명의 레코드가 검색된다. 검색된 레코드들의 행 번호(11 행, 14 행)는 파랑색으로 표시된다.

⑩ 고급 필터를 해제하려면 임의의 셀(B5)을 클릭한 후, [홈] 탭-[편집] 그룹-[정렬 및 필터 단추]를 클릭하고, 메뉴에서 [지우기]를 선택하거나, [데이터] 탭-[정렬 및 필터] 그룹-[지우기 단추]를 선택한다.

Tip 고급 필터를 사용했을 때 결과 레코드들만 보이고 나머지 레코드들은 숨겨진다. 따라서 결과 레코드들에 대해서 차트를 만드는 등의 작업을 수행하려면 이들을 다른 곳에 복사하는 것이 좋다.

실습하기 7-5

실습파일 ⊙ :\7장\매장별 상품판매현황.xlsx

DSUM 함수와 DCOUNT 함수 작성하기

실습 설명

DSUM 함수는 세 번째 인수로 명시한 조건을 만족하는 레코드들에 대해서 두 번째 인수로 지정한 열에 속하는 셀들의 값을 더한다. 현재 합을 구하는 열에 대해서만 조건을 명시할 필요가 없으며, 하나 이상의 열에 대해서 조건을 명시할 수도 있다. DCOUNT 함수는 세 번째 인수로 명시한 조건을 만족하는 레코드들에 대해서 두 번째 인수로 지정한 열에 속하는 셀들 중에서 값을 가진 셀들의 개수를 구한다. 텍스트가 들어 있는 셀이나 공백 셀은 무시한다. 이번 실습에서는 매장별 상품판매현황 목록에서 조건을 만족하는 셀들의 합과 셀들의 개수를 구하는 함수를 작성해 보자.

	A	B	C	D	E	F
1	매장별 상품판매현황					
2	매장명	사원명	상품명	판매수량		
3	서부	김은진	LED TV	5		
4	서부	오승우	세탁기	12		상품명
5	남부	박경수	냉장고	23		세탁기
6	남부	김승주	LED TV	3		
7	남부	이인철	세탁기	16		
8	동부	최재영	냉장고	19		
9	동부	황진수	세탁기	8		
10						
11						
12						

① DSUM 함수와 DCOUNT 함수에 사용할 조건을 F4:F5 범위에 입력한다. F4에는 목록의 열 제목인 **상품명**을, F5에는 **상품명** 열에 나타나는 값인 **세탁기**를 입력한다.

	A	B	C	D	E	F
1	매장별 상품판매현황					
2	매장명	사원명	상품명	판매수량		
3	서부	김은진	LED TV	5		
4	서부	오승우	세탁기	12		상품명
5	남부	박경수	냉장고	23		세탁기
6	남부	김승주	LED TV	3		
7	남부	이인철	세탁기	16		
8	동부	최재영	냉장고	19		
9	동부	황진수	세탁기	8		
10						
11		DSUM 함수				
12		DCOUNT 함수				

② B11:C11 범위를 마우스로 드래그한 후, **[홈]** 탭–**[맞춤]** 그룹–**[병합하고 가운데 맞춤 단추** ⊟**]**를 클릭하고, DSUM 함수를 입력한다.

③ B12:C12 범위를 마우스로 드래그한 후, **[홈]** 탭–**[맞춤]** 그룹–**[병합하고 가운데 맞춤 단추** ⊟**]**를 클릭하고, DCOUNT 함수를 입력한다.

	A	B	C	D	E	F
1	매장별 상품판매현황					
2	매장명	사원명	상품명	판매수량		
3	서부	김은진	LED TV	5		
4	서부	오승우	세탁기	12		상품명
5	남부	박경수	냉장고	23		세탁기
6	남부	김승주	LED TV	3		
7	남부	이인철	세탁기	16		
8	동부	최재영	냉장고	19		
9	동부	황진수	세탁기	8		
10						
11		DSUM 함수		=DSUM(A2:D9,D2,F4:F5)		
12		DCOUNT 함수				

④ D11 셀을 클릭한 후, 아래와 같이 DSUM 함수를 입력한다.

```
=DSUM(A2:D9,D2,F4:F5)
```

DSUM 함수의 첫 번째 인수인 A2:D9는 데이터베이스(목록)이고, 두 번째 인수인 D2는 합계를 구할 열이고, 세 번째 인수인 F4:F5는 조건 범위이다. 인수들을 입력할 때마다 해당되는 부분이 서로 다른 색으로 구분된다.

DSUM 함수와 DCOUNT 함수 작성하기

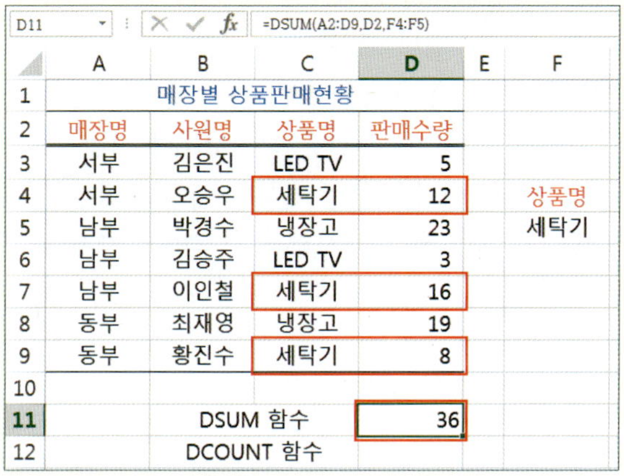

D11 =DSUM(A2:D9,D2,F4:F5)

	A	B	C	D	E	F
1		매장별 상품판매현황				
2	매장명	사원명	상품명	판매수량		
3	서부	김은진	LED TV	5		
4	서부	오승우	세탁기	12		상품명
5	남부	박경수	냉장고	23		세탁기
6	남부	김승주	LED TV	3		
7	남부	이인철	세탁기	16		
8	동부	최재영	냉장고	19		
9	동부	황진수	세탁기	8		
10						
11		DSUM 함수		36		
12		DCOUNT 함수				

⑤ 목록에서 **세탁기**의 판매수량은 각각 12, 16, 8 이므로 이들을 모두 더한 값인 36이 계산된다.

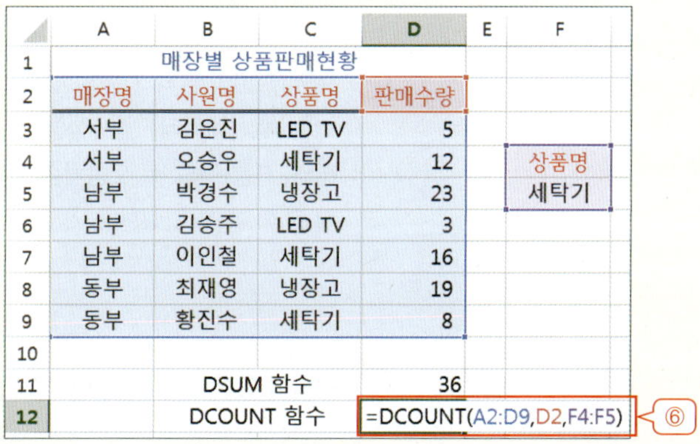

	A	B	C	D	E	F
1		매장별 상품판매현황				
2	매장명	사원명	상품명	판매수량		
3	서부	김은진	LED TV	5		
4	서부	오승우	세탁기	12		상품명
5	남부	박경수	냉장고	23		세탁기
6	남부	김승주	LED TV	3		
7	남부	이인철	세탁기	16		
8	동부	최재영	냉장고	19		
9	동부	황진수	세탁기	8		
10						
11		DSUM 함수		36		
12		DCOUNT 함수		=DCOUNT(A2:D9,D2,F4:F5)		

⑥ D12 셀을 클릭한 후, 아래와 같이 DCOUNT 함수를 입력한다.

```
=DCOUNT(A2:D9,D2,F4:F5)
```

DCOUNT 함수의 첫 번째 인수인 A2:D9는 데이터베이스(목록)이고, 두 번째 인수인 D2는 합계를 구할 열이고, 세 번째 인수인 F4:F5는 조건 범위이다. 인수들을 입력할 때마다 해당되는 부분이 서로 다른 색으로 구분된다.

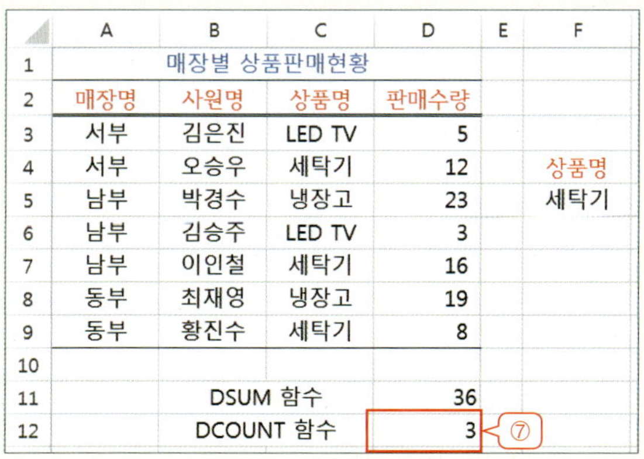

	A	B	C	D	E	F
1		매장별 상품판매현황				
2	매장명	사원명	상품명	판매수량		
3	서부	김은진	LED TV	5		
4	서부	오승우	세탁기	12		상품명
5	남부	박경수	냉장고	23		세탁기
6	남부	김승주	LED TV	3		
7	남부	이인철	세탁기	16		
8	동부	최재영	냉장고	19		
9	동부	황진수	세탁기	8		
10						
11		DSUM 함수		36		
12		DCOUNT 함수		3		

⑦ 목록에서 **세탁기**의 판매수량은 각각 12, 16, 8 등 3개(건)이므로 이들의 개수인 3이 계산된다.

Tip 기존의 조건과 인접한 열에 여러 조건들을 입력하고 함수 내의 조건 범위(세 번째 인수)를 확장함으로써 여러 조건들의 AND, OR 조건을 사용할 수 있다. 예를 들어서 G4 셀에 매장명을 입력하고, G5 셀에 남부 등을 입력하여 AND 조건을 생성한 후, 이 조건 범위를 DSUM 함수나 DCOUNT 함수의 세 번째 인수로 사용할 수 있다. 기존의 조건 아래에 또 다른 행을 포함시킴으로써 OR 조건을 생성할 수도 있다. 예를 들어서 F6 셀에 냉장고를 입력하고 조건 범위를 F4:F6으로 확장하면 두 함수는 세탁기 또는 냉장고 레코드들을 대상으로 계산한다.

실습하기 7-6

실습파일 :\7장\미국 여행경비 – 부분합.xlsx

목록의 부분합

실습 설명

목록의 부분합을 구하기 위해서는 열 제목들이 서로 상이해야 하고, 빈 셀이 없어야 하고, 부분합을 적용할 열의 순서대로 목록이 정렬되어 있어야 한다. 부분합은 그룹이 변경되는 곳마다 새 행을 추가하여, 목록에 포함된 레코드들의 윤곽과 요약을 보여준다. 윤곽 수준을 조정하는 단추(1 2 3, −, +)들도 표시되므로 목록의 세부 레코드들은 숨기고 부분합만 표시하는 등 윤곽 기능을 사용할 수 있다. 이번 실습에서는 미국 여행중 지출한 내역의 일부를 정리한 목록에서 유형별(식비, 잡비, 숙박비 등) 지출 금액의 합을 계산하는 부분합을 작성해 보자.

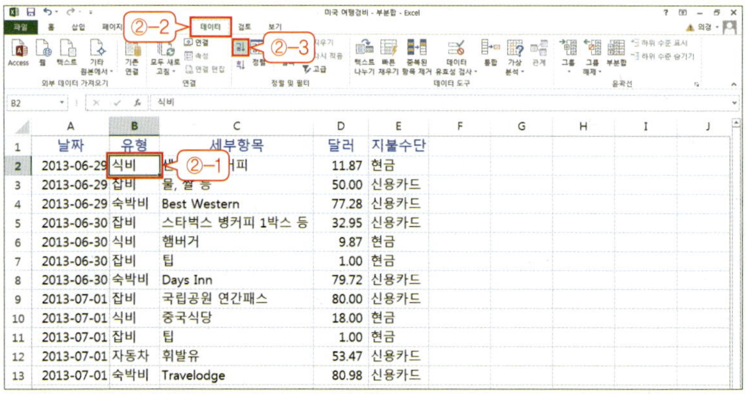

① 부분합을 구하려면 부분합을 적용할 열(유형)의 순서대로 목록을 먼저 정렬해야 한다.

② 유형(B) 열의 임의의 셀(B2)을 클릭한 후, **[데이터] 탭–[정렬 및 필터] 그룹–[텍스트 오름차순 정렬 단추]**를 클릭한다.

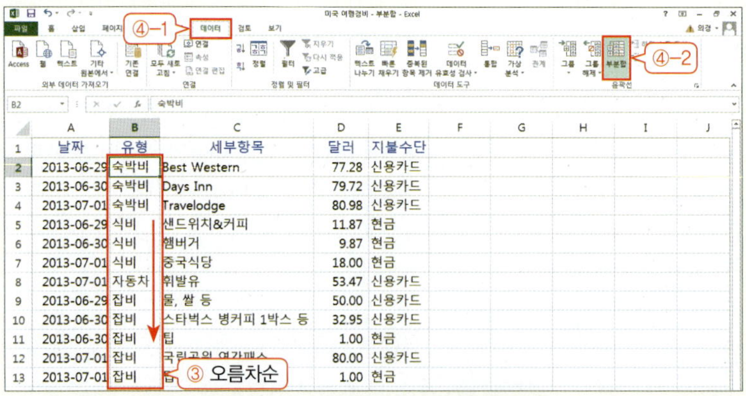

③ 목록이 유형 열의 오름차순으로 정렬된다.

④ [데이터] 탭–[윤곽선] 그룹–[부분합 단추]를 클릭한다

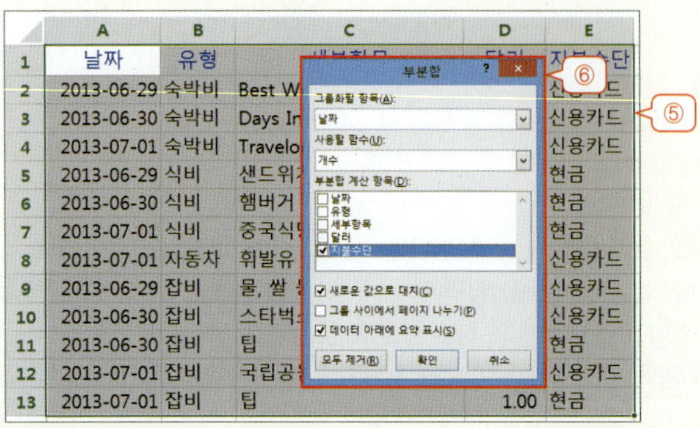

⑤ 목록이 초록색 선으로 둘러싸이고,

⑥ [부분합] 대화상자가 나타난다.

실습하기 7-6

목록의 부분합

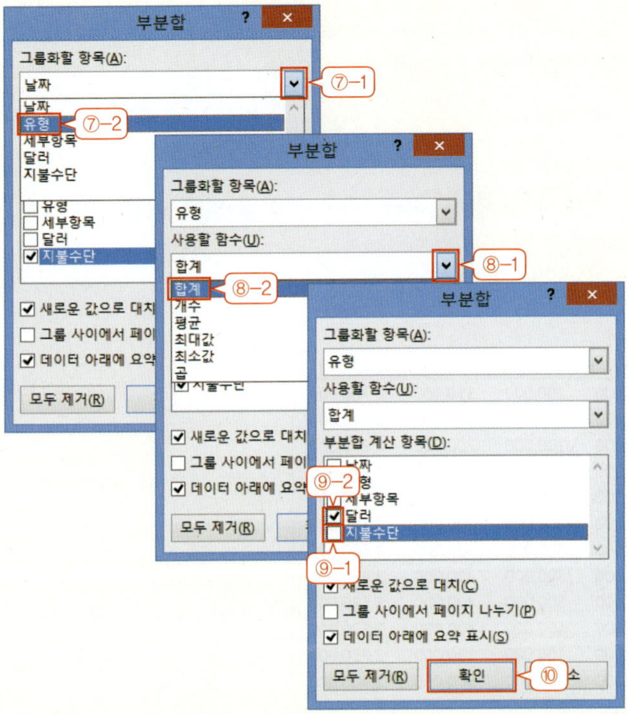

⑦ [그룹화할 항목] 상자의 드롭다운 화살표 ▾를 클릭하고, **유형**을 선택한다.

⑧ [사용할 함수] 상자의 드롭다운 화살표 ▾를 클릭하고, **합계**를 선택한다.

⑨ [부분합 계산 항목] 상자에서 **지불수단**의 선택을 해제하고, **달러**를 선택한다.

⑩ [확인]을 클릭한다.

⑪ 유형 별로 달러의 합계가 구해진 부분합 결과가 나타난다. 세부 레코드들과 함께 요약(합계)이 표시된 것을 볼 수 있다. [윤곽 기호 단추 1 2 3], [하위 순위 표시 단추 +], [하위 순위 숨기기 단추 -]도 함께 표시된다.

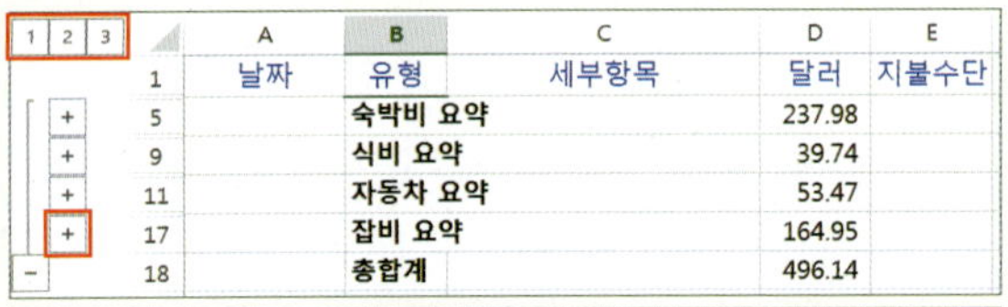

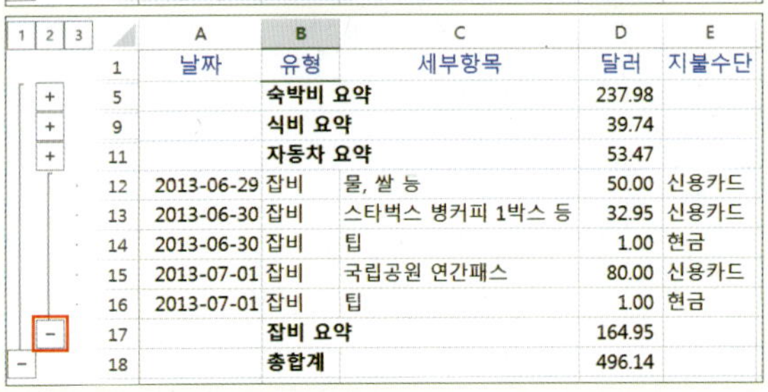

⑫ [윤곽 기호 단추 1 2 3]의 1, 2, 3, [하위 순위 표시 단추 +], [하위 순위 숨기기 단추 -]를 클릭하면서 부분합에 사용된 세부 레코드들이 어떻게 표시되거나 숨겨지는지 살펴본다.

Tip 부분합과 윤곽선을 제거하려고 하면 [데이터] 탭-[윤곽선] 그룹-[부분합 단추 ▦]를 클릭한 후, [부분합] 대화상자에서 [모두 제거]를 클릭한다.

연습문제 EXERCISE

1. 다음 워크시트는 사원들의 급여 명세서 목록이다. (1), (2), (3)을 각각 아래의 워크시트에 대해서 수행하라.(연습파일 ◉:\7장\연습문제-1.xlsx)

(1) 이름 열을 기준으로 오름차순으로 정렬하라.

(2) 직위 열을 기준으로 오름차순으로 정렬하라.

(3) 직위 열을 기준으로 내림차순으로 정렬하고, 같은 직급 내에서 이름 열을 기준으로 오름차순으로 정렬하라.

	A	B	C	D	E	F	G	H
1		급여 명세서						
2	사원번호	이름	직위	근속연수	본봉	직무수당	근속수당	급여합계
3	91-045	김부권	대리	6	770,000	200,000	350,000	2,780,000
4	88-011	전현석	대리	8	860,000	200,000	400,000	2,360,000
5	96-022	민태희	사원	4	600,000	100,000	200,000	2,390,000
6	85-008	정재용	과장	12	840,000	250,000	400,000	2,870,000
7	89-012	김명섭	대리	7	880,000	200,000	300,000	2,310,000
8	95-012	박대규	사원	3	630,000	100,000	200,000	2,670,000
9	88-005	이재홍	부장	16	940,000	400,000	400,000	3,680,000
10	75-004	장종태	이사	19	1,040,000	500,000	400,000	3,820,000
11	84-009	설희영	이사	22	980,000	500,000	400,000	3,580,000
12	81-006	오경아	부장	17	900,000	400,000	400,000	2,520,000
13	98-120	강원태	사원	3	570,000	100,000	150,000	2,220,000
14	90-008	김병욱	과장	13	800,000	300,000	300,000	1,400,000

2. 다음 워크시트는 공무원 인사현황 목록이다. 이 목록에 자동 필터를 적용하라.(연습파일 ◉:\7장\연습문제-2.xlsx)

(1) 직무 열이 행정인 레코드들을 필터링하라.

(2) (1)의 결과에 대해서 소속이 사회복지과인 레코드들을 추가로 필터링하라.

(3) 처음 목록에서 직급이 7급인 레코드들을 필터링하라.

	A	B	C	D	E
1	인사현황				
2	성명	직무	직급	소속	성적
3	장성태	행정	6급	총무과	98
4	장병철	행정	6급	총무과	78
5	우병순	건축	7급	농림과	69
6	오장규	건축	7급	보건사업과	88
7	추병선	간호	7급	보건사업과	79
8	곽배동	행정	6급	교통행정과	86
9	이순선	행정	7급	민방위과	85
10	여종택	건축	7급	회계과	93
11	박영미	행정	7급	사회복지과	95
12	이성만	행정	6급	사회복지과	83
13	김유신	건축	6급	보건사업과	86
14	공재룡	환경	6급	위생과	77
15	김이길	간호	6급	보건사업과	92

3. 다음 워크시트는 식품단속일지 목록이다. 목록의 위에 조건 범위를 입력하여 아래의 레코드들을 필터링하라.(연습파일 ◎:\7장\연습문제-3.xlsx)

(1) 검사자가 홍기영인 레코드들을 필터링하라.
(2) 검사자가 홍기영 또는 김창준인 레코드들을 필터링하라.
(3) 검사자가 이창룡이고, 검사지역이 강동지역인 레코드들을 필터링하라.
(4) 검사자가 김창준이고, 유통기한 위반이 7회 이상인 레코드들을 필터링하라.

	A	B	C	D	E	F
1	식품단속일지					
2						
3						
4						
5	일자	검사자	검사지역	유통기한 위반	원산지표시 위반	기타
6	2014-01-03	이창룡	강동지역	2	5	5
7	2014-01-03	홍기영	강남지역	8	1	9
8	2014-01-03	김창준	강동지역	6	7	9
9	2014-01-08	이창룡	강남지역	9	7	2
10	2014-01-08	홍기영	강동지역	6	1	4
11	2014-01-08	김창준	강남지역	6	7	8
12	2014-01-10	이창룡	강동지역	9	8	3
13	2014-01-10	홍기영	강남지역	6	8	2
14	2014-01-10	김창준	강동지역	5	7	10
15	2014-01-13	이창룡	강남지역	4	4	1
16	2014-01-13	홍기영	강동지역	0	8	8
17	2014-01-13	김창준	강남지역	7	7	3

4. 다음 워크시트는 서울 대리점의 판매내역 목록이다.(연습파일 ◎:\7장\연습문제-4.xlsx)

(1) 품목이 비디오인 레코드들의 판매량과 판매금액을 구하는 데이터베이스 함수를 작성하라.
(2) 품목이 오디오인 레코드들의 평균 판매량과 평균 판매금액을 구하는 데이터베이스 함수를 작성하라.
(3) 품목이 냉장고인 레코드들의 개수(판매건수)를 구하는 데이터베이스 함수를 작성하라.

연습문제 EXERCISE

	A	B	C
1	서울 대리점 판매내역		(단위: 1000원)
2	품목	판매량	판매금액
3	냉장고	9	8,550
4	오디오	5	7,000
5	비디오	11	6,160
6	냉장고	15	14,250
7	냉장고	17	16,150
8	청소기	20	9,810
9	비디오	19	10,640
10	오디오	20	28,000
11	세탁기	15	5,080
12	비디오	21	11,760

5. 다음 워크시트는 컴퓨터활용 과목의 1학기 성적 목록이다.(연습파일 :\7장\연습문제-5.xlsx)

(1) 학과별로 수강학생들의 중간고사, 기말고사, 총점의 평균을 계산하라.

(2) (1)의 결과에 학과별로 수강학생들의 중간고사, 기말고사, 총점의 최대값을 추가하라.

	A	B	C	D	E	F
1	1학기 성적(컴퓨터활용)					
2	학번	성명	학과	중간고사	기말고사	총점
3	K01	김미례	국문	90	87	177
4	C03	이영미	사회복지	100	95	195
5	K03	한수동	국문	78	95	173
6	C10	우지원	사회복지	88	90	178
7	M05	김민석	경영	95	94	189
8	M06	홍미리	경영	67	64	131
9	C01	유미인	사회복지	45	55	100
10	K10	마인철	국문	95	72	167
11	M20	구성도	경영	85	65	150
12	M21	이동철	경영	90	76	166
13	C09	피성훈	사회복지	96	82	178
14	K21	하지원	국문	88	98	186

6. 다음 워크시트는 정기승급 사정자료 목록이다.(연습파일 ⊙:\7장\연습문제-6.xlsx)

(1) 부서별로 근속연수, 고과점수의 평균을 계산하라.

(2) 처음 목록에서 직위별로 근속연수, 고과점수의 최대값을 계산하라.

	A	B	C	D	E	F
1	정기승급 사정자료					
2	사원번호	성명	부서명	직위	근속연수	고과점수
3	SA-100	천일만	영업부	부장	20	99
4	CO-200	김유민	총무부	대리	5	92
5	AC-300	이상진	경리부	계장	7	93
6	BY-400	이지현	영업부	과장	12	96
7	AC-301	정성국	경리부	과장	10	94
8	CO-201	신재호	총무부	과장	15	93
9	SA-101	강재석	영업부	대리	6	89
10	SA-102	민화연	영업부	과장	16	92
11	BY-401	류진석	경리부	부장	21	96
12	BY-402	박만이	총무부	대리	8	82
13	CO-202	전지애	총무부	사원	3	77
14	SA-103	한수희	영업부	사원	2	68

8

CHAPTER

차트

차트는 워크시트 데이터를 그래픽하게 표현한 것이다. 워크시트 데이터를 차트로 표현하여 비교, 패턴, 추세를 보여줄 수 있다. 엑셀에서 만들 수 있는 차트 종류로는 막대형, 꺾은선형, 원형, 콤보형 등이 있다. 이 장에서는 엑셀에서 차트를 생성하는 방법을 학습한다. 또한 차트를 만든 후에 어떻게 차트를 수정하고 꾸미는지 알아본다.

CHAPTER 8

차트

SECTION 01 차트 만들기

엑셀의 차트 기능은 매우 유연하고 뛰어나다. 워크시트 데이터로부터 다양한 차트들을 쉽고 빠르게 생성할 수 있다.

1 차트의 기본

수천 마디의 말보다 한 장의 그림이 더 가치가 있다는 속담이 있다. **차트**는 동일한 정보를 보여주는 숫자들의 표보다 결과나 추세를 전달하는데 훨씬 더 효과적이다. 차트는 효과적으로 데이터를 비교하고, 추세를 나타내고, 데이터 내의 특이 사항을 찾아낼 수 있게 한다. 예를 들어서 워크시트 숫자들의 여러 행과 열들을 분석하는 대신에 차트는 분기별로 판매량이 증가했는지 감소했는지를 한 눈에 파악할 수 있도록 한다.

	A	B	C	D	E
1	영업소별 경비사용내역				
2					단위: 천원
3	영업소명	복리후생비	활동비	잡비	합계
4	종로	3,838	6,157	3,498	13,493
5	강서	2,820	7,280	3,678	13,778
6	강동	3,650	6,555	7,322	17,527
7	중구	2,194	6,596	4,332	13,122
8	서대문	2,185	7,985	5,406	15,576
9	노원	2,487	7,658	4,051	14,196

▶ 워크시트 데이터

VS.

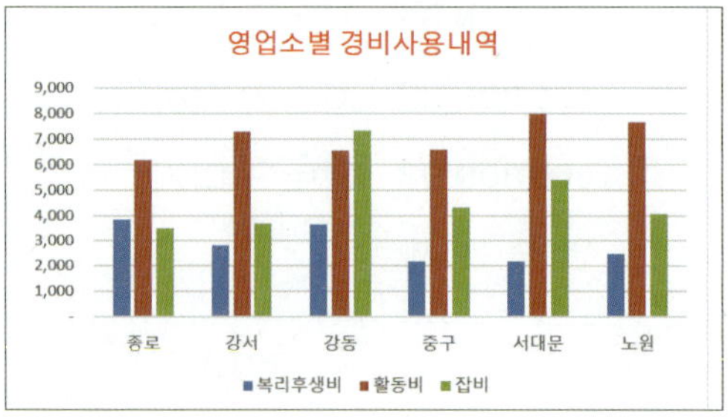

▶ 차트

엑셀 2007부터 이전 버전의 차트 마법사가 사라지고, [삽입] 탭-[차트] 그룹을 이용하여 차트를 만든다.

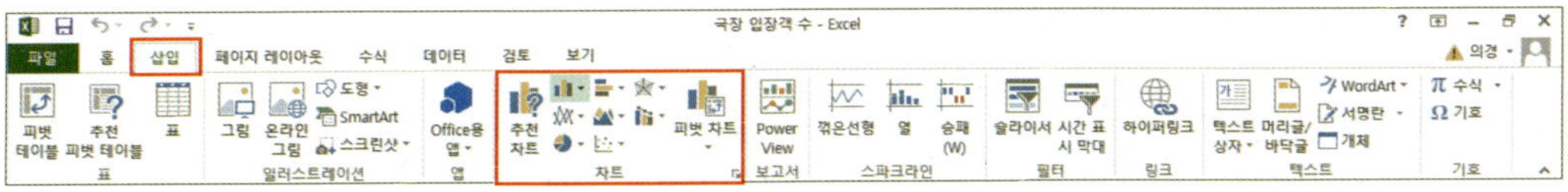

[그림 8-1] **[삽입] 탭-[차트] 그룹**

❖ 워크시트 데이터가 차트에 어떻게 나타나는가?

아래의 그림은 워크시트 데이터가 어떻게 세로 막대형 차트로 표현되는가를 보여준다. 워크시트 데이터에는 커피집에서 판매하는 커피 종류들의 판매잔 수가 네 개의 행(각 커피 종류마다 하나의 행)으로 나타난다. 차트의 각 세로 막대의 높이는 그 세로 막대가 나타내는 값에 비례한다. 따라서 차트는 일별로 각 커피 종류의 판매잔 수를 일목요연하게 비교해서 보여준다.

이 차트는 아메리카노(파랑색 세로 막대)가 1일과 2일에 가장 많이 판매됐지만 3일에는 카페라떼(회색 세로 막대)보다 적게 팔렸음을 보여준다.

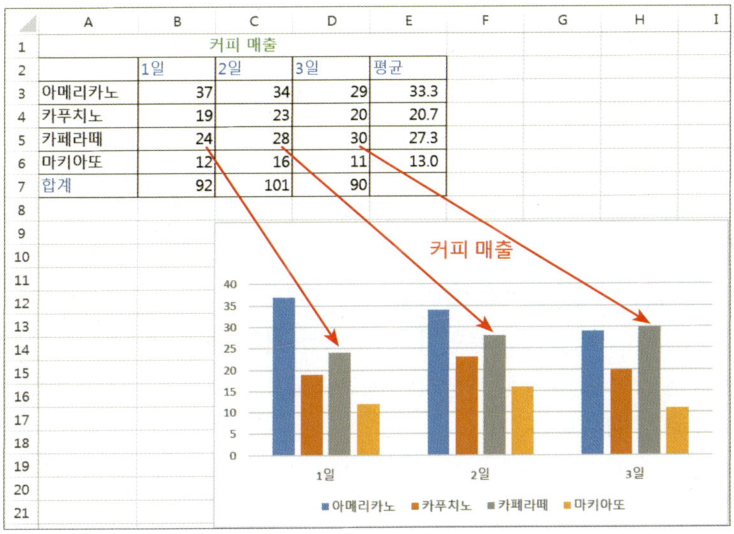

[그림 8-2] **워크시트 데이터와 차트의 대응 관계**

커피 종류를 나타내는 각 행은 차트에서 서로 다른 색으로 표시된다. 워크시트의 행 제목으로부터 생성되는 차트 범례(커피 이름)는 어떤 색이 어떤 커피 종류의 데이터를 나타내는가를 표시한다. 예를 들어서 아메리카노는 파랑색으로 표시되고, 각 날짜마다 가장 왼쪽의 세로 막대로 표시된다. 엑셀은 열의 높이를 이해하는데 도움이 되도록 차트의 왼쪽에 눈금선을 표시한다.

❖ 차트 계획

차트를 생성할 때 두 가지 사항을 고려하자.

① 차트로 나타낼 데이터 선택

차트를 위해 선택한 행 또는 열들에 대해서 차트가 생성된다.

② 어디에 위치시킬 것인가?

일단 차트를 생성하면 차트를 데이터와 동일 워크시트에 위치시키거나(예 데이터 아래 또는 데이터 옆), 동일 통합 문서 내의 다른 워크시트에 위치시킬 수 있다. 데이터와 동일한 워크시트에 포함된 차트는 데이터와 차트를 동시에 볼 수 있고, 동일 용지에 인쇄할 수 있다. 새로운 워크시트(차트 시트)에 위치한 차트는 좀 더 쉽게 관리할 수 있다.

Tip 워크시트 데이터의 상단에 제목이 존재하면 차트로 표현하려는 데이터의 일부로 이 제목을 선택하지 말자. 나중에 이 제목을 차트 제목에 입력하자.

Tip 빈 행이나 빈 열들을 선택하지 말자. 엑셀은 빈 행이나 빈 열들도 차트로 표현하려는 데이터로 취급한다.

가이드라인

차트를 생성한 후에 언제든지 차트 요소를 수정할 수 있으므로 처음부터 완벽한 차트를 만드느라 너무 신경쓰지 말자.

2 차트 레이아웃 요소

엑셀은 차트를 좀 더 읽기 쉽게 만들 수 있도록 차트의 레이아웃에 추가하는데 사용되는 요소들을 제공한다. 아래의 그림은 사용자가 활용할 수 있는 **차트 레이아웃 요소**들을 보여준다. 이 차트는 차트 레이아웃 요소들을 대부분 보여주기 위해서 지나치게 장식된 것이다. 실제로는 아래의 요소들 중에서 몇 가지만 선택해서 사용한다. 마우스를 어느 차트 요소 위로 가져가면 그 요소의 이름을 보여주는 스크린 팁이 나타난다. 차트 요소를 선택하려면 한 번 클릭하고, 차트 요소를 편집하려면 더블 클릭한다.

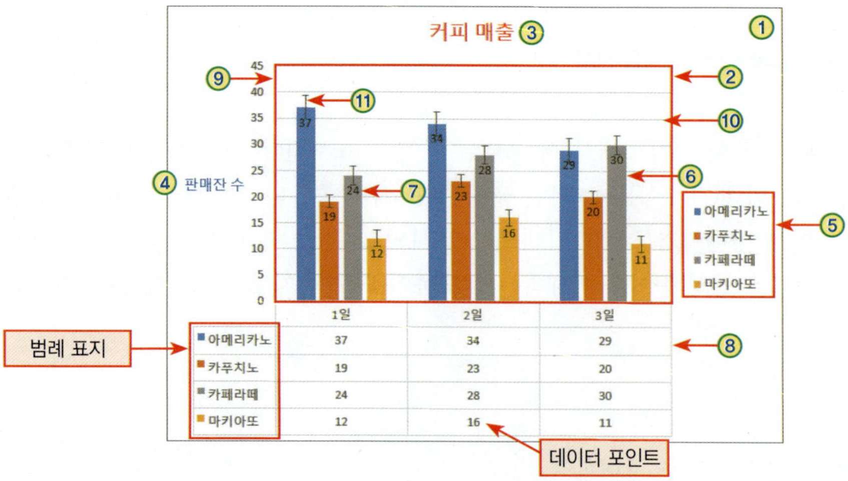

[그림 8-3] **차트 레이아웃 요소**

① **차트 영역**: 차트가 차지하는 전체 영역

② **그림 영역**: 가로 축과 세로 축 사이의 영역

③ **차트 제목**: 차트의 용도를 설명

④ **축 제목**: 축 제목은 세로 축(y)과 가로 축(x)의 바깥에 나타남. 일반적으로 세로 축은 데이터를 포함하고, 가로 축은 범주를 포함

⑤ **범례**: 차트 내의 각 데이터 계열의 이름을 나타냄. 각각의 막대, 꺾은선 등이 무엇을 나타내는가를 알려줌

⑥ **데이터 계열**: 차트에 표시되는 각 행 또는 각 열의 숫자들의 모임. 이 차트에는 아메리카노, 카푸치노, 카페라떼, 마키아또 등 네 가지 계열이 있음. 각 데이터 계열은 차트에서 고유한 색으로 표시되고, 차트 범례에 나타남. 하나의 차트에 여러 개의 데이터 계열을 포함시킬 수 있지만, 원형 차트에는 하나의 데이터 계열만 사용할 수 있음. 디폴트로, 엑셀은 워크시트에서 적은 수의 행 또는 열을 데이터 계열로 나타냄

⑦ **데이터 레이블**: 차트에 표시되는 데이터 포인트. 각 데이터 포인트는 워크시트 데이터로부터 하나의 값을 나타냄

⑧ **데이터 표**: 차트 아래의 표 레이아웃으로서 차트를 생성하는데 사용된 숫자들의 표. 위의 데이터 표는 범례 표지를 포함

⑨ **세로 축**: 차트의 스케일을 보여줌

⑩ **가로 눈금선**: 요소들의 크기(예 막대의 높이)를 가늠하는데 도움이 되도록 그림 영역에 가로 눈금선과 세로 눈금선을 그릴 수 있음

⑪ **오차 막대**: 숫자의 가능한 표준 오차를 보여줌

3 차트 종류

엑셀은 다양한 종류의 차트들을 제공한다. 데이터의 성격에 가장 잘 어울리는 **차트 종류**를 선택하면 데이터의 의미를 쉽게 효과적으로 전달할 수 있다. 차트 종류를 변경하는 것이 매우 쉬우므로 데이터를 정확하고, 가능한 한 단순하게 나타내는 차트를 찾을 때까지 여러 가지 차트 종류를 실험해 볼 수 있다. 각 차트 종류마다 여러 개의 하위 종류들이 있다. 아래의 표는 자주 사용되는 차트들의 종류와 용도를 요약해서 보여준다.

[표 8-2] 차트의 종류와 기능

차트 종류	아이콘	용도
세로 막대형		• 여러 범주에 걸쳐서 값들을 서로 비교하는데 유용 • 값의 크기를 세로 막대의 높이로 표현하므로 단번에 값들을 서로 비교할 수 있음
가로 막대형		• 워크시트의 여러 열이나 행에 있는 데이터를 가로 막대형 차트로 그릴 수 있음 • 가로 막대형 차트는 개별 항목을 비교하여 보여줌
꺾은선형		• 시간의 흐름에 따른 판매량 등의 추세를 비교하는데 적합 • 특정 값마다 막대를 표현하는 대신 각 값을 선으로 연결하여 값들 간의 관계를 표현
원형		• 전체에 대한 각 부분의 비율을 나타내려 할 때 가장 효과적 • 엑셀은 원형 차트에서 각 셀의 면적이 셀의 값을 합계로 나눈 비율을 나타내도록 정함 • 워크시트의 한 열이나 행에 있는 데이터만 원형 차트로 그릴 수 있음
콤보형		• 여러 유형의 정보를 강조하기 위해 하나의 차트에서 여러 가지 차트 종류를 병합할 수 있음 • 예를 들어 차트를 보다 쉽게 이해할 수 있는 시각적 효과를 내기 위해 세로 막대형 차트와 꺾은선형 차트를 함께 사용할 수 있음

가이드라인

✓ 복잡한 차트(너무 많은 요소를 표시하는 차트, 산만하게 서식을 부여한 차트)를 만들지 않도록 한다.

✓ 꼭 필요하지 않은 차트 요소들은 차트의 가독성에 영향을 주지 않으면서 삭제한다.

4 차트 생성과 도구

엑셀에서 차트를 매우 쉽고 빠르게 생성할 수 있다. 약 10초 이내에 차트를 만들 수 있다. 차트로 나타낼 데이터를 선택한 후 [삽입] 탭-[차트] 그룹에서 원하는 차트 종류를 선택한다. 주의해야 할 부분은 차트로 나타낼 데이터를 정확하게 선택하는 것이다. 일반적으로 총합계(평균 등)나 부분합은 제외하고 데이터를 선택해야 한다. 선택한 데이터의 왼쪽과 위에 존재하는 제목들은 흔히 차트의 범례나 축으로 차트에 표시된다. 차트를 생성한 후에 그 차트에 새로운 요소들을 쉽게 추가하고 수정할 수 있다.

세로 막대형 차트를 생성하려면

① 차트로 나타내려는 데이터 범위를 선택한다. 숫자 데이터뿐만 아니라 행 제목과 열 제목도 선택해야 한다.

② [삽입] 탭-[차트] 그룹-[**세로 막대형 단추**]를 클릭한다.

③ 메뉴에서 여러 가지 세로 막대형 하위 종류를 볼 수 있다. 2차원 세로 막대형 목록 중에서 하나를 클릭한다. 나중에 다른 차트 종류로 쉽게 변경할 수 있다.

④ 차트가 현재의 워크시트에 하나의 객체로서 삽입된다.

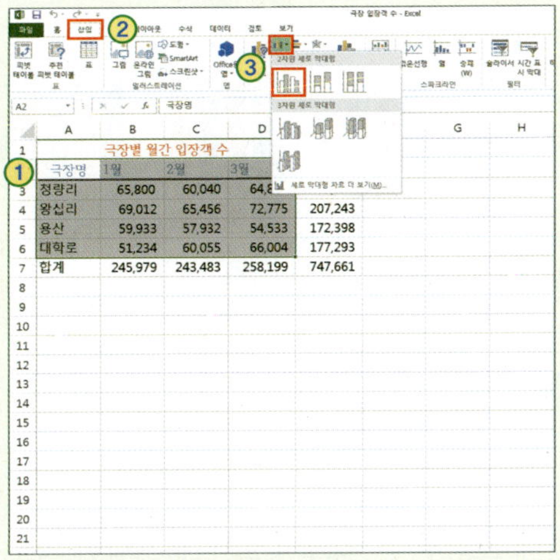

▶ 차트로 나타낼 데이터 범위를 선택한 후 세로 막대형 차트 생성

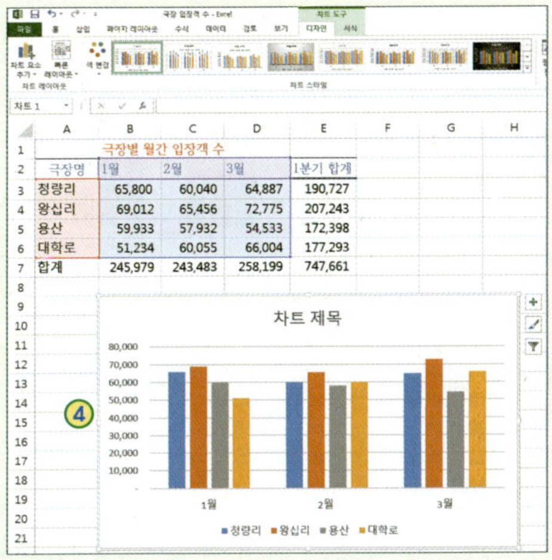

▶ 세로 막대형 차트가 워크시트에 삽입됨

❖ 차트 도구

차트에 대해 추가 작업을 진행하기 전에 **차트 도구**에 관해 먼저 아는 것이 좋다. 워크시트에 차트가 삽입된 후에, 디자인, 서식 등 두 개의 탭을 가진 차트 도구가 리본에 나타난다. 이 탭들은 차트를 선택했을 때만 리본에 나타난다.

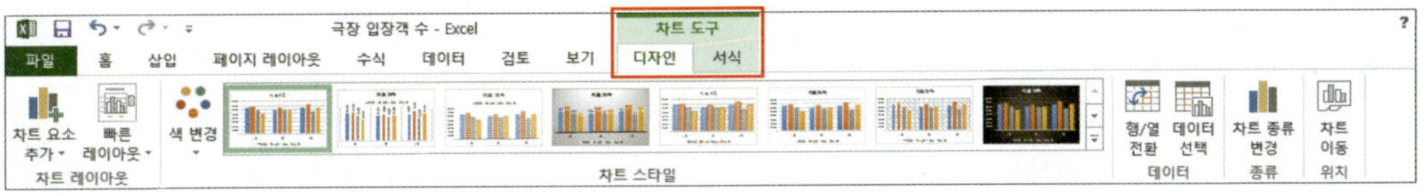

[그림 8-4] **[차트 도구-디자인] 탭**

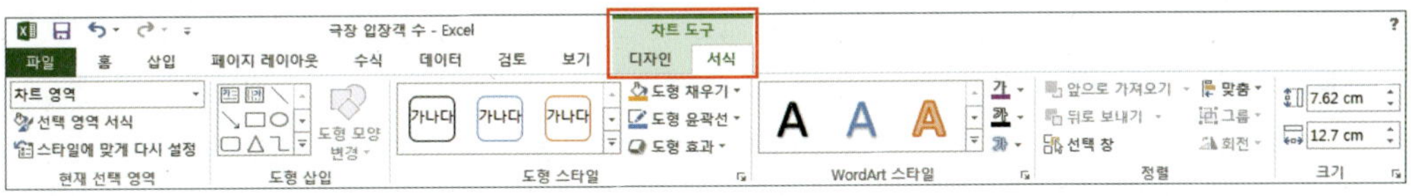

[그림 8-5] **[차트 도구-서식] 탭**

사용자가 차트에 대한 작업을 위해 필요로 하는 명령들을 이 탭들에서 찾을 수 있다. 예를 들어서, **[차트 도구-디자인]** 탭-**[데이터]** 그룹-**[행/열 전환 단추**]를 클릭하면 아래와 같이 차트의 행과 열이 바뀐다.

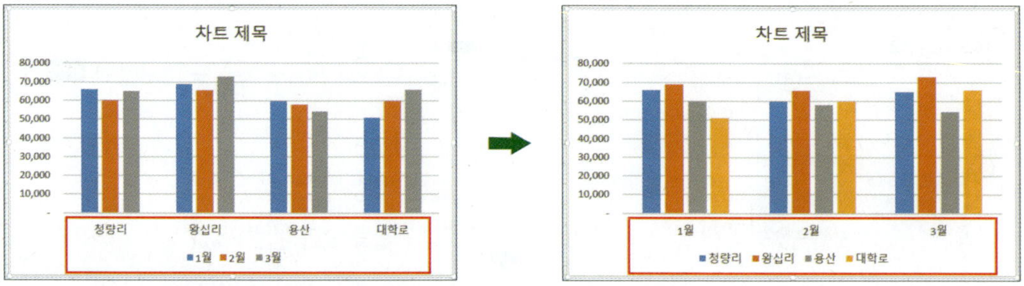

차트에 대한 작업을 마친 후에 차트 외부를 클릭한다. 차트 도구들이 리본에서 사라진다.

❖ 포함된 차트

디폴트로, 새 차트는 현재 작업 중인 워크시트 안에 포함된다. 워크시트 내에 포함된 차트를 **포함된 차트**라고 부른다. 실제로 차트는 워크시트 위에 놓이는 객체이다. 숫자나 문자와 달리 차트는 워크시트의 셀 안에 위치하지는 않는다.

Tip 차트를 작성하기 위해 워크시트 데이터에서 한 셀만 선택하면 엑셀은 그 셀을 포함하는 모든 셀들(빈 공간이 없는)을 자동적으로 차트에 포함시킨다. 합계 행 또는 합계 열이 있는 경우에는 이들을 제외하고 데이터 범위를 선택하도록 하자. 차트로 나타내려는 셀들이 인접한 범위에 속하지 않더라도 인접하지 않은 범위들의 모임이 사각형 모양을 가지면 차트를 작성할 수 있다. 인접하지 않은 셀들을 선택하려면 Ctrl을 누른 채 원하는 셀들을 클릭한다.

P.310 실습하기 8-1 P.312 실습하기 8-2 P.314 실습하기 8-3 P.316 실습하기 8-4

5 스파크라인

스파크라인은 엑셀 2010부터 추가된 새로운 기능으로, 하나의 셀에 데이터의 추세를 꺾은선형, 열 등으로 나타낼 수 있다. 작성된 스파크라인은 [스파크라인 도구–디자인] 탭에서 종류와 스타일 등을 설정할 수 있다.

스파크라인을 생성하려면

① 스파크라인을 삽입할 셀을 선택하고 **[삽입]** 탭–**[스파크라인]** 그룹–**[꺾은선형 단추** 📈**]**를 클릭한다.

② **[스파크라인 만들기]** 대화상자가 나타나면 **[데이터 범위]** 상자에 데이터 범위를 드래그하여 지정하고, **[위치 범위]** 상자가 맞게 설정되었는지 확인한 후 **[확인]**을 클릭한다.

③ 스파크라인이 첫 셀에 삽입된 후 채우기 핸들을 이용하여 마지막 셀까지 복사하면 해당 영역에 데이터의 추세를 나타내는 스파크라인이 모두 완성된다.

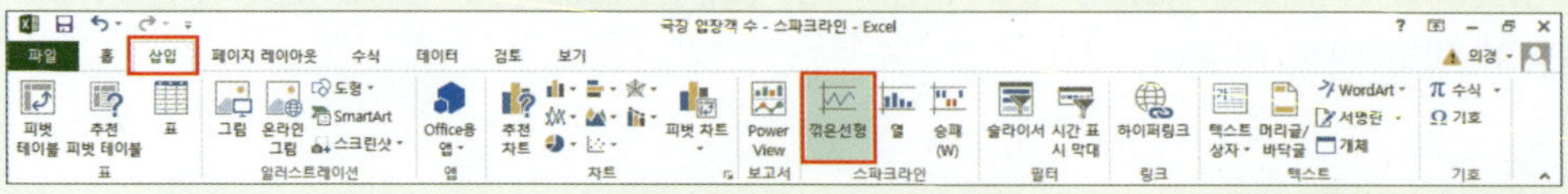

P.318 실습하기 8-5

SECTION 02 차트 수정하기

차트를 일단 생성한 후에 차트를 다양한 방법으로 수정할 수 있다. 기존의 차트를 수정하려면 먼저 그 차트를 활성화해야 한다. 포함된 차트를 활성화하려면 차트 내부를 클릭한다. 차트 시트에 포함된 차트를 활성화하려면 시트 탭을 클릭한다.
흔히 아래와 같은 수정 작업을 차트에 할 수 있다.

- ▶ 데이터의 특성을 좀더 잘 표현하는 차트 종류로 변경
- ▶ 차트 제목, X 축 제목, Y 축 제목 수정
- ▶ 차트 제목과 축 제목의 서식 수정

1 차트 종류 변경

워크시트 데이터의 특성에 따라 적합한 차트의 종류가 달라진다. 예를 들어, 세로 막대형 차트는 서로 다른 항목들의 값을 비교하는데 유용하다. 그러나 추세나 관계를 설명하는데는 적합하지 않다. 사용자가 처음 선택한 차트 종류가 데이터의 특성에 잘 맞지 않으면 나중에 차트 종류를 바꿀 수 있다.

차트를 만든 후에 차트 종류를 변경하려면

① 차트 내부를 클릭한다.
② [차트 도구–디자인] 탭–[종류] 그룹–[차트 종류 변경 단추]를 클릭한다.
③ [차트 종류 변경] 대화상자에서 원하는 차트 종류를 선택한다.

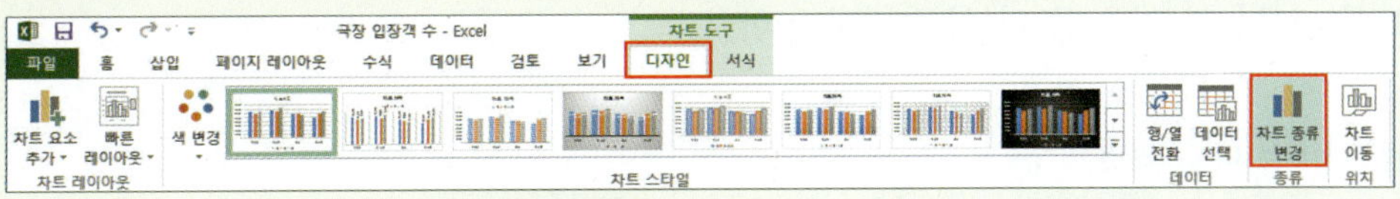

[그림 8-6] [차트 도구–디자인] 탭–[종류] 그룹

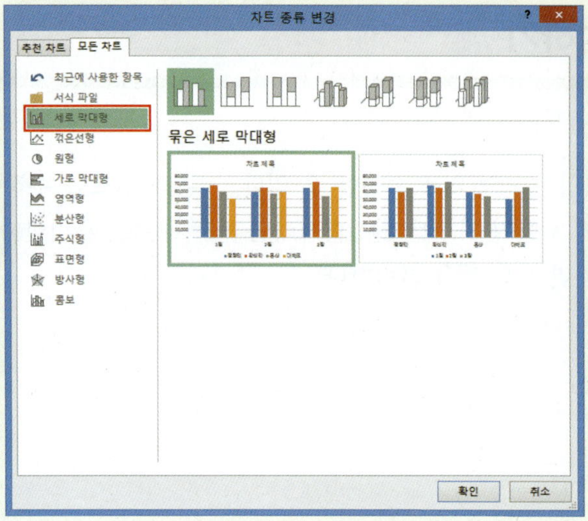

[그림 8-7] [차트 종류 변경] 대화상자

P.322 실습하기 8-6

2 차트 이동과 차트 크기 조정

차트를 동일한 워크시트 내에서 또는 다른 워크시트로 이동하거나 차트의 크기를 조정할 수 있다.

❖ 차트 시트로 이동

디폴트로, 차트는 워크시트에서 차트를 만드는데 사용된 원본 데이터 옆에 포함된 차트로 삽입된다. 데이터로부터 차트를 분리하여 보관하려면 차트를 별개의 워크시트(차트 시트)로 이동한다. 차트 시트는 화면상에서 차트에 관해 좀더 많이 볼 수 있으므로(데이터가 없기 때문에) 차트를 다루는 작업을 좀 더 쉽고 편하게 한다.

차트 시트로 이동하려면

① [차트 도구–디자인] 탭–[위치] 그룹–[차트 이동 단추]를 클릭한다.

② [차트 이동] 대화상자에서 [새 시트]를 선택하고, [새 시트] 상자에 차트 시트의 새 이름을 입력한 후 [확인]을 클릭한다.

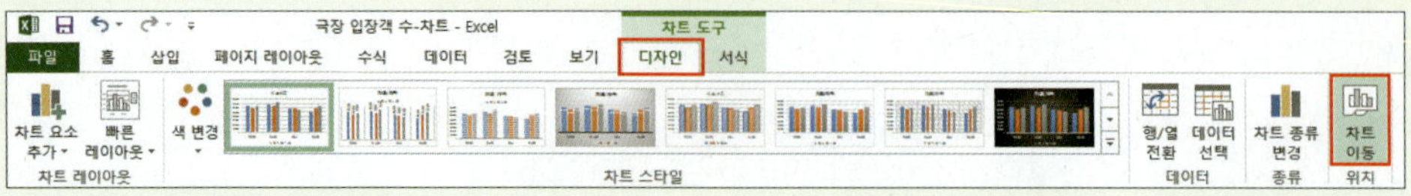

[그림 8-8] [차트 도구–디자인] 탭–[위치] 그룹

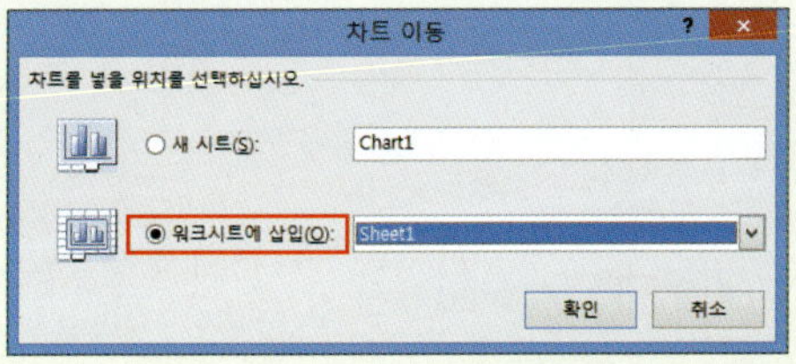

▶ 디폴트로, [워크시트에 삽입]이 선택되어 있음

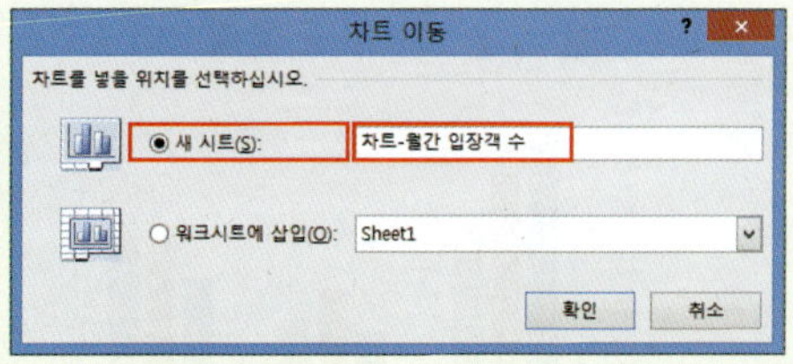

▶ [새 시트]를 선택하고, [새 시트] 상자에 새 이름을 입력

차트를 다시 워크시트에 포함시키려면

① [차트 도구–디자인] 탭–[위치] 그룹–[차트 이동 단추]를 클릭한다.

② [워크시트에 삽입]을 선택하고, [워크시트에 삽입] 상자의 드롭다운 화살표 를 클릭한 후 차트를 포함시킬 워크시트를 선택하고 [확인]을 클릭한다.

❖ 동일 워크시트 내에서 이동

차트를 동일 워크시트 내에서 이동하려면 마우스 포인터를 차트의 빈 영역 위로 이동한다. 마우스 포인터의 모양이 에서 으로 바뀐다. [차트 영역]이라고 표시하는 스크린 팁이 나타나는가를 확인한다. 다른 스크린 팁(예 차트 제목)이 표시되면 차트 내의 특정 객체만 이동된다. 원하는 곳으로 드래그한다.

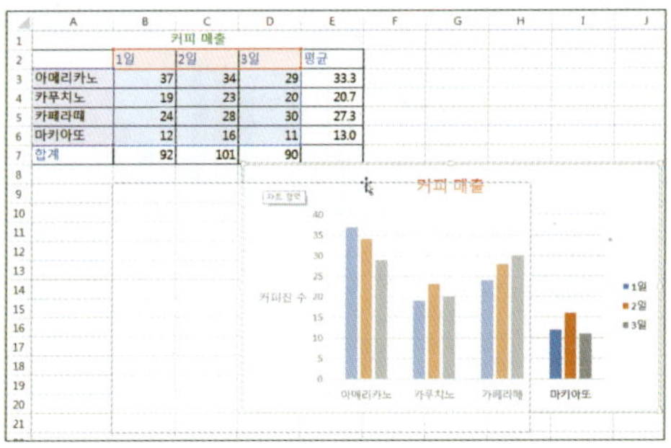

▶ 차트 이동 전

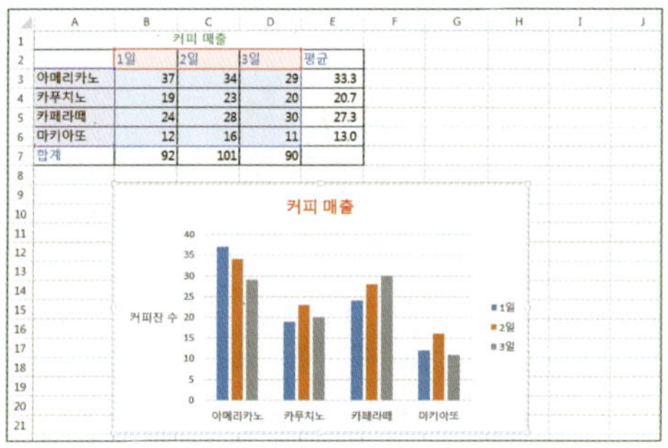

▶ 차트 이동 후

P.324 실습하기 8-7

❖ 차트 크기 조정

차트 크기를 조정하려면 차트의 빈 영역을 클릭하여 전체 차트 영역을 선택한다. 작은 흰색 핸들 8개가 차트의 테두리에 나타난다. 마우스 포인터 모양이 ⇔, ⤢, ⇕, ⤡ 등으로 바뀔 때까지 마우스를 하나의 핸들 위로 이동한 후 클릭하여 원하는 크기만큼 드래그한다.

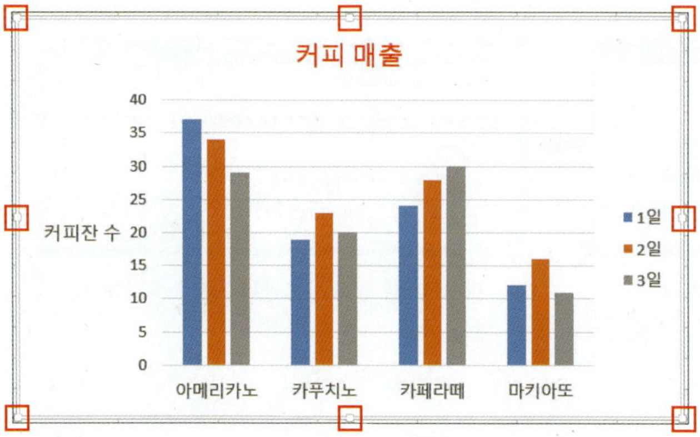

[그림 8-9] **차트의 테두리에 나타나는 작은 흰색 핸들 8개**

차트 크기를 조정하더라도 차트의 데이터에 영향을 주지는 않는다. 오직 차트의 외관에만 영향을 준다. 차트 크기를 조정하면 새로운 크기에 가장 적합하도록 차트 내의 텍스트의 크기 등이 자동적으로 조정된다.

동일한 방법으로 차트 안에서 제목, 범례, 그림 영역 등을 독립적으로 이동하거나 크기를 조정할 수 있다.

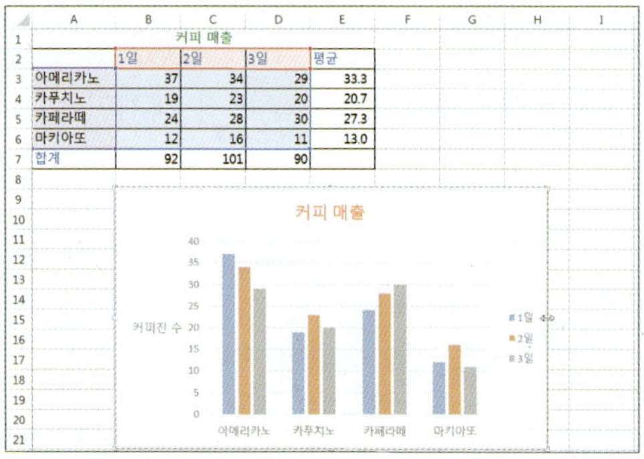

▶ 차트 크기 조정 전

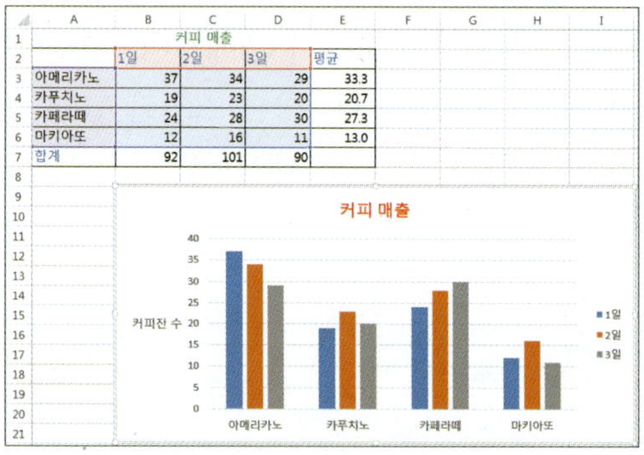

▶ 차트 크기 조정(오른쪽 방향으로 늘림) 후

❖ 차트 잘라내기, 복사하기, 삭제하기

차트는 오피스의 다른 개체들처럼 동작한다. 차트를 선택한 후에 잘라내거나 복사한 후에 다른 곳에 붙여넣을 수 있다. 파워포인트, 워드 같은 다른 응용 프로그램에 붙여넣을 수도 있다. 차트가 더 이상 필요하지 않으면 매우 쉽게 차트를 삭제할 수 있다. 포함된 차트를 삭제하려면 워크시트에서 차트를 선택한 후 Delete를 누른다. 별도의 워크시트에 저장된 차트를 삭제하려면 마우스의 오른쪽 단추로 차트 시트를 클릭한 후 단축 메뉴에서 [삭제]를 선택한다.

Tip 차트를 삭제하는 것이 매우 쉽기 때문에 실수로 차트를 삭제하는 경우도 쉽게 발생한다. 실수로 차트를 삭제했을 때는 [실행 취소 단추 ↶]를 클릭하여 되살리자.

3 원본 데이터 수정하기

차트는 워크시트 데이터에 연결되어 있다. 이는 차트를 만드는데 사용된 워크시트 데이터를 수정하면 차트도 자동적으로 수정됨을 의미한다. 아래의 그림에서 카페라떼의 2일 판매량을 28에서 37로 수정하면 카페라떼의 오렌지색 세로 막대의 높이가 증가한다.

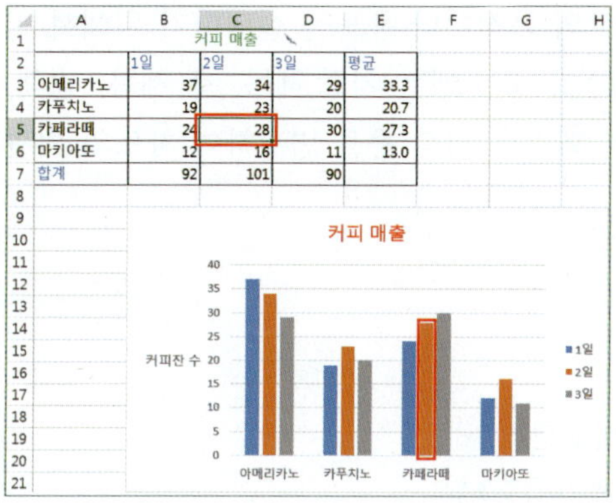

▶ 원본 데이터 수정 전

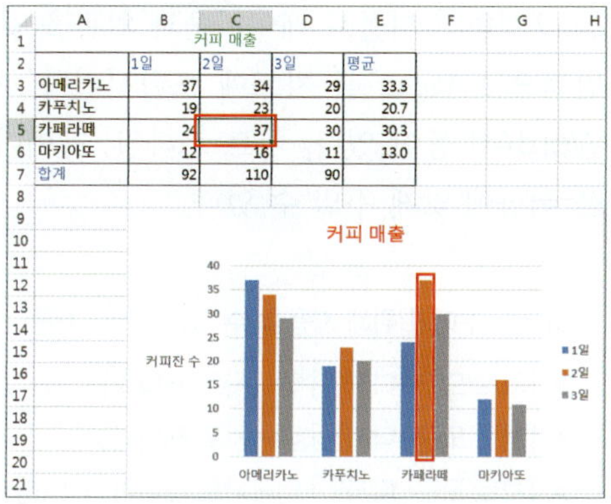

▶ 원본 데이터 수정 후

Tip 차트와 연결된 워크시트 데이터에 열 또는 행을 추가하면 차트에 자동적으로 반영되지 않는다.

SECTION 03 차트 꾸미기

차트는 다양한 텍스트와 그래픽 요소들을 포함하고 있는 복잡한 객체이다. 엑셀에서 차트를 생성하면 디폴트 레이아웃과 외관을 갖는다. 차트의 목적이나 용도를 설명하기 위해서 일반적으로 텍스트를 차트에 포함시킨다. 차트의 텍스트 요소에는 차트 제목, 축 제목, 범례, WordArt 등이 있다. 차트 스타일, 레이아웃, 테마, 텍스트 서식 등을 변경하여 차트의 외관을 취향에 맞게 꾸밀 수 있다.

차트를 꾸미기 위해 사용할 수 있는 탭과 그룹

- [차트 도구–디자인] 탭–[차트 스타일] 그룹
- [차트 도구–디자인] 탭–[차트 레이아웃] 그룹–[빠른 레이아웃 단추]
- [차트 도구–디자인] 탭–[차트 레이아웃] 그룹–[차트 요소 추가 단추]
- [페이지 레이아웃] 탭–[테마] 그룹–[테마 단추]

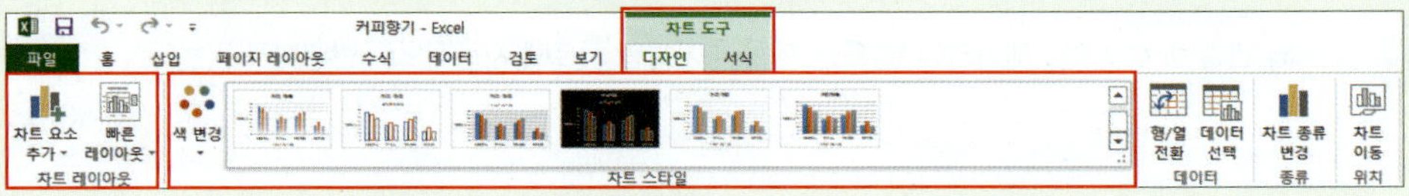

[그림 8-10] [차트 도구–디자인] 탭의 [차트 스타일] 그룹, [차트 레이아웃] 그룹

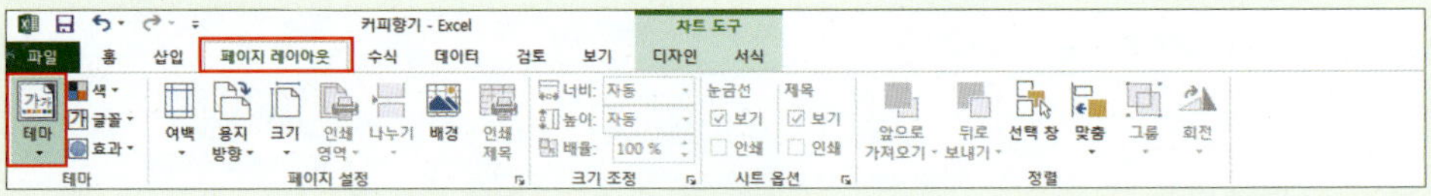

[그림 8-11] [페이지 레이아웃] 탭–[테마] 그룹–[테마 단추]

1 차트 스타일

차트를 처음 만들었을 때 차트는 디폴트 외관으로 표현된다. 엑셀에서 제공하는 미리 정의된 차트 스타일을 사용하여 차트의 여러 가지 요소들의 서식을 한꺼번에 쉽게 조정할 수 있다. 그 후에 사용자가 원하는 대로 막대와 선 및 다른 요소들의 색깔을 추가로 지정할 수도 있다.

차트의 스타일을 변경하려면

① 차트를 클릭한다.

② [차트 도구–디자인] 탭–[차트 스타일] 그룹에서 원하는 스타일을 선택한다. [차트 스타일] 그룹의 드롭다운 화살표 를 클릭하면 나머지 차트 스타일들이 나타난다.

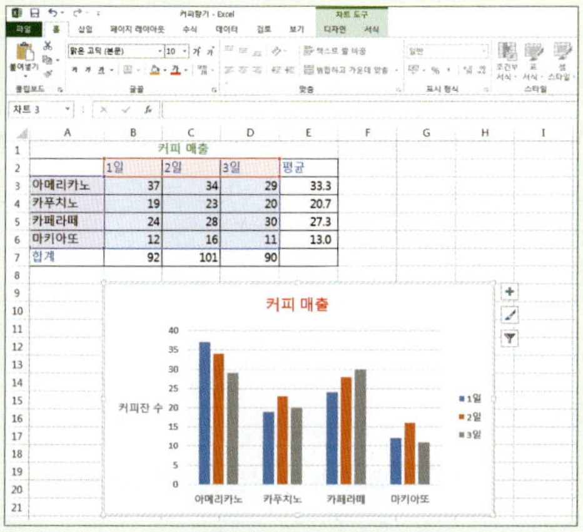

▶ 차트 스타일 적용 전

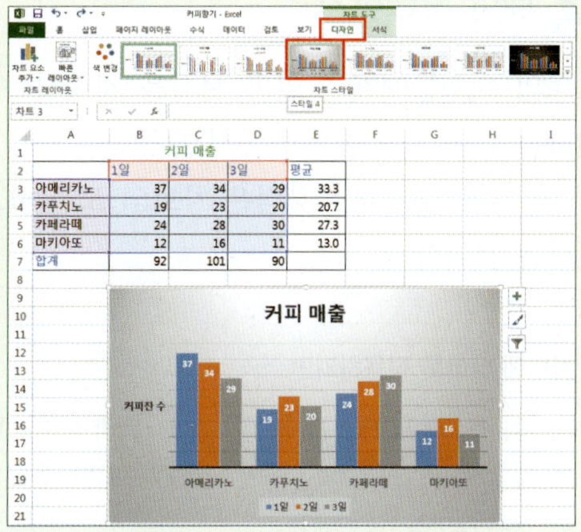

▶ 차트 스타일 적용 후

2 차트 레이아웃

엑셀은 미리 정의된 차트 레이아웃들도 제공하므로 사용자가 [빠른 레이아웃 단추]를 클릭해서 쉽게 선택할 수 있다. 차트 레이아웃을 이용하면, 차트의 제목, 범례, 방향 등을 여러 가지로 조합하여 차트의 전체적인 레이아웃을 쉽게 조정할 수 있다.

차트 레이아웃을 적용하려면

① 차트를 클릭한다.

② [차트 도구–디자인] 탭–[차트 레이아웃] 그룹–[빠른 레이아웃 단추]를 클릭한다.

③ 갤러리에서 원하는 레이아웃을 선택한다.

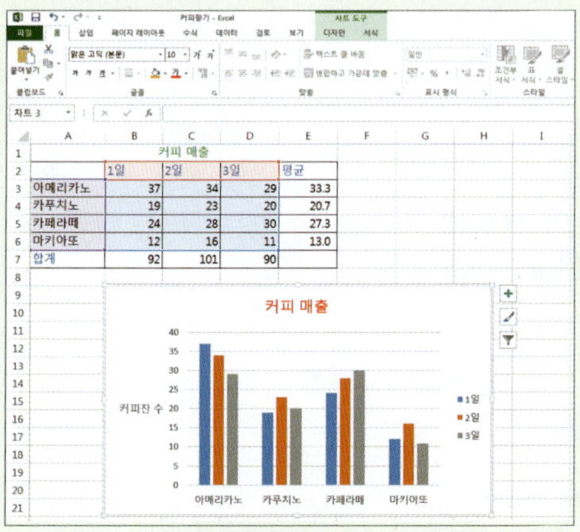

▶ 빠른 레이아웃 적용 전

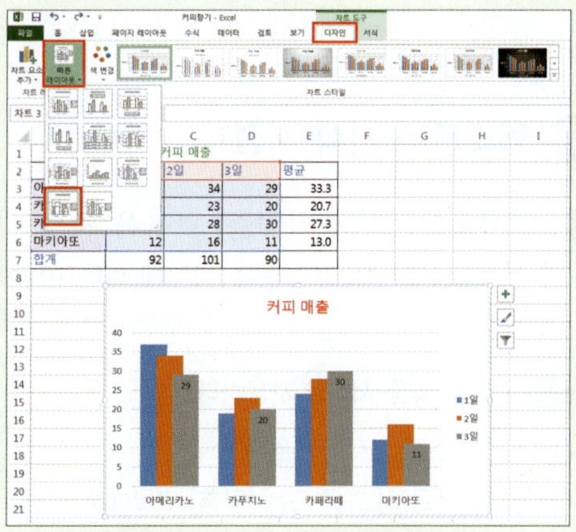

▶ 빠른 레이아웃 적용 후

3 테마 사용하기

차트의 요소들에게 일일이 서식을 지정하는 작업이 번거롭거나 차트 스타일 옵션들 중에서 원하는 것이 없으면 엑셀에서 제공하는 다양한 테마를 사용하여 차트의 외관을 변경할 수 있다. 테마를 사용하는 장점은 차트의 모든 요소들을 함께 꾸며서 일관성 있는 차트를 만들 수 있다는 것이다.

차트에 테마를 적용하려면

① [페이지 레이아웃] 탭–[테마] 그룹–[테마 단추]를 클릭한다.

② 마우스 포인터를 어떤 테마 위로 움직이면 그 테마가 차트의 임시 미리 보기에 나타난다. 차트에 적용하고 싶은 테마를 선택한다.

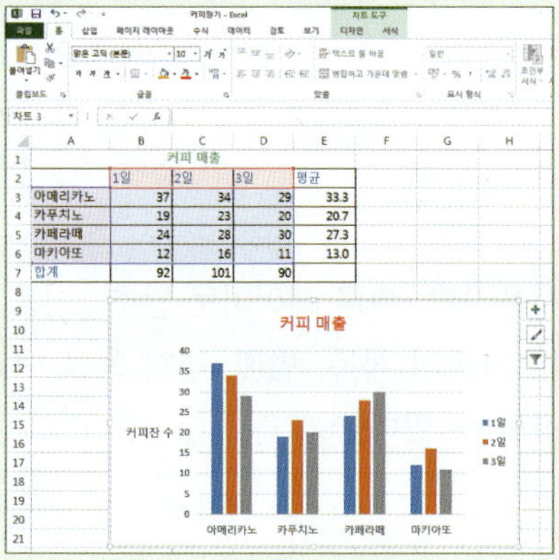

▶ 테마 적용 전

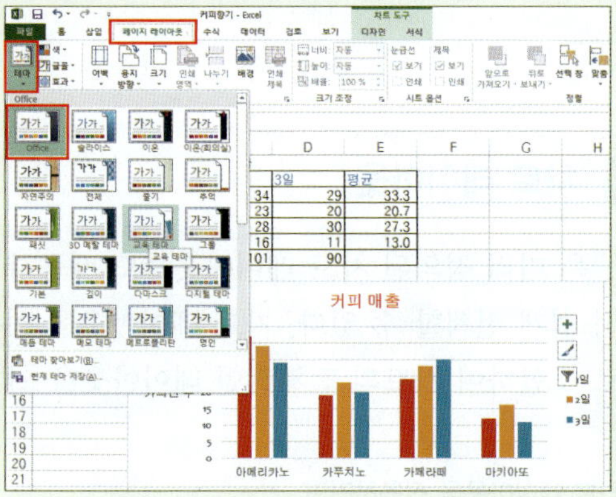

▶ 테마 적용 후

Tip 차트 스타일과 달리 테마에서 선택한 색은 워크시트에 추가한 다른 요소들에도 적용된다.

4 텍스트에 서식 지정

[홈] 탭–[글꼴] 그룹과 [맞춤] 그룹은 차트 텍스트의 서식에 적용할 수 있는 글꼴, 글꼴 크기, 굵게, 기울임꼴, 밑줄, 글꼴 색, 텍스트 맞춤 등을 제공한다.

글꼴 서식과 맞춤 서식을 사용하려면

① 차트 요소를 클릭하여 선택한다.

② [홈] 탭–[글꼴] 그룹 또는 [맞춤] 그룹에서 원하는 단추를 선택한다.

또는

② [차트 도구–서식] 탭–[WordArt 스타일] 그룹에서 원하는 단추를 선택한다.

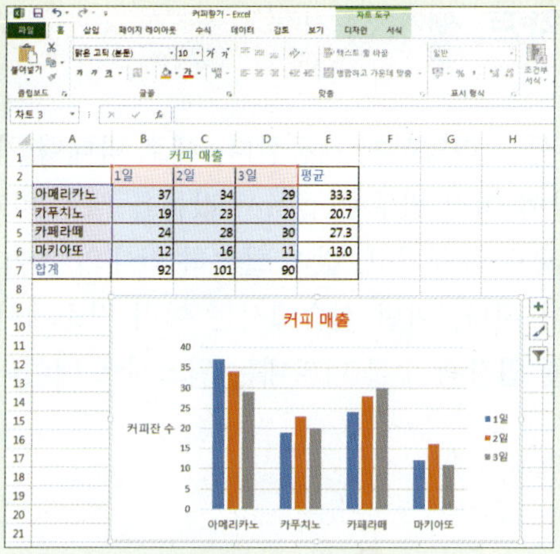

▶ 차트 제목에 WordArt 적용 전

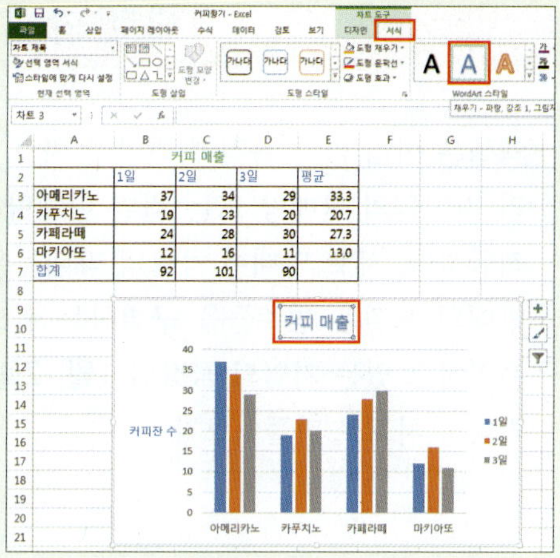

▶ 차트 제목에 WordArt 적용 후

Tip 차트 제목, 축 제목, 범례 상자를 마우스의 오른쪽 단추로 클릭한 후 단축 메뉴에서 [글꼴]을 선택하여 서식을 지정할 수도 있다.

P.326 실습하기 8-8

실습하기 8-1

실습파일 ◎ :\8장\극장 입장객 수.xlsx

세로 막대형 차트 생성하기

실습 설명

엑셀은 여러 가지 목적에 적합한 차트 종류들을 다양하게 제공한다. 세로 막대형 차트는 여러 지점들의 판매량 또는 월별 판매량과 같이 여러 범주에 걸쳐서 값들을 서로 비교하는데 적합하다. 세로 막대형 차트의 막대들은 세로로 표시되고, 값이 클수록 막대의 높이가 높다. 막대의 색깔은 범주들을 구별하는데 도움이 된다. 이번 실습에서는 여러 장소에서 극장을 운영하고 있는 기업의 극장별 1월, 2월, 3월 입장객 수를 나타내는 워크시트 데이터를 세로 막대형 차트로 만들어보자.

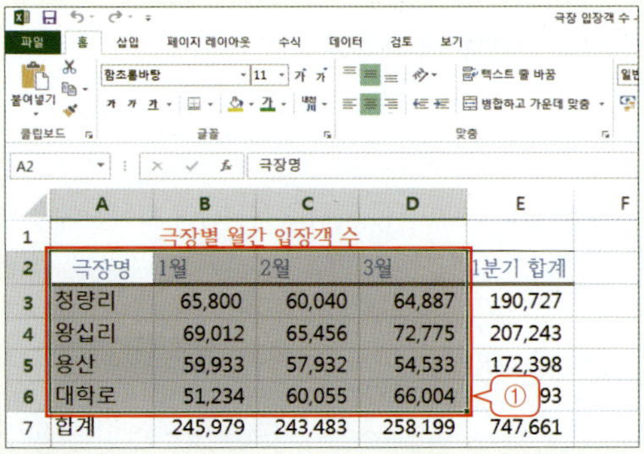

① 차트로 나타낼 데이터 범위를 선택한다. 워크시트의 제목 행(1 행)과 합계 열(E 열), 합계 행(7 행)은 선택하지 않는다.

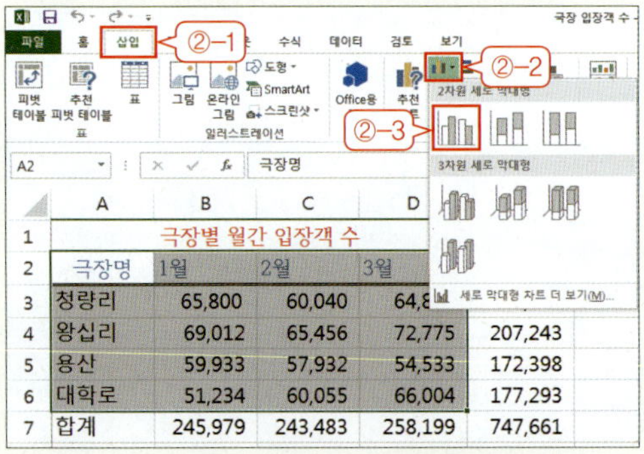

② [삽입] 탭-[차트] 그룹-[세로 막대형 차트 삽입 단추]를 클릭하여 세로 막대형 차트 종류들의 갤러리가 나타나도록 한다. [2차원 세로 막대형]의 세 개의 하위 종류 중에서 첫 번째 종류(묶음 세로 막대형)를 선택한다.

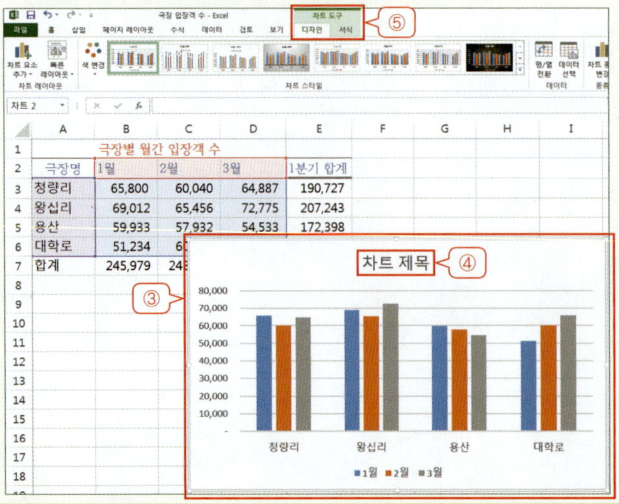

③ 차트를 그리는데 사용된 데이터가 색이 있는 선으로 에워싸이고, 세로 막대형 차트가 워크시트에 삽입된다. 디폴트로, 차트가 선택되어 있는 상태이다.

④ 차트 윗부분에 **[차트 제목]**이 디폴트로 표시된다.

⑤ 디자인, 서식 등 두 개의 탭을 가진 차트 도구가 리본에 나타난다.

세로 막대형 차트 생성하기

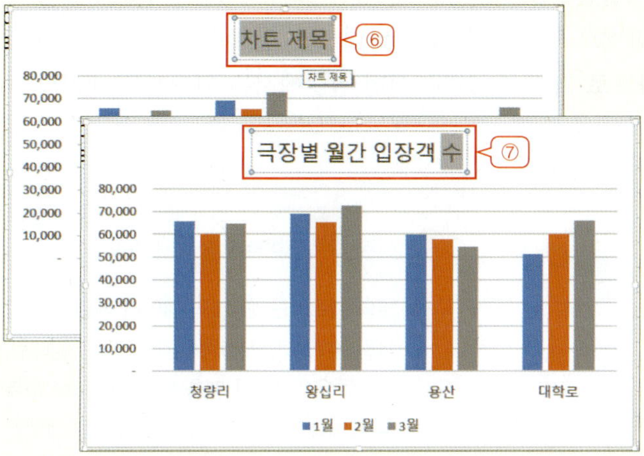

⑥ [차트 제목]을 마우스로 드래그하여 선택한다.

⑦ 워크시트 데이터의 의미를 차트 제목에 반영하기 위해서 **[극장별 월간 입장객 수]**를 차트 제목으로 입력한다. 물론, 차트 제목을 워크시트 데이터의 제목과 똑같이 입력할 필요는 없다.

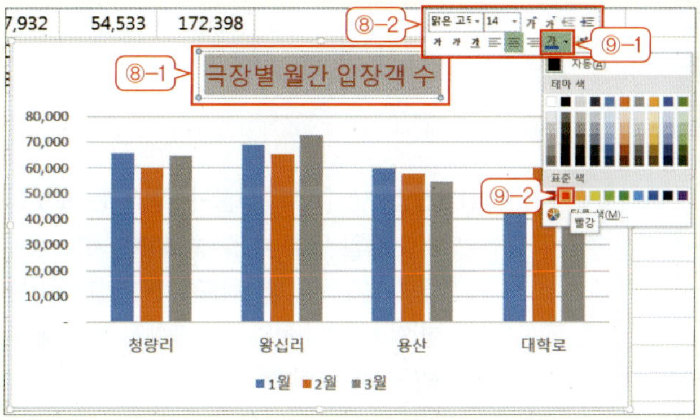

⑧ **[극장별 월간 입장객 수]**를 마우스로 드래그하여 선택하면 미니 도구 모음이 나타난다.

⑨ **[글꼴 색 단추 가]**를 클릭한 후 메뉴에서 마우스를 임의의 색 위로 움직일 때마다 차트 제목의 색이 그 색으로 표시된다. 빨강색을 선택해보자.

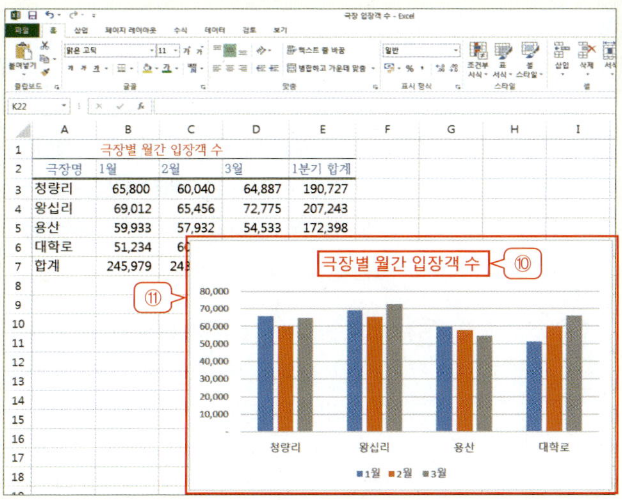

⑩ 차트 제목 **[극장별 월간 입장객 수]**가 빨강색으로 표시된다.

⑪ 차트 바깥을 마우스로 클릭하면 차트를 에워싸는 이중 선이 단일 선으로 바뀌고, 리본에서 디자인, 서식 등 두 개의 탭을 가진 차트 도구가 사라진다.

실습하기 8-2

실습파일 :\8장\ 커피 전문점-회원관리.xlsx

원형 차트 생성하기

실습 설명 원형 차트는 전체에 대한 각 부분의 비율을 나타내려 할 때 가장 효과적이다. 엑셀은 원형 차트에서 각 셀의 면적이 셀의 값을 합계로 나눈 비율을 나타내도록 정해준다. 워크시트의 한 열이나 행에 있는 데이터만 원형 차트로 그릴 수 있다. 이번 실습에서는 워크시트 데이터로부터 원형 차트를 만들어보자.

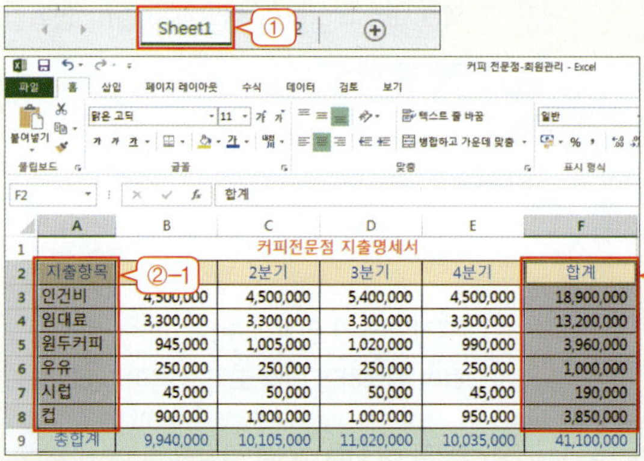

① 시트 탭에서 Sheet1을 클릭한다.

② 원형 차트에는 한 개의 데이터 계열만 포함시킬 수 있다. 지출항목인 인건비, 임대료, …, 컵 등의 1년치 지출비용의 비율을 차트로 나타내기 위해서 A2:A8 범위를 선택한 후 Ctrl을 누른 채 F2:F8 범위를 선택한다.

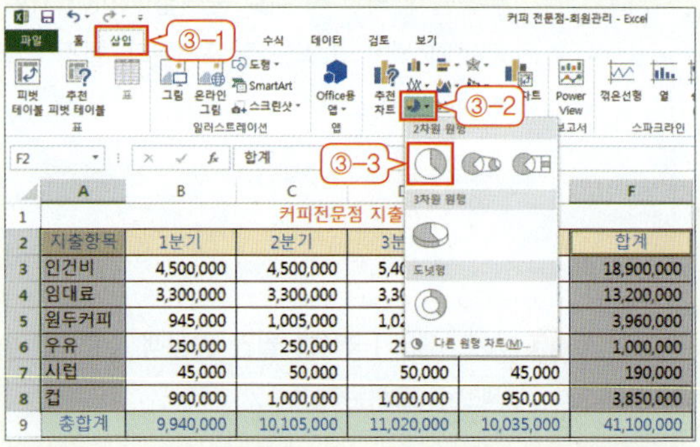

③ [삽입] 탭–[차트] 그룹–[원형 또는 도넛형 차트 삽입 단추]를 클릭하여 차트 종류들의 갤러리가 나타나도록 한다. [2차원 원형]의 세 개의 하위 종류 중에서 첫 번째 종류(원형)를 선택한다.

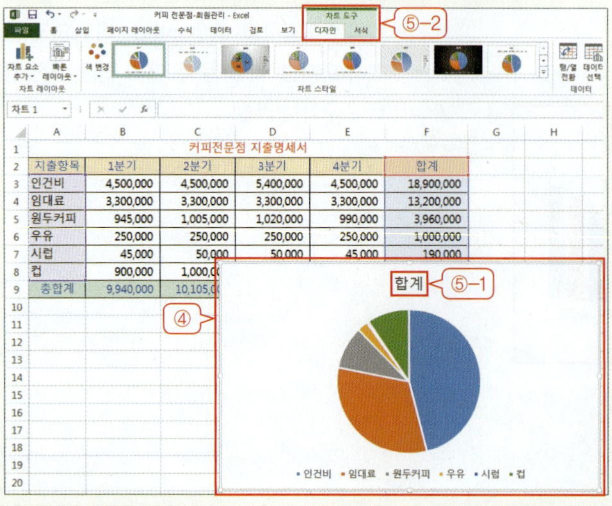

④ 차트를 그리는데 사용된 데이터가 색이 있는 선으로 에워싸이고, 원형 차트가 워크시트에 삽입된다. 디폴트로, 차트가 선택되어 있는 상태이다.

⑤ 차트 윗부분에 **[합계]**가 디폴트로 표시된다. 디자인, 서식 등 두 개의 탭을 가진 차트 도구가 리본에 나타난다.

⑥ 원형 차트의 각 조각의 백분율을 추가해 보자.

원형 차트 생성하기

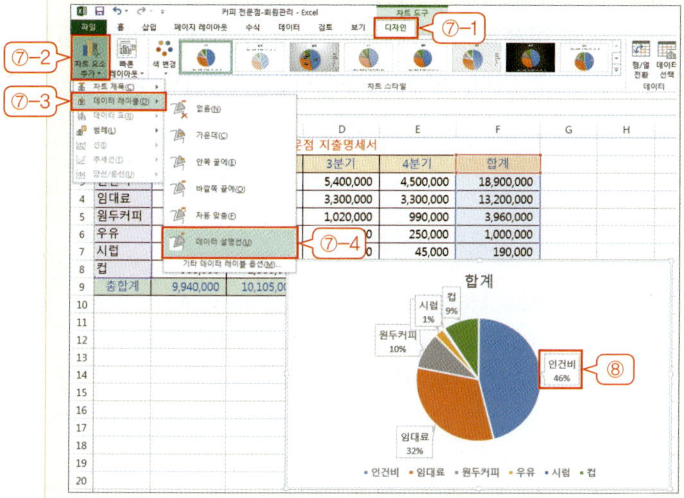

⑦ [차트 도구-디자인] 탭-[차트 레이아웃] 그룹-[차트 요소 추가 단추]를 클릭한 후 메뉴에서 [데이터 레이블]을 선택하고, 하위 메뉴에서 [데이터 설명선]을 선택한다.

⑧ 인건비, 임대료, …, 컵 등의 지출항목의 1년간 지출비용이 원형 전체에 대한 백분율로 표시된다.

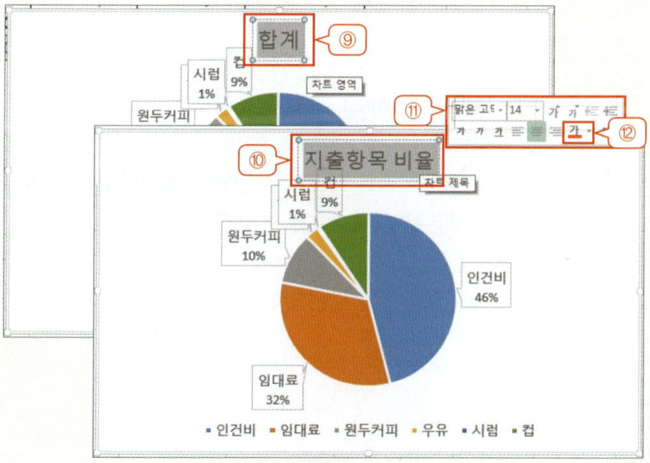

⑨ [합계]를 마우스로 드래그하여 선택한다.

⑩ 워크시트 데이터의 의미를 차트 제목에 반영하기 위해서 [지출항목 비율]을 차트 제목으로 입력한다.

⑪ [지출항목 비율]을 마우스로 드래그하여 선택하면 미니 도구 모음이 나타난다.

⑫ [글꼴 색 단추 가]를 클릭한 후 메뉴에서 빨강색을 선택해보자.

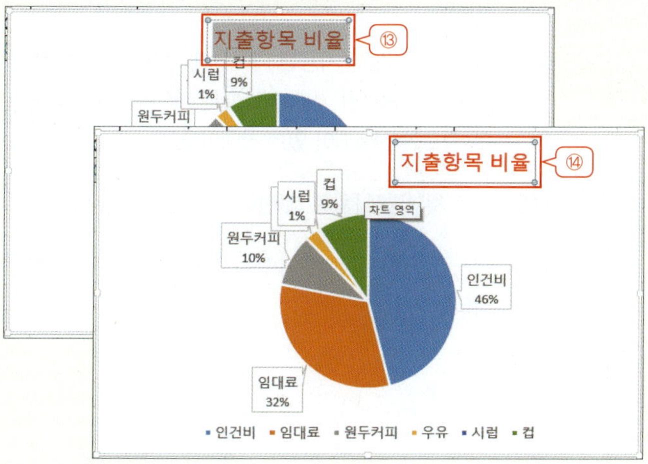

⑬ 차트 제목 [지출항목 비율]이 빨강색으로 표시된다. 차트 제목이 데이터 레이블(컵)을 가리고 있으므로 차트 제목 상자위로 마우스를 이동하여 마우스 포인터의 모양이 로 바뀐 후

⑭ 차트 제목 상자를 오른쪽으로 이동한다.

실습하기 8-3

실습파일 :\8장\커피 전문점-회원관리.xlsx

콤보형 차트 생성하기

실습 설명

콤보형 차트에서는 여러 유형의 정보를 강조하기 위해 차트 하나에 두 개 이상의 차트 종류를 병합할 수 있다. 예를 들어서 차트를 보다 쉽게 이해할 수 있는 시각적 효과를 내기 위해 세로 막대형 차트와 꺾은선형 차트를 함께 사용할 수 있다. 이번 실습에서는 워크시트 데이터로부터 콤보형 차트를 만들어보자.

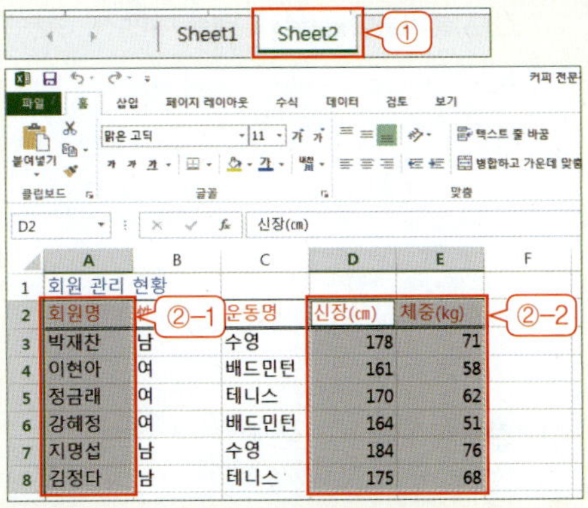

① 시트 탭에서 Sheet2를 클릭한다.

② 차트로 나타낼 데이터 범위를 선택하자. A2:A8 범위를 선택한 후 Ctrl을 누른 채 D2:E8 범위를 선택한다. 워크시트의 제목 행(1 행)은 선택하지 않는다.

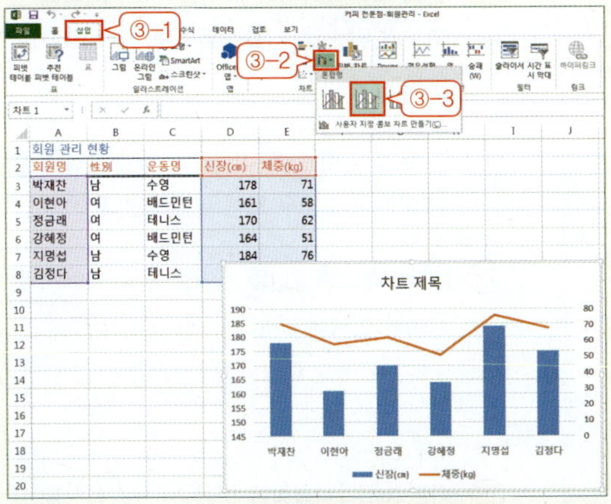

③ [삽입] 탭–[차트] 그룹–[**콤보형 차트 삽입 단추**]를 클릭하여 차트 종류들의 갤러리가 나타나도록 한다. 세 개의 하위 종류 중에서 두 번째 종류(묶은 세로 막대형 – 꺾은선형, 보조 축)를 선택한다.

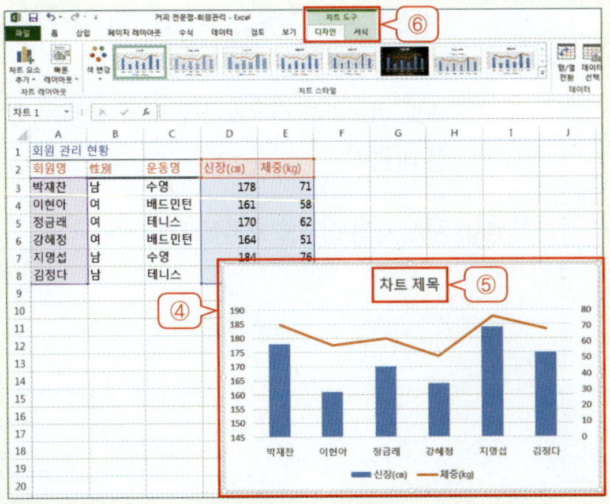

④ 차트를 그리는데 사용된 데이터가 색이 있는 선으로 에워싸이고, 콤보형 차트가 워크시트에 삽입된다. 디폴트로, 차트가 선택되어 있는 상태이다.

⑤ 차트 윗부분에 **[차트 제목]**이 디폴트로 표시된다.

⑥ 디자인, 서식 등 두 개의 탭을 가진 차트 도구가 리본에 나타난다.

콤보형 차트 생성하기

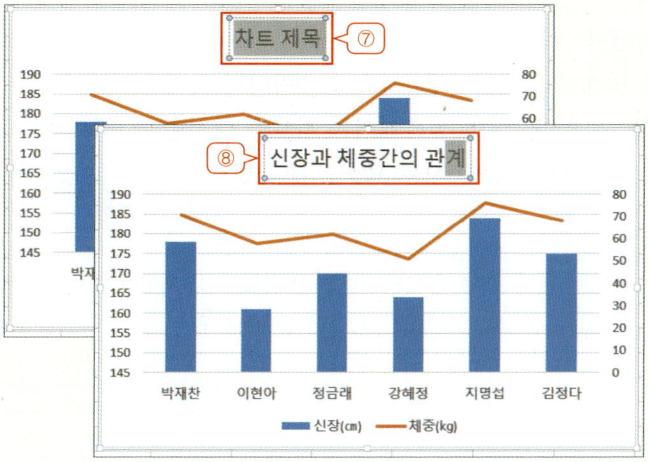

⑦ [차트 제목]을 마우스로 드래그하여 선택한다.

⑧ 워크시트 데이터의 의미를 차트 제목에 반영하기 위해서 **[신장과 체중간의 관계]**를 차트 제목으로 입력한다.

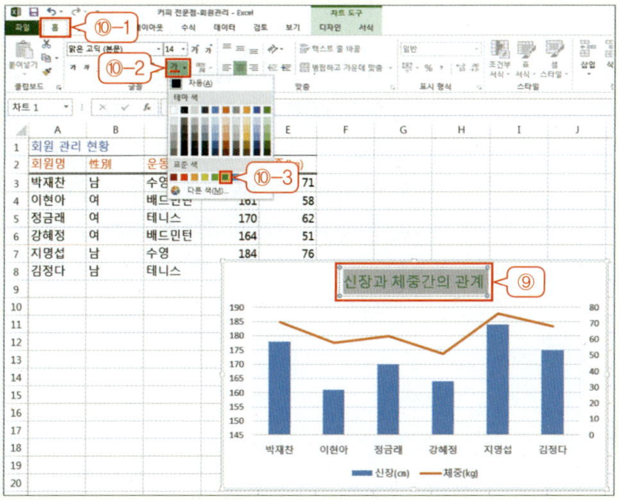

⑨ 다른 방법으로 글꼴 색을 바꿔보자. **[신장과 체중간의 관계]**를 마우스로 드래그하여 선택한다.

⑩ [홈] 탭-[글꼴] 그룹-[글꼴 색 단추 가]를 클릭한 후 메뉴에서 마우스를 임의의 색 위로 움직일 때마다 차트 제목의 색이 그 색으로 표시된다. 초록색을 선택해보자.

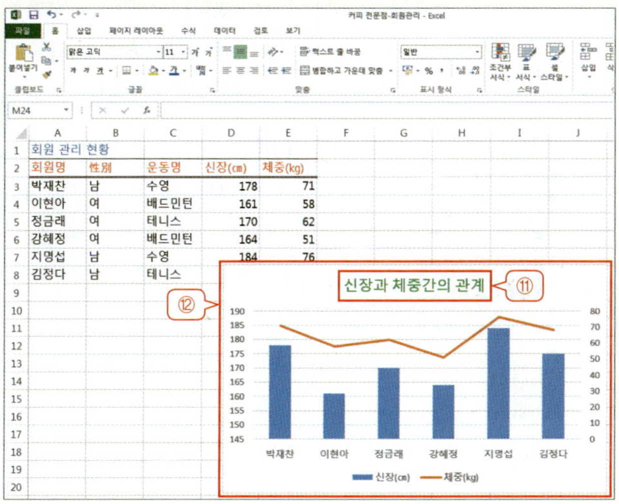

⑪ 차트 제목 [신장과 체중간의 관계]가 초록색으로 표시된다.

⑫ 차트 바깥을 마우스로 클릭하면 차트를 에워싸는 이중 선이 단일 선으로 바뀌고, 리본에서 디자인, 서식 등 두 개의 탭을 가진 차트 도구가 사라진다.

실습하기 8-4

실습파일 :\8장\커피향기.xlsx

범례 위치 정하기, 차트 요소(데이터 레이블, 축 제목, 데이터 표) 추가하기

실습 설명

범례는 데이터 계열에 할당된 무늬 또는 색을 식별하는 상자이다. 차트가 생성될 때 범례는 디폴트로 그림 영역의 아래쪽에 나타난다. 미리 정해진 범례의 위치 5개(위쪽, 아래쪽, 왼쪽, 오른쪽, 오른쪽 위) 중에서 원하는 곳에 범례를 위치시킨다. 차트가 데이터의 의미를 나타내는 데 도움이 되도록 차트 요소를 추가할 수 있다. 이번 실습에서는 차트를 생성한 후 범례 위치를 바꾸고, 데이터 레이블, 축 제목, 데이터 표 등의 차트 요소를 추가해보자.

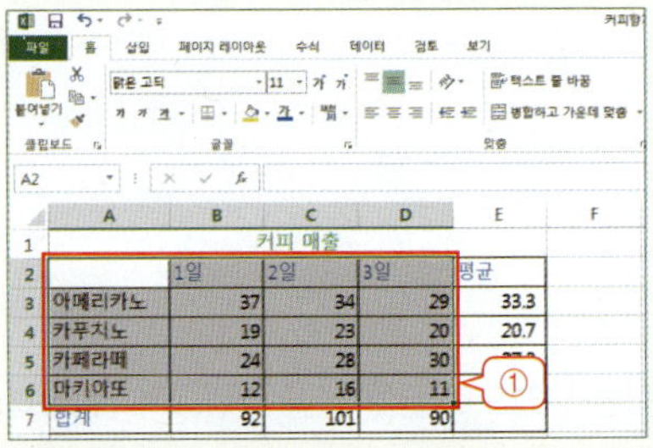

① 차트로 나타낼 데이터 범위를 선택한다. 워크시트의 제목 행(1행)과 평균 열(E 열), 합계 행(7행)은 선택하지 않는다.

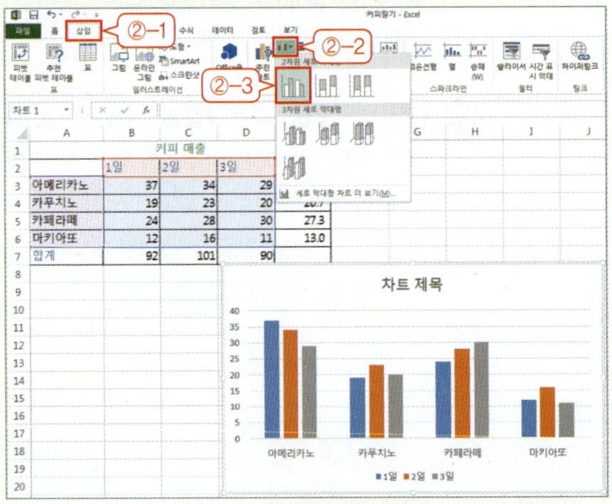

② [삽입] 탭–[차트] 그룹–[세로 막대형 차트 삽입 단추]를 클릭하여 세로 막대형 차트 종류들의 갤러리가 나타나도록 한다. [2차원 세로 막대형]의 세 개의 하위 종류 중에서 첫 번째 종류(묶음 세로 막대형)를 선택한다.

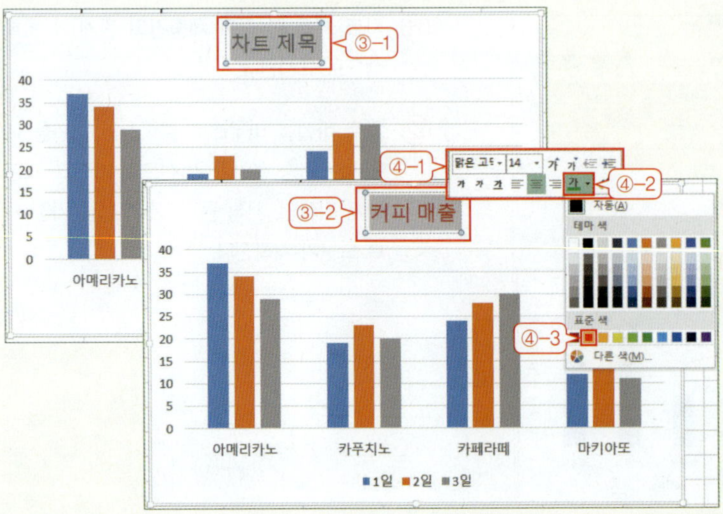

③ [차트 제목]을 마우스로 드래그하여 선택한 후 [커피 매출]을 차트 제목으로 입력한다.

④ [커피 매출]을 마우스로 드래그하여 선택하면 미니 도구 모음이 나타난다. [글꼴 색 단추 가]를 클릭한 후 빨강색을 선택한다.

범례 위치 정하기, 차트 요소(데이터 레이블, 축 제목, 데이터 표) 추가하기

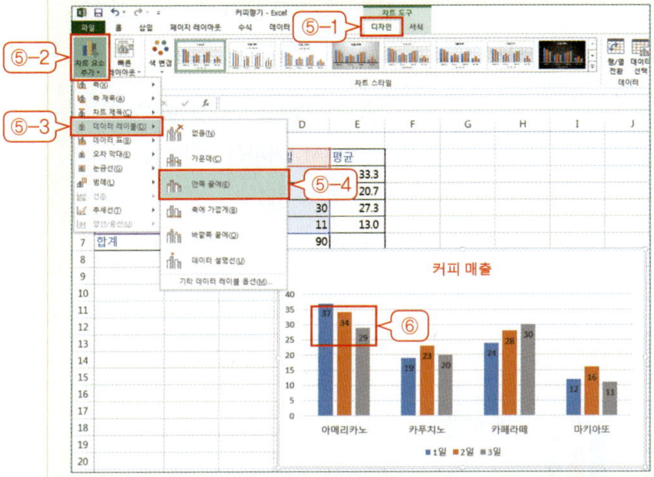

⑤ 세로 막대들은 숫자가 얼마나 큰가를 대략적으로 나타내지만 정확한 값은 알 수 없다. 데이터 레이블을 차트에 추가해보자. [차트 도구–디자인] 탭–[차트 레이아웃] 그룹–[차트 요소 추가 단추]를 클릭한 후 메뉴에서 [데이터 레이블]을 선택하고, 하위 메뉴에서 [안쪽 끝에]를 선택한다.

⑥ 세로 막대의 위쪽 끝 부분에 데이터 레이블(37, 34, 29, …)이 추가된다.

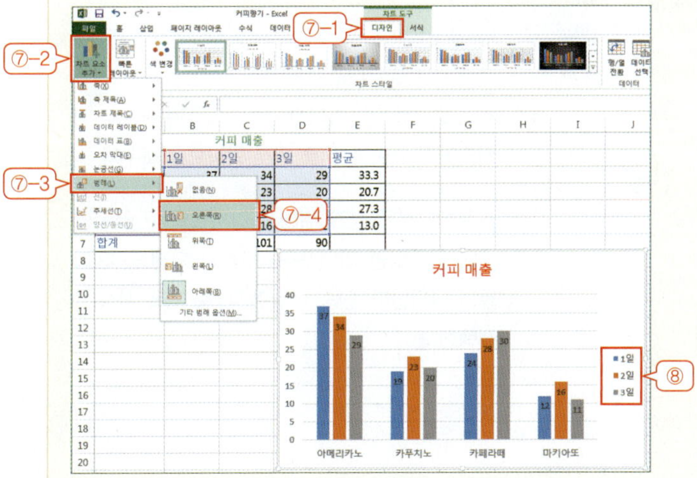

⑦ [차트 도구–디자인] 탭–[차트 레이아웃] 그룹–[차트 요소 추가 단추]를 클릭한 후 메뉴에서 [범례]를 선택하고, 하위 메뉴에서 [오른쪽]을 선택한다.

⑧ 범례가 차트의 아래쪽에 있었는데, 차트 오른쪽으로 이동된다.

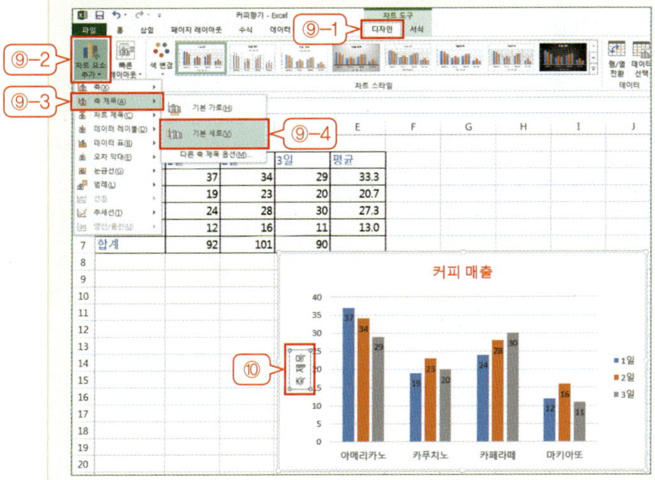

⑨ 차트의 세로 축의 눈금이 무엇을 나타내는지 알 수 있도록, 세로 축에 제목을 달아보자. [차트 도구–디자인] 탭–[차트 레이아웃] 그룹–[차트 요소 추가 단추]를 클릭한 후 메뉴에서 [축 제목]을 선택하고, 하위 메뉴에서 [기본 세로]를 선택한다.

⑩ 차트의 세로 축에 디폴트로, [축 제목]이 추가된다.

실습하기 8-4

범례 위치 정하기, 차트 요소(데이터 레이블, 축 제목, 데이터 표) 추가하기

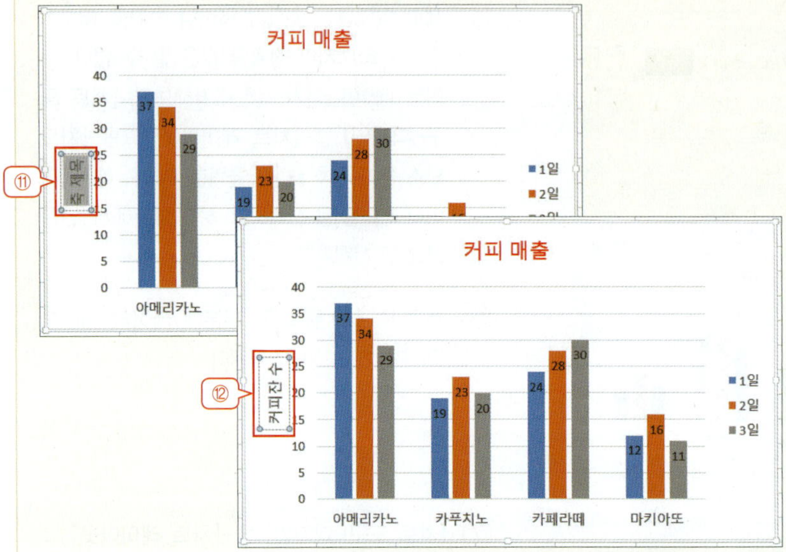

⑪ **[축 제목]**을 마우스로 드래그하여 선택한다.

⑫ 축 제목의 의미를 반영하기 위해서 **[커피잔 수]**를 축 제목으로 입력한다.

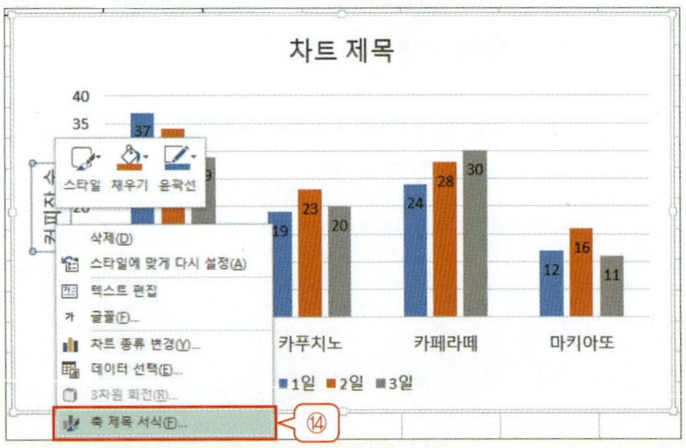

⑬ 세로 축 제목인 **[커피잔 수]**가 세로 방향으로 배치되어 있으므로, 이를 가로 방향으로 바꾸자.

⑭ 세로 축 제목 상자 위에서 마우스의 오른쪽 단추를 클릭하면 미니 도구 모음과 함께 단축 메뉴가 나타난다. 단축 메뉴에서 **[축 제목 서식]**을 선택한다.

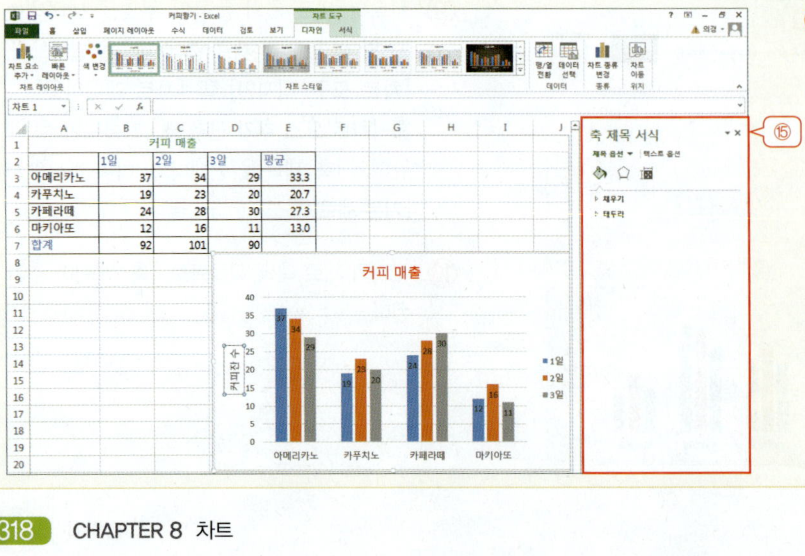

⑮ 엑셀 창의 오른쪽에 **[축 제목 서식]** 창이 나타난다.

범례 위치 정하기, 차트 요소(데이터 레이블, 축 제목, 데이터 표) 추가하기

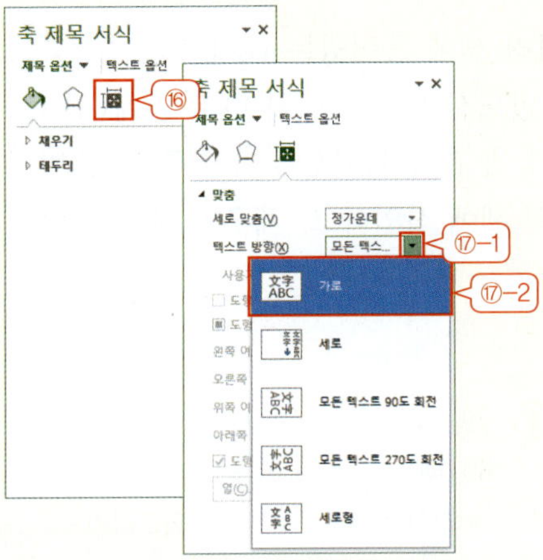

⑯ [축 제목 서식] 창의 윗부분에서 세 번째 단추(크기 및 속성 단추)를 클릭한다.

⑰ [텍스트 방향]의 드롭다운 화살표 ▾를 클릭한 후 [가로]를 선택한다.

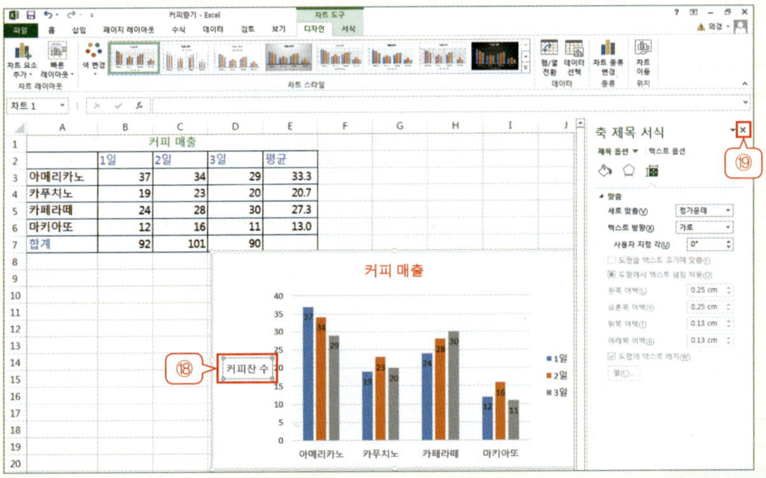

⑱ 세로 축 제목인 [커피잔 수]가 가로 방향으로 배치된다.

⑲ [축 제목 서식] 창의 오른쪽 윗부분에서 [닫기 단추 ✕]를 클릭한다.

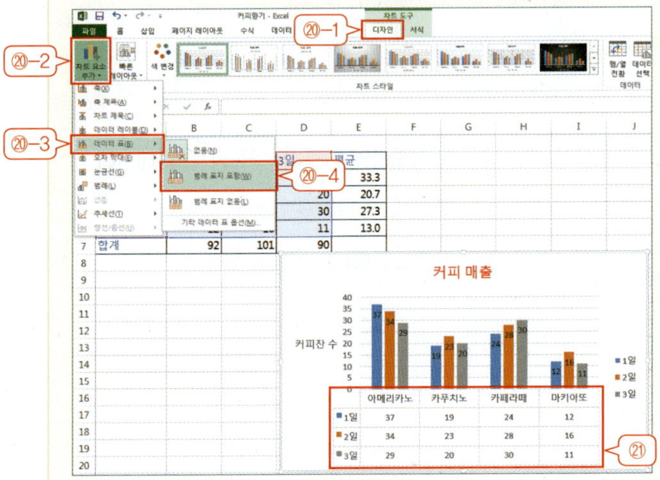

⑳ 이제 데이터 표를 차트에 추가해보자. [차트 도구-디자인] 탭-[차트 레이아웃] 그룹-[차트 요소 추가 단추]를 클릭한 후 메뉴에서 [데이터 표]를 선택하고, 하위 메뉴에서 [범례 표지 포함]을 선택한다.

㉑ 차트 아래에 범례 표지를 포함한 데이터 표가 추가된다. 워크시트에 포함된 차트에는 워크시트 데이터가 차트 근처에 있으므로 데이터 표를 추가할 필요가 없지만 차트 시트에 저장한 차트에는 데이터 표가 유용할 수 있다.

Tip 데이터 레이블과 데이터 표를 동시에 차트에 추가할 필요는 없다.

실습하기 8-5

실습파일 :\8장\극장 입장객 수-스파크라인.xlsx

스파크라인 추가하기

실습 설명

행이나 열에 표시된 데이터 자체도 유용하지만 패턴을 한 눈에 파악하기 어려울 수 있다. 스파크라인은 엑셀 2010부터 추가된 새로운 기능으로, 여러 셀에 들어있는 데이터의 추세를 하나의 셀에 나타내는 작은 차트이다. 스파크라인 셀을 반드시 원본 데이터 바로 옆에 표시해야 하는 것은 아니지만 일반적으로 원본 데이터 바로 옆에 표시하는 것이 가장 좋다. 이번 실습에서는 워크시트 데이터로부터 스파크라인을 하나의 셀에 삽입하고, 채우기 핸들을 이용하여 인접한 셀들에 스파크라인을 추가해보자.

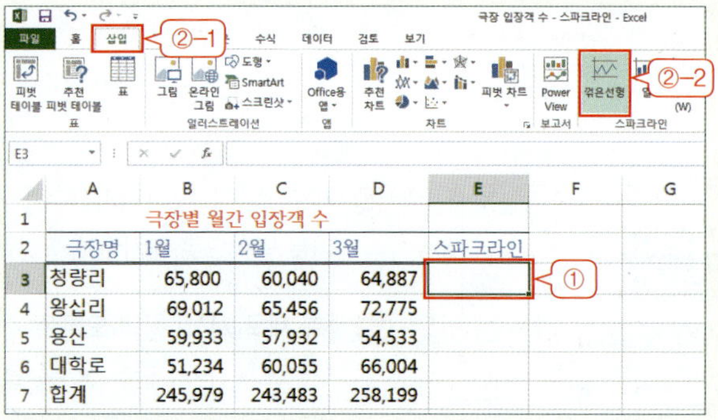

① 청량리 극장에는 1월에 65,800명, 2월에 60,040명, 3월에 64,887명이 입장하였다. 세 값의 추세를 E3 셀에 스파크라인으로 표시하기 위해서 E3 셀을 클릭한다.

② [삽입] 탭-[스파크라인] 그룹-[꺾은선형 단추]를 클릭한다.

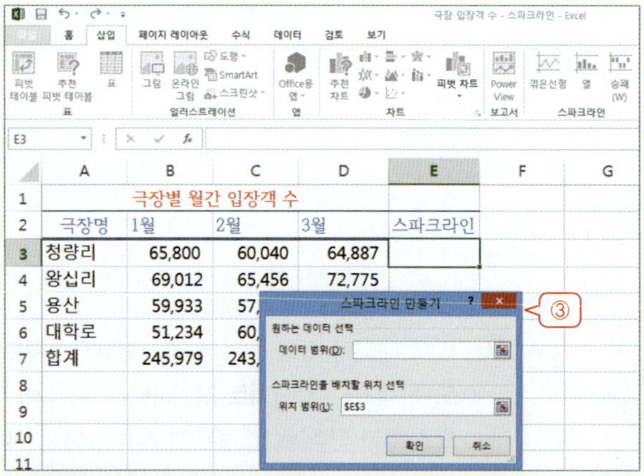

③ [스파크라인 만들기] 대화상자가 나타난다.

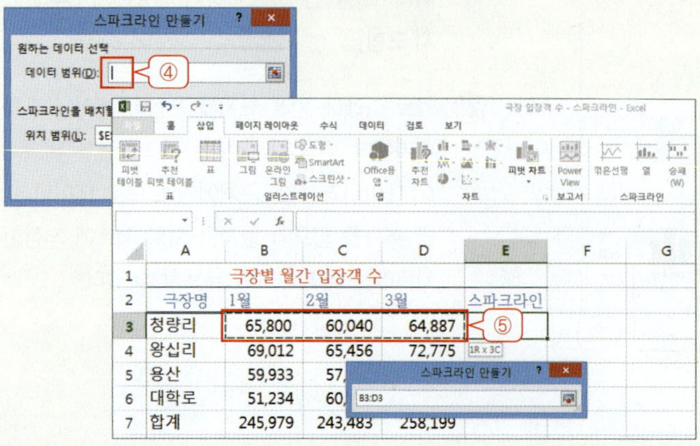

④ [스파크라인 만들기] 대화상자의 [데이터 범위] 상자를 클릭한다.

⑤ 마우스로 B3:D3 범위를 드래그한다.

스파크라인 추가하기

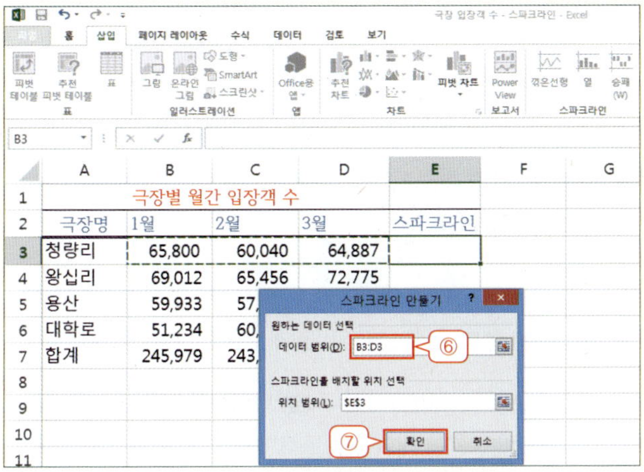

⑥ [스파크라인 만들기] 대화상자의 [데이터 범위] 상자에 B3:D3 범위가 채워진다.

⑦ [확인]을 클릭한다.

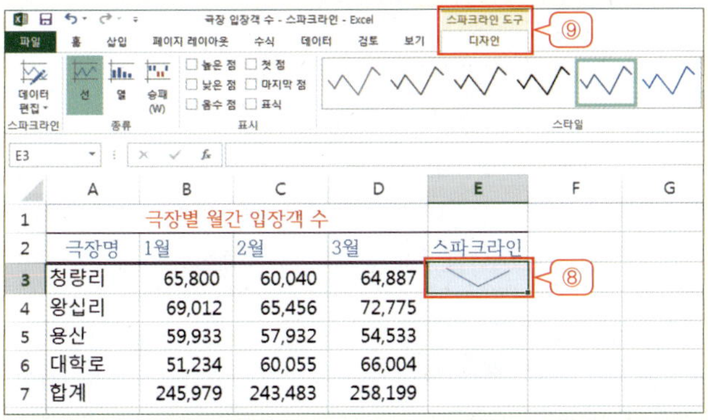

⑧ E3 셀에 스파크라인이 삽입된다. 이 스파크라인은 B3, C3, D3 셀에 들어있는 세 개의 값의 추세를 표시한다.

⑨ 스파크라인이 들어있는 셀이 선택되어 있는 동안 [스파크라인 도구–디자인] 탭이 리본에 나타난다. 이 탭에서 스파크라인의 종류와 스타일 등을 설정할 수 있다.

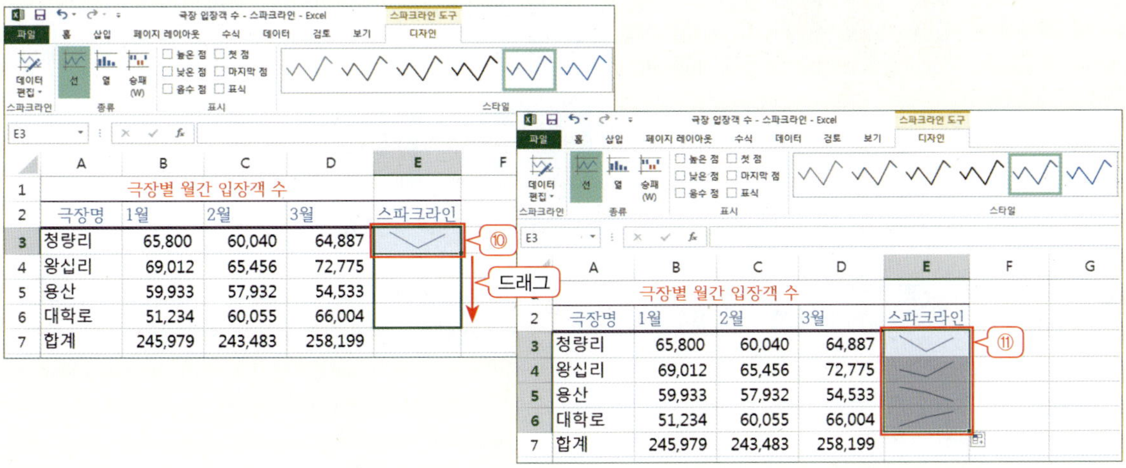

⑩ E3 셀을 클릭한다. 셀의 오른쪽 아래 구석의 채우기 핸들 ✚로 마우스 포인터를 이동한 후, E6 셀까지 드래그한다.

⑪ E4:E6 범위에 각각 왼쪽의 세 개의 셀에 들어있는 값들의 추세를 나타내는 스파크라인이 채워진다.

실습하기 8-6

실습파일 :\8장\극장 입장객 수.xlsx

행/열 전환, 차트 종류 변경하기

실습 설명

차트를 만드는 것은 쉽지만 처음에 생성한 차트가 마음에 들지 않으면 어떻게 할까? 되돌아가서 처음부터 다시 만들 필요가 없다. 차트의 종류를 바꾸는 것도 매우 쉽다. 사용자는 각 차트 종류가 적합한 분야를 이해하고, 데이터의 특성에 가장 어울리는 차트 종류를 선택하면 된다. 이번 실습에서는 워크시트 데이터로부터 세로 막대형 차트를 먼저 만들고, 행/열을 전환해보고, 세로 막대형 차트를 꺾은선형 차트로 변경해보자.

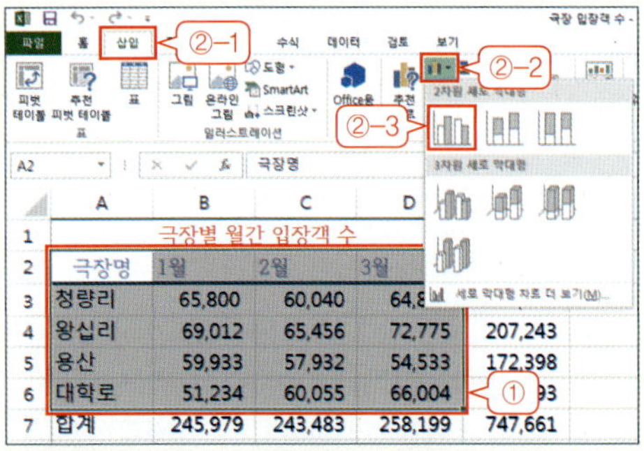

① 차트로 나타낼 데이터 범위를 선택한다. 워크시트의 제목 행(1 행)과 합계 열(E 열), 합계 행(7 행)은 선택하지 않는다.

② [삽입] 탭–[차트] 그룹–[세로 막대형 차트 삽입 단추]를 클릭한 후 세 개의 하위 종류 중에서 첫 번째 종류(묶음 세로 막대형)를 선택한다.

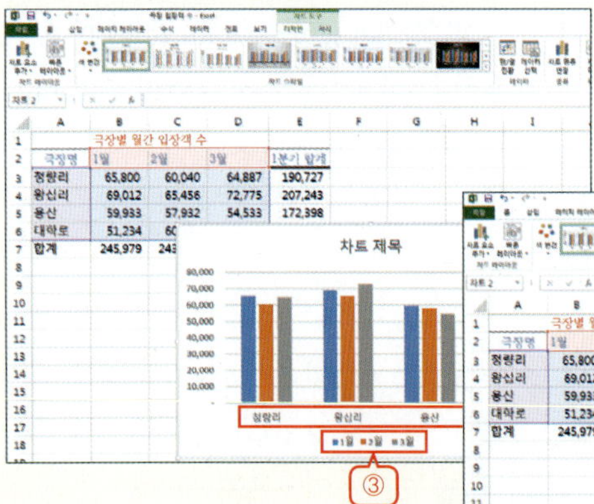

③ 세로 막대형 차트가 워크시트에 삽입된다. 디폴트로, 엑셀은 워크시트에서 적은 수의 행 또는 열을 데이터 계열로 나타내므로 1월, 2월, 3월이 데이터 계열이 된다.

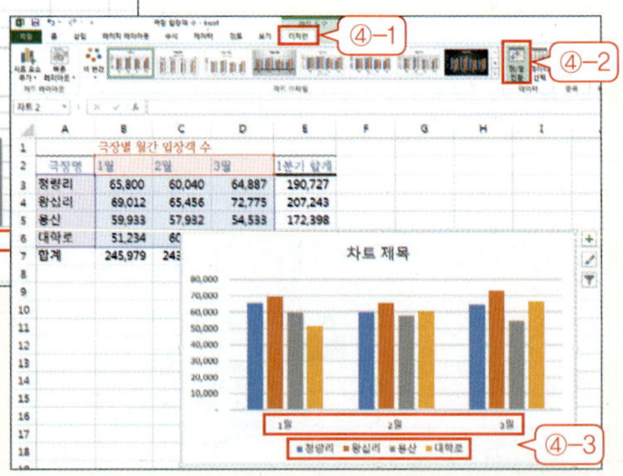

④ 행과 열을 전환해보자. [차트 도구–디자인] 탭–[데이터] 그룹–[행/열 전환 단추]를 클릭한다. 극장명이 데이터 계열이 된다.

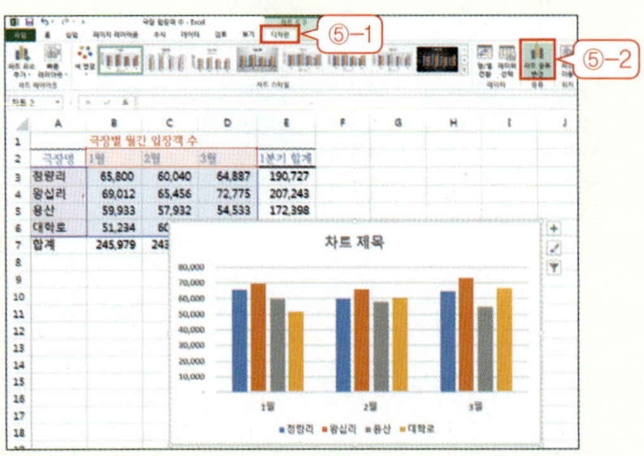

⑤ 차트 종류를 변경해보자. [차트 도구–디자인] 탭–[종류] 그룹–[차트 종류 변경 단추]를 클릭한다.

행/열 전환, 차트 종류 변경하기

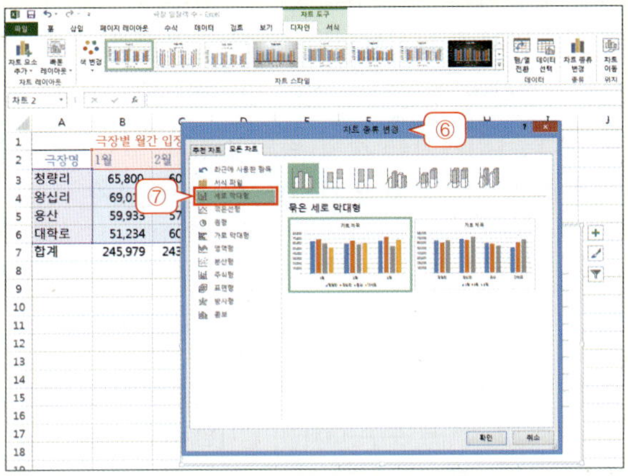

⑥ [차트 종류 변경] 대화상자가 나타난다.

⑦ 현재의 차트 종류인 [세로 막대형]이 선택되어 있다.

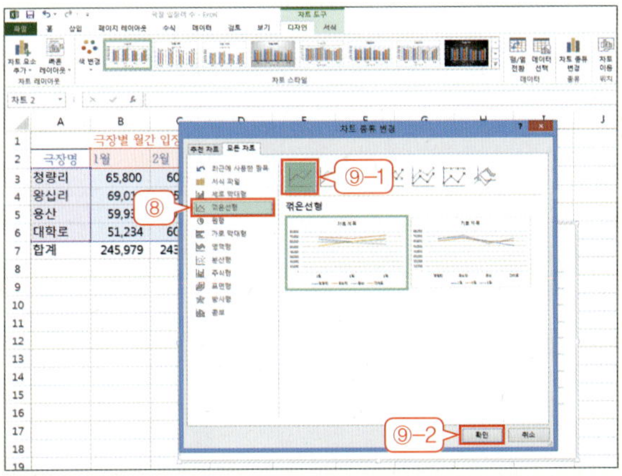

⑧ 대화상자의 왼쪽에서 [꺾은선형]을 선택하면 대화상자의 오른쪽에 꺾은선형의 하위 종류들이 나타난다.

⑨ 이들 중에서 첫 번째 하위 종류(꺾은선형)를 선택하고, [확인]을 클릭한다.

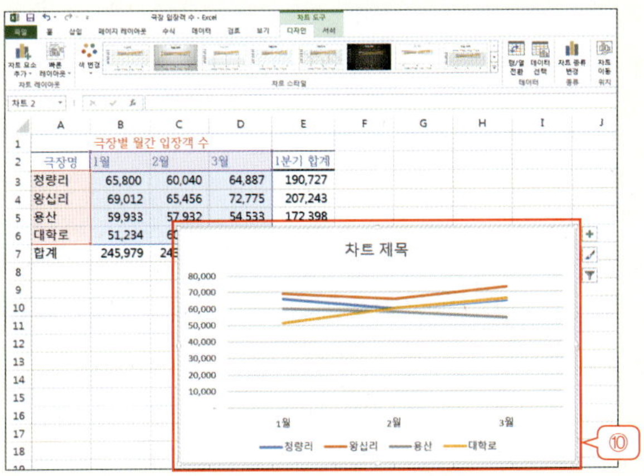

⑩ 차트 종류가 세로 막대형에서 꺾은선형으로 변경되었다. 세로 막대형으로 되돌리려면 [실행 취소 단추 ↶]를 클릭한다.

실습하기 8-7

실습파일 :\8장\극장 입장객 수-차트.xlsx

차트 시트로 이동하기

실습 설명

차트는 데이터가 들어 있는 워크시트에 포함시키거나 차트 시트라고 부르는 별도의 워크시트에 저장할 수 있다. 차트에 전혀 영향을 주지 않으면서 워크시트와 차트 시트 간에 차트를 이리저리 이동할 수 있다. 별도의 시트에 차트를 저장하여 작업하는 것이 편리할 때가 있고, 때로는 차트를 만드는데 사용된 데이터와 함께 차트를 인쇄하는 것이 필요할 때도 있다. 이번 실습에서는 차트를 워크시트에서 차트 시트로, 차트 시트에서 워크시트로 이동해보자.

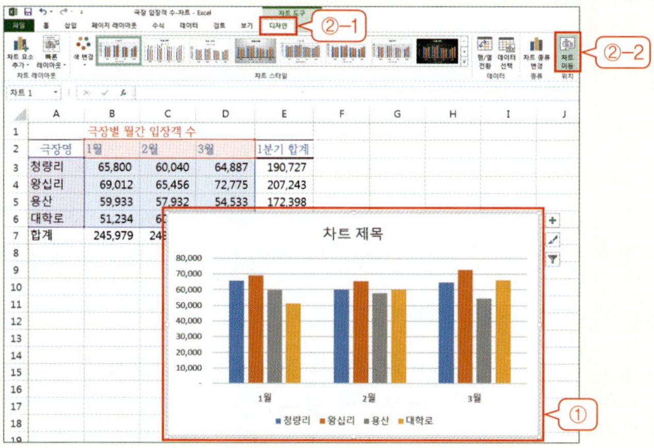

① 차트를 클릭하여 선택한다. 디자인, 서식 등 두 개의 탭을 가진 차트 도구가 리본에 나타난다.

② [차트 도구–디자인] 탭–[위치] 그룹–[차트 이동 단추]를 클릭한다.

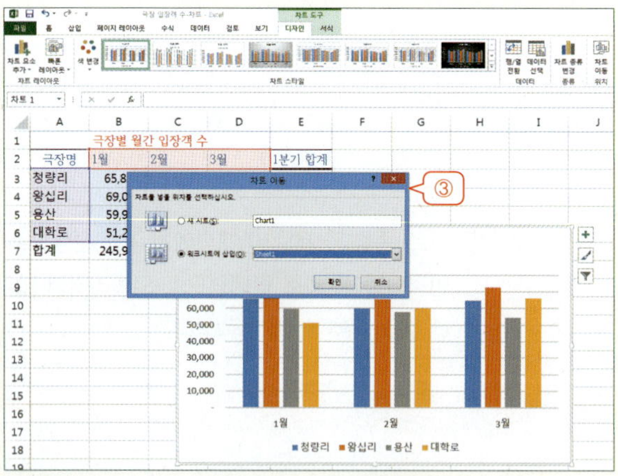

③ [차트 이동] 대화상자가 나타난다.

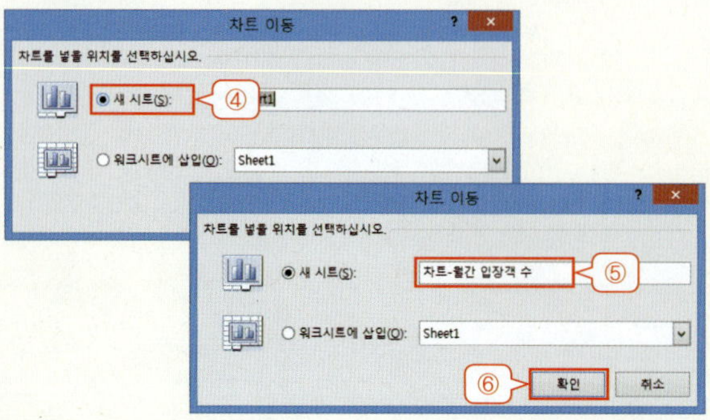

④ [새 시트]를 클릭한다. 새 시트는 차트 시트를 의미한다.

⑤ [새 시트] 상자에 차트 시트의 이름을 입력한다.

⑥ [확인]을 클릭한다.

차트 시트로 이동하기

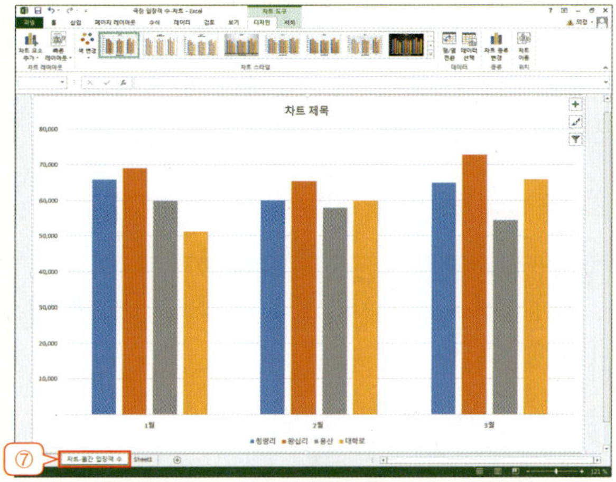

⑦ 시트 탭에 새로운 **[차트-월간 입장객 수]** 시트가 만들어진 것을 알 수 있다. 이 시트는 차트 시트이다. 워크시트에 포함된 차트와 달리 차트 시트는 차트를 만드는데 사용된 데이터와 차트를 분리하여 저장한다.

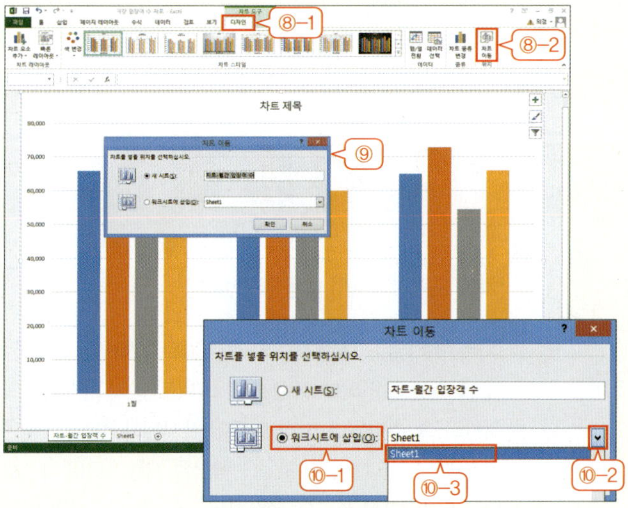

⑧ 차트를 다시 워크시트로 이동해보자. **[차트 도구-디자인]** 탭-[위치] 그룹-**[차트 이동 단추**]를 클릭한다.

⑨ **[차트 이동]** 대화상자가 나타난다.

⑩ **[워크시트에 삽입]**을 클릭한다. **[워크시트에 삽입]** 상자의 드롭다운 화살표 를 클릭한다. 차트 시트를 제외하고, 워크시트는 Sheet1이 유일하다. 이 시트를 선택하고, **[확인]**을 클릭한다.

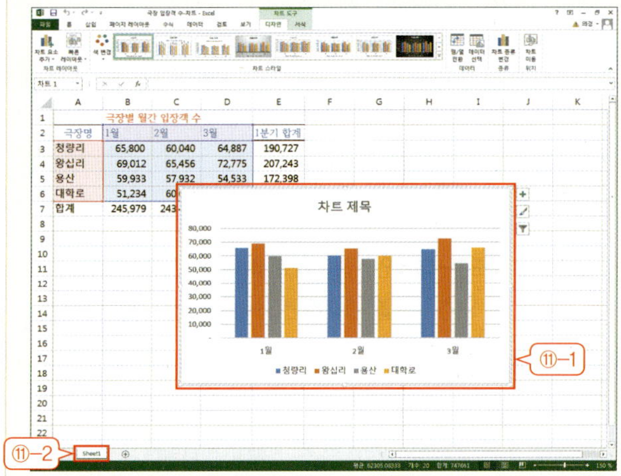

⑪ 차트가 워크시트로 이동되었다. 시트 탭에서 **[차트-월간 입장객 수]** 차트가 삭제된 것을 알 수 있다.

실습하기 8-8

실습파일 : \8장\커피향기-차트.xlsx

차트 스타일, 차트 레이아웃, 테마 적용하기

실습 설명

엑셀에서 차트를 만들면 디폴트 레이아웃과 외관을 갖는다. 차트 스타일, 차트 레이아웃, 테마, 글꼴 서식 등을 변경하여 차트의 외관을 취향에 맞게 꾸밀 수 있다. 엑셀에 미리 정의된 차트 스타일, 차트 레이아웃, 테마 등을 적용하여 차트의 여러 가지 요소들의 레이아웃과 외관을 한꺼번에 쉽게 조정할 수 있다. 이번 실습에서는 워크시트 데이터로부터 만든 차트를 꾸미는 몇 가지 방법을 알아보자.

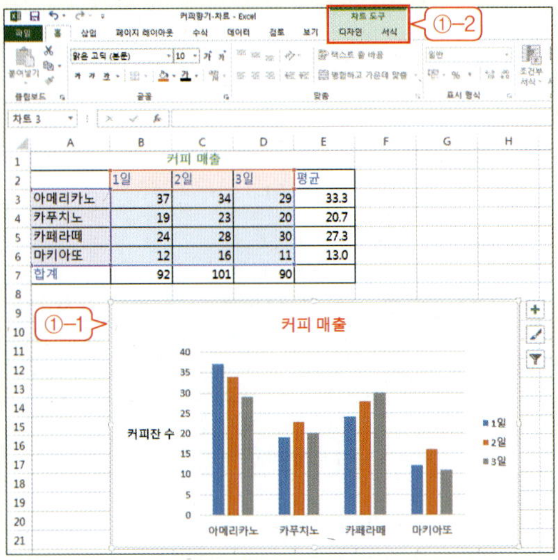

① 차트를 클릭하여 선택한다. 디자인, 서식 등 두 개의 탭을 가진 차트 도구가 리본에 나타난다.

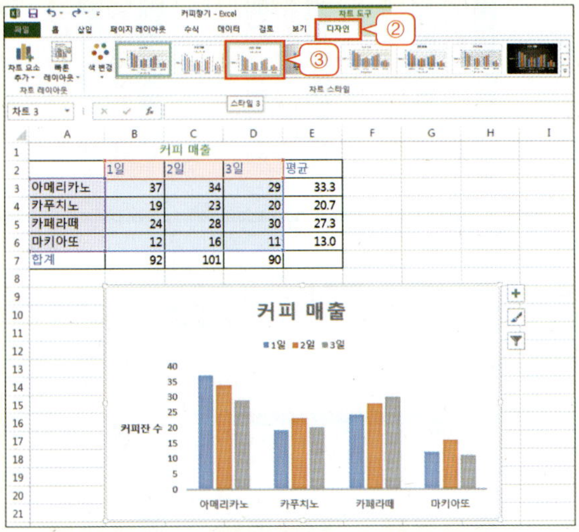

② [차트 도구–디자인] 탭을 클릭한다.

③ [차트 스타일] 그룹에 여러 가지 차트 스타일들이 보인다. 마우스 포인터를 어떤 스타일 위로 움직이면 차트의 외관이 그 스타일에 따라 바뀌어 표시된다. 위의 그림은 세 번째 스타일(스타일 3)을 선택했을 때를 보여준다. [차트 스타일] 그룹의 드롭다운 화살표 ▾ 를 클릭하면 나머지 차트 스타일들을 볼 수 있다.

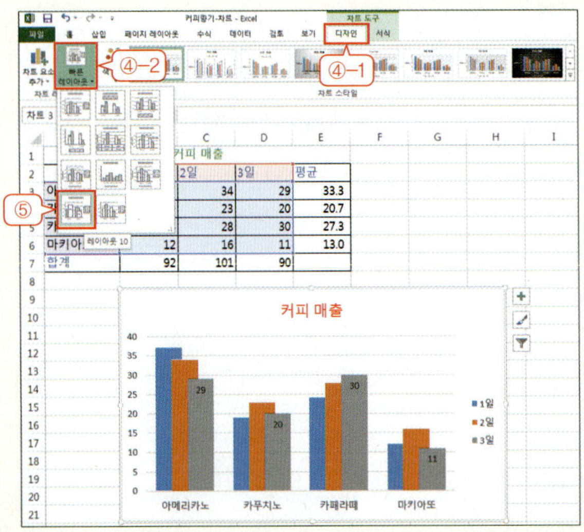

④ [차트 도구–디자인] 탭–[차트 레이아웃] 그룹–[빠른 레이아웃 단추]를 클릭하면 레이아웃들의 갤러리를 볼 수 있다.

⑤ 마우스 포인터를 어떤 레이아웃 위로 움직이면 차트의 외관이 그 레이아웃에 따라 바뀌어 표시된다.

실습하기 8-8

차트 스타일, 차트 레이아웃, 테마 적용하기

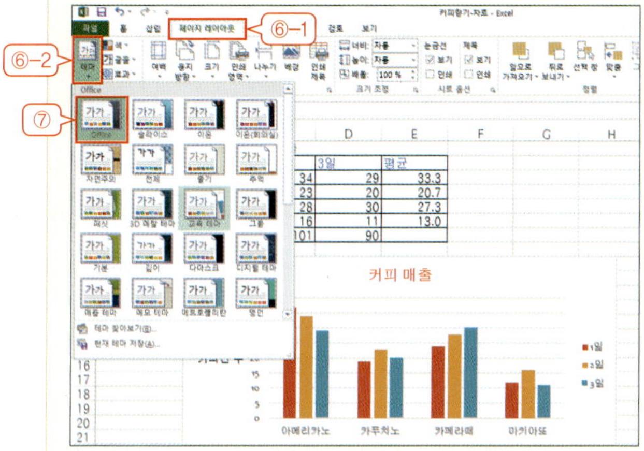

⑥ [페이지 레이아웃] 탭–[테마] 그룹–[테마 단추]를 클릭한다.

⑦ 마우스 포인터를 어떤 테마 위로 움직이면 차트의 외관이 그 테마에 따라 바뀌어 표시된다.

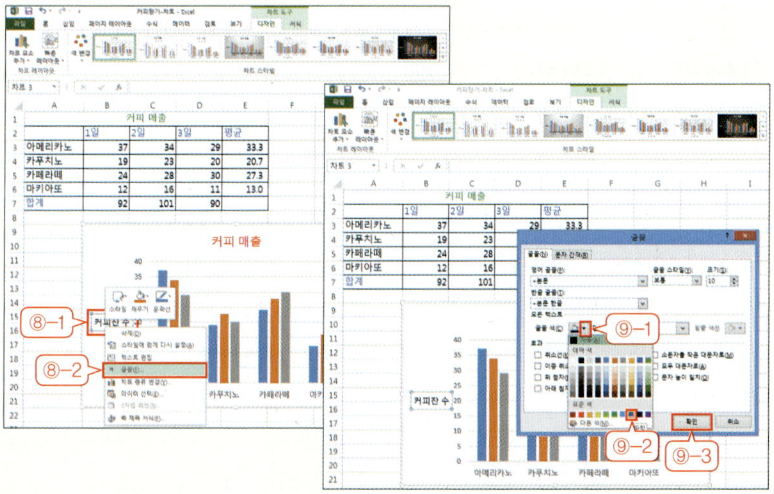

⑧ 세로 축 제목 상자(커피잔 수)를 클릭한 후 마우스의 오른쪽 단추를 클릭하면 단축 메뉴가 나타난다. **[글꼴]**을 선택한다.

⑨ [글꼴] 대화상자에서 **[글꼴 색]** 상자의 드롭다운 화살표 를 클릭한 후 파랑 색을 선택한다. **[확인]**을 클릭한다.

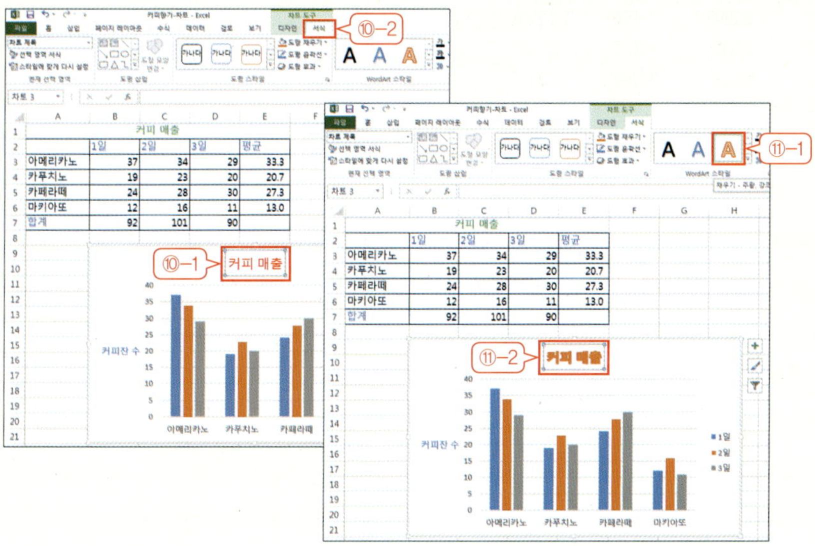

⑩ 차트 제목 상자(커피 매출)를 클릭한 후 **[차트 도구–서식]** 탭을 클릭한다.

⑪ **[WordArt 스타일]** 그룹에서 마우스 포인터를 어떤 WordArt 스타일 위로 움직이면 차트 제목의 글꼴이 그 WordArt 스타일에 따라 바뀌어 표시된다.

연습문제 EXERCISE

1. 다음 워크시트는 지점별/예금종류별 수신고를 보여준다.(연습파일 :\8장\연습문제-1.xlsx)

(1) 보통예금과 자유저축예금에 대해서 지점별 수신고를 세로 막대형 차트로 표현하라.

(2) 워크시트의 제목을 차트의 제목으로 지정하라.

(3) 범례 위치를 차트의 오른쪽으로 이동하라.

	A	B	C	D	E
1	지점별/예금종류별 수신고				
2					(단위:천원)
3	지점명	보통예금	자유저축예금	세금우대	주택예금
4	강동지점	4,320,108	2,154,109	548,250	2,574,621
5	송파지점	3,652,148	1,095,481	829,109	1,495,846
6	마포지점	2,541,000	1,625,740	1,025,784	1,889,654
7	분당지점	2,257,000	2,050,468	1,548,219	1,578,425
8	수원지점	3,215,048	1,350,000	2,001,095	2,612,884
9	성남지점	2,572,584	1,430,000	2,154,872	1,998,100

2. 다음 워크시트는 영업소별 월간 경비 사용 내역을 보여준다.(연습파일 :\8장\연습문제-2.xlsx)

(1) 네 개의 영업소의 복리후생비, 활동비, 잡비에 대해서 세로 막대형 차트를 만들어라.

(2) 차트 종류 변경 단추를 사용하여 세로 막대형 차트를 콤보형 차트로 변경하라. 복리후생비와 활동비는 세로 막대형으로 두고, 잡비는 꺾은선형 차트로 나타낸다.

	A	B	C	D	E
1	영업소별 월간 경비 사용 내역				
2					단위:천원
3	영업소명	복리후생비	활동비	잡비	합계
4	강서	3,820	6,280	2,678	12,778
5	강동	3,650	5,555	4,322	13,527
6	강북	3,194	6,596	3,332	13,122
7	강남	3,585	6,985	3,406	13,976
8	합계	14,249	25,416	13,738	53,403

3. 다음 워크시트는 상반기 대리점별 판매 현황을 보여준다. 계획 수량과 판매 수량 열에 대하여 콤보형 차트를 만들어라. 계획 수량 열은 세로 막대형 차트로 나타내고, 판매 수량 열은 꺾은선형 차트로 나타낸다.(연습파일 :\8장\연습문제-3.xlsx)

	A	B	C	D	E
1	상반기 대리점별 판매 현황				
2	대리점	계획 수량	판매 수량	실적율	실적 증감
3	동부	1,500	2,456	0.61	956
4	서부	1,200	1,500	0.80	300
5	북부	2,360	1,950	1.21	-410
6	남부	2,000	2,180	0.92	180

4. 다음 워크시트는 생수 브랜드별 미네랄 성분표를 보여준다.(연습파일 ⊙:\8장\연습문제-4.xlsx)

(1) 이 워크시트를 3차원 누적 세로 막대형 차트로 나타내라.

(2) 차트의 세로 축에 제목을 추가하라. 세로 축 제목의 방향을 가로 방향으로 나타내라.

(3) 생성한 차트를 차트 시트로 이동하라.

(4) 차트에 데이터 표를 추가하라.

	A	B	C	D	E
1	생수별 미네랄 성분표				
2	브랜드명	칼슘(Ca)	나트륨(Na)	마그네슘(Mg)	칼륨(K)
3	지리산	0.345	0.404	0.339	0.848
4	태백산	6.497	2.726	1.133	0.615
5	설악산	0.814	0.516	0.441	0.643
6	한라산	0.901	0.045	0.861	0.605
7	속리산	0.754	0.878	0.334	0.351

5. 다음 워크시트는 수입제품들의 제품코드, 수입가격, 영업비용, 이익률 등을 보여준다. 수입가격, 영업비용, 판매가격 열에 대하여 콤보형 차트를 만들어라. 수입가격과 영업비용 열은 누적 세로 막대형 차트로 나타내고, 판매가격 열은 꺾은선형 차트로 나타낸다.(연습파일 ⊙:\8장\연습문제-5.xlsx)

	A	B	C	D	E	F
1	제품별 가격 비교					
2	제품코드	수입가격	영업비용	판매가격	이익	이익률
3	ML-110	326,200	89,500	483,500	67,800	16%
4	ML-320	315,400	98,500	515,000	101,100	24%
5	ML-400	278,500	32,500	345,300	34,300	11%
6	PM-150	215,000	68,500	325,300	41,800	15%
7	PM-200	135,350	28,000	200,000	36,650	22%
8	PM-320	235,900	75,800	415,000	103,300	33%
9	TB-150	89,300	28,000	165,000	47,700	41%
10	TB-300	497,200	125,300	752,500	130,000	21%

연습문제 EXERCISE

6. 다음 워크시트는 2년간의 월별/연도별 매출 현황을 보여준다.(연습파일 ◎:\8장\연습문제-6.xlsx)

(1) 이 워크시트 데이터를 꺾은선형 차트로 나타내라.

(2) 워크시트의 제목을 차트의 제목으로 지정하라.

(3) 차트 스타일을 변경해보라.

(4) 빠른 레이아웃을 사용하여 레이아웃을 변경해보라.

(5) 테마를 이용하여 외관을 변경해보라.

(6) WordArt를 이용하여 차트 제목의 서식을 변경해보라.

(7) 미니 도구 모음을 사용하여 차트 제목의 글꼴을 변경해보라.

(8) [홈] 탭-[글꼴] 그룹을 사용하여 차트 제목의 글꼴을 변경해보라.

	A	B	C
1	연도별 매출현황		
2	월	2014년	2015년
3	1월	27,000	26,700
4	2월	23,000	27,500
5	3월	24,300	29,100
6	4월	29,000	28,100
7	5월	26,500	27,800
8	6월	28,100	28,500
9	7월	23,200	27,000
10	8월	24,600	29,500
11	9월	26,100	26,500
12	10월	27,200	28,000
13	11월	28,100	27,500
14	12월	24,900	28,300

워크시트 인쇄

작업한 워크시트를 프린터를 통해 종이에 인쇄하는 경우가 자주 있다. 엑셀에서 워크시트, 워크시트의 한 부분, 전체 통합 문서를 인쇄할 수 있다. 엑셀에서 인쇄하는 것은 파워포인트, 워드, 아래한글 등의 다른 프로그램에서의 인쇄와 다르다. 다른 프로그램들에서는 화면에 보이는 그대로 인쇄되지만 엑셀의 인쇄는 좀 다르게 동작한다. 그 이유는 워크시트에 수많은 행과 열이 포함되어 있어서 화면에 보이는 워크시트를 종이에 그대로 인쇄할 수 없는 경우가 종종 있기 때문이다. 본 장에서는 엑셀에서 페이지 레이아웃 설정, 머리글과 바닥글 추가, 워크시트를 인쇄하는 방법들을 알아보자.

CHAPTER 9

워크시트 인쇄

SECTION 01 페이지 레이아웃

인쇄 작업시 가장 중요한 사항은 프린터에게 무엇을 인쇄할 것인가를 알려주는 것이다. 파워포인트, 워드, 아래한글 등과 달리 엑셀에서는 무엇을 인쇄하려고 하는가를 좀더 상세하게 명시할 필요가 있다. 페이지 레이아웃은 워크시트를 용지 위에 배치하고, 필요한 경우에는 정보(예 페이지 번호, 날짜 등)를 추가하는 것을 말한다.

❖ 페이지 레이아웃 설정

여러 가지 방법과 탭들을 통해서 페이지 레이아웃의 요소들을 설정할 수 있다.

1. [페이지 레이아웃] 탭에서 명시할 수 있는 몇 가지 사항들을 살펴보자.

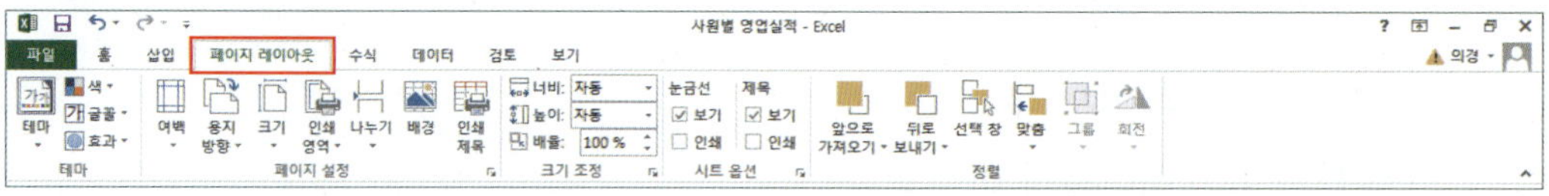

[표 9-1] [페이지 레이아웃] 탭에서 명시할 수 있는 대상

설정 대상	아이콘	그룹	옵션
여백		페이지 설정	기본, 넓게, 좁게, 사용자 지정 여백
용지 방향		페이지 설정	세로, 가로
용지 크기		페이지 설정	A4, B4, B5 등
인쇄 영역		페이지 설정	인쇄 영역 설정, 인쇄 영역 해제
인쇄 제목		페이지 설정	페이지마다 반복할 행 또는 열
인쇄 배율		크기 조정	100%, 95%, 90%, 110% 등
눈금선 인쇄	□ 인쇄	시트 옵션	눈금선 인쇄 여부

2. [보기] 탭에서 명시할 수 있는 몇 가지 사항들을 살펴보자.

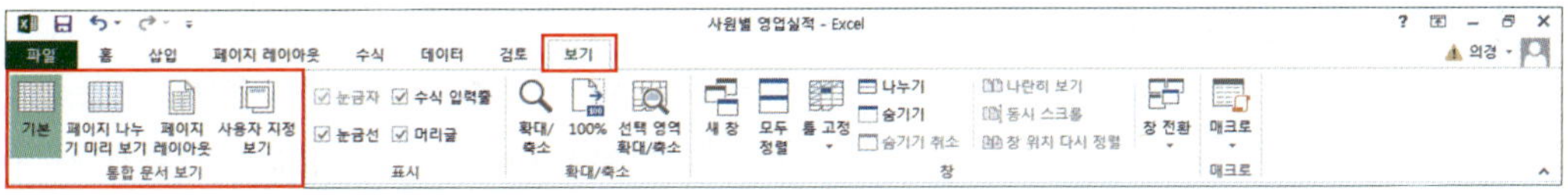

[보기] 탭-[통합 문서 보기] 그룹에서 워크시트를 세 가지 방식으로 볼 수 있다.

▶ [기본] 보기는 단순히 워크시트의 내용을 보여준다.
▶ [페이지 나누기 미리 보기] 보기는 워크시트 내에서 페이지 나누기의 위치를 표시한다.
▶ [페이지 레이아웃] 보기는 인쇄했을 때 워크시트가 어떻게 용지에 나타날 것인가를 보여준다. [페이지 레이아웃] 보기에서 워크시트에 머리글/바닥글을 삽입할 수 있다.

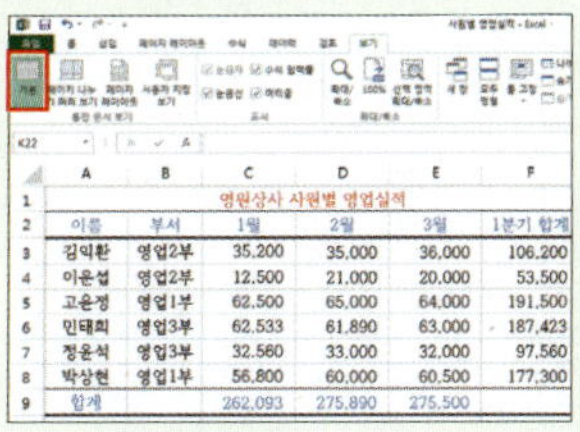
▶ [기본] 보기

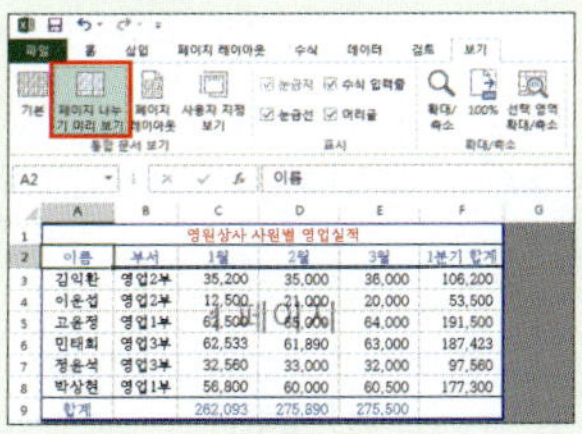
▶ [페이지 나누기 미리 보기] 보기

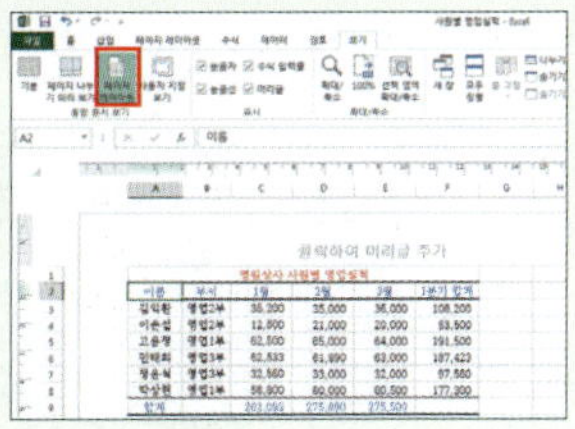
▶ [페이지 레이아웃] 보기

3. [삽입] 탭에서 워크시트에 머리글과 바닥글을 삽입한다.

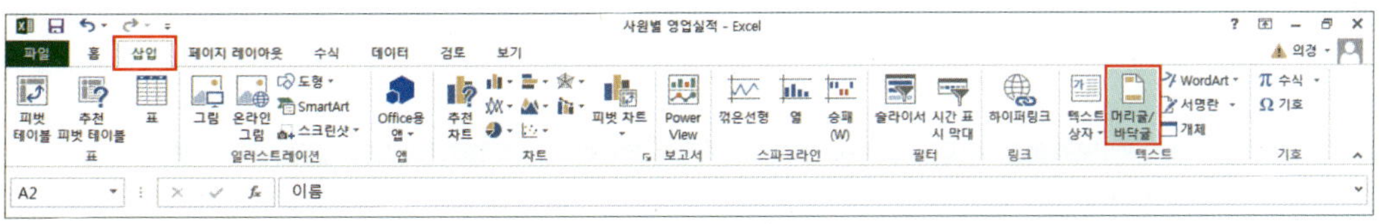

❖ 페이지 레이아웃 보기

페이지 레이아웃 보기가 인쇄 미리 보기보다 좋은 점은 워크시트가 인쇄했을 때의 모양으로 나타날 뿐만 아니라 편집도 가능하다는 것이다.

페이지 레이아웃 보기로 전환하려면

▶ [보기] 탭–[통합 문서 보기] 그룹–[페이지 레이아웃 단추]를 클릭한다.

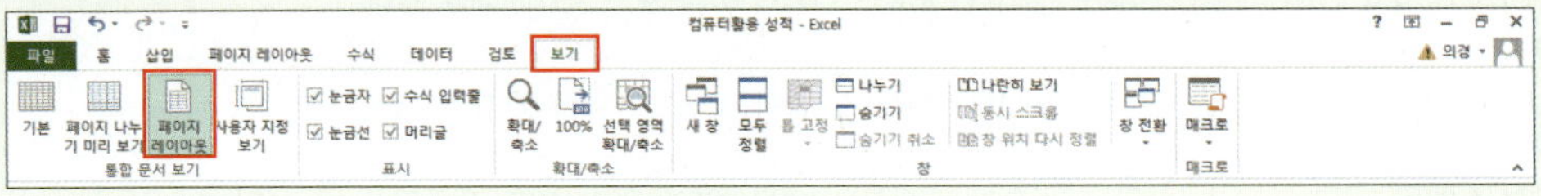

▶ 또는 상태 표시줄에서 [페이지 레이아웃 단추]를 클릭한다.

페이지 레이아웃 보기에서는 워크시트의 상단, 하단, 양 옆에 여백이 표시된다. 그리고 워크시트들 사이에 여백이 보인다. 상단과 왼쪽의 눈금자는 여백을 조정하는데 도움이 된다. [보기] 탭–[표시] 그룹–[눈금자 단추 ☑ 눈금자]를 클릭할 때마다 눈금자가 화면에 표시되거나 사라진다.

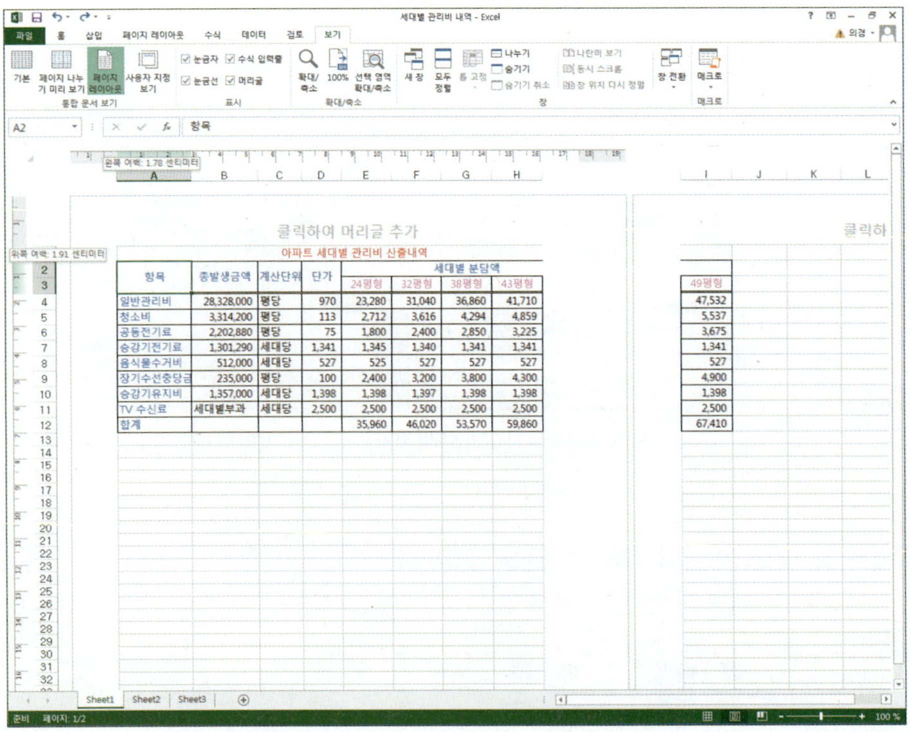

[그림 9–1] [페이지 레이아웃] 보기

❖ [페이지 설정] 대화상자

[페이지 설정] 대화상자에는 워크시트의 페이지 설정을 조정하는데 필요한 모든 옵션들이 포함되어 있다. 다양한 방법과 위치에서 [페이지 설정] 대화상자를 열 수 있다. 예를 들어서, [페이지 레이아웃] 탭–[페이지 설정] 그룹–[대화상자 표시 단추]를 클릭하면 [페이지 설정] 대화상자가 나타난다. 이 대화상자에는 페이지, 여백, 머리글/바닥글, 시트(또는 차트) 등 네 개의 탭이 있다. 각 탭마다 페이지 레이아웃의 다양한 측면을 조정하는데 사용하는 일련의 옵션들이 있다.

[표 9–2] [페이지 설정] 대화상자의 네 개의 탭과 용도

탭 이름	대화상자	용도
페이지	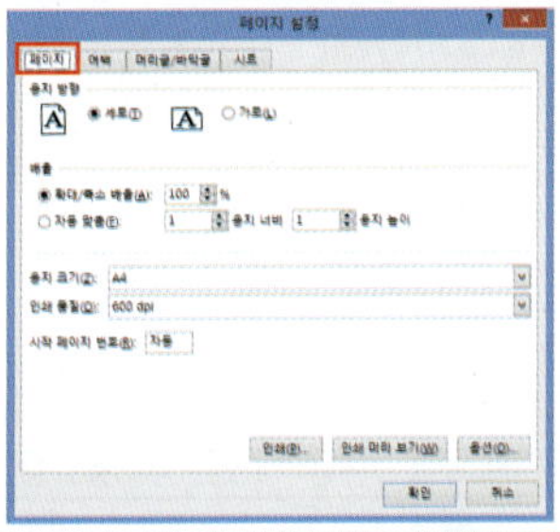	• 용지 방향, 인쇄 배율, 용지 크기 등을 조정
여백	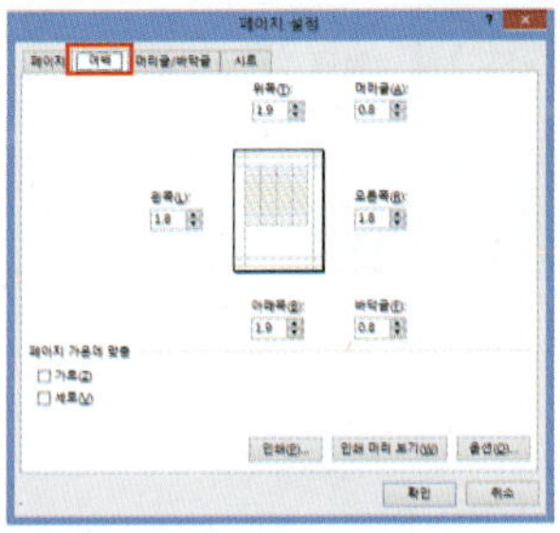	• 위쪽, 아래쪽, 왼쪽, 오른쪽, 머리글, 바닥글 여백들을 조정 • 워크시트를 위쪽 여백과 아래쪽 여백 사이의 가운데(세로), 또는 왼쪽 여백과 오른쪽 여백 사이의 가운데(가로) 또는 두 가지 모두의 가운데에 맞추어 인쇄
머리글/바닥글	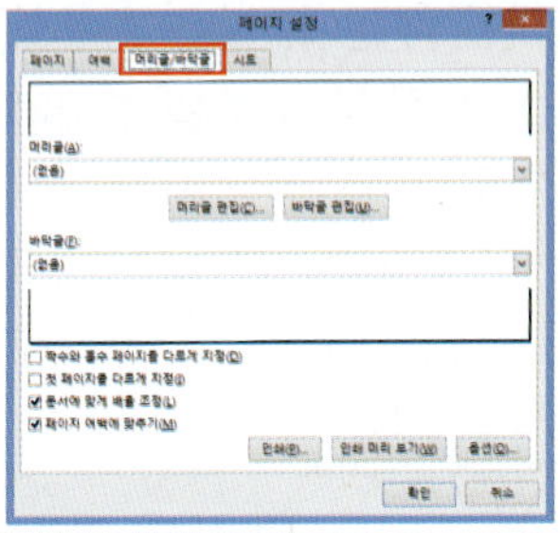	• [머리글] 상자의 드롭다운 화살표 를 클릭하면 '?페이지 중 1페이지'와 같이 머리글에 대하여 미리 정해진 옵션들의 메뉴가 나타남 • [머리글 편집] 단추를 클릭하면 [머리글] 대화상자가 나타남
시트 (또는 차트)	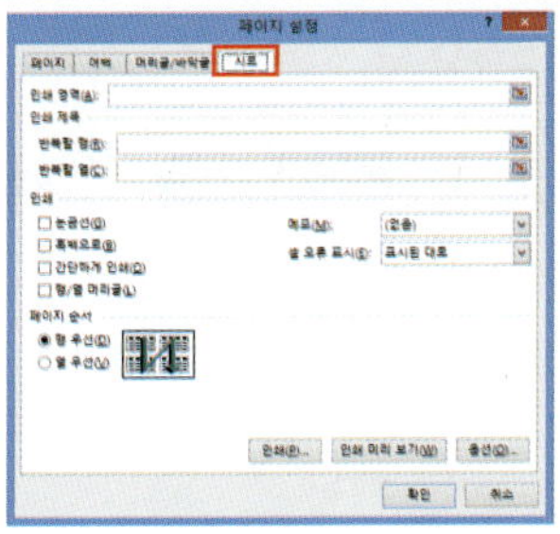	• 용지에 인쇄될 워크시트의 범위인 인쇄 영역, 각 페이지마다 반복해서 인쇄되는 행과(또는) 열인 인쇄 제목, 눈금선 인쇄 여부, 페이지를 인쇄하는 순서 등을 조정

P.342 실습하기 9–1

❖ 인쇄 영역 설정

워크시트 내의 일부 데이터만 인쇄하기 위해서는 **인쇄 영역**을 설정해야 한다. 인쇄 범위를 명시하지 않으면 엑셀은 현재 워크시트의 모든 내용(A1 셀부터 정보를 포함하고 있는 마지막 열과 마지막 행에 위치한 셀까지)을 인쇄한다. 워크시트에 지정된 인쇄 영역은 엑셀을 종료한 후 다시 실행하더라도 유지된다.

인쇄 영역을 설정하려면

① 인쇄할 셀들의 범위를 선택한다.

② [페이지 레이아웃] 탭–[페이지 설정] 그룹–[인쇄 영역 단추]를 클릭한다.

③ 메뉴에서 [인쇄 영역 설정]을 선택한다.

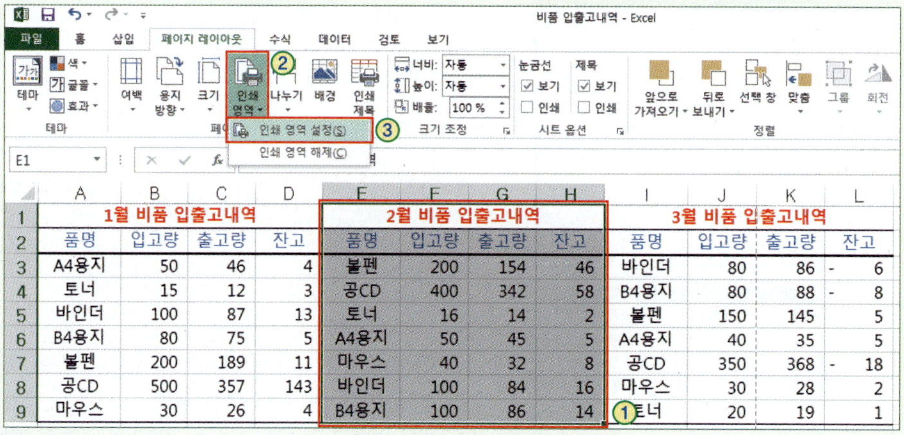

❖ 인쇄 영역 해제

사용자가 설정한 인쇄 영역은 통합 문서와 함께 저장되기 때문에, 다음에 통합 문서를 다시 열었을 때 그 인쇄 영역을 또 인쇄할 수 있다. 워크시트의 다른 부분을 인쇄하고 싶을 때는 기존의 인쇄 영역을 해제해야 한다.

인쇄 영역을 해제하려면

① [페이지 레이아웃] 탭–[페이지 설정] 그룹–[인쇄 영역 단추]를 클릭한다.

② 메뉴에서 [인쇄 영역 해제]를 선택한다.

P.344 실습하기 9-2 P.346 실습하기 9-3

SECTION 02 머리글과 바닥글 설정

머리글은 각 페이지의 상단 여백에 인쇄되는 텍스트이고, **바닥글**은 각 페이지의 하단 여백에 인쇄되는 텍스트이다. 일반적으로 머리글과 바닥글 영역은 페이지 번호, 날짜, 파일 이름 등과 같이 워크시트와 관련된 정보를 포함한다. 이 정보가 각 페이지마다 반복되기 때문에 워크시트를 읽는 사람이 워크시트에 관한 정보를 쉽게 파악할 수 있다.

머리글/바닥글을 삽입하려면

① [삽입] 탭–[텍스트] 그룹–[머리글/바닥글 단추]를 클릭한다. [페이지 레이아웃] 보기로 전환된다.

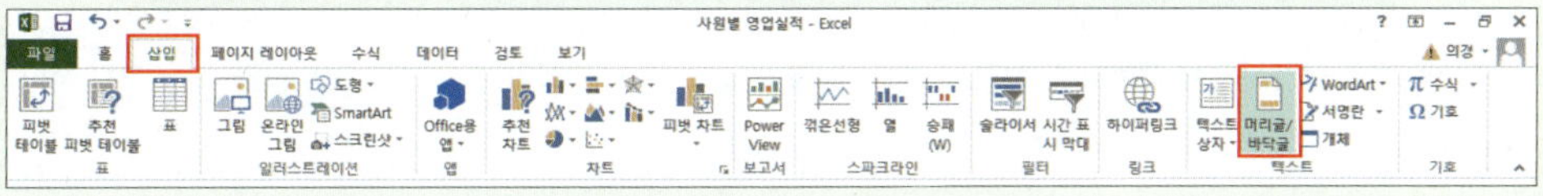

② [머리글/바닥글 도구–디자인] 탭이 나타난다. 사용자가 정보를 입력할 수 있는 머리글과 바닥글 구역이 각각 3개이다. 이들 중에서 하나를 클릭한다. [머리글/바닥글 요소] 그룹의 단추들을 클릭하여 머리글 또는 바닥글로 삽입할 수 있다. 또는 원하는 텍스트를 직접 입력한다.

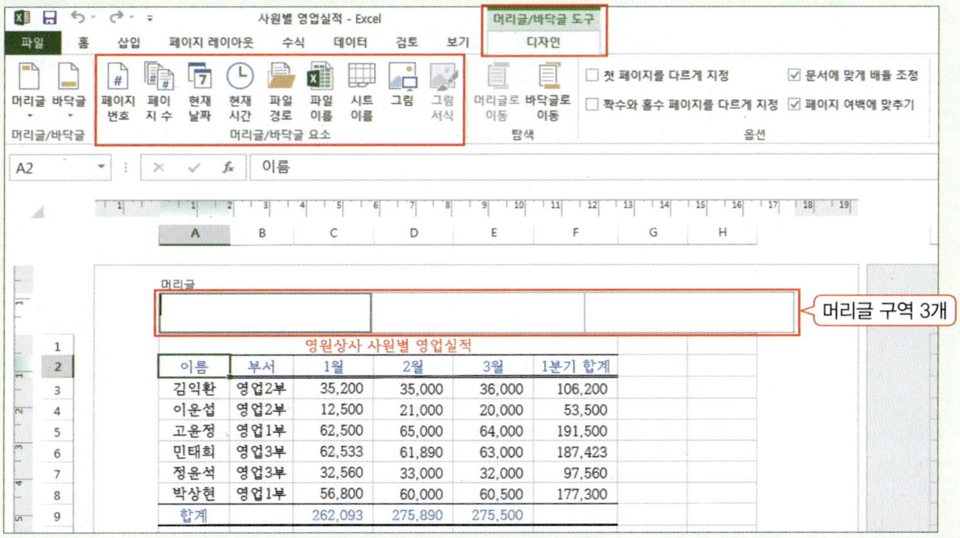

▶ 또는 [페이지 레이아웃] 탭–[페이지 설정] 그룹–[대화상자 표시 단추]를 클릭한다. [페이지 설정] 대화상자가 나타난다. [머리글/바닥글] 탭–[머리글 편집]을 클릭한다. [머리글] 대화상자가 나타난다.

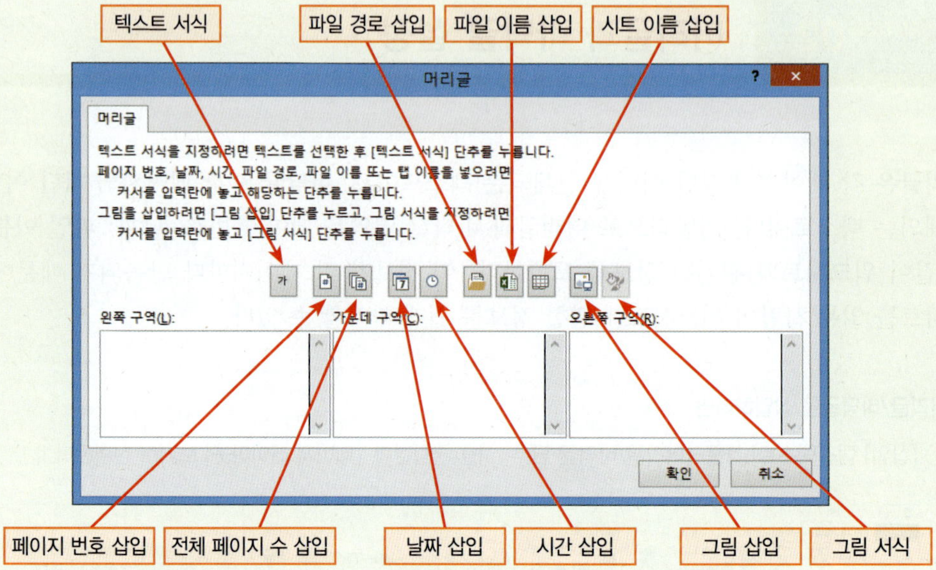

③ 미리 정의된 머리글을 추가하려면 **[머리글/바닥글]** 그룹–**[머리글 단추**]의 드롭다운 화살표 를 클릭한 후 메뉴에서 원하는 것을 선택한다.

P.348 실습하기 9-4

SECTION 03 인쇄

엑셀에서 워크시트의 일부(범위), 워크시트 전체, 통합 문서 내의 일부(또는 모든) 워크시트들을 인쇄할 수 있다. 디폴트로, 엑셀은 현재 활성화된 워크시트 내의 모든 내용을 인쇄한다. 내 컴퓨터에 프린터를 설치했으면 이 프린터에 엑셀 데이터를 인쇄한다.

Tip 여러 개의 워크시트를 인쇄하려면 Shift 또는 Ctrl을 누른 채 인쇄할 워크시트 탭들을 선택한다.

워크시트를 인쇄하려면

① 파일 탭 파일 을 클릭한다.

② 왼쪽 영역에서 [인쇄]를 선택한다.
   [인쇄] 창이 나타난다.

③ 필요하면 프린터, 인쇄 대상, 인쇄할 페이지 범위, 인쇄 매수, 인쇄 방향, 용지 크기, 여백 등을 지정한다.

④ [인쇄 단추 인쇄]를 클릭한다.

❖ 인쇄 창

인쇄 창에는 인쇄에 관해 설정할 수 있는 옵션들이 많이 있다.

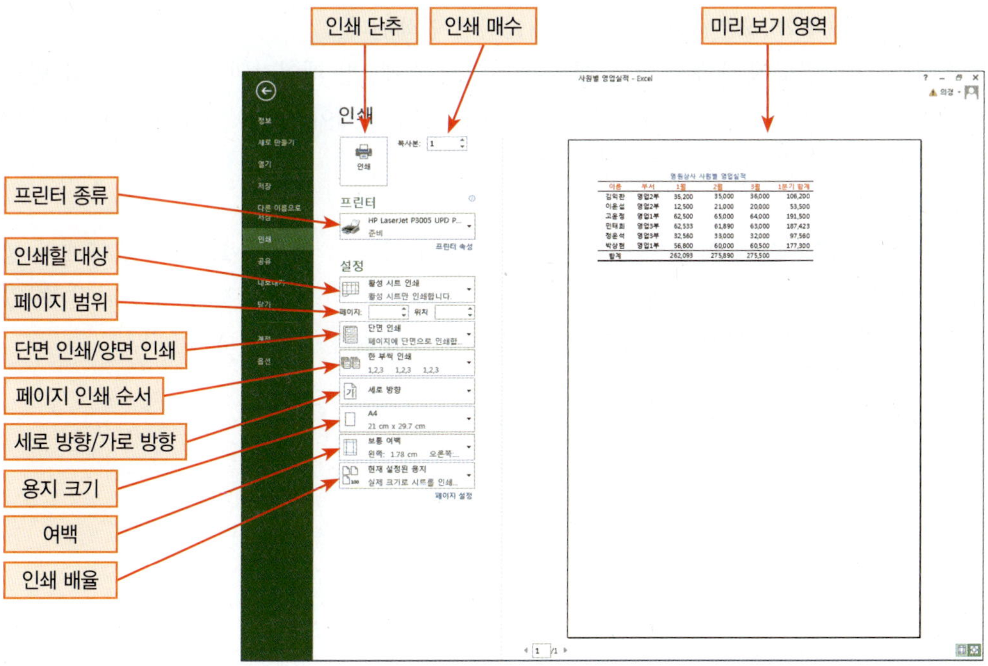

[그림 9-2] [인쇄] 창

[표 9-3] **[인쇄] 창에서 설정할 수 있는 옵션**

옵션	설명
프린터 종류	내 컴퓨터에 설치되어 있는 프린터들의 목록에서 인쇄에 사용할 프린터를 선택
인쇄할 대상	활성 워크시트, 전체 통합 문서, 선택 영역 중에서 선택
페이지 범위	인쇄할 페이지의 범위를 입력
단면 인쇄/양면 인쇄	단면 인쇄, 양면 인쇄 중에서 선택
페이지 인쇄 순서	여러 매를 인쇄할 때 [한 부씩 인쇄]에 체크 표시를 하면 페이지 1이 인쇄 매수만큼 인쇄되고, 페이지 2가 인쇄 매수만큼 인쇄되는 방식으로 인쇄가 진행됨
세로 방향/가로 방향	세로 방향, 가로 방향 중에서 선택
용지 크기	A4, B4, B5 등에서 선택
여백	기본, 넓게, 좁게, 사용자 지정 여백 중에서 선택
인쇄 배율	워크시트를 한 장의 용지 또는 용지의 폭에 맞출 필요가 있을 때 배율을 조정
인쇄 매수	워크시트를 몇 매 인쇄할 것인가를 명시
미리 보기 영역	용지에 인쇄되는 모양을 화면상에서 보여줌
인쇄 단추	워크시트를 프린터로 인쇄

❖ 인쇄 순서

행과 열이 많아서 한 페이지에 담을 수 없는 워크시트를 인쇄할 때의 디폴트 순서는 용지 한 페이지의 너비에 들어갈 만큼의 열들(예 A, B, …, G 열)과 용지 한 페이지의 길이에 들어갈 만큼의 행들(예 1, 2, …, 25 행)이 1 페이지에 인쇄되고, 이 열들에 대해서 용지 한 페이지에 들어갈 만큼의 행들(예 26, 27, …, 40 행)이 2 페이지에 인쇄된다.

이런 방식으로 이 열들에 대해서 모든 행들이 인쇄된 후에, 한 페이지의 너비에 들어갈 만큼의 다음 열들(예 H, I, …, L 열)에 대해서 1~25 행이 그 다음 페이지부터 인쇄되고, 이런 방식으로 마지막 행까지 인쇄된다.

다음의 그림은 워크시트에 A, B, …, I까지 9개의 열이 있고, 1 행부터 15 행까지 15개의 행이 있고, 용지 한 페이지의 너비에 A, B, C, D, E의 열과 1 행~8 행까지의 행이 담길 수 있을 때, 이 워크시트를 인쇄하면 1~4 페이지에 인쇄되는 열들과 행들을 보여준다.

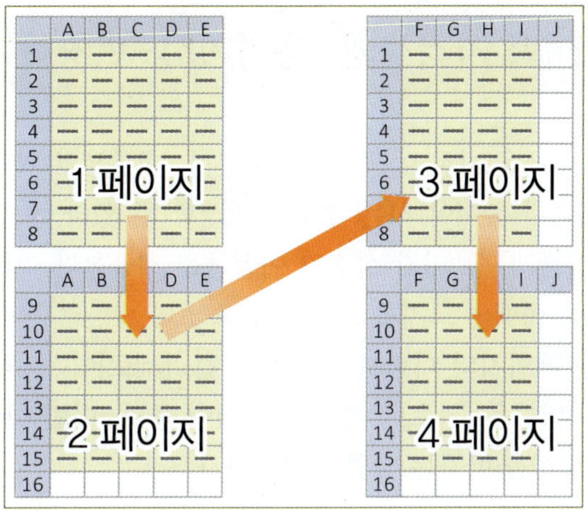

Tip 통합 문서 내의 여러 워크시트를 인쇄하려면 Shift 또는 Ctrl을 누른 채 인쇄할 워크시트 탭들을 선택한 후 인쇄한다.

❖ 미리 보기 영역

워크시트 데이터가 수십 개의 열에 걸쳐 있으면 A4 용지에 쉽게 인쇄되지 않는다. 결과적으로 어떤 열에선가 페이지가 바뀌면서 인쇄되는데, 페이지가 바뀌는 이 위치를 사용자가 원하지 않았을 수 있다. 워크시트 작성을 마친 후에 프린터로 인쇄하기 전에 워크시트가 어떻게 인쇄될 것인가를 화면에서 미리 보는 것이 매우 유용하다. 이렇게 하면 시간, 용지, 토너를 아낄 수 있다.

❖ 차트 인쇄

워크시트와 내포된 차트를 인쇄하는 것은 차트를 포함하지 않은 워크시트를 인쇄하는 것과 동일하다.

전체 워크시트를 인쇄하지 않고, 차트만 인쇄하려면

① 차트 내부의 빈 공간을 클릭하려 차트를 선택한다.
② 파일 탭 파일을 클릭한다.
③ 왼쪽 영역에서 **[인쇄]**를 선택한다.
　[인쇄] 창이 나타난다.
④ [인쇄 단추 인쇄]를 클릭한다.

P.350 실습하기 9-5

실습하기 9-1

실습파일 :\9장\세대별 관리비 내역.xlsx

여백 지정하기, 용지 방향 변경하기

실습 설명

워크시트의 디폴트 여백을 기본 여백이라고 부른다. 대부분의 워크시트에는 기본 여백이 괜찮지만 여백을 늘리거나 줄여야 하는 경우가 발생할 수 있다. 이런 작업을 쉽게 할 수 있도록 엑셀은 [넓게]와 [좁게] 등 미리 설정된 여백들을 제공한다. 사용자가 원하는 대로 왼쪽, 오른쪽, 위쪽, 아래쪽 여백의 크기를 조정할 수도 있다.

용지의 기본 방향은 페이지의 너비보다 길이가 긴, [세로]이다. 가로로 넓은 워크시트를 용지에 맞추려면 용지 방향을 [가로]로 변경하는 것이 좋다. 이번 실습에서는 워크시트에 여백을 지정하고, 용지 방향을 바꾸는 방법을 알아보자.

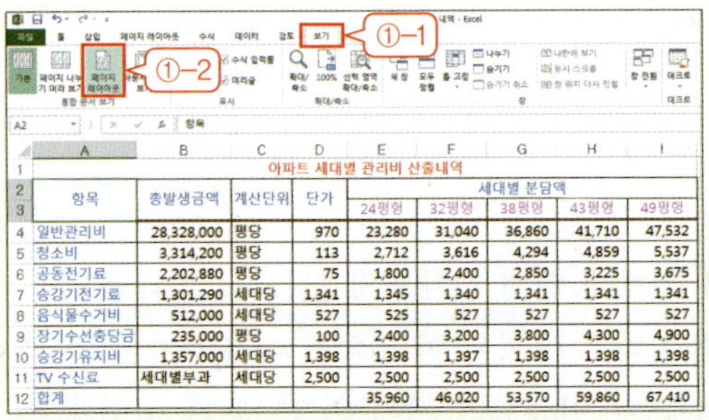

① [보기] 탭-[통합 문서 보기] 그룹-[페이지 레이아웃 단추]를 클릭한다.

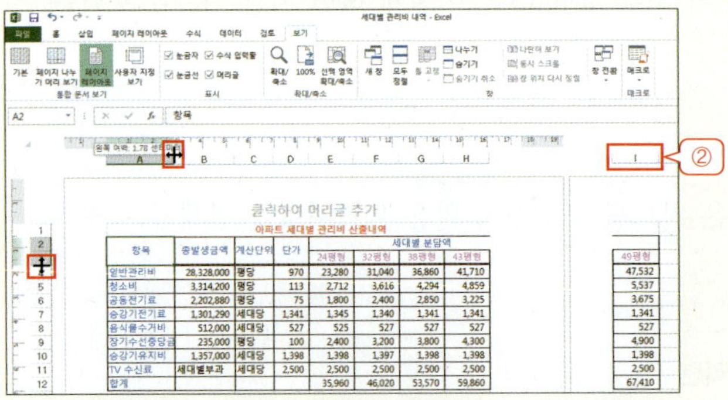

② 워크시트가 어떻게 용지에 나타날 것인가를 보여준다. 워크시트의 너비가 A4 용지의 너비보다 크기 때문에 I 열은 오른쪽 페이지에 표시된다.

③ 열 머리글 위의 눈금자 또는 행 머리글 왼쪽의 눈금자 위로 마우스를 이동하면 현재의 여백의 크기를 알 수 있다. 양방향 화살표 ✛(또는 ✛)를 움직여서 여백을 조정할 수 있다.

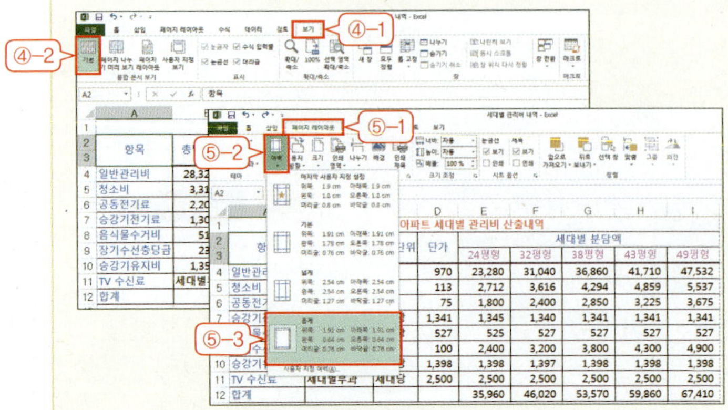

④ [보기] 탭-[통합 문서 보기] 그룹-[기본 단추]를 클릭한다.

⑤ [페이지 레이아웃] 탭-[페이지 설정] 그룹-[여백 단추]를 클릭한다. 메뉴에 [기본], [넓게], [좁게], [사용자 지정 여백] 등이 나타난다. [좁게]를 선택해보자.

여백 지정하기, 용지 방향 변경하기

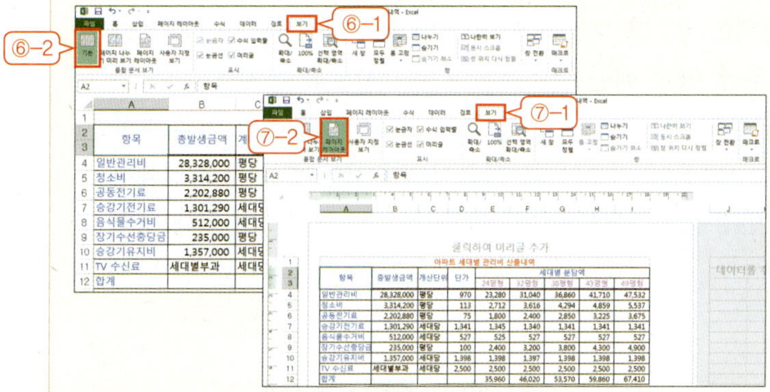

⑥ 다시, [보기] 탭-[통합 문서 보기] 그룹-[기본 단추]를 클릭한다. 외관상 아무런 차이가 보이지 않는다.

⑦ [보기] 탭-[통합 문서 보기] 그룹-[페이지 레이아웃 단추]를 클릭한다. 워크시트 전체 너비(I 열까지)가 A4 용지에 담긴다. [페이지 레이아웃] 탭-[페이지 설정] 그룹-[여백 단추]를 클릭하고 [기본]을 선택하여 원래의 여백으로 복귀한다.

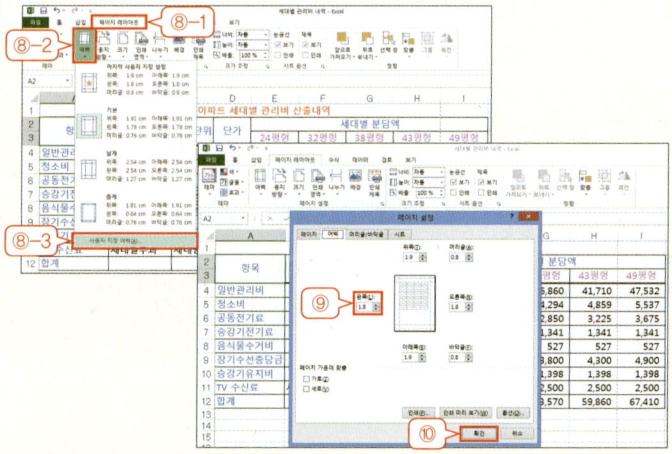

⑧ [페이지 레이아웃] 탭-[페이지 설정] 그룹-[여백 단추]를 클릭한다. 메뉴에서 [사용자 지정 여백]을 선택한다.

⑨ [페이지 설정] 대화상자가 나타난다. 위쪽, 아래쪽, 왼쪽, 오른쪽, 머리글, 바닥글 여백 상자의 드롭다운 화살표 를 클릭하여 여백을 조정할 수 있다.

⑩ [확인]을 클릭한다.

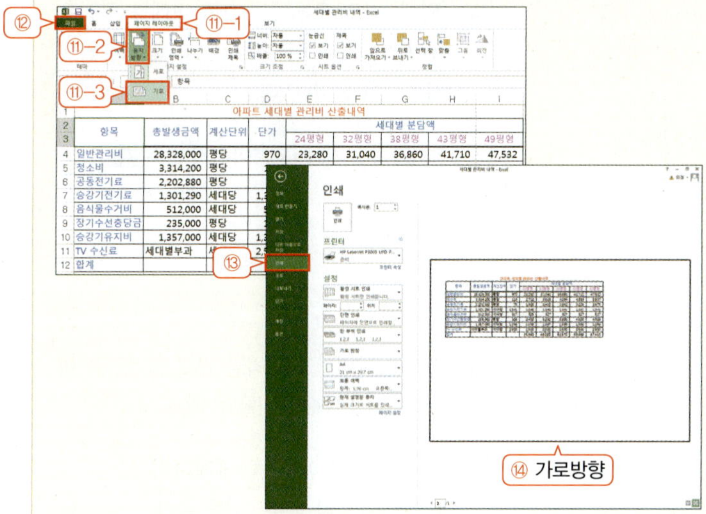

⑪ [페이지 레이아웃] 탭-[페이지 설정] 그룹-[용지 방향 단추]를 클릭한 후 메뉴에서 [가로]를 선택한다.

⑫ 파일 탭 **파일** 을 클릭한다.

⑬ 왼쪽 영역에서 [인쇄]를 선택한다.

⑭ [인쇄] 창의 오른쪽에 위치한 미리 보기 영역에서 워크시트가 가로로 인쇄됨을 알 수 있다.

Tip 일단 [사용자 지정 여백]을 설정하면 [여백 단추]를 클릭했을 때 사용자 지정 설정이 목록의 맨 위에 나타나므로 이 설정을 여러 워크시트에 일관되게 지정할 수 있다.

실습하기 9-2

실습파일 :\9장\비품 입출고내역.xlsx

인쇄 영역과 인쇄 배율 설정하기

실습 설명

별도로 명시하지 않으면 엑셀은 현재 활성화된 워크시트의 모든 내용을 인쇄한다. 데이터의 일부를 인쇄하려면 인쇄할 범위를 선택한 후, 그 부분을 인쇄 영역으로 설정해야 한다. 워크시트가 용지 크기보다 작거나 큰 경우에 인쇄 배율을 조정하여 워크시트를 용지 크기에 맞출 수 있다. 예를 들어서 워크시트가 용지보다 작아서 크기를 증가시키려고 하면 인쇄 배율을 100%보다 크게(예 115%) 변경할 수 있다. 용지보다 큰 워크시트를 용지에 맞춰서 인쇄하려면 배율을 100%보다 작게(예 90%) 변경할 수 있다. 이번 실습에서는 워크시트의 인쇄 영역을 지정하고, 인쇄 배율을 조정해보자.

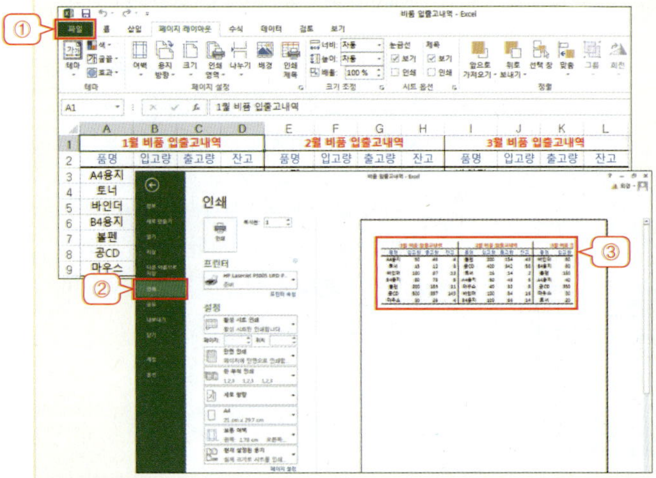

① 파일 탭 **파일** 을 클릭한다.

② 왼쪽 영역에서 **[인쇄]**를 선택한다.

③ **[인쇄]** 창의 오른쪽에 위치한 미리 보기 영역에서 워크시트의 일부 내용이 같은 용지에 인쇄되지 않음을 알 수 있다.

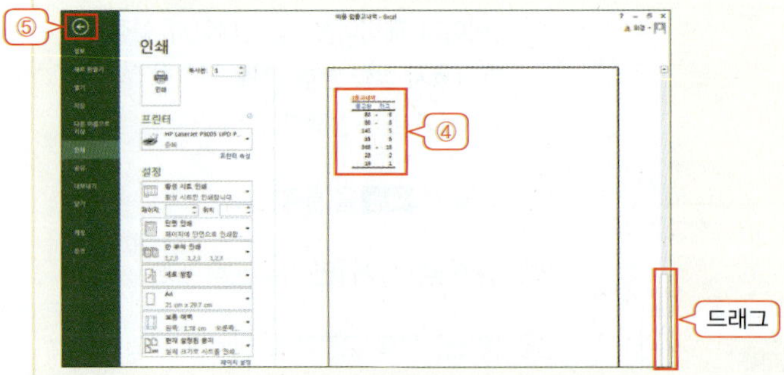

④ **[인쇄]** 창의 오른쪽 스크롤 막대를 아래로 내리면 다음 페이지에 나머지 내용이 인쇄되는 것을 볼 수 있다.

⑤ ESC를 누르거나 **[되돌아가기 단추]**를 클릭한다.

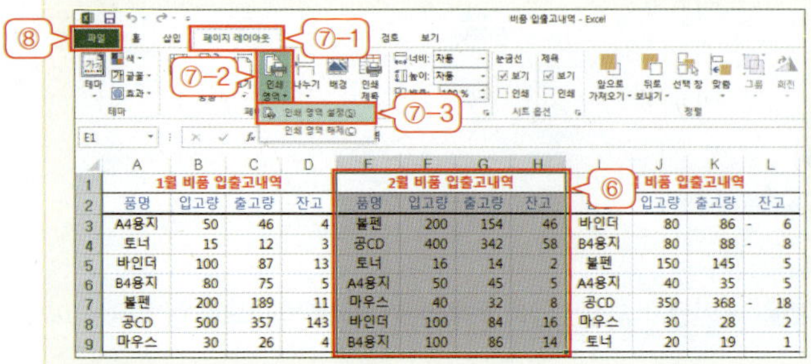

⑥ 2월 비품 입출고 내역을 인쇄 영역으로 설정해보자. E1:H9 범위를 선택한다.

⑦ **[페이지 레이아웃]** 탭-**[페이지 설정]** 그룹-**[인쇄 영역 단추]**를 클릭한 후 메뉴에서 **[인쇄 영역 설정]**을 선택한다.

⑧ 파일 탭 **파일** 을 클릭한다.

인쇄 영역과 인쇄 배율 설정하기

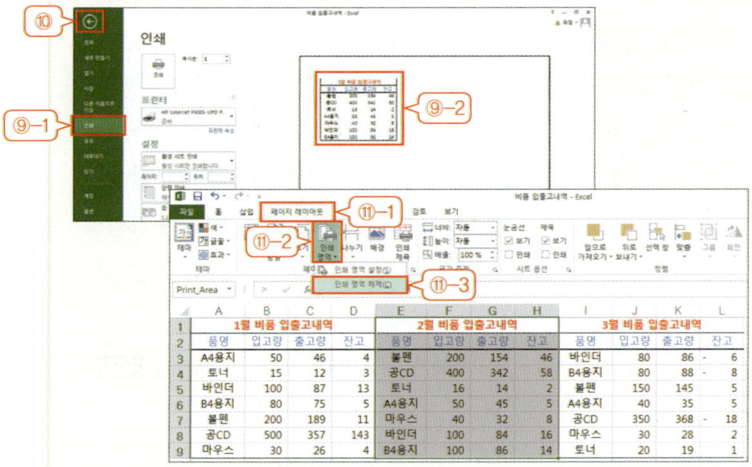

⑨ 왼쪽 영역에서 [인쇄]를 선택한다. [인쇄] 창의 오른쪽에 위치한 미리 보기 영역에서 2월 비품 입출고내역만 인쇄됨을 알 수 있다.

⑩ ESC를 누르거나 [되돌아가기 단추 ⊖]를 클릭한다.

⑪ [페이지 레이아웃] 탭–[페이지 설정] 그룹–[인쇄 영역 단추]를 클릭한 후 메뉴에서 [인쇄 영역 해제]를 선택하면 인쇄 영역이 해제된다.

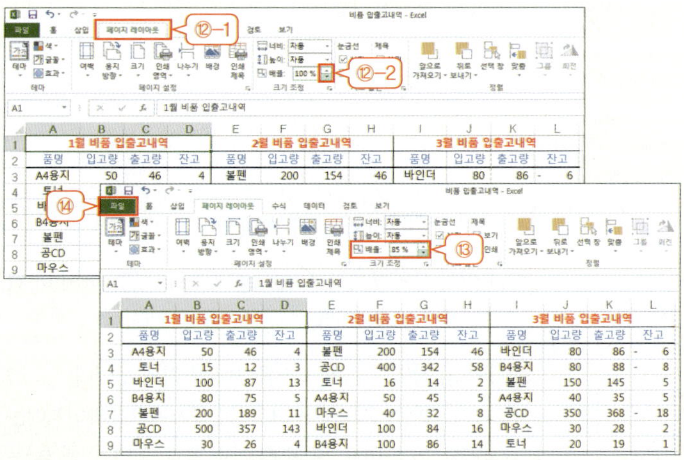

⑫ 이제 인쇄 배율을 조정해보자. [페이지 레이아웃] 탭–[크기 조정] 그룹–[배율 단추]의 드롭다운 화살표 를 클릭한다.

⑬ 85%로 조정해보자.

⑭ 파일 탭 파일 을 클릭한다.

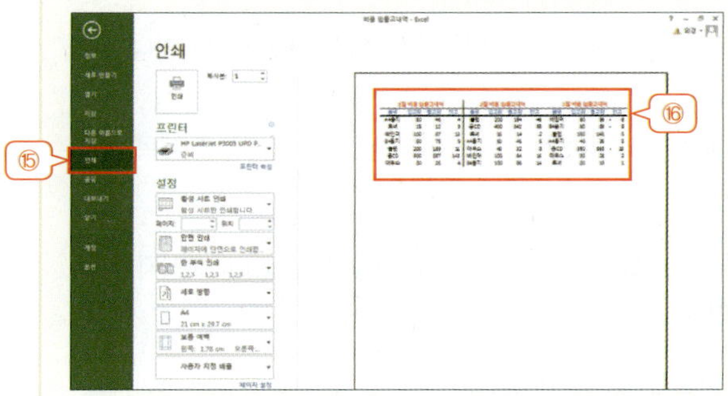

⑮ 왼쪽 영역에서 [인쇄]를 선택하여 [인쇄] 창이 나타나도록 한다.

⑯ [인쇄] 창의 오른쪽에 위치한 미리 보기 영역에서 워크시트의 전체 내용이 용지에 인쇄됨을 알 수 있다. 단계 ③의 그림과 비교해보라.

Tip 인쇄 영역을 해제하기 전에 그 인쇄 영역을 먼저 선택할 필요는 없다. 아무 셀(범위)을 선택하지 않은 상태에서도 인쇄 영역을 해제할 수 있다.

실습하기 9-3

실습파일 ◎ :\9장\컴퓨터활용 성적.xlsx

인쇄 제목 설정하기, 눈금선 인쇄하기

실습 설명

인쇄할 워크시트의 길이가 매우 길면 두 번째 이후의 페이지에서는 각 열의 제목을 기억하지 못할 수 있다. 인쇄된 데이터를 좀 더 쉽게 이해할 수 있도록, 엑셀에서 한 행이나 여러 행(또는 한 열이나 여러 열)들을 각 페이지에 반복해서 인쇄되는 인쇄 제목으로 지정할 수 있다.
눈금선은 화면상에는 보이지만 용지에 자동적으로 인쇄되지는 않는다. 눈금선이 나타나도록 인쇄하면 용지 위에서 데이터를 가로와 세로로 따라가면서 읽기가 쉬워진다. 이번 실습에서는 긴 워크시트의 두 번째 이후의 페이지에도 제목이 나타나도록 하는 방법과 눈금선이 인쇄되도록 하는 방법을 알아보자.

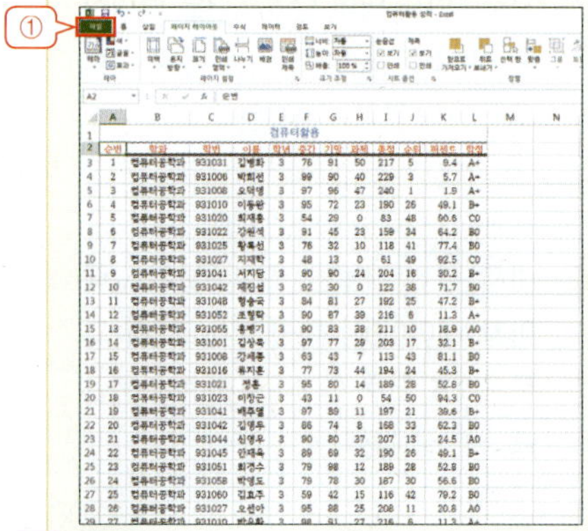

① 이 워크시트에는 행이 53개가 있다. 파일 탭 **파일**을 클릭한다.

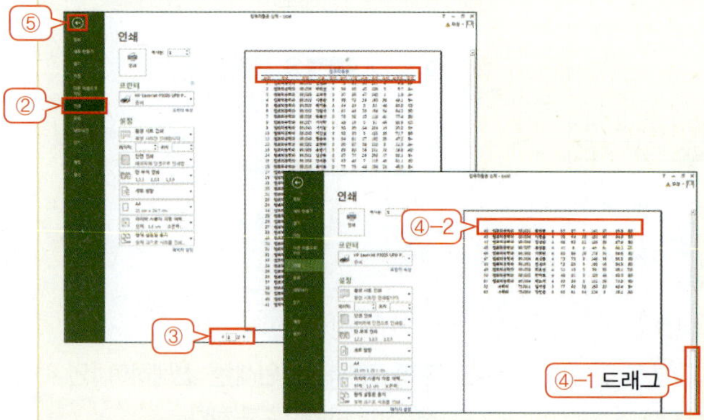

② 왼쪽 영역에서 **[인쇄]**를 선택한다.

③ **[인쇄]** 창의 오른쪽에 위치한 미리 보기 영역에서 이 워크시트가 2페이지를 차지함을 알 수 있다.

④ **[인쇄]** 창의 오른쪽 스크롤 막대를 아래로 내리면 미리 보기 영역에 2페이지의 내용이 표시된다. 2페이지에는 42행부터 보이고, 열 제목(순번, 학과, 학번, 이름 등)은 인쇄되지 않음을 알 수 있다.

⑤ ESC를 누르거나 **[되돌아가기 단추 ⓔ]**를 클릭한다.

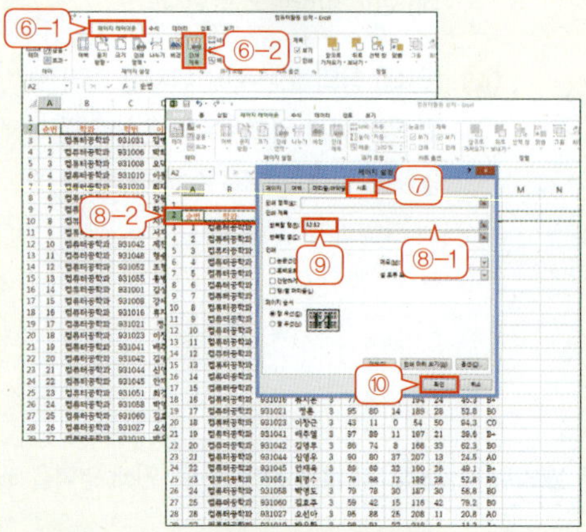

⑥ **[페이지 레이아웃]** 탭–**[페이지 설정]** 그룹–**[인쇄 제목 단추]**를 클릭한다.

⑦ **[시트]** 탭이 활성화된 상태로 **[페이지 설정]** 대화상자가 나타난다.

⑧ **[반복할 행]** 상자를 클릭한 후 2행의 행 머리글을 클릭한다.

⑨ **[반복할 행]** 상자에 $2:$2가 채워진다.

⑩ **[확인]**을 클릭한다. 기본 보기에서는 워크시트가 달라 보이지 않는다.

인쇄 제목 설정하기, 눈금선 인쇄하기

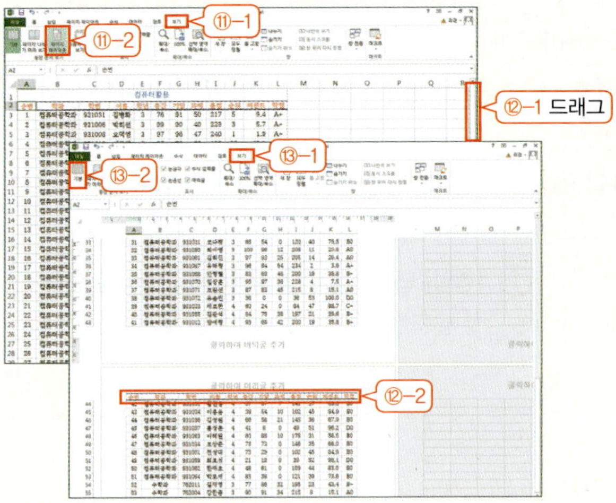

⑪ [보기] 탭-[통합 문서 보기] 그룹-[페이지 레이아웃 단추]를 클릭한다. 워크시트가 어떻게 용지에 나타날 것인가를 보여준다.

⑫ 오른쪽 스크롤 막대를 아래로 내리면 2페이지의 내용도 표시된다. 2페이지 상단에 2행의 열 제목(순번, 학과, 학번, 이름 등)들이 인쇄됨을 알 수 있다. [인쇄] 미리 보기에서 확인해도 좋다.

⑬ [보기] 탭-[통합 문서 보기] 그룹-[기본 단추]를 클릭한다.

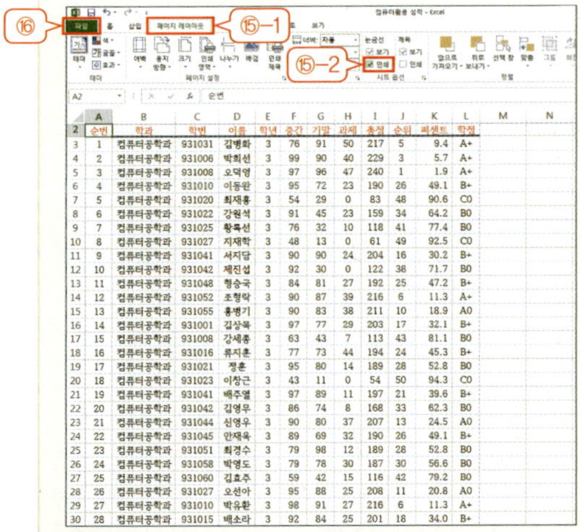

⑭ 단계 ③에서 [인쇄] 창의 미리 보기 영역에 눈금선이 표시되지 않음을 알 수 있었다.

⑮ [페이지 레이아웃] 탭-[시트 옵션] 그룹-[인쇄 단추 □ 인쇄]에 체크 표시를 한다.

⑯ 파일 탭 **파일**을 클릭한다.

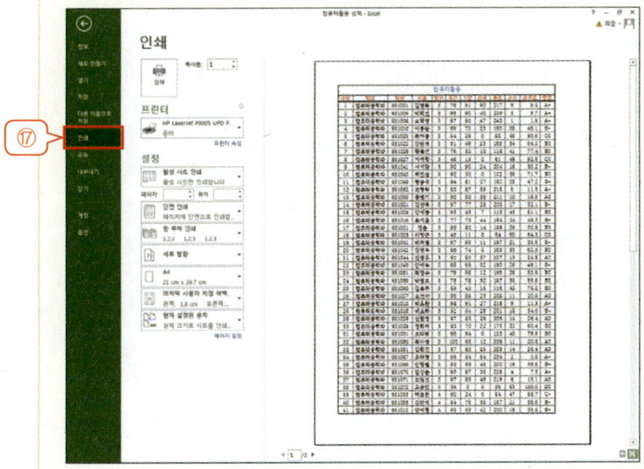

⑰ [인쇄]를 선택하여 [인쇄] 창이 나타나면 미리 보기 영역에서 워크시트에 눈금선이 인쇄됨을 알 수 있다. 단계 ③의 미리 보기와 비교해보라.

Tip [페이지 설정] 대화상자의 [시트] 탭에서 [눈금선]에 체크 표시를 함으로써 눈금선을 인쇄할 수도 있다.

실습하기 9-4

실습파일 ⊙ :\9장\국가별 경쟁력 분석.xlsx

머리글과 바닥글 설정하기

실습 설명

엑셀은 미리 설정된 다수의 머리글과 바닥글들을 제공한다. 사용자는 이들 중에서 원하는 것을 선택하여 워크시트에 삽입할 수 있다. 머리글과 바닥글의 왼쪽, 가운데, 오른쪽 등 세 구역에 특별 코드를 추가함으로써 페이지 번호, 날짜 등을 넣을 수 있다. 머리글과 바닥글의 세 구역에 텍스트를 직접 입력할 수도 있다.

이번 실습에서는 워크시트의 머리글이나 바닥글에 텍스트와 특별 코드를 삽입해보자.

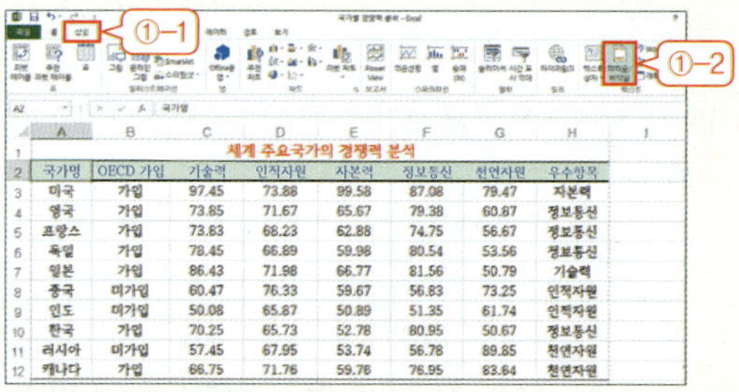

① [삽입] 탭-[텍스트] 그룹-[머리글/바닥글 단추]를 클릭한다. [페이지 레이아웃] 보기로 전환된다.

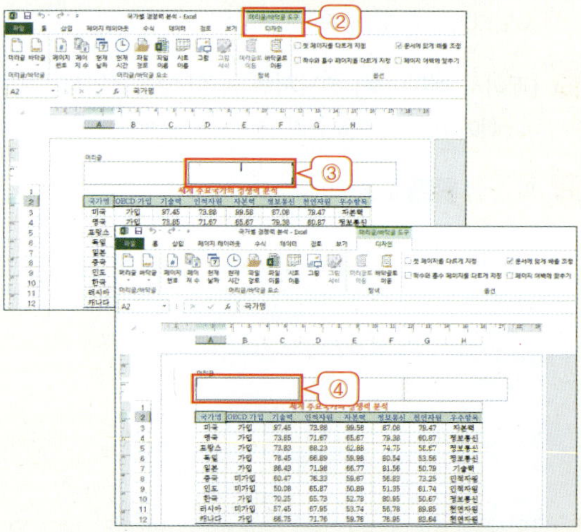

② [머리글/바닥글 도구-디자인] 탭이 나타난다.

③ 사용자가 정보를 입력할 수 있는 머리글과 바닥글 구역이 각각 3개이다. 디폴트로, [가운데 구역]이 선택되어 있다.

④ [왼쪽 구역]을 클릭해보자.

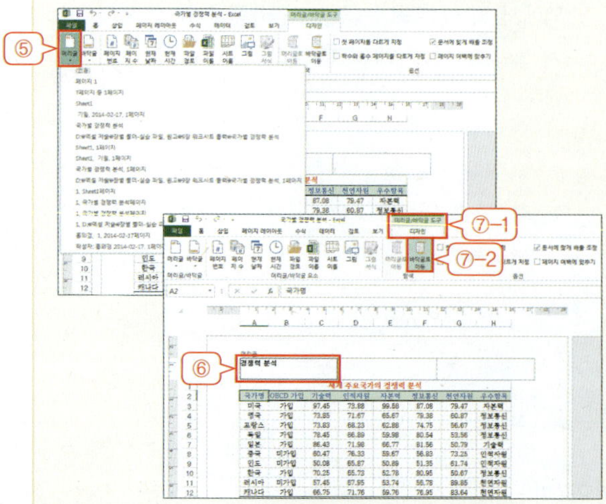

⑤ 미리 정의된 머리글을 추가하려면 [머리글/바닥글] 그룹-[머리글 단추]의 드롭다운 화살표 ▾를 클릭한 후 메뉴에서 원하는 것을 선택한다.

⑥ 직접 텍스트를 입력할 수도 있다.

⑦ [머리글/바닥글 도구-디자인] 탭-[탐색] 그룹-[바닥글로 이동 단추]를 클릭하여 바닥글로 이동해 보자.

머리글과 바닥글 설정하기

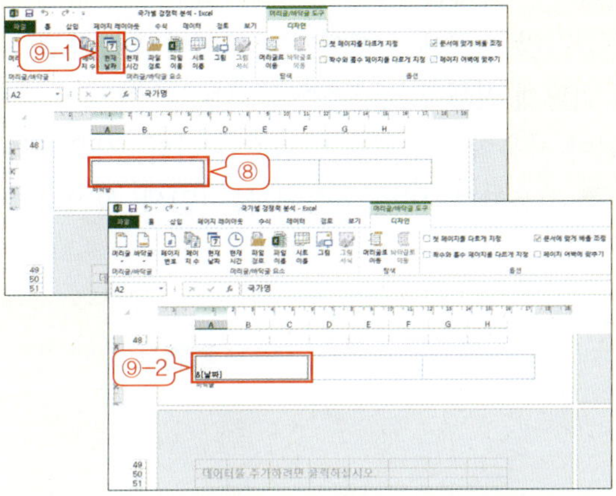

⑧ 바닥글의 **[왼쪽 구역]**을 클릭한다.

⑨ [머리글/바닥글 요소] 그룹-**[현재 날짜 단추]**를 클릭한다. 엑셀은 현재 날짜를 나타내는 특별 코드(&[날짜])를 삽입한다.

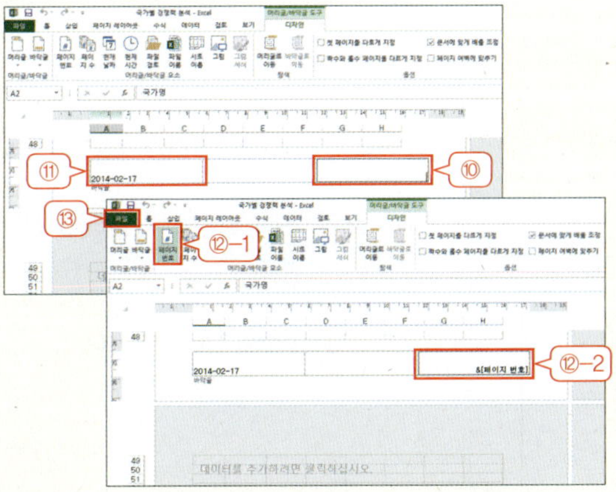

⑩ 바닥글의 **[오른쪽 구역]**을 클릭한다.

⑪ 바닥글의 **[왼쪽 구역]**에 현재 날짜가 표시된다.

⑫ [머리글/바닥글 요소] 그룹-**[페이지 번호 단추]**를 클릭한다. 엑셀은 페이지 번호를 나타내는 특별 코드(**&[페이지 번호]**)를 삽입한다. 바닥글 구역 바깥을 클릭하면 페이지 번호가 표시될 것이다.

⑬ 파일 탭 **파일**을 클릭한다.

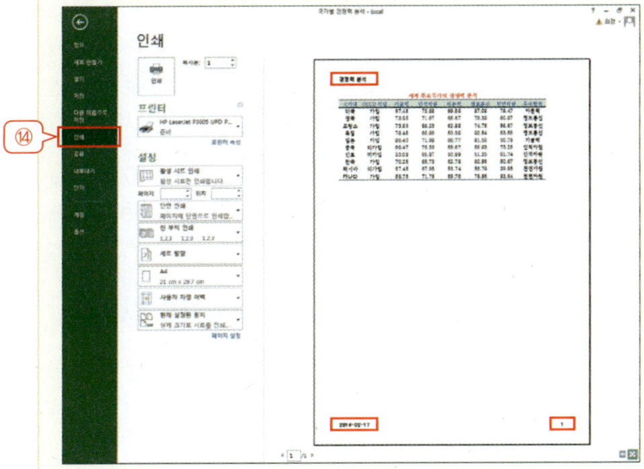

⑭ **[인쇄]**를 선택하여 **[인쇄]** 창이 나타나면 미리 보기 영역에서 머리글과 바닥글이 모두 표시됨을 알 수 있다.

실습하기 9-5

실습파일 : \9장\사원별 영업실적.xlsx

미리 보기, 프린터 선택하기, 인쇄하기

실습 설명

사용자는 화면상에 보이는 그대로 종이에 인쇄되기를 기대한다. 일반적으로 많은 행, 많은 열, 넓은 열이 포함된 워크시트는 사용자가 원하지 않는 곳에서 페이지가 바뀌면서 인쇄된다. [인쇄] 창의 미리 보기 영역에서 워크시트가 어떻게 인쇄될 것인가를 살펴보자.

사용자가 엑셀에서 인쇄 작업을 요청할 때 엑셀이 사용할 프린터를 알려줘야 한다. 사용자가 명시하지 않으면 엑셀은 윈도의 기본 프린터를 사용한다. 이번 실습에서는 [인쇄] 창에서 지정할 수 있는 옵션들을 알아보자.

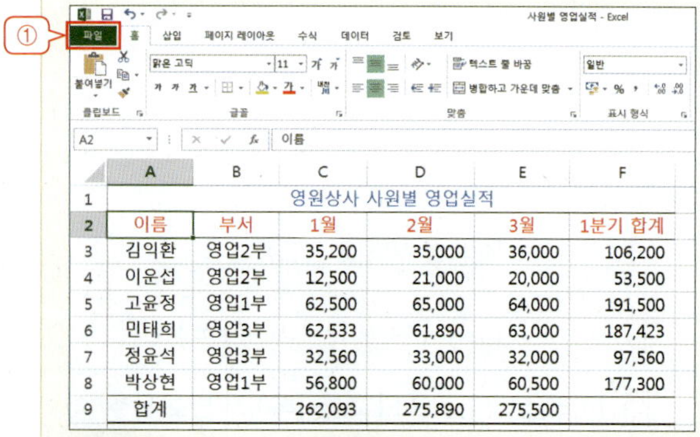

① 파일 탭 파일 을 클릭한다.

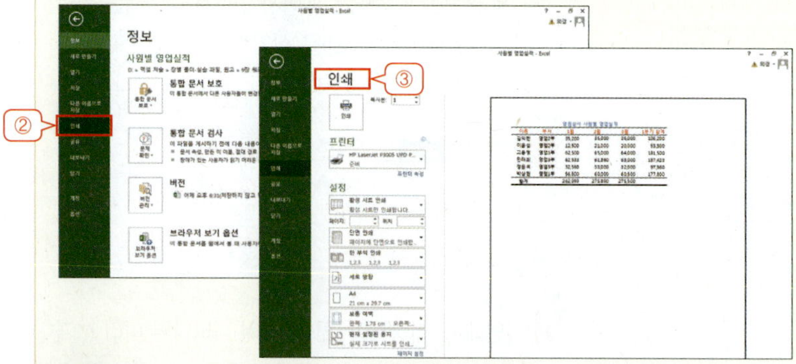

② 왼쪽 영역에서 [인쇄]를 선택한다.

③ [인쇄] 창이 나타난다.

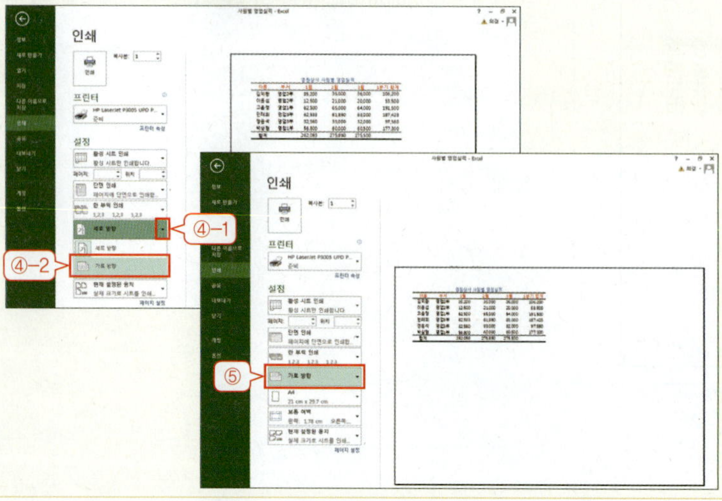

④ 용지의 방향을 바꿔보자. 현재 용지의 방향인 [세로 방향] 상자의 드롭다운 화살표 ▾를 클릭한 후 [가로 방향]을 선택한다.

⑤ 용지 방향이 세로에서 가로로 바뀐다.

미리 보기, 프린터 선택하기, 인쇄하기

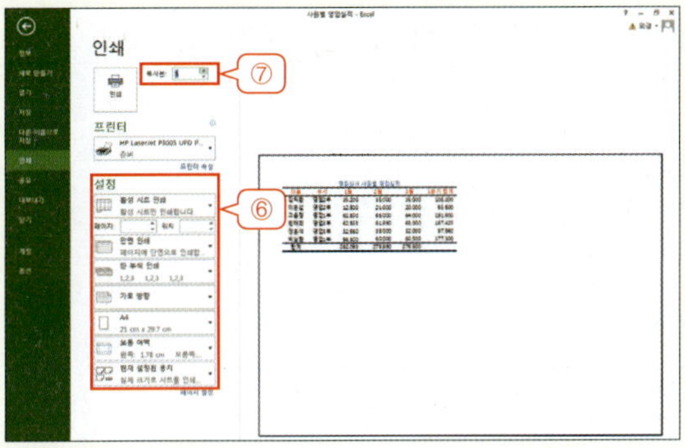

⑥ [설정] 아래에 위치한 여러 상자들의 드롭다운 화살표 ▾를 클릭하여 어떤 옵션들이 있는지 살펴본다.

⑦ [복사본] 상자의 드롭다운 화살표 ⬍를 클릭하여 인쇄 매수를 5로 만들어보자.

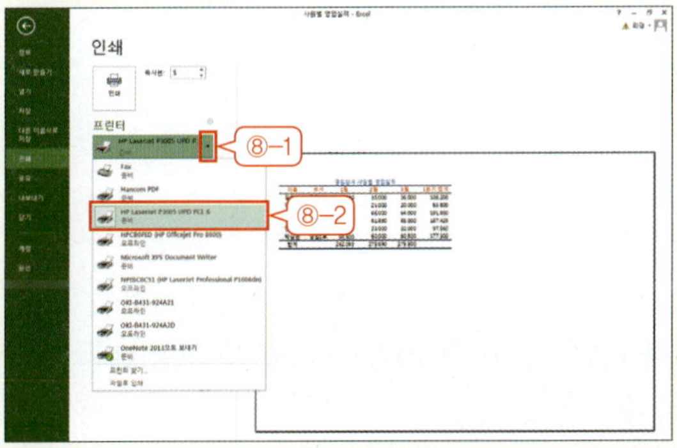

⑧ [프린터] 상자의 드롭다운 화살표 ▾를 클릭한 후 사용가능한 프린터들의 목록에서 원하는 프린터를 선택할 수 있다. 사용자의 컴퓨터에 연결된 프린터 메이커와 모델에 따라 여러분의 화면은 왼쪽 그림과 다르게 보일 수 있다.

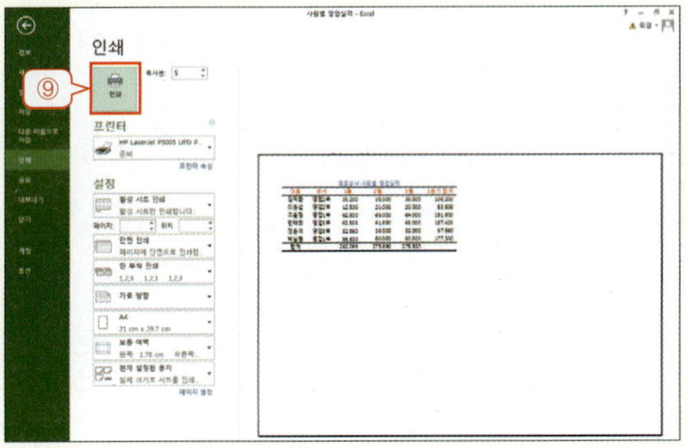

⑨ 마지막으로, [인쇄 단추 🖶]를 클릭하면 워크시트가 미리 보기 영역에 보이는 대로 용지에 인쇄된다.

연습문제 EXERCISE

1. 다음 워크시트는 정기승급 사정자료를 보여준다.(연습파일 :\9장\연습문제-1.xlsx)

(1) 여백에 넓게, 좁게, 사용자 지정 여백 등을 지정해보라.

(2) 용지 방향을 세로에서 가로로 변경하라.

(3) [인쇄] 창의 미리 보기 영역에서 워크시트가 어떻게 인쇄되는지 확인하라.

	A	B	C	D	E	F	G	H	I	J
1					정기승급 사정자료					
2	사원번호	성명	부서명	직위	근속연수	1차(전공)	2차(업무)	근무태도	업무기여도	총고과점수
3	SA-100	천일만	영업부	부장	20	39	40	10	10	99
4	CO-200	김유민	총무부	대리	5	40	36	9	7	92
5	AC-300	이상진	경리부	계장	7	36	39	10	8	93
6	BY-400	이지현	영업부	과장	12	39	38	10	9	96
7	AC-301	정성국	경리부	과장	10	37	39	9	9	94
8	CO-201	신재호	총무부	과장	15	36	40	8	9	93
9	SA-101	강재석	영업부	대리	6	34	38	10	7	89
10	SA-102	민화연	영업부	과장	16	39	35	9	9	92
11	BY-401	류진석	경리부	부장	21	38	39	9	10	96
12	BY-402	박만이	총무부	대리	8	33	34	8	7	82
13	CO-202	전지애	총무부	사원	3	29	32	10	6	77
14	SA-103	한수희	영업부	사원	2	30	25	7	6	68

2. 다음 워크시트는 보험상품 가입내역을 보여준다.(연습파일 :\9장\연습문제-2.xlsx)

(1) 보험구분, 성명, 지점명, 보험종류 열을 인쇄 영역으로 지정하라.

(2) [인쇄] 창의 미리 보기 영역에서 워크시트가 어떻게 인쇄되는지 확인하라.

(3) 인쇄 배율을 120%, 90%로 변경해보라.

	A	B	C	D	E	F
1			보험상품 가입내역			
2	보험구분	성명	보험코드	지점명	보험종류	월불입액
3	건강	김철민	H001	서울	건강	120,000
4	상해	유아영	J001	충청	상해	80,000
5	건강	최지현	H001	강원	건강	35,000
6	저축	한부희	S001	강원	저축	30,000
7	상해	최민준	J001	서울	상해	35,000
8	건강	김구열	H001	호남	건강	189,000
9	연금	정태훈	Y001	서울	연금	520,000
10	저축	이주현	S001	충청	저축	400,000
11	연금	국덕근	Y001	호남	연금	140,000
12	건강	박창주	H001	영남	건강	78,000
13	변액	사공철	V001	호남	변액	320,000
14	변액	김주억	V001	영남	변액	700,000
15	변액	정래은	V001	서울	변액	250,000
16	변액	김재희	V001	충청	변액	280,000
17	변액	선주영	V001	호남	변액	240,000

3. 다음 워크시트는 납품내역을 보여준다. 이 워크시트에는 51행까지 들어있어서 한 페이지에 인쇄되지 않는다.(연습파일 :\9장\연습문제-3.xlsx)

EXERCISE 연습문제

(1) 인쇄된 두 번째 페이지 상단에도 2 행(납품일자, 납품처, 제품코드, 납품단가, 납품수량)이 열 제목으로 나타나도록 인쇄 제목을 설정하라.

(2) 화면상에서는 눈금선이 보이지만, **[인쇄]** 창의 미리 보기 영역에서 눈금선이 인쇄되지 않음을 확인할 수 있다. 눈금선이 인쇄되도록 지정하라.

	A	B	C	D	E
1	납품내역				
2	납품일자	납품처	제품코드	납품단가(단위:천원)	납품수량
3	2014-02-27	강릉전자	A6	65	31
4	2014-03-29	경호전자	A3	25	41
5	2014-02-01	광주전자	A2	30	14
6	2014-03-12	구미전자	A5	35	45
7	2014-04-17	구미전자	A4	43	43
41	2014-02-27	인하전자	A8	52	[illegible]
42	2014-03-11	전주전자	A1	50	125
43	2014-02-13	제주전자	A4	43	88
44	2014-01-21	제주전자	A7	40	31
45	2013-12-10	제주전자	A8	52	133
46	2014-02-18	제주전자	A5	35	91
47	2014-01-20	청주전자	A4	43	98
48	2014-01-12	청주전자	A5	35	65
49	2014-01-20	청주전자	A4	43	88
50	2014-01-12	청주전자	A8	52	26
51	2014-01-25	충주전자	A8	52	43

4. 연습문제 3의 워크시트를 계속 사용한다.

(1) 이 워크시트의 머리글의 왼쪽 구역에 납품내역을 삽입하라.

(2) 이 워크시트의 바닥글의 왼쪽 구역에 파일 이름, 오른쪽 구역에 페이지 번호를 나타내는 특수 코드를 각각 삽입하라.

(3) **[인쇄]** 창의 미리 보기 영역에서 머리글과 바닥글이 올바르게 삽입되었는지 확인하라.

5. 다음 워크시트는 여행 기간 중에 지출한 경비 내역을 보여준다.
(연습파일 :\9장\연습문제-5.xlsx)

(1) **[인쇄]** 창의 미리 보기 영역에서 워크시트가 어떻게 인쇄되는지 확인하라.

(2) **[인쇄]** 창에서 여백을 넓게로 변경하라.

(3) **[인쇄]** 창에서 인쇄 매수를 3으로 변경하라.

(4) **[인쇄]** 창에서 **[프린터]** 상자의 드롭다운 화살표 를 클릭한 후 사용가능한 프린터들의 목록을 살펴보라.

(5) **[인쇄 단추** 인쇄**]**를 클릭하여 워크시트를 프린터로 인쇄하라.

연습문제 EXERCISE

	A	B	C	D	E
1	여행경비				
2	날짜	유형	세부항목	달러	지불수단
3	2013-06-29	식비	서브웨이	6.73	현금
4	2013-06-29	잡비	물, 쌀 등	50.00	신용카드
5	2013-06-29	숙박비	Best Western	77.28	신용카드
6	2013-06-30	잡비	스타벅스 병커피 1박스 등	32.95	신용카드
7	2013-06-30	식비	햄버거	9.87	현금
8	2013-06-30	잡비	팁	1.00	현금
9	2013-06-30	숙박비	Days Inn	79.72	신용카드
10	2013-07-01	잡비	국립공원 연간패스	80.00	신용카드
11	2013-07-01	식비	저녁	18.00	현금
12	2013-07-01	잡비	팁	1.00	현금
13	2013-07-01	자동차	휘발유	53.47	신용카드
14	2013-07-01	숙박비	Travelodge	80.98	신용카드
15	2013-07-02	식비	햄버거	8.72	현금
16	2013-07-02	잡비	팁	1.00	현금
17	2013-07-02	자동차	휘발유	46.18	신용카드
18	2013-07-02	숙박비	Holiday Inn	78.35	신용카드
19	2013-07-03	식비	샌드위치&커피	11.87	현금
20	2013-07-03	자동차	휘발유	33.56	신용카드
21	2013-07-03	식비	중국식당	9.00	현금
22	2013-07-03	자동차	주차비	6.50	현금
23	2013-07-03	숙박비	Comfort Inn	69.63	신용카드

CHAPTER 10

매크로

엑셀에서 매일, 매주, 매월, 매분기마다 반복적으로 워크시트에 어떤 작업을 수행해야 하는 경우가 자주 일어난다. 예를 들어서 부서 이름과 전화번호를 머리글에 삽입하거나 회사의 로고와 주소를 바닥글에 삽입하고, 동일한 유형의 워크시트의 외관을 일관되게 만들기 위해서 글꼴과 테두리 등의 서식을 일일이 지정한다. 매크로는 엑셀에게 하나 이상의 동작을 수행하도록 지시하는 명령들의 집합이다. 매크로를 사용하면 자주 수행되는 반복적인 작업을 쉽고 빠르게 수행할 수 있다. 사용자가 엑셀에서 반복적으로 수행하는 어떤 작업도 그에 대한 매크로를 기록함으로써 자동적으로 수행할 수 있다.

CHAPTER 10

매크로

SECTION 01 매크로가 무엇인가?

엑셀에서 작업하면서 자주 부서 이름과 전화번호를 머리글에 삽입하거나 회사의 로고와 주소를 바닥글에 삽입해야 한다면 쉽고 빠르게 수행할 수 있는 좋은 방법이 없을까? 매크로는 이와 같은 반복적인 동작들의 순서를 빠르게 편리하게 실행하는 유용한 기법이다.

매크로는 엑셀에게 하나 이상의 동작을 수행하도록 지시하는 명령들의 집합이다. 사용자가 엑셀에서 반복적으로 수행하는 어떤 작업도 그에 대한 매크로를 기록함으로써 자동적으로 수행할 수 있다. 기록한 매크로를 필요할 때마다 언제든지 다시 사용할 수 있다.

비디오 카메라로 녹화하듯이 매크로는 엑셀에서 사용자가 마우스를 클릭하는 동작과 키보드를 누르는 동작들을 순서대로 기록한다.

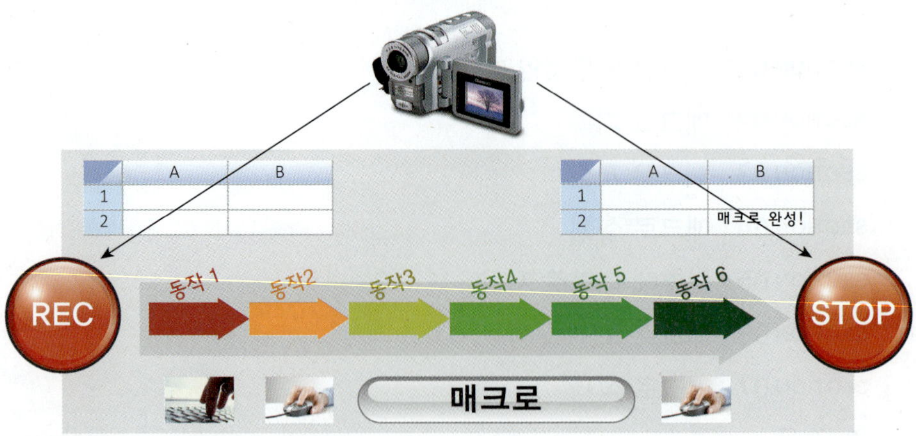

[그림 10-1] **매크로의 개념**

엑셀에서 매크로를 두 가지 방법으로 작성할 수 있다. 첫 번째 방법은 매크로 기록 명령을 이용하는 것이고, 두 번째 방법은 VBA(Visual Basic for Applications)로 프로그램을 작성하는 것이다. VBA는 마이크로소프트 오피스 프로그램(엑셀, 파워포인트, 워드, 액세스 등)에 들어있는 스크립트 언어이다. 아래의 표는 두 방법의 장단점을 보여준다. 본 교재에서는 VBA를 사용하여 매크로를 작성하는 방법은 다루지 않는다.

[표 10-1] **매크로 작성 방법의 장단점**

매크로 작성 방법	장점	단점
매크로 기록 명령	• VBA 프로그래밍 지식이 불필요	• 매크로를 작성한 후에 매크로를 수정할 수 없음 • 기록된 매크로는 루프와 같은 반복적인 동작, 조건부 동작을 포함할 수 없음
VBA로 프로그래밍	• 사용자가 원하는 대로 매크로를 수정할 수 있음 • 매크로가 반복, 조건부 결정을 포함할 수 있음 • 일부 작업은 VBA 프로그래밍을 통해서만 가능	• VBA 언어를 학습해야 함 • 간단한 작업의 경우에는 매크로 기록보다 프로그래밍에 시간이 더 소요 • 코드를 작성한 후에 이를 테스트하고 디버그해야 함

엑셀에서 수행할 수 있는 모든 작업이 매크로의 후보가 될 수 있지만 흔히 다음과 같은 용도로 매크로를 활용한다.

▶ 회사 이름, 회사 로고, 부서 이름, 전화번호 등을 워크시트에 삽입한다.
▶ 자주 사용되는 페이지 레이아웃을 설정한다.
▶ 열 제목과 데이터에 서식을 부여한다.
▶ 데이터를 정렬한다.
▶ 어떤 범위 내의 숫자들의 합, 평균, 최대값 등을 계산한다.

❖ 리본의 [개발 도구] 탭

엑셀에서 매크로 관련 도구들은 리본의 [개발 도구] 탭에 위치한다. 엑셀을 컴퓨터에 설치할 때 [개발 도구] 탭이 리본에 디폴트로 표시되지는 않는다.

[개발 도구] 탭이 리본에 표시되도록 하려면

① 현재 리본에 [개발 도구] 탭이 없는 것을 알 수 있다. 파일 탭 **파일**을 클릭한다.

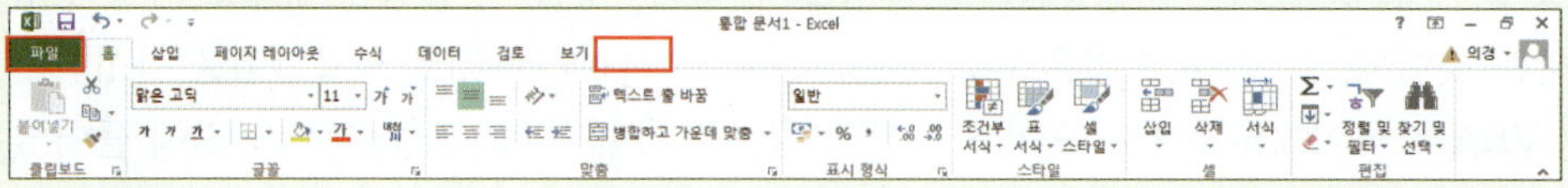

② 왼쪽에서 [옵션]을 선택한다.

③ [Excel 옵션] 창이 나타난다. 왼쪽에서 [리본 사용자 지정]을 선택한다.

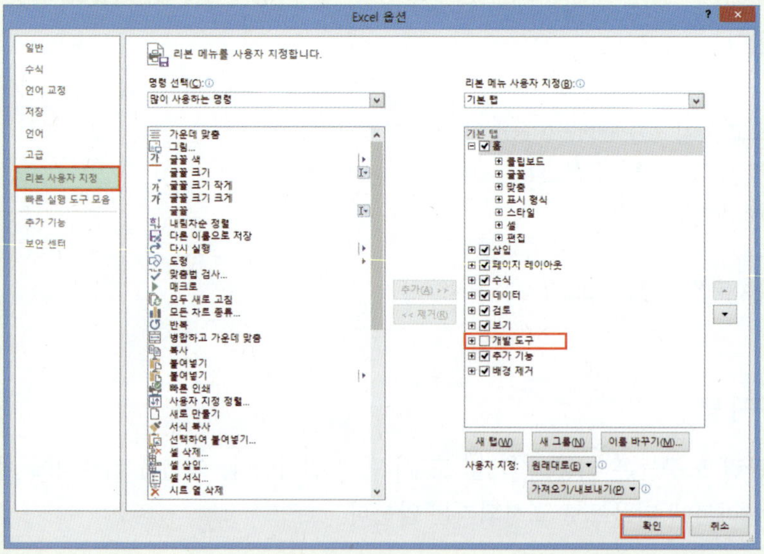

④ 오른쪽의 [리본 메뉴 사용자 지정] 아래의 큰 박스에서 [개발 도구]를 체크 표시한다.
⑤ [확인]을 클릭한다.

이제 리본에 [개발 도구] 탭이 표시된다.

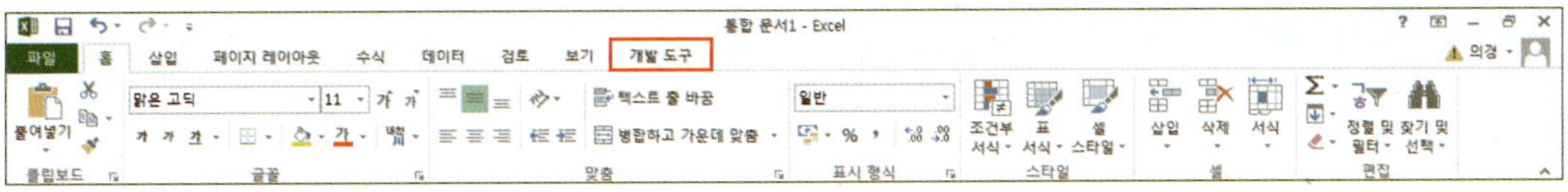

[개발 도구] 탭-[코드] 그룹에는 [매크로 기록], [매크로 보안] 등 매크로와 관련된 작업에 사용되는 명령들이 들어있다.

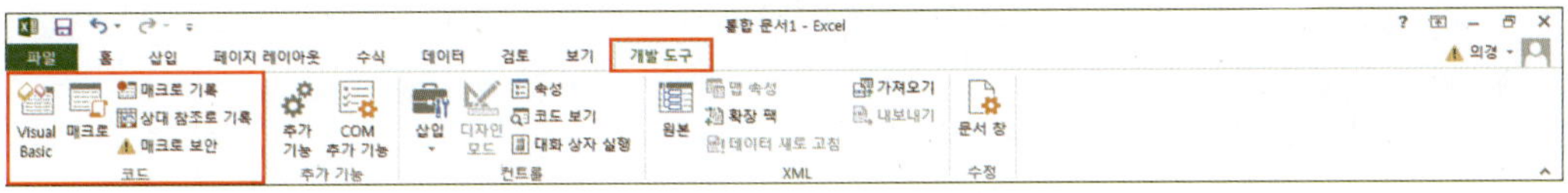

SECTION 02 매크로 기록

매크로를 기록하는 작업은 3개의 단계로 이루어진다.

① 매크로 기록기를 시작시키고, 매크로의 이름을 입력한다.
② 기록하려는 키 누름(예 데이터 입력), 마우스 클릭(예 메뉴 선택, 셀 선택)들을 수행한다. 리본 위에서 마우스를 이리저리 이동하는 것은 기록되지 않는다.
③ 매크로 기록기를 중지시킨다.

이제 엑셀의 [매크로 기록 단추]를 사용하여 매크로를 작성하는 방법을 알아보자. 본 실습의 주목적은 매크로를 어떻게 작성하는가를 설명하는 것이므로 매크로가 매우 단순하고 제한된 기능만 갖는다. 매크로의 기능이 복잡하든 간단하든 매크로 작성 방법은 동일하다.

메모장에서 필드들을 쉼표로 구분하여 작성한 텍스트 파일을 엑셀 워크시트로 읽어오면 필드의 내용이 셀에 나타나지 못하고 #######이 표시되는 열 너비 문제가 흔히 발생한다. 아래의 그림은 텍스트 파일로 작성한 도서관 DVD 구매 목록.txt 파일을 워크시트로 읽어온 것을 보여준다. 7~9행의 날짜 필드가 #######로 표시되었다.

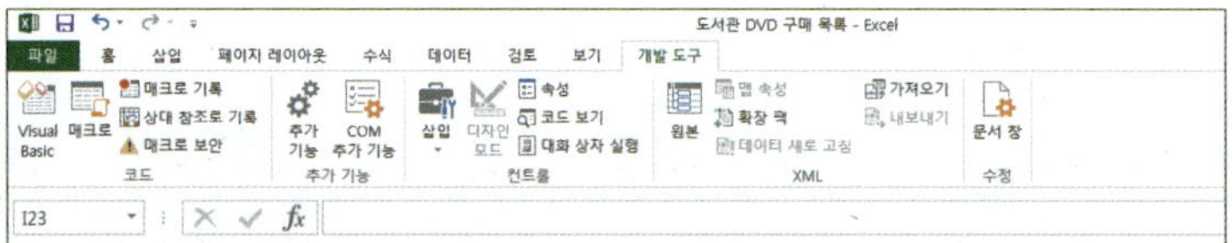

	A	B	C	D	E	F
1	순번	날짜	제목	감독/주연	제작사	수량
2	1	2014/7/2	현대건축의 다양함-포스트 모더니즘	아트앤스터디	우전미디어	2
3	2	2014/7/2	델마와 루이스	리들리 스콧	20세기 폭스	1
4	3	2014/7/2	에린 브로코비치	줄리아 로버츠	소니픽쳐스	1
5	4	2014/7/2	에너미오브스테이트	토니스콧/윌스미스	브에나 비스타	1
6	5	2014/7/2	광해, 왕이 된 남자	추창민	CJ E&M	1
7	6	#######	레 미제라블 (2012)	톰 후퍼	유니버설	1
8	7	#######	호빗: 뜻밖의 여정	피터 잭슨	워너브라더스	1
9	8	#######	클라우드 아틀라스	라나 워쇼스키	케이디미디어	1

셀에 들어있는 내용에 맞게 열 너비를 자동으로 조정하는 매크로를 작성하려면

① [개발 도구] 탭-[코드] 그룹-[매크로 기록 단추]를 클릭한다. 일단 매크로 기록이 시작되면 [매크로 기록 단추]가 [기록 중지 단추 ■]로 바뀜을 주목하라.

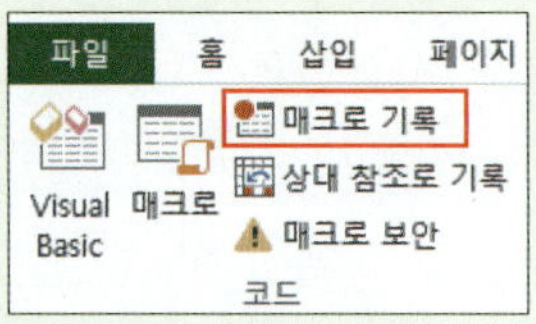

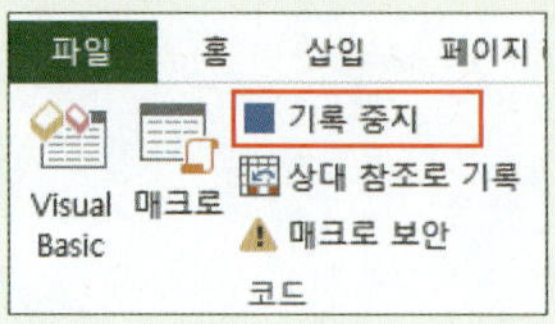

▶ 또는 엑셀 창 하단에 위치한 상태 표시줄에서 **[매크로 기록 단추]**를 클릭하여 매크로 기록을 시작할 수도 있다.

② **[매크로 기록]** 대화상자가 나타난다. **[매크로 이름]** 상자에는 매크로의 이름을 입력하고(필수), **[바로 가기 키]**에는 단축 키로 사용할 알파벳을 입력한다(선택). 매크로에 단축 키 조합을 지정하면 그 매크로를 실행하는데 필요한 단계 수를 줄일 수 있다. **[매크로 저장 위치]** 상자의 드롭다운 화살표 를 눌러서 현재 작성하려고 하는 매크로를 어디에 저장할 것인가를 지정할 수 있다. **[설명]** 상자에는 매크로의 기능을 설명하는 문장을 입력한다(선택).

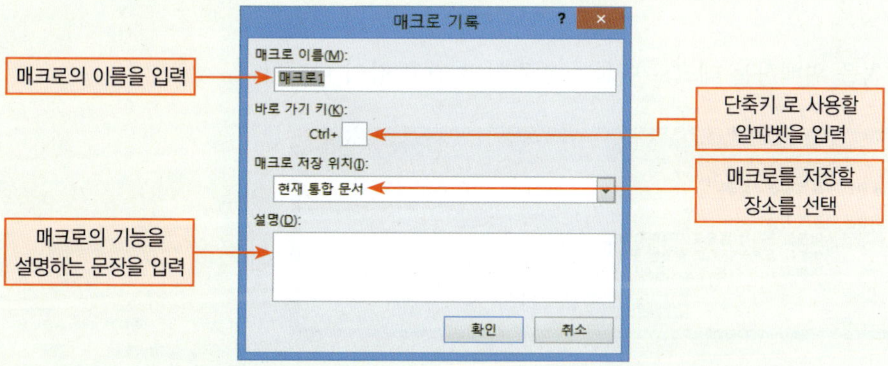

Tip 매크로에 지정한 바로 가기 키 조합은 매크로가 포함된 통합 문서가 열려 있는 동안 이와 동일한 엑셀의 바로 가기 키 조합을 무시한다.

Tip 바로 가기 키 조합을 지정할 때 Shift 를 함께 누르면 대문자가 지정되므로 알파벳 26개의 조합을 추가로 만들 수 있다.

아래의 표는 기록한 매크로를 저장할 수 있는 장소에 따른 차이점을 보여준다.

[표 10-2] 기록한 매크로를 저장할 수 있는 장소

매크로 저장 위치	설명
[개인용 매크로 통합 문서]	어떤 통합 문서에서도 이 매크로를 실행할 수 있다. 개인용 매크로 통합 문서의 파일 이름은 PERSONAL.XLSB이다. [개인용 매크로 통합 문서]에 매크로를 저장하면 사용자가 임의의 통합 문서를 열 때마다 자동적으로 PERSONAL.XLSB 파일도 열린다.
[새 통합 문서]	새 통합 문서를 열었을 때만 이 매크로를 실행할 수 있다.
[현재 통합 문서]	매크로가 저장되는 디폴트 장소이다. 현재의 통합 문서가 열려있을 때 모든 통합 문서에서 이 매크로를 실행할 수 있다.

Tip 엑셀에서 처음으로 매크로 저장 위치에 [개인용 매크로 통합 문서]를 선택하면 PERSONAL.XLSB가 생성되고 이 통합 문서에 매크로가 저장된다. 윈도 8에서 이 통합 문서는 C:₩사용자₩사용자 이름₩AppData₩Local₩Microsoft₩Excel₩XLStart 폴더에 저장된다. XLStart 폴더에 있는 통합 문서는 엑셀을 시작할 때마다 자동으로 열린다.

❖ 매크로 이름 규칙

매크로 이름에 한글도 사용할 수 있지만 다음과 같은 매크로 이름 규칙을 따라야 한다. 매크로의 기능을 함축하면서 간결한 이름을 부여하자.

- ▶ 매크로 이름은 반드시 문자로 시작해야 하며, 그 다음에 문자, 숫자, 밑줄이 올 수 있다.
- ▶ 최대 255자까지 허용한다.
- ▶ 특수 문자(예 !, ?, &, 공백 문자 등)는 포함할 수 없다.

이런 규칙을 위배하는 매크로 이름을 입력하면 경고 창이 나타난다.

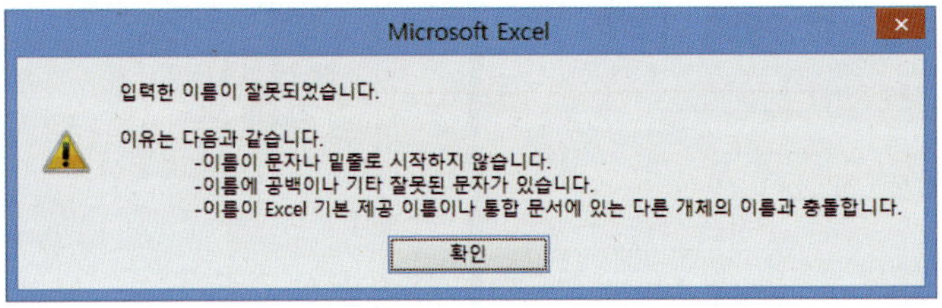

③ [매크로 이름]에 Column_Width_Adjust, [바로 가기 키]에 대문자 W, [매크로 저장 위치]에 현재 통합 문서, [설명]에 열 너비를 조정함이라고 입력한다. [확인]을 클릭한다.

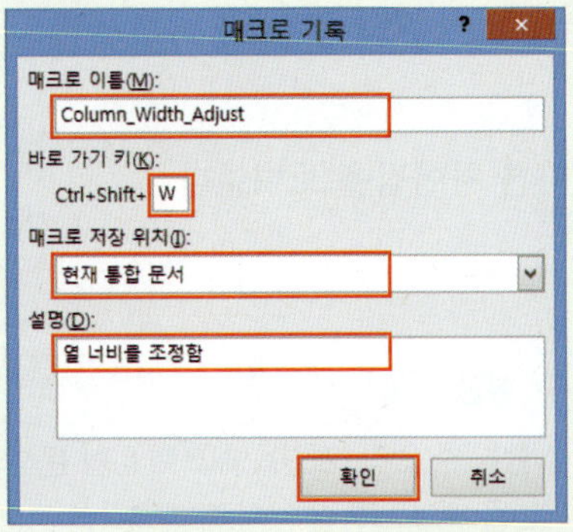

④ 이제 매크로 기록이 시작된다. 지금부터 [개발 도구] 탭–[코드] 그룹–[기록 중지 단추 ■]를 누를 때까지 사용자의 동작(키 누름, 마우스 클릭)이 매크로의 내용으로 기록된다.

⑤ 열 머리글 B를 클릭한다.

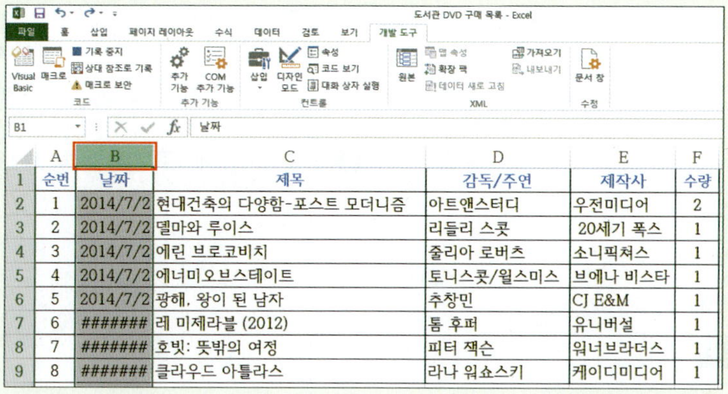

⑥ **[홈]** 탭–**[셀]** 그룹–**[서식 단추** ▦**]**를 클릭하고, 메뉴에서 **[열 너비 자동 맞춤]**을 선택한다.

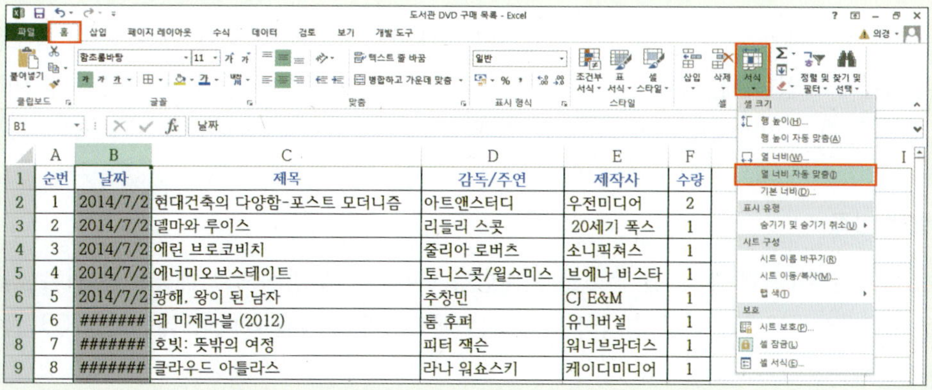

⑦ B 열의 너비가 B 열의 내용이 다 표시될 수 있도록 늘어난다.

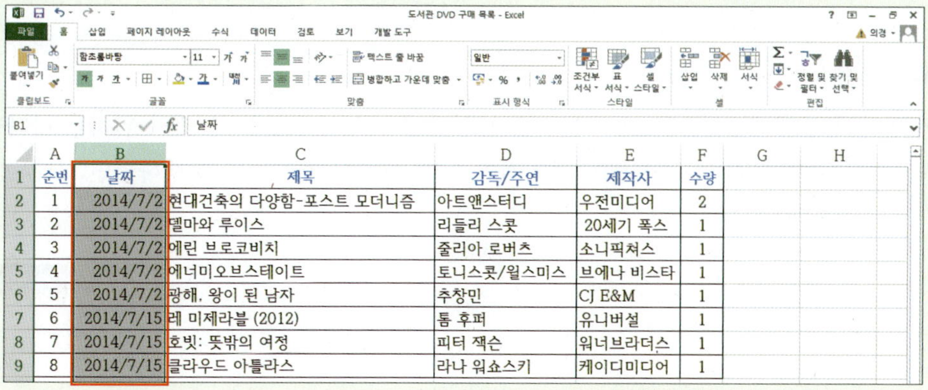

⑧ 매크로 기록을 중지하기 위해서 **[개발 도구]** 탭–**[코드]** 그룹–**[기록 중지 단추** ■**]**를 클릭한다.

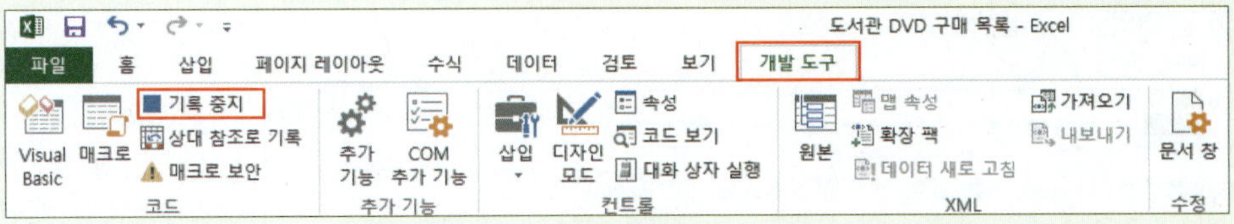

▶ 또는 엑셀 창 하단에 위치한 상태 표시줄에서 [기록 중지 단추 ■]를 클릭하여 매크로 기록을 중지할 수도 있다.

절대 참조 매크로 vs 상대 참조 매크로

매크로를 기록하기 전에 셀 참조가 절대인지 상대인지 결정할 필요가 있다. 절대 참조는 특정 영역에서 작업할 때, 상대 참조는 현재 셀의 위치에 따라 작업의 대상이 되는 영역이 달라질 때 사용한다. 일반적으로 매크로에는 절대 참조가 자주 사용된다.

❖ 절대 참조

절대 참조는 A1처럼 특정 셀 주소를 의미한다. 절대 참조 방식으로 매크로를 기록했을 때, 사용자가 C3 셀에 데이터를 입력하면 엑셀은 매크로가 실행될 때마다 데이터를 C3 셀에 넣는다.

Tip 수식의 절대 참조에서 $ 기호를 붙이는 것과 매크로에서의 절대 참조를 혼동해서는 안 된다.

❖ 상대 참조

이에 반해서 상대 참조 매크로는 다른 셀과의 상대적인 위치로 어떤 셀의 위치를 나타낸다. 예를 들어서 사용자가 클릭한 셀에 상대적인 어떤 셀에서 매크로를 실행하려면 상대 참조로 매크로를 기록해야 한다.

P.374 실습하기 10-1

SECTION 03 매크로 저장

매크로를 포함하지 않은 통합 문서를 저장할 때의 확장자는 .xlsx이다. 매크로를 포함한 통합 문서는 [Excel 매크로 사용 통합 문서] 파일 형식으로 저장해야 한다. 엑셀이 통합 문서를 이런 파일 형식으로 저장할 때 확장자는 .xlsm이다. 매크로를 포함한 통합 문서의 확장자를 .xlsm로 저장하지 않으면 모든 매크로 기록이 손실된다.

열의 너비를 자동으로 조정하는 매크로를 포함한 통합 문서를 저장하려면

① **[빠른 실행 도구 모음]**에서 **[저장 단추]**를 클릭하거나 파일 탭 **파일**을 클릭한 후 파일 메뉴 왼쪽에서 **[저장]**을 선택한다. 아래와 같은 경고 창이 나타난다. **[예]**를 클릭하면 모든 매크로 기록이 손실된다. 매크로를 통합 문서와 함께 저장하려면 **[아니오]**를 클릭한다.

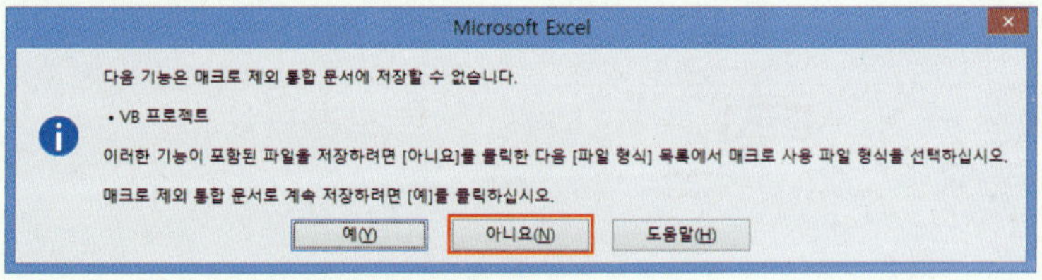

② **[다른 이름으로 저장]** 대화상자에서 통합 문서를 저장할 폴더를 지정한 후 **[파일 형식]** 상자의 드롭다운 화살표 를 클릭한다. 현재의 통합 문서를 저장할 수 있는 여러 파일 형식들 중에서 **[Excel 매크로 사용 통합 문서]**를 선택한다.

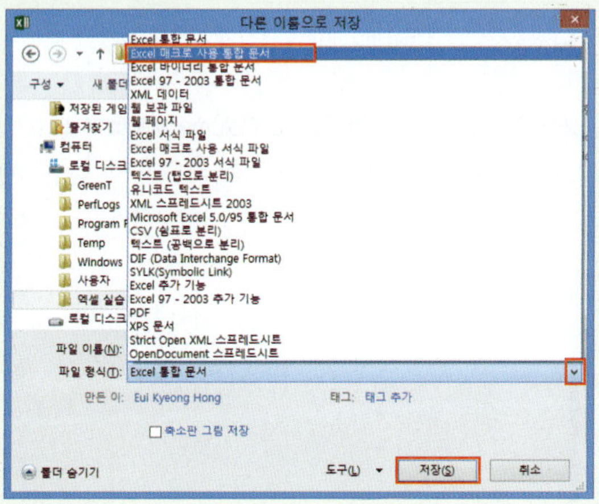

③ **[저장]**을 클릭한다.

P.378 실습하기 10-2

SECTION 04 매크로 실행

일단 매크로를 작성한 후에는 사용자가 원할 때마다 매크로를 실행할 수 있다. 매크로를 세 가지 방법으로 실행할 수 있다.

- ▶ 매크로 메뉴로부터 – 항상 사용가능
- ▶ 도구 모음의 단추로부터 – 먼저 단추에 매크로를 지정해야 함
- ▶ 단축 키 조합으로부터 – 매크로 기록시 지정해야 함

매크로 메뉴로부터 매크로를 실행하려면

① B 열의 너비를 좁혀서 일부 셀의 내용이 #######으로 표시되도록 하고, **[개발 도구]** 탭–**[코드]** 그룹–**[매크로 단추]**를 클릭한다.

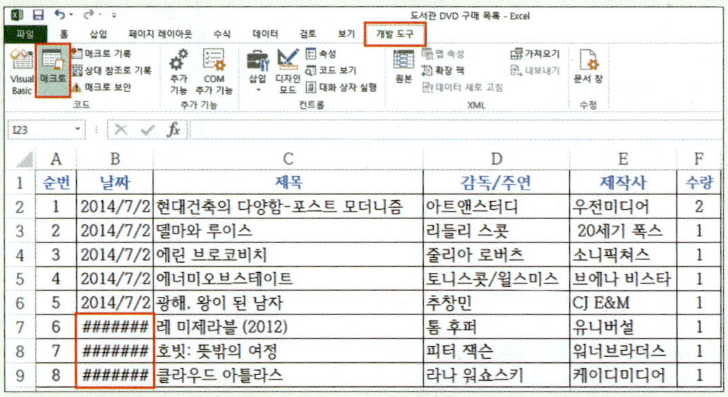

② **[매크로]** 대화상자가 나타나고, **[매크로 이름]** 상자에 이전에 기록한 매크로 Column_Width_Adjust가 표시된다. **[실행]**을 클릭하면 매크로가 실행된다. 매크로를 기록할 때 지정한 단축 키 조합인 Ctrl+Shift+W를 눌러서 매크로를 실행할 수도 있다.

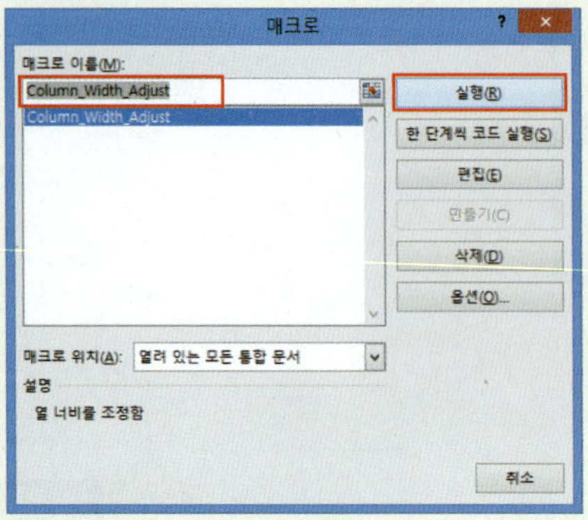

③ Column_Width_Adjust 매크로가 실행되어 B 열의 너비가 B 열의 내용이 모두 표시될 수 있도록 늘어난다.

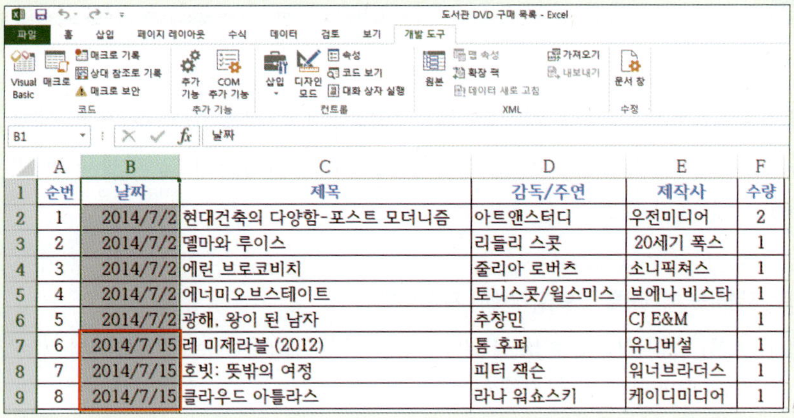

P.382 실습하기 10-4

SECTION 05 단추에 매크로 지정

매크로를 그래픽 또는 컨트롤 개체에 지정하거나, 매크로가 지정된 단추를 빠른 실행 도구 모음에 등록할 수 있다. 그래픽 또는 컨트롤 개체에 매크로를 지정하면 그 개체를 한 번 클릭함으로써 해당 매크로를 쉽고 빠르게 실행할 수 있다.

열 너비를 자동으로 조정하는 매크로를 컨트롤 개체에 지정하려면

① [개발 도구] 탭–[컨트롤] 그룹–[삽입 단추]를 클릭한다. [양식 컨트롤], [ActiveX 컨트롤]들의 메뉴가 나타난다. [양식 컨트롤]의 첫 번째 사각형을 선택해보자.

② 마우스로 H2 셀에 사각형을 그린다. 여러 개의 셀에 사각형이 걸쳐 있어도 좋다. 사각형을 그리자마자 [**매크로 지정**] 대화상자가 나타난다.

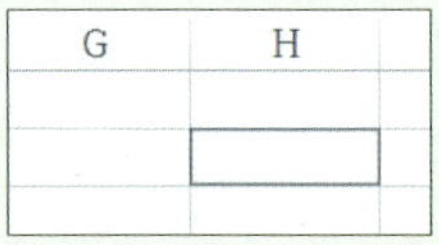

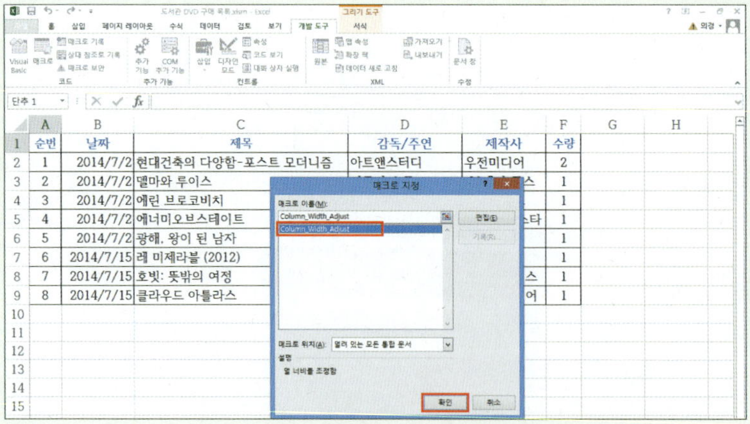

③ [매크로 지정] 대화상자에서 Column_Width_Adjust를 선택한 후 [**확인**]을 클릭한다. 이제 이 사각형을 클릭하면 지정된 매크로가 실행된다.

④ [단추 1]을 마우스로 선택(또는 사각형 위에서 마우스의 오른쪽 단추를 클릭한 후 단축 메뉴에서 [**텍스트 편집**]을 선택)한 후 매크로의 의미를 잘 나타내도록 [**열 너비**]를 입력한다.

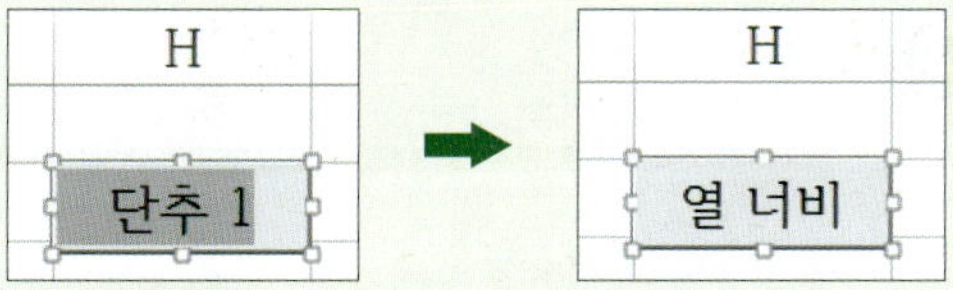

Tip 단계 ②에서 사각형을 그리자마자 나타나는 [매크로 지정] 대화상자에서 [취소]를 누르고, 단추 이름을 [단추 1]에서 [열 너비]로 먼저 변경한 후 이 사각형 위에서 마우스의 오른쪽 단추를 클릭하고 단축 메뉴에서 [매크로 지정]을 선택해도 좋다.

매크로를 도형에 지정하고, 매크로가 지정된 단추를 빠른 실행 도구 모음에 등록하는 방법은 실습에서 자세히 다루기로 한다.

P.384 실습하기 10-5 P.386 실습하기 10-6

SECTION 06 매크로 보안 설정

대부분의 매크로는 무해하고 유용하지만, 악의적인 의도를 갖고 작성한 매크로는 사용자의 문서나 시스템에 해를 끼치는 코드를 포함할 수 있기 때문에 **매크로 보안**이 중요하다. 사용자의 시스템과 파일들을 보호하려면 모르는 소스로부터 받은 매크로가 자동적으로 실행되도록 해서는 안 된다. 엑셀에서 매크로 보안 설정을 지정함으로써 통합 문서를 열 때 어떤 상황에서 어떤 매크로를 실행할지 제어할 수 있다.

3절에서 저장한 도서관 DVD 구매 목록.xlsm 통합 문서를 열면 "매크로를 사용할 수 없도록 설정했습니다"라는 보안 경고문이 나타난다. 이 통합 문서에서 Column_Width_Adjust 매크로를 사용하려면 [콘텐츠 사용]을 클릭해야 한다.

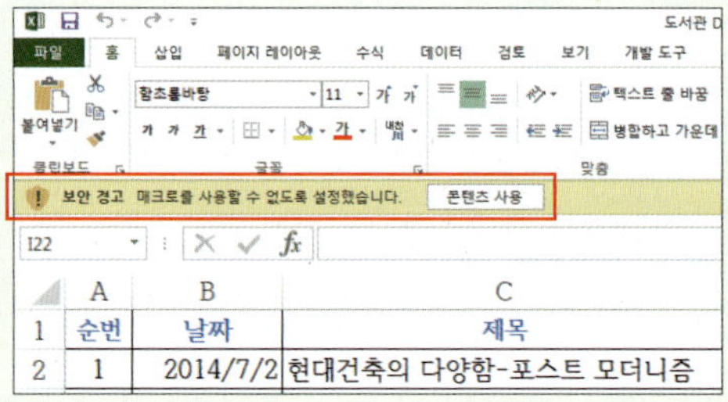

▶ [콘텐츠 사용]을 클릭

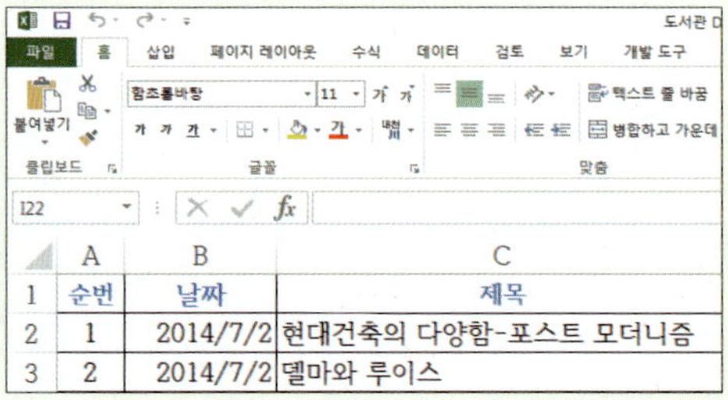

▶ 매크로 사용 가능

엑셀의 보안 수준을 설정하려면

① 엑셀 창의 상단 왼쪽 구석에서 파일 탭 **파일**을 클릭한 후 파일 메뉴 왼쪽에서 [**옵션**]을 선택한다. [Excel 옵션] 창이 나타난다. 왼쪽 영역에서 [**보안 센터**]를 클릭한 후 오른쪽 영역에서 [**보안 센터 설정**]을 클릭한다. 또는 리본에서 [**개발 도구**] 탭–[**코드**] 그룹–[**매크로 보안 단추** ⚠]를 클릭한다.

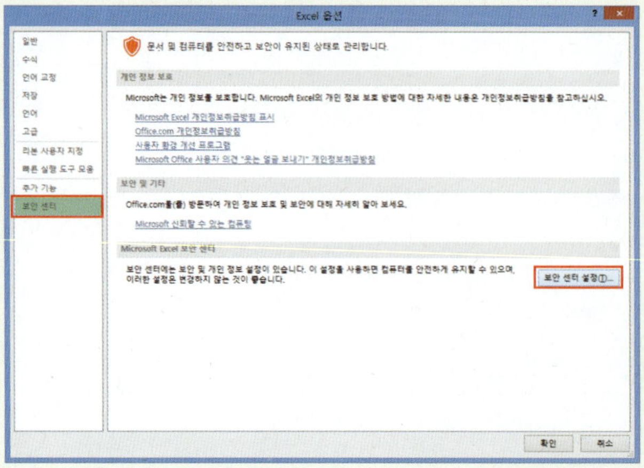

② 왼쪽 영역에서 **[매크로 설정]**을 클릭하면 오른쪽 영역에 매크로 설정의 네 가지 옵션이 나타난다. 이들 중에서 원하는 옵션을 선택한 후 **[확인]**을 클릭한다. 현재 선택되어 있는 옵션은 보안 경고문을 보여주면서, 모든 매크로가 자동적으로 실행되지 않도록 한다는 것이다.

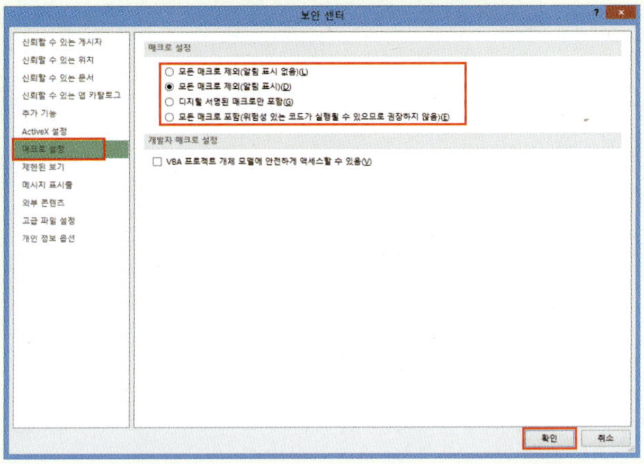

아래의 표는 매크로 보안 설정 옵션에 따른 차이점을 보여준다.

[표 10-3] **매크로 보안 설정 옵션의 차이점**

보안 설정 옵션	기능
모든 매크로 제외 (알림 표시 없음)	매크로를 신뢰하지 않는 경우 이 옵션을 클릭한다. 통합 문서에 포함된 모든 매크로와 매크로에 대한 보안 경고가 사용되지 않는다.
모든 매크로 (알림 표시)	디폴트 설정이다. 통합 문서에 매크로가 포함되어 있을 경우 매크로를 실행하지는 않지만 보안 경고문이 표시되도록 하려면 이 옵션을 클릭한다. 해당 매크로를 실행할지 여부를 선택할 수 있다.
디지털 서명된 매크로만 포함	이 설정은 사용자가 신뢰할 수 있는 게시자가 매크로에 디지털 서명을 하면 매크로를 실행할 수 있다는 점을 제외하고 모든 매크로 제외(알림 표시) 옵션과 동일하다.
모든 매크로 포함 (위험성 있는 코드가 실행될 수 있으므로 권장하지 않음)	이 설정에서는 모든 매크로가 자동적으로 실행된다. 이 설정을 사용하면 악의적인 코드에 컴퓨터가 쉽게 노출될 수 있으므로 이 옵션은 가급적 선택하지 않는 것이 좋다.

P.380 실습하기 10-3

가이드라인

[모든 매크로 제외(알림 표시)]로 매크로를 설정했으면 매크로를 포함한 문서를 열 때마다 매번 보안 경고문이 나타나고 그 때마다 [콘텐츠 사용]을 클릭해야 하는데, 이런 수고를 덜기 위해서는 [보안 센터] 창에서 특정 작업 폴더를 [신뢰할 수 있는 위치]로 지정한다. 그 다음에 매크로를 포함한 통합 문서를 이 폴더에 저장한다.

Tip [매크로 설정]에서 변경한 매크로 보안 수준은 다른 오피스 프로그램에는 영향을 주지 않고, 엑셀에만 적용된다.

SECTION 07

매크로 삭제

어떤 매크로가 더 이상 필요없으면 삭제할 수 있다.

매크로를 삭제하려면

① [개발 도구] 탭–[코드] 그룹–[매크로 단추]를 클릭한다.

② [매크로] 대화상자에서 삭제할 매크로를 선택한 후 **[삭제]**를 클릭한다. 매크로를 삭제한 후 취소할 수 없다.

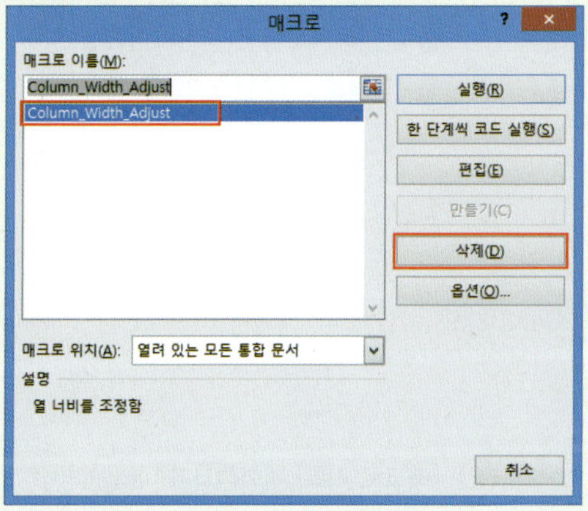

실습하기 10-1

실습파일 : \10장\사원 목록.xlsx

간단한 매크로 작성하기

실습 설명

사용자가 자주 반복하는 동작들을 수행하기 위하여 간단한 매크로를 작성한다. 매크로를 작성할 때 매크로에 고유한 이름을 부여하고, 매크로를 어디에 저장할 것인가를 지정한다. 나중에 매크로를 실행하기 위해 사용할 단축 키 조합을 명시할 수도 있다. 이번 실습에서는 사원 목록의 사원이름 열 또는 부서명 열을 기준으로 사원 목록을 오름차순으로 정렬하는 매크로를 작성해보자.

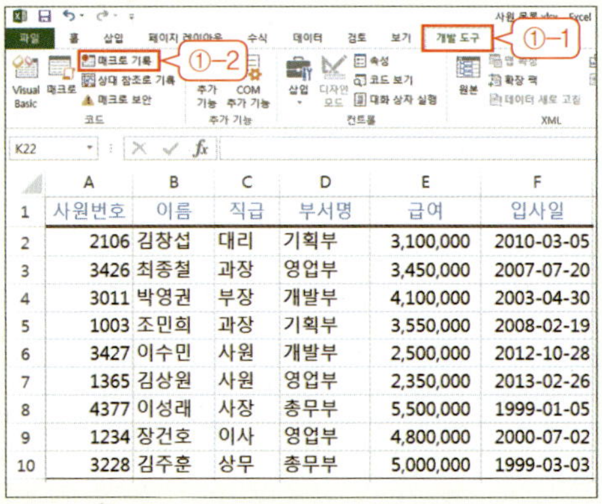

① 먼저 사원 목록의 이름 열을 기준으로 오름차순으로 정렬하는 매크로를 작성한다. **[개발 도구]** 탭–**[코드]** 그룹–**[매크로 기록 단추]**를 클릭한다.

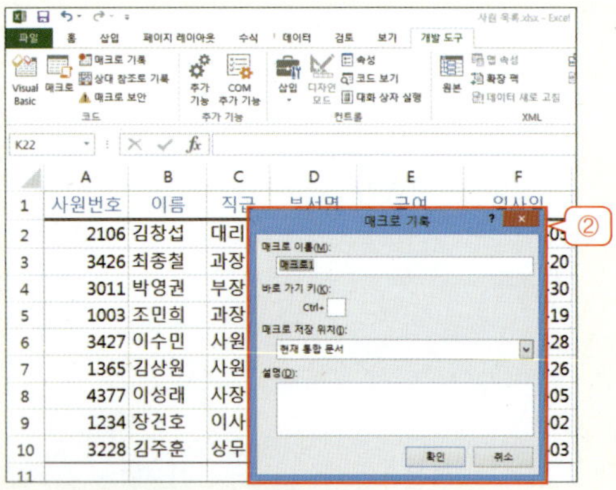

② **[매크로 기록]** 대화상자가 나타난다.

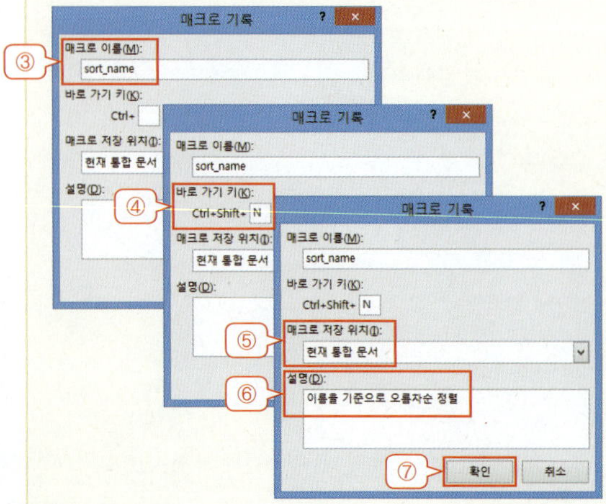

③ **[매크로 이름]** 상자에 sort_name을 입력한다.

④ **[바로 가기 키]** 상자에 대문자 N을 입력한다. 대문자 N을 입력하려면 Shift를 눌러야 하므로 Ctrl+□이 Ctrl+Shift+N 으로 바뀐다.

⑤ **[매크로 저장 위치]** 상자에서 매크로의 디폴트 저장 위치인 **[현재 통합 문서]**를 그대로 둔다.

⑥ **[설명]** 상자에 **이름을 기준으로 오름차순 정렬**이란 설명문을 입력한다.

⑦ **[확인]**을 클릭한다.

간단한 매크로 작성하기

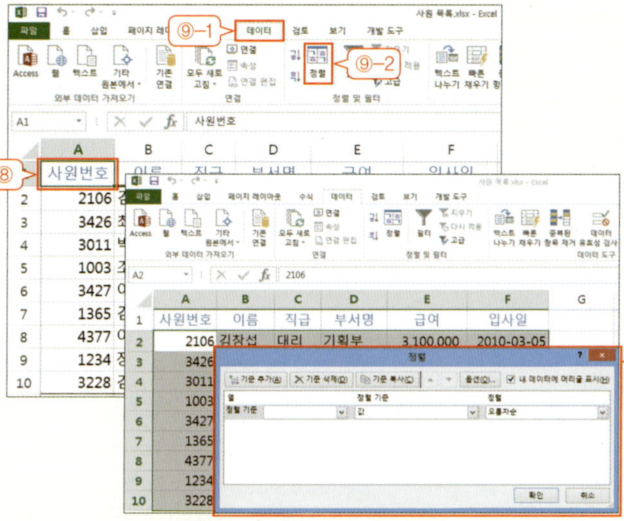

⑧ 목록 내의 임의의 셀을 클릭한다.

⑨ **[데이터]** 탭–**[정렬 및 필터]** 그룹–**[정렬 단추]**를 클릭한다.

⑩ **[정렬]** 대화상자가 나타난다.

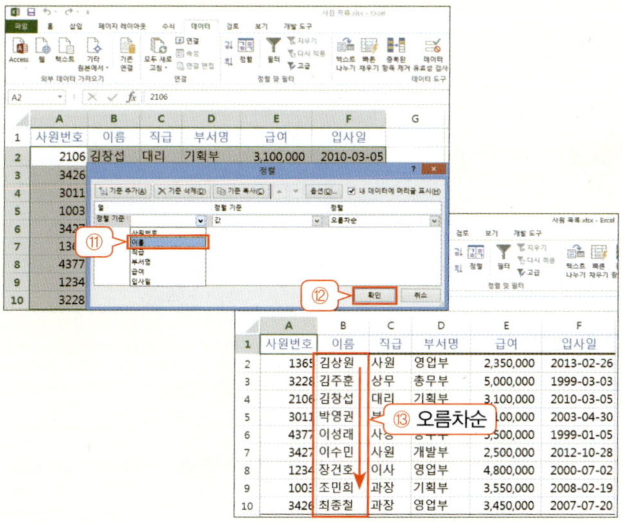

⑪ **[정렬 기준]** 상자에서 **[이름]**을 선택한다.

⑫ **[확인]**을 클릭한다.

⑬ 사원 목록이 이름을 기준으로 오름차순으로 정렬된다.

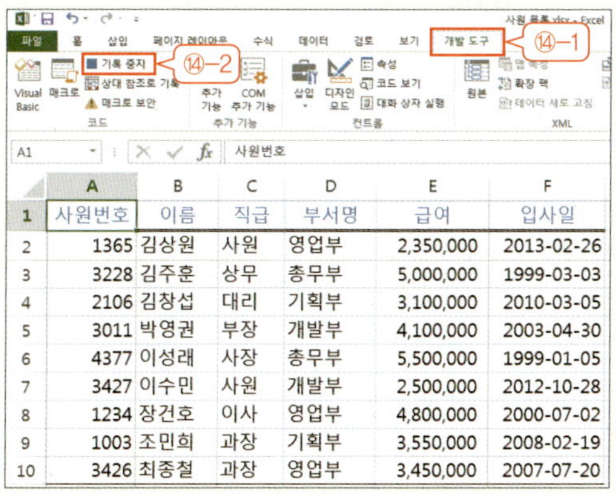

⑭ **[개발 도구]** 탭–**[코드]** 그룹–**[기록 중지 단추 ■]**를 클릭한다. 첫 번째 매크로 기록이 완성되었다.

간단한 매크로 작성하기

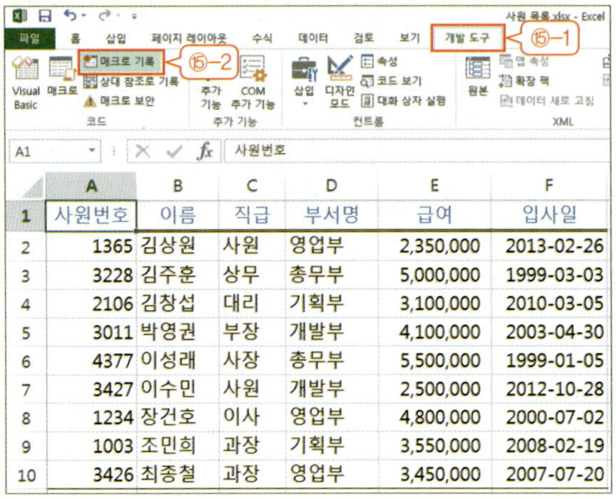

⑮ 이제 사원 목록의 부서명을 기준으로 오름차순으로 정렬하는 매크로를 작성하자. [개발 도구] 탭–[코드] 그룹–[매크로 기록 단추]를 클릭한다.

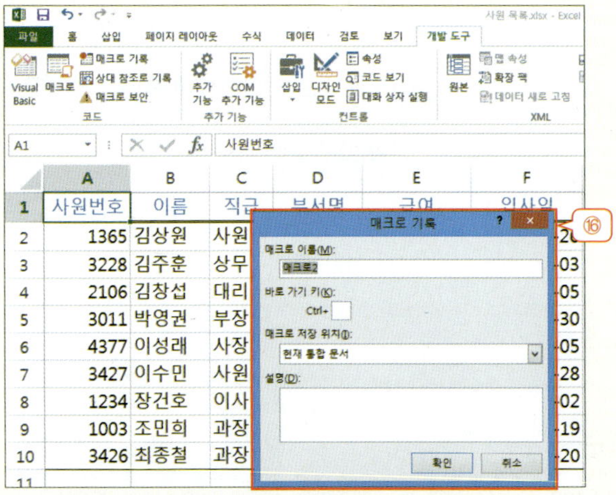

⑯ [매크로 기록] 대화상자가 나타난다.

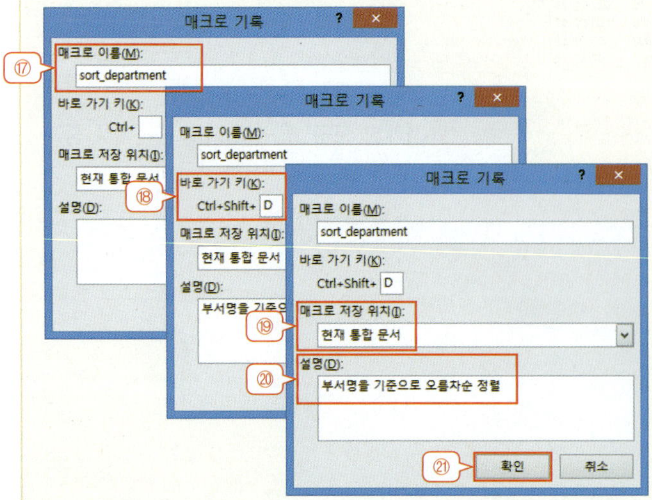

⑰ [매크로 이름] 상자에 sort_department를 입력한다.

⑱ [바로 가기 키] 상자에 대문자 D를 입력한다.

⑲ [매크로 저장 위치] 상자에서 매크로의 디폴트 저장 위치인 [현재 통합 문서]를 그대로 둔다.

⑳ [설명] 상자에 **부서명을 기준으로 오름차순 정렬**이란 설명문을 입력한다.

㉑ [확인]을 클릭한다.

간단한 매크로 작성하기

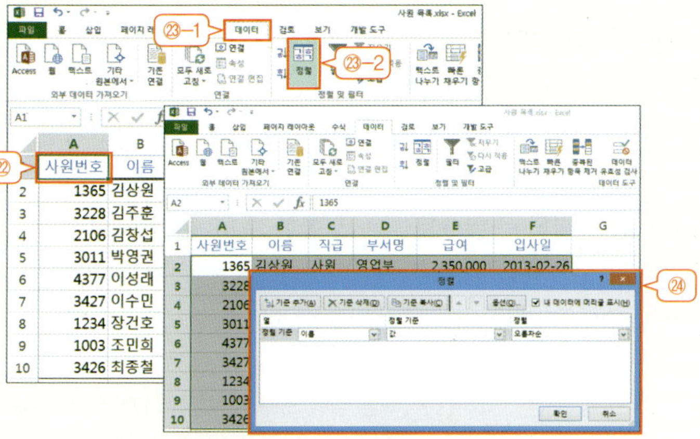

㉒ 목록 내의 임의의 셀을 클릭한다.

㉓ [데이터] 탭-[정렬 및 필터] 그룹-[정렬 단추]를 클릭한다.

㉔ [정렬] 대화상자가 나타난다.

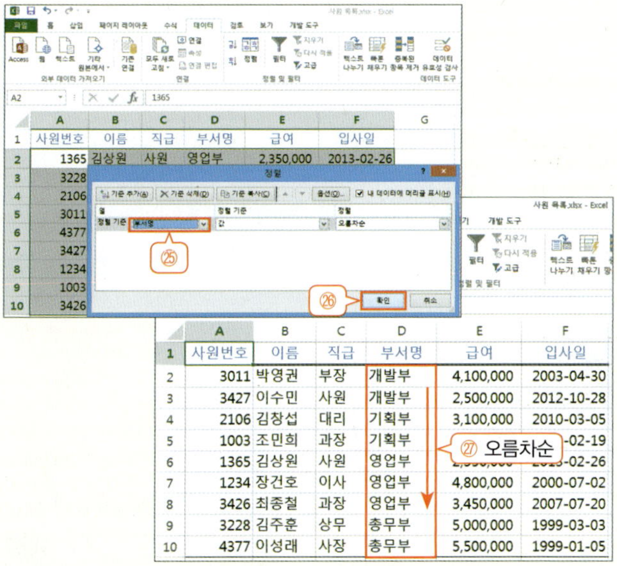

㉕ [정렬 기준] 상자에서 [부서명]을 선택한다.

㉖ [확인]을 클릭한다.

㉗ 사원 목록이 부서명을 기준으로 오름차순으로 정렬된다.

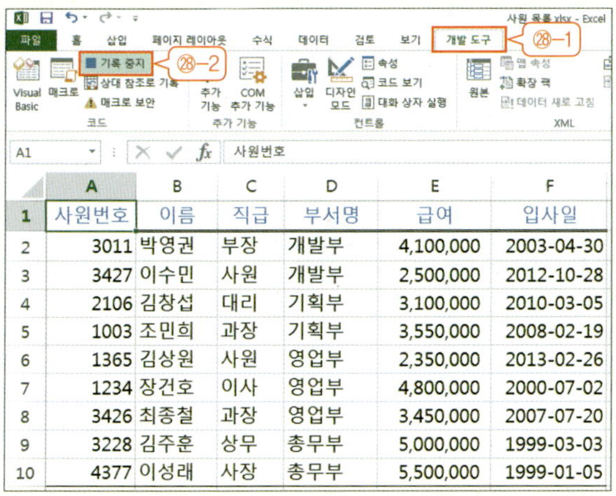

㉘ [개발 도구] 탭-[코드] 그룹-[기록 중지 단추 ■]를 클릭한다. 두 번째 매크로 기록이 완성되었다.

실습하기 10-2

실습파일 :실습하기 10-1의 결과 파일

매크로를 포함한 통합 문서 저장하기

실습 설명

작성한 매크로를 나중에 또 사용하려면 매크로가 포함된 통합 문서를 저장해야 한다. 매크로를 포함하지 않은 통합 문서를 저장할 때의 확장자는 .xlsx이지만 매크로를 포함한 통합 문서의 확장자는 .xlsm이다. 매크로를 포함한 파일의 확장자를 .xlsm로 저장하지 않으면 작성한 모든 매크로가 손실된다. 파일 형식을 [Excel 매크로 사용 통합 문서]로 저장하면 확장자가 .xlsm인 통합 문서로 저장된다. 이번 실습에서는 사원 목록의 사원이름 열 또는 부서명 열을 기준으로 사원 목록을 오름차순으로 정렬하는 매크로들을 포함한 통합 문서를 저장해 보자.

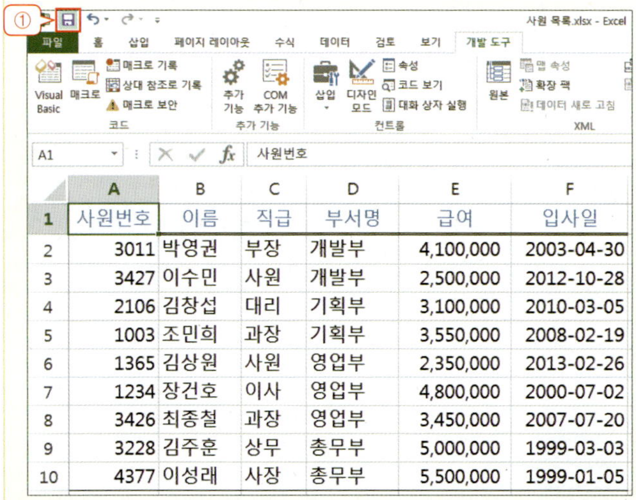

① [빠른 실행 도구 모음]에서 [저장 단추]를 클릭한다. 매크로가 포함되어 있지 않다면 현재의 통합 문서의 새 내용이 PC의 폴더에 저장될 것이다.

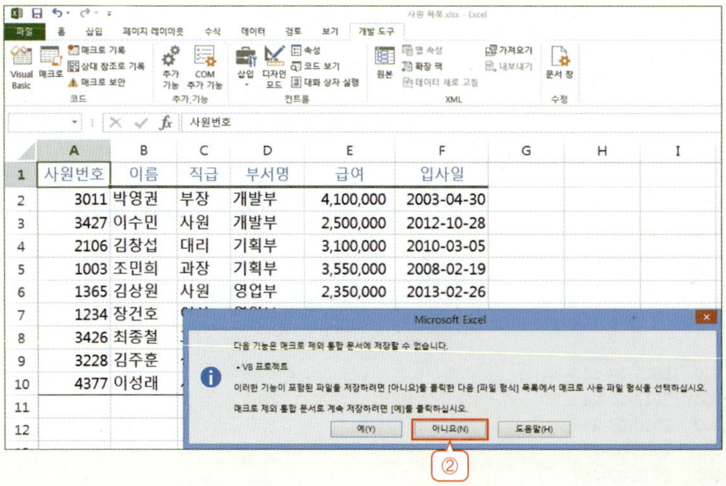

② 그러나 현재의 통합 문서에는 매크로가 포함되어 있기 때문에 경고 창이 나타난다. [예]를 클릭하면 작성한 모든 매크로가 손실된다. 매크로를 통합 문서와 함께 저장하려면 [아니오]를 클릭한다.

매크로를 포함한 통합 문서 저장하기

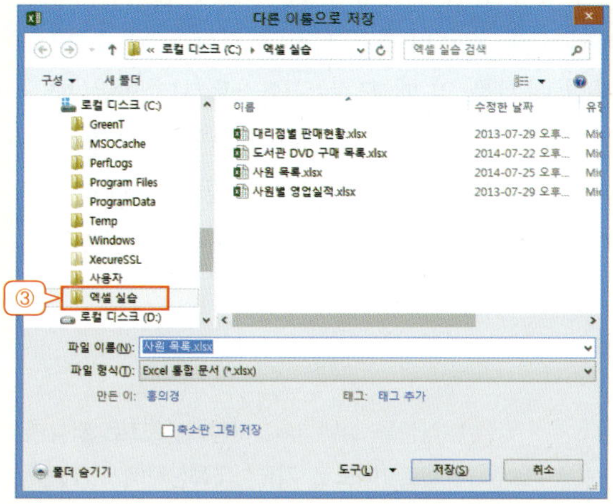

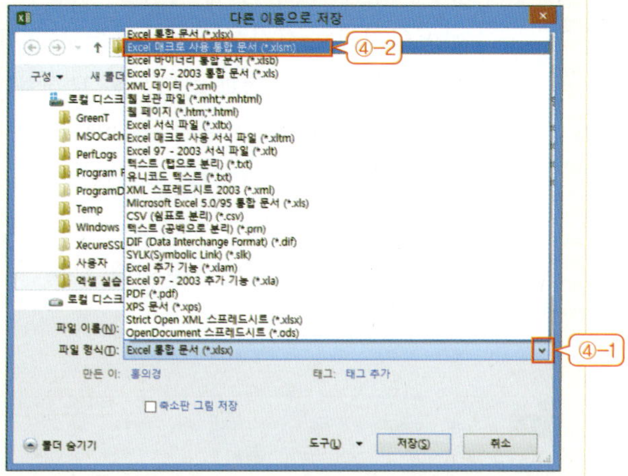

③ [다른 이름으로 저장] 대화상자에서 통합 문서를 저장할 PC의 폴더를 지정한다.

④ [파일 이름]은 그대로 두고, [파일 형식] 상자의 드롭다운 화살표 ⌄를 클릭한다. 현재의 통합 문서를 저장할 수 있는 여러 파일 형식들 중에서 [Excel 매크로 사용 통합 문서] 형식을 선택한다.

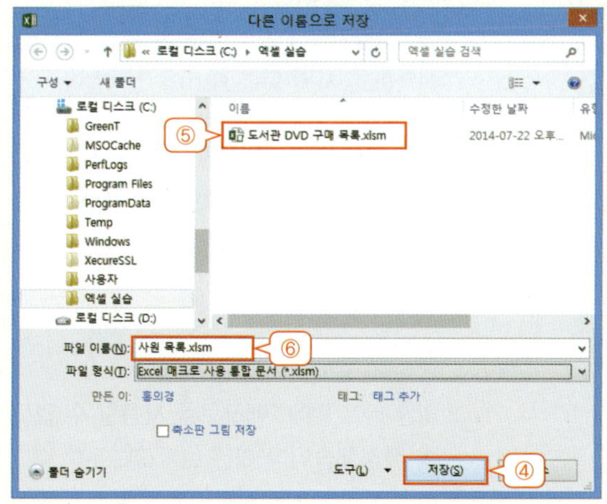

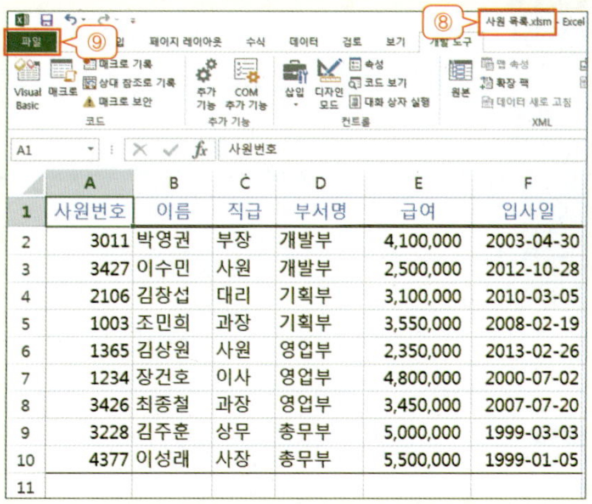

⑤ 단계 ③의 [다른 이름으로 저장]에 보였던 파일 이름 4개는 확장자가 .xlsx이므로 안 보이게 되고, 확장자가 .xlsm인 파일 이름 한 개만 폴더에 표시된다.

⑥ 사원 목록.xlsx를 열어서 매크로를 작성한 후 통합 문서와 함께 매크로를 저장하게 되면 사원 목록.xlsm이 된다.

⑦ [저장]을 클릭한다.

⑧ 매크로를 포함하고 있는 사원 목록.xlsm은 사원 목록.xlsx와 별도로 존재하는 통합 문서이다.

⑨ 파일 탭 파일 을 클릭한 후 파일 메뉴 왼쪽에서 [끝내기]를 선택하여 엑셀을 종료한다.

실습하기 10-3

실습파일 :\10장\사원 목록.xlsm

매크로를 포함한 통합 문서 열기

실습 설명

대부분의 매크로는 반복 작업을 쉽고 편리하게 수행하기 위해 작성하였으므로 유용하다. 하지만 악의적으로 작성한 매크로는 사용자의 데이터 및 컴퓨터에 잠재적인 위협이 될 수 있다. 사용자의 시스템과 파일들을 보호하려면 통합 문서를 열 때 모르는 소스로부터 받은 매크로가 자동적으로 실행되도록 해서는 안 된다. 엑셀에는 매크로가 포함된 통합 문서를 열기 전에 매크로를 탐지할 수 있도록 보안 설정을 할 수 있는 기능이 있다. 이번 실습에서는 매크로가 포함된 사원 목록.xlsm을 열 때 나타나는 경고문을 확인하고, 매크로와 관련된 보안 수준을 설정하는 방법을 알아보자.

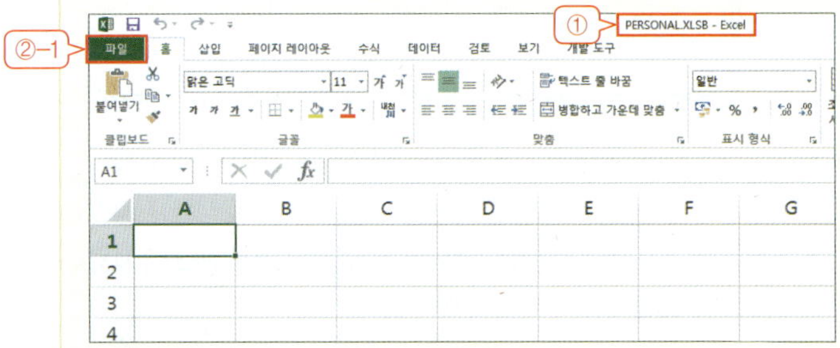

① 엑셀을 실행한다. 이전에 매크로 저장 위치로 [매크로 기록] 대화상자에서 [개인용 매크로 통합 문서]를 지정한 적이 있으면 PERSONAL.XLSB 통합 문서가 자동적으로 열린다.

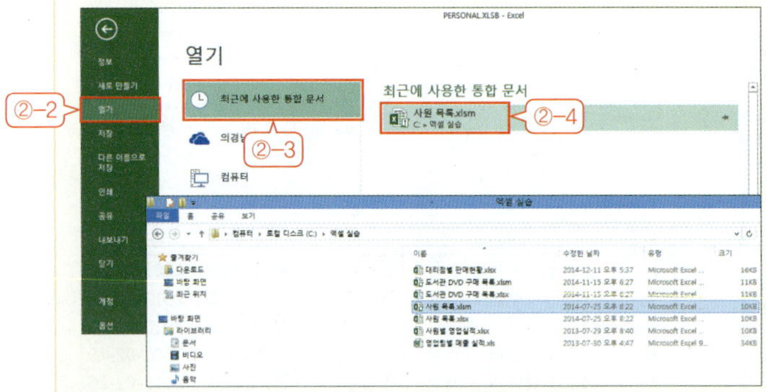

② 파일 탭 **파일**을 클릭한 후 파일 메뉴 왼쪽에서 **[열기]-[최근에 사용한 통합 문서]**를 선택하고, **사원 목록.xlsm**을 선택한다.

③ 또는 탐색기에서 [실습하기 14-2]에서 **사원 목록.xlsm**을 저장한 폴더를 찾고, 이 파일을 더블 클릭한다. 물론 CD에서 이 파일을 더블 클릭해도 좋다.

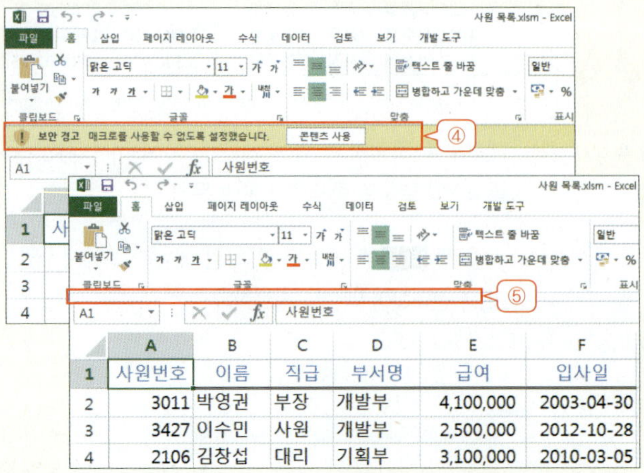

④ 리본 바로 밑에 **"매크로를 사용할 수 없도록 설정했습니다"**라는 보안 경고문이 나타난다. 이 통합 문서에서 매크로를 사용하려면 [콘텐츠 사용]을 클릭해야 한다.

⑤ 보안 경고문이 사라진다. 이제 이 통합 문서에 포함된 매크로를 사용할 수 있다.

매크로를 포함한 통합 문서 열기

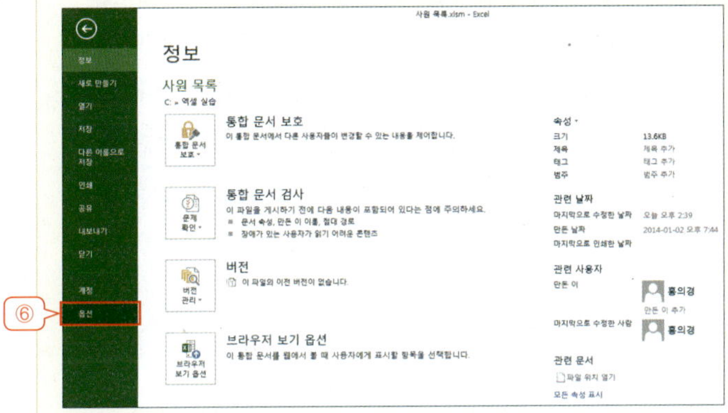

⑥ 매크로에 관한 엑셀의 보안 수준을 설정할 수 있다. 엑셀 창의 상단 왼쪽 구석에서 파일 탭 **파일**을 클릭한 후 파일 메뉴 왼쪽에서 [옵션]을 선택한다. [Excel 옵션] 창이 나타난다.

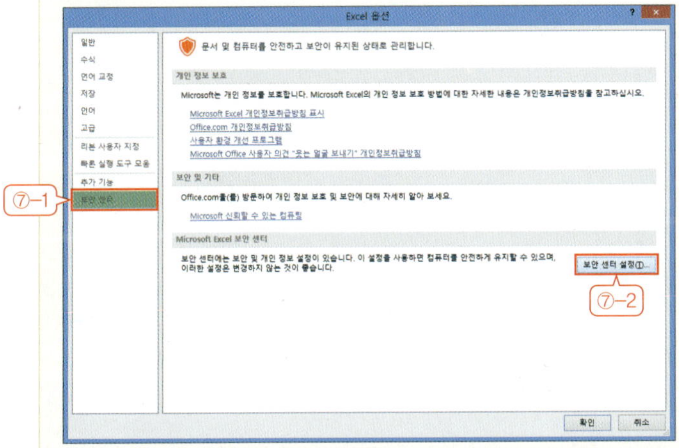

⑦ [Excel 옵션] 창의 왼쪽 영역에서 [보안 센터]를 클릭한 후 오른쪽 영역에서 [보안 센터 설정]을 클릭한다. 또는 리본에서 [개발 도구] 탭-[코드] 그룹-[매크로 보안 단추 ⚠]를 클릭한다.

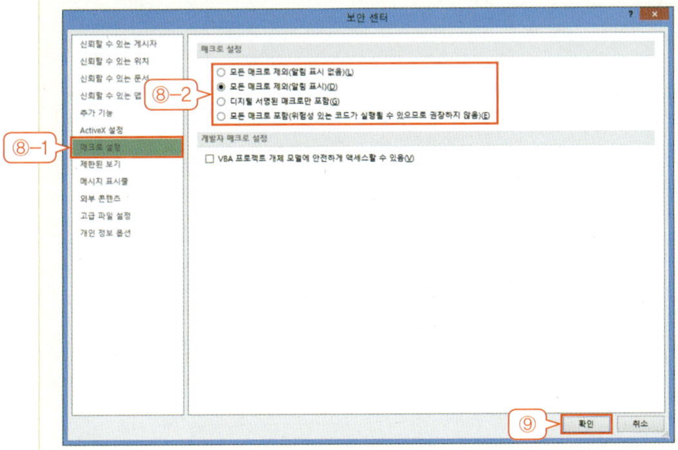

⑧ 매크로 설정의 옵션들 중에서 원하는 옵션을 선택한다. 네 번째 옵션(모든 매크로 포함)을 선택하면 악의적인 코드에 컴퓨터가 쉽게 노출될 수 있으므로 이 옵션은 가급적 선택하지 않는 것이 좋다.

⑨ [확인]을 클릭한다.

실습하기 10-4

실습파일 :\10장\사원 목록.xlsm

매크로 실행하기

실습 설명

일단 매크로를 작성한 후에는 사용자가 원할 때마다 매크로를 실행할 수 있다. [**개발 도구**] 탭–[**코드**] 그룹의 매크로 명령을 사용, 단축 키 조합을 사용, 매크로가 지정된 그래픽이나 콘트롤 개체를 사용하는 등 세 가지 방법으로 매크로를 실행할 수 있다. 그래픽이나 콘트롤 개체에 매크로를 지정하는 방법은 다음 실습에서 설명한다. 이번 실습에서는 사원 목록.xlsm에 포함된 두 개의 매크로를 매크로 명령과 단축 키 조합을 사용하여 실행하는 방법을 알아보자.

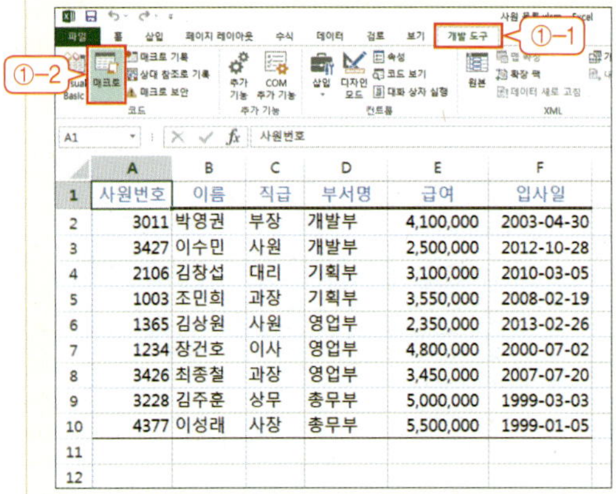

① [**개발 도구**] 탭–[**코드**] 그룹–[**매크로 단추**]를 클릭한다. [**매크로**] 대화상자가 나타난다.

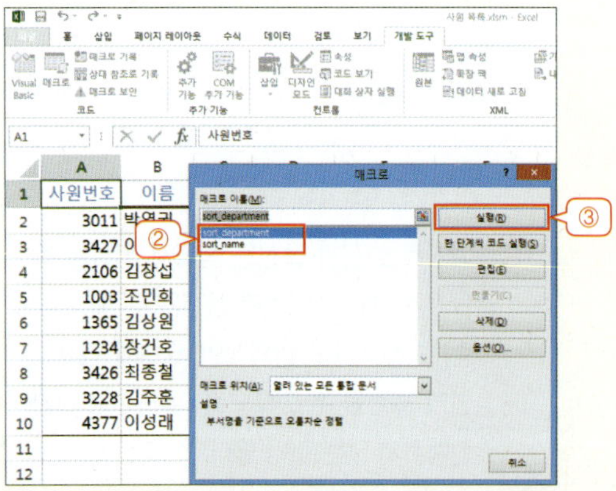

② [**매크로**] 대화상자의 [**매크로 이름**] 상자에 이전 실습에서 작성한 두 개의 매크로(sort_department, sort_name)이 표시된다.

③ sort_name 매크로를 선택한 후 [**실행**]을 클릭한다.

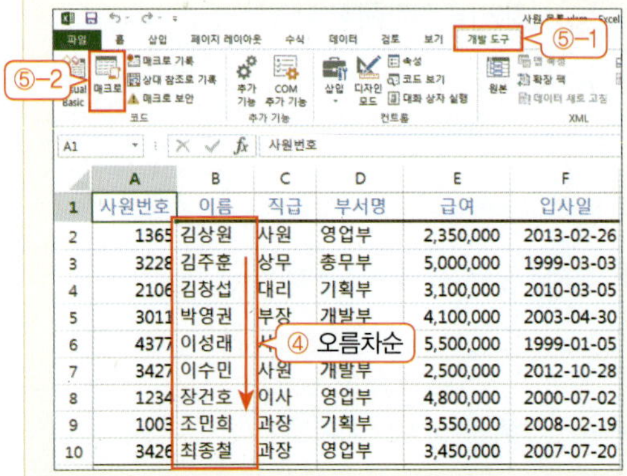

④ [**매크로**] 대화상자가 닫히고, 사원 목록이 사원 이름을 기준으로 오름차순으로 정렬된다.

⑤ [**개발 도구**] 탭–[**코드**] 그룹–[**매크로 단추**]를 다시 클릭한다.

매크로 실행하기

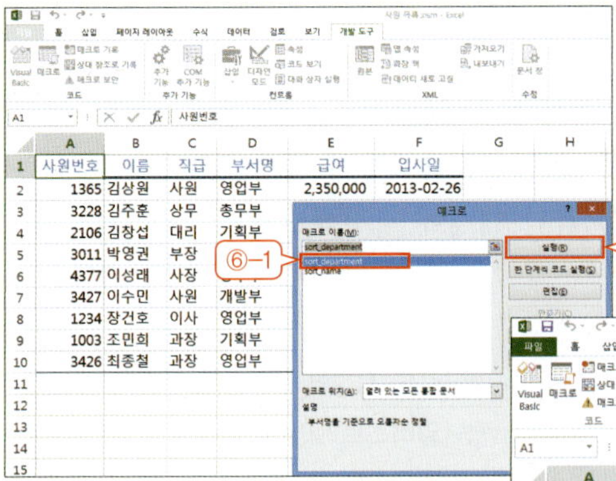

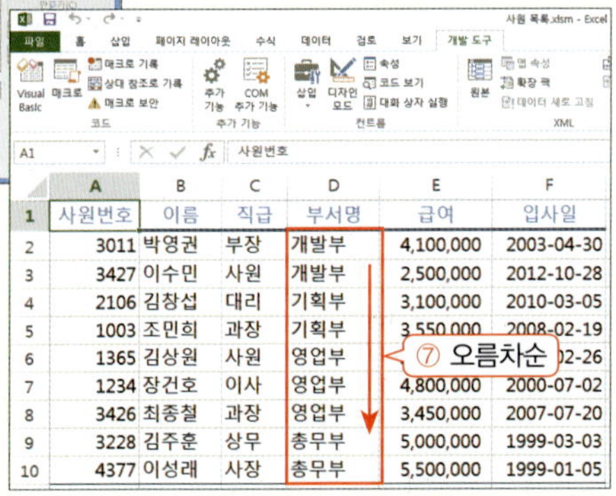

⑥ **[매크로]** 대화상자가 나타난다. **[매크로]** 대화상자의 **[매크로 이름]** 상자에서 sort_department 매크로를 선택한 후, **[실행]**을 클릭한다.

⑦ **[매크로]** 대화상자가 닫히고, 사원 목록이 부서명을 기준으로 오름차순으로 정렬된다.

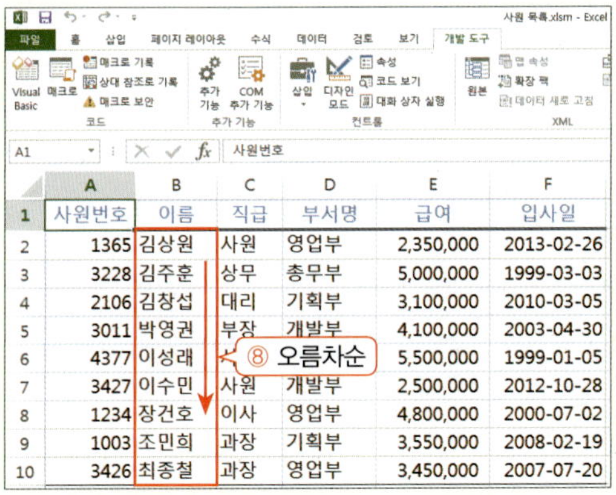

⑧ 이제 단축 키 조합을 사용하여 매크로를 실행해보자. sort_name 매크로를 작성할 때 단추 키 조합을 Ctrl+Shift+N으로 지정하였다. 매크로 명령을 사용하지 말고, 키보드에서 Ctrl+Shift+N을 누르면 사원 목록이 사원 이름을 기준으로 오름차순으로 정렬된다.

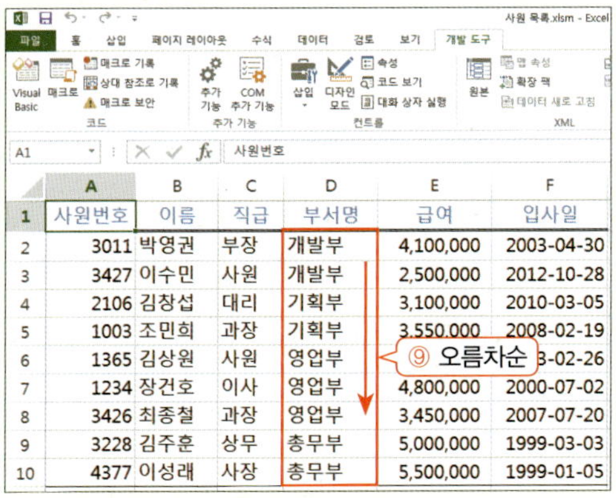

⑨ sort_department 매크로를 작성할 때 단추 키 조합을 Ctrl+Shift+D로 지정하였다. 매크로 명령을 사용하지 말고, 키보드에서 Ctrl+Shift+D를 누르면 사원 목록이 부서명을 기준으로 오름차순으로 정렬된다.

실습하기 10-5

실습파일 : \10장\사원 목록.xlsm

그래픽 또는 컨트롤 개체에 매크로 지정하기

실습 설명

그래픽 또는 컨트롤 개체에 매크로를 지정하면 해당 개체를 클릭하여 매크로를 실행할 수 있다. 단축 키 조합처럼 매크로 명령을 사용하지 않고 매크로를 바로 실행할 수 있다. 단축 키 조합의 경우에는 키의 조합을 기억하고 있어야 하지만, 매크로의 기능을 잘 나타내도록 개체에 텍스트를 부여하면 개체를 클릭했을 때 어떤 매크로가 실행될지 알 수 있다. 이번 실습에서는 사원 목록.xlsm에 포함된 두 개의 매크로를 각각 개체에 지정해보자.

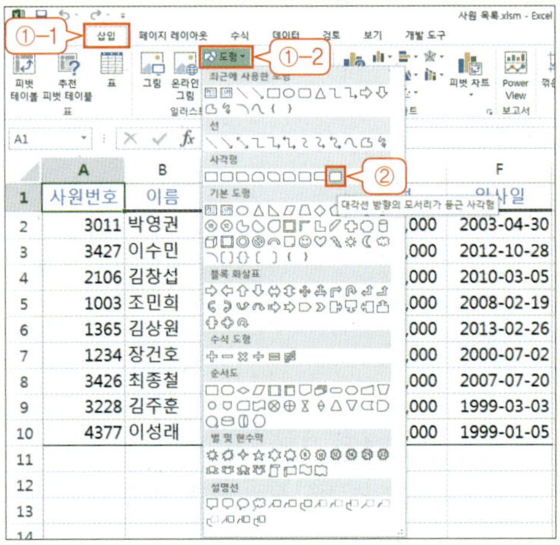

① 매크로를 지정할 도형을 찾기 위해서 **[삽입]** 탭–**[일러스트레이션]** 그룹–**[도형 단추]**를 클릭한다.

② 도형 메뉴의 **[사각형]** 갤러리에서 마지막 도형(대각형 방향의 모서리가 둥근 사각형)을 선택한다.

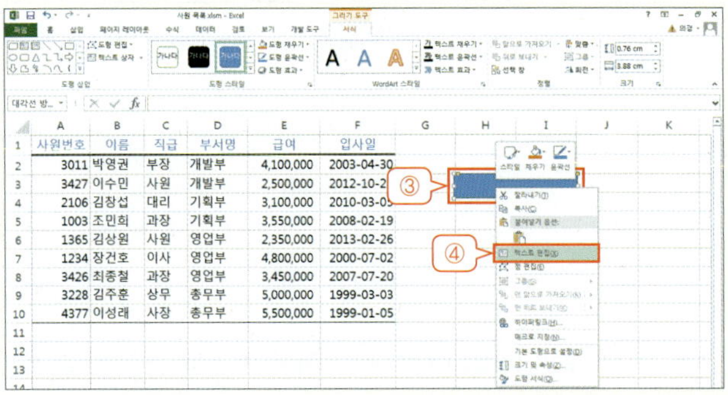

③ 마우스로 H3:I3 범위에 사각형을 그린다.

④ 사각형 위에서 마우스의 오른쪽 단추를 클릭한 후 단축 메뉴에서 **[텍스트 편집]**을 선택한다.

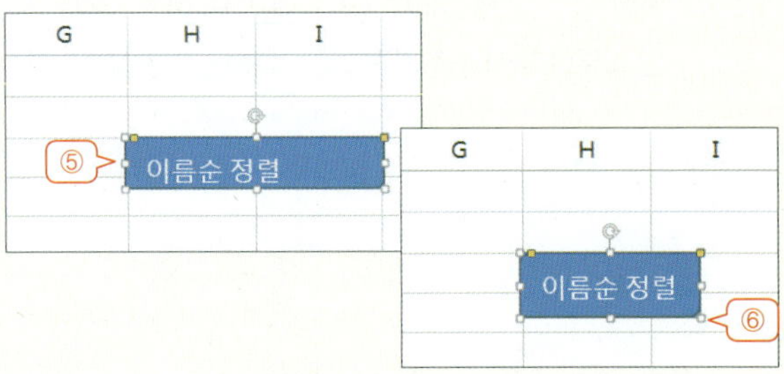

⑤ 사각형에 **[이름순 정렬]**을 입력한다.

⑥ 사각형의 너비가 텍스트의 길이에 비해서 크므로 사각형 오른쪽 아래 꼭지점의 흰색 핸들을 마우스로 움직여서 높이와 너비를 조정한다.

그래픽 또는 컨트롤 개체에 매크로 지정하기

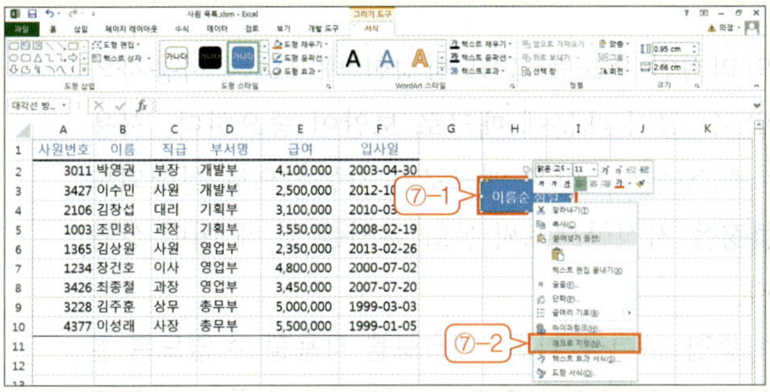

⑦ 사각형 위에서 마우스의 오른쪽 단추를 클릭한 후 단축 메뉴에서 [매크로 지정]을 선택한다.

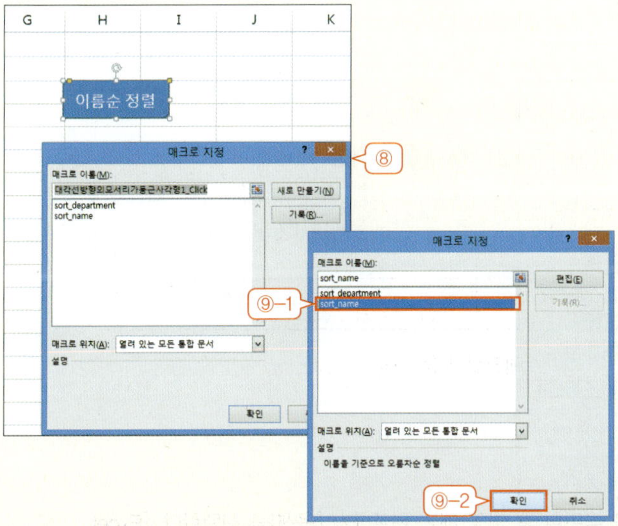

⑧ [매크로 지정] 대화상자가 나타난다.

⑨ [매크로 이름] 상자에서 sort_name을 선택한 후 [확인]을 클릭한다. 이름순 정렬 사각형에 매크로가 지정된다.

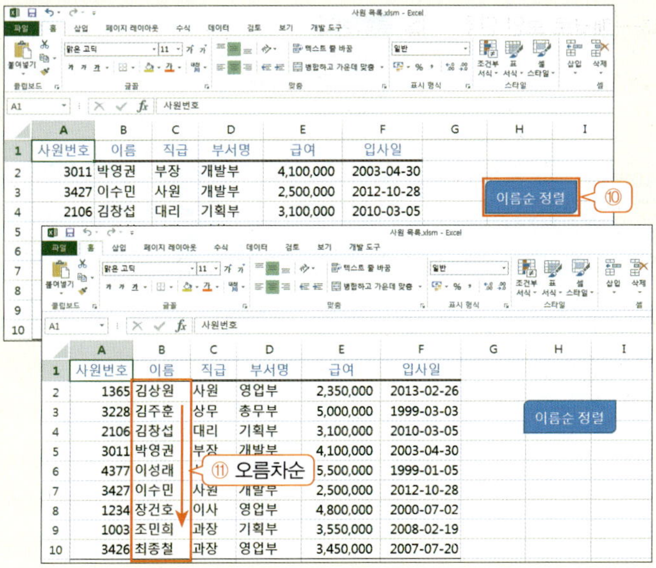

⑩ 이름순 정렬 사각형을 클릭해본다.

⑪ 사원 목록이 사원 이름을 기준으로 오름차순으로 정렬된다.

실습하기 10-5

그래픽 또는 컨트롤 개체에 매크로 지정하기

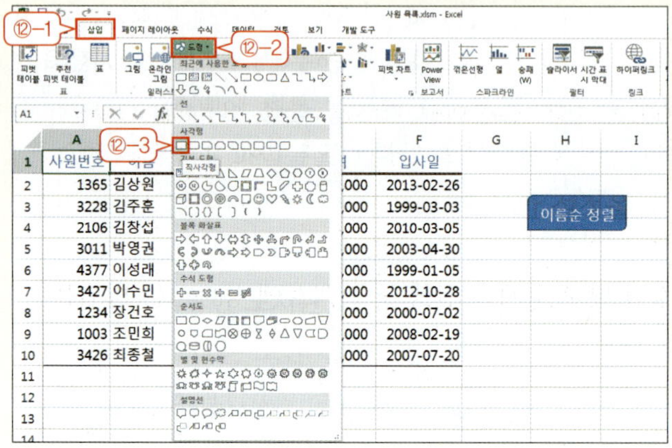

⑫ 마찬가지로, 단계 ①과 같이 **[삽입]** 탭-**[일러스트레이션]** 그룹-**[도형 단추]**를 클릭한 후, 도형 메뉴의 **[사각형]** 갤러리에서 첫 번째 도형(사각형)을 선택한다.

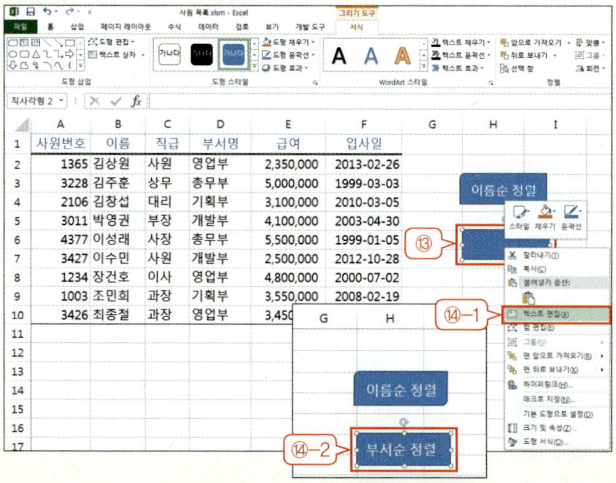

⑬ 마우스로 H6:I6 범위에 사각형을 그린다.

⑭ 사각형 위에서 마우스의 오른쪽 단추를 클릭한 후 단축 메뉴에서 **[텍스트 편집]**을 선택한다. 사각형에 **[부서순 정렬]**을 입력한다.

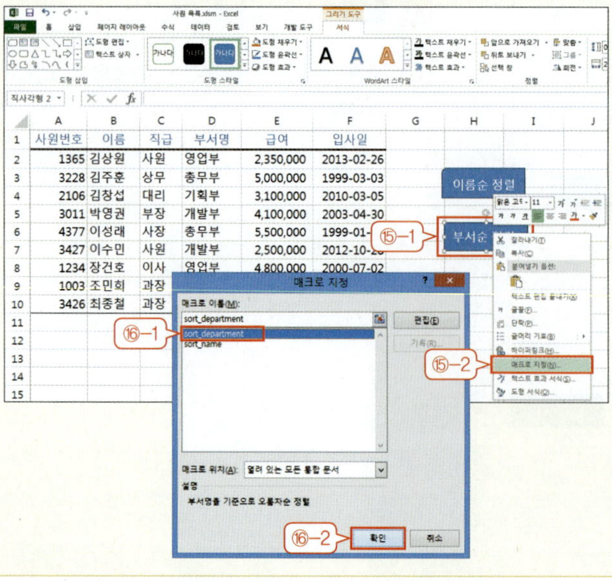

⑮ 부서순 정렬 사각형 위에서 마우스의 오른쪽 단추를 클릭한 후 단축 메뉴에서 **[매크로 지정]**을 선택한다.

⑯ **[매크로 지정]** 대화상자의 **[매크로 이름]** 상자에서 sort_department를 선택한 후 **[확인]**을 클릭한다. 부서순 정렬 사각형에 매크로가 지정된다.

그래픽 또는 컨트롤 개체에 매크로 지정하기

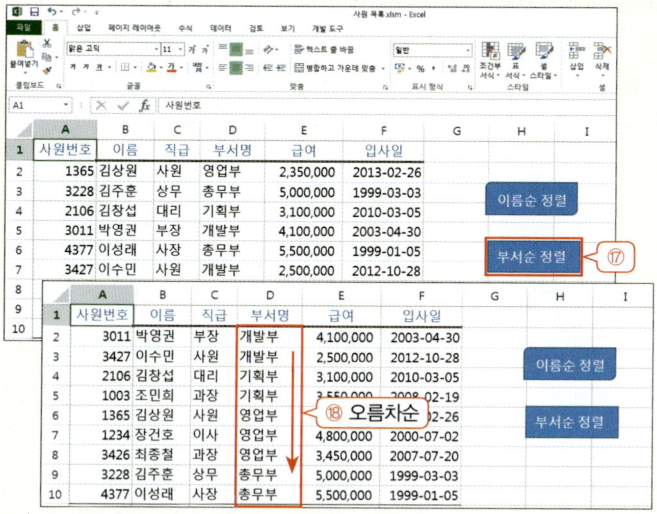

⑰ 부서순 정렬 사각형을 클릭해본다.

⑱ 사원 목록이 부서명을 기준으로 오름차순으로 정렬된다.

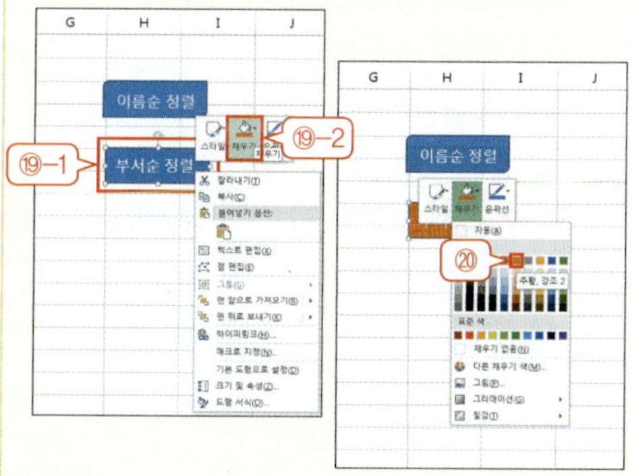

⑲ 두 사각형의 색을 구분하기 위해서 부서순 정렬 사각형 위에서 마우스의 오른쪽 단추를 클릭한 후 단축 메뉴에서 **[채우기 단추]**를 클릭한다.

⑳ 채우기 색 갤러리에서 주황색(테마 색의 첫 줄 가운데)을 선택한다.

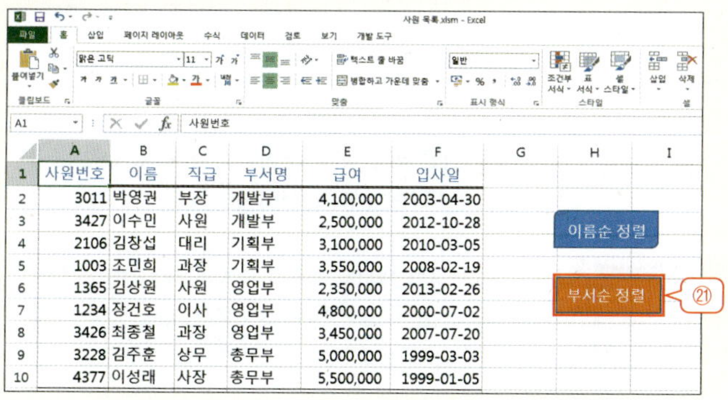

㉑ 두 사각형의 색이 다르게 표시된다. 글꼴, 글꼴 색도 원하는 대로 지정할 수 있다.

㉒ 사원 목록.xlsm 통합 문서를 PC에 저장한다.

실습하기 10-6

실습파일 : \10장\사원 목록.xlsm

매크로가 지정된 단추를 빠른 실행 도구 모음에 등록하기

실습 설명

빠른 실행 도구 모음은 현재 어떤 탭이 활성화되어 있는지에 관계없이 항상 화면 왼쪽 상단 구석에 표시된다. 디폴트로, 빠른 실행 도구 모음은 [저장], [실행 취소], [다시 실행]과 같이 세 개의 핵심적인 명령들만 포함하지만 사용자가 원하는 명령을 빠른 실행 도구 모음에 추가하거나 삭제할 수 있다. 이번 실습에서는 매크로가 지정된 단추를 빠른 실행 도구 모음에 등록해보자.

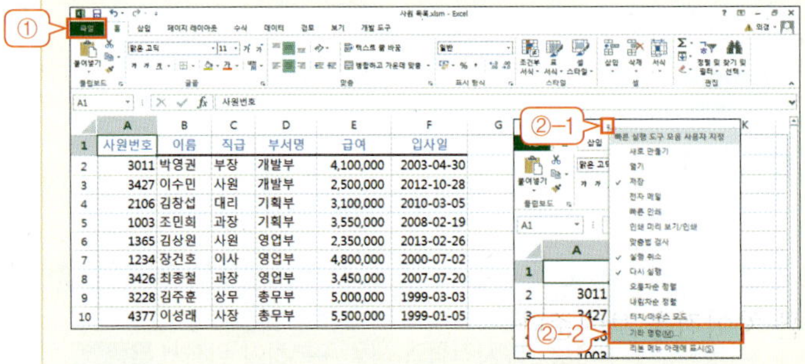

① 엑셀 창의 상단 왼쪽 구석에서 파일 탭 **파일**을 클릭한 후 파일 메뉴 왼쪽에서 [옵션]을 선택한다. [Excel 옵션] 창이 나타난다.

② 또는 [빠른 실행 도구 모음 사용자 지정 단추]를 클릭한 후 메뉴에서 [기타 명령]을 클릭한다. [Excel 옵션] 창이 나타난다.

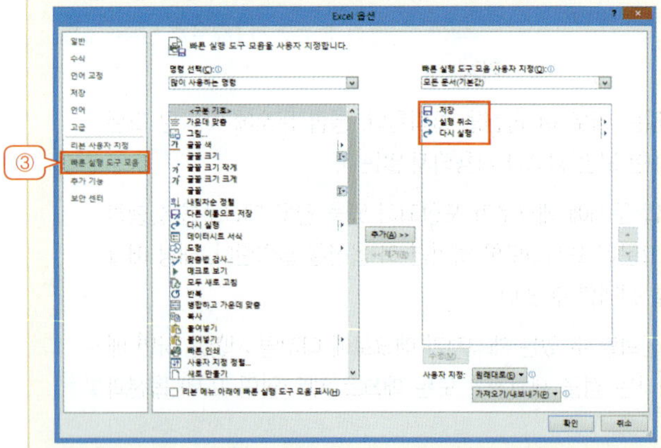

③ [Excel 옵션] 창의 왼쪽 영역에서 [빠른 실행 도구 모음]을 선택한다. 오른쪽 영역의 [빠른 실행 도구 사용자 지정] 아래의 큰 상자에 저장, 실행 취소, 다시 실행 등 세 개의 단추가 등록되어 있는 것을 알 수 있다.

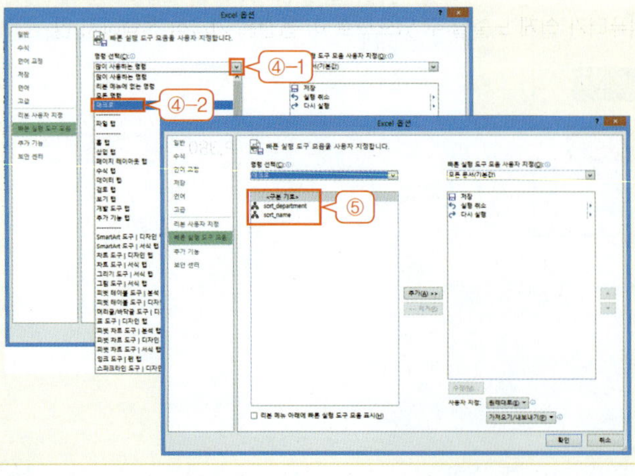

④ [명령 선택]의 드롭다운 화살표 를 클릭한 후 [매크로]를 선택한다.

⑤ sort_name과 sort_department 등 2개의 매크로 이름이 [명령 선택] 아래의 큰 상자에 표시된다.

매크로가 지정된 단추를 빠른 실행 도구 모음에 등록하기

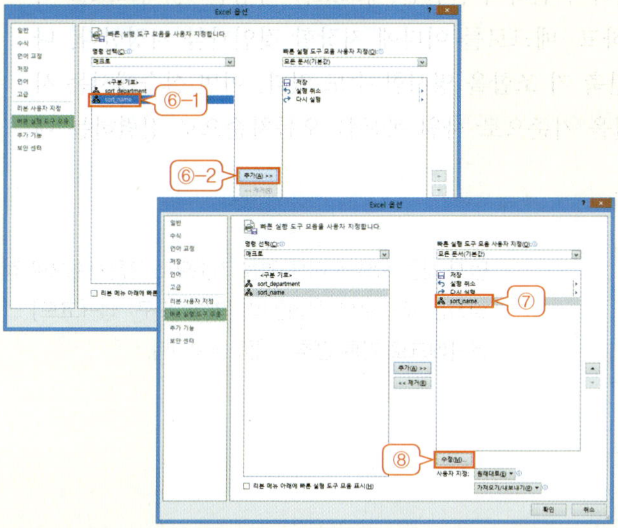

⑥ sort_name 매크로를 선택한 후 [추가(A) >> 단추]를 클릭한다.

⑦ 오른쪽 영역의 [빠른 실행 도구 사용자 지정] 아래의 큰 상자에 임의의 단추와 함께 sort_name이 표시된다.

⑧ sort_name 매크로에 사용자가 원하는 단추를 지정하기 위하여 [수정(M)... 단추]를 클릭한다.

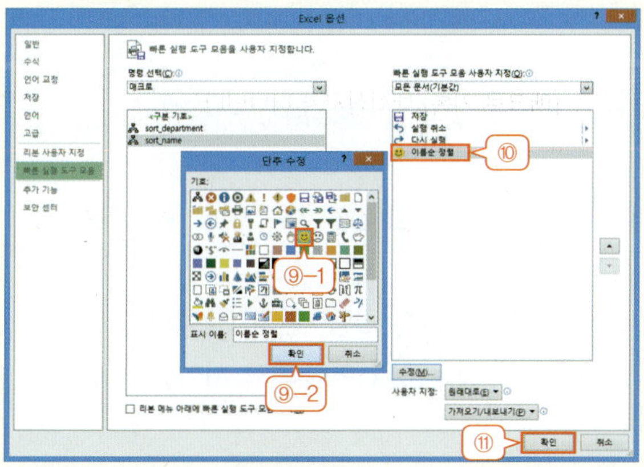

⑨ [단추 수정] 창이 나타난다. 네 번째 줄의 [웃는 얼굴 단추 ☺]를 선택한 후 [확인]을 클릭한다.

⑩ sort_name 매크로 왼쪽에 ☺이 표시된다.

⑪ [Excel 옵션] 창의 [확인]을 클릭한다.

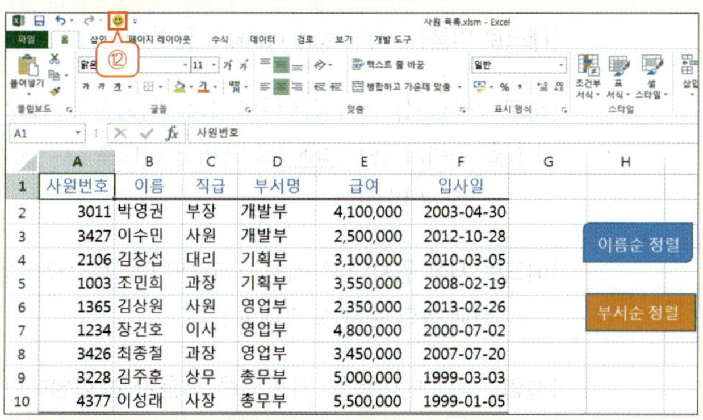

⑫ 이제 [빠른 실행 도구 모음]에 ☺이 보일 것이다. 이 단추를 클릭하면 사원 목록이 사원 이름의 오름차순으로 정렬된다.

⑬ 이 단추를 [빠른 실행 도구 모음]에서 지우려면 이 단추 위에서 마우스의 오른쪽 단추를 클릭한 후 메뉴에서 [빠른 실행 도구 모음에서 제거]를 선택한다.

연습문제 EXERCISE

1. 다음 워크시트는 더존북출판사의 2014년도 판매실적을 보여준다.(연습파일 :\10장\연습문제-1.xlsx)

(1) B8:E8 범위에 분기별 판매실적의 최대값을 계산하는 매크로를 작성하고, 이 매크로의 이름으로 최대값을 지정하라.

(2) 이 매크로에 대문자 M을 단축 키로 지정하라.

(3) B8:E8 범위의 내용을 지운 후에 이 매크로를 실행해보라.

– 매크로 명령을 사용하여

– 단축 키 조합을 사용하여

	A	B	C	D	E
1	더존북출판사 2014년도 판매실적				
2	구분	1사분기	2사분기	3사분기	4사분기
3	온라인 서점	92,733	83,345	76,753	39,388
4	대학 구내서점	66,191	60,400	54,283	15,791
5	대형서점	22,053	19,102	19,179	8,951
6	중형서점	2,390	1,720	2,171	1,270
7	소형서점	4,489	3,842	3,291	1,643
8	최대값				

2. 다음 워크시트는 1/4분기 소모품 신청서를 보여준다.(연습파일 :\10장\연습문제-2.xlsx)

(1) E3:E8 범위에 금액=수량*단가를 계산한 값을 채우는 매크로를 작성하라. 이 매크로의 이름으로 금액계산을 지정하라.

(2) A1:E8 범위에 모든 테두리를 적용하고, 2 행의 품목, 규격, 수량, 단가, 금액의 글꼴색을 파랑색으로 지정하는 매크로를 작성하라. 이 매크로의 이름으로 서식을 지정하라.

	A	B	C	D	E
1	1/4분기 소모품 신청서				
2	품명	규격	수량	단가	금액
3	복사 용지	A4 박스	10	25000	
4	프린터 토너	CF280X	15	190000	
5	볼펜	흑색	100	500	
6	사인펜	적색	50	1000	
7	포스트잇	중	30	2000	
8	건전지	AAA	40	1100	

➡

	A	B	C	D	E
1	1/4분기 소모품 신청서				
2	품명	규격	수량	단가	금액
3	복사 용지	A4 박스	10	25,000	250,000
4	프린터 토너	CF280X	15	190,000	2,850,000
5	볼펜	흑색	100	500	50,000
6	사인펜	적색	50	1,000	50,000
7	포스트잇	중	30	2,000	60,000
8	건전지	AAA	40	1,100	44,000

3. 다음 워크시트는 급여 명세표를 보여준다.(연습파일 :\10장\연습문제-3.xlsx)

(1) F3:F10 범위에 상여금=기본급*비율을 계산한 값을 채우는 매크로를 작성하라. 이 매크로의 이름으로 상여금계산을 지정하라.

(2) [삽입] 탭–[일러스트레이션] 그룹–[도형 단추]를 클릭한 후 [기본 도형]의 ⬡(육

각형)을 F12:F14 범위에 위치시키고, 이 육각형에 상여금계산 매크로를 지정하고, 텍스트를 상여금으로 지정하고, 텍스트를 육각형의 '가로 가운데' 및 '세로 가운데'에 맞춘다.

(3) G3:G10 범위에 총급여액=기본급+상여금을 계산한 값을 채우는 매크로를 작성하라. 이 매크로의 이름으로 총급여액을 지정하라.

(4) [삽입] 탭-[일러스트레이션] 그룹-[도형 단추]를 클릭한 후 [기본 도형]의 ◯(타원)을 G12:G14 범위에 위치시키고, 이 타원에 총급여액 매크로를 지정하고, 텍스트를 총급여액으로 지정하고, 텍스트를 타원의 '가로 가운데' 및 '세로 가운데'에 맞춘다.

(5) F3:F10 범위와 G3:G10 범위를 지운 후에 ⬡과 ◯을 각각 클릭하여 두 매크로를 실행하라.

	A	B	C	D	E	F	G
1	급 여 명 세 표						
2	성명	직위	근속기간	비율	기본급	상여금	총급여액
3	박재홍	대리	5	35%	3,550,000		
4	김정주	과장	7	40%	3,725,000		
5	최성안	전무	10	50%	4,905,000		
6	오정범	상무	15	55%	3,775,000		
7	황기형	부장	11	50%	4,360,000		
8	안영기	대리	7	40%	3,679,000		
9	서주원	과장	9	40%	3,835,000		
10	김근호	대표	18	55%	5,275,000		

4. 다음 워크시트는 식품단속일지이다.(연습파일 ◎:\10장\연습문제-4.xlsx)

(1) 자동 필터 기능을 이용하여 검사지역이 강동지역인 데이터를 표시하는 매크로를 작성하고, 이 매크로의 이름을 강동으로 지정하라.

(2) [개발 도구] 탭-[컨트롤] 그룹-[삽입 단추]를 클릭한 후 [양식 콘트롤]의 첫 번째 단추를 D1:D2 범위에 위치시키고, 이 단추에 강동지역 매크로를 지정하고, 텍스트를 강동지역으로 지정하고, 텍스트를 단추의 가로 가운데 및 세로 가운데에 맞춘다.

(3) 자동 필터 기능을 이용하여 검사지역이 강남지역인 데이터를 표시하는 매크로를 작성하고, 이 매크로의 이름을 강남으로 지정하라.

(4) [개발 도구] 탭-[컨트롤] 그룹-[삽입 단추]를 클릭한 후 [양식 콘트롤]의 첫 번째 단추를 E1:E2 범위에 위치시키고, 이 단추에 강남지역 매크로를 지정하고, 텍스트를 강남지역으로 지정하고, 텍스트를 단추의 가로 가운데 및 세로 가운데에 맞춘다.

(5) 두 단추를 각각 클릭하여 매크로를 실행하라.

연습문제 EXERCISE

식품단속일지

일자	검사자	검사지역	유통기한 위반	원산지표시 위반	기타
2014-01-03	이창룡	강동지역	2	5	5
2014-01-03	홍기영	강남지역	8	1	9
2014-01-03	김창준	강동지역	6	7	9
2014-01-08	이창룡	강남지역	9	7	2
2014-01-08	홍기영	강동지역	6	1	4
2014-01-08	김창준	강남지역	6	7	8
2014-01-10	이창룡	강동지역	9	8	3
2014-01-10	홍기영	강남지역	6	8	2
2014-01-10	김창준	강동지역	5	7	10
2014-01-13	이창룡	강남지역	4	4	1
2014-01-13	홍기영	강동지역	0	8	8
2014-01-13	김창준	강남지역	7	7	3

5. 다음 워크시트는 컴퓨터활용 과목의 1학기 성적 목록이다.(연습파일 :\10장\연습문제-5.xlsx)

(1) 부분합 기능을 이용하여 학과별로 중간고사, 기말고사, 총점의 합계와 평균을 계산하는 매크로를 작성하고, 이 매크로의 이름으로 부분합을 지정하라. 부분합을 계산하려면 먼저 학과 열을 기준으로 정렬해야 함을 기억하라.

(2) 부분합 매크로로 계산된 부분합을 제거한 후 성명을 기준으로 오름차순 정렬하는 매크로를 작성하고, 이 매크로의 이름을 제거라고 지정하라.

(3) 매크로 명령을 사용하여 두 매크로를 번갈아가며 실행해보라.

1학기 성적(컴퓨터활용)

학번	성명	학과	중간고사	기말고사	총점
K01	김미례	국문	90	87	177
C03	이영미	사회복지	100	95	195
K03	한수동	국문	78	95	173
C10	우지원	사회복지	88	90	178
M05	김민석	경영	95	94	189
M06	홍미리	경영	67	64	131
C01	유미인	사회복지	45	55	100
K10	마인철	국문	95	72	167
M20	구성도	경영	85	65	150
M21	이동철	경영	90	76	166
C09	피성훈	사회복지	96	82	178
K21	하지원	국문	88	98	186

POWERPOINT

PART II 파워포인트 2013

파워포인트 기초

이번 장에서는 최신 버전인 파워포인트 2013을 효과적으로 업무에 활용하기 위해 알아야 하는 기초 지식을 다룬다. 파워포인트 2013에 추가된 기능들과 파워포인트 화면의 구성요소들을 설명하고, 프레젠테이션을 새로 만들고 저장하는 방법 그리고 파워포인트에서 다루는 작업 단위인 슬라이드의 관리에 대하여 학습하게 될 것이다.

CHAPTER 11

파워포인트 기초

SECTION 01 파워포인트란?

현재의 우리는 자신의 생각을 효과적으로 표현하여 생각이 다른 사람들에게 쉽게 전달하고, 자신의 의견을 주장하여 설득하는 프레젠테이션이 꼭 필요한 시대에 살고 있다.

1 프레젠테이션

우리는 프레젠테이션을 해야 하는 세상에 살고 있다. 자신의 생각을 표현하는 일은 매우 중요하며, 어떻게 효과적으로 표현해야 할지 깊이 생각해야 한다. 또한, 자신의 생각을 다른 사람들에게 쉽게 전달해야 하므로 어떤 방법으로 전달해야 할지 고민해야 한다. 현재의 우리는 생각이 다른 사람들에게 자신의 생각을 효과적으로 표현하여 쉽게 전달하고, 자신의 의견을 주장하여 설득하는 프레젠테이션이 꼭 필요한 시대에 살고 있는 것이다.

Tip 프레젠테이션(Presentation) 또는 시청각 설명회(視聽覺 說明會)는 듣는 이에게 정보, 기획, 안건을 제시하고 설명하는 행위를 가리킨다. 즉 시청각 자료를 활용한 발표라고 할 수 있다. 간단히 발표라고도 하며, PT로 줄여서 말하기도 한다. 국립국어원은 2007년 7월, 프레젠테이션이라는 쓰임 말을 사용하지 말고 시청각 설명회라는 쓰임 말을 사용할 것을 권고하였다. 그러나 현재 거의 쓰이지 않고 있다. [참조: 위키백과(ko.wikipedia.org)]

身言書判

중국 당나라 때 관리를 등용하는 시험에서 인물 평가의 기준으로 삼았던 신언서판이라는 말이 있다. 신당서(新唐書) 선거지(選擧志)에 따르면 "무릇 사람을 고르는 방법에 4가지가 있는데 첫째가 몸이니 신체가 풍성하고 커야 하며, 둘째는 말씨인데 말이 반듯하고 논리가 분명해야 한다. 셋째는 글씨이니 필법을 따르면서도 아름다워야 하고, 넷째는 이치를 따지는 판단력이 뛰어나야 한다." 이처럼 아주 오래전부터 신언서판은 사람을 선택하는 기본적이면서도 구체적인 선택법이었다.

현대에 이르러서도 위의 4가지는 사람의 평가 및 면접에서 활용되고 있는데, 신(身)이란 건강한 신체와 올바른 자세를 보는 것이며, 언(言)이란 듣는 이를 쉽게 이해시키는 전달 능력을 보는 것이며, 서(書)란 자기 생각을 표현하는 자료 작성 능력을 보는 것이며, 판(判)이란 자기 생각을 다른 사람에게 설득하는 과정과 방법을 보는 것이라고 하였을 때, 오래전부터 개인을 평가하는 중요한 잣대로 프레젠테이션 능력을 살펴보았다는 것을 알 수 있다. 그리고 프레젠테이션 능력을 업그레이드시켜 줄 수 있는 도구인 파워포인트의 출현을 천 년 넘게 기다렸다고 볼 수 있다.

프레젠테이션이란 자기 생각을 다른 사람에게 전달하고, 자신의 주장을 설득하는 과정이다. 자신의 생각을 여러 사람 앞에서 전달해야 하는 설명회, 발표회, 강의, 연설, 토의, 면접과 같은 1대다 전달에서, 많은 사람을 사로잡을 수 있는 프레젠테이션 능력의 차이는 절대적으로 개인의 능력 차이로 표현될 수 있으므로, 파워포인트를 제대로 사용할 줄 아는 능력은 현대의 누구에게나 반드시 필요하다고 할 수 있다.

또한 여러 사람 앞의 발표가 아니더라도 과제를 제출하고, 업무에 대한 보고서를 작성하는 일에 파워포인트를 사용하게 되면 자신의 생각을 표현하는 일이 수월해지므로, 파워포인트의 사용 연령이 점점 낮아지고 사용 영역이 확대되고 있다.

2 파워포인트 2013

파워포인트는 마이크로소프트 오피스 패키지의 하나로서 프레젠테이션 자료를 작성하는 프로그램이다. 제품 설명회, 강의, 업무 보고, 과제 등 다양한 유형의 프레젠테이션 작업에서 파워포인트를 사용하여 자료 작성을 쉽게 할 수 있다.

말, 글, 도형, 그림, 사진, 오디오, 동영상으로 표현되는 각 자료의 장단점으로 인하여 자료들을 하나의 화면에 표현하고 전달하는 것은 매우 어렵지만 꼭 필요한 일이다. 프레젠테이션을 위하여 자기 생각을 표현하여 전달하는 도구들은 컴퓨터의 사용과 더불어 계속 발전하여 왔다.

그 가운데 프레젠테이션 소프트웨어로 가장 많이 사용되는 파워포인트는 텍스트(글), 도형, 그림(사진), 오디오(말), 비디오(동영상), 애니메이션 등의 모든 자료를 하나의 화면에서 쉽게 작성하고, 슬라이드 쇼를 통하여 강력하게 표현하므로 프레젠테이션의 대표적인 도구로 자리 잡았다.

마이크로소프트 오피스 2013은 오피스의 가장 최신 버전이며 윈도 7 또는 윈도 8 위에서 데스크톱 PC, 노트북, 태블릿에 사용할 수 있다. 오피스 2013은 판매 가격에 따라 엑셀 2013, 파워포인트 2013, 워드 2013, 아웃룩 2013, 액세스 2013, InfoPath 2013, Lync 2013, 원노트 2013, Publisher 2013 등의 전부 또는 일부를 포함한다.

Word Excel PowerPoint Outlook OneNote Lync

Access Publisher Project Visio Office Web Apps

현재 파워포인트의 여러 버전이 업무에서 사용되고 있지만, 이 책에서는 파워포인트 2013을 기반으로 서술한다. 명시적으로 파워포인트의 버전을 구분할 필요가 있을 때를 제외하고, 이 책에서 사용하는 파워포인트의 설명은 파워포인트 2013을 의미한다.

3 파워포인트로 할 수 있는 일

파워포인트에서는 여러 종류의 개체를 이용하여 프레젠테이션 자료를 작성한 후 다양한 방법으로 표현할 수 있다. 파워포인트를 사용하는 이유는 아래와 같다.

❖ 텍스트 작성

파워포인트를 사용하면 종이와 연필을 사용할 때보다 텍스트를 빠르고 정확하게 입력할 수 있다. 슬라이드의 제목 및 내용에 포함되는 텍스트는 테마에 따라 글꼴 크기, 줄 간격, 글머리 기호 등을 쉽게 작성할 수 있다.

❖ 도형을 쉽게 작성

파워포인트를 사용하면 표현하고자 하는 도형을 작성하고 수정하는 것이 용이하다. 자료를 표현하고 전달하는 데 있어서 도형은 많은 도움을 주며, 텍스트 자료를 간결하게 표현할 수 있도록 도움을 준다.

❖ 멀티미디어 자료 작성

파워포인트를 사용하면 텍스트와 도형 이외에도 그림, 표, 차트, 오디오 그리고 비디오 파일에 이르는 멀티미디어 자료들을 사용하여 전달력이 높은 프레젠테이션 자료들을 빠르고 쉽게 슬라이드에 추가할 수 있다.

❖ 자료의 표현을 지원

텍스트를 강조하여 다양하게 표현하는 워드아트, 도형을 이용하여 다이어그램을 체계적으로 표현하는 스마트아트, 키워드를 그림으로 표현하도록 도와주는 클립아트(2015년 12월부터 마이크로소프트의 정책으로 사용이 중지되었다.)를 이용하여 자료를 간결하게 표현하고 효과적으로 전달할 수 있는 프레젠테이션 자료를 작성할 수 있다.

❖ 자료의 프레젠테이션을 지원

다양한 화면 전환과 애니메이션을 사용하여 프레젠테이션 자료의 중요한 부분을 강조하고 지루해지기 쉬운 청중을 프레젠테이션에 집중하도록 할 수 있고, 하이퍼링크를 통하여 필요한 자료를 보충하여 설명할 수 있도록 연결을 지원하는 자료를 작성할 수 있다.

파워포인트는 슬라이드에 글을 작성하고 검색할 수 있지만 워드처럼 문서를 작성하는 도구가 아니다. 파워포인트는 표를 보여주고, 표에 해당하는 차트를 표현할 수 있지만 엑셀처럼 데이터 연산과 분석을 하는 도구가 아니다. 파워포인트는 다른 사람들에게 자기 생각을 전달하고 설득하고 이해시키는 프레젠테이션 자료의 작성에 매우 강력한 도구이다. 자신의 의견을 한 사람에게 또는 여러 사람에게 전달하는 프레젠테이션 자료를 작성하기 위해서는 워드나 엑셀보다 파워포인트를 사용하는 것이 효과적이다.
파워포인트에서 사용하는 프레젠테이션과 슬라이드에 관련된 용어의 의미는 다음과 같다.

❖ 프레젠테이션

파워포인트를 사용하여 만든 파일을 프레젠테이션이라고 부른다. 이 아이콘은 하나의 파워포인트 파일을 나타낸다. 윈도우 탐색기에서 파워포인트 2013 파일을 나타내는 아이콘으로 사용된다.

❖ 슬라이드

각 프레젠테이션은 하나 이상의 슬라이드를 포함한다. 슬라이드는 프레젠테이션 내의 독립적인 단위이다. 프레젠테이션과 슬라이드 간의 관계는 프레젠테이션을 공책이라 하였을 때 슬라이드는 공책을 구성하는 하나의 페이지에 비유할 수 있다.

4 파워포인트 2013의 새로운 기능

파워포인트 2003 이전 버전을 사용하다가 파워포인트 2007 이후 버전을 사용하게 되면 파워포인트에 큰 변화가 생겼음을 알게 될 것이다. 사용자 인터페이스가 완전히 바뀌었고, 파워포인트를 효율적으로 사용할 수 있게 하려고 많은 기능들이 지속적으로 추가되었음을 알게 될 것이다. 그리고 파워포인트 2010에 여러 가지 기능들이 추가되었고, 파워포인트 2013에는 파워포인트 2010으로부터 다음의 기능들이 업그레이드되었다.

❖ 프레젠테이션마다 하나의 창

프레젠테이션마다 하나의 창이 있다. 파워포인트 2013에서 각 프레젠테이션은 자신의 창을 가지므로 동시에 2개 이상의 프레젠테이션을 사용하는 작업이 쉬워진다. 특히 2개의 모니터를 사용하는 사용자는 모니터마다 별도의 프레젠테이션을 열어놓고 프레젠테이션 간의 관련 작업을 쉽게 진행할 수 있다.

❖ 와이드 스크린

자료를 표현하는 슬라이드의 가로 세로 비율이 이전 파워포인트 버전의 4:3에서 디스플레이 기기의 변화에 맞추어 16:9의 와이드 스크린 슬라이드를 기본으로 지원한다. 사용자가 원하면 4:3으로 변경할 수 있다.

❖ 도형 병합

기본 도형에서 지원하지 않는 도형을 만들기 위하여 도형과 도형을 결합하여 새로운 도형으로 만들 수도 있고, 결합된 도형을 조각으로, 또는 도형에서 도형 모양을 제거하여 원하는 도형으로 만들 수 있다.

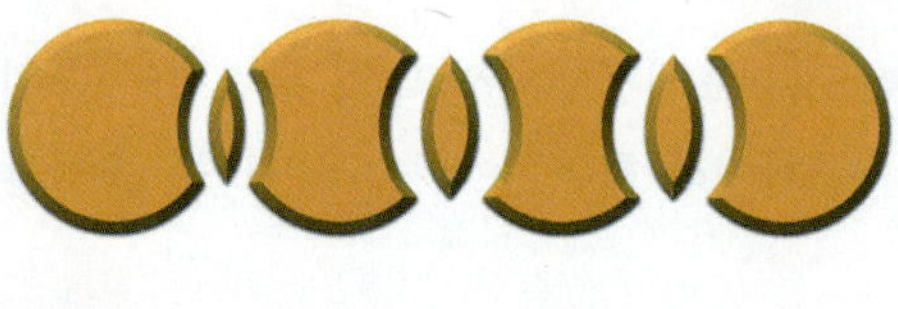

❖ 스마트 가이드

그림, 도형, 텍스트 같은 개체의 크기와 위치를 조정할 때 다른 개체와 균등한 간격으로 배치하도록 스마트 가이드가 빨간색의 점선과 화살표로 자동적으로 나타나 적당한 간격을 알려준다.

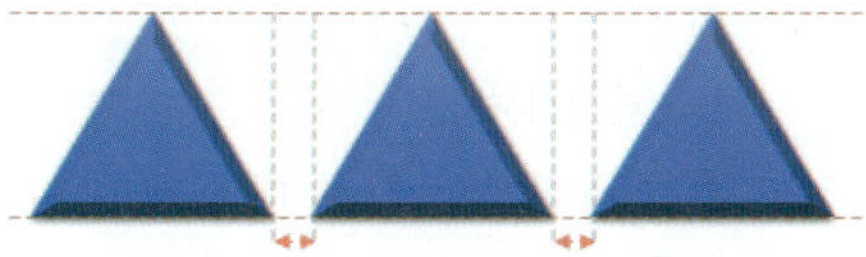

❖ 클라우드 기능

온라인상에 저장된 프레젠테이션을 공유하고, 프레젠테이션 일부를 SNS에 포스팅할 수 있다. 따라서 오피스에 속하는 다른 프로그램들처럼 파워포인트로 생성한 파일을 동료들과 공유하고 협동하기가 쉬워진다. 프레젠테이션을 마이크로소프트의 클라우드 기반 서비스 OneDrive에 저장할 수 있다.

❖ 색 일치 스포이트

슬라이드에 있는 개체에서 색 일치 스포이트로 특정 색을 추출하여 원하는 개체를 같은 색으로 채울 수 있다.

❖ 작업 대화상자 표시

오른쪽 마우스로 서식 메뉴를 선택하면 화면이 왼쪽으로 축소 이동하고 화면의 오른쪽에 별도의 작업 대화상자가 나타나게 되어 서식을 적용하면서 작업을 할 수 있다.

결론적으로, 파워포인트 2013의 새로운 기능들은 누구나 전문적인 프레젠테이션을 만들 수 있도록 도와준다. 만일 이전 버전의 파워포인트를 편안히 사용했었다면 파워포인트 2013에서도 아무런 문제 없이 쉽게 적응하여 사용할 수 있을 것이다.

SECTION 02 파워포인트 시작하기

1 새 프레젠테이션

파워포인트 2013을 사용하기 전에 마우스를 사용하는 방법, 윈도 운영체제에서 창을 다루는 방법(창 닫기, 창 최소화, 창의 이동), 장치들에 관한 기초적인 개념, 폴더와 파일 관리 등에 대하여 적정한 이해를 하고 있어야 한다. 하지만 모르더라도 따라 하기에 어려움은 없을 정도로 자세하게 서술하였다. 본 책은 마이크로소프트 윈도 7이나 윈도 8 운영체제와 파워포인트 2013이 설치되어 있는 환경을 가정하고 실습 방법과 화면을 설명하였다.

파워포인트 2013을 시작하는 여러 가지 방법이 있다.

① 바탕화면에서 파워포인트 아이콘 을 더블 클릭하는 방법
② 윈도우 메뉴 → 모든 프로그램 → Microsoft Office 2013 → PowerPoint 2013 을 클릭하는 방법
③ 윈도우 탐색기에서 이미 만들어진 프레젠테이션 파일 을 더블클릭하는 방법

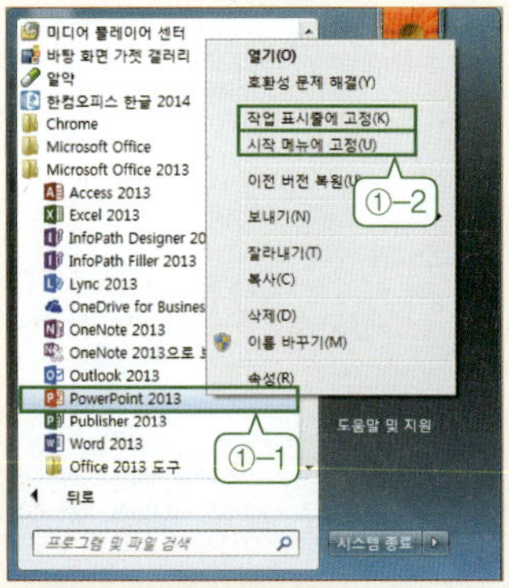

① 파워포인트 2013을 빨리 사용하려면 오른쪽 마우스 메뉴에서 **[작업 표시줄에 고정]**을 클릭하여 작업 표시줄에서 한 번에 아이콘을 클릭하여 쉽게 파워포인트를 시작할 수 있다.
[시작 메뉴에 고정]을 클릭하면 시작 메뉴에서 쉽게 파워포인트를 시작할 수 있다.

② 파워포인트를 시작하면 다음과 같은 시작 화면이 나타난다. 새로운 프레젠테이션 문서를 만들기 위하여 **[새 프레젠테이션]**을 선택한다.

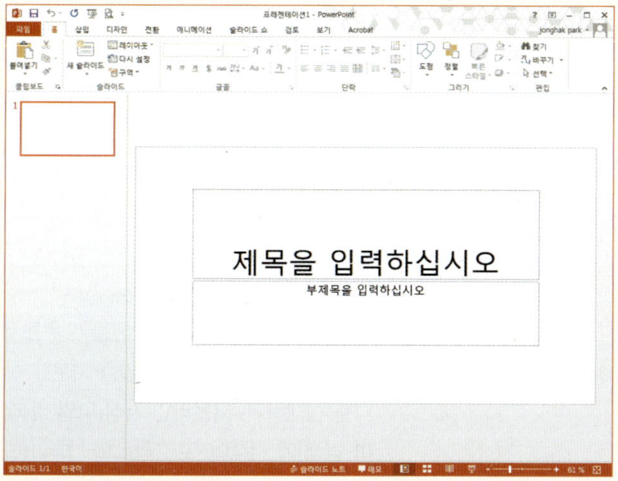

③ [새 프레젠테이션]을 선택하면 왼쪽과 같이 첫 번째 빈 슬라이드가 나타난다. 언제든지 프레젠테이션 문서에 슬라이드를 추가하거나 삭제할 수 있다. 슬라이드에는 텍스트, 도형, 그림, 비디오, 오디오 모두를 추가할 수 있다.

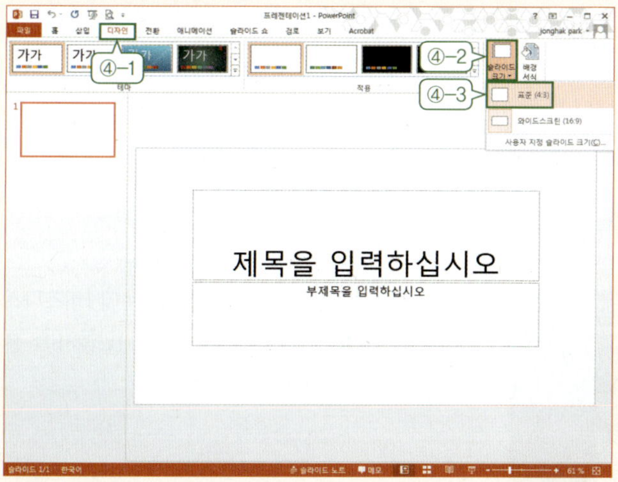

④ 파워포인트 2013에서는 슬라이드 크기가 [와이드스크린(16:9)]으로 시작된다. 슬라이드 크기 비율을 변경하려면 [디자인] [슬라이드 크기]를 클릭하여 [표준(4:3)]을 선택하면 된다.

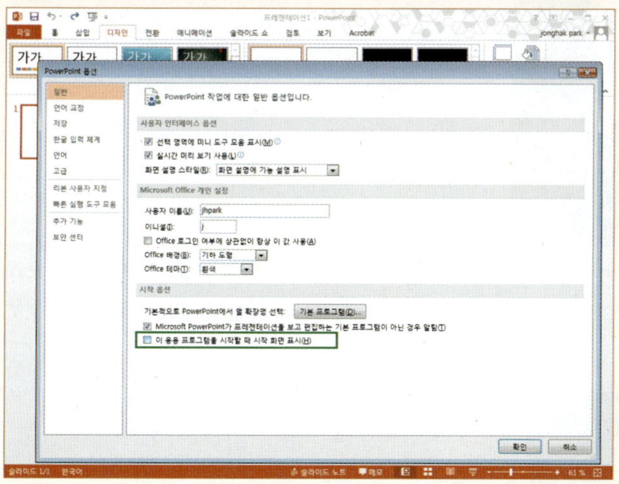

⑤ 파워포인트를 시작하였을 때 [새 프레젠테이션]을 첫 화면으로 시작하기 위해서는 [파일] [옵션]을 클릭하여 나타난 대화상자에서 [이 응용프로그램을 시작할 때 시작화면 표시] 앞에 체크를 한 번 더 클릭하여 해제하면 된다.

파워포인트 2013에서 [새 프레젠테이션]을 생성하면 프레젠테이션에 하나의 [제목] 슬라이드가 포함되어 나타난다. 기본적으로 프레젠테이션 문서의 이름은 프레젠테이션1이고, 화면에 나타난 [새 프레젠테이션]에는 프레젠테이션 다음에 번호가 붙은 이름이 자동으로 할당된다. 프레젠테이션 이름은 제목 표시 줄에 나타난다.

2 서식 파일 프레젠테이션

서식 파일은 미리 디자인된 프레젠테이션이다. 서식 파일은 사용자가 계획서, 과제, 달력, 사진 앨범 등과 같은 프레젠테이션을 쉽게 생성할 수 있도록 제공하고, 사용자의 작업 시간을 절약해준다. 검색어를 입력하여 간단하게 프레젠테이션의 틀을 생성하고 내용을 수정하여 원하는 프레젠테이션을 생성할 수 있다.

① 서식 파일 프레젠테이션을 만들기 위해서는 시작 화면에서 서식 파일들 가운데 하나를 선택하거나 **[온라인 서식 파일 및 테마 검색]**에 검색어 '프로젝트'와 Enter 를 입력한다.

② 검색하여 나타난 결과 가운데 **[비즈니스 프로젝트 계획]**을 선택하고 **[만들기]**를 클릭한다.

③ 만들어진 **[비즈니스 프로젝트 계획]** 프레젠테이션의 틀을 이용하여 필요한 내용을 사용자에게 맞게 수정하여 사용하면 된다.

④ '여행 사진'을 검색하여 나타난 결과에서 [여행사진 앨범]을 선택하고 [만들기]를 클릭한다.

⑤ 만들어진 [여행 사진 앨범]의 틀을 이용하여 슬라이드마다 원하는 사진으로 그림 바꾸기를 이용하여 사용하면 된다.

⑥ 상태 표시줄의 여러 슬라이드 보기를 클릭하면 다양한 [여행 사진 앨범]의 틀을 볼 수 있게 된다.

SECTION 03 파워포인트 화면의 구성요소

파워포인트 화면은 윈도우에서 사용하는 다른 프로그램과 같이 윈도우의 기본적인 내용을 포함하며, 다음과 같은 파워포인트의 여러 요소로 구성된다.

① **빠른 실행 도구 모음**: 프레젠테이션 열기, 저장, 인쇄 등의 자주 사용하는 실행 명령들의 모음이다.
② **제목 표시줄**: 프레젠테이션 문서의 이름이 나타난다.
③ **도움말**: 파워포인트에 관련된 도움말 대화상자가 나타난다.
④ **리본 메뉴 표시 옵션**: 리본 메뉴를 숨기기/ 탭만 표시/ 탭과 명령 표시를 선택할 수 있는 단추이다.
⑤ **창 최소화/ 최대화/ 닫기 단추**: 파워포인트 창을 최소화/ 최대화/ 닫기 하는 단추이다.
⑥ **파일 탭**: 프레젠테이션 열기, 저장, 인쇄 등의 자주 사용하는 실행 단추들의 모음이다.
⑦ **리본**: 파워포인트의 여러 가지 명령과 도구들을 포함하고 있는 도구 모음이다.
⑧ **계정 사용자**: One drive에 로그인한 계정 사용자를 보여준다.
⑨ **슬라이드 축소 창**: 전체 슬라이드 리스트를 축소하여 보여주며, 현재 슬라이드는 주황색의 테두리로 되어 있다.
⑩ **슬라이드 작업 창**: 현재 작업 중인 슬라이드를 보여준다.
⑪ **상태 표시줄**: 현재 슬라이드에 관한 상태를 보여준다.
⑫ **슬라이드 보기 단추**: 슬라이드를 보는 4가지 방법(기본 보기/ 여러 슬라이드 보기/ 읽기용 보기/ 슬라이드 쇼)을 선택하는 단추이다.
⑬ **확대/축소 슬라이더**: 슬라이드 작업 창의 확대/축소 비율을 조절한다.
⑭ **슬라이드 현재 창 크기 맞춤**: 슬라이드 작업 창의 슬라이드 크기를 현재 창 크기에 맞게 조절한다.

1 제목 표시줄과 상태표시줄

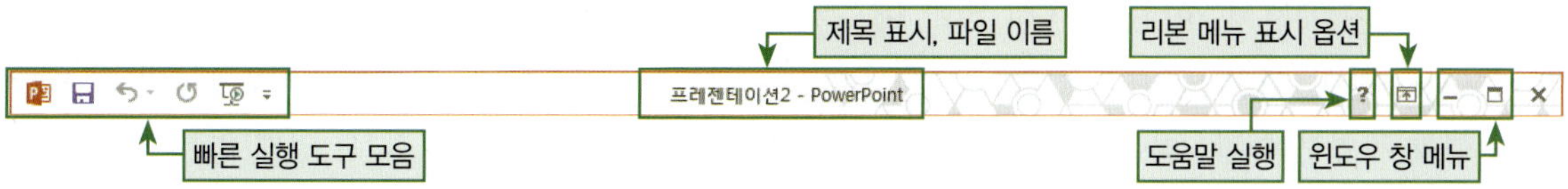

파워포인트 화면의 가장 위에는 파워포인트를 사용하는 데 유용한 기능을 제공하는 제목 표시줄이 있다.

제목 표시줄의 왼쪽에 있는 빠른 실행 도구 모음은 오피스 2013의 모든 프로그램에서 동일하게 사용되며 자주 사용하는 도구들을 모아서 보여주며 필요에 따라서 추가 및 삭제할 수 있다.

도움말 실행 단추는 파워포인트 2013의 도움말을 나타나게 하며, 리본 메뉴 표시 옵션은 리본 메뉴 자동 숨기기, 탭만 표시, 탭 및 명령 표시를 선택할 수 있도록 한다.

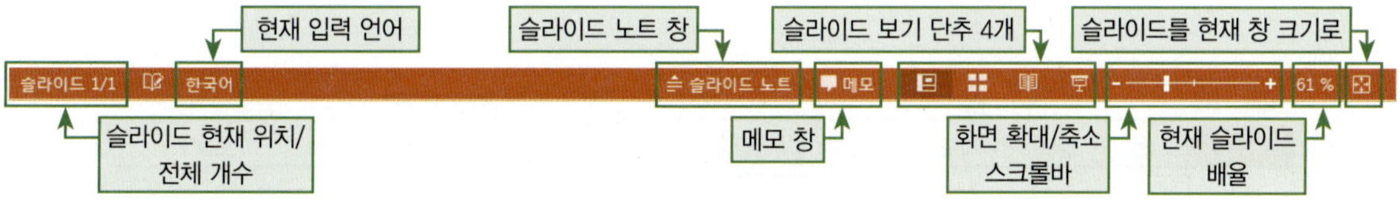

파워포인트 화면의 가장 아래에는 현재의 작업과 관련된 유용한 정보를 보여주는 상태 표시줄이 있다. 프레젠테이션 문서의 전체 슬라이드의 개수와 현재 슬라이드의 위치를 보여주고, 슬라이드 노트 창과 메모 창을 나타내도록 수행하는 단추가 있다.

또한 4가지 슬라이드 보기(기본 보기, 여러 슬라이드 보기, 읽기용 보기, 슬라이드 쇼) 단추에서 하나를 선택하여 작업하기 편한 슬라이드 보기를 선택할 수 있다.

상태 표시줄의 오른쪽에는 슬라이드를 확대하거나 축소할 수 있는 슬라이더와 현재 슬라이드 작업 창의 슬라이드 크기 비율을 보여주고 있다.

슬라이드를 확대하거나 축소하려면

- ▶ 상태 표시줄 오른쪽에 위치한 [- ——+——— +] 의 슬라이더를 왼쪽 또는 오른쪽으로 이동한다. 10~400% 범위에서 조정할 수 있다.
- ▶ [-] 또는 [+] 단추를 클릭하면 10% 단위로 확대 또는 축소된다. 확대/축소 비율은 작업 중인 슬라이드가 어떻게 표시되는가를 정하는 것으로서, 인쇄 결과에는 영향을 주지 않는다.
- ▶ [⊡] 단추를 클릭하면 슬라이드를 현재 창 크기에 맞춘다. 여러 상황에서 파워포인트 창의 크기를 크게 또는 작게 조절하여도 슬라이드 작업 창의 크기를 현재 창 크기에 따라 맞추는 역할을 한다.

Tip Ctrl를 누른 상태에서 마우스 휠을 위로 돌리면 슬라이드가 확대되고, 마우스 휠을 아래로 돌리면 슬라이드가 축소된다.

2 리본 메뉴

새로운 오피스 사용자 인터페이스인 리본 메뉴는 파워포인트 2007에 처음 도입되었다. 리본 메뉴는 파워포인트 2003 이전 버전의 메뉴와 도구 모음들을 대체하였다. 리본 메뉴는 사용자가 어떻게 작업을 수행할 것인가에 관심을 두지 않고, 무엇을 수행할 것인가에 관심을 가질 수 있게 하는 결과 지향 사용자 인터페이스이다. 파워포인트 2003 이전 버전에서 복잡한 메뉴와 도구 막대에 숨겨져 있던 명령과 기능들을 파워포인트 2007 이후 버전에서는 작업 중심의 탭에서 쉽게 발견할 수 있다.

파워포인트 2010과 2013의 리본 메뉴는 가장 빈번하게 사용되는 명령들을 중요한 위치에 배치하였다. 리본 메뉴를 쉽게 사용 할 수 있는 모든 명령과 도구들을 포함하고 있는 하나의 거대한 도구 모음이라고 생각하면 된다.

리본의 구성요소

리본은 세 가지 기본적인 구성요소들로 이루어진다.

① **탭**: 명령들은 리본에서 탭들로 조직된다. 사용자가 컴퓨터에 추가로 설치하지 않으면 리본의 상단에 8개의 탭이 있다. 각 탭은 사용자가 파워포인트에서 수행하는 핵심적인 작업을 나타낸다. 탭은 메뉴와 비슷하지만 탭의 모든 명령들이 리본으로 펼쳐져 보인다는 점이 다르다. 예를 들어서 삽입 탭은 슬라이드, 표, 이미지, 일러스트레이션, 링크, 텍스트 등의 삽입과 관련된 명령들을 포함한다.

② **그룹**: 각 탭마다 여러 개의 그룹이 있다. 각 그룹은 특정 유형의 작업을 수행할 때 필요로 하는 연관된 명령들의 모임이다. 예를 들어, 글꼴 그룹은 글꼴에 서식을 주는 데 사용되는 명령들을 포함한다. 그룹의 오른쪽 아래에 있는 [**대화 상자 표시 단추** ⧉]를 클릭하면 보다 많은 명령들을 볼 수 있다.

③ **명령(단추)**: 명령은 리본을 구성하는 가장 작은 단위이다. 한 명령은 하나의 단추, 정보를 입력하는 박스, 또는 메뉴이다. 예를 들어서 [**잘라내기 단추** ✂]를 클릭하면 선택 영역을 클립보드로 이동한다. 어떤 명령을 수행하는 방법은 리본에서 그 명령에 해당하는 단추를 클릭하는 것이다.

어떤 탭들은 필요할 때만 표시된다. 사용자가 도형, 표, 그림, 차트 등을 선택하면 추가적인 도구 탭이 그 객체에 대한 작업에 사용되는 명령들의 그룹과 함께 리본 위에 나타난다. 예를 들어 [여행 사진 앨범] 프레젠테이션의 한 슬라이드에 나의 사진을 추가하는 작업을 한다고 가정하자.

① 그림을 선택하면 [그림 도구] [서식] 탭이 나타난다. 이 탭을 클릭하면 그림 작업에 사용되는 그룹과 명령들이 나타난다. 다시 도형 외부를 클릭하면 [그림 도구] [서식] 탭은 사라지게 된다.

② 텍스트 'Travel'을 선택하면 [그리기 도구] [서식] 탭이 나타난다. 이 탭을 클릭하면 그리기 작업에 사용되는 그룹과 명령들이 나타난다.

스크린 팁

어떤 명령 단추 위로 마우스를 이동하면 스크린 팁이 나타난다. 스크린 팁은 명령의 이름뿐만 아니라 (사용 가능한) 키보드 단축키, 명령이 수행하는 기능, 명령을 사용하는 방법을 알려준다.

① [새 슬라이드] 명령 위에 마우스를 올려 놓으면 [새 슬라이드]의 단축키와 기능을 알려 주는 스크린 팁이 나타난다. 그리고 자세히 를 클릭하면 자세한 도움말이 나타난다.

리본 메뉴 숨기기와 표시하기

화면의 작업 공간을 넓히기 위해서 리본을 숨기는 것이 가능하다. 활성화된 탭의 리본이 숨겨지도록 리본 메뉴 표시 옵션을 사용할 수 있다.

① 리본을 숨기려면 현재 활성화된 탭(여기서는 주황색의 [홈] 탭)을 더블 클릭한다. 리본의 그룹들이 사라지므로 작업 영역이 넓어진다.
리본을 사용하려면 원하는 탭을 클릭하여 리본이 나타나면 사용할 옵션이나 명령을 선택한다.

② 리본을 원래 상태로 되돌리려면 아무 탭이나 더블 클릭하면 된다.

③ 화면의 오른쪽 위에 있는 **[리본 메뉴 표시 옵션]**을 클릭하여 리본메뉴 표시의 3가지 옵션(자동 숨기기, 탭 표시, 탭 및 명령표시) 가운데 하나를 선택하여 리본 메뉴를 표시하고 숨겨지도록 사용할 수 있다.

바로 가기 키

[Alt]를 누르면 아이콘, 탭, 명령 등의 위에 알파벳 또는 숫자(키 설명이라고 부름)가 표시된다. 표시되는 숫자나 알파벳 중에서 하나를 입력하면 해당하는 명령이 활성화된다. 예를 들어서 다음 그림에서 숫자 1은 [저장 단추] 위에 표시되어 있다. [Alt]를 누르고 1을 입력하면 [다른 이름으로 저장] 대화상자가 나타난다. 대화상자를 닫는다. [Alt]+[N]을 누르면 삽입 탭의 내용이 나타난다.

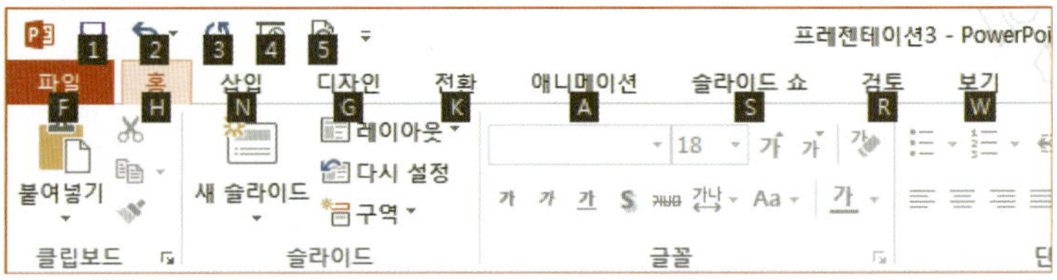

표준 탭들

홈 탭

홈 탭은 자주 사용하는 클립보드 명령(잘라내기, 복사, 붙여넣기), 슬라이드, 그리기 도구와 텍스트 글꼴, 단락, 편집 도구 등이 펼쳐져서 표시된다. 이 탭에 포함된 명령들은 사용자가 슬라이드에서 기본적인 업무들을 수행할 때 가장 흔히 사용하는 명령들이다.

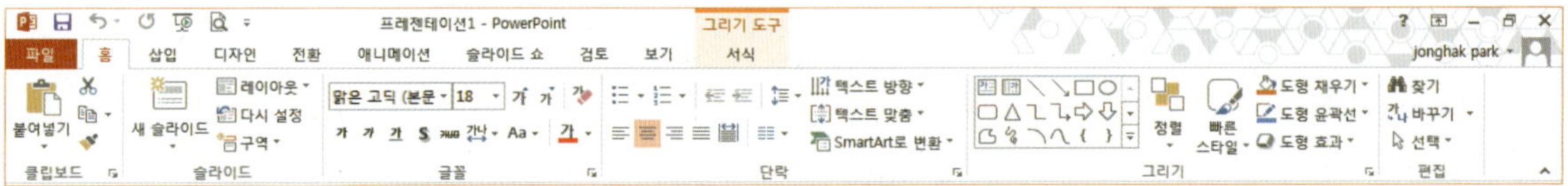

삽입 탭

삽입 탭은 슬라이드, 표, 이미지, 일러스트레이션, 링크, 텍스트, 미디어 등을 삽입하려 할 때 사용한다.

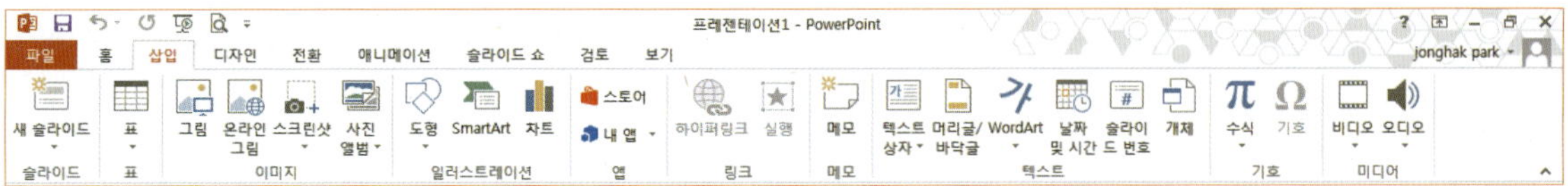

디자인 탭

디자인 탭은 테마 선택, 적용, 슬라이드 크기 등의 작업을 수행하는 데 사용되는 명령들을 포함한다.

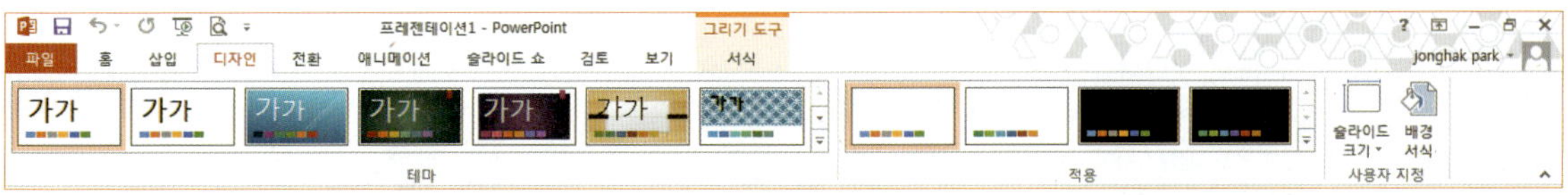

❖ 전환 탭

전환 탭은 슬라이드 화면 전환 방법을 선택하고, 관련된 효과 옵션과 타이밍을 적용하는 데 사용되는 명령들을 포함한다.

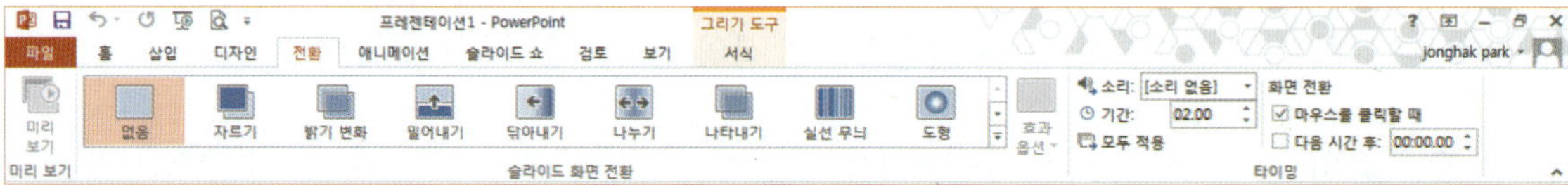

❖ 애니메이션 탭

애니메이션 탭은 여러 개체에 애니메이션을 적용하고, 적용된 애니메이션에 시작 조건, 재생 속도, 실행 지연, 실행 순서 등의 작업에 사용되는 명령들을 포함한다.

❖ 슬라이드 쇼 탭

슬라이드 쇼 탭은 슬라이드 쇼의 시작과 쇼의 재구성 그리고 쇼의 설정 등에 대한 작업에 사용되는 명령들을 포함한다.

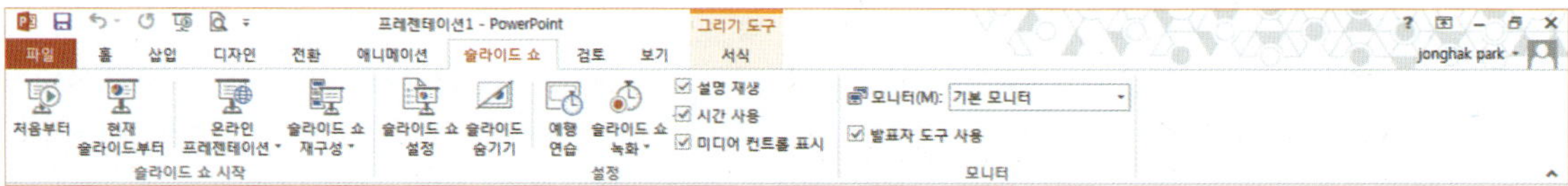

❖ 검토 탭

검토 탭은 맞춤법을 검사하거나 메모를 다는 데 사용되는 명령들을 포함한다.

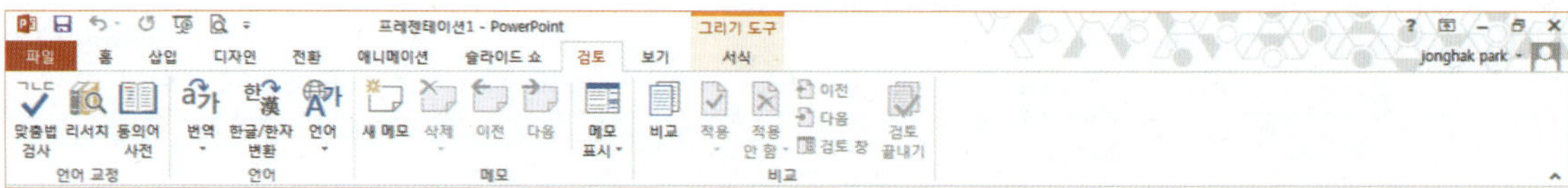

❖ 보기 탭

보기 탭은 일부 화면 요소들을 표시하거나 숨기기와 같이 화면 보기를 조정하는데 프레젠테이션 보기, 마스터 보기 등의 작업에 사용되는 명령들을 포함한다.

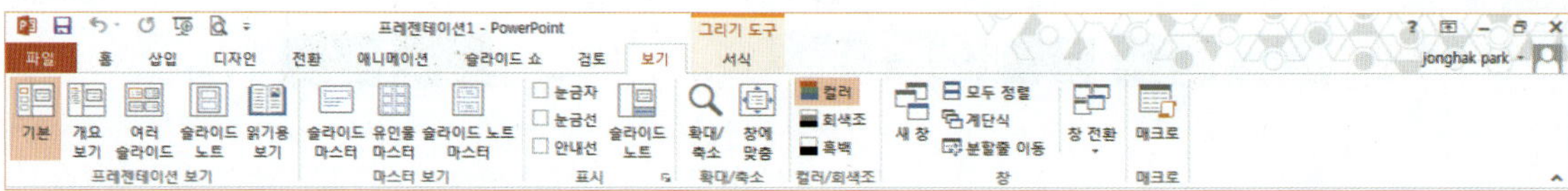

리본은 동적

모든 오피스 2013 프로그램들처럼 파워포인트의 리본은 동적이다. 프로그램 창의 크기에 따라 파워포인트는 그룹 내 명령들의 형태와 레이아웃을 변경한다. 가용 공간에 따라 리본의 폭, 단추들이 다르게 표시된다. 가로 공간이 충분하면 각 탭의 그룹들이 펼쳐지고, 각 그룹에 속하는 명령들이 표시된다. 리본에 대한 수평 공간을 줄이면 작은 단추 레이블들이 사라지고, 단추들의 전체 그룹들이 하나의 단추(전체 그룹을 나타내는) 아래에 숨겨진다. 예를 들어서 홈 탭이 선택된 상태에서 파워포인트 창의 너비를 줄이면 리본이 아래와 같은 모양으로 바뀐다.

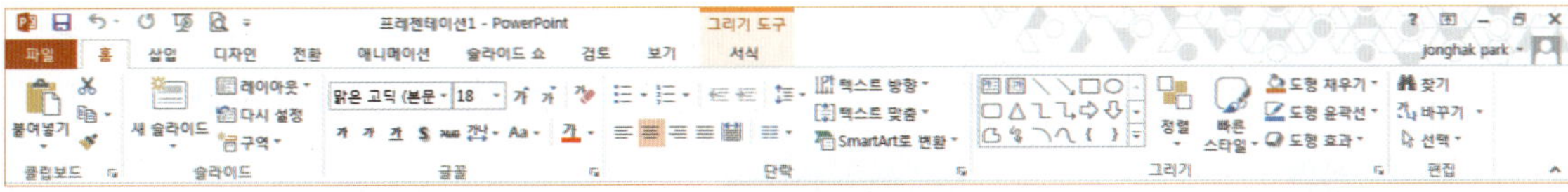

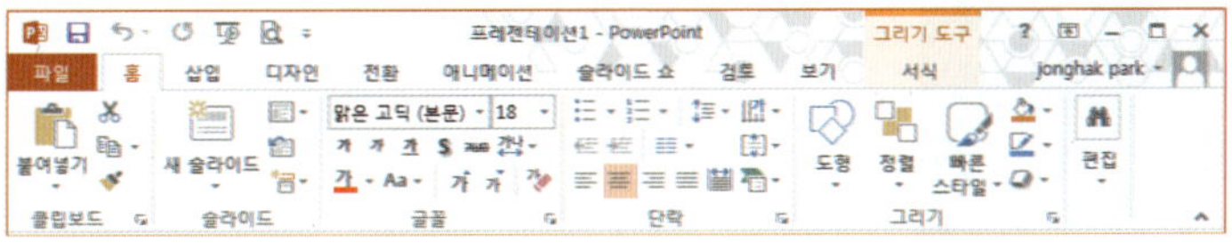

리본의 단추는 프로그램의 창의 너비와 바탕화면의 해상도에 따라 달라진다. 바탕화면의 해상도가 높을수록 리본에 표시되는 단추들의 개수가 증가한다. 이 책에서 사용한 바탕화면 해상도는 1024×800이다. 만일 여러분이 사용하고 있는 컴퓨터의 환경이 이와 다르면 리본의 모습이 이 책과 다를 수 있다. 이 책은 일반적인 키보드와 마우스 입력 환경을 기반으로 설명한다. 이 책의 실습 단계 설명은 다음의 ①번 형식을 취한다. 만일 명령이 리스트 내에 속하면 ②의 형식이 되고, 문맥 관계로 전달에 차이가 없다면 간략하게 ③의 형식으로 설명하게 될 것이다.

① [홈] 탭–[슬라이드] 그룹 [새 슬라이드] 클릭
② [홈] [슬라이드] 그룹 [레이아웃]의 〈제목 및 내용〉 선택
③ [홈/ 레이아웃]의 〈제목 및 내용〉
④ Ctrl+C에서 +는 동시에 하는 동작을 의미하고 실제 입력은 아니다.
⑤ Enter, Tab에서 ,는 다음에 하는 동작을 의미하고 실제 입력은 아니다.

3 빠른 실행 도구 모음

빠른 실행 도구 모음은 리본 메뉴 위의 왼쪽에 표시되는 작은 도구 모음이다. 빠른 실행 도구 모음은 [저장], [실행 취소], [다시 실행], [슬라이드 쇼(처음부터 시작)]과 같이 4개의 핵심적인 명령들을 기본적으로 포함하고 있지만, 빠른 실행 도구 모음에 명령 단추를 사용자가 원하는 대로 추가하거나 제거할 수 있다.

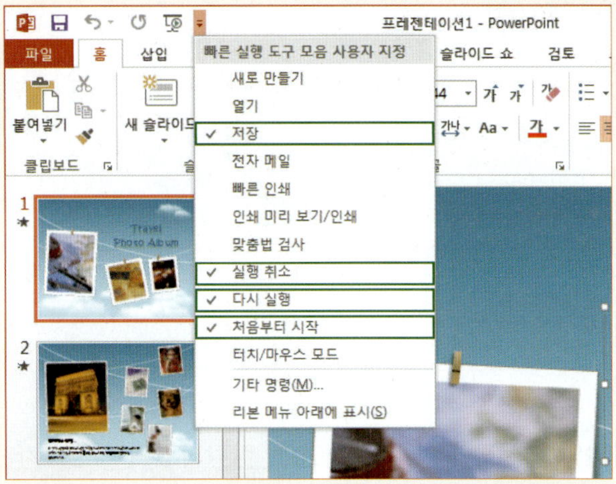

① 리본 메뉴 위의 왼쪽에는 빠른 실행 도구 모음이 보이고, 4개의 명령(저장, 실행 취소, 다시 실행, 슬라이드쇼) 이 보인다. 오른쪽의 자세히 단추를 클릭하면 현재 등록되어 있는 4개의 명령 왼쪽에 체크 표시가 보인다.

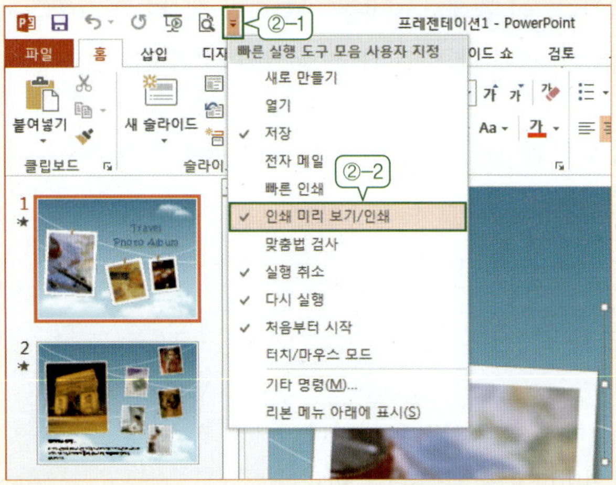

② [자세히] 단추를 클릭하고 [인쇄 미리 보기] [인쇄]를 선택하면 빠른 실행 도구 모음에 추가된다.
앞으로 인쇄 미리 보기를 하려면 빠른 실행 도구 모음에서 [명령] 단추를 사용하면 된다.

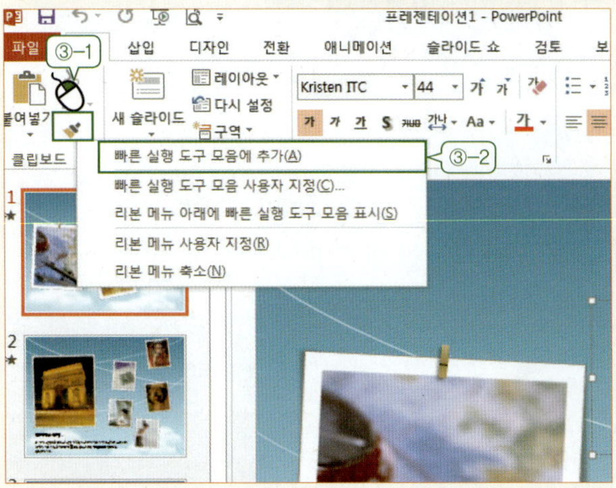

③ [서식 복사] 명령을 빠른 실행 도구 모음에 추가하기 위하여 마우스를 올려놓고 오른쪽 마우스를 눌러 [빠른 실행 도구 모음에 추가]를 선택한다.

④ 빠른 실행 도구 모음에 추가된 [서식 복사] 명령을 확인할 수 있다.

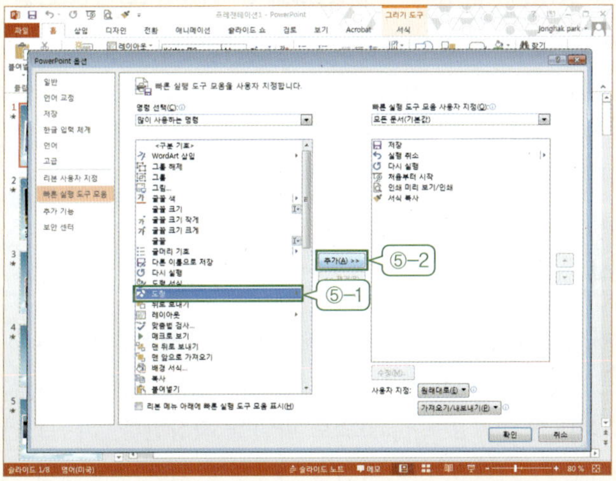

⑤ 빠른 실행 도구 모음에 [도형]을 추가하려면 [자세히 ▾] 단추에서 [기타 명령]을 클릭하여, 대화상자에서 [도형]을 선택하고 추가 [추가(A) >>]를 클릭하면 된다.

⑥ [빠른 실행 도구 모음]에서 [도형 명령]을 클릭하여 슬라이드에 도형을 추가할 수 있다.

SECTION 04 프레젠테이션 새로 만들기

1 프레젠테이션 저장하기

지금 작성한 프레젠테이션을 나중에 다시 사용하려면 디스크에 파일로 저장해야 한다. 파일을 저장하려면 [저장]이나 [다른 이름으로 저장]을 사용한다. 프레젠테이션을 처음 저장할 때는 파일 이름을 물어보는 대화상자가 나타난다. 처음에 파일을 저장할 때는 [저장]과 [다른 이름으로 저장] 간에 아무런 차이가 없다.

파일을 처음 저장한 이후에 다시 [저장]할 때는 파일 이름을 물어보는 창이 더 이상 나타나지 않는다. [저장]을 클릭할 때마다 작업 중인 현재 파일이 같은 위치에 같은 이름으로 저장되고, 이전의 파일은 사라지게 된다. 동일한 파일이 계속 갱신되는 것이다. 파일을 처음 저장한 이후에 [다른 이름으로 저장]을 사용하면 사용자가 원하는 폴더에 원하는 이름의 새로운 파일로 저장할 수 있다.

클라우드의 중요성이 증가하고 있으므로 [OneDrive]는 이제 파일 저장 위치의 중요한 후보가 되었다. 실제로 파워포인트 2013에서는 저장 위치를 변경하지 않는 한 [OneDrive]가 작업 중인 파일의 디폴트 저장 장소이다.

프레젠테이션 문서를 저장하는 파일 형식

[파일 파일] 탭을 클릭한 후 나타나는 메뉴에서 [다른 이름으로 저장]을 선택하여, 프레젠테이션을 여러 형식으로 저장할 수 있다. 마이크로소프트는 오피스 2007부터 오피스 프로그램의 파일 형식을 변경하였다. 묵시적으로, 파워포인트 2013은 XML 형식(확장자 .pptx)으로 파일을 저장한다. 파워포인트 2013에서 작성한 프레젠테이션의 사본을 파워포인트 2003 이전 버전을 사용하고 있는 동료에게 보내려면 파일 형식을 [Powerpoint 97-2003 프레젠테이션](확장자 .ppt)으로 저장하여야 한다. 이전 버전의 형식으로 저장할 때 일부 기능이 손실되는 경우에는 경고 창이 나타난다.

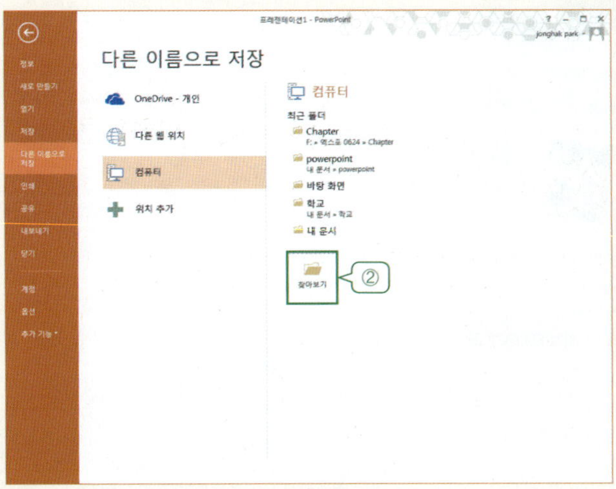

① 컴퓨터에 저장해둔 프레젠테이션을 저장하기 위해서는 [파일] 탭의 [저장] 또는 [다른 이름으로 저장]을 클릭하여 선택한다. [컴퓨터]나 [OneDrive] 등에 프레젠테이션을 저장할 수 있다.

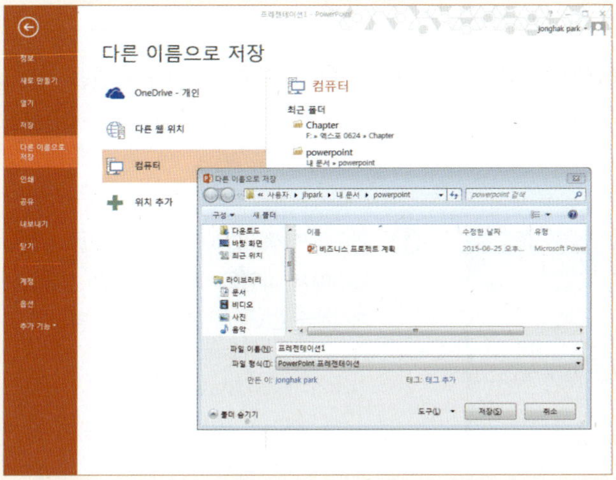

② [컴퓨터]에 저장하기 위하여 [최근 폴더] 아래의 한 폴더를 선택하거나, [찾아보기 단추]를 클릭하여 대화상자에서 새로운 폴더를 선택한다.

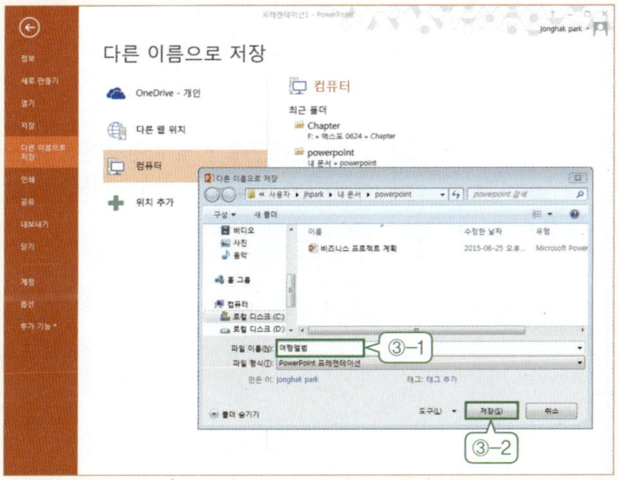

③ [파일 이름]에 프레젠테이션1(임의의 숫자가 붙은 단어)을 파일 이름으로 제시하는데, '여행앨범'이라 입력한다. [PowerPoint 프레젠테이션]의 [파일 형식]을 확인하고 [저장] 단추를 클릭한다.

④ 파일이 저장되면 화면 상단의 [제목 표시줄]에 저장한 파일 이름이 나타나게 된다.

Tip [빠른 실행 도구 모음]에서 [저장 단추]를 클릭하거나 바로 가기 키 Ctrl+S를 눌러서 저장할 수도 있다.

2 프레젠테이션 열기

이전에 작성해서 컴퓨터에 저장해둔 프레젠테이션을 다시 사용하려면 그 프레젠테이션을 열어야 한다.

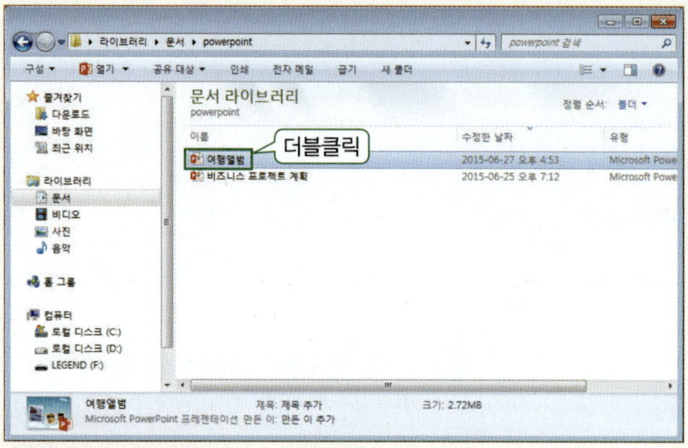

① 윈도우 탐색기를 이용하여 파일을 저장한 폴더에서 파일을 더블클릭하면 컴퓨터에 저장해둔 프레젠테이션 파일이 열리게 된다.

② 또는 파워포인트 시작 화면의 왼쪽 **[최근에 사용한 항목]**의 목록에 보이는 문서를 클릭하면 된다.

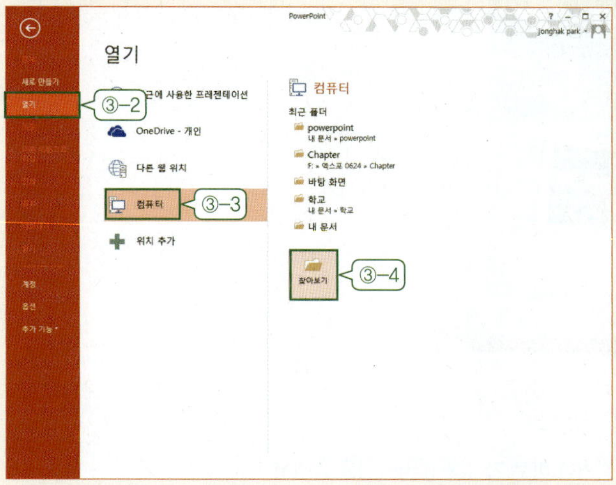

③ **[최근에 사용한 항목]**에 없으면 왼쪽 아래에 **[다른 프레젠테이션 열기]**를 클릭하여 열기 화면에서 **[OneDrive]** 또는 **[컴퓨터]**를 클릭한 후 프레젠테이션이 **[최근 폴더]**에 보이는가 살펴본다.

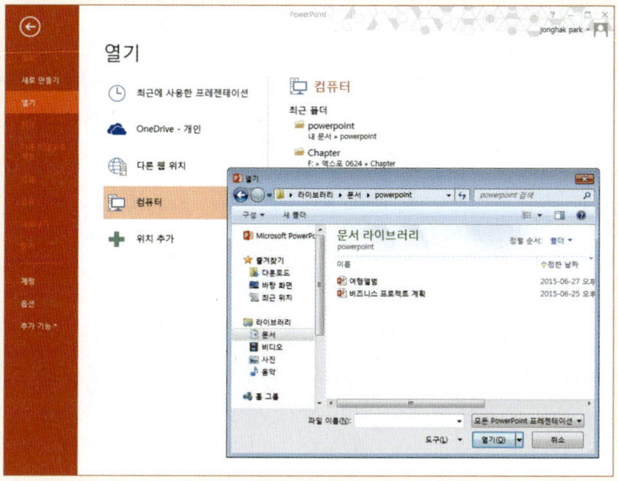

④ [찾아보기] 단추를 클릭하여 [열기] 대화상자에서 파워포인트 파일이 저장된 폴더를 찾는다. 파일을 선택한 후 [열기] 단추를 클릭하면 된다.

파워포인트 2003 이전 버전을 사용하여 저장된 프레젠테이션(확장자 .ppt)도 파워포인트 2013에서 열 수 있다. 이런 경우에는 파일이 열린 후에 그 프레젠테이션의 파일 이름 다음에 [호환 모드]가 표시된다. 파워포인트 2013에서 [Powerpoint 97–2003 프레젠테이션] 형식의 프레젠테이션을 읽어서 작업한다면 어떤 기능들은 사용이 어려울 수도 있다.

Tip 사용자가 자주 사용하는 파일들은 [최근에 사용한 항목]에 나타날 가능성이 크다. 항목에 있는 문서의 오른쪽에 핀 단추 를 클릭하면 과 같이 꼽힌 핀의 모양으로 변경되고, [최근에 사용한 항목]에 계속 나타나도록 고정할 수 있다. 핀 단추의 모양을 다시 클릭하면 문서의 고정이 해제한다.

가이드라인

프레젠테이션 문서를 저장하는 습관

프레젠테이션을 주기적으로, 특히 프레젠테이션을 크게 수정한 후에 저장하는 것은 매우 바람직한 습관이다. 매우 짧은 시간에 파일이 저장되기 때문에 작업 속도에 방해되지 않는다. 사용자들은 흔히 "얼마나 자주 파일을 저장해야 하는가?"를 궁금해한다. 약 30분마다 또는 5분마다 저장하는 것이 좋은 습관이지만 가장 좋은 시점은 다시 반복하기가 정말 싫은 작업을 수행한 후에 파일을 저장하는 것이다. 컴퓨터가 갑자기 다운되었을 때를 가정하여 자주 [저장]하여 작업한 내용을 잃어버리지 않는 것과, 이전에 작업한 내용을 되살리기 위하여 가끔 [다른 이름으로 저장]하는 것이 필요하다.
드라이브 이름, 폴더 이름, 파일 확장자, 공백을 포함하여 프레젠테이션 파일의 이름으로 255개의 문자까지 사용할 수 있다. 프레젠테이션의 내용을 잘 함축하는 의미 있는 이름을 부여하고, 적합한 폴더에 저장하도록 하자. 이렇게 하면 나중에 이 프레젠테이션을 찾기가 쉬워진다. 이름을 읽기 쉽게 만들기 위해서 대문자를 사용할 수 있지만 운영체제는 파일 이름 내의 대소문자를 구분하지 않는다.

3 파일 탭

[파일 파일] 탭은 모든 오피스 2013 프로그램들에서 왼쪽 상단에 위치한다. 파워포인트 2010에 비해서 파일 탭의 내용이 많이 변경되었다. 파일 탭을 클릭하면 백스테이지(Backstage) 화면이 나타나고, 파일에 대하여 수행할 수 있는 정보, 새로만들기, 열기, 저장, 다른이름으로 저장, 인쇄, 공유, 내보내기, 닫기, 계정, 옵션 명령들이 왼쪽에 표시된다.

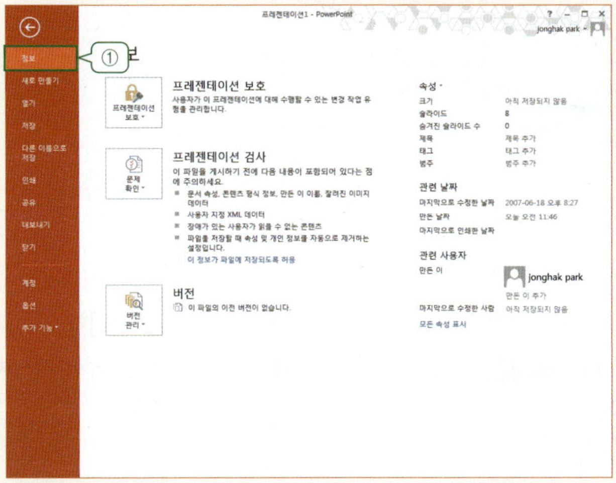

① 파일 탭을 클릭하면 백스테이지 화면이 나타난다. 화면의 왼쪽에는 정보, 새로 만들기, 열기, 저장, 다른 이름으로 저장, 인쇄, 공유, 내보내기, 닫기, 계정, 옵션 메뉴가 있다.

② 메뉴에서 **[새로 만들기]**를 선택하면 **[새 프레젠테이션]**과 다수의 서식 파일들, 그리고 온라인 서식 파일 및 테마를 검색할 수 있는 시작 화면과 비슷한 화면이 나타난다. 하나를 선택하여 새로운 프레젠테이션을 시작할 수 있다.

③ 왼쪽 메뉴에서 [열기]를 선택하고 [컴퓨터] 와 [찾아보기] 를 클릭하여, [열기] 대화상자에서 폴더와 파일 이름을 선택하여 프레젠테이션을 열게 된다. [최근에 사용한 프레젠테이션]을 클릭하면 최근에 열었던 문서들의 목록이 오른쪽에 표시된다.

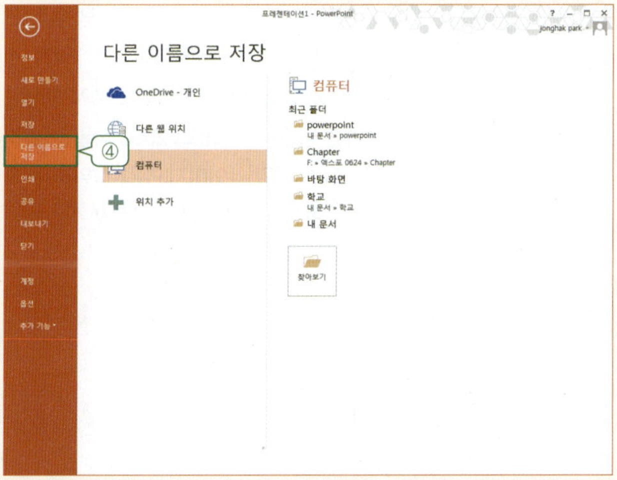

④ 왼쪽 메뉴에서 [저장]이나 [다른 이름으로 저장]을 선택하고 [컴퓨터] 와 [찾아보기] 를 클릭하여 [다른 이름으로 저장] 대화상자에서 폴더와 파일 이름을 선택하여 프레젠테이션을 파일로 저장할 수 있다.

⑤ 왼쪽 메뉴에서 [인쇄]를 선택한다. 설정에서 인쇄하려는 페이지 범위(모든 슬라이드/현재 슬라이드/범위 지정), 1페이지에 포함되는 슬라이드 수(1/2/4/6/9), 세로 방향/가로 방향, 컬러/회색조/흑백 등을 선택하여 [인쇄]를 클릭하면 프레젠테이션 자료를 인쇄할 수 있다.

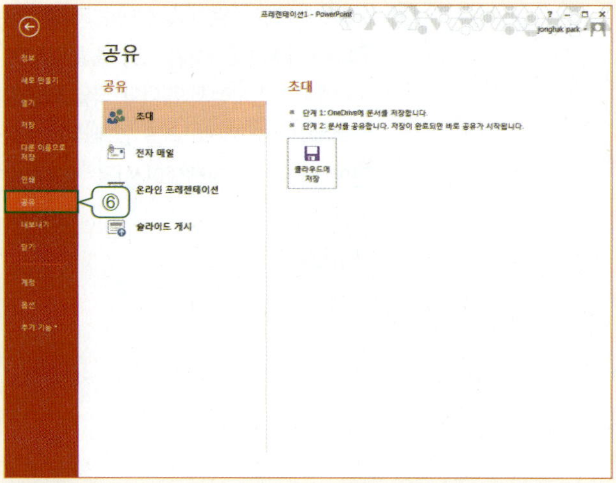

⑥ 왼쪽 메뉴에서 **[공유]**를 선택한다. **[초대]**에서 메일 주소를 입력하고 **[공유]**를 클릭하면 OneDrive에 프레젠테이션을 저장하고 메일을 받은 사용자와 프레젠테이션을 공유(편집 가능/보기 가능)할 수 있다.

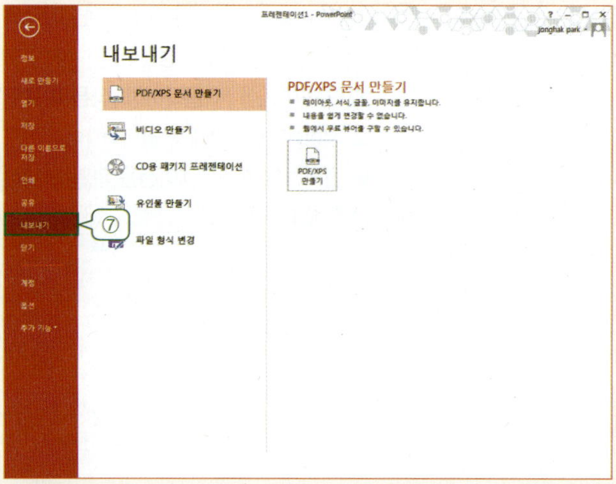

⑦ 왼쪽 메뉴에서 **[내보내기]**를 선택한다. 현재 작업 중인 프레젠테이션을 [읽기 전용(PDF/XPS 파일)], [비디오(MP4 파일)], [이전 버전(파워포인트 2003 파일)], [슬라이드 쇼 파일], [이미지(PNG 파일)] 등 다양한 형식으로 변경하여 저장할 수 있다.

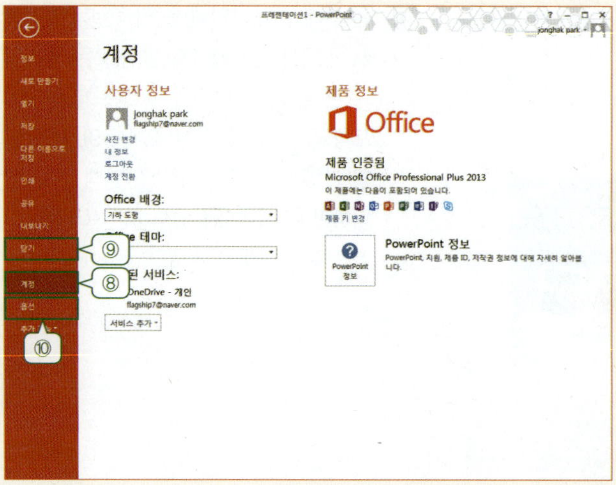

⑧ 왼쪽 메뉴에서 **[계정]**을 선택한다. 사용자의 이메일 주소와 오피스 제품에 관한 정보 등이 오른쪽에 나타난다.

⑨ 왼쪽 메뉴에서 [닫기]를 선택한다. 프레젠테이션을 저장하지 않고 닫으려 하면 저장 여부를 묻는 메시지 상자가 나타난다.

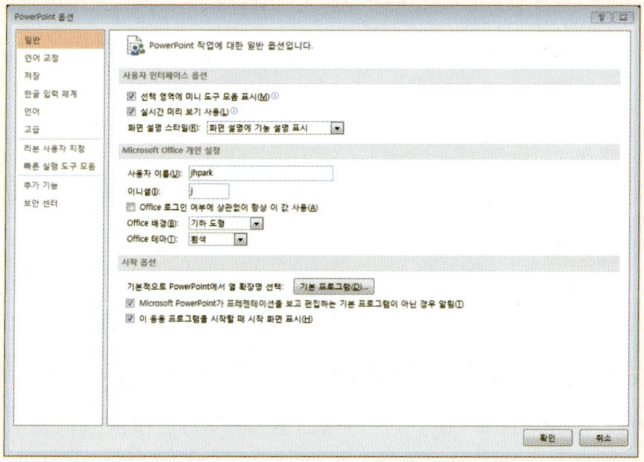

⑩ 왼쪽 메뉴에서 [옵션]을 선택하면 [Powerpoint 옵션] 대화상자가 나타나고, 파워포인트에서 대부분의 사용자 지정 기능은 [Powerpoint 옵션] 대화상자에서 선택할 수 있다.

어떤 프레젠테이션에 대한 작업이 끝났으면 디스크에 파일로 저장하고 파워포인트를 종료하면 프레젠테이션은 자동으로 닫힌다. 파워포인트 창의 오른쪽 위 창 닫기 단추 ✕를 클릭하여 파워포인트를 종료할 수 있다. 작업한 프레젠테이션을 저장하지 않았거나 문서에 이름을 부여하지 않고 종료하려 하면 프레젠테이션을 저장하라는 메시지 상자가 나타난다.

Tip 어떤 프레젠테이션에 대한 작업을 마치고 나면 그 프레젠테이션을 닫는 것이 좋다. 열려 있는 프레젠테이션은 컴퓨터의 자원을 소비하게 된다. 열려 있는 파일이 작을수록 컴퓨터의 속도가 빨라진다.

SECTION 05 슬라이드 관리

파워포인트에서 사용하는 프레젠테이션과 슬라이드의 의미를 앞에서 설명하였다. 파워포인트는 슬라이드 단위로 텍스트, 도형, 그림, 오디오, 비디오, 애니메이션 등의 자료를 하나의 슬라이드에서 작성하고, 각 프레젠테이션은 하나 이상의 슬라이드로 구성된다.

1 슬라이드와 레이아웃

슬라이드와 프레젠테이션의 관계는 슬라이드를 하나의 도화지라 하였을 때 프레젠테이션은 관련된 슬라이드들이 함께 파일로 저장된 전자적인 스케치북으로 생각할 수 있다. 슬라이드는 자료를 작성하는 화면의 단위가 되고, 하나 이상의 슬라이드를 포함하고 있는 프레젠테이션은 저장 및 이동을 하는 파일의 단위가 된다

위의 예를 살펴보면, 프레젠테이션1은 전체 6개의 슬라이드로 구성되어 있고 슬라이드1은 제목, 슬라이드2는 목차, 슬라이드3은 개요, 슬라이드4는 분류, 슬라이드5는 특징, 슬라이드6은 결론을 설명하는 슬라이드이다. 프레젠테이션하려면 슬라이드를 하나씩 작성하고, 전체를 하나의 파일로 저장하여, 전체 화면에서 슬라이드를 하나씩 보여주는 슬라이드 쇼를 하면 된다.

새 프레젠테이션을 만들게 되면 일반적으로 하나의 슬라이드만 포함하고 있다. 여기에 슬라이드를 추가, 이동, 복사, 복제, 삭제하여 필요한 만큼의 슬라이드를 만들 수 있다.

① [비즈니스 프로젝트 계획]을 처음으로 열게 되면 상태 표시줄의 [슬라이드 1/14]에서 전체 슬라이드는 14개이고, 현재 슬라이드는 1번 슬라이드인 것을 알 수 있다.

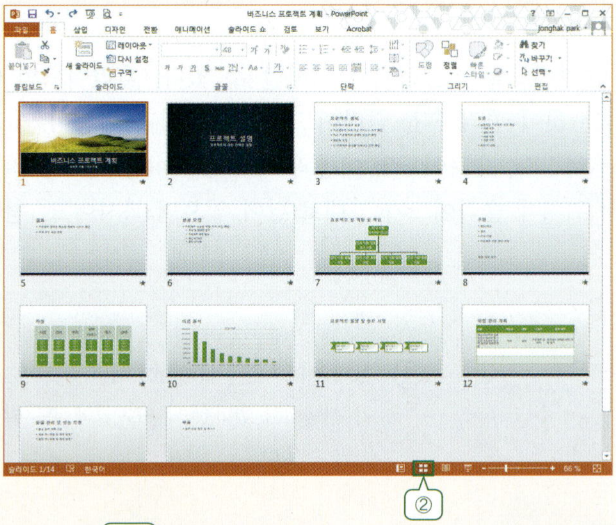

② 상태 표시줄의 [여러 슬라이드 보기] 를 사용하면 14개의 슬라이드 가운데 첫 슬라이드인 것을 명확하게 알 수 있다. 현재 슬라이드는 주황색으로 테두리가 되어 있다.

③ 다시 [기본 보기]로 돌아와 현재 슬라이드는 [홈] [레이아웃]에서 [제목 슬라이드] 레이아웃인 것을 확인할 수 있다.
2번 슬라이드는 [대체구역 머리글] 레이아웃, 3번 슬라이드는 [제목 및 내용] 레이아웃이다.

프리젠테이션에 포함된 슬라이드는 자료를 추가하는 개체의 위치와 형태에 따라 편리한 레이아웃을 사용한다. 일반적으로 프리젠테이션의 첫 슬라이드는 표지에 해당하는 [제목] 레이아웃을 사용하고, 내용을 표현할 때는 [제목 및 내용] 레이아웃으로 사용한다. 그리고 구역을 나눌 때는 간지에 해당하는 [구역 머리글] 레이아웃을 사용한다.

슬라이드의 레이아웃은 전달하는 내용에 따라, 또는 표현하는 내용에 따라 작업의 효율을 높일 수 있는 레이아웃으로 설정하여 작업하는 것이 편리하다. 슬라이드에 포함되는 내용에 따라서 슬라이드를 [제목만] 레이아웃이나 [빈 화면] 레이아웃으로 설정하여 작업하는 경우도 종종 있다.

2 슬라이드 이동 / 복사

프레젠테이션에서는 사용자가 원하는 대로 슬라이드를 이동하거나 복사할 수 있다. 슬라이드의 이동과 복사는 여러 슬라이드 보기에서 처리하는 것이 편리하다. 슬라이드를 드래그하면 이동이 되고, Ctrl를 누른 상태에서 드래그하면 복사가 이루어진다. 슬라이드의 이동과 복사의 차이는 새로운 위치로 슬라이드가 이동하는 것은 똑같지만, 원래 위치에 슬라이드가 그대로 남아 있으면 복사이고, 원래 위치에 슬라이드가 없으면 이동이 되는 것이다.

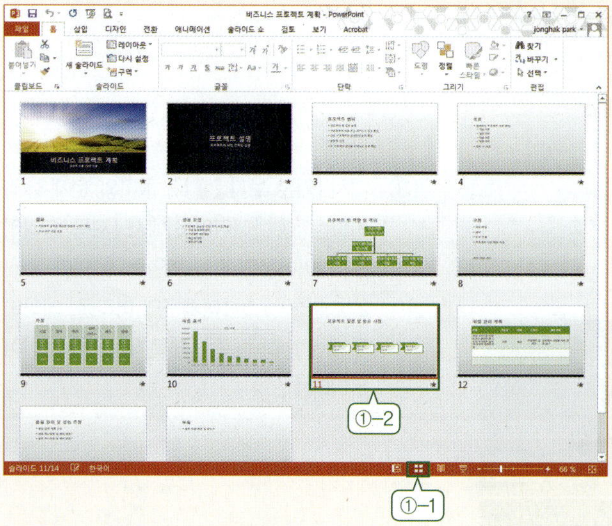

① 현재 슬라이드는 14개이며, 11번 슬라이드가 선택되어 있다.(상태 표시줄에서도 확인할 수 있다.)

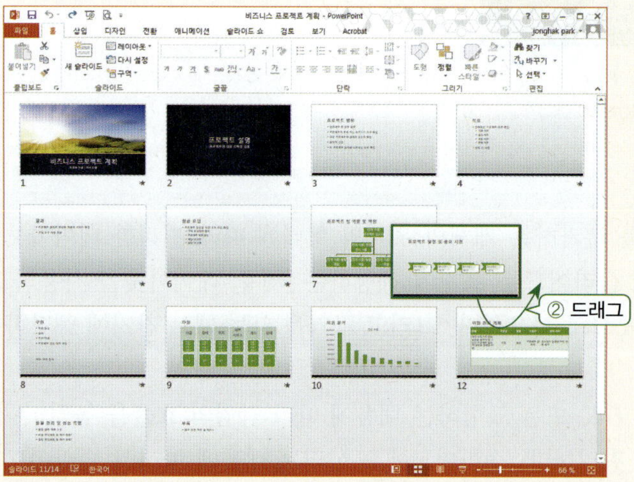

② 11번 슬라이드를 선택하고 7번 슬라이드 다음으로 드래그하면 7번과 8번 슬라이드 사이가 자동으로 벌어진다.

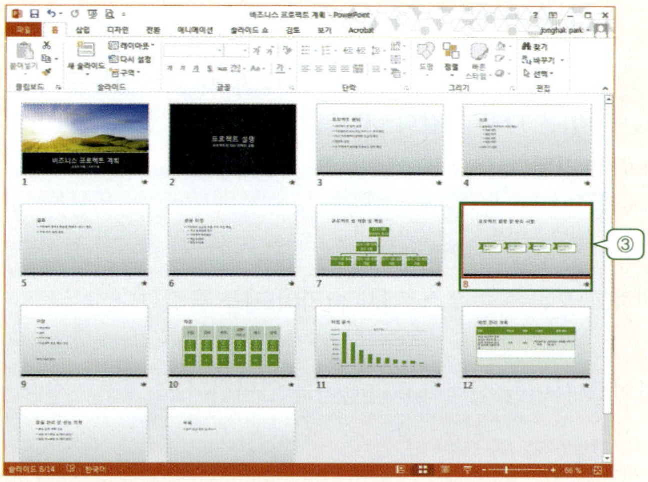

③ 마우스를 떼면 11번 슬라이드는 이동하여 새로운 8번 슬라이드가 되고, 8~10번 슬라이드는 9~11번 슬라이드로 변경된다.

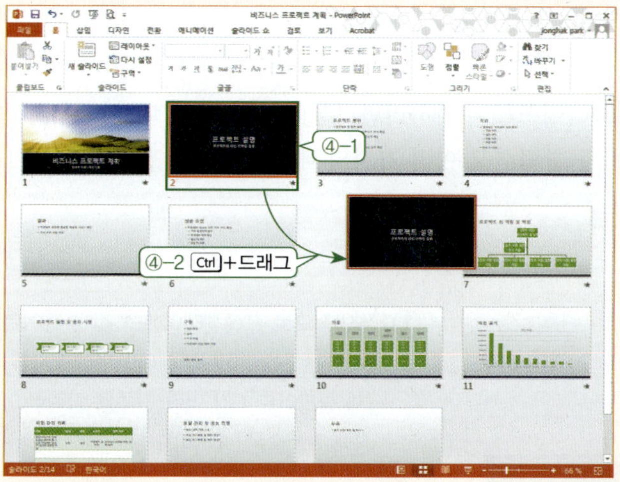

④ 2번 슬라이드를 선택하고, Ctrl를 누른 상태에서 6번 슬라이드 다음으로 드래그하면 6번과 7번 슬라이드 사이가 자동으로 벌어진다.

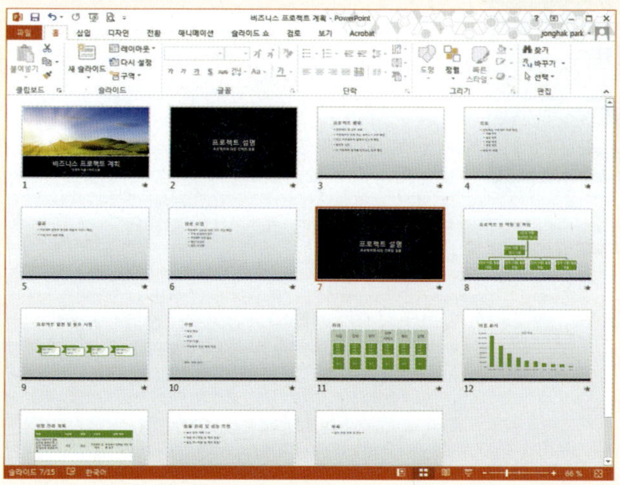

⑤ 마우스를 떼면 2번 슬라이드는 복사되어 새로운 7번 슬라이드가 되고, 7~14번 슬라이드는 8~15번 슬라이드로 변경된다.

3 슬라이드 추가

프레젠테이션에는 사용자가 원하는 대로 슬라이드를 추가하거나 삭제할 수 있다. 슬라이드를 추가하는 방법은 여러 가지가 있고, 자주 사용되는 방법은 다음과 같다. 새로운 슬라이드는 현재 슬라이드의 다음에, 현재 슬라이드와 같은 레이아웃으로 추가된다.

① [홈] [슬라이드] 그룹의 [새 슬라이드] 명령 단추를 클릭한다.
② 슬라이드 축소 창의 슬라이드를 선택하고 오른쪽 마우스로 [새 슬라이드]를 클릭한다.
③ 바로 가기 키 Ctrl+M을 누른다.
④ 슬라이드 축소 창의 슬라이드와 슬라이드 사이를 선택하고 Enter를 입력한다.

Tip 단, 예외적으로 현재 슬라이드의 레이아웃이 〈제목 슬라이드〉라면 새로운 슬라이드의 레이아웃은 〈제목 및 내용〉 레이아웃이 될 것이다. 현재 슬라이드의 레이아웃을 확인하고 변경하는 것은 [홈/ 레이아웃]에서 이루어진다. 사용자가 필요하면 슬라이드의 레이아웃을 언제든지 다른 레이아웃으로 변경하면 된다.

현재 슬라이드와 다른 레이아웃으로 새로운 슬라이드를 추가하려면, [홈] [슬라이드] 그룹의 [새 슬라이드] 명령 단추 아래의 [새 슬라이드] 텍스트를 클릭하고 여러 가지의 레이아웃에서 원하는 레이아웃을 선택하는 방법을 사용한다.

① 일반적으로 프레젠테이션의 첫 슬라이드는 〈제목 슬라이드〉 레이아웃이다. [홈] [새 슬라이드] 명령 단추를 클릭한다. 상태 표시줄은 [슬라이드 1/15]이다.

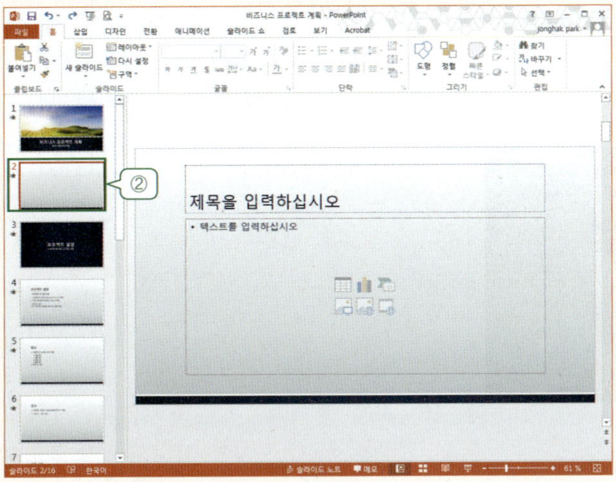

② 새로운 슬라이드는 1번 슬라이드의 다음에 〈제목 및 내용〉 레이아웃의 2번 슬라이드로 추가되고, 원래 2~15번 슬라이드는 3~16번 슬라이드로 변경되었다.

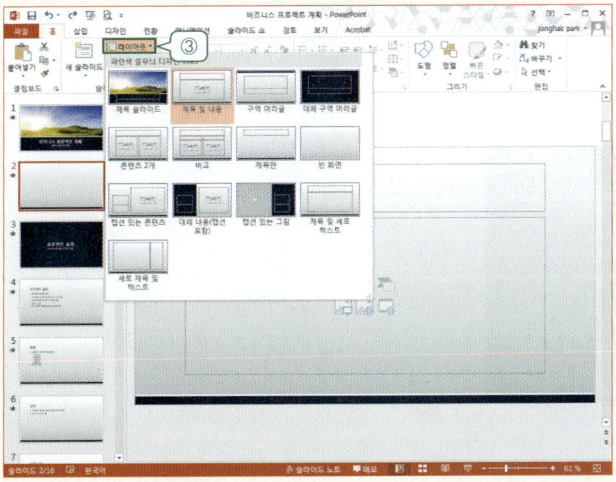

③ 현재 슬라이드는 주황색 테두리의 2번 슬라이드인 것을 슬라이드 축소 창에서 알 수 있고, 상태 표시줄은 [슬라이드 2/16]으로 되었다.

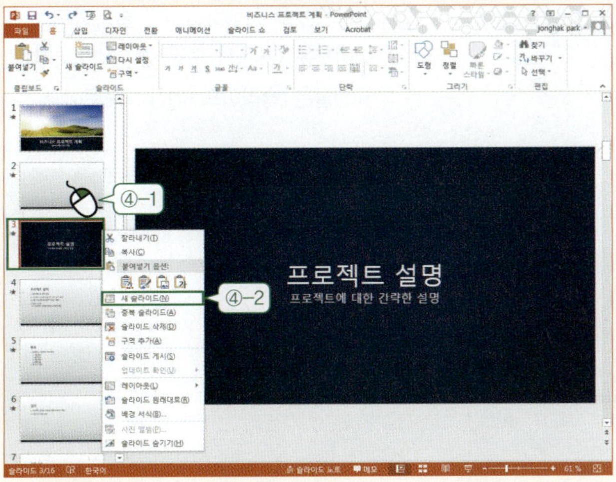

④ 슬라이드 축소 창에서 3번 슬라이드를 클릭하고 오른쪽 마우스로 메뉴에서 [새 슬라이드]를 선택한다.

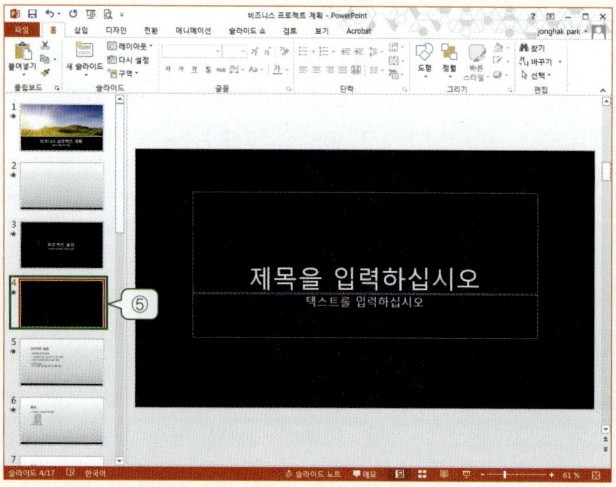

⑤ 3번 슬라이드와 같은 레이아웃의 4번 슬라이드로 [새 슬라이드]가 추가되었다. 상태 표시줄은 [슬라이드 4/17]로 되었다.

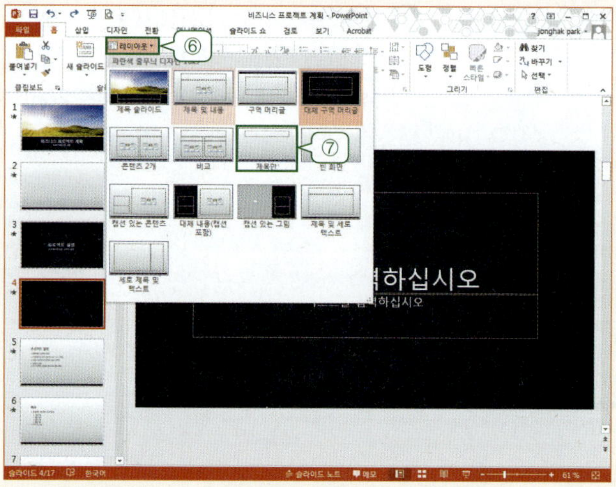

⑥ 추가한 4번 슬라이드의 레이아웃을 변경하려면 [홈] [레이아웃]을 클릭하여 원하는 레이아웃을 선택하면 된다.

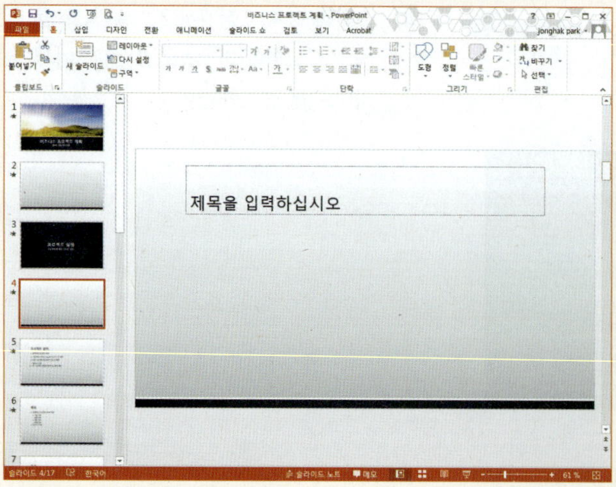

⑦ 〈제목만〉을 선택하여 4번 슬라이드의 레이아웃은 〈제목만〉으로 변경되었다. 상태 표시줄은 [슬라이드 4/17] 그대로이다.

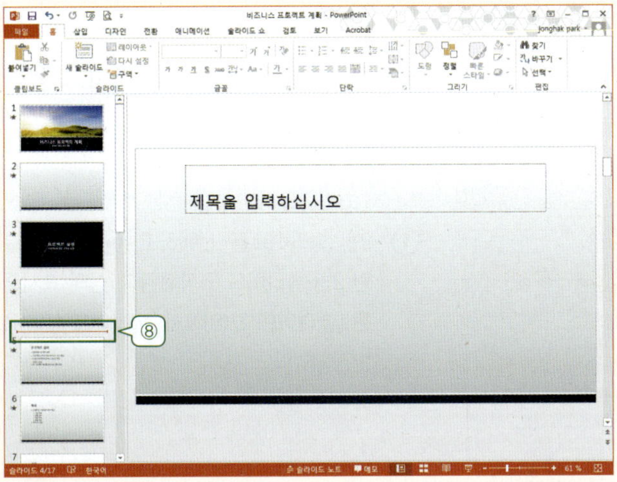

⑧ 슬라이드 축소창의 4번 슬라이드와 5번 슬라이드 사이를 클릭하여 슬라이드 사이가  와 같을 때 Enter 를 입력한다.

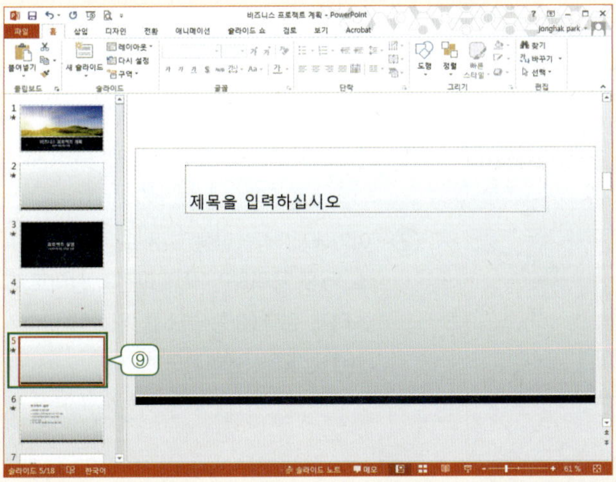

⑨ 4번 슬라이드와 같은 〈제목만〉 레이아웃으로 5번 **[새 슬라이드]**가 추가되었다. 상태 표시줄은 **[슬라이드 5/18]**로 되었다.

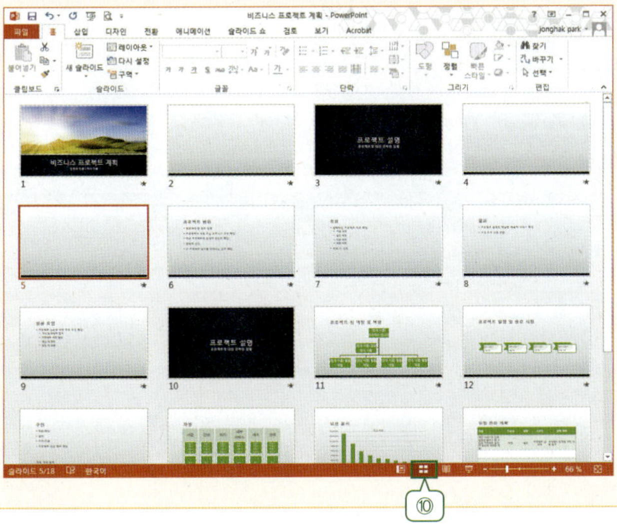

⑩ 상태 표시줄의 **[여러 슬라이드 보기]**를 클릭하면 2번, 4번, 5번 슬라이드가 추가되었고, 이전의 다른 슬라이드들은 뒤로 이동한 것을 알 수 있다.

4 슬라이드 삭제

프레젠테이션에서는 사용자가 원하는 대로 슬라이드를 추가하거나 삭제할 수 있다. 슬라이드를 삭제하는 방법은 슬라이드를 선택하고 Delete를 누르면 된다.

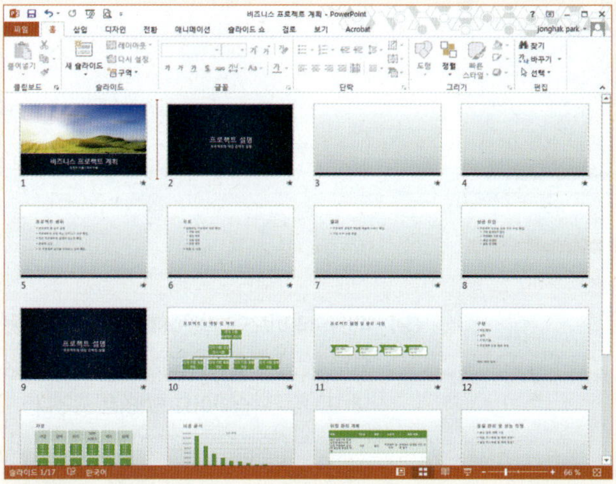

① 2번 슬라이드를 선택하고 Delete를 누르면 2번 슬라이드가 삭제된다. 상태 표시줄은 [슬라이드 2/18]에서 [슬라이드 1/17]로 변경되었다.

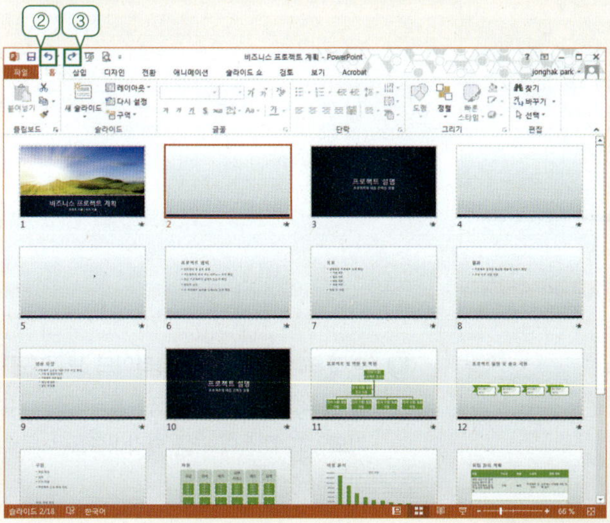

② 여기에서 빠른 실행 도구 모음의 실행 취소 를 클릭하면 삭제 이전의 상태로 되돌리게 된다.(실행 취소를 위하여 단축키 Ctrl+Z를 사용하기도 한다.)

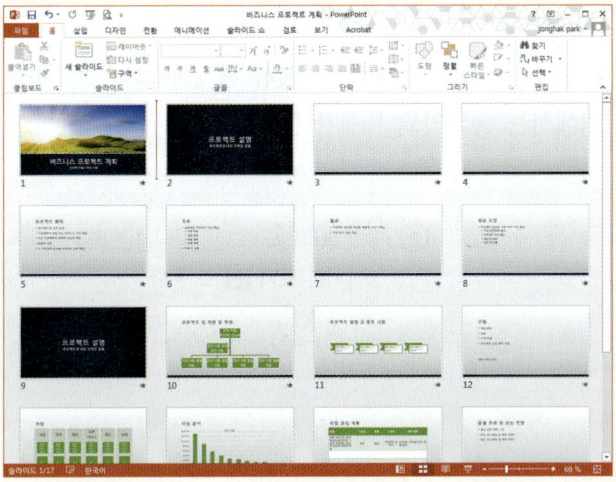

③ 다시 실행 도구 모음의 다시 실행 ↷을 클릭하면 다시 삭제를 실행한 상태가 된다.(다시 실행을 위하여 단축키 Ctrl+Y를 사용하기도 한다.)

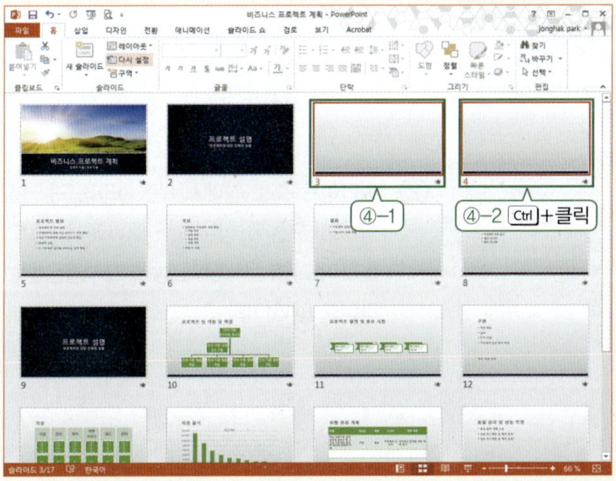

④ 이번에는 3번 슬라이드를 클릭하고 Ctrl를 누른 상태에서 4번 슬라이드를 클릭하면 3번, 4번 슬라이드가 주황색 테두리로 함께 선택된 것을 알 수 있다.

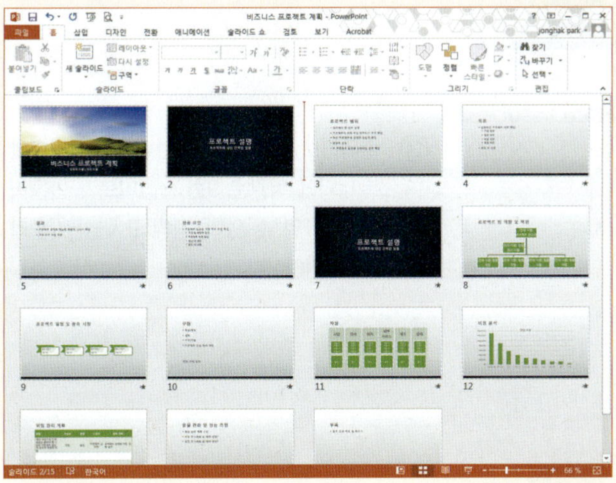

⑤ Delete를 누르면 3번, 4번 슬라이드가 한 번에 삭제된다.

5 슬라이드 복제

현재 슬라이드와 동일한 슬라이드를 추가하는 것을 슬라이드 복제라고 한다. 현재 슬라이드와 전체적인 틀은 똑같고 슬라이드의 일부만 수정하기 위해서는 슬라이드 복제가 필요하다.

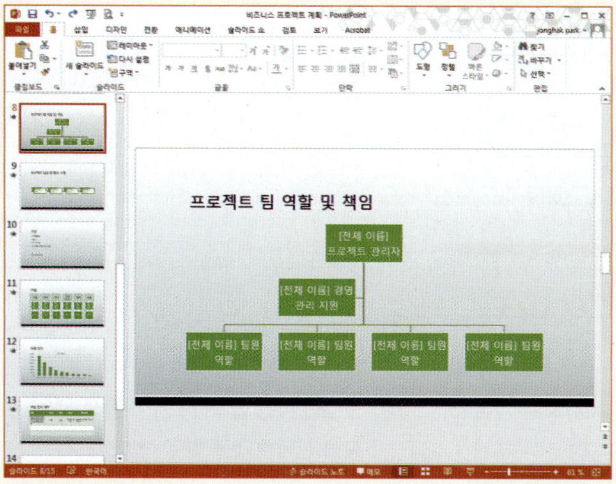

① 8번 슬라이드를 더블클릭하면 8번 슬라이드 [기본 보기]로 된다.

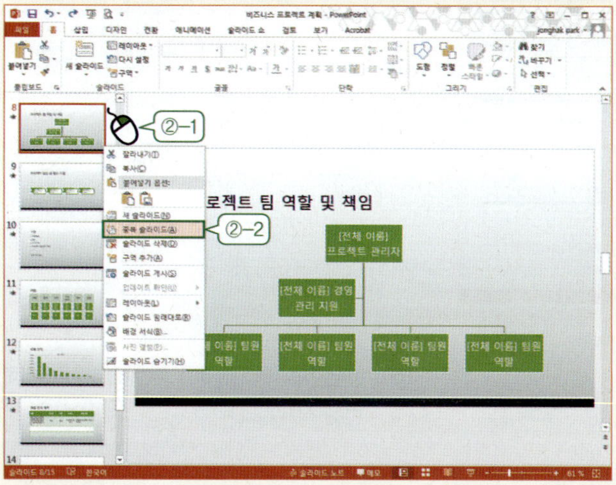

② 슬라이드 축소 창에서 8번 슬라이드를 클릭하고 오른쪽 마우스로 메뉴에서 [중복 슬라이드]를 선택한다. 상태 표시줄은 [슬라이드 8/15]이다.

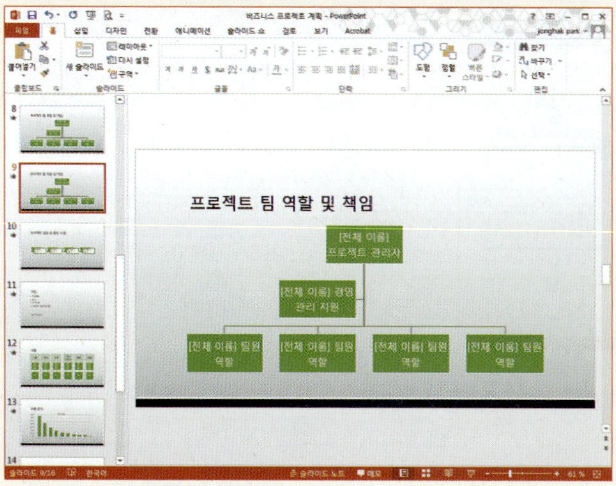

③ 슬라이드 축소 창을 보면 8번 슬라이드와 복제되어 똑같은 9번 슬라이드가 만들어진 것을 알 수 있다. 상태 표시줄은 [슬라이드 9/16]이다.

6 슬라이드 숨기기

슬라이드를 삭제하지 않고 슬라이드 쇼에서 제외하는 쉬운 방법은 슬라이드 숨기기를 하는 것이다. 어렵게 작성한 슬라이드를 프레젠테이션의 청중이나 시간에 따라 발표에서 제외하려면 슬라이드 숨기기를 사용하면 된다.

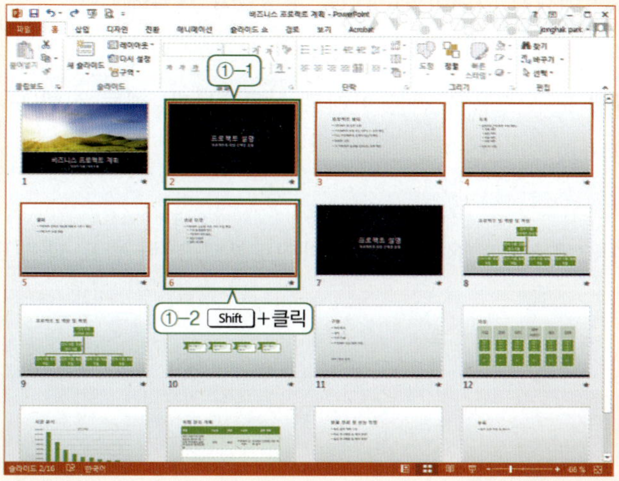

① [여러 슬라이드 보기]에서 2번 슬라이드를 클릭하고 Shift 를 누른 상태에서 6번 슬라이드를 클릭하면 2~6번 슬라이드가 주황색 테두리로 함께 선택된 것을 알 수 있다.

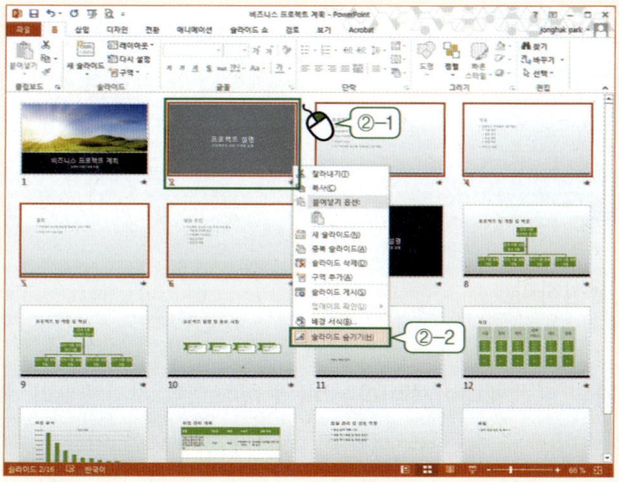

② 오른쪽 마우스로 메뉴에서 [슬라이드 숨기기]를 선택하면 슬라이드가 흐려지며, 슬라이드 쇼에서 나타나지 않는다. 다시 [슬라이드 숨기기]를 선택하면 숨기기가 해제된다.

연습문제

EXERCISE

1. 여러분의 컴퓨터에서 파워포인트 2013을 실행하라.

2. 파워포인트 2013의 화면 구성요소에 익숙해지기 위해서 탭, 그룹, 명령들을 클릭해보라.

3. 파일 탭을 클릭해서 열어보라. 빠른 실행 도구 모음을 리본 아래로 이동해보라. 빠른 실행 도구 모음을 다시 리본 위로 이동해보라.

4. 새 프레젠테이션 문서를 생성하라. 마이크로소프트 온라인 서식 파일로부터 '과학 발표 과제' 프레젠테이션을 생성하라.

5. 이전에 저장해둔 프레젠테이션 문서를 생성하라.

6. 새 프레젠테이션 문서를 생성하고, '저장된 프레젠테이션'이라는 파일 이름으로 저장해보라. **[제목을 입력하십시오]**에 자신의 이름을 입력하고 '수정된 프레젠테이션'이라는 새로운 이름으로 저장해보라.

7. 열려 있는 프레젠테이션을 닫아보라.

8. 슬라이드 작업 창을 여러 가지로 확대/축소해보라. 200%까지 확대해보고, 70%까지 축소해보고, 다시 100%로 되돌려보라.

9. 프레젠테이션을 이름이 '프로젝트'인 파워포인트 서식 파일(.pot)로 저장하라.

EXERCISE

연습문제

10. 프레젠테이션을 pdf 형식으로 저장해보라.

11. 리본을 최소화해보고, 원래 모양으로 되돌려보라.

12. 파워포인트에서 생성한 프레젠테이션을 OneDrive에 저장하라. **[파일 파일]** 탭을 누르고, **[다른 이름으로 저장]**을 선택한 후 오른쪽에서 OneDrive를 클릭한다. 프레젠테이션을 OneDrive에 저장하려면 마이크로소프트의 계정으로 로그인해야 한다.

13. 파워포인트에서 슬라이드를 그림 형식으로 저장할 수 있다. 프레젠테이션의 모든 슬라이드를 그림 형식(.png)으로 저장해보라.

12 CHAPTER

도형

텍스트로 작성된 보고서를 도형으로 바꾸어 표현하는 훈련은 유명 컨설팅 회사에서도 신입사원들에게 지속해서 교육시키는 것이다. 텍스트를 정확하게 정리하여 내용을 전달하는 것도 중요하지만, 도형을 사용하면 적은 텍스트로도 더욱 효과적인 전달이 가능하기 때문일 것이다. 이번 장에서는 파워포인트를 워드나 엑셀과 다르게 해주는 중요한 특징의 하나로, 배우는 과정에서 가장 재미있는 내용이 될 수 있는 도형을 다루는 방법에 대하여 설명할 것이다. 도형 개체를 다루는 방법에 대하여 배우게 되면 대부분의 다른 개체들은 비슷한 방법으로 쉽게 사용할 수 있게 될 것이다.

CHAPTER 12

도형

SECTION 01 도형 추가

도형은 프레젠테이션을 작성하면서 가장 많이 사용되는 개체 중의 하나이며 자료의 전달 효과를 높이는 효과적인 도구이다. 도형 개체를 다루는 방법을 배우게 되면 대부분의 다른 개체들은 비슷한 방법으로 쉽게 사용할 수 있게 될 것이다.

1 도형의 추가

슬라이드에 눈금선이 보이도록 설정을 하고 도형을 다루게 되면 도형의 관리와 정렬이 편리해진다. 원하는 도형을 만들기 위해서는 일단 도형을 추가하고 나서, 원하는 형태로 변경하는 방법을 사용한다.

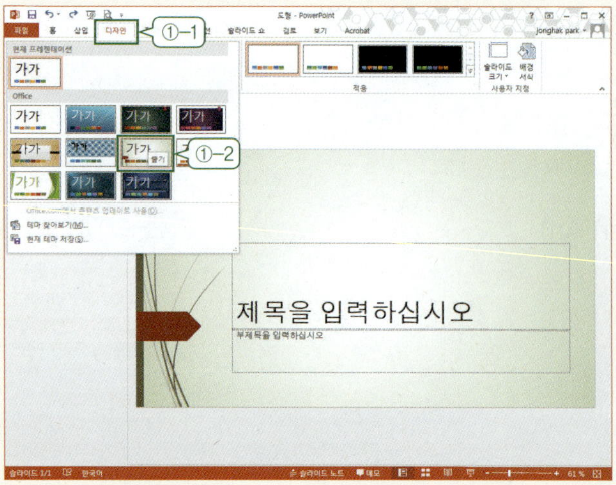

① [디자인] [테마]를 클릭하여 〈줄기〉 테마를 선택한다. 그리고, [홈] [레이아웃 ▼]을 클릭하여 〈빈 화면〉 레이아웃을 선택한다.

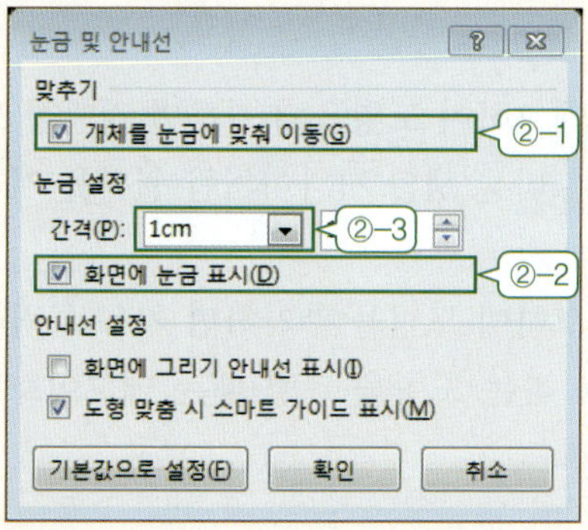

② 슬라이드에서 오른쪽 마우스 메뉴 **[눈금 및 안내선]**을 클릭하면 대화상자가 나타난다. 〈개체를 눈금에 맞춰 이동〉과 〈화면에 눈금 표시〉를 체크하고, 간격을 1cm로 설정한다.

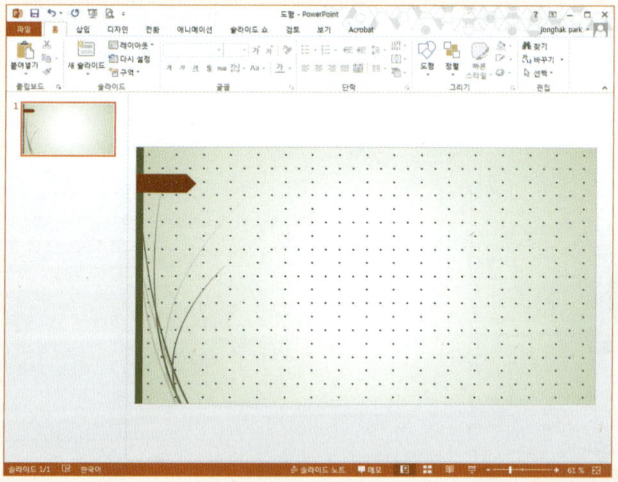

③ 도형을 그리기 쉽도록 슬라이드에 눈금선이 나타난 것을 확인한다. 눈금선은 슬라이드에 실제로 그어진 점선이 아니고, 도형을 그릴 때 위치를 알려주는 기준 역할을 한다. 슬라이드에서 오른쪽 마우스 메뉴 **[눈금 및 안내선 ▼]**의 〈눈금선〉을 다시 클릭하면 눈금선은 사라지게 된다.

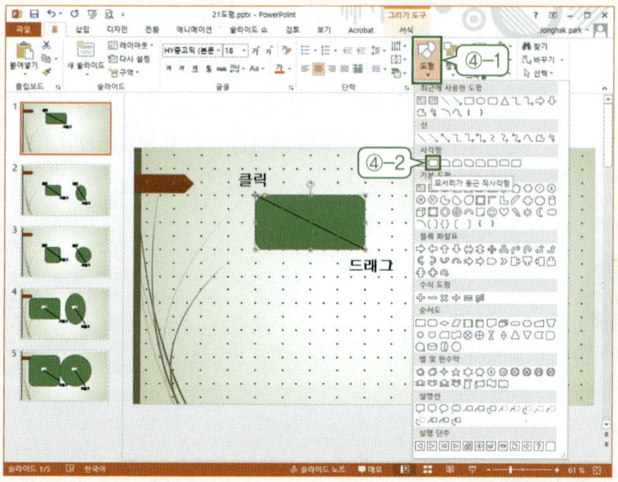

④ **[홈] [도형 ▼]**을 클릭하여 사각형 그룹에서 2번째에 있는 〈모서리가 둥근 직사각형〉을 선택한다.

⑤ 마우스 포인터가 ＋가 되면, 원하는 위치에서 클릭 & 드래그하여 원하는 크기로 〈모서리가 둥근 직사각형〉을 추가한다.

도형을 추가할 수 있는 곳은 **[홈]** 탭과 **[삽입]** 탭이다. 그리고 이미 슬라이드에 도형이 있다면 **[그리기 도구/ 서식]** 탭에서 도형을 추가하는 것도 가능하다. 탭의 위치만 다르고 도형을 추가하는 방법에는 차이가 없다. 이렇게 여러 탭에서 도형을 추가하는 것이 가능한 것은 도형을 많이 사용하기 때문이다.

2 Shift키와 Ctrl키

슬라이드에 도형을 추가할 때 Shift 를 누른 상태에서 클릭 & 드래그하여 도형을 추가하면 정방형 도형이 그려진다. 정삼각형, 정사각형 같은 정방형 도형을 그릴 때는 바른 생활 사나이처럼 원칙을 지키는 Shift 의 특성을 이용하면 쉽게 그릴 수 있다.

슬라이드에 도형을 추가할 때 Ctrl 을 누른 상태에서 클릭 & 드래그하여 도형을 추가하면 처음 클릭한 지점을 중심으로 하는 도형이 그려진다. 특정한 위치를 중심으로 하는 도형을 그릴 때는 에고이스트처럼 자기중심적인 Ctrl 의 특성을 이용하면 쉽게 그릴 수 있다.

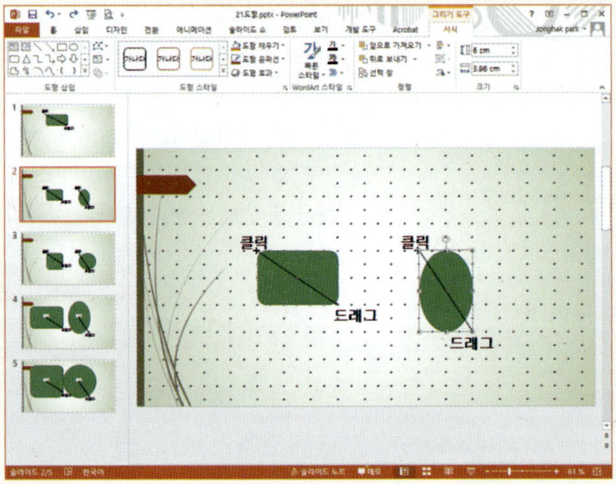

① 도형의 크기는 일반적으로 클릭한 위치(드래그 시작 위치)와 드래그 종료 위치를 꼭지점으로 하는 직사각형이다.

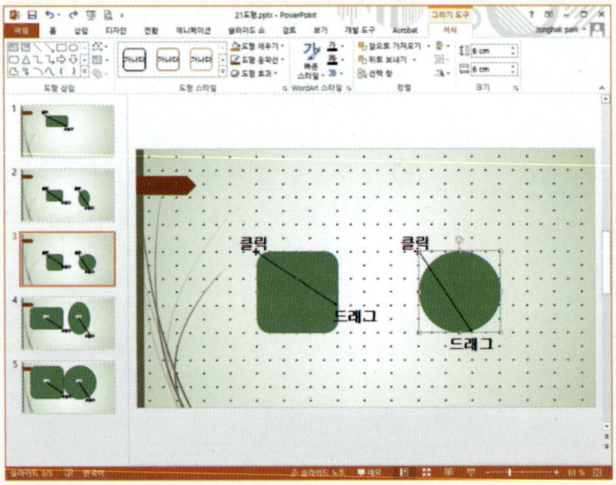

② Shift 를 누른 상태에서 클릭 & 드래그하여 도형을 추가한다. 클릭한 점과 드래그한 선으로 만들어지는 사각형의 긴 선을 기준으로 정방형 도형이 만들어진다.

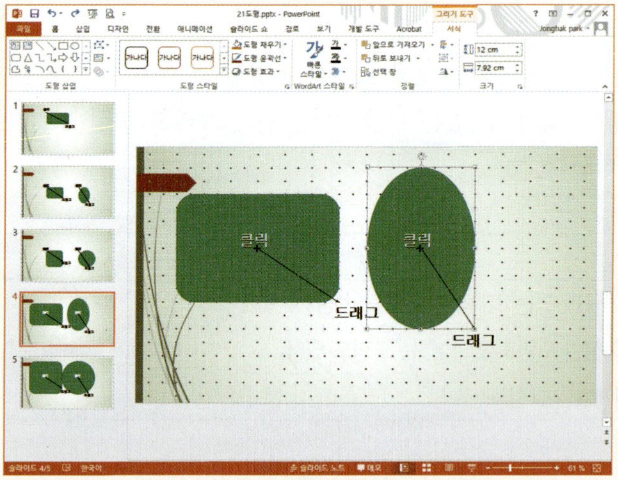

③ Ctrl 을 누른 상태에서 클릭 & 드래그하여 도형을 추가한다. 클릭한 점을 중심으로 하고 드래그한 선을 대칭으로 하는 도형이 만들어진다.

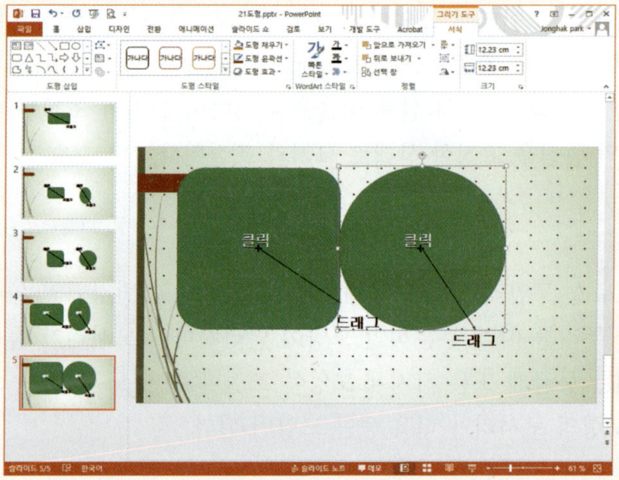

④ Shift + Ctrl 을 누른 상태에서 클릭 & 드래그하여 도형을 추가하면, Shift 와 Ctrl 의 특성이 모두 나타난다. 클릭한 점을 중심으로 하고 클릭한 점과 드래그한 선으로 만들어지는 사각형의 긴 선을 대칭으로 하는 정방형 도형이 만들어진다.

① 도형의 크기는 일반적으로 클릭한 위치(드래그 시작 위치)와 드래그 종료 위치를 꼭짓점으로 하는 직사각형이다.

② Shift 를 누른 상태에서 클릭 & 드래그를 하면 클릭한 위치를 꼭짓점으로, 긴 변과 같은 크기의 정사각형으로 된다.

③ Ctrl 를 누른 상태에서 클릭 & 드래그를 하면 클릭한 위치를 중심으로, 드래그 종료 위치를 꼭짓점으로 하는 직사각형이 된다.

④ Shift 와 Ctrl 을 누른 상태에서 클릭 & 드래그를 하면 도형의 크기는 클릭한 위치를 중심으로, 종료 위치의 긴 변과 같은 크기를 반경으로 하는 정사각형이 된다.

3 도형의 핸들

도형을 클릭하면 원하는 형태로 도형을 변경할 수 있도록 도형의 크기를 조절할 수 있는 크기 조절 핸들, 주어진 도형의 형태에서 부분적인 모양을 변경할 수 있는 모양 조절 핸들, 그리고 도형을 원하는 만큼 회전하는 회전 핸들의 3가지 핸들이 나타난다.

핸들	형태
크기 조절 핸들	상하좌우 꼭짓점과 꼭짓점 가운데 있는 8개의 흰색 네모난 점
모양 조절 핸들	노란색 네모난 점으로 2개 이상인 도형도 있고, 없는 도형도 있다.
회전 핸들	도형의 가운데 위에 있는 시계방향 화살표

❖ 크기 조절 핸들

크기 조절 핸들 위로 마우스를 이동하여 마우스 포인터가 모양에서 ⇔, ⇕, ⤢, ⤡의 모양으로 변경되었을 때 클릭 & 드래그하면 핸들이 포함된 선을 기준으로 가로, 세로, 대각선의 크기가 조절된다. Shift를 누른 상태에서 크기를 조절하면 가로와 세로의 현재 비율을 유지하며 크기가 조절된다. Ctrl을 누른 상태에서 크기를 조절하면 도형의 중심을 고정한 상태로 크기가 조절된다.

❖ 모양 조절 핸들

모양 조절 핸들 위로 마우스를 이동하여 마우스 포인터가 ⇖ 모양에서 ▷의 모양으로 변경되었을 때 클릭하여 드래그하면 핸들이 위치한 곳의 테두리를 따라 부분적인 모양이 달라진다. 〈모서리가 둥근 직사각형〉의 경우 양쪽 끝에 있는 둥근 형태를 둥글게 또는 각지게 모양을 조절할 수 있도록 한다. 모양 조절 핸들을 도형의 가운데로 조절하면 도형의 모서리가 더욱 둥근 모양이 된다.

❖ 회전 핸들

회전 핸들 위로 마우스를 이동하여 마우스 포인터가 ↻ 모양에서 ↻이 되었을 때 클릭하고 드래그하면 ↻ 모양으로 변경되고, 도형의 중심을 고정한 상태로 원하는 만큼 회전하게 된다. Shift를 누른 상태에서 도형을 회전하면 한 번에 15°씩 도형에 관절이 있는 것처럼 회전한다.

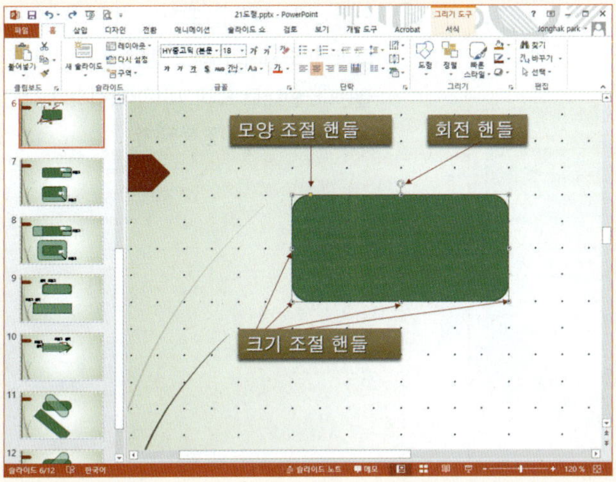

① 도형을 클릭하면 3가지 핸들이 도형을 원하는 형태로 변경할 수 있도록 나타난다.

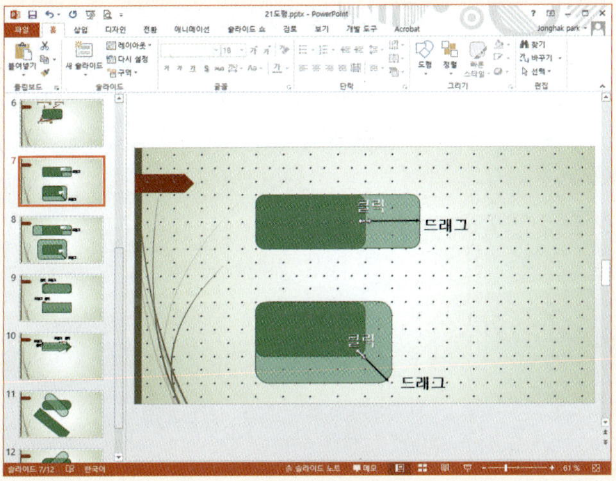

② 크기 조절 핸들을 클릭하여 드래그하면 크기가 조절한다.

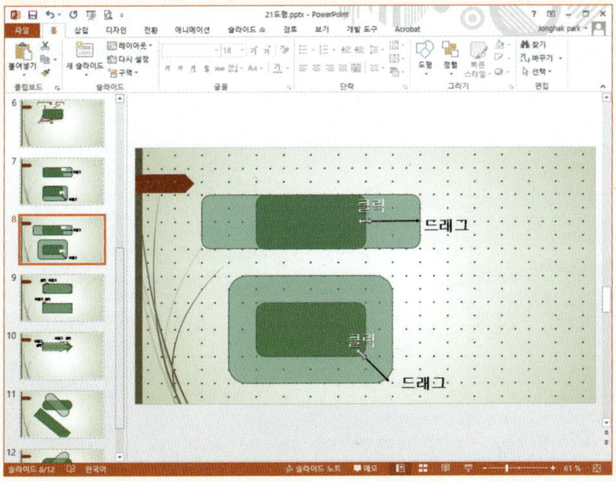

③ Ctrl을 누르고 크기를 조절하면 도형의 중심을 고정한 상태에서 대칭으로 크기가 조절된다.

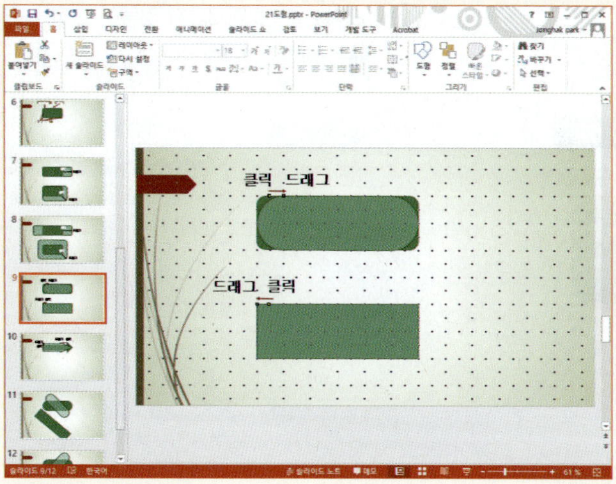

④ 모양 조절 핸들을 도형의 가운데로 드래그하면 모서리가 더욱 둥글게 모양이 조절된다. 반대로 드래그하면 모서리가 각지게 직사각형처럼 조절된다.

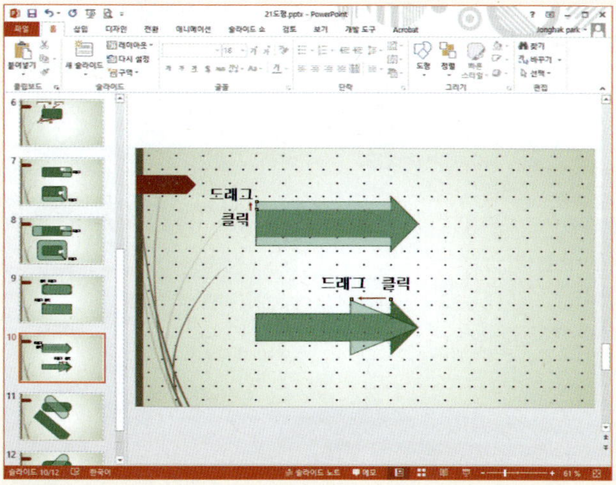

⑤ **[오른쪽 화살표]**는 모양 조절 핸들이 2개 있으며, 도형의 좌우 또는 상하로 드래그하면 화살표의 모양이 조절되는 것을 볼 수 있다.

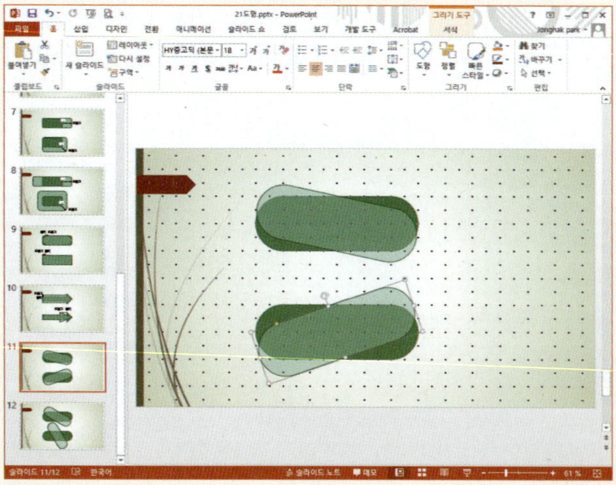

⑥ 회전 핸들을 오른쪽으로 드래그하면 도형의 중심을 고정한 상태에서 원하는 만큼 회전하게 된다.

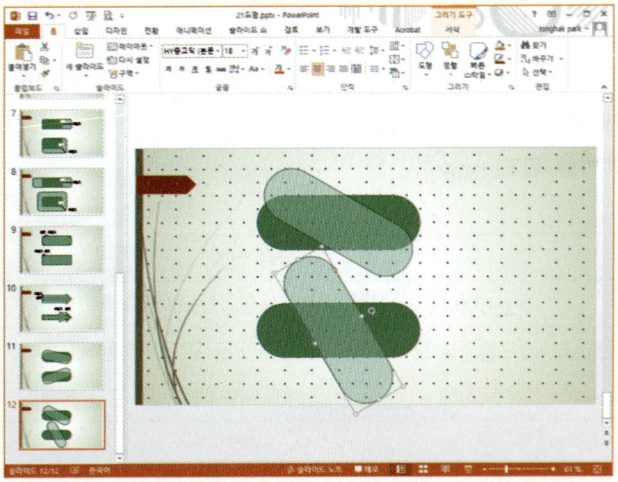

⑦ Shift 를 누른 상태에서 회전하면 한번에 15°씩 도형에 관절이 있는 것처럼 회전한다. 도형을 30°와 60° 회전하는 것이 어렵지 않다.

⑧ 도형을 선택하고 오른쪽 마우스 메뉴 [도형 서식]을 선택하면 화면의 오른쪽에 [도형 서식] 창이 나타난다. 도형 옵션의 [크기 및 위치]를 선택한다.

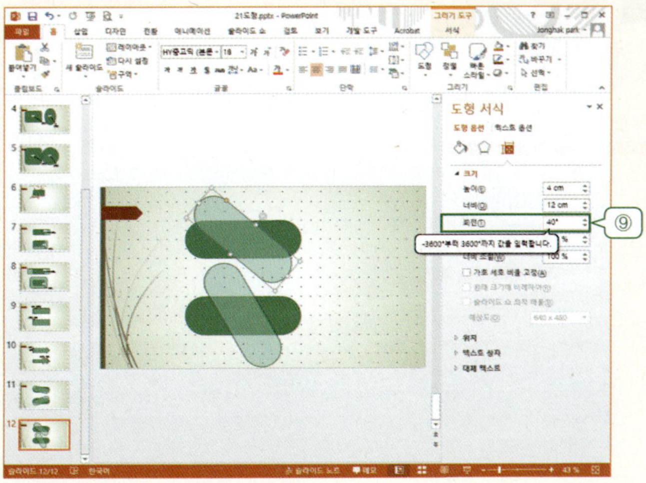

⑨ 회전 값으로 '40'을 입력하면 도형은 40° 만큼 정확하게 회전하게 된다.

4 도형의 선택

도형을 다루기 위해서는 선택을 하여야 한다. 도형 개체를 선택하는 방법을 배우면 대부분의 다른 개체들은 비슷한 방법으로 쉽게 선택할 수 있게 될 것이다. 도형의 선택은 클릭, 드래그, 선택창을 사용하는 3가지 방법이 있는데 필요하면 3가지 방법을 함께 사용하기도 한다.

선택 방법	단일 선택	다중 선택
클릭	도형을 클릭하면 선택된다.	Ctrl 이나 Shift 를 누르고 도형을 차례대로 클릭하면 된다.
드래그	도형을 드래그 영역 안으로 포함하면 된다.	도형들을 모두 드래그 영역 안으로 포함하면 된다.
선택창	선택창에서 도형 이름을 선택한다.	선택창에서 Ctrl 을 이용하여 도형 이름들을 모두 선택한다.

선택된 도형은 개체의 테두리 선과 여러 가지 핸들이 보이게 된다. 개체의 테두리 선과 여러 가지 핸들이 보이는 것으로 도형이 선택되었는지 여부를 알 수 있게 된다. 따라서 선택이 해제되면 테두리 선과 핸들은 사라지고 도형만 보이게 된다. 만일 도형의 선택을 해제하려면 다른 도형을 선택하거나 슬라이드의 여백(도형이 없는 곳)을 클릭하여야 한다.

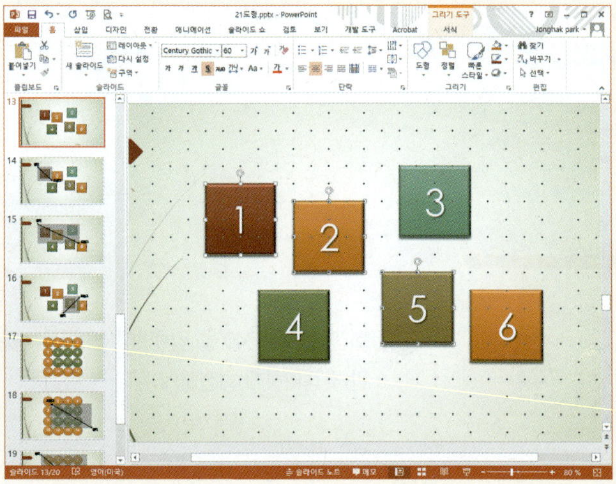

① 선택된 도형은 테두리선과 핸들이 보이는 것으로 알 수 있다. 왼쪽 그림에서 어떤 도형이 선택되었을까?

1번, 2번, 5번

❖ 클릭으로 도형 선택

도형은 클릭하면 선택된다. 만일 다른 도형을 선택하거나 슬라이드의 바탕화면을 클릭하면 원래 선택된 도형은 선택이 해제된다. 여러 개의 도형을 선택할 때에는 Ctrl이나 Shift를 누르고 도형을 차례대로 클릭하면 된다.

Ctrl이나 Shift를 누르고 선택되지 않은 도형을 클릭하면 현재 선택되어 있는 다른 도형들의 선택은 유지되며 클릭한 도형이 추가로 선택된다. Ctrl이나 Shift를 누르고 선택된 도형을 클릭하면 다른 도형들의 선택은 유지되고 클릭한 도형만 선택이 해제된다. 2가지 상태가 차례대로 반복하여 수행되는 기능을 토글(toggle)이라고 한다.

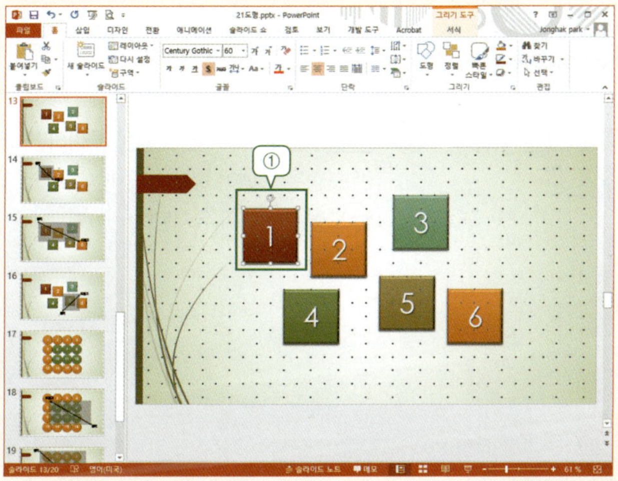

① 1번 도형을 클릭한다. 선택된 1번 도형은 개체의 테두리 선과 여러 가지 핸들이 보이게 된다.

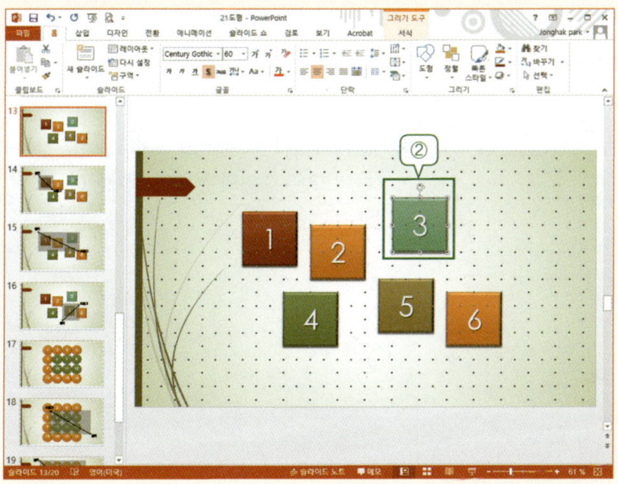

② 3번 도형을 클릭하면 이전에 선택되었던 1번 도형은 선택이 해제되고, 3번 도형이 선택된다.

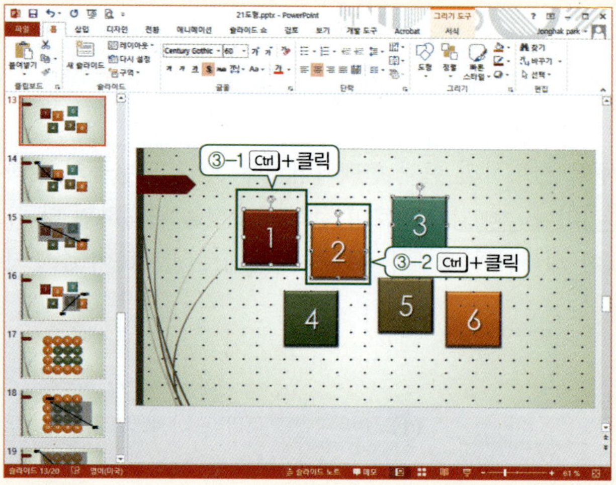

③ Ctrl을 누르고, 1번과 2번 도형을 차례대로 클릭하면, 1~3번 도형이 함께 선택된다.

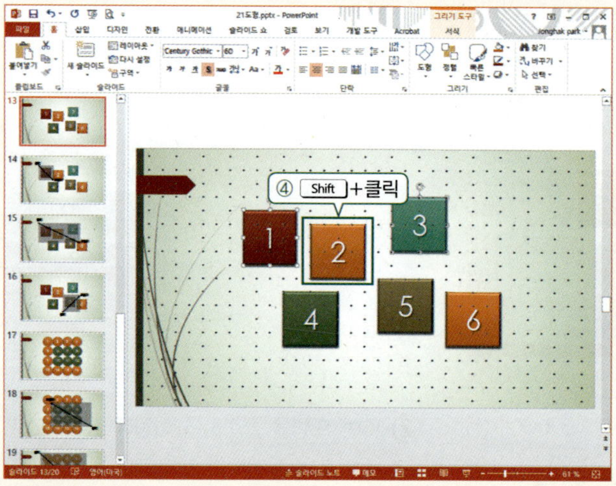

④ Shift를 누르고 2번 도형을 클릭하면, 2번 도형은 선택이 해제되고, 1번 도형과 3번 도형은 선택이 유지된다.

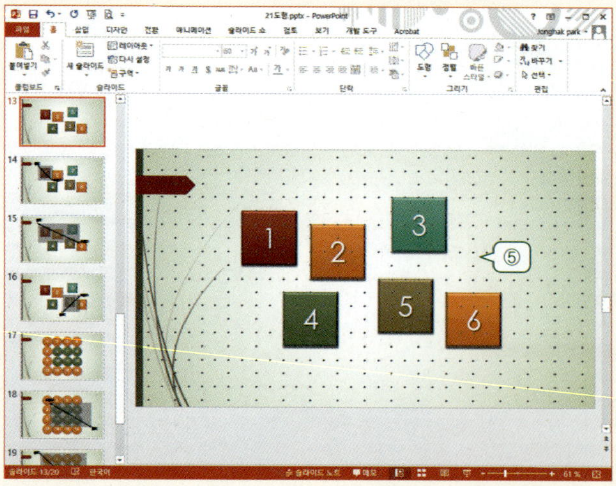

⑤ 슬라이드의 여백(도형이 없는 곳)을 클릭하면 모든 도형의 선택이 해제된다.

❖ 드래그로 도형 선택

드래그로 도형을 선택할 때에는 드래그 영역 안으로 도형을 포함하면 된다. 드래그 영역에 포함된 도형은 하나이든, 여러 개이든 모두 선택된다. 단, 드래그 영역 안에 도형 전체가 포함되어야 선택이 되고, 일부만 포함된 도형은 선택되지 않는다.

여러 개의 도형을 선택할 때에는 클릭으로 도형을 선택하는 방법보다 드래그로 도형을 선택하는 것이 편리하다. 그러나 드래그 영역 안에 원하지 않는 도형이 포함된다면 Shift 를 사용하여 선택을 해제하고, 드래그 영역 밖에 원하는 도형이 있다면 Ctrl 을 사용하여 선택을 추가하는 방법을 사용하면 된다.

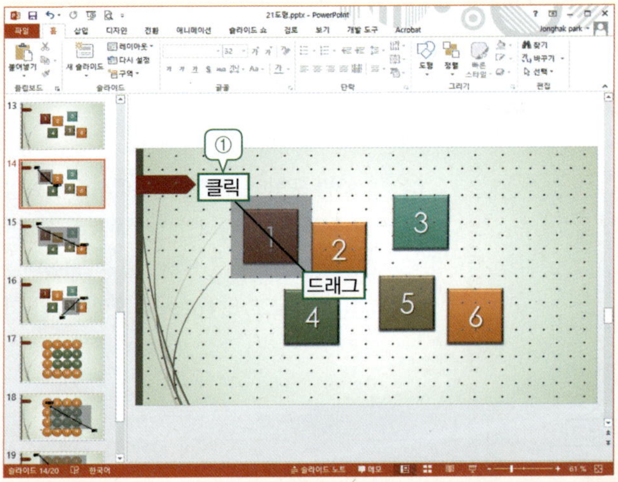

① 드래그 영역 안에 1번 도형을 포함하면 1번 도형이 선택된다.

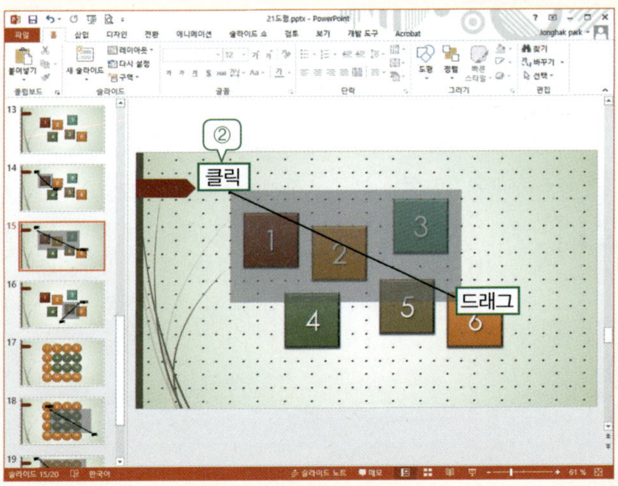

② 1~3번 도형을 함께 선택하려면, 영역 안에 1~3번 도형 전체를 포함하도록 드래그를 한다.

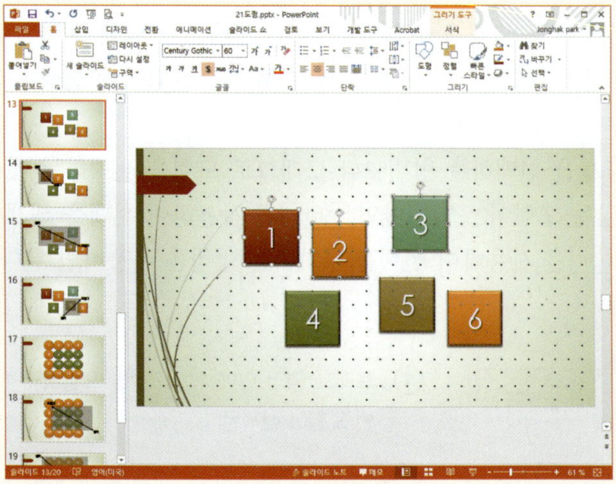

③ 드래그 영역 안에 전체가 포함된 1~3번 도형은 선택되고, 일부만 포함된 4번, 5번 도형은 선택되지 않는다.

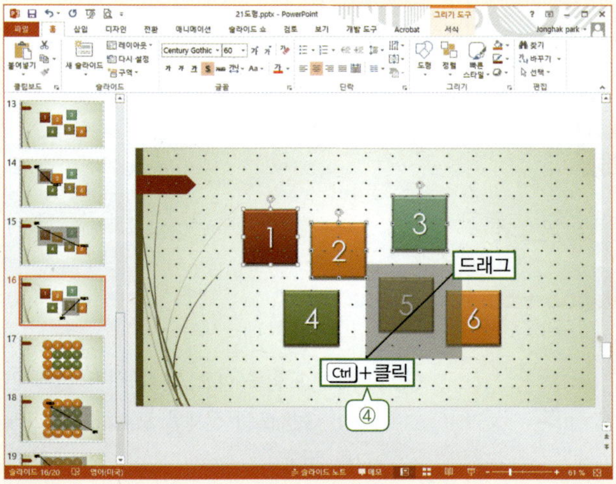

④ 1~3번 도형이 선택된 상태에서 5번 도형을 추가로 선택하려면 Ctrl을 누르고 5번 도형만 포함되도록 드래그를 한다.(실제로 Ctrl을 누르고 5번 도형을 클릭하기가 더 쉽다.)

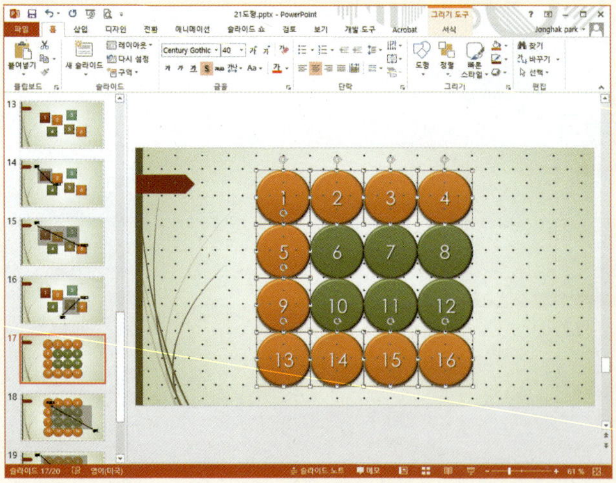

⑤ 왼쪽 슬라이드에서 ㄷ자 모양의 주황색 도형만을 선택하여 파랑으로 채우기 하려면 어떻게 하여야 할까?

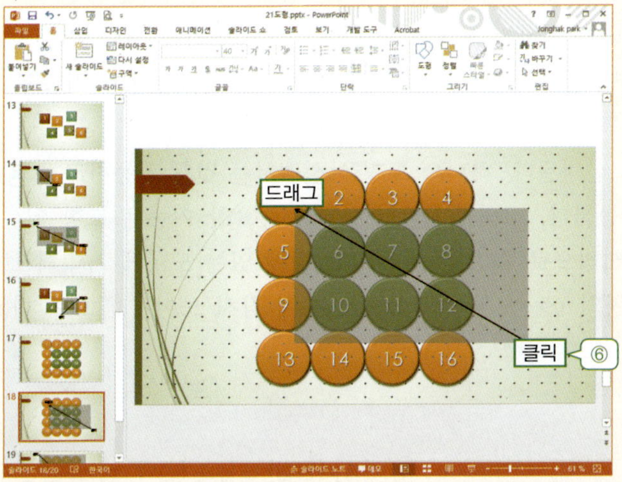

⑥ 드래그 영역에 6~8번, 10~12번 도형이 포함되도록 드래그로 선택한다

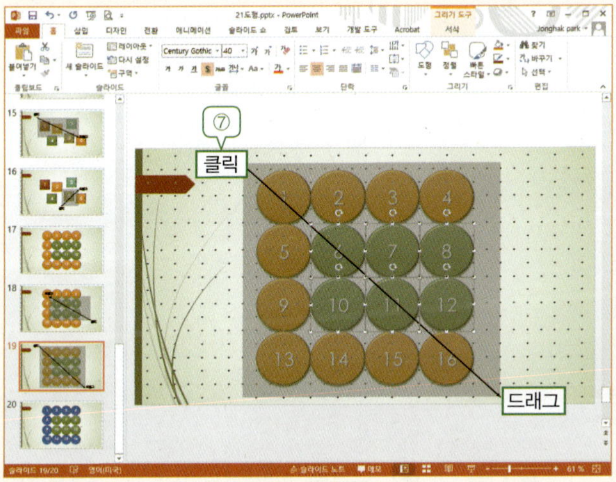

⑦ Shift 를 누르고 전체 도형이 포함되도록 드래그를 한다. Shift 는 선택과 해제를 반복하기 때문에 현재 선택된 도형은 해제되고, 나머지 도형은 추가로 선택되어 ㄷ자 모양의 주황색 도형만 선택된다.

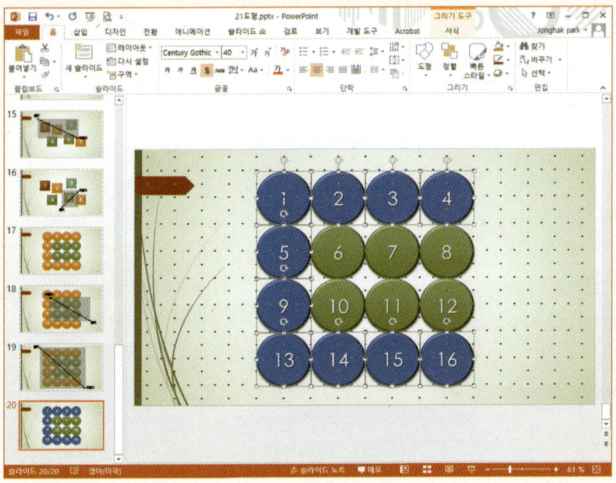

⑧ 선택된 도형들을 〈파랑〉으로 채우기 한다.

❖ 선택 창에서 도형 선택

슬라이드에 많은 도형과 개체들이 있을 때 내가 원하는 도형을 선택하는 것이 어려울 수도 있다. 이럴 때에는 [홈] [편집] 그룹의 [선택 ▼]에서 [선택 창]을 클릭한다.(도형을 선택하면 나타나는 [그리기 도구/ 서식] 탭의 [선택 창]과 같다.)

[선택] 창에서 해당 도형의 이름을 클릭하면 선택된다. 하나의 도형을 선택하는 것도 가능하고, Ctrl을 이용하여 여러 도형들을 선택하는 것도 가능하다. 그러나 [선택] 창에서 중요한 기능은 도형 이름의 옆에 〈눈 모양 〉을 클릭하여 도형을 일시적으로 숨기는 기능이다. 앞에 있는 도형에 가려서 보이지 않는 도형을 선택하려면, 앞에 있는 도형의 〈눈 모양 〉을 클릭하여 잠시 보이지 않도록 하고, 뒤에 있는 도형을 선택하면 된다.

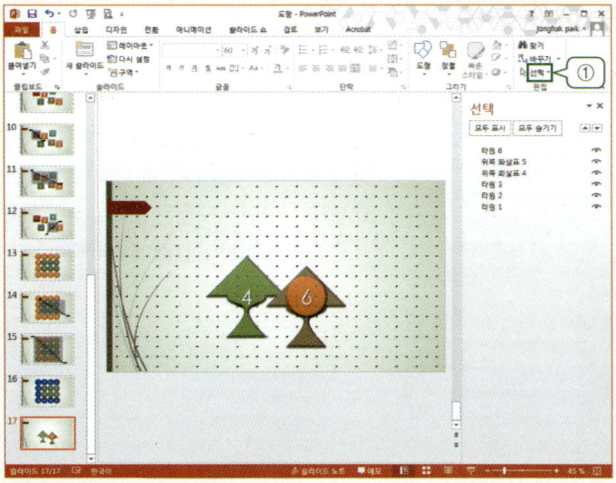

① [홈] [편집] 그룹의 [선택 ▼]에서 [선택 창]을 클릭하면 오른쪽 화면에 [선택] 창이 나타난다. 슬라이드에는 3개의 도형만 보이지만 [선택] 창에는 6개의 개체가 있는 것을 알 수 있다.

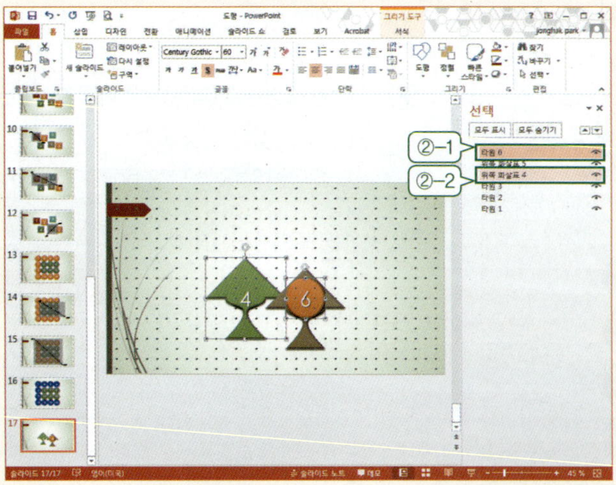

② Ctrl을 누르고 [선택] 창에서 [타원 6]과 [위쪽 화살표 4]를 클릭하면, 슬라이드의 4번과 6번 도형이 함께 선택된다.

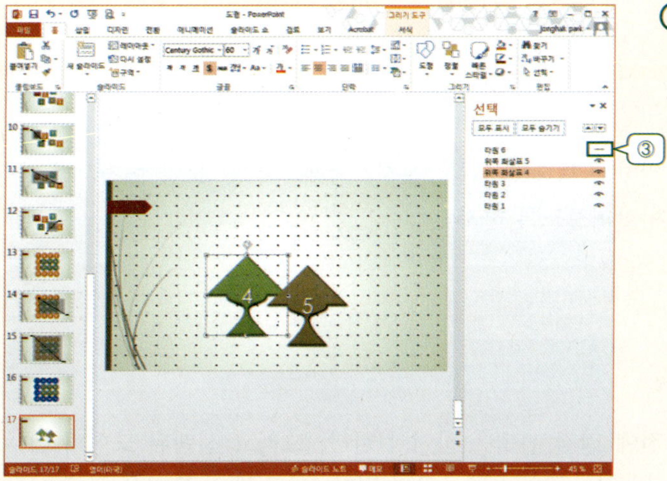

③ [선택 창]에서 [타원 6] 옆의 〈눈 모양 〉을 클릭하면 〈눈을 감은 모양 —〉으로 변경되고, 선택되었던 6번 도형이 슬라이드에서 보이지 않는다.

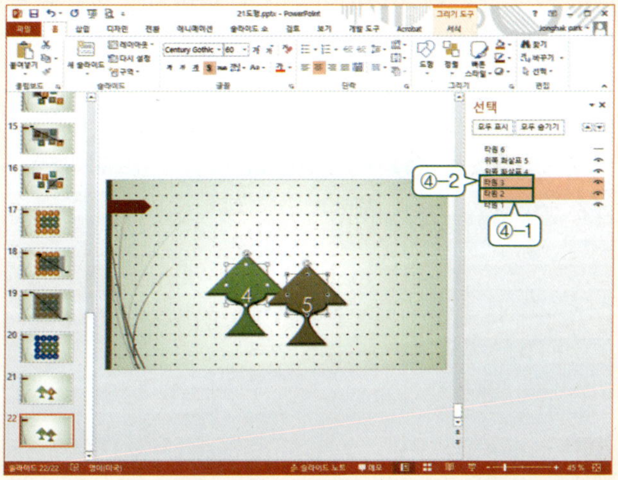

④ [선택] 창의 [타원 2]를 선택하면 선택된 도형의 테두리가 나타나 4번 도형의 뒤에 [타원 2]가 있는 것을 알 수 있다. 마찬가지로 [타원 3]은 5번 도형의 뒤에 테두리가 나타난다.

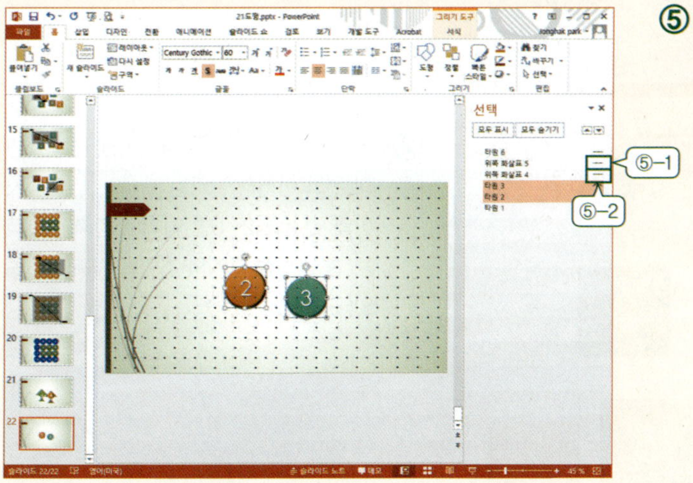

⑤ [선택] 창에서 [위쪽 화살표 4]와 [위쪽 화살표 5] 옆의 〈눈 모양 〉을 클릭하면 〈눈을 감은 모양 —〉 으로 변경되며 슬라이드에서 도형들이 사라지고 뒤에 있던 [타원 2]와 [타원 3]이 보이게 된다.

SECTION 02 도형 관리

슬라이드에 추가한 도형들을 사용자가 원하는 형태로 이동/ 복사/ 복제/ 삭제/ 모양 변경/ 점 편집/ 병합하여 도형을 관리하는 내용에 대하여 살펴보도록 하자.

1 도형의 이동

도형이나 개체를 이동하려면 이동하기 전에 먼저 선택을 하여야 한다. 그리고 선택된 도형의 테두리를 마우스로 클릭 & 드래그하여 도형을 원하는 곳으로 이동하면 된다. 여러 개의 도형을 함께 이동하려면 함께 선택된 여러 개의 도형 가운데 하나를 클릭 & 드래그하여 이동하면, 나머지 도형들도 클릭한 도형이 이동한 상대 거리만큼 함께 이동하게 된다.

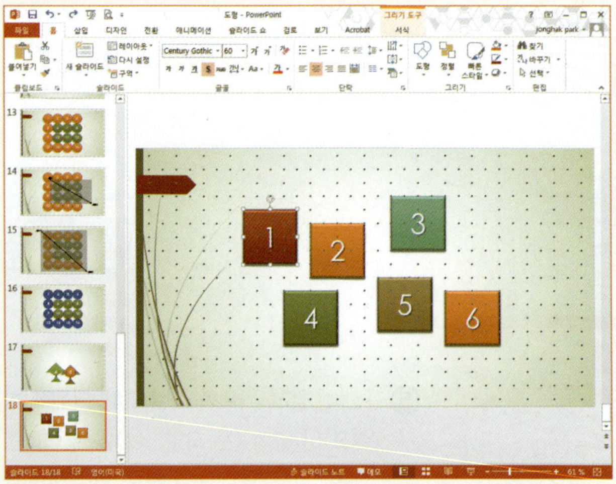

① 1번 도형을 2번 도형의 옆으로 이동하기 위하여 선택하였다.

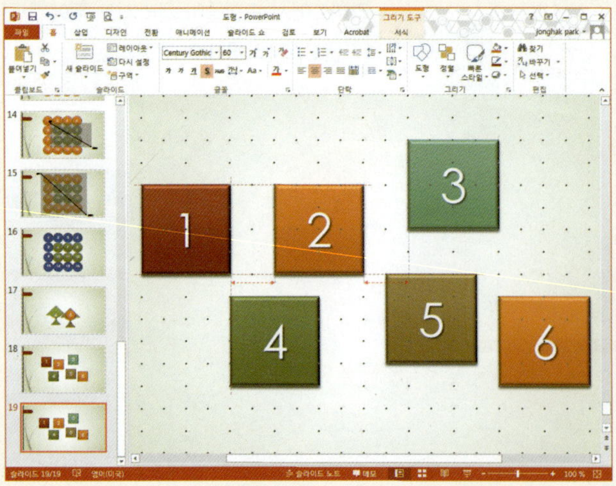

② 1번 도형을 마우스로 움직이면 1번과 2번의 위와 아래가 같다는 표시와, 1~2번 사이의 간격과 2~3번 사이의 간격이 같다는 빨간 점선 표시의 스마트 가이드가 보인다.

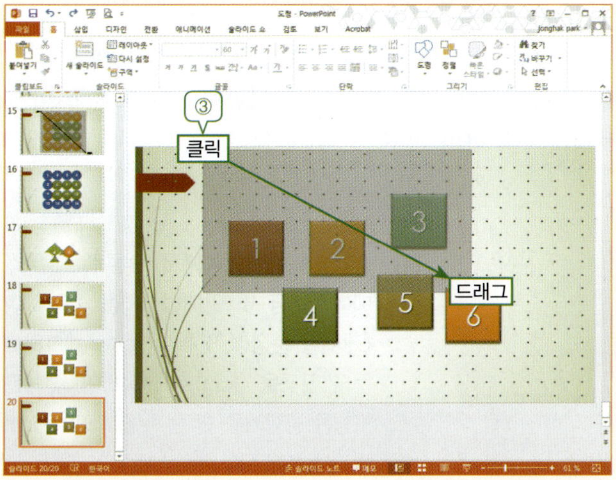

③ 1~3번 도형을 함께 선택한다.

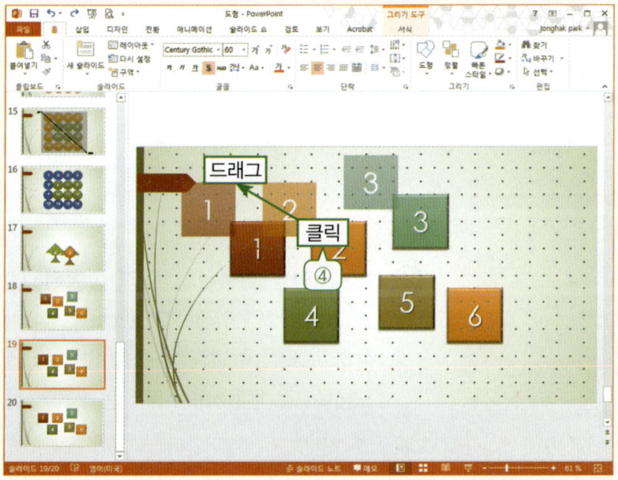

④ 1번 도형을 클릭 & 드래그하면, 1번 도형이 이동한 거리만큼 2~3번 도형이 함께 이동한다.

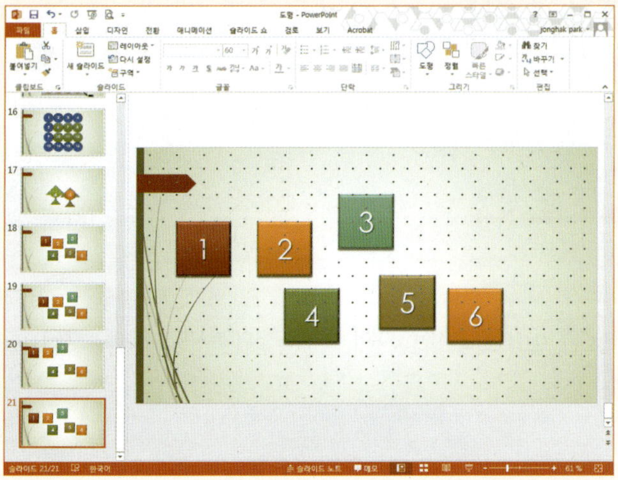

⑤ 1번 도형을 왼쪽으로 수평 이동하면(Shift +드래그 사용) 2~3번 도형도 왼쪽으로 수평 이동을 하게 된다.

Tip 바른 생활 사나이 같은 Shift 의 특성을 이용하여 Shift 를 누른 상태에서 드래그하면 수평/수직 이동이 되고 Shift +드래그와 같이 표시된다.

방향키로 도형이동

도형을 세밀하게 이동하려면 상하좌우 방향키를 사용한다. 방향키를 사용하면 선택된 도형은 슬라이드에 설정된 최소 눈금 간격만큼 이동하는데, 방향키로 원하는 간격만큼 이동하려면 오른쪽 마우스 메뉴 [눈금 및 안내선]에서 눈금선을 별도로 설정하여야 한다.

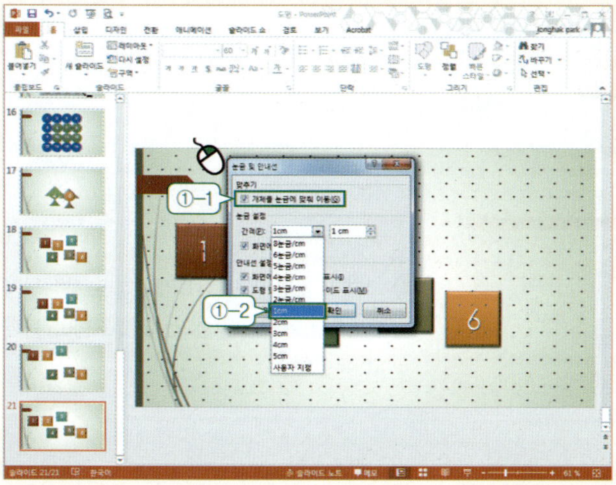

① 슬라이드의 여백에서 오른쪽 마우스 메뉴 **[눈금 및 안내선 ▶]**을 클릭하여 〈개체를 눈금에 맞춰 이동〉에 체크하고 눈금 간격을 〈1cm〉로 설정하면, 선택된 도형은 방향키를 한 번 누를 때마다 1cm씩 이동하게 된다.

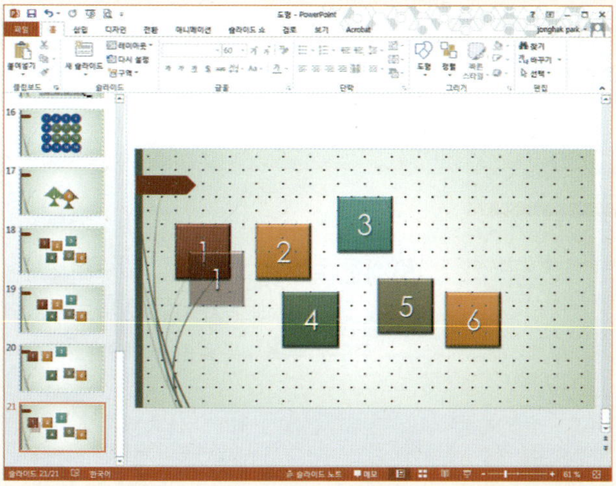

② 1번 도형을 선택하고, 아래 방향키(↓)를 2번 누르면 아래로 2칸(2cm) 수직 이동하고, 오른쪽 방향키(→)를 1번 누르면 오른쪽으로 1칸(1cm) 수평 이동을 하게 된다.

Tip 도형을 다른 슬라이드로 이동하려면 단축키 Ctrl+X와 Ctrl+V를 사용하여야 한다. 도형의 복사와 복제에서 Ctrl+C와 Ctrl+V의 사용과 비교하여 설명한다.

2 도형의 복사와 복제

도형을 복제하는 방법은 단축키 Ctrl+C와 Ctrl+V를 사용하는 방법, Ctrl+D를 사용하는 방법, Ctrl을 드래그와 함께 사용하는 방법이 있다.

복제 방법	복사	붙여넣기
Ctrl+C, Ctrl+V	Ctrl+C를 누르면 선택된 도형을 클립보드로 복사한다.	Ctrl+V를 누르면 클립보드의 내용을 붙여넣는다.
Ctrl+X, Ctrl+V	Ctrl+X를 누르면 선택된 도형을 클립보드로 이동한다.	
Ctrl+D	Ctrl+D를 누르면 선택된 도형의 오른쪽 아래에 복제된 도형이 나타난다.	
Ctrl+드래그	Ctrl을 누른 상태에서 도형을 드래그하면 도형이 복제되어 나타난다.	
Shift+드래그	Shift를 누른 상태에서 도형을 드래그하면 도형이 수평/수직 이동한다.	

Tip Ctrl+C, Ctrl+V, Ctrl+X의 의미는 왼손의 새끼손가락으로 Ctrl를 누른 상태에서 둘째손가락으로 C, V, X를 동시에 누르는 것이다.

도형을 복제하려면 일반적으로 Ctrl+C와 Ctrl+V 단축키를 사용한다. Ctrl+C를 누르면 클립보드라는 공간으로 선택한 도형을 복사하고, Ctrl+V를 누르면 클립보드의 도형을 현재 슬라이드에 붙여넣는다. 새롭게 붙여넣은 도형은 원래의 도형 위치 오른쪽 아래에 나타나는데, Ctrl+V를 반복하여 누르면 계속해서 오른쪽 아래에 같은 도형을 추가로 붙여넣는다.
만일 다른 슬라이드로 도형을 복사하려면 현재 슬라이드에서 Ctrl+C를 누르고 다른 슬라이드에서 Ctrl+V를 사용하면 된다. 다른 슬라이드로 도형을 이동하려면 현재 슬라이드에서 Ctrl+X를 누르고 다른 슬라이드에서 Ctrl+V를 누르면 된다. Ctrl+X를 누르면 선택된 도형이 현재 위치에서 사라지고(잘라내기) 클립보드에 저장된다.

Tip 대부분의 윈도우 프로그램에서 Ctrl+C는 복사, Ctrl+V는 붙여넣기, Ctrl+X는 잘라내기를 의미한다. 윈도우 탐색기에서 파일을 선택하고 Ctrl+C를 누르면 파일이 클립보드로 복사되고, 계속하여 Ctrl+V를 누르면 탐색기의 현재 폴더로 클립보드의 복사본 파일을 붙여넣는다.

Ctrl+D를 사용하면 한 번에 Ctrl+C와 Ctrl+V를 연속으로 사용한 것처럼 도형을 쉽게 복제한다. 그러나 Ctrl+D의 효과적인 기능은 한 번 복제보다는 반복적인 복제기능으로 사용할 때 유용하다. Ctrl+D로 복제한 도형을 특정 위치로 이동하고 Ctrl+D를 반복해서 누를 때마다 같은 간격으로 도형의 복제가 반복해서 이루어진다.

Tip 대부분의 윈도우 프로그램에서 Ctrl+Z는 실행 취소, Ctrl+Y는 다시 실행의 의미로 사용된다. 기억하고 있으면 유용한 단축키들이다

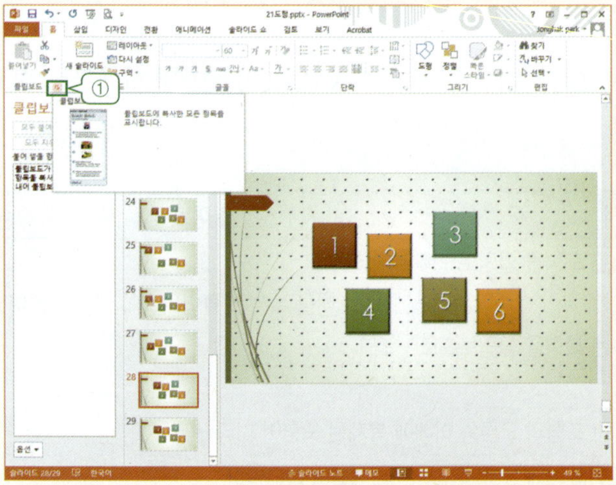

① [홈] 탭의 클립보드 표시 단추를 클릭하여 왼쪽의 클립보드 창이 열리는 것을 확인한다.

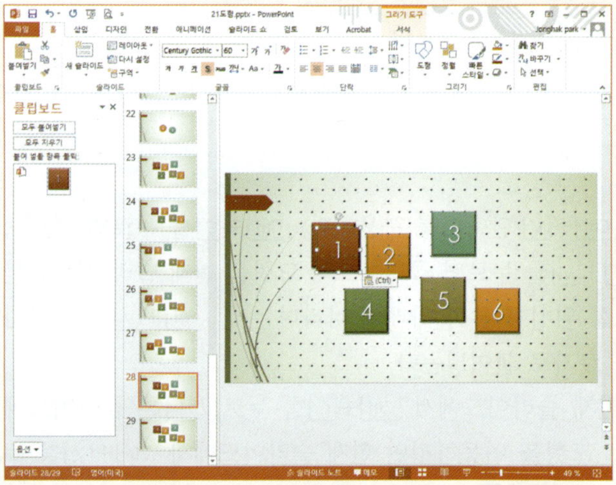

② 1번 도형을 선택하고 Ctrl+C를 누르면, 1번 도형을 클립보드로 복사한다. 그리고 Ctrl+V를 누르면 클립보드의 복사한 도형을 1번 도형의 오른쪽 아래에 붙여넣는다.

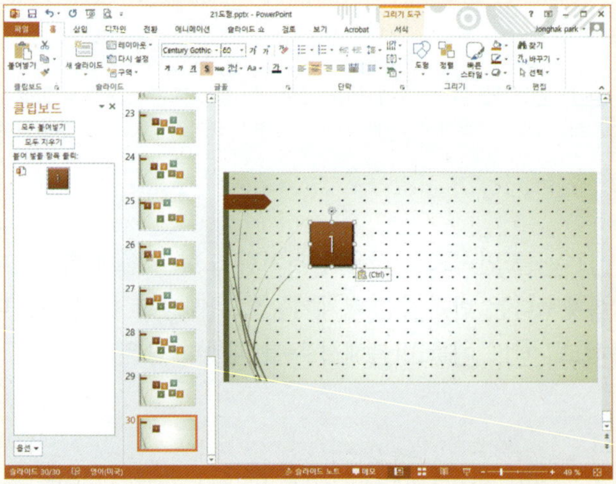

③ 새 슬라이드에서 Ctrl+V를 누르면 클립보드의 1번 도형을 새 슬라이드에 붙여넣는다.

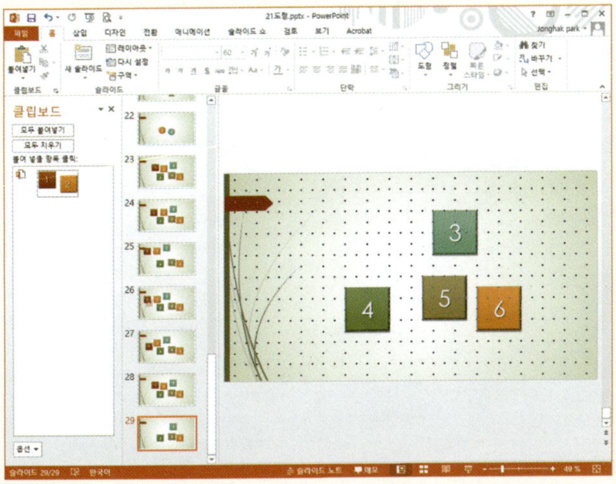

④ Ctrl+Z로 실행 취소하고, 클립보드 [**모두 지우기**]를 클릭하여, 이번에는 1~2번 도형을 선택하고 Ctrl+X를 누르면, 슬라이드에서 사라지고 클립보드에 저장된다.

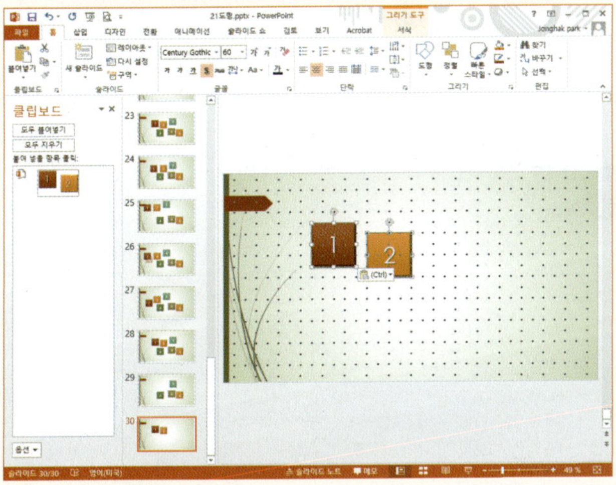

⑤ 새 슬라이드에서 Ctrl+V를 누르면 클립보드의 1~2번 도형을 새 슬라이드에 붙여넣는다.

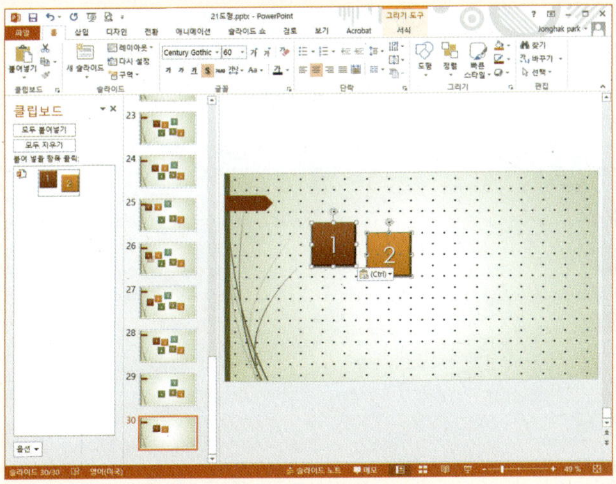

⑥ 도형을 삭제하려면 도형을 선택하고 Delete를 눌러 삭제한다.

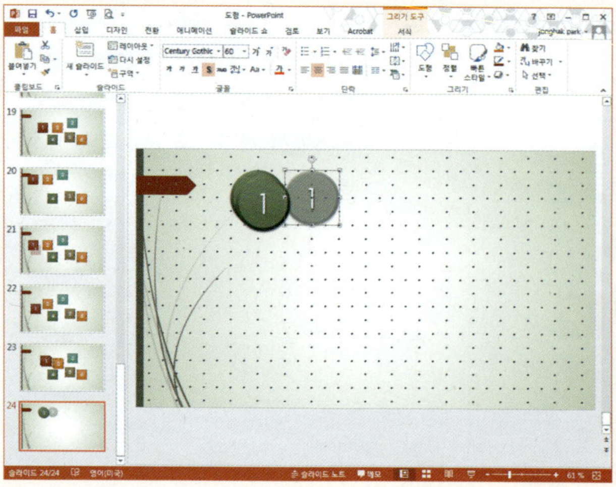

⑦ 1번 도형을 선택하고 Ctrl+D를 사용하면 도형을 쉽게 복제한다. 복제한 도형을 원래 1번 도형의 옆으로 드래그한다.

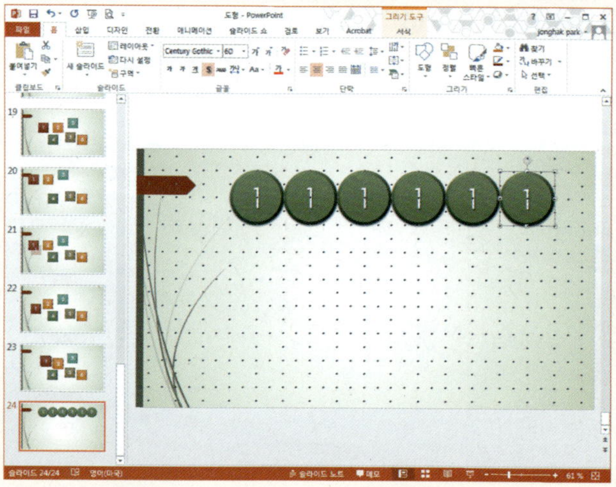

⑧ 반복해서 Ctrl+D를 누를 때마다 같은 상대 위치로 도형의 복제가 이루어진다.

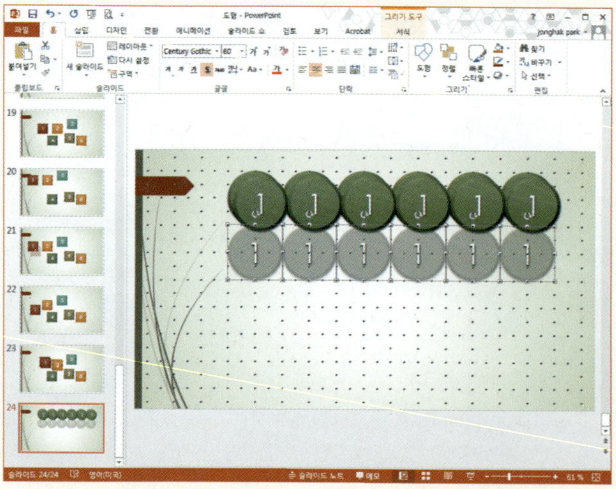

⑨ 전체 도형을 선택하여 Ctrl+D로 복제하고, 복제한 도형들을 원래 도형들의 아래로 드래그한다.

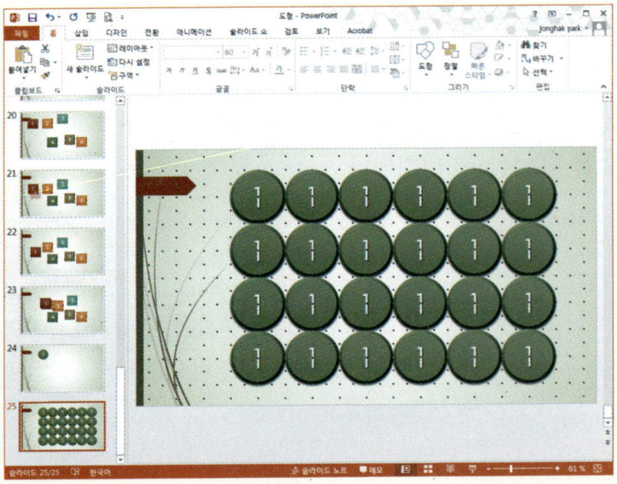

⑩ 반복해서 Ctrl+D를 누를 때마다 같은 상대 위치로 도형의 복제가 이루어진다.

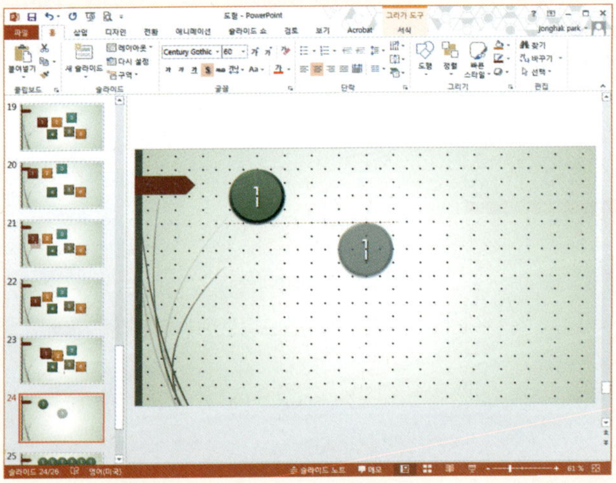

⑪ 도형을 선택하고 Ctrl+드래그하면 복제가 이루어진다.

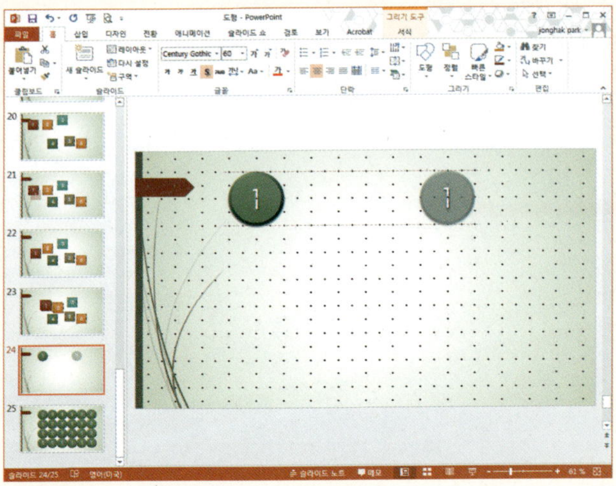

⑫ Ctrl+Shift 드래그하면 수평 복제(방향에 따라 수직 복제)가 이루어진다.

Tip 도형을 복제하는 가장 편리한 방법은 Ctrl을 누르고 도형을 드래그하는 것이다. 대부분의 윈도우 프로그램에서 Ctrl을 누르고 도형을 드래그 하면 복제가 된다. 윈도우 탐색기에서 Ctrl을 누르고 파일을 드래그하면 복사본 파일이 만들어진다.

3 도형 모양 변경

도형을 도형 그룹에 있는 다른 모양으로 변경하려면 [도형 모양 변경]을 사용한다. [그리기 도구/ 서식] [도형 삽입] 그룹의 [도형 편집 ▾] 에서 [도형 모양 변경]을 클릭하고 도형을 선택하면 선택한 도형으로 변경된다. 변경된 도형은 현재 도형의 크기를 유지한 채 변경된다.

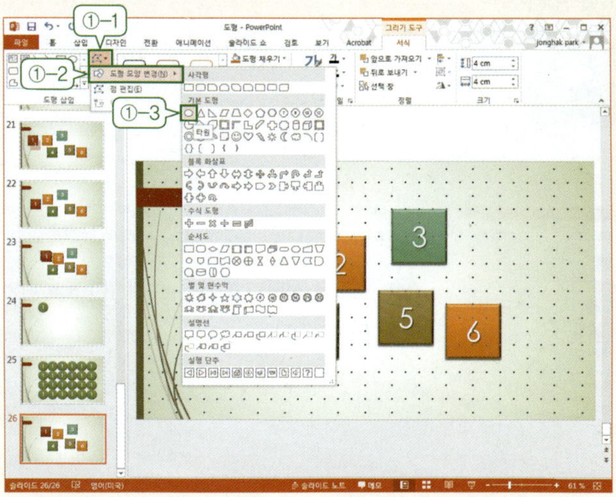

① 도형을 모두 선택하고 [그리기 도구/ 서식] 탭의 [도형 편집 ▾]에서 [도형 모양 변경 ▶]을 클릭하여 〈타원〉을 선택한다.

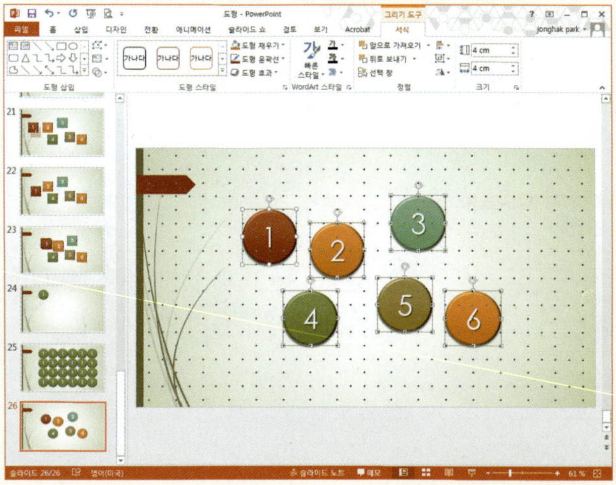

② 현재 〈직사각형〉 도형의 크기를 유지한 채 〈타원〉 도형으로 변경된다.

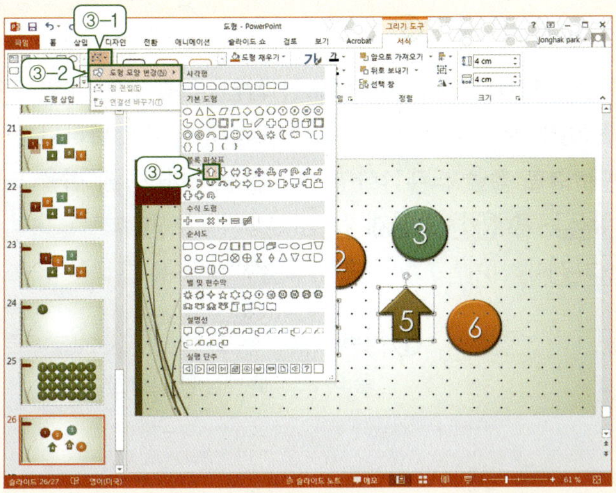

③ 4~5번 도형을 선택하고 [**도형 모양 변경** ▶]에서 〈위쪽 화살표〉로 도형 모양을 변경한다.

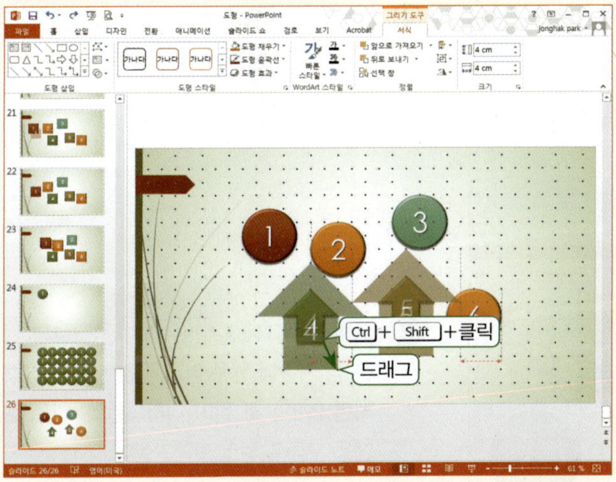

④ 계속해서 4번 도형의 크기 조절핸들을 밖으로 Ctrl + Shift +드래그한다.

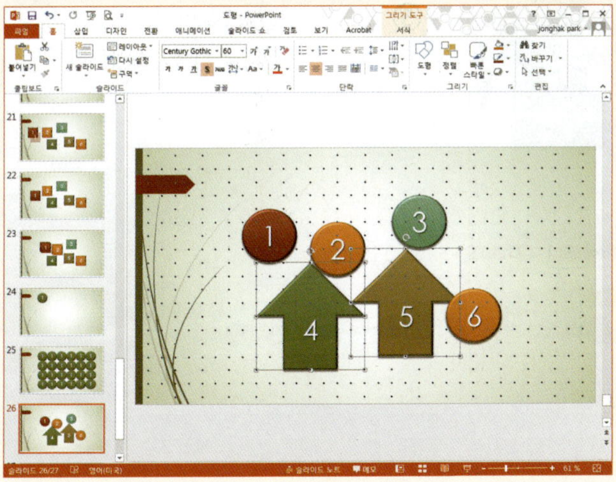

⑤ Ctrl 로 인하여 중심이 고정되고, Shift 로 인하여 가로/세로 비율이 유지되며 4~5번 도형이 확대된다.

4 점 편집

현재의 도형을 더 세밀하게 편집하기 위해서는 [그리기 도구/ 서식] [도형 삽입] 그룹에서 [도형 편집]을 클릭하여 [점 편집]을 클릭한다. [점 편집]을 클릭하면 검은 점들이 도형의 둘레에 나타나는데, 검은 점을 클릭하면 2개의 흰 점들이 나타난다. 검은 점을 드래그하여 직선을 변경하고, 흰 점을 드래그하여 곡선으로 부드럽게 도형을 원하는 모양으로 편집할 수 있게 된다.

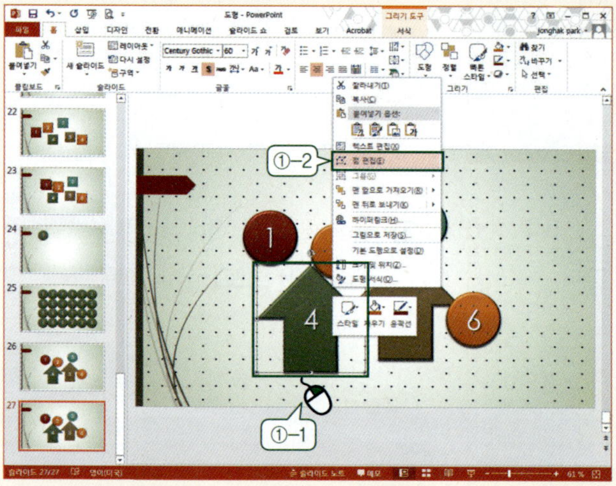

① 4번 〈위쪽 화살표〉 도형을 선택하고 오른쪽 마우스 메뉴 [점 편집]을 클릭한다.

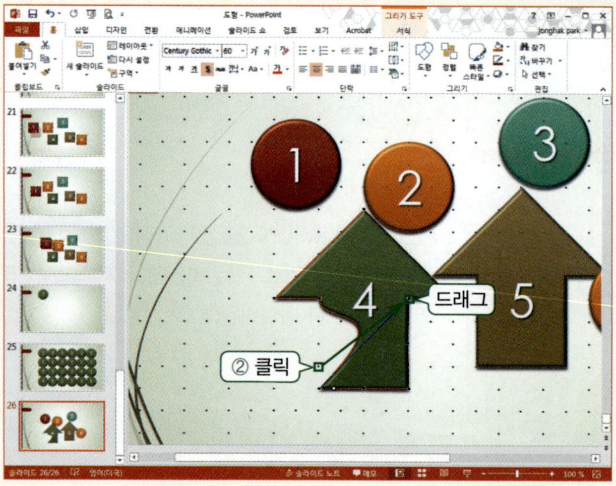

② 도형의 둘레에 나타난 여러 꼭짓점의 검은 점 가운데 왼쪽 아래의 검은 점을 클릭하면 2개의 흰 점이 나타나는데, 위쪽 흰 점을 오른쪽 위로 드래그한다

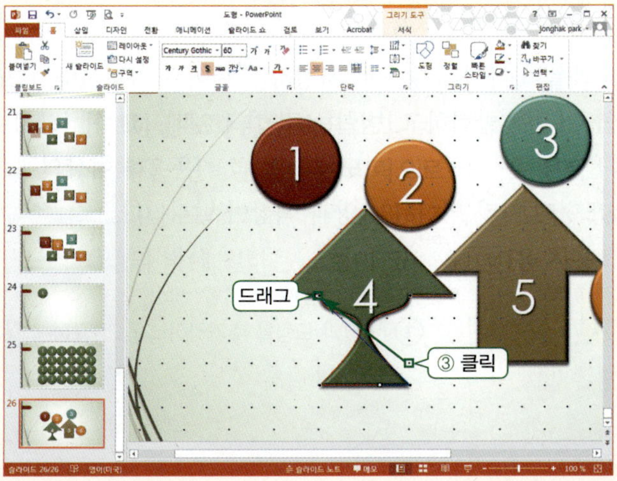

③ 이번에는 오른쪽 아래의 검은 점을 클릭하여 위쪽 흰 점을 왼쪽 위로 드래그한다. 〈위쪽 화살표〉 도형이 부드러운 스탠드 도형으로 변경된다

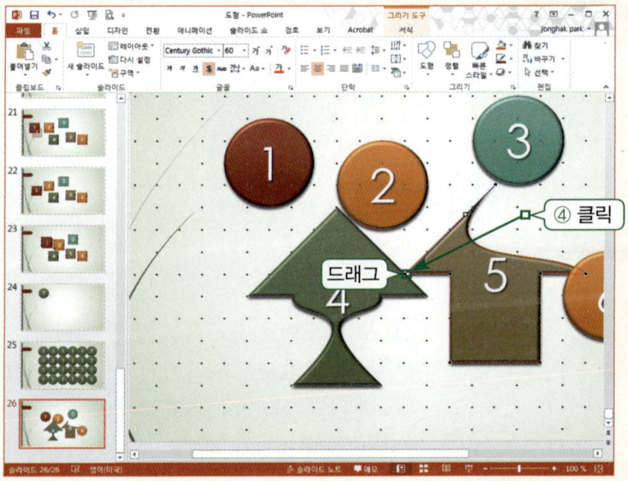

④ 5번 도형을 선택하고 **[점 편집]**을 클릭한다. 도형의 둘레에 나타난 여러 꼭짓점의 검은 점 가운데 위쪽의 검은 점을 클릭하여 오른쪽 흰 점을 왼쪽 끝으로 드래그한다.

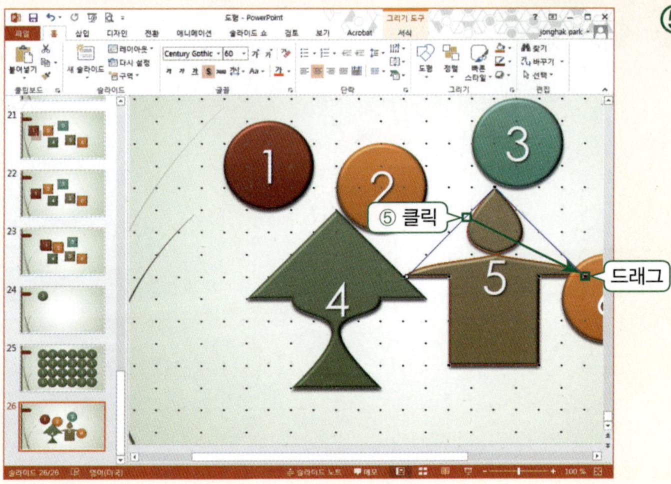

⑤ 왼쪽 흰 점을 오른쪽 끝으로 드래그하면 사람 모양의 도형으로 변경된다. 도형의 모양이 원하는 형태가 되었을 때 여백을 클릭하여 점 편집을 끝내게 된다.

5 도형 병합(셰이프 기능)

도형 병합은 도형들을 겹칠 때의 여러 가지 효과를 하나의 도형으로 지정하는 셰이프 기능이다. [그리기 도구/ 서식] [도형 삽입] 그룹에서 [도형 병합 ◎ ▾]을 클릭하고 [병합], [결합], [조각], [교차], [빼기]에서 하나를 선택하여 새로운 기하학적인 도형을 만드는 기능이다. [도형 병합 ◎ ▾]은 2개 이상의 도형이 선택되어야 활성화되고, 처음으로 선택한 도형에 따라 병합된 모양과 색상이 달라진다.

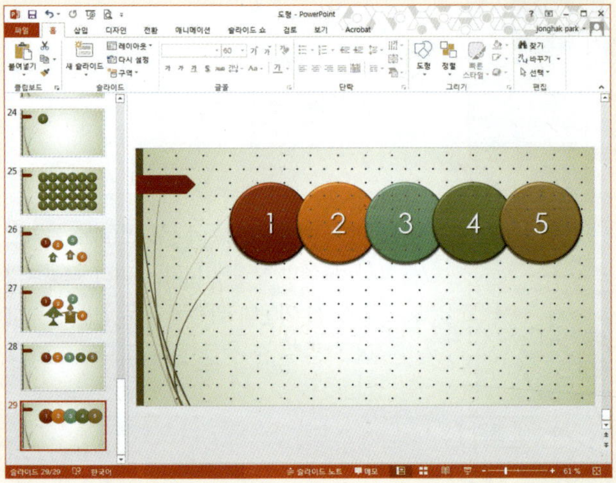

① 5개의 도형을 추가하여 그림과 같이 겹쳐 놓는다.

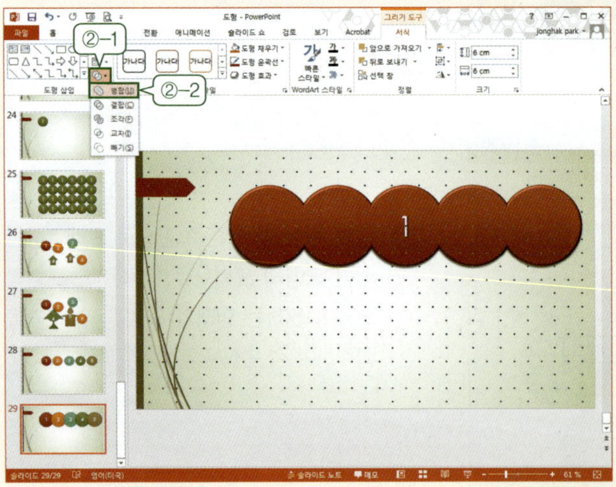

② 모든 도형을 드래그로 함께 선택하고, **[그리기 도구/ 서식]** 탭에서 **[도형 병합 ◎ ▾]**을 클릭하여 **[병합]**을 선택하면 5개의 원이 합쳐진 새로운 도형으로 만들어진다. 1번 도형을 먼저 선택하였다.

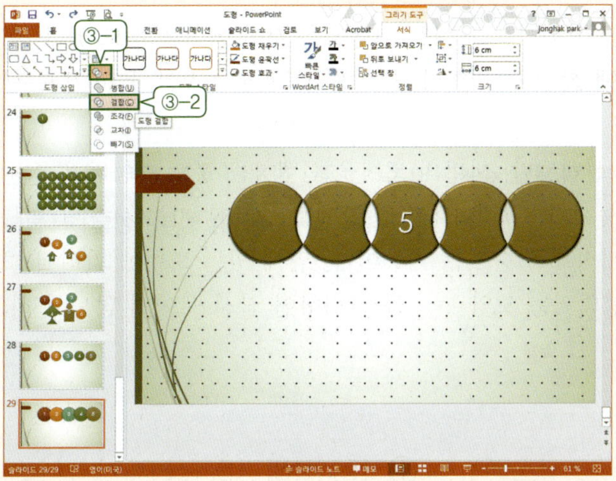

③ [**도형 병합**]에서 [**결합**]을 선택하면 겹쳐진 부분은 투명해지는 새로운 도형이 만들어진다. 5번 도형을 먼저 선택하였다.

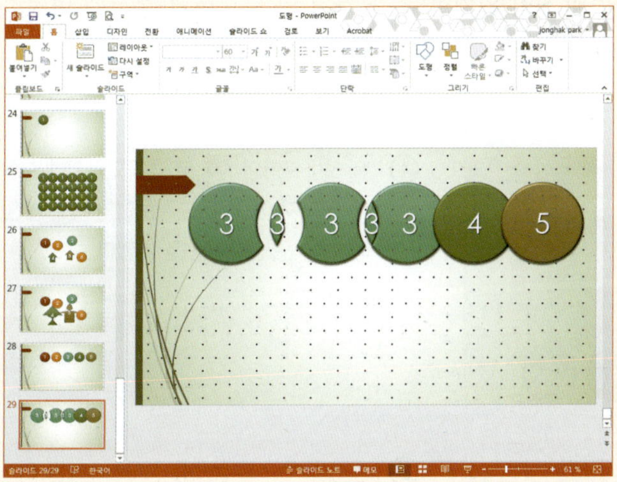

④ 1~3번 도형을 선택하고 [**도형 병합**]에서 [**조각**]을 선택하면 겹쳐진 선이 모두 조각으로 나눠진다. 3번 도형을 먼저 선택하였다.

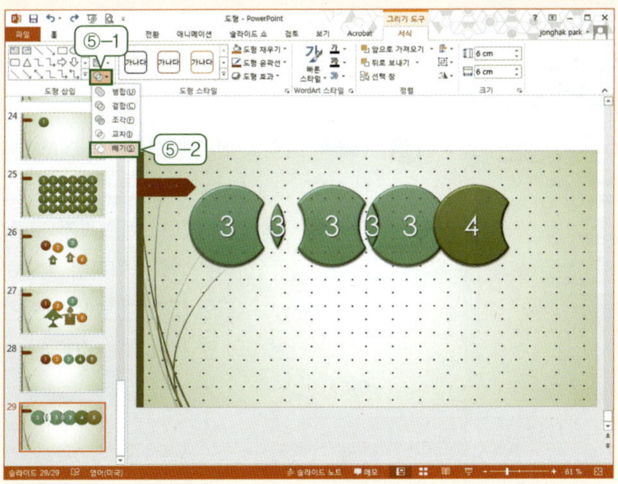

⑤ 4~5번 도형을 선택하고 [**도형 병합**]에서 [**빼기**]를 선택하였다. 4번 도형을 먼저 선택하였다.

SECTION 03 도형 정렬

슬라이드에 추가한 도형들을 사용자가 원하는 형태로 순서, 맞춤, 그룹, 회전하여 도형을 정렬하는 내용에 대하여 살펴보도록 하자. 도형의 정렬을 다루는 내용은 **[그리기 도구/ 서식]** 탭의 **[정렬]** 그룹에서 이루어진다.

1 도형의 순서

슬라이드의 도형들은 2차원으로 보이지만 3차원에 존재하는 도형처럼 앞과 뒤의 순서가 있다. 일반적으로 나중에 추가된 도형은 기존의 도형의 앞에(위에) 위치한다. 겹쳐져 있는 도형의 순서를 변경하려면 **[정렬]** 그룹의 **[앞으로 가져오기]**와 **[뒤로 보내기]** 또는 **[선택]** 창에서 수행할 수 있다.

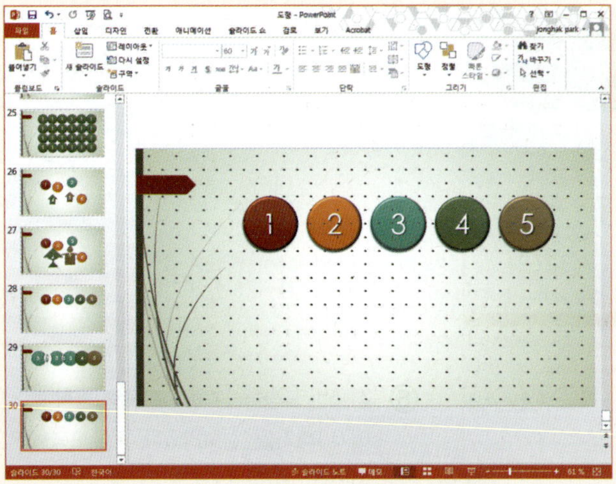

① 1~5번 도형의 순서로 추가되었지만 도형이 떨어져 있으면 모두 보이기 때문에 앞과 뒤의 순서를 구분할 수 없다.

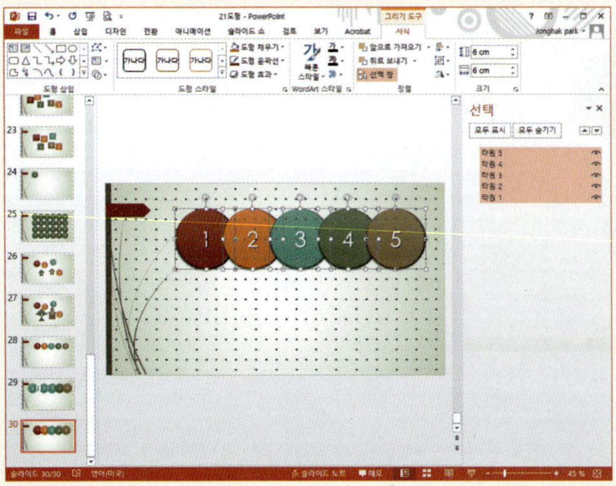

② 1~5번 도형을 함께 선택하여 확대하였을 때 앞에 있는 도형은 모두 보이고, 가려진 도형은 뒤에 있는 것이다. **[그리기 도구/ 서식]** 탭의 **[선택]** 창을 클릭하여 확인하면, 위에 있는 〈타원 5〉가 맨 앞에 있는 것이고, 〈타원 1〉이 맨 뒤에 있는 것을 알 수 있다.

도형의 순서

앞  뒤

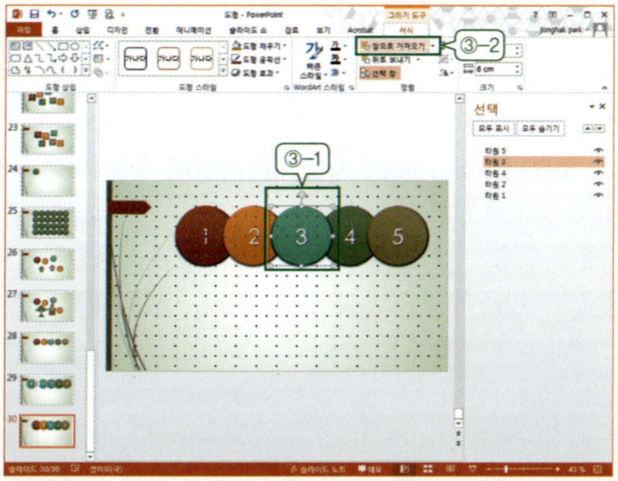

③ 3번 도형을 선택하고 [앞으로 가져오기]를 클릭하면, 3번 도형이 4번 도형의 앞으로 온다. 3번과 5번이 떨어져 있어도 5번이 앞에 있다는 것을 [선택] 창에서 알 수 있다.

도형의 순서

앞 5 3 4 2 1 뒤

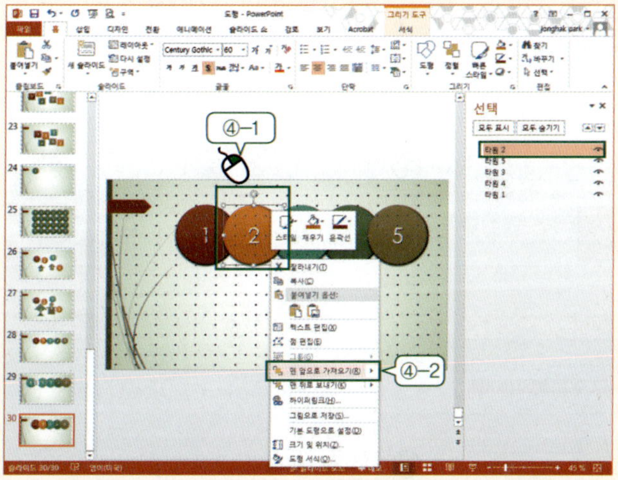

④ 2번 도형을 선택하고 [앞으로 가져오기 ▼]의 [맨 앞으로 가져오기]를 클릭하면, 2번 도형이 맨 앞으로 온다. 2번과 5번이 떨어져 있어도 2번이 앞에 있다는 것을 [선택] 창에서 알 수 있다.(오른쪽 마우스 메뉴 [맨 앞으로 가져오기]를 클릭해도 된다.)

도형의 순서

앞 2 5 3 4 1 뒤

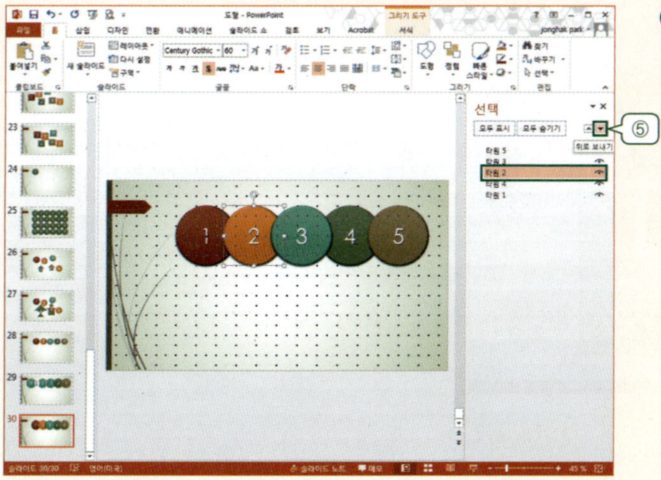

⑤ 2번 도형을 1번 도형의 앞이면서 3번 도형의 뒤로 보내려면 [선택] 창에서 [뒤로 보내기 ▼]를 2번 클릭하면 된다.

도형의 순서

앞 5 3 2 4 1 뒤

2 맞춤/ 간격

슬라이드에 있는 도형의 위치를 정확하게 맞추어 놓을 필요가 종종 있다. 그러나 도형을 하나씩 직접 이동하며 맞추는 것은 시간이 많이 소요될 뿐만 아니라, 정확하게 맞추기도 쉽지 않다. 이럴 때는 맞춤 기능을 사용하면 이러한 작업을 쉽게 할 수 있다. [그리기 도구/ 서식] 탭의 [정렬] 그룹 [맞춤 ▾]에서 작업을 수행할 수 있다.

도형을 위/아래로 맞출 때는 〈위쪽 맞춤〉, 〈중간 맞춤〉, 〈아래쪽 맞춤〉, 〈가로 간격을 동일하게〉를 이용하고 도형을 좌/우로 맞출 때는 〈왼쪽 맞춤〉, 〈가운데 맞춤〉, 〈오른쪽 맞춤〉, 〈세로 간격을 동일하게〉를 이용한다.

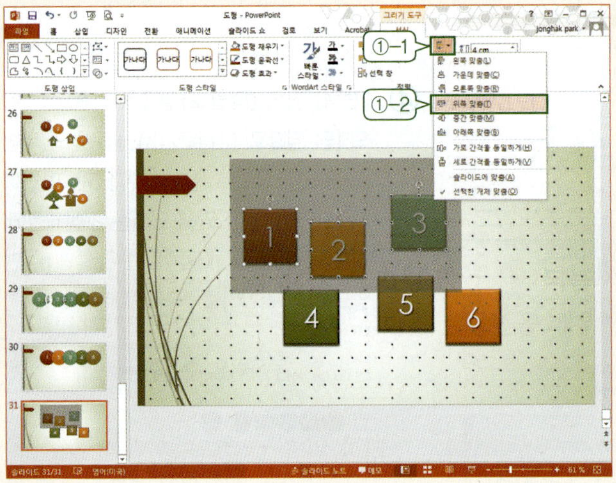

① 1~3번 도형을 선택하고, [그리기 도구/ 서식] 탭의 [맞춤 ▾]의 〈위쪽 맞춤〉을 선택한다.

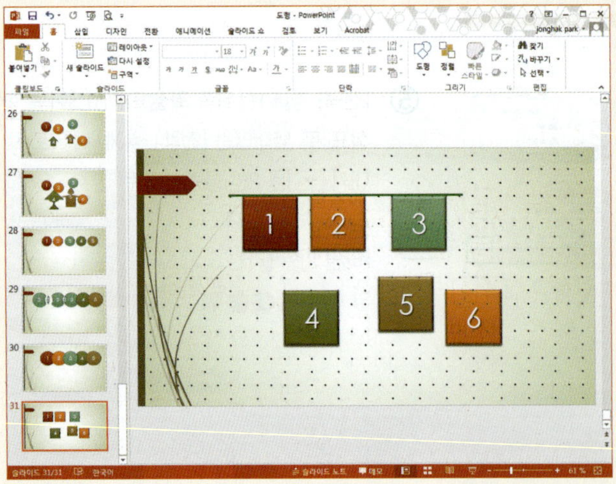

② 1~3번 도형의 〈위쪽 맞춤〉이 정확하게 이루어진다.

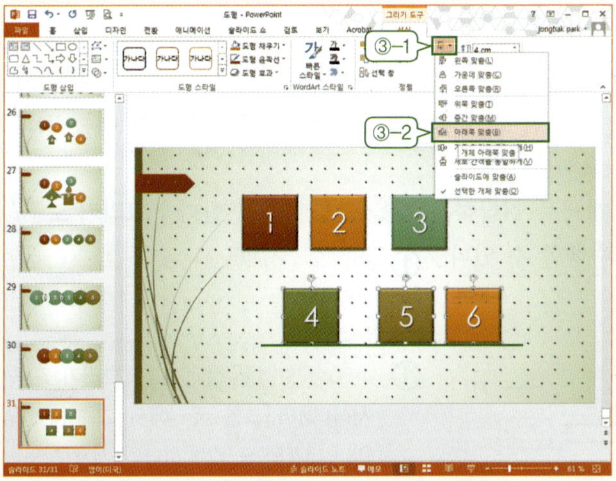

③ 4~6번 도형을 선택하고, [맞춤]의 〈아래쪽 맞춤〉을 선택한다.

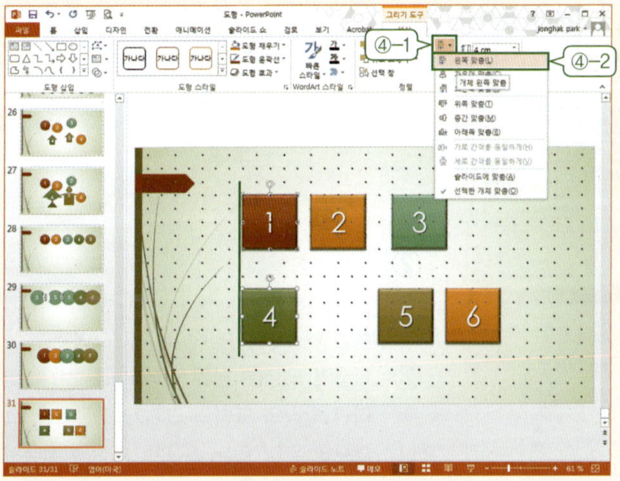

④ 1번과 4번 도형을 선택하고, [맞춤]의 〈왼쪽 맞춤〉을 선택한다.

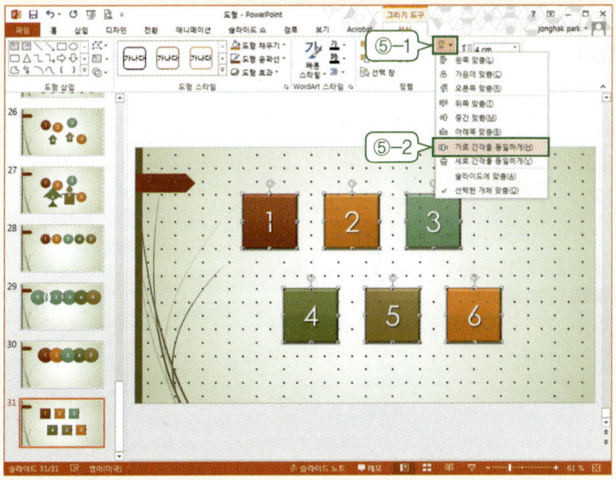

⑤ 모든 도형을 선택하고, [맞춤]의 〈가로 간격을 동일하게〉를 선택한다. 모든 도형의 가로 간격이 동일하게 맞추어진다.

3 그룹

슬라이드에 있는 여러 도형의 현재 형태(주로 너비/높이 비율과 간격 비율)를 유지하며 이동을 하거나 크기를 조절하는 것이 필요할 때가 종종 있다. 또한 한 번에 동일한 서식을 지정하고 싶을 때는 따로 떨어져 있는 도형들을 하나로 묶어주는 것이 필요하다.

이럴 때 여러 도형을 하나로 묶어서 하나의 개체로 취급하는 것을 그룹이라고 한다. [그리기 도구/ 서식] 탭의 [정렬] 그룹 [그룹]에서 작업을 수행할 수 있다.

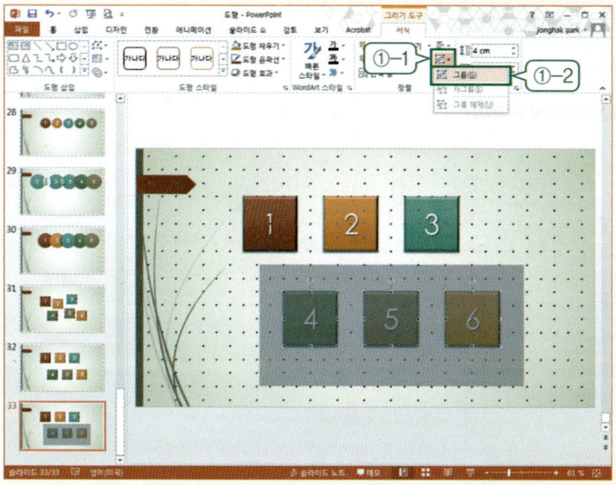

① 4~6번 도형을 선택하고, [그리기 도구/서식] 탭의 [그룹]에서 [그룹]을 선택한다. 3개의 도형이 하나의 개체로 묶인다. 전체의 테두리에 하나의 도형처럼 핸들이 나타난다. (오른쪽 마우스 메뉴 [그룹]을 클릭해도 된다.)

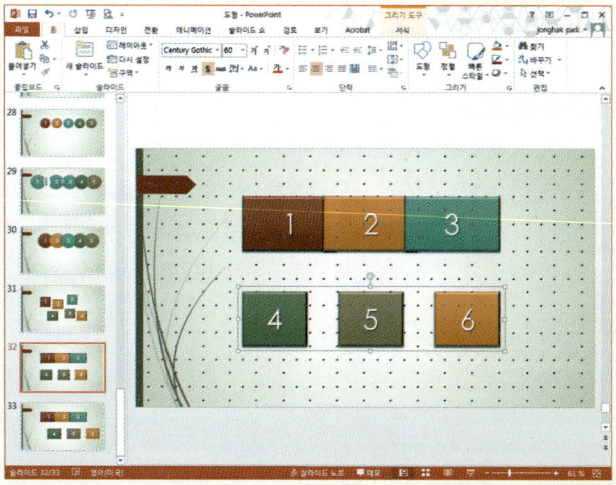

② 1~3번 도형을 함께 선택하고 너비를 늘리면 각각의 도형의 크기가 조절되고, 그룹으로 묶여 있는 4~6번 도형을 선택하고 너비를 늘리면, 도형의 너비만큼 간격의 너비도 커진다.

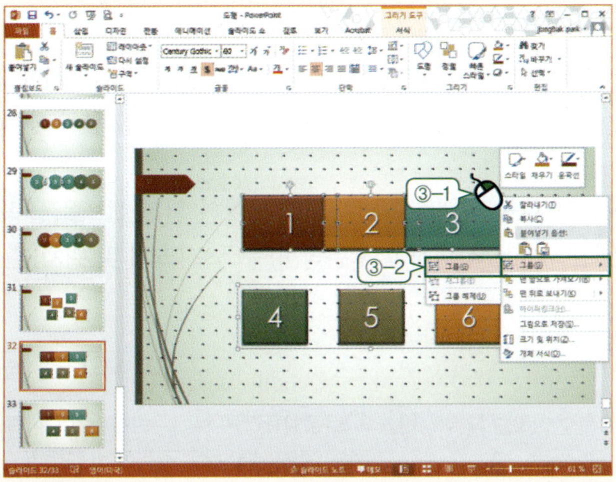

③ 모든 도형을 선택하고, 오른쪽 마우스로 [그룹 ▶]을 클릭하여 [그룹]을 선택한다. 전체 도형이 하나로 묶이고, 하나의 도형처럼 전체의 테두리에 핸들이 나타난다.

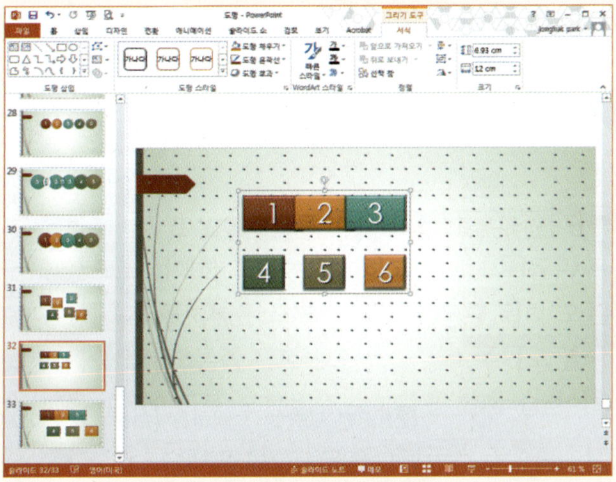

④ 전체 도형을 Shift 를 누르고 크기를 작게 하면, 그룹으로 묶었을 때 형태(크기와 간격 비율)를 유지하며 도형이 작아지게 된다.

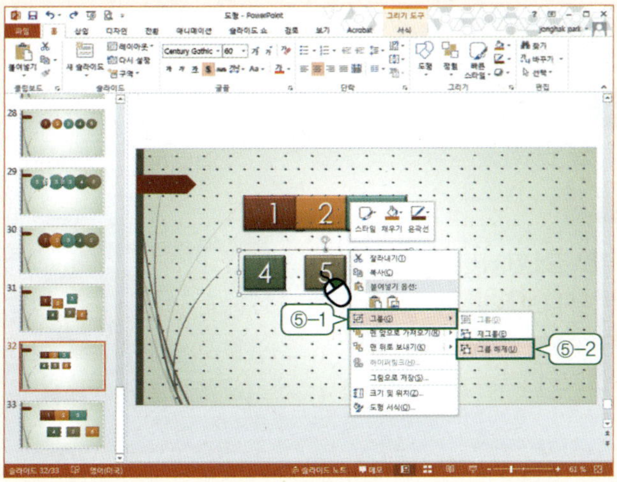

⑤ 그룹화된 도형을 해제하려면 오른쪽 마우스로 [그룹 ▶]에서 [그룹 해제]를 클릭하여 그룹을 해제한다. 필요하면 [재그룹]을 선택하여 다시 그룹으로 묶어줄 수 있다.

4 회전

슬라이드의 도형은 원하는 만큼 회전할 수 있다. 회전하는 방법은 여러 가지가 있는데, 간단하게 [그리기 도구/ 서식] 탭의 [정렬] 그룹 [회전]에서 〈오른쪽으로 90°〉, 〈왼쪽으로 90°〉, 〈상하 대칭〉, 〈좌우 대칭〉을 이용한다.

회전하는 각도가 대칭이나 90°가 아닐 경우에는 도형을 선택하고 마우스로 도형의 회전 핸들을 클릭하여 회전하면 된다. 정교하게 회전하기 위해서는 도형을 선택하고 오른쪽 마우스로 [크기 및 위치]를 클릭하여 [도형 서식] 창에서 설정한다.

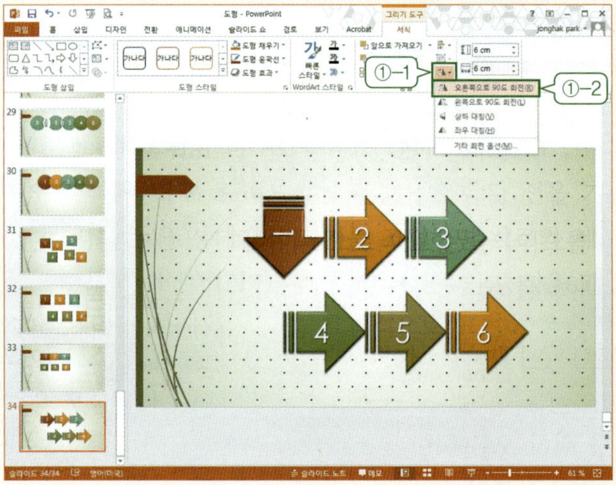

① 1번 도형을 선택하고 [그리기 도구/ 서식] 탭의 [회전]을 클릭하여 〈오른쪽으로 90도 회전〉을 선택한다.

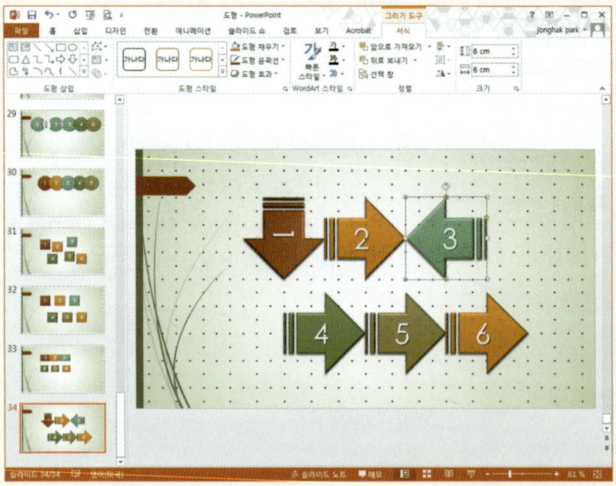

② 3번 도형을 선택하고 [회전]에서 〈좌우 대칭〉을 선택한다.

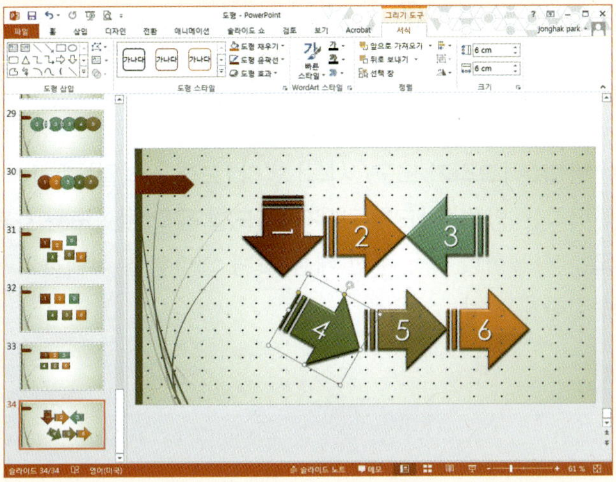

③ 4번 도형을 선택한 후 Shift 를 누르고 회전 핸들을 오른쪽으로 2번 꺾으면 30° 회전한다.

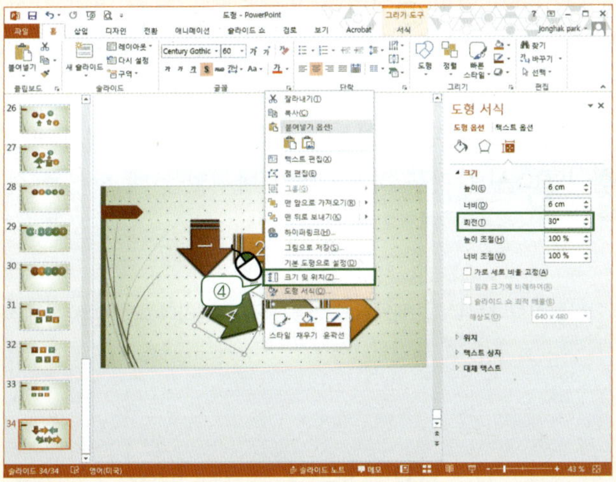

④ 4번 도형을 선택하고, 오른쪽 마우스 메뉴 **[크기 및 위치]**를 선택하면 화면의 오른쪽에 **[도형 서식]** 창이 나타난다. **[크기 및 위치]**에 회전 각도가 30°로 되어 있다.

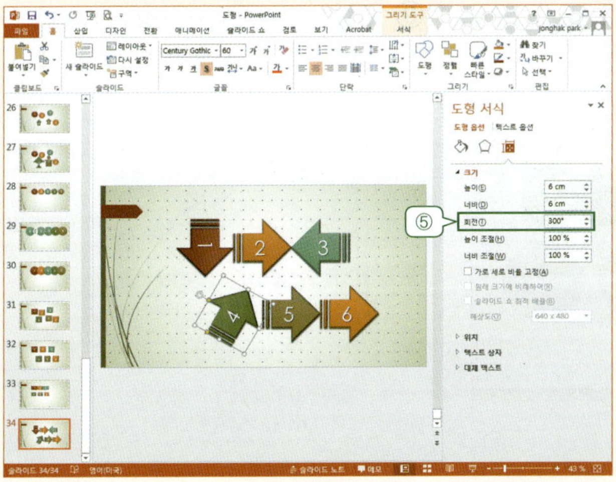

⑤ 회전 값을 '300'으로 입력하면 도형의 처음 위치에서 시계 방향으로 300° 회전하여 나타난다.

SECTION 04

도형 스타일

슬라이드에 추가한 도형의 스타일을 지정하는 방법은 [그리기 도구/ 서식] 탭의 [도형 스타일] 갤러리에서 이미 만들어 놓은 도형 스타일을 빠르게 선택하는 방법과 [도형 채우기], [도형 윤곽선], [도형 효과]에서 사용자가 개별적으로 설정하는 방법을 모두 사용한다. 즉, 우선 빠른 도형 스타일을 선택하고 사용자가 개별적으로 필요한 부분의 스타일을 수정하게 된다.

1 빠른 도형 스타일

빠른 스타일 지정은 도형의 채우기, 윤곽선, 효과 등이 이미 지정되어 효과별로 나열된 여러 가지의 도형 스타일 가운데 하나를 갤러리에서 선택하여 도형에 적용하는 것이다. 도형을 선택하고 [그리기 도구/ 서식] 탭의 [도형 스타일] 자세히(▼)를 클릭하여 하나의 도형 스타일을 선택한다.
도형의 서식을 다른 도형에 적용하려면 서식 복사를 사용한다. 도형을 선택하고 [홈/ 서식 복사]("속칭, 빗자루")를 클릭하여 빗자루()가 포함된 화살표()로 마우스 포인터가 바뀌었을 때 서식을 적용할 도형을 클릭하면 된다.

Tip 서식을 여러 도형에 적용하려면 [서식 복사]를 2번 클릭한다. 서식을 적용할 도형을 클릭할 때마다 복사한 서식이 적용된다. ESC를 누르면 서식 복사를 마치게 된다.

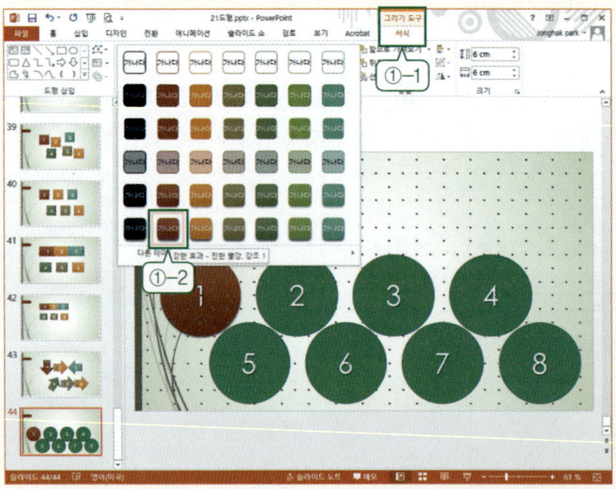

① 1번 도형을 선택하고 [그리기 도구/ 서식] 탭의 [도형 스타일 ▼]을 클릭하여 〈강한 효과 - 진한 빨강〉 스타일을 선택한다.

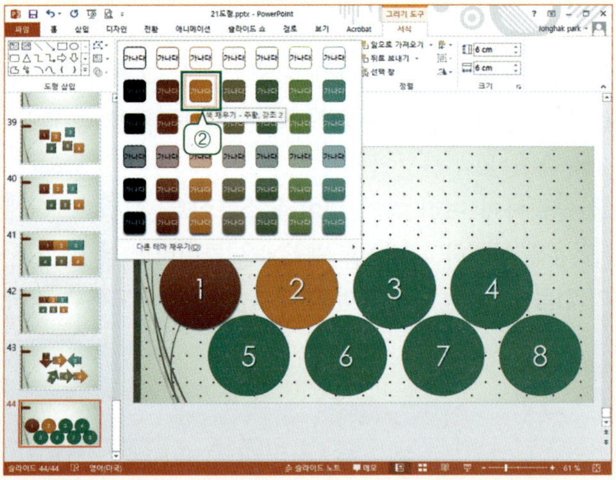

② 2번 도형은 **[도형 스타일]** 그룹에서 다른 도형 스타일 〈색 채우기-주황〉을 선택하여 지정한다.

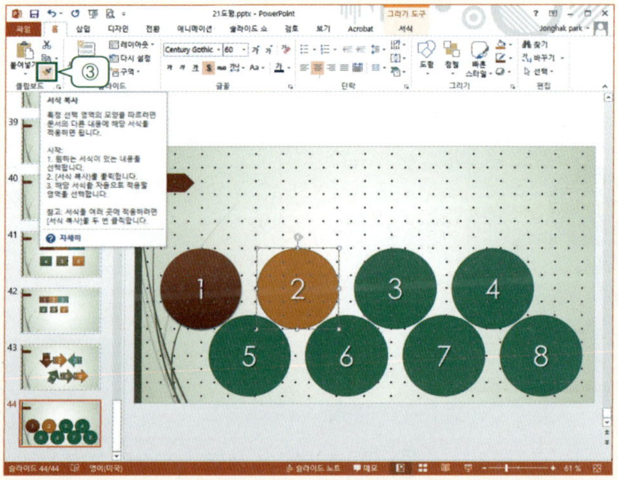

③ 2번 도형을 선택하고 **[홈]** 탭의 **[서식 복사**]빗자루를 클릭한다.

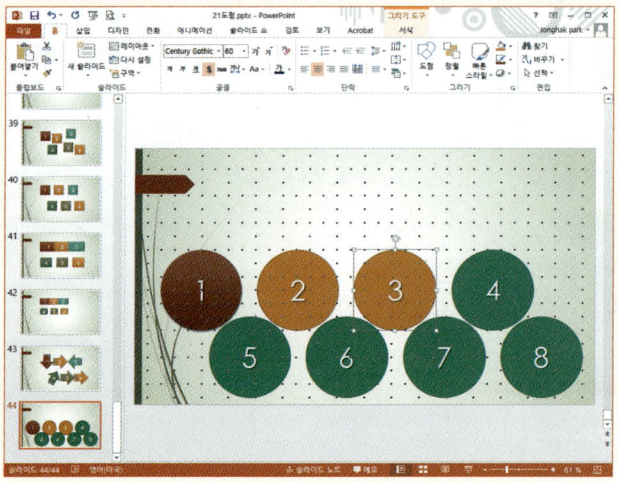

④ 빗자루가 포함된 마우스 포인터( )로 3번 도형을 클릭하면 2번 도형과 같은 스타일로 서식이 복사된다.

2 도형 채우기

도형은 윤곽선과 내부로 나눌 수 있는데, 도형 채우기는 도형의 내부에 단색, 그림, 그라데이션 또는 질감으로 선택한 도형을 채우는 것이다. 도형 채우기는 텍스트 상자, 스마트아트, 표, 차트 등 많은 개체에서 사용한다.

[그리기 도구/ 서식] 탭에서 [도형 채우기]를 클릭하여 여러 가지 색이나 스포이트, 그림, 그러데이션, 질감으로 선택하여 채우기를 할 수 있다. 도형을 선택하고 페인트 통()을 클릭하면 페인트 통 아래에 있는 색으로 채우기를 하게 된다. [채우기 없음]을 선택하면 도형의 내부를 비어 있도록 투명하게 만든다.

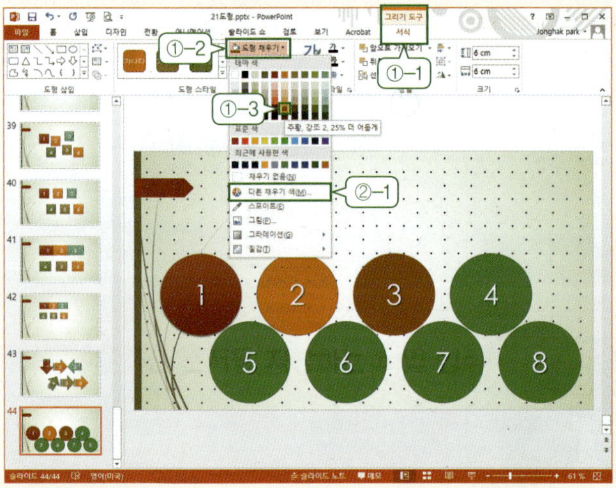

① 3번 도형을 선택하고 [그리기 도구/ 서식] 탭에서 [도형 채우기]를 클릭하여 [테마 색]에서 〈주황, 강조2, 25% 더 어둡게〉를 선택한다.

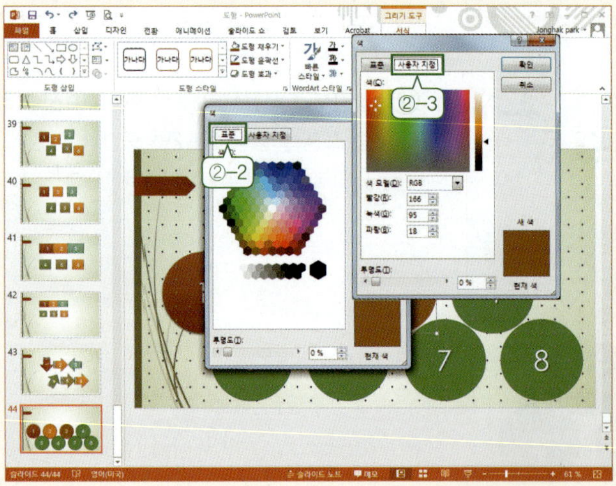

② [다른 채우기 색]을 선택하여 [표준] 탭에서 [128가지 기본색]과 [16가지 무채색]에서 선택할 수도 있고, [사용자 지정] 탭에서 RGB 숫자로 빨강(R), 녹색(G), 파랑(B)에 각각 0~255 사이의 값을 입력하여 트루 컬러(true color, 1,600만 색)로 지정할 수도 있다.

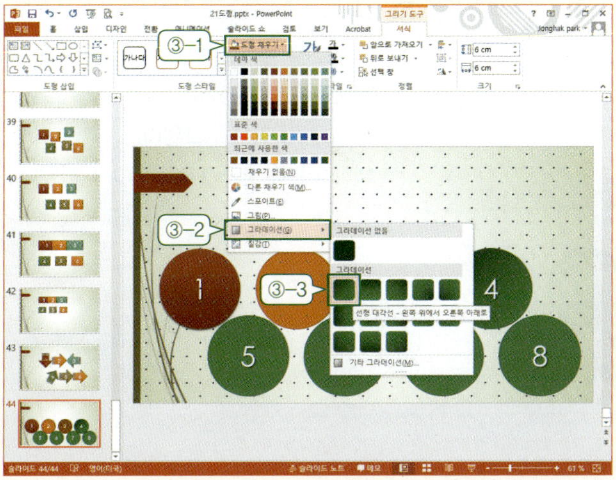

③ 4번 도형을 선택하고 [**도형 채우기**]의 [**그라데이션**]에서 〈선형-왼쪽 위에서 오른쪽 아래로〉를 선택하였다. 그라데이션은 한 색상에서 다른 색상으로 점진적이며 매끄럽게, 단계적으로 변해 가는 것을 말한다.

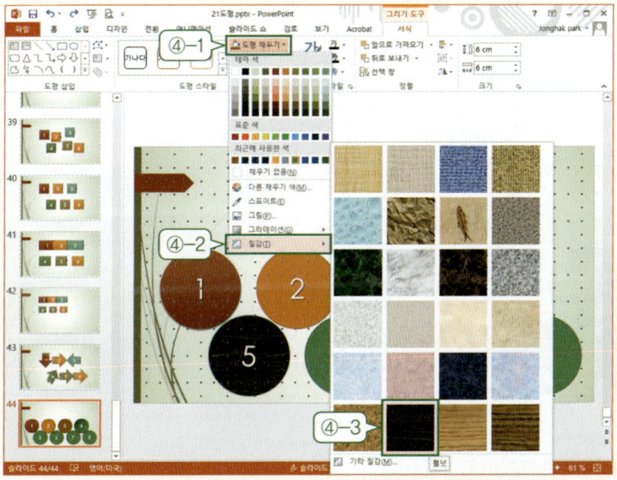

④ 5번 도형을 선택하고 [**도형 채우기**]의 [**질감**]에서 〈월넛〉을 선택하였다.

⑤ 6번 도형을 선택하고, [**도형 채우기**]의 [**그림**]을 클릭하여 [**파일에서**] 〈펭귄〉을 선택하였다. 6번 도형은 〈펭귄〉 사진으로 채우기가 된다. [**Bing 이미지 검색**]을 사용하면 웹에서 키워드로 검색한 결과가 나타난다.

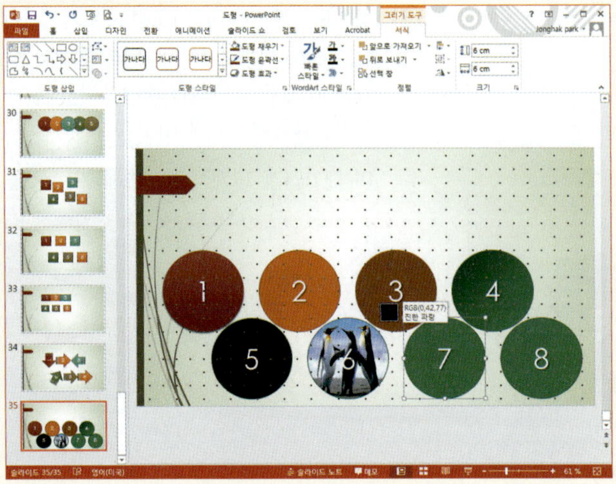

⑥ 7번 도형을 선택하고, **[도형 채우기]**의 **[스포이트]**를 클릭하면, 기존의 다른 색을 채집하여 도형 채우기를 할 수 있다. 스포이트 모양의 마우스 포인터를 〈펭귄〉의 목덜미 부분에 놓으면 RGB 값이 나타난다.

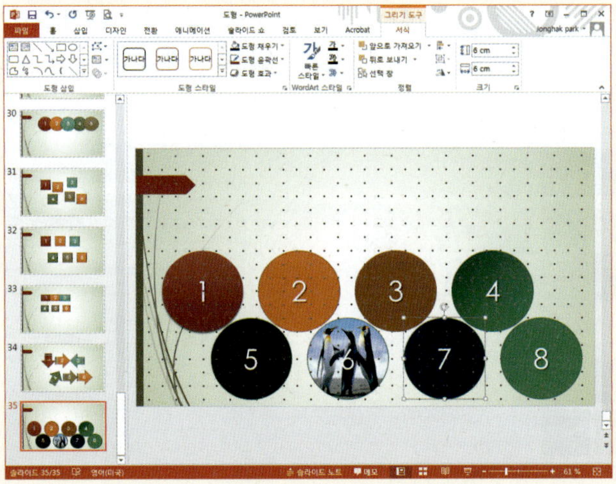

⑦ RGB 색이 나타날 때 클릭하면, 그 색으로 7번 도형의 채우기가 된다.

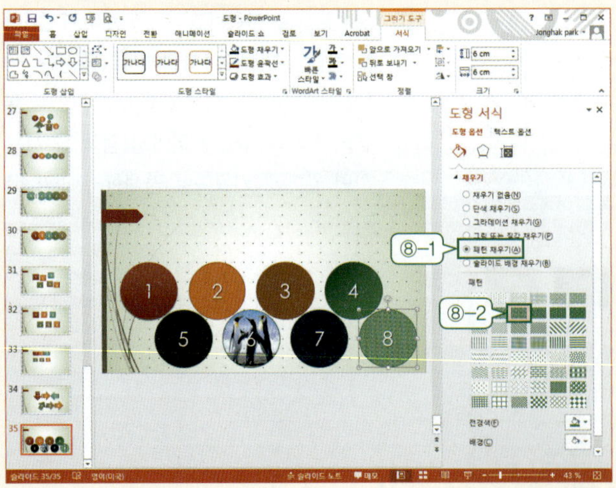

⑧ 2번 도형을 선택하고 오른쪽 마우스 메뉴 **[도형 서식]**을 선택하여 **[채우기-패턴 채우기]**를 클릭하고 〈70%〉를 선택하였다.

3 도형 윤곽선

도형은 도형의 윤곽선과 내부로 나누는데, 도형 윤곽선은 **[그리기 도구/ 서식]** 탭에서 **[도형 윤곽선]**를 클릭하여 색, 두께, 선 스타일과 같은 도형의 테두리 서식을 선택하는 것이다. 또한 내부가 없는 선 도형의 서식을 지정하는 것이다.
도형을 선택하고 연필( )을 클릭하면 연필 아래에 있는 색으로 채우기를 하게 된다. **[윤곽선 없음]**을 선택하면 도형의 테두리가 비어 있도록 투명하게 만든다.

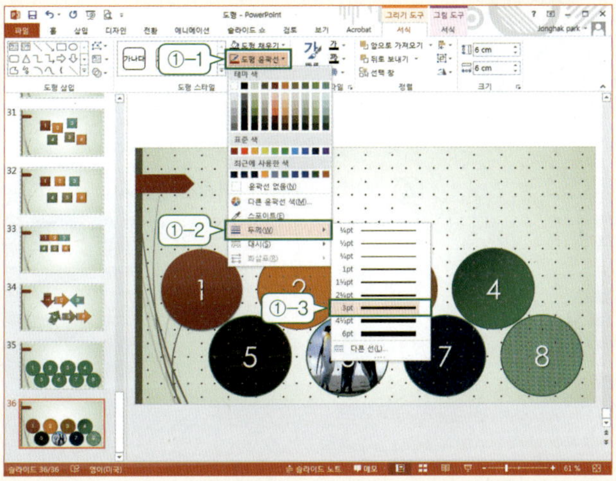

① 모든 도형을 선택하고 **[그리기 도구/ 서식]** 탭에서 **[도형 윤곽선]**를 클릭하여 윤곽선의 **[두께]**를 〈3pt〉로 하였다.(약간 두껍지만 실습을 위하여 3pt로 하였다.)

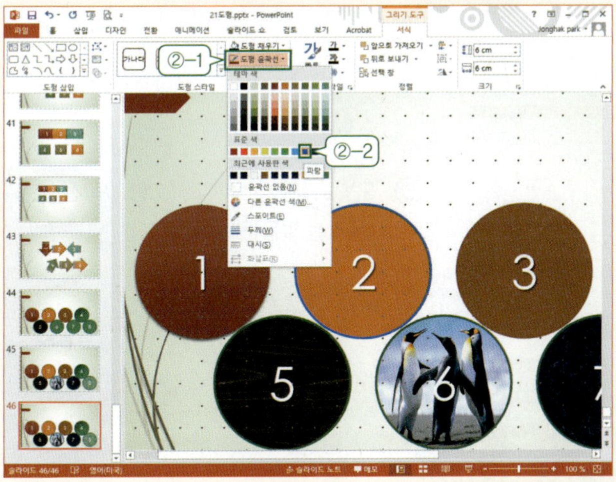

② 2번 도형을 선택하고 **[도형 윤곽선]**의 **[표준 색]**에서 〈파랑〉을 선택한다.

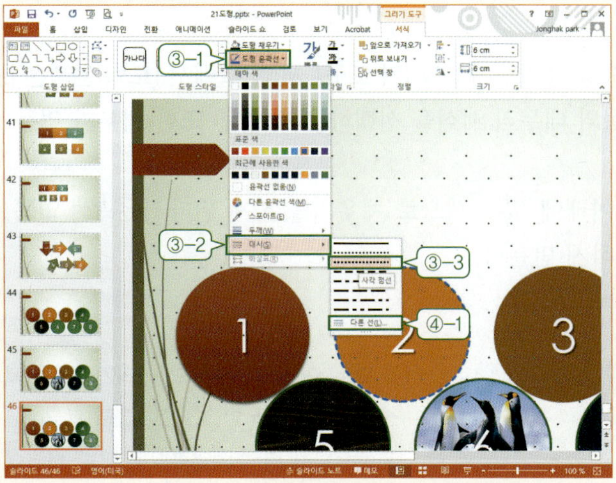

③ 2번 도형을 선택하고 **[대시]**에서 〈사각 점선〉 선 스타일을 선택하였다.

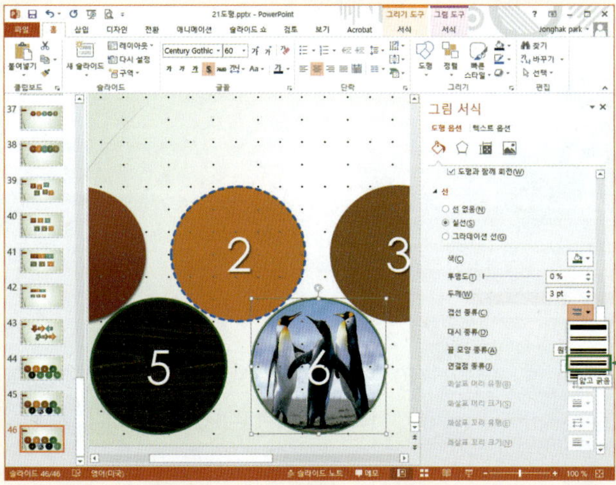

④ 6번 도형을 선택하고, **[대시]**에서 〈다른 선〉을 선택하여 도형 서식 〈겹선 종류–얇고 굵음〉을 선택하였다.

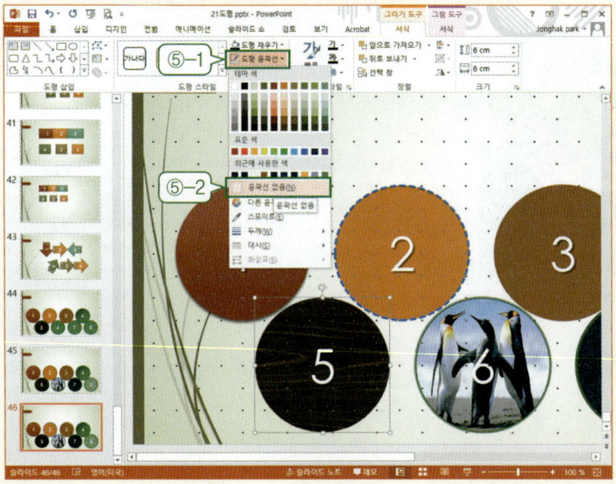

⑤ 5번 도형을 선택하고, **[도형 윤곽선]**의 **[윤곽선 없음]**을 선택하였다.

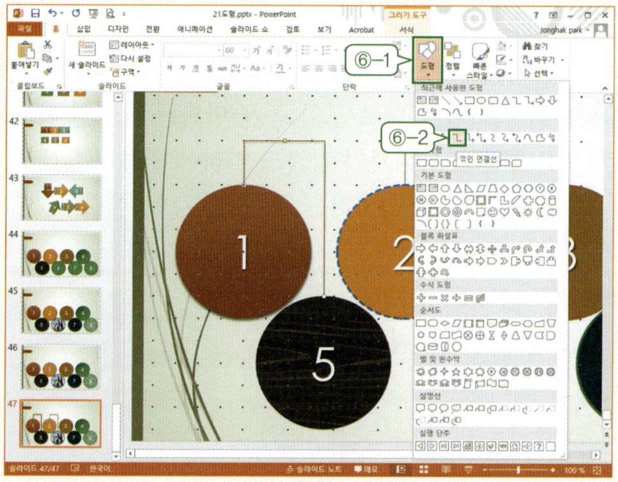

⑥ [홈] 탭의 [도형]에서 [선] 그룹의 4번째에 있는 〈꺾인 연결선〉을 선택하여 1번과 5번, 2번과 6번 도형을 연결한다. 모양 조절 핸들을 드래그하여 그림처럼 연결한다.

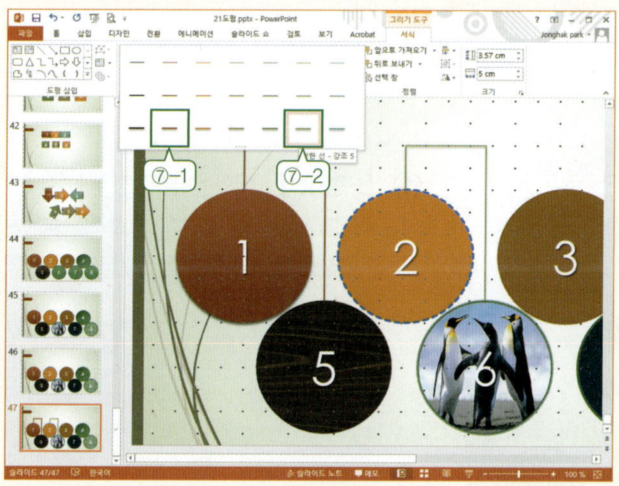

⑦ 연결선을 선택하고, 빠른 [도형 스타일]에서 각각 〈강한 선-강조1〉, 〈강한 선-강조5〉를 선택한다.

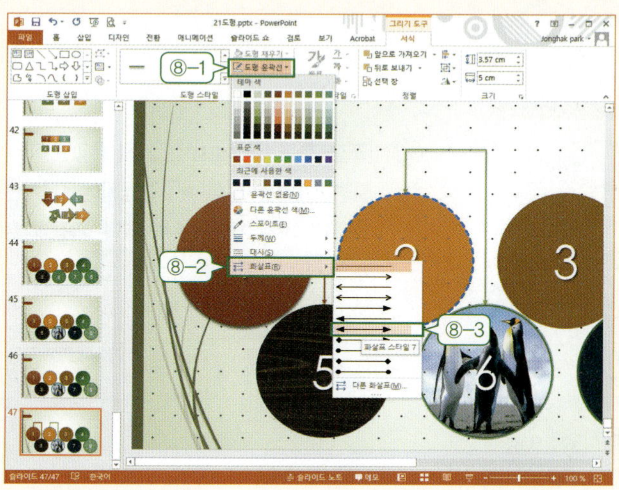

⑧ 연결선을 함께 선택하고 [도형 윤곽선]의 [두께]를 〈3pt〉로 지정한다. 선 도형을 선택하면 [화살표]가 활성화된다. 양쪽 화살표 모양 〈화살표 스타일 7〉을 선택하여 지정한다.

4 도형 효과

도형의 효과에는 [그림자], [반사], [네온], [부드러운 가장자리], [입체효과], [3차원 회전]의 효과가 있는데, 도형에 여러 가지 효과를 혼합 적용하여 나만의 독특한 형태로 보기 좋게 만드는 작업은 쉽지 않은 일이다. 도형 효과를 적용하는 것은 사용 방법은 물론이고 디자인 감각도 익혀야 원하는 형태로 사용할 수 있게 된다. 이를 위하여 다른 사람의 보기 좋은 자료를 참고하는 것은 좋은 방법이다.

기본 설정	도형에 많이 사용되는 빠른 효과 스타일을 지정한다.
그림자	바깥쪽, 안쪽, 원근감 형태의 그림자 효과를 지정한다.
반사	근접, 1/2, 또는 전체의 반사 효과를 지정한다.
네온	테두리에 여러 가지 색과 두께로 네온 빛이 나는 효과를 지정한다.
부드러운 가장자리	여러 두께의 가장자리로 부드러운 효과를 지정한다.
입체 효과	둥글게, 각지게 등 여러 가지의 입체 효과를 지정한다.
3차원 회전	평행, 원근감, 오블리크 등 3차원 회전 효과를 지정한다.

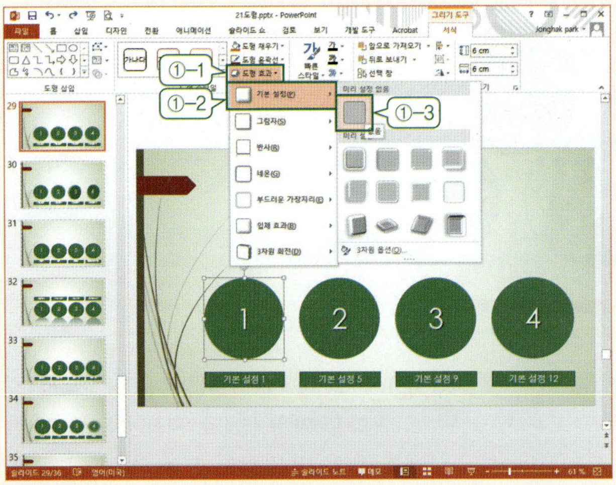

① [도형 효과]의 [기본 설정 ▶]에서 〈미리 설정 없음〉을 선택하여 효과를 적용하지 않은 상태에서 어떻게 달라지는지 확인하도록 하였다.

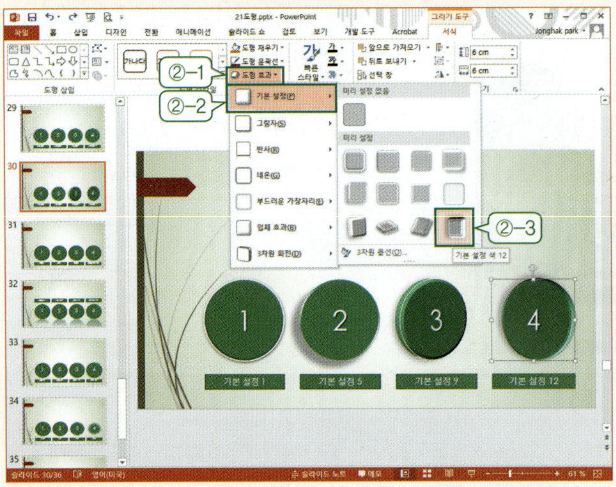

② [도형 효과]의 여러 가지 효과를 미리 설정한 [기본 설정 ▶] 갤러리에서 〈기본 설정〉 1, 5, 9, 12를 선택하였다. 가장 빠르게 도형 효과를 적용하는 방법이다.

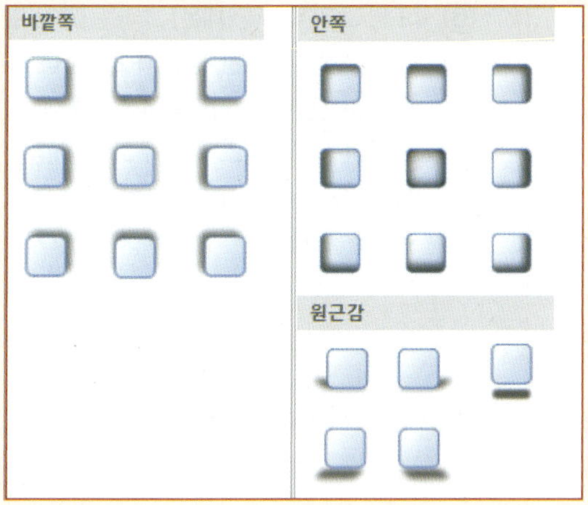

③ [도형 효과]의 [그림자] 효과는 [바깥쪽], [안쪽], [원근감] 그룹이 있다. [바깥쪽]은 도형을 양각으로 하는 그림자가, [안쪽]은 도형을 음각으로 하는 그림자가 9개씩 방향에 따라 주어진다.

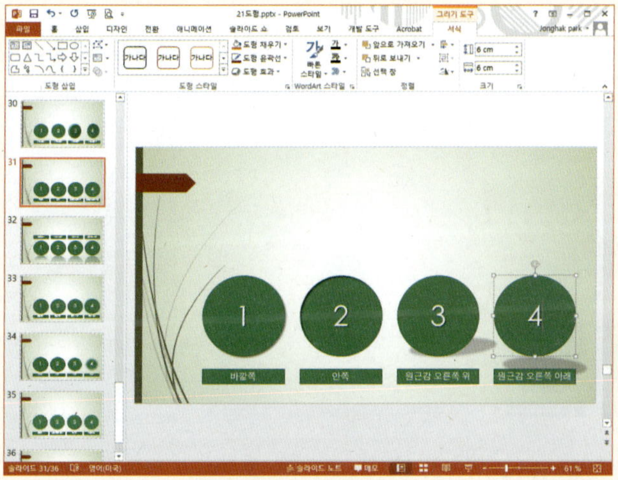

④ [도형 효과]의 [그림자 ▶] 효과를 각각의 도형에 〈바깥쪽 오프셋 대각선 오른쪽 아래〉, 〈안쪽 대각선 왼쪽 위〉, 〈원근감 대각선 오른쪽 위〉, 〈원근감 대각선 오른쪽 아래〉 형태로 지정하였다.

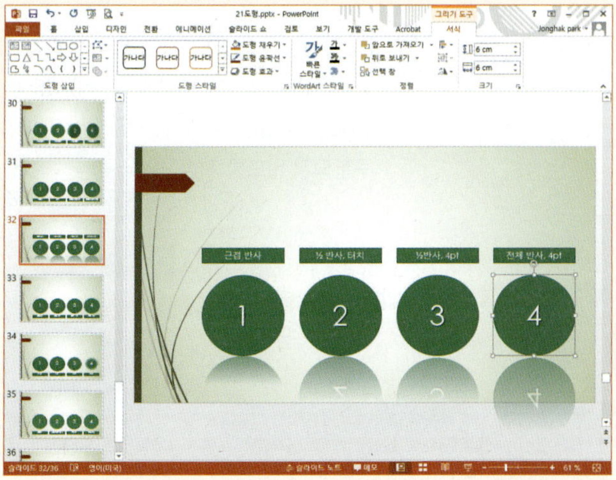

⑤ [도형 효과]의 [반사 ▶] 효과를 각각의 도형에 〈근접 반사〉, 〈1/2반사, 터치〉, 〈1/2반사, 4pt〉, 〈전체 반사, 4pt〉로 지정하였다.

⑥ [도형 효과]의 [네온] 효과는 [진한 빨강, 강조색 1], [주황, 강조색 2], [밤색, 강조색 3], [황록색, 강조색 4], [황록색, 강조색 5], [녹색, 강조색 6]의 6가지 색상과 [5pt], [8pt], [11pt], [18pt] 4종류의 두께로 도형의 둘레에 네온 효과를 줄 수 있다.

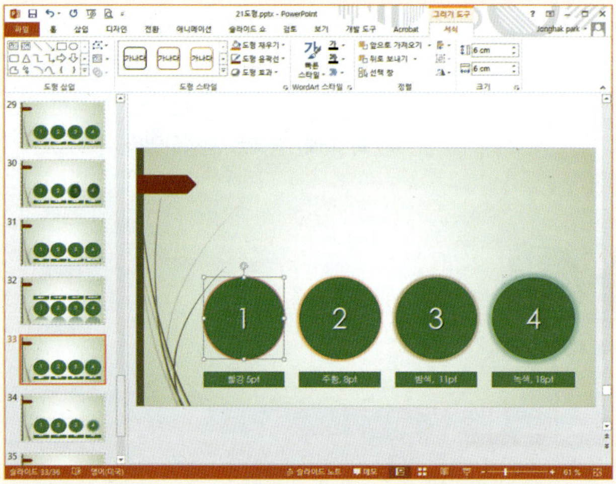

⑦ [도형 효과]의 [네온 ▶] 효과를 각각의 도형에 〈빨강, 5pt〉, 〈주황, 8pt〉, 〈밤색, 11pt〉, 〈녹색, 18pt〉로 지정하였다.

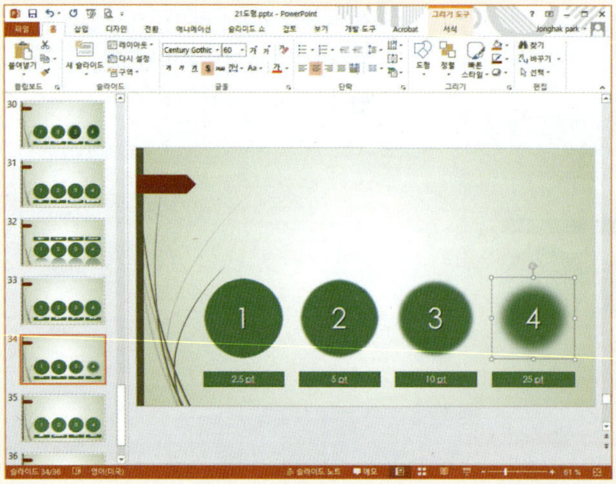

⑧ [도형 효과]의 [부드러운 가장자리 ▶] 효과는 각각의 도형에 〈2.5pt〉, 〈5pt〉, 〈10pt〉, 〈25pt〉 두께의 테두리를 외부와 구분되지 않도록 지정하였다.

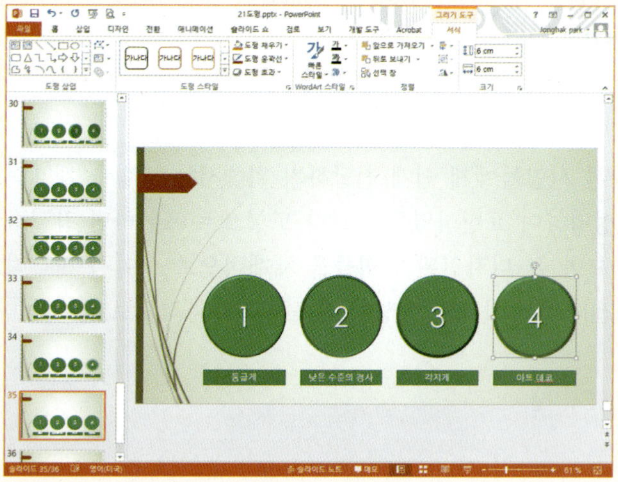

⑨ [도형 효과]의 [입체효과 ▶]는 각각의 도형에 〈둥글게〉, 〈낮은 수준의 경사〉, 〈각지게〉, 〈아트 데코〉로 지정하였다.

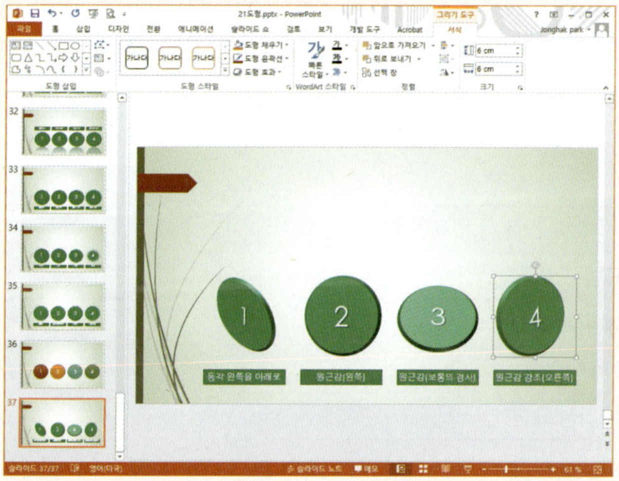

⑩ [도형 효과]의 [입체효과]를 [각지게]로 하여 [3차원 회전 ▶]을 확인하였다. 〈등각 왼쪽을 아래로〉, 〈원근감(왼쪽)〉, 〈원근감(보통의 경사)〉, 〈원근감 강조(오른쪽)〉으로 지정하였다.

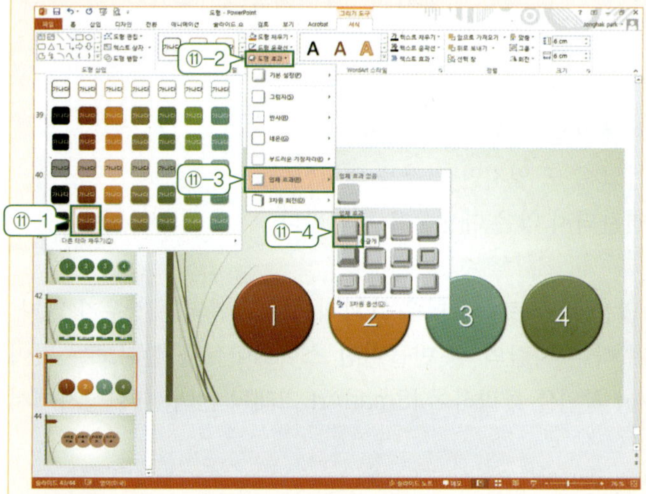

⑪ 실습을 하였던 도형들은 [도형 스타일] 갤러리의 맨 아래에 있는 [강한 효과]로 빠른 스타일을 적용하고, [도형 효과]의 [입체효과 ▶]에서 처음에 있는 〈둥글게〉를 개별적으로 적용한 도형들이다.

SECTION 05

스마트아트(Smart Art)

자기 생각을 효과적으로 표현하여 생각이 다른 사람들에게 쉽게 전달하기 위해서는 도형을 체계적으로 사용하여야 한다. 발표 내용을 텍스트로 정리하여 표현하였을 때보다 도형으로 표현하면 간결하면서도 효과적으로 전달할 수 있다. 전달에 필요한 잘 디자인된 도형들을 체계적으로 모아서 시각적으로 보여주는 스마트아트를 배우게 되면 프레젠테이션 자료의 작성이 신속하고 효과적으로 될 것이다.

1 스마트아트 추가

스마트아트는 전달하려는 내용에 대하여, 도형을 시각적으로 표현하도록 도와주는 유용한 도구이다. 스마트아트 그래픽은 전달하려는 표현 형식, 내용의 양, 그리고 그림을 포함하는지 여부에 따라 레이아웃을 선택할 수 있다. 자신의 의도를 가장 잘 표현하는 레이아웃을 찾을 때까지 다양한 형식의 레이아웃을 시도하고 비교하는 연습이 필요하다.

분류	표현 형식
목록형	순서없는 정보의 나열 표현
프로세스형	과정 또는 시간의 흐름에 따른 표현
주기형	반복되는 연속적인 프로세스 표현
계층 구조형	조직도 만들기, 의사결정 과정 표현
관계형	연결 관계 표현
행렬형	부분과 전체의 관계 표현
피라미드형	증가/감소하는 구성요소들의 관계 표현

- 레이아웃의 화살표는 특정 방향으로의 흐름 또는 진행을 의미한다.
- 레이아웃의 연결선은 흐름이나 진행이 아닐 수도 있지만 연결을 의미한다.
- 연결선이나 화살표가 없는 레이아웃은 연관되지 않은 개념들을 의미한다.

스마트아트는 텍스트가 적더라도 잘 정리된 많은 텍스트보다 더욱 효과적으로 표현되는 경우가 많다. 스마트아트를 효과적으로 작성하기 위해서는 다른 사람의 잘 만들어진 스마트아트를 살펴보는 것이 필요하다. 스마트아트는 [삽입] 탭의 [SmartArt]를 클릭하여 [SmartArt 그래픽 선택] 대화상자에서 선택하여 추가한다.

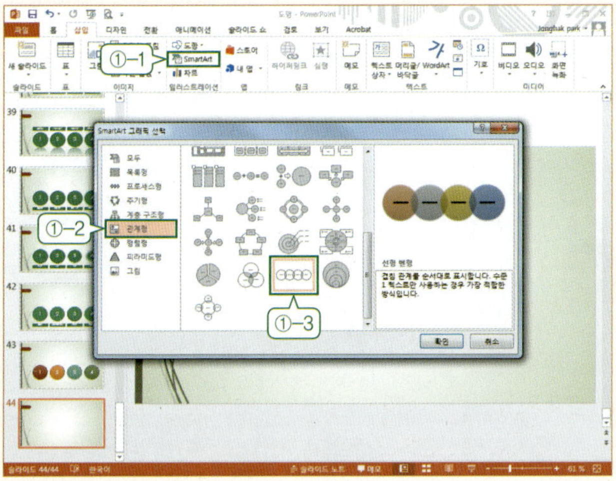

① 스마트아트는 **[삽입]** 탭에서 [SmartArt]를 클릭하고 스마트아트 그래픽을 선택하여 추가한다.
레이아웃을 선택하면 그림과 설명이 오른쪽에 표시된다. **[관계형]**에서 〈선형 벤형〉을 선택하였다.

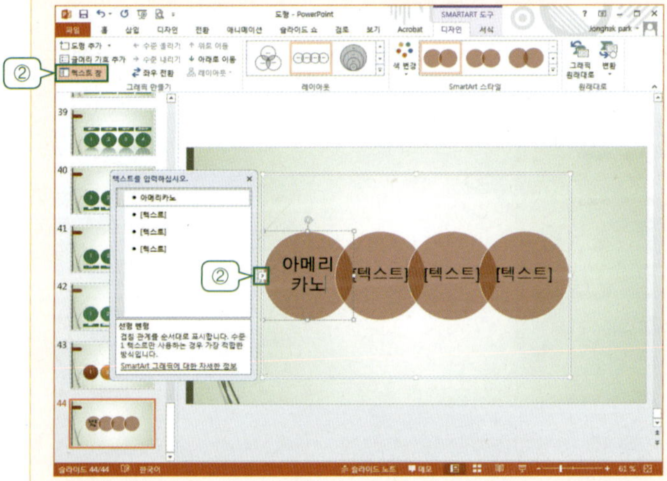

② 스마트아트 그래픽의 〈텍스트〉를 클릭하여 입력하기도 하지만, 스마트아트를 효과적으로 사용하려면 왼쪽의 **[텍스트 창]**에서 입력한다. 스마트아트 왼쪽의 [<]와 [>]를 클릭하면 **[텍스트 창]**이 나타나고 사라진다.

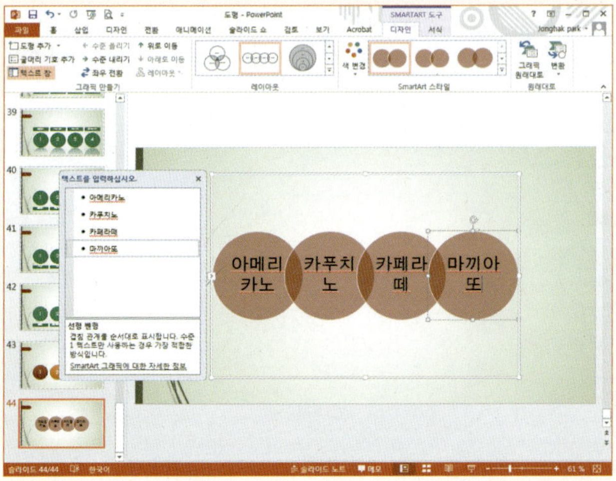

③ 실제 스마트아트 그래픽은 **[텍스트 창]**에서 텍스트를 입력하면 스마트아트 그래픽에도 아바타처럼 그대로 반영된다. 왼쪽의 **[텍스트 창]**을 클릭하고, 방향키([↓])를 사용하여, '아메리카노', '카푸치노', '카페라떼', '마끼아또'를 입력한다.

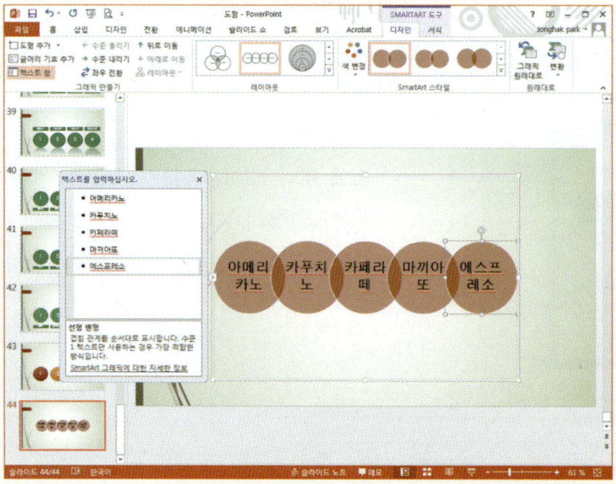

④ 왼쪽 **[텍스트 창]**의 〈마끼아또〉 뒤에 Enter를 입력하여 새로운 글머리 기호가 나타나면 '에스프레소'를 입력한다. 스마트아트 그래픽에는 한 개의 원이 추가되고, 원의 크기와 글꼴 크기가 자동으로 조절된다.

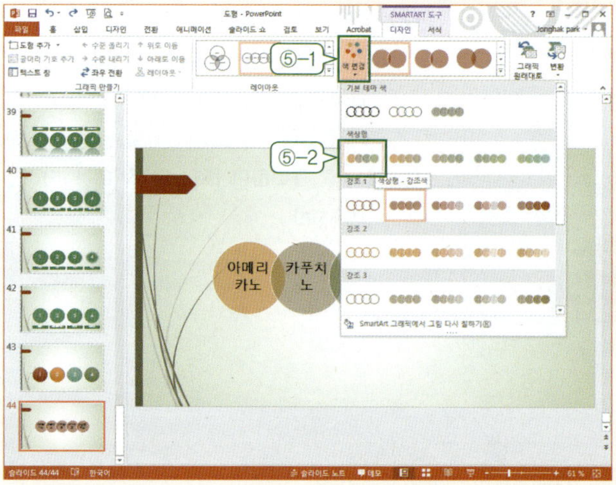

⑤ 내용이 모두 입력되면 [SMARTART 도구/서식] 탭의 [색 변경 ▼]에서 적당한 〈색상형-강조색〉을 선택하여 적용한다.

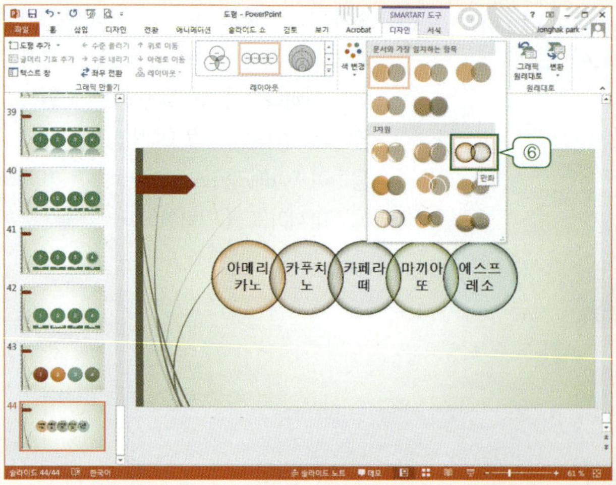

⑥ [SMARTART 도구/ 서식] 탭의 [Smart 스타일]에서 〈만화〉 스타일을 선택하여 적용한다.

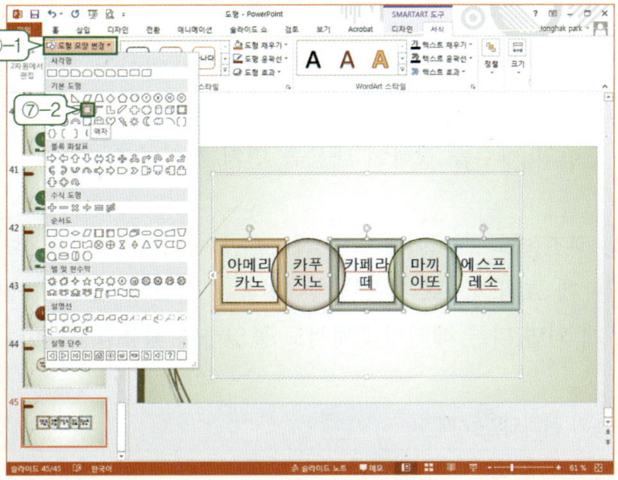

⑦ 스마트아트의 일부 도형을 선택하고, [SMARTART 도구/ 서식] 탭의 [**도형 모양 변경 ▼**]에서 도형을 변경하면 다른 스타일의 레이아웃으로 된다.

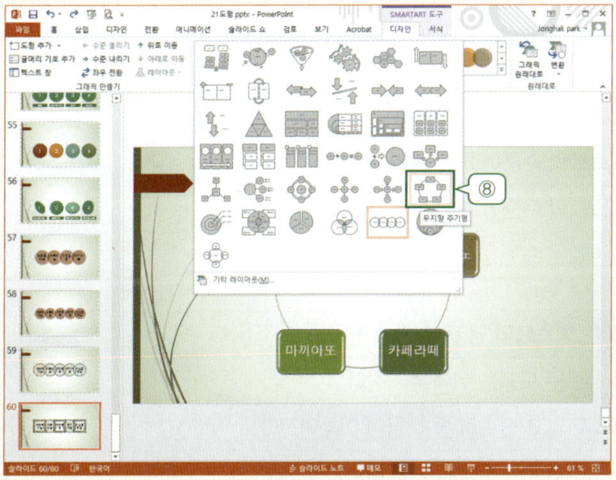

⑧ 스마트아트는 [SMARTART 도구/ 서식] 탭의 [**레이아웃 ▼**] 갤러리에서 〈무지향 주기형〉 레이아웃을 선택하여 다른 스마트아트 그래픽으로 변경할 수 있다.

⑨ 왼쪽은 [**기타 레이아웃**]을 클릭하여 [**그림**] 분류의 〈벤딩 그림 설명형〉으로 레이아웃을 변경하고, 그림을 추가한 스마트아트이다.

2 스마트아트 수준

스마트아트는 도형의 추가나 삭제, 그리고 텍스트의 양에 따라 레이아웃의 구조를 알아서 자동으로 조절하게 된다. 스마트아트 그래픽의 원래 스타일과 크기는 유지되지만 도형의 배치와 글꼴 크기가 자동으로 변경되므로, 전체적인 레이아웃과 도형의 개수를 정하여 내용을 먼저 작성하고, 서식은 나중에 설정하는 것이 필요하다.

여러 가지의 스마트아트 그래픽 가운데 **[계층 구조형]**의 레이아웃은 조직도뿐만 아니라, 시간의 흐름에 따른 연대기, 특정 제품의 분류를 표시하는 데 효과적으로 사용될 수 있다. 또한 조직도 레이아웃에서 수준의 변경과 도형의 추가/삭제를 배우게 되면 다른 레이아웃에서도 동일하게 적용할 수 있다.

텍스트가 선택되었을 때	
Tab	들여쓰기가 된다. 텍스트의 수준이 하나씩 올라간다.
Shift + Tab	내어쓰기가 된다. 텍스트의 수준이 하나씩 내려간다.
Enter	선택된 도형의 텍스트를 삭제한다.

텍스트의 맨 앞에 커서가 있을 때	
Tab	들여쓰기가 된다. 텍스트의 수준이 하나 올라간다.
Shift + Tab	내어쓰기가 된다. 텍스트의 수준이 하나 내려간다.
Enter	현재와 같은 수준의 새로운 도형을 앞에 추가한다.

텍스트를 입력할 때 또는 텍스트의 맨 뒤에 커서가 있을 때	
Enter	현재와 같은 수준의 새로운 도형을 뒤에 추가한다.
Shift + Enter	새로운 도형이 추가되지 않고 단순히 줄 바꿈이 이루어진다.
Enter, Tab	현재보다 올라간 수준의 새로운 도형을 뒤에 추가한다.
Enter, Shift + Tab	현재보다 내려간 수준의 새로운 도형을 뒤에 추가한다.

스마트아트 그래픽에서 도형을 추가/삭제하는 것도 알고 있어야 하지만, **[텍스트 창]**에서 도형의 추가/삭제를 하는 것이 빠르고 편리하다. **[텍스트 창]**의 작업에 따라 스마트아트 그래픽은 아바타처럼 자동으로 변경될 것이다.

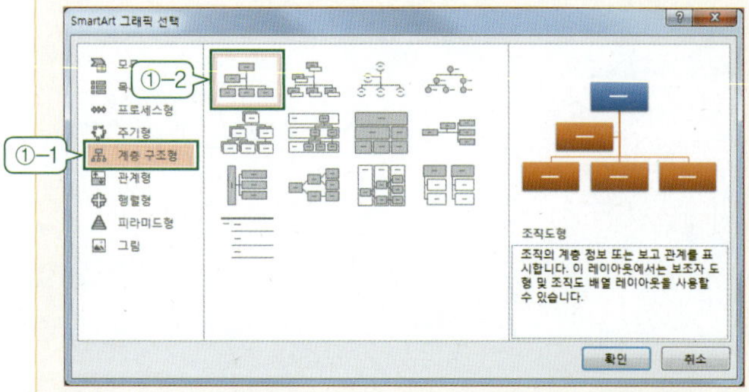

① 스마트아트 그래픽 선택 대화상자에서 레이아웃 **[계층 구조형]**의 〈조직도형〉을 선택한다.

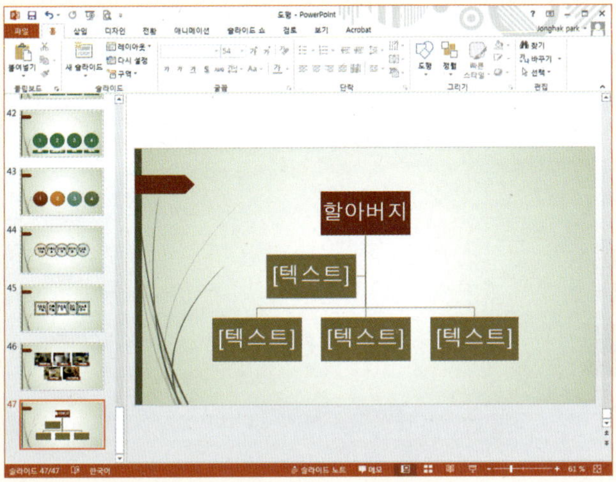

② 첫 번째 도형을 클릭하여 '할아버지'를 입력하고, 나머지 도형들은 선택하고 Delete를 눌러서 모두 삭제한다.

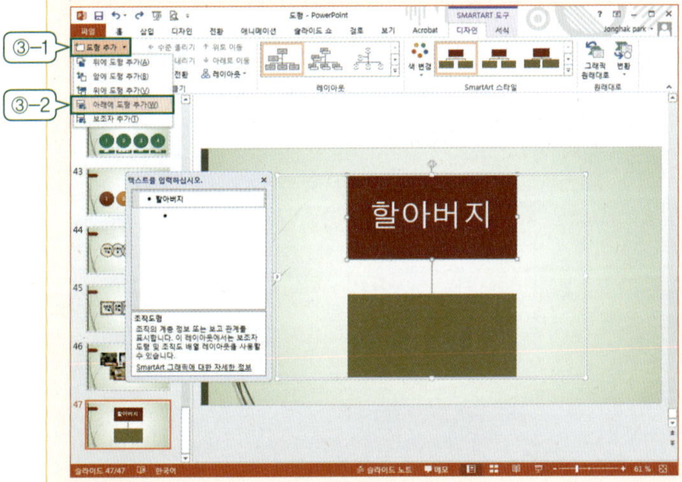

③ 스마트아트 그래픽에서 〈할아버지〉를 선택하고 **[SmartArt 도구/ 디자인]** 탭의 **[도형 추가 ▼]**에서 **[아래에 도형 추가]**를 선택한다. 도형이 추가되면 '큰아빠'를 입력한다.

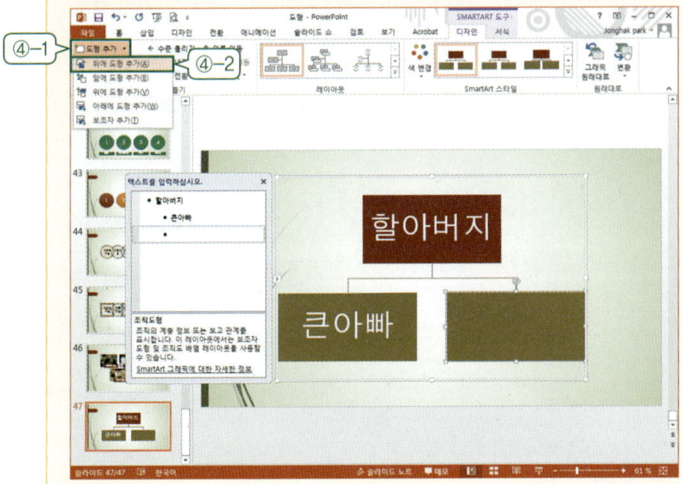

④ 스마트아트 그래픽에서 〈큰아빠〉를 선택하고 **[도형 추가 ▼]**에서 **[뒤에 도형 추가]**를 선택한다. 도형이 추가되면 '아빠'를 입력한다.

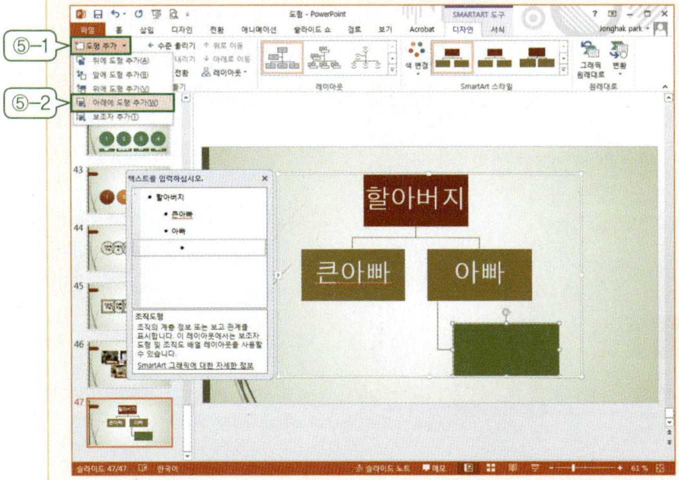

⑤ 스마트아트 그래픽에서 〈아빠〉를 선택하고 [도형 추가 ▼]에서 [아래에 도형 추가]를 선택한다. 도형이 추가되면 '나'를 입력한다.

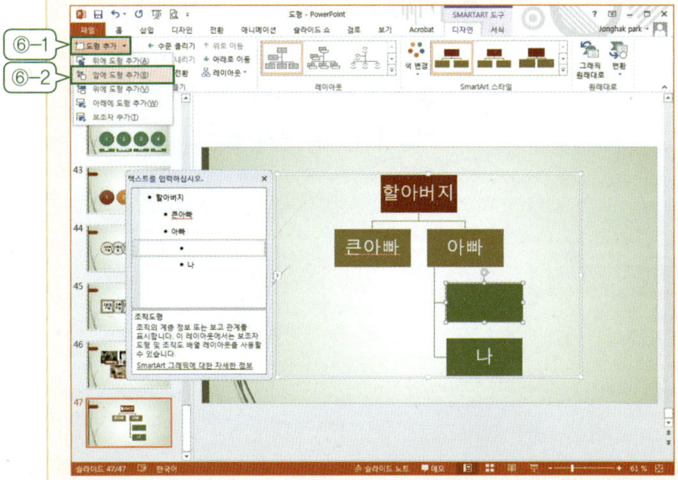

⑥ 스마트아트 그래픽에서 〈나〉를 선택하고 [도형 추가 ▼]에서 [앞에 도형 추가]를 선택한다. 도형이 추가되면 '형'을 입력한다.

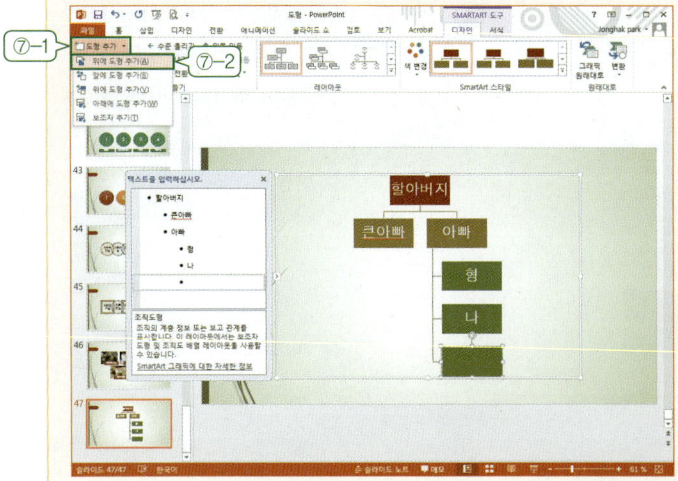

⑦ 스마트아트 그래픽에서 〈나〉를 선택하고 [도형 추가 ▼]에서 [뒤에 도형 추가]를 선택한다. 도형이 추가되면 '동생'을 입력한다.

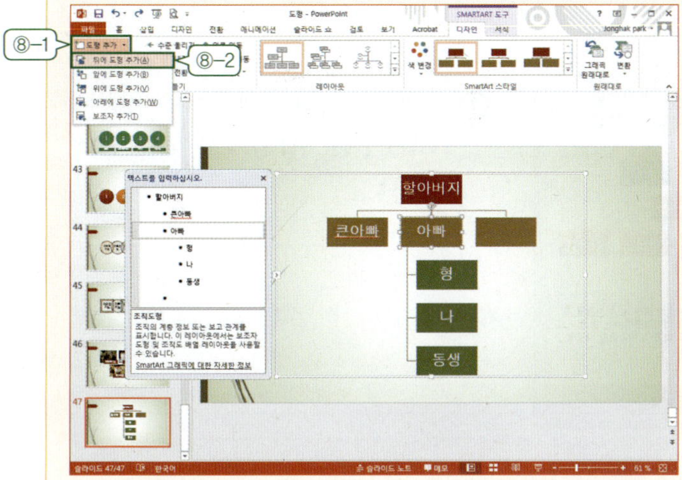

⑧ 스마트아트 그래픽에서 〈아빠〉를 선택하고 [**도형 추가 ▼**]에서 [**뒤에 도형 추가**]를 선택한다. 도형이 추가되면 '작은아빠'를 입력한다.

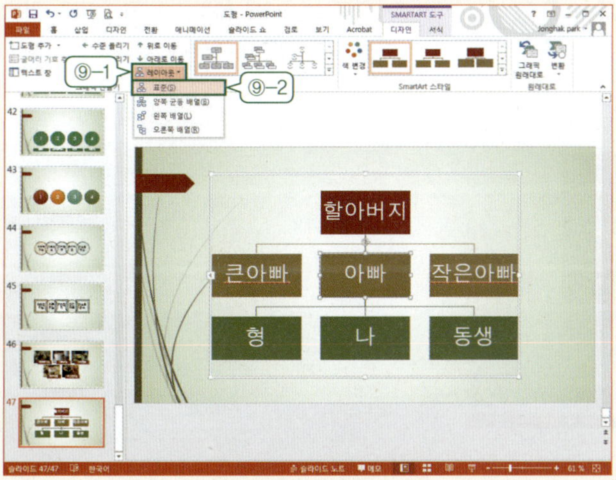

⑨ 〈아빠〉를 선택하고 [**SmartArt 도구/ 디자인**] 탭에서 [**레이아웃 ▼**]을 [**표준**]형으로 변경한다.

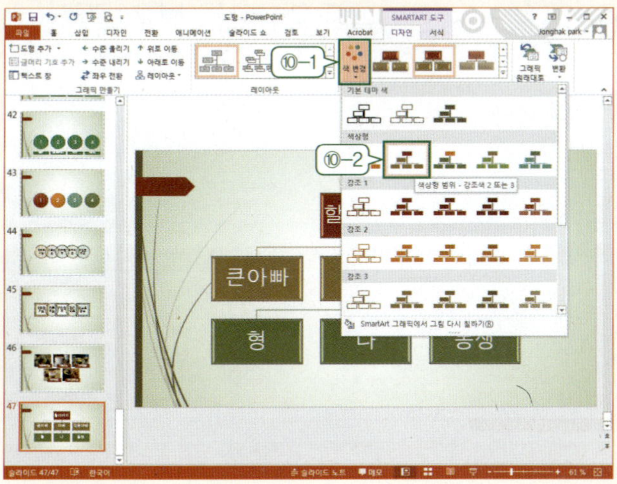

⑩ [**색 변경 ▼**]을 [**색상형**], 〈강조색 2 또는 3〉으로 선택하면 수준마다 다른 색으로 변경된다.

같은 내용의 스마트아트를 [텍스트 창]을 이용하여 작성하여보자.

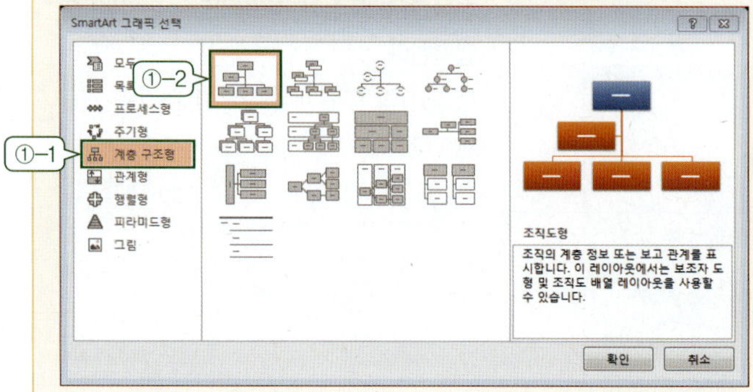

① 스마트아트 그래픽 선택 대화상자에서 레이아웃 **[계층 구조형]**의 〈조직도형〉을 선택한다.

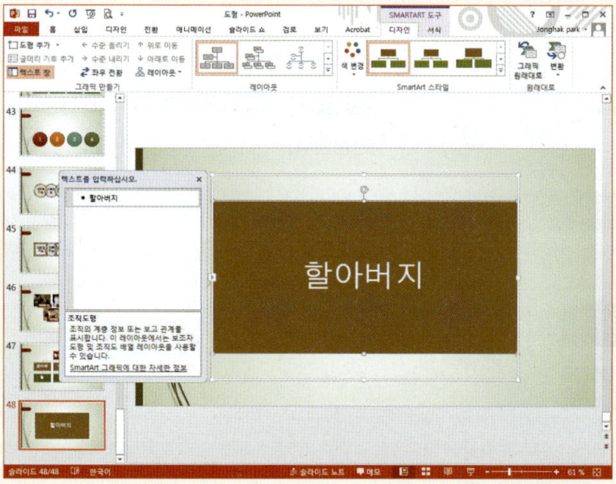

② **[텍스트 창]**에서 처음에 '할아버지'를 입력하고, Delete를 눌러 나머지 글머리 기호를 모두 지운다.

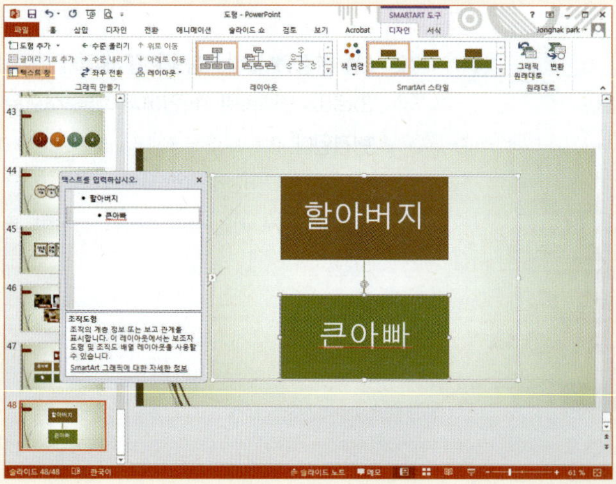

③ **[텍스트 창]**에서 '할아버지' 뒤에 Enter와 Tab을 입력하고 '큰아빠'를 입력한다.

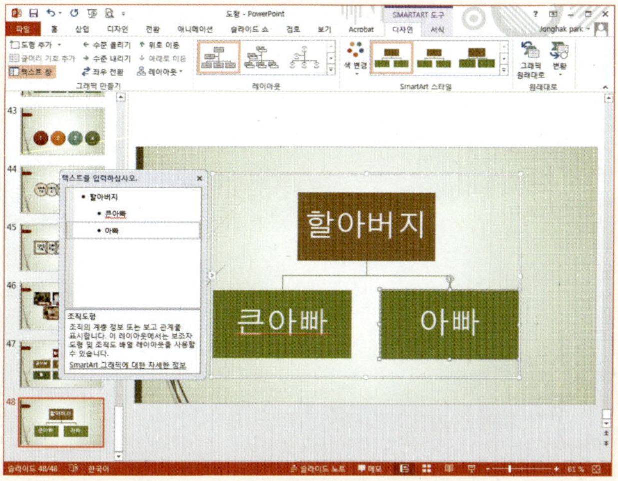

④ [텍스트 창]에서 '큰아빠' 뒤에 Enter를 입력하고 '아빠'를 입력한다.

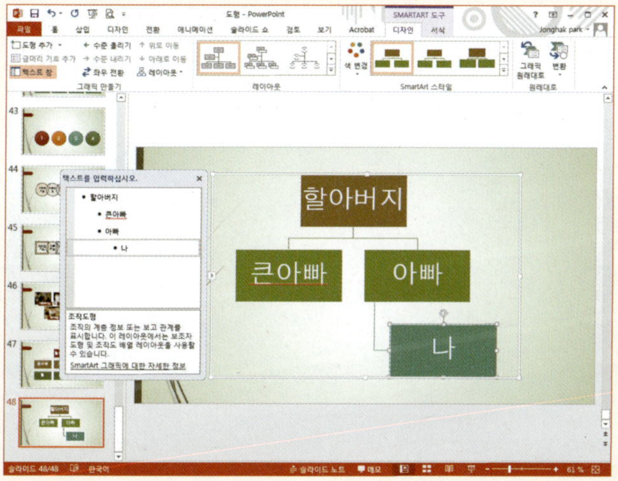

⑤ [텍스트 창]에서 '아빠' 뒤에 Enter와 Tab을 입력하고 '나'를 입력한다.

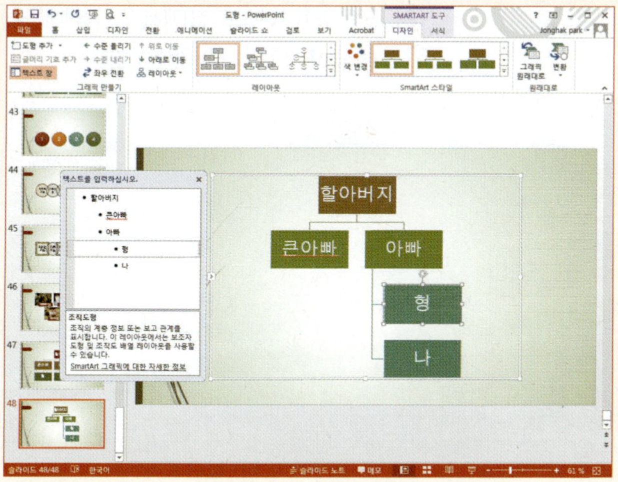

⑥ [텍스트 창]에서 '나' 앞에 Enter를 입력하고, 방향키(↑)로 이동하여 '형'을 입력한다.

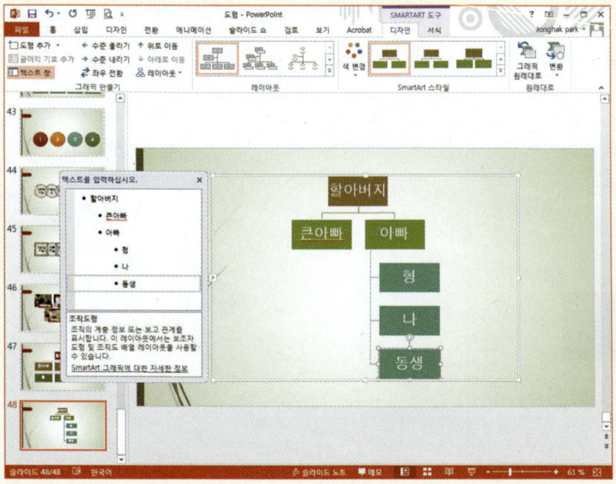

⑦ [**텍스트 창**]에서 '나' 뒤를 마우스로 클릭하고, Enter 를 입력하고, '동생'을 입력한다.

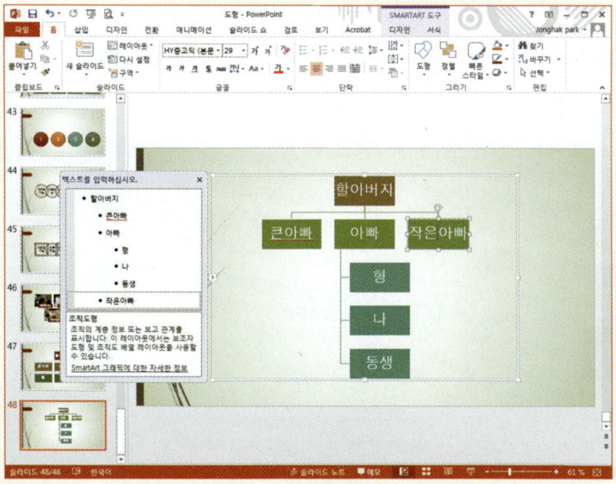

⑧ [**텍스트 창**]에서 '동생' 뒤에 Enter 와 Shift + Tab 을 입력하고, '작은아빠'를 입력한다.

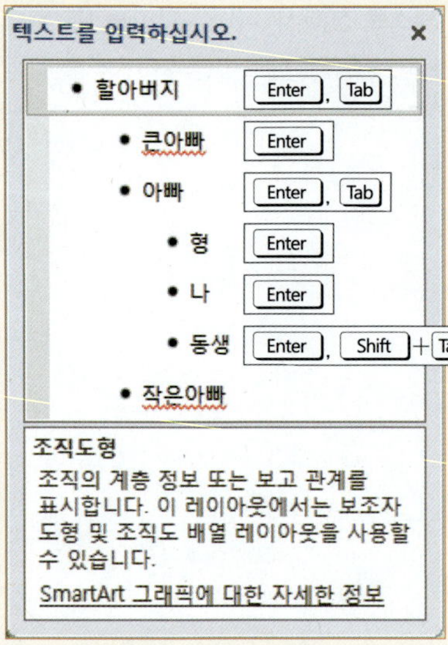

⑨ 이제까지 [**텍스트 창**]에서 입력한 내용을 처음부터 다시 하면 왼쪽과 같다.

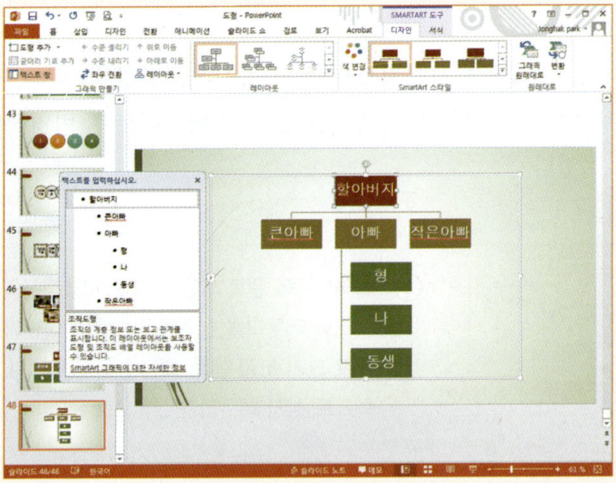

⑩ [색 변경 ▼]을 [색상형], 〈강조색 2 또는 3〉으로 선택하면 수준마다 다른 색으로 변경된다.

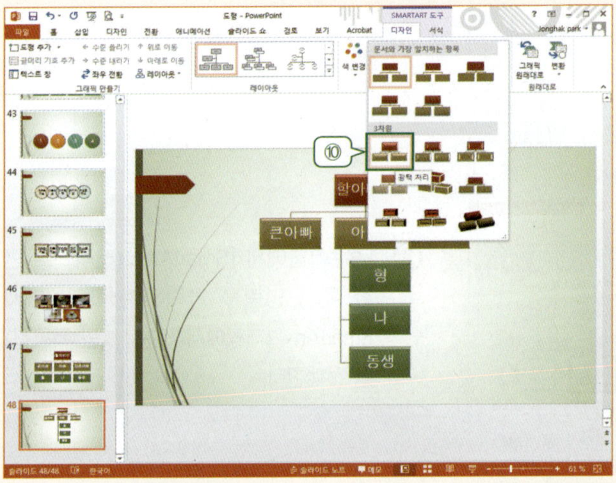

⑪ [SmartArt 스타일 ▼]의 [3차원], 〈광택처리〉를 선택하면 입체적으로 보이게 된다.

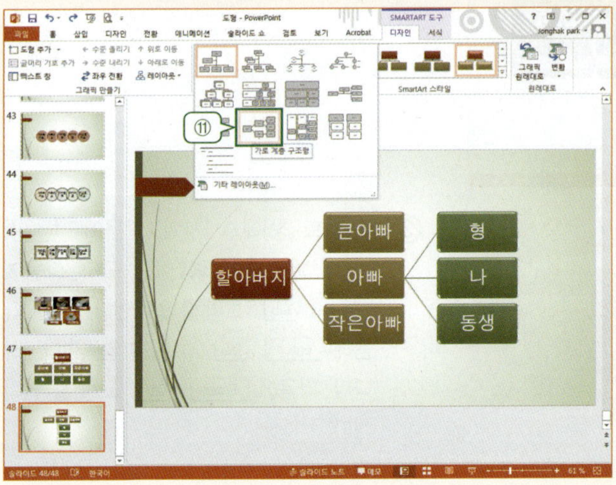

⑫ [SmartArt 도구/ 디자인] 탭에서 [레이아웃 ▼]의 〈가로 계층 구조형〉을 선택하면 조직도가 가로 계층 형태로 보이게 된다.

3 텍스트를 스마트아트로

스마트아트를 사용하면 텍스트만 사용하는 것보다 정보를 시각적으로 효과적으로 교환할 수 있다. 이미 만들어진 슬라이드의 텍스트를 목록형, 주기형, 관계형, 프로세스형 등의 스마트아트로 변경하면 더욱 효과적인 프레젠테이션 자료를 작성할 수 있다.

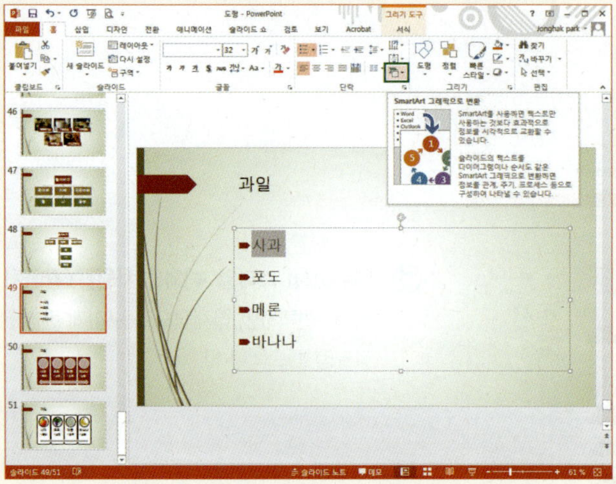

① 슬라이드에 왼쪽과 같이 입력한다. 점선의 텍스트 테두리를 선택하면 도형과 마찬가지로 크기 조절 핸들, 회전 핸들이 보이며, 텍스트 상자 테두리가 실선으로 된다.

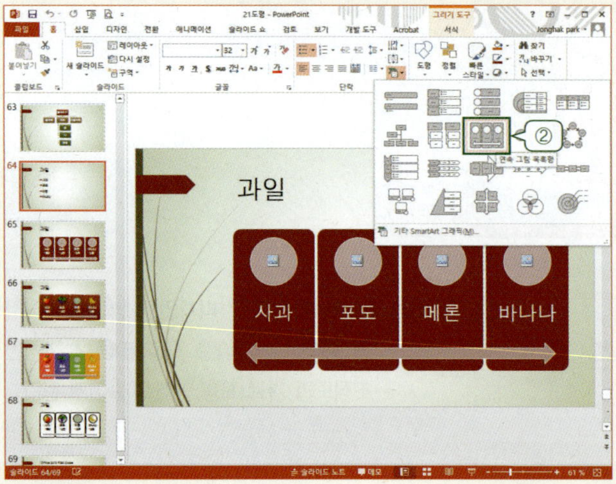

② [홈] 그룹에서 [SmartArt 그래픽으로 변환] 명령을 클릭하여, 여러 가지 SmartArt 그래픽에서 〈연속 그림 목록형〉을 선택한다.

③ [텍스트 창]에서 '사과' 다음에 Enter, Tab, '빨강'을 입력한다. '포도' 다음에 Enter, Tab, '보라'를 입력한다. '메론' 다음에 Enter, Tab, '초록'을 입력한다. '바나나' 다음에 Enter, Tab, '노랑'을 입력한다.

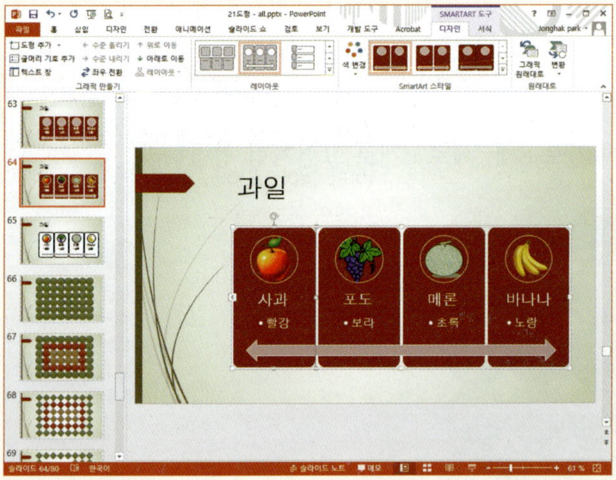

④ 〈사과〉 텍스트 위에 있는 **[그림 액자]**를 클릭하여 그림을 추가한다. 〈포도〉, 〈메론〉, 〈바나나〉도 마찬가지로 그림을 삽입한다.

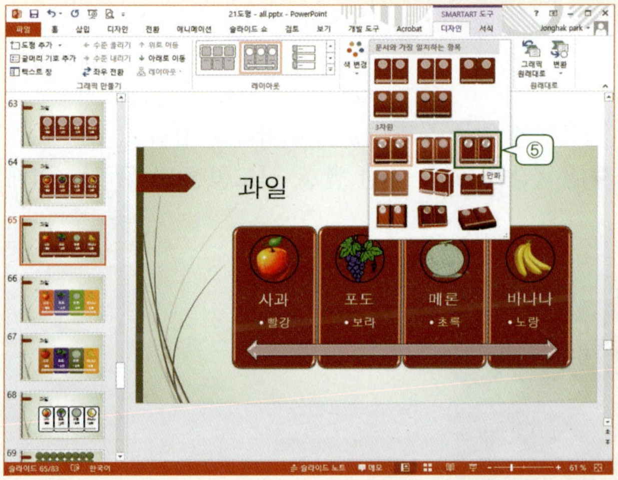

⑤ [Smartart 스타일 ▼]에서 [3차원]의 〈만화〉를 적용하였다.

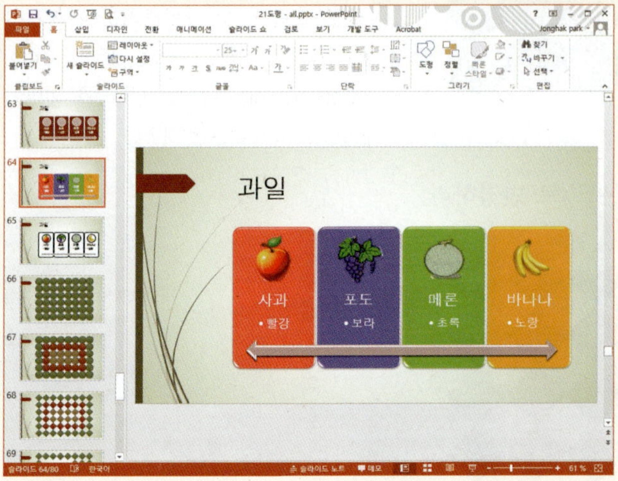

⑥ 과일 색에 따라 배경 색을 맞춘 결과는 단순하게 텍스트로 작성한 자료보다 효과적이다.

연습문제 EXERCISE

1. 크기가 너비/높이 3cm인 원을 복제하여 가로 8개, 세로 6개로 그림처럼 정렬하라.

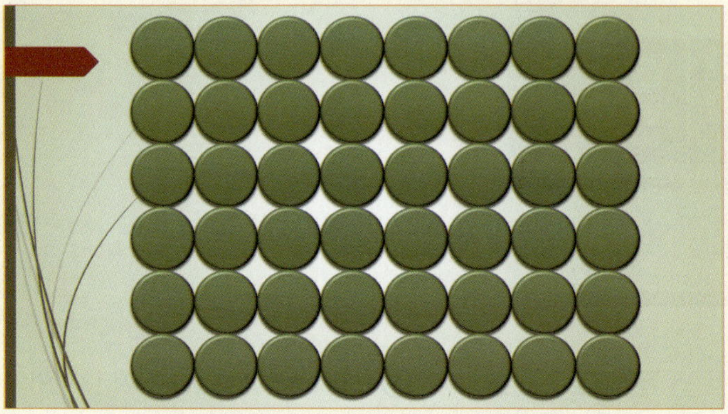

2. 드래그와 Shift 키, Ctrl 키를 이용하여 가운데에 있는 도형들을 선택하고 그림처럼 서식을 변경하라. **[그리기 도구/ 서식/ 도형 스타일 ▼]**은 〈강한 효과–진한 빨강〉, **[도형 효과]**는 〈입체효과–둥글게〉

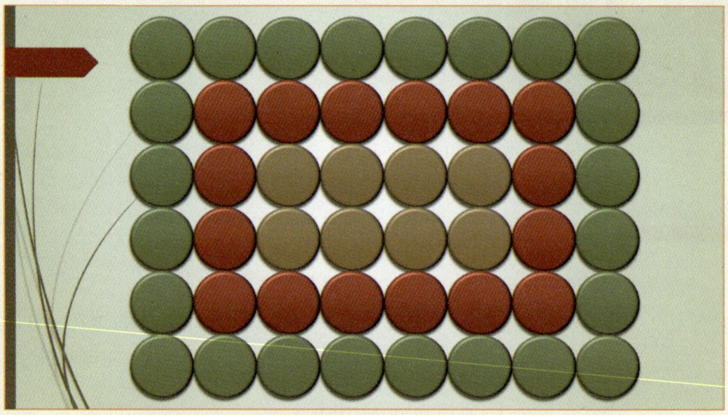

3. 모든 도형의 모양을 그림처럼 〈다이아몬드〉로 변경하라.

EXERCISE

연습문제

4. 같은 색의 도형들을 그림처럼 그룹으로 묶어 쉽게 이동하라.

5. 슬라이드의 그림 같은 체스판을 도형으로 작성하라. 어떤 도형들을 그룹으로 하여야 쉽게 작성할 수 있는지 설명하라.

6. 슬라이드에서 왼쪽의 도형들을 이용하여 오른쪽과 같이 작성하라.

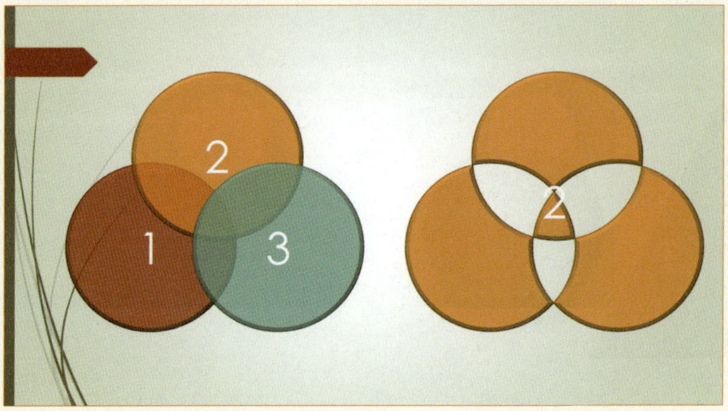

연습문제

EXERCISE

7. 구체적인 수행 계획을 세우고, 할 수 있는 것부터 실행하고, 결과에 대하여 분석하고 다시 피드백하는 것이 필요하다. Plan(계획)-Do(실행)-See(평가)를 스마트아트를 사용하여 작성하라.

8. 동물원의 너구리 표지판을 슬라이드와 같이 스마트아트를 사용하여 작성하라.

9. 사과 프레젠테이션의 목차를 슬라이드와 같이 스마트아트와 그림을 사용하여 작성하라.

10. 딸기 종류에 대한 자료를 슬라이드와 같이 스마트아트를 사용하여 작성하라.

11. 호텔의 식음료부서 조직도를 슬라이드와 같이 스마트아트를 사용하여 작성하라.

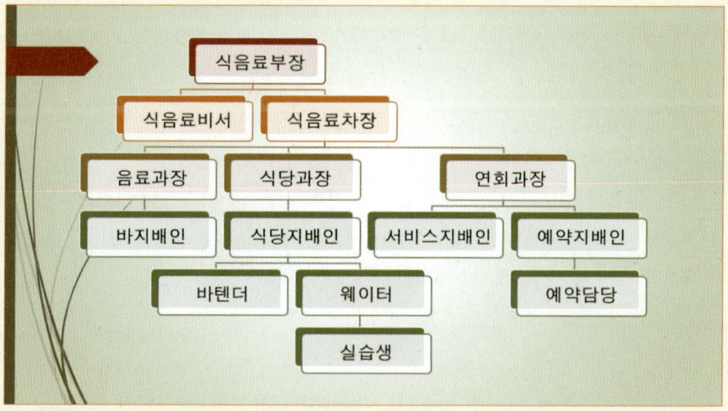

12. 송도국제도시 홍보를 위한 자료를 슬라이드와 같이 스마트아트를 사용하여 작성하라.

텍스트와 테마

프레젠테이션에서 자신의 생각을 표현하고 전달하는데 가장 기본이 되는 것은 글이다. 오래 전부터 텍스트를 사용하여 떨어져 있는 사람에게 생각을 전달하기 위하여 편지가 사용되었고, 지식을 전달하기 위하여 책이 만들어졌다. 텍스트로 전달하려는 내용은 명확하게 개조식 서술로 정리할 수 있어야 하고, 워드아트를 포함하여 사용자가 원하는 서식으로 보기 좋게 꾸미는 것이 필요하다.

CHAPTER 13

텍스트와 테마

SECTION 01 텍스트 추가

일반적으로 커다란 스크린 앞에서 많은 사람에게 프레젠테이션하는 경우에, 청중의 입장에서는 멀리 있는 스크린이 집에 있는 TV보다 작게 느껴질 수 있다. 슬라이드에는 많은 내용을 포함하지 말아야 하며, 특히 텍스트는 항목을 나열하듯이 간결하게 개조식으로 작성하여야 한다.

Tip 개조식(個條式) 서술: 간결하고 요점 중심의 단어로 서술되는 문장 형태로서, 내용을 길게 풀어서 표현하지 않고 중요하고 핵심적인 요소만 간추려 항목별로 나열하듯이 표현하는 방식이다.[참조: 국립국어원(www.korean.go.kr)]

1 개체에 텍스트 추가

새 프레젠테이션을 실행하게 되면 〈제목 슬라이드〉 레이아웃의 빈 슬라이드가 화면에 나타나게 된다. 프레젠테이션에서 겉표지와 같은 역할을 수행하는 〈제목 슬라이드〉 레이아웃은 제목과 부제목을 입력할 수 있는 네모 모양의 개체 틀(placeholder)이 나타난다.
〈제목을 입력하십시오〉를 마우스로 클릭하면 **[텍스트 입력모드]**가 되어 다음과 같은 변화가 나타나고, 텍스트를 입력하면 된다.

- 〈제목을 입력하십시오〉가 사라지고,
- 텍스트가 입력될 부분이 | 형태로 깜박이며,
- 개체의 크기 조절 핸들과 회전 핸들이 나타난다.

또한, 입력한 텍스트에 서식을 적용하기 위해서 개체의 테두리로 마우스를 이동하여 포인터가 ✛로 되었을 때 클릭하면, **[개체 선택모드]**가 되어 다음과 같은 변화가 나타나고, 개체의 텍스트 전체에 대한 서식을 적용하면 된다.

- 개체의 테두리가 점선에서 실선으로 변경되고,
- 개체의 크기 조절 핸들과 회전 핸들은 유지된다.

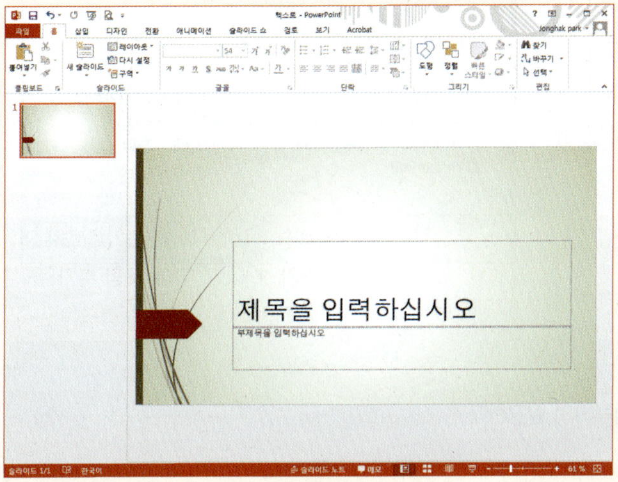

① 〈제목 슬라이드〉의 제목에 '2013 cinema `Enter` 어바웃 타임'이라고 입력한다. 그리고 부제목은 '홍길동'이라고 입력한다. 슬라이드 작업 창에서 입력한 텍스트가 왼쪽의 슬라이드 축소 창에 축소되어 보인다.

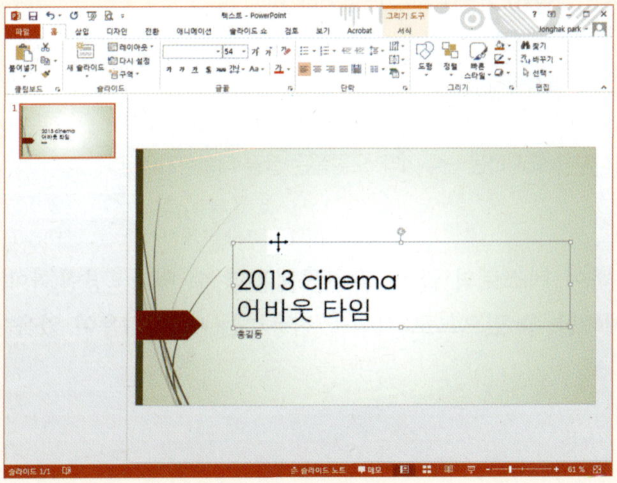

② 제목 개체의 테두리로 마우스를 이동하여 포인터가 ✛로 되었을 때 클릭하면, **[개체 선택모드]**가 되어 개체의 텍스트에 대한 서식을 적용할 준비가 된다. 개체 틀의 테두리는 실선으로 변경되고, 크기 조절 핸들과 회전 핸들은 유지된다.

2 글꼴 서식

개체에 입력한 텍스트의 글꼴, 크기, 색상 등을 사용자가 원하는 대로 선택하여 설정할 수 있다.

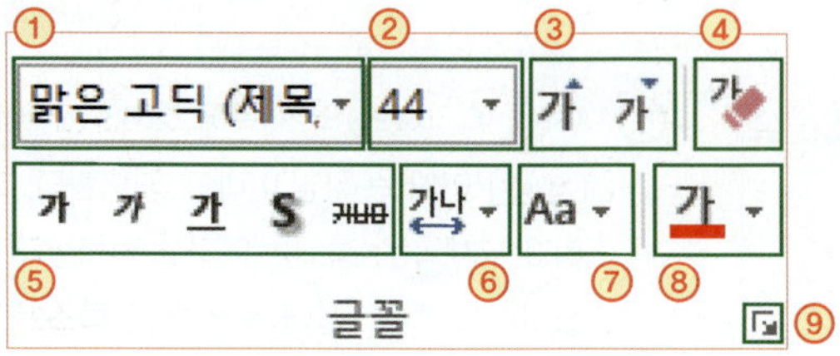

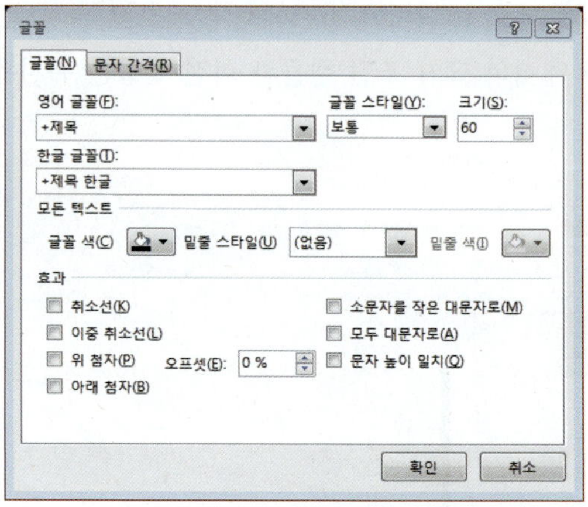

① **글꼴**: 텍스트의 글꼴을 선택한다.
② **글꼴 크기**: 텍스트 크기를 선택하거나 숫자를 입력하여 설정한다.
③ **글꼴 크게/작게**: 텍스트 크기를 늘린다/줄인다.
④ **모든 서식 지우기**: 선택 영역의 모든 서식을 제거한다.
⑤ **글꼴 속성**: 텍스트를 **[굵게/ 기울임꼴/ 밑줄/ 텍스트 그림자/ 가운데 선]**으로 표시한다.
⑥ **문자 간격**: 텍스트 간격을 조절한다.
⑦ **대/소문자 바꾸기**: 텍스트를 대문자로 또는 소문자로 설정한다.
⑧ **글꼴 색**: 텍스트 색을 선택하여 설정한다.
⑨ **글꼴 대화상자 단추**: 글꼴 옵션을 설정하는 대화상자를 표시하는 단추이다. 오른쪽은 글꼴 대화상자이다.

[홈] 탭의 [글꼴] 그룹에 있는 명령들을 사용하여 텍스트의 글꼴 서식을 적용할 수 있다. 명령(아이콘)들의 모양만으로 서식이 어떻게 적용될지 예측할 수 있으므로 서식을 적용하는 데 어려움이 없을 것이다.

① 네이버에서 〈어바웃 타임〉으로 검색하면 **[네이버 영화]** 서비스에 관련된 정보를 확인할 수 있다. 본 교재의 실습 사례는 네이버 영화 〈어바웃 타임〉을 참조하였다.**[참조: 네이버 영화(movie.naver.com)]**

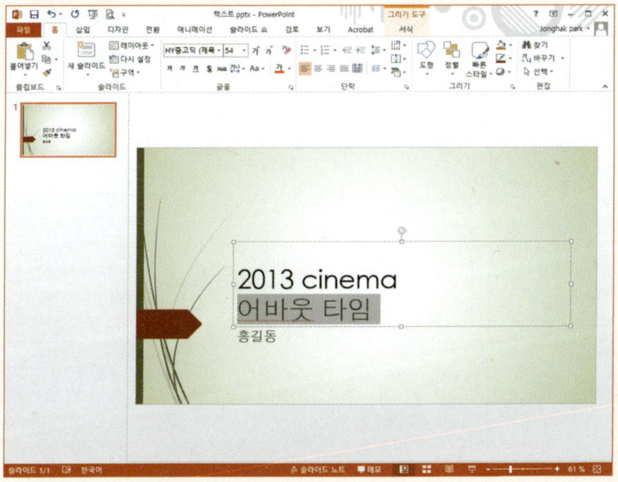

② 제목 개체의 〈어바웃 타임〉 텍스트를 선택한다.

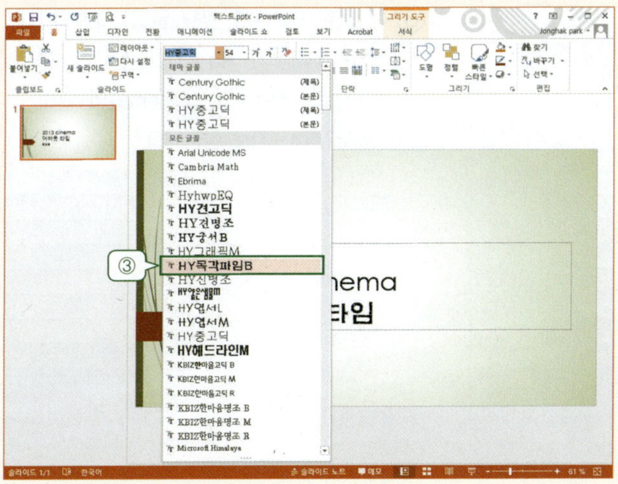

③ 텍스트를 **[홈/ 글꼴]** 그룹의 **[글꼴 ▼]**에서 〈HY목각파임B〉 글꼴로 설정한다.

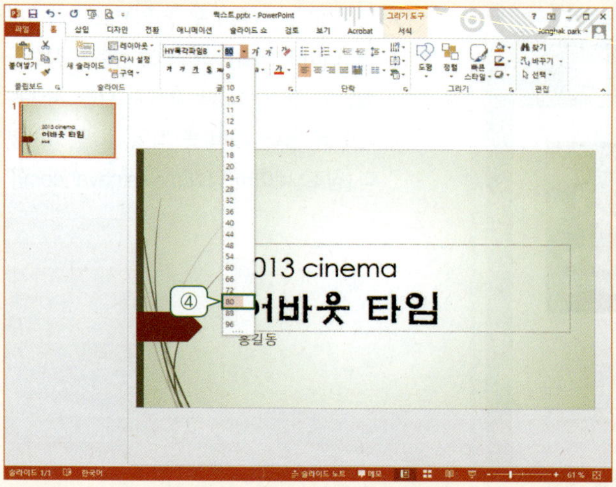

④ 텍스트를 **[홈/ 글꼴]** 그룹의 **[글꼴 크기 ▼]**에서 ⟨80⟩ 글꼴 크기로 설정한다.

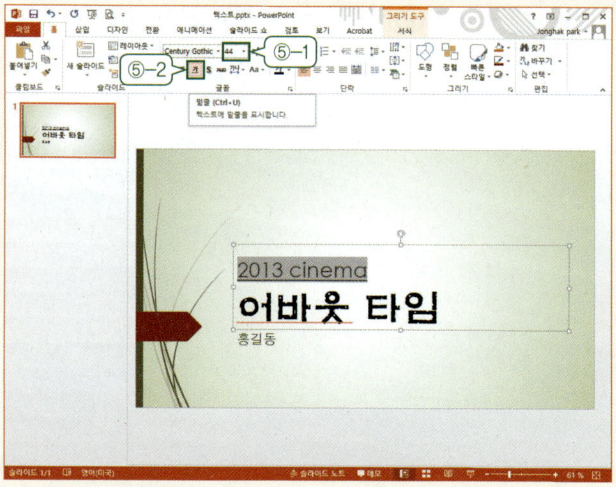

⑤ 제목 개체의 ⟨2013 cinema⟩ 텍스트를 선택하여, **[홈/ 글꼴]** 그룹의 **[글꼴 크기 ▼]**에서 ⟨44⟩ 글꼴 크기로 설정하고, **[밑줄]** 속성을 클릭하여 설정한다.

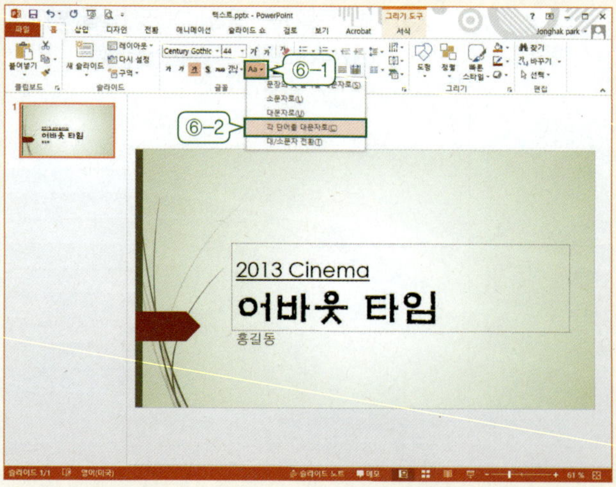

⑥ 선택한 텍스트를 **[홈/ 글꼴]** 그룹의 **[대/소문자 바꾸기 Aa ▾]**에서 ⟨각 단어를 대문자로⟩ 클릭하면, ⟨Cinema⟩와 같이 첫 글자가 대문자로 설정된다.

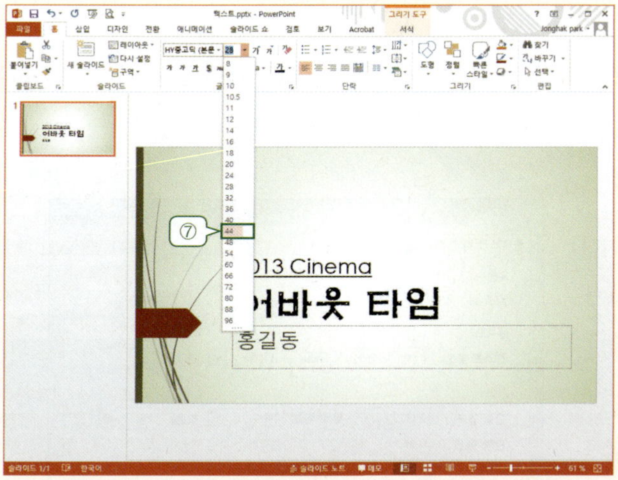

⑦ 부제목의 테두리를 클릭하여 **[개체 선택 모드]**가 되면 **[글꼴 크기 ▼]**에서 〈44〉 글꼴 크기로 설정한다. **[개체 선택 모드]**에서는 전체 텍스트에 대한 서식이 설정된다.

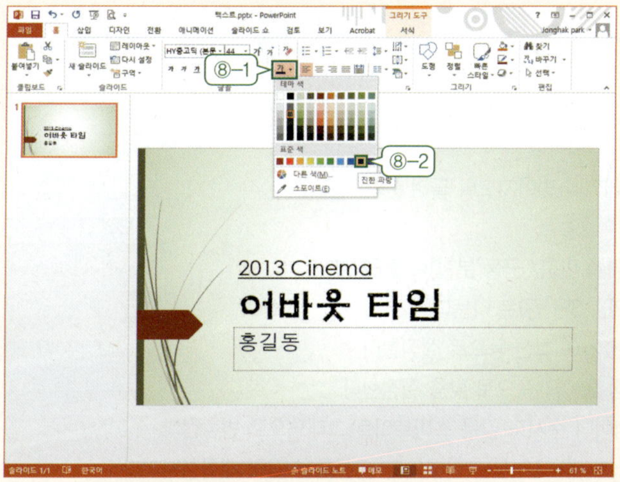

⑧ **[홈/ 글꼴]** 그룹의 **[글꼴 색 가 -]**에서 텍스트를 〈진한 파랑〉으로 설정한다.

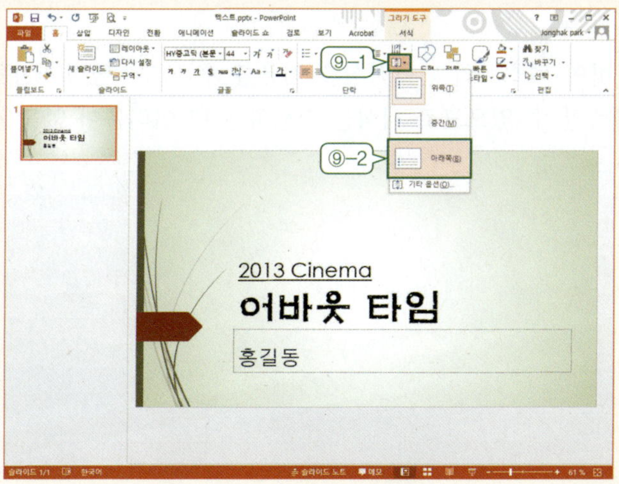

⑨ **[홈/ 단락]** 그룹의 **[텍스트 맞춤 ▼]**에서 텍스트를 〈아래쪽〉 맞춤으로 설정한다.

3 단락 서식

개체에 입력한 텍스트의 글머리 기호, 목록 수준 늘리기, 왼쪽 맞춤과 같은 단락을 사용자가 원하는 대로 설정할 수 있다.

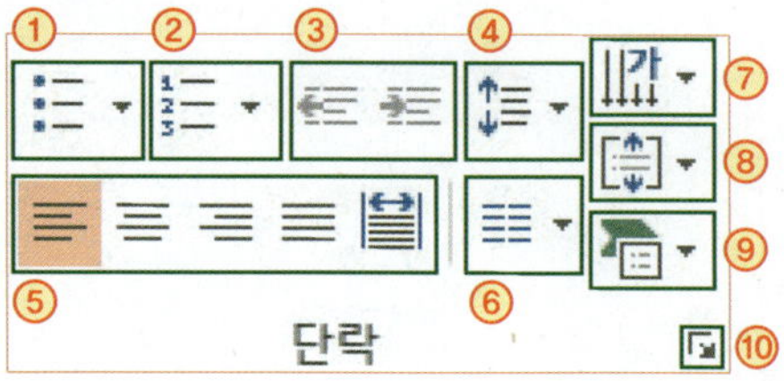

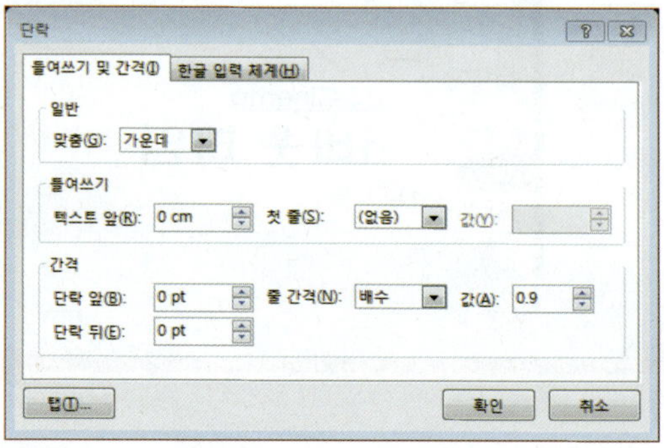

① **글머리 기호**: 글머리에 기호 목록을 만든다.
② **번호 매기기**: 번호 매기기 목록을 만든다.
③ **내어 쓰기/ 들여 쓰기**: 단락과 여백의 거리를 좁히거나 멀어지도록 들여 쓴다.
④ **줄 간격**: 텍스트 줄 사이의 공간을 설정한다.
⑤ **텍스트 정렬**: 텍스트를 **[왼쪽/ 가운데/ 오른쪽/ 양쪽 맞춤/ 균등 분할]**로 정렬한다.
⑥ **텍스트 열 추가**: 선택된 텍스트를 둘 이상의 열(2단, 3단 등)로 나눈다.
⑦ **텍스트 방향**: 텍스트 방향을 가로, 세로, 90° 회전, 270° 회전 등으로 설정한다.
⑧ **텍스트 세로 맞춤**: 텍스트를 개체 내에서 위쪽, 중간, 아래쪽으로 맞춤 설정한다.
⑨ **SmartArt 그래픽으로 변환**: 텍스트를 다이어그램이나 순서도 같은 스마트아트 그래픽으로 변환한다.
⑩ **단락 대화상자 단추**: 단락 옵션을 설정하는 대화상자를 표시하는 단추이다. 오른쪽은 단락 대화상자이다.

[홈] 탭의 [단락] 그룹에 있는 명령들을 사용하여 텍스트의 단락서식을 적용할 수 있다. 명령(아이콘)들의 모양만으로 서식이 어떻게 적용될지 예측할 수 있으므로 서식을 적용하는 데 어려움이 없을 것이다.

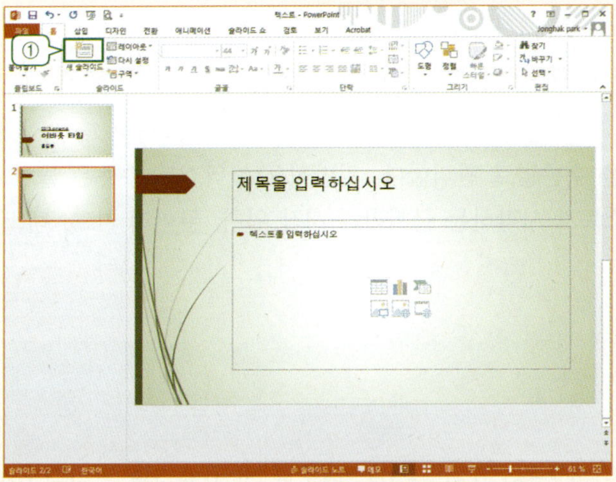

① [홈/ 슬라이드] 그룹의 [새 슬라이드] 명령을 클릭하여 새 슬라이드를 추가한다. 〈제목 및 내용〉 레이아웃의 2번째 슬라이드가 추가된다. 〈제목〉 레이아웃에서 새 슬라이드는 〈제목 및 내용〉 레이아웃으로 추가되고, 다른 레이아웃에서 새 슬라이드는 현재와 같은 레이아웃으로 추가된다.

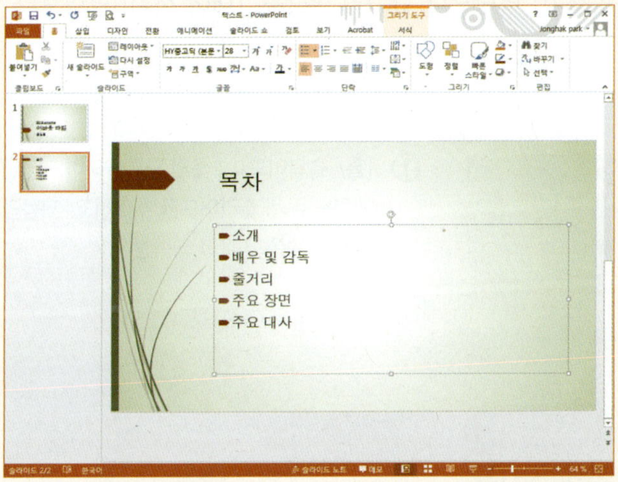

② 제목에는 '목차'를 입력하고, 내용에는 다음과 같이 텍스트를 입력한다.

소개 Enter 배우 및 감독 Enter 줄거리 Enter 주요 장면 Enter 주요 대사

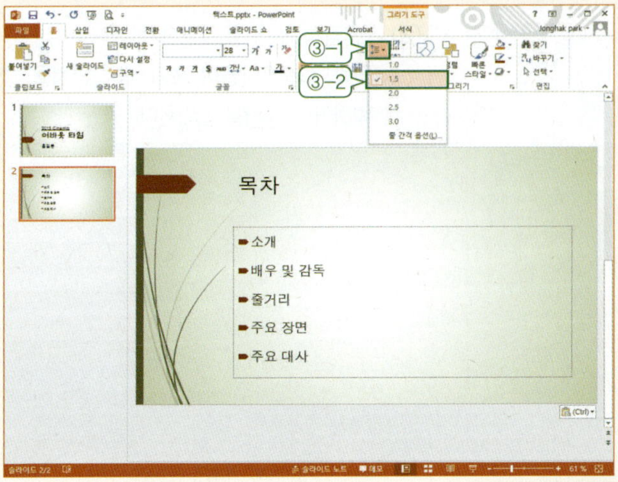

③ 내용 개체를 [개체 선택모드]로 하여 [홈/ 단락] 그룹의 [줄 간격 ▼]에서 텍스트 크기의 〈1.5〉 배수로 줄 간격을 넓게 설정한다.

SECTION 02 텍스트 수준

파워포인트에서는 입력한 텍스트의 단락들을 수준별로 관리한다. 일반적으로 텍스트 수준은 들여 쓰기 개념으로 볼 수 있는데, 수준에 따라 텍스트가 시작하는 글머리의 시작 위치, 글머리 기호, 텍스트의 글꼴 크기가 다르게 나타난다.

1 들여 쓰기

[홈/ 단락] 그룹에서 텍스트 들여 쓰기를 하려면 [들여 쓰기]를, 텍스트 내어 쓰기를 하려면 [내어 쓰기]를 사용한다. 그러나 실제로는 [들여 쓰기] 명령보다 단축키 Tab을, [내어 쓰기] 명령보다 단축키 Shift+Tab을 더 많이 사용한다.

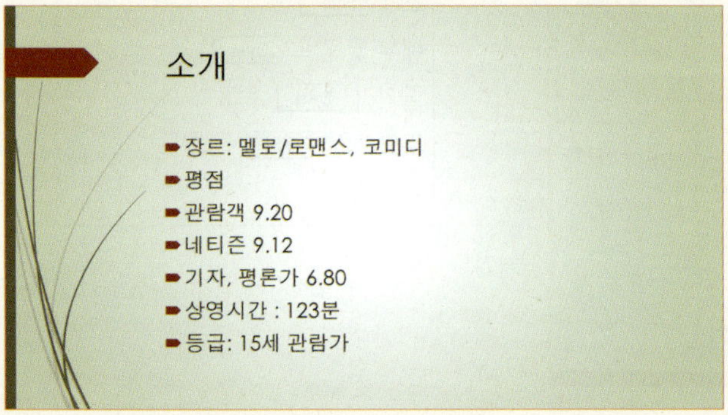

① [홈/ 슬라이드] 그룹의 [새 슬라이드] 명령으로 새 슬라이드를 추가하고, 제목과 내용을 왼쪽과 같이 입력한다.

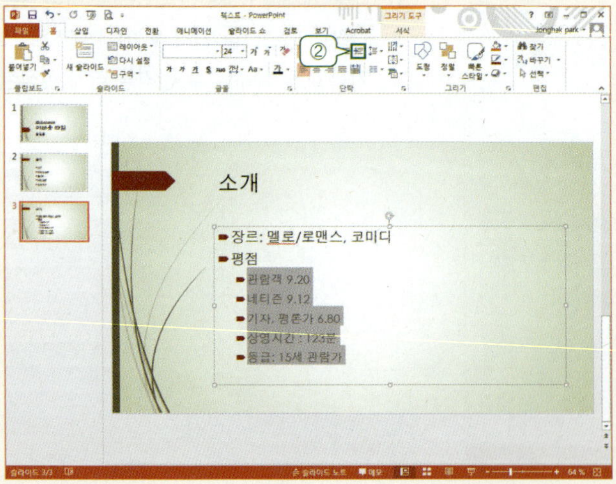

② 〈관람객〉부터 〈등급〉까지 선택하여 [홈/ 단락] 그룹의 [들여 쓰기] 명령을 클릭하거나, Tab을 입력한다.

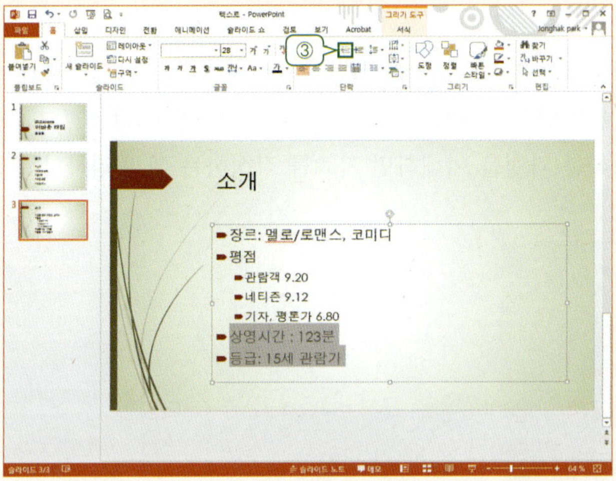

③ 〈상영 시간〉부터 〈등급〉까지 선택하여 [홈/ 단락] 그룹의 [내어 쓰기] 명령을 클릭하거나, Shift + Tab 을 입력한다.

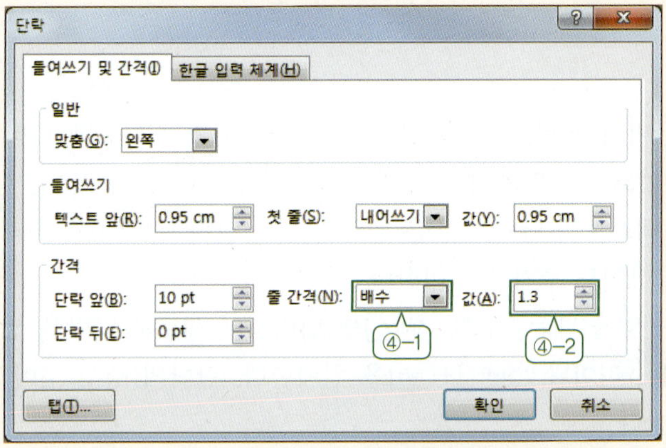

④ 줄 간격을 1.3 배수로 설정하려면, [홈/ 단락] 그룹의 [줄 간격 ▼]에서 맨 아래의 [줄 간격 옵션] 대화 상자에서 [줄 간격] 조건을 〈배수〉로, [값]을 '1.3'으로 입력하여 설정한다.

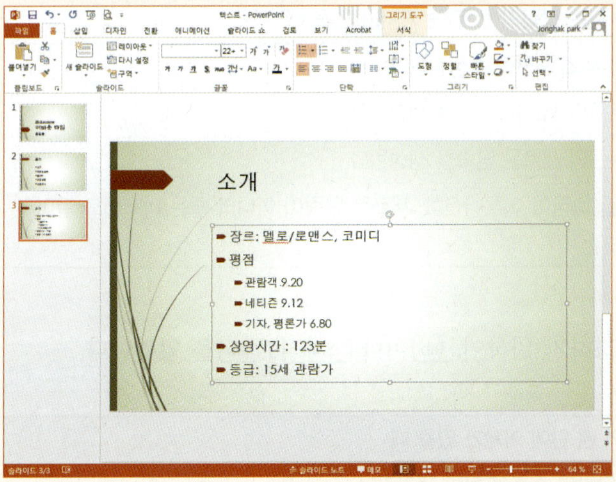

⑤ 왼쪽과 같은 형태의 슬라이드가 만들어졌다.

2 단락의 수준 변경

파워포인트에서는 입력한 텍스트의 단락들을 수준별로 관리한다. 〈제목〉, 〈내용〉의 텍스트 개체, 스마트아트의 [**텍스트 창**], 슬라이드 [**개요 창**] 등 텍스트가 입력된 모든 개체의 단락들을 수준으로 관리하기 때문에 단락에서 수준을 생성하고 변경하는 과정을 이해하면 자료를 작성하는 데 편리하다.

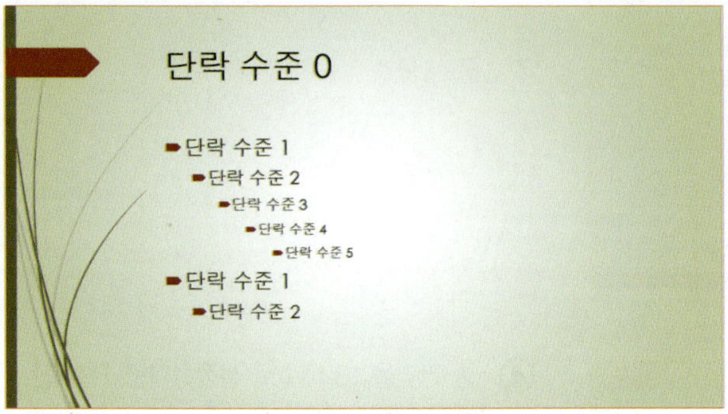

텍스트 수준에 따라 글머리의 시작 위치, 글머리 기호, 그리고 텍스트의 글꼴 크기가 다르게 나타난다. 정확하게 말하면 테마마다 다르고, 슬라이드 마스터에서 단락 수준의 내용을 설정할 수 있다. 〈제목 및 내용〉 레이아웃의 슬라이드에 입력된 텍스트의 단락 수준은 위의 그림과 같다. 수준 0은 슬라이드의 제목이기에 수준 0 단락의 생성은 새 슬라이드 추가를 의미한다.

텍스트를 입력하거나 단락의 맨 뒤에 커서가 있을 때는, 우선 Enter를 입력하여 새로운 단락을 생성하고, 이후에 수준을 변경할 필요가 있을 때 Tab이나 Shift+Tab을 입력한다. 단락의 생성 없이 단순히 줄을 바꿀 때는 Shift+Enter를 입력한다.

텍스트를 입력할 때 또는 단락의 맨 뒤에 커서가 있을 때	
Enter	현재와 같은 수준의 새로운 단락을 생성한다.
Enter, Tab	현재보다 올라간 수준의 새로운 단락을 생성한다.
Enter, Shift+Tab	현재보다 내려간 수준의 새로운 단락을 생성한다.
Shift+Enter	수준의 변경 없이 줄 바꿈이 이루어진다. 새로운 단락이 아니라 줄은 바뀌어도 글머리 기호는 나타나지 않는다.

단락의 맨 앞에 커서가 있을 때는 수준을 변경하기 위하여 Tab이나 Shift+Tab을 입력한다.

텍스트의 맨 앞에 커서가 있을 때	
Tab	들여 쓰기가 된다. 단락의 수준이 하나 올라간다.
Shift+Tab	내어 쓰기가 된다. 단락의 수준이 하나 내려간다.
Enter	현재와 같은 수준의 새로운 단락을 앞에 생성한다.

하나 또는 그 이상의 단락이 마우스로 드래그하여 선택되었을 때 단락의 수준을 변경하려면 Tab이나 Shift+Tab을 입력한다.

단락이 선택되었을 때	
Tab	들여 쓰기가 된다. 단락의 수준이 하나씩 올라간다.
Shift+Tab	내어 쓰기가 된다. 단락의 수준이 하나씩 내려간다.

새로운 프레젠테이션의 [개요 창]에서 이전의 내용을 입력하면서 단축키로 텍스트 단락을 생성하고 수준을 변경하는 과정을 확인하도록 하자. [개요 창]에 텍스트를 입력하면 [작업 창]이 아바타처럼 자동으로 동작하는 것을 확인할 수 있다.

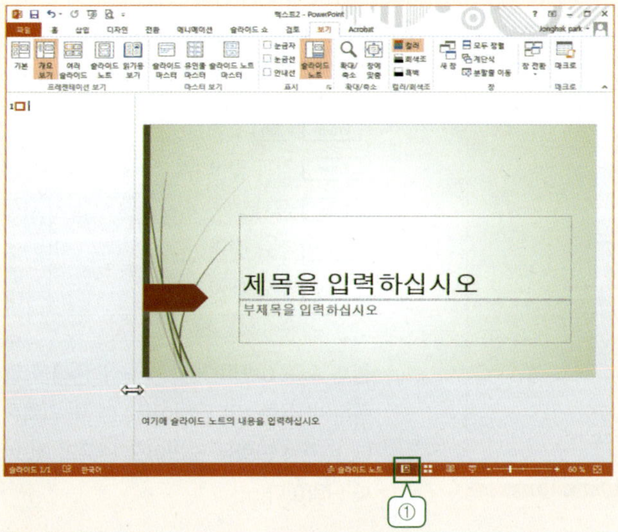

① 보기] 탭의 [프레젠테이션 보기] 그룹에서 [개요 보기]를 두 번 클릭한다. 왼쪽의 [개요 창]과 오른쪽의 [작업 창] 크기는 경계선에서 마우스로 조절할 수 있다.

② [개요 창]에 다음 텍스트를 입력한다.

2013 cinema Shift+Enter
어바웃 타임 Enter
Tab 홍 길동

처음에 수준 0 단락에서 Shift+Enter는 수준의 변경 없이 줄만 바꾼다. 다음에 수준 0 단락에서 Enter, Tab을 입력하여 수준 1의 단락(부제목)에 '홍길동'을 입력하였다.

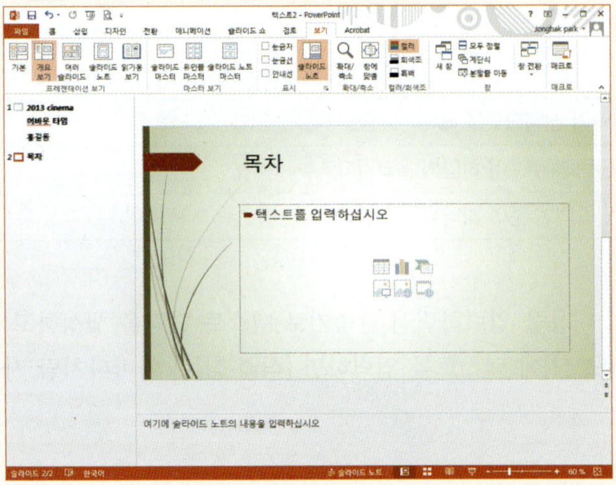

③ 계속해서 다음 텍스트를 입력한다.

Enter , Shift + Tab 목차

현재 수준 1 단락에서 Enter , Shift + Tab 을 입력하여 수준 0의 단락에 '목차'를 입력하였다. 수준 0은 슬라이드의 제목이기에 수준 0 단락의 생성은 새 슬라이드 추가를 의미한다.

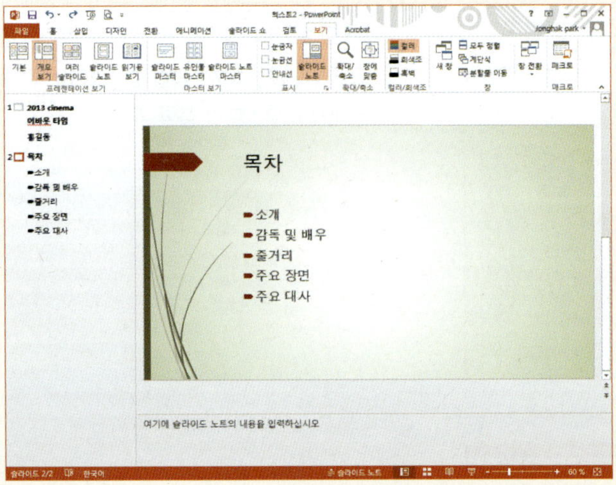

④ 계속해서 다음 텍스트를 입력한다.

Enter , Tab 소개 Enter 감독 및 배우 Enter 줄거리 Enter 주요 장면 Enter 주요 대사

현재 수준 0 단락에서 Enter , Tab 을 입력하여 수준 1의 단락에 '소개'를 입력한다. 수준 1 단락은 슬라이드 내용의 첫 번째 단락이다.

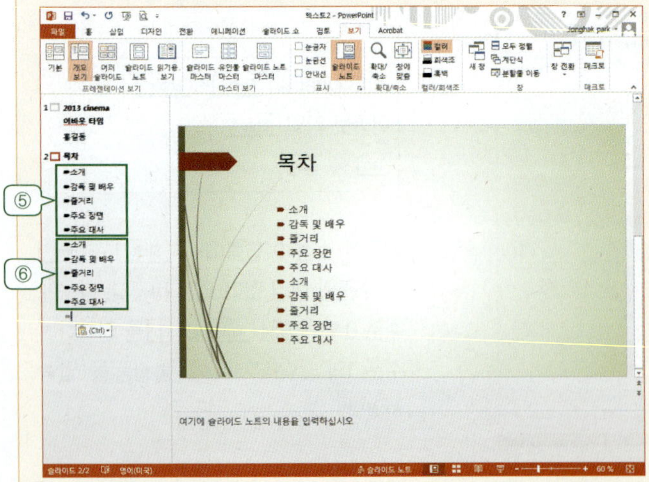

⑤ [개요 창]의 〈소개〉~〈주요 대사〉를 선택하여, Ctrl + C 로 복사하고, Enter 로 줄을 바꾸고, Ctrl + V 로 붙여넣는다.

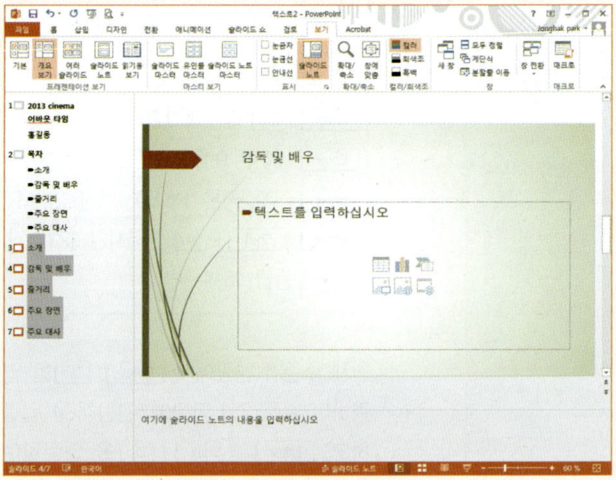

⑥ 붙여 넣은 〈소개〉~〈주요 대사〉를 선택하고, 현재 수준 1 단락에서 [Shift]+[Enter]를 입력하면, 수준 0의 단락으로 수준이 변경되어 〈소개〉~〈주요 대사〉를 각각 제목으로 하는 5개의 슬라이드가 만들어진다.

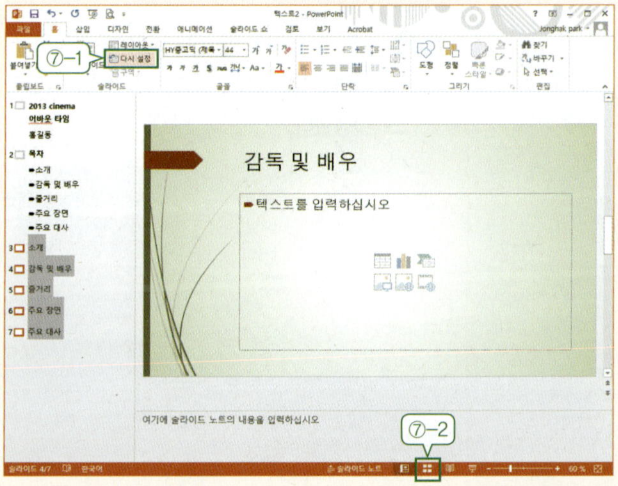

⑦ 선택된 그대로 **[홈/ 슬라이드]** 그룹에서 **[다시 설정]**을 클릭하여 새로 생성된 슬라이드들을 테마의 기본 서식으로 다시 설정한다. 현재 7개의 슬라이드가 있는 것을 **[개요 창]**에서 확인할 수 있다.
상태 표시줄의 **[여러 슬라이드 보기]**에서도 확인할 수 있다.

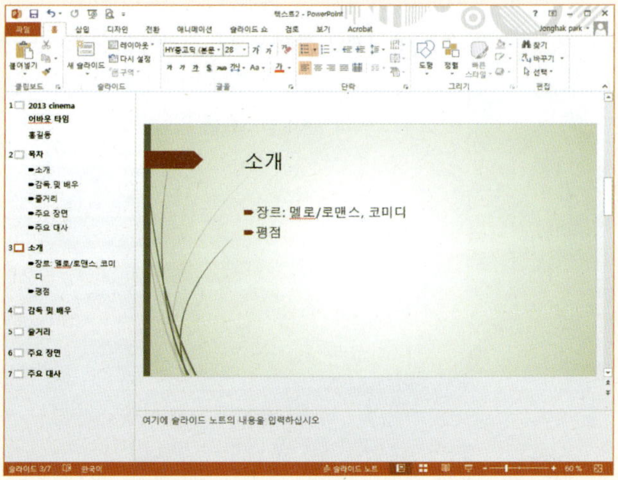

⑧ **[개요 창]**에서 3번 슬라이드 〈소개〉 텍스트의 뒤에 마우스를 클릭하고 다음 텍스트를 입력한다.

> [Enter], [Tab] 장르: 멜로/로맨스, 코미디
> [Enter] 평점

현재 수준 0 단락에서 [Enter], [Tab]을 입력하여 수준 1의 단락에 '장르'를 입력한다.

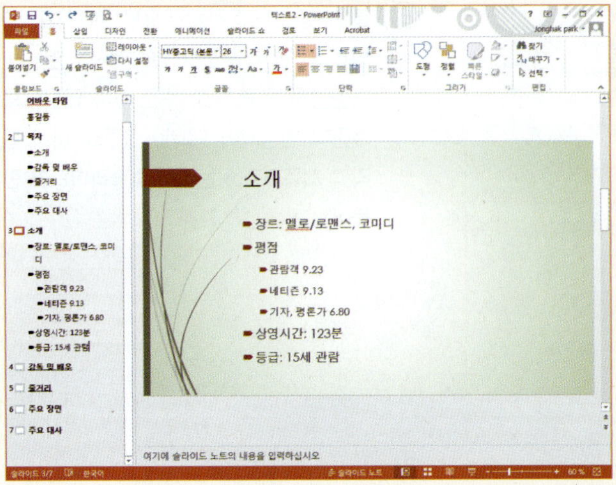

⑨ 계속해서 다음 텍스트를 입력한다.

> [Enter], [Tab] 관람객 9.20
> [Enter] 네티즌 9.12
> [Enter] 기자, 평론가 6.80
> [Enter], [Shift]+[Tab] 상영시간: 123분
> [Enter] 등급: 15세 관람가

현재 수준 1 단락에서 [Enter], [Tab]을 입력하여 수준 2의 단락에 '관람객'을 입력하고, [Enter], [Shift]+[Tab]을 입력하여 수준 1의 단락에 '상영시간'을 입력한다.

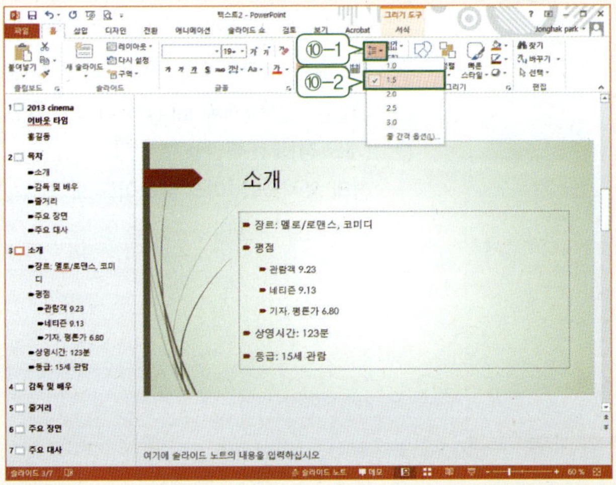

⑩ 텍스트 입력이 끝나면, 내용 개체 틀을 선택하고 [홈] 탭에서 [줄 간격 ▼]을 〈1.5〉로 설정한다.

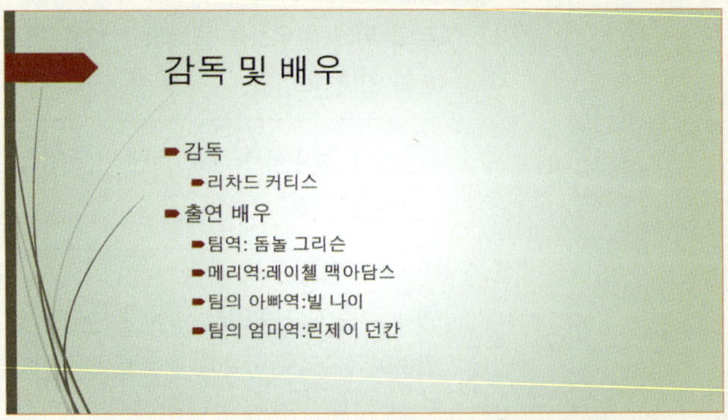

⑪ [개요 창]에서 4번 슬라이드 〈감독 및 배우〉 텍스트의 뒤에 마우스를 클릭하고 왼쪽과 같이 텍스트를 입력하여보자.

Enter, Tab 감독

Enter, Tab 리차드 커티스

Enter, Shift+Tab 출연 배우

Enter, Tab 팀역: 돔놀 글리슨

Enter 메리역: 레이첼 맥아담스

Enter 팀의 아빠역: 빌 나이

Enter 팀의 엄마역: 린제이 던칸

⑫ 왼쪽과 같이 입력하였다면 텍스트 수준의 생성과 변경에 대하여 제대로 이해한 것이다.

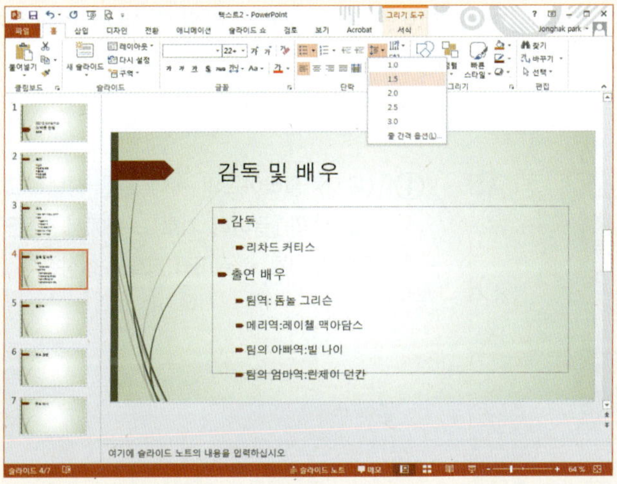

⑬ 입력을 완료하면 **[홈/ 단락]** 그룹의 **[줄 간격]**을 〈1.5〉로 설정한다.

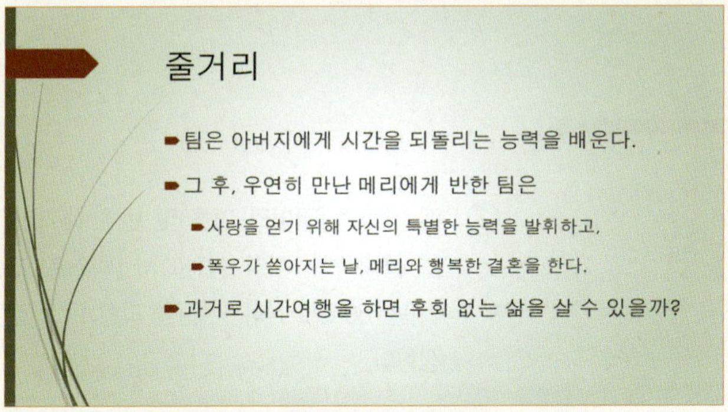

⑭ **[개요 창]**에서 5번 슬라이드 〈줄거리〉 텍스트의 뒤에 마우스를 클릭하고 왼쪽과 같이 텍스트를 입력하여 보자.

Tip [개요 창]을 나타나게 하려면 [보기/ 프레젠테이션 보기] 그룹에서 [개요 보기]를 클릭하거나, 상태 표시줄의 [기본 보기 ▣]를 클릭하면 된다. [기본 보기 ▣] 보기를 계속 클릭하면 [기본 보기]와 [개요 보기]를 교대로 보여준다.

SECTION 03 텍스트 관리

텍스트를 간결한 항목으로 정리하여 개조식으로 표현하려면 각각의 줄 앞에 글머리 기호나 번호를 매기는 것이 필요하다.

1 글머리 기호 및 번호 매기기

글머리 기호와 번호를 매기는 차이는 입력된 텍스트 항목들이 순서가 있는지 여부이다. 순서가 있는 텍스트는 번호를 사용하고, 순서가 없는 텍스트는 글머리 기호를 사용하여야 자료를 더욱 명확하게 표현할 수 있다.

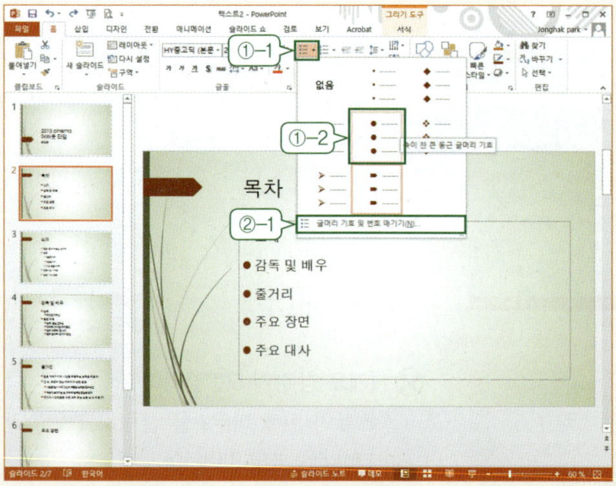

① 〈목차〉 슬라이드의 개체 틀을 선택하고 [홈] 탭의 [글머리 기호]에서 〈둥근 글머리 기호〉로 글머리 기호를 설정한다.

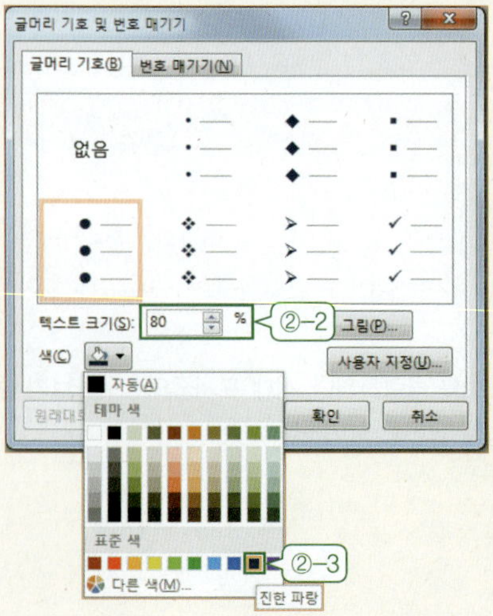

② 맨 아래의 [글머리 기호 및 번호 매기기]를 클릭하여, 대화 상자에서 [텍스트 크기]는 '80'%로 [색]은 〈진한 파랑〉으로 설정한다.

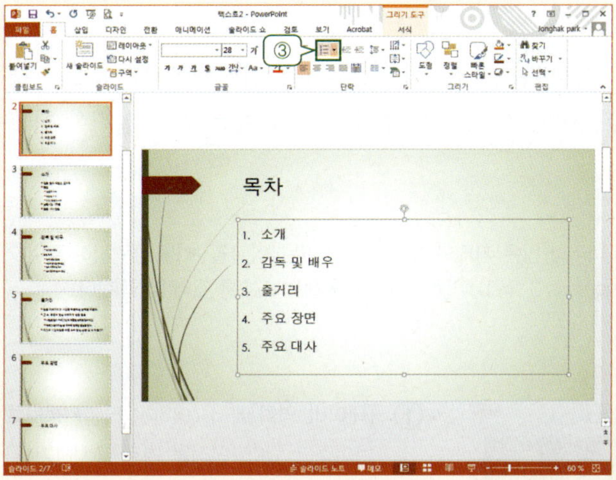

③ 내용 개체 틀을 선택하고 [홈] 탭의 [번호 매기기 ⁝≡ ▾]를 클릭하면 〈아라비아 숫자〉로 번호 매기기가 된다.

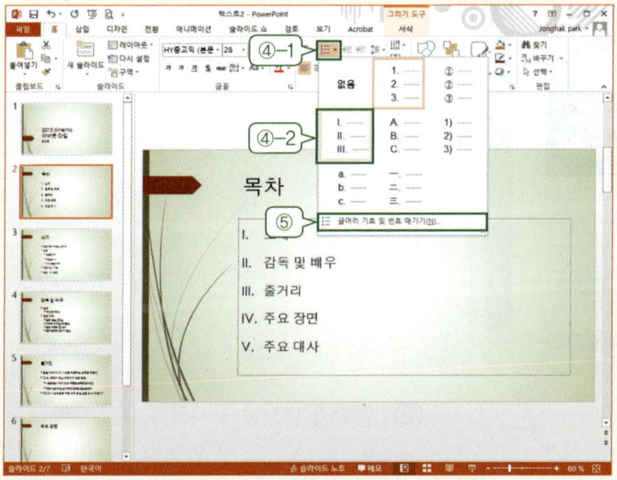

④ 다른 형태로 〈로마 숫자〉 스타일로 번호를 수정하려면 [번호 매기기 ⁝≡ ▾]에서 〈로마 숫자〉 번호 매기기를 선택한다.

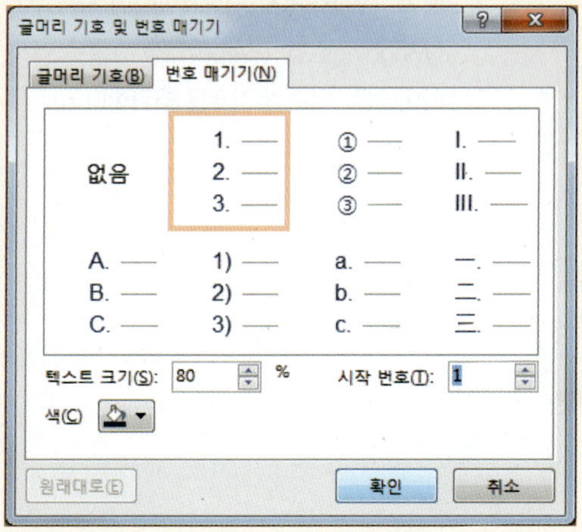

⑤ [글머리 기호 및 번호 매기기] 대화상자에서 번호 스타일, 텍스트 크기, 색을 선택할 수 있고, 1이 아닌 시작 번호로 설정도 가능하다.

2 기호, 한자 입력

텍스트를 입력하다보면 한글과 영문이 아닌, 특별한 기호, 한자, 수식을 입력해야 할 필요가 생기게 된다. 특수 기호는 [삽입] 탭에서 [기호 Ω]명령을 사용하여 추가하고, 한자는 먼저 입력한 한글을 [한자]키를 사용하여 변환한다.

Tip [삽입] 탭에서 [기호 Ω]를 클릭하면, 대화상자에 너무나 많은 기호의 그룹이 나타나는데, [글꼴 ▼]을 클릭하여 특수 기호들이 많이 있는 (현재 글꼴), Wingdings, Wingdings 2, Wingdings 3, Webdings 분류에서 원하는 기호를 찾아 [삽입]한다.

① [네이버 영화]에서 <어바웃 타임> 정보를 보여주고 있다. 평점을 별로 표시하기 위하여 기호를 추가하는 과정을 실습하여보자.

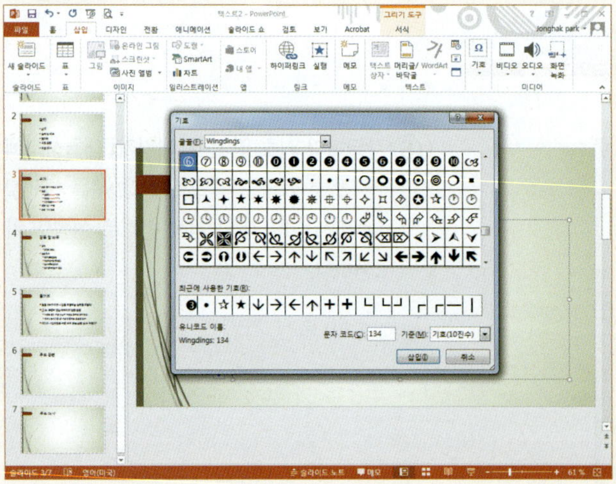

② 영화의 평점을 표시하는 <속찬 별>, <속빈 별>을 찾기 위해서 **[삽입]** 탭에서 **[기호 Ω]**를 클릭하고 대화상자에서 〈Wingdings〉, 〈Wingdings 2〉, 〈Wingdings 3〉, 〈Webdings〉 그룹을 검색하여 가장 비슷한 기호를 추가한다.

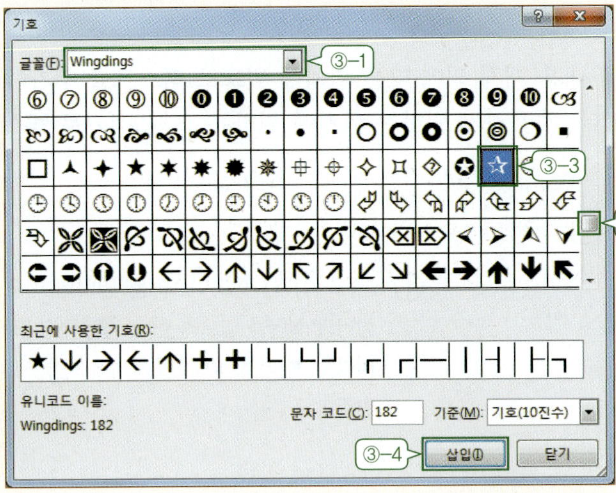

③ 글꼴 〈Wingdings〉 그룹에서 아래로 스크롤하면 비슷한 별 2개(★, ☆)가 나타난다. 찾아서 [삽입] 또는 더블클릭한다.

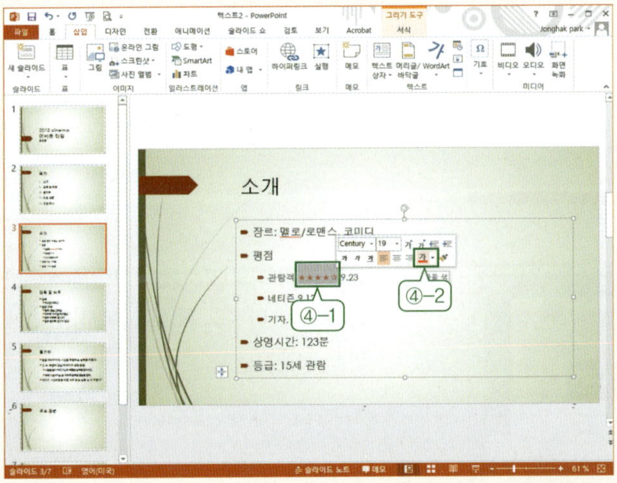

④ 〈소개〉 슬라이드의 〈관람객〉 다음에 〈9.23〉에 대한 〈속찬 별〉 4개, 〈속빈 별〉 1개를 추가하기 위하여 〈★〉 4번, 〈☆〉 1번을 [삽입]한다. 기호를 선택하면 나타나는 [미니 도구모음]에서 [글꼴 색 ▼]을 〈빨강〉으로 설정한다.

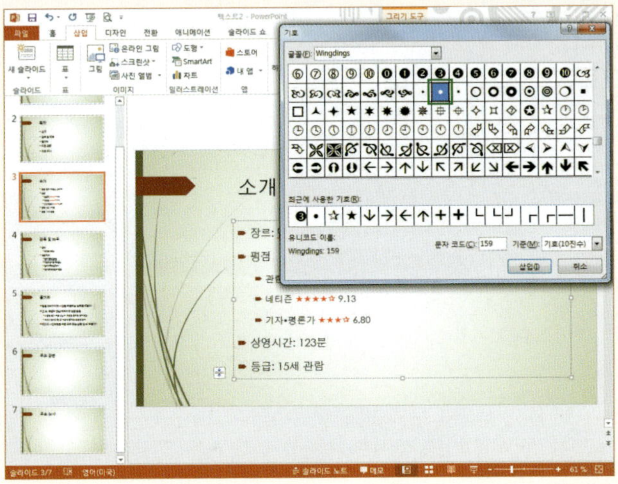

⑤ 〈기자, 평론가〉를 〈기자•평론가〉로 변경하기 위하여 〈Wingdings〉에서 〈❸〉 아래에 있는 기호〈•〉를 추가한다.

3 텍스트 상자에 텍스트 추가

슬라이드에서 자동으로 나타나는 제목 개체나 내용 개체 외에 다른 위치에 별도로 텍스트를 추가하려면 텍스트 상자와 도형을 이용하는 방법이 있다. 사용자가 원하는 위치에 원하는 크기로 **[가로 텍스트 상자]**와 **[세로 텍스트 상자]**를 추가할 수 있다.

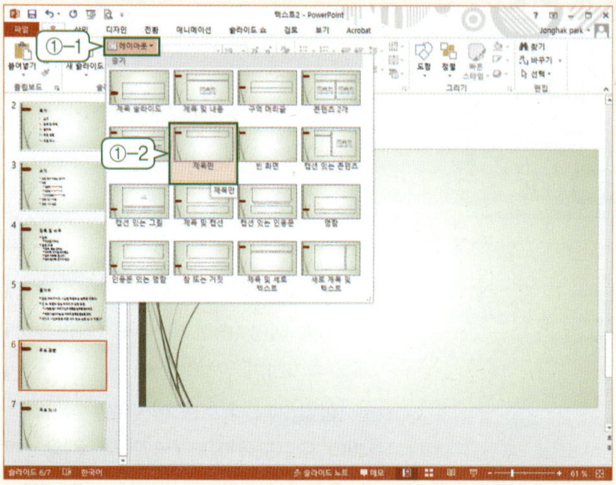

① 〈주요 장면〉 슬라이드에는 영화의 주요 장면과 설명을 넣으려 한다. **[홈]** 탭의 **[레이아웃 ▼]**에서 레이아웃을 〈제목만〉으로 변경한다.

② **[네이버 영화]**의 포토에서 그림을 선택하고, 오른쪽 마우스 메뉴로 **[복사]**를 선택한다.

③ 〈주요 장면〉 슬라이드에서 Ctrl+V로 그림을 붙여넣는다. 그림의 높이를 '11'cm로 줄이고, 스마트 가이드 선에 따라 적절하게 배치한다.

④ [삽입] 탭의 [텍스트 상자 ▼]에서 [가로 텍스트 상자]를 선택하고, 슬라이드의 한 지점에서 클릭 & 드래그를 하면 텍스트 상자가 나타난다. 그 자리에 '태풍이 부는 날의 행복한 결혼식 장면'이라고 입력한다.

⑤ 텍스트 상자를 테두리를 클릭하여 [개체 선택 모드]에서 [글꼴 ▼]은 〈HY 목각파임B〉, [글꼴 크기 ▼]는 〈28〉, [줄 간격 ▼]은 〈1.5〉로 선택하고, 텍스트 상자를 드래그하여 그림과 아래 선을 (빨간 스마트가이드 선으로) 맞추도록 이동한다.

4 도형에 텍스트 추가

텍스트 상자와 마찬가지로 도형은 슬라이드의 필요한 위치에 추가할 수 있고, 더구나 필요한 모양의 도형으로 텍스트를 추가할 수 있다. 텍스트를 입력하는 방법은 도형을 선택한 상태에서 그냥 입력하면 된다. 정확한 내용의 텍스트를 표현하는 것은 무엇보다도 중요하지만, 텍스트를 도형으로 표현하여 전달하는 것은 시각적으로 더욱 효과적이라고 볼 수 있다.

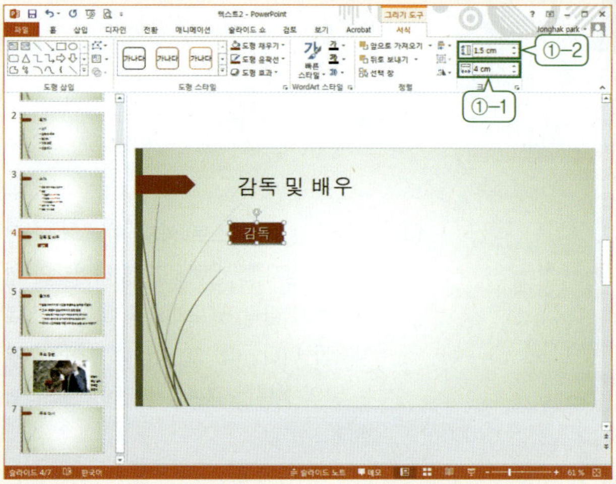

① 〈감독 및 배우〉 슬라이드에서 **[레이아웃 ▼]**을 〈제목만〉으로 설정하고 내용 개체 틀은 삭제한다. **[도형 ▼]**에서 〈직사각형〉을 추가하여 '감독'을 입력하고, **[크기]**는 높이 '1.5cm', 너비 '4cm'로, **[글꼴 크기 ▼]**는 〈28〉, 그리고 **[텍스트 그림자]**를 설정한다.

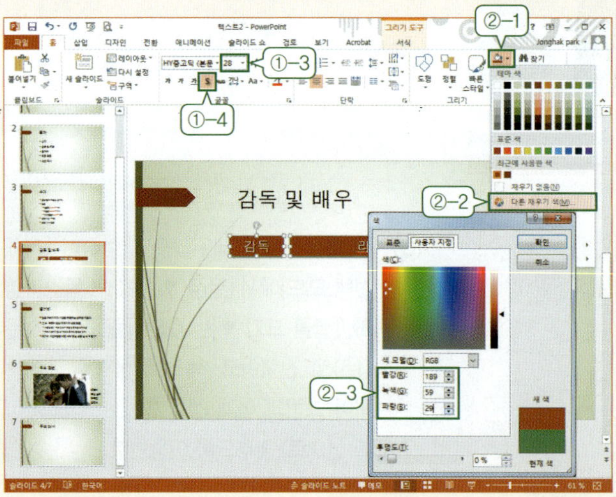

② 〈직사각형〉을 선택하여 Ctrl + Shift 로 수평 복사를 한다. '리차드 커티스'를 입력하고, 너비는 '16cm'로, **[도형 채우기 ▼]**를 **[다른 채우기 색]**, **[사용자 지정]**에서 RGB 값을 각각 '189', '59', '29'로 입력한다.

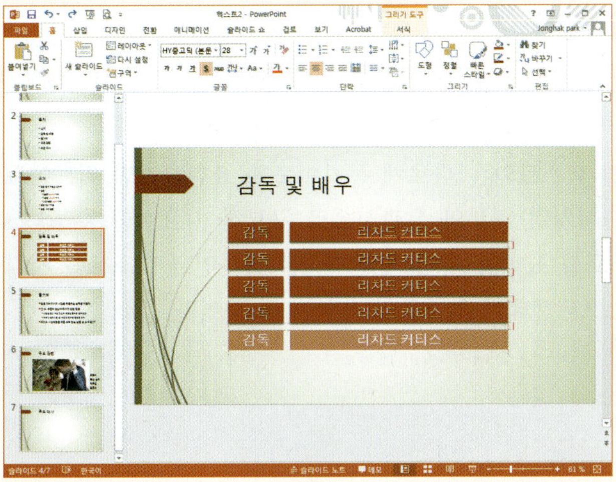

③ 도형들을 선택하고 Ctrl+Shift로 아래로 수직 복사를 한다. 스마트 가이드 선이 나타날 때까지 수직 복사 3회를 한다.

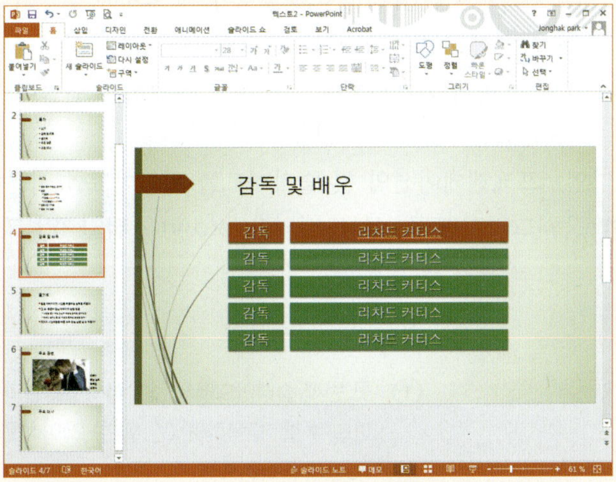

④ 첫 줄을 제외하고 다른 도형들의 [도형 채우기 ▼]를 [다른 채우기 색], [사용자 지정]에서 RGB 값을 각각 '67', '148', '103'으로 입력한다.

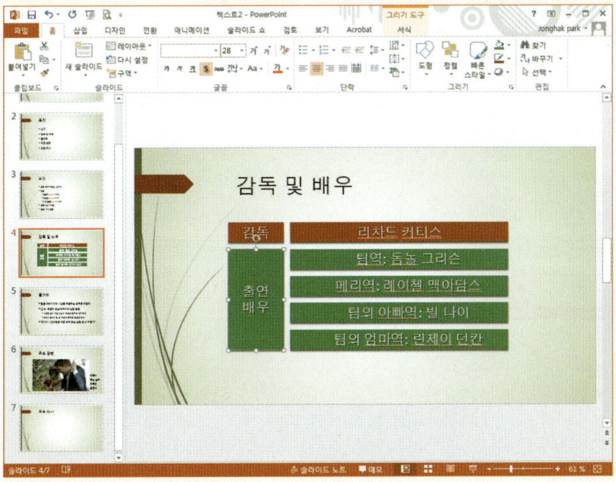

⑤ 도형의 크기를 조절하고, 왼쪽에는 '출연 배우', 오른쪽에 '팀역: 돔놀 글리슨'을 입력한다. '메리역: 레이첼 맥아담스', '팀의 아빠역: 빌 나이', '팀의 엄마역: 린제이 던칸'으로 각각 수정한다.

SECTION 04 워드아트(Word Art)

첫 페이지의 제목과 같은 텍스트를 일반적인 텍스트와는 다르게 돋보이도록 표현하려면 워드아트를 사용한다. 워드아트를 사용하면 텍스트를 도형처럼 내부와 윤곽선으로 구분하여 표현할 수 있으며, 여러 가지 형태의 기하학적인 모양으로 텍스트를 표현할 수 있게 된다. 잘 디자인된 텍스트를 시각적으로 보여주는 워드아트를 배우게 되면 멋진 프레젠테이션 자료의 작성이 될 것이다.

1 워드아트 추가

워드아트는 전달하려는 내용에 대하여, 텍스트를 시각적으로 표현하도록 도와주는 유용한 도구이다. 전달하려는 텍스트의 내용에 따라 워드아트의 여러 가지 스타일과 변환 형태를 선택하고, 자신의 의도를 가장 잘 표현하는 스타일을 찾을 때까지 다양한 형식의 스타일을 작성하고 비교하는 연습이 필요하다.

이전의 실습에서 작성하였던 영화 〈어바웃 타임〉 프레젠테이션의 첫 슬라이드를 워드아트를 사용하여 바꿔보도록 하자. 텍스트를 꾸미는 워드아트는 **[그리기 도구/ 서식]** 탭의 [WordArt 스타일 ↘] 그룹에서 이루어진다.

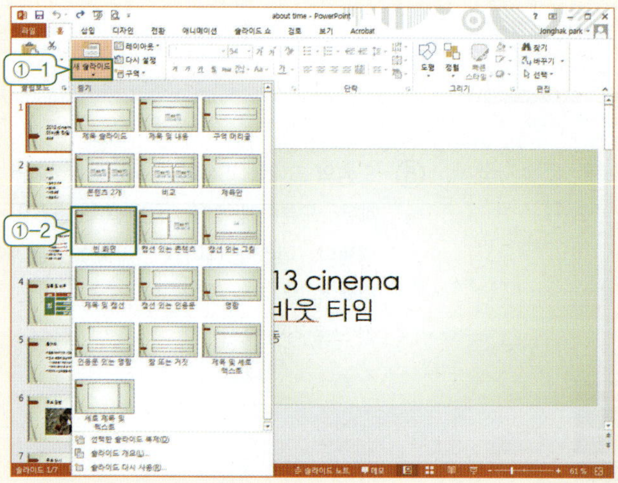

① 첫 번째 슬라이드에서 **[홈]** 탭의 **[새 슬라이드 ▼]**를 클릭하여 〈빈 화면〉 레이아웃으로 새 슬라이드를 추가한다.

② **[네이버 영화]**의 〈어바웃 타임〉에서 포스터를 클릭하고, 오른쪽 마우스 메뉴 **[다른 이름으로 사진 저장]**을 선택한다. 그림 파일의 이름을 'about time'으로 저장한다.

③ **[삽입]** 탭의 **[그림]**을 선택하고 저장한 포스터를 추가한다. 원래 그림의 너비/높이 비율을 유지하며 확대하여 오른쪽에 배치한다.(Ctrl+Shift+드래그)

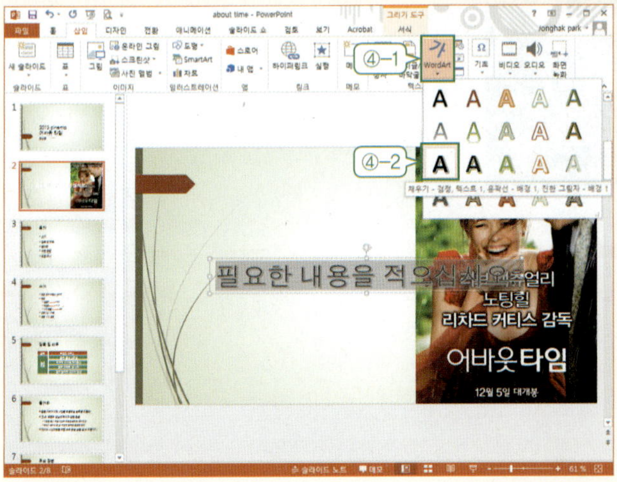

④ **[삽입]** 탭의 [WordArt] 갤러리에서 〈채우기-검정〉을 추가한다. 〈필요한 내용을 적으십시오〉에 '어바웃 타임'을 입력한다.

2 워드아트 스타일

슬라이드에 추가한 워드아트의 스타일을 지정하는 방법은 [그리기 도구/ 서식] 탭의 [빠른 스타일 가]을 클릭하여 갤러리에서 이미 만들어 놓은 스타일을 빠르게 선택하는 방법과 [텍스트 채우기], [텍스트 윤곽선] 또는 [텍스트 효과]에서 사용자가 개별적으로 설정하는 방법을 모두 사용한다. 즉, 우선 빠른 스타일을 선택하고 사용자가 개별적으로 필요한 부분의 스타일을 수정하게 된다.

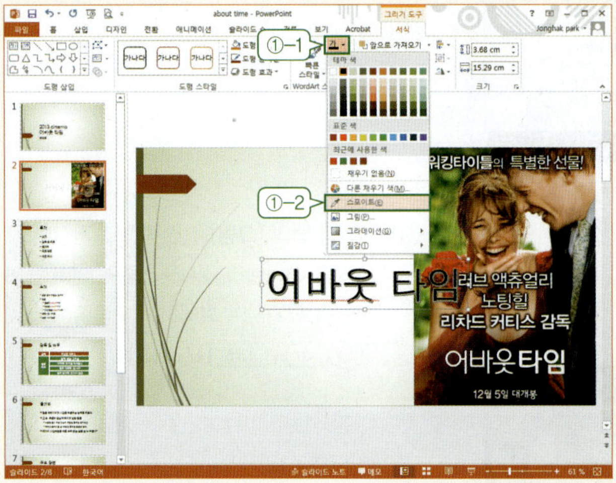

① [개체 선택 모드]에서 [글꼴 크기]를 〈80〉으로 선택하고, [그리기 도구/서식] 탭의 [텍스트 채우기]에서 [스포이트]를 선택하면 스포이트 모양의 마우스 포인터가 나타난다.

② 포스터에 있는 〈메리〉의 빨간색 드레스를 클릭하여 워드아트의 색을 드레스와 같은 색으로 채운다.
[텍스트 채우기]에서 [다른 채우기 색]으로 RGB(205, 21, 20)을 선택하여도 된다.

③ [삽입] 탭의 [WordArt 가] 갤러리에서 〈채우기-황록색〉을 추가하고, 〈필요한 내용을 적으십시오〉에 'About Time, 2013'을 입력한다.

④ [글꼴 크기]를 〈32〉로 설정하고 〈어바웃 타임〉 바로 위로 이동한다.

⑤ [삽입] 탭의 [WordArt 가] 갤러리에서 〈채우기-황록색〉을 추가하고, '홍길동'을 입력한다. [글꼴 크기]를 〈40〉으로 설정하고 〈어바웃 타임〉 아래로 이동한다.

3 텍스트 채우기

워드아트는 도형과 마찬가지로 텍스트의 윤곽선과 내부로 나누는데, 텍스트 채우기는 선택한 텍스트 내부를 단색, 그림 또는 질감으로 채우는 것이다. **[그리기 도구/ 서식]** 탭의 [WordArt **스타일**] 그룹 **[텍스트 채우기 ▼]**를 사용하는 방법은 **[도형 채우기 ▼]**의 방법과 거의 비슷하므로 간단히 설명할 것이다.

① 〈표지〉 슬라이드의 〈어바웃 타임〉 텍스트의 〈타임〉 부분을 선택하고, **[그리기 도구/ 서식]** 탭의 [WordArt **스타일**] 그룹 **[텍스트 채우기 ▼]**를 **[질감]**, 〈녹색 대리석〉으로 선택한다.

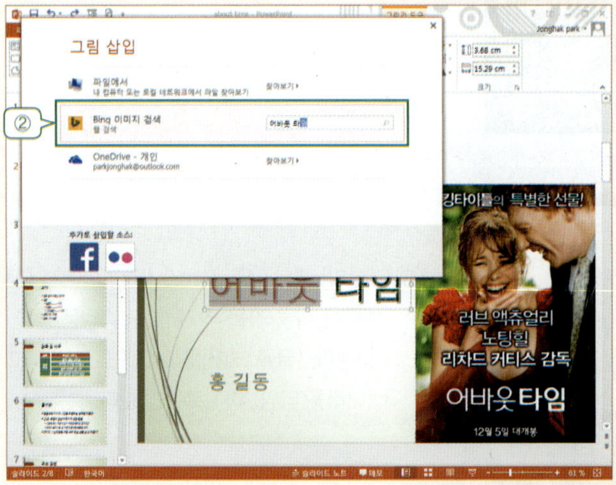

② 이번에는 〈어바웃 타임〉 텍스트의 〈어바웃〉 부분을 선택하고, [WordArt **스타일**] 그룹 **[텍스트 채우기 ▼]**를 **[그림]**으로 [Bing **이미지 검색**]에서 '어바웃 타임'을 입력하였다.

③ [Bing 이미지 검색] 결과에서 〈어바웃 타임〉 영화에 관련된 그림 하나를 선택하고 클릭하였다.

④ 워드아트의 〈어바웃〉 텍스트 부분을 그림의 일부분으로 채우게 된다.

⑤ 〈About Time, 2013〉 텍스트를 선택하고, [텍스트 채우기 ▼]에서 [최근에 사용한 색]에서 스포이트로 채집했던 〈메리의 드레스 색〉을 선택하였다.

4 텍스트 윤곽선

워드아트는 도형과 마찬가지로 텍스트의 윤곽선과 내부로 나누는데, 텍스트 윤곽선은 선택한 텍스트의 테두리를 단색, 그림 또는 질감으로 채우는 것이다. [그리기 도구/ 서식] 탭의 [WordArt 스타일] 그룹 [텍스트 윤곽선]을 사용하는 방법은 [도형 윤곽선]의 방법과 거의 비슷하기 때문에 간단히 설명할 것이다.

① 〈표지〉 슬라이드에서 〈홍길동〉 텍스트를 선택하고, [WordArt 스타일] 그룹의 [텍스트 윤곽선 ▼]을 [스포이트]로 선택하고, 마우스로 진한 녹색의 나무 부분을 선택한다.

② 〈홍길동〉 텍스트의 윤곽선이 진한 녹색의 나무 부분과 같은 색으로 설정된다.

5 텍스트를 워드아트로

이미 입력한 텍스트를 워드아트로 변환하는 것도 가능하다. 텍스트에 워드아트 효과를 적용하기 위하여 텍스트나 텍스트가 포함된 개체를 선택하여 워드아트 빠른 스타일을 적용하면 된다.

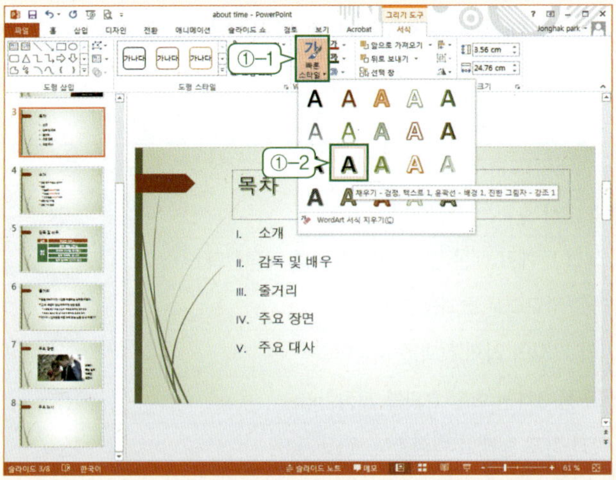

① 〈목차〉 슬라이드의 텍스트에 워드아트 스타일의 효과를 적용하여보자. 〈목차〉 텍스트를 **[그리기 도구/ 서식]** 탭의 **WordArt [빠른 스타일]** 갤러리에서 〈채우기 – 검정〉 스타일을 선택하였다.

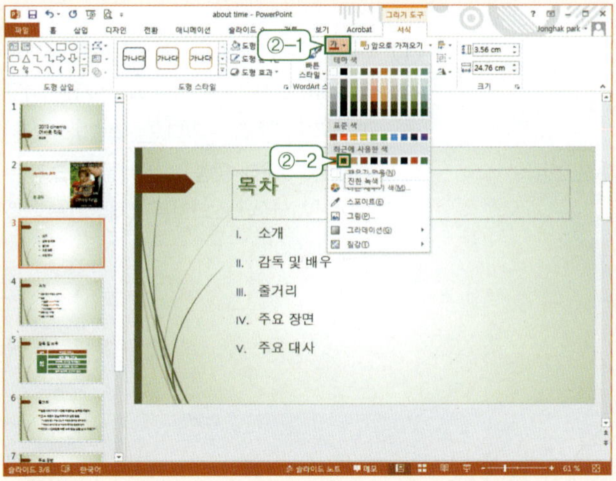

② 〈목차〉 텍스트를 **[WordArt 스타일]** 그룹의 **[텍스트 채우기 ▼]**에서 **[최근에 사용한 색]** 진한 녹색으로 설정한다.

6 텍스트 효과

텍스트 효과에는 그림자, 반사, 네온, 부드러운 가장자리, 입체효과, 3차원 회전, 변환 효과가 있는데, **[그리기 도구/ 서식]** 탭의 [WordArt 스타일] 그룹 **[텍스트 효과]**를 사용하는 방법은 **[도형 효과]**의 방법과 거의 비슷하므로 간단히 설명할 것이다.

다만, 텍스트 효과를 적용하는 데 있어서, **[변환]** 효과는 도형에 없는 것이고, **[텍스트 채우기]**나 **[텍스트 윤곽선]**보다 **[텍스트 효과 ▼]**의 **[변환]** 기능으로 텍스트를 여러 가지 기하학적인 형태로 변환하여 워드아트를 문서의 제목으로 많이 사용한다.

그림자	바깥쪽, 안쪽, 원근감 형태의 그림자 효과를 지정한다.
반사	근접, 1/2, 또는 전체의 반사 효과를 지정한다.
네온	테두리에 여러 가지 색과 두께로 네온 빛이 나는 효과를 지정한다.
부드러운 가장자리	여러 두께의 가장자리로 부드러운 효과를 지정한다.
입체 효과	둥글게, 각지게 등 여러 가지의 입체 효과를 지정한다.
3차원 회전	평행, 원근감, 오블리크 등 3차원 회전 효과를 지정한다.
변환	텍스트를 그림처럼 여러 가지 형태로 변환한다.

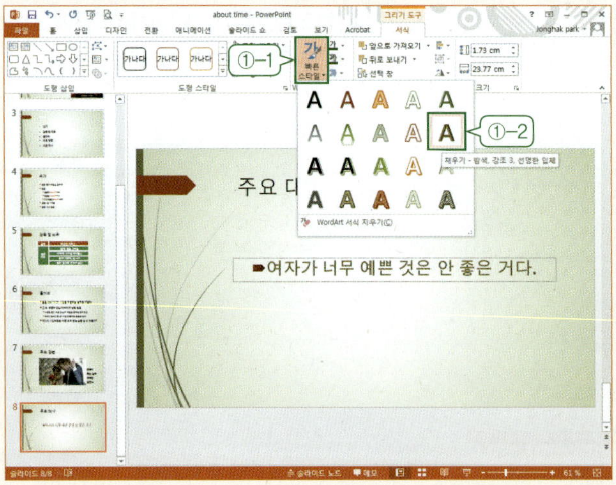

① 〈주요 대사〉 슬라이드에 텍스트의 효과를 적용하여보자. 내용 개체에 '여자가 너무 예쁜 것은 안 좋은 거다.'를 입력하고, **[홈]** 탭에서 **[가운데 맞춤]** 설정, **[글꼴 크기]**는 〈40〉, **[WordArt 스타일]**은 〈채우기–밤색〉으로 설정한다.

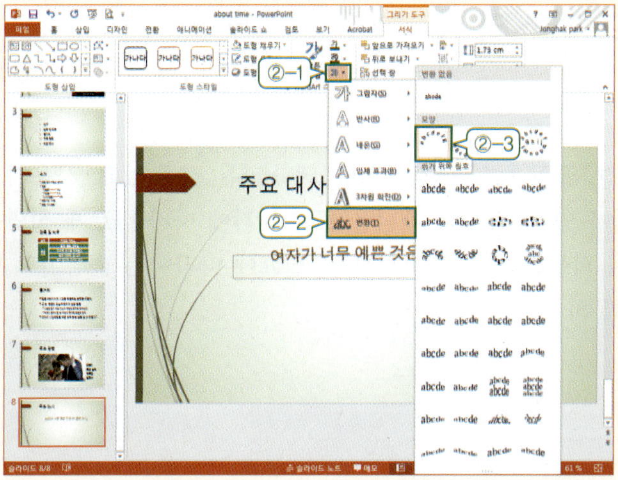

② [WordArt 스타일]의 [텍스트 효과/ 변환]에서 〈위쪽 원호〉를 선택한다.

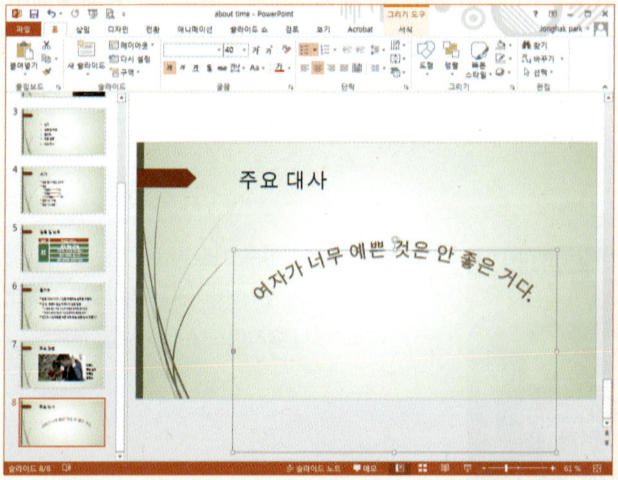

③ 텍스트의 개체 틀을 선택하고 아래 가운데 크기 조절 핸들을 아래로 길게 잡아당긴다.

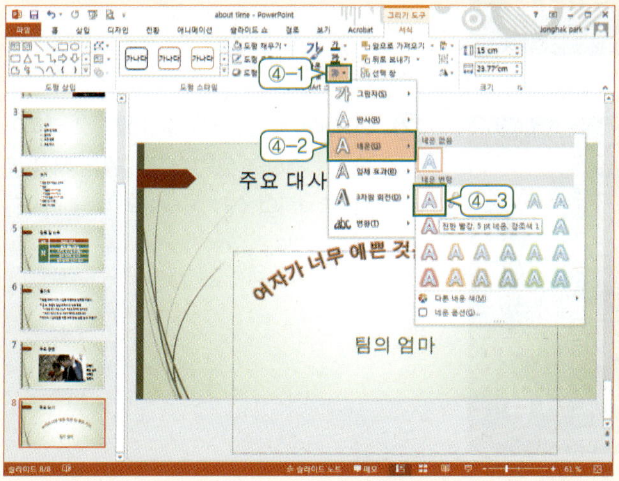

④ [WordArt 스타일]의 [텍스트 효과/ 네온]에서 〈진한 빨강 5pt〉를 선택한다. 그리고 [가로 텍스트 상자]를 추가하여 '팀의 엄마'라고 입력한다.

SECTION 05 테마와 슬라이드 마스터

사용자가 선택하는 프레젠테이션 자료의 배경, 글꼴 등의 디자인으로 [**테마**]라는 것이 있고, 사용자가 배경을 설정하는 개념으로 [**슬라이드 마스터**]가 있는데, 같은 개념을 보는 시각에 따라 다르게 설명하는 것이다. 이제부터는 프레젠테이션 자료에 적합한 테마를 지정하고, 필요에 따라서는 슬라이드 마스터에서 테마를 수정하는 방법을 살펴보도록 하자.

1 테마 지정

테마를 지정한다는 것은 프레젠테이션의 모든 슬라이드에 대하여 배경, 색상, 글꼴 등 프레젠테이션 스타일을 일관적으로 적용하는 것이다. 실제 테마를 지정하여도 슬라이드의 레이아웃에 따라 슬라이드의 배경 디자인이 약간씩 다른데, 〈제목 슬라이드〉 레이아웃의 디자인은 프레젠테이션 자료의 표지 역할을 하므로 일반적으로 다른 레이아웃보다 화려하게 작성된다.

① 이제까지 실습 자료는 〈줄기〉 테마를 사용하였고, 첫 슬라이드는 〈빈 화면〉 레이아웃에서 슬라이드를 작성하였다.

② 첫 슬라이드를 〈제목 슬라이드〉로 레이아웃을 변경하고 워드아트를 [**원본 서식 유지**] 복사하여 〈줄기〉 테마의 다른 디자인으로 되었다.

테마 설정은 [디자인] 탭의 [테마 갤러리 ▼]를 클릭하여 하나의 테마를 선택하면 된다. 그리고 테마 스타일을 유지하면서 [색], [글꼴], [효과], [배경 스타일]을 사용자가 필요에 따라 추가로 변경하면 테마 설정을 마치게 된다.

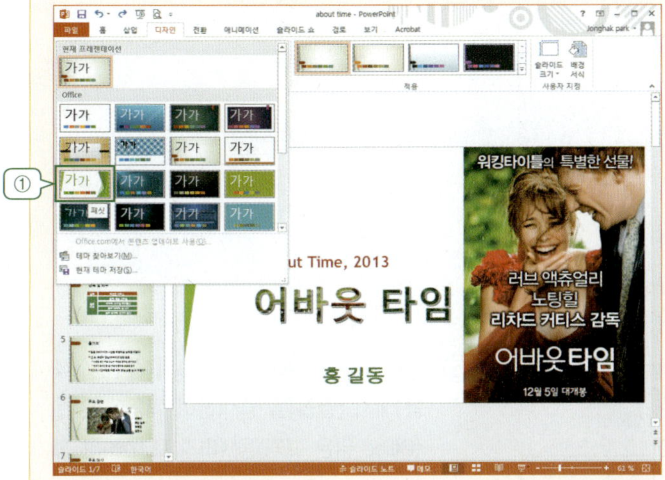

① [디자인] 탭의 [테마 갤러리 ▼]를 클릭하여 〈패싯〉 테마를 선택하였다. 테마가 적용되면 이전과는 다른 배경 디자인, 색상, 글꼴 등이 모든 슬라이드에 적용된다.

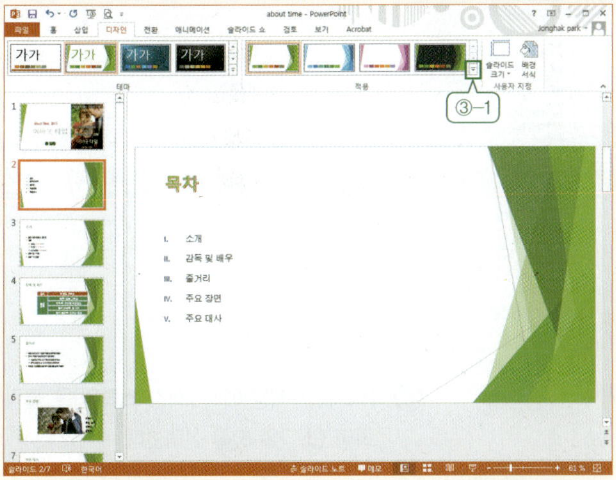

② 테마 지정으로 〈목차〉 슬라이드는 디자인 외에도 많이 변경되어, 이전의 서식 적용을 다시 해야 하는 슬픈 일이 발생하게 된다.(프레젠테이션 자료의 작성 도중에 테마를 변경하는 일은 슬라이드 마스터를 다룰 능력이 없다면 하지 않는 것이 낫다.)

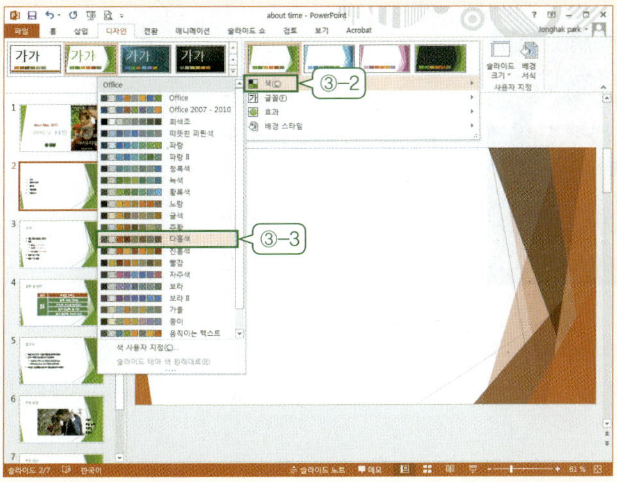

③ [디자인] 탭의 [적용] 자세히(▼)를 클릭하여 [색]을 〈다홍색〉으로 선택하였다. 마우스를 이동하면서 디자인의 색이 어떻게 변하는지 〈미리 보기〉하며 선택한다.

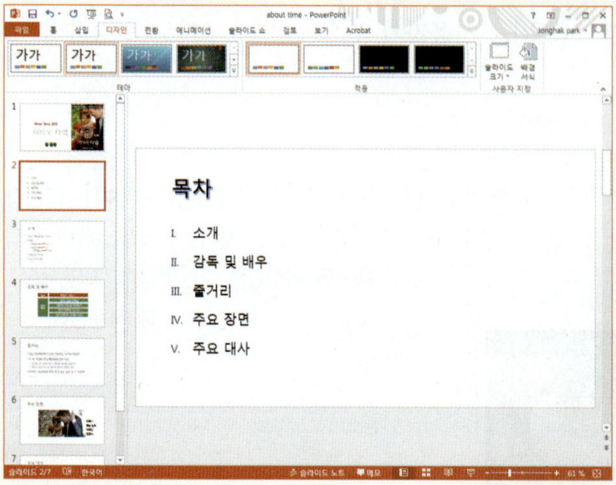

④ 테마가 지정되지 않은 하얀 도화지 같은 처음의 상태로 돌아가려면 〈office〉 테마를 선택하면 된다.

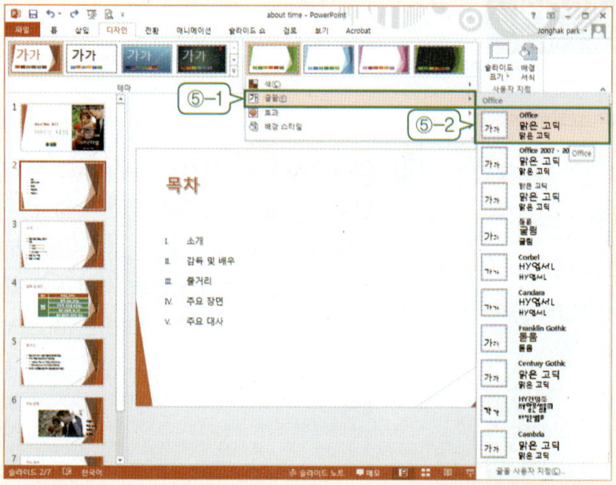

⑤ Ctrl+Z로 실행 취소하고, **[디자인/ 적용]**에서 **[글꼴]**을 클릭하여 처음에 있는 〈Office 맑은 고딕〉을 〈미리 보기〉하며 선택한다.

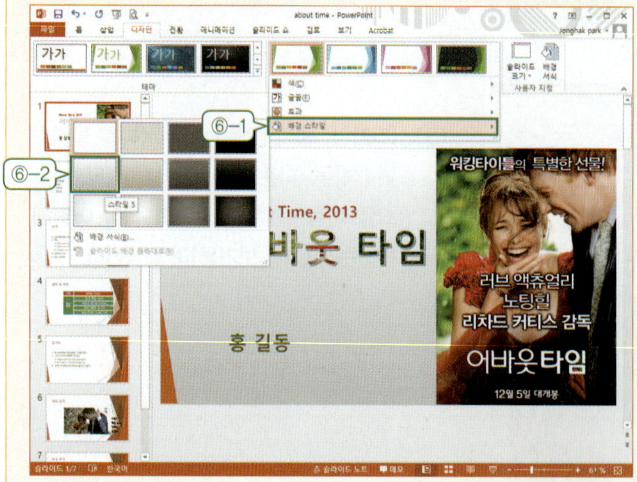

⑥ **[디자인/ 적용]**에서 **[배경 스타일]**을 클릭하여 〈스타일 5〉를 선택한다.

⑦ 새롭게 테마를 적용하면 이전에 작성했던 슬라이드의 내용 가운데 어울리지 않는 부분을 수정하여야 한다. 〈주요 장면〉 슬라이드에서 그림과 텍스트의 위치를 왼쪽으로 수평 이동한다.

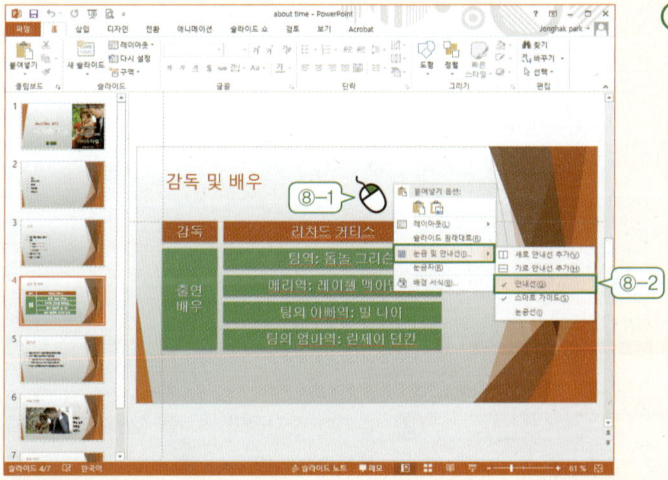

⑧ 슬라이드의 여백에서 오른쪽 마우스 메뉴 **[눈금 및 안내선 ▶]**의 〈안내선〉을 클릭하면 안내선이 나타난다.
〈주요 장면〉 슬라이드에서 그림 위치로 안내선을 이동하고 〈감독 및 배우〉 슬라이드에서 도형들을 안내선 위치로 이동한다. (안내선은 슬라이드 내의 위치를 기억하여 다른 슬라이드 사이의 자료를 맞추는 데 유용하다.)

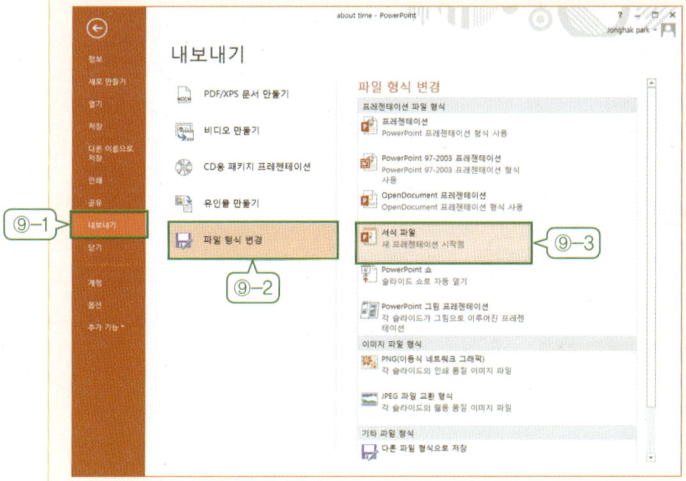

⑨ 이제까지 적용한 테마와 색, 글꼴, 배경 스타일을 다시 사용하려면 서식을 저장하여야 한다. **[파일]** 탭 **[내보내기]** **[파일 형식 변경]**에서 **[서식 파일]**을 선택하여 저장하고, 필요할 때 사용한다.

2 배경 서식

테마 지정 외에도 나만의 배경을 사용하는 방법으로 배경 서식이 있다. 도형에 서식을 적용하던 것처럼 슬라이드의 배경을 단색, 그라데이션, 그림 또는 질감, 패턴으로 채우는 방법이다. 배경 서식은 일반적으로 선택한 슬라이드에 적용되고 모든 슬라이드에 적용하기 위해서는 **[모두 적용]** 단추를 클릭하여야 한다.

Tip 배경 서식을 적용하기 위하여 슬라이드의 바탕을 클릭하고 오른쪽 마우스 메뉴 [배경 서식]을 선택하여도 된다.

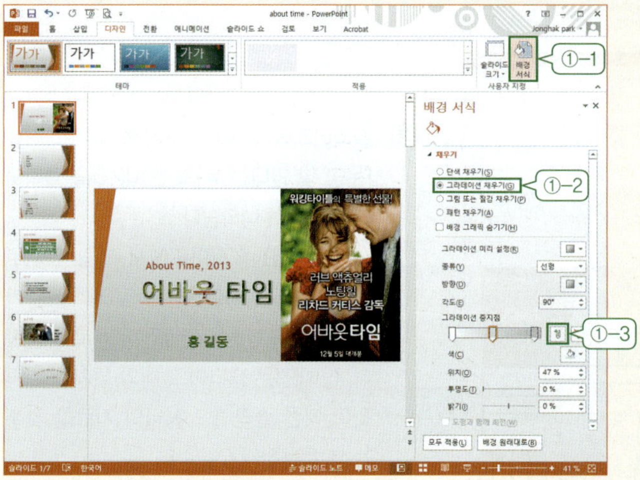

① 〈표지〉 슬라이드에서 **[디자인]** 탭의 **[사용자 지정/ 배경 서식]**을 클릭하면 오른쪽에 **[배경 서식]** 창이 나타난다. 서식 창에서 **[그라데이션 중지점 추가]**를 클릭하면 가운데 중지점이 추가된다.

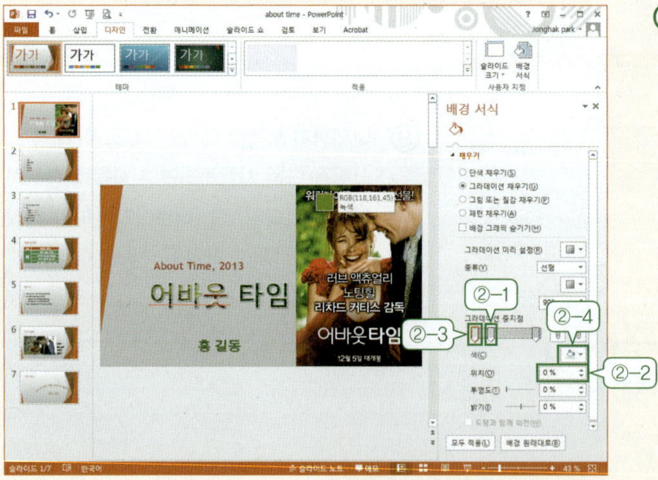

② 추가한 중지점의 위치를 〈25%〉가 되도록 왼쪽으로 이동한다. 첫 번째 중지점을 클릭하고, 바로 아래의 색에서 **[스포이트]**를 선택하여 포스터의 녹색을 선택한다.

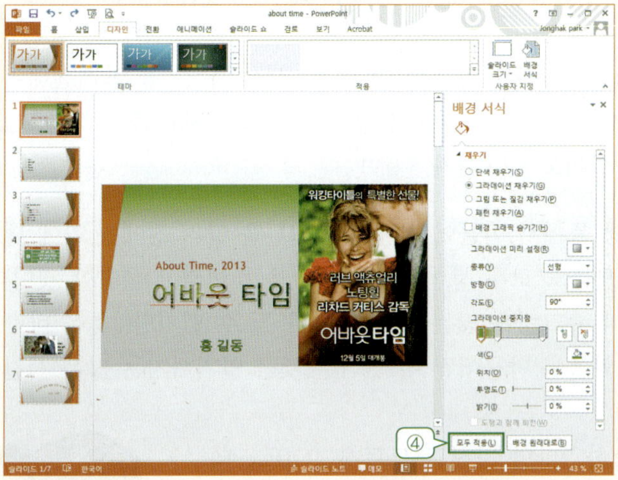

③ 슬라이드 상단 부분이 25%만 녹색 그라데이션으로 된다. 이제까지 배경 서식은 〈표지〉 슬라이드만 적용되었다.

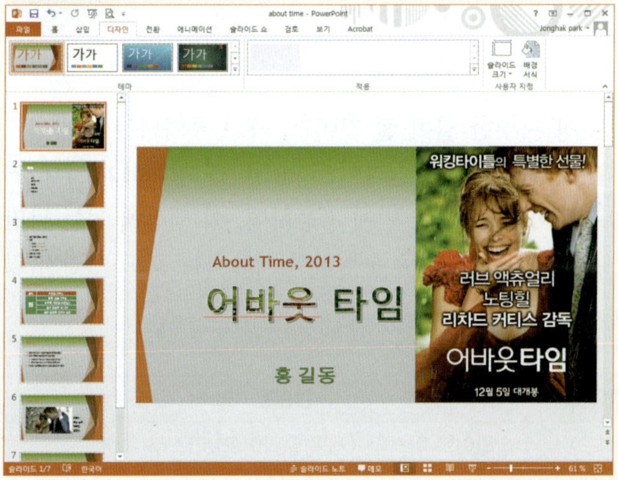

④ [배경 서식] 창의 아래에 [모두 적용] 단추를 클릭하면 모든 슬라이드에 적용되며, 슬라이드 마스터의 설정에도 반영된다.

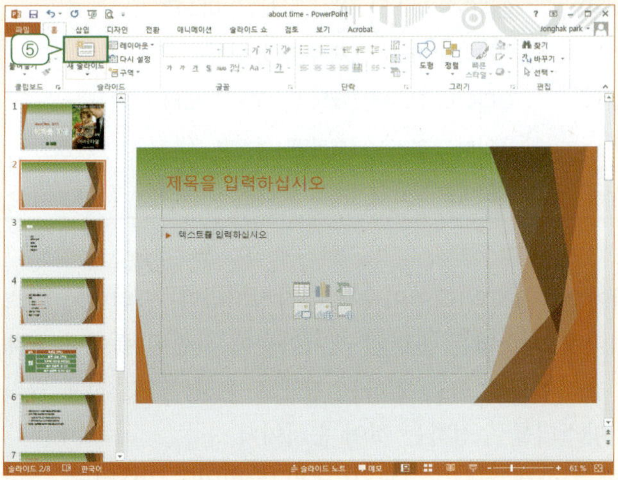

⑤ 새 슬라이드를 추가하면 나만의 배경을 가진 새로운 테마의 슬라이드가 추가될 것이다.

3 슬라이드 마스터

테마를 지정한다는 것은 프레젠테이션의 모든 슬라이드에 대하여 배경, 색상, 글꼴 등 프레젠테이션 스타일을 일관적으로 적용하는 것이다. 이제부터는 프레젠테이션 자료에 적합한 테마를 지정하고, 슬라이드 마스터에서 테마를 수정하는 방법을 살펴보도록 하자.

붕어빵은 자신이 붕어빵 틀에서 만들어진 출생의 비밀을 알기 전에는 틀에 대하여 알지 못하고, 다른 빵들도 모두 붕어빵처럼 생겼을 것이라고 생각할 것이다. 붕어빵에 단팥이 아니라 슈크림을 넣는 것도 변화가 될 수 있지만, 틀을 바꾸면 붕어빵과는 전혀 다른 와플이 만들어질 수 있다는 것을 알기까지는 많은 시간이 걸릴 것이다.

이제까지 테마를 모르고 파워포인트를 사용하였다면 자신도 모르게 〈Office 테마〉에서 주어진 배경, 색상, 글꼴을 사용하며 자료를 작성하였던 것이고, 새로운 테마를 지정하여 사용하였다면 다른 사람이 만들어 놓은 테마(슬라이드 마스터)를 사용하였던 것이다.

슬라이드마다 동일한 작업을 반복하는 것은 무척 지루한 일이 될 것이고, 새로 추가하는 슬라이드에도 동일한 작업을 하게 된다면 무척 귀찮은 일이 될 수 있다. 슬라이드 마스터를 이해하고 제대로 사용하게 되면 슬라이드 전체를 원하는 형태로 수정하는 것이 한 번에 가능하여, 이 세상에 없는 나만의 테마를 만들 수도 있고 다른 사람의 테마를 내가 원하는 형태로 수정하여 사용하는 것도 어렵지 않을 것이다.

슬라이드	슬라이드 제목	사용된 레이아웃	관련된 마스터
1	〈표지〉	〈제목 슬라이드〉	슬라이드 마스터, 〈제목 슬라이드〉 마스터
2	목차	〈제목 및 내용〉	슬라이드 마스터, 〈제목 및 내용〉 마스터
3	소개	〈제목 및 내용〉	슬라이드 마스터, 〈제목 및 내용〉 마스터
4	감독 및 배우	〈제목만〉	슬라이드 마스터, 〈제목만〉 마스터
5	줄거리	〈제목 및 내용〉	슬라이드 마스터, 〈제목 및 내용〉 마스터
6	주요 장면	〈제목만〉	슬라이드 마스터, 〈제목만〉 마스터
7	주요 대사	〈제목 및 내용〉	슬라이드 마스터, 〈제목 및 내용〉 마스터

앞의 예에서 작성한 〈어바웃 타임〉 프레젠테이션은 3개의 레이아웃으로 작성되었다. 슬라이드 마스터는 모든 슬라이드에 관련된 틀이며, 각 레이아웃 마스터는 관련된 레이아웃에 관련된 틀이다. 〈제목 및 내용〉 레이아웃을 사용하는 2, 3, 5, 7번 슬라이드의 틀을 원하는 형태로 수정하려면 전체 슬라이드 마스터를 먼저 살펴보고, 〈제목 및 내용〉 마스터를 수정하는 것이 순서이다.

슬라이드 마스터 작업은 **[마스터 보기]** 모드에서 하게 되는데, **[보기]** 탭의 **[슬라이드 마스터]**를 클릭하거나 Shift + (상태 표시줄의 기본 보기)를 사용하면 **[마스터 보기]** 모드가 된다. 슬라이드 마스터 작업을 마치려면 **[슬라이드 마스터]** 탭의 **[마스터 보기 닫기]** 단추를 클릭하거나 **[기본 보기]**를 클릭하면 된다.

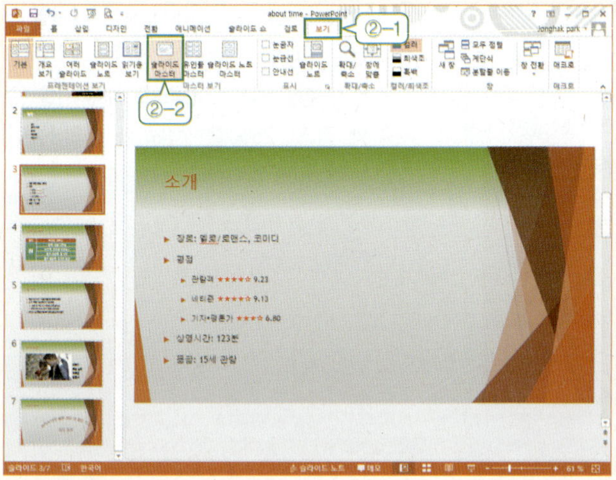

① 앞에서 작성한 〈어바웃 타임〉의 2~7번 슬라이드는 제목 개체의 **[글꼴 크기]**가 작고, 잘 보이지 않아 수정해야 할 필요가 있다. 또한 텍스트의 내용이 많지 않기에 텍스트가 왼쪽으로 치우친 느낌이 있다.

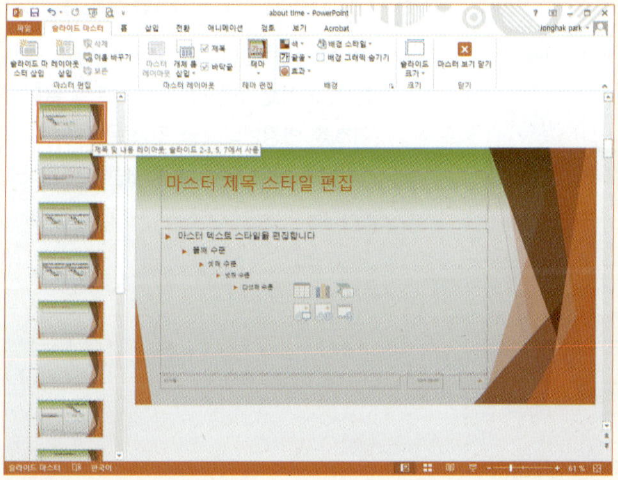

② **[보기]** 탭의 **[슬라이드 마스터]**를 클릭하면 **[마스터 보기]** 모드가 되며, **[슬라이드 마스터]** 탭이 나타난다. 〈소개〉 슬라이드에서 **[마스터 보기]** 모드가 되었기 때문에, 〈제목 및 내용〉 레이아웃 마스터가 나타나고, 축소 창의 스크린 팁으로 〈제목 및 내용 레이아웃, 슬라이드 2-3, 2-5, 2-7에서 사용〉을 확인할 수 있다.

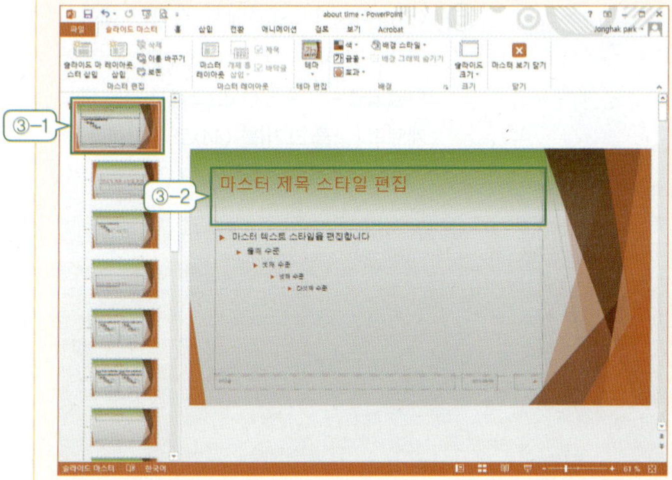

③ 왼쪽의 슬라이드 축소창은 맨 위에 〈슬라이드 마스터〉가 있고, 아래에 각 레이아웃의 〈마스터〉가 보인다. 축소 창에서 〈슬라이드 마스터〉를 클릭하고, 〈마스터 제목〉 개체 틀을 선택하여 서식을 변경한다.

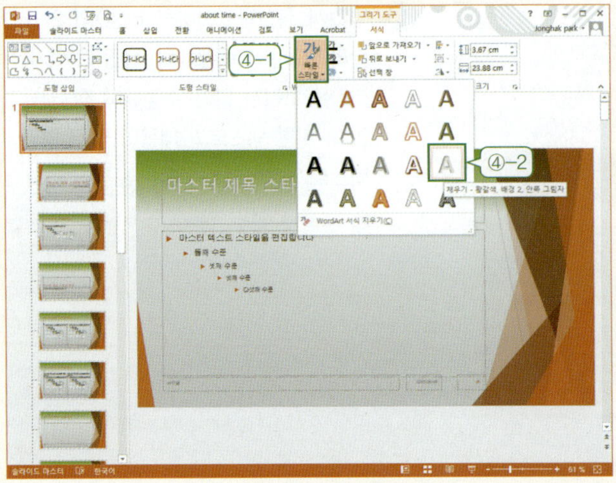

④ [개체 틀 선택 모드]에서 서식을 [글꼴 크기]는 〈44〉로, [WordArt 스타일 ▼]은 〈채우기-황갈색〉으로, [텍스트 채우기]를 〈주황, 강조1, 25%〉를 선택하고, 틀의 [높이]는 '3'cm로 입력한다.

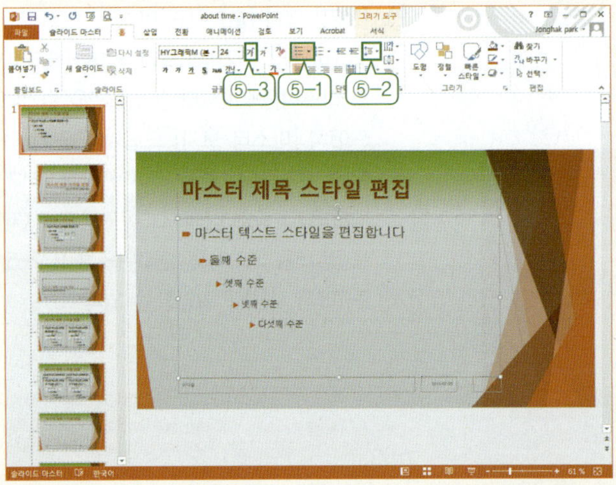

⑤ 마스터의 모든 틀을 선택하고 약간 오른쪽으로 이동한다. 〈마스터 텍스트〉 개체 틀의 크기를 조절하고, 텍스트의 글머리 기호를 변경한다. [줄 간격]은 〈1.5〉로 하고 [글꼴 크기 크게 가]를 3번 클릭한다.

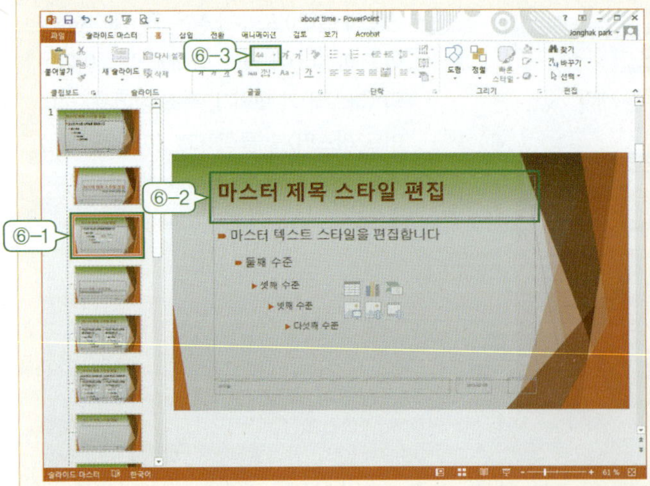

⑥ 〈슬라이드 마스터〉에서 수정한 내용이 〈제목 및 내용〉 레이아웃의 마스터에서 반영되었는지 확인하고, 그렇지 않은 제목 개체의 [글꼴 크기]를 〈44〉로 변경한다.

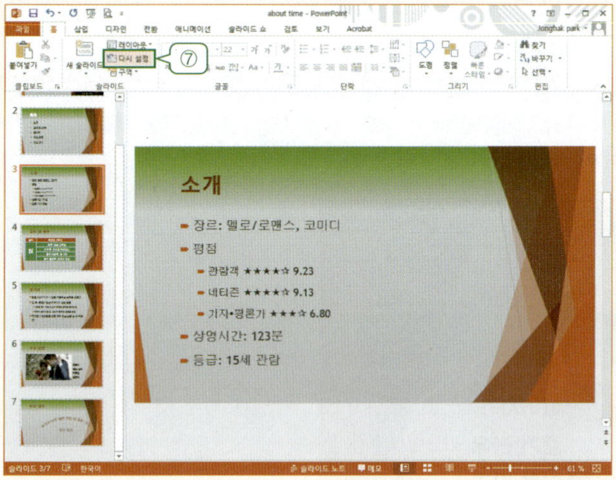

⑦ [슬라이드 마스터] 탭의 [마스터 보기 닫기]를 클릭한다. 〈소개〉 슬라이드에서 [홈] 탭의 [다시 설정]을 클릭하여 슬라이드 마스터의 서식이 적용되었는지 확인한다.

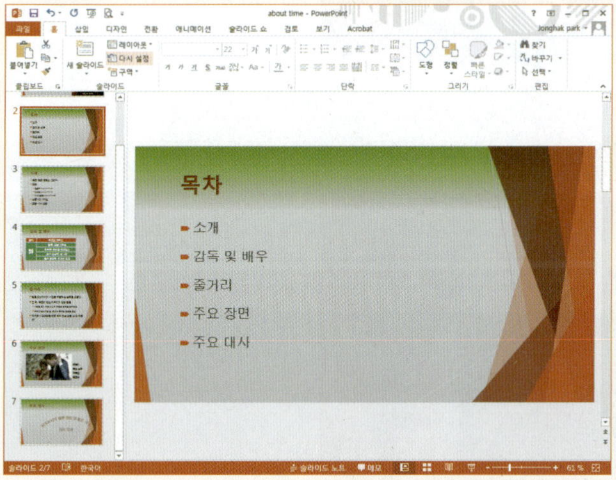

⑧ 〈목차〉 슬라이드에서 [홈] 탭의 [다시 설정]을 클릭하여 슬라이드 마스터의 서식이 적용되었는지 확인한다. 다른 슬라이드들도 동일한 스타일로 유지한다. 오른쪽 마우스 메뉴 [슬라이드 원래대로]를 선택하여도 된다.

연습문제 EXERCISE

1. 텍스트 상자를 사용하여 다음과 같은 슬라이드를 작성하라.

2. 도형에 텍스트와 그림 채우기를 사용하여 다음과 같은 슬라이드를 작성하라.

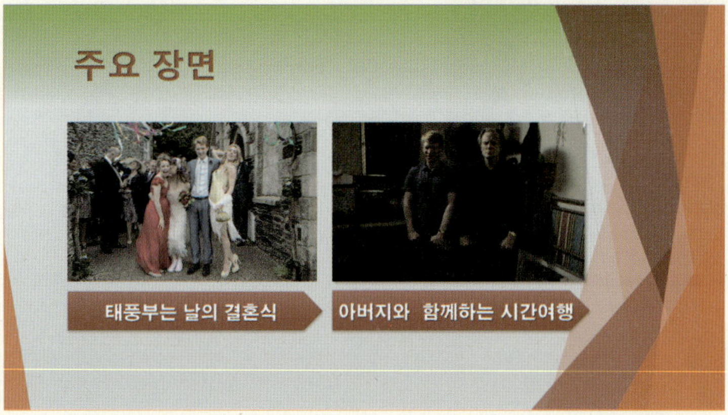

3. 그림과 스마트아트를 사용하여 다음과 같은 슬라이드를 작성하라.

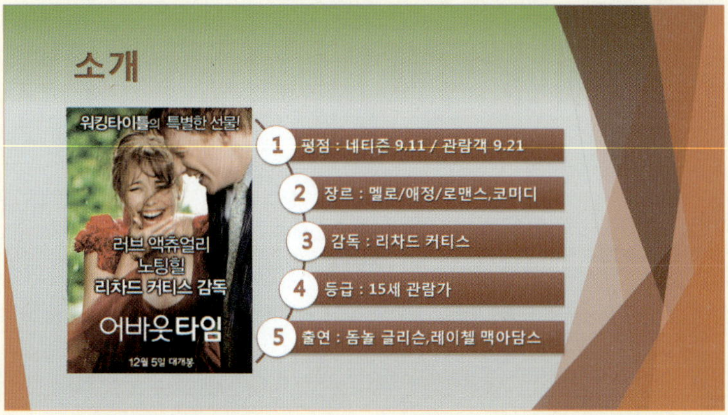

4. 〈이온〉 테마를 사용하여 다음과 같은 슬라이드를 작성하라.

5. 워드아트를 사용하여 다음과 같은 슬라이드를 작성하라.

6. 〈줄기〉 테마, 워드아트를 사용하여 다음과 같은 슬라이드를 작성하라.

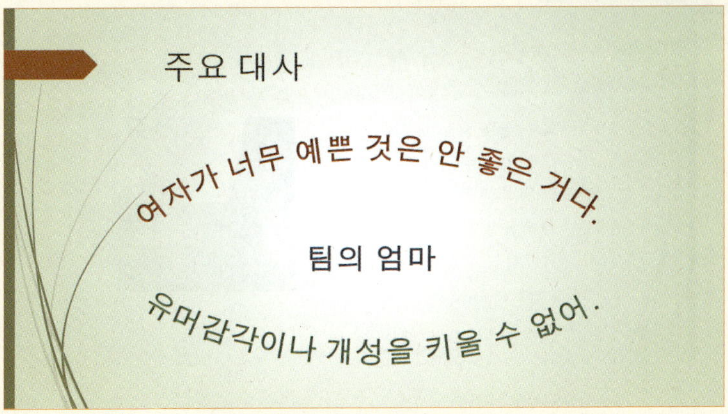

연습문제 EXERCISE

7. 〈줄기〉 테마, 워드아트, 스마트아트를 사용하여 다음과 같은 슬라이드를 작성하라.

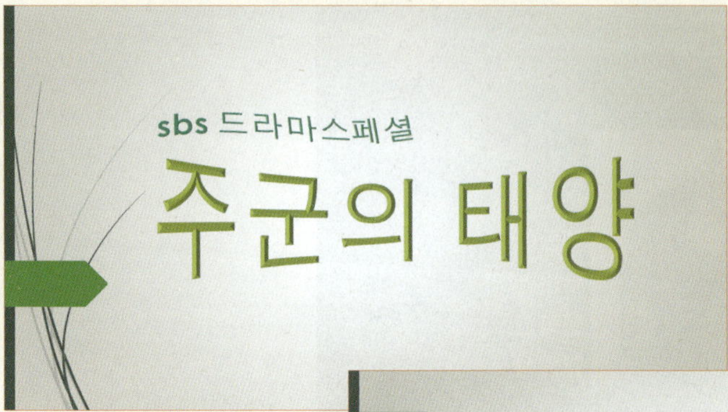

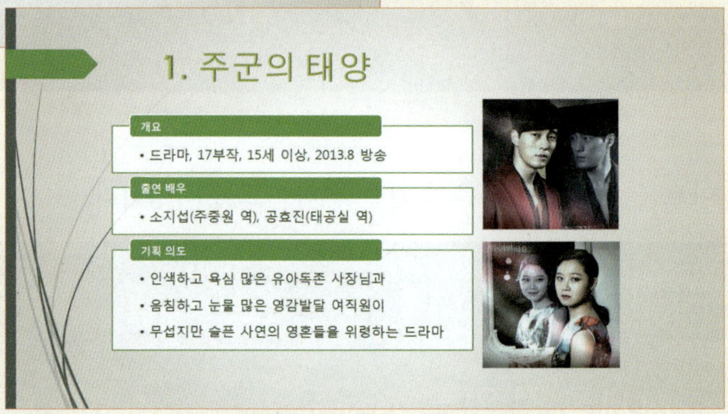

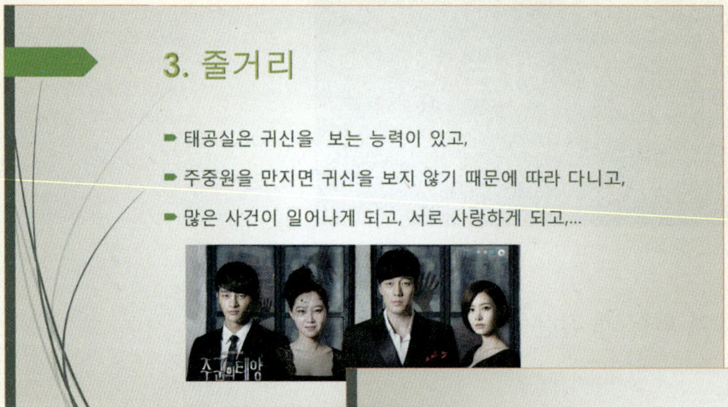

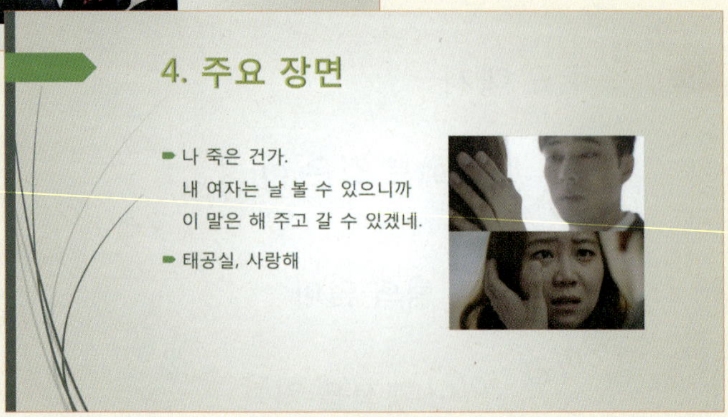

8. 〈줄기〉 테마, 워드아트, 스마트아트를 사용하고, 필요하면 슬라이드 마스터를 수정하여 다음과 같은 슬라이드를 작성하라.

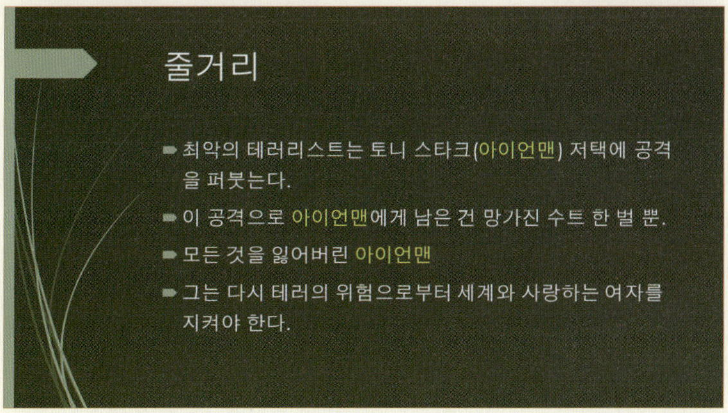

그림

자신의 생각을 표현하는 데 기본이 되는 것은 텍스트이다. 그런데 텍스트는 읽고 이해하는 데 생각하는 시간이 필요하므로 좋은 프레젠테이션 자료는 보통 텍스트의 의미를 직관적으로 이해할 수 있도록 그림으로 표현하고, 텍스트는 적거나 없는 경우가 많다. 텍스트의 의미가 잘 이해되고 유추될 수 있는 그림으로 표현하는 것은 매우 어렵더라도 꼭 필요한 일이므로 많은 연습과 노력이 필요하다. 자신의 생각을 효과적으로 표현하려면 프레젠테이션 자료에서 그림을 적절하게 다루는 것이 필요하다.

CHAPTER 14 그림

SECTION 01 그림 추가

좋은 프레젠테이션 자료는 자신의 생각을 효과적으로 전달할 수 있는 그림을 적절하게 사용하는 것이다. 전문적인 그림 편집 프로그램보다는 부족하지만 파워포인트는 그림을 쉽고 편리하게 다룰 수 있는 기능들이 있다. 디지털 카메라의 영향으로 필요한 사진을 쉽게 얻을 수 있게 되었지만, 다른 사람의 블로그 사진들은 비영리 목적일지라도 저작권법을 침해할 수 있으니, 저작권자의 허락을 받고 사용하는 것이 프레젠테이션 자료로서 문제가 발생하지 않는다.

1 슬라이드에 그림 추가

내 컴퓨터의 그림 파일을 슬라이드에 추가하려면 [삽입] 탭에서 [그림]을 선택하여 추가한다. 웹 사이트의 그림이나 사진을 슬라이드에 추가하는 방법은 여러 가지가 있다.

[삽입] 탭의 메뉴	그림 추가 방법
[그림]	그림에서 오른쪽 마우스 메뉴 [다른 이름으로 사진 저장]으로 내 컴퓨터에 저장하고 슬라이드에 [그림]으로 추가한다.
단축키	그림에서 오른쪽 마우스 메뉴 [복사]를 선택하고 슬라이드에서 단축키 Ctrl+V로 붙여넣는다.
[스크린샷] [화면 캡쳐]	그림의 복사가 되지 않거나 일부만 추가하려면 [스크린샷]의 [화면 캡쳐]를 사용하여 그림의 일부를 마우스로 캡쳐하여 추가한다.
[스크린샷]	현재 사용 중인 윈도우 창을 슬라이드에 추가하려면 [스크린샷]에서 창을 선택하여 추가한다.
[온라인 그림]	[온라인 그림]의 [Bing 이미지 검색]에서 적당한 키워드로 검색하여 슬라이드에 추가한다. (Microsoft의 정책으로 클립아트 서비스는 종료되었다.)

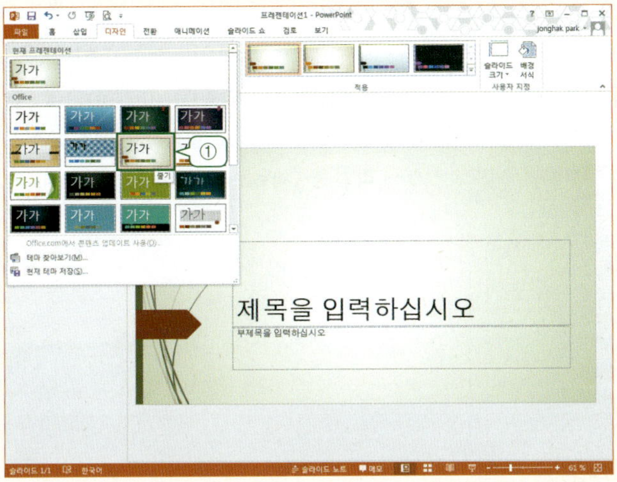

① 새 프레젠테이션을 만들고 **[디자인]** 탭의 **[테마]** 갤러리에서 〈줄기〉 테마로 설정한다.

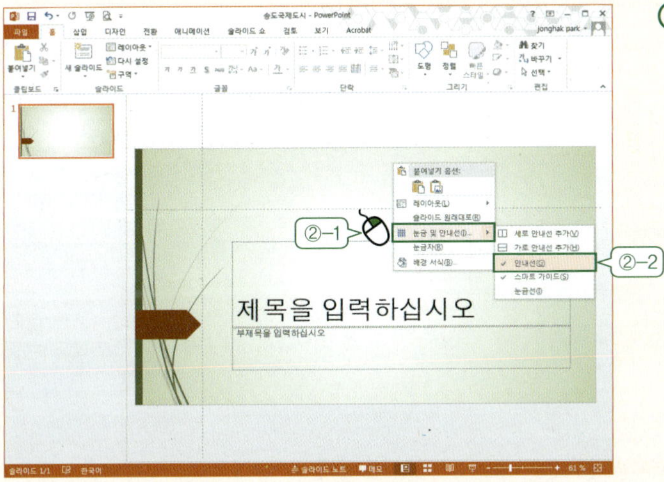

② 오른쪽 마우스 메뉴 **[눈금 및 안내선 ▶]**의 **[안내선]**을 체크하면 가로/세로 그리기 안내선이 나타난다. 가로 안내선을 〈▲ 5.0〉, 세로 안내선을 〈◀ 12.0〉으로 드래그한다.

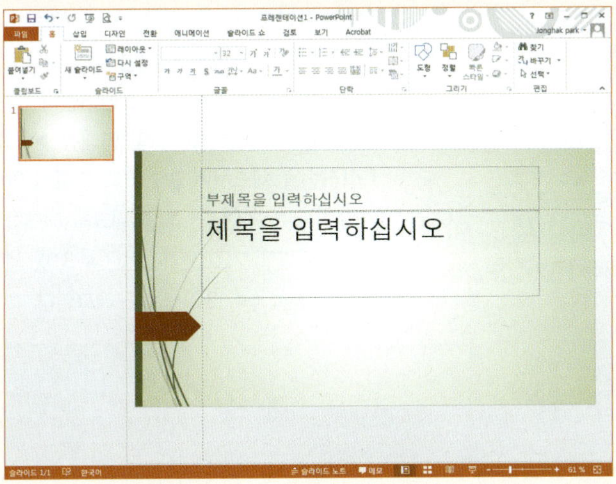

③ 부제목 개체 틀을 안내선 교차점 위로 드래그하고, 제목 개체 틀을 안내선 교차점 아래로 드래그한다.

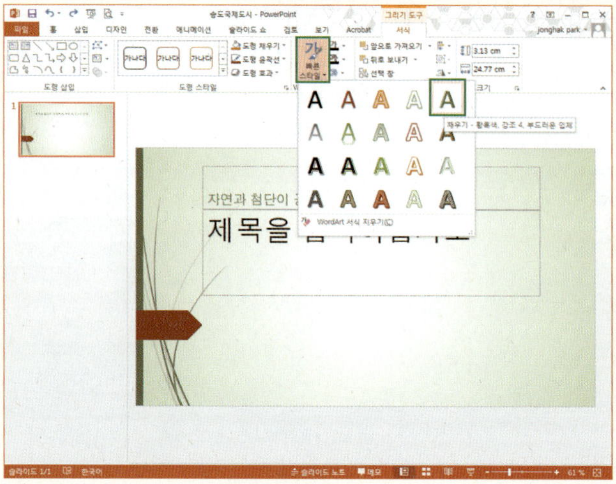

④ 부제목은 '자연과 첨단이 공존하는 국제 비즈니스 도시'를 입력하고, **[홈]** 탭에서 **[단락/ 텍스트 맞춤]**을 〈아래쪽〉으로, **[글꼴 크기]**는 〈28〉로 설정하고, [WordArt 스타일]은 〈채우기-황록색〉을 선택한다.

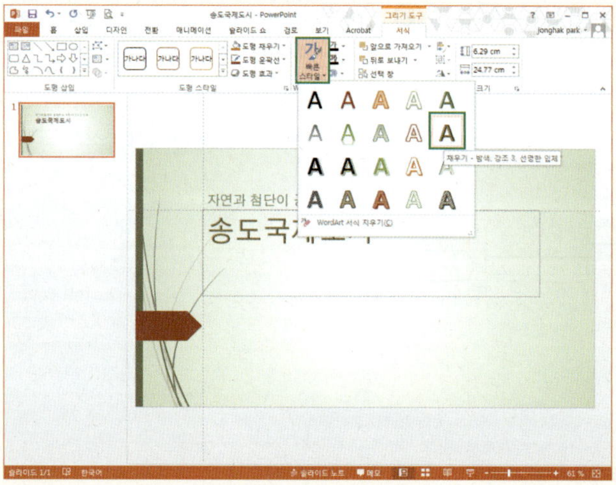

⑤ 제목에는 '송도국제도시'를 입력하고, **[홈]** 탭에서 **[단락/ 텍스트 맞춤]**을 〈위쪽〉, **[글꼴 크기]**는 〈60〉으로 설정하고, [WordArt 스타일] 〈채우기-밤색〉을 선택한다.

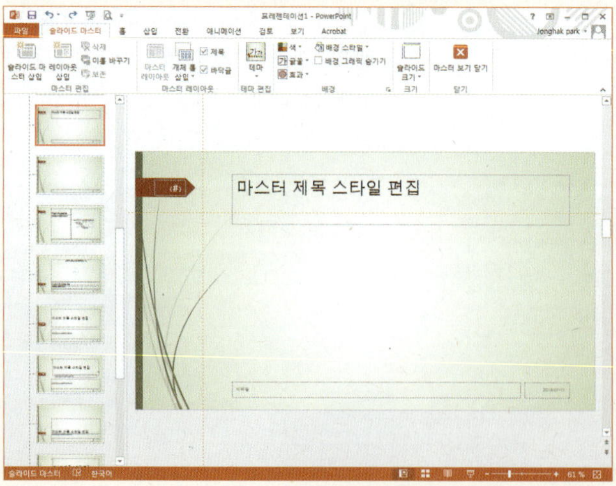

⑥ **[새 슬라이드 ▼]**를 〈제목만〉 레이아웃으로 추가하고, 단축키 Shift+ 를 클릭하여 **[마스터 보기]** 모드로 들어간다. 오른쪽 마우스 메뉴 **[눈금 및 안내선 ▶]**의 **[안내선]**을 체크하면 마스터의 주황색 안내선이 나타난다. (안 되면 체크를 해제하고 다시 체크) 가로 안내선을 〈▲ 5.0〉, 세로 안내선을 〈◀ 12.0〉으로 드래그한다.

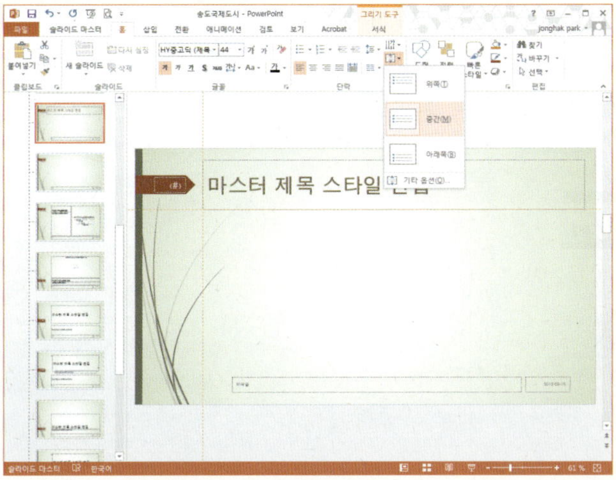

⑦ 제목 개체 틀을 안내선 위로 이동하고, 개체 틀의 [너비]는 '28'cm로 입력한다. [WordArt 스타일]을 〈채우기-밤색〉으로, [홈] 탭에서 [글꼴 크기]는 〈44〉로, [단락/텍스트 맞춤]을 〈중간〉으로 설정한다.

⑧ 인천경제자유구역청 관광 맛집 블로그(blog.naver.com/ifezucity)의 그림을 참조하여 그림을 사용하는 방법을 설명한다.

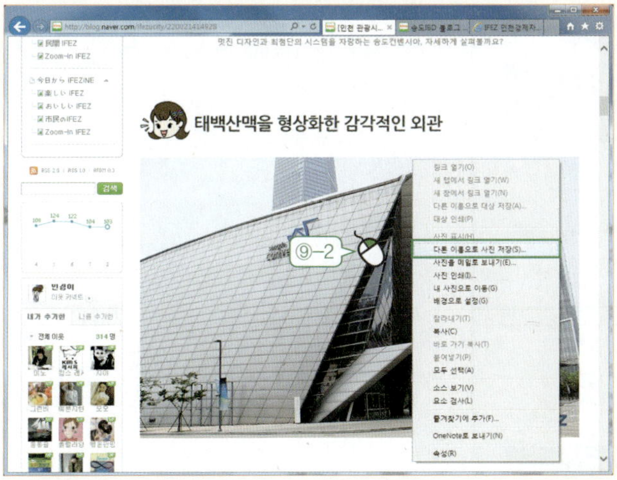

⑨ 관광맛집 블로그 왼쪽의 [블로그], 아래의 [즐거운 눈(관광)]에서 〈송도 컨벤시아〉를 검색한다. 추가하려는 컨벤시아 사진에 마우스를 올리고, 오른쪽 마우스 메뉴 [다른 이름으로 사진 저장]을 클릭하여 파일 이름을 '컨벤시아'로 저장한다.

⑩ [새 슬라이드 ▼]를 〈제목만〉 레이아웃으로 추가하고, 슬라이드의 제목을 '송도 컨벤시아'로 한다. [삽입] 탭의 [그림]을 클릭하여, 그림을 슬라이드에 추가한다.

⑪ 슬라이드에 추가된 그림을 안내선 교차점으로 이동한다.(실습을 위하여 직접 촬영한 사진으로 대체하였다.)

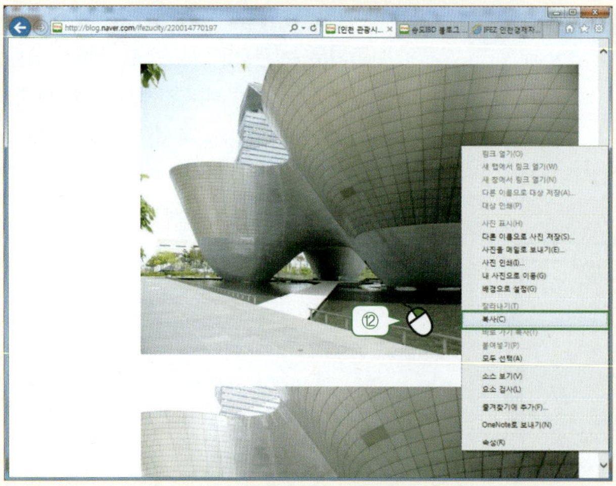

⑫ 계속하여 〈송도 트라이볼〉을 검색한다. 트라이볼 사진에 마우스를 올리고, 오른쪽 마우스 메뉴 [복사]를 클릭하여 그림 파일을 클립보드에 저장한다.

⑬ [새 슬라이드]를 추가하고, 붙여넣기 Ctrl+V를 입력하면, 트라이볼 그림이 추가된다. 슬라이드의 제목은 '송도 트라이볼'로 하고, 그림을 이동한다.(실습을 위하여 직접 촬영한 사진으로 대체하였다.)

⑭ [새 슬라이드]를 추가하고, 제목을 '송도 G-Tower'로 입력한다. 그림을 검색하여 추가하기 위하여 **[삽입]** 탭의 **[온라인 그림]**에서 [Bing **이미지 검색**]에 '송도 G-Tower'로 검색한다.

⑮ CCL(Creative Commons License) 적용되는 이미지가 결과 없음으로 되어, 모든 웹 결과 보기 를 클릭하면 〈이미지를 삽입하기 전에 적절한 권한이 있는지 확인하세요〉 문구와 함께 많은 사진이 나타난다.

⑯ 저작권 문제를 고려하여 그림을 추가한다.(실습을 위하여 직접 촬영한 사진으로 대체하였다.)

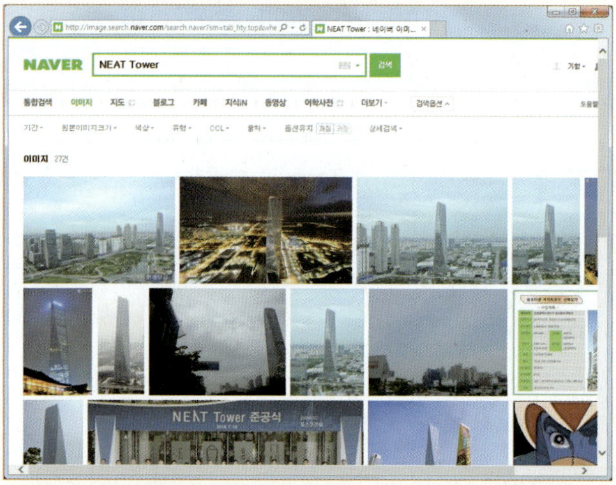

⑰ 네이버에서 'NEAT Tower'를 이미지로 검색하면 많은 사진이 나타난다. 그 가운데 하나의 사진을 **[다른 이름으로 사진 저장]**을 사용하여 저장한다.

⑱ **[새 슬라이드]**를 추가하고, 제목을 '송도 NEAT Tower'로 입력한다. **[삽입]** 탭에서 그림을 추가한다.(실습을 위하여 직접 촬영한 사진으로 대체하였다.)

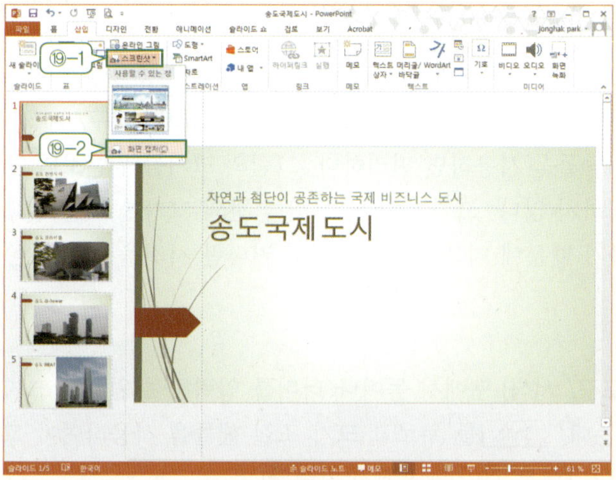

⑲ **[관광맛집 블로그]** 사이트의 메인 페이지 그림 일부를 첫 번째 〈표지〉 슬라이드에 추가하려고 한다. **[삽입]** 탭 **[스크린샷]**의 **[화면 캡처]**를 클릭한다.

⑳ 화면이 흐려졌을 때 마우스로 클릭 & 드래그하면 선택한 부분이 슬라이드에 그림으로 추가된다. 그림을 적절한 위치로 이동한다.

㉑ **[스크린샷]**의 **[화면 캡처]**를 설명하였지만, 직접 촬영한 센트럴파크 사진으로 대체하였다.

2 그림 크기

하나의 프레젠테이션에 포함된 그림은 선명도, 크기, 위치의 일관성이 유지되어야 청중들에게 거부감을 주지 않는다. 그림의 위치는 그리기 안내선과 눈금선을 기준으로 이동하고 **[그리기 도구/ 서식]** 탭 **[정렬]** 그룹의 **[맞춤]**, **[순서]**, **[그룹]**, **[회전]** 기능들을 사용하면 편리하다. 그림의 크기를 원본보다 늘리면 그림의 선명도가 훼손되기 때문에 바람직하지 않다. 크기가 다른 그림들 간의 크기를 똑같이 하려면 그림을 줄이거나 자르기를 사용하여야 하기 때문에 처음부터 선명하고 커다란 사진을 사용하는 것이 편리하다.

그림의 크기를 줄이는 방법으로는 **[그리기 도구/ 서식]** 탭에서 높이나 너비를 입력하여 원하는 크기로 설정하거나 크기 조절 핸들을 사용할 수 있는데, Shift 를 누르고 크기 조절 핸들을 사용하여야 그림의 가로/세로 비율이 유지되어 원래 그림이 나타내는 것이 왜곡되지 않는다.
그림 전체를 줄이지 않고 그림의 일부분을 사용하려면 자르기를 한다. **[그리기 도구/ 서식]** 탭의 **[자르기 ▼]**에서 그림을 직접 **[자르기]**, **[도형에 맞춰 자르기]** 하거나 **[가로 세로 비율]**에 따라 자르기를 사용한다. 자르기를 사용하면 그림의 선명도가 유지되면서 작은 크기의 그림으로 수정된다.

Tip 파워포인트에서는 그림 파일의 형식으로 GIF(Graphics interchange Format), JPG(Joint Photographic Experts Group), PNG(Portable Network Graphics) 등 여러 종류의 이미지 파일을 사용하는 것이 가능하지만, 높은 해상도와 뛰어난 압축률이 장점인 PNG 파일을 사용하는 것을 추천한다.

① 〈송도 컨벤시아〉 슬라이드의 그림이 슬라이드 영역을 벗어나 그림의 크기를 줄일 필요가 있다. 그림의 아랫부분을 자르고 너비를 22cm로 조정하려고 한다.

② [그림 도구/ 서식] [자르기 ▼]에서 [자르기]를 선택한다. 그림의 테두리에 굵은 선이 나타나는데, Shift 를 누르고 오른쪽 아래의 굵은 선을 이동하면 그림의 가로 세로 비율이 유지되며 크기가 줄어든다. 슬라이드 여백을 클릭하여 그림의 자르기를 끝낸다.

③ 그림을 이동하고 [그리기 도구/ 서식] 탭의 [크기] 그룹에서 너비를 '22'cm로 입력한다.

④ 〈송도 트라이볼〉 슬라이드의 그림이 슬라이드 영역을 벗어나므로 그림의 크기를 줄일 필요가 있다. [크기]에서 너비를 '22'cm로 입력한다.

⑤ 〈송도 G-Tower〉 슬라이드의 그림이 슬라이드 영역을 벗어나 그림의 크기를 줄일 필요가 있다. 다시 **[자르기]**를 사용한다.

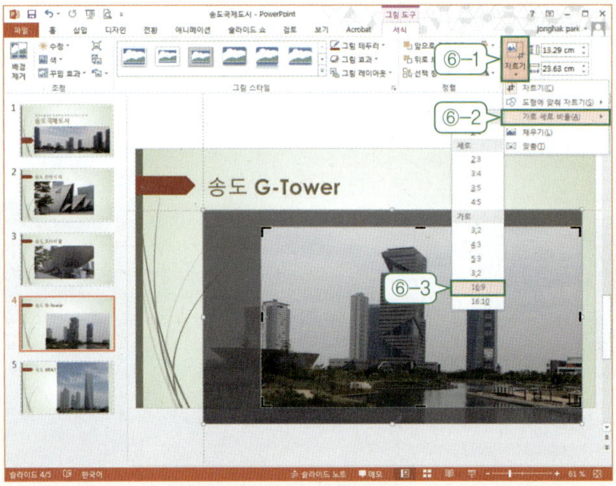

⑥ 왼쪽의 굵은 선으로 그림을 줄이고, **[자르기 ▼]**에서 **[가로 세로 비율]**을 그림의 원래 비율처럼 〈16:9〉를 선택하면 그림의 가로세로 비율이 조절된다.

⑦ 그림을 이동하고 **[크기]**에서 너비를 '22'cm로 입력한다.

⑧ **[자르기 ▼]**에서 **[도형에 맞춰 자르기]**의 도형 가운데 〈평행사변형〉을 선택한다.

⑨ 그림이 〈평행사변형〉에 맞춰 잘려졌다.

⑩ 〈송도 NEAT Tower〉 슬라이드의 그림은 세로가 긴 도형으로 표현해야 하므로 다른 그림과는 다른 형태로 **[자르기]**를 사용한다.

3 배경 제거

그림에서 원하지 않는 부분을 투명하게 제거하여 보이지 않도록 하는 것을 배경 제거라고 한다. **[그림 도구/ 서식]** 탭의 **[배경 제거]**를 사용하면 그림에서 감추고 싶은 배경을 투명하게 만든다. 그림에서 보여지고 싶은 부분은 보관할 영역으로 표시하고, 그림에서 보여지고 싶지 않은 부분은 제거할 영역으로 표시하여 배경 제거를 한다.

Tip [그림 도구/ 서식] 탭의 [조정/ 배경 제거]는 일부 영역을 투명하게 하고, [조정/ 색]의 [투명한 색 설정]은 특정색을 투명하게 한다. 그림 일부를 투명하게 만드는 것은 같지만, 용도에 따라 다르게 사용할 수 있다.

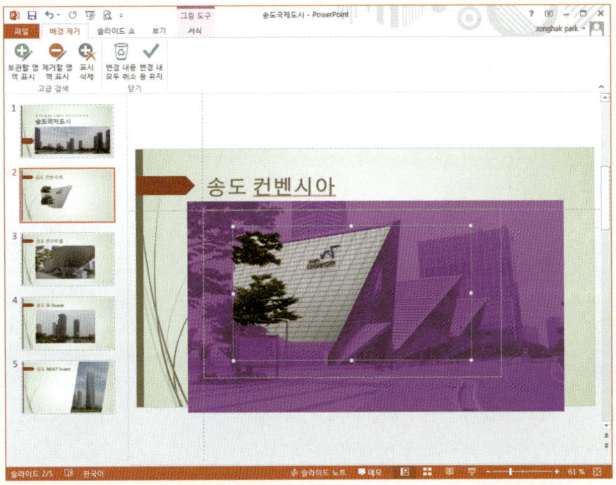

① 〈송도 컨벤시아〉 그림의 배경을 제거하기 위하여 **[그림 도구/ 서식]** 탭의 **[배경 제거]**를 클릭한다.

② 투명하게 변경될 부분은 보라색으로 미리 보여주고 있으며, 8개의 크기 조절 핸들 밖의 모든 영역은 투명하게 된다. 컨벤시아의 태백산맥 부분이 모두 포함되도록 크기 조절 핸들을 드래그하여 원래 그림의 크기로 조절한다.

③ [제거할 영역 표시]를 선택하고, 그림에서 제거할 부분을 클릭 또는 드래그하면 보라색으로 변경된다.
[보관할 영역 표시]를 선택하고, 보관할 부분을 클릭 또는 드래그하면 원래의 색으로 변경된다.

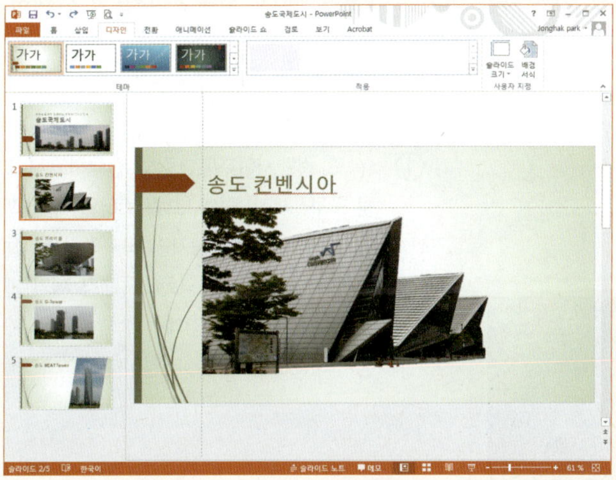

④ [변경내용 유지]를 클릭하면 보라색 부분이 투명하게 그림의 배경이 제거된다.

⑤ [디자인] 탭에서 〈이온〉 테마를 선택하면 배경 제거 효과를 볼 수 있는 슬라이드로 변경된다.

SECTION 02 그림 스타일

이번 절에서는 추가한 그림을 사용자가 원하는 형태로 꾸미는 그림 스타일에 대하여 알아보도록 하자. 그림을 꾸미는 내용은 **[그림 도구/ 서식]** 탭의 **[그림 스타일]** 그룹에서 이루어진다.

1 빠른 그림 스타일

슬라이드에 추가한 그림의 스타일을 지정하는 방법은 **[그림 도구/ 서식]** 탭의 **[그림 스타일]** 갤러리에서 이미 만들어 놓은 도형 스타일을 빠르게 선택하는 방법과 **[그림 테두리]**, **[그림 효과]** 또는 **[그림 레이아웃]**에서 사용자가 개별적으로 설정하는 방법을 모두 사용한다. 즉, 우선 빠른 그림 스타일을 선택하고 사용자가 개별적으로 필요한 부분의 스타일을 수정하게 된다.

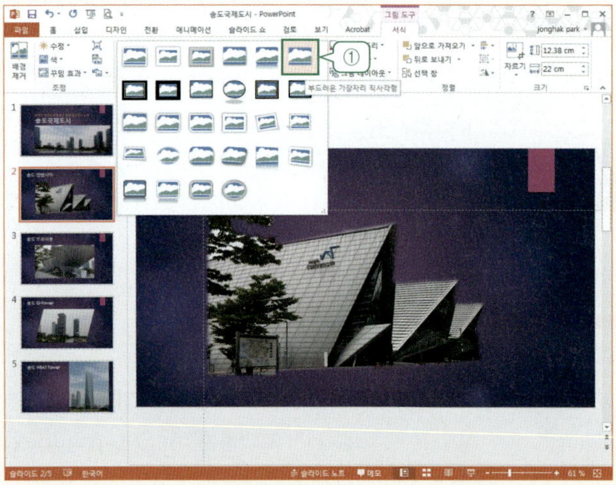

① 〈송도 컨벤시아〉의 그림을 선택하고, **[그림 도구/ 서식]** 탭의 **[그림 스타일]** 갤러리에서 〈부드러운 가장자리 직사각형〉을 선택하여 스타일을 변경한다. **[배경 제거]**에서 매끄럽지 않은 경계선을 부드러운 가장자리로 보완하는 스타일이다.

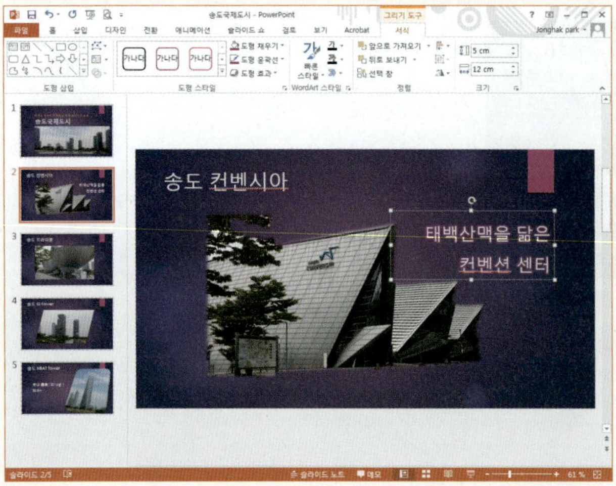

② **[삽입]** 탭의 **[가로 텍스트 상자]**에 '태백산맥을 닮은 [Enter] 컨벤션 센터'를 입력한다. 단락은 **[오른쪽 맞춤]**으로 하고, **[글꼴 크기]**는 〈32〉로, **[텍스트 효과]**는 **[네온]**의 〈진한 보라 11pt〉로 설정하였다.

③ 〈송도 트라이볼〉의 그림을 선택하고, **[그림 스타일]** 갤러리에서 〈반사형 모서리가 둥근 사각형〉을 선택하여 스타일을 변경한다. 트라이볼의 모습이 물에 반사되는 효과를 볼 수 있다.

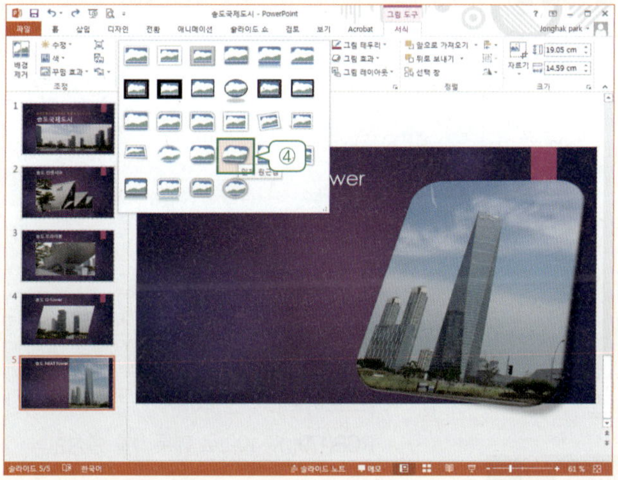

④ 〈송도 NEAT Tower〉 슬라이드의 그림을 선택하고, **[그림 도구/ 서식]** 탭의 **[그림 스타일]** 갤러리에서 〈입체 원근감〉을 선택하여 스타일을 변경한다.

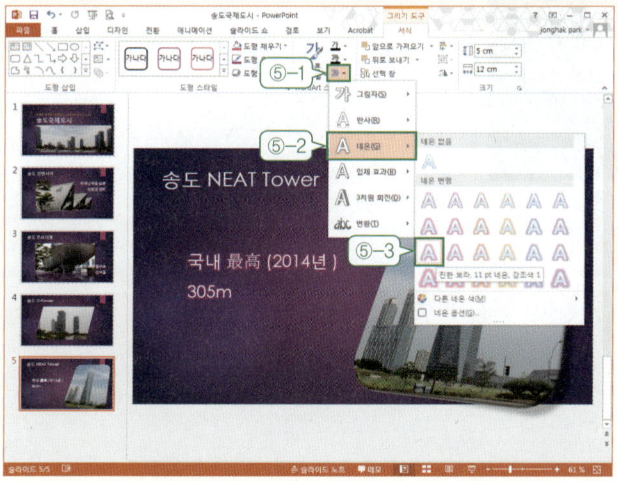

⑤ **[삽입]** 탭의 **[가로 텍스트 상자]**에 '국내 最高 (2014년) Enter 305m'를 입력한다. **[글꼴 크기]**는 〈32〉로 하고, **[텍스트 효과]**를 **[네온]**의 〈진한 보라 11pt〉로 설정하였다.

2 그림 테두리

그림 테두리는 [그림 도구/ 서식] 탭의 [그림 테두리]를 클릭하여 색, 두께, 선 스타일과 같은 그림의 테두리 서식을 선택하는 기능이다. 그림을 선택하고 연필()을 클릭하면 연필 아래에 있는 색으로 채우기를 하게 된다. [윤곽선 없음]을 선택하면 그림의 테두리가 비어 있도록 투명하게 만든다.

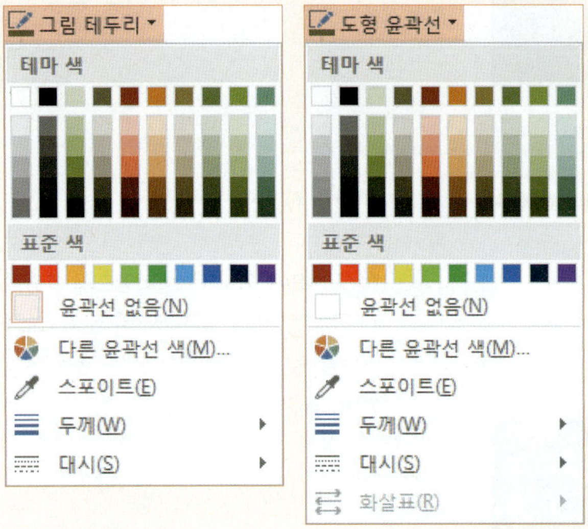

① [그림 도구/ 서식] 탭의 [그림 테두리]는 [그리기 도구/ 서식] 탭의 [도형 윤곽선]과 사용하는 방법이 유사하여 도형 부분의 설명을 참조하면 될 것이다.

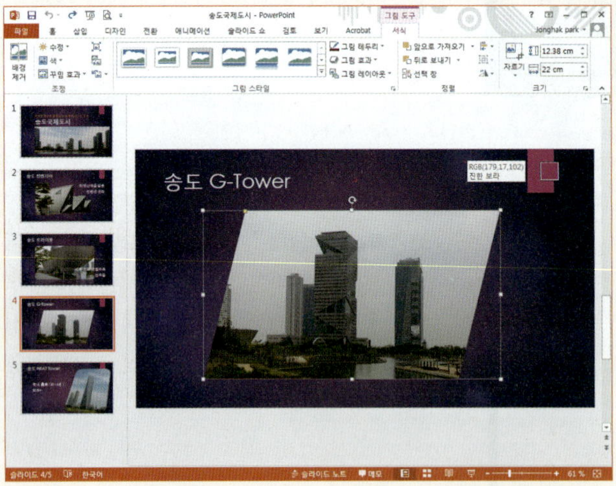

② 〈송도 G-Tower〉 그림을 선택하고, [그림 도구/ 서식] 탭의 [그림 테두리]에서 [스포이트]를 선택하여 배경의 띠 색상 RGB(179, 17, 102)로 테두리를 설정한다.

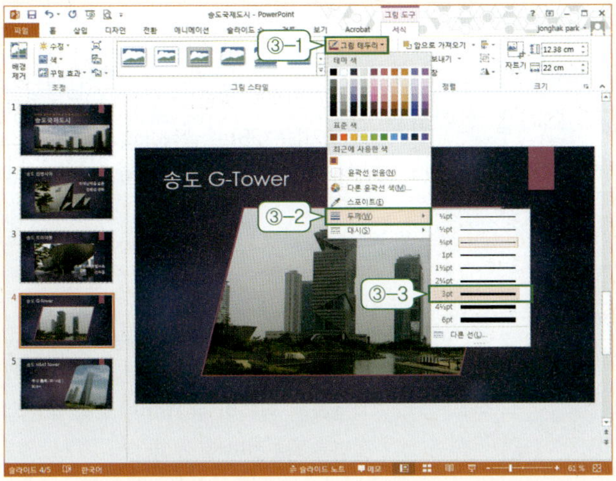

③ [그림 도구/ 서식] 탭의 [그림 테두리]에서 [두께]를 선택하여 〈3pt〉로 설정한다.

④ [삽입] 탭의 [가로 텍스트 상자]에 'UN 산하 국제기구 Enter GCF 본부'를 입력한다. 단락은 [오른쪽 맞춤]으로 하고, [글꼴 크기]는 〈32〉로, [텍스트 효과]를 [네온]의 〈진한 보라 11pt〉로 설정하였다.

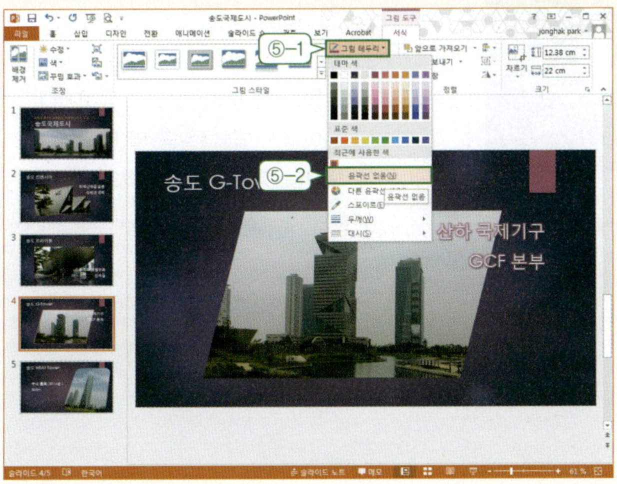

⑤ [그림 도구/ 서식] 탭의 [그림 테두리]에서 [윤곽선 없음]을 선택하여 그림의 테두리를 제거하였다.

3 그림 효과

그림 효과는 그림에 대하여 [그림 도구/ 서식] 탭의 [그림 효과]를 클릭하여 [그림자], [반사], [네온], [부드러운 가장자리], [입체효과], [3차원 회전]의 효과를 선택하는 기능이다. 그림에 여러 가지 효과를 혼합 적용하여 나만의 독특한 형태로 보기 좋게 만드는 작업은 쉽지 않은 일이다. 이를 위하여 다른 사람의 보기 좋은 자료를 참고하는 것은 좋은 방법이다.

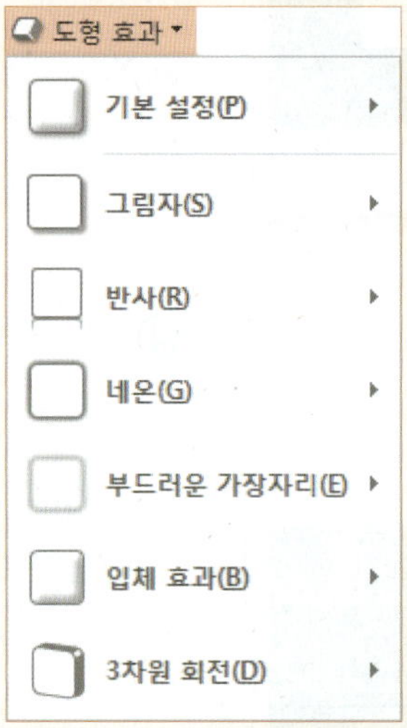

① [그림 도구/ 서식] 탭의 [그림 효과]는 [그리기 도구/ 서식] 탭의 [도형 효과]와 사용하는 방법이 유사하여 도형 부분의 설명을 참조하면 될 것이다.

② 〈송도 트라이볼〉 슬라이드의 그림은 트라이볼의 모습이 물에 반사되는 효과를 설정하였는데, 반사되는 효과를 더하기 위하여 트라이볼 그림의 아랫부분을 자르기 한다.

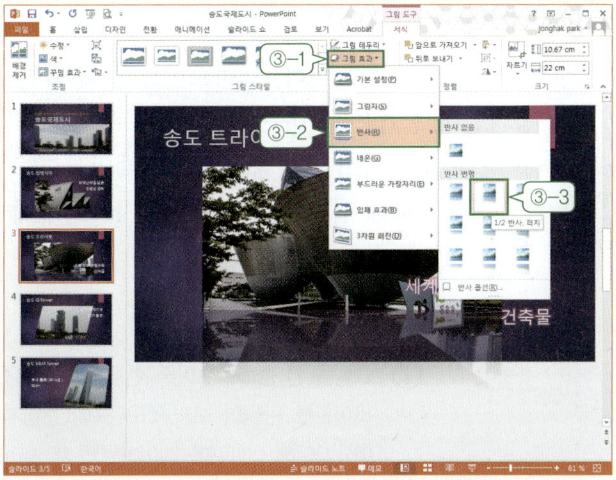

③ 반사 효과를 추가하기 위하여 [그림 도구/ 서식] 탭의 [그림 효과/ 반사]를 클릭하여 〈1/2반사, 터치〉를 설정한다.

④ 반사 효과로 트라이볼이 물 위에 비치는 효과가 나타난다.

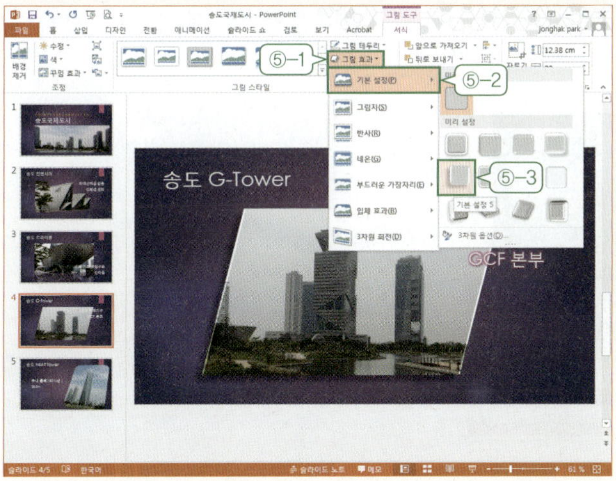

⑤ 〈송도 G-Tower〉 슬라이드의 그림을 클릭하고, [그림 도구/ 서식] 탭의 [그림 효과]에서 [기본 설정]의 〈기본 설정 5〉를 선택하였다. [기본 설정]은 그림에 많이 사용되는 빠른 효과 스타일의 모음이다.

4 그림 레이아웃

잘 디자인된 도형들을 모아서 시각적으로 보여주는 것이 스마트아트이다. 스마트아트는 레이아웃을 선택하고 각 항목에 그림 또는 텍스트를 추가하는 방식인데, [그림 레이아웃]은 반대로, 이미 만들어진 슬라이드의 그림들을 다양한 스마트아트 그래픽으로 변경하여 효과적인 프레젠테이션 자료를 작성할 수 있다. [그림 레이아웃]은 파워포인트가 워드나 엑셀보다 쉽게 프레젠테이션 자료를 만들고 효과적으로 표현할 수 있는 중요한 기능이다.

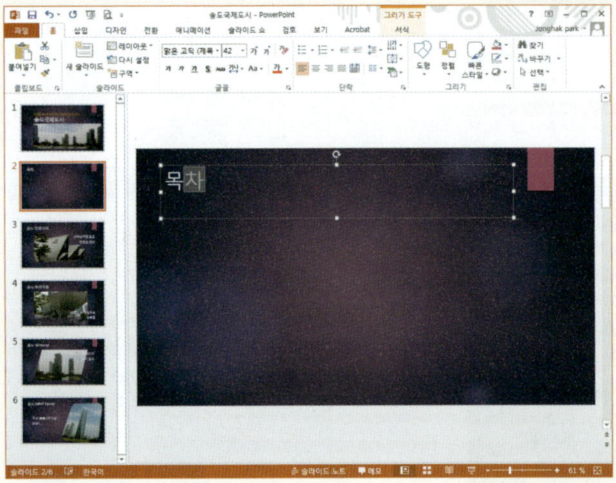

① 그림을 간단하게 보여줄 수 있는 목차 슬라이드를 만들어 보자. 〈표지〉와 〈컨벤시아〉 사이에 〈제목만〉 레이아웃의 새 슬라이드를 추가하고, 제목에 '목차'라고 입력한다.

② 각 슬라이드의 그림을 Ctrl+C와 Ctrl+V를 반복하여, 〈목차〉 슬라이드에 붙여 넣는다.

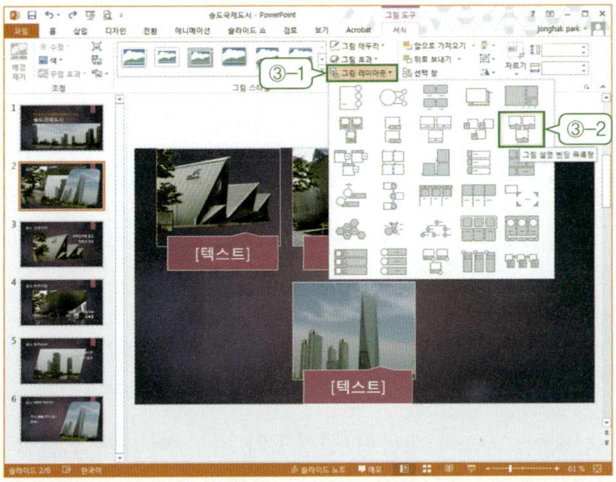

③ 슬라이드의 그림들을 모두 선택하고, [그림 도구/ 서식] 탭의 [그림 레이아웃] 을 클릭하여 〈그림 설명 벤딩 목록형〉을 선택한다.

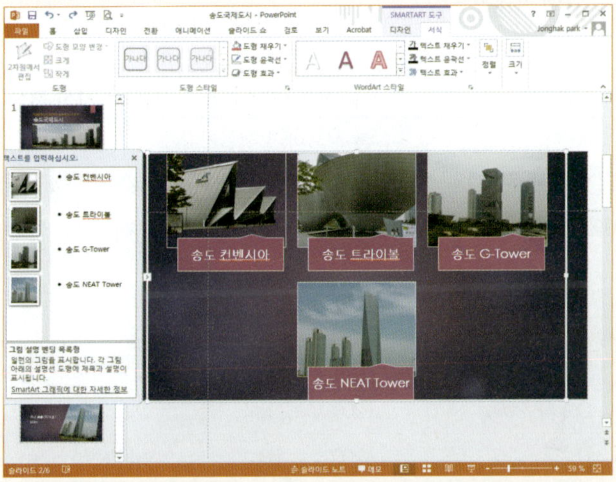

④ 스마트아트의 크기를 적당히 줄이고, 왼쪽의 [텍스트 창]에, 방향키(↓)를 사용하여 아래와 같이 입력한다

송도 컨벤시아 ↓ 송도 트라이볼 ↓ 송도 G–Tower ↓ 송도 NEAT Tower

⑤ 스마트아트의 크기를 너비 '26', 높이 '11'로 입력하여 〈목차〉 슬라이드를 완성한다.

SECTION 03

그림 조정

파워포인트에는 전문적인 그래픽 툴보다는 부족하더라도 사용자가 원하는 대로 그림을 간단하게 수정할 수 있는 기능이 [그림 도구/ 서식] 탭의 [조정] 그룹에 있다.

1 수정

[그림 도구/ 서식] 탭의 [수정 ▼]을 클릭하면 선택한 그림에 대하여 선명도와 밝기/대비를 조절할 수 있다. [선명도 조절]에서 현재 선택한 그림을 중심으로, 오른쪽은 그림을 선명하게(Sharpness) 왼쪽은 그림을 부드럽게(Smoothing) 조절하는 5단계로 되어 있다.

부드럽게 50%	부드럽게 25%	선명하게 0%	선명하게 25%	선명하게 50%

[밝기/대비]에서 현재 선택한 그림을 중심으로, 가로는 그림의 밝기(Brightness)를 〈−40%〉~〈+40%〉 5단계로, 세로는 그림의 대비(Contrast)를 〈−40%〉~〈+40%〉 5단계로 조절하는 25종류의 하나를 선택하도록 되어 있다.

−40% / 40%	−20% / −40%	0% / −40%	+20% / −40%	+40% / −40%
−40% / −20%	−20% / −20%	0% / −20%	+20% / −20%	+40% / −20%
−40% / 0%	−20% / 0%	0% / 0%	+20% / 0%	+40% / 0%
−40% / +20%	−20% / +20%	0% / +20%	+20% / +20%	+40% / +20%
−40% / +40%	−20% / +40%	0% / +40%	+20% / +40%	+40% / +40%

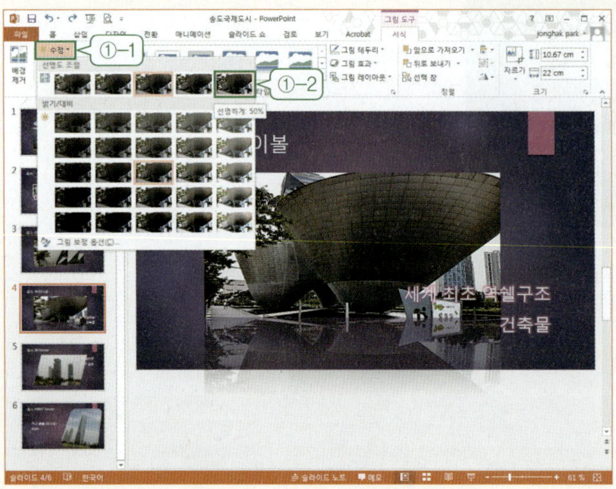

① 〈송도 트라이볼〉 슬라이드에서, [그림 도구 /서식] 그룹의 [수정 ▼]을 클릭하고, 〈선명하게 50%〉를 선택하면 그림이 선명해지는 것을 볼 수 있다.

② [그림 도구/ 서식] 그룹의 [수정 ▼]을 클릭하고, 〈밝기: +40% 대비: 0% (표준)〉를 선택하여 그림이 밝아지는 것을 알 수 있다.

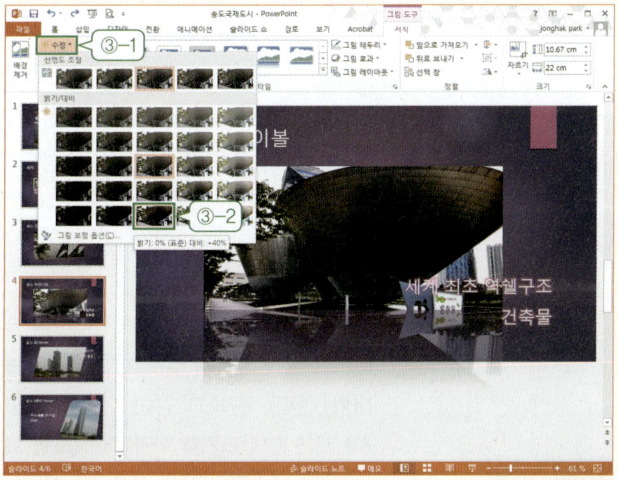

③ [그림 도구 /서식] 그룹의 [수정 ▼]을 클릭하고, 〈밝기: 0% (표준) 대비: +40%〉를 선택하여 그림의 명암이 대비되는 것을 알 수 있다.

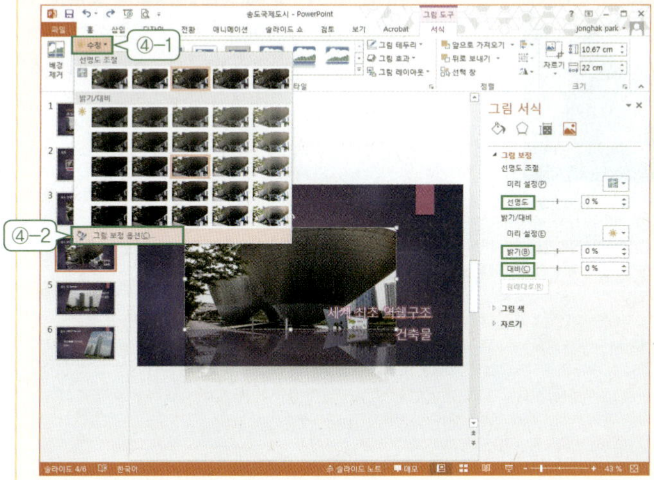

④ [그림 도구/ 서식] 그룹의 [수정 ▼]을 클릭하고, [그림 보정 옵션]을 클릭하면 [그림 서식] 창의 〈그림 보정〉이 나타나고, 선명도, 밝기, 대비를 0~100의 숫자로 설정할 수 있다.

2 색

[그림 도구/ 서식] 탭의 [색 ▼]을 클릭하면 선택한 그림에 대하여 채도와 색조의 조절과 특정 색의 톤으로 다시 칠하기를 할 수 있다. [색 채도]는 현재 그림을 채도 100%로 하여 왼쪽으로 갈수록 〈채도 0%〉의 흑백으로, 오른쪽으로 갈수록 〈채도 400%〉의 원색으로 채도를 조절하는 7단계로 되어 있으며 채도 0%는 그림을 흑백으로 보여준다.

채도 0%	채도 33%	채도 66%	채도 100%	채도 200%	채도 300%	채도 400%

[색 조절]은 현재 그림을 온도 6500K로 하여 왼쪽으로 갈수록 차가운 느낌이, 오른쪽으로 갈수록 따뜻한 느낌이 들도록 색조를 조절하는 〈온도 4700K〉~〈온도 11200K〉의 7단계로 되어 있다.

온도 4700K	온도 5300K	온도 5900K	온도 6500K	온도 7200K	온도 8800K	온도 11200K

[다시 칠하기]는 여러 가지 색의 셀로판지를 그림에 씌운 효과를 느낄 수 있도록 그림을 보정한다. 21가지 가운데 하나를 선택할 수 있는데, 마우스를 올려놓으면 달라지는 그림을 확인하며 설정할 수 있다.

① 〈표지〉 슬라이드에서 그림을 확대하여 슬라이드의 좌우 폭에 맞추고, [맨 뒤로 보내기] 한다. 왼쪽과 같이 〈송도국제도시〉 개체 틀의 크기를 작게 하고 [도형 채우기]에서 [스포이트]로 배경색을 선택한다. 단락은 [가운데 맞춤], [텍스트 맞춤]은 〈중간〉으로 선택한다.

② [그림 도구/ 서식] 탭의 [색 ▼]을 클릭하고, 색 채도에서 〈채도 0%〉는 그림을 흑백으로 표현하는 것을 확인할 수 있다.

③ [그림 도구/ 서식] 탭의 [색 ▼]을 클릭하고, 색 채도에서 〈채도 400%〉는 그림을 원색으로 표현하는 것을 확인할 수 있다.

④ [그림 도구/ 서식] 탭의 [색 ▼]을 클릭하고, 색조에서 〈온도 4700K〉는 그림을 차가운 느낌으로 표현하는 것을 확인할 수 있다.

⑤ [그림 도구/ 서식] 탭의 [색 ▼]을 클릭하고, 색조에서 〈온도 11200K〉는 그림을 따뜻한 느낌으로 표현하는 것을 확인할 수 있다.

⑥ [그림 도구/ 서식] 탭의 [색 ▼]을 클릭하고, 다시 칠하기에서 〈연보라, 밝은 강조색 5〉를 선택하면 배경과 같은 보라색이지만, 밝은 톤으로 그림을 표현하여 배경과 대비되는 것을 확인할 수 있다.

⑦ [색 ▼]을 클릭하고, 다시 칠하기에서 〈진한 자주, 배경색 2 밝게〉를 선택하면 배경과 같은 보라색이지만, 테마와 같은 톤으로 그림을 표현하여 배경처럼 보이는 것을 확인할 수 있다.

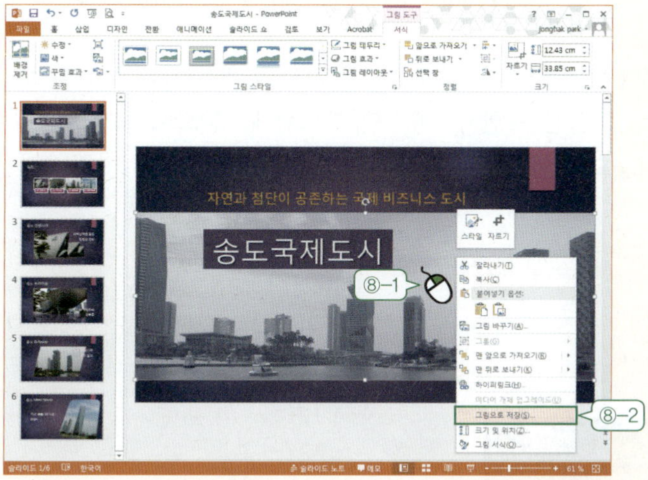

⑧ 수정한 그림을 저장하려면 오른쪽 마우스 메뉴 **[그림으로 저장]**을 선택하여 현재 그림을 파일로 저장할 수 있다.

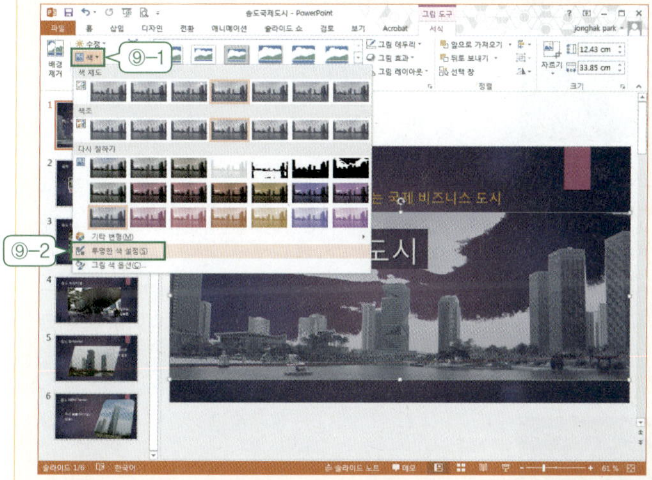

⑨ **[그림 도구/ 서식]** 그룹의 **[색 ▼]**에서 **[투명한 색 설정]**을 선택하면 마우스 포인터가 요술 지팡이로 바뀌고, 클릭한 그림의 특정 픽셀과 동일한 모든 픽셀이 투명한 색으로 변경된다. 단, 하나의 색에 대해서만 허용된다.

⑩ 이 그림에 적용한 서식을 모두 취소하고 원래의 그림으로 돌아가려면 **[그림 도구/ 서식]**의 **[그림 원래대로]**를 선택한다. **[그림 및 크기 다시 설정]**을 선택하면 크기까지 원래대로 돌아간다.

3 꾸밈 효과

[그림 도구/ 서식] 탭의 [꾸밈 효과 ▼]는 〈다시 칠하기〉가 셀로판지를 그림에 씌운 효과를 느낄 수 있도록 보정하듯이, 그림의 재질을 〈시멘트〉, 〈질감 표현〉, 〈파스텔 부드럽게〉 등으로 느끼도록 하는 23가지 재미있는 표현이다. 마우스를 올려놓고 확인하면서 원하는 느낌을 선택할 수 있다.

① 그림을 선택하고 **[그림 도구/ 서식]** 탭에서 **[꾸밈 효과]**의 〈시멘트〉를 선택하면 그림의 표면이 시멘트처럼 터프한 느낌의 재질이 된다.

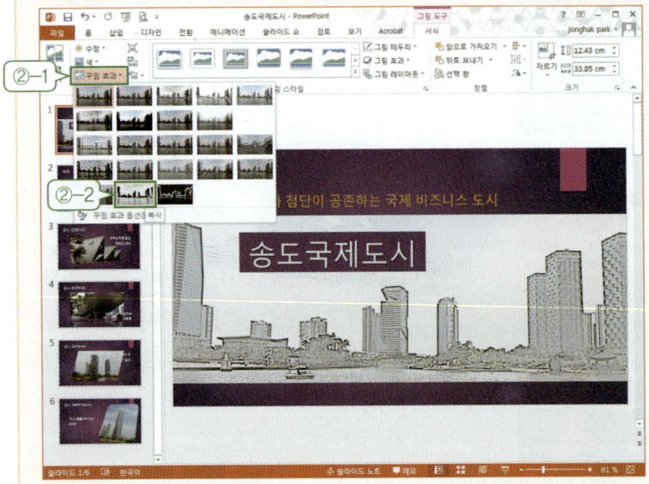

② **[그림 도구/ 서식]** 탭에서 **[꾸밈 효과]**의 〈복사〉를 선택하면 그림의 표면이 흑백을 복사한 것과 같은 재질이 된다.

4 그림 바꾸기

[그림 도구/ 서식] 탭의 [그림 바꾸기]는 현재 그림의 서식과 크기를 유지하면서 다른 그림으로 변경한다.

① 〈송도 트라이볼〉 슬라이드에서 그림을 선택하고, 오른쪽 마우스 메뉴 [그림 바꾸기]를 선택하였다.

② 〈송도 G-Tower〉로 그림 바꾸기를 하였는데, 〈송도 트라이볼〉 그림의 반사되는 서식과 크기가 유지된다.

[그림 도구/ 서식] 탭의 [그림 원래대로]를 사용하면 그림에 적용된 서식을 지우고 그림을 추가할 때의 상태로 되돌린다. 그림을 [자르기]하고 [그림 압축]을 사용하면 그림의 현재 상태를 기억하고, 잘려진 영역을 완전히 삭제하여 [그림 원래대로]의 〈그림 및 크기 다시 설정〉을 클릭하여도 [자르기] 이전의 상태로 되지 않는다. 자료를 작성하는 과정에서 다시 작업해야 하는 경우가 있어, 작업 과정의 그림 파일들은 [그림으로 저장]을 하여 관리하는 것을 추천한다.

SECTION 04 온라인 그림

슬라이드에 그림을 추가하는 것은 텍스트로 표현하는 것보다 더욱 쉽게 이해할 수 있다. 〈경복궁〉이나 〈경회루〉와 같은 실물은 텍스트로 표현하지 않고 그림으로 표현하는 것이 발표하는 사람이나 발표를 보는 사람이나 이해가 쉽고 불필요한 설명이 줄기 때문에 전달 내용이 깔끔해질 수 있다.

1 온라인 그림 추가

마이크로소프트에서 제공하던 클립아트에 대한 사용 정책이 변경되어 [삽입/ 온라인 그림]의 대화상자에 있던 [Office.com 클립아트] 메뉴가 사라졌다. 클립아트의 장점은 어려운 단어를 쉽게 검색하여 표현하는 것이 가능하다는 점과, 이미지 형식(wmf)에 따라 그림의 필요 없는 부분을 제거하면 하나의 그림으로 여러 가지 표현이 가능하다는 점을 들 수 있다.

프레젠테이션 자료에 그림을 추가하려면, [삽입] 탭의 [온라인 그림]을 클릭하여 [Bing 이미지 검색]을 사용하여야 한다. 검색 결과에 〈이미지를 사용하기 전에 해당 라이선스를 검토하고 준수하세요〉 내용이 있는데, 인터넷 사이트의 많은 사진들은 비영리 목적의 사용도 저작권을 침해할 수 있으니 저작권을 고려하라는 의미이다.

CCL(Creative Commons License)은 특정 조건에 따라 저작물 배포를 허용하는 저작권 라이선스 중 하나이다. 일반적으로 저작자 표시(BY), 비영리(NC), 변경 금지(ND), 동일조건 변경 허락(SA)의 권리를 선택하여 사용할 수 있다.[참조: 위키백과(ko.wikipedia.org)]

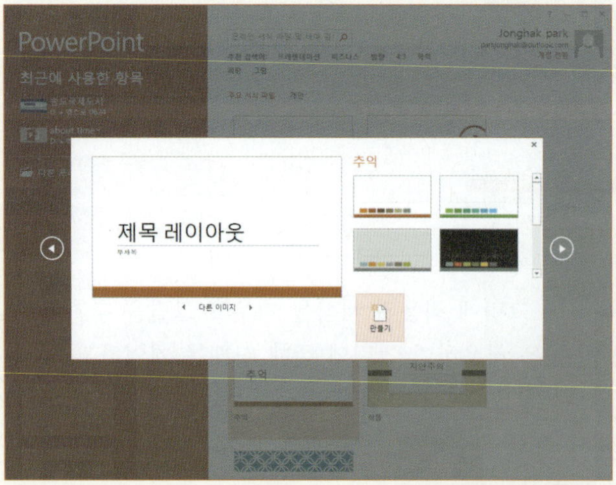

① 새 프레젠테이션을 〈추억〉 테마로 만들어 프레젠테이션의 제목을 〈온라인 그림〉으로 파일 이름도 '온라인 그림'으로 저장하였다.

② 〈제목만〉 레이아웃의 슬라이드에서, [삽입] 탭의 [온라인 그림]을 클릭하고, [Bing 이미지 검색]에서 '경복궁'으로 검색을 하였다. 검색 결과에서 그림을 선택하면 그림의 크기와 출처(subir.tistory.com)가 나타난다. CCL이 적용되는 이미지가 검색되었다는 내용도 나타나고 있다.

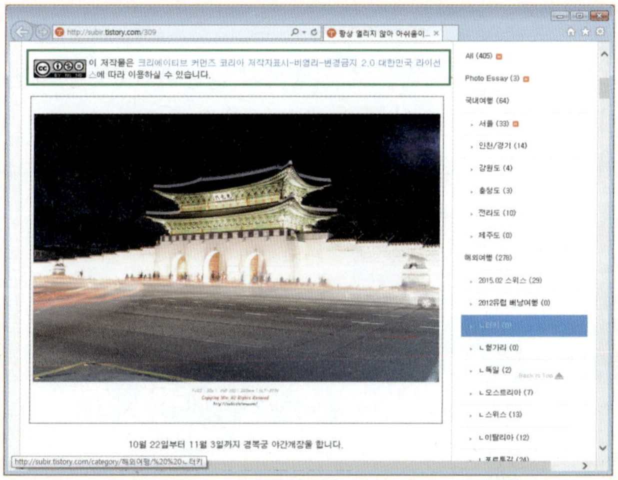

③ 출처를 클릭하면 웹 사이트로 이동하는데, 웹 페이지에 CCL 표시와 사용 조건, 저작자 표시(BY), 비영리(NC), 변경 금지(ND)가 표시되어 있다.

④ [Bing 이미지 검색] 결과 대화상자에서 [모든 웹 결과 보기]를 클릭하면, 더욱 많은 그림이 나타난다. 〈이미지를 사용하기 전에 해당 라이선스를 검토하고 준수하세요.〉는 저작권을 고려하라는 내용이다.

2 저작권 해결

온라인 그림들을 저작권 문제에서 자유롭게 프레젠테이션 자료로 사용하려면 다음에 해당되어야 한다. 이 외에 휴대전화를 이용하여 스스로 사진을 촬영하여 사용하면 저작권 문제에서 더 자유롭다.

- 웹 페이지 저작권자의 허락을 받은 사진
- CCL 표시가 있는 웹 페이지의 사용 조건에 따른 사진
- 무료 클립아트 사이트에서 제공하는 클립아트(openclipart 등)
- 무료 이미지 사이트에서 제공하는 사진(Pixabay 등)
- 공공누리 마크가 있는 국가 또는 지방자치단체가 작성한 편집물 또는 번역물
- 사실의 전달에 불과한 시사보도의 사진(보호받지 못하는 저작물, 창작성에 따라 판단)
- 개성과 창작성이 없는 전달을 위한 사진(제품 광고 등, 창작성에 따라 판단)

개성과 창작성이 없는 전달을 위한 제품 광고 등의 사진은 저작물로 인정하지 않는다. 제품 자체만을 충실하게 표현하여 광고라는 목적을 달성하기 위한 흰 배경에 제품만 찍은 사진은 사용할 수 있다. 그러나 제품의 사진을 찍기 위하여 다른 제품이나 연예인이 포함된 사진은 창작성이 인정될 수 있으므로 사용하지 않아야 한다.

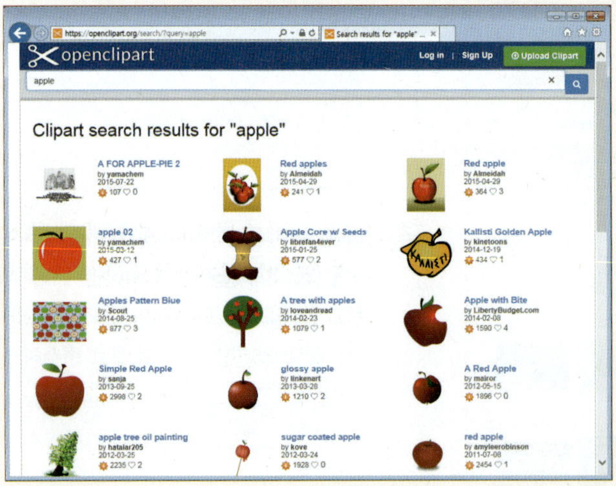

① 오픈클립아트(openclipart.org) 사이트에는 저작권의 부담없이 마음껏 사용할 수 있는 많은 클립아트가 저장되어 있다. 'apple'을 검색한 결과이다.

② 픽사베이(pixabay.com) 사이트에는 〈상업적 혹은 개인적 용도로 Pixabay의 모든 이미지를 자유롭게 사용하세요〉라는 내용이 나타난다.

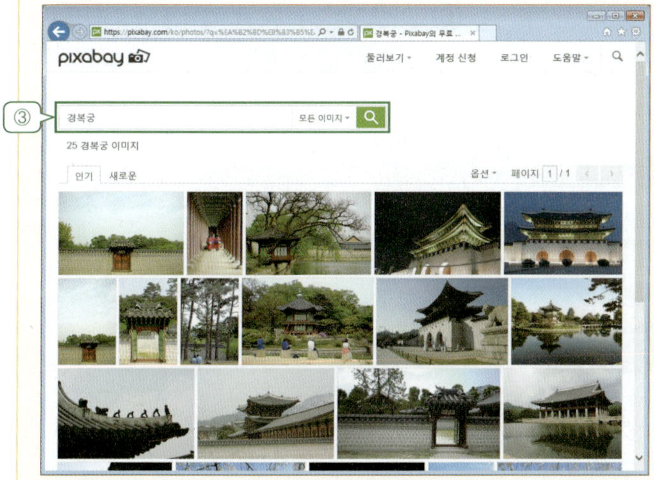

③ Pixabay 사이트에서 '경복궁'으로 검색을 하였다.

④ 검색 결과에서 사진을 선택한 다음, 화면의 오른쪽에서 크기를 선택하고 다운로드하면 사진을 저작권 문제없이 자유롭게 사용할 수 있다.

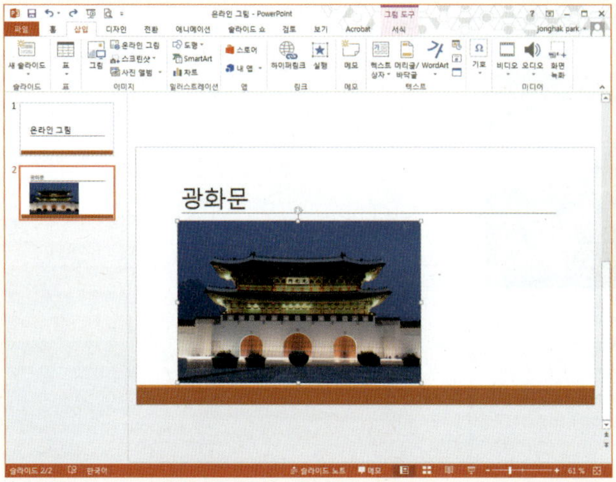

⑤ 슬라이드의 제목을 〈광화문〉으로 하여, [삽입] 탭의 [그림]으로 슬라이드에 사진을 추가하고, 그림을 슬라이드에 맞게 크기와 위치를 수정한다.

⑥ 이번에는 '경회루'로 검색을 하고 다운로드하였다.

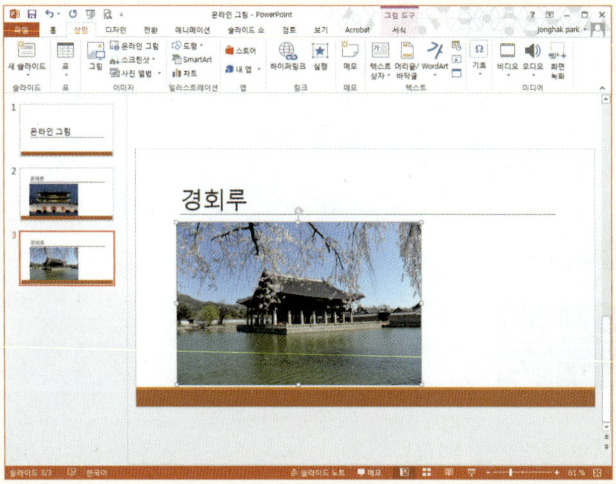

⑦ 새 슬라이드의 제목을 〈경회루〉로 하고, 그림을 슬라이드에 추가하여 크기와 위치를 수정한다.

⑧ 국가 또는 지방자치단체가 작성한 편집물 또는 번역물을 공공저작물 자유 이용 허락 표시인 공공누리(KOGL) 마크 OPEN를 확인하고 사용할 수 있다.

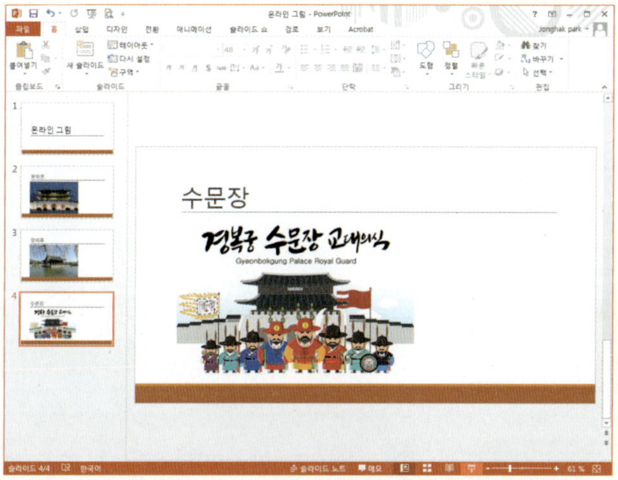

⑨ 한국문화재단(www.chf.or.kr)의 〈경복궁 수문장 교대의식〉 그림을 저장하고 슬라이드에 추가하였다.

⑩ 사실이나 정보를 전달하는 기사 및 사진은 보호받지 못하는 저작물이지만, 사진의 창작성에 따라 저작권이 침해될 수 있다. 창작성의 판단이 모호한 경우에는 사용하지 않는 것이 좋다.

3 텍스트를 그림으로

좋은 프레젠테이션 자료를 만들기 위해서는 텍스트를 도형이나 그림(사진)으로 표현하는 것이 필요하다. 텍스트를 전달하려는 내용에 맞게 사진으로 구성하면 많은 양의 텍스트를 줄일 수 있게 될 것이다. 그러나 개념적인 단어, 추상적인 단어를 그림으로 표현하는 것은 매우 어렵기 때문에 반복적인 훈련을 통하여 실력을 향상해야 한다.

〈엑셀 발표〉와 같은 여러 단어를 그림으로 표현하려면 〈엑셀〉과 〈발표〉 그림을 따로 검색하고 그림을 [자르기], [배경 제거], [복제] 등의 방법을 사용하여 〈엑셀 발표〉를 하나의 그림으로 만드는 작업이 필요할 것이다.

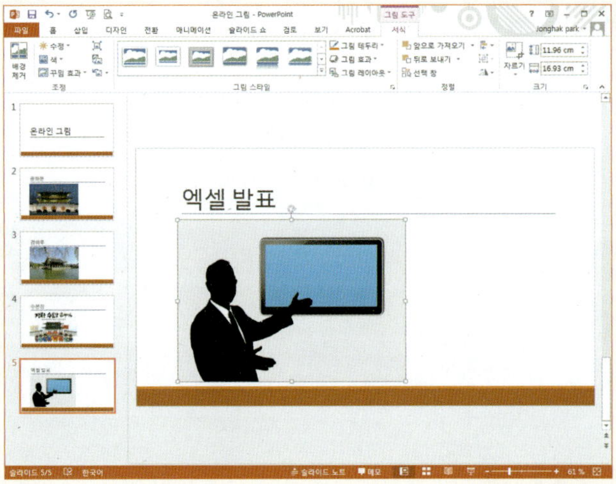

① [삽입/ 온라인 그림]을 클릭하고, [Bing 이미지 검색]에서 'presentation'으로 검색하여 그림을 추가하였다.

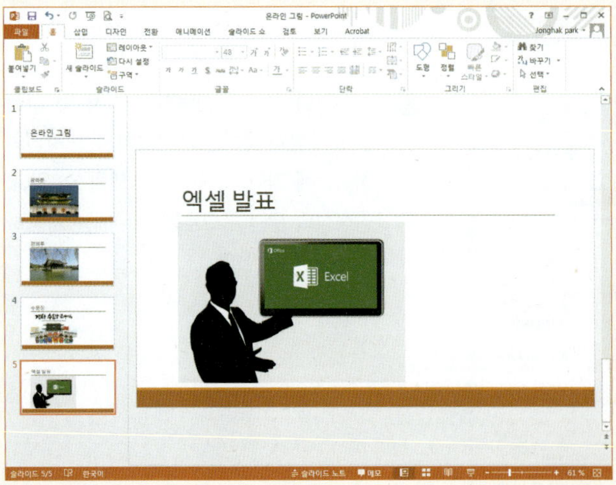

② [삽입/ 온라인 그림]을 클릭하고, [Bing 이미지 검색]에서 '엑셀'로 검색을 하여 그림을 추가하였다.

〈여우와 신포도〉 같은 이솝 우화를 그림으로 표현하면 텍스트로 표현하였을 때보다 더욱 자료의 품격이 업그레이드될 수 있을 것이다. [Bing 이미지 검색]에서 적당한 그림이 없다면, 〈여우〉와 〈포도〉를 따로 검색하거나, 무료 클립아트 사이트나 무료 이미지 사이트에서 그림을 다운로드하여 **[자르기]**, **[배경 제거]**, **[복제]** 등의 방법으로 〈여우와 신포도〉를 그림으로 연결하여 완성하는 작업이 필요할 것이다.

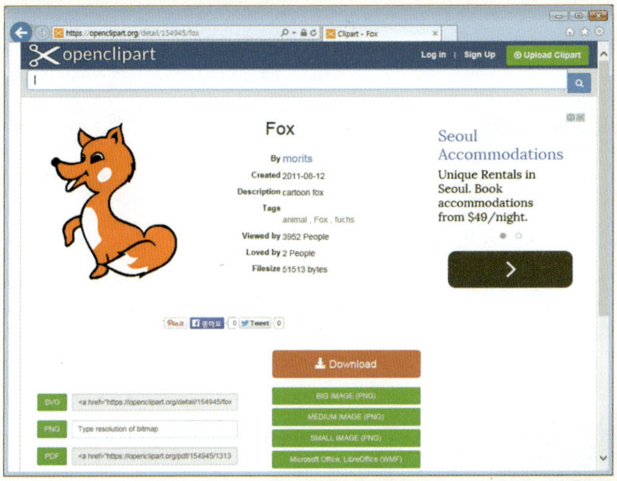

① 오픈클립아트(openclipart) 사이트에서 'fox'로 검색하여 〈여우〉 그림을 클릭하거나 〈Medium Size〉를 클릭하여 다운로드한다.

② 화면이 바뀌면 여우 그림에서 오른쪽 마우스 메뉴 〈복사〉를 클릭한다.

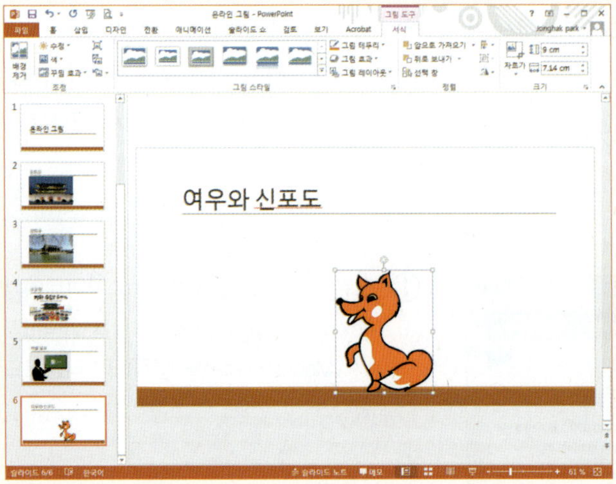

③ 슬라이드를 선택하고 Ctrl+V로 붙여 넣고 커다란 여우 그림을 적당히 축소한다.

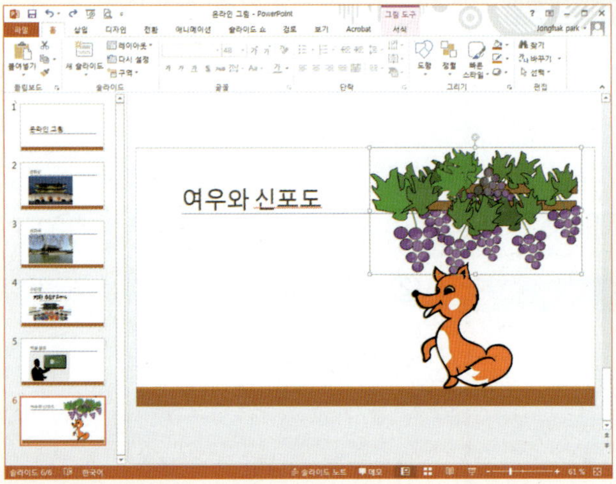

④ 또한 오픈클립아트 사이트에서 'grape'로 검색하여 슬라이드에 추가하고, 포도가 더욱 많게 보이도록 복제한다.

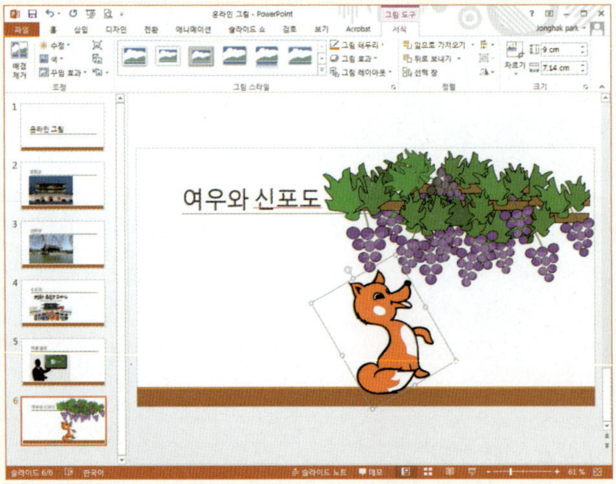

⑤ 여우를 선택하여 [그림 도구/ 서식] 탭에서 [좌우 대칭]하고, 〈30° 회전〉하여 슬라이드를 완성한다.

⑥ Pixabay 사이트에서 '포도'를 검색하여 슬라이드에 추가한다.

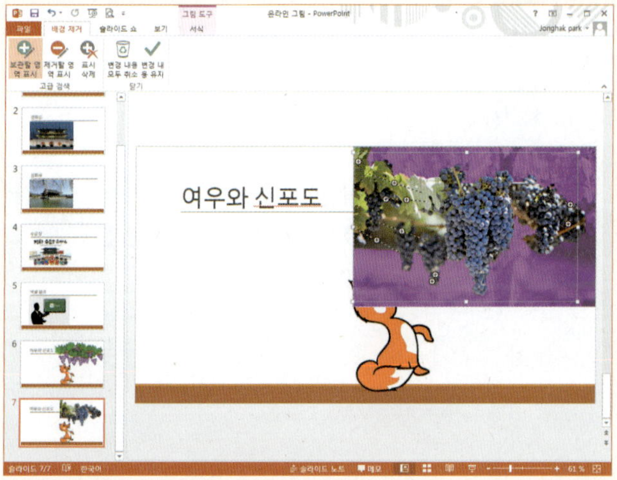

⑦ 〈포도〉 사진의 크기를 줄이고 **[그림 도구/서식]** 탭의 **[배경 제거]**를 하였다.

⑧ **[배경 제거]**를 끝내고 **[디자인]** 탭에서 테마를 〈이온〉으로 변경하여 완성한 〈여우와 신포도〉 그림이다.

〈희망〉, 〈성공〉, 〈경제 위기〉, 〈e-비즈니스〉와 같은 추상적인 단어를 그림으로 표현하는 것은 무척 어려운 일이다. 〈희망〉을 슬라이드에 표현하려면 실체가 없기 때문에 〈희망〉을 연상할 수 있는 다른 단어로 검색하여야 하는데, 〈희망〉이라는 단어의 뜻은 사람마다 다르기 때문에 쉽지 않은 일이다.

① Pixabay 사이트에서 '희망'을 검색하여 나타난 결과이다.

② 〈어린이〉, 〈실루엣〉, 〈앞으로〉, 〈긍정적인〉, 〈즐거움〉의 키워드를 가진 〈희망〉 그림이다.

③ 〈씨〉, 〈민들〉, 〈바람〉, 〈배경〉, 〈화이트〉의 키워드를 가진 〈희망〉 그림이다.

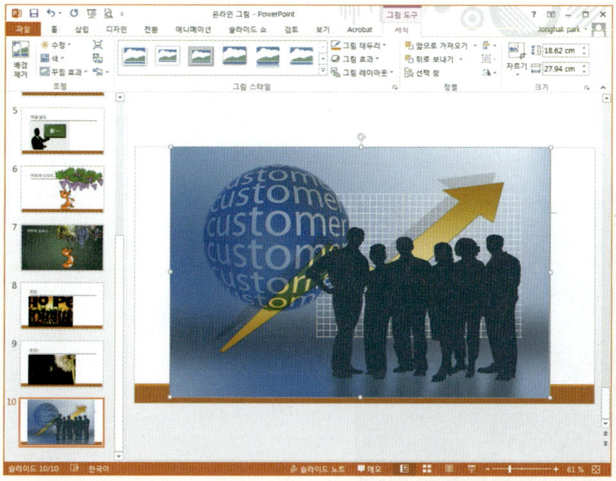

④ Pixabay 사이트에서 〈희망〉으로 검색한 결과가 마음에 들지 않는다면, 관련된 다른 단어로 검색할 수 있다. '성공'으로 검색하여 나타난 결과이다.

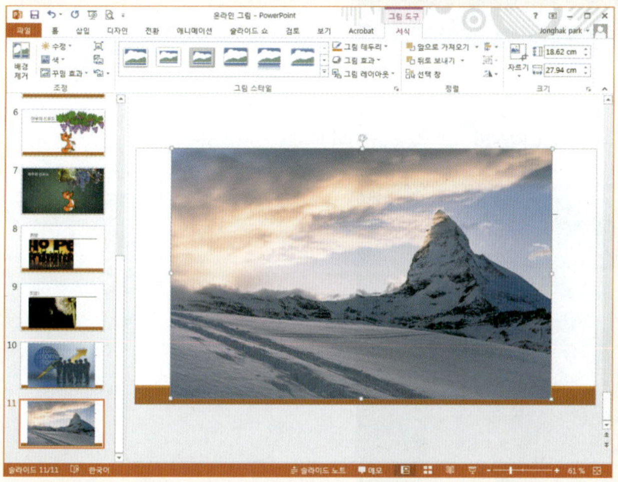

⑤ 〈산〉, 〈피크〉, 〈맨 위로〉, 〈자연〉, 〈여행〉, 〈높은〉의 키워드를 가진 〈성공〉 그림이다.

⑥ Pixabay 사이트에서 〈가족〉으로 검색하여 나타난 결과이다.

연습문제

EXERCISE

1. 사진을 추가하고 배경 제거를 사용하여 다음과 같은 슬라이드를 작성하라.

2. 그림 자르기와 빠른 그림 스타일을 사용하여 다음과 같은 슬라이드를 작성하라.

3. 빠른 그림 스타일과 그림 효과를 사용하여 다음과 같은 슬라이드를 작성하라.

EXERCISE

연습문제

4. 새로운 그림들을 〈목차〉 슬라이드의 그림 레이아웃에 추가하고, 스마트아트의 레이아웃을 변경하여 다음과 같은 슬라이드를 작성하라.

5. 밝기/대비와 색조를 변경하여 다음과 같이 밝고 따듯한 느낌의 슬라이드를 작성하라.

6. 〈추억〉 테마로 선택한 슬라이드만 변경하고, 부드러운 가장자리와 채도(0%, 흑백)를 사용하여 다음과 같이 고풍스러운 슬라이드를 작성하라.

연습문제 EXERCISE

7. 슬라이드의 배경에 꾸밈효과를 사용하여 다음과 같이 시멘트 재질의 터프한 느낌으로 슬라이드를 작성하라.

8. 온라인 그림을 사용하여 여행 가고 싶은 장소를 표현하는 슬라이드를 작성하라.

9. 온라인 그림을 사용하여 '토끼와 거북이'를 그림으로 표현하는 슬라이드를 작성하라.

10. 온라인 그림을 사용하여 'e-비즈니스'를 그림으로 표현하는 슬라이드를 작성하라.

11. 온라인 그림을 사용하여 서울의 주요 관광 명소를 외국인에게 소개하는 서울 관광 프레젠테이션을 작성하라.(명동, 고궁, 인사동, 여의도 등)

CHAPTER 15

표와 차트

프레젠테이션에서 내용을 비교하거나 항목별로 묶을 필요가 있을 때는 표를 사용하는 것이 텍스트로 표현하는 것보다 효과적으로 전달된다. 또한, 차트는 숫자로 작성된 데이터를 시각적으로 표현하는 도구인데, 차트를 사용하면 표를 사용하는 것보다 데이터의 변화를 이해하는 데 큰 도움이 된다. 좋은 프레젠테이션 자료란 자기 생각을 효과적으로 전달하기 위하여 텍스트를 표나 차트로 정리하여 보여주는 것이며, 이를 위해 많은 연습과 노력이 필요하다.

CHAPTER 15 표와 차트

SECTION 01 표

프레젠테이션에서 내용을 비교하거나 항목별로 묶을 필요가 있을 때 표를 사용하는 것이 텍스트로 표현하는 것보다 효과적으로 전달된다. 전달하려는 내용을 표로 표현하기 위해서는 표를 다루는 방법도 중요하지만 표에서 표현하려는 내용이 정리가 되어야 한다.

1 표 추가

슬라이드에 표를 추가하는 방법은 여러 가지 방법이 있다. [삽입] 탭의 [표] 그룹에서 표를 추가하는 방법은 다음과 같다.

- 빠른 표 삽입 부분에서 필요한 행과 열 개수를 드래그
- [표 삽입]에서 대화상자에 행과 열 개수를 입력
- [표 그리기]로 슬라이드에서 표와 행, 열을 그리기
- [Excel 스프레드시트]를 클릭하여 엑셀 개체를 추가
- 슬라이드에 도형을 추가하고 나란히 복제하여 표 추가

① 새 프레젠테이션을 열고 [테마] 갤러리에서 〈줄기〉 테마로 설정하고, 슬라이드의 레이아웃은 〈빈 화면〉으로 한다. [눈금 및 안내선 ▶]의 [안내선]을 가로선은 〈▲5.0〉으로, 세로선은 〈◀11.50〉으로 드래그 한다.

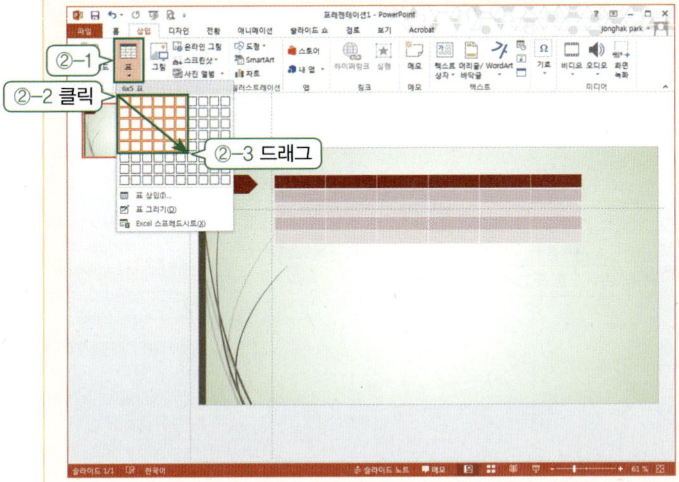

② [삽입] 탭의 [표 ▼]를 클릭하여, 마우스로 6×5로 드래그하면 슬라이드에 6열 5행의 표가 추가된다.

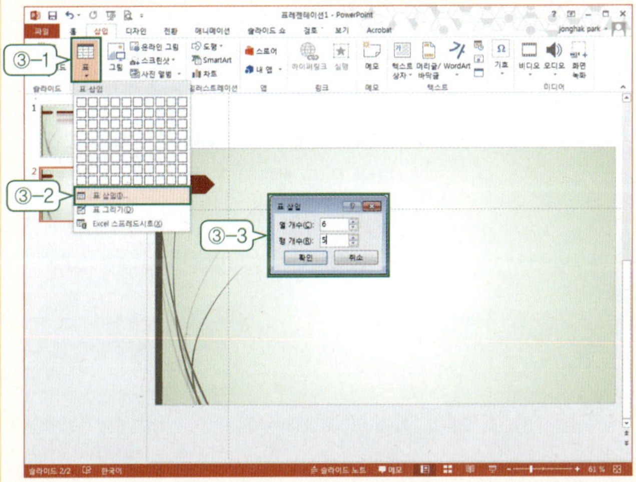

③ 새 슬라이드에서, [표 ▼] [표 삽입]을 선택하고 대화상자에 〈열 개수〉 '6', 〈행 개수〉 '5'를 입력하면 슬라이드에 6열 5행의 표가 추가된다.

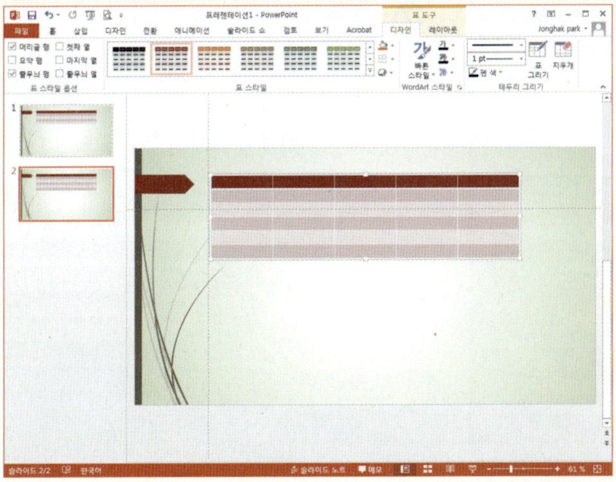

④ 빠른 표 드래그로는 10열이나 8행 이상의 큰 표를 추가할 수 없다. 그 이상의 큰 표를 추가할 때는 [표 ▼] [표 삽입] 방법으로 추가한다.

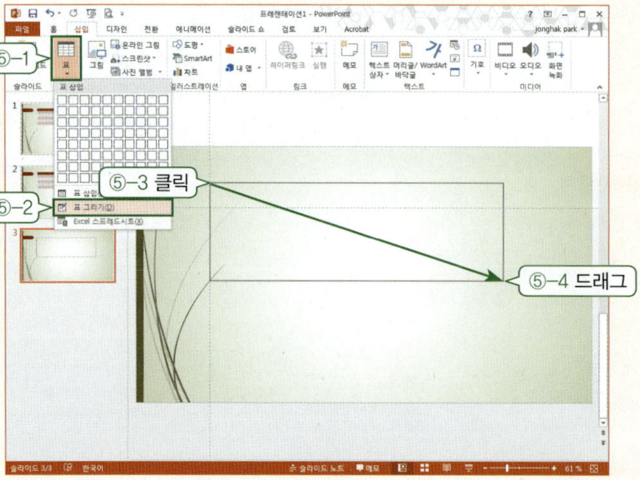

⑤ 새 슬라이드에서, [표 ▼] [표 그리기]를 클릭하면 마우스 포인터가 연필로 변경되며, 드래그하여 표의 테두리를 만든다.

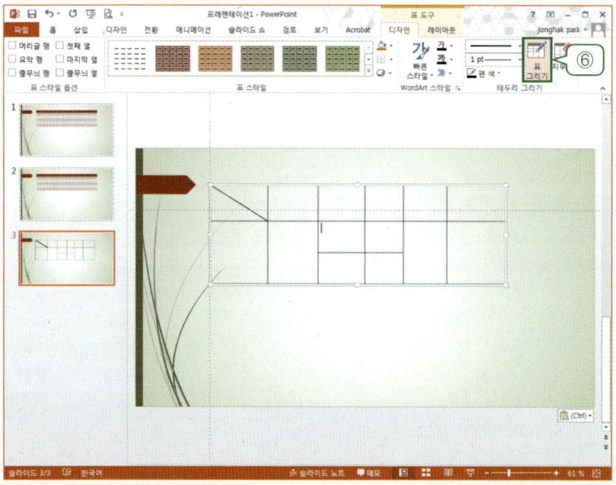

⑥ 표에 행과 열을 추가하려면 [표 도구/ 디자인] 탭의 [표 그리기]를 클릭하여 표 그리기 모드(마우스 포인터가 연필모양)가 되었을 때, 표의 테두리 안쪽에서 천천히 클릭 & 드래그한다. 행과 열, 그리고 대각선을 그릴 수 있고, 여백을 클릭하거나 ESC를 누르면 표 그리기 모드가 해제된다.

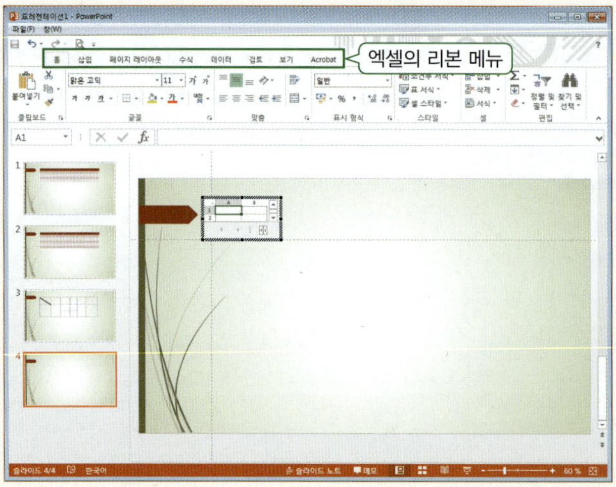

⑦ 새 슬라이드를 추가하고, [표 ▼] [Excel 스프레드시트]를 클릭하면 슬라이드에 빗금 무늬의 검은 테두리인 엑셀 개체가 나타나고, 위쪽의 메뉴는 엑셀의 리본 메뉴로 변경된다.

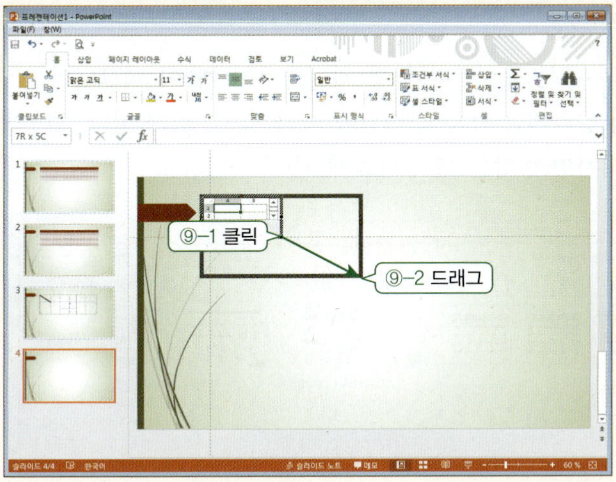

⑧ 엑셀 개체의 크기 조절을 드래그하면 행과 열의 개수가 늘어난다. 데이터 입력 후, 엑셀 작업을 마치려면 여백을 더블 클릭하거나 ESC를 누르면 된다.

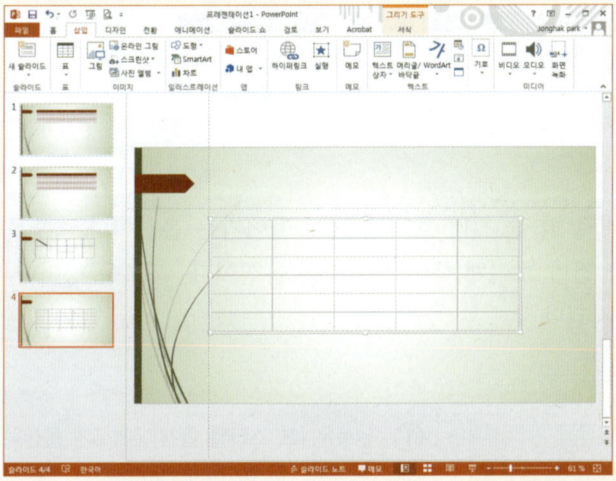

⑨ 엑셀 작업을 마치면 빗금 무늬의 검은 테두리가 사라지고, 크기 조절 핸들이 흰 점으로 된다. 크기 조절 핸들을 드래그하면 셀의 크기가 늘어난다.

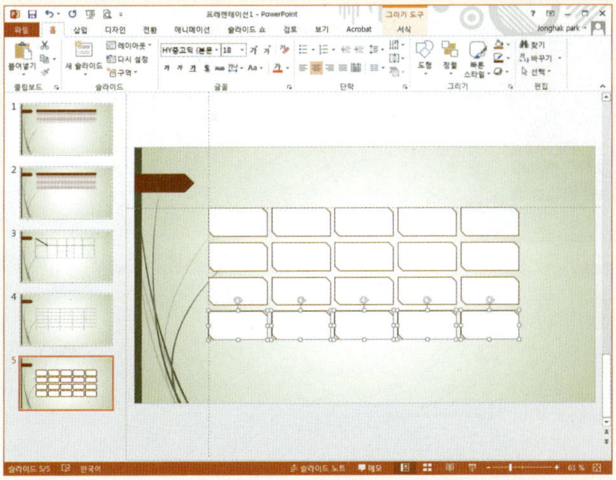

⑩ 새 슬라이드에, [도형]의 〈대각선 모양의 모서리가 잘린 사각형〉을 추가하고, 가로와, 세로로 복제하여 그룹으로 묶어주면 새로운 표가 만들어진다.

Tip 가장 쉽고 많이 표를 추가하는 방법은 빠른 표 삽입이다. 표에서 사용하는 용어에는 가로줄을 행이라 하고, 세로줄을 열이라 하며, 가로와 세로가 만나는 칸을 하나의 셀이라고 한다.

2 표 스타일 옵션

표를 추가하면 [표 스타일 옵션] 그룹의 6개의 옵션 중 〈머리글 행〉과 〈줄무늬 행〉이 체크되어 있다. 각 옵션의 의미는 옵션을 체크하고 해제하면 달라지는 표의 스타일에 따라 알 수 있게 된다. 〈머리글 행〉을 체크하면 첫 번째 행의 색과 글꼴 등 디자인이 다른 행과 다르게 된다.

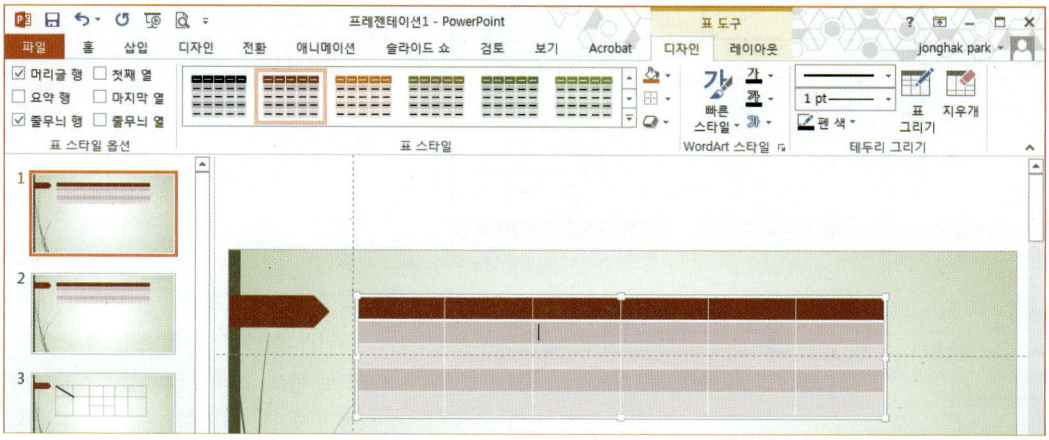

〈줄무늬 행〉은 행과 행을 구분하기 위해 아래로 한 줄 건너 흐리게 색이 들어가는 옵션이다. 〈줄무늬 열〉은 열과 열을 구분하기 위해 옆으로 한 줄 건너 흐리게 색이 들어가는 옵션이다. 새로운 행이나 열이 추가되고 삭제되어도 알아서 줄무늬가 유지된다.

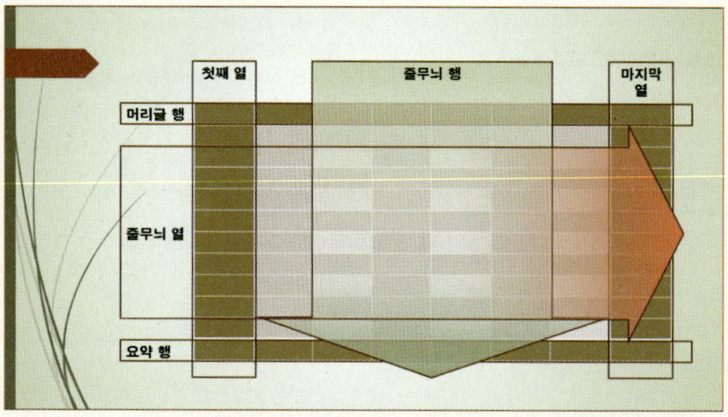

① 왼쪽은 [표 스타일 옵션]에서 6개 옵션을 모두 체크한 표의 스타일이다.

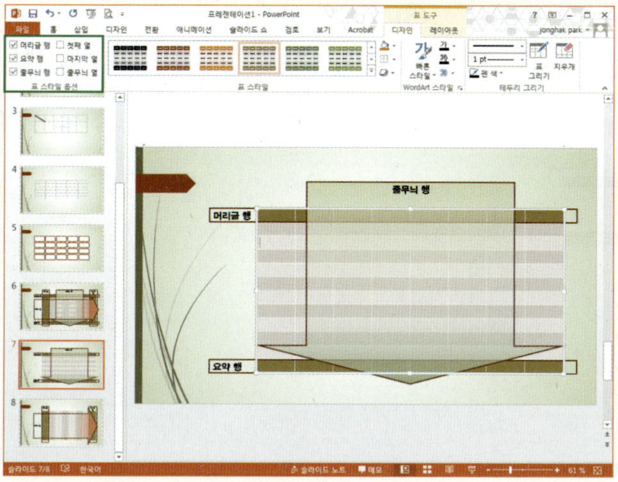

② [표 스타일 옵션]에서 〈머리글 행〉, 〈요약 행〉, 〈줄무늬 행〉 3개를 체크하였을 때, 표의 스타일이다.

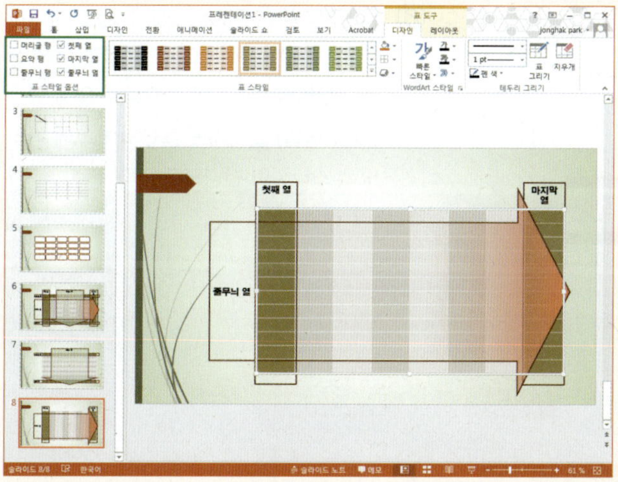

③ [표 스타일 옵션]에서 〈첫째 열〉, 〈마지막 열〉, 〈줄무늬 열〉 3개를 체크하였을 때, 표의 스타일이다.

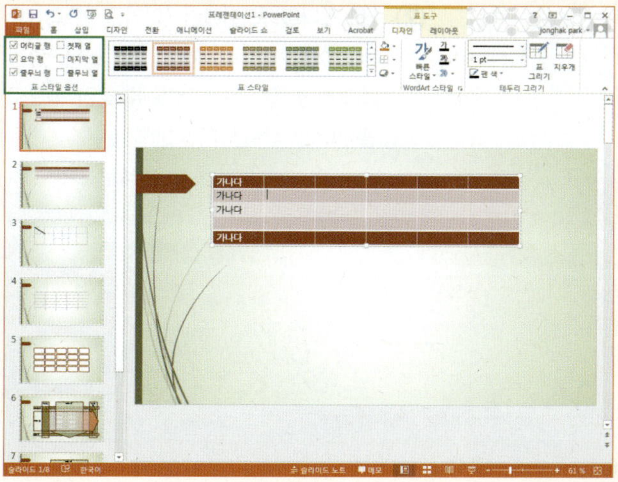

④ [표 스타일 옵션]에서 〈요약 행〉을 체크하면 표의 맨 아래 행이 다른 행과 다른 진한 배경으로 된다.

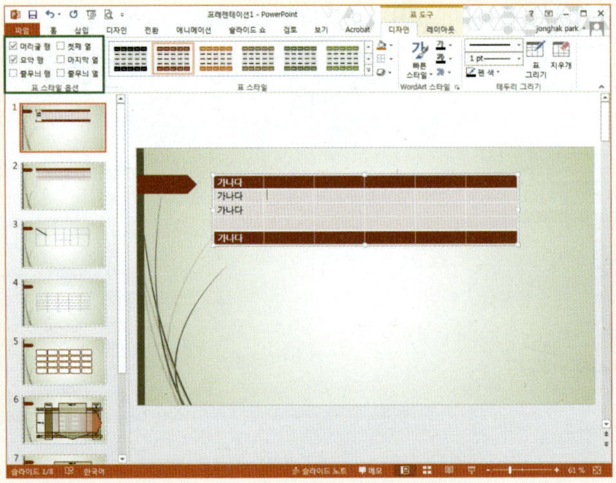

⑤ [표 스타일 옵션]에서 〈줄무늬 행〉을 체크 해제하면, 행을 구분하기 위해 흐린 색으로 나타났던 줄무늬가 사라진다.

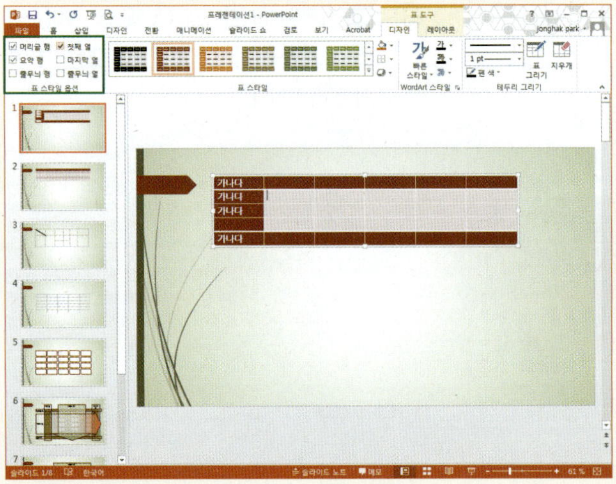

⑥ [표 스타일 옵션]에서 〈첫째 열〉을 체크하면, 표의 맨 왼쪽 열이 다른 열과 다른 진한 배경으로 된다. 옵션 오른쪽 옆에 있는 [표 스타일] 갤러리도 옵션의 체크에 따라 표의 스타일이 변경되고 있다.

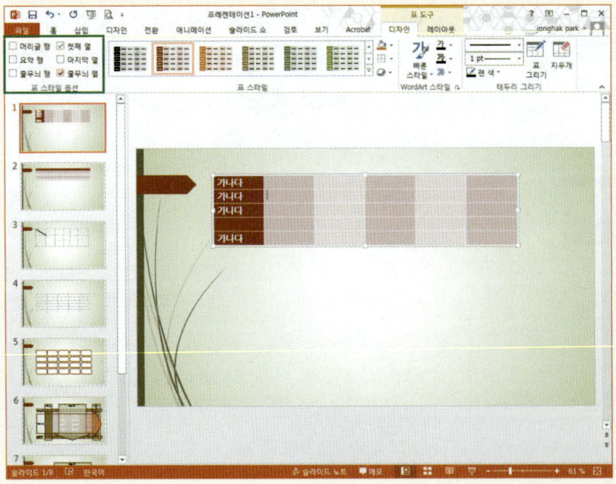

⑦ [표 스타일 옵션]에서 〈머리글 행〉과 〈요약 행〉을 체크 해제하고, 〈줄 무늬 열〉을 체크하면, 열을 구분하도록 흐린 색으로 줄무늬가 나타난다.

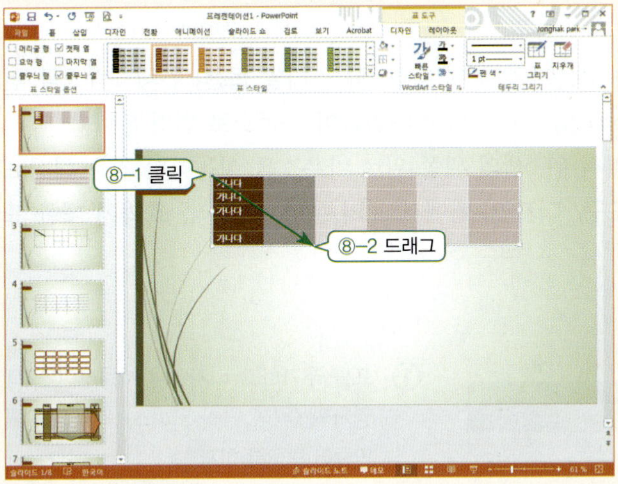

⑧ 〈줄무늬 행〉이나 〈줄무늬 열〉은 새로운 행이나 열이 추가되고 삭제되어도 알아서 줄무늬가 유지된다. 표의 왼쪽 2개 열을 클릭 & 드래그로 선택하였다.

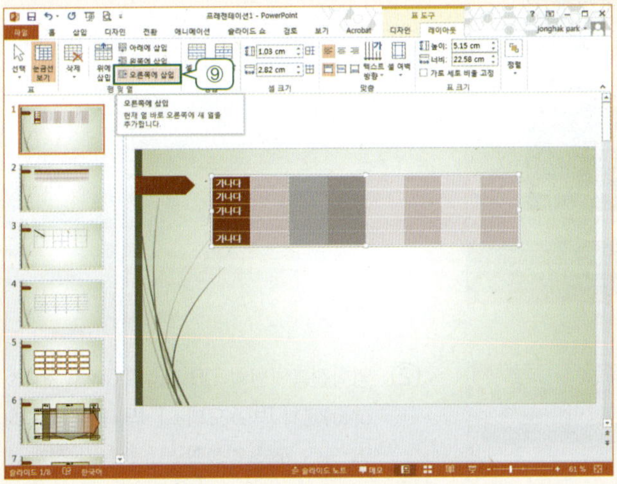

⑨ [표 도구/ 레이아웃] 탭에서 [오른쪽에 삽입]을 클릭하면, 현재 선택된 열의 오른쪽에 선택된 열의 개수만큼 2개 열이 추가된다.

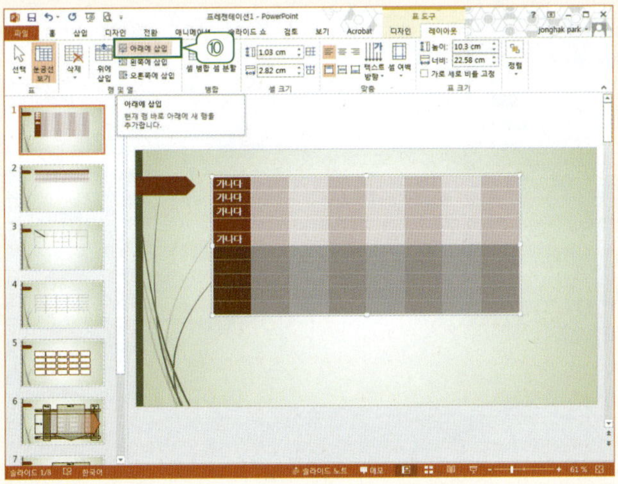

⑩ [표 도구/ 레이아웃] 탭에서 [아래에 삽입]을 클릭하면, 현재 선택된 행의 아래에 선택된 행의 개수만큼 5개 행이 추가된다.

3 표 스타일

표를 새로 작성할 때 제목이나 합계가 표에 있는지 여부에 따라 [**표 스타일 옵션**]의 체크박스를 먼저 체크하면, [**표 도구/ 디자인**] 탭에 있는 [**표 스타일**] 갤러리의 스타일들이 자동으로 변경 된다.
행이나 열 또는 셀을 선택하려면 행의 옆, 열의 위, 셀의 왼쪽 위로 마우스를 이동하다 검은 화살표가 나타났을 때 클릭하면 쉽게 선택된다. [**표 도구/ 디자인**] 탭에서 표의 음영, 테두리, 효과에 대한 표의 스타일을 설정한다.

① 표를 추가하고 디자인을 사용하여, 국내 영화의 〈역대 박스 오피스〉 내용의 표를 만들어 보도록 하자.

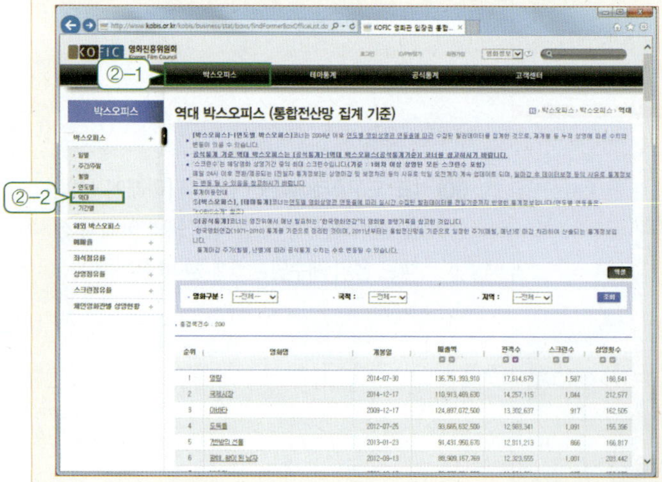

② 영화진흥위원회 DB 사이트(www.kobis.or.kr)에서 [박스오피스], [역대]를 클릭하면 국내 개봉 영화의 통합전산망 집계 기준 역대 박스오피스 자료를 확인할 수 있다.

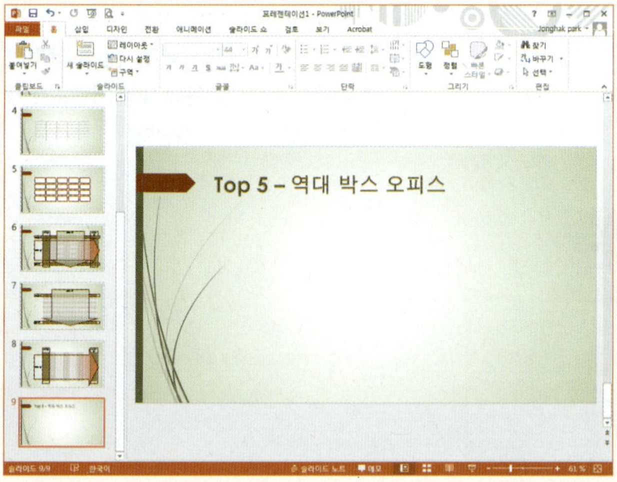

③ 새 슬라이드를 추가하고, 제목에 'Top 5 – 역대 박스 오피스'를 입력한다. 슬라이드 마스터에서 **[글꼴 크기]**는 〈44〉, **[텍스트 맞춤]**은 〈중간〉으로, 그리고 **[워드아트 스타일]**은 〈채우기–밤색〉을 선택한다.

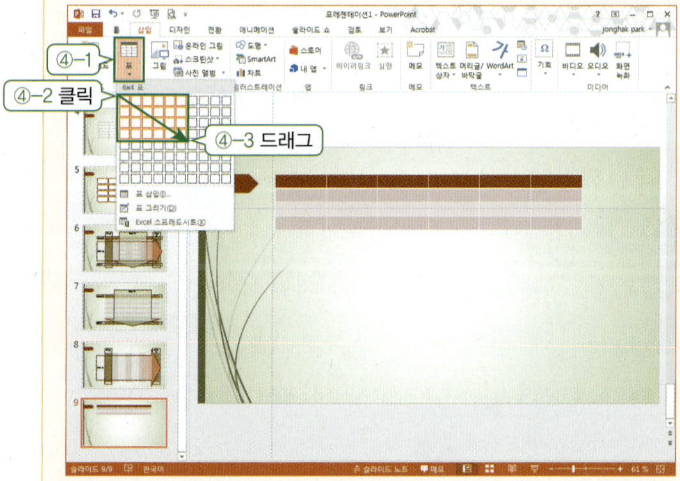

④ [삽입] [표▼]를 클릭하고, 마우스로 6열 4행을 드래그하여 표를 추가한다.

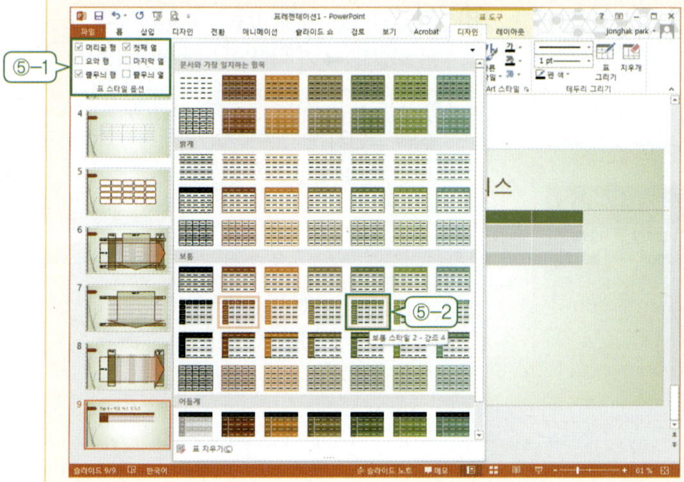

⑤ 표를 안내선으로 이동하고, **[표 스타일 옵션]**에서 〈첫째 열〉 체크, **[표 스타일]** 갤러리에서 〈보통스타일 2–강조 4〉를 선택한다.

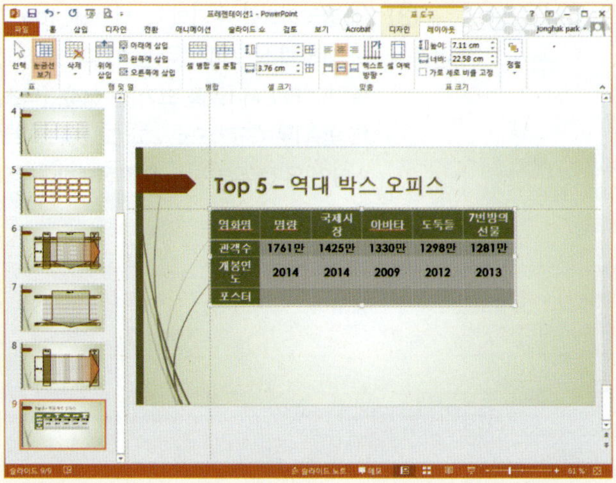

⑥ 왼쪽의 내용과 같이 표에 입력한다. 표를 선택하고 글꼴을 **[굵게]**, **[글꼴 크기]**는 〈24〉로, 단락은 **[가운데 맞춤]**, **[텍스트 맞춤]**은 〈중간〉으로 선택한다.

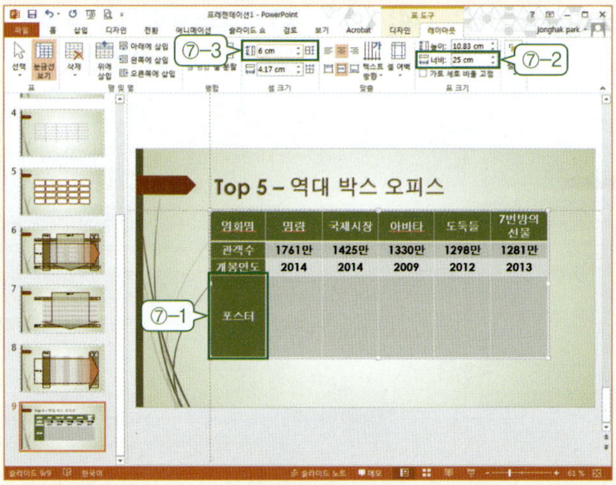

⑦ **[표 도구/ 레이아웃]**의 **[표 크기/ 너비]**에서 '25cm'로 표를 넓게 하고, 〈포스터〉 셀을 클릭하여 **[셀 크기/ 행 높이]**에서 높이를 '6cm'로 입력한다.

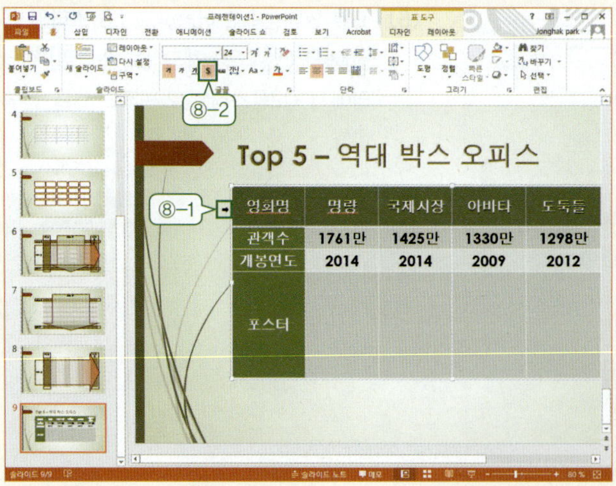

⑧ 〈머리글 행〉 옆에 마우스를 이동하다 검은 화살표 ➡가 나타났을 때 클릭하면 행이 선택된다. 행이 선택되면 **[글꼴]**의 **[텍스트 그림자]**를 클릭하여 흰색 텍스트가 선명하도록 한다.

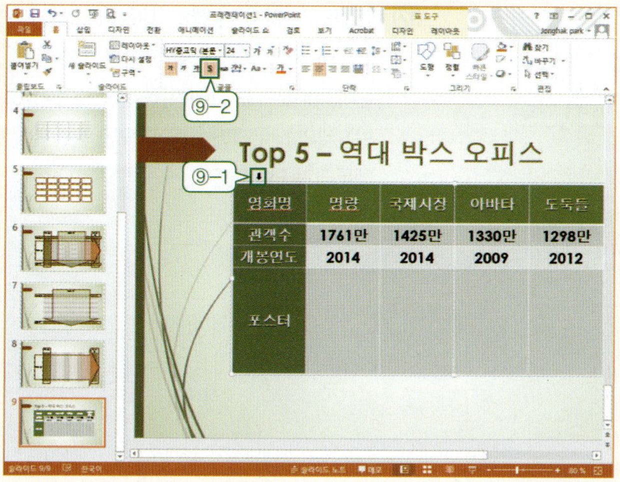

⑨ 〈첫째 열〉의 위로 마우스를 이동하다 검은 화살표 ⬇가 나타났을 때 클릭하면 열이 선택된다. 열이 선택되면 **[글꼴]**의 **[텍스트 그림자]**를 클릭하여 흰색 텍스트가 선명하도록 한다.

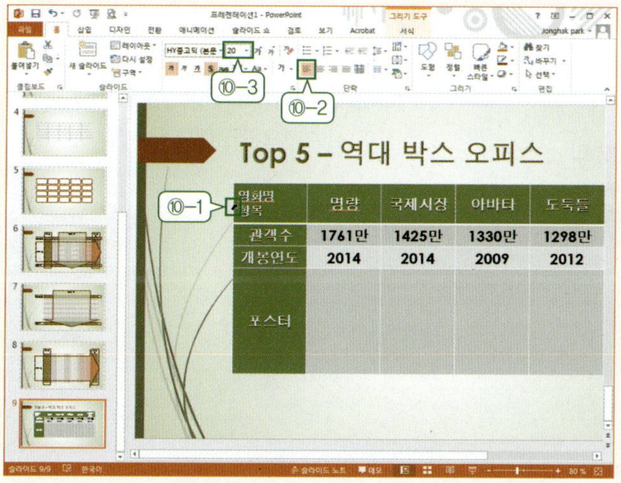

⑩ 〈영화명〉 셀의 뒤에 'Enter 항목'을 추가로 입력하고, 셀의 왼쪽 위로 마우스를 이동하다 검은 화살표 ⬈가 나타났을 때 클릭하여 셀이 선택되면, **[왼쪽 맞춤]**과 **[글꼴 크기]**는 〈20〉으로 설정한다.

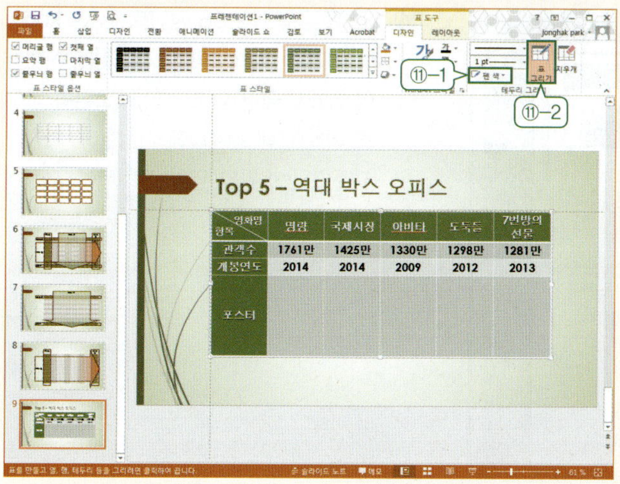

⑪ [표 도구/ 디자인] 탭의 **[테두리 그리기]**에서 **[펜 색]**은 〈흰색〉으로, **[표 그리기]**를 클릭하여, 셀의 왼쪽 위에서 사선으로 선을 그으면 흰색 대각선이 만들어진다. 〈영화명〉 텍스트 앞에 스페이스 바를 적당히 입력한다.

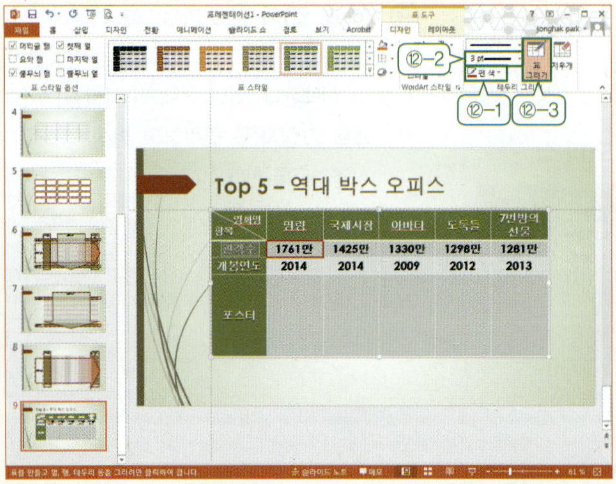

⑫ [표 도구/ 디자인] 탭의 [테두리 그리기]에서 [펜 색]은 〈진한 빨강〉으로, [펜 두께]는 〈3 pt〉로, [표 그리기]를 클릭하여 〈1761만〉 셀의 테두리에 선을 그으면 진한 빨강 테두리가 만들어진다.

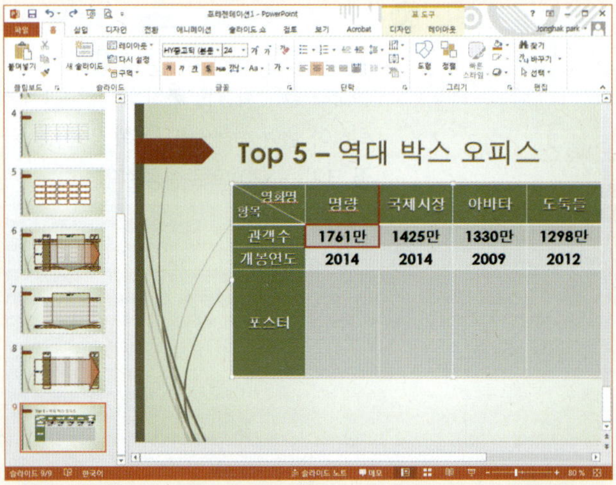

⑬ 만일 펜을 잘못 사용하여 진한 빨강 테두리가 그어지면, [펜 색]은 〈흰색〉으로 [펜 두께]는 〈1 pt〉로 하여 잘못된 셀의 테두리에 선을 그으면 원래의 테두리가 된다.

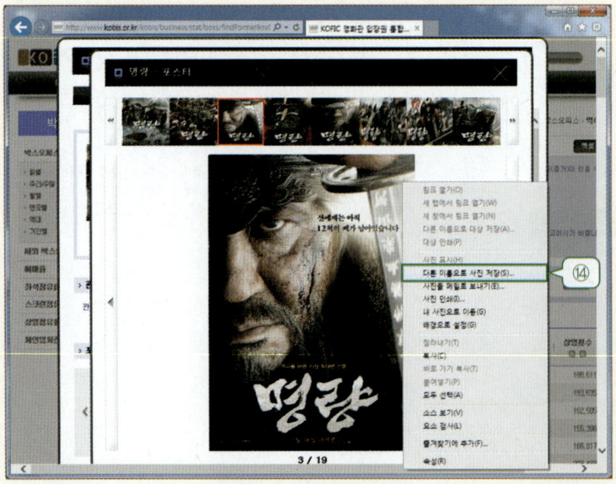

⑭ 영화진흥위원회 DB 사이트 (www.kobis.or.kr)에서 [박스오피스], [역대]를 선택하여 1위인 〈명량〉의 포스터를 오른쪽 마우스 메뉴로 내 컴퓨터에 저장한다. 마찬가지로 2위~5위의 영화 포스터를 저장한다.

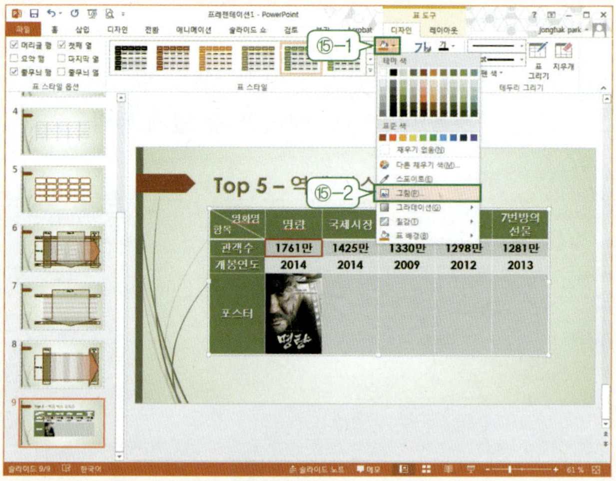

⑮ 포스터를 입력할 셀을 클릭하고, [표 도구/ 디자인] 탭의 [음영] [그림]을 선택하여 〈명량〉 포스터로 추가한다. 마찬가지로 〈국제시장〉, 〈아바타〉, 〈도둑들〉, 〈7번방의 선물〉의 영화 포스터를 추가한다.

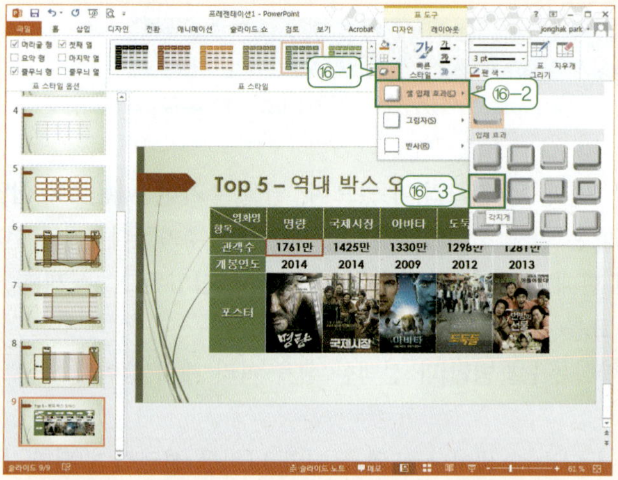

⑯ 첫째 행을 선택하고 [효과] [셀 입체 효과]를 〈각지게〉로 선택하여 제목 줄에 입체 효과를 준다.

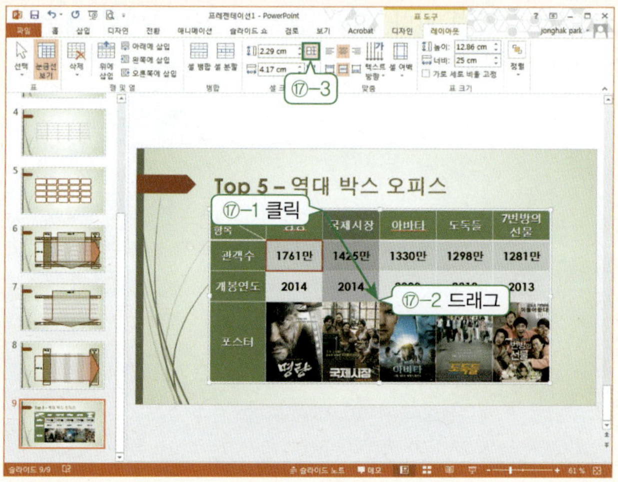

⑰ 〈국제시장〉, 〈1425만〉, 〈2014〉의 3 개 셀을 선택하고, [표 도구/ 레이아웃] 탭의 [셀 크기] [행 높이를 같게]를 클릭한다. [가로 텍스트 상자]에 [출처: 영화진흥위원회 (www.kobis.or.kr)]를 추가한다.

4 표 레이아웃

슬라이드의 표를 선택하면 [표 도구/ 레이아웃] 탭에서 행과 열의 삽입과 삭제, 셀의 병합과 분할, 셀 크기 설정 및 셀 크기를 같게, 텍스트 맞춤, 표의 크기 설정을 마음대로 설정할 수 있게 된다.

[행 및 열] 그룹에는 행을 추가하는 [아래에 삽입]과 [위에 삽입]이 있으며, 열을 추가하는 [왼쪽에 삽입]과 [오른쪽에 삽입]이 있다. 행/열을 삽입할 때는 현재 선택된 행/열의 개수만큼 추가한다. 예로 현재 2개의 행을 선택하고 [위에 삽입]을 클릭하면 현재 선택된 행의 위에 2개의 행이 삽입된다. [삭제]를 클릭하면 현재 선택되어 있는 행이나 열, 또는 표를 삭제할 수 있다.

[병합] 그룹에는 2개 이상의 셀을 하나로 병합하는 [셀 병합]과 선택한 셀을 여러 개의 행이나 열로 나누는 [셀 분할]이 있다.

[셀 크기]와 [표 크기] 그룹은 숫자를 입력하여 단순히 셀이나 표의 높이와 너비를 설정하면 된다. [셀 크기] 그룹에서 높이 옆의 [행 높이를 같게 ⊞]를 클릭하면 선택된 행들의 높이가 같게 되고, 너비 옆의 [열 너비를 같게 ⊞]를 클릭하면 선택된 열들의 너비가 같게 된다. 표의 셀에 그림을 추가할 때는 오프셋을 사용하여 셀과 그림의 간격을 조절할 수 있다.

① 새 슬라이드를 〈제목〉 레이아웃으로 추가하고, 제목으로 'Best Global Brands Enter Technology Sector', 부제목으로 '출처: www.interbrand.com'를 입력하고, [글꼴 크기]는 각각 〈60〉과 〈32〉로 하고, 워드아트 스타일은 각각 〈채우기-밤색〉과 〈채우기-황록색〉으로 설정한다.

② 표를 추가하여 왼쪽과 같은 〈2014 세계 10대 브랜드〉 내용으로 표를 만들어 보도록 하자.

③ 새 슬라이드를 〈제목만〉 레이아웃으로 추가하고, 제목을 'Best Global Brands 2014'로 입력한다.

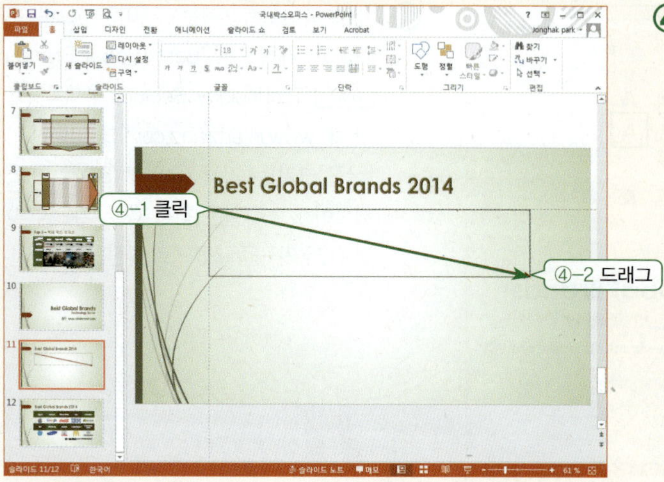

④ [삽입] 탭의 [표▼] [표 그리기]를 선택하고, 슬라이드에서 마우스로 클릭 & 드래그하여 표를 추가한다.

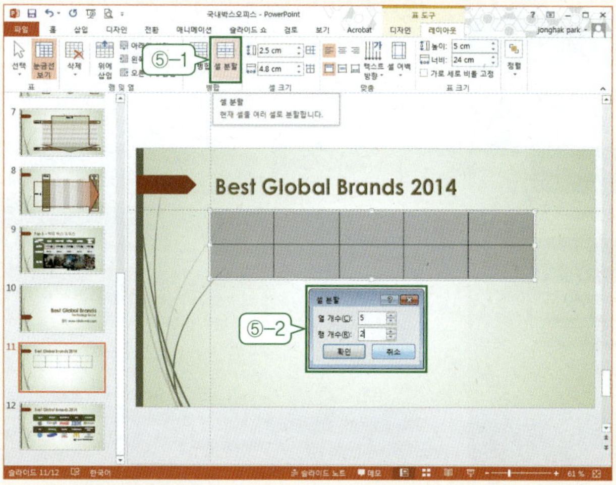

⑤ [표 도구/ 레이아웃] 탭의 [셀 분할]을 클릭하여 열 개수를 '5', 행 개수를 '2'로 입력하면 5열 2행의 표로 분할된다.

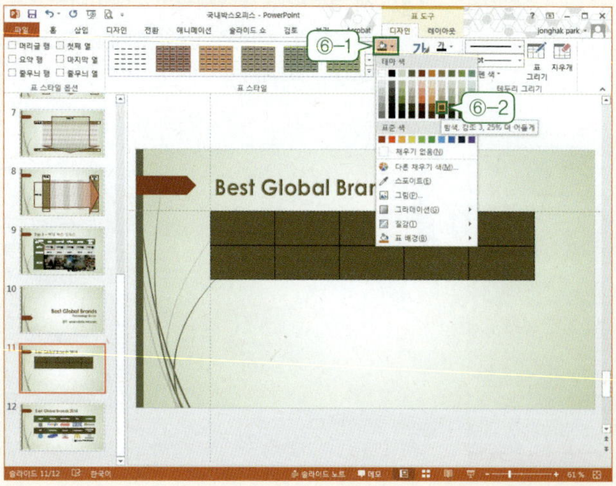

⑥ [표 도구/ 디자인] 탭의 [표 스타일] [음영]에서 〈밤색, 강조 3, 25% 더 어둡게〉를 선택한다.

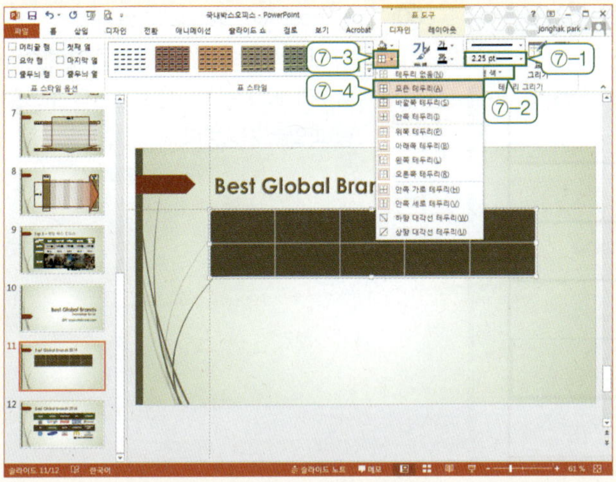

⑦ [표 도구/ 디자인] 탭의 [펜 두께]는 〈2.25pt〉, [펜 색]은 〈흰색〉으로 설정하고, [표 스타일/ 테두리]의 〈모든 테두리〉를 선택하면 표의 모든 선이 흰색으로 설정된다.

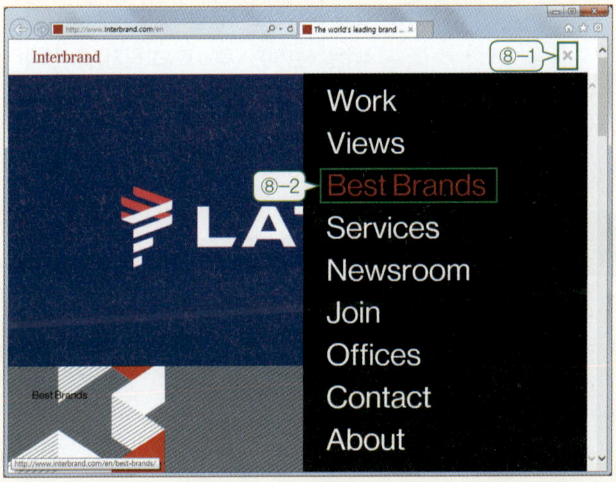

⑧ Global Best Brands 자료는 인터브랜드(www.interbrand.com) 사이트에서 확인할 수 있다. 오른쪽 위의 메뉴에서 〈Best Brands〉를 선택한다.

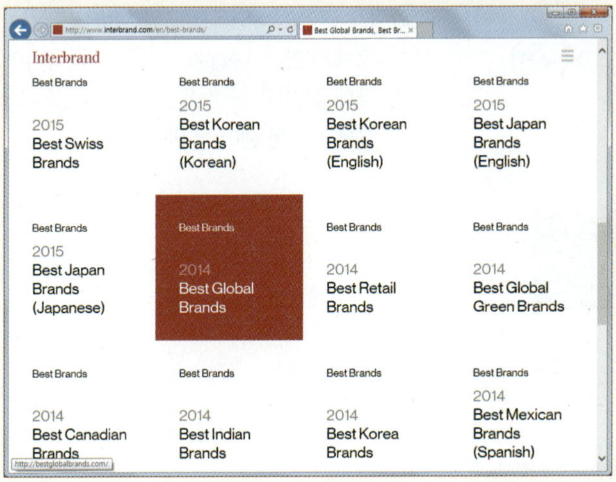

⑨ 화면을 천천히 내리면서 〈2014 best Global Brands〉를 찾아서 클릭한다.

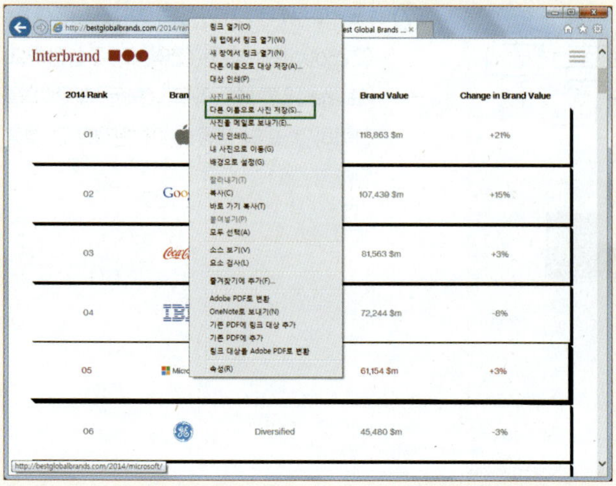

⑩ [The Best 100 Brands]을 클릭하여, 오른쪽의 〈리스트 보기〉 ▤를 클릭하여, 1위 애플부터 10위 벤츠까지 브랜드의 로고를 그림 파일로 저장한다.

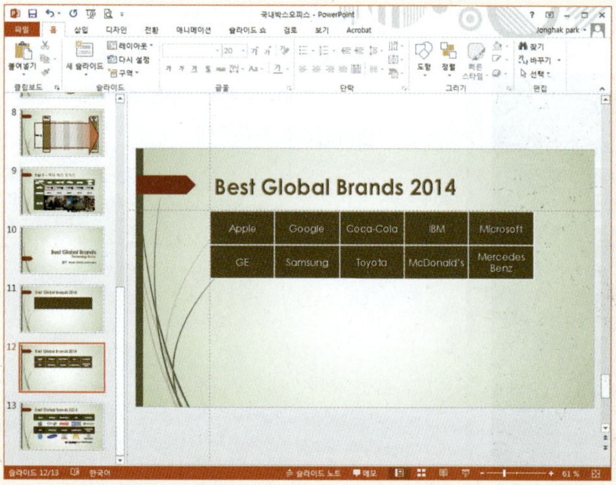

⑪ 표를 선택하고, [글꼴 크기]는 〈20〉, [글꼴 색]은 〈흰색〉, 〈텍스트 그림자〉를 선택하고, [단락]은 〈가운데 맞춤〉으로, [텍스트 맞춤]은 〈중간〉으로 설정하고, 표에 다음과 같이 입력한다.

Apple	Google	Coca-Cola	IBM	Microsoft
GE	Samsung	Toyota	McDonald's	Mercedes Benz

⑫ [표 크기/ 너비]에서 표의 너비를 '25cm'로 입력한다. 〈Apple〉 셀을 클릭하고 [아래에 삽입]을 클릭하면, 〈Apple〉 셀의 아래에 새로운 행이 삽입된다.

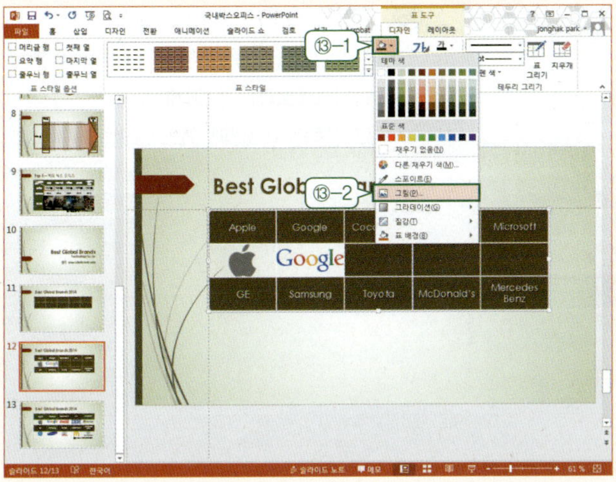

⑬ 〈Apple〉 바로 아래 셀을 선택하고 [표 도구/ 디자인] 탭의 [음영] [그림]을 클릭하여 〈Apple〉 로고를 추가한다. 마찬가지로 〈Google〉, 〈Coca Cola〉, 〈IBM〉, 〈Microsoft〉의 로고도 추가한다.

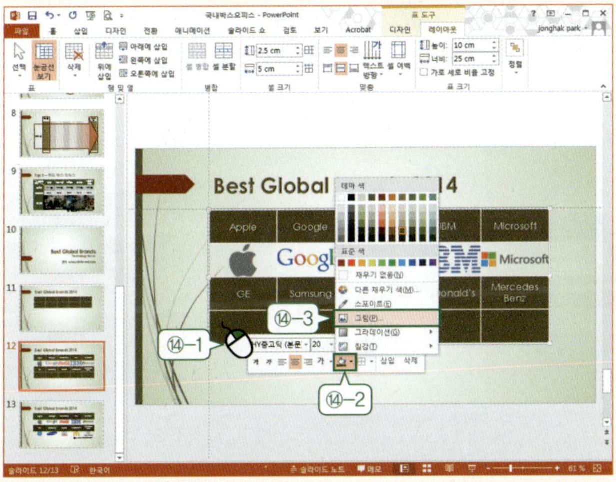

⑭ 〈GE〉 셀을 클릭하고 [아래에 삽입]을 클릭하면, 〈GE〉 셀의 아래에 새로운 행이 삽입된다. 〈GE〉 아래 셀에서 오른쪽 마우스를 누르면 〈미니도구 모음〉이 나타나는데, [음영] [그림]을 선택하여 〈GE〉 로고를 추가한다. 마찬가지로 〈Samsung〉, 〈Toyota〉, 〈McDonald's〉, 〈Mercedes Benz〉의 로고도 추가한다.

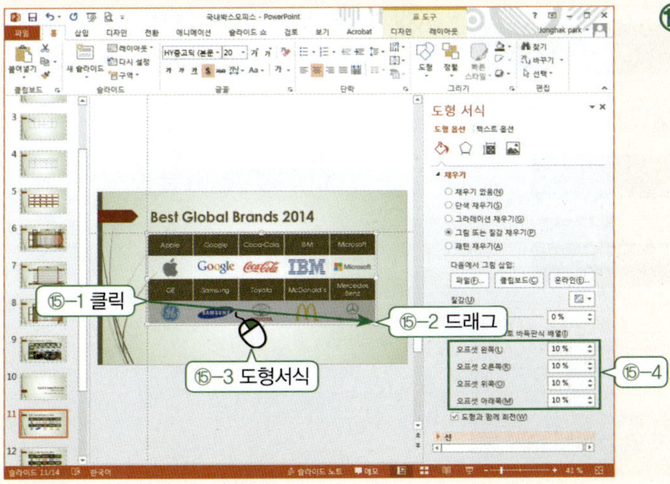

⑮ 그림이 있는 행을 선택하고, 오른쪽 마우스 메뉴 [도형 서식]을 선택한다. 그림 파일을 셀의 테두리로부터 떨어지게 하기 위하여 오프셋을 모두 '10%'로 입력한다.

오프셋 왼쪽(L)	10 %
오프셋 오른쪽(R)	10 %
오프셋 위쪽(O)	10 %
오프셋 아래쪽(M)	10 %

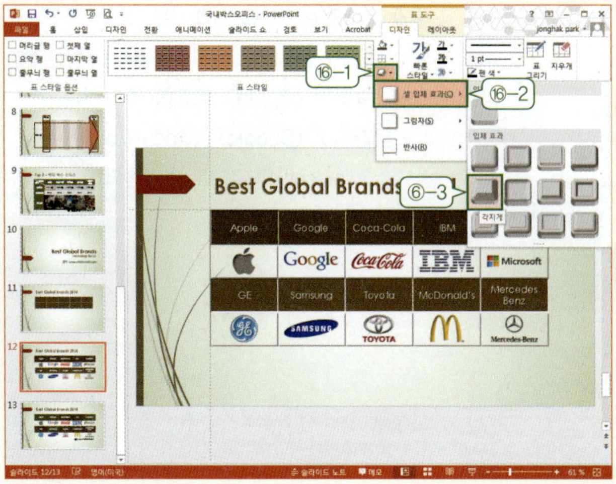

⑯ 표를 선택하고 [효과] [그림자]를 〈안쪽 대각선 왼쪽 위〉로 선택한다. 첫째 행을 선택하고 [효과] [셀 입체 효과]를 〈각지게〉로 선택한다. 셋째 행도 동일하게 처리한다.

⑰ Technology 섹터인 〈Apple〉, 〈Google〉, 〈Microsoft〉, 〈Samsung〉의 [음영]을 〈황록색, 강조5 25% 더 어둡게〉로 선택한다.

⑱ [가로 텍스트 상자]를 추가하여 [출처: www.interbrand.com]를 입력한 완성된 모습이다.

인터브랜드의 2008~2014년 글로벌 브랜드 순위에서 Technology 섹터만 정리한 표를 만들어 보자.

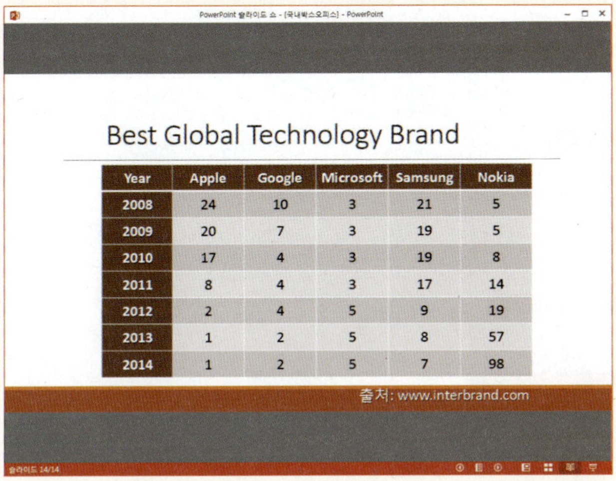

① 새 슬라이드는 〈제목만〉 레이아웃의 〈추억〉 테마로 추가하고 'Best Global Technology Brand'로 제목을 입력한다.

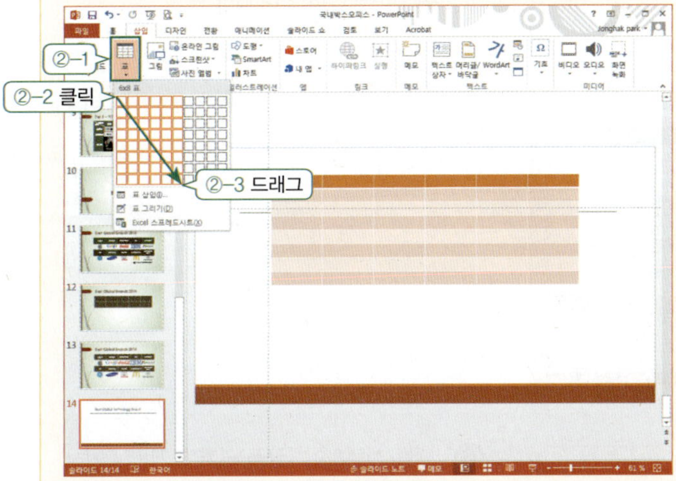

② [삽입] [표 ▼]의 6열 8행 표를 드래그하여 추가하고 이동한다.

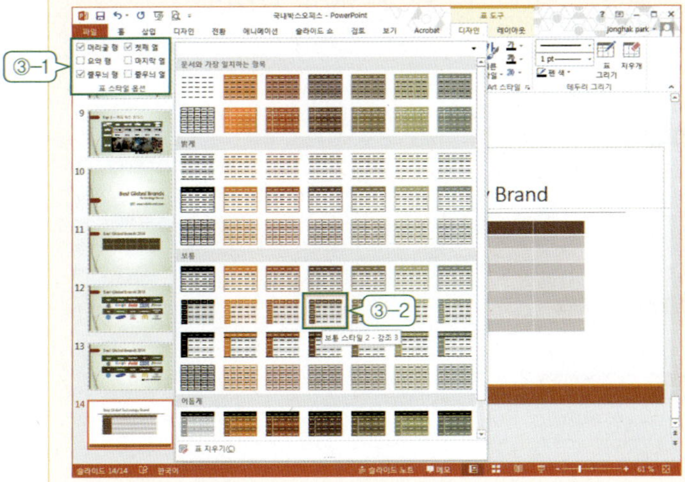

③ [표 도구/ 디자인]의 [표 스타일 옵션]에서 〈첫째 열〉을 체크하고, [표 스타일] 갤러리의 〈보통 스타일 2 – 강조 3〉을 선택한다.

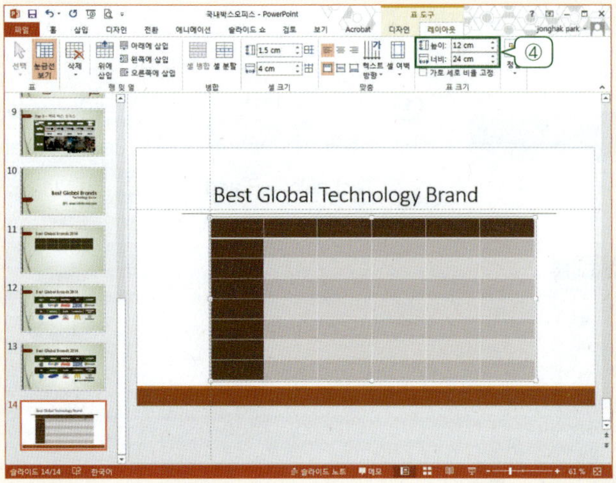

④ [표 도구/ 레이아웃]의 [표 크기] [높이]는 '12cm', [너비]는 '24cm'로 입력한다.

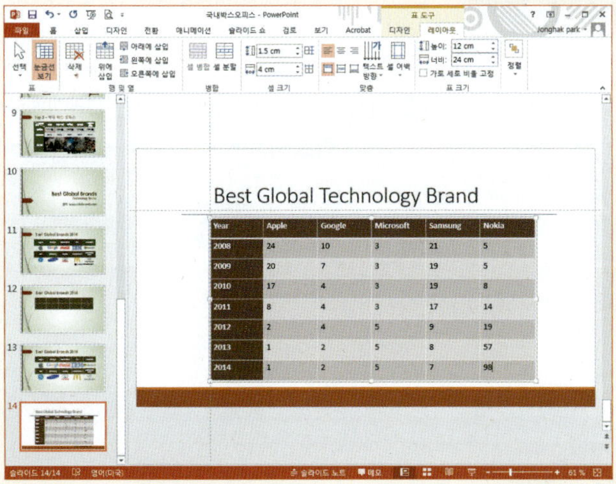

⑤ 인터브랜드의 2008~2014년 글로벌 브랜드 순위에서 Technology 섹터의 데이터를 왼쪽과 같이 입력한다.

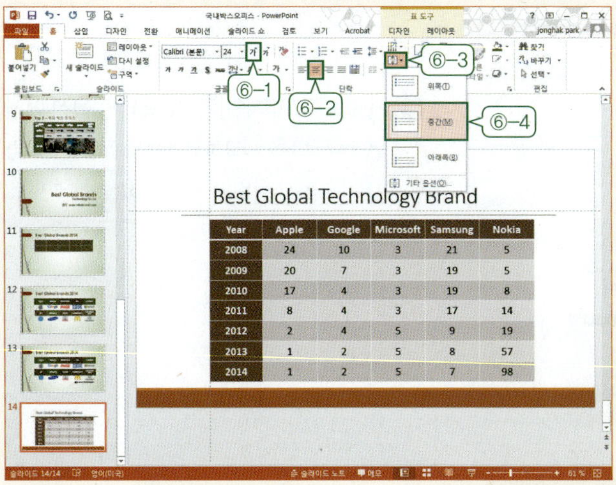

⑥ 표를 선택하여, **[글꼴 크기 크게]**를 2번하고, 단락은 **[가운데 맞춤]**으로, **[텍스트 맞춤]**은 〈중간〉으로 선택한다.

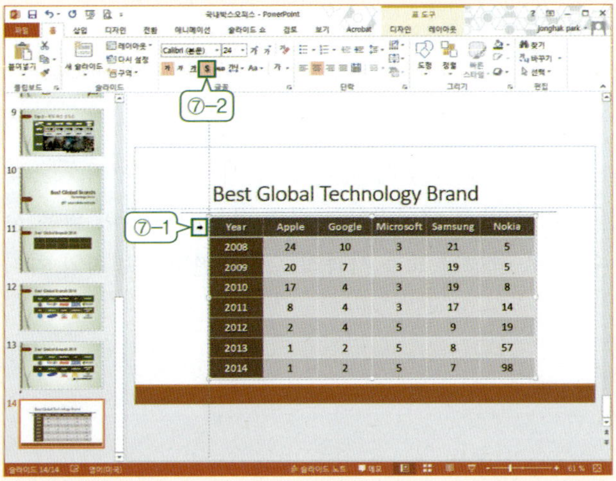

⑦ 〈첫째 열〉과 〈머리글 행〉을 선택하고 **[글꼴]** 그룹의 **[텍스트 그림자]**를 선택한다. 흰색 텍스트를 **[텍스트 그림자]**를 선택하는 것이 선명하게 보인다.

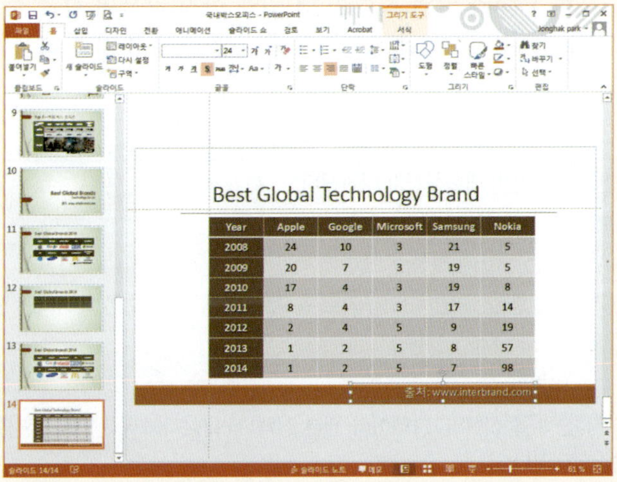

⑧ [가로 텍스트 상자]를 추가하여 **[출처: www.interbrand.com]**를 입력한다.

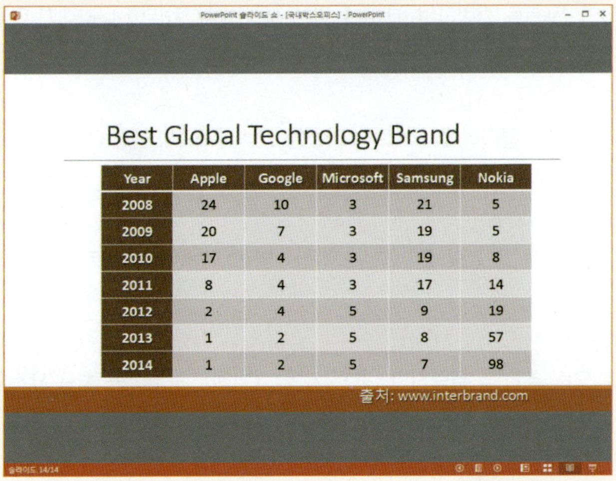

⑨ 〈Best Global Technology Brand〉 표의 완성된 모습이다.

SECTION 02

차트

프레젠테이션에서 내용을 비교하거나 항목별로 묶을 필요가 있을 때는 표를 사용하는 것이 텍스트로 표현하는 것보다 효과적으로 전달될 수 있다. 그러나 많은 데이터가 포함된 표를 청중들이 짧은 순간에 이해하는 것은 쉽지 않은 일이다. 차트는 수(數)로 작성된 표를 시각적으로 표현하여 변화와 차이를 쉽게 이해하도록 도움을 준다.

1 차트 추가

슬라이드에 다음의 순서로 차트를 추가한다. 차트 요소와 영역 서식은 맨 뒤에 하지 않으면 같은 작업을 다시 하는 일이 발생한다. 또한, 5. 차트 스타일과 6. 빠른 레이아웃은 필요에 따라 순서가 바뀔 수도 있다.

1	**차트 종류**	[삽입] 탭에서 [차트]를 클릭하면 [차트 삽입] 대화상자가 나타난다. 대화상자에서 〈차트 유형〉과 〈차트 종류〉를 선택한다.
2	**데이터 입력**	차트와 [데이터 편집 창]이 나타나면 데이터를 입력한다. 입력 데이터의 열(계열)은 범례가 되고, 행(항목)은 차트의 가로 축으로 되며, 세로 축은 데이터의 범위에 따라 자동으로 정해진다.
3	**행/열 전환**	차트의 범례와 가로축 항목을 서로 바꾼다. [차트 도구/ 디자인] 탭의 [데이터 선택]을 선택하고 [데이터 원본 선택] 대화상자에서 [행/열 전환]을 클릭하여, 범례와 가로축 항목을 맞바꾼다.
4	**차트 필터**	차트에 표시할 데이터 항목을 선택한다. [차트 도구/ 디자인] 탭의 [데이터 선택]을 클릭하여 [데이터 원본 선택]에서, 차트에 나타내지 않을 데이터는 체크 해제한다.
5	**차트 스타일**	차트 스타일과 색 구성을 선택한다. [차트 도구/ 디자인] 탭의 [차트 스타일] 갤러리에서 차트 스타일을 선택하고, [색 변경]에서 색 세트를 설정한다.
6	**빠른 레이아웃**	차트의 요소를 레이아웃에서 빠르게 선택한다. [차트 도구/ 디자인] 탭의 [빠른 레이아웃]을 클릭하면 〈축〉, 〈제목〉, 〈범례〉, 〈눈금〉 등 차트 요소의 레이아웃을 선택할 수 있다.
7	**차트 요소**	차트의 요소를 개별적으로 설정한다. [차트 도구/ 디자인] 탭의 [차트 요소 추가]를 클릭하면 〈축〉, 〈제목〉, 〈범례〉, 〈눈금〉 등 차트 요소를 추가, 삭제 또는 변경한다.
8	**영역 서식**	차트의 영역별 서식을 개별적으로 설정한다. [차트 도구/ 서식]에서 영역을 선택하고 〈그림 영역〉, 〈차트 영역〉, 〈가로 축〉, 〈세로 축〉 등 각 영역의 서식을 개별적으로 설정한다.

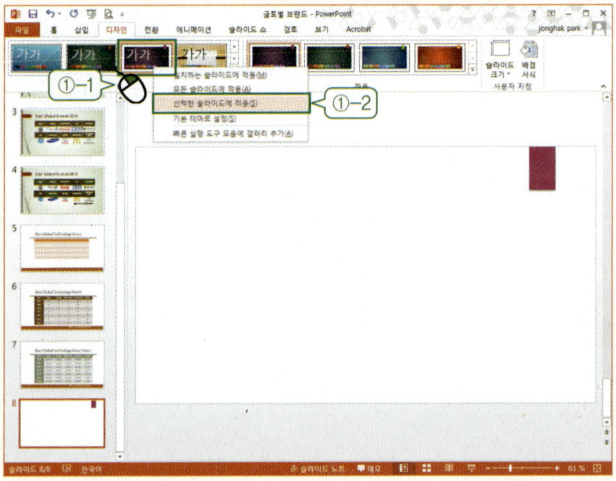

① 새 슬라이드를 〈빈 화면〉 레이아웃으로 추가하고, 〈이온(회의실)〉 테마에서 오른쪽 마우스 메뉴 **[선택한 슬라이드에 적용]**을 선택한다.

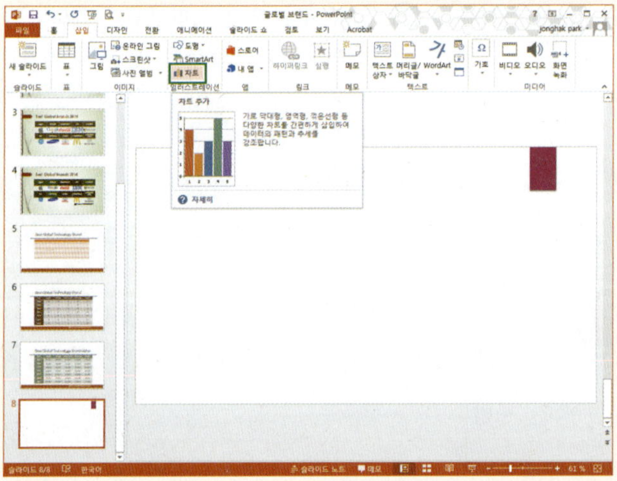

② [삽입] 탭의 [차트]를 클릭하면 [차트 삽입] 대화상자가 나타난다.

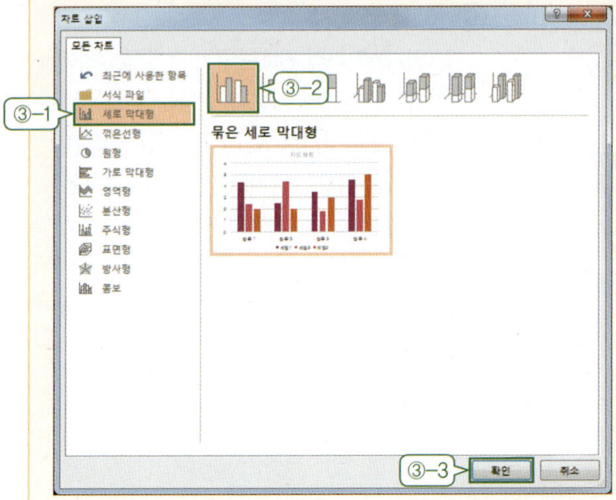

③ **1. 차트 종류**

차트 삽입 대화상자가 나타나면 왼쪽의 차트 유형은 〈세로 막대형〉, 오른쪽의 차트 종류는 〈묶은 세로 막대형〉으로 선택하고 확인한다.

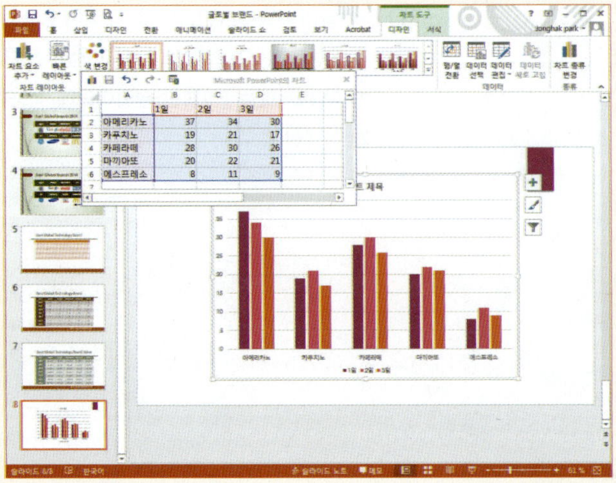

④ 2. 데이터 입력

[데이터 편집 창]이 나타나면 다음의 데이터를 입력하고, 편집 창을 닫는다.

	1일	2일	3일
아메리카노	37	34	30
카푸치노	19	21	17
카페라떼	28	30	26
마끼아또	20	22	21
에스프레소	8	11	9

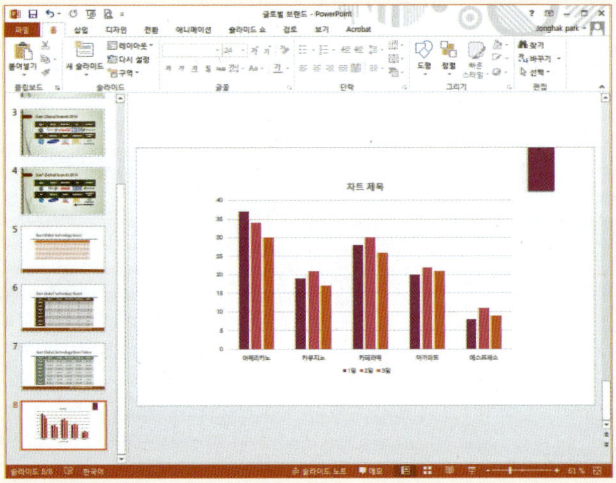

⑤ 입력 데이터의 행(커피 종류)은 차트의 가로축이 되고, 세로축은 데이터의 범위에 따라 자동으로 정해진다. 열(일차)은 범례가 된다. 차트에서 〈커피 종류〉별 판매량 증감을 알 수 있다.

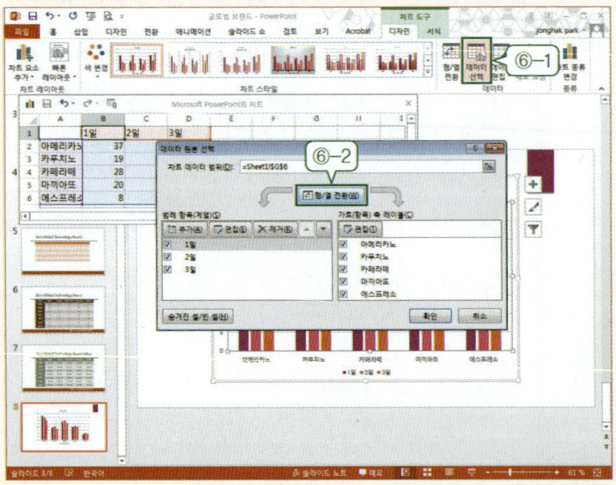

⑥ 3. 행/열 전환

〈일차〉별 커피 판매량의 비교가 필요하면, 차트의 범례와 가로축 항목을 서로 바꾸어야 한다. **[차트 도구/ 디자인]** 탭의 **[데이터 선택]**을 선택하고 대화상자에서 **[행/열 전환]**을 클릭하여, 범례와 가로축 항목을 맞바꾼다.

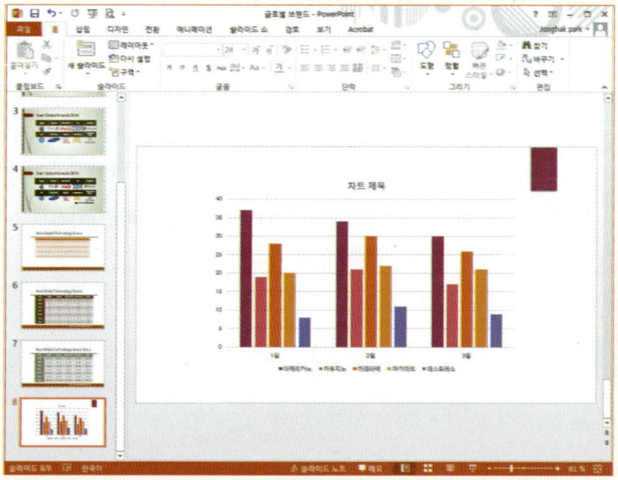

⑦ 행/열 전환으로 〈일차〉별 커피 판매량의 비교를 확인할 수 있다.

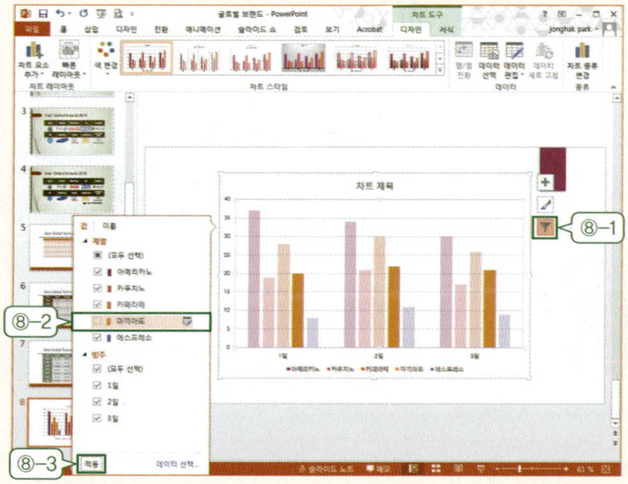

⑧ 4. 차트 필터

차트에 필요없는 데이터 항목을 편집한다. 차트 오른쪽 깔대기 모양 을 클릭하면 계열과 범주가 나타나는데, 차트에 나타내지 않을 〈마끼아또〉를 체크 해제하고, 적용을 클릭한다.(**[차트 도구/ 디자인]** 탭의 **[데이터 선택]**에서 하여도 된다.)

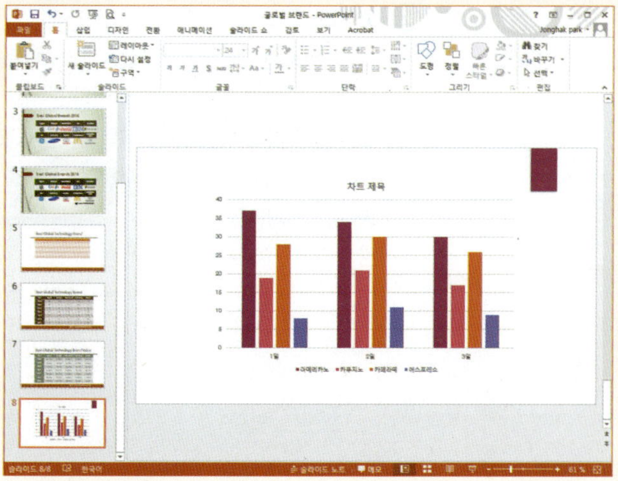

⑨ 차트는 〈마끼아또〉 항목의 범례와 데이터가 사라지고, 나머지 항목으로만 나타난다.

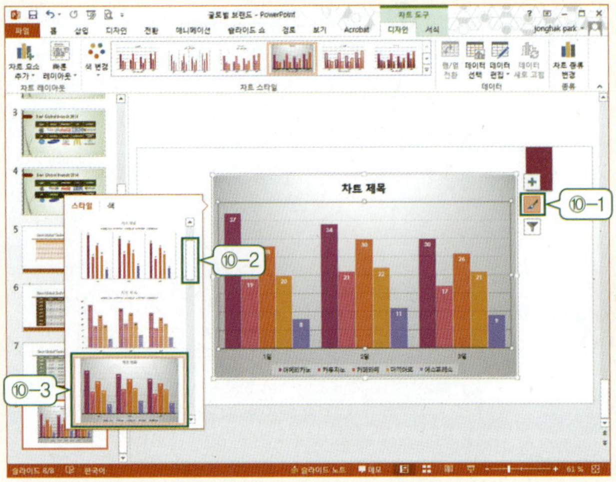

⑩ 5. 차트 스타일

차트 스타일과 색 구성을 선택한다.

차트 오른쪽 붓 모양 을 클릭하면 여러 가지 스타일이 나타나는데, 〈스타일4〉를 선택하였다. (**[차트 도구/ 디자인]** 탭의 **[차트 스타일]** 갤러리와 **[색 변경]**에서 선택하여도 된다.)

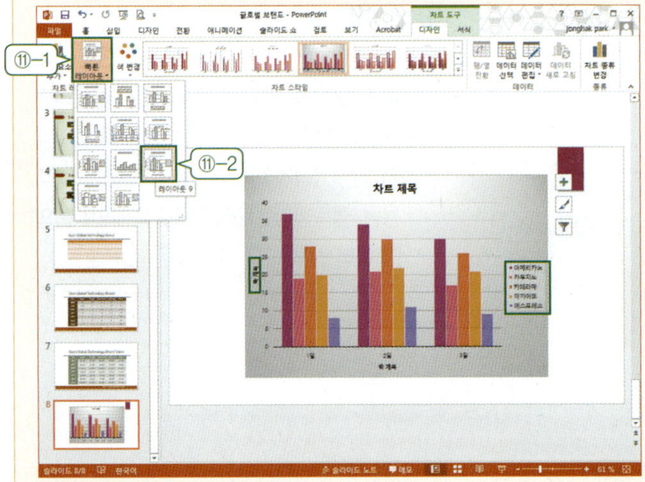

⑪ 6. 빠른 레이아웃

차트의 요소를 미리 지정한 레이아웃 가운데 하나를 선택한다. **[차트 도구/ 디자인]** 탭의 **[빠른 레이아웃]**을 클릭하여 〈레이아웃 9〉를 선택하였다. 세로 축의 제목과 값이 나타났고, 범례가 오른쪽으로 이동하였다.

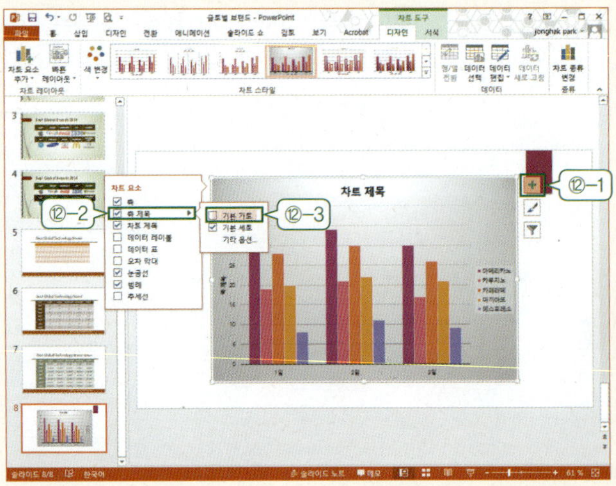

⑫ 7. 차트 요소

차트 요소를 개별적으로 설정한다. 차트 오른쪽 더하기 모양 을 클릭하면 차트 요소들이 나타나는데, 〈축 제목〉을 선택하고, 〈기본 가로〉를 체크 해제하여 가로 축 제목을 제거하였다.

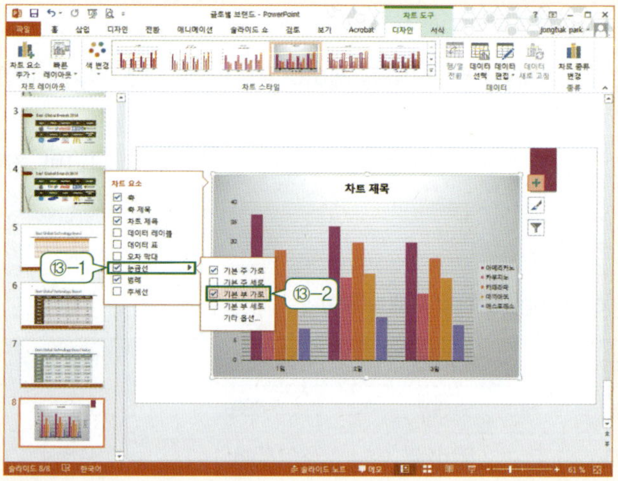

⑬ 계속해서, 〈눈금선〉의 〈기본 부 가로〉를 선택하여 가로 눈금 보조선이 나타나도록 한다. 차트 요소는 차트 스타일이나 빠른 레이아웃에서 설정하지 못한 차트 요소를 추가, 삭제 또는 변경한다.

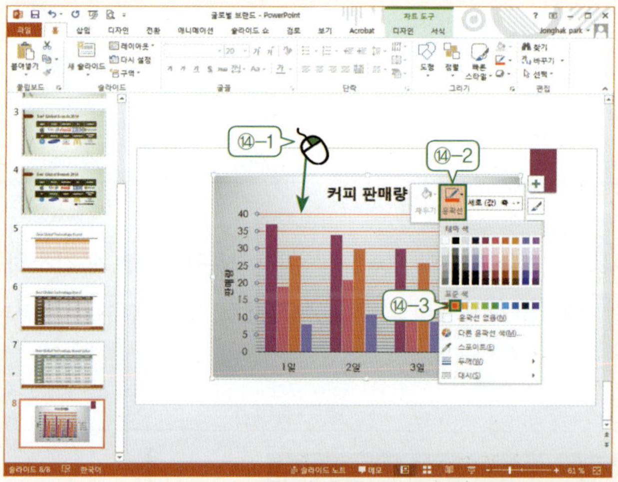

⑭ 8. 영역 서식

차트의 영역별 서식을 개별적으로 설정한다. 차트 제목은 '커피 판매량', 세로축 제목은 '판매량'으로 입력하고, **[글꼴 크기]**는 각각 〈32〉, 〈20〉으로 설정한다. 〈세로축 주 눈금선〉은 오른쪽 마우스로 **[윤곽선 ▼]**에서 〈빨강〉으로 설정한다.

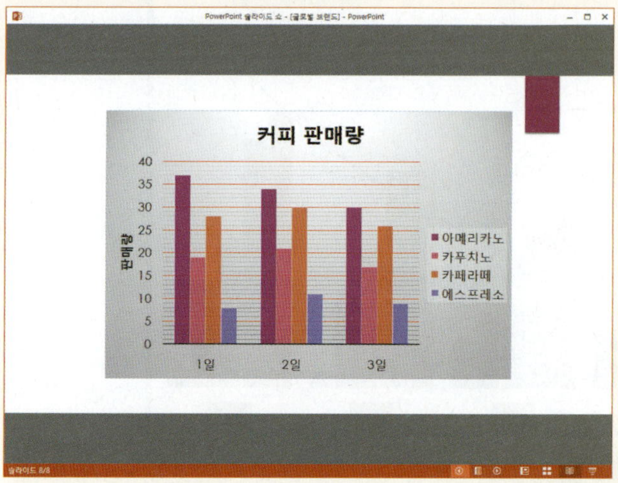

⑮ 〈커피 판매량〉 표로 완성된 차트이다.

2 차트 디자인

슬라이드의 차트와 관련된 디자인은 [차트 도구/ 디자인] 탭의 [빠른 레이아웃], [차트 요소 추가], [차트 스타일] 그룹을 사용하여 꾸밀 수 있게 된다.
다음의 표는 인터브랜드에서 발표한 2008~2014년 글로벌 브랜드 가치에서 Technology 섹터만 정리한 자료이다.

Best Global Technology Brand Value($m)

Year	Apple	Google	Microsoft	Samsung	Nokia
2008	13,724	25,590	59,007	17,689	35,942
2009	15,443	31,980	56,647	17,518	34,864
2010	21,143	43,557	60,895	19,491	29,495
2011	33,492	55,317	59,807	23,430	25,071
2012	76,568	69,726	57,853	32,893	21,009
2013	98,316	93,291	59,546	39,610	7,444
2014	118,863	107,439	61,154	45,462	4,138

Apple의 브랜드 가치는 최근에 가파르게 증가하였고, Nokia의 브랜드 가치는 최근에 빠르게 감소하는 것을 알 수 있다. 표를 같은 내용의 차트로 작성하면, 차트에서 브랜드 가치의 증가와 감소, 그리고 브랜드 별 비교를 쉽게 할 수 있다.

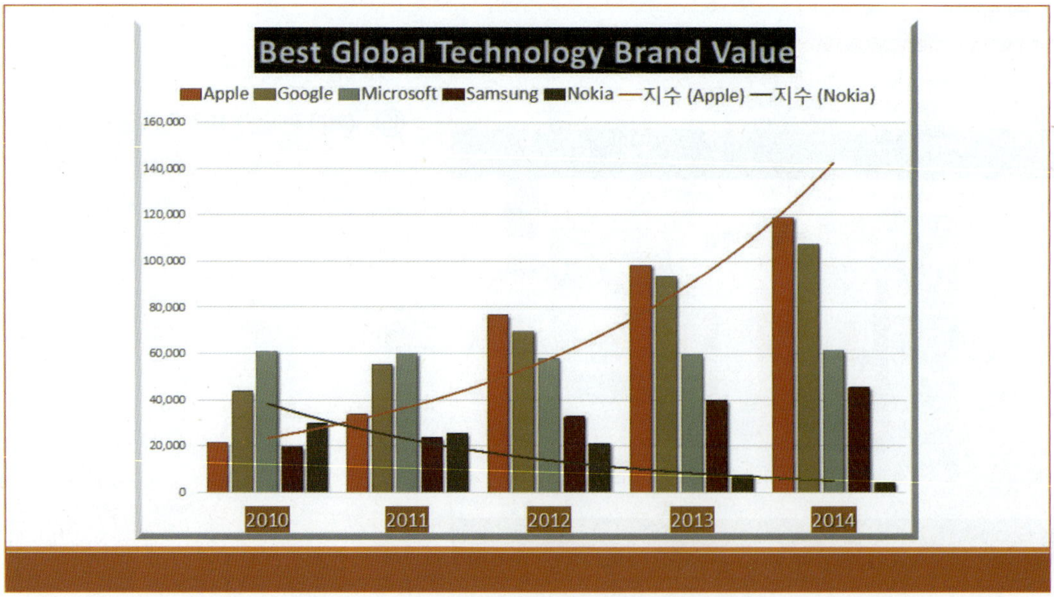

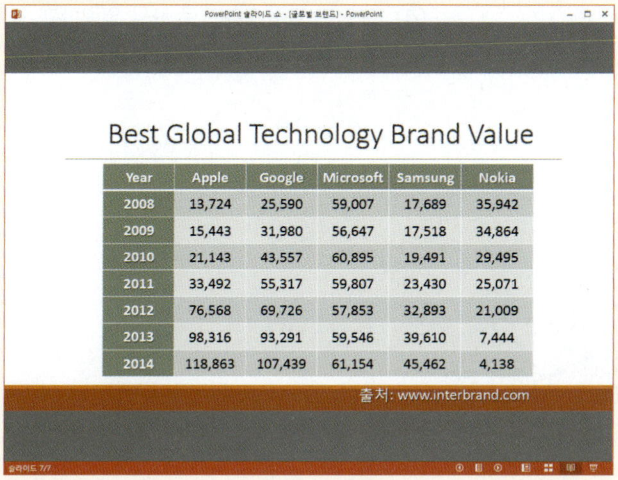

① 인터브랜드의 2008~2014년 글로벌 브랜드 가치에서 Technology 섹터만 정리한 표를 먼저 만들고, 차트도 만들어 보자.

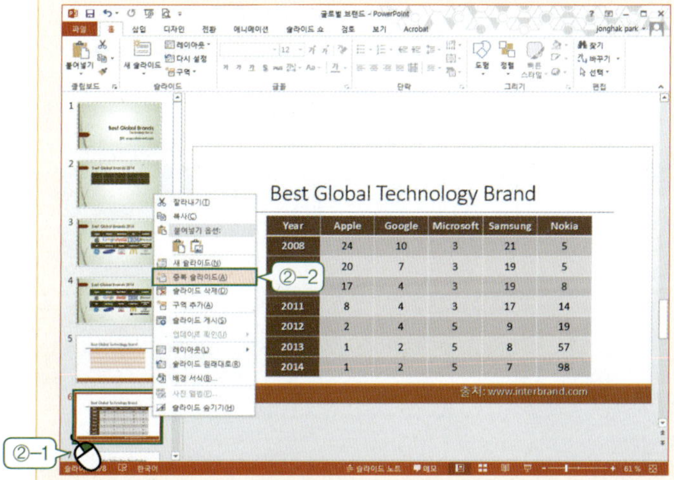

② 슬라이드 작업 창에서 이전 슬라이드 〈Best Global Technology Brand〉를 선택하고 오른쪽 마우스 메뉴 **[중복 슬라이드]**를 클릭하면 슬라이드가 복제된다.

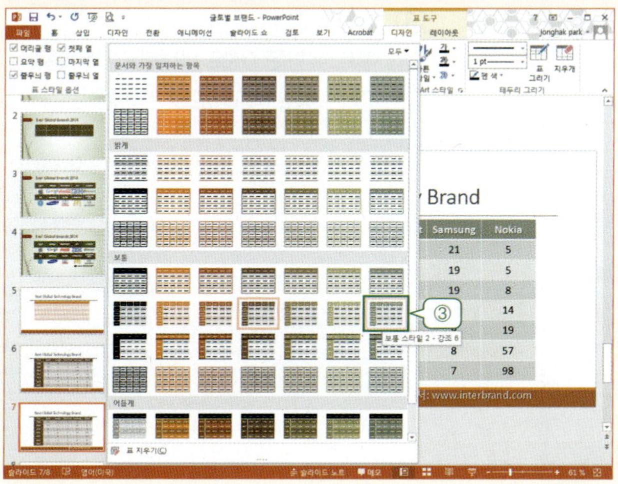

③ 제목을 'Best Global Technology Brand value'로 수정하고, 표의 스타일을 〈보통 스타일 2-강조 6〉으로 선택한다.

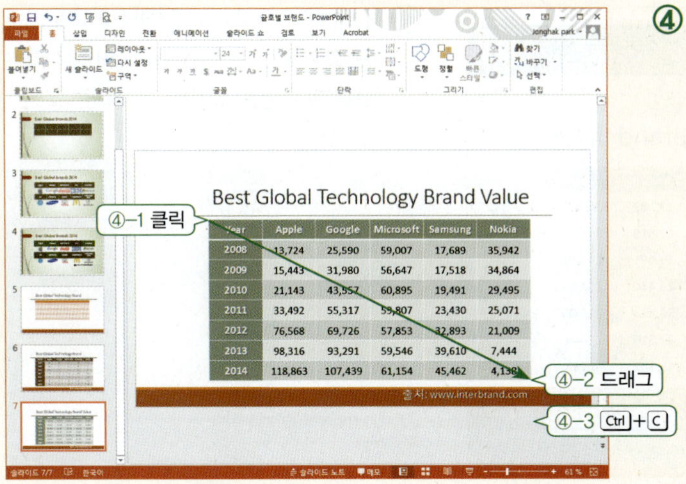

④ 브랜드 가치 데이터로 표를 입력하고, 표의 전체 데이터를 선택하여 Ctrl+C로 복사한다.

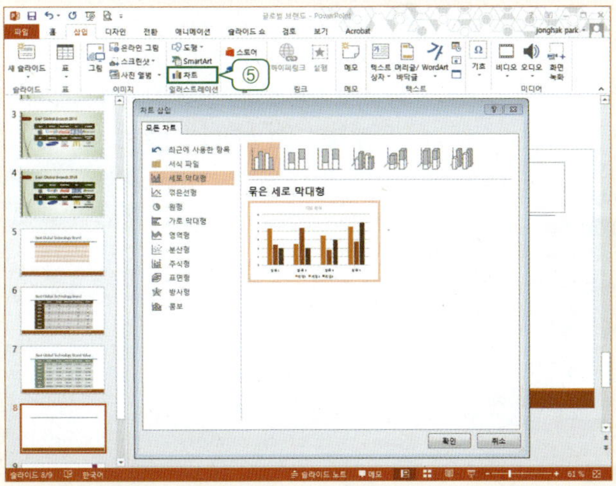

⑤ 새 슬라이드를 〈빈 화면〉 레이아웃으로 추가하고, **[삽입]** 탭의 **[차트]**를 클릭하면 **[차트 삽입]** 대화상자가 나타난다.

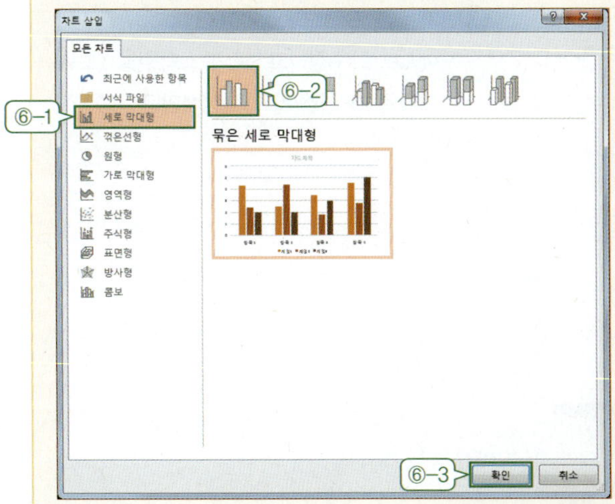

⑥ **1. 차트 종류**

차트 유형은 〈세로 막대형〉, 차트 종류는 〈묶은 세로 막대형〉으로 선택한다.

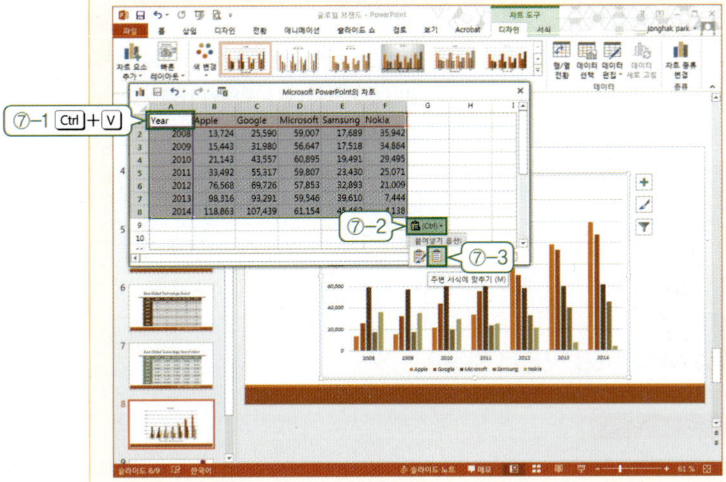

⑦ 2. 데이터 입력

[데이터 편집 창]이 나타나면 〈A1〉셀에서 데이터를 Ctrl+V로 붙여 넣는다. 표의 오른쪽 붙여 넣기 옵션 (Ctrl)▾에서 〈주변 서식에 맞추기 〉를 선택하고, 편집 창을 닫는다.

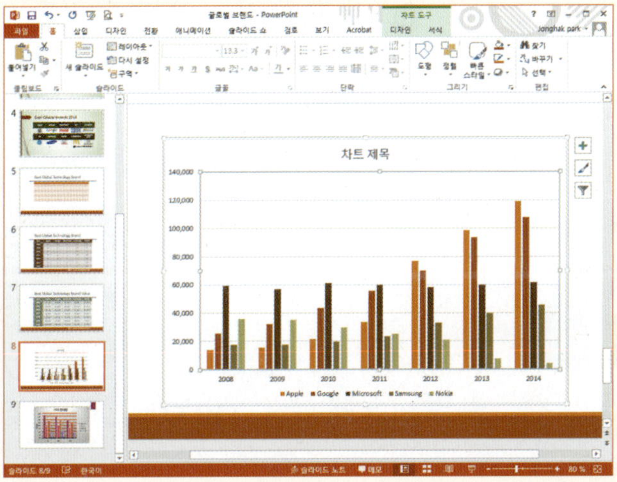

⑧ 3. 행/열 전환

〈브랜드〉는 범례로, 〈연도〉는 가로축 항목으로 되고, 데이터에 따라 세로축의 범위가 정해진다. 행/열 전환은 하지 않는다.

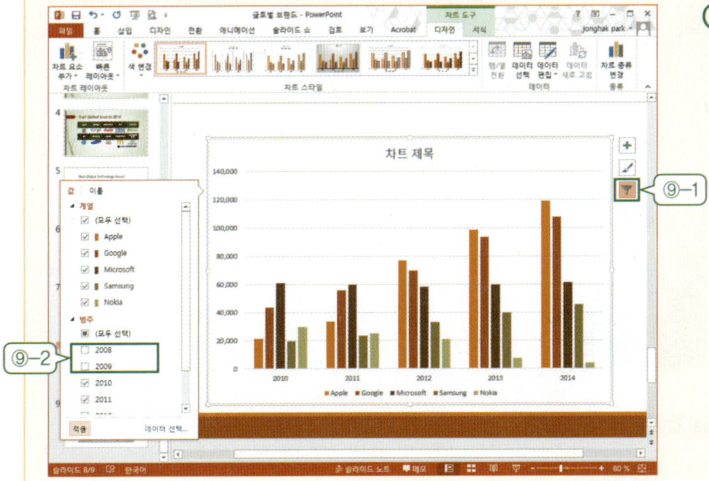

⑨ 4. 차트 필터

차트에 표시할 데이터 항목을 편집한다. 오른쪽 깔대기 모양의 〈차트 필터〉를 클릭하여 변화가 적은 〈2008〉, 〈2009〉 항목을 체크 해제하고 적용을 클릭한다.

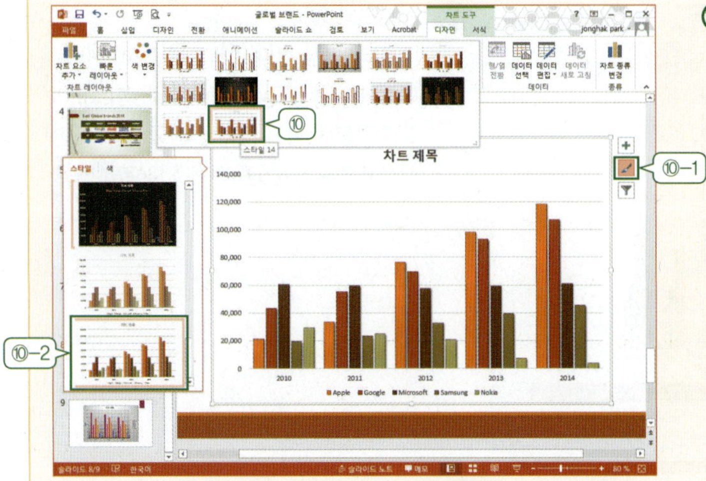

⑩ 5. 차트 스타일

[차트 스타일] 갤러리에서 〈스타일 14〉를 선택하였다. (오른쪽 붓 모양의 [차트 스타일]을 클릭하여 〈스타일 14〉를 선택하여도 된다.)

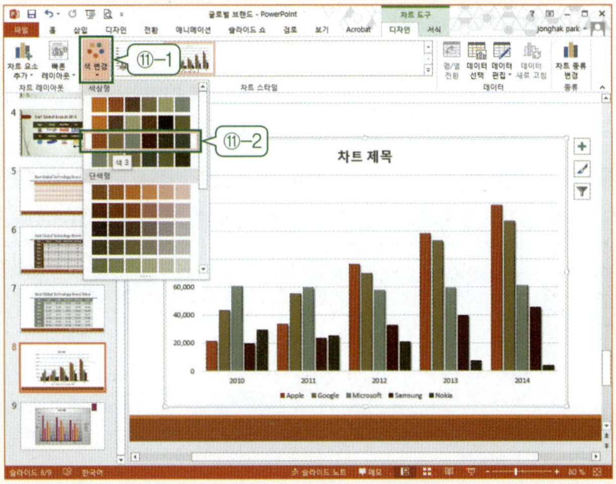

⑪ 차트 색 변경

[색 변경]에서 〈색 3〉으로 색 구성을 선택하였다.(오른쪽 붓 모양의 〈차트 스타일〉을 클릭하고 〈색〉, 〈색 3〉을 선택하여도 된다.)

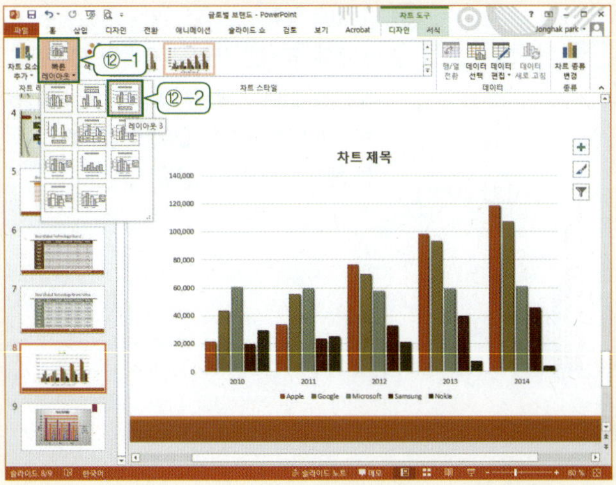

⑫ 6. 빠른 레이아웃

[빠른 레이아웃 ▼]에서 〈레이아웃 3〉를 선택하였다.(변화가 없다.)

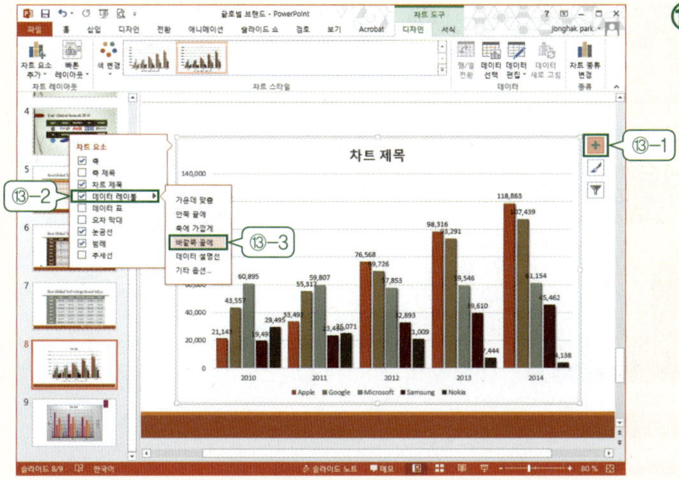

⑬ 7. 차트 요소

오른쪽 더하기 모양의 〈차트 요소〉를 클릭하여 〈데이터 레이블〉을 〈바깥쪽 끝에〉로 설정하였다.

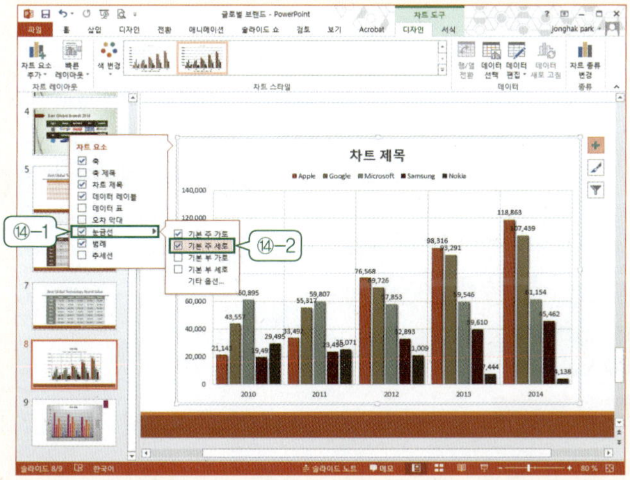

⑭ 〈범례〉는 〈위쪽〉으로, 〈눈금선〉은 〈기본 주 세로〉를 추가하였다.

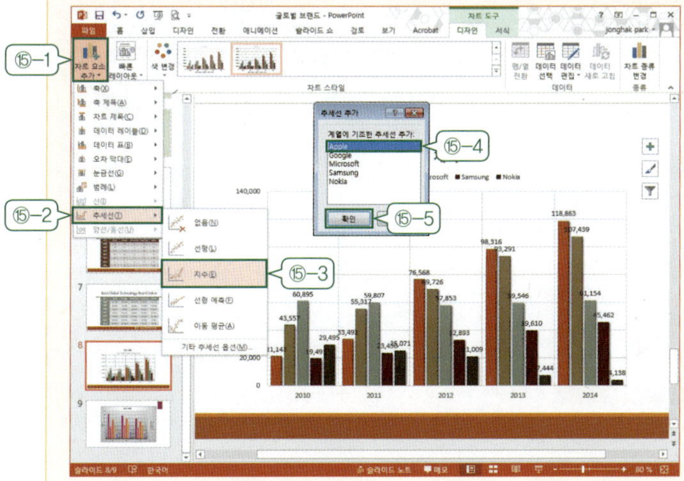

⑮ [차트 요소 추가]의 〈추세선〉, 〈지수〉를 선택하여 〈Apple〉의 추세선을 확인하였다. 〈Nokia〉도 마찬가지로 추가하였다.

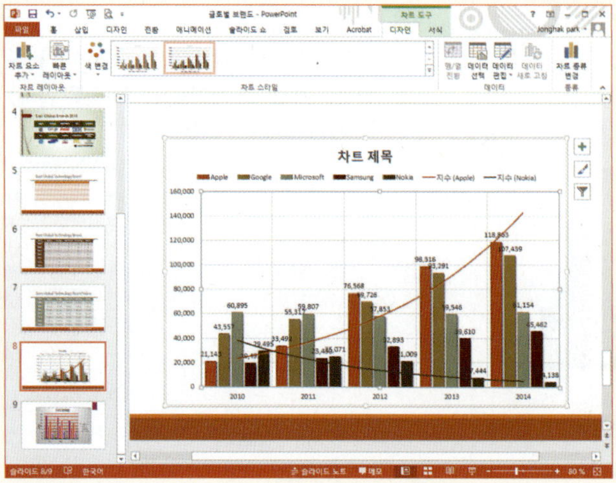

⑯ 〈Apple〉과 〈Nokia〉의 2010년부터 2014년까지 브랜드 가치 변화를 추세선으로 알 수 있다. 표에서는 알기 어려운 것을 차트에서는 쉽게 알 수 있다.

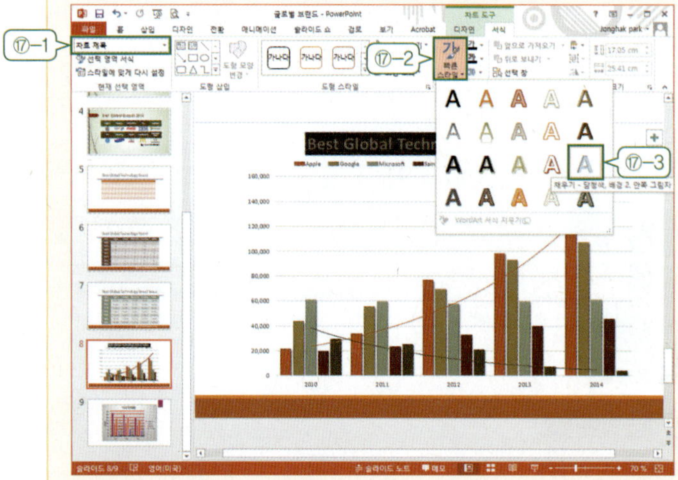

⑰ 8. 영역 서식

[차트 도구/ 서식]의 [현재 선택 영역], 〈차트 제목〉을 선택하고 'Best Global Technology Brand Value'로 입력하고, [글꼴 크기]는 〈32〉, [도형 채우기 ▼]는 [질감] 〈월넛〉으로, [워드아트 스타일]은 〈채우기-담청색〉으로 설정한다.

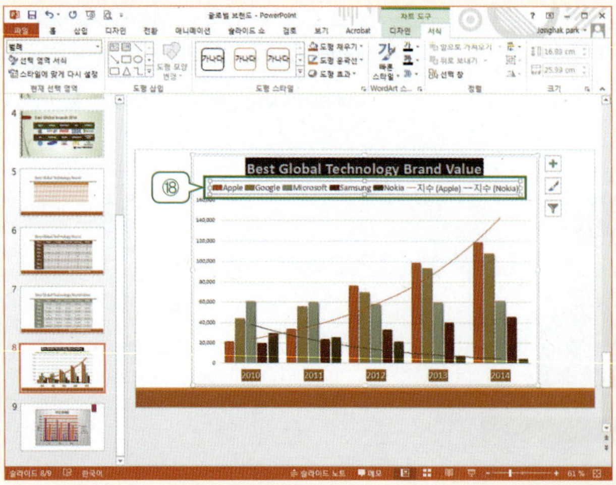

⑱ 〈범례〉 영역의 [글꼴 크기]는 〈18〉, 〈가로 축〉 영역의 [글꼴 크기]는 〈20〉, [글꼴 색]은 〈흰색〉, [도형 채우기 ▼]는 〈주황, 강조 1, 25% 더 어둡게〉로 설정한다.

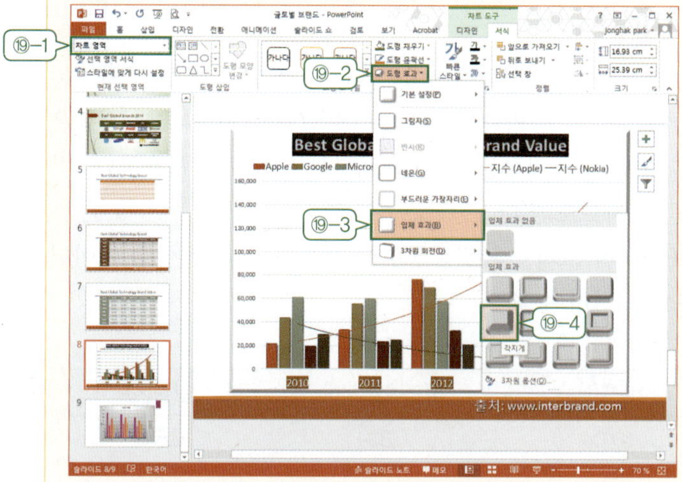

⑲ 〈차트영역〉을 선택하여 [도형 채우기 ▼]는 〈흰색〉, [도형 효과]는 [입체효과] 〈각지게〉로 설정하였다.
[가로 텍스트 상자]를 추가하여 오른쪽 아래에 출처를 입력한다.

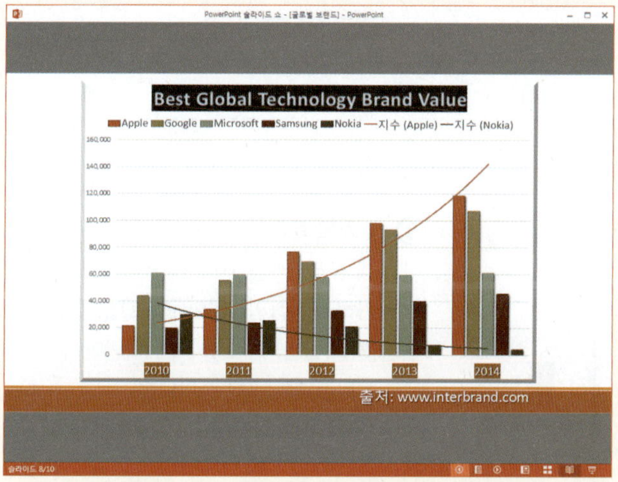

⑳ 차트는 연도별 각 브랜드의 가치를 보여주고 있다. 2008년에 상대적으로 낮았던 Apple과 Google의 브랜드 가치가 시간이 지나면서 크게 성장하는 것을 확인할 수 있다.

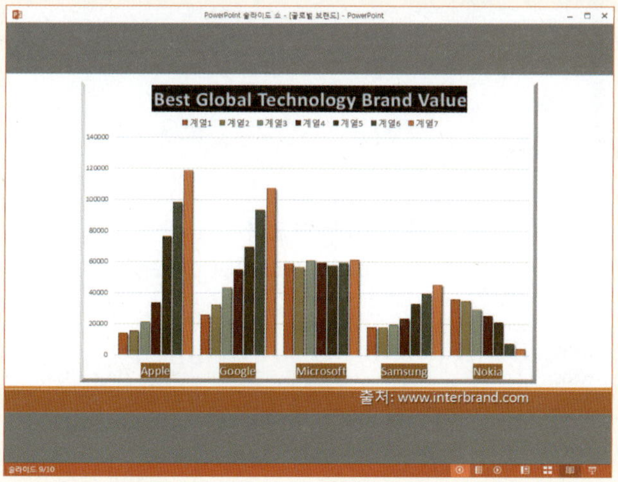

㉑ [차트도구/ 디자인] 탭의 [데이터 선택]에서 [행/열 전환]을 하면 차트는 2008~2014년에 〈브랜드〉별 변화하는 가치를 보여주고 있다. Apple의 성장세와 Nokia의 감소세가 나타난다.

Tip 파워포인트 2013 버전의 행/열 전환은 가끔 문제가 발생하여 주의하여야 한다.

3 차트 종류

표를 차트로 표현하려면 가장 먼저 차트 종류에서 하나를 선택하여야 한다. 주로 많이 쓰이는 차트는 막대형 차트와 꺾은선형 차트, 그리고 원형 차트가 있다. 막대형 차트는 데이터의 대소 비교를, 꺾은 선형 차트는 데이터의 변화를, 원형 차트는 데이터의 차지하는 비율을 표현하는데 주로 사용한다. 하나의 차트에 2가지 데이터를 함께 표현하는 콤보 차트도 있다.

다음의 〈생수별 미네랄 성분〉 표를 차트로 표현하여 보자. 차트는 생수에 포함된 미네랄 성분 데이터의 대소 비교를 나타내야 하므로 막대형 차트로 표현하여 보자.

브랜드명	칼슘(Ca)	나트륨(Na)	마그네슘(Mg)	칼륨(K)
지리산	0.345	0.404	0.339	0.848
태백산	6.497	2.726	1.133	0.615
설악산	0.814	0.516	0.441	0.643
한라산	0.901	0.045	0.861	0.605
속리산	0.754	0.878	0.334	0.351

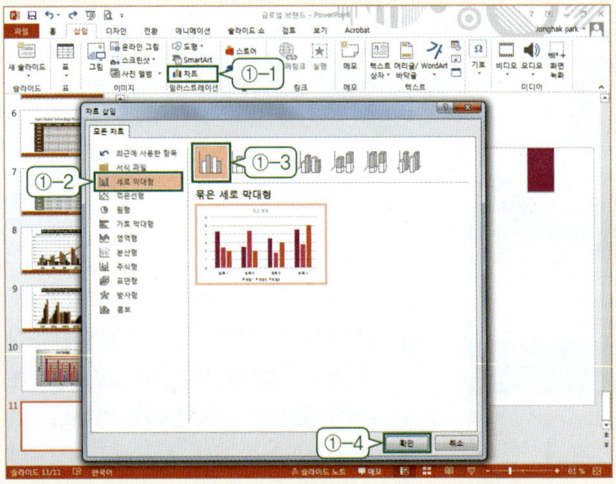

① 1. 차트 종류

새 슬라이드를 〈이온(회의실)〉 테마로 추가하고, [삽입] 탭의 [차트]를 클릭하면 [차트 삽입] 대화상자가 나타난다.

차트 유형은 〈세로 막대형〉, 차트 종류는 〈묶은 세로 막대형〉으로 선택한다.

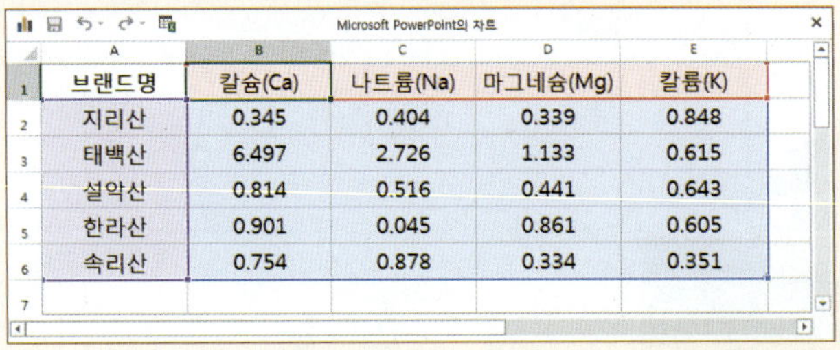

브랜드명	칼슘(Ca)	나트륨(Na)	마그네슘(Mg)	칼륨(K)
지리산	0.345	0.404	0.339	0.848
태백산	6.497	2.726	1.133	0.615
설악산	0.814	0.516	0.441	0.643
한라산	0.901	0.045	0.861	0.605
속리산	0.754	0.878	0.334	0.351

② 2. 데이터 입력

[데이터 편집 창]에 데이터를 입력한다.

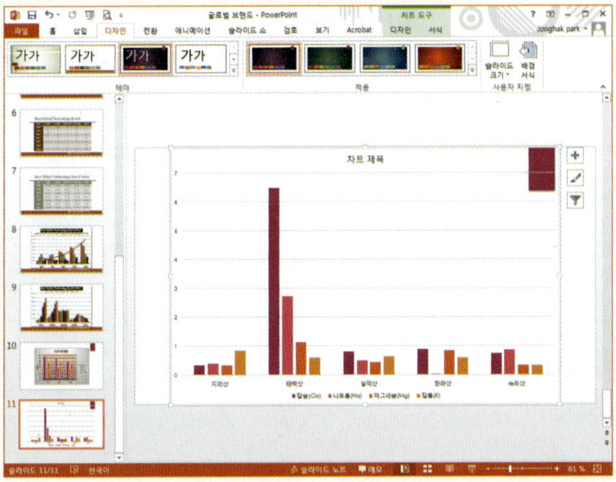

③ 차트는 〈브랜드〉에 따른 미네랄 성분을 보여준다. 〈태백산〉 생수에는 칼슘이 나트륨이나 마그네슘보다 많이 포함되어 있다는 것을 알 수 있다. 그러나 〈미네랄 성분〉에 따른 브랜드 비교는 쉽지 않다.

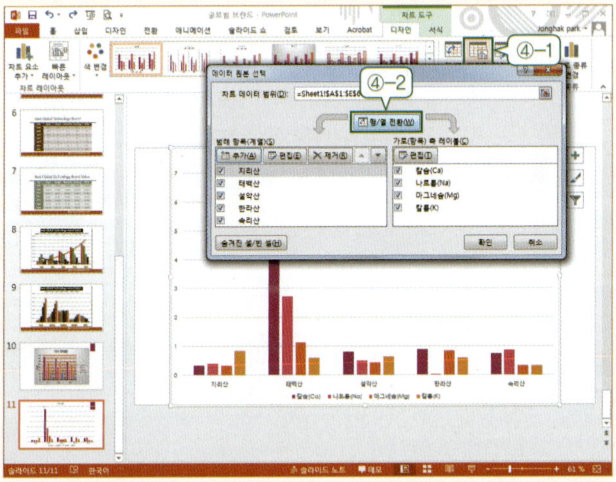

④ 3. 행/열 전환

[데이터 선택]을 선택하고 [행/열 전환]을 클릭하여, 범례와 가로축 항목을 맞바꾼다.

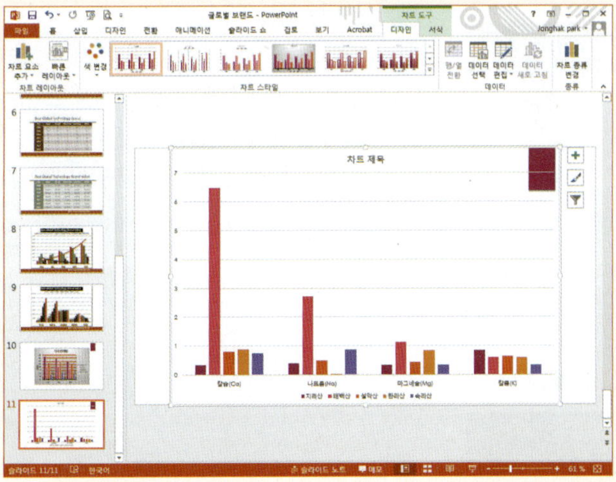

⑤ 4. 차트 필터

차트는 칼슘, 나트륨, 마그네슘 등 〈미네랄 성분〉에 따른 브랜드 비교가 가능하다. 차트에 표시할 데이터 항목을 그대로 유지하고 차트 필터는 사용하지 않는다.

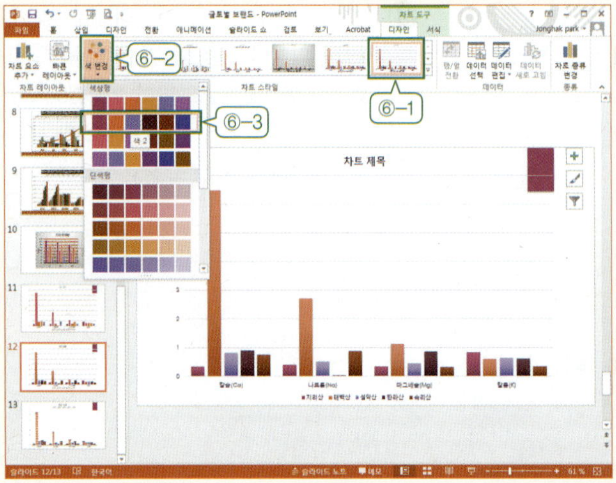

⑥ 5. 차트 스타일

[차트 스타일]에서 〈스타일14〉를 선택하고, [색 변경]에서 〈색2〉를 설정한다.

⑦ 6. 빠른 레이아웃

차트 요소를 미리 지정한 레이아웃은 선택하지 않는다.

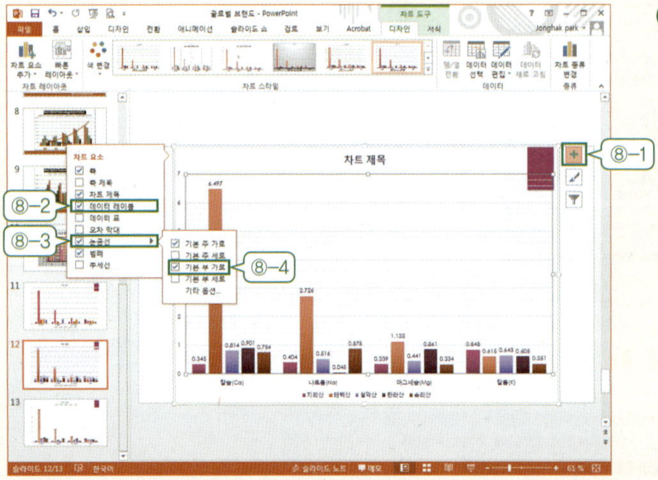

⑧ 7. 차트 요소

차트 요소의 〈데이터 레이블〉을 추가하고, 〈눈금선〉의 〈기본 부 가로〉를 추가한다. 〈범례〉는 〈위쪽〉으로 변경한다.

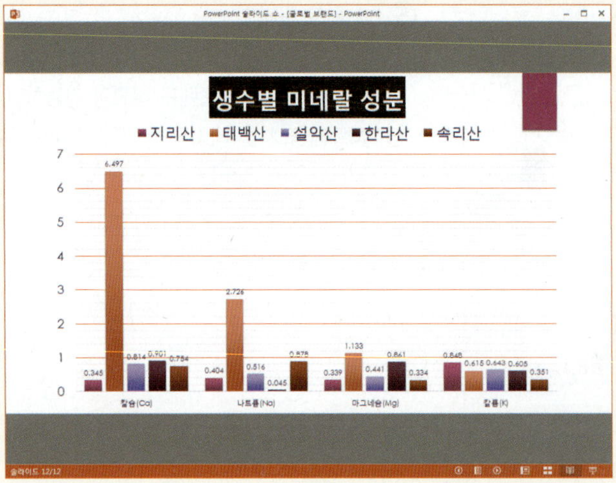

⑨ 8. 영역 서식

차트 제목은 '생수별 미네랄 성분'으로, [글꼴 크기]는 〈36〉, 범례의 [글꼴 크기]는 〈24〉, 세로 축의 [글꼴 크기]는 〈20〉으로 설정한다. 〈가로 축 주 눈금선〉은 〈빨강〉색으로 설정한다.

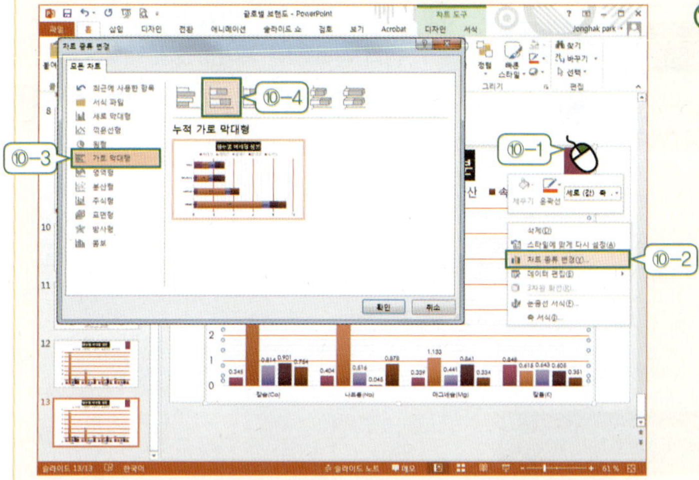

⑩ 차트를 선택하고, 오른쪽 마우스 메뉴 **[차트 종류 변경]**을 선택하면 대화상자가 나타난다. 〈가로 막대형〉의 〈누적 가로 막대형〉을 선택한다.

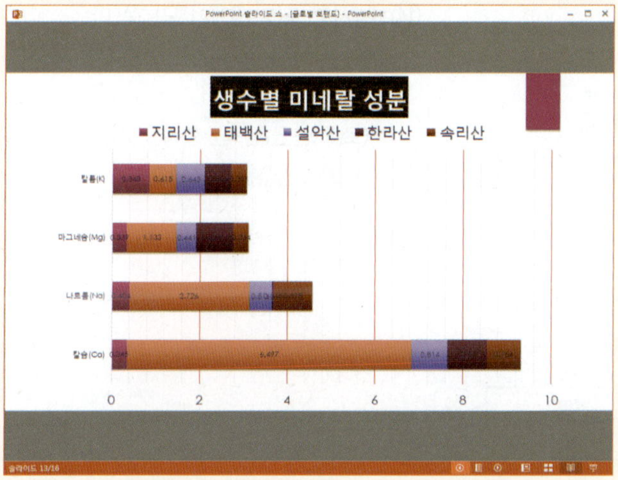

⑪ 생수별 미네랄 성분 전체와 브랜드 내에서 성분의 차지하는 비율을 알 수 있다.

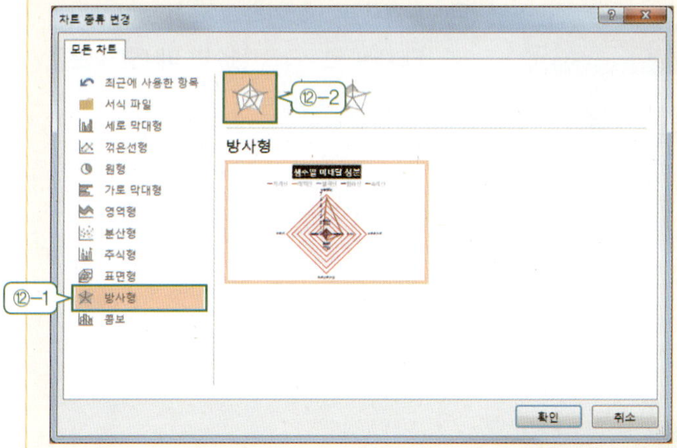

⑫ 이번에는 **[차트 종류 변경]**에서 〈방사형〉을 선택한다.

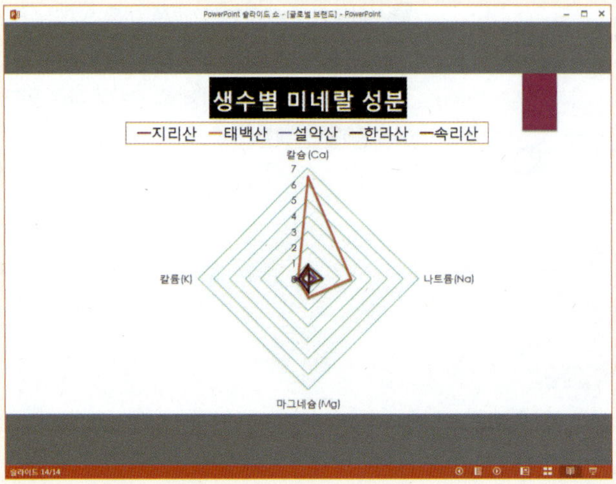

⑬ 〈주 눈금선〉을 〈녹색〉으로 설정하고, 〈데이터 레이블〉을 제거하였다. 태백산의 데이터 값이 상대적으로 커서 다른 데이터가 구분이 되지 않는다.

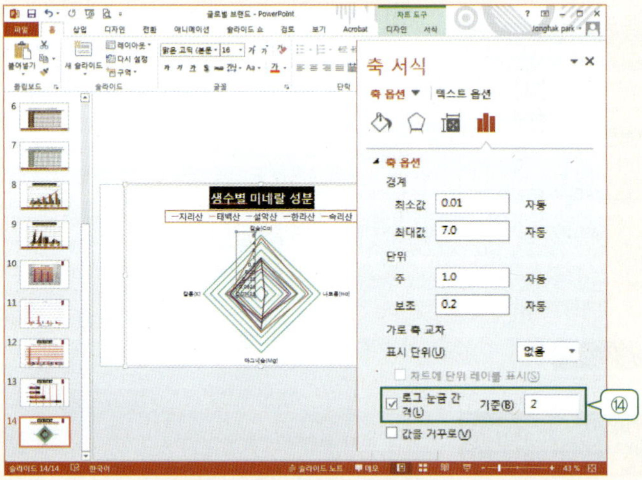

⑭ 방사형 축(녹색)에서 오른쪽 마우스 메뉴 [축 서식]을 클릭하면 오른쪽에 축 서식 작업 창이 나타난다.
〈로그 눈금 간격〉 항목을 체크하고 기준을 '2'로 입력한다.

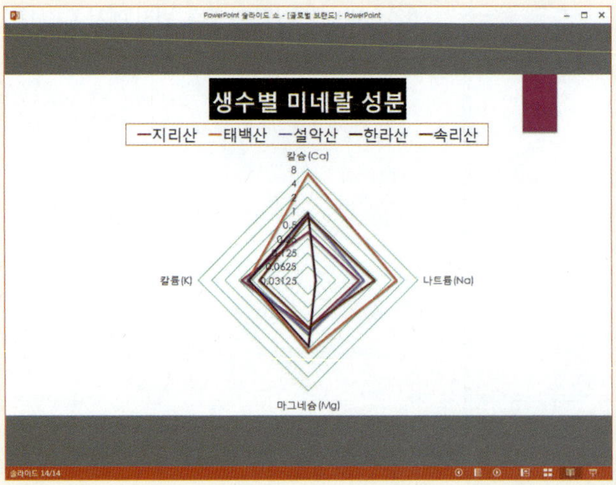

⑮ 눈금선 하나의 간격이 2배가 되어 방사형의 내부 면적으로 생수별 미네랄 성분을 가늠할 수 있게 되었다.

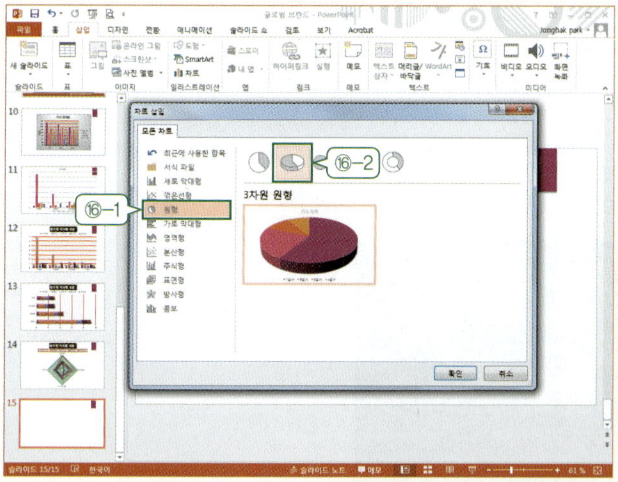

⑯ 이번에는 〈태백산〉 생수의 각 미네랄 성분을 원형 차트로 만들어 보자.
새 슬라이드에 〈3차원 원형 차트〉를 삽입한다.

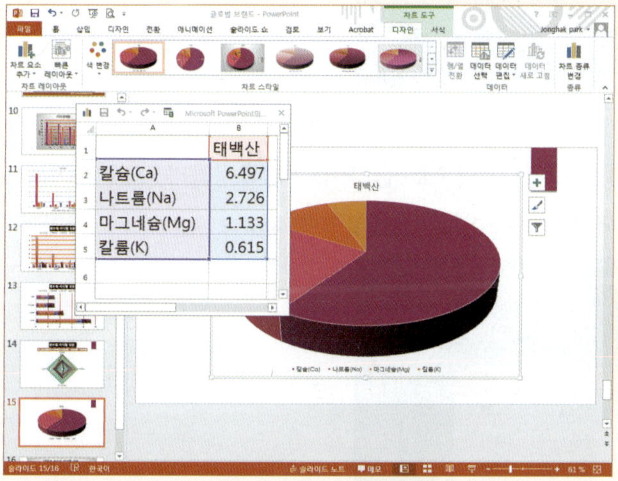

⑰ 〈태백산〉 성분 데이터를 입력하고, 〈빠른 레이아웃 ▼〉은 〈레이아웃 1〉로 차트 스타일은 〈스타일 3〉으로 설정한다. 〈차트 요소〉에서 〈범례〉를 제거하고, 오른쪽 마우스 [**3차원 회전**]의 〈y회전〉에 '30'을 입력한다.

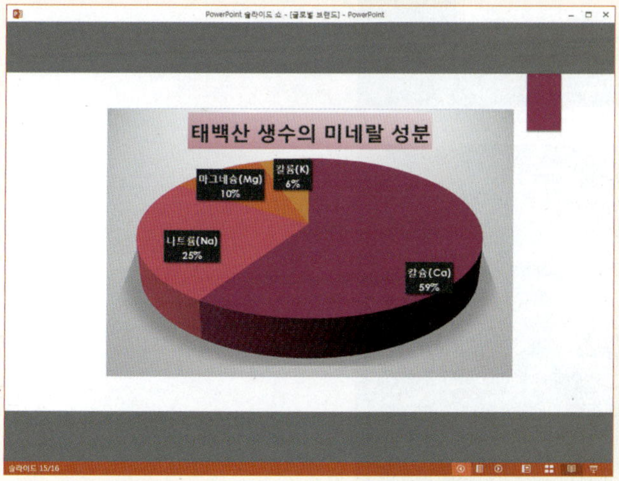

⑱ 제목을 '태백산 생수의 미네랄 성분'으로 변경한다.

연습문제

EXERCISE

1. 다음의 그림과 같은 표를 **[표 그리기]** 방법으로 슬라이드에 작성하라. [출처: 몬드리안의 Composition II in Red, Blue, and Yellow, 1930]

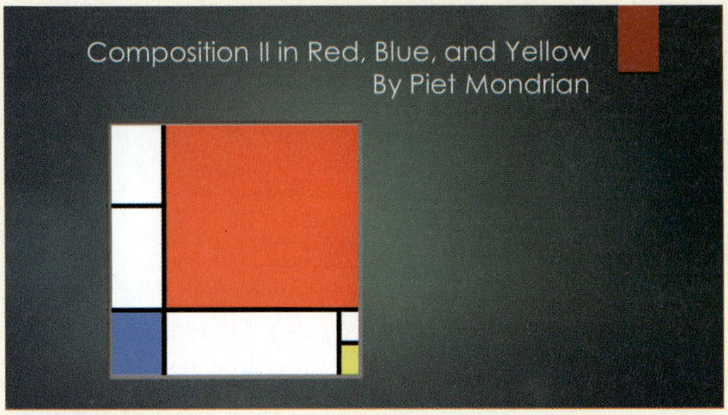

2. 다음의 〈세계 D램 시장 매출액〉 표를 **[표 삽입]** 방법으로 슬라이드에 작성하라. 또한 표를 사용하여 2015년 1분기 시장점유율을 원형 차트로 슬라이드에 작성하라.

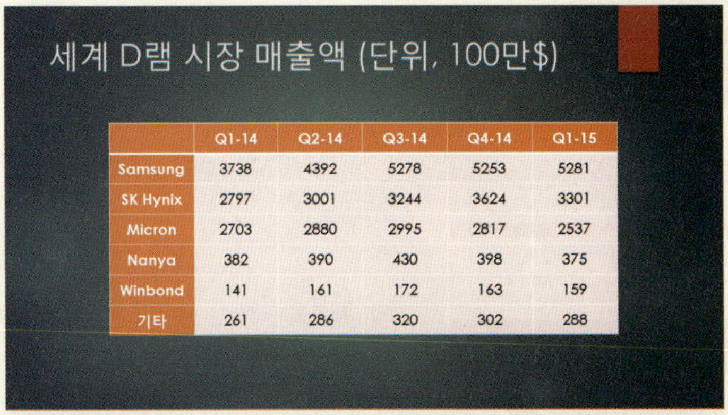

	Q1-14	Q2-14	Q3-14	Q4-14	Q1-15
Samsung	3738	4392	5278	5253	5281
SK Hynix	2797	3001	3244	3624	3301
Micron	2703	2880	2995	2817	2537
Nanya	382	390	430	398	375
Winbond	141	161	172	163	159
기타	261	286	320	302	288

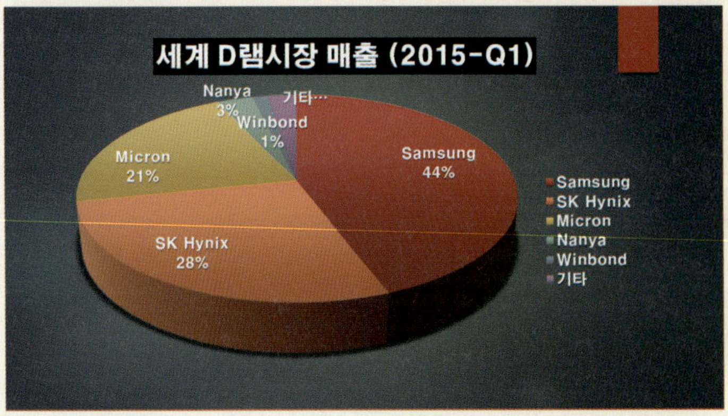

3. 다음의 〈Best Global Technology Brand〉 표를 [표 삽입] 방법으로 슬라이드에 작성하라.

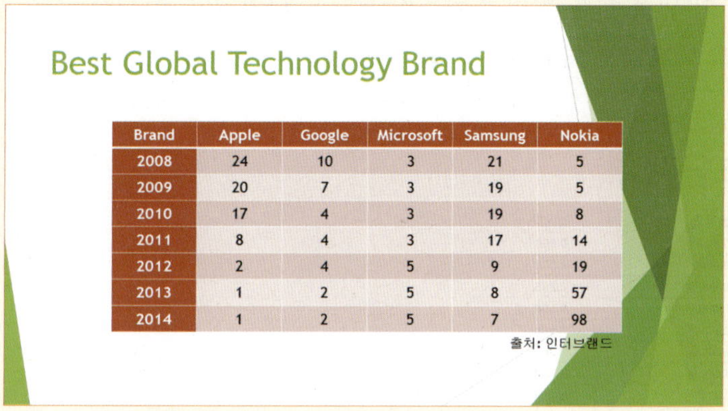

Best Global Technology Brand

Brand	Apple	Google	Microsoft	Samsung	Nokia
2008	24	10	3	21	5
2009	20	7	3	19	5
2010	17	4	3	19	8
2011	8	4	3	17	14
2012	2	4	5	9	19
2013	1	2	5	8	57
2014	1	2	5	7	98

출처: 인터브랜드

4. 다음의 〈Best Global Technology Brand〉 표를 [Excel 스프레드 시트] 방법으로 슬라이드에 작성하라. 엑셀의 표 스타일 옵션을 체크하고 엑셀의 표 서식을 적용하라.

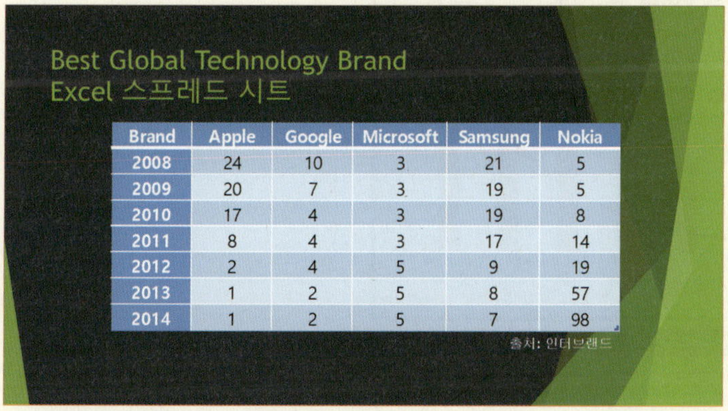

Best Global Technology Brand
Excel 스프레드 시트

Brand	Apple	Google	Microsoft	Samsung	Nokia
2008	24	10	3	21	5
2009	20	7	3	19	5
2010	17	4	3	19	8
2011	8	4	3	17	14
2012	2	4	5	9	19
2013	1	2	5	8	57
2014	1	2	5	7	98

출처: 인터브랜드

5. 앞의 〈Best Global Technology Brand〉 표를 사용하여 브랜드 변동 순위를 꺾은선형 차트로 슬라이드에 작성하라.

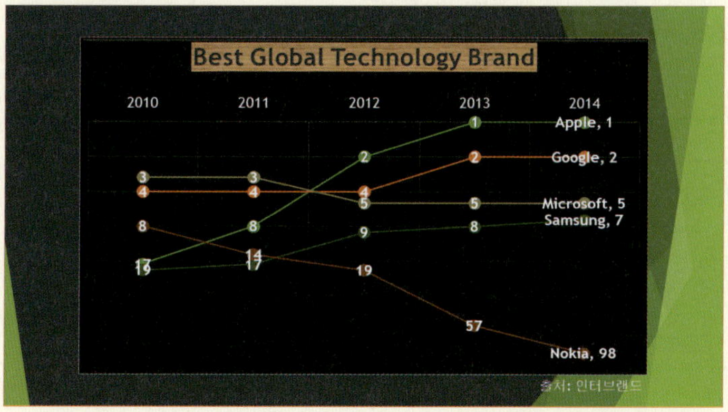

연습문제

EXERCISE

6. 다음의 〈SK텔레콤 밴드요금제〉 표에 대하여 적합한 **[표 스타일 옵션]**과 서식을 사용하여 작성하라. 또한 표를 사용하여 차트의 왼쪽 축은 막대형 차트의 요금을 나타내고, 오른쪽 축은 꺾은선형 차트의 무료 데이터 용량을 나타내는 콤보형 차트로 슬라이드에 작성하라.

SK 텔레콤 Band 요금제

요금제	월정액	데이터
band 29	29,900원	0.3GB
band 36	36,000원	1.2GB
band 42	42,000원	2.2GB
band 47	47,000원	3.5GB
band 51	51,000원	6.5GB
band 59	59,900원	11.0GB
band 80	80,000원	20.0GB
band 100	100,000원	35.0GB

7. 다음 주요 국가의 수도, 면적, 인구, 1인당 GDP, 빅맥지수 그리고 국기를 표로 작성하라. 그리고, 1인당 GDP와 빅맥지수는 별도의 콤보형 차트로 작성하라.

> 주요 국가: 대한민국, 캐나다, 미국, 중국, 일본, 멕시코, 호주

8. 커피 종류와 주요 특징에 대하여 사진을 포함하여 비교하는 표를 작성하라.

> 커피 종류: 아메리카노, 카푸치노, 카페라떼, 에스프레소, 카라멜 마끼아또

9. 다음의 자료는 통계청에서 발표한 2014년 3/4분기 월소득 10분위별 가계수지 자료의 일부분이다. 엑셀과 파워포인트에서 표를 작성하고 각각의 장점을 설명하라. 그리고 자료를 차트로 작성하라.

가계항목	평균	1분위	2분위	3분위	4분위	5분위	6분위	7분위	8분위	9분위	10분위
소득	4,387,554	965,258	1,913,838	2,589,992	3,134,977	3,696,941	4,249,808	4,841,134	5,560,864	6,690,524	10,222,493
가계지출	3,413,859	1,312,158	1,857,996	2,232,538	2,762,341	2,933,046	3,471,083	3,593,017	4,210,592	4,981,023	6,778,373
흑자액	973,695	-346,900	55,842	357,453	372,636	763,896	778,725	1,248,118	1,350,272	1,709,501	3,444,121

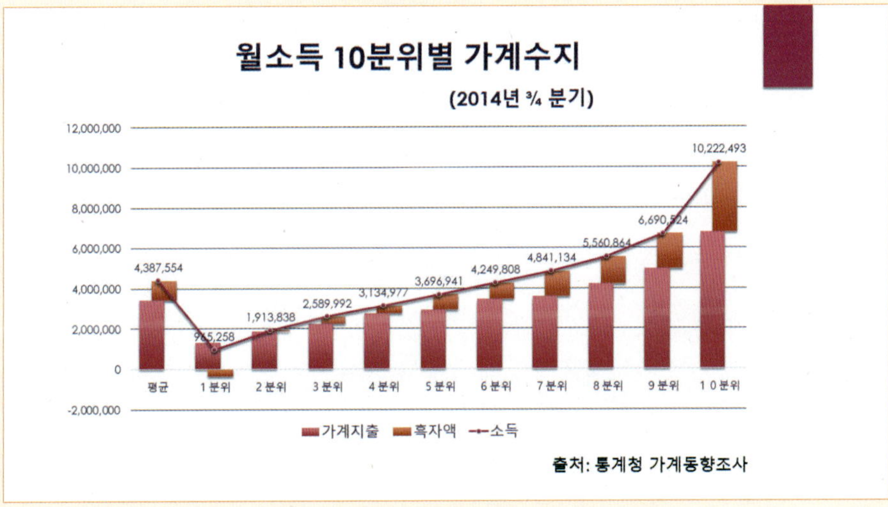

10. 세계적인 SPA 업체들의 주요 항목을 비교하는 표를 작성하라.

> SPA : Zara, H&M, Uniqlo, Mango, 8seconds
> 항목: 국적, 로고, 점포개수, 매출액, 제품 특징

11. 세계적인 자동차 업체들의 주요 항목을 비교하는 표를 작성하라

> Benz, BMW, Jaguar, Audi, Toyota, Hyundai

멀티미디어

프레젠테이션 중에 상세한 설명을 위하여 멀티미디어 자료를 재생하는 경우가 있다. 비디오와 오디오의 장점을 활용해 적절한 시점에 이용한다면, 텍스트나 도형, 사진으로 표현하기 어려운 부분을 효과적으로 설명할 수 있을 것이다. 하이퍼링크는 슬라이드 쇼를 할 때 다음 슬라이드가 아닌 프레젠테이션의 다른 슬라이드나 웹사이트로 편리하게 이동할 수 있어서 필요한 시점에 적합한 내용을 설명할 수 있게 된다.

CHAPTER 16 멀티미디어

SECTION 01 비디오

프레젠테이션 자료의 상세한 설명을 위하여 멀티미디어를 재생하여야 하는 경우가 있다. 비디오와 오디오의 장점을 적절한 시점에 활용한다면, 텍스트나 도형, 또는 사진으로 표현하기 어려운 부분을 효과적으로 설명할 수 있을 것이다.

1 비디오 추가

비디오 파일을 프레젠테이션에 삽입하면 프레젠테이션 파일의 용량이 커지고 편집하는 시간이 많이 걸리는 단점이 있지만, 파일을 이동식 디스크로 복사할 때 편리하다. 비디오 파일을 프레젠테이션에 연결하면 프레젠테이션 파일의 작업은 편리하지만, 파일을 이동식 디스크로 복사할 때 프레젠테이션 파일과 함께 복사하여야 한다. 슬라이드에 비디오를 추가하는 방법은 다음과 같이 여러 가지 방법이 있다.

	메뉴	비디오 파일 삽입 전 위치	비디오 파일 삽입 후 위치	특징
내 PC의 비디오	삽입	내 컴퓨터	프레젠테이션 파일	프레젠테이션 파일의 용량이 커서 작업과 이동이 불편하다.
	파일에 연결		내 컴퓨터	프레젠테이션 파일을 복사할 때 비디오 파일을 함께 복사해야 한다.
온라인 비디오	YouTube	YouTube	YouTube	인터넷이 연결되어 있고, explorer 10 이상 버전과 adobe flash player가 설치되어 있어야 재생할 수 있다
	비디오 Embed 태그	동영상 웹사이트	동영상 웹사이트	
	OneDrive	OneDrive	OneDrive	인터넷이 연결되어 있고, 본인 계정에 로그인해야 한다.

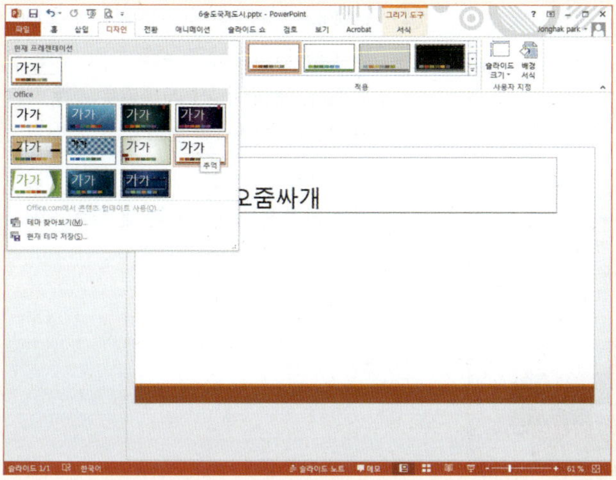

① 새 프레젠테이션을 〈추억〉 테마로 만들고, 레이아웃은 〈제목만〉으로 설정한다. 그리고 제목은 '송도 오줌싸개'로 입력한다.

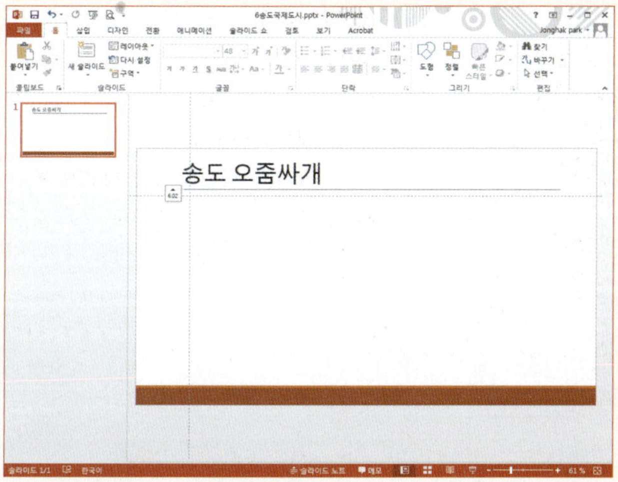

② [눈금 및 안내선 ▶]의 [안내선]을 가로선은 〈▲6.00〉으로, 세로선은 〈◀13.50〉으로 드래그한다. 슬라이드 마스터에서 제목의 위치를 위로 올리고, 비디오를 추가할 공간을 넓게 한다.

③ YouTube 사이트에서 '송도 오줌싸개'로 검색한 동영상을 슬라이드에 추가하여 보자.

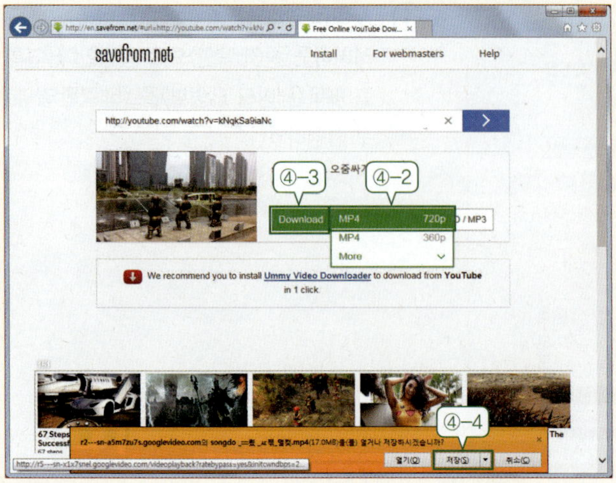

④ Youtube 사이트의 주소창에서 〈youtube〉를 〈ssyoutube〉로 수정하면, 자동으로 [savefrom.net] 사이트로 이동하는데 〈MP4 720p〉로 해상도를 선택하고 [Download] 를 클릭한다. 〈다른 이름으로 저장〉하여 동영상 파일을 내 컴퓨터에 저장한다.

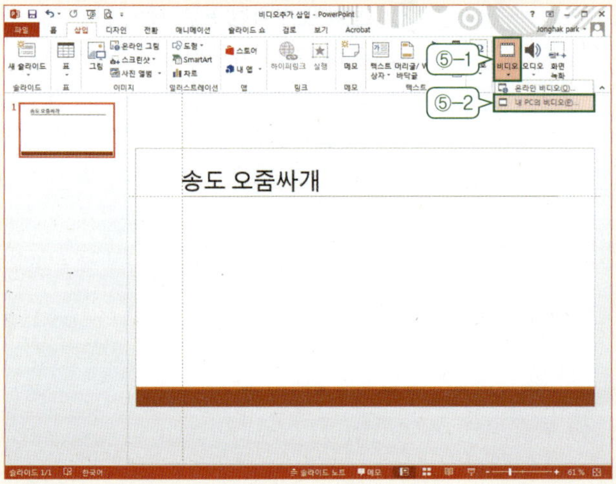

⑤ [삽입] 탭의 [비디오 ▼]에서 [내 PC의 비디오]를 선택한다.

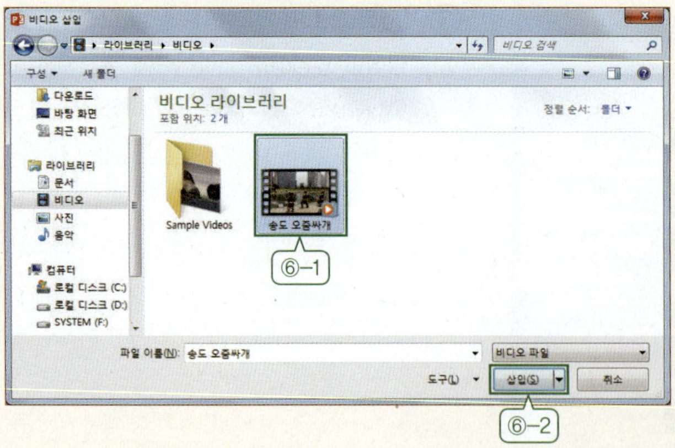

⑥ [비디오 삽입] 대화상자에서 파일을 선택하고 [삽입]을 클릭하면 슬라이드에 비디오 파일이 추가된다.

⑦ 슬라이드에 가득한 비디오 파일이 추가되었다. 파일 이름을 '비디오추가 삽입'으로 저장한다.

⑧ 비디오 클립 아래의 **[미리 보기]** 재생 ▶을 클릭하여 추가한 비디오를 확인할 수 있다.

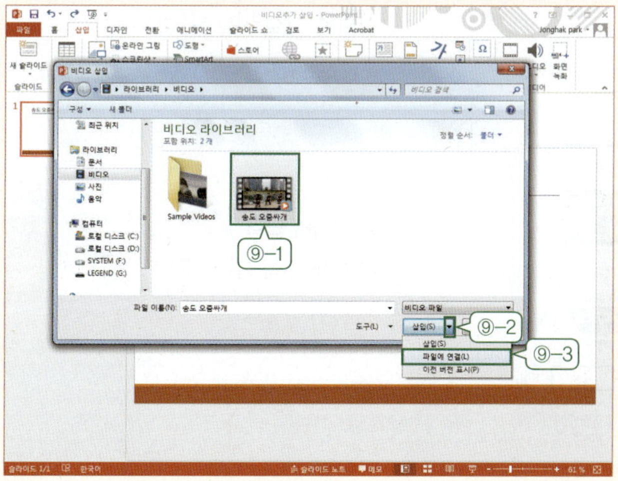

⑨ 추가한 비디오를 Delete로 삭제하고 이번에는 **[비디오 삽입]** 대화상자에서 파일을 선택하고 **[삽입 ▼]**의 ▾를 클릭하여 **[파일에 연결]**을 선택한다. 파일 이름을 '비디오추가 연결'로 저장한다.

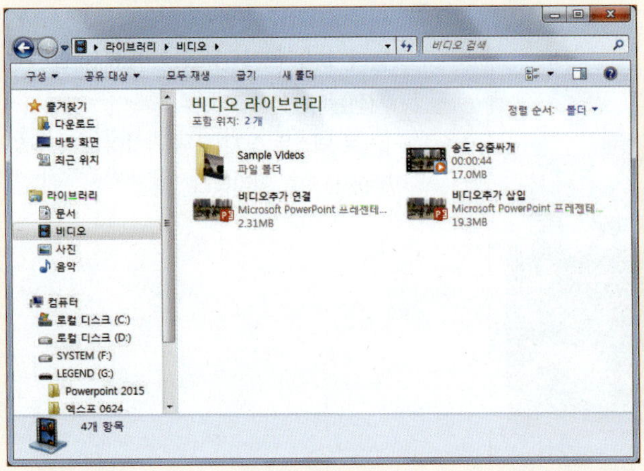

⑩ 윈도우 탐색기에서 파일의 크기를 확인하면 원래 비디오 파일은 17.0MB, 〈비디오추가 삽입〉 파일은 19.3MB, 〈비디오추가 연결〉 파일은 2.31MB로 비디오 파일을 삽입한 프레젠테이션은 용량이 커지는 것을 확인할 수 있다.

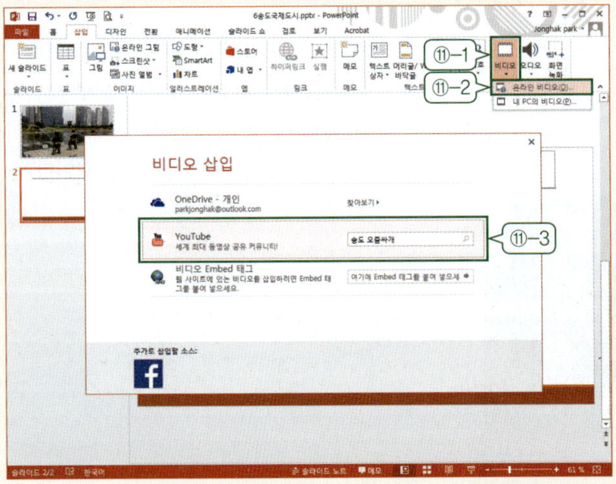

⑪ 새 슬라이드를 추가하고 **[삽입]** 탭의 **[비디오 ▼]**에서 **[온라인 비디오]**를 선택한다. [YouTube]에서 '송도 오줌싸개'를 입력한다.

⑫ YouTube 사이트 검색 결과에서 동영상을 선택하고 **[삽입]**을 클릭한다.

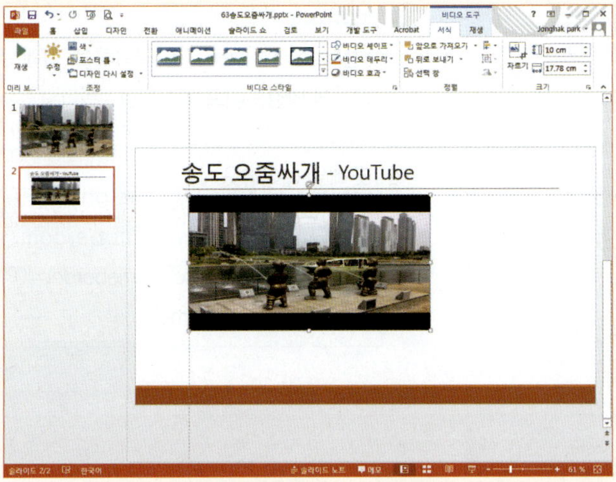

⑬ 추가할 비디오 클립은 YouTube 사이트에 온라인으로 연결되었다. 개체를 선택하고 확대한다.

⑭ YouTube 사이트에 연결된 비디오는 슬라이드 쇼나 읽기용 보기에서 재생되는데, 인터넷 연결이 어려운 환경에서는 비디오 재생을 할 수 없지만, 이동식 디스크에 저장할 필요가 없어서 편리하다.

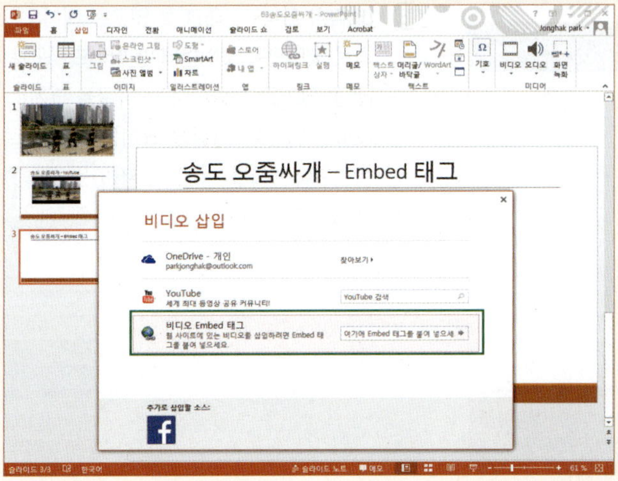

⑮ 새 슬라이드를 추가하고, **[온라인 비디오]**에서 **[비디오 Embed 태그]**를 사용하여 비디오를 연결하여 보자.

⑯ YouTube 사이트의 〈송도 오줌싸개〉에서 〈공유〉, 〈소스 코드〉를 클릭하고 아래의 태그를 Ctrl+C로 복사한다.

〈iframe width="560" height="315" src="https://www.youtube.com/embed/kNqkSa9iaNc" frameborder="0" allowfullscreen〉〈/iframe〉

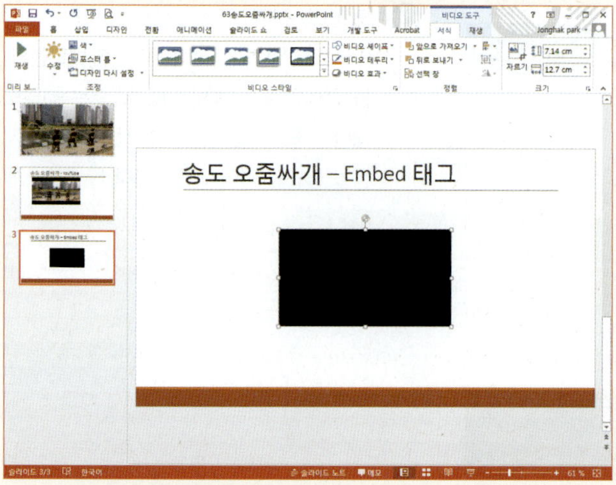

⑰ [삽입] 탭의 [비디오 ▼]를 클릭하여 [온라인 비디오]에서 [비디오 Embed 태그]에 Ctrl+V로 태그를 붙여넣고 Enter 를 입력한다.

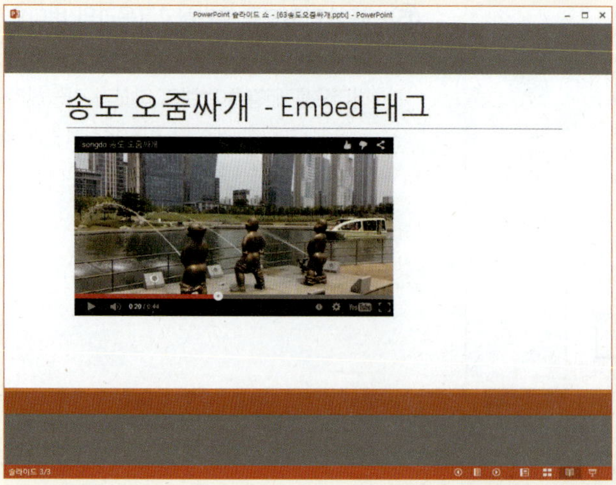

⑱ [비디오 Embed 태그]로 연결된 비디오는 검은 화면으로 보이는데, 슬라이드 쇼에서 재생된다.

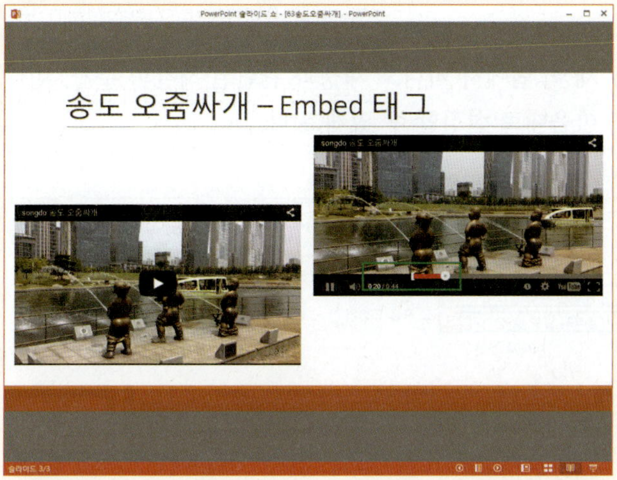

⑲ 비디오 Embed 태그의 동영상 코드 뒤에 '?start=15&autoplay=1'를 추가하여 수정한다. 오른쪽의 비디오는 동영상 파일의 15초부터 자동으로 재생한다.

```
〈iframe width="560" height="315" src="https://www.youtube.com/embed/kNqkSa9iaNc?start=15&amp;autoplay=1" frameborder="0" allowfullscreen〉〈/iframe〉
```

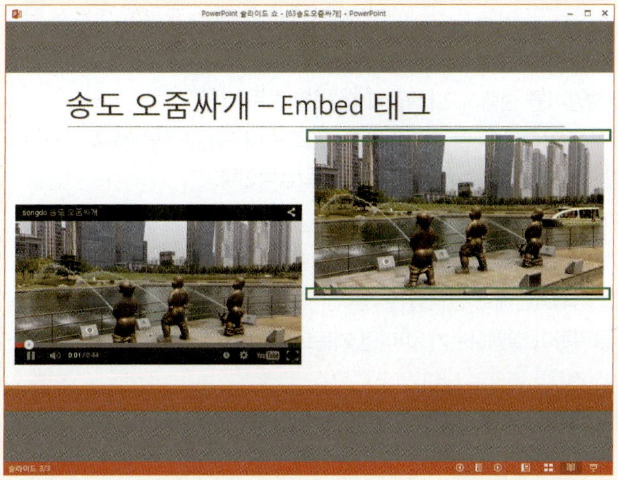

⑳ 비디오 Embed 태그의 동영상 코드 뒤에 '?showinfo=0&controls=0'를 추가하여 수정한다. 오른쪽의 비디오는 동영상 제목과 콘트롤을 표시하지 않고 재생한다.

```
〈iframe width="560" height="315" src="https://www.youtube.com/embed/kNqkSa9iaNc?showinfo=0&amp;controls=0" frameborder="0" allowfullscreen〉〈/iframe〉
```

YouTube 사이트에서 복사한 Embed 태그에서 복잡한 'kNqkSa9iaNc'은 〈송도 오줌싸개〉 동영상을 의미하는 코드이고, 그 뒤에 '?'와 옵션을 추가할 수 있다. 2개 이상의 옵션 사이에는 '&'로 구분하며, 반드시 소문자로 입력하여야 한다.

옵션	사용 예시	설명
자동 재생	autoplay=1	재생 단추 클릭없이 동영상을 자동으로 재생한다.
시작 시간	start=15	동영상 파일의 15초부터 재생한다.
동영상 제목	showinfo=0	동영상 제목을 표시하지 않는다.
콘트롤	controls=0	플레이어 콘트롤을 표시하지 않는다.
추천 동영상	rel=0	재생이 완료되면 추천 동영상을 표시하지 않는다.

2 비디오 재생

슬라이드의 비디오를 선택하면 [비디오 도구/ 재생] 탭에서 비디오 재생과 관련된 책갈피 추가, 비디오 트리밍, 페이드 인/아웃, 비디오 재생 옵션을 마음대로 설정할 수 있게 된다.

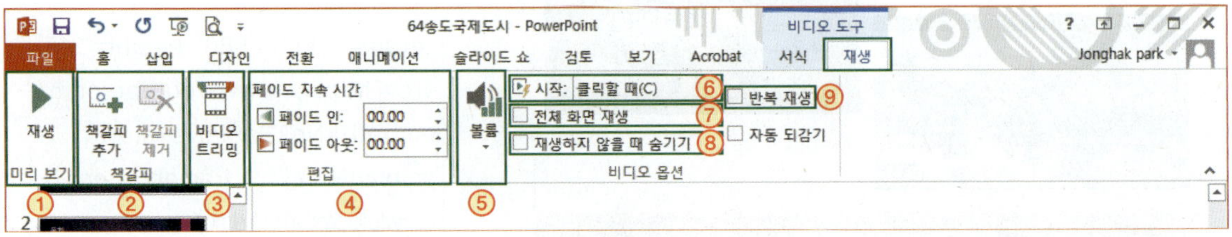

① **재생**: [미리 보기] [재생] ▶을 클릭하면 현재 적용된 서식으로 비디오 클립을 미리 확인할 수 있다. 재생 도중에 일시 정지 ⏸와 재생 ▶을 반복할 수 있다.

② **책갈피**: [책갈피 추가]를 클릭하면 재생 스크롤 막대의 현재 시점에 노랗고 동그란 책갈피가 추가된다. 책갈피를 클릭하면 그 시점부터 재생하게 된다. 책갈피 제거는 책갈피를 선택하고 **[책갈피 제거]**를 클릭한다.

③ **비디오 트리밍**: 비디오 클립의 시작 시간과 종료 시간을 지정하여 트리밍한다. 초록 막대와 빨간 막대를 이동하거나 시작 시간과 종료 시간을 입력하여 지정한 시간을 재생할 수 있다.

④ **페이드 인/ 페이드 아웃**: 비디오 클립의 재생 전에 **[포스터 틀]** 화면과 첫 화면이 겹치는 페이드 인 효과와 재생을 끝마치는 시점에 마지막 화면과 **[포스터 틀]** 화면이 겹치는 페이드 아웃 효과를 설정한다.

⑤ **볼륨**: 비디오 클립의 소리를 높음, 중간, 낮은, 음소거의 4단계로 선택할 수 있다.

⑥ **시작**: 슬라이드 쇼에서 비디오 클립의 재생 ▶을 클릭하여 실행하는가, 아니면 자동으로 실행하는가를 선택할 수 있다.

⑦ **전체화면 재생**: 체크하면 비디오 클립을 재생할 때 전체화면으로 나타난다.

⑧ **재생하지 않을 때 숨기기**: 체크하면 비디오 클립을 재생하지 않을 때 비디오 클립 이미지를 숨긴다.

⑨ **반복 재생**: 체크하면 ESC를 누를 때까지 무한 반복 재생된다.

① 이전에 만든 〈송도 국제도시〉 프레젠테이션에 새 슬라이드를 추가하고, YouTube 사이트에서 다운로드한 〈송도 오줌싸개〉 비디오를 추가하였다.
[비디오 도구/ 서식] 탭에서 너비를 '22cm'로 하여 안내선으로 이동하고 비디오 재생에 대하여 살펴보자.

② 재생

[비디오 도구/ 재생] 탭의 [재생 ▶]을 클릭하면 현재 적용된 서식으로 비디오 클립을 미리 보기로 확인할 수 있다. 재생 도중에 일시 정지 ⏸와 재생 ▶을 반복할 수 있다.

③ 책갈피 추가

일시 정지 상태에서 [책갈피 추가]를 클릭하면 재생 스크롤 막대의 현재 시점에 노란 책갈피가 추가된다. [슬라이드 쇼]에서 비디오 재생 중 책갈피를 클릭하면 그 시점부터 재생하게 된다. 책갈피를 선택하고 [책갈피 제거]를 클릭하면 제거된다.

④ 슬라이드 쇼에서 재생 스크롤 막대의 책갈피를 클릭하면 그 시점부터 재생하게 된다.

⑤ 비디오 트리밍

비디오 클립의 시작과 종료 시간을 지정하려면 비디오 트리밍을 사용한다. [비디오 트리밍]을 클릭하면 [비디오 맞추기] 대화상자가 나타난다.

⑥ 시작 시간에 '20', 종료 시간에 '30'을 입력하면, 비디오 클립을 재생할 때 20초 시점에 재생을 시작하여 30초 시점에 재생을 종료하게 된다.

⑦ 재생 단추를 클릭하여 비디오 클립을 보면서 트리밍 막대를 이동하여도 된다. 비디오 재생을 시작하는 부분으로 초록색 막대를 이동하고, 종료하는 부분으로 빨간색 막대를 이동하면 시간도 표시된다.

⑧ **포스터 틀**

비디오 클립을 포함한 슬라이드의 미리 보기 화면은 첫 화면이다. 재생 전과 재생 후의 화면을 지정하는 것을 포스터 틀 설정이라고 한다. 책갈피로 이동하고, **[비디오 도구/ 서식]** 탭에서 포스터 틀의 **[현재 틀]**을 클릭하면 현재 프레임이 포스터 틀로 설정된다.

⑨ 비디오 클립의 재생 전과 재생 후에 첫 화면이 아니라 포스터 틀 화면이 미리 보기로 나타난다.

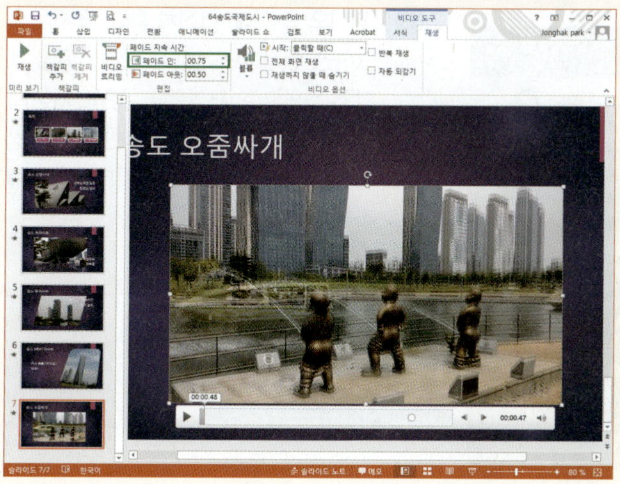

⑩ **페이드 인**

[페이드 인]에 '0.75'를 입력하면, 비디오 클립의 재생 전 **[포스터 틀]** 화면에서 첫 화면이 나타나는 0.75초 동안 화면이 겹치도록 페이드 인 효과가 설정된다.

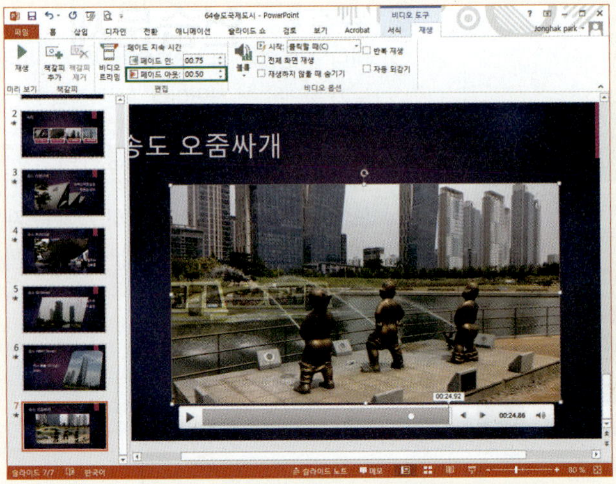

⑪ 페이드 아웃

[페이드 아웃]에 '0.50'을 입력하면, 비디오 클립의 재생 후 마지막 화면이 사라지며 [포스터 틀] 화면이 나타나는 0.5초 동안 화면이 겹치도록 페이드 아웃 효과가 설정된다.

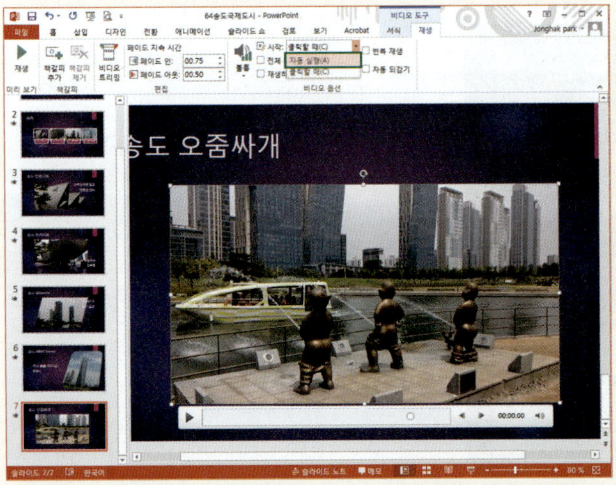

⑫ 슬라이드 쇼에서 재생 단추를 클릭하지 않고 자동으로 실행하려면, [비디오 옵션]에서 [시작]을 드롭다운하여 〈자동 실행〉을 선택하면 된다. 슬라이드 쇼에서 클릭하여 재생하려면 〈클릭할 때〉를 선택하면 된다.

⑬ [비디오 옵션]에서 [전체 화면 재생]을 체크하면, 슬라이드 쇼에서 화면 전체를 비디오 화면으로 재생한다. [반복 재생]을 체크하면 비디오 클립을 무한 반복 재생한다.(ESC를 누르거나 클릭으로 재생을 종료한다.)

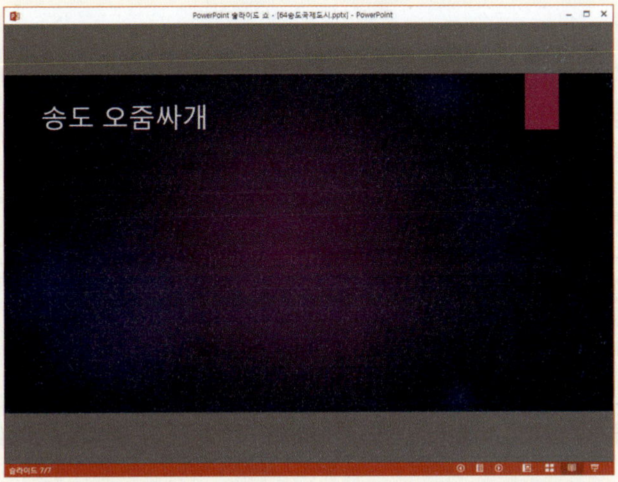

⑭ **[비디오 옵션]**에서 〈자동 실행〉으로 하고, **[재생하지 않을 때 숨기기]**를 체크하면 슬라이드 쇼에서 비디오를 자동으로 재생하고, 종료하면 비디오 클립이 사라진다.

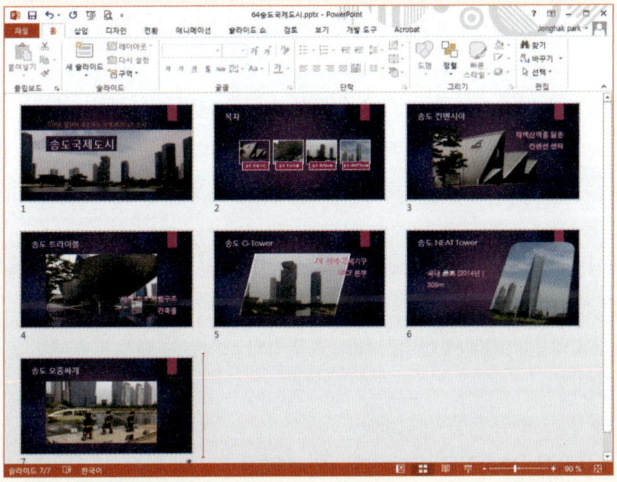

⑮ 〈송도 국제도시〉 프레젠테이션은 전체 7개의 슬라이드가 되었다.

3 비디오 서식

슬라이드의 비디오를 선택하면, [비디오 도구/ 서식] 탭에서 비디오 서식과 관련된 밝기/대비, 색조, 포스터 틀을 설정하고, 비디오 스타일 갤러리에서 스타일을 선택하고, 셰이프, 테두리, 효과 등의 설정을 할 수 있다.

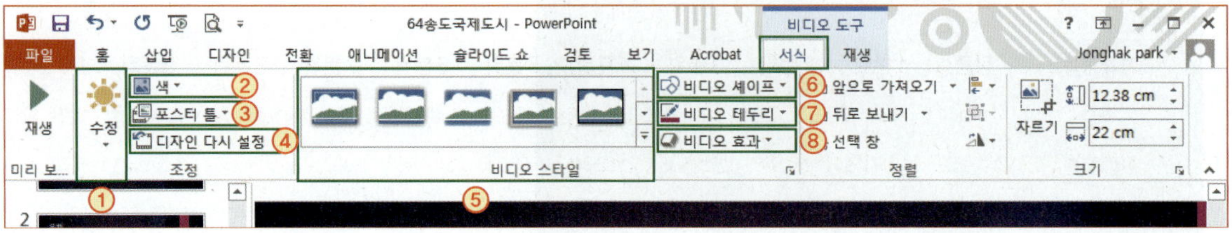

① **수정**: 〈밝기/대비〉는 가로는 비디오 클립의 밝기를 〈-40%〉~〈+40%〉, 세로는 비디오 클립의 대비를 〈-40%〉~〈+40%〉로 조절하는 25가지에서 선택할 수 있다.

② **색**: 〈다시 칠하기〉는 여러 가지 색의 셀로판지를 그림에 씌운 효과를 느낄 수 있도록 비디오 클립을 보정하는 21가지에서 하나를 선택할 수 있다.

③ **포스터 틀**: 특정 시점에서 **[포스터 틀]**의 **[현재 틀]**을 클릭하면 비디오 클립의 재생 전과 재생 후에 첫 화면이 아니라 포스터 틀 화면이 미리 보기 이미지로 나타난다.

④ **디자인 다시 설정**: 비디오 클립에 적용된 모든 서식을 취소하고, 원래 상태로 돌아간다. **[디자인 및 크기 다시 설정]**을 선택하면 처음 비디오를 추가할 때의 비디오 클립 상태로 되돌아간다.

⑤ **빠른 비디오 스타일**: 미리 만들어 놓은 비디오 스타일의 갤러리에서 선택한 비디오 클립의 스타일을 빠르게 선택한다.

⑥ **비디오 셰이프**: 선택한 비디오 클립의 모양을 변경한다.

⑦ **비디오 테두리**: 선택한 비디오 클립의 윤곽선, 두께, 선 스타일 등을 설정한다.

⑧ **비디오 효과**: 비디오 클립에 대한 **[그림자]**, **[반사]**, **[네온]**, **[부드러운 가장자리]**, **[입체효과]**, **[3차원 회전]**의 효과를 설정한다.

[비디오 도구/ 서식] 탭은 미리 만들어 놓은 비디오 스타일의 갤러리에서 비디오 클립의 스타일을 빠르게 선택하는 방법과 비디오 셰이프, 비디오 테두리, 비디오 효과에서 사용자가 직접 설정하는 방법을 모두 사용한다. 일반적으로 빠른 비디오 스타일에서 선택하고 사용자가 일부 효과를 직접 수정하는 형태로 비디오 스타일을 설정하게 된다. [비디오 도구/ 서식] 그룹은 그림의 [그림 도구/ 서식] 그룹과 사용하는 방법이 유사하여 그림 부분의 설명을 참조하면 될 것이다.

① [비디오 도구 /서식] 탭의 [수정 ▼]을 클릭하고, 〈밝기: +40% 대비: 0% (표준)〉을 선택하여 비디오 이미지가 밝아지는 것을 알 수 있다.

② [비디오 도구/ 서식] 탭의 [색 ▼]을 클릭하고, 다시 칠하기에서 〈회색 25%〉를 선택하면 오래된 비디오 클립처럼 흑백 톤으로 보이는 것을 확인할 수 있다.

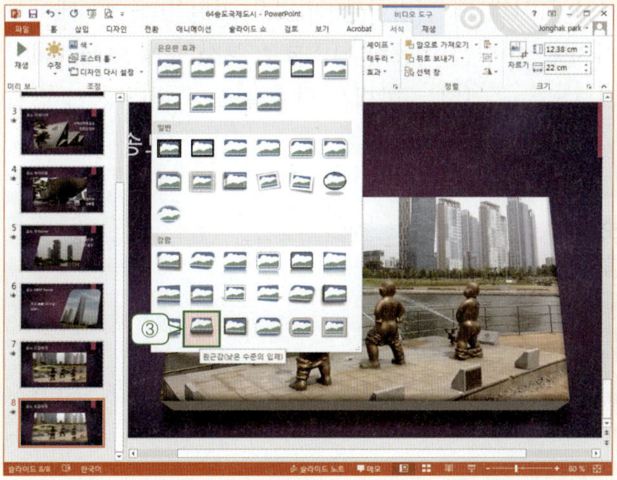

③ [비디오 도구/ 서식] 탭의 [비디오 스타일] 갤러리에서 〈원근감(낮은 수준의 입체)〉를 선택하여 스타일을 변경한다. 입체적으로 보이는 비디오 스타일이 빠르게 설정되었다.

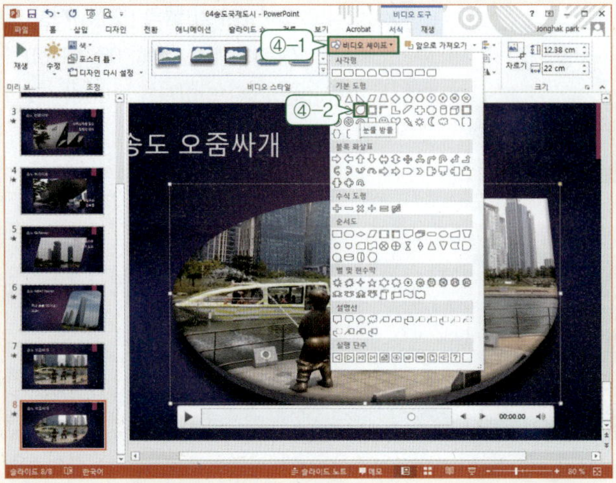

④ [비디오 셰이프]에서 〈눈물 방울〉 모양을 선택하였다.

⑤ 비디오 스타일 갤러리에서 빠르게 스타일을 지정하고 스타일 일부분을 사용자가 직접 수정한 결과이다.

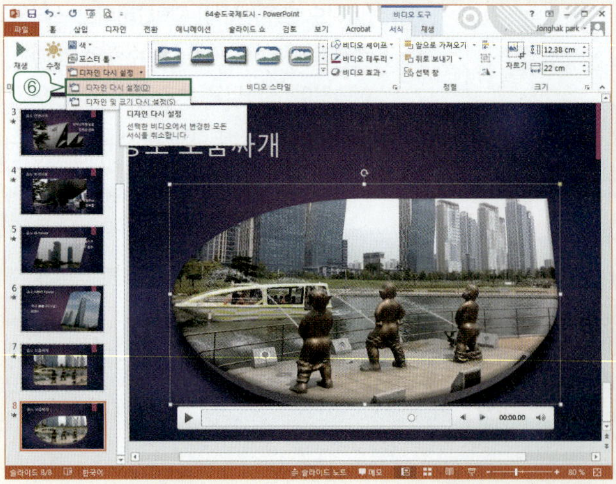

⑥ [디자인 다시 설정]을 클릭하면 변경한 모든 서식을 취소하고, 원래 상태로 돌아간다.

⑦ [비디오 효과]에서 [3차원 회전]의 〈원근감(왼쪽)〉을 선택하였다.

⑧ [비디오 효과]에서 [반사]의 〈근접 반사〉, [입체 효과]의 〈각지게〉를 선택하였다.

⑨ [비디오 테두리]의 [두께]를 〈6pt〉의 〈흰색〉으로 설정하고 슬라이드 쇼에서 확인하였다.

4 윈도우 미디어 플레이어

윈도우 미디어 플레이어 개체를 슬라이드에 삽입하고 비디오 클립과 연결하여 재생할 수 있다. 개체를 슬라이드에 삽입하려면 **[개발 도구]** 탭을 활성화하여 윈도우 미디어 플레이어 개체를 슬라이드에 추가하고, 개체와 비디오 클립을 연결하는 과정이 필요하다.(비디오 클립을 윈도우 미디어 플레이어로 재생하려면 내 컴퓨터에 미리 윈도우 미디어 플레이어가 설치되어 있어야 한다.)

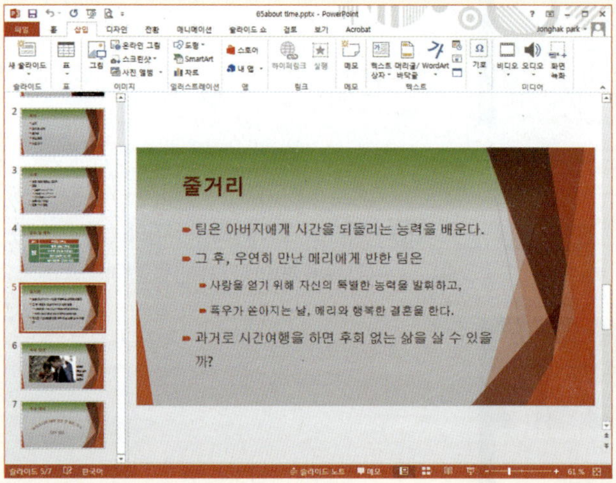

① 이전에 만든 〈어바웃 타임〉 프레젠테이션에서 〈줄거리〉 슬라이드를 어바웃 타임의 예고편으로 바꿔 보자. 〈줄거리〉 슬라이드에서 새 슬라이드를 〈제목만〉 레이아웃으로 추가하고 제목을 '줄거리 – 예고편'으로 입력한다.

② '어바웃 타임 예고편'으로 검색한 YouTube 사이트의 주소창에서 〈youtube〉를 〈ssyoutube〉로 수정한다.

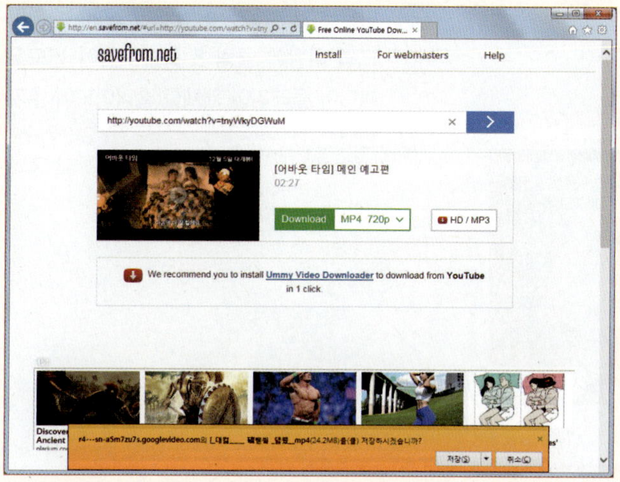

③ 자동으로 [savefrom.net] 사이트로 이동하면 〈MP4 720p〉의 해상도를 선택하고 [Download]를 클릭하여 내 컴퓨터에 동영상 파일을 〈다른 이름으로 저장〉한다.

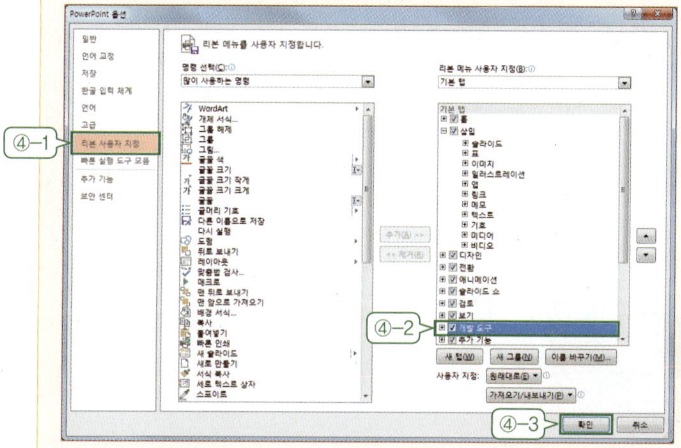

④ [파일/ 옵션]을 클릭하고 [Powerpoint 옵션 상자]에서 [리본 사용자 지정]을 클릭한다. 오른쪽의 [개발 도구]를 체크하고 확인을 클릭한다.

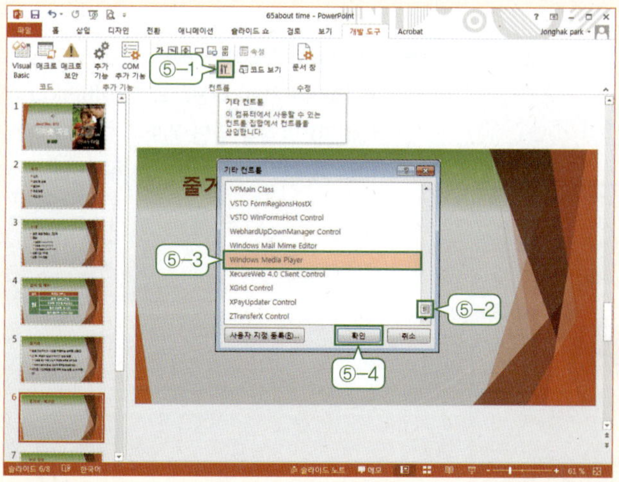

⑤ 리본 메뉴에 [개발 도구] 탭이 나타났다. [컨트롤] 그룹의 [기타 컨트롤]\(속칭, 스패너라고 한다.)을 클릭하고 대화상자에서 아래로 스크롤 하여 〈Windows Media Player〉 개체를 더블 클릭한다.

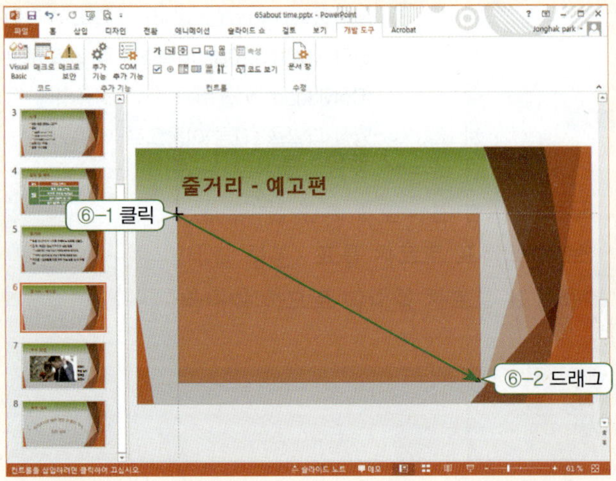

⑥ 마우스 포인터가 **+**가 되었을 때 슬라이드의 바탕에 클릭 & 드래그하여 윈도우 미디어 플레이어 개체를 슬라이드에 추가한다.

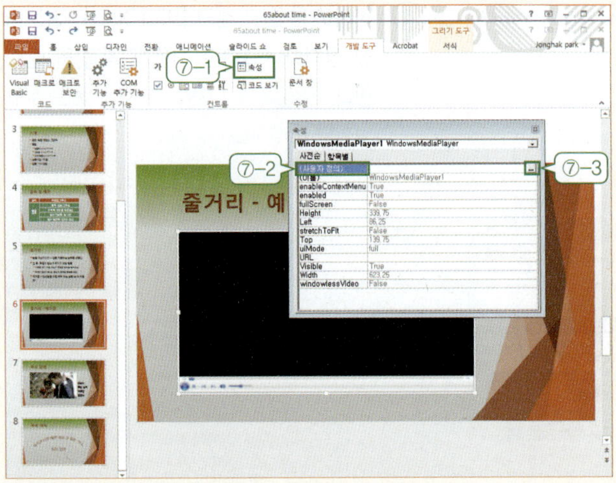

⑦ [개발 도구] 탭의 [**컨트롤**/ **속성**]을 클릭하면 [**속성 창**]이 나타난다. [**속성 창**]에서 (사용자 정의) 항목의 오른쪽 단추 ...를 클릭한다.

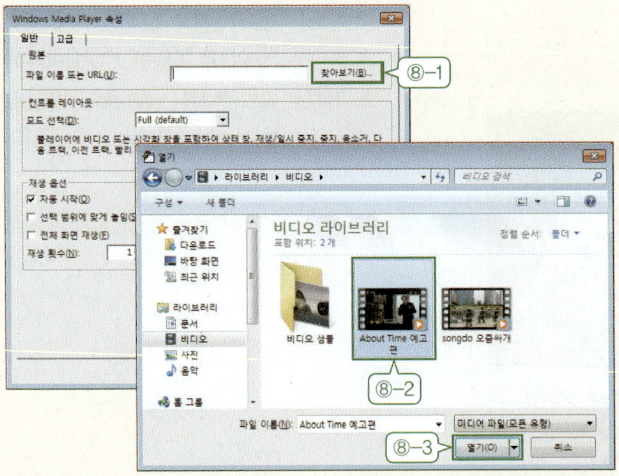

⑧ 〈Windows Media Player 속성〉 대화상자의 [**찾아보기**]로 다운로드한 〈어바웃 타임 예고편〉 파일을 열면 윈도우 미디어 플레이어 개체로 비디오 클립이 연결된다.

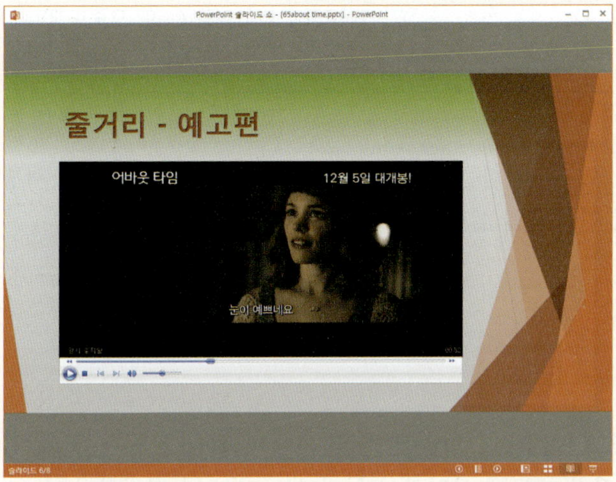

⑨ 윈도우 미디어 플레이어는 비디오 클립의 미리 보기가 허용되지 않기에, 슬라이드 쇼에서 재생되는 것을 확인한다. 윈도우 미디어 플레이어의 컨트롤 박스를 사용할 수 있다.

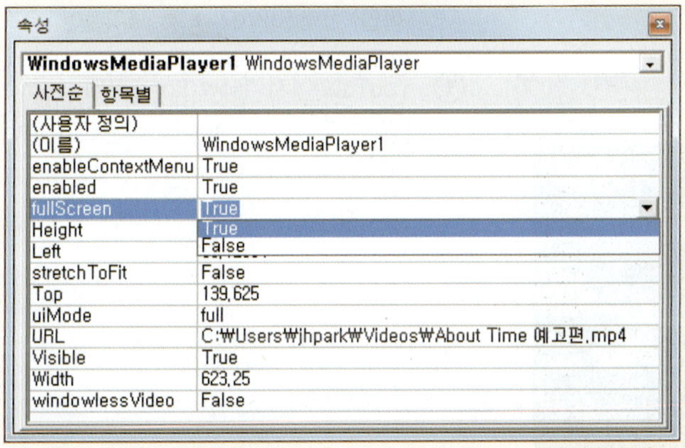

⑩ 비디오 클립을 전체 화면으로 재생 하려면 속성 창에서 〈fullScreen〉 값을 〈True〉로 변경하면 된다.

⑪ 슬라이드 쇼에서 비디오 클립이 전체 화면으로 재생되는 것을 확인한다.

SECTION 02 오디오

슬라이드에 오디오를 추가하는 방법은 비디오를 추가하는 방법과 유사하다. 그리고 오디오를 재생하는 것과 오디오의 서식도 비디오와 유사하여 간단하게 설명하도록 한다.

1 오디오 추가

오디오 파일을 프레젠테이션에 추가하는 것도 **[삽입]**과 **[파일에 연결]** 가운데 하나를 선택할 수 있는데, 오디오 파일은 비디오 파일보다 용량이 적기 때문에 삽입하여 처리하는 것이 더 편리하다.

① YouTube에서 'How Long Will I Love You'으로 검색한 파일을 다운로드 하여 내 컴퓨터에 동영상 파일을 <다른 이름으로 저장>한다.

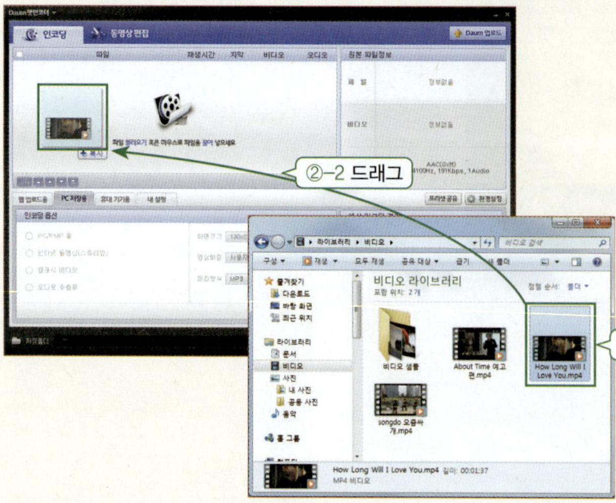

② 비디오 클립으로부터 오디오를 추출하기 위하여 [Daum **팟인코더**] 프로그램을 설치하고 실행한다. 윈도우 탐색기의 <How Long Will I Love You> 파일을 마우스로 [Daum **팟인코더**]에 끌어넣는다.

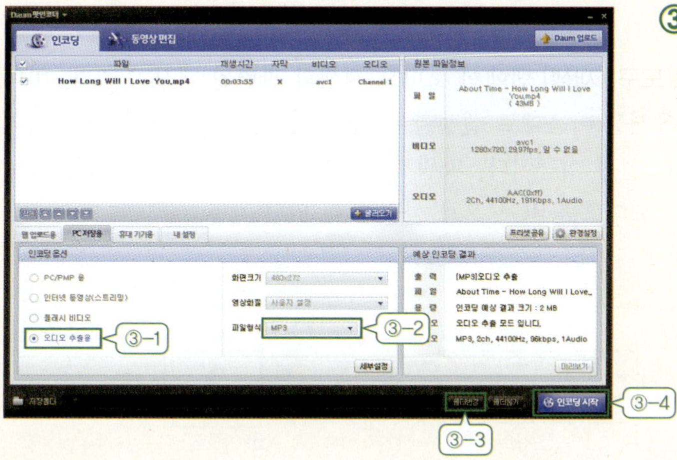

③ 인코딩 옵션에서 〈오디오 추출용〉으로, 파일 형식은 〈MP3〉로, 저장 폴더는 〈내 비디오〉로 설정하고 [인코딩 시작]을 클릭한다. MP3 파일이 추출된다.

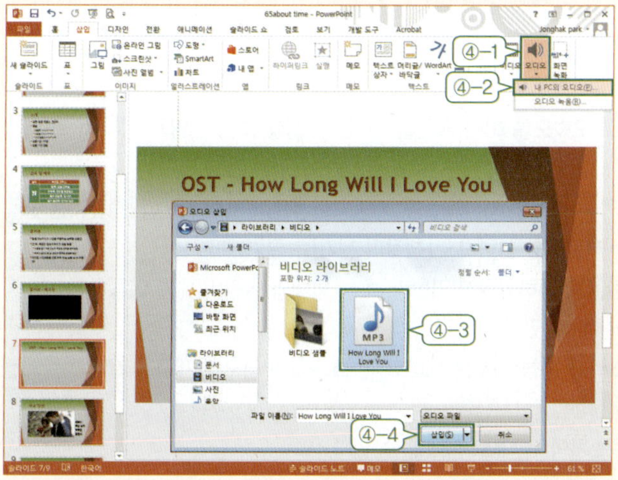

④ 새 슬라이드 제목에 'OST – How Long Will I Love You'를 입력한다. [삽입] 탭의 [오디오 ▼]에서 [내 PC의 오디오]를 클릭하여 [오디오 삽입] 대화상자에서 파일을 클릭하면 오디오 파일이 추가된다.

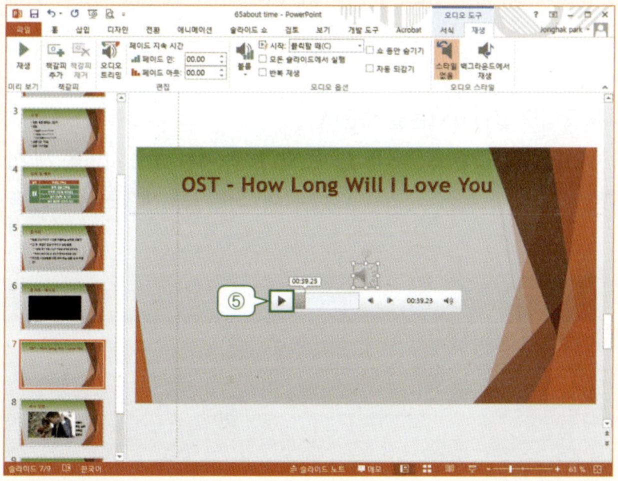

⑤ 재생단추를 사용하면 추가한 오디오를 미리 확인할 수 있다. 실행 도중에 일시 정지와 재생을 반복할 수 있다.

2 오디오 재생

슬라이드의 오디오를 선택하면 [오디오 도구/ 재생] 탭에서 오디오 재생과 관련된 책갈피 추가, 비디오 트리밍, 페이드 인/아웃, 오디오 재생 옵션을 마음대로 설정할 수 있게 된다. 오디오에서 따로 기억해야 하는 옵션은 BGM(BackGround Music) 설정 기능이다. 파워포인트 2013에는 이전 버전과는 다르게 [백그라운드에서 재생] 한 번의 클릭으로 오디오를 BGM으로 설정할 수 있다.

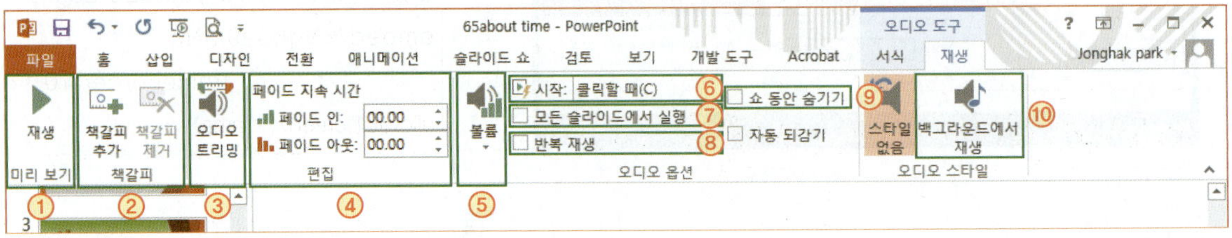

① **재생**: 재생 ▶을 클릭하면 현재 적용된 서식으로 오디오를 미리 확인할 수 있다. 실행 도중에 일시 정지 ⏸와 재생 ▶을 반복할 수 있다.

② **책갈피**: **[책갈피 추가]**를 클릭하면 재생 스크롤 막대의 현재 시점에 노랗고 동그란 책갈피가 추가된다. 책갈피를 클릭하면 그 시점부터 재생하게 된다. 책갈피 제거는 책갈피를 선택하고 **[책갈피 제거]**를 클릭한다.

③ **오디오 트리밍**: 오디오의 시작 시간과 종료 시간을 지정하여 트리밍한다. 초록 막대와 빨간 막대를 이동하거나 시작 시간과 종료 시간을 입력하여 지정한 시간을 재생할 수 있다.

④ **페이드 인/ 페이드 아웃**: 오디오의 재생 전에 소리가 점점 커지는 페이드 인 효과와 오디오의 재생을 끝마치는 시점에 소리가 점점 작아지는 페이드 아웃 효과를 설정한다.

⑤ **볼륨**: 오디오 클립의 소리를 높음, 중간, 낮음, 음소거의 4단계로 선택할 수 있다.

⑥ **시작**: 슬라이드 쇼에서 비디오 클립을 클릭하여 실행하는가, 아니면 자동으로 실행하는가를 선택할 수 있다.

⑦ **모든 슬라이드에서 실행**: 체크하면 오디오 클립이 포함된 슬라이드 이후의 모든 슬라이드에서 오디오를 재생한다. 배경음악에서 사용하는 옵션이다.

⑧ **반복 재생**: 체크하면 오디오 클립을 무한 반복 재생한다.

⑨ **쇼 동안 숨기기**: 체크하면 오디오 클립을 재생할 때 오디오 클립 아이콘을 숨긴다.

⑩ **백그라운드에서 재생**: **[오디오 옵션]**의 **[시작]**이 〈자동 실행〉으로 설정되고, **[모든 슬라이드에서 실행]**, **[반복 재생]**, **[쇼 동안 숨기기]**가 체크된다. 슬라이드 쇼를 실행할 때 모든 슬라이드에서 배경음악으로 오디오를 재생한다.

① [네이버 영화] 사이트에서 사진을 다운로드 한다.

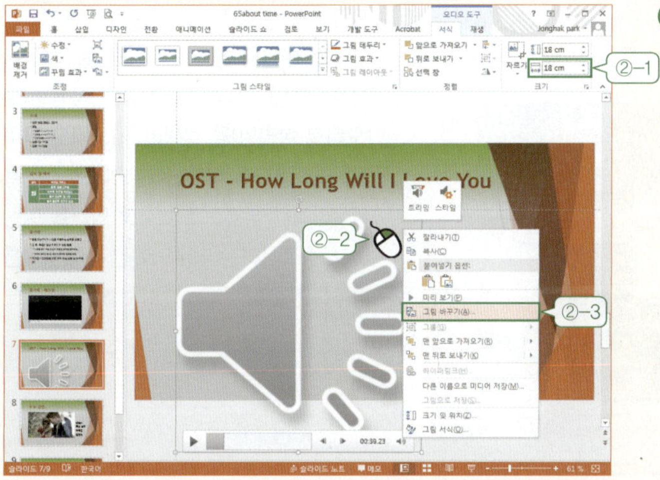

② 스피커 아이콘을 선택하여 **[오디오 도구/서식]** 탭에서 너비를 '18cm'로 입력하고, 오른쪽 마우스 메뉴 **[그림 바꾸기]**를 클릭하여 저장한 사진을 선택한다.

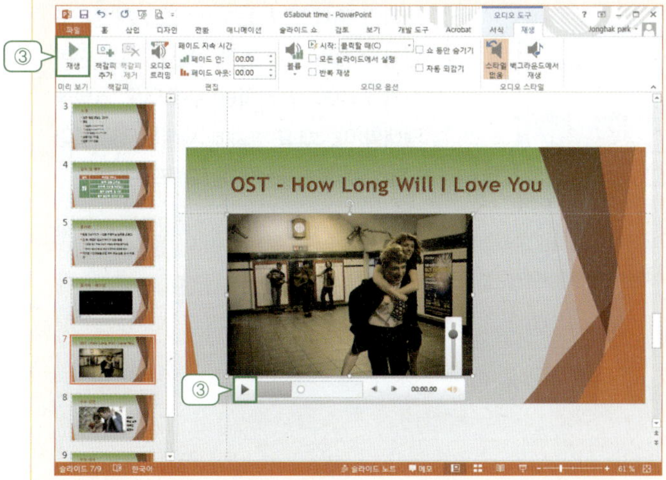

③ **재생**

[오디오 도구/ 재생] 탭의 **[재생 ▶]**이나 오디오 클립의 **[재생]**을 클릭하면 현재 적용된 서식으로 오디오를 미리 확인할 수 있다. 재생 도중에 일시 정지 ⏸와 재생 ▶을 반복할 수 있다.

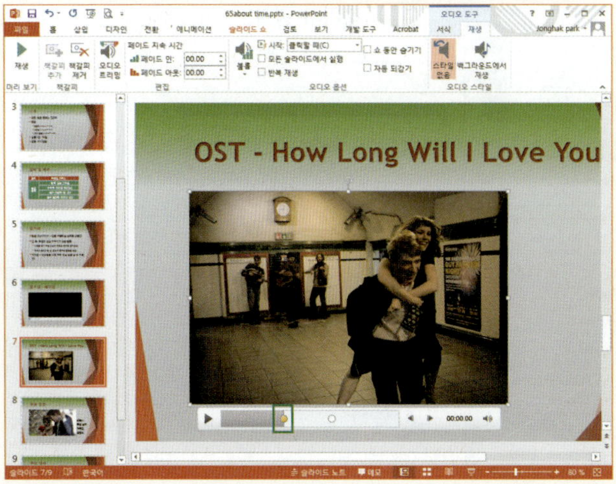

④ **책갈피**

일시 정지 상태에서 **[책갈피 추가]**를 클릭하면 재생 스크롤 막대의 현재 시점에 노란 책갈피가 추가된다. **[슬라이드 쇼]**에서 오디오 재생 중 책갈피를 클릭하면 그 시점부터 재생하게 된다. 책갈피를 선택하고 **[책갈피 제거]**를 클릭하면 제거된다.

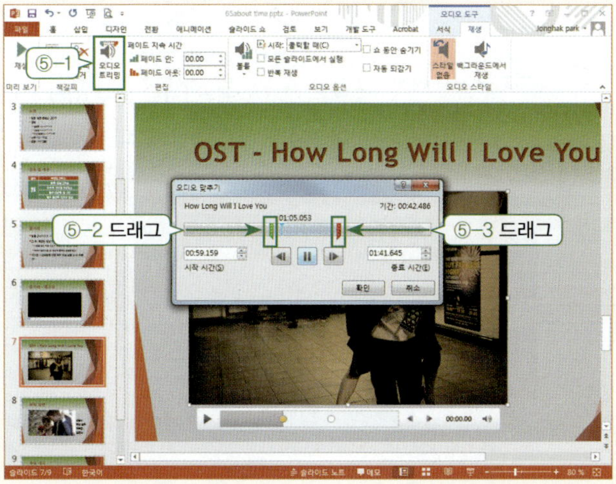

⑤ **오디오 트리밍**

오디오 클립의 시작 시간과 종료 시간을 지정하려면 오디오 트리밍을 사용한다. **[오디오 트리밍]**을 클릭하면 **[오디오 맞추기]** 대화상자가 나타난다. 오디오 재생을 시작하려는 부분으로 초록색 막대를 이동하고, 종료하려는 부분으로 빨간색 막대를 이동하면 된다.

⑥ 트리밍 막대를 사용하지 않고 시간으로 입력하여도 된다. 시작 시간에 '30', 종료 시간에 '100'을 입력하면, 오디오 클립을 재생할 때 30초 시점에 재생을 시작하여 100초 시점에 재생을 종료하게 된다.

⑦ [페이드 인]과 [페이드 아웃]에 '1.00'을 입력하면, 재생 전에 소리가 1초 동안 점점 커지고 끝마치는 시점에 소리가 1초 동안 점점 작아지는 [페이드 인] 효과와 [페이드 아웃] 효과가 나타난다.

⑧ 슬라이드 쇼에서 재생 단추를 클릭하지 않고 자동으로 실행하려면, [오디오 옵션]에서 [시작]을 드롭다운하여 〈자동 실행〉을 선택하면 된다. 슬라이드 쇼에서 클릭하여 재생하려면 〈클릭할 때〉를 선택하면 된다.

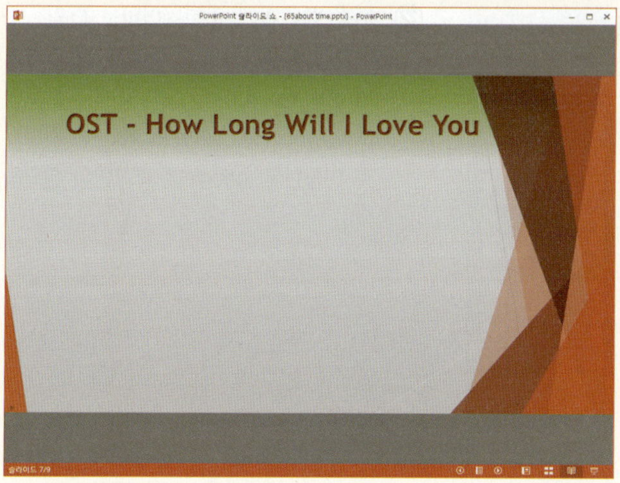

⑨ [오디오 옵션]에서 〈자동 실행〉으로 하고, [쇼 동안 숨기기]를 체크하면 슬라이드 쇼에서 자동으로 오디오를 재생하여 배경음악으로 사용할 때 필요한 옵션이다.
[오디오 옵션]에서 [반복 재생]을 체크하면 오디오 클립을 무한 반복 재생한다.

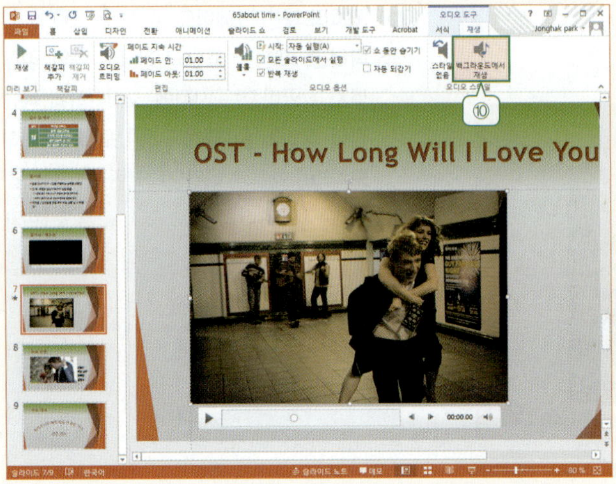

⑩ [백그라운드에서 재생]을 클릭하면 [오디오 옵션]의 [시작]을 〈자동 실행〉으로 설정하고, [모든 슬라이드에서 실행], [반복 재생], [쇼 동안 숨기기]가 체크된다. 슬라이드 쇼를 할 때 모든 슬라이드에서 배경음악으로 오디오를 재생한다.

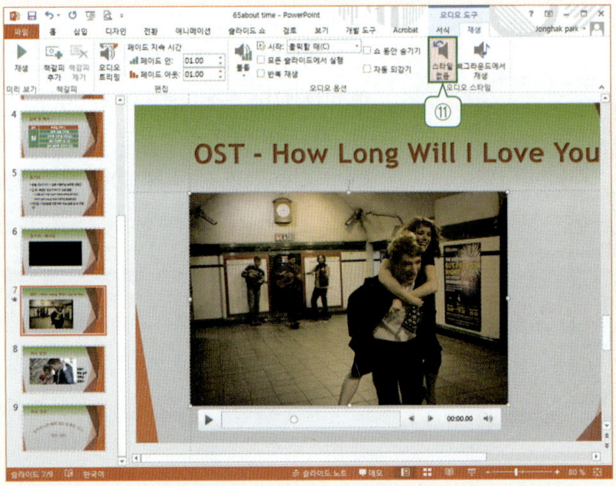

⑪ [백그라운드에서 재생]을 해제하려면 [오디오 스타일]의 [스타일 없음]을 클릭하면 된다. [스타일 없음]을 클릭하면 [시작]을 〈클릭할 때〉로 설정하고, [모든 슬라이드에서 실행], [반복 재생], [쇼 동안 숨기기]가 체크 해제된다.

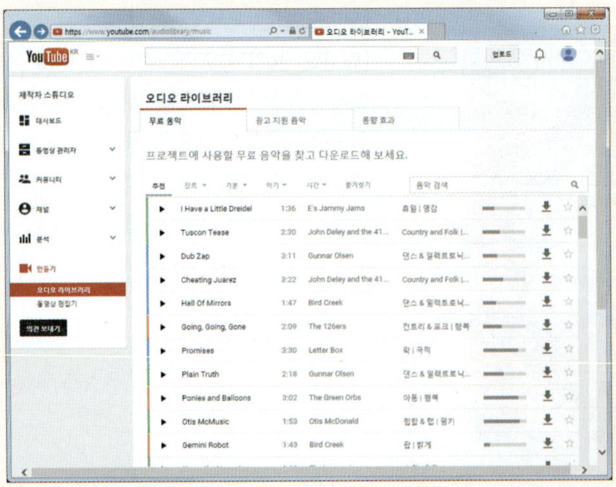

⑫ 저작권에 관계 없이 〈어바웃 타임〉 프레젠테이션에 사용할 무료 BGM을 찾기 위하여 YouTube의 오디오 라이브러리(www.youtube.com/audiolibrary) 사이트로 이동한다. google에 로그인이 필요하다.

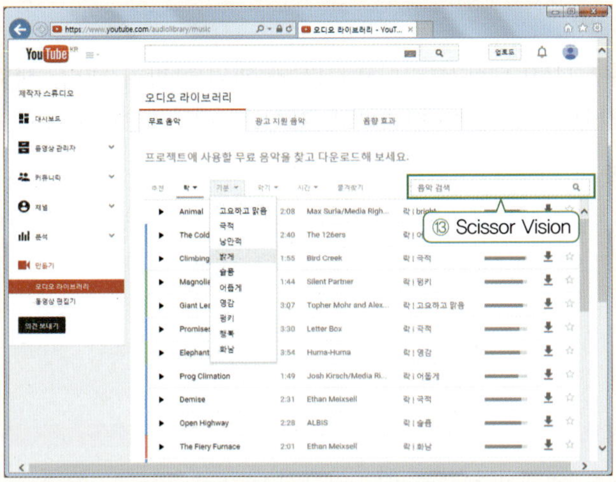

⑬ YouTube 오디오 라이브러리 사이트에서 'Scissor Vision'을 검색하고 다운로드하여 〈내 음악〉 폴더에 저장한다. 〈Scissor Vision〉은 락 〈장르〉와 고요하고 맑음 〈기분〉에서 선택할 수 있다.

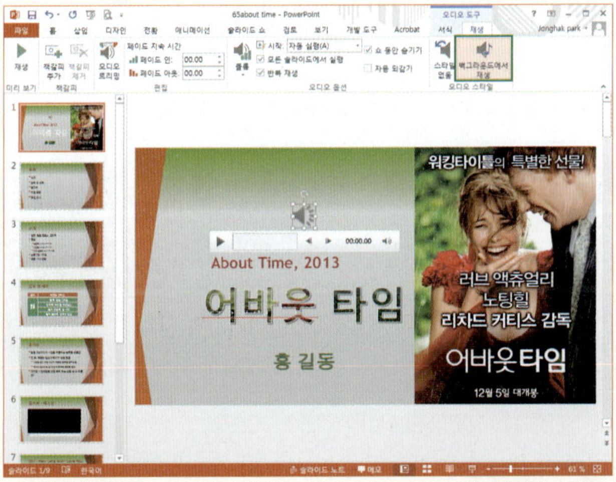

⑭ 〈표지〉 슬라이드에서 **[삽입]** 탭의 **[오디오 ▼]**의 **[내 PC의 오디오]**를 클릭하여 〈Scissor_Vision〉 파일을 추가하고, **[오디오 도구/ 재생]** 탭의 **[볼륨]**은 〈낮음〉으로 하고, **[백그라운드에서 재생]**을 클릭한다.

⑮ 슬라이드 쇼를 하면 스피커 모양의 오디오 클립은 보이지 않고, 슬라이드를 넘겨도 오디오를 배경음악으로 슬라이드 쇼가 끝날 때까지 재생한다.

SECTION 03 하이퍼링크

슬라이드 쇼를 할 때 클릭하여 다음 슬라이드가 아닌 다른 연결된 대상으로 이동하는 기능을 하이퍼링크라고 한다. 하이퍼링크를 사용하면 다른 〈슬라이드로 이동〉, 〈프레젠테이션으로 이동〉, 〈웹 사이트로 이동〉과 익스플로러나 계산기와 같은 〈프로그램 실행〉을 하는 것이 가능하게 된다.

1 하이퍼링크로 이동

슬라이드에 하이퍼링크를 추가하려면 클릭하는 개체와 이동하려는 대상이 정해져야 한다. 현재 프레젠테이션 내에서 다른 슬라이드로 이동하는 하이퍼링크를 추가하여 보자. 다른 프레젠테이션, 웹 사이트, 프로그램 실행으로 연결하는 방법도 동일하다.

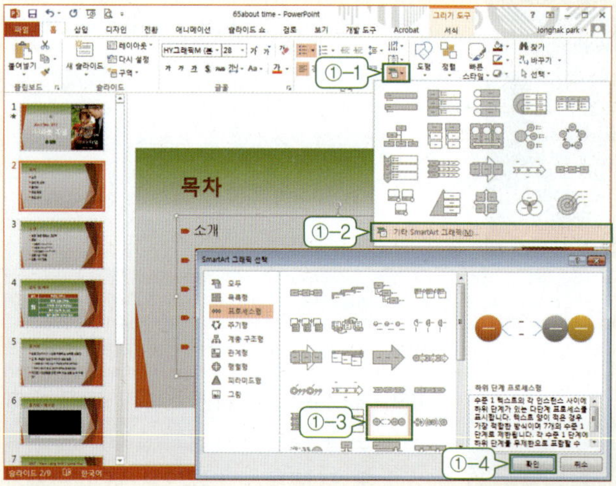

① 〈목차〉 슬라이드에서 목차를 클릭하면 각각의 슬라이드로 이동하는 하이퍼링크를 추가하여 보자. 목차를 선택하고 [**SmartArt 그래픽으로 변환**]을 클릭하여 [**프로세스형**]의 [**하위 단계 프로세스형**]으로 변환하고 적당한 서식을 적용한다.

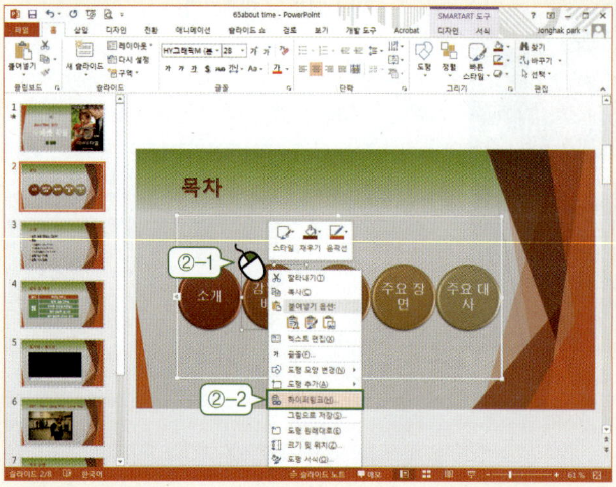

② 목차에서 〈감독 및 배우〉를 클릭할 때 〈감독 및 배우〉 슬라이드로 이동하는 하이퍼링크를 추가하려 한다. 〈감독 및 배우〉를 선택하고 오른쪽 마우스 메뉴 [**하이퍼링크**]를 클릭한다.

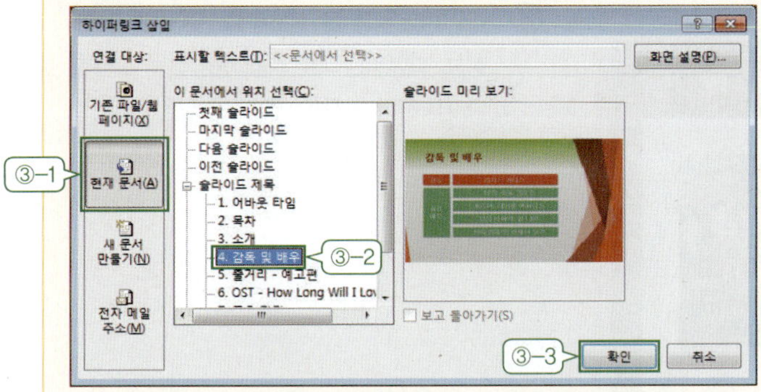

③ [하이퍼링크 삽입] 대화상자의 연결대상에서 〈현재 문서〉를 클릭하고 위치 선택에서 〈4. 감독 및 배우〉를 클릭하면 슬라이드 미리 보기가 나타난다. 확인을 누르면 하이퍼링크가 연결된다. 나머지 목차들도 하이퍼링크를 연결한다.

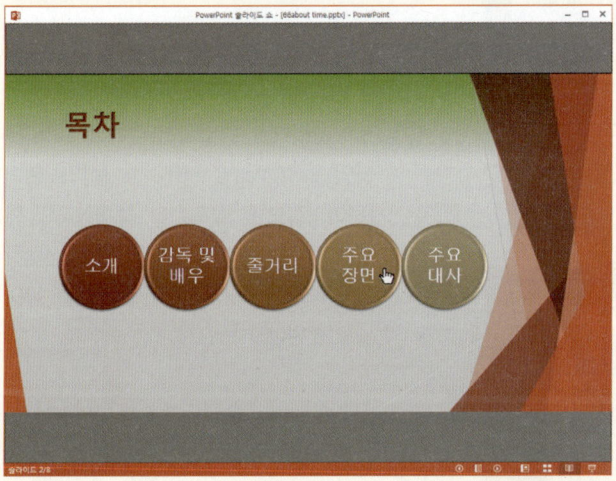

④ 슬라이드 쇼를 할 때 하이퍼링크가 연결된 개체에 마우스를 올리면 포인터가 손가락 모양 으로 된다. 클릭하면 〈주요 장면〉 슬라이드로 이동한다.

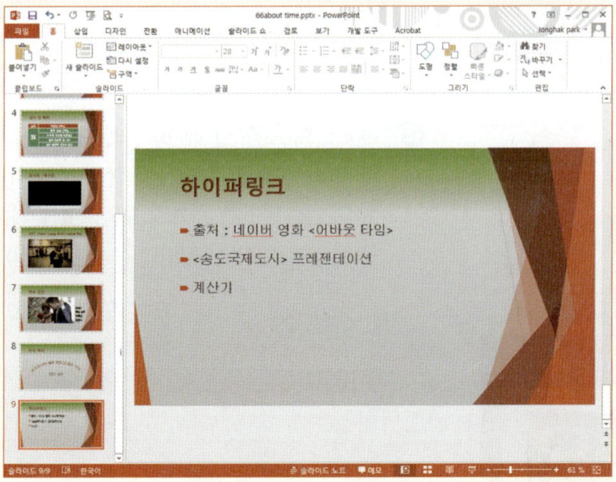

⑤ 새 슬라이드를 추가하고, 제목을 〈하이퍼링크〉로 입력한다. 웹 사이트로 이동, 다른 프레젠테이션으로 이동, 프로그램 실행을 실습하기 위하여 왼쪽과 같이 입력한다.

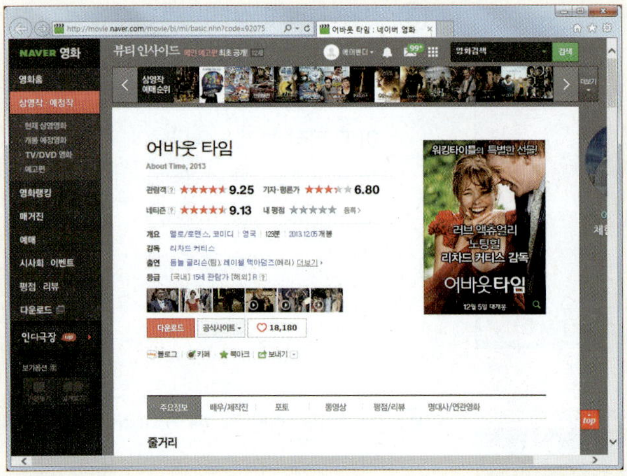

⑥ 하이퍼링크를 클릭하여 웹 사이트로 이동하는 하이퍼링크를 추가하는 것은 간단하다. **[네이버 영화]**의 〈어바웃 타임〉 사이트 주소를 복사한다.

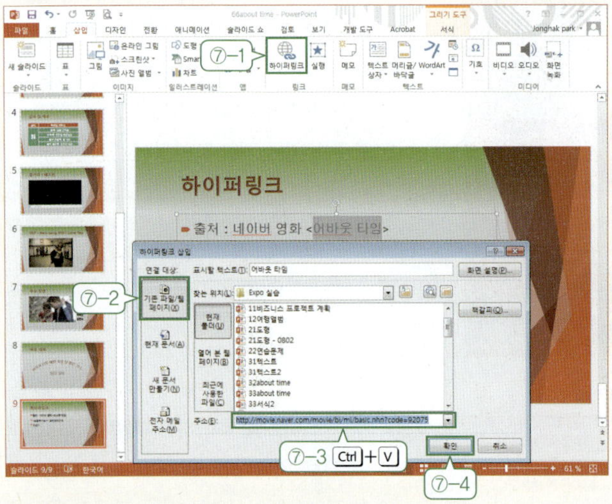

⑦ 하이퍼링크를 연결하려는 개체 〈어바웃 타임〉을 마우스로 선택하고, **[삽입]** 탭의 **[하이퍼링크]**를 클릭한다. 대화상자의 연결대상을 **[기존 파일/웹 페이지]**로 선택하고 〈주소〉에 복사한 사이트 주소를 붙여 넣으면 된다.

⑧ 슬라이드 쇼를 할 때 하이퍼링크가 연결된 개체 〈어바웃 타임〉은 색상이 다르며, 마우스를 올리면 손가락 모양으로 된다. 클릭하면 **[네이버 영화]**의 〈어바웃 타임〉 사이트로 이동한다.

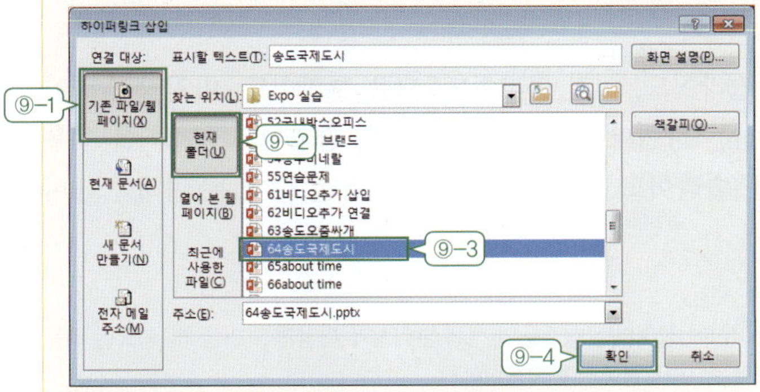

⑨ 다른 프레젠테이션을 여는 하이퍼링크를 연결하여 보자. **[하이퍼링크 삽입]** 대화상자가 나타나면, 찾는 위치에서 〈송도국제도시〉 프레젠테이션의 〈폴더〉와 〈파일〉을 찾고 확인하면 된다.

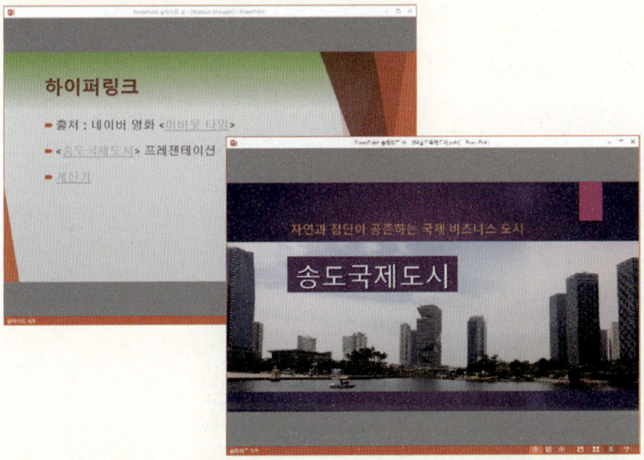

⑩ 슬라이드 쇼를 할 때 하이퍼링크가 연결된 개체 〈송도국제도시〉를 클릭하면 프레젠테이션이 열린다.

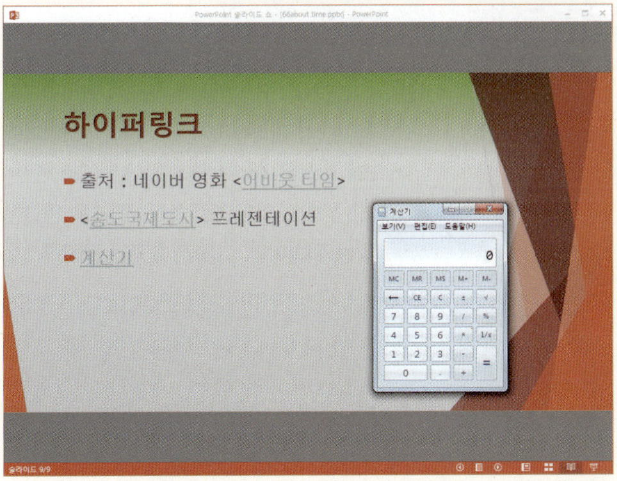

⑪ 하이퍼링크로 프로그램을 실행하려면 프로그램의 위치를 알아야 한다. **[하이퍼링크 삽입]** 대화상자의 주소에 'c:\windows\system32\calc.exe'를 입력하고 확인한다. 슬라이드 쇼를 할 때 〈계산기〉를 클릭하면 프로그램이 실행된다.

2 실행 단추

실행 단추는 도형에 포함되어 있으며, 처음 슬라이드, 이전 슬라이드, 다음 슬라이드, 마지막 슬라이드, 홈 슬라이드, 돌아가기 슬라이드로 실행하는 하이퍼링크 단추들이 있다. 슬라이드 마스터를 이용하여 모든 슬라이드에 실행 단추를 추가하면, 슬라이드 쇼에서 어디든지 이동할 수 있는 편리한 내비게이션으로 사용할 수 있다.

Tip 실행 단추 리스트의 〈실행단추: 소리〉는 프레젠테이션에 참여하는 청중들의 전체 분위기가 지겹게 느껴질 때, 중요한 내용에서 청중들의 주목이 필요할 때 분위기를 바꿔주는 용도로 한 번씩 클릭하여 사용한다.

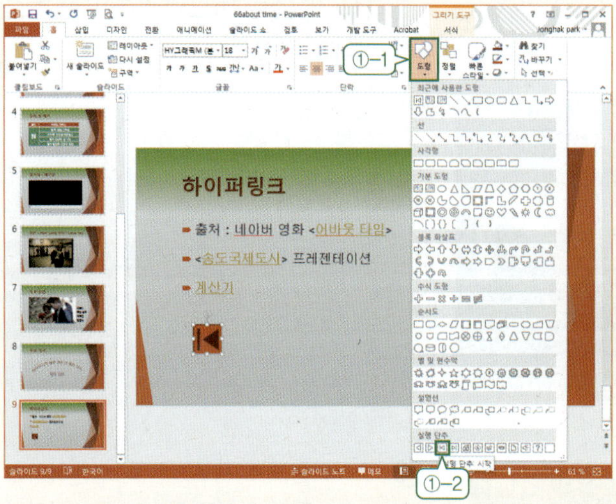

① [도형 ▼]에서 [실행 단추] 그룹의 세 번째에 있는 〈실행단추: 시작〉을 선택하여 슬라이드에 추가한다.

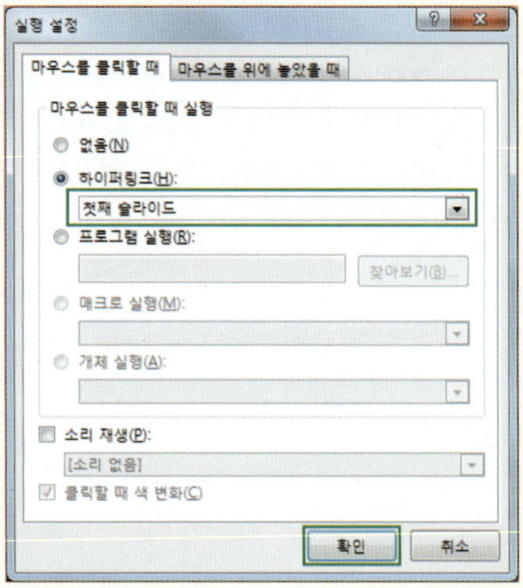

② 〈실행단추: 시작〉을 추가하면 곧바로 [실행 설정] 대화상자가 나타난다. [하이퍼링크] 대상은 〈첫째 슬라이드〉로 되어 있는데, 첫째 슬라이드로 하이퍼링크를 연결한다는 의미이다. 그대로 확인을 클릭한다.

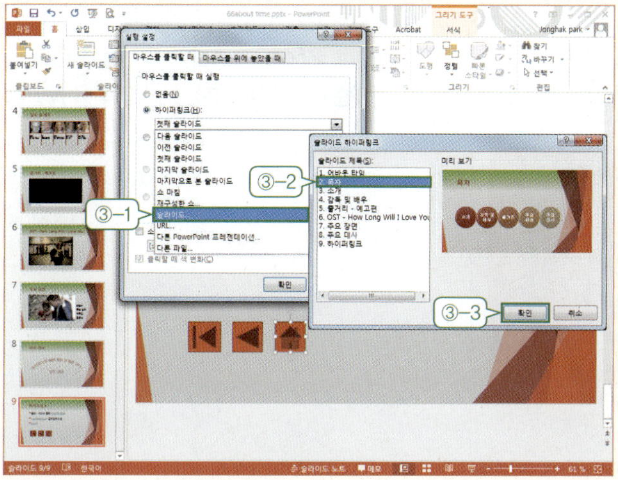

③ 〈실행단추: 이전〉의 하이퍼링크를 추가하고, 〈실행단추: 홈〉을 추가할 때 **[하이퍼링크]** 대상은 〈첫째 슬라이드〉로 되어 있는데 〈슬라이드〉와 〈2. 목차〉를 선택하여 변경한다. 이제 〈실행단추: 홈〉을 클릭하면 〈목차〉 슬라이드로 이동한다.

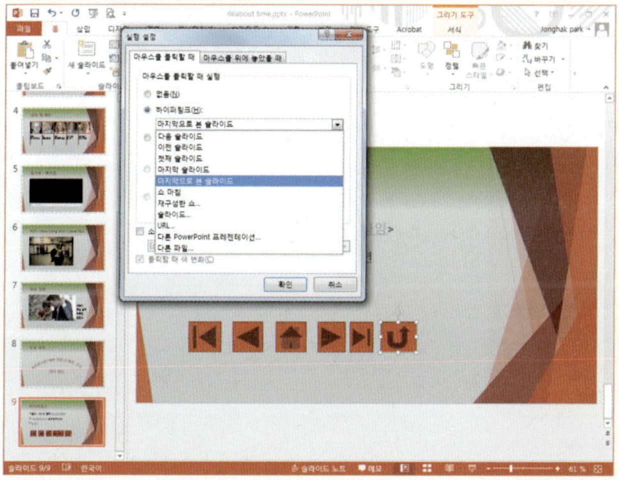

④ 〈실행단추: 다음〉, 〈실행단추: 끝〉의 하이퍼링크를 추가하고, 〈실행단추: 돌아가기〉를 추가할 때 〈마지막으로 본 슬라이드〉는 현재 슬라이드로 이동하기 직전의 슬라이드로 다시 돌아가는 하이퍼링크이다.

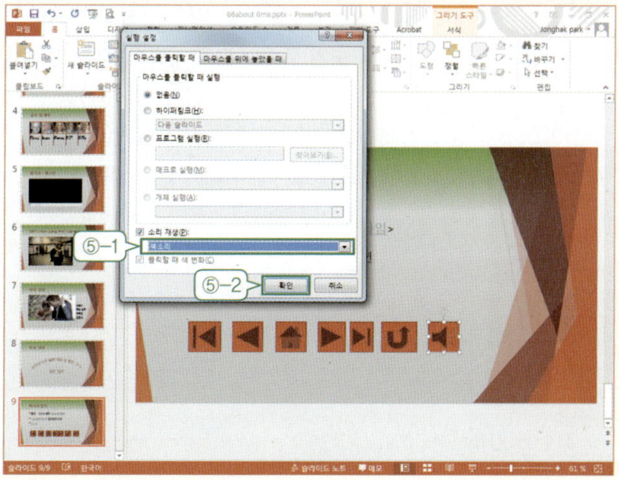

⑤ 마지막으로 〈실행단추: 소리〉를 추가할 때 실행은 없고 소리만 나는데 〈북소리〉로 설정하였다.

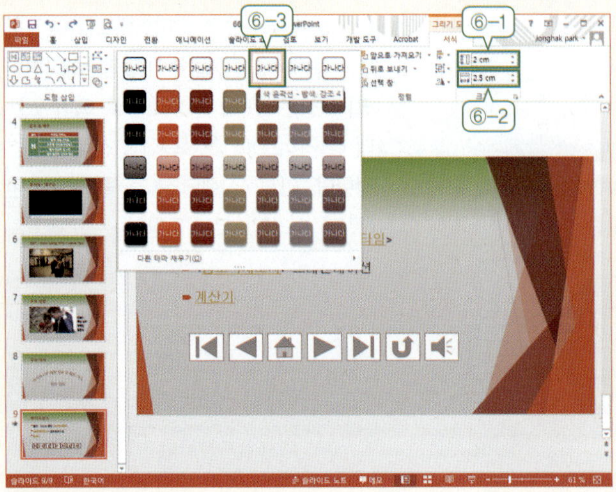

⑥ 모든 실행 단추를 선택하고 높이 '2cm', 너비 '2.5cm'로 똑같이 크기를 설정하고, [맞춤]을 〈위쪽 맞춤〉, 〈가로간격을 동일하게〉 정렬하였다. 또한, 도형 스타일은 〈색 윤곽선-밤색〉으로 설정하였다.

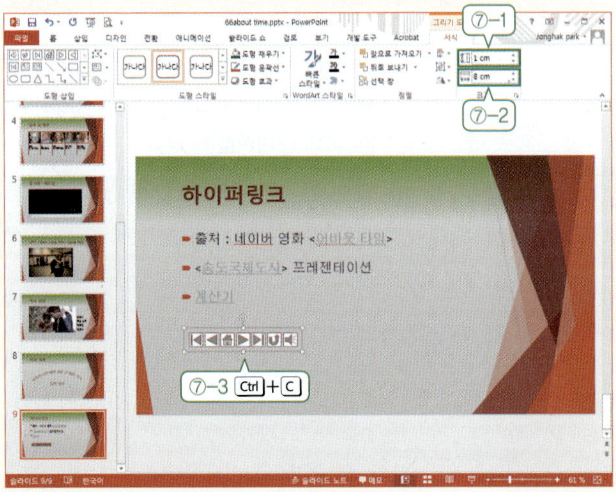

⑦ 실행 단추 리스트를 그룹으로 묶어주고 그룹의 높이 '1cm', 너비 '8cm'로 설정하고 Ctrl+C하여 복사한다.

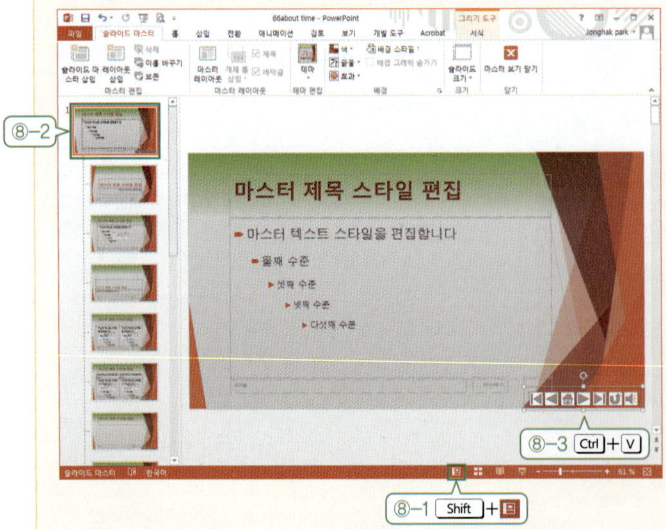

⑧ Shift+ 를 클릭하여 [슬라이드 마스터 보기]로 이동한다. 왼쪽의 축소 창에서 맨 위에 있는 〈슬라이드 마스터〉를 클릭하고, 작업 창에 Ctrl+V로 실행 단추 리스트를 오른쪽 아래에 붙여 넣는다.

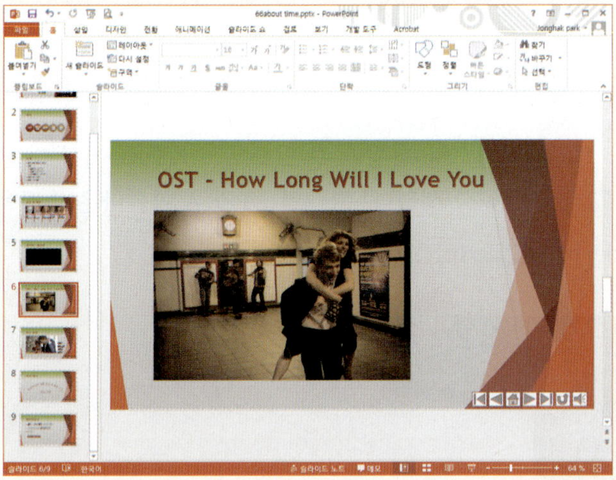

⑨ [기본보기]를 클릭하여 슬라이드 마스터 보기를 닫으면, 모든 슬라이드의 오른쪽 아래에 실행단추 리스트가 나타난다.

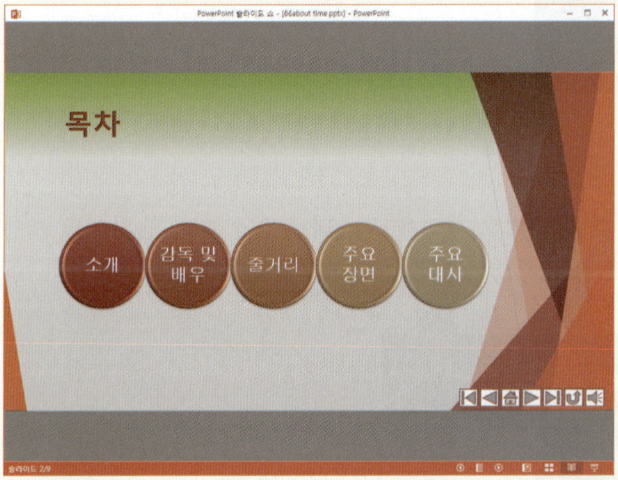

⑩ 슬라이드 쇼를 실행하면 〈목차〉 슬라이드에서 모든 슬라이드로 하이퍼링크 이동이 가능하다. 실행 단추 리스트는 〈처음〉, 〈이전〉, 〈목차〉, 〈다음〉, 〈마지막〉 슬라이드로 이동이 가능하고, 마지막으로 본 슬라이드로 〈돌아가기〉도 가능하게 되었다.

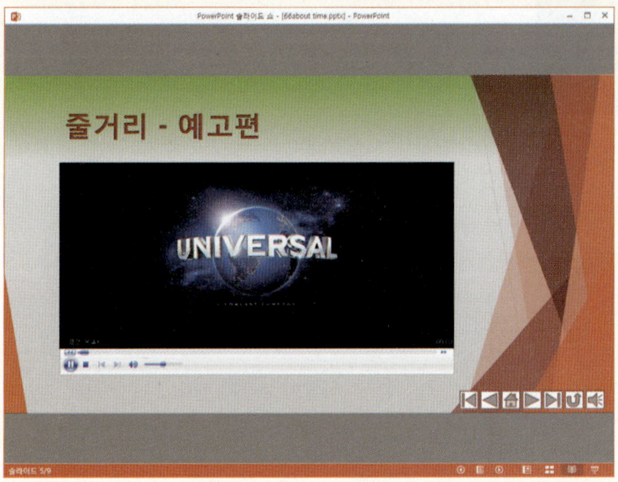

⑪ 〈줄거리〉 슬라이드로 이동하고, 실행 단추 리스트의 〈돌아가기〉를 클릭하면 다시 〈목차〉 슬라이드로 돌아간다.

연습문제

EXERCISE

1. 다음의 〈아름다운 순간을 누리기 위해〉 CF를 비디오로 재생할 수 있도록 YouTube에서 다운로드하여 슬라이드에 작성하라.[출처: SK telecom, '잘 생겼다! 광대역 LTE-A 아름다운 순간을']

   YouTube 공유 주소: https://youtu.be/bKLvZJo4pRY

2. 〈아름다운 순간을 누리기 위해〉 CF의 다음 비디오 장면을 포스터로 설정하고, 슬라이드 쇼에서 페이드 인/페이드 아웃과 전체화면으로 자동 재생하도록 슬라이드에 작성하라.

EXERCISE

연습문제

3. 다음의 〈메가스톰〉 홍보 영상을 비디오로 재생할 수 있도록 온라인 비디오의 〈YouTube〉에서 검색하여 슬라이드에 추가하라.[출처: 에버랜드, '슈퍼 어트랙션의 탄생 메가스톰']
YouTube 공유 주소: https://youtu.be/Ls5912ZVckg

4. 다음의 〈Paradise Through Your Lens〉 관광 홍보 영상을 비디오로 재생할 수 있도록 YouTube에서 다운로드하여 〈Windows Media Player〉로 슬라이드에 작성하라.[출처: Tropical North Queensland]
YouTube 공유 주소: https://youtu.be/LJLbbFQlXj0

연습문제 EXERCISE

5. 다음의 스타워즈 에피소드 VII 예고편을 비디오로 재생할 수 있도록 온라인 비디오의 〈YouTube〉에서 검색하여 슬라이드에 추가하라.
YouTube 공유 주소: https://youtu.be/erLk59H86ww

6. 다음의 스타워즈 에피소드 VII 예고편(아래의 화면은 슬라이드 쇼에서 보이는 화면이다.)을 재생할 수 있도록 YouTube의 소스코드를 복사하고 온라인 비디오의 **[비디오 Embed 태그]**에 붙여 넣어 슬라이드를 작성하라.
YouTube 공유 주소: https://youtu.be/ ngElkyQ6Rhs

```
<iframe width="560" height="315" src="https://www.youtube.com/embed/ngElkyQ6Rhs" frameborder="0"
allowfullscreen></iframe>
```

EXERCISE

연습문제

7. 위의 스타워즈 에피소드 VII 예고편을 17초부터 자동으로 재생하고, 동영상의 제목을 표시하지 않으며, 재생 후 추천 동영상을 표시하지 않는 옵션으로 [비디오 Embed 태그]에 붙여 넣어 슬라이드를 작성하라.

```
〈 iframe width="560" height="315" src="https://www.youtube.com/embed/ngElkyQ6Rhs?rel=0
&amp;start=17&amp;autoplay=1&amp;showinfo=0" frameborder="0" allowfullscreen〉〈/iframe〉
```

8. YouTube 오디오 라이브러리에서 '7th Floor Tango'를 다운로드하여 BGM으로 재생하며, 다음과 같이 텍스트를 클릭하면 브라우저에서 재생하도록 하이퍼링크를 연결하는 슬라이드를 작성하라.

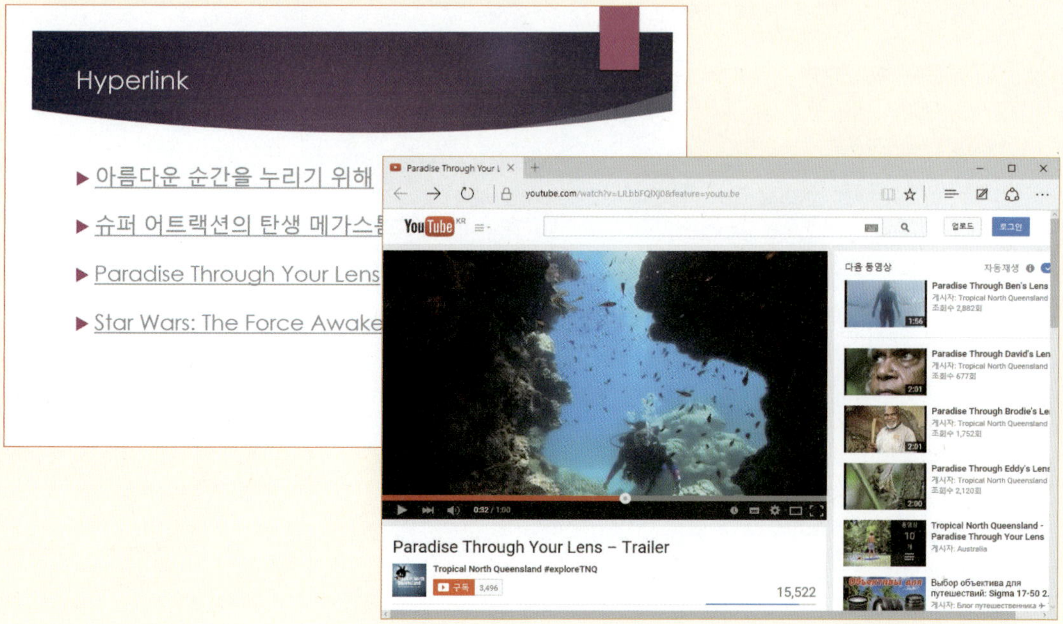

17 CHAPTER

전환과 애니메이션

화면 전환 효과는 슬라이드에서 다음 슬라이드로 넘어갈 때의 동적 효과이다. 청중이 지루하지 않게 작은 즐거움을 줄 수 있도록 설정하면 좋다. 애니메이션은 이제까지 살펴보았던 텍스트, 도형, 그림, 표와 차트 등의 자료들이 표현하려는 내용을 더욱 효과적으로 전달하기 위하여 그 개체들을 동적으로 보여 준다. 자료들이 나타나고, 강조되고, 이동하며, 사라지는 과정을 시간 순서에 맞추어 애니메이션으로 표현할 수 있는 능력이야말로 프레젠테이션 문서 작성의 전문가로 도약하는 기준이 될 수 있을 것이다.

전환과 애니메이션

SECTION 01 화면 전환

화면 전환 효과는 하나의 슬라이드에서 다음 슬라이드로 넘어갈 때 보여주는 동적인 효과를 의미한다. 슬라이드 쇼를 하는 도중에 클릭을 하게 되면 일반적으로 다음 슬라이드로 이동하는데, 화면 전환 효과는 청중을 지루하지 않고 사소한 즐거움을 줄 수 있도록 설정하여야 한다.

1 화면 전환 효과

화면 전환 효과를 지정하려면 [전환] 탭에서 슬라이드의 화면 전환 효과를 선택하고, 효과 옵션과 타이밍을 설정하여야 한다.

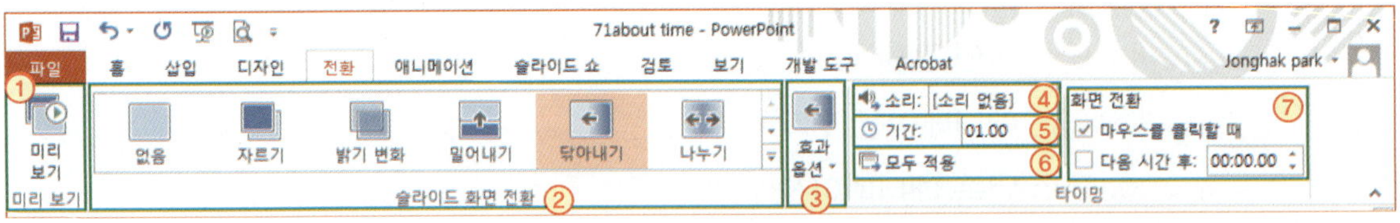

① **미리 보기**: 선택한 슬라이드에 적용된 전환 효과를 미리 확인할 수 있다.
② **슬라이드 화면 전환**: 이전 슬라이드에서 현재 슬라이드로 전환할 때 적용하는 효과를 선택한다.
③ **효과 옵션**: 선택한 전환 효과에서 방향 전환 같은 효과의 부분적인 속성을 변경한다.
④ **소리**: 이전 슬라이드에서 현재 슬라이드로 전환할 때 재생하는 소리를 선택한다.
⑤ **기간**: 전환하는 시간을 나타낸다.
⑥ **모두 적용**: 현재 슬라이드의 전환 효과에 관한 설정을 모든 슬라이드에 적용한다.
⑦ **화면 전환**: 마우스를 클릭하거나 또는 시간을 설정하여 화면 전환을 선택하는 옵션이다.

하나의 프레젠테이션은 모든 슬라이드의 전환 효과를 동일하게 사용하는 것이 일관성이 있다. 여러 가지 전환 효과를 사용하는 것은 프레젠테이션의 내용이 오락가락하는 것으로 여겨질 수 있어, 내용의 신뢰에도 영향을 미칠 수 있다. 화면 전환 효과에서 이전 슬라이드는 왼쪽/위쪽으로 사라지고, 다음 슬라이드는 오른쪽/아래쪽에서 나타나는 것이 어색하지 않다.
처음에 전환 효과를 선택하는 경우에는 새롭고 신기한 것을 선택하지만, 좋은 프레젠테이션의 전환 효과는 내용에 집중하는 것을 방해하지 않고 화면이 바뀌었다는 것을 가볍게 인지하는 수준으로 설정하여야 한다. 요란하고 시끄러운 전환 효과는 프레젠테이션의 품격을 떨어뜨릴 수 있으므로 주의해야 한다.

Tip 프레젠테이션의 내용이 부족하여 복잡한 질문을 피하고 싶다면, 프레젠테이션에 여러 가지 화려한 전환 효과와 요란한 효과음을 사용하는 것이 해결 방법이 될 수 있다.

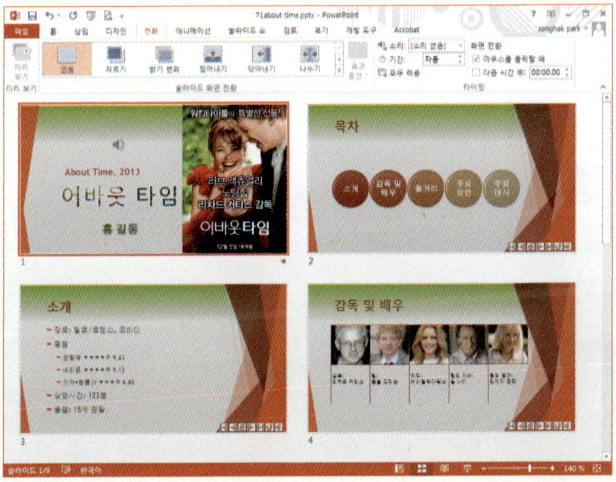

① 화면 전환 효과의 설정과 확인은 **[여러 슬라이드 보기]**에서 지정하고 확인하는 것이 편리하다. 화면 전환 효과를 지정하려면 슬라이드를 선택하고 전환 효과를 선택한다.

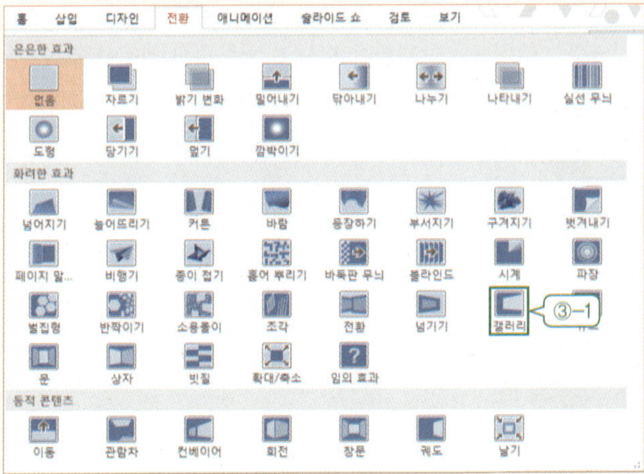

② **[전환]** 탭의 화면 전환 효과 갤러리에는 〈은은한 효과〉, 〈화려한 효과〉, 〈동적 콘텐츠〉 3개의 그룹에 많은 전환 효과들이 있다.

③ 슬라이드를 선택하고, 〈갤러리〉 전환 효과를 선택하였다. 1번 슬라이드에서 2번 슬라이드로 넘어가는 과정을 미리 보기로 확인할 수 있다. [**읽기용 보기**]를 사용하면 [**슬라이드 쇼**]와 다르게 전체화면이 아니어서 편리하다.

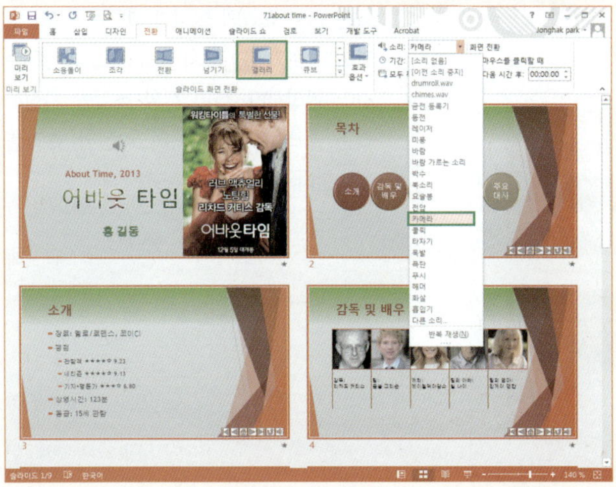

④ 선택한 슬라이드가 화면 전환할 때 소리로 강조하도록 [**전환**] 탭의 [**소리**]에서 〈카메라〉 소리를 선택하였다.

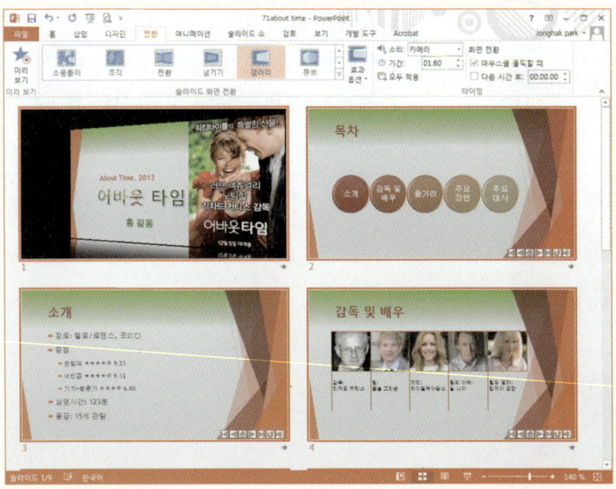

⑤ [**전환**] 탭의 [**미리 보기**]를 클릭하여 화면 전환 효과를 다시 확인할 수 있다. 변경된 [**미리 보기**]를 다시 클릭하면 미리 보기를 중지한다.

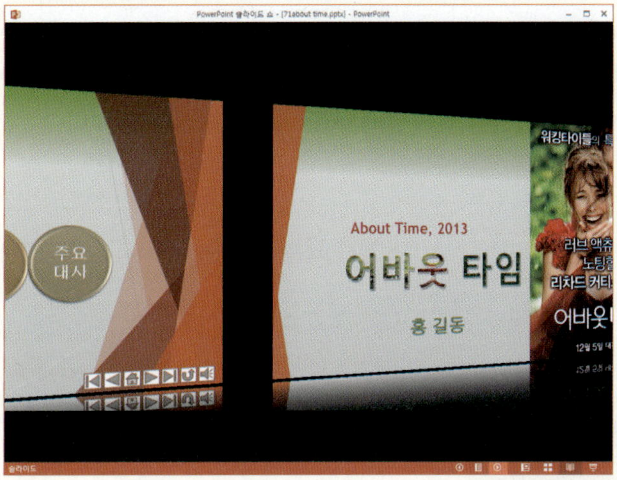

⑥ 방향 같은 부분적인 속성을 변경하는 **[효과 옵션]**을 〈왼쪽에서〉로 변경하였다. 〈왼쪽에서〉는 〈오른쪽으로〉와 같은 의미이다. 일반적으로 전환 효과의 방향은 오른쪽에서 왼쪽으로, 아래쪽에서 위쪽으로 전환하는 것이 바람직하다.

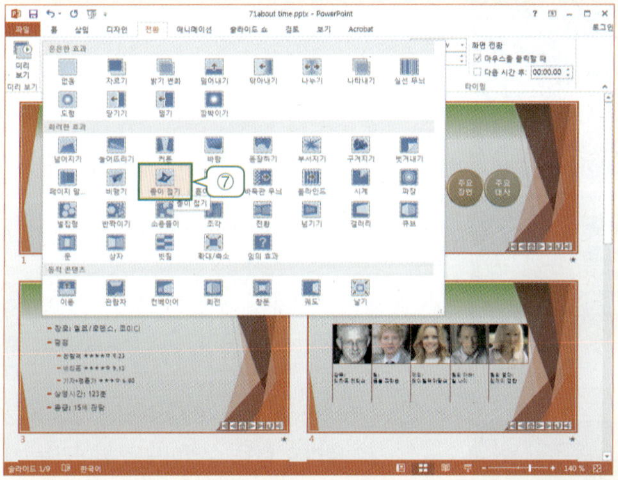

⑦ **[슬라이드 화면 전환]**에서 〈종이 접기〉를 선택하고, **[효과옵션]**은 〈왼쪽으로〉, **[소리]**는 〈요술봉〉으로 선택한다.

⑧ 프레젠테이션의 대상이 아이들이고 재미있는 내용을 전달한다면 다음 슬라이드로 넘어갈 때 지루하지 않도록 설정하여야 한다.

2 화면 전환 타이밍

전환 타이밍은 프레젠테이션의 내용에 따라 다르게 설정한다. 반복하여 보여주는 구인광고 프레젠테이션이거나 또는 옥외 홍보용 프레젠테이션이라면 **[전환]** 탭의 **[다음시간 후]**에 시간을 입력하여 자동으로 화면이 전환되도록 설정한다.

Tip 청중 앞에서 하는 프레젠테이션은 슬라이드에서 설명하는 시간을 예측하였다가 낭패를 볼 수 있기에 [다음시간 후]를 체크하지 말고, [마우스를 클릭할 때]만 체크하여야 한다.

① 〈송도국제도시〉 프레젠테이션의 모든 슬라이드에 대하여, 화면 전환 효과를 〈커튼〉으로 선택하고, **[소리]**는 〈금전등록기〉로 선택한다.

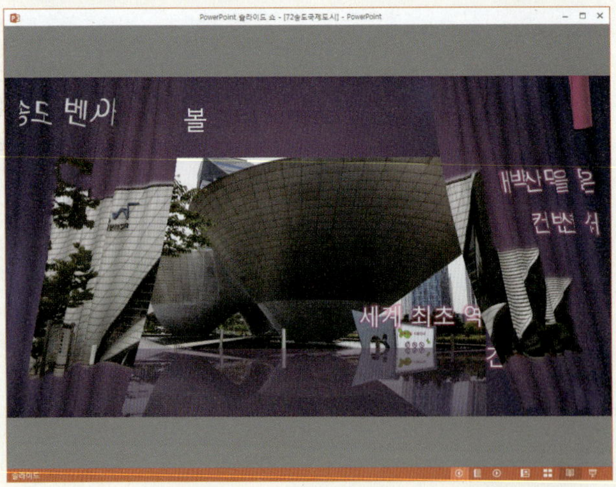

② **[타이밍] [기간]**이 〈6초〉로 되어 있어 커튼이 열리고 다음 슬라이드로 넘어가는 시간이 늦게 느껴진다. **[기간]**에 '3'을 입력하면 더욱 빠르게 화면 전환이 된다.

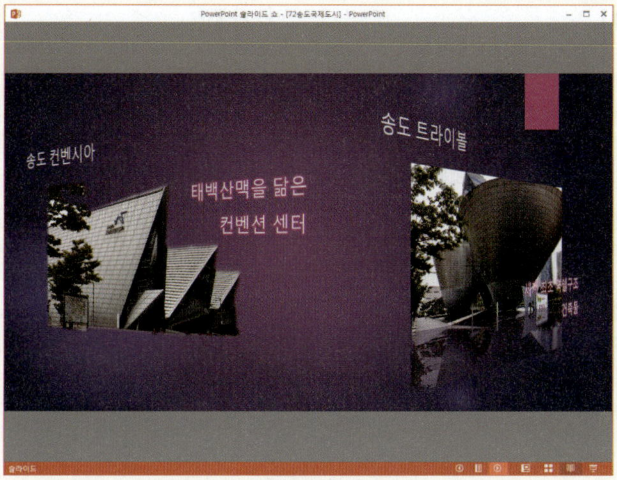

③ 화면 전환 효과를 〈회전〉으로 선택하고, [다음 시간 후]에 '5'를 입력하여 5초마다 자동으로 화면 전환하는 효과를 선택할 수 있다.

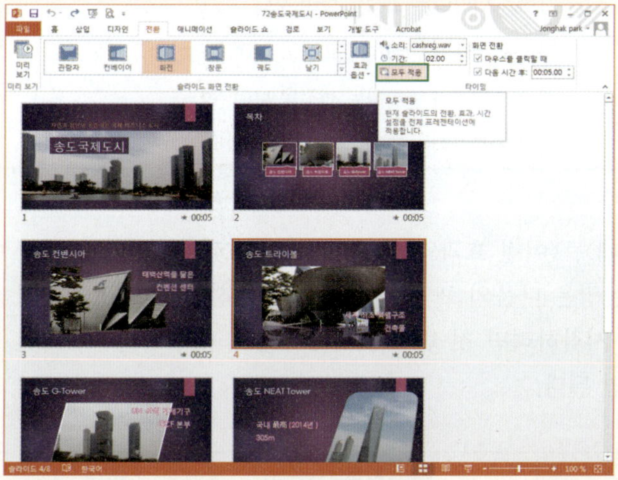

④ 현재 슬라이드에 적용한 전환 효과가 마음에 들 때는 **[모두 적용]**을 선택하여 현재 슬라이드의 전환 효과, 소리, 시간 등 전환 설정을 모든 슬라이드에 적용한다.

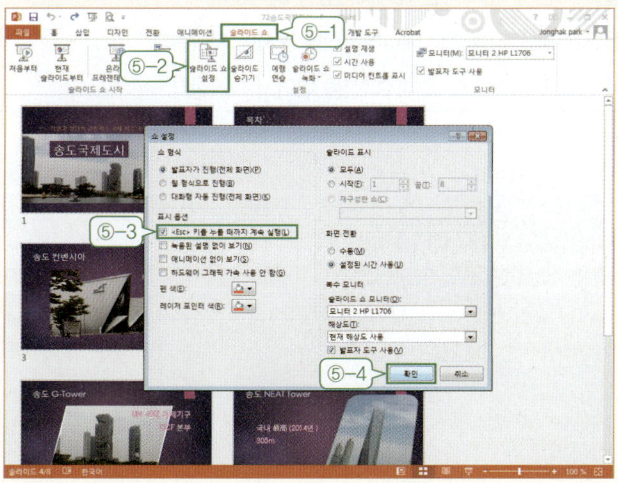

⑤ 슬라이드 쇼에서 마지막 슬라이드 다음에 처음 슬라이드로 반복하게 하려면 **[슬라이드 쇼]** 탭의 **[슬라이드 쇼 설정]**에서 **[〈Esc〉 키를 누를 때까지 계속 실행]**을 체크하면 된다.

SECTION 02 애니메이션 추가

애니메이션은 이제까지 살펴보았던 텍스트, 도형, 그림, 표와 차트 등의 자료들이 표현하려는 내용을 더욱 효과적으로 전달하기 위하여 그 개체들을 동적으로 보여 준다. 애니메이션은 슬라이드의 개체들이 나타나고, 강조하고, 이동하며, 사라지는 과정을 시간의 순서에 어우러져 표현할 수 있다.
애니메이션을 적용하려면 슬라이드에서 개체를 선택하고 **[나타내기]**, **[강조]**, **[이동 경로]**, **[끝내기]** 효과에서 애니메이션을 선택한다. 애니메이션은 어느 효과를 먼저 사용하여도 되고, 연속해서 사용하여도 된다. 애니메이션 효과는 다음의 표와 같다.

	표시 색	효과 전 슬라이드	애니메이션 효과
나타내기	초록	개체가 없다.	개체가 나타나는 과정을 보여 준다.
강조	노랑	개체가 있다.	개체의 형태가 변화하는 과정을 보여 준다
이동 경로	초록-빨강	개체가 있다.	개체의 위치가 변화하는 과정을 보여 준다
끝내기	빨강	개체가 있다.	개체가 사라지는 과정을 보여 준다

적용한 애니메이션의 시작 방법은 〈클릭할 때〉, 〈이전 효과와 함께〉, 〈이전 효과 다음에〉 중에서 반드시 하나를 선택하여야 하며, 시작지점의 설명은 다음의 표와 같다. 애니메이션이 적용된 개체의 슬라이드가 나타날 때 자동으로 애니메이션을 시작하려면 첫 번째 애니메이션의 시작 방법을 〈이전 효과와 함께〉나 〈이전 효과 다음에〉로 선택하면 된다.

시작 방법	시작 시점
클릭할 때	이전의 애니메이션을 시작한 후 클릭하면 애니메이션을 시작한다.
이전 효과와 함께	이전의 애니메이션을 시작하면 자동으로 애니메이션을 동시에 시작한다.
이전 효과 다음에	이전의 애니메이션을 마치면 자동으로 애니메이션을 이어서 시작한다.

① 새 슬라이드를 추가하여 〈빈 화면〉 레이아웃으로 설정한다. 오른쪽 마우스로 **[배경 서식]**을 선택하고, **[배경 서식]** 창의 〈채우기〉에서 **[그림 또는 질감 채우기]**를 선택하고, **[파일]**에서 배경으로 바다를 채운다.

② 〈꽃게〉 프레젠테이션에 **[삽입]** **[그림]**으로 꽃게 4마리를 추가하고 각각 다르게 나타나는 모습을 애니메이션으로 적용하여 보자.

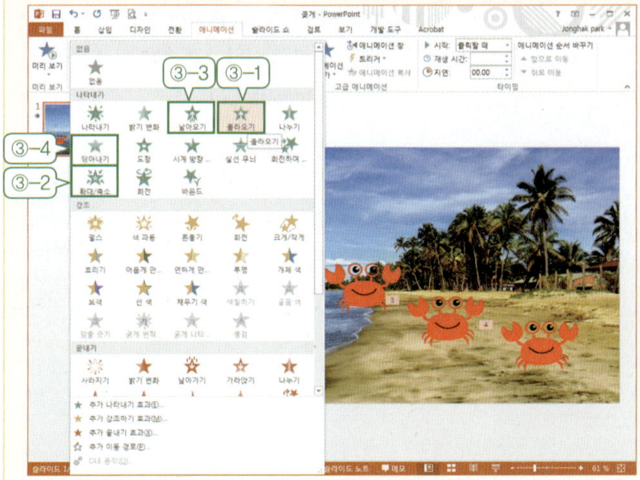

③ 첫째 꽃게를 선택하고 **[애니메이션]** 효과에서 초록색 **[나타내기]** 그룹의 〈올라오기〉를 선택한다. 둘째는 〈확대/축소〉, 셋째는 〈날아오기〉, 넷째는 〈닦아내기〉를 각각 선택한다.

④ [읽기용 보기]에서 클릭할 때마다 꽃게가 하나씩 나타난다. 클릭하면 첫째가 바닷속에서 올라오는 애니메이션으로 나타나고, 또 클릭하면 둘째가 멀리서 다가오는 애니메이션으로 나타난다.

⑤ 세 번째 클릭하면 셋째가 아래에서 기어오는 애니메이션으로 나타나고, 또 클릭하면 넷째가 모래에 숨어있다가 밖으로 나오는 애니메이션으로 나타난다.

⑥ [애니메이션 창]을 클릭하면 오른쪽에 애니메이션 창이 나타나고, 창에는 4개의 애니메이션 목록이 있다.

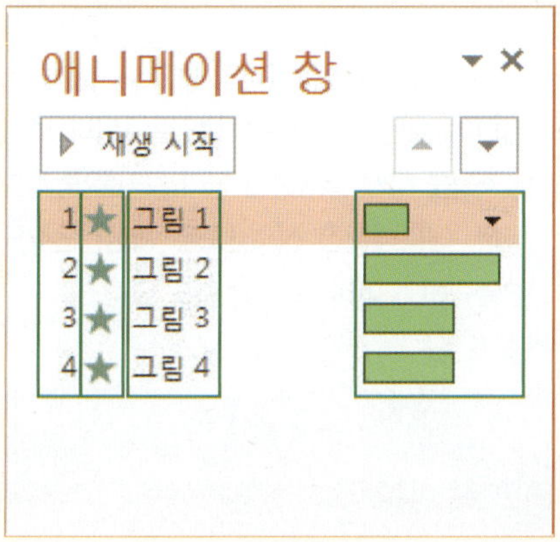

⑦ 처음의 숫자는 클릭의 순서를 의미한다. 이 슬라이드는 1~4번째의 클릭에 따라 각각의 애니메이션이 보일 것이고, 5번째 클릭에 다음 슬라이드로 넘어가게 된다. 그다음의 초록색 별은 애니메이션이 [나타내기] 그룹인 것을 나타낸다. 다음의 〈그림1〉~〈그림4〉는 애니메이션 개체를 의미하고, 마지막 초록색 막대는 애니메이션의 재생 시간을 나타낸다.

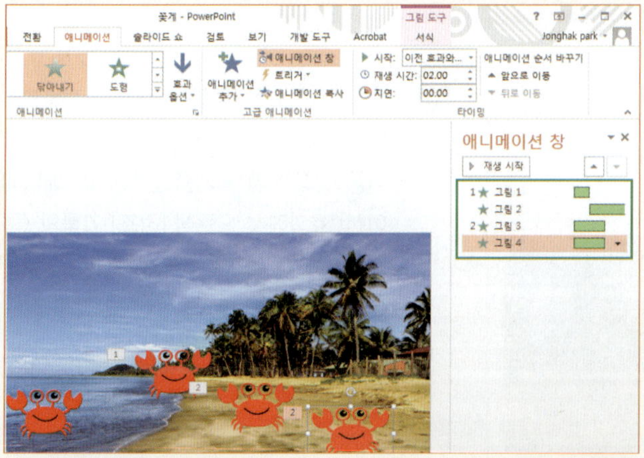

⑧ [애니메이션 창]의 〈그림2〉를 선택하고, [시작]을 〈이전 효과 다음에〉, [재생 시간]을 '3'으로 입력한다. 〈그림4〉를 선택하고, [시작]을 〈이전 효과와 함께〉, [재생 시간]을 '2'로 입력한다. [애니메이션 창]의 〈그림2〉와 〈그림4〉는 시작 시점이 〈클릭할 때〉가 아니므로 클릭하는 숫자가 사라졌다.

⑨ [읽기용 보기 📖]에서 첫 번째 클릭에 〈그림1〉이 나타나고, 이어서 〈그림2〉가 클릭 없이 나타난다. 또한, 두 번째 클릭에 〈그림3〉과 〈그림4〉가 함께 나타나는 것을 시간 막대로 알 수 있다.

⑩ 애니메이션이 예상한 대로 수행하는지 [애니메이션] 탭의 [미리 보기]를 클릭하여 확인할 수 있다. 변경된 [미리 보기]를 다시 클릭하면 미리 보기를 중지한다. 애니메이션 창의 [모두 재생] 단추를 클릭하여 미리 보기 할 수도 있다.

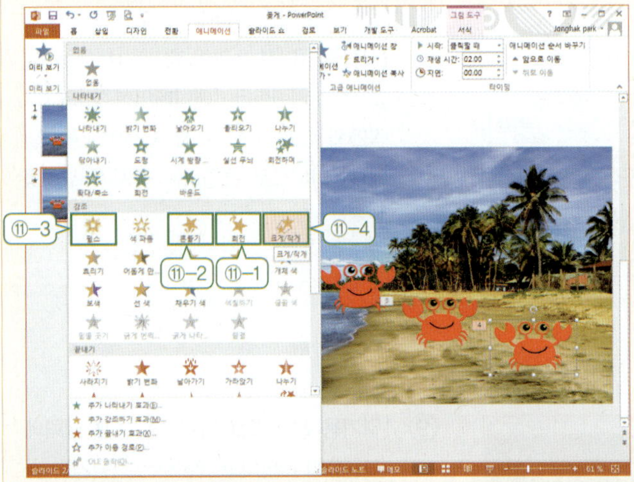

⑪ 1번 슬라이드를 [중복 슬라이드]로 복제하여 2번 슬라이드에서 [강조] 애니메이션을 적용하자. 첫째 꽃게를 선택하고 [애니메이션] 효과에서 노란색 [강조] 그룹의 〈회전〉을 선택한다. 둘째는 〈흔들기〉, 셋째는 〈펄스〉, 넷째는 〈크게/작게〉를 각각 선택한다.

⑫ [읽기용 보기]에서 클릭할 때마다 꽃게가 하나씩 형태가 변화하는 과정을 보여 준다. 클릭하면 첫째가 한 바퀴 돌고, 또 클릭하면 둘째가 흔들면서 인사하고, 셋째는 반짝하고, 넷째는 커지는 애니메이션을 보여 준다.

⑬ 4가지 애니메이션을 동시에 보여주도록 설정을 바꿔보자. 〈그림2〉~〈그림4〉의 애니메이션 목록을 선택하고, **[시작]**을 〈이전 효과와 함께〉로 선택한다.

⑭ 이 슬라이드는 모두 노란색 **[강조]** 애니메이션이고, 한 번의 클릭에 모든 애니메이션이 동시에 실행되는 것을 **[애니메이션 창]**의 목록으로 알 수 있다.

⑮ **[읽기용 보기]**에서 한 번의 클릭으로 4개의 강조 애니메이션을 동시에 보여 준다.

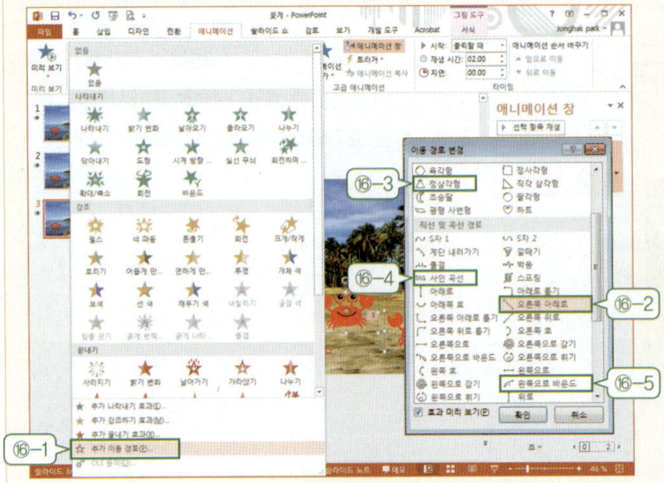

⑯ 2번 슬라이드를 [중복 슬라이드]로 복제하여 3번 슬라이드에서 [이동 경로] 애니메이션을 적용하자.
첫째 꽃게를 선택하고 [애니메이션]의 맨 아래 [추가 이동 경로] 대화상자에서 〈오른쪽 아래로〉를 선택한다. 둘째는 〈정삼각형〉, 셋째는 〈사인 곡선〉, 넷째는 〈왼쪽으로 바운드〉를 각각 선택한다.

⑰ 이동 경로 애니메이션을 선택하면 이동하려는 위치에 개체를 흐리게 보여 준다. 넷째가 〈왼쪽으로 바운드〉 이동 후 슬라이드 밖으로 이동하는 것을 알 수 있다.

⑱ 이동 경로를 수정하려면 크기 조절 핸들을 사용한다. 넷째의 이동 경로 개체 왼쪽 아래 크기 조절 핸들을 클릭하여 슬라이드 안으로 드래그한다.

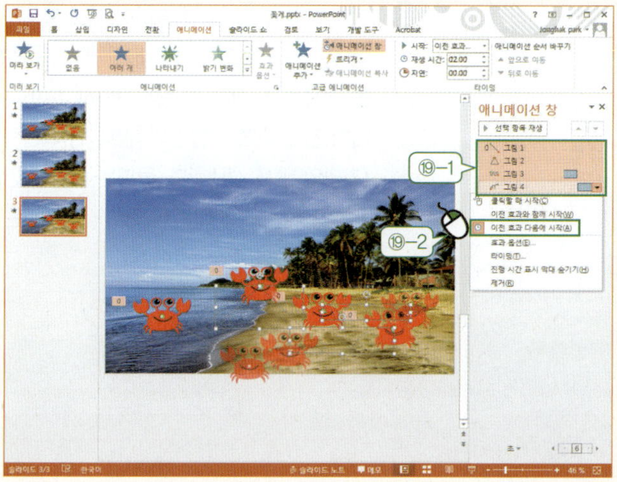

⑲ 4가지 애니메이션을 클릭 없이 순서대로 보여주도록 설정을 바꿔보자. 애니메이션 목록을 모두 선택하고, 오른쪽 마우스로 〈이전 효과 다음에 시작〉을 선택한다. 목록에서 모두 선택은 〈그림1〉을 선택하고 Shift 를 누른 상태에서 〈그림4〉를 선택한다.

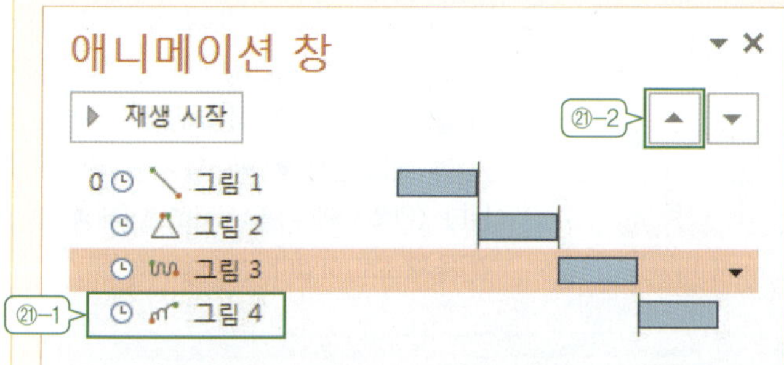

⑳ 이 슬라이드의 애니메이션은 모두 초록에서 빨강으로 이동하는 경로 애니메이션이고, 모든 애니메이션이 클릭 없이 순서대로 실행되는 것을 **[애니메이션 창]**의 목록으로 알 수 있다.

㉑ **[애니메이션 창]**의 목록에서 〈그림4〉를 선택하고 앞으로 이동 ▲ 을 클릭하면, 애니메이션의 순서가 바뀌어 〈그림4〉 애니메이션을 먼저 실행하고 〈그림3〉 애니메이션을 뒤에 보여 준다.(〈그림 3〉을 선택하고 뒤로 이동 ▼ 을 클릭하여도 같은 결과이다.)

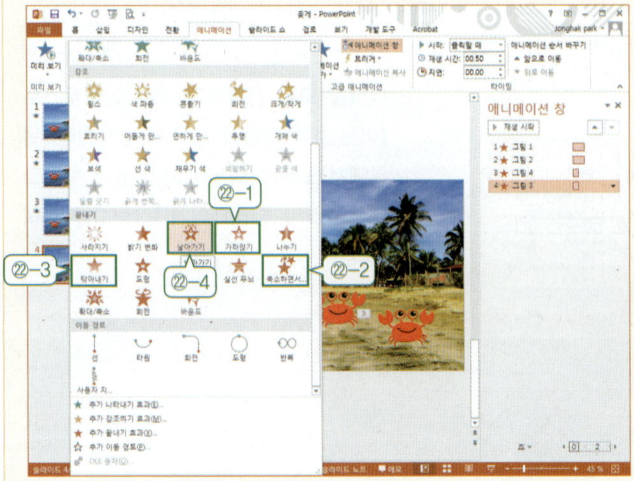

㉒ 3번 슬라이드를 **[중복 슬라이드]**로 복제하여 4번 슬라이드에서 **[끝내기]** 애니메이션을 적용하자. 첫째 꽃게를 선택하고 **[애니메이션]** 효과에서 빨간색 **[끝내기]** 그룹의 〈가라앉기〉를 선택한다. 둘째는 〈축소하면서 회전하기〉, 넷째는 〈닦아내기〉, 셋째는 〈날아가기〉를 각각 선택한다.

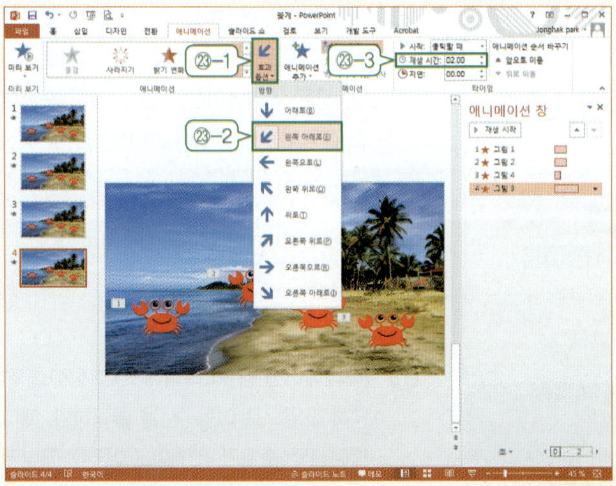

㉓ **[애니메이션 창]**의 순서대로 〈그림4〉 애니메이션이 〈그림3〉 애니메이션보다 먼저 실행된다. 〈그림3〉 애니메이션 〈날아가기〉의 **[효과 옵션 ▼]**에는 많은 방향이 있는데, 〈왼쪽 아래로〉를 선택하고, **[재생 시간]**을 '2'초로 하였다.

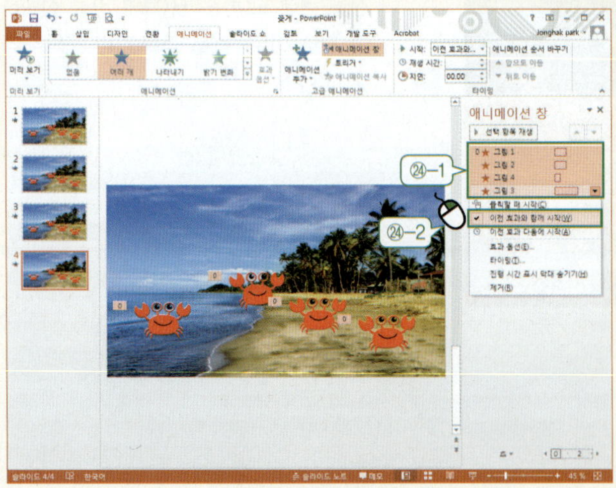

㉔ 4가지 애니메이션을 클릭 없이 동시에 보여주도록 설정을 바꿔보자. 애니메이션 목록을 모두 선택하고, 오른쪽 마우스로 〈이전 효과와 함께 시작〉을 선택한다.

㉕ 꽃게들이 모두 동시에 사라지고 다시 조용한 바다가 되었다.

[애니메이션 창]의 목록에 따라 슬라이드에서 실행되는 애니메이션 효과를 확인하고, [효과 옵션]과 [타이밍]을 수정하여 다시 적용된 애니메이션을 확인하는 과정으로 애니메이션을 만들어 나간다. 다음의 표는 꽃게들에 적용된 애니메이션을 정리하였다.

꽃게	효과 그룹	적용 효과	애니메이션
첫째	나타나기	〈올라오기〉	바닷속에서 올라오며 나타나는
	강조	〈회전〉	한 바퀴 돌고
	이동 경로	〈오른쪽 아래로〉	모래로 이동하는
	끝내기	〈가라앉기〉	바닷속으로 가라앉아 사라지는
둘째	나타나기	〈확대/축소〉	멀리서 다가오며 나타나는
	강조	〈흔들기〉	흔들면서 인사하고
	이동 경로	〈정삼각형〉	그림 그리며 놀고 있는
	끝내기	〈축소하면서 회전하기〉	멀리 축소하며 사라지는
셋째	나타나기	〈날아오기〉	아래에서 기어오며 나타나는
	강조	〈펄스〉	반짝하고
	이동 경로	〈사인 곡선〉	옆으로 기어가는
	끝내기	〈날아가기〉	바다로 이동하며 사라지는
넷째	나타나기	〈닦아내기〉	모래 속에서 나타나는
	강조	〈크게/작게〉	키가 크는
	이동 경로	〈왼쪽으로 바운드〉	왼쪽으로 점프하는
	끝내기	〈닦아내기〉	모래 속으로 숨으며 사라지는

SECTION 03 연속 애니메이션

슬라이드의 꽃게에 〈올라오기〉 애니메이션에 이어서, 한 바퀴 〈회전〉하는 애니메이션을 실행하려는데, 두 번째 〈회전〉 애니메이션을 **[애니메이션 ▼]**에서 선택하였다면, 첫 번째 〈올라오기〉 애니메이션이 없어지고 〈회전〉 애니메이션으로 변경하는 예상하지 못한 결과가 나타나게 될 것이다. 같은 개체에 연속적으로 애니메이션을 적용하려면 첫 번째와는 다르게 두 번째 이후의 애니메이션은 **[애니메이션 추가 ▼]**에서 선택하여야 한다.

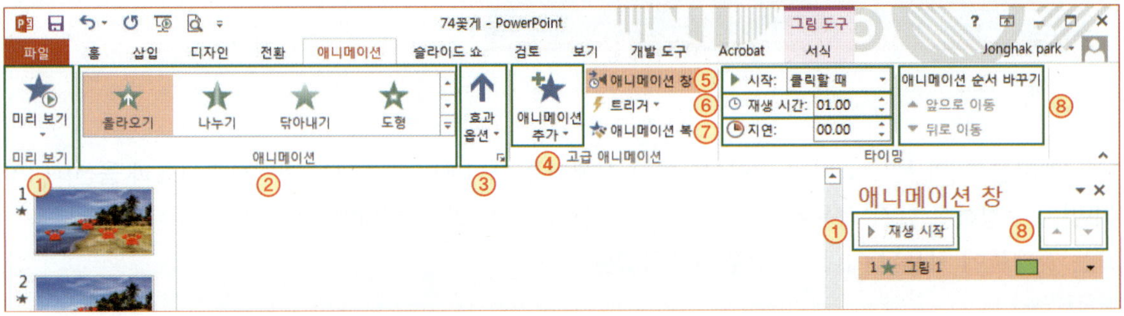

① **미리 보기**: 슬라이드에 적용한 애니메이션 효과를 미리 확인할 수 있다. **[애니메이션 창]**의 **[재생 시작]**은 애니메이션을 선택하여 확인할 수도 있다

② **애니메이션**: 〈나타내기〉, 〈강조〉, 〈이동 경로〉, 〈끝내기〉 그룹에서 효과를 선택하여 애니메이션을 적용한다. 아래의 **[추가 효과]**에는 더 많은 효과들이 있다.

③ **효과 옵션**: 현재 적용된 애니메이션 효과에서 다르게 보일 수 있는 옵션을 보여 준다. 주로 방향과 애니메이션 적용 시퀀스를 선택할 수 있다.

④ **애니메이션 추가**: 같은 개체에 연속적으로 애니메이션을 적용하려면 첫 번째와는 다르게 두 번째 이후의 애니메이션은 **[애니메이션 추가]**에서 선택하여야 한다.

⑤ **시작**: 애니메이션을 시작하는 시점을 〈클릭할 때〉, 〈이전 효과와 함께〉, 〈이전 효과 다음에〉 3가지에서 선택한다.

⑥ **재생 시간**: 애니메이션을 보여주는 재생 속도를 선택한다. 오른쪽 마우스 메뉴 **[타이밍]**을 클릭하여 여러 단계에서 선택할 수도 있다.

⑦ **지연**: 애니메이션을 적용한 개체가 애니메이션을 시작하는 시점으로부터 몇 초 뒤에 시작하도록 시간을 초 단위로 입력한다.

⑧ **애니메이션 순서**: 애니메이션 창에 있는 애니메이션의 목록에서 실행되는 순서를 변경할 수 있다.

1 애니메이션: 꽃게

하나의 개체에 애니메이션 효과를 연속하여 적용하여 보자. 꽃게가 바닷속에서 올라와서 한 바퀴 돌고 모래로 기어가서 모래 속에 숨었다가 나타나서 게걸음으로 이동하고, 바다로 점프하여 가라앉는 애니메이션을 만들어 보자.

꽃게에 애니메이션을 적용하는 스토리를 작성한다. 애니메이션은 자동으로 이어서(이전 효과 다음에) 또는 동시에(이전 효과와 함께) 클릭 없이 실행될 것이고, 필요하면 **[재생 시간]**과 **[지연]**을 사용하여 빠르게, 중간, 느리게 실행되는 시간을 조절할 것이다.

순서	효과 그룹	애니메이션 효과	재생 시간
1	나타나기	〈올라오기〉 바닷속에서 올라오며 나타나는	빠르게
2	강조	〈회전〉 한 바퀴 돌고	2초 쉬고, 빠르게, 2회 반복
3	이동 경로	〈오른쪽 아래로〉 바다에서 모래로 이동하는	중간 속도
4	강조	〈흔들기〉 흔들면서 인사하고	이전 효과와 함께, 빠르게, 슬라이드 끝날 때까지 반복
5	끝내기	〈닦아내기〉 모래 속으로 사라지는 [효과 옵션]에서 위로	2초 쉬고, 매우 빠르게
6	나타나기	〈닦아내기〉 모래 속에서 나타나는 [효과 옵션]에서 아래로	1초 쉬고, 느리게
7	이동 경로	〈정삼각형〉 그림 그리며 놀고 있는	1초 쉬고, 느리게, 경로 개체 이동
8	이동 경로	〈사인 곡선〉 옆으로 기어가는	중간 속도, 경로 개체 이동
9	강조	〈크게/작게〉 움츠려 들었다가 [효과 옵션]에서 작게 50%	1초 쉬고, 중간 속도
10	강조	〈펄스〉 반짝하고	이전 효과와 함께, 5회 반복
11	강조	〈크게/작게〉 활짝 펴지면서 [효과 옵션]에서 크게 200%	빠르게
12	이동 경로	〈오른쪽으로 바운드〉 왼쪽으로 점프하는 [효과 옵션]에서 경로 방향 바꾸기	이전 효과와 함께,
13	끝내기	〈가라앉기〉 바닷속으로 가라앉아 사라지는	중간 속도

① 새 슬라이드를 〈빈 화면〉 레이아웃으로 추가하고, 슬라이드에 [삽입] [그림]으로 꽃게를 추가한다.
[배경 서식] 창의 [그림 또는 질감 채우기] [파일]에서 배경을 바다로 채운다.

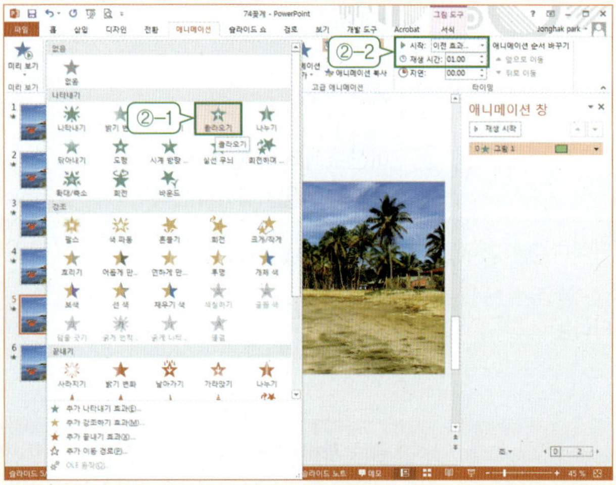

② 1. 꽃게를 선택하고 [애니메이션 ▼]에서 〈나타내기/ 올라오기〉를 선택한다.
[시작]은 〈이전 효과 다음에〉를 선택, [재생 시간]은 〈1초(빠르게)〉를 확인한다.

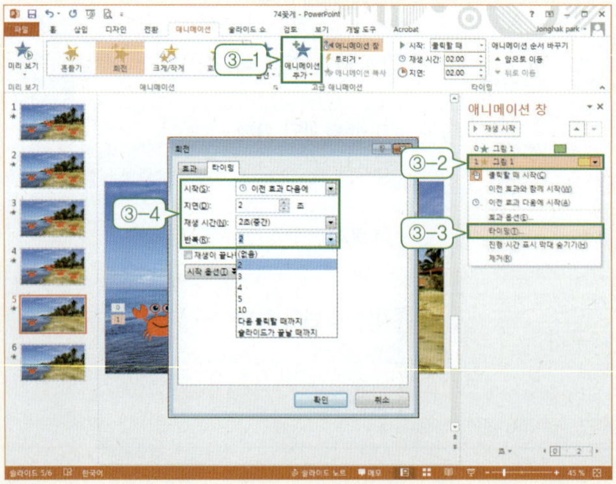

③ 2. [애니메이션 추가 ▼]에서 〈강조/ 회전〉을 선택한다.
[애니메이션 창]의 〈그림1〉에서 오른쪽 마우스로 [타이밍]을 클릭한다. [시작]은 〈이전 효과 다음에〉, 지연 '2'초, [재생 시간]은 〈2초(중간)〉, [반복] 〈2〉회를 선택한다.

④ 3. **[애니메이션 추가 ▼]**에서 〈이동 경로/ 타원〉을 선택하고, 이동 경로 크기 조절 핸들의 오른쪽 아래를 클릭하여 모래 쪽으로 드래그한다.
[시작]은 〈이전 효과 다음에〉, **[재생 시간]**은 '2'초를 선택한다.

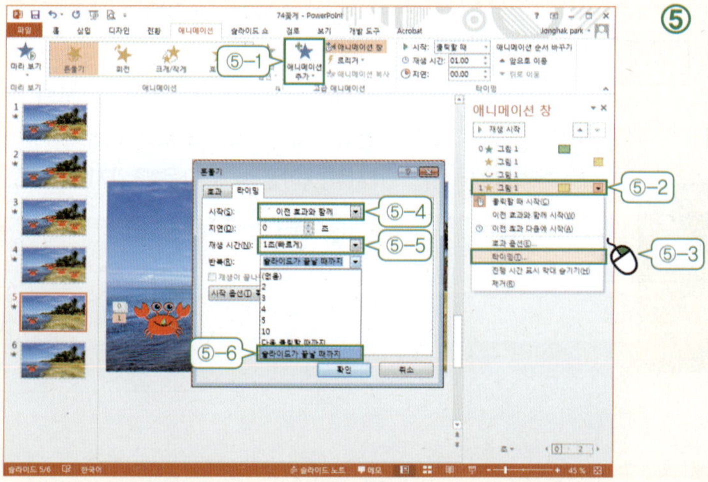

⑤ **[애니메이션 추가 ▼]**에서 〈강조/ 흔들기〉를 선택하고, **[애니메이션 창]**에서 오른쪽 마우스로 **[타이밍]**을 클릭한다.
[시작]은 〈이전 효과와 함께〉, **[재생 시간]**은 〈빠르게〉를, **[반복]**은 〈슬라이드가 끝날 때까지〉를 선택한다.

⑥ **[읽기용 보기 📖]**에서 이제까지 만들어진 애니메이션이 예상한 대로 실행되는지 확인한다.

⑦ 4. [애니메이션 추가 ▼]에서 〈끝내기/ 닦아내기〉를 선택한다.
[시작] 〈이전 효과 다음에〉, [지연] '2'초, [재생 시간] 〈0.5초(매우 빠르게)〉를 입력한다.

⑧ 5. [애니메이션 추가 ▼]에서 〈나타내기/ 닦아내기〉를 선택한다. [효과 옵션]은 〈위에서〉를 선택하여 모래 속에서 위부터 천천히 나타나는 모습을 보여 준다.
[시작] 〈이전 효과 다음에〉, [지연] '1'초, [재생 시간] 〈2초(중간)〉를 입력한다.

⑨ 6. [애니메이션 추가 ▼]에서 〈이동 경로/ 도형〉을 선택한다. [효과 옵션]은 〈정삼각형〉을 선택하여 모래 위에서 천천히 놀고 있는 모습을 보여 준다.
[시작] 〈이전 효과 다음에〉, [지연] '1'초, [재생 시간] 〈3초(느리게)〉를 입력한다.

⑩ **[미리 보기]**에서 애니메이션을 확인하였더니, 삼각형의 출발점이 바다의 현재 위치가 되어 출발점을 모래로 변경하여야 한다. 이동 경로 개체를 클릭하여 오른쪽으로 수평 이동한다.

⑪ 7. **[애니메이션 추가 ▼]**에서 〈추가 이동 경로〉, 〈사인 곡선〉을 선택한다.
[시작] 〈이전 효과 다음에〉, **[지연]** '1'초, **[재생 시간]** 〈2초(중간)〉를 입력한다.

⑫ 그리고, 이동 경로 개체를 클릭하여 사인 곡선의 출발점을 오른쪽 모래로 수평 이동하고 애니메이션을 **[미리 보기]**로 확인한다.(슬라이드를 복제하여 현재까지 애니메이션을 백업하는 것은 꼭 필요한 습관이다.)

⑬ 8. **[애니메이션 추가 ▼]**에서 〈강조/ 크게/ 작게〉를 선택한다. **[효과 옵션]**은 〈작게〉를 선택한다.
[시작] 〈이전 효과 다음에〉, **[지연]** '1'초로, 한다.

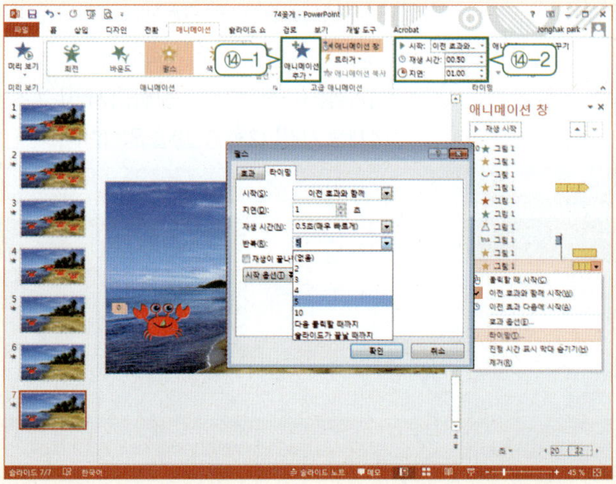

⑭ **[애니메이션 추가 ▼]**에서 〈강조/ 펄스〉를 선택한다.
[시작] 〈이전 효과와 함께〉, **[지연]** '1'초로, **[재생 시간]** 〈0.5초(매우 빠르게)〉를, **[반복]**은 〈5〉회를 입력한다.

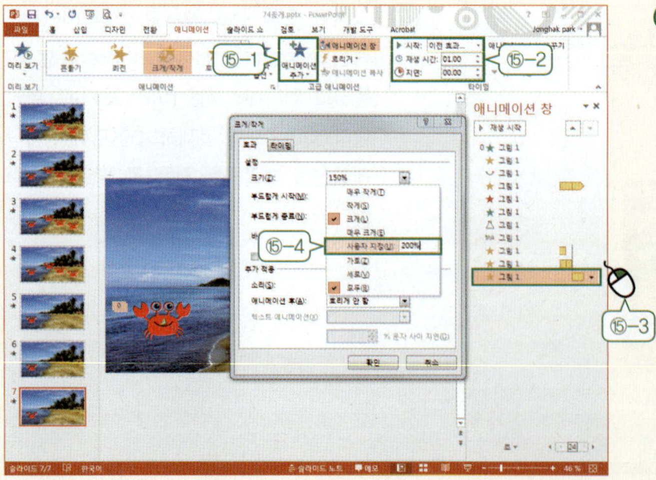

⑮ 9. **[애니메이션 추가 ▼]**에서 〈강조/ 크게/ 작게〉를 선택한다.
[시작]은 〈이전 효과 다음에〉를 선택, **[재생 시간]**은 〈1초(빠르게)〉를 입력한다. **[애니메이션 창]**에서 추가한 애니메이션의 오른쪽 마우스 메뉴 **[효과 옵션]**에서 **[크기]**를 〈사용자 지정〉 '200%'로 입력한다.

⑯ [애니메이션 추가 ▼]에서 [추가 이동 경로]의 〈오른쪽으로 바운드〉를 선택하고, [효과 옵션]은 〈경로 방향 바꾸기〉를 선택하여 점점 더 많이 뛰는 형태로 변경한다. [시작]은 〈이전 효과와 함께〉를 선택한다.

⑰ 10. [애니메이션 추가 ▼]에서 〈끝내기/ 가라앉기〉를 선택하고, [시작]은 〈이전 효과 다음에〉를 선택한다.

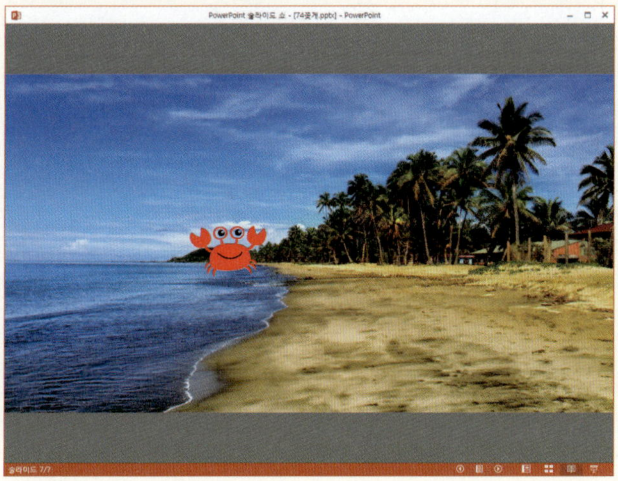

⑱ 마지막으로 [읽기용 보기 📖]에서 전체 애니메이션과 [효과 옵션], [타이밍]을 확인하고, 수정하여 다시 적용된 애니메이션을 확인하는 과정으로 애니메이션을 만들어 나간다.

2 애니메이션: 어바웃 타임

〈어바웃 타임〉 프레젠테이션의 〈표지〉 슬라이드에 개체들이 표현하려는 내용을 더욱 효과적으로 전달하도록 애니메이션을 적용하여 보자. 애니메이션은 프레젠테이션을 바라보는 청중들을 지루하지 않고 즐겁도록 개체들을 동적으로 보여 주어야 한다.

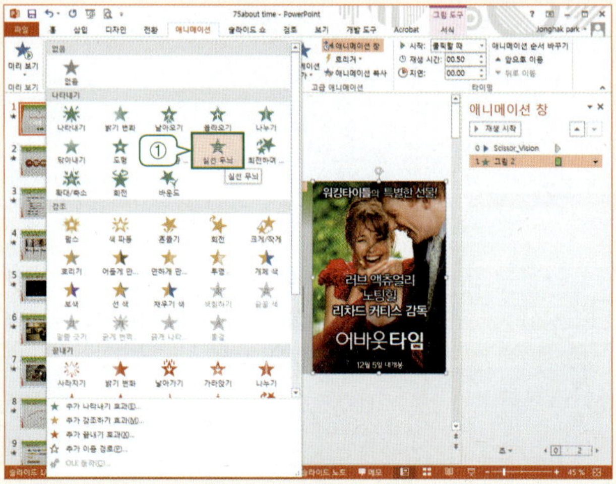

① [애니메이션 창]을 보면서 〈표지〉 슬라이드에 애니메이션을 적용하여 보자. 그림을 선택하고, [애니메이션 ▼] 효과에서 〈나타내기/ 실선 무늬〉를 선택한다.

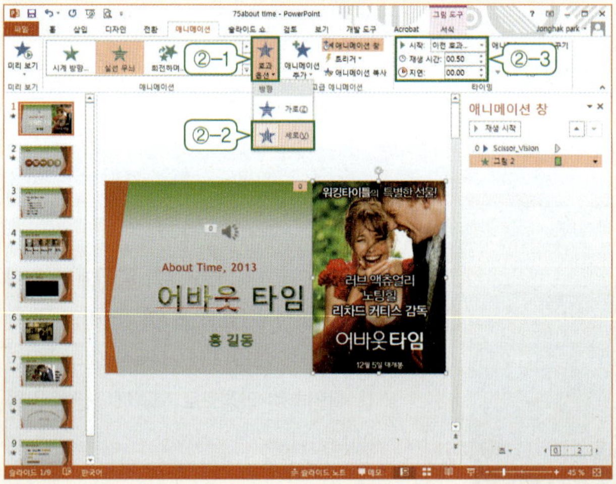

② [애니메이션 창]에서 〈그림 2〉를 선택하고, [효과 옵션]은 〈세로〉, [시작]은 〈이전 효과 다음에〉를 선택한다.

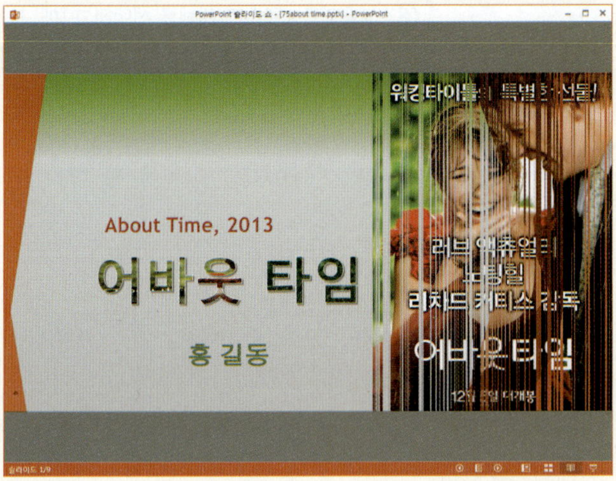

③ 슬라이드 쇼가 시작하면 클릭 없이 〈나타내기/ 세로 실선무늬〉의 애니메이션 효과가 나타난다.

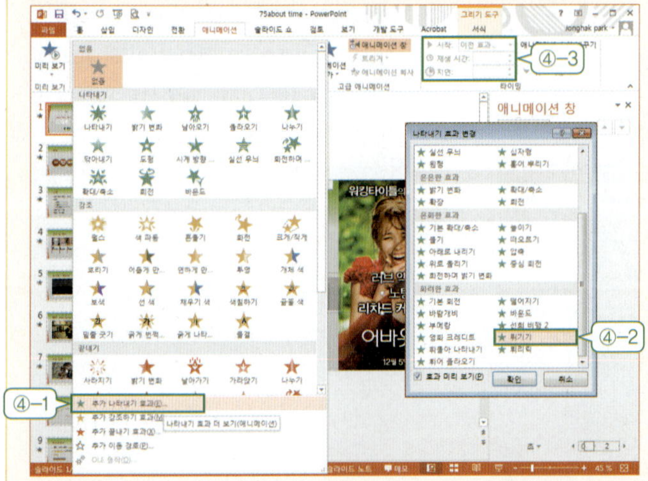

④ 〈어바웃 타임〉 개체 틀을 선택하고, **[애니메이션 ▼]**의 **[추가 나타내기 효과]** 에서 〈튀기기〉를, **[시작]**은 〈이전 효과 다음에〉를 선택한다.

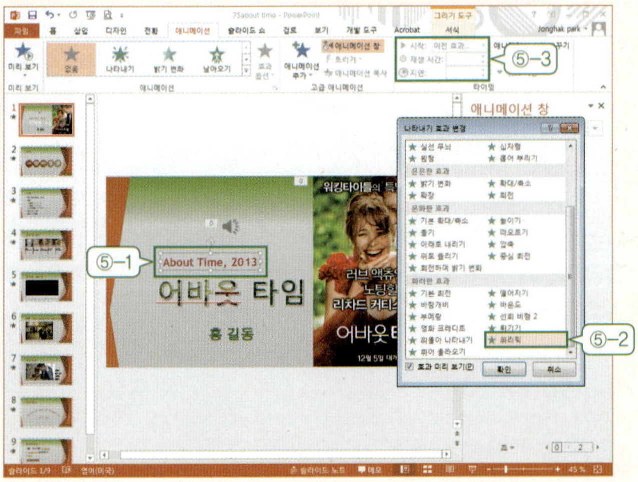

⑤ 〈About Time, 2013〉 개체 틀을 선택하고 **[애니메이션 ▼]**의 **[추가 나타내기 효과]** 에서 〈휘리릭〉을, **[시작]**은 〈이전 효과 다음에〉를 선택한다.

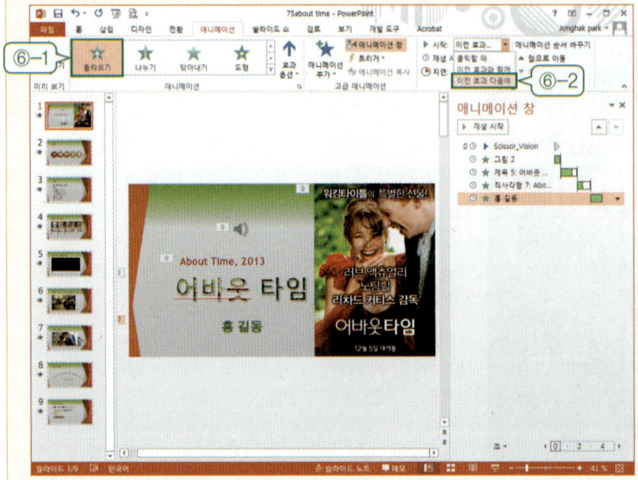

⑥ 〈홍길동〉 텍스트 개체를 선택하고 **[애니메이션 ▼]**의 〈나타내기/ 올라오기〉, **[시작]**은 〈이전 효과 다음에〉를 선택한다.

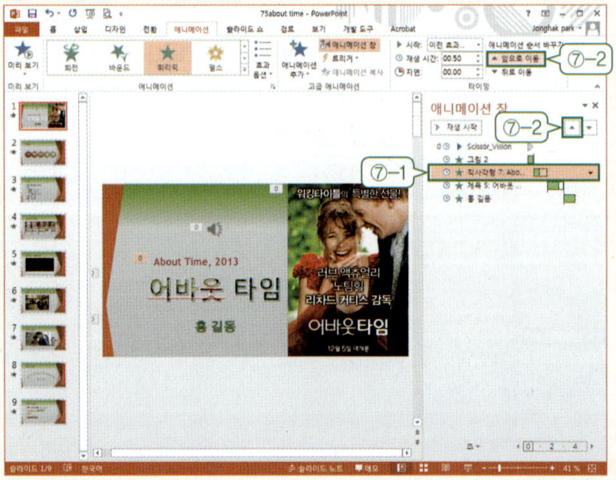

⑦ **[애니메이션 창]**의 목록에서 〈직사각형 7: About〉을 선택하고 앞으로 이동 [▲]하여, 〈제목 5: 어바웃〉 애니메이션의 앞으로 재생 순서가 바뀌게 된다.

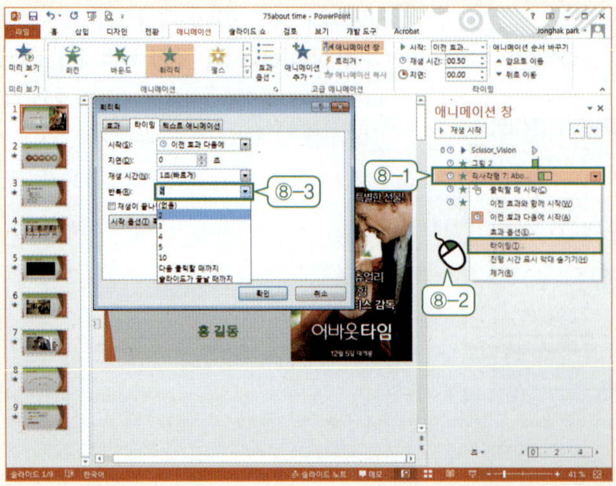

⑧ 〈직사각형 7: About〉에서 오른쪽 마우스로 **[타이밍]**을 클릭하고 **[반복]**을 〈2〉회로 변경한다.

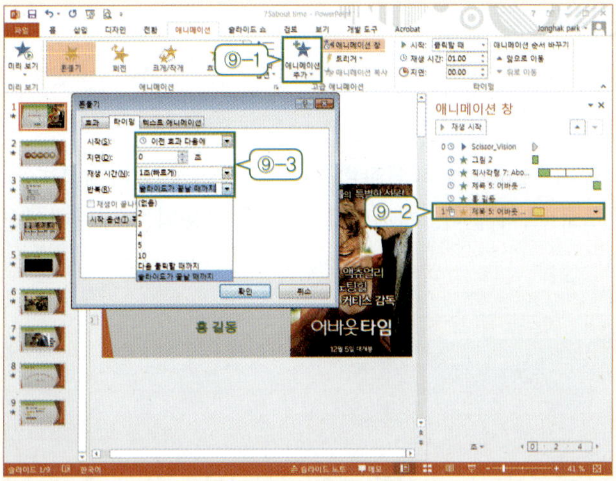

⑨ 〈어바웃 타임〉 텍스트를 선택하고, **[애니메이션 추가 ▼]**에서 〈강조/ 흔들기〉, 오른쪽 마우스로 **[타이밍]**을 클릭하여 **[시작]**은 〈이전 효과 다음에〉, **[반복]**은 〈슬라이드가 끝날 때까지〉로 선택한다.

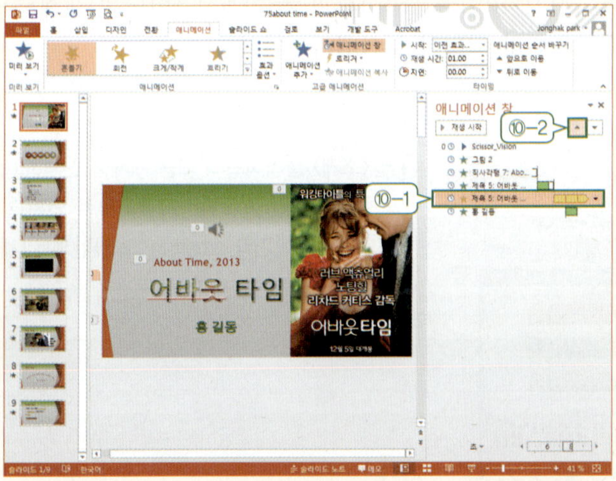

⑩ **[애니메이션 창]**의 목록에서 노란색 〈제목 5: 어바웃〉 애니메이션을 선택하고 순서를 앞으로 ▲ 이동하여, 초록색 〈제목 5: 어바웃〉 애니메이션의 다음에 실행되도록 한다.

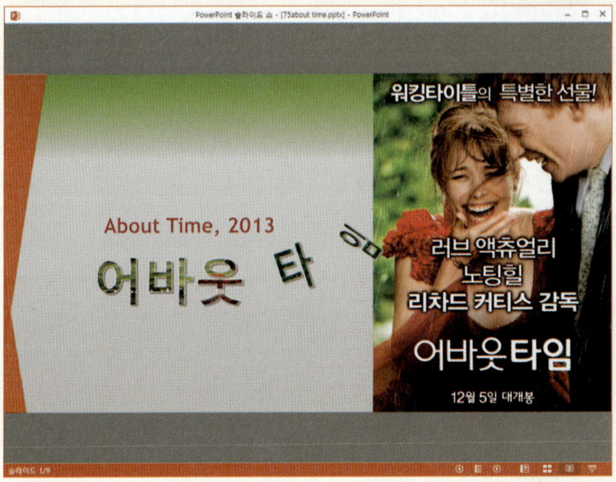

⑪ **[읽기용 보기 📖]**를 클릭하여 이제까지 적용된 애니메이션 효과를 확인한다. 〈표지〉 슬라이드는 다음 슬라이드로 넘어가기 전까지 BGM에 맞추어 〈어바웃 타임〉 글자를 〈흔들기〉하고 있다.

SECTION 04

개체별 애니메이션

텍스트, 도형, 스마트아트, 그림, 표와 차트 등의 자료들이 표현하려는 내용을 더욱 효과적으로 전달하기 위하여 애니메이션은 그 개체들을 동적으로 보여 준다. 개체별로 다르게 적용되는 애니메이션을 살펴보도록 하자.

1 스마트아트 애니메이션

스마트아트에 애니메이션을 추가하여 보자. 스마트아트는 작성할 때와 마찬가지로 한 번에 애니메이션을 적용할 수 있어서 편리하다. 스마트아트 애니메이션은 특히 **[효과 옵션]**에서 〈하나의 개체로〉와 〈개별적으로〉 옵션을 주의 깊게 살펴보고 내용에 따라 적절하게 선택하여야 한다.

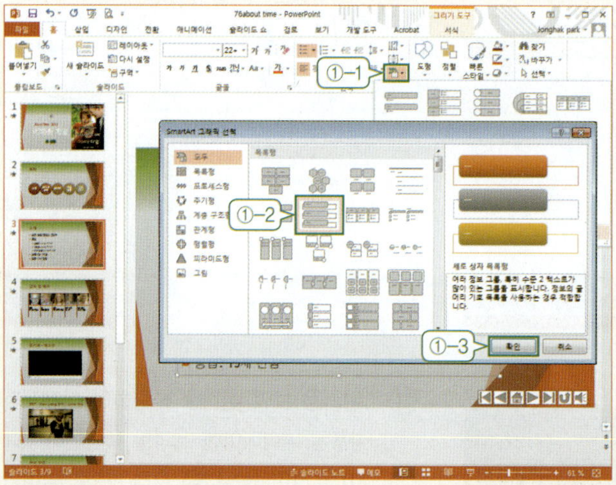

① 〈소개〉 슬라이드의 내용 개체를 선택하고, **[홈]** 탭의 **[SmartArt 그래픽으로 변환]**을 선택하여 **[기타 smartart 그래픽]**에서 **[세로상자 목록형]** 스마트아트로 변환한다.

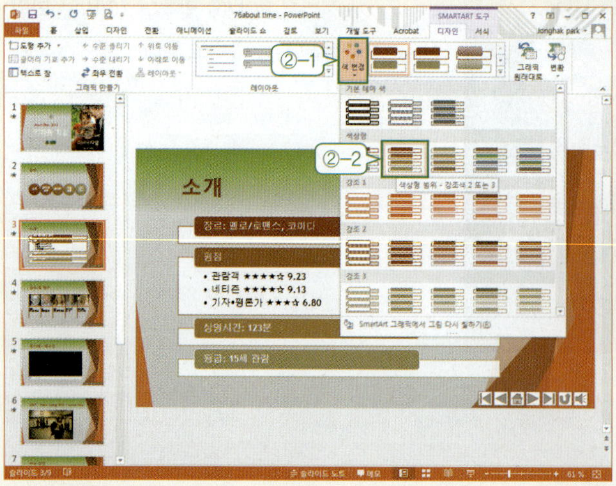

② **[SmartArt 도구/ 디자인]** 탭에서 **[색 변경 ▼]**의 〈색상형 범위 – 강조색 2 또는 3〉을 선택한다.

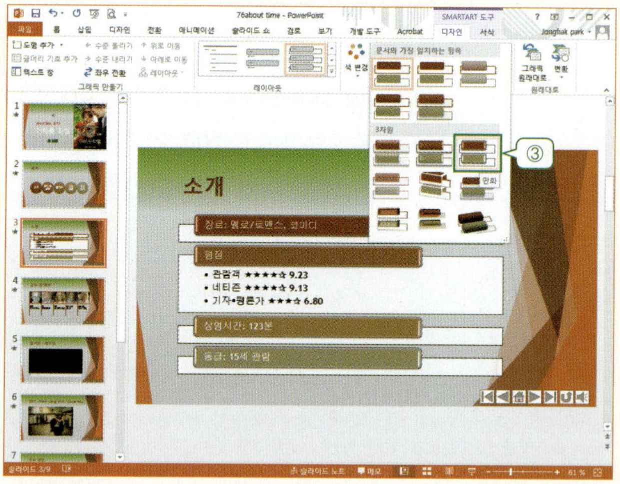

③ [SmartArt 스타일] 갤러리의 〈만화〉를 선택하여 입체효과를 적용한다.

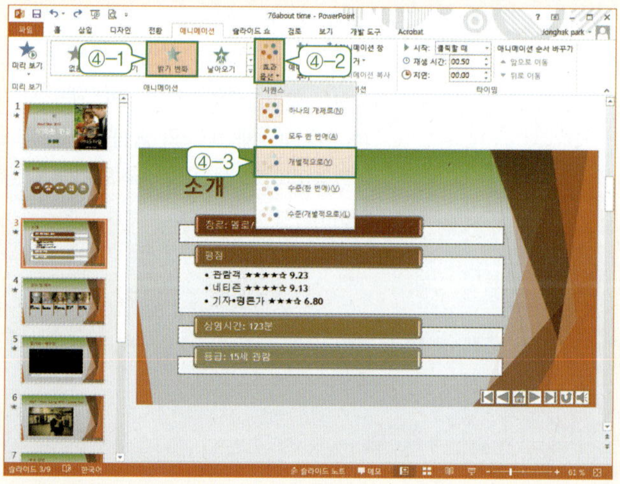

④ 〈소개〉 스마트아트에 애니메이션을 적용하여 보자.

[애니메이션 ▼]은 〈나타내기/ 밝기 변화〉, [효과 옵션]은 〈개별적으로〉를 선택한다.

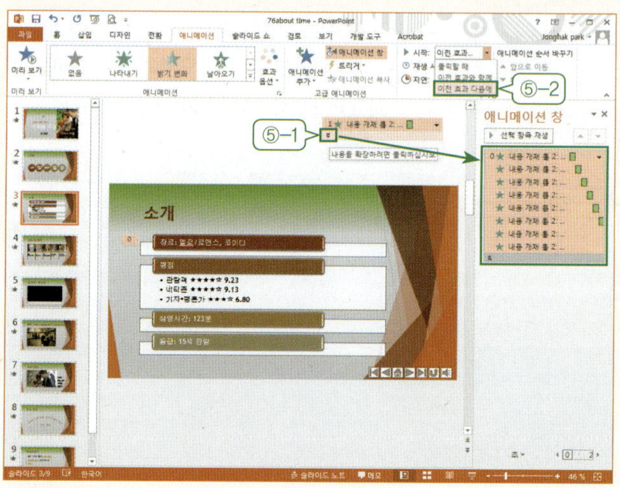

⑤ [효과 옵션]을 〈개별적으로〉 선택하면서 스마트아트의 애니메이션 목록이 8개의 개체로 되었다.

[시작]을 〈이전 효과 다음에〉로 선택하여 8개의 개체가 하나씩 〈이전 효과 다음에〉 애니메이션을 실행한다.

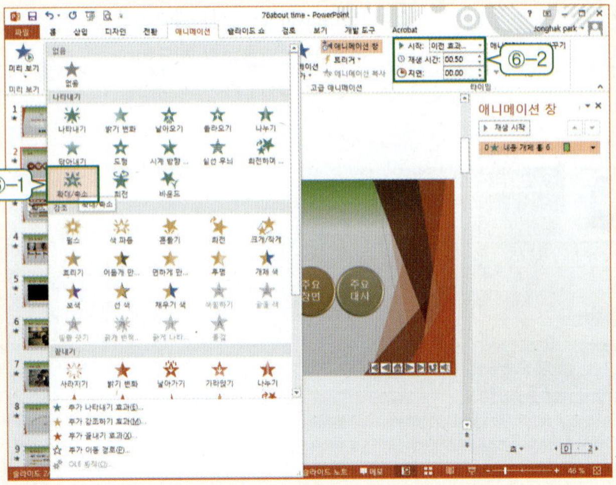

⑥ 〈목차〉 슬라이드의 스마트아트에 애니메이션을 적용하여 보자.
[애니메이션 ▼]은 〈나타내기/ 확대/축소〉를 선택하고, **[시작]**은 〈이전효과 다음에〉를 선택한다.

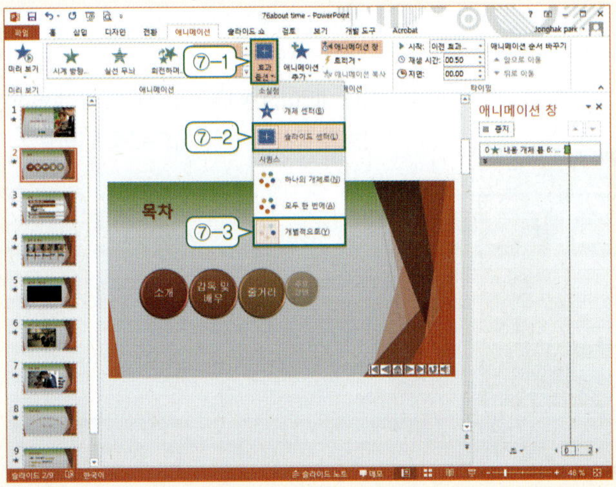

⑦ **[효과 옵션]**은 소실점은 〈슬라이드 센터〉로, 시퀀스는 〈개별적으로〉를 선택한다. 소실점 효과옵션의 차이는 확대되는 시작점이 도형(개체 센터)의 중심인지 스마트아트(슬라이드 센터)의 중심인지에 다른 차이이다.

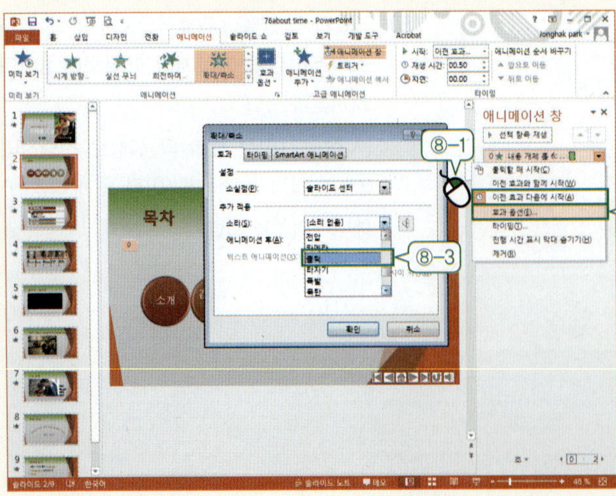

⑧ **[시작]**은 〈이전 효과 다음에〉를 선택하고, 애니메이션 창에서 오른쪽 마우스 메뉴로 **[효과 옵션]**에서 **[소리]**를 〈클릭〉으로 선택한다.

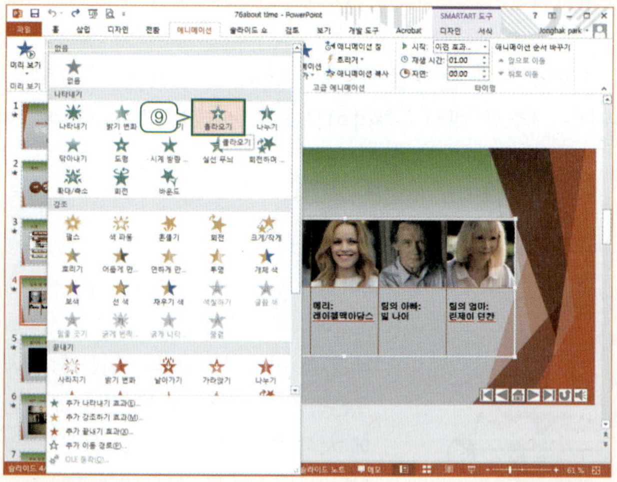

⑨ 〈감독 및 배우〉 슬라이드의 스마트아트에 애니메이션을 적용하여 보자.
[애니메이션 ▼]은 〈나타내기/ 올라오기〉를 선택한다.

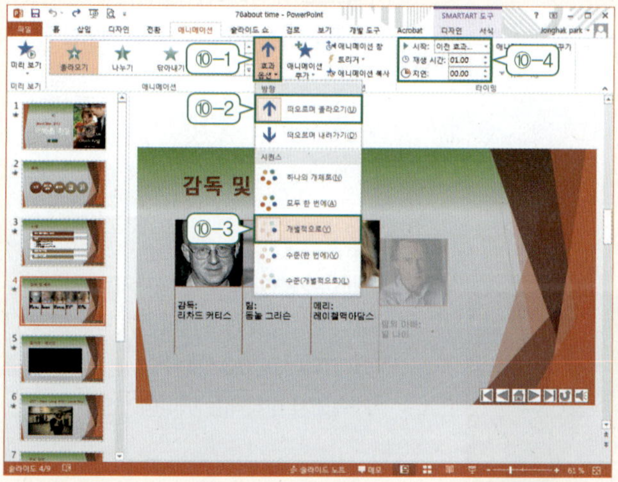

⑩ 애니메이션의 **[효과 옵션]**은 방향을 〈떠오르며 올라오기〉로, 시퀀스를 〈개별적으로〉로 선택한다. **[시작]**은 〈이전 효과 다음에〉를 선택한다.

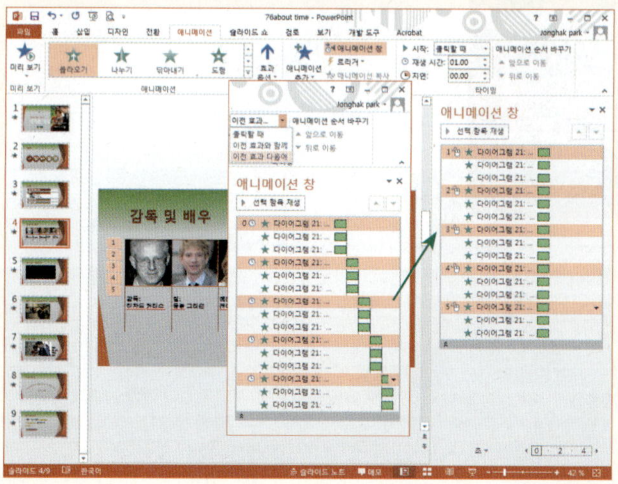

⑪ **[효과 옵션]**을 〈개별적으로〉 선택하면서 스마트아트의 애니메이션 목록이 15개의 개체로 되었다.
[시작] 시점은 〈클릭할 때〉 5개와 〈이전 효과와 함께〉 10개로 되어 있는데, 〈클릭할 때〉 5개만 선택하여 〈이전 효과 다음에〉로 변경하여야 한 사람씩 나타나는 애니메이션을 실행한다.

2 텍스트 애니메이션

텍스트와 워드아트는 [효과 옵션] 대화상자에서 텍스트를 한꺼번에, 단어 단위로, 문자 단위로 텍스트만의 애니메이션 효과를 적용하는 것이 가능하다. 〈주요 대사〉 슬라이드의 텍스트와 워드아트에 대하여 애니메이션을 적용하여 보자.

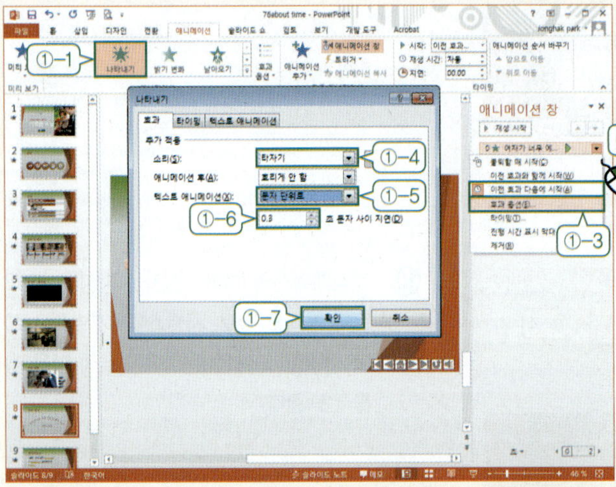

① 〈여자가 너무 ... 〉 워드아트를 선택하고 [애니메이션 ▼]은 〈나타내기/ 나타내기〉를 선택한다. [애니메이션 창]에서 오른쪽 마우스 메뉴로 [이전 효과 다음에 시작]을 선택하고, [효과 옵션] 대화상자에서 [소리]를 〈타자기〉로 선택한다. [텍스트 애니메이션]을 〈문자 단위로〉, 〈0.3〉초 문자 사이 지연으로 선택한다.

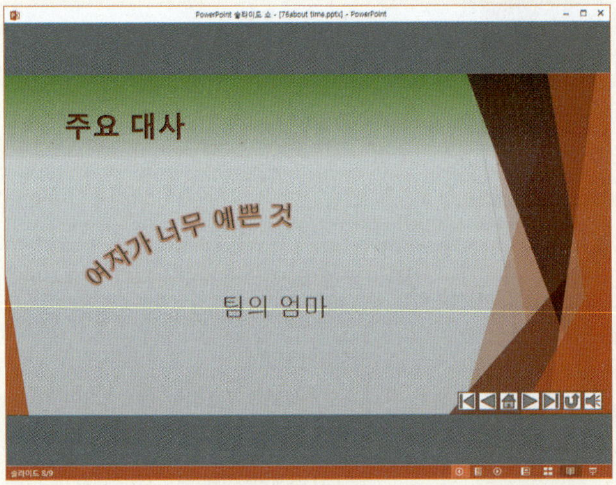

② 텍스트가 한 글자씩 타자기로 입력하는 애니메이션 효과가 나타난다. 텍스트 하나를 나타내고, 0.3초를 쉬고 다음 텍스트를 계속해서 나타내는 애니메이션이다.

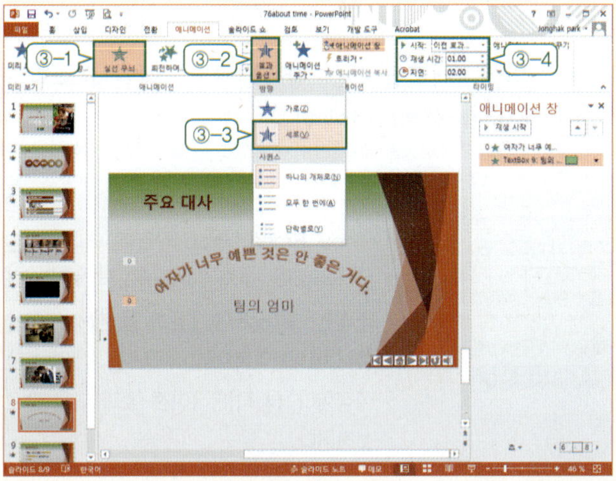

③ 〈팀의 엄마〉 텍스트는 **[애니메이션 ▼]**에서 〈나타내기/ 실선 무늬〉를, **[효과 옵션]**은 〈세로〉를 선택한다.

[시작]은 〈이전 효과 다음에〉, **[지연]**은 '2'초, **[재생 시간]**은 '1'초를 입력하면, 2초 쉬었다가 나타나는 애니메이션이다.

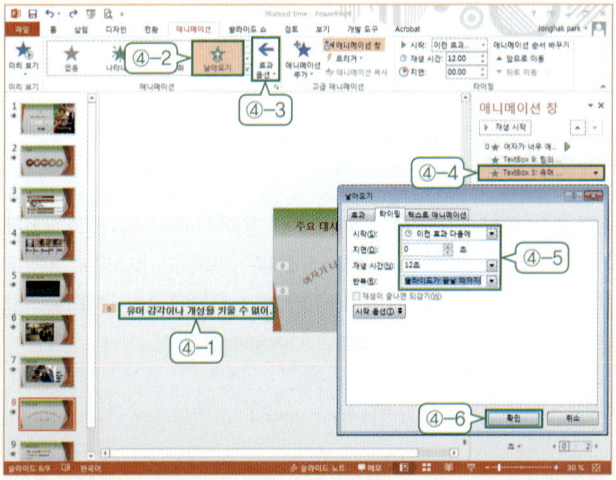

④ **[가로 텍스트 상자]**를 추가하여 '유머 감각이나 개성을 키울 수 없어'를 적당한 워드아트 스타일로 입력하고 슬라이드의 왼쪽 밖으로 드래그한다.

[애니메이션 ▼]은 〈나타내기/ 날아오기〉, **[효과 옵션]**은 〈오른쪽에서〉를 선택하고, **[시작]**은 〈이전 효과 다음에〉, **[재생 시간]**은 '12'초, **[반복]**은 〈슬라이드가 끝날 때까지〉를 입력한다.

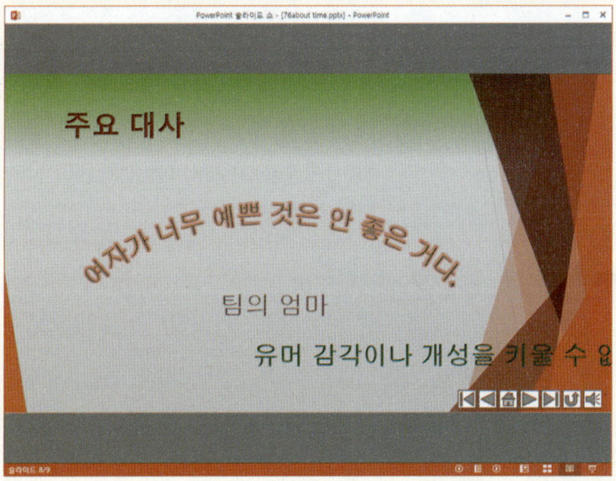

⑤ 다음 슬라이드로 넘어갈 때까지 텍스트가 오른쪽에서 왼쪽으로 반복하여 흘러가는 애니메이션이다.

3 차트 애니메이션

차트 애니메이션은 [효과 옵션]에 〈하나의 개체로〉 외에 〈계열별로〉, 〈항목별로〉, 〈계열 요소별로〉, 〈항목 요소별로〉 등에서 전달하려는 내용에 적합한 하나를 선택하여야 한다.

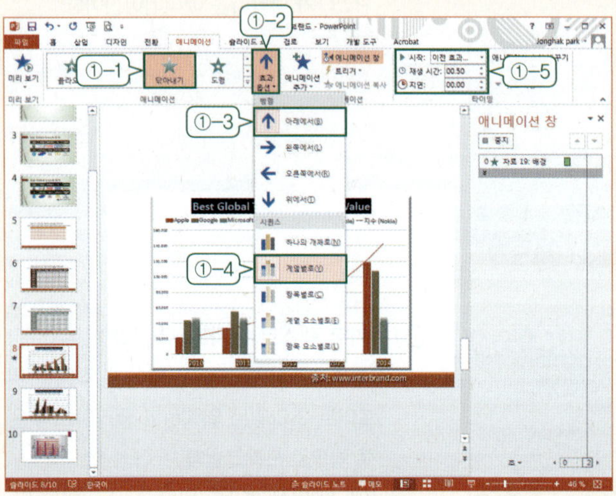

① Global Brand Value 차트에 애니메이션을 적용하여 보자. **[애니메이션 ▼]**은 〈나타내기/ 닦아내기〉, **[효과 옵션]**의 방향을 〈아래에서〉 위쪽으로, 시퀀스를 〈계열별로〉 설정한다. **[시작]**은 〈이전 효과 다음에〉로 설정한다.

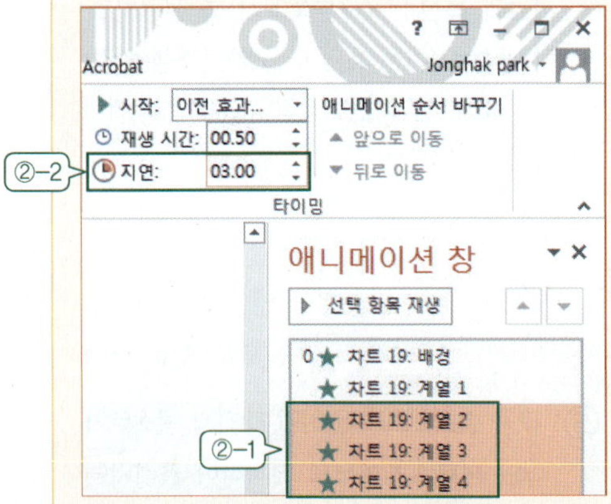

② **[애니메이션 창]**에서 애니메이션 효과 6개 중 아래 4개를 선택하고, **[지연]**에 '3'초로 입력하여 계열과 계열 사이 애니메이션 효과의 지연을 설정한다.

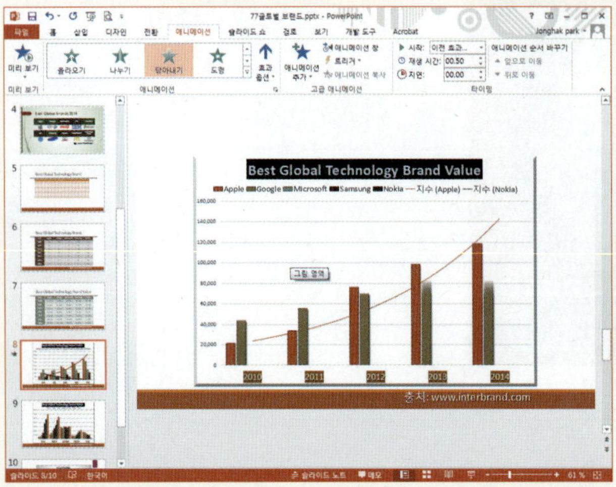

③ **[효과 옵션]**의 시퀀스를 〈계열별로〉, 설정하여 계열별로 5개씩 애니메이션이 나타나는 것을 확인할 수 있다.

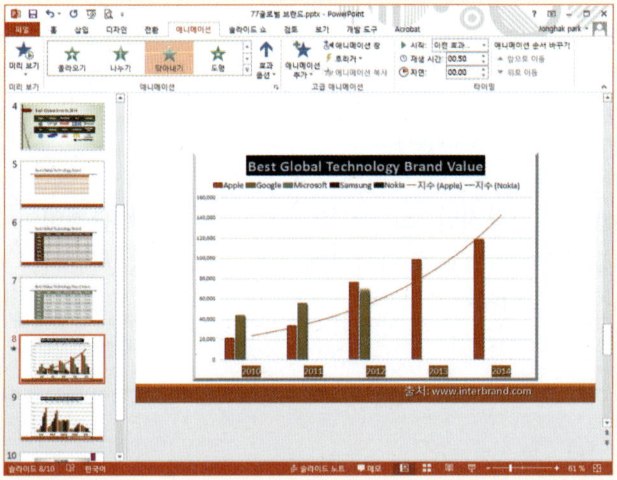

④ [효과 옵션]의 시퀀스를 〈계열 요소별로〉 설정하면 계열별/연도별 하나씩 애니메이션이 나타나는 것을 확인할 수 있다.

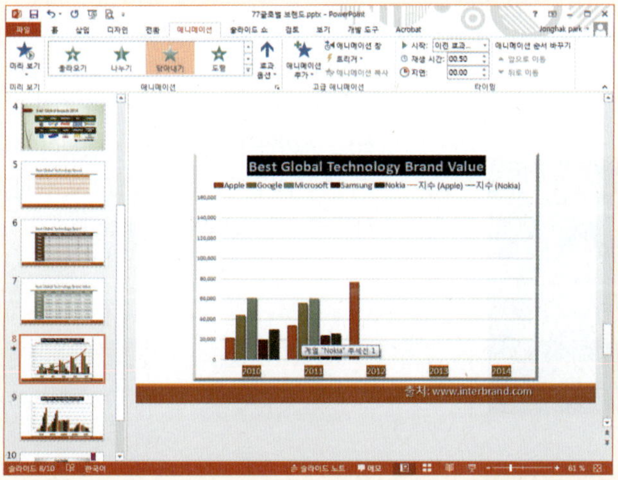

⑤ [효과 옵션]의 시퀀스를 〈항목 요소별로〉 설정하면 연도별/계열별 하나씩 애니메이션이 나타나는 것을 확인할 수 있다.

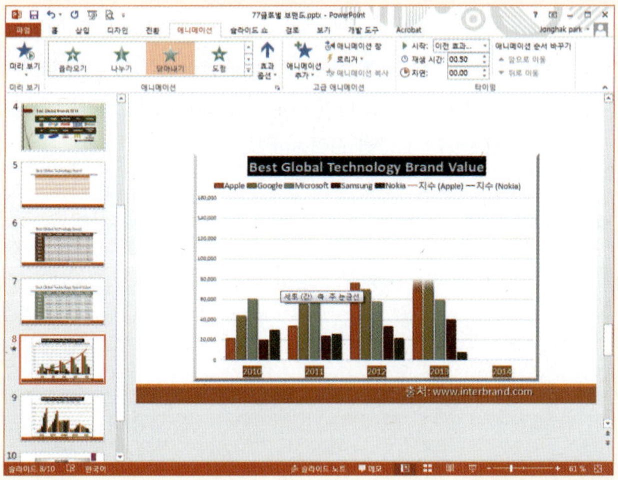

⑥ [효과 옵션]의 시퀀스를 〈항목별로〉 설정하면 연도별로 5개씩 애니메이션이 나타나는 것을 확인할 수 있다.

SECTION 05

트리거

애니메이션의 트리거를 사용하면 특정 항목을 클릭할 때마다 애니메이션 효과가 나타난다. 일반적으로 애니메이션은 정해진 순서대로 애니메이션을 실행하지만, 트리거를 사용하면 시간에 관계없이 저장한 특정 항목을 명령 단추처럼 클릭해야 애니메이션 효과가 나타나게 된다. 트리거를 사용하면 상황에 따라 선택적으로 애니메이션을 보여줄 수 있을 것이다.

Tip 트리거(Trigger)는 총의 방아쇠를 뜻하는 사격 용어이다. 트리거는 어느 특정한 동작에 반응해 자동으로 필요한 동작을 실행하는 것을 뜻한다. [참조: 위키백과(ko.wikipedia.org)]

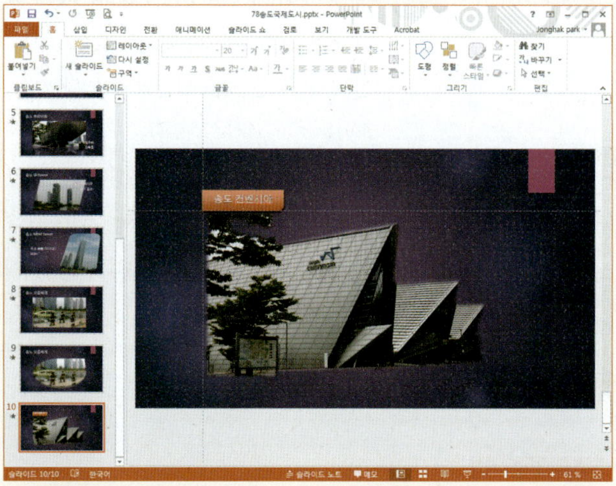

① 이전에 만든 〈송도 국제도시〉 프레젠테이션의 〈빈 화면〉 새 슬라이드에 높이 '1.5cm', 너비 '6cm'로 〈모서리가 접힌 도형〉을 추가하고 안내선으로 이동하여 '송도 컨벤시아'를 입력하였다. 그리고, 〈컨벤시아〉 사진을 복사하여 붙여넣는다.

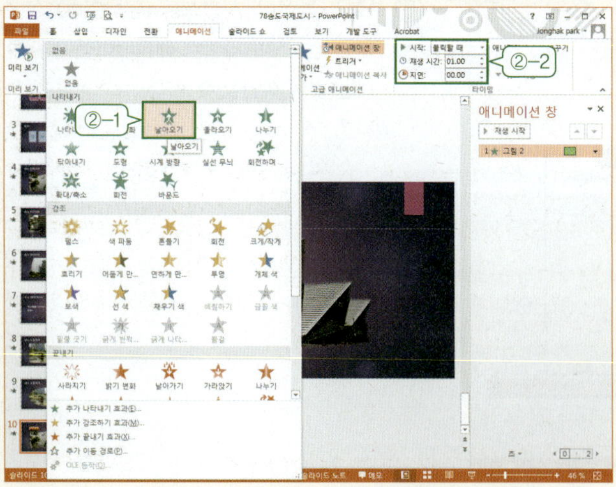

② 〈컨벤시아〉 사진을 선택하고, **[애니메이션 ▼]**은 〈나타내기/ 날아오기〉를 선택한다. **[시작]**은 〈클릭할 때〉, **[재생 시간]**은 '1'초를 입력한다.

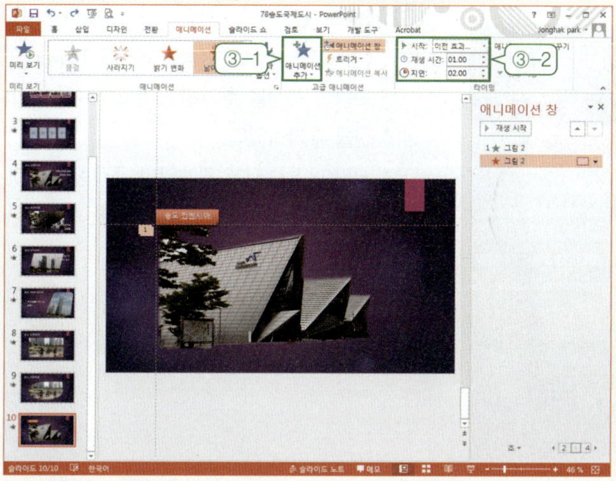

③ 다시 〈컨벤시아〉 사진을 선택하고, **[애니메이션 추가 ▼]**에서 〈끝내기/ 날아가기〉를 선택한다.
[시작]은 〈이전 효과 다음에〉, **[재생 시간]** '1'초, **[지연]** '2'초를 입력한다.

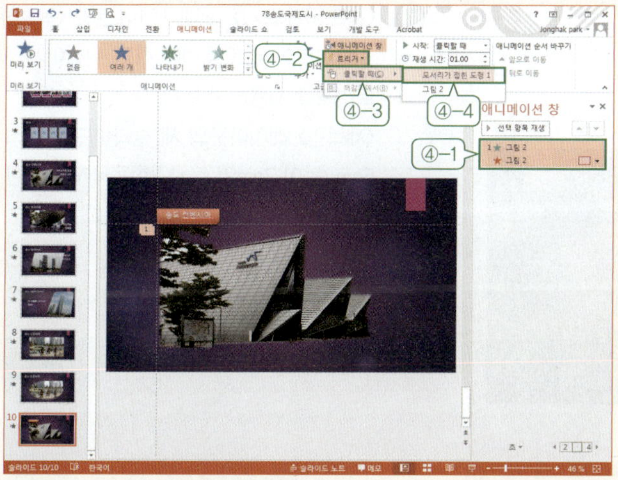

④ 이제 〈송도 컨벤시아〉를 클릭하면 사진이 나타나고 사라지는 트리거를 적용하자. **[애니메이션 창]**의 〈나타내기/ 그림2〉 〈끝내기/ 그림2〉를 모두 선택하고, **[트리거 ▼]**의 **[클릭할 때 ▶]** 〈모서리가 접힌 도형1〉을 선택한다.

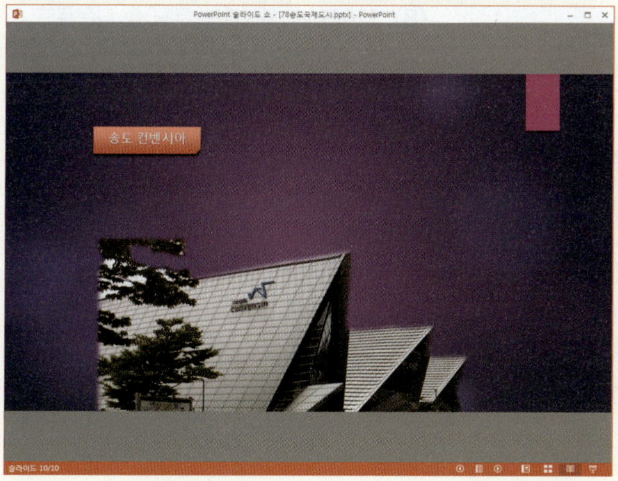

⑤ 트리거 〈송도 컨벤시아〉를 클릭할 때만, 사진이 나타나고 2초 후 사라진다. 트리거는 하이퍼링크처럼 손 모양이 나타나고, 여러 번 클릭하여도 같은 애니메이션이 실행된다.

⑥ 〈송도 컨벤시아〉처럼, 〈송도 트라이볼〉, 〈송도 G-Tower〉, 〈송도 NEAT Tower〉의 도형과 사진을 추가하고, 트리거 애니메이션을 추가하였다.

시간이나 순서에 관계없이 클릭한 도형에 따라 사진이 나타나고 2초 후 사라지는 애니메이션이 완성된다.

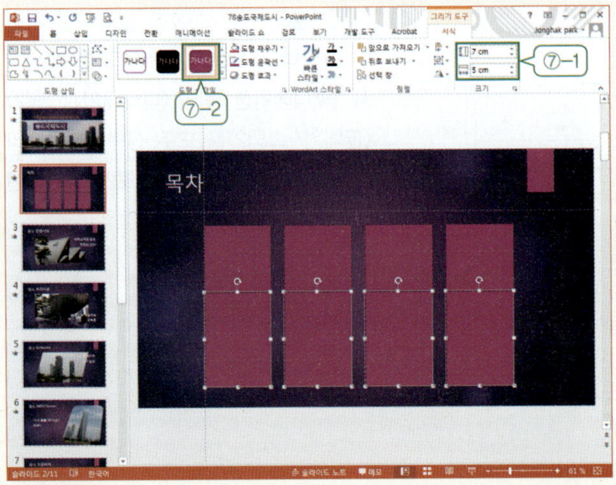

⑦ 〈송도국제도시〉 프레젠테이션의 〈목차〉 슬라이드에 카드를 클릭하면 뒤집어지는 트리거를 사용하여 보자.

〈제목만〉 레이아웃의 새 슬라이드에 너비 5cm, 높이 7cm인 직사각형을 4개 추가한다. 그리고 아래로 수직 복제한다.

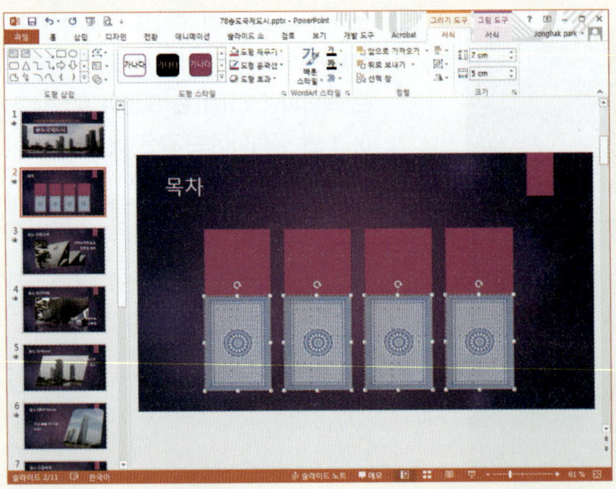

⑧ Pixabay에서 〈카드 무늬〉를 다운로드 하여 4개의 직사각형에 〈그림〉으로 채운다.

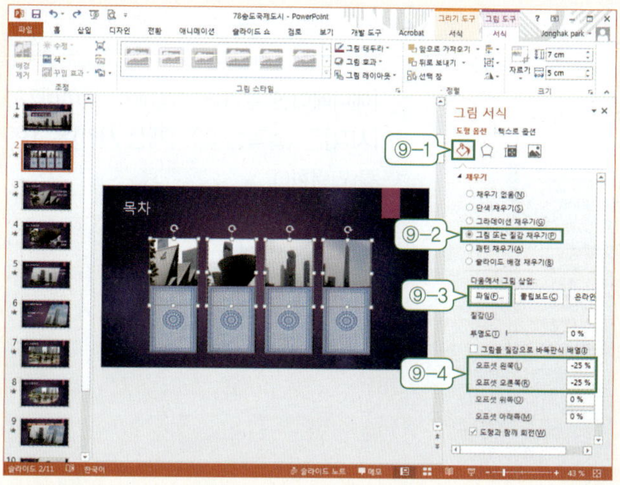

⑨ 나머지 4개의 직사각형은 목차의 사진을 〈그림〉으로 채우고, 가로 사진이 세로처럼 보이므로, **[그림 서식]** 창의 채우기에서 오프셋 왼쪽 '–25%', 오른쪽 '–25%'를 입력하여 좌우에서 잡아당긴다.

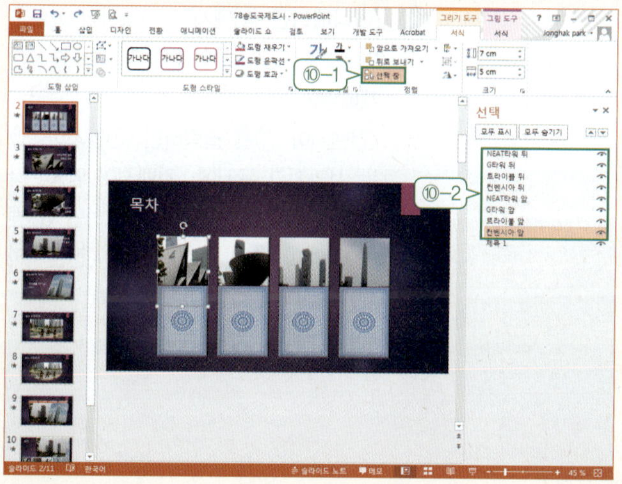

⑩ **[그리기 도구/ 서식]** 탭의 **[선택 창]**에서 이름을 더블 클릭하여 카드 앞면은 〈컨벤시아 앞〉, 〈트라이볼 앞〉, 〈G 타워 앞〉, 〈NEAT타워 앞〉으로, 그리고 카드 뒷면은 〈컨벤시아 뒤〉, 〈트라이볼 뒤〉, 〈G 타워 뒤〉, 〈NEAT 타워 뒤〉로 변경한다.

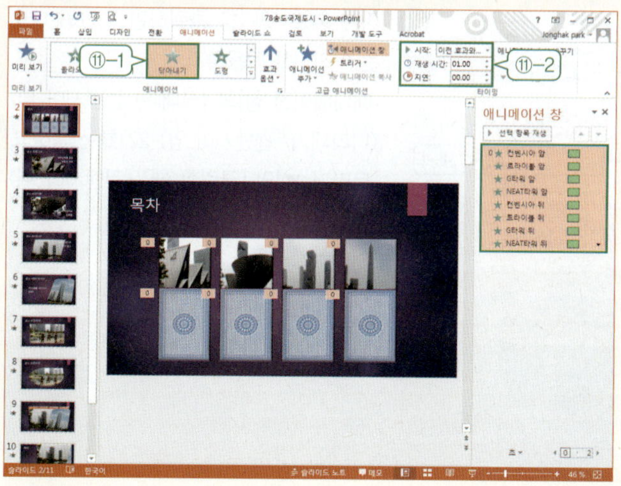

⑪ 8개의 직사각형을 선택하고, **[나타내기]** 애니메이션을 설정한다.
[애니메이션 ▼]은 〈나타내기/ 닦아내기〉, **[시작]**은 〈이전 효과와 함께〉, **[재생 시간]**은 '1'초를 입력한다.

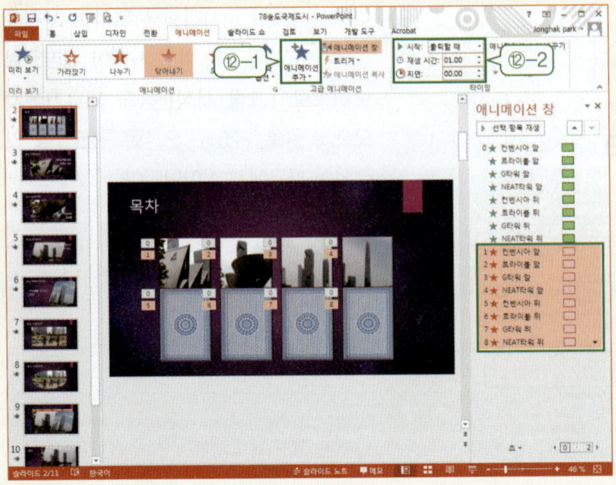

⑫ 이번에는 8개의 직사각형에 끝내기 애니메이션을 추가한다.
[애니메이션 추가]의 〈끝내기/ 닦아내기〉, [시작]은 〈클릭할 때〉, [재생 시간]은 '1'초를 입력한다.

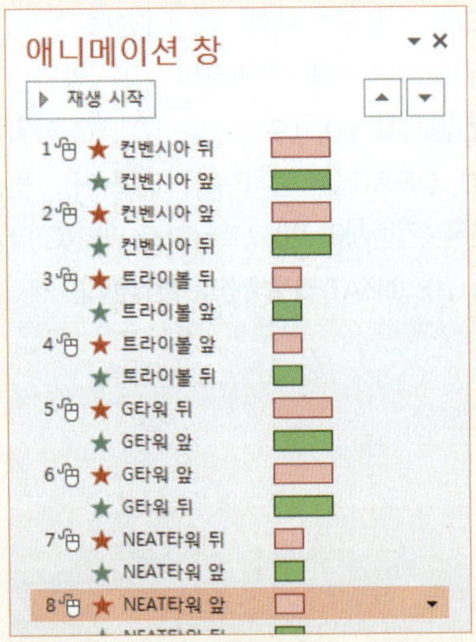

⑬ [애니메이션 창]에서 애니메이션 목록을 마우스로 드래그하여 왼쪽과 같이 순서를 재배열한다.
〈컨벤시아 뒤〉를 클릭하면 〈컨벤시아 뒤〉는 사라지고 동시에 〈컨벤시아 앞〉이 나타나고, 〈컨벤시아 앞〉을 클릭하면 〈컨벤시아 앞〉이 사라지고 동시에 〈컨벤시아 뒤〉가 나타나는 순서이다.

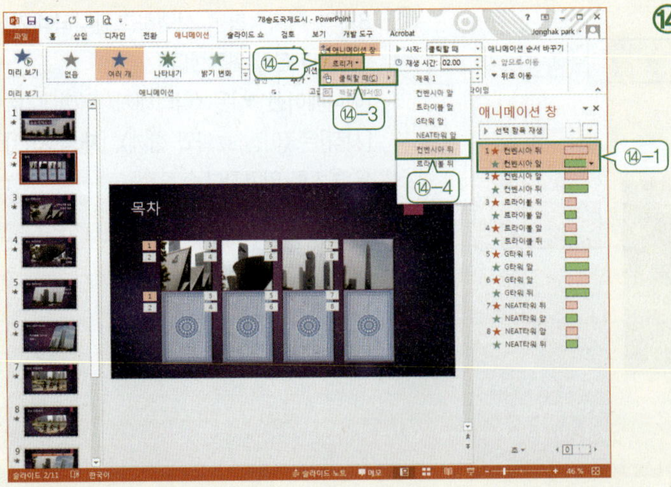

⑭ 이제 카드 뒷면을 클릭하면 앞면이 나오는 트리거를 적용하자.
[애니메이션 창]의 〈끝내기/ 컨벤시아 뒤〉 〈나타내기/ 컨벤시아 앞〉 2개를 선택하고, [트리거 ▼]의 [클릭할 때] 〈컨벤시아 뒤〉를 선택한다.

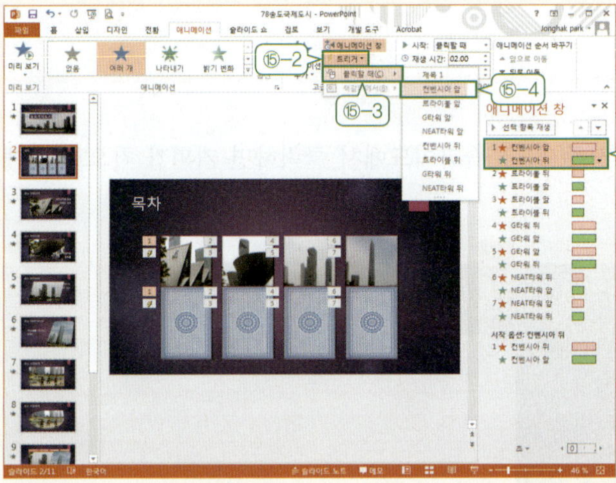

⑮ 카드 앞면을 클릭하면 뒷면이 나오는 트리거도 적용하자.
[애니메이션 창]의 〈끝내기/ 컨벤시아 앞〉 〈나타내기/ 컨벤시아 뒤〉 2개를 선택하고, **[트리거 ▼]**의 **[클릭할 때]** 〈컨벤시아 앞〉을 선택한다. 나머지 카드의 앞면과 뒷면도 똑같이 트리거를 적용한다.

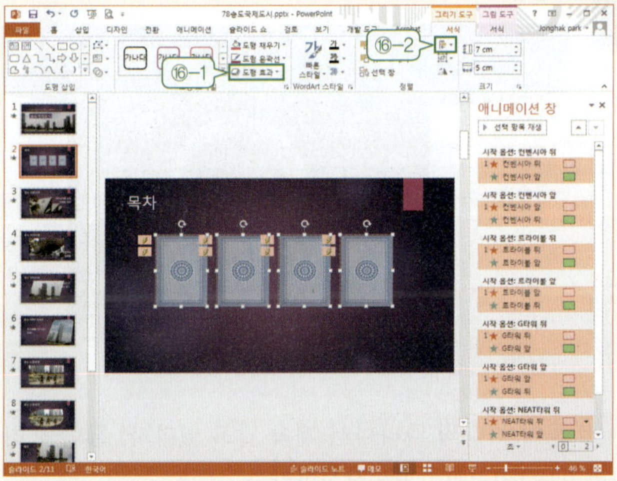

⑯ 8개의 직사각형을 함께 선택하고 **[그리기 도구/ 서식]** 탭에 있는 **[도형 효과]**를 **[입체효과]** 〈둥글게〉로, **[맞춤]**을 〈위쪽 맞춤〉으로 설정하면, 카드 뒷면이 앞면의 위로 이동한다.

⑰ 이제 슬라이드 쇼에서 원하는 카드를 클릭하면 카드를 뒤집을 수 있다.
카드 뒷면을 클릭하면 앞면이 나타나고 (동시에 뒷면이 사라지면서), 카드 앞면을 클릭하면 뒷면이 나타나는 (동시에 앞면이 사라지면서) 트리거 애니메이션이 완성된다.

연습문제

EXERCISE

1. 다음의 빈 커피잔이 있는 〈커피 한 잔 사주세요〉 슬라이드에서 클릭하면 커피가 차오르는 애니메이션을 작성하라.

2. 다음의 〈나비야, 나비야〉 슬라이드에 나비들이 하나씩 나타나서 계속 날고 있다가, 클릭을 하여 고양이가 나타나면 나비들은 동시에 사라지는 애니메이션을 작성하라.

EXERCISE

연습문제

3. 다음의 〈반짝 반짝 작은 별〉 슬라이드에 별들이 하나씩 나타나서 계속 반짝이고, 모든 별들이 반짝이다가, 클릭을 하면 별들은 동시에 사라지면서 해님이 나타나는 애니메이션을 작성하라.

4. 그릇, 면, 육수, 오징어, 새우, 홍합, 파 등의 재료를 준비하고, 애니메이션 효과(나타나기, 강조, 이동경로, 끝내기)와 재생시간, 지연으로 시간을 조절하여 맛있게 보이는 해물 짬뽕을 하나의 슬라이드에 작성하라.

연습문제 EXERCISE

5. 다음은 요리를 하기 위하여 준비한 여러 가지 재료를 보여주는 슬라이드이다. 클릭한 재료의 사진이 나타나고, 잠시(1초) 후 사라지는 트리거 애니메이션을 하나의 슬라이드에 작성하라.

6. 다음의 〈애니메이션 목차〉 슬라이드에서 클릭할 때마다 화살표와 목차 항목이 하나씩 나타나는 애니메이션을 작성하라.

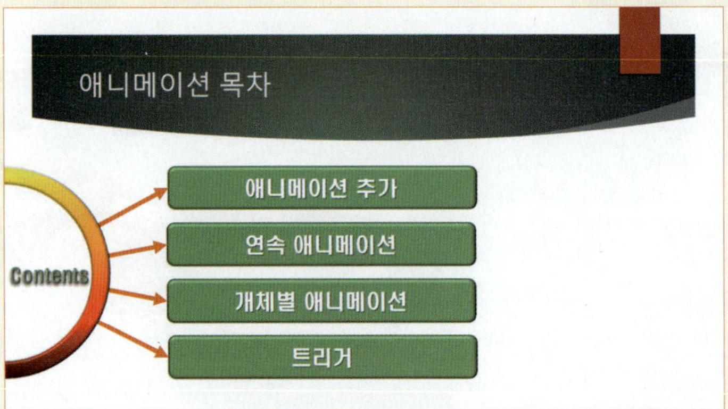

EXERCISE

연습문제

7. 다음의 〈애니메이션 목차〉 슬라이드에서 막대가 한 바퀴 회전하고 조금씩 이동할 때마다 항목이 하나씩 나타나는 애니메이션을 작성하라.

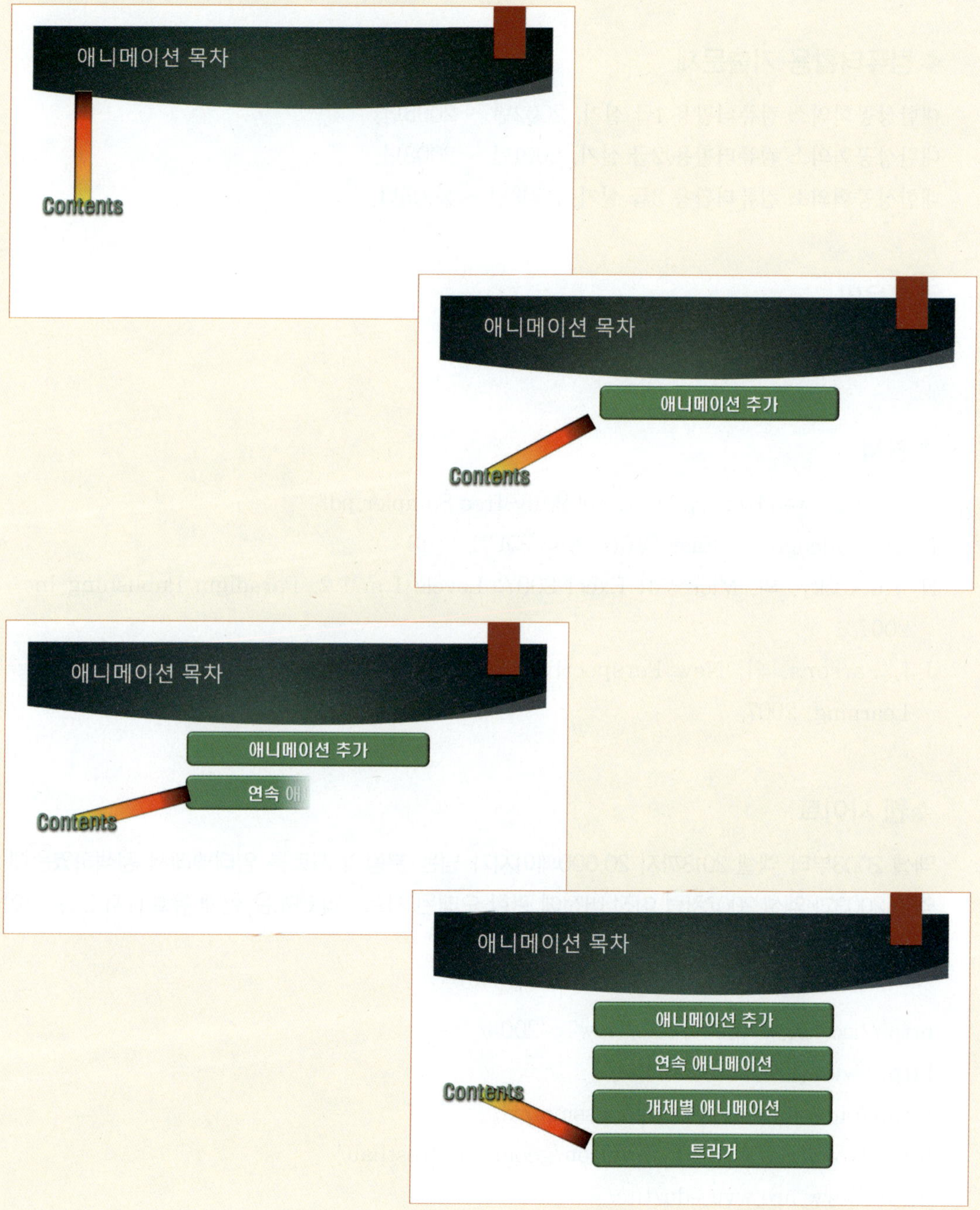

참고문헌

❖컴퓨터활용 기출문제

대한상공회의소 컴퓨터활용 1급 실기, 2002년 ~ 2005년.

대한상공회의소 컴퓨터활용 2급 실기, 2001년 ~ 2008년.

대한상공회의소 컴퓨터활용 3급 실기, 2009년 ~ 2005년.

❖도움말

엑셀 2013 도움말

❖원서

C.D. Frye, Step by Step MS Excel 2013-free Sampler.pdf.

P.-A. Rutledge, 외, Easy Office 2013, QUE, 2013.

N. Rutkosky, 외, Microsoft Excel 2007: Levels 1 and 2, Paradigm Publishing Inc., 2007.

J.J. Parsons, 외, New Perspectives on Microsoft Office Excel 2007, Cengage Learning, 2007.

❖웹 사이트

엑셀 2003부터 엑셀 2013까지 20,000페이지가 넘는 분량의 자료를 인터넷에서 검색하였는데, 엑셀 2003과 엑셀 2007처럼 이전 버전에 관한 오래된 자료들의 URL은 현재 유효하지 않은 것이 많음.

http://iso.hsc.wvu.edu/cblc/HowTo/2003/

http://www.hre.wvu.edu/tltc/

http://oit.wvu.edu/training/classmat/xl/

http://www.geo.wvu.edu/~wilson/geomath/TTestLab/

http://www.hre.wvu.edu/tltc/

http://freetutorialcentral.com/

http://www.rochester.edu/its/edtech/documentation/GeneralComputing/Excel/

http://www.zdnet.com/
http://edutech.msu.edu/online/Office2007/PptXcl2007/tutorials/
http://www1.towson.edu/adminfinance/OTS/training/documentation/
http://www.towson.edu/adminfinance/ots/trainingdoc/
http://www.towson.edu/otstraining/
http://www.csun.edu/it/training
http://www.csun.edu/itr/guides/excel/2003/
http://chenected.aiche.org/tools-techniques/excelling-with-excel-3-macros/
http://www.bristol.ac.uk/is/learning/documentation/
http://www.bristol.ac.uk/is/learning/courses/studentcourses/
http://www.cheltenhamcourseware.com.au/
http://www.hep.ucl.ac.uk/undergrad/1b40/excel/
http://infotech.adelphi.edu/services/manuals.php
http://www.lib.umich.edu/exploratory/pdfs/
http://www.abdn.ac.uk/diss/docu/facts/pc/
http://www.bolton.ac.uk/education/educat/courses/ITT/resources/ICT/
http://www.bolton.ac.uk/learning/helpguides/cribsheets/
http://www.bolton.ac.uk/learning/helpguides/ITguides/
http://www.tis.purdue.edu/html/helpdesk/training/
http://www.microsoft.com/office/preview/programs/excel
http://www.customguide.com/
http://casweb.ou.edu/ascs/workshops/files/
http://www.uis.edu/ctl/training/handouts/
http://www.isd.salford.ac.uk/training/bitesizeguides/excel/
http://www.london.ac.uk/fileadmin/documents/staff/staff_development/
http://calpact.berkeley.edu/info/handouts/PDF/
http://facility.berkeley.edu/pdf_files/
http://www2.sims.berkeley.edu/academics/courses/is255/f04/lectures/
http://www2.sims.berkeley.edu/courses/is271/f01/projects/StarCalc/
http://www.reading.ac.uk/ssc/publications/guides/xfs.pdf
http://www.reading.ac.uk/ssc/software/excel
http://clinic.canterbury.ac.uk/key-skills/ict/excel/
http://www.uwec.edu/Help/
https://support.office.microsoft.com/home/error?aspxerrorpath=/en-us/article/HA100860481
http://www.napier.ac.uk/depts/citservices/Documents/staff_documentation/sta_

excel/basics2003.pdf
http://www.napier.ac.uk/depts/citservices/Documents/student_documentation/stu_excel/basics2003.pdf
http://www.roehampton.ac.uk/softservs/DoctorSoftware/Handouts/Excel/
http://iris.nyit.edu/acl/resources/about/docs/
http://www.businessproductivity.com/
http://ase.tufts.edu/its/trainDocuments/
http://ccs.unlv.edu/cns/training/trainingmanuals/Manuals2006/Manuals/Excel/
http://asp2.wlv.ac.uk/its/website/selfhelp/help/excel/documents/
http://clientsupport.stonybrook.edu/training/documents/
http://css.ait.iastate.edu/Sheet/Excel/Advwin/PDF/
http://css.ait.iastate.edu/Sheet/Excel/Three/PDF/
http://david.horner.faculty.noctrl.edu/Excel_tutorial
http://education.ufl.edu/school/edtech/tutorials/excel
http://faculty1.coloradocollege.edu/~jstinespring/Homepage_files/tvm_module/excel_tutorial/
http://fhdafiles.fhda.edu/downloads/training/
http://iserv.abertay.ac.uk/help_i/documents/
http://it.humanities.manchester.ac.uk/training/resources/spreadsheets/documents/
http://www.watsoniapublishing.co.uk/
http://it.sju.edu/training/courses/
http://k1.ioe.ac.uk/ISWebsiteDocs/PGCEICTResources/TrainingPDF/
http://lms.cfr.washington.edu/download/
http://oit.montclair.edu/documentation/
http://students.shu.ac.uk/lits/it/documents/docs/
http://tec.unm.edu/education/resources/PDF/
http://web.princeton.edu/sites/oitdocs/Documentation/Training/
http://www.aspire.cs.uah.edu/aspire/sc01/excel_tutorial/
http://www.bbk.ac.uk/ccs/docs/excel/
http://www.bedford.ac.uk/catalyst/training/
http://www.bellevue.edu/facresources/ExcelTutorial/Advanced/
http://www.bcuc.ac.uk/pdf/
http://www.brad.ac.uk/lss/documentation/
http://www.bradford.ac.uk/lss/documentation/excel-charts-2003/
http://www.cals.ncsu.edu/agexed/aee226/
http://www.cas.lancs.ac.uk/short_courses/

http://www.ce.memphis.edu/1112/notes/excel/
http://www.chabotcollege.edu/ITC/workshops/handouts/
http://www.coba.unt.edu/itds/faculty/sidorova/BCIS2610/
http://www.colostate.edu/Services/ACNS/standards/office/excel/
http://www.cs.sbu.edu/swatson/it104/
http://www.cs.stevens.edu/~badri/CS640/files/
http://www.cs.stir.ac.uk/courses/3131/materials/
http://www.cs.virginia.edu/~cs110/slides/
http://www.css.qmul.ac.uk/training/
http://www.dowling.edu/mydowling/Tech/tutorials/
http://www.dur.ac.uk/resources/its/info/guides/
http://www.edgehill.ac.uk/ls/HelpSup/guides
http://www.extension.iastate.edu/Pages/Excel/
http://www.goshen.edu/its/train/exceltutorial/
http://www.hawaii.edu/coe/departments/outreach/tutorials/spreadsheet/
http://www.helpdesk.au.edu/Excel2003/
http://www.hull.ac.uk/ict/
http://www.imir.iupui.edu/irtech/files/spreadsheets/
http://www.inf.ed.ac.uk/teaching/courses/cl1/slides/09_spreads/
http://www.ioe.ac.uk/ISWebsiteDocs/Guides/Computer/
http://www.is.stir.ac.uk/docs/office/
http://www.ise.ufl.edu/it/courses/excel/
http://www.iteu.gla.ac.uk/datadir/
http://www.ise.ufl.edu/esi4356/cnotes/
http://www.itd.depaul.edu/website/documentation/
http://www.iteu.gla.ac.uk/students/publications/
http://www.its.msstate.edu/Information/Documentation/ppt/
http://www.jcsu.edu/news/printshop/tutorials/excel/
http://www.itservices.manchester.ac.uk/medialibrary/scheme/
http://www.leeds.ac.uk/iss/documentation/
http://www.leeds.ac.uk/iss/training/
http://www.lipa.ac.uk/ists/ls/service_information/studyskills_guides/
http://www.mc.uky.edu/LearningCenter/Manuals/
http://www.mscd.edu/~infotech/training/docs/Excel/
http://www.mth.kcl.ac.uk/courses/cm359x/
http://www.paisley.ac.uk/business/documents

http://www.qub.ac.uk/directorates/InformationServices/StudentComputing/
http://www.southdevon.ac.uk/attachment/file/292/
http://www.staffs.ac.uk/uniservices/infoservices/documents/userguides/office/
http://www.tacoma.washington.edu/ctlt/training/resources/Excel/
http://www.techdocs.ku.edu/docs/
http://www.tutorialized.com/tutorial/Learning-Microsoft-Excel/15545
http://www.uakron.edu/its/learning/training/docs/
http://www.ucl.ac.uk/is/documents/excel/
http://www.ucs.ed.ac.uk/usd/student/courses/
http://www.umsl.edu/technology/instructionalcomputing/docs/
http://www.und.nodak.edu/dept/cndtrain/Excel/
http://http://fd.port.ac.uk/it/Spreadsheet07/
http://freetutorialcentral.com/
http://ag.arizona.edu/fcs/rcsc/uclasses/304/
http://blue.utb.edu/amonroe/pdf_files/
http://cameron.econ.ucdavis.edu/excel/
http://caot.lacitycollege.edu/085a/
http://ced.ncsu.edu/ltrc/studio/workshops/exceltut/
http://cee.wpi.edu/ce4007/notes/excel/
http://college.ac.uk/courses/pdf/
http://condor.depaul.edu/~jfurst/CSC239/
http://csc.colstate.edu/summers/NOTES/1105/
http://department.monm.edu/is/tutorials/
http://userwww.sfsu.edu/~lsayeed/isys363/
http://movie.naver.com
http://blog.naver.com/ifezucity
http://ko.wikipedia.org
http://openclipart.org
http://pixabay.com
http://www.korean.go.kr
http://www.chf.or.kr
http://www.kobis.or.kr
http://www.interbrand.com
http://www.youtube.com
http://www.youtube.com/audiolibrary
http://youtu.be/bKLvZJo4pRY

http://youtu.be/Ls59l2ZVckg
http://youtu.be/LJLbbFQlXj0
http://youtu.be/erLk59H86ww
http://youtu.be/ngElkyQ6Rhs

❖이미지

몬드리안의 Composition II in Red, Blue, and Yellow, 1930

찾아보기